GAE

THE SOUTH AMERICAN FOOTBALL YEARBOOK

2016-2017

British Library Cataloguing in Publication Data
A catalogue record for this book is available from the British Library

ISBN: 978-1-86223-332-4

Copyright © 2016, SOCCER BOOKS LIMITED (01472 696226)
72 St. Peter's Avenue, Cleethorpes, N.E. Lincolnshire, DN35 8HU, England

Web site   www.soccer-books.co.uk
e-mail   info@soccer-books.co.uk

All rights are reserved. No part of this publication may be reproduced, stored in a retrieval system or transmitted, in any form or by any means, electronic, mechanical, photocopying, recording, or otherwise, without the prior written permission of Soccer Books Limited.

Manufactured in the UK by Ashford Colour Press Ltd.

Dear Readers,

The 2015-2016 South American football Season was particularly eventful. Following the Final of the Copa América 2015 (which Chile won for the first time), the national teams immediately focussed their attention on the 2018 FIFA World Cup qualifiers which commenced in October and there were some unexpected results from the very start. As continental champions it wasn't perhaps too much of a shock when Chile defeated Brazil but Argentina's 2-0 defeat to Ecuador in Buenos Aires was certainly a surprise. Although Argentina recovered during the following match days, Chile suffered a dip in form and Brazil only managed draws in many games so, after six rounds played, Uruguay and Ecuador lead the group of ten South American nations. Most surprising of all is that Brazil currently sit in 6th place in the table which means that, as things stand, they would not qualify directly for the World Cup Finals.

Although the Copa América was held in 2015, CONMEBOL immediately organised another edition of the competition and named it the 'Copa América Centenario' in homage to the 100 years since the first edition was played in 1916! The tournament was hosted by the United States (the first time the competition had been held outside the South American continent) and 16 teams participated, 10 from South America and six teams from North and Central America. With the exception of the United States and Mexico, it was expected that the other four CONCACAF teams had no chance against the strong South American teams and this proved to be the case. However, following the group stage, Uruguay, Paraguay and the mighty Brazil found themselves eliminated from the competition! Regardless of the fact that the decisive 1-0 victory by Peru was obtained illegally following a goal scored by a hand which went unseen by the officials, the Brazilian coach Dunga was immediately sacked after this shameful elimination and the future prospects of the squad seem to be increasingly poor. Neymar, the great Brazilian star, was not even a member of the Brazilian squad, preferring to save himself for the Olympic Games to be held in Rio in August 2016, possibly because his club FC Barcelona did not approve of his participation to both final tournaments.

The Copa América Centenario therefore continued without Brazil and Uruguay but with Argentina and Lionel Messi in particular in great shape. Argentina eliminated Venezuela (4-1) and the United States (4-0) to meet Chile in the final game, a repeat of the 2015 Final and a chance to earn revenge for their 4-1 defeat on penalties in that competition.

Chile had actually started the tournament slowly, losing their first match against Argentina (1-2) and then struggling against Bolivia, but they then improved in every game, destroying Mexico in the quarter-finals with a remarkable 7-0 scoreline and then defeating Colombia 2-0 in the semi-final.

In the 2016 Final played in East Rutherford, the score was 0-0 after 90 minutes and, in a repeat of the 2015 Final, the game remained goalless after extra time had been completed. However, Chile imposed themselves once again in the penalty shoot-out, winning 4-2 and with Lionel Messi, of all people, missing from the spot. In this manner, Argentina lost a third consecutive final in two years following defeats in the 2014 FIFA World Cup Final, the 2015 Copa América Final and 2016 Copa América Centenario Final! After such repeated disappointments, Lionel Messi promptly announced his retirement from international football after the match though, as he is at the peak of his career, it would not be a surprise to see him reverse this decision in the future.

Away from international football, Argentina had much more success in the continental competitions played at club level, as their clubs won two of three trophies in 2015. CA River Plate Buenos Aires won the Copa Libertadores, comfortably beating Mexican team CF Tigres of Universidad Autónoma de Nuevo León by a 3-0 aggregate scoreline. The same CA River Plate team had previously beaten CA San Lorenzo de Almagro (also from Argentina) by 2-0 to win the 2015 Recopa Sudamericana Final. At the end of year, the 2015 Copa Sudamericana Final saw the victory of Colombian club CD Santa Fe Bogotá, who defeated CA Huracán Buenos Aires. Therefore, Argentinian football can still be considered to be in an exceedingly strong position, though it remains to be seen how badly Messi's withdrawal will affect the national team if he will not go back on his decision to retire.

This new edition contains detailed statistics for the 2015-2016 football season throughout South America, at both club level and international level. Complete statistics for the 2016 Copa América are also included. In a change to previous editions, the number of caps and goals for every player is now listed in each international match included in the seasonal review for each country. I hope these statistics will be useful and you will enjoy the read!

The Author

ABBREVIATIONS

GK	Goalkeeper		**Ape**	Apertura
DF	Defender		**Cla**	Clausura
MF	Midfielder			
FW	Forward		**M**	Matches played
DOB	Date of birth		**G**	Goals

(F) International friendly matches
(CA) 2016 Copa América Centenario
(WCQ) 2018 FIFA World Cup Qualifiers

FIFA COUNTRY CODES – SOUTH AMERICA

ARG	Argentina		**ECU**	Ecuador
BOL	Bolivia		**PAR**	Paraguay
BRA	Brazil		**PER**	Peru
CHI	Chile		**URU**	Uruguay
COL	Colombia		**VEN**	Venezuela

FIFA COUNTRY CODES – EUROPE

AUT	Austria		**ITA**	Italy
BEL	Belgium		**NED**	Netherlands
CRO	Croatia		**POR**	Portugal
DEN	Denmark		**RUS**	Russia
ENG	England		**ESP**	Spain
FRA	France		**SWE**	Sweden
GER	Germany		**SUI**	Switzerland
GRE	Greece		**TUR**	Turkey
HUN	Hungary		**UKR**	Ukraine
ISR	Israel		**WAL**	Wales

FIFA COUNTRY CODES – NORTH & CENTRAL AMERICA

SLV	El Salvador		**MEX**	Mexico
GUA	Guatemala		**PAN**	Panama
HON	Honduras		**USA**	United States of America

FIFA COUNTRY CODES – AFRICA

CMR	Cameroon

FIFA COUNTRY CODES – ASIA

CHN	China P.R.		**QAT**	Qatar
JPN	Japan		**THA**	Thailand
KUW	Kuwait		**UAE**	United Arab Emirates

SUMMARY

Editorial	3
Abbreviations, FIFA Country Codes	5
Summary	6

COMPETITIONS FOR NATIONAL TEAMS

Copa América Centenario 2016	8
FIFA World Cup 2018 - Qualifiers	21

SOUTH AMERICAN CONTINENTAL COMPETITIONS FOR CLUB TEAMS

Copa Libertadores 2015	24
Copa Sudamericana 2015	72
Recopa Sudamericana 2015	104

NATIONAL ASSOCIATIONS ... 106

Argentina

National and international records	107
Campeonato de Primera División 2015	118
Campeonato de Primera División 2016	126
The Clubs 2015 & 2016	133
Primera B Nacional 2015	177
Primera B Nacional 2016	179
The Argentinean National Team 2015/2016	181

Bolivia

National and international records	188
Liga de Fútbol Profesional Boliviano- Primera División 2015/2016	194
The Clubs 2015/2016	201
Segunda División - Liga Nacional „B" "Simón Bolívar" 2015/2016	213
The Bolivian National Team 2015/2016	214

Brazil

National and international records	219
Campeonato Brasileiro Série A 2015	224
The Clubs 2015	231
Campeonato Brasileiro Série B 2015	255
The State Championships 2015	256
The Brazilian National Team 2015/2016	311

Chile

National and international records	316
Campeonato nacional de Primera División 2015/2016	323
The Clubs 2015/2016	330
Primera División B del Fútbol Profesional Chileno 2015/2016	346
The Chilean National Team 2015/2016	348

Colombia

National and international records	354
Primera A - Liga Águila I & II 2015	360
The Clubs 2015	372

Primera B 2015 - Torneo Águila	392
The Colombian National Team 2015/2016	394

Ecuador

National and international records	400
Campeonato Ecuatoriano de Fútbol - Serie A 2015	405
The Clubs 2015	412
Campeonato Ecuatoriano de Fútbol - Serie B 2015	424
The Ecuadorian National Team 2015/2016	425

Paraguay

National and international records	431
División Profesional - 2015 Copa TIGO-Visión Banco	438
The Clubs 2015	444
División Intermedia 2015	460
The Paraguayan National Team 2015/2016	462

Peru

National and international records	467
Torneo del Inca 2015	474
Primera División del Perú 2015	475
The Clubs 2015	483
Segunda División 2015	500
The Peruvian National Team 2015/2016	501

Uruguay

National and international records	507
Liga Profesional de Primera División 2015/2016	515
The Clubs 2015/2016	522
Segunda División Profesional 2015/2016	538
The Uruguayan National Team 2015/2016	540

Venezuela

National and international records	546
Primera División de Venezuela 2015	553
The Clubs 2015	559
Segunda División A de Venezuela 2015	579
The Venezuelan National Team 2015/2016	581

THE SOUTH AMERICAN FOOTBALLER OF THE YEAR 2015   **589**

COPA AMÉRICA CENTENARIO 2016

The 2016 Copa América Centenario was the 45th edition of the South American Championship for national teams. It was held as part of an agreement between CONMEBOL (the South American Football Confederation) and CONCACAF (the Football Confederation for North and Central America and the Caribbean Zone) as a special edition to celebrate a centenary since the first edition of the Copa América organized in 1916. Increase from the usual 12 competed now 16 teams including all ten teams from CONMEBOL and six teams from CONCACAF.

Chile defeated Argentina in the final match on the same way as a year before after penatly shoot-outs and became the fourth nation to win at least two consecutive Copa América titles (2015 and 2016), after Uruguay, Argentina and Brazil. Argentina, meanwhile, lost their third consecutive final in a major tournament (2014 FIFA World Cup, 2015 Copa América and 2016 Copa América)!

List of venues-

City	Stadium	Capacity
Chicago	Soldier Field	63,500
East Rutherford	MetLife Stadium	82,566
Foxborough	Gillette Stadium	68,756
Glendale	University of Phoenix Stadium	63,400
Houston	NRG Stadium	71,000
Orlando	Camping World Stadium	60,219
Pasadena	Rose Bowl	92,542
Philadelphia	Lincoln Financial Field	69,176
Santa Clara	Levi's Stadium	68,500
Seattle	CenutryLink Field	67,000

FINAL TOURNAMENT
(teams in bold are qualified for the 2th Round)

GROUP A

03.06.2016	Santa Clara	United States - Colombia	0-2(0-2)
04.06.2016	Orlando	Costa Rica - Paraguay	0-0
07.06.2016	Chicago	United States – Costa Rica	4-0(3-0)
07.06.2016	Pasadena	Colombia - Paraguay	2-1(2-0)
11.06.2016	Philadelphia	United States - Paraguay	1-0(1-0)
11.06.2016	Houston	Colombia – Costa Rica	2-3(1-2)

FINAL STANDINGS

1.	**United States**	3	2	0	1	5 - 2	6
2.	**Colombia**	3	2	0	1	6 - 4	6
3.	Costa Rica	3	1	1	1	3 - 6	4
4.	Paraguay	3	0	1	2	1 - 3	1

GROUP B

04.06.2016	Seattle	Haiti - Peru	0-1(0-0)
04.06.2016	Pasadena	Brazil - Ecuador	0-0
08.06.2016	Orlando	Brazil - Haiti	7-1(3-0)
08.06.2016	Glendale	Ecuador - Peru	2-2(1-2)
12.06.2016	East Rutherford	Ecuador - Haiti	4-0(2-0)
12.06.2016	Foxborough	Brazil - Peru	0-1(0-0)

FINAL STANDINGS

1.	**Peru**	3	2	1	0	4 - 2	7
2.	**Ecuador**	3	1	2	0	6 - 2	5
3.	Brazil	3	1	1	1	7 - 2	4
4.	Haiti	3	0	0	3	1 - 12	0

GROUP C

05.06.2016	Chicago	Jamaica - Venezuela	0-1(0-1)
05.06.2016	Glendale	Mexico - Uruguay	3-1(1-0)
09.06.2016	Philadelphia	Uruguay - Venezuela	0-1(0-1)
09.06.2016	Pasadena	Mexico - Jamaica	2-0(1-0)
13.06.2016	Houston	Mexico - Venezuela	1-1(0-1)
13.06.2016	Santa Clara	Uruguay - Jamaica	3-0(1-0)

FINAL STANDINGS

1.	**Mexico**	3	2	1	0	6 - 2	7
2.	**Venezuela**	3	2	1	0	3 - 1	7
3.	Uruguay	3	1	0	2	4 - 4	3
4.	Jamaica	3	0	0	3	0 - 6	0

GROUP D

06.06.2016	Orlando	Panama - Bolivia	2-1(1-0)
06.06.2016	Santa Clara	Argentina - Chile	2-1(0-0)
10.06.2016	Foxborough	Chile - Bolivia	2-1(0-0)
10.06.2016	Chicago	Argentina - Panama	5-0(1-0)
14.06.2016	Philadelphia	Chile - Panama	4-2(2-1)
14.06.2016	Seattle	Argentina - Bolivia	3-0(3-0)

FINAL STANDINGS

1. **Argentina**	3	3	0	0	10	-	1	9
2. **Chile**	3	2	0	1	7	-	5	6
3. Panama	3	1	0	2	4	-	10	3
4. Bolivia	3	0	0	3	2	-	7	0

QUARTER-FINALS

16.06.2016	Seattle	United States - Ecuador	2-1(1-0)
17.06.2016	East Rutherford	Peru - Colombia	0-0; 2-4 on penalties
18.06.2016	Foxborough	Argentina - Venezuela	4-1(2-0)
18.06.2016	Santa Clara	Mexico - Chile	0-7(0-2)

SEMI-FINALS

21.06.2016	Houston	United States - Argentina	0-4(0-2)
22.06.2016	Chicago	Colombia - Chile	0-2(0-2)

3rd PLACE PLAY-OFF

25.06.2016	Glendale	United States - Colombia	0-1(0-1)

FINAL

26.06.2016, 45th Copa América, Final
MetLife Stadium, East Rutherford (United States); Attendance- 82,026
Referee- Héber Roberto Lopes (Brazil)
CHILE - ARGENTINA   **0-0; 4-2 penalties**
CHI: Claudio Andrés Bravo Muñoz, Gonzalo Alejandro Jara Reyes, Mauricio Aníbal Isla Isla, Marcelo Alfonso Díaz Rojas, Arturo Erasmo Vidal Pardo, José Pedro Fuenzalida Gana (80.Edson Raúl Puch Cortés), Gary Alexis Medel Soto, Charles Mariano Aránguiz Sandoval, Jean André Emanuel Beausejour Coliqueo, Eduardo Jesús Vargas Rojas (109.Nicolás Ignacio Castillo Mora), Alexis Alejandro Sánchez Sánchez (104.Francisco Andrés Silva Gajardo). Trainer: Juan Antonio Pizzi Torroja (Argentina).
ARG: Sergio Germán Romero, Gabriel Iván Mercado, Nicolás Hernán Gonzalo Otamendi, Faustino Marcos Alberto Rojo, Ramiro José Funes Mori, Javier Alejandro Mascherano, Lucas Rodrigo Biglia, Ángel Fabián Di María Hernández (57.Claudio Matías Kranevitter), Éver Maximiliano David Banega (111.Érik Manuel Lamela), Lionel Andrés Messi, Gonzalo Gerardo Higuaín (70.Sergio Leonel Agüero del Castillo). Trainer: Gerardo Daniel Martino.
Penalties: Arturo Erasmo Vidal Pardo (saved); Lionel Andrés Messi (missed); Nicolás Ignacio Castillo Mora 1-0; Javier Alejandro Mascherano 1-1; Charles Mariano Aránguiz Sandoval 2-1; Sergio Leonel Agüero del Castillo 2-2; Jean André Emanuel Beausejour Coliqueo 3-2; Lucas Rodrigo Biglia (saved); Francisco Andrés Silva Gajardo 4-2.
Sent off: Marcelo Alfonso Díaz Rojas (28), Faustino Marcos Alberto Rojo (43).

Best goalscorer: Eduardo Jesús Vargas Rojas (Chile) – 6 goals

2016 COPA AMÉRICA SQUADS

ARGENTINA

	Name	DOB	Club	M	G
		Goalkeepers			
1	Sergio Germán Romero	22.02.1987	UC Sampdoria Genoa (ITA)	6	0
12	Nahuel Ignacio Guzmán Palomeque	10.02.1986	CF Tigres de la UA de Nuevo León (MEX)]	0	0
23	Mariano Gonzalo Andújar	30.07.1983	Club Estudiantes de La Plata	0	0
		Defenders			
2	Jonathan Ramón Maidana	29.07.1985	CA River Plate Buenos Aires	1	0
3	Facundo Sebastián Roncaglia	10.02.1987	ACF Fiorentina (ITA)	1	0
4	Gabriel Iván Mercado	18.03.1987	CA River Plate Buenos Aires	5	0
13	Ramiro José Funes Mori	05.03.1991	Everton FC Liverpool (ENG)	6	0
15	Víctor Leandro Cuesta	19.11.1988	CA Independiente Avellaneda	2	1
16	Faustino Marcos Alberto Rojo	20.03.1990	Manchester United FC (ENG)	5	0
17	Nicolás Hernán Gonzalo Otamendi	12.02.1988	Manchester City FC (ENG)	6	1
		Midfielders			
5	Claudio Matías Kranevitter	21.05.1993	Club Atlético de Madrid (ESP)	3	0
6	Lucas Rodrigo Biglia	30.01.1986	SS Lazio Roma (ITA)	4	0
7	Ángel Fabián Di María Hernández	14.02.1988	Paris Saint-Germain FC (FRA)	3	1
8	Augusto Matías Fernández	10.04.1986	Club Atlético de Madrid (ESP)	4	0
14	Javier Alejandro Mascherano	08.06.1984	FC Barcelona (ESP)	5	0
18	Érik Manuel Lamela	04.03.1992	Tottenham Hotspur FC (ENG)	6	2
19	Éver Maximiliano David Banega	29.06.1988	Sevilla FC (ESP)	6	1
20	Osvaldo Nicolás Fabián Gaitán	23.02.1988	Sport Lisboa e Benfica (POR)	3	0
21	Javier Matías Pastore	20.06.1989	Paris Saint-Germain FC (FRA)	0	0
		Forwards			
9	Gonzalo Gerardo Higuaín	10.12.1987	SSC Napoli (ITA)	6	4
10	Lionel Andrés Messi	24.06.1987	FC Barcelona (ESP)	5	5
11	Sergio Leonel Agüero Del Castillo	02.06.1988	Manchester City FC (ENG)	5	1
22	Ezequiel Iván Lavezzi	03.05.1985	Hebei China Fortune Qinhuangdao (CHN)	2	2
		Trainer			
	Gerardo Daniel Martino	20.11.1962			

BOLIVIA

Name	DOB	Club	M	G
Goalkeepers				
1 Carlos Emilio Lampe Porras	17.03.1987	Club Sport Boys Warnes	3	0
12 Romel Javier Quiñónez Suárez	25.06.1992	Club Bolívar La Paz	0	0
23 Guillermo Vizcarra Bruckner	07.02.1993	CD Oriente Petrolero Santa Cruz	0	0
Defenders				
2 Erwin Mario Saavedra Flores	22.02.1996	Club Bolívar La Paz	2	0
3 Luis Alberto Gutiérrez Herrera	15.01.1985	Hapoel Ironi Kiryat Shmona (ISR)	2	0
5 Nelson David Cabrera Báez	22.04.1983	Club Bolívar La Paz	2	0
13 Alejandro Meleán Villarroel	16.06.1987	CD Oriente Petrolero Santa Cruz	3	0
17 Marvin Orlando Bejarano Jiménez	06.03.1988	CD Oriente Petrolero Santa Cruz	2	0
21 Ronald Eguino Segovia	20.02.1988	Club Bolívar La Paz	2	0
22 Edward Mauro Zenteno Álvarez	05.12.1984	Club Jorge Wilstermann	3	0
Midfielders				
4 Danny Brayhan Bejarano Yañez	03.01.1994	Club Bolívar La Paz	2	0
6 Wálter Veizaga Argote	22.04.1986	Club The Strongest La Paz	1	0
8 Martin Ramiro Guillermo Smedberg-Dalence	10.05.1984	IFK Göteborg (SWE)	3	0
10 Jhasmani Campos Dávalos	10.05.1988	Kazma Sporting Club (KUW)	3	1
14 Raúl Castro Peñaloza	19.08.1989	Club The Strongest La Paz	1	0
15 Pedro Jesús Azogue Rojas	06.12.1994	CD Oriente Petrolero Santa Cruz	2	0
16 Cristhian Machado Pinto	20.06.1990	Club Jorge Wilstermann	1	0
20 Fernando Javier Saucedo Pereyra	15.03.1990	Club Jorge Wilstermann	1	0
Forwards				
7 Juan Carlos Arce Justiniano	10.04.1985	Club Bolívar La Paz	3	1
9 Yasmani Georges Duk Arandia	01.03.1988	New York Cosmos (USA)	3	0
11 Gilbert Álvarez Vargas	07.04.1992	Club Bamin Real Potosí	0	0
18 Rodrigo Luis Ramallo Cornejo	14.10.1990	Club The Strongest La Paz	2	0
19 Carmelo Algarañaz Arnez	27.01.1996	CA Petrolero del Gran Chaco	1	0
Trainer				
Julio César Baldivieso Rico	02.12.1971			

BRAZIL

Name	DOB	Club	M	G
Goalkeepers				
1 Alisson Ramses Becker	02.10.1992	SC Internacional Porto Alegre	3	0
12 Diego Alves Carreira	24.06.1985	CF Valencia (ESP)	0	0
23 Marcelo Grohe	13.01.1987	Grêmio Foot-Ball Porto Alegrense	0	0
Defenders				
2 Daniel Alves da Silva	06.05.1983	FC Barcelona (ESP)	3	0
3 João Miranda de Souza Filho	07.09.1984	FC Internazionale Milano (ITA)	1	0
4 Carlos Gilberto Nascimento Silva "Gil II"	12.06.1987	Shandong Luneng Taishan FC (CHN)	3	0
6 Filipe Luís Kasmirski	09.08.1985	Club Atlético de Madrid (ESP)	3	0
13 Marcos Aoás Corrêa „Marquinhos III"	14.05.1994	Paris Saint-Germain FC (FRA)	2	0
14 Rodrigo Caio Coquette Russo	17.08.1993	São Paulo FC	0	0
15 Fábio Henrique Tavares "Fabinho"	23.10.1993	AS Monaco FC (FRA)	0	0
16 Douglas dos Santos Justino de Melo	22.03.1994	Clube Atlético Mineiro	0	0
Midfielders				
5 Carlos Henrique Casemiro	23.02.1992	Real Madrid CF (ESP)	2	0
7 Paulo Henrique Chagas de Lima "Ganso"	12.10.1989	São Paulo FC	0	0
8 Elias Mendes Trindade	16.05.1985	SC Corinthians Paulista São Paulo	3	0
10 Lucas Rafael Araújo Lima	09.07.1990	Santos FC	3	1
17 Walace Souza Silva	04.04.1995	Grêmio Foot-Ball Porto Alegrense	1	0
18 Renato Soares de Oliveira Augusto	08.02.1988	Beijing Guoan FC (CHN)	3	2
19 Willian Borges da Silva	09.08.1988	Chelsea FC London (ENG)	3	0
20 Lucas Rodrigues Moura da Silva	13.08.1992	Paris Saint-Germain FC (FRA)	1	0
22 Philippe Coutinho Correia	12.06.1992	Liverpool FC (ENG)	3	3
Forwards				
9 Jonas Gonçalves Oliveira	01.04.1984	Sport Lisboa e Benfica (POR)	2	0
11 Gabriel Barbosa Almeida "Gabriel III"	30.08.1996	Santos FC	3	1
21 Givanildo Vieira de Souza „Hulk"	25.07.1986	FK Zenit St. Petersburg (RUS)	1	0
Trainer				
Carlos Caetano Bledorn Verri "Dunga"	31.10.1963			

CHILE

	Name	DOB	Club	M	G
	Goalkeepers				
1	Claudio Andrés Bravo Muñoz	13.04.1983	FC Barcelona (ESP)	6	0
12	Cristopher Benjamín Toselli Ríos	15.06.1988	CD Universidad Católica Santiago	0	0
23	Johnny Cristian Herrera Muñoz	09.05.1981	Club Universidad de Chile Santiago	0	0
	Defenders				
2	Eugenio Esteban Mena Reveco	18.07.1988	São Paulo FC (BRA)	1	0
3	Enzo Pablo Roco Roco	16.08.1992	RCD Espanyol Barcelona (ESP)	2	0
4	Mauricio Aníbal Isla Isla	12.06.1988	Olympique de Marseille (FRA)	5	0
13	Erick Antonio Pulgar Farfán	15.01.1994	Bologna FC (ITA)	1	0
17	Gary Alexis Medel Soto	03.08.1987	FC Internazionale Milano (ITA)	6	0
18	Gonzalo Alejandro Jara Reyes	29.08.1985	Club Universidad de Chile Santiago	6	0
	Midfielders				
5	Francisco Andrés Silva Gajardo	11.02.1986	Chiapas FC Tuxtla Gutiérrez (MEX)	3	0
6	José Pedro Fuenzalida Gana	22.02.1985	CD Universidad Católica Santiago	6	2
8	Arturo Erasmo Vidal Pardo	22.05.1987	FC Bayern München (GER)	5	2
10	Pedro Pablo Hernández	24.10.1986	RC Celta de Vigo (ESP)	3	0
14	Mark Dennis González Hoffmann	10.07.1984	Sport Club do Recife (BRA)	2	0
15	Jean André Emanuel Beausejour Coliqueo	01.06.1984	CSD Colo-Colo Santiago	6	0
20	Charles Mariano Aránguiz Sandoval	17.04.1989	TSV Bayer 06 Leverkusen (GER)	6	1
21	Marcelo Alfonso Díaz Rojas	30.12.1986	RC Celta de Vigo (ESP)	4	0
	Forwards				
7	Alexis Alejandro Sánchez Sánchez	19.12.1988	Arsenal FC London (ENG)	6	3
9	Mauricio Ricardo Pinilla Ferrera	04.02.1984	Atalanta Bergamasca Calcio (ITA)	2	0
11	Eduardo Jesús Vargas Rojas	20.11.1989	TSG 1899 Hoffenheim (GER)	6	6
16	Nicolás Ignacio Castillo Mora	14.02.1993	CD Universidad Católica Santiago	1	0
19	Fabián Ariel Orellana Valenzuela	27.01.1986	RC Celta de Vigo (ESP)	2	0
22	Edson Raúl Puch Cortés	04.09.1986	LDU de Quito (ECU)	5	2
	Trainer				
	Juan Antonio Pizzi Torroja (Argentina)	07.06.1968			

COLOMBIA

Name	DOB	Club	M	G
Goalkeepers				
1 David Ospina Ramírez	31.08.1988	Arsenal FC London (ENG)	5	0
12 Róbinson Zapata Montaño	30.09.1978	Club Independiente Santa Fe	1	0
23 Cristian Harson Bonilla Garzón	02.06.1993	Club Atlético Nacional Medellín	0	0
Defenders				
2 Cristián Eduardo Zapata Valencia	30.09.1986	Milan AC (ITA)	5	1
3 Yerry Fernando Mina González	23.09.1994	Club Independiente Santa Fe	2	0
4 Santiago Arias Naranjo	13.01.1992	PSV Eindhoven (NED)	5	0
14 Felipe Aguilar Mendoza	20.01.1993	Club Atlético Nacional Medellín	1	0
15 John Stefan Medina Ramírez	14.06.1992	CF Pachuca (MEX)	2	0
18 Frank Yusty Fabra Palacios	22.02.1991	CA Boca Juniors Buenos Aires (ARG)	4	1
19 Farid Alfonso Díaz Rhenals	20.07.1983	Club Atlético Nacional Medellín	3	0
22 Jeison Fabián Murillo Cerón	27.05.1992	FC Internazionale Milano (ITA)	5	0
Midfielders				
5 Guillermo León Celis Montiel	08.05.1993	CDP Junior Barranquilla	4	0
6 Carlos Alberto Sánchez Moreno	06.02.1986	Aston Villa FC Birmingham (ENG)	4	0
8 Edwin Andrés Cardona Bedoya	08.12.1992	CF Monterrey (MEX)	6	0
10 James David Rodríguez Rubio	12.07.1991	Real Madrid CF (ESP)	6	2
11 Juan Guillermo Cuadrado Bello	26.05.1988	Juventus FC Torino (ITA)	6	0
13 Sebastian Pérez Cardona	29.03.1993	Club Atlético Nacional Medellín	5	0
16 Daniel Alejandro Torres Rojas	15.11.1989	CD Independiente Medellín	5	0
20 Andrés Felipe Roa Estrada	25.05.1993	Asociación Deportivo Cali	0	0
Forwards				
7 Carlos Arturo Bacca Ahumada	31.12.1984	Milan AC (ITA)	5	2
9 Roger Beyker Martínez Tobinson	23.06.1994	Racing Club de Avellaneda (ARG)	3	0
17 Dayro Mauricio Moreno Galindo	16.09.1985	Club Tijuana Xoloitzcuintles de Caliente (MEX)	3	0
21 Marlos Moreno Durán	20.09.1996	Club Atlético Nacional Medellín	4	1
Trainer				
José Néstor Pékerman (Argentina)	03.09.1949			

ECUADOR

Name	DOB	Club	M	G
Goalkeepers				
1 Máximo Orlando Banguera Valdivieso	16.12.1985	Barcelona SC Guayaquil	0	0
12 Esteban Javier Dreer	11.11.1981	CS Emelec Guayaquil	1	0
22 Alexander Domínguez Carabalí	05.06.1987	LDU de Quito	3	0
Defenders				
2 Arturo Rafael Mina Meza	08.10.1990	CSD Independiente del Valle	4	0
3 Frickson Rafael Erazo Vivero	05.05.1988	Clube Atlético Mineiro Belo Horizonte (BRA)	2	0
4 Juan Carlos Paredes Reasco	08.07.1987	Watford FC (ENG)	4	0
5 Cristian Leonel Ramírez Zambrano	12.08.1994	Ferencvárosi TC (HUN)	1	0
10 Walter Orlando Ayoví Corozo	11.08.1979	CF Monterrey (MEX)	4	0
20 Robert Abel Arboleda Escobar	22.10.1991	CD Universidad Católica Quito	0	0
21 Gabriel Eduardo Achilier Zurita	24.03.1985	CS Emelec Guayaquil	2	0
Midfielders				
6 Christian Fernando Noboa Tello	09.04.1985	FK Rostov (RUS)	4	1
7 Jefferson Antonio Montero Vite	01.09.1989	Swansea City AFC (WAL)	4	0
8 Fernando Vicente Gaibor Orellana	08.10.1991	CS Emelec Guayaquil	3	0
9 Fidel Francisco Martínez Tenorio	15.02.1990	CF UNAM Ciudad de México (MEX)	3	0
11 Michael Antonio Arroyo Mina	23.04.1987	CF América Ciudad de México (MEX)	1	1
14 Ángel Israel Mena Delgado	21.01.1988	CS Emelec Guayaquil	0	0
15 Pedro Sebastián Larrea Arellano	21.05.1986	CD El Nacional Quito	0	0
16 Luis Antonio Valencia Mosquera	04.08.1985	Manchester United FC (ENG)	4	1
18 Carlos Armando Gruezo Arboleda	19.04.1995	FC Dallas (USA)	4	0
19 Juan Ramón Cazares Sevillano	03.04.1992	Clube Atlético Mineiro Belo Horizonte (BRA)	2	0
Forwards				
13 Enner Remberto Valencia Lastra	11.04.1989	West Ham United FC (ENG)	4	2
17 Jaime Javier Ayoví Corozo	21.02.1988	CD Godoy Cruz (ARG)	4	1
23 Miller Alejandro Bolaños Reasco	01.06.1990	Grêmio Foot-Ball Porto-Alegrense (BRA)	2	1
Trainer				
Gustavo Domingo Quinteros Desabato (Bolivia)	15.02.1965			

PARAGUAY

	Name	DOB	Club	M	G
	Goalkeepers				
1	Justo Wilmar Villar Viveros	30.06.1977	CSD Colo-Colo Santiago (CHI)	3	0
12	Antony Domingo Silva Cano	27.02.1984	Club Cerro Porteño Asunción	0	0
22	Diego Daniel Barreto Cáceres	16.07.1981	Club Olimpia Asunción	0	0
	Defenders				
2	Fabián Cornelio Balbuena González	23.08.1991	SC Corinthians Paulista São Paulo (BRA)	1	0
3	Gustavo Raúl Gómez Portillo	06.05.1993	CA Lanús (ARG)	3	0
4	Iván Rodrigo Piris Leguizamón	10.03.1989	Udinese Calcio (ITA)	0	0
5	Bruno Amílcar Valdez	06.10.1992	Club Cerro Porteño Asunción	2	0
6	Miguel Ángel Ramón Samudio	24.08.1986	CF América Ciudad de México (MEX)	3	0
13	Blás Miguel Riveros Galeano	03.02.1998	Club Olimpia Asunción	0	0
14	Paulo César da Silva Barrios	01.02.1980	Deportivo Toluca FC (MEX)	3	0
	Midfielders				
8	Juan Rodrigo Rojas Ovelar	09.04.1988	Club Cerro Porteño Asunción	1	0
16	Celso Fabián Ortíz Gamarra	26.01.1989	AZ'67 Alkmaar (NED)	3	0
17	Miguel Ángel Almirón Rejala	13.11.1993	CA Lanús (ARG)	2	0
20	Víctor Hugo Ayala Núñez	01.01.1988	CA Lanús (ARG)	2	1
21	Óscar David Romero Villamayor	04.07.1992	Racing Club de Avellaneda (ARG)	2	0
23	Robert Ayrton Piris Da Motta	26.07.1994	Club Olimpia Asunción	2	0
	Forwards				
7	Jorge Daniel Benítez Guillén	02.09.1992	Cruz Azul FC Ciudad de México (MEX)	3	0
9	Arnaldo Antonio Sanabria Ayala	04.03.1996	Real Sporting de Gijón (ESP)	2	0
10	Derlis Alberto González Galeano	20.03.1994	FK Dynamo Kyiv (UKR)	2	0
11	Édgar Milciades Benítez Santander	08.11.1987	Querétaro FC (MEX)	2	0
15	Juan Manuel Iturbe Arévalos	04.06.1993	AFC Bournemouth (ENG)	2	0
18	Nelson Antonio Haedo Valdéz	28.11.1983	Seattle Sounders FC (USA)	1	0
19	Darío Lezcano Mendoza	30.06.1990	FC Ingolstadt 04 (GER)	3	0
	Trainer				
	Ramón Ángel Díaz (Argentina)	29.08.1959			

PERU

Name	DOB	Club	M	G
Goalkeepers				
1 Pedro David Gallese Quiroz	23.04.1990	Club Juan Aurich de Chiclayo	4	0
12 Diego Alonso Penny Valdez	22.04.1984	Club Sporting Cristal Lima	0	0
23 Carlos Alberto Cáceda Ollaguez	27.09.1991	Club Universitario de Deportes Lima	0	0
Defenders				
2 Alberto Junior Rodríguez Valdelomar	31.03.1984	Club Sporting Cristal Lima	4	0
3 Aldo Sebastián Corzo Chávez	20.04.1989	CD Universidad San Martín de Porres	2	0
4 Pedro Paulo Requena Cisneros	24.01.1991	CSCD Universidad César Vallejo Trujillo	2	0
6 Miguel Ángel Trauco Saavedra	25.08.1992	Club Universitario de Deportes Lima	4	0
15 Christian Guillermo Martín Ramos Garagay	04.11.1988	Club Juan Aurich de Chiclayo	4	0
17 Luis Alfonso Abram Ugarelli	27.02.1996	Club Sporting Cristal Lima	0	0
19 Víctor Yoshimar Yotún Flores	07.04.1990	Malmö FF (SWE)	3	0
22 Jair Edson Céspedes Zegarra	22.05.1984	Club Sporting Cristal Lima	0	0
Midfielders				
5 Adán Adolfo Balbín Silva	13.10.1986	Club Universitario de Deportes Lima	1	0
10 Christian Alberto Cueva Bravo	23.11.1991	Deportivo Toluca FC (MEX)	4	1
13 Renato Tapia Cortijo	28.07.1995	FC Twente Enschede (NED)	4	0
14 Armando André Alfageme Palacios	03.11.1990	Club Centro Deportivo Municipal Lima	0	0
16 Óscar Christopher Vílchez Soto	21.01.1986	Club Alianza Lima	4	0
18 Cristian Benavente Bristol	19.05.1994	R Charleroi SC (BEL)	1	0
21 Alejandro Hohberg González	20.09.1991	CD Universidad César Vallejo Trujillo	2	0
Forwards				
7 Luiz Humberto da Silva Silva	28.12.1996	PSV Eindhoven (NED)	1	0
8 Andy Jorman Polo Andrade	29.09.1994	Club Universitario de Deportes Lima	4	0
9 José Paolo Guerrero Gonzales	01.01.1984	CR Flamengo Rio de Janeiro (BRA)	4	1
11 Raúl Mario Ruidíaz Misitich	25.07.1990	Club Universitario de Deportes Lima	3	1
20 Édison Michael Flores Peralta	15.05.1994	Club Universitario de Deportes Lima	4	1
Trainer				
Ricardo Alberto Gareca Nardi (Argentina)	10.02.1958			

URUGUAY

Name	DOB	Club	M	G
Goalkeepers				
1 Néstor Fernando Muslera Micol	16.06.1986	SK Galatasaray Istanbul (TUR)	3	0
12 Martín Nicolás Campaña Delgado	29.05.1989	CA Independiente Avellaneda (ARG)	0	0
23 Martín Andrés Silva Leites	25.03.1983	CR Vasco da Gama Rio de Janeiro (BRA)	0	0
Defenders				
2 José María Giménez De Vargas	20.01.1995	Club Atlético de Madrid (ESP)	3	0
3 Diego Roberto Godín Leal	16.02.1986	Club Atlético de Madrid (ESP)	3	1
4 Jorge Ciro Fucile Perdomo	19.11.1984	Club Nacional de Football Montevideo	0	0
6 Álvaro Daniel Pereira Barragán	28.01.1985	Getafe CF (ESP)	1	0
13 Mauricio Bernardo Victorino Dansilo	11.10.1982	Club Nacional de Football Montevideo	0	0
16 Victorio Maximiliano Pereira Páez	08.06.1984	FC do Porto (POR)	3	0
18 Mathías Corujo Díaz	08.05.1986	Club Universidad de Chile Santiago (CHI)	2	1
19 Gastón Alexis Silva Perdomo	05.03.1994	Torino FC (ITA)	2	0
Midfielders				
5 Carlos Andrés Sánchez Arcosa	02.12.1984	CF Monterrey (MEX)	3	0
7 Diego Sebastián Laxalt Suárez*	07.02.1993	Genoa CFC (ITA)	0	0
10 Gastón Ezequiel Ramírez Pereyra	02.12.1990	Middlesbrough FC (ENG)	3	0
14 Marcelo Nicolás Lodeiro Benítez	21.03.1989	CA Boca Juniors Buenos Aires (ARG)	3	0
15 Matías Vecino Falero	24.08.1991	AC Fiorentina Firenze (ITA)	3	0
17 Egidio Raúl Arévalo Ríos	01.01.1982	Atlas FC Guadalajara (MEX)	3	0
20 Álvaro Rafael González Luengo	29.10.1984	Atlas FC Guadalajara (MEX)	3	0
Forwards				
8 Abel Mathías Hernández Platero	08.08.1990	Hull City AFC (ENG)	2	1
9 Luis Alberto Suárez Díaz	24.01.1987	FC Barcelona (ESP)	0	0
11 Christian Ricardo Stuani Curbelo	12.10.1986	Middlesbrough FC (ENG)	1	0
21 Edinson Roberto Cavani Gómez	14.02.1987	Paris Saint-Germain FC (FRA)	3	0
22 Diego Alejandro Rolán Silva	24.03.1993	FC Girondins de Bordeaux (FRA)	2	0
Trainer				
Óscar Wáshington Tabárez Sclavo	03.03.1947			

*Please note: Cristian Gabriel Rodríguez Barotti was replaced due to injury by Diego Sebastián Laxalt Suárez .

VENEZUELA

Name	DOB	Club	M	G
Goalkeepers				
1 José David Contreras Verna	20.10.1994	Deportivo Táchira FC San Cristóbal	0	0
12 Daniel Hernández Santos	21.10.1985	CD Tenerife (ESP)	4	0
23 Wuilker Faríñez Aray	15.02.1998	Caracas FC	0	0
Defenders				
2 Wilker José Ángel Romero	18.03.1993	Deportivo Táchira FC San Cristóbal	4	0
3 Mikel Villanueva Álvarez	14.04.1993	Málaga CF (ESP)	0	0
4 Oswaldo Augusto Vizcarrondo Araujo	31.05.1984	FC Nantes (FRA)	3	0
6 José Manuel Velázquez Rodríguez	08.09.1990	FC Arouca (POR)	2	1
16 Roberto José Rosales Altuve	20.11.1988	Málaga CF (ESP)	2	0
20 Rolf Günther Feltscher Martínez	06.10.1990	MSV Duisburg (GER)	4	0
21 Alexander David González Sibulo	13.09.1992	SD Huesca (ESP)	4	0
Midfielders				
5 Arquímedes José Figuera Salazar	06.10.1989	Deportivo La Guaira Caracas	3	0
8 Tomás Eduardo Rincón Hernández	13.01.1988	Genoa CFC (ITA)	4	0
10 Rómulo Otero Vásquez	09.11.1992	CD Huachipato Talcahuano (CHI)	3	0
11 Juan Pablo Añor Acosta	24.01.1994	Málaga CF (ESP)	1	0
13 Luis Manuel Seijas Gunther	23.06.1986	Independiente Santa Fe (COL)	4	0
14 Carlos Adrián Suárez Valdéz	26.04.1992	Carabobo FC Valencia	0	0
15 Alejandro Abraham Guerra Morales	09.07.1985	Club Atlético Nacional Medellín (COL)	4	0
22 Yangel Clemente Herrera Ravelo	07.01.1997	Atlético Venezuela CF Caracas	0	0
Forwards				
7 Yonathan Alexander del Valle Rodríguez	28.05.1990	Kasımpaşa Spor Kulübü (TUR)	2	0
9 José Salomón Rondón Giménez	16.09.1989	West Bromwich Albion FC (ENG)	4	2
17 Josef Alexander Martínez Mencia	19.05.1993	Torino FC (ITA)	4	1
18 Adalberto Peñaranda Maestre	31.05.1997	Granada CF (ESP)	3	0
19 Christian Robert Santos Kwasniewski	24.03.1988	NEC Nijmegen (NED)	1	0
Trainer				
Rafael Edgar Dudamel Ochoa	07.01.1973			

FIFA WORLD CUP 2018

The 21th FIFA World Championship will be organized between 2015 and 2018, its final tournament will be hosted by Russia between 14 June – 15 July 2018.
All 10 FIFA-affiliated CONMEBOL national associations have entered the World Cup qualifiers. The format of the qualifying tournament is identical to the previous five editions., all national teams will play a home and away match against each other competing team. The top-4 national teams will qualify automatically for the Final Tournament. The 5th placed South American team will play against the 5th placed team from the Asian Football Confederation Qualifiers.

QUALIFYING MATCHES RESULTS

		Round 1	
08.10.2015	La Paz	Bolivia - Uruguay	0-2(0-1)
08.10.2015	Barranquilla	Colombia - Peru	2-0(1-0)
08.10.2015	Ciudad Guayana	Venezuela - Paraguay	0-1(0-0)
08.10.2015	Santiago	Chile - Brazil	2-0(0-0)
08.10.2015	Buenos Aires	Argentina - Ecuador	0-2(0-0)
		Round 2	
13.10.2015	Quito	Ecuador - Bolivia	2-0(0-0)
13.10.2015	Montevideo	Uruguay - Colombia	3-0(1-0)
13.10.2015	Asunción	Paraguay - Argentina	0-0
13.10.2015	Fortaleza	Brazil - Venezuela	3-1(2-0)
13.10.2015	Lima	Peru - Chile	3-4(2-3)

Round 3
12.11.2015	La Paz	Bolivia - Venezuela	4-2(3-1)
12.11.2015	Quito	Ecuador - Uruguay	2-1(1-0)
12.11.2015	Santiago	Chile - Colombia	1-1(1-0)
13.11.2015	Buenos Aires	Argentina - Brazil	1-1(1-0)
13.11.2015	Lima	Peru - Paraguay	1-0(1-0)

Round 4
17.11.2015	Barranquilla	Colombia - Argentina	0-1(0-1)
17.11.2015	Ciudad Guayana	Venezuela - Ecuador	1-3(0-2)
17.11.2015	Asunción	Paraguay - Bolivia	2-1(0-0)
17.11.2015	Montevideo	Uruguay - Chile	3-0(1-0)
17.11.2015	Salvador	Brazil - Peru	3-0(1-0)

Round 5
24.03.2016	La Paz	Bolivia - Colombia	2-3(0-2)
24.03.2016	Quito	Ecuador - Paraguay	2-2(1-1)
24.03.2016	Santiago	Chile - Argentina	1-2(1-2)
24.03.2016	Lima	Peru - Venezuela	2-2(0-1)
25.03.2016	Recife	Brazil - Uruguay	2-2(2-1)

Round 6
29.03.2016	Barranquilla	Colombia - Ecuador	3-1(1-0)
29.03.2016	Montevideo	Uruguay - Peru	1-0(0-0)
29.03.2016	Córdoba	Argentina - Bolivia	2-0(2-0)
29.03.2016	Barinas	Venezuela - Chile	1-4(1-1)
29.03.2016	Asunción	Paraguay - Brazil	2-2(1-0)

STANDINGS

1.	Uruguay	6	4	1	1	12	-	4	13
2.	Ecuador	6	4	1	1	12	-	7	13
3.	Argentina	6	3	2	1	6	-	4	11
4.	Chile	6	3	1	2	12	-	10	10
5.	Colombia	6	3	1	2	9	-	8	10
6.	Brazil	6	2	3	1	11	-	8	9
7.	Paraguay	6	2	3	1	7	-	6	9
8.	Peru	6	1	1	4	6	-	12	4
9.	Bolivia	6	1	0	5	7	-	13	3
10.	Venezuela	6	0	1	5	7	-	17	1

NEXT MATCHES

Round 7
01.09.2016	Colombia – Venezuela
01.09.2016	Paraguay – Chile
01.09.2016	Argentina – Uruguay
01.09.2016	Ecuador – Brazil
01.09.2016	Bolivia – Peru

Round 8
06.09.2016	Chile – Bolivia
06.09.2016	Brazil – Colombia
06.09.2016	Venezuela – Argentina
06.09.2016	Peru – Ecuador
06.09.2016	Uruguay – Paraguay

Round 9
06.10.2016	Paraguay – Colombia
06.10.2016	Brazil – Bolivia
06.10.2016	Ecuador – Chile
06.10.2016	Peru – Argentina
06.10.2016	Uruguay – Venezuela

Round 10
11.10.2016	Colombia – Uruguay
11.10.2016	Chile – Peru
11.10.2016	Argentina – Paraguay
11.10.2016	Venezuela – Brazil
11.10.2016	Bolivia – Ecuador

Round 11
10.11.2016	Colombia – Chile
10.11.2016	Paraguay – Peru
10.11.2016	Brazil – Argentina
10.11.2016	Venezuela – Bolivia
10.11.2016	Uruguay – Ecuador

Round 12
15.11.2016	Chile – Uruguay
15.11.2016	Argentina – Colombia
15.11.2016	Ecuador – Venezuela
15.11.2016	Bolivia – Paraguay
15.11.2016	Peru – Brazil

Round 13
23.03.2017	Colombia – Bolivia
23.03.2017	Paraguay – Ecuador
23.03.2017	Argentina – Chile
23.03.2017	Venezuela – Peru
23.03.2017	Uruguay – Brazil

Round 14
28.03.2017	Chile – Venezuela
28.03.2017	Brazil – Paraguay
28.03.2017	Ecuador – Colombia
28.03.2017	Bolivia – Argentina
28.03.2017	Peru – Uruguay

Round 15
31.08.2017	Chile – Paraguay
31.08.2017	Brazil – Ecuador
31.08.2017	Venezuela – Colombia
31.08.2017	Peru – Bolivia
31.08.2017	Uruguay – Argentina

Round 16
05.09.2017	Colombia – Brazil
05.09.2017	Paraguay – Uruguay
05.09.2017	Argentina – Venezuela
05.09.2017	Ecuador – Peru
05.09.2017	Bolivia – Chile

Round 17
05.10.2017	Colombia – Paraguay
05.10.2017	Chile – Ecuador
05.10.2017	Argentina – Peru
05.10.2017	Venezuela – Uruguay
05.10.2017	Bolivia – Brazil

Round 18
10.10.2017	Paraguay – Venezuela
10.10.2017	Brazil – Chile
10.10.2017	Ecuador – Argentina
10.10.2017	Peru – Colombia
10.10.2017	Uruguay – Bolivia

SOUTH AMERICAN CLUB COMPETITIONS 2015

COPA LIBERTADORES 2015

The 2015 Copa Libertadores de América (officially called „2015 Copa Bridgestone Libertadores de América" for sponsorship reasons) was the 56th edition of the Copa Libertadores, CONMEBOL's and South Americas most important club tournament.

List of participating clubs:

Argentina (6 teams)	Club Atlético San Lorenzo de Almagro (*title holders*)
	CA River Plate Buenos Aires
	Racing Club de Avellaneda
	CA Boca Juniors Buenos Aires
	CA Huracán Buenos Aires
	Club Estudiantes de La Plata
Bolivia (3 teams)	CD Universitario Sucre
	CD San José Oruro
	Club The Strongest La Paz
Brazil (5 teams)	Cruzeiro Esporte Clube Belo Horizonte
	Clube Atlético Mineiro Belo Horizonte
	São Paulo Futebol Clube
	SC Internacional Porto Alegre
	SC Corinthians Paulista São Paulo
Chile (3 teams)	CSD Colo-Colo Santiago
	Club Universidad de Chile Santiago
	CD Palestino Santiago
Colombia (3 teams)	Club Atlético Nacional Medellín
	Independiente Santa Fe Bogotá
	Corporación Deportiva Once Caldas Manizales
Ecuador (3 teams)	Club Sport Emelec Guayaquil
	Barcelona SC Guayaquil
	Club Social y Deportivo Independiente Sangolquí
Paraguay (3 teams)	Club Libertad Asunción
	Club Guaraní Asunción
	Club Cerro Porteño Asunción
Peru (3 teams)	Club Sporting Cristal Lima
	Club Juan Aurich de Chiclayo
	Club Alianza Lima
Uruguay (3 teams)	Danubio FC Montevideo
	Montevideo Wanderers FC
	Club Nacional de Football Montevideo
Venezuela (3 teams)	Zamora Fútbol Club
	AC CD Mineros de Guayana Puerto Ordaz
	Deportivo Táchira FC San Cristóbal
Mexico (3 teams)	CF Tigres de la Universidad Autónoma de Nuevo León
	CSD Atlas Guadalajara
	Club Atlético Monarcas Morelia

PRELIMINARY ROUND

03.02.2015, Estadio „Alejandro Villanueva", Lima
Referee: José Hernando Buitrago Arango (Colombia)
Club Alianza Lima - CA Huracán Buenos Aires   0-4(0-2)
Alianza: George Patrick Forsyth Sommer, Marcos David Miers, Miguel Gianpierre Araújo Blanco, Luis Enrique Trujillo Ortíz, Pablo Nicolas Míguez Farre, Roberto Carlos Guizasola La Rosa (68.Julio César Landauri Ventura), Paulo César Albarracín García (46.Christian Alberto Cueva Bravo), Junior William Mimbela Cáceres (46.Carlos Alberto Preciado Benítez), Víctor Andrés Cedrón Zurita, Basilio Gabriel Costa Heredia, Mauro Guevgeozián Crespo. Trainer: Guillermo Óscar Sanguinetti Giordano (Uruguay).
Huracán: Marcos Guillermo Díaz, Federico Mancinelli, Eduardo Rodrigo Domínguez, Santiago Echeverría, Luciano Balbi, Patricio Daniel Toranzo, Federico Vismara (82.Lucas Gabriel Favalli), Lucas Villarruel, Alejandro Romero Gamarra, Agustin Gonzalo Torassa (74.Iván Diego Moreno y Fabianesi), Ramón Darío Abila (84.Iván Emilio Borghello). Trainer: Néstor Apuzzo.
Goals: Ramón Darío Abila (4), Alejandro Romero Gamarra (38), Patricio Daniel Toranzo (75, 79).

10.02.2015, Estadio „Tomás Adolfo Ducó", Buenos Aires
Referee: Óscar Maldonado Urey (Bolivia)
CA Huracán Buenos Aires - Club Alianza Lima   0-0
Huracán: Marcos Guillermo Díaz, Federico Mancinelli, Eduardo Rodrigo Domínguez, Martín Hugo Nervo, Luciano Balbi, Patricio Daniel Toranzo (82.Iván Emilio Borghello), Federico Vismara, Lucas Villarruel, Alejandro Romero Gamarra (86.Guillermo Sotelo), Agustin Gonzalo Torassa (72.Iván Diego Moreno y Fabianesi), Ramón Darío Abila. Trainer: Néstor Apuzzo.
Alianza: George Patrick Forsyth Sommer, Marcos David Miers, Miguel Gianpierre Araújo Blanco, Luis Enrique Trujillo Ortíz, Christian Alberto Cueva Bravo (Osmar Noronha Montani), Roberto Carlos Guizasola La Rosa, Pablo Nicolas Míguez Farre, Paulo César Albarracín García, Basilio Gabriel Costa Heredia (Carlos Alberto Preciado Benítez), Julio César Landauri Ventura, Mauro Guevgeozián Crespo. Trainer: Guillermo Óscar Sanguinetti Giordano (Uruguay).
(CA Huracán Buenos Aires won 4-0 on aggregate)

03.02.2015, Estadio „José María Morelos y Pavón", Morelia
Referee: Jesús Valenzuela (Venezuela)
CA Monarcas Morelia - Club The Strongest La Paz   1-1(1-1)
Monarcas: Carlos Felipe Rodríguez Rangel, Marco Antonio Palacios Redorta, Joel Adrián Huiqui Andrade, Daniel Arreola Arguello, Luis Fernando Silva Ochoa, Carlos Alberto Guzmán Fonseca, Carlos Adrián Morales Higuera (58.Yorleys Mena Palacios), Mauro Emiliano Cejas (79.Luis Ángel Morales Rojas), José Hibert Alberto Ruíz Vázquez, David Depetris, Óscar Fernández Monroy (46.Armando Cipriano Zamorano Flores). Trainer: Alfredo Tena Garduño.
The Strongest: Daniel Vaca Tasca, Germán Martín Centurión Marecos, Luis Aníbal Torrico Valverde, Luis Fernando Marteli Dias, Alejandro Saúl Chumacero Bracamonte, Pablo Daniel Escobar Olivetti, Maximiliano Bajter Ugollini (90.Victor Hugo Melgar Bejarano), Ernesto Rubén Cristaldo Santa Cruz, Diego Horacio Wayar Cruz, Raúl Castro Peñaloza, Rodrigo Luis Ramallo Cornejo (90+2.Nelvin Solíz Escalante). Trainer: Néstor Oscar Craviotto (Argentina).
Goals: David Depetris (35) / Pablo Daniel Escobar Olivetti (8).

10.02.2015, Estadio „Hernando Siles Zuazo", La Paz
Referee: Omar Andrés Ponce Manzo (Ecuador)
Club The Strongest La Paz - CA Monarcas Morelia   2-0(0-0)
The Strongest: Daniel Vaca Tasca, Germán Martín Centurión Marecos, Luis Aníbal Torrico Valverde, Luis Fernando Marteli Dias, Alejandro Saúl Chumacero Bracamonte, Pablo Daniel Escobar Olivetti, Ernesto Rubén Cristaldo Santa Cruz (76.Maximiliano Bajter Ugollini), Diego Horacio Wayar Cruz, Raúl Castro Peñaloza, Bernardo Nicolás Cuesta (55.Nelvin Solíz Escalante), Rodrigo Luis Ramallo Cornejo (81.José Gabriel Ríos Banegas). Trainer: Néstor Oscar Craviotto (Argentina).
Monarcas: Carlos Felipe Rodríguez Rangel, Marco Antonio Palacios Redorta, Joel Adrián Huiqui Andrade, Daniel Arreola Arguello, Luis Fernando Silva Ochoa (73.Yorleys Mena Palacios), Carlos Alberto Guzmán Fonseca (68.Victor Emmanuel Guajardo Valdes), Carlos Andrés Calvo Beristain, Mauro Emiliano Cejas, Jorge Alejandro Zárate, David Depetris, Luis Ángel Morales Rojas (46.José Hibert Alberto Ruíz Vázquez). Trainer: Alfredo Tena Garduño.
Goals: Pablo Daniel Escobar Olivetti (85, 88).
(Club The Strongest La Paz won 3-1 on aggregate)

04.02.2015, Estadio Polideportivo de Pueblo Nuevo, San Cristóbal
Referee: Víctor Hugo Carrillo Casanova (Peru)
Deportivo Táchira FC San Cristóbal - Club Cerro Porteño Asunción   2-1(2-0)
Táchira FC: Alan José Liebeskind Díaz, Gerzon Armando Chacón Varela, Carlos Javier López, Yuber Antonio Mosquera Perea, Wilker José Ángel Romero, Jorge Alberto Rojas Méndez, César Eduardo González Amais (88.José Miguel Reyes Marín), Yohandry José Orozco Cujía (78.José Ali Meza Draegertt), Francisco Javier Flores Sequera, Pablo Fernando Olivera Fernández, Gelmin Javier Rivas Boada (67.Agnel José Flores Hernández). Trainer: Daniel Alejandro Farías Acosta.
Cerro Porteño: Rodolfo Fabián Rodriguez Jara, Carlos Bonet Cáceres, Víctor Hugo Mareco, Bruno Amilcar Valdez, Ramón Eduardo David Mendieta Alfonso, Jonathan Fabbro, Juan Rodrigo Rojas Ovelar (80.Miguel Ángel Paniagua Rivarola), Fidencio Oviedo Domínguez, Blas Antonio Cáceres (86.César Iván Benítez León), Daniel González Güiza (60.Cecilio Andrés Domínguez Ruíz), José María Ortigoza Ortíz. Trainer: Leonardo Rubén Astrada (Argentina).
Goals: Carlos Javier López (11), Jorge Alberto Rojas Méndez (18) / Jontahn Fabbro (49).

11.02.2015, Estadio Defensores del Chaco, Asunción
Referee: Leandro Pedro Vuaden (Brazil)
Club Cerro Porteño Asunción - Deportivo Táchira FC San Cristóbal   2-2(1-0)
Cerro Porteño: Rodolfo Fabián Rodriguez Jara, Carlos Bonet Cáceres, Víctor Hugo Mareco, Bruno Amilcar Valdez, Ramón Eduardo David Mendieta Alfonso, Jonathan Santana Gehre, Jonathan Fabbro (76.Daniel González Güiza), Juan Rodrigo Rojas Ovelar (67.Miguel Ángel Almirón Rejala), Blas Antonio Cáceres (75.Mauricio Ezequiel Sperdutti), José María Ortigoza Ortíz, Cecilio Andrés Domínguez Ruíz. Trainer: Leonardo Rubén Astrada (Argentina).
Táchira FC: Alan José Liebeskind Díaz, Gerzon Armando Chacón Varela, Carlos Javier López, Yuber Antonio Mosquera Perea, Wilker José Ángel Romero, Jorge Alberto Rojas Méndez, César Eduardo González Amais, Yohandry José Orozco Cujía (82.José Ali Meza Draegertt), Francisco Javier Flores Sequera, Pablo Fernando Olivera Fernández (69.Agnel José Flores Hernández), Gelmin Javier Rivas Boada (85.José Miguel Reyes Marín). Trainer: Daniel Alejandro Farías Acosta.
Goals: Jonathan Fabbro (39 penalty), Cecilio Andrés Domínguez Ruíz (60) / Gelmin Javier Rivas Boada (55, 61).
(Deportivo Táchira FC San Cristóbal won 4-3 on aggregate)

04.02.2015, Arena Corinthians, São Paulo; Attendance: 36,236
Referee: Patricio Hernán Loustau (Argentina)
SC Corinthians Paulista São Paulo - CD Once Caldas Manizales   4-0(1-0)
Corinthians: Cássio Ramos, Fábio Santos Romeu [*sent off 90+1*], Fágner Conserva Lemos, Carlos Gilberto Nascimento Silva "Gil", Felipe Augusto de Almeida Monteiro (89.Eduardo Luís Abonízio de Souza "Edu Dracena"), Renato Soares de Oliveira Augusto, Jádson Rodrigues da Silva, Elías Mendes Trindade (85.Bruno Henrique Corsini), Ralf de Souza Teles, José Paulo Guerrero Gonzales [*sent off 27*], Marcio Passos de Albuquerque "Emerson" (81.John Stiven Mendoza Valencia). Trainer: Adenor Leonardo Bacchi "Tite".
Once Caldas: José Fernando Cuadrado Romero, Marlon Javier Piedrahita Londoño, Juan Camilo Pérez Saldarriaga (46.Patricio Pablo Pérez), Luis Carlos Murillo [*sent off 69*], Jonathan Lopera Jiménez, José Luis Moreno Peña, Johan Leandro Arango Ambuila, Jhon Edwar Valoy Riascos (63.César Alexander Quintero Jiménez), Hárrison Steve Henao Hurtado, Sebastián Ariel Penco, Maicol Balanta Peña (46.César Augusto Arias Moros). Trainer: José Flavio Torres Díaz.
Goals: Marcio Passos de Albuquerque "Emerson" (1), Felipe Augusto de Almeida Monteiro (54), Elías Mendes Trindade (69), Fágner Conserva Lemos (78).

11.02.2015, Estadio Palogrande, Manizales
Referee: Darío Agustín Ubríaco Medero (Uruguay)
CD Once Caldas Manizales - SC Corinthians Paulista São Paulo   1-1(0-1)
Once Caldas: José Fernando Cuadrado Romero, Marlon Javier Piedrahita Londoño, Juan Camilo Pérez Saldarriaga, José Luis Moreno Peña, Leandro Javier Díaz (46.Jonathan Lopera Jiménez), Patricio Pablo Pérez, Johan Leandro Arango Ambuila, César Alexander Quintero Jiménez, Hárrison Steve Henao Hurtado (72.Jhon Edwar Valoy Riascos), Sebastián Ariel Penco, César Augusto Arias Moros (71.Sergio Esteban Romero Méndez). Trainer: José Flavio Torres Díaz.
Corinthians: Cássio Ramos, Fágner Conserva Lemos, Uendel Pereira Gonçalves, Carlos Gilberto Nascimento Silva "Gil" (46.Eduardo Luís Abonízio de Souza "Edu Dracena"), Felipe Augusto de Almeida Monteiro, Danilo Gabriel de Andrade (86.Luciano da Rocha Neves), Renato Soares de Oliveira Augusto, Jádson Rodrigues da Silva (79.Petros Matheus dos Santos Araujo), Elías Mendes Trindade, Ralf de Souza Teles, Marcio Passos de Albuquerque "Emerson". Trainer: Adenor Leonardo Bacchi "Tite".
Goals: Johan Leandro Arango Ambuila (57) / Elías Mendes Trindade (14).
(*SC Corinthians Paulista São Paulo won 5-1 on aggregate*)

05.02.2015, Estadio Municipal „General Rumiñahui", Sangolquí
Referee: Roberto García Orozco (Mexico)
CSD Independiente Sangolquí - Club Estudiantes de La Plata   1-0(0-0)
Independiente: Librado Rodrigo Azcona, Mario Alberto Pineida Martínez, Luis Fernando León Bermeo, Arturo Rafael Mina Meza, Christian Washington Núñez Medina, Julio Eduardo Angulo Medina, Dixon Jair Arroyo Espinoza, Gabriel Jhon Córtez Casierra (57.Pablo Eduardo Caballero Sebastiani), Jefferson Gabriel Orejuela Izquierdo, Carlos Luis Quintero Arroyo (68.Jacson Mauricio Pita Mina), Bryan Alfredo Cabezas Segura (86.Walter Leodán Chalá Vázquez). Trainer: Pablo Eduardo Repetto Aquino (Uruguay).
Estudiantes: Hilario Bernardo Navarro, Leandro Desábato, Jonathan Ariel Schunke, Álvaro Daniel Pereira Barragán (64.Luciano Acosta), Matias Aguirregaray Guruceaga, Pablo Mauricio Rosales, Israel Alejandro Damonte, Leonardo Roque Albano Gil (86.Gastón Gil Romero), Diego Daniel Vera Méndez, Carlos Daniel Auzqui (78.Ezequiel Cerutti), Guido Marcelo Carrillo. Trainer: Mauricio Andrés Pellegrino.
Goal: Mario Alberto Pineida Martínez (79).

12.02.2015, Estadio Ciudad de La Plata, La Plata
Referee: Enrique Roberto Osses Zencovic (Chile)
Club Estudiantes de La Plata - CSD Independiente Sangolquí   4-0(2-0)
Estudiantes: Hilario Bernardo Navarro, Leandro Desábato, Jonathan Ariel Schunke, Álvaro Daniel Pereira Barragán, Matias Aguirregaray Guruceaga, Israel Alejandro Damonte, Leonardo Roque Albano Gil, David Matías Barbona (77.Gastón Gil Romero), Carlos Daniel Auzqui (80.Pablo Mauricio Rosales), Ezequiel Cerutti (84.Matías Gabriel Rosso), Guido Marcelo Carrillo. Trainer: Mauricio Andrés Pellegrino.
Independiente: Librado Rodrigo Azcona, Mario Alberto Pineida Martínez, Luis Fernando León Bermeo, Arturo Rafael Mina Meza, Christian Washington Núñez Medina, Julio Eduardo Angulo Medina, Pablo Eduardo Caballero Sebastiani, Dixon Jair Arroyo Espinoza, Jefferson Gabriel Orejuela Izquierdo, Carlos Luis Quintero Arroyo (54.Walter Leodán Chalá Vázquez; 72.William Ferreira Martínez), Bryan Alfredo Cabezas Segura (58.Gabriel Jhon Córtez Casierra). Trainer: Pablo Eduardo Repetto Aquino (Uruguay).
Goals: Leandro Desábato (12), Guido Marcelo Carrillo (28), Leandro Desábato (50), Arturo Rafael Mina Meza (90+1 own goal).
(Club Estudiantes de La Plata won 4-1 on aggregate)

05.02.2015, Estadio „Santa Laura"-Universidad SEK, Santiago
Referee: Antonio Javier Arias Alvarenga (Paraguay)
CD Palestino Santiago - Club Nacional de Football Montevideo   1-0(0-0)
Palestino: Darío Esteban Melo Pulgar, Diego Rosende Lagos (76.Jason Alejandro Silva Pérez), Matías Andrés Escudero, Leonardo Felipe Valencia Rossell, Germán Lanaro (62.Felipe Manuel Campos Mosqueira), Paulo César Díaz Huincales, Matías Leonardo Vidangossy Rebolledo (63.Esteban Andrés Carvajal Tapia), Carlos Agustín Farías, César Valenzuela Martínez, Diego Gonzalo Cháves de Miquelerena, Marcos Daniel Riquelme. Trainer: Pablo Adrián Guede Barrirero (Argentina).
Nacional: Gustavo Adolfo Munúa Vera, Juan Manuel Díaz Martínez, Diego Fabián Polenta Museti [*sent off 35*], Guillermo Daniel De Los Santos Viana, Hugo Diego Arismendi Ciapparetta, Gonzalo Fabián Porras Burghi, Nicolás Santiago Prieto Larrea (75.Ribair Rodríguez Pérez), Santiago Ernesto Romero Fernández, Carlos María de Pena Bonino, Iván Daniel Alonso Vallejo (90+3.Gonzalo Diego Bueno Bingola), Sebastián Bruno Fernández Miglierina (88.José Manuel Aja Livchich). Trainer: Álvaro Gutiérrez Pelscher.
Goal: Diego Rosende Lagos (69).

12.02.2015, Estadio Gran Parque Central, Montevideo
Referee: Héber Roberto Lopes (Brazil)
Club Nacional de Football Montevideo - CD Palestino Santiago   2-1(2-1)
Nacional: Gustavo Adolfo Munúa Vera, Juan Manuel Díaz Martínez, Guillermo Daniel De Los Santos Viana (83.Christian Alejandro Tabó Hornos), José Manuel Aja Livchich, Hugo Diego Arismendi Ciapparetta, Gonzalo Fabián Porras Burghi, Santiago Ernesto Romero Fernández (80.Sebastián Taborda Ramos), Carlos María de Pena Bonino, Iván Daniel Alonso Vallejo, Sebastián Bruno Fernández Miglierina (65.Álvaro Alexander Recoba Rivero), Gastón Rodrigo Pereiro López. Trainer: Álvaro Gutiérrez Pelscher.
Palestino: Darío Esteban Melo Pulgar, Diego Rosende Lagos, Matías Andrés Escudero, Leonardo Felipe Valencia Rossell, Germán Lanaro, Alejandro Andrés Contreras Daza, Carlos Agustín Farías, Esteban Andrés Carvajal Tapia (88.César Valenzuela Martínez), Jason Alejandro Silva Pérez (83.Diego Gonzalo Cháves de Miquelerena), Renato Andrés Ramos Madrigal, Marcos Daniel Riquelme. Trainer: Pablo Adrián Guede Barrirero (Argentina).
Goals: Germán Lanaro (41 own goal), Gastón Rodrigo Pereiro López (44) / Renato Andrés Ramos Madrigal (37).
(CD Palestino Santiago won on away goals rule [2-2 on aggregate])

GROUP STAGE

Each group winner and runner-up advanced to the Round of 16.

GROUP 1

17.02.2015, Estadio Jalisco, Guadalajara
Referee: Diego Mirko Haro Sueldo (Peru)
CSD Atlas Guadalajara - Independiente Santa Fe Bogotá   0-1(0-1)
Atlas: Federico Vilar Baudena, Edgar Eduardo Castillo Carrillo, Enrique Pérez Herrera, Luis Gerardo Venegas Zumarán, Walter Kannemann, Juan Carlos Medina Alonzo, Juan Pablo Rodríguez Guerrero, Rodrigo Javier Millar Carvajal (79.Arturo Alfonso González González), Luis Nery Caballero Chamorro (87.Daniel Álvarez López), Martín Barragán Negrete (74.Christian Andrés Suárez Valencia), Marcos da Silva França "Keno". Trainer: Tomás Juan Boy Espinoza.
Santa Fe: Robinson Zapata Rufay, Juan Daniel Roa Reyes, Francisco Javier Meza Palma, Dairon Mosquera Chaverra, Yerry Fernando Mina González, José Yulián Anchico Patiño, Omar Sebastián Pérez (89.Armando Junior Vargas Morales), Luis Manuel Seijas Gunther (46.Luis Enrique Quiñónes García), Sebastián Enríque Salazar Beltrán, Wilson David Morelo López (90+2.Harold Oshkaly Cummings Segura), Luis Carlos Arias. Trainer: Gustavo Adolfo Costas Makeira (Argentina).
Goal: Luis Carlos Arias (77).

18.02.2015, Estadio Monumental „David Arellano", Santiago
Referee: Mauro Vigliano (Argentina)
CSD Colo-Colo Santiago - Clube Atlético Mineiro Belo Horizonte   2-0(1-0)
Colo-Colo: Justo Wilmar Villar Viveros, Julio Alberto Barroso (46.José Leonardo Cáceres Ovelar), Christian Alberto Vilches González, Gonzalo Antonio Fierro Caniullán, Jaime Andrés Zapata Valdés, Jean André Eman Beausejour Coliqueo, Esteban Pavez Suazo, Juan Antonio Delgado Baeza (75.Emiliano Gabriel Vecchio), Humberto Andrés Suazo Pontivo, Felipe Ignacio Flores Chandia (85.Claudio Baeza Baeza), Esteban Efraín Paredes Quintanilla. Trainer: Héctor Santiago Tapia Urdile.
Atlético Mineiro: Victor Leandro Bagy, Pedro Roberto Silva Botelho, Leonardo Fabiano Silva e Silva, Patric Cabral Lalau, Jemerson de Jesus Nascimento, Jesús Alberto Dátolo, Leandro Donizete Gonçalves da Silva, Rafael de Souza Pereira „Rafael Carioca" (64.Raphael Guimaraes de Paula „Dodo"), João Alves de Assis Silva "Jô" (75.César Fernando Silva dos Santos „Cesinha"), Maicosuel Reginaldo de Matos, Luan Madson Gedeão de Paiva. Trainer: Levir Culpi.
Goals: Felipe Ignacio Flores Chandia (39), Esteban Efraín Paredes Quintanilla (66).

25.02.2015, Estádio Independência, Belo Horizonte; Attendance: 16,331
Referee: Darío Agustín Ubríaco Medero (Uruguay)
Clube Atlético Mineiro Belo Horizonte - CSD Atlas Guadalajara   0-1(0-0)
Atlético Mineiro: Victor Leandro Bagy, Leonardo Fabiano Silva e Silva (38.Edcarlos Conceição Santos), Patric Cabral Lalau, Jemerson de Jesus Nascimento, Jesús Alberto Dátolo, Leandro Donizete Gonçalves da Silva (46.Sherman Andrés Cárdenas Estupiñan), Rafael de Souza Pereira „Rafael Carioca", Lucas Cândido Silva, Maicosuel Reginaldo de Matos (71.Raphael Guimaraes de Paula „Dodo"), André Felipe Ribeiro de Souza, Luan Madson Gedeão de Paiva. Trainer: Levir Culpi.
Atlas: Federico Vilar Baudena, Edgar Eduardo Castillo Carrillo, Enrique Pérez Herrera, Luis Gerardo Venegas Zumarán, Walter Kannemann, Juan Carlos Medina Alonzo, Juan Pablo Rodríguez Guerrero, Rodrigo Javier Millar Carvajal (77.Carlos Alberto Treviño Luque), Arturo Alfonso González González, Luis Nery Caballero Chamorro (75.Martín Barragán Negrete), Marcos da Silva França "Keno" (69.Christian Andrés Suárez Valencia). Trainer: Tomás Juan Boy Espinoza.
Goal: Christian Andrés Suárez Valencia (86).

26.02.2015, Estadio „Nemesio Camacho" [El Campín], Bogotá
Referee: Germán Delfino (Argentina)
Independiente Santa Fe Bogotá - CSD Colo-Colo Santiago   3-1(2-0)
Santa Fe: Robinson Zapata Rufay, Juan Daniel Roa Reyes, Francisco Javier Meza Palma, Dairon Mosquera Chaverra, Yerry Fernando Mina González, José Yulián Anchico Patiño, Omar Sebastián Pérez (90+1.Sergio Andrés Otálvaro Botero), Sebastián Enríque Salazar Beltrán [sent off 69], Wilson David Morelo López (87.Yamilson Alexis Rivera Hurtado), Luis Carlos Arias, Luis Enrique Quiñónes García (71.Baldomero Perlaza Perlaza). Trainer: Gustavo Adolfo Costas Makeira (Argentina).
Colo-Colo: Justo Wilmar Villar Viveros, Christian Alberto Vilches González, José Leonardo Cáceres Ovelar, Gonzalo Antonio Fierro Caniullán, Jaime Andrés Zapata Valdés (70.Camilo Bryan Rodríguez Pedraza), Jean André Eman Beausejour Coliqueo, Esteban Pavez Suazo, Emiliano Gabriel Vecchio, Juan Antonio Delgado Baeza (46.Claudio Baeza Baeza), Humberto Andrés Suazo Pontivo, Felipe Ignacio Flores Chandia. Trainer: Héctor Santiago Tapia Urdile.
Goals: Wilson David Morelo López (34, 43, 65) / Humberto Andrés Suazo Pontivo (51 penalty).

04.03.2015, Estadio Monumental „David Arellano", Santiago
Referee: Raúl Orosco Delgadillo (Bolivia)
CSD Colo-Colo Santiago - CSD Atlas Guadalajara   2-0(0-0)
Colo-Colo: Justo Wilmar Villar Viveros, Julio Alberto Barroso, Christian Alberto Vilches González, Gonzalo Antonio Fierro Caniullán, Jaime Andrés Zapata Valdés (80.José Leonardo Cáceres Ovelar), Jean André Eman Beausejour Coliqueo, Esteban Pavez Suazo, Juan Antonio Delgado Baeza (46.Claudio Baeza Baeza), Humberto Andrés Suazo Pontivo, Felipe Ignacio Flores Chandia (58.Emiliano Gabriel Vecchio), Esteban Efraín Paredes Quintanilla. Trainer: Héctor Santiago Tapia Urdile.
Atlas: Federico Vilar Baudena, Edgar Eduardo Castillo Carrillo, Enrique Pérez Herrera, Luis Gerardo Venegas Zumarán, Walter Kannemann [sent off 81], Juan Carlos Medina Alonzo (84.Christian Andrés Suárez Valencia), Juan Pablo Rodríguez Guerrero, Rodrigo Javier Millar Carvajal (85.Carlos Alberto Arreola Rodríguez), Arturo Alfonso González González, Luis Nery Caballero Chamorro, Marcos da Silva França "Keno" (71.Aldo Leao Ramírez Sierra). Trainer: Tomás Juan Boy Espinoza.
Goals: Esteban Efraín Paredes Quintanilla (68 penalty, 90).

18.03.2015, Estadio „Nemesio Camacho" [El Campín], Bogotá
Referee: Néstor Fabián Pitana (Argentina)
Independiente Santa Fe Bogotá - Clube Atlético Mineiro Belo Horizonte   0-1(0-0)
Santa Fe: Robinson Zapata Rufay, Juan Daniel Roa Reyes, Francisco Javier Meza Palma, Dairon Mosquera Chaverra, Yerry Fernando Mina González, José Yulián Anchico Patiño (76.Yamilson Alexis Rivera Hurtado), Omar Sebastián Pérez, Daniel Alejandro Torres Rojas, Wilson David Morelo López, Luis Carlos Arias, Luis Enrique Quiñónes García (62.Luis Alfonso Páez Restrepo). Trainer: Gustavo Adolfo Costas Makeira (Argentina).
Atlético Mineiro: Victor Leandro Bagy, Edcarlos Conceiçao Santos, Marcos Luis Rocha de Aquino, Douglas dos Santos Justino de Melo, Jemerson de Jesus Nascimento, Sherman Andrés Cárdenas Estupiñan (63.Raphael Guimaraes de Paula „Dodo"), Leandro Donizete Gonçalves da Silva, Rafael de Souza Pereira „Rafael Carioca", Lucas David Pratto, Luan Madson Gedeão de Paiva (71.Maicosuel Reginaldo de Matos), Carlos Alberto Carvalho da Silva Junior. Trainer: Levir Culpi.
Goal: Lucas David Pratto (58).

07.04.2015, Estadio Jalisco, Guadalajara
Referee: Néstor Fabián Pitana (Argentina)
CSD Atlas Guadalajara - CSD Colo-Colo Santiago   1-3(1-1)
Atlas: Federico Vilar Baudena, Edgar Eduardo Castillo Carrillo, Enrique Pérez Herrera, Luis Gerardo Venegas Zumarán, Carlos Alberto Arreola Rodríguez, Juan Carlos Medina Alonzo, Aldo Leao Ramírez Sierra, Arturo Alfonso González González, Luis Nery Caballero Chamorro (46.Christian Andrés Suárez Valencia), Martín Barragán Negrete (66.Daniel Álvarez López), Marcos da Silva França "Keno" (80.Edy Germán Brambila Rosales). Trainer: Tomás Juan Boy Espinoza.
Colo-Colo: Paulo Andrés Garcés Contreras, Julio Alberto Barroso, Christian Alberto Vilches González, José Leonardo Cáceres Ovelar, Gonzalo Antonio Fierro Caniullán, Luis Pedro Figueroa Sepúlveda (55.Camilo Bryan Rodríguez Pedraza), Jaime Andrés Rodríguez Zapata Valdés (79.Luis Alberto Pavez Muñoz), Jean André Eman Beausejour Coliqueo, Emiliano Gabriel Vecchio, Claudio Baeza Baeza, Esteban Efraín Paredes Quintanilla (90+1.Felipe Ignacio Flores Chandia). Trainer: Héctor Santiago Tapia Urdile.
Goals: Juan Carlos Medina Alonzo (19 penalty) / Esteban Efraín Paredes Quintanilla (9, 83), José Leonardo Cáceres Ovelar (90+2).

09.04.2015, Estádio Independência, Belo Horizonte; Attendance: 21,237
Referee: Andrés Ismael Cunha Soca (Uruguay)
Clube Atlético Mineiro Belo Horizonte - Independiente Santa Fe Bogotá   2-0(1-0)
Atlético Mineiro: Victor Leandro Bagy, Leonardo Fabiano Silva e Silva, Marcos Luis Rocha de Aquino, Douglas dos Santos Justino de Melo, Jemerson de Jesus Nascimento, Jesús Alberto Dátolo (87.Josué Anunciado de Oliveira), Leandro Donizete Gonçalves da Silva, Rafael de Souza Pereira „Rafael Carioca", Lucas David Pratto, Luan Madson Gedeão de Paiva (80.Sherman Andrés Cárdenas Estupiñan), Carlos Alberto Carvalho da Silva Junior (73.Guilherme Milhomen Gusmão). Trainer: Levir Culpi.
Santa Fe: Andrés Leandro Castellanos Serrano, Juan Daniel Roa Reyes, Francisco Javier Meza Palma, Yerry Fernando Mina González, José Yulián Anchico Patiño, Omar Sebastián Pérez, Daniel Alejandro Torres Rojas, Wilson David Morelo López (78.Miguel Ángel Borja Hernández), Ricardo José Villarraga Marchena, Luis Carlos Arias, Darío Andrés Rodríguez Parra (61.Luis Alfonso Páez Restrepo). Trainer: Gustavo Adolfo Costas Makeira (Argentina).
Goals: Carlos Alberto Carvalho da Silva Junior (12), Guilherme Milhomen Gusmão (90).

15.04.2015, Estadio Jalisco, Guadalajara
Referee: Patricio Hernán Loustau (Argentina)
CSD Atlas Guadalajara - Clube Atlético Mineiro Belo Horizonte   1-0(1-0)
Atlas: Federico Vilar Baudena, Edgar Eduardo Castillo Carrillo, Enrique Pérez Herrera, Luis Gerardo Venegas Zumarán, Walter Kannemann, Juan Carlos Medina Alonzo, Aldo Leao Ramírez Sierra, Arturo Alfonso González González, Carlos Augusto Ochoa Mendoza (71.Marcos da Silva França "Keno"), Martín Barragán Negrete (90.Christian Andrés Suárez Valencia), Daniel Álvarez López (86.Juan de Dios Hernández Tagle). Trainer: Tomás Juan Boy Espinoza.
Atlético Mineiro: Victor Leandro Bagy, Edcarlos Conceição Santos, Patric Cabral Lalau, Douglas dos Santos Justino de Melo, Jemerson de Jesus Nascimento, Jesús Alberto Dátolo (76.Danilo Pires Costa), Leandro Donizete Gonçalves da Silva (61.Sherman Andrés Cárdenas Estupiñan), Rafael de Souza Pereira „Rafael Carioca", Lucas David Pratto (61.Guilherme Milhomen Gusmão), Luan Madson Gedeão de Paiva, Carlos Alberto Carvalho da Silva Junior. Trainer: Levir Culpi.
Goal: Arturo Alfonso González González (39).

15.04.2015, Estadio Monumental „David Arellano", Santiago
Referee: Darío Agustín Ubríaco Medero (Uruguay)
CSD Colo-Colo Santiago - Independiente Santa Fe Bogotá   **0-3(0-1)**
Colo-Colo: Justo Wilmar Villar Viveros (45.Paulo Andrés Garcés Contreras), Julio Alberto Barroso, Christian Alberto Vilches González, José Leonardo Cáceres Ovelar, Gonzalo Antonio Fierro Caniullán, Luis Pedro Figueroa Sepúlveda (67.Juan Antonio Delgado Baeza), Jaime Andrés Zapata Valdés, Jean André Eman Beausejour Coliqueo, Emiliano Gabriel Vecchio (50.Luis Alberto Pavez Muñoz), Claudio Baeza Baeza, Esteban Efraín Paredes Quintanilla. Trainer: Héctor Santiago Tapia Urdile.
Santa Fe: Andrés Leandro Castellanos Serrano, Juan Daniel Roa Reyes, Francisco Javier Meza Palma, Dairon Mosquera Chaverra, Yerry Fernando Mina González, José Yulián Anchico Patiño, Omar Sebastián Pérez, Daniel Alejandro Torres Rojas, Wilson David Morelo López (84.Yamilson Alexis Rivera Hurtado), Luis Alfonso Páez Restrepo, Luis Carlos Arias (79.Baldomero Perlaza Perlaza). Trainer: Gustavo Adolfo Costas Makeira (Argentina).
Goals: Luis Alfonso Páez Restrepo (30), Omar Sebastián Pérez (46), Yerry Fernando Mina González (67).

22.04.2015, Estádio Independência, Belo Horizonte; Attendance: 21,274
Referee: Carlos Alfredo Vera Rodríguez (Ecuador)
Clube Atlético Mineiro Belo Horizonte - CSD Colo-Colo Santiago   **2-0(1-0)**
Atlético Mineiro: Victor Leandro Bagy, Edcarlos Conceição Santos, Patric Cabral Lalau, Douglas dos Santos Justino de Melo, Jemerson de Jesus Nascimento, Jesús Alberto Dátolo, Rafael de Souza Pereira „Rafael Carioca", Guilherme Milhomen Gusmão (90.Eduardo Henrique da Silva), Lucas David Pratto, Luan Madson Gedeão de Paiva (87.Danilo Pires Costa), Carlos Alberto Carvalho da Silva Junior (74.Maicosuel Reginaldo de Matos). Trainer: Levir Culpi.
Colo-Colo: Paulo Andrés Garcés Contreras, Julio Alberto Barroso, Christian Alberto Vilches González, José Leonardo Cáceres Ovelar, Camilo Bryan Rodríguez Pedraza, Luis Alberto Pavez Muñoz (46.Felipe Ignacio Flores Chandia), Gonzalo Antonio Fierro Caniullán, Esteban Pavez Suazo, Emiliano Gabriel Vecchio (88.Bryan Andrés Carvallo Utreras), Claudio Baeza Baeza, Esteban Efraín Paredes Quintanilla. Trainer: Héctor Santiago Tapia Urdile.
Goals: Lucas David Pratto (18), Rafael de Souza Pereira „Rafael Carioca" (79).

22.04.2015, Estadio „Nemesio Camacho" [El Campín], Bogotá
Referee: Mauro Vigliano (Argentina)
Independiente Santa Fe Bogotá - CSD Atlas Guadalajara   **3-1(2-0)**
Santa Fe: Andrés Leandro Castellanos Serrano, Juan Daniel Roa Reyes, Francisco Javier Meza Palma, Dairon Mosquera Chaverra, Yerry Fernando Mina González, José Yulián Anchico Patiño, Omar Sebastián Pérez, Daniel Alejandro Torres Rojas, Wilson David Morelo López (57.Yamilson Alexis Rivera Hurtado), Luis Alfonso Páez Restrepo (84.Luis Manuel Seijas Gunther), Luis Carlos Arias (76.Baldomero Perlaza Perlaza). Trainer: Gustavo Adolfo Costas Makeira (Argentina).
Atlas: Federico Vilar Baudena, Edgar Eduardo Castillo Carrillo, Enrique Pérez Herrera, Walter Kannemann, Juan de Dios Hernández Tagle (40.Edy Germán Brambila Rosales), Juan Pablo Rodríguez Guerrero, Pablo Jesús Mascareñas Avendaño, Arturo Alfonso González González (23.Aldo Leao Ramírez Sierra), Carlos Augusto Ochoa Mendoza (69.Christian Andrés Suárez Valencia), Martín Barragán Negrete, Daniel Álvarez López. Trainer: Tomás Juan Boy Espinoza.
Goals: Omar Sebastián Pérez (20), Juan Daniel Roa Reyes (30), Yamilson Alexis Rivera Hurtado (90+2) / Walter Kannemann (60).

FINAL STANDINGS

1.	Independiente Santa Fe Bogotá	6	4	0	2	10 - 5	12
2.	Clube Atlético Mineiro Belo Horizonte	6	3	0	3	5 - 4	9
3.	CSD Colo-Colo Santiago	6	3	0	3	8 - 9	9
4.	CSD Atlas Guadalajara	6	2	0	4	4 - 9	6

GROUP 2

18.02.2015, Arena Corinthians, São Paulo; Attendance: 39,026
Referee: Ricardo Marques Ribeiro (Brazil)
SC Corinthians Paulista São Paulo - São Paulo FC   **2-0(1-0)**
Corinthians: Cássio Ramos, Fábio Santos Romeu, Fágner Conserva Lemos, Carlos Gilberto Nascimento Silva "Gil", Felipe Augusto de Almeida Monteiro, Danilo Gabriel de Andrade, Renato Soares de Oliveira Augusto, Jádson Rodrigues da Silva (90+3.John Stiven Mendoza Valencia), Elías Mendes Trindade (88.Bruno Henrique Corsini), Ralf de Souza Teles, Marcio Passos de Albuquerque "Emerson" (89.Malcom Filipe Silva de Oliveira). Trainer: Adenor Leonardo Bacchi "Tite".
São Paulo FC: Rogério Ceni, Bruno Vieira do Nascimento, Rafael Tolói, Matheus Doria Macedo, Michel Fernandes Bastos, Denílson Pereira Neves, Maicon Thiago Pereira de Souza Nascimento (73.Thiago Henrique Mendes Ribeiro), Josef de Souza Dias, Paulo Henrique Chagas de Lima „Ganso", Luís Fabiano Clemente, Alan Kardec de Souza Pereira Junior (54.Reinaldo Manoel da Silva). Trainer: Muricy Ramalho.
Goals: Elías Mendes Trindade (11), Jádson Rodrigues da Silva (67).

19.02.2015, Estadio Centenario, Montevideo
Referee: Enrique Patricio Cáceres Villafañe (Paraguay)
Danubio FC Montevideo - CA San Lorenzo de Almagro   **1-2(1-0)**
Danubio: Franco Luis Torgnascioli Lagreca, Alejandro Agustín Peña Montero, Luis Leandro Sosa Otermin (64.Pablo Martín Silvera Duarte), Mathías Nicolás De Los Santos Aguirre, Guillermo Gastón Cotugno Lima, Joaquín Alejandro Pereyra Cantero, Hamilton Miguel Pereira Ferrón, Juan Ignacio González Brazeiro, Bruno Fornaroli Mezza (74.Gonzalo Barreto Mastropierro), Matías Gastón Castro, Marcelo Tabárez Rodríguez (57.Emiliano Michael Ghan Carranza). Trainer: Leonardo Alfredo Ramos Giró.
San Lorenzo: Sebastián Alberto Torrico, Mauro Cetto, Matías Nicolás Caruzzo, Emanuel Matías Más, Matías Catalán, Néstor Ezequiel Ortigoza, Juan Ignacio Mercier (63.Pablo Cesar Barrientos), Sebastián Marcelo Blanco, Leandro Atilio Romagnoli (72.Franco Gabriel Mussis), Mauro Matos, Héctor Daniel Villalba (58.Martín Cauteruccio Rodríguez). Trainer: Edgardo Bauza.
Goals: Matías Gastón Castro (10) / Mauro Matos (85), Mauro Cetto (87).

25.02.2015, Estádio „Cícero Pompeu de Toledo" [Morumbi], São Paulo; Attendance: 16,689
Referee: Enrique Roberto Osses Zencovic (Chile)
São Paulo FC - Danubio FC Montevideo   **4-0(2-0)**
São Paulo FC: Rogério Ceni, Bruno Vieira do Nascimento (77.Thiago Henrique Mendes Ribeiro), Rafael Tolói, Reinaldo Manoel da Silva, Matheus Doria Macedo, Michel Fernandes Bastos (87.Jonathan Cafú), Denílson Pereira Neves (72.Húdson Rodrigues dos Santos), Josef de Souza Dias, Paulo Henrique Chagas de Lima „Ganso", Luís Fabiano Clemente, Alexandre Rodrigues da Silva „Alexandre Pato". Trainer: Muricy Ramalho.
Danubio: Franco Luis Torgnascioli Lagreca, Alejandro Agustín Peña Montero, Luis Leandro Sosa Otermin, Fabricio Orosmán Formiliano Duarte, Mathías Nicolás De Los Santos Aguirre (77.Matías Exequiel Velázquez Maldonado), Joaquín Alejandro Pereyra Cantero, Hamilton Miguel Pereira Ferrón [*sent off 73*], Renzo Daniel Pozzi Palombo, Juan Ignacio González Brazeiro (70.Marcelo Tabárez Rodríguez), Bruno Fornaroli Mezza (86.Emiliano Michael Ghan Carranza), Matías Gastón Castro. Trainer: Leonardo Alfredo Ramos Giró.
Goals: Alexandre Rodrigues da Silva „Alexandre Pato" (3, 40), Reinaldo Manoel da Silva (69), Jonathan Cafú (88).

04.03.2015, Estadio „Pedro Bidegain", Buenos Aires
Referee: Carlos Alfredo Vera Rodríguez (Ecuador)
CA San Lorenzo de Almagro - SC Corinthians Paulista São Paulo   0-1(0-0)
San Lorenzo: Sebastián Alberto Torrico, Mauro Cetto, Matías Nicolás Caruzzo, Emanuel Matías Más, Juan Ignacio Mercier, Sebastián Marcelo Blanco (80.Alan Nahuel Ruíz), Leandro Atilio Romagnoli, Julio Alberto Buffarini, Facundo Tomás Quignón (70.Martín Cauteruccio Rodríguez), Franco Gabriel Mussis (65.Héctor Daniel Villalba), Mauro Matos. Trainer: Edgardo Bauza.
Corinthians: Cássio Ramos, Eduardo Luís Abonízio de Souza "Edu Dracena", Fágner Conserva Lemos, Uendel Pereira Gonçalves, Carlos Gilberto Nascimento Silva "Gil", Danilo Gabriel de Andrade, Renato Soares de Oliveira Augusto (46.Cristian Mark Junior Nascimento Oliveira Baroni), Jádson Rodrigues da Silva (84.Edílson Mendes Guimarães), Elías Mendes Trindade, Ralf de Souza Teles, John Stiven Mendoza Valencia (63.Petros Matheus dos Santos Araujo). Trainer: Adenor Leonardo Bacchi "Tite".
Goal: Elías Mendes Trindade (65).

17.03.2015, Estadio „Luis Franzini", Montevideo
Referee: Julio Alberto González Bascuñán (Chile)
Danubio FC Montevideo - SC Corinthians Paulista São Paulo   1-2(0-0)
Danubio: Franco Luis Torgnascioli Lagreca, Luis Leandro Sosa Otermin, Fabricio Orosmán Formiliano Duarte, Federico Ricca Rostagnol, Mathías Nicolás De Los Santos Aguirre, Matías Exequiel Velázquez Maldonado (42.Jorge Daniel Graví Piñeiro), Cristian Marcelo González Tassano, Nicolás Milesi Van Vommel (72.Gonzalo Barreto Mastropierro), Bruno Fornaroli Mezza, Matías Gastón Castro, Marcelo Tabárez Rodríguez (61.Juan Ignacio González Brazeiro). Trainer: Leonardo Alfredo Ramos Giró.
Corinthians: Cássio Ramos, Fágner Conserva Lemos, Uendel Pereira Gonçalves, Carlos Gilberto Nascimento Silva "Gil", Felipe Augusto de Almeida Monteiro, Renato Soares de Oliveira Augusto (71.Danilo Gabriel de Andrade), Jádson Rodrigues da Silva, Elías Mendes Trindade, Ralf de Souza Teles, José Paulo Guerrero Gonzales, Marcio Passos de Albuquerque "Emerson". Trainer: Adenor Leonardo Bacchi "Tite".
Goals: Gonzalo Barreto Mastropierro (90+3) / José Paulo Guerrero Gonzales (70), Felipe Augusto de Almeida Monteiro (79).

18.03.2015, Estádio „Cícero Pompeu de Toledo" [Morumbi], São Paulo; Attendance: 26,176
Referee: Wilmar Alexander Roldán Pérez (Colombia)
São Paulo FC - CA San Lorenzo de Almagro   1-0(0-0)
São Paulo FC: Rogério Ceni, Bruno Vieira do Nascimento, Carlos Andrade Souza "Carlinhos", Rafael Tolói, Lucas Cavalcante Silva Afonso "Lucão", Michel Fernandes Bastos, Denílson Pereira Neves, Josef de Souza Dias (79.Alan Kardec de Souza Pereira Junior), Paulo Henrique Chagas de Lima „Ganso" (89.Gabriel Boschilia), Luís Fabiano Clemente, Alexandre Rodrigues da Silva „Alexandre Pato" (18.Adrián Ricardo Centurión). Trainer: Muricy Ramalho.
San Lorenzo: Sebastián Alberto Torrico, Mario Alberto Yepes Díaz, Matías Nicolás Caruzzo, Emanuel Matías Más, Pablo Cesar Barrientos, Néstor Ezequiel Ortigoza (46.Juan Ignacio Mercier), Sebastián Marcelo Blanco (68.Leandro Atilio Romagnoli), Enzo Kalinski, Julio Alberto Buffarini, Franco Gabriel Mussis, Martín Cauteruccio Rodríguez (65.Mauro Matos). Trainer: Edgardo Bauza.
Goal: Michel Fernandes Bastos (89).
Mauro Cetto was sent off on the bench (90+4).

01.04.2015, Estadio „Pedro Bidegain", Buenos Aires
Referee: Enrique Roberto Osses Zencovic (Chile)
CA San Lorenzo de Almagro - São Paulo FC **1-0(0-0)**
San Lorenzo: Sebastián Alberto Torrico, Mario Alberto Yepes Díaz, Matías Nicolás Caruzzo, Emanuel Matías Más, Juan Ignacio Mercier, Sebastián Marcelo Blanco, Leandro Atilio Romagnoli (64.Martín Cauteruccio Rodríguez), Enzo Kalinski (37.Facundo Tomás Quignón), Julio Alberto Buffarini, Franco Gabriel Mussis (59.Héctor Daniel Villalba), Mauro Matos. Trainer: Edgardo Bauza.
São Paulo FC: Rogério Ceni, Rafael Tolói, Reinaldo Manoel da Silva, Lucas Cavalcante Silva Afonso "Lucão", Michel Fernandes Bastos, Denílson Pereira Neves, Húdson Rodrigues dos Santos, Josef de Souza Dias (82.Ewandro Felipe de Lima Costa), Paulo Henrique Chagas de Lima „Ganso", Alexandre Rodrigues da Silva „Alexandre Pato", Alan Kardec de Souza Pereira Junior (45+3.Adrián Ricardo Centurión). Trainer: Muricy Ramalho.
Goal: Martín Cauteruccio Rodríguez (70).

01.04.2015, Arena Corinthians, São Paulo; Attendance: 38,928
Referee: Diego Mirko Haro Sueldo (Peru)
SC Corinthians Paulista São Paulo - Danubio FC Montevideo **4-0(2-0)**
Corinthians: Cássio Ramos, Fágner Conserva Lemos, Uendel Pereira Gonçalves, Carlos Gilberto Nascimento Silva "Gil", Felipe Augusto de Almeida Monteiro (75.Eduardo Luís Abonízio de Souza "Edu Dracena"), Renato Soares de Oliveira Augusto, Jádson Rodrigues da Silva, Elías Mendes Trindade (80.Petros Matheus dos Santos Araujo), Ralf de Souza Teles, José Paulo Guerrero Gonzales, Marcio Passos de Albuquerque "Emerson" (88.Vágner Silva de Souza "Vágner Love"). Trainer: Adenor Leonardo Bacchi "Tite".
Danubio: Franco Luis Torgnascioli Lagreca, Luis Leandro Sosa Otermin, Fabricio Orosmán Formiliano Duarte, Federico Ricca Rostagnol, Mathías Nicolás De Los Santos Aguirre [*sent off 84*], Matías Exequiel Velázquez Maldonado (64.Jorge Daniel Graví Piñeiro), Cristian Marcelo González Tassano, Agustín Viana Ache (51.Santiago Andrés Schirone Álvarez), Nicolás Milesi Van Vommel (46.Juan Ignacio González Brazeiro), Bruno Fornaroli Mezza, Matías Gastón Castro. Trainer: Leonardo Alfredo Ramos Giró.
Goals: Jádson Rodrigues da Silva (26), José Paulo Guerrero Gonzales (32, 46, 67).

15.04.2015, Estadio „Luis Franzini", Montevideo
Referee: José Ramón Argote Vega (Venezuela)
Danubio FC Montevideo - São Paulo FC **1-2(0-0)**
Danubio: Franco Luis Torgnascioli Lagreca, Luis Leandro Sosa Otermin, Fabricio Orosmán Formiliano Duarte (88.Emiliano Michael Ghan Carranza), Federico Ricca Rostagnol, Joaquín Alejandro Pereyra Cantero, Cristian Marcelo González Tassano, Juan Ignacio González Brazeiro, Nicolás Milesi Van Vommel (63.Agustín Viana Ache), Jorge Daniel Graví Piñeiro, Bruno Fornaroli Mezza, Matías Gastón Castro (74.Pablo Martín Silvera Duarte). Trainer: Leonardo Alfredo Ramos Giró.
São Paulo FC: Rogério Ceni, Jonathan Doin „Paulo Miranda" (78.Adrián Ricardo Centurión), Rafael Tolói, Reinaldo Manoel da Silva, Rodrigo Caio Coquete Russo (53.Luís Fabiano Clemente), Matheus Doria Macedo, Michel Fernandes Bastos, Húdson Rodrigues dos Santos, Josef de Souza Dias, Paulo Henrique Chagas de Lima „Ganso" (90+4.Lucas Cavalcante Silva Afonso "Lucão"), Alexandre Rodrigues da Silva „Alexandre Pato". Trainer: Mílton da Cruz.
Goals: Luis Leandro Sosa Otermin (47) / Alexandre Rodrigues da Silva „Alexandre Pato" (60), Adrián Ricardo Centurión (90).

16.04.2015, Arena Corinthians, São Paulo; Attendance: 41,107
Referee: Víctor Hugo Carrillo Casanova (Peru)
SC Corinthians Paulista São Paulo - CA San Lorenzo de Almagro   0-0
Corinthians: Cássio Ramos, Fágner Conserva Lemos, Uendel Pereira Gonçalves, Carlos Gilberto Nascimento Silva "Gil", Felipe Augusto de Almeida Monteiro, Renato Soares de Oliveira Augusto, Jádson Rodrigues da Silva, Elías Mendes Trindade, Ralf de Souza Teles, Vágner Silva de Souza "Vágner Love" (61.Danilo Gabriel de Andrade), Marcio Passos de Albuquerque "Emerson" (88.John Stiven Mendoza Valencia). Trainer: Adenor Leonardo Bacchi "Tite".
San Lorenzo: Sebastián Alberto Torrico, Mario Alberto Yepes Díaz, Matías Nicolás Caruzzo, Emanuel Matías Más, Néstor Ezequiel Ortigoza, Juan Ignacio Mercier, Sebastián Marcelo Blanco (76.Pablo Cesar Barrientos), Leandro Atilio Romagnoli (66.Alan Nahuel Ruíz), Julio Alberto Buffarini, Mauro Matos, Héctor Daniel Villalba (71.Franco Gabriel Mussis). Trainer: Edgardo Bauza.

22.04.2015, Estadio „Pedro Bidegain", Buenos Aires
Referee: José Hernando Buitrago Arango (Colombia)
CA San Lorenzo de Almagro - Danubio FC Montevideo   0-1(0-0)
San Lorenzo: Sebastián Alberto Torrico, Mario Alberto Yepes Díaz, Matías Nicolás Caruzzo, Emanuel Matías Más, Néstor Ezequiel Ortigoza, Juan Ignacio Mercier, Leandro Atilio Romagnoli, Julio Alberto Buffarini, Mauro Matos, Martín Cauteruccio Rodríguez (63.Alejandro Brian Barbaro), Héctor Daniel Villalba (46.Luis Ezequiel Ávila). Trainer: Edgardo Bauza.
Danubio: Franco Luis Torgnascioli Lagreca, Luis Leandro Sosa Otermin, Fabricio Orosmán Formiliano Duarte (76.Agustín Viana Ache), Federico Ricca Rostagnol, Mathías Nicolás De Los Santos Aguirre, Cristian Marcelo González Tassano, Hamilton Miguel Pereira Ferrón (70.Nicolás Milesi Van Vommel), Juan Ignacio González Brazeiro, Emiliano Michael Ghan Carranza (59.Matías Exequiel Velázquez Maldonado), Bruno Fornaroli Mezza, Matías Gastón Castro. Trainer: Leonardo Alfredo Ramos Giró.
Goal: Agustín Viana Ache (88).

22.04.2015, Estádio „Cícero Pompeu de Toledo" [Morumbi], São Paulo; Attendance: 38,772
Referee: Sandro Meira Ricci (Brazil)
São Paulo FC - SC Corinthians Paulista São Paulo   2-0(2-0)
São Paulo FC: Rogério Ceni, Bruno Vieira do Nascimento, Rafael Tolói, Reinaldo Manoel da Silva, Matheus Doria Macedo, Michel Fernandes Bastos (82.Thiago Henrique Mendes Ribeiro), Denílson Pereira Neves (78.Adrián Ricardo Centurión), Húdson Rodrigues dos Santos (85.Rodrigo Caio Coquete Russo), Josef de Souza Dias, Paulo Henrique Chagas de Lima „Ganso", Luís Fabiano Clemente [*sent off 55*]. Trainer: Mílton da Cruz.
Corinthians: Cássio Ramos, Fágner Conserva Lemos, Uendel Pereira Gonçalves, Carlos Gilberto Nascimento Silva "Gil", Felipe Augusto de Almeida Monteiro, Renato Soares de Oliveira Augusto (70.Danilo Gabriel de Andrade), Jádson Rodrigues da Silva (61.Bruno Henrique Corsini), Elías Mendes Trindade, Ralf de Souza Teles, Vágner Silva de Souza "Vágner Love" (46.John Stiven Mendoza Valencia [*sent off 55*]), Marcio Passos de Albuquerque "Emerson" [*sent off 19*]. Trainer: Adenor Leonardo Bacchi "Tite".
Goals: Luís Fabiano Clemente (31), Michel Fernandes Bastos (39).

FINAL STANDINGS

1.	SC Corinthians Paulista São Paulo	6	4	1	1	9 - 3	13
2.	São Paulo FC	6	4	0	2	9 - 4	12
3.	CA San Lorenzo de Almagro	6	2	1	3	3 - 4	7
4.	Danubio FC Montevideo	6	1	0	5	4 - 14	3

GROUP 3

24.02.2015, Estadio „Tomás Adolfo Ducó", Buenos Aires
Referee: Adrián Vélez (Colombia)
CA Huracán Buenos Aires - AC CD Mineros de Guayana Puerto Ordaz   2-2(1-1)
Huracán: Marcos Guillermo Díaz (44.Matías Fernando Giordano), Federico Mancinelli, Eduardo Rodrigo Domínguez, Martín Hugo Nervo, Luciano Balbi (63.Daniel Gastón Montenegro), Patricio Daniel Toranzo (80.Ezequiel Adrián Gallegos), Federico Vismara, Lucas Villarruel, Alejandro Romero Gamarra, Agustin Gonzalo Torassa, Ramón Darío Abila. Trainer: Néstor Apuzzo.
Mineros: Rafael Enrique Romo Pérez, Luis José Vallenilla Pacheco, Julio César Machado Cesario, Gabriel Alejandro Cichero Konarek, Edixon Vladimir Cuevas Tirado, Anthony Matos, Rafael Eduardo Acosta Cammarota (83.Arnoldo López), Edgar Hernán Jiménez González, Ebby José Pérez Acero (62.Louis Ángelo Peña Puentes), Richard José Blanco Delgado, Zamir Valoyes Naboyán (88.James Fernando Cabezas Mairongo). Trainer: Marcos Mathías.
Goals: Lucas Villarruel (27), Eduardo Rodrigo Domínguez (88 penalty) / Zamir Valoyes Naboyán (21, 81 penalty).

25.02.2015, Estadio Olímpico Patria, Sucre
Referee: Omar Andrés Ponce Manzo (Ecuador)
CD Universitario Sucre - Cruzeiro EC Belo Horizonte   0-0
Universitario: Juan Carlos Robles Rodríguez, Jorge Ignacio González Barón, Ezequiel Nicolás Filipetto, Ramiro Daniel Ballivián, Carlos Oswaldo Camacho Suárez, Alejandro René Bejarano Sajama, Federico Silvestre (79.Cristian Jhamil Urdininea Zambrana), Rubén de la Cuesta Vera, Rolando Ribera Menacho (63.Richar Luis Mercado Corozo), Martín Adrián Palavicini López, David Leonardo Castro Cortés. Trainer: Julio César Baldivieso Rico.
Cruzeiro: Fábio Deivson Lopes Maciel, Paulo André Cren Benini, Leonardo Renan Simões de Lacerda "Léo", Eugenio Estenan Mena Reveco, Fabiano Leismann, Henrique Pacheco de Lima, Willian Roberto de Farias (46.Willians Domingos Fernandes), Giorgian Daniel de Arrascaeta Benedetti (60.Judivan Flor da Silva), Marcos Antônio da Silva Gonçalves "Marquinhos", Willian Gomes de Siqueira (79.Diederrick Joel Tagueu Tadjo [*sent off 84*]), Leandro Damião da Silva dos Santos. Trainer: Marcelo de Oliveira Santos.

03.03.2015, Estadio Cachamay, Puerto Ordaz
Referee: Fernando Guerrero Ramírez (Mexico)
AC CD Mineros de Guayana Puerto Ordaz - CD Universitario Sucre   0-1(0-0)
Mineros: Rafael Enrique Romo Pérez, Luis José Vallenilla Pacheco, Julio César Machado Cesario, Gabriel Alejandro Cichero Konarek, Edixon Vladimir Cuevas Tirado, Anthony Matos (78.James Fernando Cabezas Mairongo), Edgar Hernán Jiménez González, Louis Ángelo Peña Puentes (83.Rubén Rojas), Ebby José Pérez Acero (62.Luis Guerra), Richard José Blanco Delgado, Zamir Valoyes Naboyán [*sent off 81*]. Trainer: Marcos Mathías.
Universitario: Juan Carlos Robles Rodríguez, Jorge Ignacio González Barón, Ezequiel Nicolás Filipetto, Ramiro Daniel Ballivián, Alejandro René Bejarano Sajama (90+4.Edson Rigoberto Pérez Torres), Federico Silvestre, Rubén de la Cuesta Vera, Rolando Ribera Menacho, Jorge Enrique Flores Yrahory (86.Alan Loras Vélez), Richar Luis Mercado Corozo (72.Carlos Oswaldo Camacho Suárez), David Leonardo Castro Cortés. Trainer: Julio César Baldivieso Rico.
Goal: David Leonardo Castro Cortés (73).

03.03.2015, Estádio „Governador Magalhães Pinto" [Mineirão], Belo Horizonte; Attendance: 25,867
Referee: Enrique Patricio Cáceres Villafañe (Paraguay)
Cruzeiro EC Belo Horizonte - CA Huracán Buenos Aires   0-0
Cruzeiro: Fábio Deivson Lopes Maciel, Paulo André Cren Benini, Leonardo Renan Simões de Lacerda "Léo", Eugenio Estenan Mena Reveco, Mayke Rocha de Oliveira, Henrique Pacheco de Lima (75.José Henrique da Silva Dourado), Willians Domingos Fernandes, Giorgian Daniel de Arrascaeta Benedetti (68.Judivan Flor da Silva), Marcos Antônio da Silva Gonçalves "Marquinhos", Willian Gomes de Siqueira (46.Alisson Euler de Freitas Castro), Leandro Damião da Silva dos Santos. Trainer: Marcelo de Oliveira Santos.
Huracán: Matías Fernando Giordano, Federico Mancinelli, Eduardo Rodrigo Domínguez, Martín Hugo Nervo, Luciano Balbi (77.Guillermo Sotelo), Patricio Daniel Toranzo (70.Ezequiel Adrián Gallegos), Federico Vismara, Lucas Villarruel, Alejandro Romero Gamarra, Agustin Gonzalo Torassa (60.Daniel Gastón Montenegro), Ramón Darío Abila. Trainer: Néstor Apuzzo.

10.03.2015, Estadio Olímpico Patria, Sucre
Referee: José Ramón Argote Vega (Venezuela)
CD Universitario Sucre - CA Huracán Buenos Aires   0-0
Universitario: Juan Carlos Robles Rodríguez, Jorge Ignacio González Barón, Ezequiel Nicolás Filipetto, Ramiro Daniel Ballivián, Carlos Oswaldo Camacho Suárez, Alejandro René Bejarano Sajama (77.Edson Rigoberto Pérez Torres), Federico Silvestre, Rubén de la Cuesta Vera, Rolando Ribera Menacho (46.Martín Adrián Palavicini López), Richar Luis Mercado Corozo (61.Mauricio Saucedo Guardia), David Leonardo Castro Cortés. Trainer: Julio César Baldivieso Rico.
Huracán: Matías Fernando Giordano, Federico Mancinelli, Eduardo Rodrigo Domínguez, Martín Hugo Nervo, Guillermo Sotelo, Daniel Gastón Montenegro, Federico Vismara, Lucas Villarruel (88.Santiago Echeverría), Alejandro Romero Gamarra (78.Iván Diego Moreno y Fabianesi), Agustin Gonzalo Torassa (54.Ezequiel Adrián Gallegos), Ramón Darío Abila. Trainer: Néstor Apuzzo.

19.03.2015, Estadio Cachamay, Puerto Ordaz
Referee: Carlos Alfredo Vera Rodríguez (Ecuador)
AC CD Mineros de Guayana - Cruzeiro EC Belo Horizonte   0-2(0-1)
Mineros: Rafael Enrique Romo Pérez, Luis José Vallenilla Pacheco, Julio César Machado Cesario, Gabriel Alejandro Cichero Konarek, Anthony Matos, Louis Ángelo Peña Puentes (68.Luis Guerra), Ebby José Pérez Acero (74.Rubén Rojas), Arnoldo López (83.Alberto Cabello), Richard José Blanco Delgado, James Fernando Cabezas Mairongo, José Eduardo Jiménez Gómez. Trainer: Antonio Franco.
Cruzeiro: Fábio Deivson Lopes Maciel, Paulo André Cren Benini, Leonardo Renan Simões de Lacerda "Léo", Eugenio Estenan Mena Reveco, Mayke Rocha de Oliveira (62.Marcos Venâncio de Albuquerque „Ceará"), Henrique Pacheco de Lima, Willian Roberto de Farias, Giorgian Daniel de Arrascaeta Benedetti (63.Charles Fernando Basílio da Silva), Alisson Euler de Freitas Castro (85.Judivan Flor da Silva), Marcos Antônio da Silva Gonçalves "Marquinhos", Leandro Damião da Silva dos Santos. Trainer: Marcelo de Oliveira Santos.
Goals: Leandro Damião da Silva dos Santos (10), Marcos Antônio da Silva Gonçalves "Marquinhos" (82).

08.04.2015, Estadio „Tomás Adolfo Ducó", Buenos Aires
Referee: Ulises Luis Arnaldo Mereles Abraham (Paraguay)
CA Huracán Buenos Aires - CD Universitario Sucre   1-1(1-1)
Huracán: Marcos Guillermo Díaz, Federico Mancinelli, Eduardo Rodrigo Domínguez, Santiago Echeverría (73.Daniel Gastón Montenegro), Martín Hugo Nervo, Patricio Daniel Toranzo, Federico Vismara, Edson Raúl Puch Cortez, Lucas Villarruel (65.Agustin Gonzalo Torassa), Alejandro Romero Gamarra (87.Iván Emilio Borghello), Ramón Darío Abila. Trainer: Néstor Apuzzo.
Universitario: Raúl Alejandro Olivares Gálvez, Jorge Ignacio González Barón, Ezequiel Nicolás Filipetto, Ramiro Daniel Ballivián, Jorge Ignacio Cuéllar Rojas, Federico Silvestre, Rubén de la Cuesta Vera (75.Martín Adrián Palavicini López), Rolando Ribera Menacho, Jorge Enrique Flores Yrahory, David Leonardo Castro Cortés (90+1.Richar Luis Mercado Corozo), Miguel Gerardo Suárez Savino (81.Ludwing Jorge Rojas Osorio). Trainer: Julio César Baldivieso Rico.
Goals: Ramón Darío Abila (34) / Miguel Gerardo Suárez Savino (39).

08.04.2015, Estádio „Governador Magalhães Pinto" [Mineirão], Belo Horizonte; Attendance: 17,750
Referee: Jorge Luis Osorio Reyes (Chile)
Cruzeiro EC Belo Horizonte - AC CD Mineros de Guayana   3-0(2-0)
Cruzeiro: Fábio Deivson Lopes Maciel, Paulo André Cren Benini, Leonardo Renan Simões de Lacerda "Léo", Eugenio Estenan Mena Reveco, Mayke Rocha de Oliveira, Henrique Pacheco de Lima, Willians Domingos Fernandes (73.Felipe Ignacio Seymour Dobud), Giorgian Daniel de Arrascaeta Benedetti, Alisson Euler de Freitas Castro (80.Diederrick Joel Tagueu Tadjo), Willian Gomes de Siqueira (71.Gabriel Augusto Xavier), Leandro Damião da Silva dos Santos. Trainer: Marcelo de Oliveira Santos.
Mineros: Rafael Enrique Romo Pérez, Luis José Vallenilla Pacheco (46.José Manuel Velázquez Rodríguez), Julio César Machado Cesario, Gabriel Alejandro Cichero Konarek, Anthony Matos, Edgar Hernán Jiménez González, Louis Ángelo Peña Puentes (59.Rafael Eduardo Acosta Cammarota), Alberto Cabello (71.James Fernando Cabezas Mairongo), Arnoldo López, Richard José Blanco Delgado, Zamir Valoyes Naboyán. Trainer: Antonio Franco.
Goals: Giorgian Daniel de Arrascaeta Benedetti (12), Leandro Damião da Silva dos Santos (14), Henrique Pacheco de Lima (72).

14.04.2015, Estádio „Tomás Adolfo Ducó", Buenos Aires
Referee: Patricio António Polic Orellana (Chile)
CA Huracán Buenos Aires - Cruzeiro EC Belo Horizonte   3-1(2-0)
Huracán: Marcos Guillermo Díaz, Federico Mancinelli, Eduardo Rodrigo Domínguez, Martín Hugo Nervo, Luciano Balbi, Patricio Daniel Toranzo (81.Ezequiel Adrián Gallegos), Federico Vismara, Edson Raúl Puch Cortez (76.Agustin Gonzalo Torassa), Lucas Villarruel, Alejandro Romero Gamarra (85.Iván Diego Moreno y Fabianesi), Ramón Darío Abila. Trainer: Néstor Apuzzo.
Cruzeiro: Fábio Deivson Lopes Maciel, Paulo André Cren Benini, Leonardo Renan Simões de Lacerda "Léo", Eugenio Estenan Mena Reveco (71.Anderson Ferreira da Silva "Pará"), Mayke Rocha de Oliveira, Henrique Pacheco de Lima, Willians Domingos Fernandes (46.Gabriel Augusto Xavier), Willian Roberto de Farias, Giorgian Daniel de Arrascaeta Benedetti, Willian Gomes de Siqueira (66.Duvier Orlando Riascos Barahona), Leandro Damião da Silva dos Santos. Trainer: Marcelo de Oliveira Santos.
Goals: Ramón Darío Abila (14, 25), Federico Mancinelli (62) / Leandro Damião da Silva dos Santos (60 penalty).

14.04.2015, Estadio Olímpico Patria, Sucre
Referee: Antonio Javier Arias Alvarenga (Paraguay)
CD Universitario Sucre - AC CD Mineros de Guayana Puerto Ordaz   2-0(1-0)
Universitario: Raúl Alejandro Olivares Gálvez, Ezequiel Nicolás Filipetto, Ramiro Daniel Ballivián, Jorge Ignacio Cuéllar Rojas, Mauricio Saucedo Guardia (67.Ludwing Jorge Rojas Osorio), Federico Silvestre, Rubén de la Cuesta Vera (80.Alejandro René Bejarano Sajama), Rolando Ribera Menacho, Jorge Enrique Flores Yrahory, David Leonardo Castro Cortés (88.Edson Rigoberto Pérez Torres), Miguel Gerardo Suárez Savino. Trainer: Julio César Baldivieso Rico.
Mineros: Rafael Enrique Romo Pérez, Julio César Machado Cesario (79.Louis Ángelo Peña Puentes), José Manuel Velázquez Rodríguez, Gabriel Alejandro Cichero Konarek, Anthony Matos, Rafael Eduardo Acosta Cammarota, Edgar Hernán Jiménez González, Ebby José Pérez Acero, Arnoldo López (71.Édson Castillo), Richard José Blanco Delgado, James Fernando Cabezas Mairongo (46.Zamir Valoyes Naboyán). Trainer: Antonio Franco.
Goals: David Leonardo Castro Cortés (45+1), Miguel Gerardo Suárez Savino (84).

21.04.2015, Estádio „Governador Magalhães Pinto" [Mineirão], Belo Horizonte; Attendance: 24,288
Referee: Roddy Alberto Zambrano Olmedo (Ecuador)
Cruzeiro EC Belo Horizonte - CD Universitario Sucre   2-0(1-0)
Cruzeiro: Fábio Deivson Lopes Maciel, Leonardo Renan Simões de Lacerda "Léo", Manoel Messias Silva Carvalho, Eugenio Estenan Mena Reveco, Mayke Rocha de Oliveira, Henrique Pacheco de Lima (76.Eurico Nicolau de Lima Neto), Willians Domingos Fernandes, Giorgian Daniel de Arrascaeta Benedetti, Marcos Antônio da Silva Gonçalves "Marquinhos", Willian Gomes de Siqueira (77.Gabriel Augusto Xavier), José Henrique da Silva Dourado (87.Diederrick Joel Tagueu Tadjo). Trainer: Marcelo de Oliveira Santos.
Universitario: Raúl Alejandro Olivares Gálvez, Jorge Ignacio González Barón, Ezequiel Nicolás Filipetto, Ramiro Daniel Ballivián (81.Pedro Mauricio Baldivieso Ferrufino), Jorge Ignacio Cuéllar Rojas, Federico Silvestre, Rubén de la Cuesta Vera, Rolando Ribera Menacho, Jorge Enrique Flores Yrahory, David Leonardo Castro Cortés (75.Alejandro René Bejarano Sajama), Miguel Gerardo Suárez Savino (46.Mauricio Saucedo Guardia). Trainer: Julio César Baldivieso Rico.
Goals: Willian Gomes de Siqueira (37), Leonardo Renan Simões de Lacerda "Léo" (56).

21.04.2015, Estadio Cachamay, Puerto Ordaz
Referee: Daniel Adán Fedorczuk Betancour (Uruguay)
AC CD Mineros de Guayana Puerto Ordaz - CA Huracán Buenos Aires   3-0(2-0)
Mineros: Luis Enrique Romero Durán, José Manuel Velázquez Rodríguez, Edixon Vladimir Cuevas Tirado, Anthony Matos, Rafael Eduardo Acosta Cammarota (85.José Gregorio Navarro), Louis Ángelo Peña Puentes (59.Arnoldo López), Alberto Cabello, Édson Castillo, Luis Guerra (70.Ebby José Pérez Acero), Zamir Valoyes Naboyán, Rubén Rojas. Trainer: Antonio Franco.
Huracán: Marcos Guillermo Díaz, Federico Mancinelli, Eduardo Rodrigo Domínguez (46.Agustin Gonzalo Torassa), Martín Hugo Nervo, Luciano Balbi, Patricio Daniel Toranzo (62.Daniel Gastón Montenegro), Federico Vismara, Edson Raúl Puch Cortez, Lucas Villarruel (46.Cristian Espinoza), Alejandro Romero Gamarra, Ramón Darío Abila. Trainer: Néstor Apuzzo.
Goals: Zamir Valoyes Naboyán (9, 39), Rafael Eduardo Acosta Cammarota (64).

FINAL STANDINGS

1.	Cruzeiro EC Belo Horizonte	6	3	2	1	8	-	3	11
2.	CD Universitario Sucre	6	2	3	1	4	-	3	9
3.	CA Huracán Buenos Aires	6	1	4	1	6	-	7	7
4.	AC CD Mineros de Guayana Puerto Ordaz	6	1	1	4	5	-	10	4

GROUP 4

17.02.2015, Estadio Nacional „Julio Martínez Prádanos", Santiago
Referee: Silvio Trucco (Argentina)
Club Universidad de Chile Santiago - CS Emelec Guayaquil   0-1(0-0)
Universidad: Jhonny Cristián Herrera Muñoz, Paulo Cesar Magalhães Lobos, Osvaldo Alexis González Sepúlveda, José Manuel Rojas Bahamondes, Cristián Fernando Suárez Figueroa, Gustavo Rubén Lorenzetti Espinosa, Ricardo Guzmán Pereira Méndez, Gonzalo Alejandro Espinoza Toledo (86.Ramón Ignacio Fernández), Gustavo Javier Canales, César Alexis Cortés Pinto (61.Matías Nicolas Rodríguez), Sebastián Andrés Ubilla Cambón (67.Leandro Iván Benegas). Trainer: Martín Bernardo Lasarte Arróspide (Uruguay).
Emelec: Esteban Javier Dreer, Gabriel Eduardo Achilier Zurita, Óscar Dalmiro Bagüi Angulo, José Luis Quiñónez Quiñónez, Jhon William Narváez [sent off 88], Fernando Agustín Giménez Solís [sent off 81], Pedro Angel Quiñónez Rodríguez, Osbaldo Lupo Lastra García, Ángel Israel Mena Delgado (83.Mauro Raúl Fernández), Luis Miguel Escalada (72.Robert Javier Burbano Cobeña), Miller Alejandro Bolaños Reascos (90.Jorge Daniel Guagua Tamayo). Trainer: Gustavo Domingo Quinteros Desabato (Bolivia).
Goal: Miller Alejandro Bolaños Reascos (63).

17.02.2015, Estadio „Hernando Siles Zuazo", La Paz
Referee: Adrián Vélez (Colombia)
Club The Strongest La Paz - SC Internacional Porto Alegre   3-1(2-0)
The Strongest: Daniel Vaca Tasca, Germán Martín Centurión Marecos, Luis Aníbal Torrico Valverde, Luis Fernando Marteli Dias, Alejandro Saúl Chumacero Bracamonte (89.Maximiliano Bajter Ugollini), Pablo Daniel Escobar Olivetti, Ernesto Rubén Cristaldo Santa Cruz (66.Nelvin Solíz Escalante), Walter Veizaga Argote, Diego Horacio Wayar Cruz, Raúl Castro Peñaloza, Rodrigo Luis Ramallo Cornejo (74.Abel Rodrigo Méndez). Trainer: Néstor Oscar Craviotto (Argentina).
Internacional: Alisson Ramses Becker, Fabricio dos Santos Silva, Ernando Rodrigues Lopes, Alan Henrique Costa, Leonardo Moreira Morais „Leo", Andrés Nicolás D'Alessandro, Anderson Luís de Abreu Oliveira (37.Victor Vinícius Coelho dos Santos "Vitinho"), Nílton Ferreira Júnior, Charles Mariano Aránguiz Sandoval, Eduardo Colcenti Antunes "Eduardo Sasha" (75.Rafael Martiniano de Miranda Moura), Nilmar Honorato da Silva [sent off 89]. Trainer: Diego Vicente Aguirre Camblor.
Goals: Alejandro Saúl Chumacero Bracamonte (10), Diego Horacio Wayar Cruz (14), Alejandro Saúl Chumacero Bracamonte (85) / Andrés Nicolás D'Alessandro (48 penalty).

24.02.2015, Estadio Jocay, Manta
Referee: José Ramón Argote Vega (Venezuela)
CS Emelec Guayaquil - Club The Strongest La Paz   3-0(2-0)
Emelec: Esteban Javier Dreer, Gabriel Eduardo Achilier Zurita (72.Jorge Daniel Guagua Tamayo), Óscar Dalmiro Bagüi Angulo (84.Carlos Alberto Moreno Romaña), José Luis Quiñónez Quiñónez, Pedro Angel Quiñónez Rodríguez, Osbaldo Lupo Lastra García, Robert Javier Burbano Cobeña, Ángel Israel Mena Delgado, Luis Miguel Escalada, Miller Alejandro Bolaños Reascos, Mauro Raúl Fernández (65.Byron Andrés Mina Cuero). Trainer: Gustavo Domingo Quinteros Desabato (Bolivia).
The Strongest: Daniel Vaca Tasca, Germán Martín Centurión Marecos, Nelvin Solíz Escalante (71.Bernardo Nicolás Cuesta), Luis Aníbal Torrico Valverde, Luis Fernando Marteli Dias, Alejandro Saúl Chumacero Bracamonte, Pablo Daniel Escobar Olivetti, Ernesto Rubén Cristaldo Santa Cruz (81.Maximiliano Bajter Ugollini), Walter Veizaga Argote, Diego Horacio Wayar Cruz, Raúl Castro Peñaloza (57.Abel Rodrigo Méndez). Trainer: Néstor Oscar Craviotto (Argentina).
Goals: Miller Alejandro Bolaños Reascos (3), Mauro Raúl Fernández (23), Ángel Israel Mena Delgado (68).

26.02.2015, Estádio "José Pinheiro Borda" [Beira-Rio], Porto Alegre; Attendance: 32,133
Referee: Víctor Hugo Carrillo Casanova (Peru)
SC Internacional Porto Alegre - Club Universidad de Chile Santiago   3-1(1-0)
Internacional: Alisson Ramses Becker, Fabricio dos Santos Silva, Réver Humberto Alves Araújo, Alan Henrique Costa, Leonardo Moreira Morais „Leo", Andrés Nicolás D'Alessandro (90.Carlos Martín Luque), Nílton Ferreira Júnior, Charles Mariano Aránguiz Sandoval, Eduardo Colcenti Antunes "Eduardo Sasha", Jorge Henrique de Souza (72.Nicolás Andrés Freitas Silva), Victor Vinícius Coelho dos Santos "Vitinho" (57.Alex Raphael Meschini). Trainer: Diego Vicente Aguirre Camblor.
Universidad: Jhonny Cristián Herrera Muñoz, Paulo Cesar Magalhães Lobos, Osvaldo Alexis González Sepúlveda, José Manuel Rojas Bahamondes, Cristián Fernando Suárez Figueroa, Gustavo Rubén Lorenzetti Espinosa, Matías Nicolas Rodríguez (88.Leandro Iván Benegas), Ricardo Guzmán Pereira Méndez, Gonzalo Alejandro Espinoza Toledo (74.Sebastián Martínez Muñoz), Gustavo Javier Canales, Sebastián Andrés Ubilla Cambón (80.César Alexis Cortés Pinto). Trainer: Martín Bernardo Lasarte Arróspide (Uruguay).
Goals: Andrés Nicolás D'Alessandro (45+1 penalty), Jorge Henrique de Souza (60), Eduardo Colcenti Antunes "Eduardo Sasha" (77) / Gustavo Javier Canales (66).

04.03.2015, Estádio "José Pinheiro Borda" [Beira-Rio], Porto Alegre; Attendance: 29,752
Referee: Néstor Fabián Pitana (Argentina)
SC Internacional Porto Alegre - CS Emelec Guayaquil   3-2(1-2)
Internacional: Alisson Ramses Becker, Fabricio dos Santos Silva, Réver Humberto Alves Araújo, Alan Henrique Costa, Leonardo Moreira Morais „Leo", Andrés Nicolás D'Alessandro (44.Alex Raphael Meschini), Nílton Ferreira Júnior, Nicolás Andrés Freitas Silva (75.Jorge Henrique de Souza), Eduardo Colcenti Antunes "Eduardo Sasha", Nilmar Honorato da Silva, Victor Vinícius Coelho dos Santos "Vitinho" (62.Carlos Martín Luque). Trainer: Diego Vicente Aguirre Camblor.
Emelec: Esteban Javier Dreer, Gabriel Eduardo Achilier Zurita, Óscar Dalmiro Bagüi Angulo, José Luis Quiñónez Quiñónez, Jhon William Narváez, Fernando Agustín Giménez Solís, Pedro Angel Quiñónez Rodríguez, Osbaldo Lupo Lastra García (86.Luis Miguel Escalada), Robert Javier Burbano Cobeña (85.Mauro Raúl Fernández), Ángel Israel Mena Delgado, Miller Alejandro Bolaños Reascos. Trainer: Gustavo Domingo Quinteros Desabato (Bolivia).
Goals: Nilmar Honorato da Silva (10), Alex Raphael Meschini (59), Réver Humberto Alves Araújo (82) / Robert Javier Burbano Cobeña (22), Ángel Israel Mena Delgado (45+1).

05.03.2015, Estadio Nacional „Julio Martínez Prádanos", Santiago
Referee: Wilson Lamouroux Riveros (Colombia)
Club Universidad de Chile Santiago - Club The Strongest La Paz   3-1(1-1)
Universidad: Jhonny Cristián Herrera Muñoz, Paulo Cesar Magalhães Lobos, Osvaldo Alexis González Sepúlveda, José Manuel Rojas Bahamondes, Cristián Fernando Suárez Figueroa (64.Ramón Ignacio Fernández), Gustavo Rubén Lorenzetti Espinosa, Matías Nicolas Rodríguez, Ricardo Guzmán Pereira Méndez (58.César Alexis Cortés Pinto), Gonzalo Alejandro Espinoza Toledo, Gustavo Javier Canales, Sebastián Andrés Ubilla Cambón (81.Leandro Iván Benegas). Trainer: Martín Bernardo Lasarte Arróspide (Uruguay).
The Strongest: Daniel Vaca Tasca, Luis Aníbal Torrico Valverde, Abraham Cabrera Scarpin, Luis Fernando Marteli Dias, Alejandro Saúl Chumacero Bracamonte, Pablo Daniel Escobar Olivetti, Ernesto Rubén Cristaldo Santa Cruz, Walter Veizaga Argote [*sent off 56*], Diego Horacio Wayar Cruz, Raúl Castro Peñaloza (46.Abel Rodrigo Méndez), Rodrigo Luis Ramallo Cornejo (65.Maximiliano Bajter Ugollini). Trainer: Néstor Oscar Craviotto (Argentina).
Goals: Gustavo Rubén Lorenzetti Espinosa (19), Sebastián Andrés Ubilla Cambón (70), Gustavo Javier Canales (77) / Pablo Daniel Escobar Olivetti (16).

17.03.2015, Estadio „Hernando Siles Zuazo", La Paz
Referee: Carlos Arecio Amarilla Demarqui (Paraguay)
Club The Strongest La Paz - Club Universidad de Chile Santiago   5-3(1-1)
The Strongest: Daniel Vaca Tasca, Germán Martín Centurión Marecos, Nelvin Solíz Escalante (59.Bernardo Nicolás Cuesta), Luis Aníbal Torrico Valverde, Luis Fernando Marteli Dias, Alejandro Saúl Chumacero Bracamonte, Pablo Daniel Escobar Olivetti, Ernesto Rubén Cristaldo Santa Cruz (89.Maximiliano Bajter Ugollini), Diego Horacio Wayar Cruz (81.Enrique Parada Salvatierra), Raúl Castro Peñaloza, Rodrigo Luis Ramallo Cornejo. Trainer: Néstor Oscar Craviotto (Argentina).
Universidad: Jhonny Cristián Herrera Muñoz, Paulo Cesar Magalhães Lobos, José Manuel Rojas Bahamondes, Mathias Corujo Díaz, Benjamin Fernando Vidal Allendes, Gustavo Rubén Lorenzetti Espinosa (85.César Alexis Cortés Pinto), Ricardo Guzmán Pereira Méndez, Gonzalo Alejandro Espinoza Toledo (65.Gustavo Javier Canales), Sebastián Martínez Muñoz, Leandro Iván Benegas, Sebastián Andrés Ubilla Cambón. Trainer: Martín Bernardo Lasarte Arróspide (Uruguay).
Goals: Germán Martín Centurión Marecos (45), Raúl Castro Peñaloza (50), Ernesto Rubén Cristaldo Santa Cruz (68), F. Martelli (72), Rodrigo Luis Ramallo Cornejo (86) / Leandro Iván Benegas (21), Sebastián Andrés Ubilla Cambón (70), Mathias Corujo Díaz (71).

18.03.2015, Estadio Jocay, Manta
Referee: Mauro Vigliano (Argentina)
CS Emelec Guayaquil - SC Internacional Porto Alegre   1-1(1-0)
Emelec: Esteban Javier Dreer, Jorge Daniel Guagua Tamayo, Gabriel Eduardo Achilier Zurita, Óscar Dalmiro Bagüi Angulo, Jhon William Narváez, Fernando Agustín Giménez Solís, Osbaldo Lupo Lastra García [*sent off 54*], Robert Javier Burbano Cobeña, Ángel Israel Mena Delgado, Miller Alejandro Bolaños Reascos, Mauro Raúl Fernández (66.Marcos Gustavo Mondaini). Trainer: Omar Osvaldo De Felippe (Argentina).
Internacional: Alisson Ramses Becker, Juan Silveira dos Santos, Fabricio dos Santos Silva, Ernando Rodrigues Lopes, Réver Humberto Alves Araújo (62.Alan Henrique Costa), Leonardo Moreira Morais „Leo", Alex Raphael Meschini (72.Anderson Luís de Abreu Oliveira), Nílton Ferreira Júnior, Charles Mariano Aránguiz Sandoval (46.Victor Vinícius Coelho dos Santos "Vitinho"), Nicolás Andrés Freitas Silva, Eduardo Colcenti Antunes "Eduardo Sasha". Trainer: Diego Vicente Aguirre Camblor.
Goals: Ángel Israel Mena Delgado (31) / Victor Vinícius Coelho dos Santos "Vitinho" (55).

15.04.2015, Estadio „Hernando Siles Zuazo", La Paz
Referee: José Hernando Buitrago Arango (Colombia)
Club The Strongest La Paz - CS Emelec Guayaquil   1-0(0-0)
The Strongest: Daniel Vaca Tasca, Germán Martín Centurión Marecos, Luis Aníbal Torrico Valverde, Abraham Cabrera Scarpin, Luis Fernando Marteli Dias, Alejandro Saúl Chumacero Bracamonte, Ernesto Rubén Cristaldo Santa Cruz, Walter Veizaga Argote, Raúl Castro Peñaloza, José Gabriel Ríos Banegas (57.Luis Hernán Melgar Ortíz), Rodrigo Luis Ramallo Cornejo (90+3.David Rafael Checa Padilla). Trainer: Juan Carlos Paz García.
Emelec: Esteban Javier Dreer, Jorge Daniel Guagua Tamayo, Gabriel Eduardo Achilier Zurita, Óscar Dalmiro Bagüi Angulo, Jhon William Narváez, Fernando Agustín Giménez Solís, Fernando Vicente Gaibor Orellana, Eddy Roy Corozo Olaya (50.David Alejandro Noboa Tello), Marcos Gustavo Mondaini (57.Mauro Raúl Fernández), Ángel Israel Mena Delgado (67.Luis Miguel Escalada), Emanuel Herrera. Trainer: Omar Osvaldo De Felippe (Argentina).
Goal: Alejandro Saúl Chumacero Bracamonte (57).

16.04.2015, Estadio Nacional „Julio Martínez Prádanos", Santiago
Referee: Silvio Trucco (Argentina)
Club Universidad de Chile Santiago - SC Internacional Porto Alegre   0-4(0-3)
Universidad: Jhonny Cristián Herrera Muñoz, Paulo Cesar Magalhães Lobos (37.Joao Luis Ortíz Pérez), Osvaldo Alexis González Sepúlveda, José Manuel Rojas Bahamondes, Mathias Corujo Díaz, Gustavo Rubén Lorenzetti Espinosa, Matías Nicolas Rodríguez (67.Leandro Iván Benegas), Ricardo Guzmán Pereira Méndez, Sebastián Martínez Muñoz (66.Gonzalo Alejandro Espinoza Toledo), Gustavo Javier Canales, Sebastián Andrés Ubilla Cambón. Trainer: Martín Bernardo Lasarte Arróspide (Uruguay).
Internacional: Alisson Ramses Becker, Juan Silveira dos Santos (60.Réver Humberto Alves Araújo), Ernando Rodrigues Lopes, Alan Henrique Costa, Geferson Cerqueira Teles, Andrés Nicolás D'Alessandro (74.Alex Raphael Meschini), Charles Mariano Aránguiz Sandoval, Eduardo Colcenti Antunes "Eduardo Sasha", Rodrigo Dourado Cunha, Jorge Henrique de Souza (46.Wanderson Ferreira de Oliveira „Valdivia"), Nilmar Honorato da Silva. Trainer: Diego Vicente Aguirre Camblor.
Goals: Nilmar Honorato da Silva (9), Eduardo Colcenti Antunes "Eduardo Sasha" (12), Nilmar Honorato da Silva (31), Wanderson Ferreira de Oliveira „Valdivia" (58).

22.04.2015, Estadio "George Capwell", Guayaquil
Referee: Roberto García Orozco (Mexico)
CS Emelec Guayaquil - Club Universidad de Chile Santiago   2-0(1-0)
Emelec: Esteban Javier Dreer, Jorge Daniel Guagua Tamayo, Gabriel Eduardo Achilier Zurita, Óscar Dalmiro Bagüi Angulo, Fernando Agustín Giménez Solís, Pedro Angel Quiñónez Rodríguez (76.Eddy Roy Corozo Olaya), Fernando Vicente Gaibor Orellana (66.Marcos Gustavo Mondaini), Byron Andrés Mina Cuero, Ángel Israel Mena Delgado, Luis Miguel Escalada (85.Mauro Raúl Fernández), Miller Alejandro Bolaños Reascos. Trainer: Omar Osvaldo De Felippe (Argentina).
Universidad: Jhonny Cristián Herrera Muñoz, José Manuel Rojas Bahamondes, Mathias Corujo Díaz, Benjamin Fernando Vidal Allendes, Gustavo Rubén Lorenzetti Espinosa (89.Fabián Alejandro Carmona Fredes), Bryan Alfonso Cortés Carvajal (60.Matías Nicolas Rodríguez), Ricardo Guzmán Pereira Méndez, Joao Luis Ortíz Pérez, Sebastián Martínez Muñoz, Leandro Iván Benegas, Sebastián Andrés Ubilla Cambón. Trainer: Martín Bernardo Lasarte Arróspide (Uruguay).
Goals: Miller Alejandro Bolaños Reascos (41, 62).

22.04.2015, Estádio "José Pinheiro Borda" [Beira-Rio], Porto Alegre; Attendance: 37,190
Referee: Enrique Patricio Cáceres Villafañe (Paraguay)
SC Internacional Porto Alegre - Club The Strongest La Paz   1-0(1-0)
Internacional: Alisson Ramses Becker, Juan Silveira dos Santos, Ernando Rodrigues Lopes, Paulo Marcos De Jesus Ribeiro "Paulão", Geferson Cerqueira Teles, Andrés Nicolás D'Alessandro, Charles Mariano Aránguiz Sandoval, Eduardo Colcenti Antunes "Eduardo Sasha" (86.Alex Raphael Meschini), Rodrigo Dourado Cunha, Jorge Henrique de Souza (19.Wanderson Ferreira de Oliveira „Valdivia"), Nilmar Honorato da Silva (76.Rafael Martiniano de Miranda Moura). Trainer: Diego Vicente Aguirre Camblor.
The Strongest: Daniel Vaca Tasca, Germán Martín Centurión Marecos, Nelvin Solíz Escalante (61.Luis Hernán Melgar Ortíz), Luis Aníbal Torrico Valverde, Abraham Cabrera Scarpin, Luis Fernando Marteli Dias, Alejandro Saúl Chumacero Bracamonte, Pablo Daniel Escobar Olivetti, Walter Veizaga Argote, Raúl Castro Peñaloza (84.Bernardo Nicolás Cuesta), Rodrigo Luis Ramallo Cornejo. Trainer: Juan Carlos Paz García.
Goal: Wanderson Ferreira de Oliveira „Valdivia" (40).

FINAL STANDINGS
1.	SC Internacional Porto Alegre	6	4	1	1	13 - 7	13
2.	CS Emelec Guayaquil	6	3	1	2	9 - 5	10
3.	Club The Strongest La Paz	6	3	0	3	10 - 11	9
4.	Club Universidad de Chile Santiago	6	1	0	5	7 - 16	3

GROUP 5

17.02.2015, Estadio Gran Parque Central, Montevideo
Referee: Raúl Orosco Delgadillo (Bolivia)
Montevideo Wanderers FC - Zamora FC   **3-2(1-1)**
Wanderers: Leonardo Fabián Burian Castro, Gastón Matías Bueno Sciutto, Maximiliano Martín Olivera De Andrea, Alex Silva Quiroga, Paulo Fabián Lima Simoes, Santiago Gabriel Martínez Pintos, Nicolás Gabriel Albarracín Basil (84.Víctor Martín Galain Pécora), Adrián Nicolás Colombino Rodríguez [sent off 31], Diego Nicolás Riolfo Pérez (64.Yuri León Galli Mora), Juan Cruz Mascia Paysée [sent off 90+3], Gastón Rodríguez Maeso (64.Leandro Federico Reymundez Martínez). Trainer: Alfredo Carlos Arias Sánchez.
Zamora FC: Álvaro Antonio Forero Rojas, Ángel Enrique Faría Mendoza [sent off 20], Dustin Alexander Váldez Atencio, Luis Carlos Ovalle Victoria [sent off 78], Edwin Peraza Lárez, Arles Eduardo Flores Crespo, Luis Humberto Vargas Archila, Yeferson Julio Soteldo Martínez (30.José Angel Torres Rattis), Pierre Alexandre Pluchino Galuppo (66.Santiago Leonardo Bello Mosteiro), John Eduardo Murillo Romaña [sent off 90+3], Yordan Hernándo Osorio Paredes (84.Anthony Miguel Blondell Blondell). Trainer: Julio Alberto Quintero.
Goals: Gastón Rodríguez Maeso (45+1), Nicolás Gabriel Albarracín Basil (78 penalty), Leandro Federico Reymundez Martínez (81) / John Eduardo Murillo Romaña (25), Arles Eduardo Flores Crespo (53).

18.02.2015, Estadio „Santa Laura"-Universidad SEK, Santiago
Referee: Wilmar Alexander Roldán Pérez (Colombia)
CD Palestino Santiago - CA Boca Juniors Buenos Aires   **0-2(0-1)**
Palestino: Darío Esteban Melo Pulgar, Diego Rosende Lagos, Leonardo Felipe Valencia Rossell (77.Alejandro Samuel Márquez Pérez), Germán Lanaro, Alejandro Andrés Contreras Daza, Paulo César Díaz Huincales, Carlos Agustín Farías (46.César Valenzuela Martínez), Esteban Andrés Carvajal Tapia, Jason Alejandro Silva Pérez, Renato Andrés Ramos Madrigal, Marcos Daniel Riquelme (58.Matías Leonardo Vidangossy Rebolledo). Trainer: Pablo Adrián Guede Barrirero (Argentina).
Boca Juniors: Agustín Ignacio Orión, Marco Natanael Torsiglieri, Guillermo Enio Burdisso, Lucas Leandro Marín, Fernando Rubén Gago, Nicolás Carlos Colazo, Cristian Damián Erbes, César Marcelo Meli, Emanuel Gigliotti (61.Marcelo Nicolás Lodeiro Benítez), Andrés Eliseo Chávez (84.Pablo Javier Pérez), Sebastián Alberto Palacios (78.Guido Nahuel Vadalá). Trainer: Rodolfo Martín Arruabarrena.
Goals: Andrés Eliseo Chávez (37), Sebastián Alberto Palacios (68).

26.02.2015, Estadio „Alberto J. Armando", Buenos Aires
Referee: Ricardo Marques Ribeiro (Brazil)
CA Boca Juniors Buenos Aires - Montevideo Wanderers FC   **2-1(2-1)**
Boca Juniors: Agustín Ignacio Orión, Marco Natanael Torsiglieri, Guillermo Enio Burdisso (16.Juan Cruz Komar), Lucas Leandro Marín, Fernando Rubén Gago, Marcelo Nicolás Lodeiro Benítez, Nicolás Carlos Colazo, Cristian Damián Erbes, Pablo Daniel Osvaldo (83.Federico Gastón Carrizo), Andrés Eliseo Chávez (65.Pablo Javier Pérez), Sebastián Alberto Palacios. Trainer: Rodolfo Martín Arruabarrena.
Wanderers: Leonardo Fabián Burian Castro, Gastón Matías Bueno Sciutto, Maximiliano Martín Olivera De Andrea, Alex Silva Quiroga, Paulo Fabián Lima Simoes, Santiago Gabriel Martínez Pintos, Nicolás Gabriel Albarracín Basil (54.Leandro Federico Reymundez Martínez), Jonathan Ezequiel Rodríguez García, Joaquín Azzem Vergés Collazo (53.Yuri León Galli Mora), Diego Nicolás Riolfo Pérez, Gastón Rodríguez Maeso (79.Gerardo Sebastián Gularte Fros). Trainer: Alfredo Carlos Arias Sánchez.
Goals: Juan Cruz Komar (32), Pablo Daniel Osvaldo (42) / Diego Nicolás Riolfo Pérez (33).

26.02.2015, Estadio „Agustín Tovar", Barinas
Referee: Julio César Quintana Rodríguez (Paraguay)
Zamora FC - CD Palestino Santiago　　　　　　　　　　　　　**0-1(0-1)**
Zamora FC: Álvaro Antonio Forero Rojas, Dustin Alexander Váldez Atencio, Edwin Peraza Lárez, Edson Jesús Mendoza Tablante (76.Ymmer Eliécer González Alseco), Jhoan Manuel Arenas Delgado, Arles Eduardo Flores Crespo, Luis Humberto Vargas Archila, Yeferson Julio Soteldo Martínez, Yaniel Hernández, Pierre Alexandre Pluchino Galuppo (65.Santiago Leonardo Bello Mosteiro), Johan Orlando Moreno Vivas (46.Ricardo Clarke). Trainer: Julio Alberto Quintero.
Palestino: Darío Esteban Melo Pulgar, Diego Rosende Lagos, Germán Lanaro, Alejandro Andrés Contreras Daza, Paulo César Díaz Huincales, Esteban Andrés Carvajal Tapia, Alejandro Samuel Márquez Pérez, Jason Alejandro Silva Pérez (75.Jonathan Eduardo Cantillana Zorrilla), Marcelo Alejandro Morales Gonzalez (60.Matías Leonardo Vidangossy Rebolledo), Renato Andrés Ramos Madrigal (88.Felipe Manuel Campos Mosqueira), Diego Gonzalo Cháves de Miquelerena. Trainer: Pablo Adrián Guede Barrirero (Argentina).
Goal: Alejandro Samuel Márquez Pérez (44).

10.03.2015, Estadio Gran Parque Central, Montevideo
Referee: Adrián Vélez (Colombia)
Montevideo Wanderers FC - CD Palestino Santiago　　　　　　**1-0(1-0)**
Wanderers: Leonardo Fabián Burian Castro, Gastón Matías Bueno Sciutto, Maximiliano Martín Olivera De Andrea, Alex Silva Quiroga, Paulo Fabián Lima Simoes, Santiago Gabriel Martínez Pintos, Nicolás Gabriel Albarracín Basil (79.Emiliano Mathías Díaz Rondine), Matías Joaquín Santos Arotegui, Joaquín Azzem Vergés Collazo, Gastón Rodríguez Maeso (66.Jonathan Ezequiel Rodríguez García), Leandro Federico Reymundez Martínez (72.Diego Nicolás Riolfo Pérez). Trainer: Alfredo Carlos Arias Sánchez.
Palestino: Darío Esteban Melo Pulgar, Diego Rosende Lagos, Leonardo Felipe Valencia Rossell (73.Jonathan Eduardo Cantillana Zorrilla), Germán Lanaro, Paulo César Díaz Huincales, Matías Leonardo Vidangossy Rebolledo, Esteban Andrés Carvajal Tapia, Alejandro Samuel Márquez Pérez, Jason Alejandro Silva Pérez (60.César Valenzuela Martínez), Renato Andrés Ramos Madrigal (60.Marcos Daniel Riquelme), Diego Gonzalo Cháves de Miquelerena. Trainer: Pablo Adrián Guede Barrirero (Argentina).
Goal: Matías Joaquín Santos Arotegui (22).

11.03.2015, Estadio „Alberto J. Armando", Buenos Aires
Referee: José Hernando Buitrago Arango (Colombia)
CA Boca Juniors Buenos Aires - Zamora FC　　　　　　　　　**5-0(3-0)**
Boca Juniors: Agustín Ignacio Orión, Marco Natanael Torsiglieri, Lucas Leandro Marín, Juan Cruz Komar, Fernando Rubén Gago (63.Franco Cristaldo), Marcelo Nicolás Lodeiro Benítez (69.Juan Manuel Martínez), Nicolás Carlos Colazo, Cristian Damián Erbes, Federico Gastón Carrizo, César Marcelo Meli (76.José Pedro Fuenzalida Gana), Pablo Daniel Osvaldo. Trainer: Rodolfo Martín Arruabarrena.
Zamora FC: Álvaro Antonio Forero Rojas, Ángel Enrique Faría Mendoza, Dustin Alexander Váldez Atencio, Luis Carlos Ovalle Victoria, Edwin Peraza Lárez, Jhoan Manuel Arenas Delgado (68.Ricardo Clarke), Arles Eduardo Flores Crespo (82.Yordan Hernándo Osorio Paredes), Luis Humberto Vargas Archila, Yeferson Julio Soteldo Martínez, Pierre Alexandre Pluchino Galuppo (60.Gustavo Andrés Páez Martínez), Santiago Leonardo Bello Mosteiro. Trainer: Julio Alberto Quintero.
Goals: César Marcelo Meli (7), Marcelo Nicolás Lodeiro Benítez (14), Federico Gastón Carrizo (36), Pablo Daniel Osvaldo (68, 81 penalty).

17.03.2015, Estadio „Agustín Tovar", Barinas
Referee: Luiz Flávio de Oliveira (Brazil)
Zamora FC - CA Boca Juniors Buenos Aires **1-5(1-0)**
Zamora FC: Álvaro Antonio Forero Rojas, Ángel Enrique Faría Mendoza, Moises de Jesús Galezo Villalobos, Luis Carlos Ovalle Victoria, Edwin Peraza Lárez, Jhoan Manuel Arenas Delgado (73.Ricardo Clarke), Arles Eduardo Flores Crespo, Luis Humberto Vargas Archila [*sent off* 56], Gustavo Andrés Páez Martínez (77.Ymmer Eliécer González Alseco), John Eduardo Murillo Romaña, Yordan Hernándo Osorio Paredes (61.Luis Carlos Melo Salcedo). Trainer: Julio Alberto Quintero.
Boca Juniors: Guillermo Enrique Sara, Daniel Alberto Díaz, Fabián Luciano Monzón (46.Nicolás Carlos Colazo), Juan Cruz Komar, José Pedro Fuenzalida Gana, Cristian Damián Erbes, Federico Gastón Carrizo (74.Andrés Eliseo Chávez), César Marcelo Meli, Franco Cristaldo (46.Gonzalo Pablo Castellani), Juan Manuel Martínez, Jonathan Calleri. Trainer: Rodolfo Martín Arruabarrena.
Goals: John Eduardo Murillo Romaña (17) / Juan Manuel Martínez (51), Nicolás Carlos Colazo (57, 70), Andrés Eliseo Chávez (77), Juan Manuel Martínez (90+1).

19.03.2015, Estadio „Santa Laura"-Universidad SEK, Santiago
Referee: Víctor Hugo Carrillo Casanova (Peru)
CD Palestino Santiago - Montevideo Wanderers FC **1-1(0-1)**
Palestino: Darío Esteban Melo Pulgar, Diego Rosende Lagos, Leonardo Felipe Valencia Rossell, Germán Lanaro (61.Diego Gonzalo Cháves de Miquelerena), Alejandro Andrés Contreras Daza, Paulo César Díaz Huincales, Carlos Agustín Farías, César Valenzuela Martínez (85.Jonathan Eduardo Cantillana Zorrilla), Esteban Andrés Carvajal Tapia, Jason Alejandro Silva Pérez (71.Jorge Ricardo Guajardo Neira), Marcos Daniel Riquelme. Trainer: Pablo Adrián Guede Barrirero (Argentina).
Wanderers: Leonardo Fabián Burian Castro, Maximiliano Martín Olivera De Andrea, Alex Silva Quiroga, Emiliano Mathías Díaz Rondine, Paulo Fabián Lima Simoes, Santiago Gabriel Martínez Pintos, Nicolás Gabriel Albarracín Basil (84.Diego Nicolás Riolfo Pérez), Matías Joaquín Santos Arotegui, Jonathan Ezequiel Rodríguez García (75.Gastón Matías Bueno Sciutto), Joaquín Azzem Vergés Collazo, Leandro Federico Reymundez Martínez (58.Juan Cruz Mascia Paysée). Trainer: Alfredo Carlos Arias Sánchez.
Goals: Jason Alejandro Silva Pérez (65) / Alex Silva Quiroga (35).

07.04.2015, Estadio „Santa Laura"-Universidad SEK, Santiago
Referee: Óscar Maldonado Urey (Bolivia)
CD Palestino Santiago - Zamora FC **4-0(0-0)**
Palestino: Darío Esteban Melo Pulgar, Diego Rosende Lagos, Matías Andrés Escudero, Germán Lanaro, Matías Leonardo Vidangossy Rebolledo, Carlos Agustín Farías, Jason Alejandro Silva Pérez (59.César Valenzuela Martínez), Diego Ignacio Torres Quintana, Diego Gonzalo Cháves de Miquelerena, Jorge Ricardo Guajardo Neira (46.Leonardo Felipe Valencia Rossell), Jonathan Eduardo Cantillana Zorrilla (78.Paulo César Díaz Huincales). Trainer: Pablo Adrián Guede Barrirero (Argentina).
Zamora FC: Edward Ibarbo Cadena, Dustin Alexander Váldez Atencio, Moises de Jesús Galezo Villalobos, Ymmer Eliécer González Alseco, Arles Eduardo Flores Crespo, Luis Carlos Melo Salcedo (72.Ricardo Clarke), Yeferson Julio Soteldo Martínez (79.Luis Carlos Ovalle Victoria), Yaniel Hernández, Pierre Alexandre Pluchino Galuppo, John Eduardo Murillo Romaña (39.Gustavo Andrés Páez Martínez), Yordan Hernándo Osorio Paredes. Trainer: Julio Alberto Quintero.
Goals: Diego Gonzalo Cháves de Miquelerena (46), Leonardo Felipe Valencia Rossell (67), Diego Gonzalo Cháves de Miquelerena (84), Matías Leonardo Vidangossy Rebolledo (87).

09.04.2015, Estadio Centenario, Montevideo
Referee: Sandro Meira Ricci (Brazil)
Montevideo Wanderers FC - CA Boca Juniors Buenos Aires   **0-3(0-1)**
Wanderers: Carlos Leandro Techera Sánchez, Gastón Matías Bueno Sciutto, Maximiliano Martín Olivera De Andrea, Alex Silva Quiroga [*sent off 90+2*], Paulo Fabián Lima Simoes, Santiago Gabriel Martínez Pintos (66.Gerardo Sebastián Gularte Fros), Nicolás Gabriel Albarracín Basil, Matías Joaquín Santos Arotegui, Joaquín Azzem Vergés Collazo, Juan Cruz Mascia Paysée (82.Jonathan Ezequiel Rodríguez García), Gastón Rodríguez Maeso (46.Leandro Federico Reymundez Martínez). Trainer: Alfredo Carlos Arias Sánchez.
Boca Juniors: Agustín Ignacio Orión, Daniel Alberto Díaz, Fabián Luciano Monzón, Guillermo Enio Burdisso, Lucas Leandro Marín, Marcelo Nicolás Lodeiro Benítez (67.Rodrigo Bentancur), Cristian Damián Erbes (34.Federico Bravo), Franco Cristaldo (77.José Pedro Fuenzalida Gana), Juan Manuel Martínez, Andrés Eliseo Chávez, Jonathan Calleri. Trainer: Rodolfo Martín Arruabarrena.
Goals: Jonathan Calleri (8, 48), Fabián Luciano Monzón (73).

16.04.2015, Estadio „Agustín Tovar", Barinas
Referee: Enrique Patricio Cáceres Villafañe (Paraguay)
Zamora FC - Montevideo Wanderers FC   **0-3(0-1)**
Zamora FC: Edward Ibarbo Cadena, Luis Carlos Ovalle Victoria, Edwin Peraza Lárez, Yordani José Abreu Chourio, Ymmer Eliécer González Alseco, Jhoan Manuel Arenas Delgado (68.Santiago Leonardo Bello Mosteiro), Arles Eduardo Flores Crespo (71.Yordan Hernándo Osorio Paredes), Luis Humberto Vargas Archila, Ricardo Clarke (62.Yeferson Julio Soteldo Martínez), Anthony Miguel Blondell Blondell, John Eduardo Murillo Romaña. Trainer: Julio Alberto Quintero.
Wanderers: Carlos Leandro Techera Sánchez, Matias Quagliotti Ponce de León, Maximiliano Martín Olivera De Andrea, Emiliano Mathías Díaz Rondine (24.Adrián Nicolás Colombino Rodríguez), Paulo Fabián Lima Simoes, Federico Barrandeguy Martino, Santiago Gabriel Martínez Pintos, Nicolás Gabriel Albarracín Basil, Matías Joaquín Santos Arotegui, Joaquín Azzem Vergés Collazo (61.Gastón Rodríguez Maeso), Juan Cruz Mascia Paysée (74.Roberto Martín Rivas Tagliabúe). Trainer: Alfredo Carlos Arias Sánchez.
Goals: Matías Joaquín Santos Arotegui (33), Nicolás Gabriel Albarracín Basil (63), Gastón Rodríguez Maeso (87).

16.04.2015, Estadio „Alberto J. Armando", Buenos Aires
Referee: Wilton Pereira Sampaio (Brazil)
CA Boca Juniors Buenos Aires - CD Palestino Santiago   **2-0(0-0)**
Boca Juniors: Agustín Ignacio Orión, Fabián Luciano Monzón, Guillermo Enio Burdisso, Lucas Leandro Marín, Juan Cruz Komar, César Marcelo Meli, Adrián Andrés Cubas (61.Fernando Rubén Gago), Franco Cristaldo (62.Gonzalo Pablo Castellani), Juan Manuel Martínez (72.Guido Nahuel Vadalá), Andrés Eliseo Chávez, Jonathan Calleri. Trainer: Rodolfo Martín Arruabarrena.
Palestino: Darío Esteban Melo Pulgar, Diego Rosende Lagos (70.Jorge Ricardo Guajardo Neira), Matías Andrés Escudero (8.Paulo César Díaz Huincales), Leonardo Felipe Valencia Rossell, Germán Lanaro, Matías Leonardo Vidangossy Rebolledo (55.César Valenzuela Martínez), Carlos Agustín Farías, Esteban Andrés Carvajal Tapia, Jason Alejandro Silva Pérez, Diego Ignacio Torres Quintana, Marcos Daniel Riquelme. Trainer: Pablo Adrián Guede Barrirero (Argentina).
Goals: Lucas Leandro Marín (81), Jonathan Calleri (90+2).

FINAL STANDINGS

1.	CA Boca Juniors Buenos Aires	6	6	0	0	19 - 2	18
2.	Montevideo Wanderers FC	6	3	1	2	9 - 8	10
3.	CD Palestino Santiago	6	2	1	3	6 - 6	7
4.	Zamora FC	6	0	0	6	3 - 21	0

GROUP 6

18.02.2015, Estadio Universitario, San Nicolás de los Garza
Referee: Fernando Martín Falce Langone (Uruguay)
CF Tigres de la UA de Nuevo León - Club Juan Aurich de Chiclayo   **3-0(1-0)**
Tigres: Nahuel Ignacio Guzmán, Hugo Ayala Castro, Jorge Emmanuel Torres Nilo, Israel Sabdi Jiménez Ñáñez, Antonio Briseño Vázquez, Damián Ariel Álvarez, Jesús Alberto Dueñas Manzo, Guido Hernán Pizarro Demestri, Rafael Augusto Sóbis do Nascimento (66.Édgar Gerardo Lugo Aranda), Enrique Alejandro Esqueda Tirado (46.Hernán Darío Burbano), Joffre David Guerrón Méndez (75.Amaury Gabriel Escoto Ruíz). Trainer: Ricardo Ferretti de Oliveira (Brazil).
Juan Aurich: Pedro David Gallese Quiróz, Edgar Gabriel Balbuena Adorno, Christian Guillermo Ramos Garagay, Rodrigo Cuba Piedra, Jair Edson Céspedes Zegarra, Marcos Abner Delgado Ocampo, Benjamín Ubierna Barandiarán, Alfredo Junior Rojas Pajuelo, Luis Carlos Tejada Hansell (83.Deyair Reyes Contreras), Douglas Junior Ross Santillana (60.Óscar Christopher Vílchez Soto), Germán Ezequiel Pacheco (65.Hernán Rengifo Trigoso). Trainer: Roberto Orlando Mosquera Vera (Colombia).
Goals: Joffre David Guerrón Méndez (37, 58), Jesús Alberto Dueñas Manzo (64).

19.02.2015, Estadio „Jesús Bermúdez", Oruro
Referee: Daniel Adán Fedorczuk Betancour (Uruguay)
CD San José Oruro - CA River Plate Buenos Aires   **2-0(0-0)**
San José: Carlos Emilio Lampe Porras, Arnaldo Andrés Vera Chamorro, Miguel Ángel Juárez Montaño (60.Abdón Reyes Cardozo), Luis Ariel Jaldin Torrico, Wilder Zabala Perrogón (79.Juan Gabriel Valverde Rivera), Delio Ramon Ojeda Ferreira, Ricardo Verduguez, Mario Alberto Ovando Padilla, Miguel Oswaldo Loaiza Tardio (68.Leandro Ferreira Pessoa), Angel Reinaldo Orué Echeverría, Mauro Sergio Bustamante. Trainer: Teodoro Cárdenas.
River Plate: Marcelo Alberto Barovero, Jonathan Ramón Maidana, Gabriel Iván Mercado, Germán Alejo Pezzela (60.Bruno Saúl Urribarri), Éder Fabián Álvarez Balanta, Leonardo Daniel Ponzio, Leonardo Nicolás Pisculichi (62.Augusto Jorge Mateo Solari), Gonzalo Martínez, Carlos Andrés Sánchez Arcosa (83.Fernando Ezequiel Cavenaghi), Camilo Sebastián Mayada Mesa, Rodrigo Nicanor Mora Núñez. Trainer: Marcelo Daniel Gallardo.
Goals: Angel Reinaldo Orué Echeverría (80), Juan Gabriel Valverde Rivera (87).

05.03.2015, Estadio Monumental „Antonio Vespucio Liberti", Buenos Aires
Referee: Sandro Meira Ricci (Brazil)
CA River Plate Buenos Aires - CF Tigres de la UA de Nuevo León   **1-1(0-1)**
River Plate: Julio César Chiarini, Jonathan Ramón Maidana, Leonel Jesús Vangioni (79.Sebastián Driussi), Gabriel Iván Mercado (64.Camilo Sebastián Mayada Mesa), José Ramiro Funes Mori (56.Éder Fabián Álvarez Balanta), Leonardo Nicolás Pisculichi, Ariel Mauricio Rojas, Carlos Andrés Sánchez Arcosa, Claudio Matías Kranevitter, Teófilo Antonio Gutiérrez Roncancio, Rodrigo Nicanor Mora Núñez. Trainer: Marcelo Daniel Gallardo.
Tigres: Nahuel Ignacio Guzmán, José Arturo Rivas Mortera, Hugo Ayala Castro, Jorge Emmanuel Torres Nilo, Israel Sabdi Jiménez Ñáñez (68.Antonio Briseño Vázquez), Damián Ariel Álvarez (72.Hernán Darío Burbano), Egidio Raúl Arévalo Ríos, Jesús Alberto Dueñas Manzo (81.Jorge Iván Estrada Manjarrez), Guido Hernán Pizarro Demestri, Rafael Augusto Sóbis do Nascimento, Joffre David Guerrón Méndez. Trainer: Ricardo Ferretti de Oliveira (Brazil).
Goals: Carlos Andrés Sánchez Arcosa (72) / Joffre David Guerrón Méndez (40).

05.03.2015, Estadio „Capitán Remigio Elías Aguirre Romero", Chiclayo
Referee: Eduardo Gamboa Martínez (Chile)
Club Juan Aurich de Chiclayo - CD San José Oruro   2-0(2-0)
Juan Aurich: Pedro David Gallese Quiróz, Christian Guillermo Ramos Garagay, Gianmarco Gambetta Sponza, Rodrigo Cuba Piedra, Jair Edson Céspedes Zegarra, Óscar Christopher Vílchez Soto (87.Marcos Abner Delgado Ocampo), Alfredo Junior Rojas Pajuelo, Luis Carlos Tejada Hansell, César Augusto Valoyes Córdoba (78.Benjamín Ubierna Barandiarán), Hernán Rengifo Trigoso (83.Deyair Reyes Contreras), Germán Ezequiel Pacheco. Trainer: Roberto Orlando Mosquera Vera (Colombia).
San José: Carlos Emilio Lampe Porras, Arnaldo Andrés Vera Chamorro, Miguel Ángel Juárez Montaño, Luis Ariel Jaldin Torrico, Wilder Zabala Perrogón, Delio Ramon Ojeda Ferreira, Ricardo Verduguez (46.Leandro Ferreira Pessoa), Mario Alberto Ovando Padilla, Abdón Reyes Cardozo, Miguel Oswaldo Loaiza Tardio, Angel Reinaldo Orué Echeverría. Trainer: Teodoro Cárdenas.
Goals: César Augusto Valoyes Córdoba (5), Christian Guillermo Ramos Garagay (22).

11.03.2015, Estadio „Jesús Bermúdez", Oruro
Referee: Andrés Ismael Cunha Soca (Uruguay)
CD San José Oruro - CF Tigres de la UA de Nuevo León   0-1(0-1)
San José: Carlos Emilio Lampe Porras, Arnaldo Andrés Vera Chamorro, Miguel Ángel Juárez Montaño (40.Miguel Oswaldo Loaiza Tardio), Luis Ariel Jaldin Torrico, Wilder Zabala Perrogón, Leandro Ferreira Pessoa, Delio Ramon Ojeda Ferreira, Ricardo Verduguez, Mario Alberto Ovando Padilla, Abdón Reyes Cardozo, Angel Reinaldo Orué Echeverría (66.Ronald Puma Caballero). Trainer: Teodoro Cárdenas.
Tigres: Nahuel Ignacio Guzmán, José Arturo Rivas Mortera, Hugo Ayala Castro, Jorge Emmanuel Torres Nilo, Jorge Iván Estrada Manjarrez, Israel Sabdi Jiménez Ñáñez (53.Edgar Iván Estuardo Solís Castillón), Damián Ariel Álvarez (67.Hernán Darío Burbano), Egidio Raúl Arévalo Ríos, Amaury Gabriel Escoto Ruíz, Dieter Daniel Villalpando Pérez (86.Antonio Briseño Vázquez), Édgar Gerardo Lugo Aranda. Trainer: Ricardo Ferretti de Oliveira (Brazil).
Goal: Amaury Gabriel Escoto Ruíz (38).

12.03.2015, Estadio „Capitán Remigio Elías Aguirre Romero", Chiclayo
Referee: Julio César Quintana Rodríguez (Paraguay)
Club Juan Aurich de Chiclayo - CA River Plate Buenos Aires   1-1(0-1)
Juan Aurich: Pedro David Gallese Quiróz, Christian Guillermo Ramos Garagay, Gianmarco Gambetta Sponza (46.Benjamín Ubierna Barandiarán), Rodrigo Cuba Piedra [*sent off 90+1*], Jair Edson Céspedes Zegarra, Óscar Christopher Vílchez Soto, Marcos Abner Delgado Ocampo, Alfredo Junior Rojas Pajuelo (56.Hernán Rengifo Trigoso), Luis Carlos Tejada Hansell, César Augusto Valoyes Córdoba (83.Deyair Reyes Contreras), Germán Ezequiel Pacheco. Trainer: Roberto Orlando Mosquera Vera (Colombia).
River Plate: Marcelo Alberto Barovero, Jonathan Ramón Maidana, Leonel Jesús Vangioni, Gabriel Iván Mercado, Éder Fabián Álvarez Balanta, Leonardo Nicolás Pisculichi (74.Gonzalo Martínez), Ariel Mauricio Rojas, Carlos Andrés Sánchez Arcosa (83.Fernando Ezequiel Cavenaghi), Claudio Matías Kranevitter, Teófilo Antonio Gutiérrez Roncancio, Rodrigo Nicanor Mora Núñez (75.Camilo Sebastián Mayada Mesa). Trainer: Marcelo Daniel Gallardo.
Goals: Luis Carlos Tejada Hansell (66) / Éder Fabián Álvarez Balanta (21).

17.03.2015, Estadio Universitario, San Nicolás de los Garza
Referee: José Ramón Argote Vega (Venezuela)
CF Tigres de la UA de Nuevo León - CD San José Oruro   **4-0(2-0)**
Tigres: Nahuel Ignacio Guzmán, José Arturo Rivas Mortera, Hugo Ayala Castro, Jorge Emmanuel Torres Nilo, Israel Sabdi Jiménez Ñáñez, Damián Ariel Álvarez (85.Dieter Daniel Villalpando Pérez), Egidio Raúl Arévalo Ríos, Jesús Alberto Dueñas Manzo (76.Guido Hernán Pizarro Demestri), Rafael Augusto Sóbis do Nascimento, Édgar Gerardo Lugo Aranda (65.Hernán Darío Burbano), Joffre David Guerrón Méndez. Trainer: Ricardo Ferretti de Oliveira (Brazil).
San José: Carlos Emilio Lampe Porras, Arnaldo Andrés Vera Chamorro, Luis Ariel Jaldin Torrico, Wilder Zabala Perrogón, Leandro Ferreira Pessoa, Delio Ramon Ojeda Ferreira (55.Miguel Ángel Juárez Montaño), Diego Jhosimar Prado Tupa, Darwin Jesús Lora Vidaurre, Mario Alberto Ovando Padilla, Abdón Reyes Cardozo (74.Ronald Puma Caballero), Miguel Oswaldo Loaiza Tardio (74.José Carlos Muñóz López). Trainer: Néstor Rolando Clausen (Argentina).
Goals: Joffre David Guerrón Méndez (1), Rafael Augusto Sóbis do Nascimento (19), Egidio Raúl Arévalo Ríos (77), Rafael Augusto Sóbis do Nascimento (84).

19.03.2015, Estadio Monumental „Antonio Vespucio Liberti", Buenos Aires
Referee: Jorge Luis Osorio Reyes (Chile)
CA River Plate Buenos Aires - Club Juan Aurich de Chiclayo   **1-1(1-0)**
River Plate: Julio César Chiarini, Jonathan Ramón Maidana, Leonel Jesús Vangioni (10.José Ramiro Funes Mori), Gabriel Iván Mercado, Éder Fabián Álvarez Balanta (63.Camilo Sebastián Mayada Mesa), Leonardo Nicolás Pisculichi (55.Gonzalo Martínez), Ariel Mauricio Rojas, Carlos Andrés Sánchez Arcosa, Claudio Matías Kranevitter, Teófilo Antonio Gutiérrez Roncancio, Rodrigo Nicanor Mora Núñez. Trainer: Marcelo Daniel Gallardo.
Juan Aurich: Pedro David Gallese Quiróz, Edgar Gabriel Balbuena Adorno, Christian Guillermo Ramos Garagay, Gianmarco Gambetta Sponza (46.César Augusto Valoyes Córdoba), Jair Edson Céspedes Zegarra, Óscar Christopher Vílchez Soto, Marcos Abner Delgado Ocampo, Alfredo Junior Rojas Pajuelo (46.Benjamín Ubierna Barandiarán), Luis Carlos Tejada Hansell, Hernán Rengifo Trigoso (82.Douglas Junior Ross Santillana), Germán Ezequiel Pacheco. Trainer: Roberto Orlando Mosquera Vera (Colombia).
Goals: Gabriel Iván Mercado (25) / Marcos Abner Delgado Ocampo (89).

07.04.2015, Estadio „Jesús Bermúdez", Oruro
Referee: Roddy Alberto Zambrano Olmedo (Ecuador)
CD San José Oruro - Club Juan Aurich de Chiclayo   **1-1(1-1)**
San José: Carlos Emilio Lampe Porras, Arnaldo Andrés Vera Chamorro, Luis Ariel Jaldin Torrico, Wilder Zabala Perrogón (79.Ronald Puma Caballero), Leandro Ferreira Pessoa (46.Mauro Sergio Bustamante), Juan Gabriel Valverde Rivera, Mario Alberto Ovando Padilla, Abdón Reyes Cardozo, Miguel Oswaldo Loaiza Tardio (64.Juan Carlos Robles Rodríguez), Mario Leonardi Parrado Alanez, Miguel Ángel Cuéllar. Trainer: Néstor Rolando Clausen (Argentina).
Juan Aurich: Pedro David Gallese Quiróz, Edgar Gabriel Balbuena Adorno, Christian Guillermo Ramos Garagay, Rodrigo Cuba Piedra (66.Yordi Eduardo Vilchez Cienfuegos), Óscar Christopher Vílchez Soto (90.Douglas Junior Ross Santillana), Marcos Abner Delgado Ocampo, Benjamín Ubierna Barandiarán, Deyair Reyes Contreras, Alfredo Junior Rojas Pajuelo, Luis Carlos Tejada Hansell (74.Hernán Rengifo Trigoso), Germán Ezequiel Pacheco. Trainer: Roberto Orlando Mosquera Vera (Colombia).
Goals: Abdón Reyes Cardozo (34) / Marcos Abner Delgado Ocampo (41).

08.04.2015, Estadio Universitario, San Nicolás de los Garza
Referee: Adrián Vélez (Colombia)
CF Tigres de la UA de Nuevo León - CA River Plate Buenos Aires   2-2(1-0)
Tigres: Nahuel Ignacio Guzmán, José Arturo Rivas Mortera, Hugo Ayala Castro, Jorge Emmanuel Torres Nilo, Israel Sabdi Jiménez Ñáñez, Damián Ariel Álvarez (78.Hernán Darío Burbano), Egidio Raúl Arévalo Ríos, Guido Hernán Pizarro Demestri, Rafael Augusto Sóbis do Nascimento, Enrique Alejandro Esqueda Tirado (58.Jesús Alberto Dueñas Manzo), Joffre David Guerrón Méndez (57.Édgar Gerardo Lugo Aranda). Trainer: Ricardo Ferretti de Oliveira (Brazil).
River Plate: Marcelo Alberto Barovero, Jonathan Ramón Maidana, Gabriel Iván Mercado [*sent off 90+4*], José Ramiro Funes Mori, Germán Alejo Pezzela, Leonardo Daniel Ponzio (14.Claudio Matías Kranevitter), Leonardo Nicolás Pisculichi (46.Gonzalo Martínez), Ariel Mauricio Rojas (46.Camilo Sebastián Mayada Mesa), Carlos Andrés Sánchez Arcosa, Teófilo Antonio Gutiérrez Roncancio, Rodrigo Nicanor Mora Núñez. Trainer: Marcelo Daniel Gallardo.
Goals: Egidio Raúl Arévalo Ríos (11), Damián Ariel Álvarez (68) / Teófilo Antonio Gutiérrez Roncancio (86), Rodrigo Nicanor Mora Núñez (89).

15.04.2015, Estadio Monumental „Antonio Vespucio Liberti", Buenos Aires
Referee: Péricles Bassols Pegado Cortez (Brazil)
CA River Plate Buenos Aires - CD San José Oruro   3-0(1-0)
River Plate: Marcelo Alberto Barovero, Jonathan Ramón Maidana, José Ramiro Funes Mori, Germán Alejo Pezzela, Leonardo Nicolás Pisculichi (46.Sebastián Driussi), Ariel Mauricio Rojas, Gonzalo Martínez (69.Camilo Sebastián Mayada Mesa), Carlos Andrés Sánchez Arcosa, Claudio Matías Kranevitter, Teófilo Antonio Gutiérrez Roncancio (69.Fernando Ezequiel Cavenaghi), Rodrigo Nicanor Mora Núñez. Trainer: Marcelo Daniel Gallardo.
San José: Carlos Emilio Lampe Porras, Arnaldo Andrés Vera Chamorro, Wilder Zabala Perrogón, Leandro Ferreira Pessoa, Juan Gabriel Valverde Rivera, Diego Jhosimar Prado Tupa, Mario Alberto Ovando Padilla, Abdón Reyes Cardozo (67.Ronald Puma Caballero), Miguel Oswaldo Loaiza Tardio (67.Juan Carlos Robles Rodríguez), Mario Leonardi Parrado Alanez, Mauro Sergio Bustamante (76.Miguel Ángel Cuéllar). Trainer: Néstor Rolando Clausen (Argentina).
Goals: Rodrigo Nicanor Mora Núñez (42, 52 penalty), Teófilo Antonio Gutiérrez Roncancio (54).

15.04.2015, Estadio „Capitán Remigio Elías Aguirre Romero", Chiclayo
Referee: Carlos Alfredo Vera Rodríguez (Ecuador)
Club Juan Aurich de Chiclayo - CF Tigres de la UA de Nuevo León   4-5(2-2)
Juan Aurich: Pedro David Gallese Quiróz, Edgar Gabriel Balbuena Adorno, Rodrigo Cuba Piedra, Yordi Eduardo Vílchez Cienfuegos, Óscar Christopher Vílchez Soto (86.José Miguel Manzaneda Pineda), Marcos Abner Delgado Ocampo, Benjamín Ubierna Barandiarán (82.Deyair Reyes Contreras), Alfredo Junior Rojas Pajuelo (70.Douglas Junior Ross Santillana), Luis Carlos Tejada Hansell, Hernán Rengifo Trigoso, Germán Ezequiel Pacheco. Trainer: Roberto Orlando Mosquera Vera (Colombia).
Tigres: Enrique Eduardo Palos Reyes, Jorge Iván Estrada Manjarrez, Edgar Iván Estuardo Solís Castillón, Hugo Isaác Rodríguez de la O, Alonso René Zamora Barrera, Antonio Briseño Vázquez, Manuel Viniegra García, Hernán Darío Burbano (70.Luis Genaro Castillo Martínez), Uvaldo Luna Martínez (55.Jorge Jonathan Espericueta Escamilla), Dieter Daniel Villalpando Pérez, Enrique Alejandro Esqueda Tirado (79.Abraham Darío Carreño Rohan). Trainer: Ricardo Ferretti de Oliveira (Brazil).
Goals: Germán Ezequiel Pacheco (13), Luis Carlos Tejada Hansell (42, 51 penalty), Germán Ezequiel Pacheco (82) / Enrique Alejandro Esqueda Tirado (10, 16), Dieter Daniel Villalpando Pérez (66), Enrique Alejandro Esqueda Tirado (73), Jorge Jonathan Espericueta Escamilla (81).

FINAL STANDINGS
1.	**CF Tigres de la UANL**	6	4	2	0	16	-	7	14
2.	**CA River Plate Buenos Aires**	6	1	4	1	8	-	7	7
3.	Club Juan Aurich de Chiclayo	6	1	3	2	9	-	11	6
4.	CD San José Oruro	6	1	1	4	3	-	11	4

GROUP 7

19.02.2015, Estadio „Dr. Nicolás Léoz", Asunción
Referee: Sandro Meira Ricci (Brazil)
Club Libertad Asunción - Club Atlético Nacional Medellín   2-2(2-1)
Libertad: Rodrigo Martin Muñóz Salomón, Gustavo Ramón Mencia Ávalos, Pedro Juan Benítez Domínguez, Jorge Luis Moreira Ferreira, Fabián Cornelio Balbuena González, Sergio Daniel Aquino, Jorge Daniel González Marquet, Osmar de la Cruz Molinas González, Jorge Eduardo Recalde Ramírez (69.Néstor Abraham Camacho Ledesma), Hernán Rodrigo López Mora (72.Rogério Luis Leichtweis), Santiago Tréllez Viveros. Trainer: Pedro Alcides Sarabia Achucarro.
Atlético Nacional: Franco Armani, Alexis Héctor Henríquez Charales, Álvaro Francisco Nájera Gil, Oscar Fabián Murillo Murillo, Daniel Eduardo Bocanegra Ortíz, Gilberto García Olarte, Juan David Valencia Hinestroza (64.Sebastián Pérez Cardona), Jonathan Yulián Mejía Chaverra (76.José Hárrison Otálvaro Arce), Luis Carlos Ruíz Morales, Pablo Daniel Zeballos Ocampos (69.Pablo César Leonardo Velázquez Centurión), Jonathan Copete Valencia. Trainer: Juan Carlos Osorio Arbelaez.
Goals: Jorge Daniel González Marquet (20), Hernán Rodrigo López Mora (33 penalty) / Pablo Daniel Zeballos Ocampos (4), Luis Carlos Ruíz Morales (59 penalty).

25.02.2015, Estadio Ciudad de La Plata, La Plata
Referee: Héber Roberto Lopes (Brazil)
Club Estudiantes de La Plata - Barcelona SC Guayaquil   3-0(2-0)
Estudiantes: Hilario Bernardo Navarro, Leandro Desábato, Jonathan Ariel Schunke, Álvaro Daniel Pereira Barragán, Matias Aguirregaray Guruceaga, Israel Alejandro Damonte, Leonardo Roque Albano Gil, Juan Manuel Sánchez Miño (71.David Matías Barbona), Carlos Daniel Auzqui, Ezequiel Cerutti (73.Pablo Mauricio Rosales), Guido Marcelo Carrillo (77.Román Fernando Martínez). Trainer: Mauricio Andrés Pellegrino.
Barcelona: Máximo Orlando Banguera Valdivieso, Luis Armando Checa Villamar, Geovanny Enrique Nazareno Simisterra (64.Alex Patricio Colón Rueda), Andrés Lamas Bervejillo, Alejandro Javier Frezzotti, Brahian Milton Alemán Athaydes, Edison Fernando Vega Obando, Gerson Jair Cedeño Aspiazu, Henry Leonel Patta Quintero (46.José Luis Perlaza Napa), Marlon Jonathan De Jesús Pabón, Ely Jair Esterilla Castro (46.Ismael Alfonso Blanco). Trainer: Rubén Jorge Israel (Uruguay).
Goals: Guido Marcelo Carrillo (16, 36, 74).

03.03.2015, Estadio Monumental „Isidro Romero Carbo", Guayaquil
Referee: Daniel Adán Fedorczuk Betancour (Uruguay)
Barcelona SC Guayaquil - Club Libertad Asunción   0-1(0-0)
Barcelona: Máximo Orlando Banguera Valdivieso, José Luis Perlaza Napa, Diego Armando Calderón (70.Geovanny Enrique Nazareno Simisterra), Andrés Lamas Bervejillo, Alejandro Javier Frezzotti, Brahian Milton Alemán Athaydes, Edison Fernando Vega Obando, Gerson Jair Cedeño Aspiazu (80.Henry Leonel Patta Quintero), Ismael Alfonso Blanco, Marlon Jonathan De Jesús Pabón (46.Alex Patricio Colón Rueda), Ely Jair Esterilla Castro. Trainer: Rubén Jorge Israel (Uruguay).
Libertad: Rodrigo Martin Muñóz Salomón, Gustavo Ramón Mencia Ávalos, Pedro Juan Benítez Domínguez, Jorge Luis Moreira Ferreira, Fabián Cornelio Balbuena González, Sergio Daniel Aquino, Jorge Daniel González Marquet, Osmar de la Cruz Molinas González (62.Iván Rodrigo Ramírez Segovia), Óscar Ramón Ruíz Roa (62.Néstor Abraham Camacho Ledesma), Hernán Rodrigo López Mora, Santiago Tréllez Viveros (75.Jorge Eduardo Recalde Ramírez). Trainer: Pedro Alcides Sarabia Achucarro.
Goal: Jorge Eduardo Recalde Ramírez (77).

05.03.2015, Estadio „Atanasio Girardot", Medellín
Referee: Julio Alberto González Bascuñán (Chile)
Club Atlético Nacional Medellín - Club Estudiantes de La Plata   1-1(1-0)
Atlético Nacional: Franco Armani, Alexis Héctor Henríquez Charales, Álvaro Francisco Nájera Gil, Alejandro Bernal Rios (70.Alejandro Abraham Guerra Morales), Oscar Fabián Murillo Murillo, Daniel Eduardo Bocanegra Ortíz, Gilberto García Olarte, Jonathan Yulián Mejía Chaverra (89.Farid Alfonso Díaz Rhenals), Pablo Daniel Zeballos Ocampos (64.Luis Carlos Ruíz Morales), Orlando Enrique Berrío Meléndez, Jonathan Copete Valencia. Trainer: Juan Carlos Osorio Arbelaez.
Estudiantes: Hilario Bernardo Navarro, Leandro Desábato, Jonathan Ariel Schunke, Álvaro Daniel Pereira Barragán, Matias Aguirregaray Guruceaga, Israel Alejandro Damonte, Román Fernando Martínez (46.Guido Marcelo Carrillo), Leonardo Rafael Jara, Gastón Gil Romero, Ezequiel Cerutti (84.Carlos Daniel Auzqui), Matías Gabriel Rosso (57.Juan Manuel Sánchez Miño). Trainer: Mauricio Andrés Pellegrino.
Goals: Pablo Daniel Zeballos Ocampos (42) / Leonardo Rafael Jara (68).

11.03.2015, Estadio Monumental „Isidro Romero Carbo", Guayaquil
Referee: Enrique Roberto Osses Zencovic (Chile)
Barcelona SC Guayaquil - Club Atlético Nacional Medellín   1-2(1-0)
Barcelona: Máximo Orlando Banguera Valdivieso [*sent off* 90], José Luis Perlaza Napa, Luis Armando Checa Villamar, Geovanny Enrique Nazareno Simisterra, Pedro Pablo Velasco Arboleda, Matías Damián Oyola (71.Flavio David Caicedo Gracia), Alejandro Javier Frezzotti (74.Ely Jair Esterilla Castro), Brahian Milton Alemán Athaydes, Edison Fernando Vega Obando, Alex Patricio Colón Rueda (90+1.Damián Enrique Lanza Moyano), Ismael Alfonso Blanco. Trainer: Rubén Jorge Israel (Uruguay).
Atlético Nacional: Franco Armani, Alexis Héctor Henríquez Charales, Álvaro Francisco Nájera Gil (61.Alejandro Abraham Guerra Morales), Alejandro Bernal Rios, Daniel Eduardo Bocanegra Ortíz, Gilberto García Olarte, Juan David Valencia Hinestroza, Jonathan Yulián Mejía Chaverra, Pablo Daniel Zeballos Ocampos (61.Luis Carlos Ruíz Morales), Jonathan Copete Valencia, Andrés Ramiro Escobar Díaz (69.Jairo Fabián Palomino Sierra). Trainer: Juan Carlos Osorio Arbelaez.
Goals: Brahian Milton Alemán Athaydes (1) / Alejandro Abraham Guerra Morales (65), Luis Carlos Ruíz Morales (90+4).

12.03.2015, Estadio „Manuel Ferreira", Asunción
Referee: Péricles Bassols Pegado Cortez (Brazil)
Club Libertad Asunción - Club Estudiantes de La Plata   1-0(0-0)
Libertad: Rodrigo Martin Muñóz Salomón, Gustavo Ramón Mencia Ávalos, Pedro Juan Benítez Domínguez, Jorge Luis Moreira Ferreira, Fabián Cornelio Balbuena González, Sergio Daniel Aquino, Jorge Daniel González Marquet, Osmar de la Cruz Molinas González, Óscar Ramón Ruíz Roa (57.Jorge Eduardo Recalde Ramírez), Hernán Rodrigo López Mora, Santiago Tréllez Viveros (80.Juan Danilo Santacruz González). Trainer: Pedro Alcides Sarabia Achucarro.
Estudiantes: Agustín Silva, Leandro Desábato, Jonathan Ariel Schunke, Álvaro Daniel Pereira Barragán, Matias Aguirregaray Guruceaga (83.Carlos Daniel Auzqui), Israel Alejandro Damonte, Leonardo Rafael Jara, Leonardo Roque Albano Gil (61.Gastón Gil Romero), Juan Manuel Sánchez Miño (71.Luciano Acosta), Ezequiel Cerutti, Guido Marcelo Carrillo. Trainer: Mauricio Andrés Pellegrino.
Goal: Santiago Tréllez Viveros (62).

18.03.2015, Estadio Ciudad de La Plata, La Plata
Referee: Ricardo Marques Ribeiro (Brazil)
Club Estudiantes de La Plata - Club Libertad Asunción   1-0(0-0)
Estudiantes: Hilario Bernardo Navarro, Sebastián Enrique Domínguez, Jonathan Ariel Schunke, Álvaro Daniel Pereira Barragán, Matias Aguirregaray Guruceaga, Israel Alejandro Damonte (72.Luciano Acosta), Leonardo Rafael Jara (49.Carlos Daniel Auzqui), Leonardo Roque Albano Gil, Juan Manuel Sánchez Miño, Ezequiel Cerutti (90.Gastón Gil Romero), Guido Marcelo Carrillo. Trainer: Mauricio Andrés Pellegrino.
Libertad: Rodrigo Martin Muñóz Salomón, Gustavo Ramón Mencia Ávalos, Pedro Juan Benítez Domínguez, Jorge Luis Moreira Ferreira, Fabián Cornelio Balbuena González, Sergio Daniel Aquino, Jorge Daniel González Marquet (83.Jorge Eduardo Recalde Ramírez), Osmar de la Cruz Molinas González, Óscar Ramón Ruíz Roa (23.Antonio Bareiro Álvarez), Hernán Rodrigo López Mora, Santiago Tréllez Viveros. Trainer: Pedro Alcides Sarabia Achucarro.
Goal: Guido Marcelo Carrillo (79).

19.03.2015, Estadio „Atanasio Girardot", Medellín
Referee: Leandro Pedro Vuaden (Brazil)
Club Atlético Nacional Medellín - Barcelona SC Guayaquil   2-3(1-1)
Atlético Nacional: Camilo Andrés Vargas Gil, Alexis Héctor Henríquez Charales, Alejandro Bernal Rios (54.Gilberto García Olarte), Oscar Fabián Murillo Murillo (55.Juan David Valencia Hinestroza), Daniel Eduardo Bocanegra Ortíz, Alejandro Abraham Guerra Morales (31.Andrés Ramiro Escobar Díaz), Jairo Fabián Palomino Sierra, Jonathan Yulián Mejía Chaverra, Luis Carlos Ruíz Morales, Pablo Daniel Zeballos Ocampos, Jonathan Copete Valencia. Trainer: Juan Carlos Osorio Arbelaez.
Barcelona: Damián Enrique Lanza Moyano, José Luis Perlaza Napa, Geovanny Enrique Nazareno Simisterra, Andrés Lamas Bervejillo, Pedro Pablo Velasco Arboleda, Matías Damián Oyola, Alejandro Javier Frezzotti, Brahian Milton Alemán Athaydes (74.Tito Johan Valencia Gómez), Edison Fernando Vega Obando (88.Luis Armando Checa Villamar), Ismael Alfonso Blanco, Ely Jair Esterilla Castro (67.Alex Patricio Colón Rueda). Trainer: Rubén Jorge Israel (Uruguay).
Goals: Jairo Fabián Palomino Sierra (26), Jonathan Yulián Mejía Chaverra (70) / Ely Jair Esterilla Castro (37), Brahian Milton Alemán Athaydes (46, 51).

09.04.2015, Estadio Ciudad de La Plata, La Plata
Referee: Daniel Adán Fedorczuk Betancour (Uruguay)
Club Estudiantes de La Plata - Club Atlético Nacional Medellín   0-1(0-1)
Estudiantes: Hilario Bernardo Navarro, Sebastián Enrique Domínguez (78.Román Fernando Martínez), Leandro Desábato, Jonathan Ariel Schunke, Álvaro Daniel Pereira Barragán, Pablo Mauricio Rosales (46.Luciano Acosta), Leonardo Rafael Jara, Leonardo Roque Albano Gil (66.Carlos Daniel Auzqui), Juan Manuel Sánchez Miño, Ezequiel Cerutti, Guido Marcelo Carrillo. Trainer: Mauricio Andrés Pellegrino.
Atlético Nacional: Camilo Andrés Vargas Gil, Alexis Héctor Henríquez Charales, Álvaro Francisco Nájera Gil, Alejandro Bernal Rios, Oscar Fabián Murillo Murillo, Diego Arturo Peralta González, Alejandro Abraham Guerra Morales (59.Jefferson Andrés Duque Montoya), Jairo Fabián Palomino Sierra (76.Farid Alfonso Díaz Rhenals), Juan David Valencia Hinestroza (65.Jonathan Copete Valencia), Jonathan Yulián Mejía Chaverra, Luis Carlos Ruíz Morales. Trainer: Juan Carlos Osorio Arbelaez.
Goal: Jonathan Yulián Mejía Chaverra (36).

09.04.2015, Estadio „Dr. Nicolás Léoz", Asunción
Referee: Víctor Hugo Carrillo Casanova (Peru)
Club Libertad Asunción - Barcelona SC Guayaquil   1-1(0-1)
Libertad: Rodrigo Martin Muñóz Salomón, Gustavo Ramón Mencia Ávalos, Pedro Juan Benítez Domínguez, Mario Arsenio Saldívar Rojas (74.Jorge Eduardo Recalde Ramírez), Fabián Cornelio Balbuena González, Sergio Daniel Aquino, Jorge Daniel González Marquet (46.Santiago Tréllez Viveros), Osmar de la Cruz Molinas González, Néstor Abraham Camacho Ledesma (83.Juan Danilo Santacruz González), Hernán Rodrigo López Mora, Antonio Bareiro Álvarez. Trainer: Pedro Alcides Sarabia Achucarro.
Barcelona: Damián Enrique Lanza Moyano, José Luis Perlaza Napa, Luis Armando Checa Villamar, Geovanny Enrique Nazareno Simisterra, Pedro Pablo Velasco Arboleda, Matías Damián Oyola [*sent off* 52], Alejandro Javier Frezzotti (69.Edison Fernando Vega Obando), Brahian Milton Alemán Athaydes, Ismael Alfonso Blanco, Tito Johan Valencia Gómez (56.Luis Andrés Caicedo de la Cruz), Ely Jair Esterilla Castro (78.Marlon Jonathan De Jesús Pabón). Trainer: Rubén Jorge Israel (Uruguay).
Goals: Pedro Juan Benítez Domínguez (57) / Ely Jair Esterilla Castro (9).

21.04.2015, Estadio „Atanasio Girardot", Medellín
Referee: Héber Roberto Lopes (Brazil)
Club Atlético Nacional Medellín - Club Libertad Asunción   4-0(1-0)
Atlético Nacional: Camilo Andrés Vargas Gil, Alexis Héctor Henríquez Charales, Álvaro Francisco Nájera Gil (64.Gilberto García Olarte), Alejandro Bernal Rios, Farid Alfonso Díaz Rhenals, Oscar Fabián Murillo Murillo, Juan David Valencia Hinestroza, Jonathan Yulián Mejía Chaverra, Luis Carlos Ruíz Morales (71.Alejandro Abraham Guerra Morales), Orlando Enrique Berrío Meléndez (77.Pablo César Leonardo Velázquez Centurión), Jonathan Copete Valencia. Trainer: Juan Carlos Osorio Arbelaez.
Libertad: Rodrigo Martin Muñóz Salomón, Gustavo Ramón Mencia Ávalos, Pedro Juan Benítez Domínguez, Jorge Luis Moreira Ferreira, Fabián Cornelio Balbuena González, Sergio Daniel Aquino, Jorge Daniel González Marquet (56.Néstor Abraham Camacho Ledesma), Osmar de la Cruz Molinas González (46.Iván Rodrigo Ramírez Segovia), Hernán Rodrigo López Mora (64.Jorge Eduardo Recalde Ramírez), Antonio Bareiro Álvarez, Santiago Tréllez Viveros. Trainer: Pedro Alcides Sarabia Achucarro.
Goals: Jonathan Yulián Mejía Chaverra (28), Luis Carlos Ruíz Morales (50, 52), Jonathan Copete Valencia (72).

21.04.2015, Estadio Monumental „Isidro Romero Carbo", Guayaquil
Referee: Andrés Ismael Cunha Soca (Uruguay)
Barcelona SC Guayaquil - Club Estudiantes de La Plata   0-2(0-0)
Barcelona: Damián Enrique Lanza Moyano, José Luis Perlaza Napa, Luis Armando Checa Villamar [*sent off* 66], Geovanny Enrique Nazareno Simisterra (63.Roosevelt Esteban Oyola Zuriaga), Pedro Pablo Velasco Arboleda, Alejandro Javier Frezzotti, Brahian Milton Alemán Athaydes, Edison Fernando Vega Obando, Washington Wilfrido Vera Gines (69.Diego Armando Calderón), Ismael Alfonso Blanco, Tito Johan Valencia Gómez (84.Alex Patricio Colón Rueda). Trainer: Rubén Jorge Israel (Uruguay).
Estudiantes: Hilario Bernardo Navarro, Sebastián Enrique Domínguez, Leandro Desábato (76.Jonathan Ariel Schunke), Álvaro Daniel Pereira Barragán, Matias Aguirregaray Guruceaga, Israel Alejandro Damonte, Leonardo Roque Albano Gil (85.Leonardo Rafael Jara), Luciano Acosta (79.Juan Manuel Sánchez Miño), Carlos Daniel Auzqui, Ezequiel Cerutti, Guido Marcelo Carrillo. Trainer: Gabriel Alejandro Milito.
Goals: Luciano Acosta (77), Guido Marcelo Carrillo (82).

FINAL STANDINGS
1. Club Atlético Nacional Medellín   6   3   2   1   12 - 7   11
2. Club Estudiantes de La Plata   6   3   1   2   7 - 3   10
3. Club Libertad Asunción   6   2   2   2   5 - 8   8
4. Barcelona SC Guayaquil   6   1   1   4   5 - 11   4

GROUP 8

18.02.2015, Estadio Polideportivo de Pueblo Nuevo, San Cristóbal
Referee: Julio Alberto González Bascuñán (Chile)
Deportivo Táchira FC San Cristóbal - Racing Club de Avellaneda   0-5(0-2)
Táchira: Alan José Liebeskind Díaz, Gerzon Armando Chacón Varela, Carlos Javier López, Yuber Antonio Mosquera Perea, Wilker José Ángel Romero, Jorge Alberto Rojas Méndez, César Eduardo González Amais, Yohandry José Orozco Cujía (57.José Miguel Reyes Marín), Francisco Javier Flores Sequera (74.Agnel José Flores Hernández), Pablo Fernando Olivera Fernández (73.José Ali Meza Draegertt), Gelmin Javier Rivas Boada. Trainer: Daniel Alejandro Farías Acosta.
Racing: Diego Sebastián Saja, Germán Ariel Voboril, Luciano Lollo, Iván Alexis Pillud, Washington Fernando Camacho Martínez, Yonathan Emanuel Cabral (62.Nicolás Gabriel Sánchez), Luciano Román Aued, Ezequiel Videla Greppi, Marcos Javier Acuña (69.Óscar David Romero Villamayor), Diego Alberto Milito, Gustavo Leonardo Bou (74.Brian Leonel Fernández). Trainer: Diego Martín Cocca.
Goals: Luciano Lollo (20), Gustavo Leonardo Bou (39, 52), Diego Alberto Milito (55), Gustavo Leonardo Bou (68).

19.02.2015, Estadio Defensores del Chaco, Asunción
Referee: Péricles Bassols Pegado Cortez (Brazil)
Club Guaraní Asunción - Club Sporting Cristal Lima   2-2(0-1)
Guaraní: Alfredo Ariel Aguilar, Julio César Cáceres López, Eduardo Javier Filippini, Tomás Javier Bartomeús, Luis Alberto Cabral Vásquez, Iván Emmanuel González Ferreira (64.Ramón Darío Ocampo), Marcelo José Palau Balzaretti (66.Juan José Aguilar Orzusa), Jorge Darío Mendoza Torres, Julián Alfonso Benítez Franco (82.Roberto Carlos Gamarra Acosta), Federico Javier Santander Mereles, Fernando Fabián Fernández Acosta. Trainer: Fernando Jubero Carmona (Spain).
Sporting Cristal: Diego Alonso Penny Valdez, Matías Alfredo Martínez, Renzo Revoredo Zuazo, Edinson José Chávez Quiñónez, Josué Daniel Estrada Aguilar, Josepmir Aarón Ballón Villacorta, Carlos Augusto Lobatón Espejo (73.Diego Ariel Manicero), Jorge Luis Cazulo, Horacio Martín Calcaterra, Irven Beybe Ávila Acero (82.Carlos Jairzinho Gonzales Ávalos), César Emanuel Pereyra (76.Sergio Rubén Blanco Soto). Trainer: Daniel Hector Ahmed (Argentina).
Goals: Fernando Fabián Fernández Acosta (69), Federico Javier Santander Mereles (84) / César Emanuel Pereyra (31), Josepmir Aarón Ballón Villacorta (47).

05.03.2015, Estadio „Presidente Juan Domingo Perón", Avellaneda
Referee: Andrés Ismael Cunha Soca (Uruguay)
Racing Club de Avellaneda - Club Guaraní Asunción   4-1(1-0)
Racing: Diego Sebastián Saja, Leandro Damián Marcelo Grimi, Luciano Lollo, Iván Alexis Pillud, Washington Fernando Camacho Martínez, Yonathan Emanuel Cabral, Luciano Román Aued, Ezequiel Videla Greppi, Marcos Javier Acuña (64.Ricardo Gastón Díaz), Diego Alberto Milito (70.Brian Leonel Fernández), Gustavo Leonardo Bou (83.Óscar David Romero Villamayor). Trainer: Diego Martín Cocca.
Guaraní: Alfredo Ariel Aguilar, Julio César Cáceres López, Eduardo Javier Filippini (87.Adilson Antonio Lezcano), Tomás Javier Bartomeús, Luis Alberto Cabral Vásquez, Iván Emmanuel González Ferreira (63.Ramón Darío Ocampo), Marcelo José Palau Balzaretti (83.Luis Eladio de La Cruz), Juan José Aguilar Orzusa, Jorge Darío Mendoza Torres, Julián Alfonso Benítez Franco, Federico Javier Santander Mereles. Trainer: Fernando Jubero Carmona (Spain).
Goals: Gustavo Leonardo Bou (43), Diego Alberto Milito (48), Gustavo Leonardo Bou (78, 81) / Federico Javier Santander Mereles (64).

05.03.2015, Estadio Nacional, Lima
Referee: Imer Lemuel Machado Barrera (Colombia)
Club Sporting Cristal Lima - Deportivo Táchira FC San Cristóbal   1-1(1-0)
Sporting Cristal: Diego Alonso Penny Valdez, Matías Alfredo Martínez, Renzo Revoredo Zuazo, Edinson José Chávez Quiñónez (84.Paolo Giancarlo de la Haza Urquiza), Josué Daniel Estrada Aguilar, Josepmir Aarón Ballón Villacorta, Carlos Augusto Lobatón Espejo (83.Renzo Santiago Sheput Rodríguez), Jorge Luis Cazulo, Horacio Martín Calcaterra, Sergio Rubén Blanco Soto, Irven Beybe Ávila Acero (72.Diego Ariel Manicero). Trainer: Daniel Hector Ahmed (Argentina).
Táchira: Alan José Liebeskind Díaz, Carlos Javier López, Yuber Antonio Mosquera Perea, Carlos Gregorio Rivero González, Wilker José Ángel Romero, Jorge Alberto Rojas Méndez, César Eduardo González Amais, Yohandry José Orozco Cujía (57.Ángel Arturo Osorio Meza), Agnel José Flores Hernández (71.Marcelo Alexander Moreno Borrero), Francisco Javier Flores Sequera, Gelmin Javier Rivas Boada (80.José Miguel Reyes Marín). Trainer: Daniel Alejandro Farías Acosta.
Goals: Carlos Augusto Lobatón Espejo (26) / César Eduardo González Amais (87).

11.03.2015, Estadio „Presidente Juan Domingo Perón", Avellaneda
Referee: Roddy Alberto Zambrano Olmedo (Ecuador)
Racing Club de Avellaneda - Club Sporting Cristal Lima   1-2(0-0)
Racing: Diego Sebastián Saja, Nicolás Gabriel Sánchez, Leandro Damián Marcelo Grimi, Iván Alexis Pillud (75.Ricardo Gastón Díaz), Washington Fernando Camacho Martínez, Yonathan Emanuel Cabral, Luciano Román Aued, Ezequiel Videla Greppi, Marcos Javier Acuña (64.Óscar David Romero Villamayor), Gustavo Leonardo Bou, Brian Leonel Fernández (82.Carlos Rodrigo Núñez Techera). Trainer: Diego Martín Cocca.
Sporting Cristal: Diego Alonso Penny Valdez, Matías Alfredo Martínez, Renzo Revoredo Zuazo, Alexís Cossio Zamora, Josué Daniel Estrada Aguilar (76.Paolo Giancarlo de la Haza Urquiza), Josepmir Aarón Ballón Villacorta, Carlos Augusto Lobatón Espejo, Jorge Luis Cazulo, Horacio Martín Calcaterra, Sergio Rubén Blanco Soto (57.César Emanuel Pereyra), Irven Beybe Ávila Acero (88.Carlos Jairzinho Gonzales Ávalos). Trainer: Daniel Hector Ahmed (Argentina).
Goals: Brian Leonel Fernández (66) / Carlos Augusto Lobatón Espejo (58, 80 penalty).

12.03.2015, Estadio Defensores del Chaco, Asunción
Referee: Diego Mirko Haro Sueldo (Peru)
Club Guaraní Asunción - Deportivo Táchira FC San Cristóbal   5-2(4-1)
Guaraní: Alfredo Ariel Aguilar, Julio César Cáceres López, Rubén Darío Maldonado Brizuela, Eduardo Javier Filippini, Tomás Javier Bartomeús [*sent off 82*], Luis Alberto Cabral Vásquez, Ramón Darío Ocampo (68.Iván Emmanuel González Ferreira), Marcelo José Palau Balzaretti, Jorge Darío Mendoza Torres, Julián Alfonso Benítez Franco (85.Luis Eladio de La Cruz), Federico Javier Santander Mereles (77.Fernando Fabián Fernández Acosta). Trainer: Fernando Jubero Carmona (Spain).
Táchira: Alan José Liebeskind Díaz, Carlos Javier López, Yuber Antonio Mosquera Perea, Carlos Gregorio Rivero González, Wilker José Ángel Romero, Jorge Alberto Rojas Méndez (64.Carlos Javier Lujano Sánchez), César Eduardo González Amais, Yohandry José Orozco Cujía (71.Ángel Arturo Osorio Meza), Francisco Javier Flores Sequera, Gelmin Javier Rivas Boada, José Miguel Reyes Marín (46.Agnel José Flores Hernández [*sent off 61*]). Trainer: Daniel Alejandro Farías Acosta.
Goals: Ramón Darío Ocampo (9), Jorge Darío Mendoza Torres (34), Federico Javier Santander Mereles (39 penalty), Julián Alfonso Benítez Franco (40), Fernando Fabián Fernández Acosta (87) / César Eduardo González Amais (16), Carlos Javier López (48).

17.03.2015, Estadio Nacional, Lima
Referee: Daniel Adán Fedorczuk Betancour (Uruguay)
Club Sporting Cristal Lima - Racing Club de Avellaneda   0-2(0-0)
Sporting Cristal: Diego Alonso Penny Valdez, Matías Alfredo Martínez (84.Carlos Jairzinho Gonzales Ávalos), Renzo Revoredo Zuazo, Alexís Cossio Zamora, Josué Daniel Estrada Aguilar, Josepmir Aarón Ballón Villacorta, Carlos Augusto Lobatón Espejo, Jorge Luis Cazulo, Horacio Martín Calcaterra, Sergio Rubén Blanco Soto (56.César Emanuel Pereyra), Irven Beybe Ávila Acero. Trainer: Daniel Hector Ahmed (Argentina).
Racing: Diego Sebastián Saja, Nicolás Gabriel Sánchez, Leandro Damián Marcelo Grimi, Iván Alexis Pillud, Washington Fernando Camacho Martínez, Yonathan Emanuel Cabral, Luciano Román Aued, Ezequiel Videla Greppi, Óscar David Romero Villamayor (90.Germán Ariel Voboril), Diego Alberto Milito (84.Francisco Cerro), Gustavo Leonardo Bou (72.Carlos Rodrigo Núñez Techera). Trainer: Diego Martín Cocca.
Goals: Diego Alberto Milito (76 penalty), Ezequiel Videla Greppi (88).

19.03.2015, Estadio Polideportivo de Pueblo Nuevo, San Cristóbal
Referee: José Hernando Buitrago Arango (Colombia)
Deportivo Táchira FC San Cristóbal - Club Guaraní Asunción   1-1(1-1)
Táchira: Alan José Liebeskind Díaz, Gerzon Armando Chacón Varela, Carlos Javier López, Yuber Antonio Mosquera Perea, Carlos Javier Lujano Sánchez, César Eduardo González Amais, Yohandry José Orozco Cujía (73.Ángel Arturo Osorio Meza), Francisco Javier Flores Sequera, Carlos Eduardo Cermeño Uzcategui, Gelmin Javier Rivas Boada, José Ali Meza Draegertt (66.Jorge Alberto Rojas Méndez). Trainer: Daniel Alejandro Farías Acosta.
Guaraní: Alfredo Ariel Aguilar, Julio César Cáceres López, Rubén Dario Maldonado Brizuela, Eduardo Javier Filippini (46.Adilson Antonio Lezcano), Luis Alberto Cabral Vásquez, Édgar Manuel Aranda, Ramón Darío Ocampo (81.Roberto Carlos Gamarra Acosta), Marcelo José Palau Balzaretti, Jorge Darío Mendoza Torres, Julián Alfonso Benítez Franco, Federico Javier Santander Mereles (46.Iván Emmanuel González Ferreira). Trainer: Fernando Jubero Carmona (Spain).
Goals: César Eduardo González Amais (20 penalty) / Julián Alfonso Benítez Franco (41 penalty).

07.04.2015, Estadio Defensores del Chaco, Asunción
Referee: Héber Roberto Lopes (Brazil)
Club Guaraní Asunción - Racing Club de Avellaneda   2-0(0-0)
Guaraní: Alfredo Ariel Aguilar, Julio César Cáceres López, Rubén Dario Maldonado Brizuela, Eduardo Javier Filippini, Luis Alberto Cabral Vásquez, Édgar Manuel Aranda, Ramón Darío Ocampo (77.Luis Eladio de La Cruz), Marcelo José Palau Balzaretti, Jorge Darío Mendoza Torres, Julián Alfonso Benítez Franco (82.Iván Emmanuel González Ferreira), Fernando Fabián Fernández Acosta (65.Federico Javier Santander Mereles). Trainer: Fernando Jubero Carmona (Spain).
Racing: Diego Sebastián Saja, Pablo Andrés Alvarado (71.Óscar David Romero Villamayor), Nicolás Gabriel Sánchez, Leandro Damián Marcelo Grimi, Iván Alexis Pillud, Washington Fernando Camacho Martínez, Yonathan Emanuel Cabral, Ezequiel Videla Greppi, Diego Alberto Milito, Facundo Andrés Castillón (59.Marcos Javier Acuña), Gustavo Leonardo Bou (56.Brian Leonel Fernández). Trainer: Diego Martín Cocca.
Goals: Federico Javier Santander Mereles (66), Marcelo José Palau Balzaretti (80).

08.04.2015, Estadio Polideportivo de Pueblo Nuevo, San Cristóbal
Referee: Raúl Orosco Delgadillo (Bolivia)
Deportivo Táchira FC San Cristóbal - Club Sporting Cristal Lima   0-0
Táchira: José David Contreras Verna, Yuber Antonio Mosquera Perea, Carlos Javier Lujano Sánchez, Carlos Gregorio Rivero González, Wilker José Ángel Romero, Jorge Alberto Rojas Méndez, César Eduardo González Amais, Yohandry José Orozco Cujía, Carlos Eduardo Cermeño Uzcategui, Juan Carlos Mora Velasco, Pablo Fernando Olivera Fernández (75.José Ali Meza Draegertt). Trainer: Daniel Alejandro Farías Acosta.
Sporting Cristal: Diego Alonso Penny Valdez, Matías Alfredo Martínez, Renzo Revoredo Zuazo, Alexís Cossio Zamora, Josué Daniel Estrada Aguilar (62.Edinson José Chávez Quiñónez [*sent off 90+1*]), Josepmir Aarón Ballón Villacorta, Jorge Luis Cazulo, Horacio Martín Calcaterra (83.Paolo Giancarlo de la Haza Urquiza), Sergio Rubén Blanco Soto, Irven Beybe Ávila Acero, César Emanuel Pereyra (66.Renzo Santiago Sheput Rodríguez). Trainer: Daniel Hector Ahmed (Argentina).

15.04.2015, Estadio Nacional, Lima
Referee: Julio Alberto González Bascuñán (Chile)
Club Sporting Cristal Lima - Club Guaraní Asunción   1-1(0-1)
Sporting Cristal: Diego Alonso Penny Valdez, Renzo Revoredo Zuazo, Alexís Cossio Zamora (86.Joazhiño Walhir Arroé Salcedo), Josué Daniel Estrada Aguilar (46.César Emanuel Pereyra), Luis Alfonso Abram Ugarelli, Josepmir Aarón Ballón Villacorta, Carlos Augusto Lobatón Espejo, Jorge Luis Cazulo, Horacio Martín Calcaterra (77.Renzo Santiago Sheput Rodríguez), Sergio Rubén Blanco Soto, Irven Beybe Ávila Acero. Trainer: Daniel Hector Ahmed (Argentina).
Guaraní: Alfredo Ariel Aguilar, Julio César Cáceres López, Rubén Dario Maldonado Brizuela, Eduardo Javier Filippini, Tomás Javier Bartomeús (46.Édgar Manuel Aranda), Luis Alberto Cabral Vásquez, Marcelo José Palau Balzaretti, Jorge Darío Mendoza Torres, Luis Eladio de La Cruz (67.Ramón Darío Ocampo), Julián Alfonso Benítez Franco, Federico Javier Santander Mereles (69.Fernando Fabián Fernández Acosta). Trainer: Fernando Jubero Carmona (Spain).
Goals: Sergio Rubén Blanco Soto (58) / Federico Javier Santander Mereles (13).

15.04.2015, Estadio „Presidente Juan Domingo Perón", Avellaneda
Referee: Carlos Ánibal Orbe Ruíz (Ecuador)
Racing Club de Avellaneda - Deportivo Táchira FC San Cristóbal   3-2(0-1)
Racing: Diego Sebastián Saja, Pablo Andrés Alvarado, Nicolás Gabriel Sánchez, Leandro Damián Marcelo Grimi, Iván Alexis Pillud, Washington Fernando Camacho Martínez (67.Marcos Javier Acuña), Francisco Cerro (82.Facundo Andrés Castillón), Ezequiel Videla Greppi, Óscar David Romero Villamayor (56.Brian Leonel Fernández), Diego Alberto Milito, Gustavo Leonardo Bou. Trainer: Diego Martín Cocca.
Táchira: José David Contreras Verna, Carlos Javier López, Yuber Antonio Mosquera Perea, Carlos Javier Lujano Sánchez, Carlos Gregorio Rivero González, Wilker José Ángel Romero, César Eduardo González Amais (83.Jorge Alberto Rojas Méndez), Yohandry José Orozco Cujía (88.Gelmin Javier Rivas Boada), Carlos Eduardo Cermeño Uzcategui, Juan Carlos Mora Velasco, José Ali Meza Draegertt (61.Pablo Fernando Olivera Fernández). Trainer: Daniel Alejandro Farías Acosta.
Goals: Diego Alberto Milito (57), Gustavo Leonardo Bou (69), Brian Leonel Fernández (90) / José Ali Meza Draegertt (29, 48).

FINAL STANDINGS

1.	Racing Club de Avellaneda	6	4	0	2	15	-	7	12
2.	Club Guaraní Asunción	6	2	3	1	12	-	10	9
3.	Club Sporting Cristal Lima	6	1	4	1	6	-	7	7
4.	Deportivo Táchira FC San Cristóbal	6	0	3	3	6	-	15	3

ROUND OF 16

28.04.2015, Estadio Olímpico Patria, Sucre; Attendance: 16,000
Referee: Patricio Hernán Loustau (Argentina)
CD Universitario Sucre - CF Tigres de la UA de Nuevo León   1-2(1-0)
Universitario: Juan Carlos Robles Rodríguez, Jorge Ignacio González Barón, Ezequiel Nicolás Filipetto, Jorge Ignacio Cuéllar Rojas, Alejandro René Bejarano Sajama (80.Pedro Mauricio Baldivieso Ferrufino), Federico Silvestre, Rubén de la Cuesta Vera, Rolando Ribera Menacho (67.Mauricio Saucedo Guardia), Jorge Enrique Flores Yrahory, David Leonardo Castro Cortés, Miguel Gerardo Suárez Savino (46.Martín Adrián Palavicini López). Trainer: Julio César Baldivieso Rico.
Tigres: Nahuel Ignacio Guzmán, José Arturo Rivas Mortera, Hugo Ayala Castro, Jorge Emmanuel Torres Nilo, Israel Sabdi Jiménez Ñáñez, Damián Ariel Álvarez (87.Hernán Darío Burbano), Egidio Raúl Arévalo Ríos, Jesús Alberto Dueñas Manzo, Guido Hernán Pizarro Demestri, Rafael Augusto Sóbis do Nascimento (87.Édgar Gerardo Lugo Aranda), Joffre David Guerrón Méndez (46.Enrique Alejandro Esqueda Tirado). Trainer: Ricardo Ferretti de Oliveira (Brazil).
Goals: Jorge Ignacio González Barón (1) / Enrique Alejandro Esqueda Tirado (54), Damián Ariel Álvarez (62).

05.05.2015, Estadio Universitario, San Nicolás de los Garza
Referee: Julio Alberto González Bascuñán (Chile)
CF Tigres de la UA de Nuevo León - CD Universitario Sucre   1-1(0-1)
Tigres: Nahuel Ignacio Guzmán, José Arturo Rivas Mortera, Hugo Ayala Castro, Jorge Emmanuel Torres Nilo, Israel Sabdi Jiménez Ñáñez, Damián Ariel Álvarez (90+3.Antonio Briseño Vázquez), Egidio Raúl Arévalo Ríos, Guido Hernán Pizarro Demestri, Rafael Augusto Sóbis do Nascimento, Édgar Gerardo Lugo Aranda (63.Jesús Alberto Dueñas Manzo), Enrique Alejandro Esqueda Tirado (46.Joffre David Guerrón Méndez). Trainer: Ricardo Ferretti de Oliveira (Brazil).
Universitario: Raúl Alejandro Olivares Gálvez, Jorge Ignacio González Barón, Ezequiel Nicolás Filipetto, Ramiro Daniel Ballivián, Alejandro René Bejarano Sajama (87.Martín Adrián Palavicini López), Federico Silvestre, Rubén de la Cuesta Vera, Rolando Ribera Menacho (65.Jorge Ignacio Cuéllar Rojas), Pedro Mauricio Baldivieso Ferrufino (67.Mauricio Saucedo Guardia), Jorge Enrique Flores Yrahory, David Leonardo Castro Cortés. Trainer: Julio César Baldivieso Rico.
Goals: Rafael Augusto Sóbis do Nascimento (75 penalty) / Rubén de la Cuesta Vera (1).
(CF Tigres de la UA de Nuevo León won 3-2 on aggregate)

05.05.2015, Estadio Ciudad de La Plata, La Plata; Attendance: 25,000
Referee: Antonio Javier Arias Alvarenga (Paraguay)
Club Estudiantes de La Plata - Independiente Santa Fe Bogotá   2-1(2-0)
Estudiantes: Hilario Bernardo Navarro, Sebastián Enrique Domínguez, Leandro Desábato, Álvaro Daniel Pereira Barragán, Matías Aguirregaray Guruceaga, Israel Alejandro Damonte, Leonardo Roque Albano Gil, Juan Manuel Sánchez Miño (90+3.Gastón Gil Romero), Luciano Acosta (75.Diego Daniel Vera Méndez), Carlos Daniel Auzqui (60.Leonardo Rafael Jara), Guido Marcelo Carrillo. Trainer: Gabriel Alejandro Milito.
Santa Fe: Andrés Leandro Castellanos Serrano, Juan Daniel Roa Reyes, Francisco Javier Meza Palma, Dairon Mosquera Chaverra, Yerry Fernando Mina González, José Yulián Anchico Patiño, Omar Sebastián Pérez, Daniel Alejandro Torres Rojas, Wilson David Morelo López, Luis Alfonso Páez Restrepo (69.Miguel Ángel Borja Hernández), Luis Carlos Arias (84.Baldomero Perlaza Perlaza). Trainer: Gustavo Adolfo Costas Makeira (Argentina).
Goals: Carlos Daniel Auzqui (20), Guido Marcelo Carrillo (29) / Wilson David Morelo López (80).

12.05.2015, Estadio „Nemesio Camacho" [El Campín], Bogotá
Referee: Carlos Alfredo Vera Rodríguez (Ecuador)
Independiente Santa Fe Bogotá - Club Estudiantes de La Plata   2-0(1-0)
Santa Fe: Andrés Leandro Castellanos Serrano, Juan Daniel Roa Reyes, Francisco Javier Meza Palma, Dairon Mosquera Chaverra, Yerry Fernando Mina González, José Yulián Anchico Patiño, Omar Sebastián Pérez (82.Baldomero Perlaza Perlaza), Luis Manuel Seijas Gunther, Daniel Alejandro Torres Rojas, Wilson David Morelo López (90.Miguel Ángel Borja Hernández), Luis Alfonso Páez Restrepo (78.Yamilson Alexis Rivera Hurtado). Trainer: Gustavo Adolfo Costas Makeira (Argentina).
Estudiantes: Hilario Bernardo Navarro, Sebastián Enrique Domínguez, Leandro Desábato, Álvaro Daniel Pereira Barragán, Matias Aguirregaray Guruceaga (79.Luciano Acosta), Israel Alejandro Damonte, Leonardo Rafael Jara, Leonardo Roque Albano Gil (60.Ezequiel Cerutti), Juan Manuel Sánchez Miño (71.Diego Daniel Vera Méndez), Carlos Daniel Auzqui, Guido Marcelo Carrillo. Trainer: Gabriel Alejandro Milito.
Goals: Francisco Javier Meza Palma (33), Yamilson Alexis Rivera Hurtado (79).
(Independiente Santa Fe Bogotá won 3-2 on aggregate)

06.05.2015, Estádio Independência, Belo Horizonte; Attendance: 19,553
Referee: Wilmar Alexander Roldán Pérez (Colombia)
Clube Atlético Mineiro Belo Horizonte - SC Internacional Porto Alegre   2-2(1-1)
Atlético Mineiro: Victor Leandro Bagy, Leonardo Fabiano Silva e Silva, Marcos Luis Rocha de Aquino, Douglas dos Santos Justino de Melo, Jemerson de Jesus Nascimento, Jesús Alberto Dátolo (70.João Alves de Assis Silva "Jô"), Leandro Doniziete Gonçalves da Silva (69.Giovanni Augusto Oliveira Cardoso), Rafael de Souza Pereira „Rafael Carioca", Lucas David Pratto, Thiago Ribeiro Cardoso (78.Carlos Alberto Carvalho da Silva Junior), Luan Madson Gedeão de Paiva. Trainer: Levir Culpi.
Internacional: Alisson Ramses Becker, Juan Silveira dos Santos, Ernando Rodrigues Lopes, Alan Henrique Costa, William de Asevedo Furtado, Alex Raphael Meschini (61.Andrés Nicolás D'Alessandro), Charles Mariano Aránguiz Sandoval, Eduardo Colcenti Antunes "Eduardo Sasha" (60.Wanderson Ferreira de Oliveira „Valdivia"), Rodrigo Dourado Cunha, Lisandro López, Jorge Henrique de Souza (78.Alan Henrique Costa Ruschel). Trainer: Diego Vicente Aguirre Camblor.
Goals: Douglas dos Santos Justino de Melo (14), Leonardo Fabiano Silva e Silva (90+4) / Lisandro López (2), Wanderson Ferreira de Oliveira „Valdivia" (60).

13.05.2015, Estádio "José Pinheiro Borda" [Beira-Rio], Porto Alegre; Attendance: 34,000
Referee: Julio Alberto González Bascuñán (Chile)
SC Internacional Porto Alegre - Clube Atlético Mineiro Belo Horizonte   3-1(2-0)
Internacional: Alisson Ramses Becker, Juan Silveira dos Santos, Ernando Rodrigues Lopes, Alan Henrique Costa, William de Asevedo Furtado, Andrés Nicolás D'Alessandro (84.Réver Humberto Alves Araújo), Charles Mariano Aránguiz Sandoval, Eduardo Colcenti Antunes "Eduardo Sasha" (45+1.Jorge Henrique de Souza; 67.Nicolás Andrés Freitas Silva), Rodrigo Dourado Cunha, Wanderson Ferreira de Oliveira „Valdivia", Lisandro López. Trainer: Diego Vicente Aguirre Camblor.
Atlético Mineiro: Victor Leandro Bagy, Leonardo Fabiano Silva e Silva, Patric Cabral Lalau, Douglas dos Santos Justino de Melo (69.João Alves de Assis Silva "Jô"), Jemerson de Jesus Nascimento, Jesús Alberto Dátolo, Leandro Doniziete Gonçalves da Silva (46.Giovanni Augusto Oliveira Cardoso), Rafael de Souza Pereira „Rafael Carioca", Lucas David Pratto, Thiago Ribeiro Cardoso (46.Maicosuel Reginaldo de Matos), Luan Madson Gedeão de Paiva. Trainer: Levir Culpi.
Goals: Wanderson Ferreira de Oliveira „Valdivia" (21), Andrés Nicolás D'Alessandro (45), Lisandro López (80) / Lucas David Pratto (58).
(SC Internacional Porto Alegre won 5-3 on aggregate)

06.05.2015, Estadio Defensores del Chaco, Asunción; Attendance: 8,725
Referee: Daniel Adán Fedorczuk Betancour (Uruguay)
Club Guaraní Asunción - SC Corinthians Paulista São Paulo   2-0(0-0)
Guaraní: Alfredo Ariel Aguilar, Julio César Cáceres López, Rubén Dario Maldonado Brizuela, Eduardo Javier Filippini (33.Alberto Cirilo Contrera Jiménez), Tomás Javier Bartomeús, Juan Gabriel Patiño Martínez, Marcelo José Palau Balzaretti, Jorge Darío Mendoza Torres, Luis Eladio de La Cruz, Julián Alfonso Benítez Franco (74.Juan José Aguilar Orzusa), Federico Javier Santander Mereles (90+1.Fernando Fabián Fernández Acosta). Trainer: Fernando Jubero Carmona (Spain).
Corinthians: Cássio Ramos, Fábio Santos Romeu, Fágner Conserva Lemos, Carlos Gilberto Nascimento Silva "Gil", Felipe Augusto de Almeida Monteiro, Renato Soares de Oliveira Augusto, Jádson Rodrigues da Silva (78.Malcom Filipe Silva de Oliveira), Elías Mendes Trindade, Ralf de Souza Teles (75.Bruno Henrique Corsini), José Paulo Guerrero Gonzales, Luciano da Rocha Neves (70.Danilo Gabriel de Andrade). Trainer: Adenor Leonardo Bacchi "Tite".
Goals: Federico Javier Santander Mereles (59), Alberto Cirilo Contrera Jiménez (81).

13.05.2015, Arena Corinthians, São Paulo; Attendance: 40,239
Referee: Enrique Roberto Osses Zencovic (Chile)
SC Corinthians Paulista São Paulo - Club Guaraní Asunción   0-1(0-0)
Corinthians: Cássio Ramos, Fábio Santos Romeu [*sent off 53*], Fágner Conserva Lemos, Carlos Gilberto Nascimento Silva "Gil", Felipe Augusto de Almeida Monteiro (46.Danilo Gabriel de Andrade), Renato Soares de Oliveira Augusto, Jádson Rodrigues da Silva [*sent off 69*], Elías Mendes Trindade (79.Bruno Henrique Corsini), Ralf de Souza Teles, José Paulo Guerrero Gonzales, Malcom Filipe Silva de Oliveira (46.John Stiven Mendoza Valencia). Trainer: Adenor Leonardo Bacchi "Tite".
Guaraní: Alfredo Ariel Aguilar, Julio César Cáceres López, Rubén Dario Maldonado Brizuela, Tomás Javier Bartomeús, Juan Gabriel Patiño Martínez, Marcelo José Palau Balzaretti, Juan José Aguilar Orzusa (79.Ramón Darío Ocampo), Jorge Darío Mendoza Torres, Luis Eladio de La Cruz, Julián Alfonso Benítez Franco (85.Iván Emmanuel González Ferreira), Federico Javier Santander Mereles (88.Fernando Fabián Fernández Acosta). Trainer: Fernando Jubero Carmona (Spain).
Goals: Fernando Fabián Fernández Acosta (90+1).
(*Club Guaraní Asunción won 3-0 on aggregate*)

06.05.2015, Estádio „Cícero Pompeu de Toledo" [Morumbi], São Paulo; Attendance: 66,369
Referee: Carlos Arecio Amarilla Demarqui (Paraguay)
São Paulo FC - Cruzeiro EC Belo Horizonte   1-0(0-0)
São Paulo FC: Rogério Ceni, Bruno Vieira do Nascimento, Rafael Tolói, Reinaldo Manoel da Silva, Lucas Cavalcante Silva Afonso "Lucão", Denílson Pereira Neves, Josef de Souza Dias, Paulo Henrique Chagas de Lima „Ganso", Wesley Lopes Beltrame (71.Gabriel Boschilia), Alexandre Rodrigues da Silva „Alexandre Pato", Adrián Ricardo Centurión (87.Rodrigo Caio Coquete Russo). Trainer: Mílton da Cruz.
Cruzeiro: Fábio Deivson Lopes Maciel, Leonardo Renan Simões de Lacerda "Léo", Manoel Messias Silva Carvalho, Eugenio Estenan Mena Reveco, Mayke Rocha de Oliveira, Henrique Pacheco de Lima, Willians Domingos Fernandes, Giorgian Daniel de Arrascaeta Benedetti, Marcos Antônio da Silva Gonçalves "Marquinhos", Willian Gomes de Siqueira (72.Gabriel Augusto Xavier), Leandro Damião da Silva dos Santos (65.Diederrick Joel Tagueu Tadjo). Trainer: Marcelo de Oliveira Santos.
Goal: Adrián Ricardo Centurión (82).

13.05.2015, Estádio „Governador Magalhães Pinto" [Mineirão], Belo Horizonte; Attendance: 39,867
Referee: Andrés Ismael Cunha Soca (Uruguay)
Cruzeiro EC Belo Horizonte - São Paulo FC　　　　　　　**1-0(0-0,1-0,1-0);**
　　　　　　　　　　　　　　　　　　　　　　　　　　　　　4-3 on penalties
Cruzeiro: Fábio Deivson Lopes Maciel, Bruno Rodrigo Fenelon Palomo, Manoel Messias Silva Carvalho, Eugenio Estenan Mena Reveco, Mayke Rocha de Oliveira (84.Willian Roberto de Farias), Henrique Pacheco de Lima, Willians Domingos Fernandes, Giorgian Daniel de Arrascaeta Benedetti, Marcos Antônio da Silva Gonçalves "Marquinhos", Willian Gomes de Siqueira (77.Gabriel Augusto Xavier), Leandro Damião da Silva dos Santos. Trainer: Marcelo de Oliveira Santos.
São Paulo FC: Rogério Ceni, Bruno Vieira do Nascimento, Rafael Tolói, Reinaldo Manoel da Silva, Lucas Cavalcante Silva Afonso "Lucão", Michel Fernandes Bastos (77.Húdson Rodrigues dos Santos), Denílson Pereira Neves, Josef de Souza Dias, Paulo Henrique Chagas de Lima „Ganso", Wesley Lopes Beltrame (72.Adrián Ricardo Centurión), Alexandre Rodrigues da Silva „Alexandre Pato" (65.Luís Fabiano Clemente). Trainer: Mílton da Cruz.
Goal: Leandro Damião da Silva dos Santos (54).
Penalties: Rogério Ceni 0-1; Leandro Damião da Silva dos Santos (saved); Paulo Henrique Chagas de Lima „Ganso" 0-2; Marcos Antônio da Silva Gonçalves "Marquinhos" 1-2; Josef de Souza Dias (missed); Giorgian Daniel de Arrascaeta Benedetti 2-2; Luís Fabiano Clemente (saved); Henrique Pacheco de Lima 3-2; Adrián Ricardo Centurión 3-3; Manoel Messias Silva Carvalho (saved); Lucas Cavalcante Silva Afonso "Lucão" (missed); Gabriel Augusto Xavier 4-3.
(Cruzeiro EC Belo Horizonte won 4-3 on penalties [after 1-1 on aggregate])

07.05.2015, Estadio Monumental „Antonio Vespucio Liberti", Buenos Aires; Attendance: 62,000
Referee: Germán Delfino (Argentina)
CA River Plate Buenos Aires - CA Boca Juniors Buenos Aires　　　**1-0(0-0)**
River Plate: Marcelo Alberto Barovero, Jonathan Ramón Maidana, Leonel Jesús Vangioni, José Ramiro Funes Mori, Emanuel Mammana, Leonardo Daniel Ponzio (74.Camilo Sebastián Mayada Mesa), Carlos Andrés Sánchez Arcosa, Claudio Matías Kranevitter, Teófilo Antonio Gutiérrez Roncancio *[sent off 88]*, Rodrigo Nicanor Mora Núñez, Sebastián Driussi (72.Gonzalo Martínez). Trainer: Marcelo Daniel Gallardo.
Boca Juniors: Agustín Ignacio Orión, Daniel Alberto Díaz (34.Guillermo Enio Burdisso), Marco Natanael Torsiglieri, Lucas Leandro Marín, Fernando Rubén Gago, Pablo Javier Pérez, Marcelo Nicolás Lodeiro Benítez, Nicolás Carlos Colazo, Adrián Andrés Cubas, Jonathan Calleri (88.Pablo Daniel Osvaldo), Cristian Pavón (77.Federico Gastón Carrizo). Trainer: Rodolfo Martín Arruabarrena.
Goal: Carlos Andrés Sánchez Arcosa (81 penalty).

14.05.2015
CA Boca Juniors Buenos Aires - CA River Plate Buenos Aires　　　*Suspended!*
The second leg was suspended after serious incidents between supporters of both clubs in the first leg.
(CA River Plate Buenos Aires won 1-0 on aggregate)

07.05.2015, Estadio Gran Parque Central, Montevideo; Attendance: 15,000
Referee: Péricles Bassols Pegado Cortez (Brazil)
Montevideo Wanderers FC - Racing Club de Avellaneda 1-1(0-0)
Wanderers: Leonardo Fabián Burian Castro, Gastón Matías Bueno Sciutto, Maximiliano Martín Olivera De Andrea, Alex Silva Quiroga, Paulo Fabián Lima Simoes (46.Roberto Martín Rivas Tagliabúe), Santiago Gabriel Martínez Pintos, Nicolás Gabriel Albarracín Basil (87.Leandro Federico Reymundez Martínez), Matías Joaquín Santos Arotegui, Diego Nicolás Riolfo Pérez, Gastón Rodríguez Maeso (68.Juan Cruz Mascia Paysée), Santiago Bellini Noya. Trainer: Alfredo Carlos Arias Sánchez.
Racing: Diego Sebastián Saja, Pablo Andrés Alvarado, Nicolás Gabriel Sánchez, Leandro Damián Marcelo Grimi, Iván Alexis Pillud, Francisco Cerro, Ezequiel Videla Greppi, Óscar David Romero Villamayor (64.Carlos Santiago Nagüel), Marcos Javier Acuña, Diego Alberto Milito (68.Brian Leonel Fernández), Gustavo Leonardo Bou (90+1.Luciano Lollo). Trainer: Diego Martín Cocca.
Goals: Matías Joaquín Santos Arotegui (54) / Brian Leonel Fernández (86).

14.05.2015, Estadio „Presidente Juan Domingo Perón", Avellaneda; Attendance: 45,000
Referee: Wilmar Alexander Roldán Pérez (Colombia)
Racing Club de Avellaneda - Montevideo Wanderers FC 2-1(2-0)
Racing: Diego Sebastián Saja, Leandro Damián Marcelo Grimi, Luciano Lollo, Iván Alexis Pillud, Washington Fernando Camacho Martínez, Yonathan Emanuel Cabral, Ricardo Gastón Díaz, Francisco Cerro (58.Nelson Fernando Acevedo), Ezequiel Videla Greppi, Diego Alberto Milito (69.Brian Leonel Fernández), Gustavo Leonardo Bou (86.Marcos Javier Acuña). Trainer: Diego Martín Cocca.
Wanderers: Leonardo Fabián Burian Castro, Gastón Matías Bueno Sciutto, Maximiliano Martín Olivera De Andrea, Alex Silva Quiroga, Roberto Martín Rivas Tagliabúe, Santiago Gabriel Martínez Pintos, Nicolás Gabriel Albarracín Basil (57.Juan Cruz Mascia Paysée), Matías Joaquín Santos Arotegui, Diego Nicolás Riolfo Pérez (69.Leandro Federico Reymundez Martínez), Gastón Rodríguez Maeso (57.Joaquín Azzem Vergés Collazo), Santiago Bellini Noya. Trainer: Alfredo Carlos Arias Sánchez.
Goals: Washington Fernando Camacho Martínez (15), Gustavo Leonardo Bou (39) / Maximiliano Martín Olivera De Andrea (88).
(*Racing Club de Avellaneda won 3-2 on aggregate*)

07.05.2015, Estadio Jocay, Manta; Attendance: 15,000
Referee: Ricardo Marques Ribeiro (Brazil)
CS Emelec Guayaquil - Club Atlético Nacional Medellín 2-0(1-0)
Emelec: Esteban Javier Dreer, Jorge Daniel Guagua Tamayo, Gabriel Eduardo Achilier Zurita, Óscar Dalmiro Bagüi Angulo, Jhon William Narváez, Pedro Angel Quiñónez Rodríguez, Osbaldo Lupo Lastra García, Ángel Israel Mena Delgado, Miller Alejandro Bolaños Reascos (87.Luis Miguel Escalada), Mauro Raúl Fernández (56.Fernando Vicente Gaibor Orellana), Emanuel Herrera (69.Marcos Gustavo Mondaini). Trainer: Omar Osvaldo De Felippe (Argentina).
Atlético Nacional: Camilo Andrés Vargas Gil, Álvaro Francisco Nájera Gil, Alejandro Bernal Rios (56.Jairo Fabián Palomino Sierra), Farid Alfonso Díaz Rhenals, Oscar Fabián Murillo Murillo, Gilberto García Olarte, Alejandro Abraham Guerra Morales (56.Andrés Ramiro Escobar Díaz), Juan David Valencia Hinestroza, Jonathan Yulián Mejía Chaverra (64.Orlando Enrique Berrío Meléndez), Luis Carlos Ruíz Morales, Jonathan Copete Valencia. Trainer: Juan Carlos Osorio Arbelaez.
Goals: Emanuel Herrera (40), Miller Alejandro Bolaños Reascos (73).

14.05.2015, Estadio „Atanasio Girardot", Medellín; Attendance: 35,000
Referee: Víctor Hugo Carrillo Casanova (Peru)
Club Atlético Nacional Medellín - CS Emelec Guayaquil   1-0(0-0)
Atlético Nacional: Camilo Andrés Vargas Gil, Alexis Héctor Henríquez Charales, Álvaro Francisco Nájera Gil, Elkin Darío Calle Grajales (46.Jonathan Yulián Mejía Chaverra), Farid Alfonso Díaz Rhenals, Oscar Fabián Murillo Murillo, José Hárrison Otálvaro Arce, Juan David Valencia Hinestroza (46.Pablo César Leonardo Velázquez Centurión), Luis Carlos Ruíz Morales, Orlando Enrique Berrío Meléndez (77.Jefferson Andrés Duque Montoya), Jonathan Copete Valencia. Trainer: Juan Carlos Osorio Arbelaez.
Emelec: Esteban Javier Dreer, Jorge Daniel Guagua Tamayo, Gabriel Eduardo Achilier Zurita, Óscar Dalmiro Bagüi Angulo, Jhon William Narváez, Pedro Angel Quiñónez Rodríguez [*sent off 42*], Fernando Vicente Gaibor Orellana (88.Marcos Gustavo Mondaini), Osbaldo Lupo Lastra García, Ángel Israel Mena Delgado, Miller Alejandro Bolaños Reascos (90+3.Byron Andrés Mina Cuero), Emanuel Herrera (64.Eddy Roy Corozo Olaya). Trainer: Omar Osvaldo De Felippe (Argentina).
Goals: Alexis Héctor Henríquez Charales (60).
(CS Emelec Guayaquil won 2-1 on aggregate)

QUARTER-FINALS

19.05.2015, Estadio Jocay, Manta
Referee: Fernando Andrés Rapallini (Argentina)
CS Emelec Guayaquil - CF Tigres de la UA de Nuevo León   1-0(0-0)
Emelec: Esteban Javier Dreer, Jorge Daniel Guagua Tamayo, Gabriel Eduardo Achilier Zurita, Óscar Dalmiro Bagüi Angulo, Jhon William Narváez, Fernando Vicente Gaibor Orellana, Osbaldo Lupo Lastra García, Marcos Gustavo Mondaini, Ángel Israel Mena Delgado (90.Luis Miguel Escalada), Miller Alejandro Bolaños Reascos, Emanuel Herrera (75.Eddy Roy Corozo Olaya). Trainer: Omar Osvaldo De Felippe (Argentina).
Tigres: Nahuel Ignacio Guzmán, José Arturo Rivas Mortera, Hugo Ayala Castro, Jorge Emmanuel Torres Nilo, Jorge Iván Estrada Manjarrez, Antonio Briseño Vázquez, Egidio Raúl Arévalo Ríos, Jesús Alberto Dueñas Manzo, Guido Hernán Pizarro Demestri, Rafael Augusto Sóbis do Nascimento, Joffre David Guerrón Méndez (72.Enrique Alejandro Esqueda Tirado). Trainer: Ricardo Ferretti de Oliveira (Brazil).
Goal: Miller Alejandro Bolaños Reascos (63).

26.05.2015, Estadio Universitario, San Nicolás de los Garza
Referee: Enrique Patricio Cáceres Villafañe (Paraguay)
CF Tigres de la UA de Nuevo León - CS Emelec Guayaquil   2-0(1-0)
Tigres: Nahuel Ignacio Guzmán, José Arturo Rivas Mortera, Hugo Ayala Castro, Jorge Emmanuel Torres Nilo, Israel Sabdi Jiménez Ñáñez, Jesús Alberto Dueñas Manzo (90.Egidio Raúl Arévalo Ríos), Guido Hernán Pizarro Demestri, Rafael Augusto Sóbis do Nascimento, Édgar Gerardo Lugo Aranda, Enrique Alejandro Esqueda Tirado, Joffre David Guerrón Méndez (46.Damián Ariel Álvarez). Trainer: Ricardo Ferretti de Oliveira (Brazil).
Emelec: Esteban Javier Dreer, Jorge Daniel Guagua Tamayo, Gabriel Eduardo Achilier Zurita, Óscar Dalmiro Bagüi Angulo, Jhon William Narváez, Pedro Angel Quiñónez Rodríguez, Fernando Vicente Gaibor Orellana (87.Javier Isidro Charcopa Alegria), Osbaldo Lupo Lastra García (81.Brayan Dennis Angulo Tenorio), Marcos Gustavo Mondaini (71.Robert Javier Burbano Cobeña), Miller Alejandro Bolaños Reascos, Emanuel Herrera. Trainer: Omar Osvaldo De Felippe (Argentina).
Goals: Rafael Augusto Sóbis do Nascimento (5), José Arturo Rivas Mortera (79).
(CF Tigres de la UA de Nuevo León won 2-1 on aggregate)

20.05.2015, Estadio „Nemesio Camacho" [El Campín], Bogotá; Attendance: 18,860
Referee: Néstor Fabián Pitana (Argentina)
Independiente Santa Fe Bogotá - SC Internacional Porto Alegre   1-0(0-0)
Santa Fe: Andrés Leandro Castellanos Serrano, Juan Daniel Roa Reyes, Francisco Javier Meza Palma, Dairon Mosquera Chaverra, Yerry Fernando Mina González, José Yulián Anchico Patiño, Omar Sebastián Pérez, Luis Manuel Seijas Gunther, Daniel Alejandro Torres Rojas, Wilson David Morelo López (68.Miguel Ángel Borja Hernández), Luis Alfonso Páez Restrepo (63.Yamilson Alexis Rivera Hurtado). Trainer: Gustavo Adolfo Costas Makeira (Argentina).
Internacional: Alisson Ramses Becker, Juan Silveira dos Santos, Ernando Rodrigues Lopes, Alan Henrique Costa, William de Asevedo Furtado, Andrés Nicolás D'Alessandro (75.Nicolás Andrés Freitas Silva), Charles Mariano Aránguiz Sandoval, Eduardo Colcenti Antunes "Eduardo Sasha" (69.Nilmar Honorato da Silva), Rodrigo Dourado Cunha, Wanderson Ferreira de Oliveira „Valdivia", Lisandro López (87.Réver Humberto Alves Araújo). Trainer: Diego Vicente Aguirre Camblor.
Goal: Dairon Mosquera Chaverra (90+1).

27.05.2015, Estádio "José Pinheiro Borda" [Beira-Rio], Porto Alegre; Attendance: 44,665
Referee: Víctor Hugo Carrillo Casanova (Peru)
SC Internacional Porto Alegre - Independiente Santa Fe Bogotá   2-0(1-0)
Internacional: Alisson Ramses Becker, Juan Silveira dos Santos, Ernando Rodrigues Lopes, William de Asevedo Furtado, Geferson Cerqueira Teles (84.Rafael Martiniano de Miranda Moura), Andrés Nicolás D'Alessandro, Charles Mariano Aránguiz Sandoval, Eduardo Colcenti Antunes "Eduardo Sasha" (15.Wanderson Ferreira de Oliveira „Valdivia"), Rodrigo Dourado Cunha, Lisandro López, Nilmar Honorato da Silva (71.Alex Raphael Meschini). Trainer: Diego Vicente Aguirre Camblor.
Santa Fe: Andrés Leandro Castellanos Serrano, Juan Daniel Roa Reyes, Francisco Javier Meza Palma, Dairon Mosquera Chaverra [*sent off 67*], Yerry Fernando Mina González, José Yulián Anchico Patiño [*sent off 82*], Omar Sebastián Pérez (81.Baldomero Perlaza Perlaza), Luis Manuel Seijas Gunther, Daniel Alejandro Torres Rojas, Wilson David Morelo López (84.Sergio Andrés Otálvaro Botero), Luis Alfonso Páez Restrepo (46.Yamilson Alexis Rivera Hurtado). Trainer: Gustavo Adolfo Costas Makeira (Argentina).
Goals: Juan Silveira dos Santos (2), Yerry Fernando Mina González (88 own goal).
Sent off: Miguel Ángel Borja Hernández (on the bench, 90+6).
(*SC Internacional Porto Alegre won 2-1 on aggregate*)

21.05.2015, Estadio Monumental „Antonio Vespucio Liberti", Buenos Aires
Referee: Enrique Roberto Osses Zencovic (Chile)
CA River Plate Buenos Aires - Cruzeiro EC Belo Horizonte   0-1(0-0)
River Plate: Marcelo Alberto Barovero, Jonathan Ramón Maidana, Leonel Jesús Vangioni, José Ramiro Funes Mori, Emanuel Mammana, Leonardo Daniel Ponzio (61.Camilo Sebastián Mayada Mesa), Gonzalo Martínez (61.Leonardo Nicolás Pisculichi), Carlos Andrés Sánchez Arcosa, Claudio Matías Kranevitter, Teófilo Antonio Gutiérrez Roncancio, Rodrigo Nicanor Mora Núñez (68.Fernando Ezequiel Cavenaghi). Trainer: Marcelo Daniel Gallardo.
Cruzeiro: Fábio Deivson Lopes Maciel, Bruno Rodrigo Fenelon Palomo, Manoel Messias Silva Carvalho, Eugenio Estenan Mena Reveco, Mayke Rocha de Oliveira, Henrique Pacheco de Lima, Willians Domingos Fernandes, Giorgian Daniel de Arrascaeta Benedetti (58.Gabriel Augusto Xavier), Marcos Antônio da Silva Gonçalves "Marquinhos", Willian Gomes de Siqueira (70.Charles Fernando Basílio da Silva), Leandro Damião da Silva dos Santos (90+1.José Henrique da Silva Dourado). Trainer: Marcelo de Oliveira Santos.
Goal: Marcos Antônio da Silva Gonçalves "Marquinhos" (81).

27.05.2015, Estádio „Governador Magalhães Pinto" [Mineirão], Belo Horizonte
Referee: Wilmar Alexander Roldán Pérez (Colombia)
Cruzeiro EC Belo Horizonte - CA River Plate Buenos Aires   0-3(0-2)
Cruzeiro: Fábio Deivson Lopes Maciel, Bruno Rodrigo Fenelon Palomo, Manoel Messias Silva Carvalho, Eugenio Estenan Mena Reveco, Mayke Rocha de Oliveira, Henrique Pacheco de Lima, Willians Domingos Fernandes (72.Diederrick Joel Tagueu Tadjo), Giorgian Daniel de Arrascaeta Benedetti (46.Gabriel Augusto Xavier [*sent off 87*]), Marcos Antônio da Silva Gonçalves "Marquinhos", Willian Gomes de Siqueira (56.Alisson Euler de Freitas Castro), Leandro Damião da Silva dos Santos. Trainer: Marcelo de Oliveira Santos.
River Plate: Marcelo Alberto Barovero, Jonathan Ramón Maidana, Leonel Jesús Vangioni, Gabriel Iván Mercado (61.Germán Alejo Pezzela), José Ramiro Funes Mori, Leonardo Daniel Ponzio (73.Camilo Sebastián Mayada Mesa), Ariel Mauricio Rojas, Carlos Andrés Sánchez Arcosa, Claudio Matías Kranevitter, Teófilo Antonio Gutiérrez Roncancio (79.Gonzalo Martínez), Rodrigo Nicanor Mora Núñez. Trainer: Marcelo Daniel Gallardo.
Goals: Carlos Andrés Sánchez Arcosa (19), Jonathan Ramón Maidana (44), Teófilo Antonio Gutiérrez Roncancio (51).
(*CA River Plate Buenos Aires won 3-1 on aggregate*)

21.05.2015, Estadio Defensores del Chaco, Asunción
Referee: Sandro Meira Ricci (Brazil)
Club Guaraní Asunción - Racing Club de Avellaneda   1-0(0-0)
Guaraní: Alfredo Ariel Aguilar, Julio César Cáceres López, Rubén Dario Maldonado Brizuela, Tomás Javier Bartomeús, Juan Gabriel Patiño Martínez (84.Ramón Darío Ocampo), Marcelo José Palau Balzaretti, Jorge Darío Mendoza Torres, Alberto Cirilo Contrera Jiménez (69.Fernando Fabián Fernández Acosta), Luis Eladio de La Cruz, Julián Alfonso Benítez Franco (88.Juan José Aguilar Orzusa), Federico Javier Santander Mereles. Trainer: Fernando Jubero Carmona (Spain).
Racing: Diego Sebastián Saja, Leandro Damián Marcelo Grimi, Luciano Lollo [*sent off 41*], Iván Alexis Pillud, Washington Fernando Camacho Martínez (70.Marcos Javier Acuña), Yonathan Emanuel Cabral, Ricardo Gastón Díaz, Francisco Cerro, Ezequiel Videla Greppi (74.Nelson Fernando Acevedo), Diego Alberto Milito (55.Germán Ariel Voboril), Gustavo Leonardo Bou. Trainer: Diego Martín Cocca.
Goal: Julián Alfonso Benítez Franco (84).

28.05.2015, Estadio „Presidente Juan Domingo Perón", Avellaneda
Referee: Andrés Ismael Cunha Soca (Uruguay)
Racing Club de Avellaneda - Club Guaraní Asunción   0-0
Racing: Diego Sebastián Saja [*sent off 45*], Germán Ariel Voboril, Leandro Damián Marcelo Grimi, Iván Alexis Pillud, Washington Fernando Camacho Martínez (58.Brian Leonel Fernández), Yonathan Emanuel Cabral, Luciano Román Aued (82.Óscar David Romero Villamayor), Ezequiel Videla Greppi, Marcos Javier Acuña (45+2.Nelson Martín Ibáñez), Diego Alberto Milito, Gustavo Leonardo Bou. Trainer: Diego Martín Cocca.
Guaraní: Alfredo Ariel Aguilar, Julio César Cáceres López, Rubén Dario Maldonado Brizuela, Tomás Javier Bartomeús, Juan Gabriel Patiño Martínez, Marcelo José Palau Balzaretti, Jorge Darío Mendoza Torres, Alberto Cirilo Contrera Jiménez (65.Ramón Darío Ocampo), Luis Eladio de La Cruz (71.Eduardo Javier Filippini), Julián Alfonso Benítez Franco (88.Juan José Aguilar Orzusa), Federico Javier Santander Mereles. Trainer: Fernando Jubero Carmona (Spain).
(*Club Guaraní Asunción won 1-0 on aggregate*)

SEMI-FINALS

14.07.2015, Estadio Monumental „Antonio Vespucio Liberti", Buenos Aires
Referee: Daniel Adán Fedorczuk Betancour (Uruguay)
CA River Plate Buenos Aires - Club Guaraní Asunción   2-0(0-0)
River Plate: Marcelo Alberto Barovero, Jonathan Ramón Maidana, Leonel Jesús Vangioni, Gabriel Iván Mercado, José Ramiro Funes Mori, Luis Óscar González (46.Gonzalo Martínez), Leonardo Daniel Ponzio (87.Camilo Sebastián Mayada Mesa), Carlos Andrés Sánchez Arcosa, Claudio Matías Kranevitter, Rodrigo Nicanor Mora Núñez, Lucas Nicolás Alario (85.Javier Pedro Saviola). Trainer: Marcelo Daniel Gallardo.
Guaraní: Alfredo Ariel Aguilar, Rubén Dario Maldonado Brizuela, Tomás Javier Bartomeús, Luis Alberto Cabral Vásquez, Juan Gabriel Patiño Martínez (78.Fernando Fabián Fernández Acosta), Marcelo José Palau Balzaretti, Juan José Aguilar Orzusa (68.Alberto Cirilo Contrera Jiménez), Jorge Darío Mendoza Torres, Luis Eladio de La Cruz, Julián Alfonso Benítez Franco, Federico Javier Santander Mereles. Trainer: Fernando Jubero Carmona (Spain).
Goals: Gabriel Iván Mercado (59), Rodrigo Nicanor Mora Núñez (72).

21.07.2015, Estadio Defensores del Chaco, Asunción
Referee: Julio Alberto González Bascuñán (Chile)
Club Guaraní Asunción - CA River Plate Buenos Aires   1-1(0-0)
Guaraní: Alfredo Ariel Aguilar, Julio César Cáceres López, Rubén Dario Maldonado Brizuela, Tomás Javier Bartomeús (62.Iván Emmanuel González Ferreira), Juan Gabriel Patiño Martínez (83.Alberto Cirilo Contrera Jiménez), Marcelo José Palau Balzaretti, Jorge Darío Mendoza Torres, Luis Eladio de La Cruz, Julián Alfonso Benítez Franco, Federico Javier Santander Mereles, Fernando Fabián Fernández Acosta (83.Claudio César Correa Cañiza). Trainer: Fernando Jubero Carmona (Spain).
River Plate: Marcelo Alberto Barovero, Jonathan Ramón Maidana, Leonel Jesús Vangioni, Gabriel Iván Mercado, José Ramiro Funes Mori, Luis Óscar González (62.Camilo Sebastián Mayada Mesa), Gonzalo Martínez (69.Tabaré Uruguay Viudez Mora), Carlos Andrés Sánchez Arcosa, Claudio Matías Kranevitter, Rodrigo Nicanor Mora Núñez (75.Fernando Ezequiel Cavenaghi), Lucas Nicolás Alario. Trainer: Marcelo Daniel Gallardo.
Goals: Fernando Fabián Fernández Acosta (61) / Lucas Nicolás Alario (78).
(CA River Plate Buenos Aires won 3-1 on aggregate)

15.07.2015, Estádio "José Pinheiro Borda" [Beira-Rio], Porto Alegre
Referee: José Ramón Argote Vega (Venezuela)
SC Internacional Porto Alegre - CF Tigres de la UA de Nuevo León   2-1(2-1)
Internacional: Alisson Ramses Becker, Ernando Rodrigues Lopes, Alan Henrique Costa, William de Asevedo Furtado, Geferson Cerqueira Teles, Andrés Nicolás D'Alessandro, Charles Mariano Aránguiz Sandoval, Rodrigo Dourado Cunha, Wanderson Ferreira de Oliveira „Valdivia" (86.Rafael Martiniano de Miranda Moura), Lisandro López, Nilmar Honorato da Silva (64.Eduardo Colcenti Antunes "Eduardo Sasha"). Trainer: Diego Vicente Aguirre Camblor.
Tigres: Nahuel Ignacio Guzmán, Anselmo Vendrechovski Júnior "Juninho", Hugo Ayala Castro [*sent off 58*], Israel Sabdi Jiménez Ñáñez, José Francisco Torres Mezzell, Egidio Raúl Arévalo Ríos, Javier Ignacio Aquino Carmona, Guido Hernán Pizarro Demestri, André-Pierre Christian Gignac (90+2.Manuel Viniegra García), Rafael Augusto Sóbis do Nascimento (87.Édgar Gerardo Lugo Aranda), Jürgen Damm Rascón (60.Antonio Briseño Vázquez). Trainer: Ricardo Ferretti de Oliveira (Brazil).
Goals: Andrés Nicolás D'Alessandro (4), Wanderson Ferreira de Oliveira „Valdivia" (9) / Hugo Ayala Castro (23).

22.07.2015, Estadio Universitario, San Nicolás de los Garza
Referee: Carlos Alfredo Vera Rodríguez (Ecuador)
CF Tigres de la UA de Nuevo León - SC Internacional Porto Alegre   3-1(2-0)
Tigres: Nahuel Ignacio Guzmán, Anselmo Vendrechovski Júnior "Juninho", José Arturo Rivas Mortera, Israel Sabdi Jiménez Ñáñez, José Francisco Torres Mezzell, Egidio Raúl Arévalo Ríos, Javier Ignacio Aquino Carmona (75.Damián Ariel Álvarez), Guido Hernán Pizarro Demestri, André-Pierre Christian Gignac, Rafael Augusto Sóbis do Nascimento, Jürgen Damm Rascón (84.Édgar Gerardo Lugo Aranda). Trainer: Ricardo Ferretti de Oliveira (Brazil).
Internacional: Alisson Ramses Becker, Juan Silveira dos Santos, Ernando Rodrigues Lopes, William de Asevedo Furtado (79.Rafael Martiniano de Miranda Moura), Geferson Cerqueira Teles, Andrés Nicolás D'Alessandro, Charles Mariano Aránguiz Sandoval, Rodrigo Dourado Cunha, Wanderson Ferreira de Oliveira „Valdivia" (75.Alex Raphael Meschini), Lisandro López, Nilmar Honorato da Silva (59.Eduardo Colcenti Antunes "Eduardo Sasha"). Trainer: Diego Vicente Aguirre Camblor.
Goals: André-Pierre Christian Gignac (17), Geferson Cerqueira Teles (40 own goal), Egidio Raúl Arévalo Ríos (55) / Lisandro López (88).
(*CF Tigres de la UA de Nuevo León won 4-3 on aggregate*)

FINAL

29.07.2015, Estadio Universitario, San Nicolás de los Garza
Referee: Antonio Javier Arias Alvarenga (Paraguay)
CF Tigres de la UA de Nuevo León - CA River Plate Buenos Aires   0-0
Tigres: Nahuel Ignacio Guzmán, Anselmo Vendrechovski Júnior "Juninho", Hugo Ayala Castro (41.José Arturo Rivas Mortera), Jorge Emmanuel Torres Nilo, Israel Sabdi Jiménez Ñáñez, Damián Ariel Álvarez, Egidio Raúl Arévalo Ríos (71.Jesús Alberto Dueñas Manzo), Guido Hernán Pizarro Demestri, André-Pierre Christian Gignac, Rafael Augusto Sóbis do Nascimento, Jürgen Damm Rascón. Trainer: Ricardo Ferretti de Oliveira (Brazil).
River Plate: Marcelo Alberto Barovero, Jonathan Ramón Maidana, Leonel Jesús Vangioni, Gabriel Iván Mercado, José Ramiro Funes Mori, Leonardo Daniel Ponzio (77.Luis Óscar González), Carlos Andrés Sánchez Arcosa, Claudio Matías Kranevitter, Rodrigo Nicanor Mora Núñez (46.Nicolás Santiago Bertolo), Tabaré Uruguay Viudez Mora (46.Gonzalo Martínez), Lucas Nicolás Alario. Trainer: Marcelo Daniel Gallardo.

05.08.2015, Estadio Monumental „Antonio Vespucio Liberti", Buenos Aires
Referee: Darío Agustín Ubríaco Medero (Uruguay)
CA River Plate Buenos Aires - CF Tigres de la UA de Nuevo León   3-0(1-0)
River Plate: Marcelo Alberto Barovero, Jonathan Ramón Maidana, Leonel Jesús Vangioni, José Ramiro Funes Mori, Leonardo Daniel Ponzio, Nicolás Santiago Bertolo, Carlos Andrés Sánchez Arcosa, Camilo Sebastián Mayada Mesa, Claudio Matías Kranevitter (82.Luis Óscar González), Fernando Ezequiel Cavenaghi (77.Leonardo Nicolás Pisculichi), Lucas Nicolás Alario (69.Sebastián Driussi). Trainer: Marcelo Daniel Gallardo.
Tigres: Nahuel Ignacio Guzmán, Anselmo Vendrechovski Júnior "Juninho", José Arturo Rivas Mortera, Jorge Emmanuel Torres Nilo, Israel Sabdi Jiménez Ñáñez (77.Joffre David Guerrón Méndez), Egidio Raúl Arévalo Ríos (65.Jesús Alberto Dueñas Manzo), Javier Ignacio Aquino Carmona, Guido Hernán Pizarro Demestri, André-Pierre Christian Gignac, Rafael Augusto Sóbis do Nascimento, Jürgen Damm Rascón. Trainer: Ricardo Ferretti de Oliveira (Brazil).
Goals: 1-0 Lucas Nicolás Alario (44), 2-0 Carlos Andrés Sánchez Arcosa (74 penalty), 3-0 José Ramiro Funes Mori (78).

Copa Libertadores Winner 2015: **Club Atlético River Plate Buenos Aires (Argentina)**

Best Goalscorer: Gustavo Leonardo Bou (Racing Club de Avellaneda) – 8 goals

COPA LIBERTADORES (1960-2015)
TABLE OF HONOURS

1960	Club Atlético Peñarol Montevideo	(URU)
1961	Club Atlético Peñarol Montevideo	(URU)
1962	Santos Futebol Clube	(BRA)
1963	Santos Futebol Clube	(BRA)
1964	Club Atlético Independiente Avellaneda	(ARG)
1965	Club Atlético Independiente Avellaneda	(ARG)
1966	Club Atlético Peñarol Montevideo	(URU)
1967	Racing Club Avellaneda	(ARG)
1968	Club Estudiantes de La Plata	(ARG)
1969	Club Estudiantes de La Plata	(ARG)
1970	Club Estudiantes de La Plata	(ARG)
1971	Club Nacional de Football Montevideo	(URU)
1972	Club Atlético Independiente Avellaneda	(ARG)
1973	Club Atlético Independiente Avellaneda	(ARG)
1974	Club Atlético Independiente Avellaneda	(ARG)
1975	Club Atlético Independiente Avellaneda	(ARG)
1976	Cruzeiro Esporte Clube Belo Horizonte	(BRA)
1977	Club Atlético Boca Juniors Buenos Aires	(ARG)
1978	Club Atlético Boca Juniors Buenos Aires	(ARG)
1979	Club Olimpia Asunción	(PAR)
1980	Club Nacional de Football Montevideo	(URU)
1981	Clube de Regatas do Flamengo Rio de Janeiro	(BRA)
1982	Club Atlético Peñarol Montevideo	(URU)
1983	Grêmio Foot-Ball Porto Alegrense	(BRA)
1984	Club Atlético Independiente Avellaneda	(ARG)
1985	Asociación Atlética Argentinos Juniors Buenos Aires	(ARG)
1986	Club Atlético River Plate Buenos Aires	(ARG)
1987	Club Atlético Peñarol Montevideo	(URU)
1988	Club Nacional de Football Montevideo	(URU)
1989	Atlético Nacional Medellín	(COL)
1990	Club Olimpia Asunción	(PAR)
1991	Club Social y Deportivo Colo-Colo Santiago	(CHI)
1992	São Paulo Futebol Clube	(BRA)
1993	São Paulo Futebol Clube	(BRA)
1994	Club Atlético Vélez Sársfield Buenos Aires	(ARG)
1995	Grêmio Foot-Ball Porto Alegrense	(BRA)
1996	Club Atlético River Plate Buenos Aires	(ARG)
1997	Cruzeiro Esporte Clube Belo Horizonte	(BRA)
1998	Club de Regatas Vasco da Gama Rio de Janeiro	(BRA)
1999	Sociedade Esportiva Palmeiras São Paulo	(BRA)
2000	Club Atlético Boca Juniors Buenos Aires	(ARG)
2001	Club Atlético Boca Juniors Buenos Aires	(ARG)
2002	Club Olimpia Asunción	(PAR)
2003	Club Atlético Boca Juniors Buenos Aires	(ARG)
2004	Corporación Deportiva Once Caldas Manizales	(COL)
2005	São Paulo Futebol Clube	(BRA)
2006	Sport Club Internacional Porto Alegre	(BRA)
2007	Club Atlético Boca Juniors Buenos Aires	(ARG)
2008	Liga Deportiva Universitaria Quito	(ECU)
2009	Club Estudiantes de La Plata	(ARG)
2010	Sport Club Internacional Porto Alegre	(BRA)
2011	Santos Futebol Clube	(BRA)
2012	Sport Club Corinthians Paulista São Paulo	(BRA)
2013	Clube Atlético Mineiro Belo Horizonte	(BRA)
2014	Club Atlético San Lorenzo de Almagro	(ARG)
2015	Club Atlético River Plate Buenos Aires	(ARG)

COPA SUDAMERICANA 2015

The 2015 Copa Sudamericana (officially called „2015 Copa Total Sudamericana de Clubes" for sponsorship reasons) was the 14th edition of the CONMEBOL's and South Americas second most important club tournament.

List of participating clubs:

Argentina (6+1 teams)	Club Atlético River Plate Buenos Aires (*title holders*) Club Atlético Huracán Buenos Aires Club Atlético Lanús Club Atlético Independiente Avellaneda Club Atlético Tigre Victoria Arsenal FC de Sarandí Club Atlético Belgrano Córdoba
Bolivia (4 teams)	Club Bamin Real Potosí Club Bolívar La Paz CD Oriente Petrolero Santa Cruz de la Sierra Club Aurora Cochabamba
Brazil (8 teams)	Clube Atlético Paranaense Curitiba Sport Club do Recife Goiás Esporte Clube Goiânia Associação Chapecoense de Futebol Joinville Esporte Clube Associação Atlética Ponte Preta Campinas Esporte Clube Bahia Salvador Brasília Futebol Clube
Chile (4 teams)	CD Universidad de Concepción CD Huachipato Talcahuano Club Deportivo Universidad Católica Santiago CD Santiago Wanderers Valparaíso
Colombia (4 teams)	CC Deportes Tolima Independiente Santa Fe Bogotá Águilas Doradas Rionegro CDP Junior Barranquilla
Ecuador (4 teams)	Club Sport Emelec Guayaquil Liga Deportiva Universitaria de Quito

	Liga Deportiva Universitaria de Loja
	CD Universidad Católica Quito
Paraguay (4 teams)	Club Libertad Asunción
	Club Sportivo Luqueño
	Club Olimpia Asunción
	Club Nacional Asunción
Peru (4 teams)	Foot Ball Club Melgar Arequipa
	CD Unión Comercio Nueva Cajamarca
	Club Universitario de Deportes Lima
	CSD León de Huánuco
Uruguay (4 teams)	Club Nacional de Football Montevideo
	Danubio FC Montevideo
	Defensor Sporting Club Montevideo
	Club Atlético Juventud de Las Piedras
Venezuela (4 teams)	Deportivo La Guaira Caracas
	Deportivo Anzoátegui SC Puerto La Cruz
	Zamora FC Barinas
	Carabobo FC Valencia

PRELIMINARY ROUND – FIRST STAGE

11.08.2015, Estadio Olímpico "Atahualpa", Quito
Referee: Wilson Lamouroux (Colombia)
CD Universidad Católica Quito - Deportivo La Guaira Caracas   1-1(1-0)
Universidad Católica: Hernán Ismael Galíndez, Deison Adolfo Méndez Rosero, Henry Junior Cangá Ortíz, Robert Abel Arboleda Escobar, Wilmar Pascual Meneses Borja, Facundo Martin Martinez Montagnoli, Efrén Alexander Mera Moreira (68.Luis Alfredo Ayoví Medina), Elvis Adán Patta Quintero, Jonathan Bladimir Carabalí Palacios, Jimmy Michael Delgado Arroyo (81.Jesi Alexander Godoy Quiñónes), Bruno Leonel Vides (86.Sergio Danilo Mina Jaramillo). Trainer: Jorge César Fortunato Celico (Argentina).
La Guaira: Luis Carlos Rojas, Jorge Ignacio González Barón, Daniel Eduardo Benítez Pernía, José Manuel Manríquez Hernández, Matías Joel Manzano (82.Edgar Fernando Pérez Greco), Gustavo Adolfo Rojas Rocha (71.Ángel Arturo Osorio Meza), Vicente Antonio Suanno Rodríguez (63.Luís Ángel Martell Castillo), Arquímedes José Figuera Salazar, Javier Alfonso García, Óscar Constantino González, Fredys Enrique Arrieta Fontalvo. Trainer: Leonardo Alberto González Antequera.
Goals: Facundo Martin Martinez Montagnoli (23 penalty) / Daniel Eduardo Benítez Pernía (82).

18.08.2015, Estadio Olímpico de la Universidad Central de Venezuela, Caracas
Referee: Miguel Ángel Santiváñez de la Cruz (Peru)
Deportivo La Guaira Caracas - CD Universidad Católica Quito   1-0(1-0)
La Guaira: Luis Carlos Rojas, Jorge Ignacio González Barón, Daniel Eduardo Benítez Pernía, José Manuel Manríquez Hernández, Gustavo Adolfo Rojas Rocha (67.Darwin Jesús González Mendoza), Vicente Antonio Suanno Rodríguez (78.Óscar Javier Hernández Niño), Edgar Fernando Pérez Greco, Arquímedes José Figuera Salazar, Javier Alfonso García, Óscar Constantino González, Fredys Enrique Arrieta Fontalvo (88.Ángel Arturo Osorio Meza). Trainer: Leonardo Alberto González Antequera.
Universidad Católica: Hernán Ismael Galíndez, Deison Adolfo Méndez Rosero, Juan Carlos Anangonó Campos (67.Federico Gastón Nieto), Henry Junior Cangá Ortíz, Robert Abel Arboleda Escobar, Reder Voltaire Alcívar Cedeño (46.Romario Andrés Ibarra Mina), Facundo Martin Martinez Montagnoli, Elvis Adán Patta Quintero, Jesi Alexander Godoy Quiñónes (46.Efrén Alexander Mera Moreira), Jimmy Michael Delgado Arroyo, Bruno Leonel Vides. Trainer: Jorge César Fortunato Celico (Argentina).
Goal: Edgar Fernando Pérez Greco (41).
[Deportivo La Guaira Caracas won 2-1 on aggregate]

11.08.2015, Estadio San Carlos de Apoquindo, Santiago
Referee: Raúl Orosco Delgadillo (Bolivia)
CD Universidad Católica Santiago - Danubio FC Montevideo   1-0(0-0)
Universidad Católica: Cristopher Benjamín Toselli Ríos, Pablo Álvarez Menéndez (82.Stéfano Magnasco Galindo), Germán Lanaro, Guillermo Alfonso Maripán Loaysa, Fernando Patricio Cordero Fonseca, Juan Carlos Espinoza Reyes (58.Mark Dennis González Hoffmann), Fabián Jorge Manzano Pérez (74.Roberto Carlos Gutiérrez Gamboa), Diego Nicolás Rojas Orellana, César Nicolás Fuentes González, David Antonio Llanos Almonacid, Christian Daniel Bravo Araneda. Trainer: Mario Alfredo Salas Saieg.
Danubio: Franco Luis Torgnascioli Lagreca, Alejandro Agustín Peña Montero [*sent off 79*], Luis Leandro Sosa Otermin, Fabricio Orosmán Formiliano Duarte, Federico Ricca Rostagnol, Joaquín Alejandro Pereyra Cantero, Agustín Viana Ache, Juan Ignacio González Brazeiro (77.Marcelo Josemir Saracchi Pintos; 82.Jorge Daniel Graví Piñeiro), Gastón Faber Chevalier, Jorge Giovani Zarfino Calandría (63.Sebastián Mauricio Fernández Presa), Juan Manuel Olivera López. Trainer: Jorge Hugo Castelli (Argentina).
Goal: Roberto Carlos Gutiérrez Gamboa (84).

19.08.2015, Estadio „Luis Franzini", Montevideo
Referee: Roddy Alberto Zambrano Olmedo (Ecuador)
Danubio FC Montevideo - CD Universidad Católica Santiago   1-2(0-1)
Danubio: Franco Luis Torgnascioli Lagreca, Luis Leandro Sosa Otermin (46.Marcelo Josemir Saracchi Pintos), Fabricio Orosmán Formiliano Duarte, Federico Ricca Rostagnol, Mathías Nicolás De Los Santos Aguirre, Matías Exequiel Velázquez Maldonado, Joaquín Alejandro Pereyra Cantero, Agustín Viana Ache (46.Gastón Faber Chevalier), Juan Ignacio González Brazeiro (46.Carlos Javier Grossmüller), Juan Manuel Olivera López, Sebastián Mauricio Fernández Presa. Trainer: Jorge Hugo Castelli (Argentina).
Universidad Católica: Cristopher Benjamín Toselli Ríos, Pablo Álvarez Menéndez, Germán Lanaro, Guillermo Alfonso Maripán Loaysa, Mark Dennis González Hoffmann, Juan Carlos Espinoza Reyes (75.Fernando Patricio Cordero Fonseca), Fabián Jorge Manzano Pérez (33.Marco Antonio Medel de la Fuente), Diego Nicolás Rojas Orellana, César Nicolás Fuentes González, Roberto Carlos Gutiérrez Gamboa, Christian Daniel Bravo Araneda (52.Michael Fabián Ríos Ripoll). Trainer: Mario Alfredo Salas Saieg.
Goals: Juan Manuel Olivera López (49) / Mathías Nicolás De Los Santos Aguirre (17 own goal), Mark Dennis González Hoffmann (81).
[CD Universidad Católica Santiago won 3-1 on aggregate]

11.08.2015, Estadio "Misael Delgado", Valencia
Referee: Carlos Ánibal Orbe Ruíz (Ecuador)
Carabobo FC Valencia - CC Deportes Tolima   0-0
Carabobo: José Leonardo Morales Lares, Gleider Caro, Óscar Daniel Rojas Heredia, Richard Emmanuel Badillo Pérez, José Jesús Acosta Amaiz, Edgar Hernán Jiménez González, Carlos Adrián Súarez Váldez (71.Orlando José Cordero Zambrano), José Gregorio Peraza, Daniel Gerardo Denot (58.Enson Jesús Rodríguez Mesa), Néstor Fabián Bareiro Leguizamón (83.Juan Carlos Colina Silva), Aquiles David Ocanto Querales. Trainer: Jhonny Ferreira.
Tolima: Joel Alberto Silva Estigarribia, Bréiner Bonilla Montaño, Julian Alveiro Quiñones García, Nicolás Palacios Vidal, Henry Yoseiner Obando Estacio, Omar Antonio Albornoz Contreras, Jonatan Estrada Campillo (66.Hernán Figueredo Alonzo), Andrés Mateus Uribe Villa, Wilmar Enrique Barrios Teherán, Rogério Luis Leichtweis (76.Isaac Enrique Arias Villamíl), Andrés Felipe Ibargüen García. Trainer: Alberto Miguel Gamero Morillo.

19.08.2015, Estadio Metropolitano de Techo, Bogotá
Referee: Oscar Maldonado Urey (Bolivia)
CC Deportes Tolima - Carabobo FC Valencia **0-0; 3-1 on penalties**
Tolima: Joel Alberto Silva Estigarribia, Bréiner Bonilla Montaño, Julian Alveiro Quiñones García, Henry Yoseiner Obando Estacio, Omar Antonio Albornoz Contreras, Avimileth Rivas Quintero, Hernán Figueredo Alonzo (46.Wilfrido De La Rosa Mendoza), Andrés Mateus Uribe Villa, Marco Jhonnier Pérez Murillo, Rogério Luis Leichtweis (72.Isaac Enrique Arias Villamíl; 84.Didier Delgado Delgado), Andrés Felipe Ibargüen García. Trainer: Alberto Miguel Gamero Morillo.
Carabobo: José Leonardo Morales Lares, Gleider Caro (71.Enson Jesús Rodríguez Mesa), Óscar Daniel Rojas Heredia, Richard Emmanuel Badillo Pérez, José Jesús Acosta Amaiz, Edgar Hernán Jiménez González, Carlos Adrián Súarez Váldez, José Gregorio Peraza, Daniel Gerardo Denot (46.Gustavo González), Néstor Fabián Bareiro Leguizamón, Aquiles David Ocanto Querales. Trainer: Jhonny Ferreira.
Penalties: Edgar Hernán Jiménez González (saved); Bréiner Bonilla Montaño (missed); Nery Rubén Bareiro Zorrilla (saved); Avimileth Rivas Quintero 1-0; Carlos Adrián Súarez Váldez (saved); Andrés Felipe Ibargüen García 2-0; Aquiles David Ocanto Querales 2-1; Andrés Mateus Uribe Villa 3-1.
[CC Deportes Tolima won 3-1 on penalties (after 0-0 on aggregate)]

11.08.2015, Estadio „Ramón Tahuichi Aguilera", Santa Cruz
Referee: Patricio Hernán Loustau (Argentina)
CD Oriente Petrolero - Club Nacional de Football Montevideo **0-3(0-2)**

Oriente Petrolero: Marcos Ariel Argüello, Ronald Raldés Balcazar, Mariano Sebastián Brau, Alejandro Meleán Villarroel, Mauro Darío Marrone, Thiago dos Santos Ferreira (46.José Alfredo Castillo Parada), Rubén de la Cuesta Vera, Carlos Enrique Añez Oliva, Alcides Peña Jiménez, Sergio Óscar Almirón (56.Mauricio Saucedo Guardia [*sent off 63*]), Alan Jorge Mercado Berthalet (71.Jorge Antonio Ortíz Ortíz). Trainer: Roberto Fabián Pompei (Argentina).
Nacional: Esteban Néstor Conde Quintana, Jorge Ciro Fucile Perdomo, Matías Daniel Malvino Gómez, Luis Alfonso Espino García, José Manuel Aja Livchich (79.Sebastián Gorga Nogueira), Ignacio María González Gatti (76.Sebastián Bruno Fernández Miglierina), Gonzalo Fabián Porras Burghi, Santiago Ernesto Romero Fernández (68.Sebastián Eguren Ledesma), Carlos María de Pena Bonino, Iván Daniel Alonso Vallejo, Leandro Barcía Montero. Trainer: Gustavo Adolfo Munúa Vera.
Goals: José Manuel Aja Livchich (36), Leandro Barcía Montero (45+1), Ronald Raldés Balcazar (70 own goal).

20.08.2015, Estadio Gran Parque Central, Montevideo
Referee: José Ramón Argote Vega (Venezuela)
Club Nacional de Football Montevideo - CD Oriente Petrolero **0-0**
Nacional: Esteban Néstor Conde Quintana, Jorge Ciro Fucile Perdomo, Mathías Nicolás Abero Villan, Diego Fabián Polenta Museti, José Manuel Aja Livchich, Sebastián Eguren Ledesma, Santiago Ernesto Romero Fernández, Carlos María de Pena Bonino (79.Leandro Gastón Otormín Fumero), Washington Sebastián Abreu Gallo, Sebastián Bruno Fernández Miglierina, Leandro Barcía Montero (88.Rodrigo Nahuel Amaral Pereira). Trainer: Gustavo Adolfo Munúa Vera.
Oriente Petrolero: Marcos Ariel Argüello, Ronald Raldés Balcazar, Alejandro Meleán Villarroel, Gustavo Olguin Mancilla, Mauro Darío Marrone, Thiago dos Santos Ferreira (81.José Alfredo Castillo Parada), Rubén de la Cuesta Vera (65.Rodrigo Mauricio Vargas Castillo), Carlos Enrique Añez Oliva, Alcides Peña Jiménez (86.Carmelo Algarañaz Añez), Sergio Óscar Almirón, Alan Jorge Mercado Berthalet. Trainer: Roberto Fabián Pompei (Argentina).
[Club Nacional de Football Montevideowon 3-0 on aggregate]

11.08.2015, Estadio Nacional, Lima
Referee: Ulises Mereles Abraham (Paraguay)
Club Universitario de Deportes Lima - Deportivo Anzoátegui SC   3-1(2-0)
Universitario: Raúl Fernández Valverde, Horacio Cristian Benincasa Olaya, Diego Armando Chávez Ramos, Gustavo Alfonso Dulanto Sanguinetti, Braynner Yezid García Leal, Ángel Elías Romero Iparraguirre, Josimar Hugo Vargas García, Henry Damián Giménez Báez (79.Emmanuel Jesús Paucar Reyes), Germán Ariel Alemanno (66.Juan Diego Gutiérrez De las Casas), Maximiliano Jorge Giusti, Édison Michael Flores Peralta. Trainer: Luis Fernando Suárez Guzman (Colombia).
Deportivo Anzoátegui: Geancarlos Martínez Villarroel, Johnny Jair Mirabal Arboleda, Juan José Fuenmayor Núñez, Cristiano Henrique Matias „Cris", Edgar José Mendoza Acosta, Diego Jesús Araguainamo Guacarán [*sent off 72*], José David Moreno Chacón (58.Emanuel Calzadilla), Ricardo Manuel Cardoso Martins, Edwin Enrique Aguilar Samaniego, Alexander José Rondón Heredia (66.Ronald Germán Giraldo Sánchez), Charlis José Ortíz García (82.Luis José Castillo Patiño). Trainer: José Francisco González Quijada.
Goals: Henry Damián Giménez Báez (12), Ángel Elías Romero Iparraguirre (28), Germán Ariel Alemanno (56) / Edwin Enrique Aguilar Samaniego (59).

20.08.2015, Estadio "José Antonio Anzoátegui", Barcelona
Referee: Diego Jefferson Lara León (Ecuador)
Deportivo Anzoátegui SC - Club Universitario de Deportes Lima   1-3(0-1)
Deportivo Anzoátegui: Geancarlos Martínez Villarroel, Johnny Jair Mirabal Arboleda, Juan José Fuenmayor Núñez, Cristiano Henrique Matias „Cris", Jhonny José Francisco González Barreto (46.Manuel Moisés Medori Martínez), Ricardo Manuel Cardoso Martins, Emanuel Calzadilla, Luis Enríque del Pino Mago [*sent off 51*], Edwin Enrique Aguilar Samaniego, Alexander José Rondón Heredia (46.Luis José Castillo Patiño), Charlis José Ortíz García (68.Ronald Germán Giraldo Sánchez). Trainer: José Francisco González Quijada.
Universitario: Raúl Fernández Valverde, Horacio Cristian Benincasa Olaya, Diego Armando Chávez Ramos, Gustavo Alfonso Dulanto Sanguinetti, Braynner Yezid García Leal, Ángel Elías Romero Iparraguirre, Josimar Hugo Vargas García, Henry Damián Giménez Báez (56.Raúl Mario Ruidíaz Misitich), Maximiliano Jorge Giusti (71.Germán Ariel Alemanno), Édison Michael Flores Peralta (82.Andy Jorman Polo Andrade), Juan Diego Gutiérrez De las Casas. Trainer: Luis Fernando Suárez Guzman (Colombia).
Goals: Edwin Enrique Aguilar Samaniego (61) / Gustavo Alfonso Dulanto Sanguinetti (5), Raúl Mario Ruidíaz Misitich (76), Germán Ariel Alemanno (88).
[Club Universitario de Deportes Lima won 6-2 on aggregate]

12.08.2015, Estadio "Elías Figueroa Brander", Valparaíso
Referee: Wilton Pereira Sampaio (Brazil)
CD Santiago Wanderers Valparaíso - Club Libertad Asunción   0-0
Santiago Wanderers: Gabriel Jesús Castellón Velazque, Nelson Saavedra Sánchez, Ezequiel Luna, Óscar Mauricio Opazo Lara, Mario López Quintana, Luis Francisco García Varas, Jorge Andrés Ormeño Guerra, Paulo Roberto Rosales (84.Bryan Alfonso Cortés Carvajal), Andrés Robles Fuentes, Carlos Andrés Muñoz Rojas (77.Álvaro Sebastián Ramos Sepúlveda), Ronnie Alan Fernández Sáez (77.Carlos Gabriel González Espínola). Trainer: Emiliano Eduardo Astorga Lobos.
Libertad: Pablo Andrés Torresagasti, Gustavo Ramón Mencia Ávalos, Pedro Juan Benítez Domínguez, Adalberto Román Benítez, Jorge Luis Moreira Ferreira, Sergio Daniel Aquino, Jorge Daniel González Marquet (90+3.Mario Arsenio Saldívar Rojas), Osmar de la Cruz Molinas González (69.Ángel Rodrigo Cardozo Lucena), Richard Ortíz, Jorge Eduardo Recalde Ramírez, Wilson Luis Leiva López (52.Yoel Orozmán Burgueño Marcant). Trainer: Ever Hugo Almeida Almada.

18.08.2015, Estadio „Dr. Nicolás Léoz", Asunción
Referee: Adrián Vélez (Colombia)
Club Libertad Asunción - CD Santiago Wanderers Valparaíso   2-1(0-1)
Libertad: Rodrigo Martin Muñóz Salomón, Gustavo Ramón Mencia Ávalos, Pedro Juan Benítez Domínguez, Adalberto Román Benítez, Jorge Luis Moreira Ferreira, Sergio Daniel Aquino, Jorge Daniel González Marquet, Richard Ortíz, Ángel Rodrigo Cardozo Lucena (46.Hernán Rodrigo López Mora), Rodolfo Vicente Gamarra Varela (76.Jorge Eduardo Recalde Ramírez), Yoel Orozmán Burgueño Marcant (59.Osmar de la Cruz Molinas González). Trainer: Ever Hugo Almeida Almada.
Santiago Wanderers: Gabriel Jesús Castellón Velazque, Nelson Saavedra Sánchez, Ezequiel Luna, Óscar Mauricio Opazo Lara, Mario López Quintana (49.Álvaro Sebastián Ramos Sepúlveda), Luis Francisco García Varas (64.Bryan Alfonso Cortés Carvajal), Jorge Andrés Ormeño Guerra [*sent off 90+5*], Paulo Roberto Rosales, Andrés Robles Fuentes, Carlos Andrés Muñoz Rojas (80.Carlos Gabriel González Espínola), Ronnie Alan Fernández Sáez. Trainer: Emiliano Eduardo Astorga Lobos.
Goals: Sergio Daniel Aquino (5 penalty), Hernán Rodrigo López Mora (46 penalty) / Ronnie Alan Fernández Sáez (27).
[Club Libertad Asunción won 2-1 on aggregate]

12.08.2015, Estadio „Luis Franzini", Montevideo
Referee: Julio César Quintana Rodríguez (Paraguay)
Defensor Sporting Club Montevideo - Club Bolívar La Paz   3-0(1-0)
Defensor: Martín Nicolás Campaña Delgado, Andrés Scotti Ponce de León, Sergio Sebastián Ariosa Moreira, Guillermo Daniel de los Santos Viana, Emilio Enrique Zeballos Gutiérrez, Andrés Nicolás Olivera (69.Adrián Nicolás Luna Retamar), Felipe Jorge Rodríguez Valla, Mauro Wilney Arambarri Rosa, Martín Ernesto Rabuñal Rey, Brian Avelino Lozano Aparicio (88.Leonardo Javier Pais Corbo), Héctor Fabián Acuña Maciel (87.Ángel Santiago Barboza Manzzi). Trainer: Juan Ramón Tejera Pérez.
Bolívar: Romel Javier Quiñónez Suárez, Nelson David Cabrera Báez, Edemir Rodríguez Mercado, Ronald Eguino Segovia, Walter Alberto Flores Condarco, Juan Miguel Callejón Bueno "Juanmi", José Luis Sánchez Capdevila, Damir Miranda Mercado [*sent off 68*], Juan Carlos Arce Justiniano, César Gerardo Yecerotte Soruco, William Ferreira Martínez. Trainer: Eduardo Andred Villegas Camara.
Goals: Martín Ernesto Rabuñal Rey (25), Andrés Nicolás Olivera (55), Brian Avelino Lozano Aparicio (76).

18.08.2015, Estadio "Hernando Siles Zuazo", La Paz
Referee: Anderson Daronco (Brazil)
Club Bolívar La Paz - Defensor Sporting Club Montevideo   2-0(0-0)
Bolívar: Romel Javier Quiñónez Suárez, Nelson David Cabrera Báez, Ronald Eguino Segovia, Damián Emanuel Lizio (57.Carlos Vicente Tenorio Medina), Walter Alberto Flores Condarco, Juan Miguel Callejón Bueno "Juanmi", José Luis Sánchez Capdevila, Leandro Marcelo Maygua Ríos (30.Jaime Darío Arrascaita Iriondo), Erwin Mario Saavedra Flores, Juan Carlos Arce Justiniano, William Ferreira Martínez. Trainer: Eduardo Andred Villegas Camara.
Defensor: Martín Nicolás Campaña Delgado, Andrés Scotti Ponce de León, Sergio Sebastián Ariosa Moreira, Guillermo Daniel de los Santos Viana, Emilio Enrique Zeballos Gutiérrez, Andrés Nicolás Olivera (61.Andrés José Fleurquin Rubio), Felipe Jorge Rodríguez Valla, Mauro Wilney Arambarri Rosa, Martín Ernesto Rabuñal Rey, Brian Avelino Lozano Aparicio (78.Leonardo Javier Pais Corbo), Héctor Fabián Acuña Maciel (65.Ángel Santiago Barboza Manzzi). Trainer: Juan Ramón Tejera Pérez.
Goals: William Ferreira Martínez (61, 81).
[Defensor Sporting Club Montevideo won 3-2 on aggregate]

12.08.2015, Estadio Metropolitano "Roberto Meléndez", Barranquilla
Referee: Fernando Martín Falce Langone (Uruguay)
CDP Junior Barranquilla - FBC Melgar Arequipa   5-0(4-0)
Junior: Mario Sebastián Viera Galaín, José Iván Vélez Castillo, Félix Enrique Noguera Collante, William José Tesillo Gutiérrez, Andrés Felipe Correa Osorio, Vladimir Javier Hernández Rivero, Gustavo Leonardo Cuéllar Gallego, Guillermo León Celis Montiel, Jarlan Junior Barrera Escalona (77.Michael Javier Ortega Dieppa), Roberto Andrés Ovelar Maldonado (73.Léiner de Jesús Escalante Escorcia), Juan David Pérez Benítez (61.Jorge Andrés Aguirre Restrepo). Trainer: Alexis Antonio Mendoza Barrios.
Melgar: Daniel Andrés Ferreyra, Édgar Humberto Villamarín Arguedas, Jonathan Acasiete Ariadela, Minzún Nelinho Quina Asín, Gustavo Alfonso Torres Quispe (46.Rainer Torres Salas), Lampros Kontogiannis Gómez, Alexis Arias Tuesta (46.Johnnier Esteiner Montaño Caicedo), Mario Nolberto Palomino Durand, Herlyn Ysrael Zúñiga Yañez, Omar Andrés Fernández Frasica, José Aurelio Gonzáles Vigil Bentin (61.Paulo Hernán Junior Hinostroza Vásquez). Trainer: Juan Máximo Reynoso Guzmán.
Goals: Jarlan Junior Barrera Escalona (22), Juan David Pérez Benítez (28), Roberto Andrés Ovelar Maldonado (32), Vladimir Javier Hernández Rivero (35), Michael Javier Ortega Dieppa (88).

18.08.2015, Estadio Monumental Virgen de Chapi, Arequipa
Referee: Patricio António Polic Orellana (Chile)
FBC Melgar Arequipa - CDP Junior Barranquilla   4-0(2-0)
Melgar: Daniel Andrés Ferreyra, Édgar Humberto Villamarín Arguedas, Jonathan Acasiete Ariadela, Rainer Torres Salas (56.Herlyn Ysrael Zúñiga Yañez), Lampros Kontogiannis Gómez, Patricio Salvatore Arce Cambana, Alexis Arias Tuesta, Mario Nolberto Palomino Durand (34.Minzún Nelinho Quina Asín), Bernardo Nicolás Cuesta, Omar Andrés Fernández Frasica, Jean Pierre Jesús Valdivia Torres (46.Johnnier Esteiner Montaño Caicedo). Trainer: Juan Máximo Reynoso Guzmán.
Junior: Mario Sebastián Viera Galaín, José Iván Vélez Castillo, Juan Guillermo Domínguez Cabeza, William José Tesillo Gutiérrez, Andrés Felipe Correa Osorio, Vladimir Javier Hernández Rivero (80.Nery Rubén Bareiro Zorrilla), Luis Manuel Narváez Pitalúa, Guillermo León Celis Montiel, Jhon Freduar Vásquez Anaya (56.Roberto Andrés Ovelar Maldonado), Jarlan Junior Barrera Escalona (46.Gustavo Leonardo Cuéllar Gallego), Juan David Pérez Benítez. Trainer: Alexis Antonio Mendoza Barrios.
Goals: Bernardo Nicolás Cuesta (4, 45), Minzún Nelinho Quina Asín (74), Jonathan Acasiete Ariadela (82).
[CDP Junior Barranquilla won 5-4 on aggregate]

12.08.2015, Estadio Defensores del Chaco, Asunción
Referee: Héber Roberto Lopes (Brazil)
Club Olimpia Asunción - CD Huachipato Talcahuano   2-0(0-0)
Olimpia: Diego Fabián Barreto Lara, Salustiano Antonio Candia Galeano, Alejandro Daniel Silva González, Carlos Adalberto Rolón Ibarra, Cristian Miguel Riveros Núñez, Miguel Ángel Paniagua Rivarola, Iván Arturo Torres Riveros (75.Robert Ayrton Piris da Motta), Eduardo Lorenzo Aranda, Juan Manuel Salgueiro Silva (78.William Gabriel Mendieta Pintos), Pablo Daniel Zeballos Ocampos (89.Freddy José Bareiro Gamarra), José Ariel Núñez Portelli. Trainer: Francisco Javier Arce Rolón.
Huachipato: Felipe Alejandro Núñez Becerra, Omar Jesús Merlo, José Carlos Bizama Venegas, Leandro Javier Delgado Plenkovich, Yerson Flavio Opazo Riquelme, Claudio Andrés Muñoz, Francisco Esteban Arrué Pardo, Claudio Elias Sepúlveda Castro (74.Javier Andrés Parraguez Herrera), John Antonio Santander Plaza (55.Rómulo Otero Vásquez; 78.Mikel Arguinarena Lara), Lucas Simón García, Ricardo Alfonso González. Trainer: Hugo Alejandro Héctor Vilches Manuguian.
Goals: José Ariel Núñez Portelli (51), Alejandro Daniel Silva González (66).

19.08.2015, Estadio CAP, Talcahuano
Referee: Andrés Ismael Cunha Soca (Uruguay)
CD Huachipato Talcahuano - Club Olimpia Asunción   0-2(0-2)
Huachipato: Felipe Alejandro Núñez Becerra, Omar Jesús Merlo, José Carlos Bizama Venegas (46.Francisco Esteban Arrué Pardo; 74.Mikel Arguinarena Lara), Leandro Javier Delgado Plenkovich, Yerson Flavio Opazo Riquelme, Claudio Andrés Muñoz, John Antonio Santander Plaza (46.Claudio Luciano Vázquez), Bryan Alfonso Vejar Utreras, Javier Andrés Parraguez Herrera, Lucas Simón García, Ricardo Alfonso González. Trainer: Hugo Alejandro Héctor Vilches Manuguian.
Olimpia: Diego Fabián Barreto Lara, Salustiano Antonio Candia Galeano, Alejandro Daniel Silva González, Carlos Adalberto Rolón Ibarra, Cristian Miguel Riveros Núñez, Miguel Ángel Paniagua Rivarola, Iván Arturo Torres Riveros, Eduardo Lorenzo Aranda, Juan Manuel Salgueiro Silva (71.William Gabriel Mendieta Pintos), Pablo Daniel Zeballos Ocampos (79.Robert Ayrton Piris da Motta), José Ariel Núñez Portelli (84.Freddy José Bareiro Gamarra). Trainer: Francisco Javier Arce Rolón.
Goals: José Ariel Núñez Portelli (22, 43).
[Club Olimpia Asunción won 4-0 on aggregate]

12.08.2015, Estadio Federativo Reina del Cisne, Loja
Referee: Raphael Claus (Brazil)
Liga Deportiva Universitaria de Loja - Independiente Santa Fe Bogotá   0-0
LDU de Loja: Danny Cruzelio Cabezas Vera, Kener Luis Arce Caicedo, Óscar Basilio Velázquez Mendoza, Juan Carlos Espinosa Mercado, Armando Francisco Gómez Torres (79.Ángel Reinaldo Orué Echeverría), Julio Walberto Ayoví Casierra, Ángel Lizardo Cheme Ortíz, Pedro Sebastián Larrea Arellano, Juan Pablo Caffa, Robinson Andrés Requene Reasco, Diego Javier Doldán Zacarías (84.Anderson Alexander Naula Cumbicus). Trainer: Geovanny Patricio Cumbicus Castillo.
Santa Fe: Andrés Leandro Castellanos Serrano, Sergio Andrés Otálvaro Botero, Juan Daniel Roa Reyes, Francisco Javier Meza Palma, Yerry Fernando Mina González, Omar Sebastián Pérez, Luis Manuel Seijas Gunther, Yeison Stiven Gordillo Vargas, Wilson David Morelo López (87.Sebastián Enríque Salazar Beltrán), Ricardo José Villarraga Marchena (64.Harold Oshkaly Cummings Segura), Luis Enrique Quiñónes García (76.Jhon Fredy Miranda Rada). Trainer: Gerardo Cono Pelusso Boyrie (Uruguay).

20.08.2015, Estadio „Nemesio Camacho" [El Campín], Bogotá
Referee: Enrique Patricio Cáceres Villafañe (Paraguay)
Independiente Santa Fe Bogotá - Liga Deportiva Universitaria de Loja   3-0(1-0)
Santa Fe: Andrés Leandro Castellanos Serrano, Sergio Andrés Otálvaro Botero, Juan Daniel Roa Reyes, Francisco Javier Meza Palma, Yerry Fernando Mina González, José Yulián Anchico Patiño, Luis Manuel Seijas Gunther (69.Darío Andrés Rodríguez Parra), Sebastián Enríque Salazar Beltrán (89.Yeison Stiven Gordillo Vargas), Wilson David Morelo López (77.Luis Enrique Quiñónes García), Ricardo José Villarraga Marchena, Daniel Patricio Angulo Arroyo. Trainer: Gerardo Cono Pelusso Boyrie (Uruguay).
LDU de Loja: Danny Cruzelio Cabezas Vera, Kener Luis Arce Caicedo, Óscar Basilio Velázquez Mendoza, Juan Carlos Espinosa Mercado, Armando Francisco Gómez Torres, Julio Walberto Ayoví Casierra, Ángel Lizardo Cheme Ortíz (82.Anderson Alexander Naula Cumbicus), Pedro Sebastián Larrea Arellano, Juan Pablo Caffa, Robinson Andrés Requene Reasco (63.Ángel Reinaldo Orué Echeverría), Diego Javier Doldán Zacarías (81.José Javier Córtez Arroyo). Trainer: Geovanny Patricio Cumbicus Castillo.
Goals: Wilson David Morelo López (33 penalty, 61, 70 penalty).
[Independiente Santa Fe Bogotá won 3-0 on aggregate]

13.08.2015, Estadio "Félix Capriles", Cochabamba
Referee: Jorge Luis Osorio Reyes (Chile)
Club Aurora Cochabamba - Club Sportivo Luqueño   1-2(0-1)
Aurora: Wanerge Delgado De Armas, Maurim Vieira de Souza (54.Juan Carlos Zambrano), Rodrigo Borda Quispe, Claudio Ávalos, Edson Marcelo Zenteno Álvarez, Ramiro Mamani (83.Fernando Adrián Rodriguez), Caleb Cardozo Herbas, Julián Gabriel Cardozo, Robson Leandro Dos Santos, Cristhián Castillo (77.Mijail Arnez), Christian Banguera. Trainer: Marcelo Claros.
CS Luqueño: Arnaldo Andrés Giménez, Enrique Gabriel Meza Brítez, Aquilino Giménez Gaona, José Alfredo Leguizamón, David Ariel Mendieta Chávez (81.Óscar Ramón Ruíz Roa), Esteban Javier Ramírez Samaniego, Luis Alcides Miño Muñoz (72.Leonardo Delvalle Morel), Miguel Ángel Godoy Melgarejo, Guido Di Vanni (61.Jorge Núñez), Cristian Federico Ortíz López, Marcelo David Báez Casco. Trainer: Eduardo Héctor Rivera Mort (Uruguay).
Goals: Rodrigo Borda Quispe (51) / Wanerge Delgado De Armas (45+2 own goal), José Alfredo Leguizamón (75 penalty).

19.08.2015, Estadio "Feliciano Cáceres", Luque
Referee: Pericles Bassols Pegado Cortez (Brazil)
Club Sportivo Luqueño - Club Aurora Cochabamba   5-1(2-0)
CS Luqueño: Arnaldo Andrés Giménez, Enrique Gabriel Meza Brítez, Aquilino Giménez Gaona (66.Robert Gustavo Aldama Rodas), José Alfredo Leguizamón, David Ariel Mendieta Chávez (60.Jorge Núñez), Esteban Javier Ramírez Samaniego, Luis Alcides Miño Muñoz, Miguel Ángel Godoy Melgarejo, Guido Di Vanni, Cristian Federico Ortíz López (68.Jorge Miguel Ortega Salinas), Marcelo David Báez Casco. Trainer: Eduardo Héctor Rivera Mort (Uruguay).
Aurora: Wanerge Delgado De Armas, Maurim Vieira de Souza (65.Carlos Flores Camacho), Rodrigo Borda Quispe (74.Amilcar Jesús Velasco), Lucas Gonzalo Basualdo Reydo [*sent off 22*], Claudio Ávalos, Edson Marcelo Zenteno Álvarez, Caleb Cardozo Herbas, Julián Gabriel Cardozo, Robson Leandro Dos Santos, Cristhián Castillo (57.Juan Carlos Zambrano), Christian Banguera. Trainer: Marcelo Claros.
Goals: David Ariel Mendieta Chávez (6), Cristian Federico Ortíz López (31), Guido Di Vanni (55), Claudio Ávalos (58 own goal), Guido Di Vanni (88) / Christian Banguera (77).
[Club Sportivo Luqueño won 7-2 on aggregate]

13.08.2015, Estadio "Agustín Tovar", Barinas
Referee: Henry Gambetta Ávalos (Peru)
Zamora FC Barinas - Liga Deportiva Universitaria de Quito   1-1(1-0)
Zamora FC: Luis Alberto Terán Guzmán, Ángel Enrique Faría Mendoza, Dustin Alexander Váldez Atencio, Edwin Peraza Lárez, Luis Carlos Ovalle Victoria, Ymmer Eliécer González Alseco (79.Anthony Miguel Blondell Blondell), Arles Eduardo Flores Crespo, Yeferson Julio Soteldo Martínez, César Enrique Martínez Quintero (71.Johan Orlando Moreno Vivas), Ricardo Clarke (63.Gustavo Andrés Páez Martínez), Yordan Hernándo Osorio Paredes. Trainer: Francesco Stifano Garzone.
LDU de Quito: Alexander Domínguez Carabalí, Norberto Carlos Araujo López, José Enrique Madrid Orobio, Luis David Canga Sánchez, Pervis Josué Estupiñán Tenorio (73.Neicer Reasco Yano), Fernando Roberto Hidalgo Maldonado, Diego Alberto Morales (89.Jefferson Alfredo Intriago Mendoza), José Francisco Cevallos Enriquez Jr., Juan Ignacio Cavallaro (82.Jorge Andrés Mendoza Uza), José Alfredo Quinteros Ordóñez, Jonatan Daniel Álvez Sagar [*sent off 46*]. Trainer: Luis Francisco Zubeldía (Argentina).
Goals: Yeferson Julio Soteldo Martínez (28) / Diego Alberto Morales (53).

19.08.2015, Estadio de Liga Deportiva Universitaria, Quito
Referee: Gery Vargas Carreño (Bolivia)
Liga Deportiva Universitaria de Quito - Zamora FC Barinas   2-0/(1-0)
LDU de Quito: Alexander Domínguez Carabalí, Norberto Carlos Araujo López, José Enrique Madrid Orobio, Luis Manuel Romero Véliz, Fernando Roberto Hidalgo Maldonado, Hólger Eduardo Matamoros Chunga (79.Neicer Reasco Yano), Diego Alberto Morales, José Francisco Cevallos Enriquez Jr., Juan Ignacio Cavallaro (68.Michael Jackson Quiñónez Cabeza), José Alfredo Quinteros Ordóñez, Arrinton Narciso Mina Villalba (84.Luis Gonzalo Congo Minda). Trainer: Luis Francisco Zubeldía (Argentina).
Zamora FC: Luis Eduardo Curiel Riera, Ángel Enrique Faría Mendoza, Dustin Alexander Váldez Atencio, Edwin Peraza Lárez, Luis Carlos Ovalle Victoria, Ymmer Eliécer González Alseco (58.Ricardo Clarke), Arles Eduardo Flores Crespo, Yeferson Julio Soteldo Martínez, Leandro Abel Vargas Cruzate (46.Jhoan Manuel Arenas Delgado), César Enrique Martínez Quintero, Yordan Hernándo Osorio Paredes (76.Johan Orlando Moreno Vivas). Trainer: Francesco Stifano Garzone.
Goals: Diego Alberto Morales (19), Neicer Reasco Yano (90+2).
[Liga Deportiva Universitaria de Quito won 3-1 on aggregate]

13.08.2015, Estadio „Luis Franzini", Montevideo
Referee: Darío Humberto Herrera (Argentina)
CA Juventud de Las Piedras - Club Bamin Real Potosí   4-1(1-0)
Juventud: Diego Martín Rodríguez Telechea, Luis Fernando Machado Pinto [*sent off 78*], Enzo Martín Pérez Verdum, Matías Fernando Soto de Freitas, Alejandro Clever Reyes Sosa, Claudio Matías Mirabaje Correa (72.Juan Martín Boselli Duque), Emiliano Romero Clavijo, Matías Nicolás Duffard Villarreal, Pablo Maximiliano Lemos Merladett (62.José Pablo Varela Rebollo), Leonardo Gastón Puerari Torres (70.Matías Damián Alonso Vallejo), Jaime Báez Stábile. Trainer: Jorge Antonio Giordano Moreno.
Real Potosí: Henry Williams Lapczyk Vera, Dustin Maldonado Antelo, José Carlos Barba Paz, Pablo Elías Pedraza Bustos, Martín Horacio Pavez, Eduardo Fabiano Ortíz Cuéllar (53.Jon Paulo Acchura Parraga), Jorge Leonardo Toco Arredondo, José Leandro Padilla Abunter (46.Miguel Oswaldo Loaiza Tardio), Federico Jesús Flores, Carlos Daniel Hidalgo Cadena (66.Cristian Felipe Pulido Gálvez), Gilbert Álvarez Vargas. Trainer: Jose Alberto Rossi (Argentina).
Goals: Claudio Matías Mirabaje Correa (20), Matías Nicolás Duffard Villarreal (54) Claudio Matías Mirabaje Correa (66, 68) / Miguel Oswaldo Loaiza Tardio (90+3 penalty).

20.08.2015, Estadio "Víctor Agustín Ugarte", Potosí
Referee: Julio Alberto González Bascuñán (Chile)
Club Bamin Real Potosí - CA Juventud de Las Piedras   2-0(1-0)
Real Potosí: Henry Williams Lapczyk Vera, Dustin Maldonado Antelo (46.Leonardo Fabián Piris), José Carlos Barba Paz (63.Luis Miguel Garnica Chávez), Pablo Elías Pedraza Bustos, Jorge Leonardo Toco Arredondo, Miguel Oswaldo Loaiza Tardio, Cristian Felipe Pulido Gálvez, Federico Jesús Flores, Carlos Daniel Hidalgo Cadena, Gilbert Álvarez Vargas, Pablo Zeballos Bejarano (54.Erwin Junior Sánchez Paniagua). Trainer: Jose Alberto Rossi (Argentina).
Juventud: Héctor Fabián Carini Hernández, Enzo Martín Pérez Verdum, Federico Platero Gazzaneo, Matías Fernando Soto de Freitas, Alejandro Clever Reyes Sosa, Claudio Matías Mirabaje Correa (55.Renzo Daniel Pozzi Palombo), Emiliano Romero Clavijo, Matías Nicolás Duffard Villarreal (90+2.Cristhian Javier Colman Tolardo), Matías Damián Alonso Vallejo (81.Leonardo Gastón Puerari Torres), José Pablo Varela Rebollo, Jaime Báez Stábile [*sent off 45+3*]. Trainer: Jorge Antonio Giordano Moreno.
Goals: Jorge Leonardo Toco Arredondo (27), Gilbert Álvarez Vargas (60).
[CA Juventud de Las Piedras won 4-3 on aggregate]

13.08.2015, Estadio Defensores del Chaco, Asunción
Referee: Fernando Rapallini (Argentina)
Club Nacional Asunción - CD Universidad de Concepción   2-1(0-1)
Nacional: Ignacio Oscar Don, David Bernardo Mendoza Ayala, Raúl Eduardo Piris, Ricardo Julián Martínez Pavón (46.Cristian Colmán), Víctor Gustavo Velázquez, Marcos Antonio Riveros Krayacich, Derlis Ricardo Orué Acevedo (90.Arnaldo Castorino Mujica), Juan David Argüello Arias, Rodrigo Teixeira Pereira, Julio Eduardo Santa Cruz Cantero (46.Marcos Benjamín Melgarejo), Brian Guillermo Montenegro Martínez. Trainer: Daniel Eduardo Raschle Matucheski (Switzerland).
Universidad: Cristián Fernando Muñoz Hoffman, Alexis Machuca, Felipe Andrés Muñoz Flores, Diego Armando Díaz Ahumada, Esteban Flores Martínez, Fernando Alejandro Manríquez Hernández, Héctor Eduardo Berríos Ibarra, Francisco Leoncio Portillo Maidana, Michael Antonio Lepe Labraña (71.Alejandro Maximiliano Camargo), Gabriel Alejandro Vargas Venegas (73.Diego Churín Puyo), Felipe Andrés Reynero Galarce (80.José Huentelaf Santana). Trainer: Ronald Hugo Fuentes Núñez.
Goals: Rodrigo Teixeira Pereira (64), Cristian Colmán (88) / Gabriel Alejandro Vargas Venegas (10).

20.08.2015, Estadio Municipal "Germán Becker", Temuco
Referee: José Hernando Buitrago Arango (Colombia)
CD Universidad de Concepción - Club Nacional Asunción   1-3(0-1)
Universidad: Cristián Fernando Muñoz Hoffman, Felipe Andrés Muñoz Flores, Diego Armando Díaz Ahumada, Esteban Flores Martínez [*sent off 52*], Fernando Alejandro Manríquez Hernández, Francisco Leoncio Portillo Maidana (46.Héctor Eduardo Berríos Ibarra), Michael Antonio Lepe Labraña (56.Waldo Alonso Ponce Carrizo), Juan Pablo Gómez Vidal, Gabriel Alejandro Vargas Venegas, Felipe Andrés Reynero Galarce, José Huentelaf Santana (46.Diego Churín Puyo). Trainer: Ronald Hugo Fuentes Núñez.
Nacional: Ignacio Oscar Don, David Bernardo Mendoza Ayala, Raúl Eduardo Piris, Víctor Gustavo Velázquez, Ramón David Coronel Gómez, Marcos Benjamín Melgarejo (85.Héctor Ariel Bustamante), Marcos Antonio Riveros Krayacich, Derlis Ricardo Orué Acevedo, Juan David Argüello Arias, Rodrigo Teixeira Pereira (79.Bruno Henrique Turco), Brian Guillermo Montenegro Martínez (90+2.Cristian Colmán). Trainer: Daniel Eduardo Raschle Matucheski (Switzerland).
Goals: Fernando Alejandro Manríquez Hernández (86 penalty) / Marcos Antonio Riveros Krayacich (33), Brian Guillermo Montenegro Martínez (77), Juan David Argüello Arias (90+2).
[Club Nacional Asunción won 5-3 on aggregate]

13.08.2015, Estadio "Heraclio Tapia", Huánuco
Referee: Roberto Tobar Vargas (Chile)
CSD León de Huánuco - CS Emelec Guayaquil   1-3(0-1)
León: Jesús Eduardo Cisneros Ríos, Manuel Alejandro Corrales González, Gianfranco Roberto Espinoza Andrade, Víctor Julio Rodolfo Balta Mori, Willy Alexander Rivas Asin, Johan Joussep Sotil Eche, Ricardo Enrique Salcedo Smith, Anderson Santamaría Bardales (58.Mauro Andrés Olivi Castañeda), Oshiro Carlos Takeuchi Bambaren (79.Augusto Tomás Álvarez), Reimond Orangel Manco Albarracín, Gustavo Fernando Alfredo Stagnaro Rodríguez (68.Roberto Mauro Cantoro). Trainer: Carlos Ramacciotti (Argentina).
Emelec: Esteban Javier Dreer, Jorge Daniel Guagua Tamayo, Gabriel Eduardo Achilier Zurita, Óscar Dalmiro Bagüi Angulo, Jhon William Narváez, Fernando Agustín Giménez Solís (87.Esteban Santiago de la Cruz Santacruz), Henry Geovanny León León, Robert Javier Burbano Cobeña, Ángel Israel Mena Delgado, Miller Alejandro Bolaños Reascos (71.Luis Miguel Escalada), Emanuel Herrera (63.Leonardo Gabriel Rolón). Trainer: Omar Osvaldo De Felippe (Argentina).
Goals: Mauro Andrés Olivi Castañeda (87) / Miller Alejandro Bolaños Reascos (42, 56, 67).

20.08.2015, Estadio "Christian Benítez", Guayaquil
Referee: Carlos Arecio Amarilla Demarqui (Paraguay)
CS Emelec Guayaquil - CSD León de Huánuco   **3-0(1-0)**
Emelec: Esteban Javier Dreer, Jorge Daniel Guagua Tamayo, Gabriel Eduardo Achilier Zurita, Óscar Dalmiro Bagüi Angulo, Jhon William Narváez, Leonardo Gabriel Rolón (61.Pedro Angel Quiñónez Rodríguez), Fernando Agustín Giménez Solís (78.Javier Isidro Charcopa Alegria), Henry Geovanny León León, Robert Javier Burbano Cobeña, Ángel Israel Mena Delgado (39.Emanuel Herrera), Luis Miguel Escalada. Trainer: Omar Osvaldo De Felippe (Argentina).
León: Jesús Eduardo Cisneros Ríos, Manuel Alejandro Corrales González, José Luis Honores Valle, Gianfranco Roberto Espinoza Andrade, Víctor Julio Rodolfo Balta Mori, Willy Alexander Rivas Asin (79.Oshiro Carlos Takeuchi Bambaren), Roberto Mauro Cantoro (63.Reimond Orangel Manco Albaracín), Johan Joussep Sotil Eche, Ricardo Enrique Salcedo Smith (87.Jean Carlo Tragodara Gálves), Anderson Santamaría Bardales, Mauro Andrés Olivi Castañeda. Trainer: Carlos Ramacciotti (Argentina).
Goals: Fernando Agustín Giménez Solís (27), Emanuel Herrera (64), Luis Miguel Escalada (79).
[CS Emelec Guayaquil won 6-1 on aggregate]

13.08.2015, Estadio "Atanasio Girardot", Medellín
Referee: Jesús Valenzuela (Venezuela)
Águilas Doradas Rionegro - CD Unión Comercio Nueva Cajamarca   **2-0(0-0)**
Águilas Doradas: Kevin Wilson Piedrahita Velasco, Fabio Darío Rodríguez Mejía (84.Yohn Géiler Mosquera Martínez), Hanyer Luis Mosquera Córdoba, Carlos Mario Arboleda Ampudia, Juan Camilo Pérez Saldarriaga, Fabián Alexis Viáfara Alarcón (60.Cleider Leandro Alzáte Correa), Vladimir Marín Rios, Luis Felipe Chará Zamora, Edinson Manuel Palomino Marrugo, Hilton José Murillo Garces (68.Johan Jorge Fano), Luis Alfonso Páez Restrepo. Trainer: Óscar Héctor Quintabani Faggiolani (Argentina).
Unión Comercio: Ronald Pierr Ruíz Ordinola, Wálter José Moreno Arco, Jorge Jair Yglesias Cárdenas, Jaime Vásquez Ramírez, Miguel Ángel Trauco Saavedra, Alexander Gustavo Sánchez Reyes (79.Omar Alejandro Valdés Salazar), Mario Alfonso Velarde Pinto, Angel Ojeda Allauca (62.Edy Rentería Mena), Omar Ernesto Reyes Burga, Lionard Fernando Pajoy Ortíz, Julián Enrique Lalinde Rubio. Trainer: Walter Fernando Aristizábal Serna (Colombia).
Goals: Edinson Manuel Palomino Marrugo (70), Fabio Darío Rodríguez Mejía (80).

20.08.2015, Estadio "Alberto Gallardo", Lima
Referee: Juan Ernesto Soto Arevalo (Venezuela)
CD Unión Comercio Nueva Cajamarca - Águilas Doradas Rionegro   **1-1(0-0)**
Unión Comercio: Ronald Pierr Ruíz Ordinola, Jorge Jair Yglesias Cárdenas, Jaime Vásquez Ramírez, Diego Armando Otoya Grandez, Miguel Ángel Trauco Saavedra, Alexander Gustavo Sánchez Reyes (83.Julián Enrique Lalinde Rubio), Roberto Merino Ramírez (46.Omar Alejandro Valdés Salazar), José Alberto Corcuera Valdiviezo (57.Joao de Jesús Villamarin Antúnez), Mario Alfonso Velarde Pinto, Edy Rentería Mena, Lionard Fernando Pajoy Ortíz. Trainer: Walter Fernando Aristizábal Serna (Colombia).
Águilas Doradas: Kevin Wilson Piedrahita Velasco, Fabio Darío Rodríguez Mejía, Hanyer Luis Mosquera Córdoba, Carlos Mario Arboleda Ampudia, Juan Camilo Pérez Saldarriaga, Fabián Alexis Viáfara Alarcón (65.Yohn Géiler Mosquera Martínez), Vladimir Marín Rios, Luis Felipe Chará Zamora, Edinson Manuel Palomino Marrugo, Hilton José Murillo Garces (85.Johan Jorge Fano), Luis Alfonso Páez Restrepo (46.Óscar Eduardo Rodas Vargas). Trainer: Óscar Héctor Quintabani Faggiolani (Argentina).
Goals: Joao de Jesús Villamarin Antúnez (90+1) / Edinson Manuel Palomino Marrugo (72).
[Águilas Doradas Rionegro won 3-1 on aggregate]

PRELIMINARY ROUND – SECOND STAGE

18.08.2015, Estádio Bezerrão, Gama
Referee: Luis Alfonso Sánchez González (Colombia)
Brasília FC - Goiás EC Goiânia **0-0**
Brasília: Artur Sergio Teixeira dos Santos Junior, Paulo Giovani Ramos "Dedê", André Oliveira Farias, Paulo Pimentel dos Santos (69.Willian da Silva Lima), Marcos Aurelio Santos Araujo "Marquinhos", Jose Rodolfo Tavares da Silva „Indio", Murilo Rusalen, Pedro Ayub Julião Junior, Bruno de Morais (90+1.Michel Platini Ferreira Mesquita), Gilberto de Oliveira Carneiro „Giba", Vitor de Oliveira Diniz „Vitor Anjinho" (82.Fernando Armando dos Santos). Trainer: Omar Feitosa.
Goiás: Renan Brito Soares, Frederico Burgel Xavier "Fred", Diogo Barbosa Mendonha, Ygor Maciel Santiago, Juliano Real Pacheco, Liniker da Silva Moreira (80.William Kozlowski Alves da Silva), Murilo Henrique Pereira Rocha (46.Lucas Coelho), Everton Pereira, Arthur Rodrigues Rezende (59.Ruan Carlos Gomes Costa da Silva), Bruno Henrique Pinto. Trainer: Júlio César Valduga Camargo "Julinho Camargo".

25.08.2015, Estádio Serra Dourada, Goiânia
Referee: Mario Díaz de Vivar (Paraguay)
Goiás EC Goiânia - Brasília FC **0-2(0-0)**
Goiás: Renan Brito Soares, Frederico Burgel Xavier "Fred", Diogo Barbosa Mendonha, Felipe Francisco Macedo, Guilherme Gimenez de Souza (76.Lucas Coelho), David França Oliveira e Silva, Patrick Bezerra Do Nascimento, Liniker da Silva Moreira (61.Carlos Eduardo Ferreira de Souza), Rodrigo Baldasso Da Costa (46.Murilo Henrique Pereira Rocha), Erik Nascimento de Lima, Bruno Henrique Pinto. Trainer: Júlio César Valduga Camargo "Julinho Camargo".
Brasília: Artur Sergio Teixeira dos Santos Junior, Paulo Giovani Ramos "Dedê", André Oliveira Farias, Paulo Pimentel dos Santos (89.Victor Hugo Lopes de Andrade), Marcos Aurelio Santos Araujo "Marquinhos" (57.Kleberson Silva Veiga Do Nascimento), Jose Rodolfo Tavares da Silva „Indio", Murilo Rusalen, Pedro Ayub Julião Junior, Bruno de Morais, Gilberto de Oliveira Carneiro „Giba", Vitor de Oliveira Diniz „Vitor Anjinho" (76.Werek Souza de Assis). Trainer: Omar Feitosa.
Goals: André Oliveira Farias (50), Bruno de Morais (54).
[Brasília FC won 2-0 on aggregate]

19.08.2015, Estádio "Moisés Lucarelli", Campinas
Referee: Silvio Trucco (Argentina)
AA Ponte Preta Campinas - Associação Chapecoense de Futebol **1-1(0-0)**
Ponte Preta: Marcelo Lomba do Nascimento, Tiago dos Santos Alves, Diego Ivo Pires, Jefferson de Kassio Wanderley Santos (76.Gilson Gomes do Nascimento), Jeferson de Araujo de Carvalho, Felipe de Oliveira Silva (56.Leandro Henrique do Nascimento), Renato Escobar Baruffi "Bady" (64.Leonardo Fabricio Soares da Costa "Léo Costa"), Adilson dos Anjos Oliveira "Juninho", Marcos Vinicius Serrato, Cesar Fernando Silva dos Santos „Cesinha", Marcos da Silva França "Keno". Trainer: Dorival Guidoni Júnior "Doriva".
Chapecoense: Silvio Silas da Silva Walenga, Rafael Ramos de Lima, Willian Thiego de Jesus, Tiago da Costa Silva (69.Dener Assunção Braz), Mateus Lucena dos Santos "Mateus Caramelo", Wanderson Pereira Rodrigues, Odair Souza "Neném" (75.Cléber Santana Loureiro), João Afonso Crispim (78.José Gildeixon Clemente de Paiva "Gil"), Wagner Ricardo Silva da Silva, Roger Rodrigues da Silva, William Silva Gomes Barbio. Trainer: Vinícius Soares Eutrópio.
Goals: Leandro Henrique do Nascimento (88) / Wagner Ricardo Silva da Silva (56).

26.08.2015, Arena Condá, Chapecó
Referee: Mauro Vigliano (Argentina)
Associação Chapecoense de Futebol - AA Ponte Preta Campinas   3-0(1-0)
Chapecoense: Silvio Silas da Silva Walenga (90.José Nivaldo Martins Constante), Rafael Ramos de Lima, Willian Thiego de Jesus, Dener Assunção Braz, Mateus Lucena dos Santos "Mateus Caramelo", Wanderson Pereira Rodrigues, Bruno Cesar Pereira da Silva (81.João Afonso Crispim), Odair Souza "Neném", Fracinilson Santos Meirelles „Maranhão", Wagner Ricardo Silva da Silva (60.Tiago Luis Martins), Roger Rodrigues da Silva. Trainer: Vinícius Soares Eutrópio.
Ponte Preta: Marcelo Lomba do Nascimento, Joao Paulo Purcino de Almeida (72.Jefferson de Kassio Wanderley Santos), Tiago dos Santos Alves, Pablo Nascimento Castro, Jeferson de Araujo de Carvalho, Elton Junior Melo Ataide, Renato Escobar Baruffi "Bady" (46.Felipe de Oliveira Silva), Adilson dos Anjos Oliveira "Juninho", Marcos Vinicius Serrato (46.Leonardo Fabricio Soares da Costa "Léo Costa"), Cesar Fernando Silva dos Santos „Cesinha", Marcos da Silva França "Keno". Trainer: Dorival Guidoni Júnior "Doriva".
Goals: Roger Rodrigues da Silva (45 penalty), Tiago Luis Martins (61), Bruno Cesar Pereira da Silva (75).
[Associação Chapecoense de Futebol won 4-1 on aggregate]

19.08.2015, Itaipava Arena Fonte Nova, Salvador
Referee: Germán Delfino (Argentina)
EC Bahia Salvador - Sport Club do Recife   1-0(1-0)
Bahia: Douglas Moreira Pires, Jailton de Campos dos Santos, Marlon Farias Castelo Branco (81.Ávine Júnior Cardoso), Robson Januário de Paula, Hayner William Monjardim Cordeiro, Wilson Osmar Pittoni Rodríguez, Elierce Barbosa de Souza (69.José Roberto Assunção de Araujo Filho "Zé Roberto"), Rômulo José Pacheco da Silva (76.João Paulo Purcino de Almeida), Gustavo Blanco Peterson Macedo, Maximiliano Daniel Biancucchi, Alexandro da Silva Batista. Trainer: Sérgio Soares da Silva.
Recife: Alessandro Beti Rosa "Magrão", Severino dos Ramos Durval da Silva, Matheus Ferraz Pereira, Samuel Xavier Brito *[sent off 71]*, Renê Rodrigues Martins, Wendell Geraldo Maurício e Silva, José Élber Pimentel da Silva (46.André Felipe Ribeiro de Souza), Johnath Marlone Azevedo da Silva, Ronaldo Henrique Ferreira da Silva (64.Antonio Francisco Moura Neto), Maikon Fernando Souza Leite, Hernane Vidal de Souza (64.Regis Augusto Salmazzo). Trainer: Eduardo Alexandre Baptista.
Goal: Maximiliano Daniel Biancucchi (24).

26.08.2015, Estádio "Adelmar da Costa Carvalho", Recife
Referee: Roberto Tobar Vargas (Chile)
Sport Club do Recife - EC Bahia Salvador   4-1(0-0)
Recife: Alessandro Beti Rosa "Magrão", Severino dos Ramos Durval da Silva, Matheus Ferraz Pereira, Renê Rodrigues Martins, Diego de Souza Andrade, Rodrigo Marcos dos Santos "Rodrigo Mancha", Weverton Almeida Santos „Ferrugem" (72.Wendell Geraldo Maurício e Silva), Francisco Rithely da Silva Sousa, Johnath Marlone Azevedo da Silva (46.José Élber Pimentel da Silva), Maikon Fernando Souza Leite, André Felipe Ribeiro de Souza (70.Hernane Vidal de Souza). Trainer: Eduardo Alexandre Baptista.
Bahia: Douglas Moreira Pires, Jailton de Campos dos Santos, Marlon Farias Castelo Branco, Robson Januário de Paula (88.José Roberto Assunção de Araujo Filho "Zé Roberto"), Thales Natanael Lira de Matos *[sent off 82]*, Wilson Osmar Pittoni Rodríguez, Elierce Barbosa de Souza, Gustavo Blanco Peterson Macedo (67.Tiago Real do Prado), Maximiliano Daniel Biancucchi (84.Gabriel Valongo da Silva), Alexandro da Silva Batista, Welker Marçal de Almeida "Kieza". Trainer: Sérgio Soares da Silva.
Goals: Francisco Rithely da Silva Sousa (51), Hernane Vidal de Souza (78), José Élber Pimentel da Silva (85), Hernane Vidal de Souza (90+4) / Maximiliano Daniel Biancucchi (73).
[Sport Club do Recife won 4-2 on aggregate]

20.08.2015, Arena Joinville, Joinville
Referee: Christian Ferreyra (Uruguay)
Joinville Esporte Clube - Clube Atlético Paranaense Curitiba   0-2(0-1)
Joinville: Agenor Detofol, Bruno Henrique Fortunato Aguiar, Rogério Rodrigues da Silva (46.Diego Jara Rodrigues), Gutieri Tomelin "Guti", Mario Sérgio Gomes de Souza, Anselmo de Moraes, Lucas de Figureido Crispim, Carlos Eduardo Antônio dos Santos "Kadu", Mariano Sebastián Trípodi (56.Marcelo dos Santos Paráiba "Marcelinho"), Silvio José Cardoso Reis Junior "Silvinho" (71.Willian Popp), Marion Silva Fernandes. Trainer: Paulo César Gusmão.
Atlético Paranaense: Wéverton Pereira da Silva, Carlos Eduardo Santos Oliveira, Ricardo Martins de Araújo "Kadu", Christian Alberto Vilches González (61.Gustavo Franchin Schiavolin), Alan Luciano Ruschel (7.Sidcley Ferreira Pereira), Otávio Henrique Passos Santos, Deivid Willian da Silva, Daniel Alejandro Hernández González (59.Maycon Vinícius Ferreira da Cruz "Nikão"), Marcos Guilherme de Almeida Santos Matos, Walter Henrique da Silva, Douglas Coutinho Gomes de Souza. Trainer: Milton Mendes.
Goals: Walter Henrique da Silva (42), Douglas Coutinho Gomes de Souza (69).

27.08.2015, Arena da Baixada, Curitiba
Referee: Wilson Lamouroux (Colombia)
Clube Atlético Paranaense Curitiba - Joinville Esporte Clube   1-0(1-0)
Atlético Paranaense: Wéverton Pereira da Silva, Carlos Eduardo Santos Oliveira, Ricardo Martins de Araújo "Kadu" (81.Gustavo Franchin Schiavolin), Wellington da Silva Pinto, Sidcley Ferreira Pereira, Otávio Henrique Passos Santos, Deivid Willian da Silva, Maycon Vinícius Ferreira da Cruz "Nikão", Daniel Alejandro Hernández González, Marcos Guilherme de Almeida Santos Matos (26.Fernando Omar Barrientos), Walter Henrique da Silva (66.Crysan da Cruz Queiroz Barcelos). Trainer: Milton Mendes.
Joinville: Ederaldo Antonio de Oliveira, Rogério Rodrigues da Silva [*sent off 77*], Dankler Luis de Jesus Pereira, Arnaldo Manoel de Almeida, Rafael Ferreira Donato (69.Alef Vieira Santos), Danrlei Rosa dos Santos, Marcelo Pereira da Costa, Fabrício de Souza, Ricardo Bueno da Silva (46.Everton Kempes dos Santos Gonçalves), Silvio José Cardoso Reis Junior "Silvinho", Marion Silva Fernandes (54.Mateus Silva Machado). Trainer: Paulo César Gusmão.
Goal: Maycon Vinícius Ferreira da Cruz "Nikão" (24).
[Clube Atlético Paranaense Curitiba won 3-0 on aggregate]

26.08.2015, Estadio „Luis Franzini", Montevideo
Referee: Enrique Roberto Osses Zencovic (Chile)
Defensor Sporting Club Montevideo –   3-0(0-0)
Club Universitario de Deportes Lima
Defensor: Martín Nicolás Campaña Delgado, Andrés Scotti Ponce de León, Sergio Sebastián Ariosa Moreira, Guillermo Daniel de los Santos Viana, Emilio Enrique Zeballos Gutiérrez, Andrés Nicolás Olivera (60.Héctor Fabián Acuña Maciel), Felipe Jorge Rodríguez Valla, Mauro Wilney Arambarri Rosa, Martín Ernesto Rabuñal Rey (46.Mathías Adolfo Cardaccio Alaguich), Brian Avelino Lozano Aparicio, Ángel Santiago Barboza Manzzi. Trainer: Juan Ramón Tejera Pérez.
Universitario: José Aurelio Carvallo Alonso, Rodrigo Cuba Piedra, Horacio Cristian Benincasa Olaya, Gustavo Alfonso Dulanto Sanguinetti, Braynner Yezid García Leal, Ángel Elías Romero Iparraguirre, Josimar Hugo Vargas García, Henry Damián Giménez Báez (80.Juan Diego Gutiérrez De las Casas), Raúl Mario Ruidíaz Misitich (79.Germán Ariel Alemanno), Maximiliano Jorge Giusti, Édison Michael Flores Peralta. Trainer: Luis Fernando Suárez Guzman (Colombia).
Goals: Héctor Fabián Acuña Maciel (69), Brian Avelino Lozano Aparicio (75), Héctor Fabián Acuña Maciel (88).

15.09.2015, Estadio Monumental, Lima
Referee: Omar Andrés Ponce Manzo (Ecuador)
Club Universitario de Deportes Lima –   0-1(0-1)
Defensor Sporting Club Montevideo
Universitario: José Aurelio Carvallo Alonso, Néstor Alonso Duarte Carassa, Diego Armando Chávez Ramos, Joaquín Aldaír Aguirre Luza (73.Alvaro Francisco Ampuero García Rosell), Braynner Yezid García Leal (77.Andy Maelo Reátegui Castillo), Antonio Emiliano Gonzáles Canchari, Emmanuel Jesús Paucar Reyes, Roberto Siucho Neyra, Germán Ariel Alemanno, Maximiliano Jorge Giusti (57.Andy Jorman Polo Andrade), Juan Diego Gutiérrez De las Casas. Trainer: Roberto Carlos Challe Olarte.
Defensor: Martín Nicolás Campaña Delgado, Andrés Scotti Ponce de León, Sergio Sebastián Ariosa Moreira, Guillermo Daniel de los Santos Viana, Emilio Enrique Zeballos Gutiérrez, Mathías Adolfo Cardaccio Alaguich, Felipe Jorge Rodríguez Valla, Mauro Wilney Arambarri Rosa (73.Martín Ernesto Rabuñal Rey), Facundo Ismael Castro Souto (65.Andrés Nicolás Olivera), Brian Avelino Lozano Aparicio, Héctor Fabián Acuña Maciel (89.Maximiliano Gómez González). Trainer: Juan Ramón Tejera Pérez.
Goal: Facundo Ismael Castro Souto (4).
[Defensor Sporting Club Montevideo won 4-0 on aggregate]

26.08.2015, Estadio Defensores del Chaco, Asunción
Referee: Diego Haro (Peru)
Club Olimpia Asunción - Águilas Doradas Rionegro   1-1(0-0)
Olimpia: Diego Fabián Barreto Lara, Salustiano Antonio Candia Galeano, Alejandro Daniel Silva González, Carlos Adalberto Rolón Ibarra, Cristian Miguel Riveros Núñez, Miguel Ángel Paniagua Rivarola, Iván Arturo Torres Riveros, Eduardo Lorenzo Aranda (82.Robert Ayrton Piris da Motta), Juan Manuel Salgueiro Silva (77.William Gabriel Mendieta Pintos), Pablo Daniel Zeballos Ocampos (72.Nery Antonio Cardozo Escobar), José Ariel Núñez Portelli. Trainer: Francisco Javier Arce Rolón.
Águilas Doradas: Kevin Wilson Piedrahita Velasco, Javier López Rodríguez (41.Fabián Alexis Viáfara Alarcón), Fabio Darío Rodríguez Mejía, Hanyer Luis Mosquera Córdoba, Carlos Mario Arboleda Ampudia (86.Óscar Eduardo Rodas Vargas), Juan Camilo Pérez Saldarriaga, Vladimir Marín Rios, Luis Felipe Chará Zamora, Edinson Manuel Palomino Marrugo, Hilton José Murillo Garces (63.Yohn Géiler Mosquera Martínez), Luis Alfonso Páez Restrepo. Trainer: Óscar Héctor Quintabani Faggiolani (Argentina).
Goals: José Ariel Núñez Portelli (52) / Luis Alfonso Páez Restrepo (86).

15.09.2015, Estadio "Atanasio Girardot", Medellín
Referee: Roddy Alberto Zambrano Olmedo (Ecuador)
Águilas Doradas Rionegro - Club Olimpia Asunción   1-2(1-2)
Águilas Doradas: Osvaldo Andrés Cabral, Fabio Darío Rodríguez Mejía, Hanyer Luis Mosquera Córdoba, Carlos Mario Arboleda Ampudia, Juan Camilo Pérez Saldarriaga, Fabián Alexis Viáfara Alarcón (39.Esteban Felipe Castañeda Otálvaro), Vladimir Marín Rios, Luis Felipe Chará Zamora, Edinson Manuel Palomino Marrugo (65.Óscar Eduardo Rodas Vargas), Cleider Leandro Alzáte Correa (86.Johan Jorge Fano), Luis Alfonso Páez Restrepo. Trainer: Óscar Héctor Quintabani Faggiolani (Argentina).
Olimpia: Diego Fabián Barreto Lara, Salustiano Antonio Candia Galeano, Alejandro Daniel Silva González, Carlos Adalberto Rolón Ibarra, Cristian Miguel Riveros Núñez, Miguel Ángel Paniagua Rivarola, Iván Arturo Torres Riveros, Eduardo Lorenzo Aranda, Juan Manuel Salgueiro Silva (62.Robert Ayrton Piris da Motta), José Ariel Núñez Portelli (81.Jorge Martín Salinas), Nery Antonio Cardozo Escobar (54.Pablo Daniel Zeballos Ocampos). Trainer: Francisco Javier Arce Rolón.
Goals: Luis Alfonso Páez Restrepo (19) / José Ariel Núñez Portelli (3), Iván Arturo Torres Riveros (13).
[Club Olimpia Asunción won 3-2 on aggregate]

26.08.2015, Estadio de Liga Deportiva Universitaria, Quito
Referee: Víctor Hugo Carrillo Casanova (Peru)
Liga Deportiva Universitaria de Quito - Club Nacional Asunción   1-0(1-0)
LDU de Quito: Alexander Domínguez Carabalí, Norberto Carlos Araujo López, José Enrique Madrid Orobio, Luis Manuel Romero Véliz, Fernando Roberto Hidalgo Maldonado, Hólger Eduardo Matamoros Chunga (76.Arrinton Narciso Mina Villalba), Diego Alberto Morales, José Francisco Cevallos Enriquez Jr., Juan Ignacio Cavallaro (60.Michael Jackson Quiñónez Cabeza), José Alfredo Quinteros Ordóñez, Luis Gonzalo Congo Minda (64.Jonatan Daniel Álvez Sagar). Trainer: Luis Francisco Zubeldía (Argentina).
Nacional: Ignacio Oscar Don, David Bernardo Mendoza Ayala, Raúl Eduardo Piris, Víctor Gustavo Velázquez, Ramón David Coronel Gómez, Marcos Benjamín Melgarejo (81.Héctor Ariel Bustamante), Marcos Antonio Riveros Krayacich, Derlis Ricardo Orué Acevedo, Juan David Argüello Arias, Rodrigo Teixeira Pereira (70.Cristian Colmán), Brian Guillermo Montenegro Martínez. Trainer: Daniel Eduardo Raschle Matucheski (Switzerland).
Goal: Hólger Eduardo Matamoros Chunga (39).

16.09.2015, Estadio Defensores del Chaco, Asunción
Referee: Luiz Flávio de Oliveira (Brazil)
Club Nacional Asunción - Liga Deportiva Universitaria de Quito   0-1(0-0)
Nacional: Ignacio Oscar Don, David Bernardo Mendoza Ayala, Raúl Eduardo Piris, Víctor Gustavo Velázquez, Ramón David Coronel Gómez, Marcos Benjamín Melgarejo (54.Cristian Colmán), Marcos Antonio Riveros Krayacich, Derlis Ricardo Orué Acevedo, Juan David Argüello Arias (54.Héctor Ariel Bustamante), Rodrigo Teixeira Pereira (79.Julio Eduardo Santa Cruz Cantero), Brian Guillermo Montenegro Martínez. Trainer: Juan Manuel Battaglia Melgarejo.
LDU de Quito: Alexander Domínguez Carabalí, José Enrique Madrid Orobio, Luis Manuel Romero Véliz, Luis David Canga Sánchez, Fernando Roberto Hidalgo Maldonado, Hólger Eduardo Matamoros Chunga (80.Juan Ignacio Cavallaro), Diego Alberto Morales (88.Jorge Andrés Mendoza Uza), José Francisco Cevallos Enriquez Jr. (90+1.Neicer Reasco Yano), José Alfredo Quinteros Ordóñez, Jefferson Alfredo Intriago Mendoza, Jonatan Daniel Álvez Sagar. Trainer: Luis Francisco Zubeldía (Argentina).
Goal: Juan Ignacio Cavallaro (84 penalty).
[Liga Deportiva Universitaria de Quito won 2-0 on aggregate]

26.08.2015, Estadio "José Dellagiovanna", Victoria
Referee: Jonathan Fuentes (Uruguay)
CA Tigre Victoria - CA Huracán Buenos Aires   2-5(0-3)
Tigre: Sebastián Ezequiel D'Angelo, Ernesto Goñi Ameijenda, Leandro Martín González Pirez, Joaquín Arzura, Erik Fernando Godoy, Santiago Izaguirre, Facundo Sánchez, Kevin Fabián Emiliano Itabel (46.Federico Rafael González), Lucas Ariel Menossi (46.Lucas Daniel Wilchez), Carlos Ariel Luna, Sebastián Rincón Lucumí. Trainer: Gustavo Julio Alfaro.
Huracán: Marcos Guillermo Díaz, José Ignacio San Román Canciani, Federico Mancinelli, Carlos Andres Arano Fernández, Martín Hugo Nervo, Mauro Ezequiel Bogado, Daniel Gastón Montenegro (64.Iván Diego Moreno y Fabianesi), Patricio Daniel Toranzo, Pablo Nicolás Bruna, Ramón Darío Abila (71.Iván Emilio Borghello), Cristian Espinoza (72.Alejandro Romero Gamarra). Trainer: Eduardo Rodrigo Domínguez.
Goals: Lucas Daniel Wilchez (78), Carlos Ariel Luna (80) / Mauro Ezequiel Bogado (11 penalty), Cristian Espinoza (21, 44), Ramón Darío Abila (58), Cristian Espinoza (59).

16.09.2015, Estadio "Tomás Adolfo Ducó", Buenos Aires
Referee: Jesús Valenzuela (Venezuela)
CA Huracán Buenos Aires - CA Tigre Victoria   **1-0(0-0)**
Huracán: Marcos Guillermo Díaz, Federico Mancinelli (71.Mario Pablo Risso Caffiro), Santiago Echeverría, Martín Hugo Nervo, Luciano Balbi, Mauro Ezequiel Bogado (61.Ezequiel Adrián Gallegos), Iván Diego Moreno y Fabianesi, Federico Vismara (66.Pablo Nicolás Bruna), Alejandro Romero Gamarra, Agustin Gonzalo Torassa, Iván Emilio Borghello. Trainer: Eduardo Rodrigo Domínguez.
Tigre: Sebastián Ezequiel D'Angelo, Mariano Raúl Echeverría, Ernesto Goñi Ameijenda, Leandro Martín González Pirez, Erik Fernando Godoy, Agustín Daniel Pelletieri, Kevin Fabián Emiliano Itabel (60.Facundo Sánchez), Horacio de Dios Orzán, Carlos Ariel Luna (75.Lucas Daniel Wilchez), Sebastián Rincón Lucumí (60.Federico Rafael González), Leandro Julián Garate. Trainer: Gustavo Julio Alfaro.
Goal: Federico Mancinelli (58).
[CA Huracán Buenos Aires won 6-2 on aggregate]

26.08.2015, Estadio "Julio Humberto Grondona", Sarandí
Referee: Leandro Pedro Vuaden (Brazil)
Arsenal FC de Sarandí - CA Independiente Avellaneda   **1-1(1-0)**
Arsenal: Óscar Alejandro Limia Rodríguez, Gastón Claudio Corvalán, Matías Ezequiel Zaldivia, Daniel Alejandro Rosero Valencia, Iván Varga, Gastón Rubén Esmerado (78.Ramiro Ángel Carrera), Federico Eduardo Lértora, Matías Daniel Campos Toro, Fernando David Luna (57.Ramiro Andrés López), Santiago Martín Silva Olivera, Federico Iván Rasic (62.Santiago Tréllez Viveros). Trainer: Ricardo Daniel Caruso Lombardi.
Independiente: Diego Martín Rodríguez, Hernán Darío Pellerano, Nicolás Alejandro Tagliafico, Víctor Leandro Cuesta, Gustavo Ariel Toledo, Jesús David José Méndez, Matiás Pisano (46.Cristian Gabriel Rodríguez Barrotti), Julián Vitale (86.Jorge Alberto Ortíz), Diego Daniel Vera Méndez, Martín Nicolás Benítez, Lucas Albertengo (81.Jorge Rolando Pereyra Díaz). Trainer: Mauricio Andrés Pellegrino.
Goals: Federico Eduardo Lértora (31) / Julián Vitale (69).

16.09.2015, Estadio Libertadores de América, Avellaneda
Referee: Andrés Ismael Cunha Soca (Uruguay)
CA Independiente Avellaneda - Arsenal FC de Sarandí   **1-0(0-0)**
Independiente: Diego Martín Rodríguez, Hernán Darío Pellerano, Nicolás Alejandro Tagliafico, Víctor Leandro Cuesta, Gustavo Ariel Toledo, Jesús David José Méndez, Jorge Alberto Ortíz (90.Julián Vitale), Matiás Pisano, Diego Daniel Vera Méndez, Juan Martín Lucero (61.Cristian Gabriel Rodríguez Barrotti), Martín Nicolás Benítez (71.Lucas Albertengo). Trainer: Mauricio Andrés Pellegrino.
Arsenal: Esteban Maximiliano Andrada, Matias Sarulyte, Matías Ezequiel Zaldivia, Federico Emanuel Milo, Iván Varga, Miguel Eduardo Caneo (62.Fabián Nicolás Muñoz), Ramiro Andrés López (83.Cristian Manuel Chávez), Federico Eduardo Lértora, Matías Daniel Campos Toro (83.Gonzalo Ezequiel González), Santiago Martín Silva Olivera, Santiago Tréllez Viveros. Trainer: Ricardo Daniel Caruso Lombardi.
Goal: Lucas Albertengo (86).
[CA Independiente Avellaneda won 2-1 on aggregate]

26.08.2015, Estadio Metropolitano de Techo, Bogotá
Referee: Gery Vargas Carreño (Bolivia)
CC Deportes Tolima - CDP Junior Barranquilla   0-1(0-0)
Tolima: Joel Alberto Silva Estigarribia, Bréiner Bonilla Montaño, Julian Alveiro Quiñones García, Omar Antonio Albornoz Contreras, Avimileth Rivas Quintero, Jesús David José Méndez, Andrés Mateus Uribe Villa, Didier Delgado Delgado (62.Henry Yoseiner Obando Estacio), Marco Jhonnier Pérez Murillo (76.Darwin Guillermo López Tobías), Rogério Luis Leichtweis (76.Isaac Enrique Arias Villamíl), Andrés Felipe Ibargüen García. Trainer: Alberto Miguel Gamero Morillo.
Junior: Mario Sebastián Viera Galaín, Félix Enrique Noguera Collante, Nery Rubén Bareiro Zorrilla, William José Tesillo Gutiérrez, Jesús David Murillo León, Luis Manuel Narváez Pitalúa, Michael Javier Ortega Dieppa, Gustavo Leonardo Cuéllar Gallego (71.Guillermo León Celis Montiel), Léiner de Jesús Escalante Escorcia (79.Roberto Andrés Ovelar Maldonado), José Edison Toloza Colorado, Yessy Ferley Mena Palacios (63.Vladimir Javier Hernández Rivero). Trainer: Alexis Antonio Mendoza Barrios.
Goal: Vladimir Javier Hernández Rivero (72 penalty).

17.09.2015, Estadio Metropolitano Roberto Meléndez, Barranquilla
Referee: Raphael Claus (Brazil)
CDP Junior Barranquilla - CC Deportes Tolima   0-2(0-2)
Junior: Mario Sebastián Viera Galaín, William José Tesillo Gutiérrez, Germán Andrés Gutiérrez Henao, Andrés Felipe Correa Osorio, Jesús David Murillo León, Vladimir Javier Hernández Rivero, Luis Manuel Narváez Pitalúa (46.Gustavo Leonardo Cuéllar Gallego), Guillermo León Celis Montiel, Jhon Freduar Vásquez Anaya (46.Léiner de Jesús Escalante Escorcia), Jarlan Junior Barrera Escalona (66.Michael Javier Ortega Dieppa), Juan David Pérez Benítez. Trainer: Alexis Antonio Mendoza Barrios.
Tolima: Joel Alberto Silva Estigarribia, Davinson Alex Monsalve Jiménez, Julian Alveiro Quiñones García, Omar Antonio Albornoz Contreras (46.Henry Yoseiner Obando Estacio), Jonatan Estrada Campillo (88.Nicolás Palacios Vidal), Avimileth Rivas Quintero, Wilmar Enrique Barrios Teherán, Didier Delgado Delgado, Marco Jhonnier Pérez Murillo, Rogério Luis Leichtweis (59.Robin Ariel Ramírez González), Andrés Felipe Ibargüen García. Trainer: Alberto Miguel Gamero Morillo.
Goals: Jonatan Estrada Campillo (22), Didier Delgado Delgado (45+1).
[CC Deportes Tolima won 2-1 on aggregate]

27.08.2015, Estadio Olímpico de la Universidad Central de Venezuela, Caracas
Referee: Diego Ceballos (Argentina)
Deportivo La Guaira Caracas - Club Sportivo Luqueño   1-1(1-1)
La Guaira: Luis Carlos Rojas, Jorge Ignacio González Barón, Daniel Eduardo Benítez Pernía, José Manuel Manríquez Hernández, Gustavo Adolfo Rojas Rocha (82.Ángel Arturo Osorio Meza), Vicente Antonio Suanno Rodríguez (61.Matías Joel Manzano), Edgar Fernando Pérez Greco (74.Darwin Jesús González Mendoza), Arquímedes José Figuera Salazar, Javier Alfonso García, Óscar Constantino González, Fredys Enrique Arrieta Fontalvo. Trainer: Leonardo Alberto González Antequera.
CS Luqueño: Arnaldo Andrés Giménez, Enrique Gabriel Meza Brítez, Aquilino Giménez Gaona, José Alfredo Leguizamón, David Ariel Mendieta Chávez (78.Leonardo Delvalle Morel), Esteban Javier Ramírez Samaniego (46.Derlis Roberto Alegre Amante), Luis Alcides Miño Muñoz, Miguel Ángel Godoy Melgarejo, Guido Di Vanni, Cristian Federico Ortíz López (68.Óscar Ramón Ruíz Roa), Marcelo David Báez Casco. Trainer: Eduardo Héctor Rivera Mort (Uruguay).
Goals: Fredys Enrique Arrieta Fontalvo (23) / Guido Di Vanni (29).

15.09.2015, Estadio "Feliciano Cáceres", Luque
Referee: Jonathan Fuentes (Uruguay)
Club Sportivo Luqueño - Deportivo La Guaira Caracas   4-0(2-0)
CS Luqueño: Arnaldo Andrés Giménez, Enrique Gabriel Meza Brítez, Aquilino Giménez Gaona, José Alfredo Leguizamón, David Ariel Mendieta Chávez (72.Luis Carlos Matto Vera), Óscar Ramón Ruíz Roa, Luis Alcides Miño Muñoz, Miguel Ángel Godoy Melgarejo (71.Esteban Javier Ramírez Samaniego), Jorge Miguel Ortega Salinas, Guido Di Vanni (62.Derlis Roberto Alegre Amante), Marcelo David Báez Casco. Trainer: Eduardo Héctor Rivera Mort (Uruguay).
La Guaira: Luis Carlos Rojas, Jorge Ignacio González Barón [*sent off 90+1*], Daniel Eduardo Benítez Pernía, José Manuel Manríquez Hernández, Gustavo Adolfo Rojas Rocha (64.Framber Johan Villegas Sangronis), Vicente Antonio Suanno Rodríguez (32.Matías Joel Manzano), Edgar Fernando Pérez Greco, Arquímedes José Figuera Salazar, Javier Alfonso García (81.Óscar Javier Hernández Niño), Óscar Constantino González, Fredys Enrique Arrieta Fontalvo. Trainer: Leonardo Alberto González Antequera.
Goals: Jorge Miguel Ortega Salinas (7), José Alfredo Leguizamón (25 penalty), Óscar Ramón Ruíz Roa (54), Jorge Miguel Ortega Salinas (85).
[Club Sportivo Luqueño won 5-1 on aggregate]

27.08.2015, Estadio Gran Parque Central, Montevideo
Referee: Raúl Orosco Delgadillo (Bolivia)
Club Nacional de Football Montevideo - Independiente Santa Fe Bogotá   0-2(0-0)
Nacional: Esteban Néstor Conde Quintana, Diego Fabián Polenta Museti [*sent off 3*], Matías Daniel Malvino Gómez, Luis Alfonso Espino García, Ignacio María González Gatti (6.Sebastián Gorga Nogueira), Gonzalo Fabián Porras Burghi, Santiago Ernesto Romero Fernández, Damián Alejandro Eroza Medeiro, Carlos María de Pena Bonino (88.Leandro Gastón Otormín Fumero), Iván Daniel Alonso Vallejo [*sent off 42*], Leandro Barcía Montero (71.Mathías Nicolás Abero Villan). Trainer: Gustavo Adolfo Munúa Vera.
Santa Fe: Andrés Leandro Castellanos Serrano, Sergio Andrés Otálvaro Botero, Harold Oshkaly Cummings Segura (34.Ricardo José Villarraga Marchena), Juan Daniel Roa Reyes, Francisco Javier Meza Palma, Yerry Fernando Mina González, José Yulián Anchico Patiño [*sent off 42*], Luis Manuel Seijas Gunther, Sebastián Enríque Salazar Beltrán, Wilson David Morelo López (80.Luis Enrique Quiñónes García), Daniel Patricio Angulo Arroyo (86.Yeison Stiven Gordillo Vargas). Trainer: Gerardo Cono Pelusso Boyrie (Uruguay).
Goals: Wilson David Morelo López (63), Luis Manuel Seijas Gunther (74).

16.09.2015, Estadio „Nemesio Camacho" [El Campín], Bogotá
Referee: Mauro Vigliano (Argentina)
Independiente Santa Fe Bogotá - Club Nacional de Football Montevideo   0-1(0-0)
Santa Fe: Andrés Leandro Castellanos Serrano, Sergio Andrés Otálvaro Botero, Juan Daniel Roa Reyes, Francisco Javier Meza Palma, Yerry Fernando Mina González, Luis Manuel Seijas Gunther, Sebastián Enríque Salazar Beltrán, Wilson David Morelo López, Ricardo José Villarraga Marchena, Daniel Patricio Angulo Arroyo (76.Miguel Ángel Borja Hernández), Luis Enrique Quiñónes García (84.Yeison Stiven Gordillo Vargas). Trainer: Gerardo Cono Pelusso Boyrie (Uruguay).
Nacional: Esteban Néstor Conde Quintana, Jorge Ciro Fucile Perdomo, Mathías Nicolás Abero Villan (86.Leandro Barcía Montero), Sebastián Gorga Nogueira, Luis Alfonso Espino García (46.Leandro Gastón Otormín Fumero), José Manuel Aja Livchich, Sebastián Eguren Ledesma, Gonzalo Fabián Porras Burghi, Santiago Ernesto Romero Fernández (82.Rodrigo Nahuel Amaral Pereira), Washington Sebastián Abreu Gallo, Sebastián Bruno Fernández Miglierina. Trainer: Gustavo Adolfo Munúa Vera.
Goal: Santiago Ernesto Romero Fernández (68).
[Independiente Santa Fe Bogotá won 2-1 on aggregate]

27.08.2015, Estadio "Christian Benítez", Guayaquil
Referee: Néstor Pitana (Argentina)
CS Emelec Guayaquil - CA Juventud de Las Piedras   0-0
Emelec: Esteban Javier Dreer, Jorge Daniel Guagua Tamayo, Gabriel Eduardo Achilier Zurita, Óscar Dalmiro Bagüi Angulo, Jhon William Narváez (59.Emanuel Herrera), Fernando Agustín Giménez Solís, Henry Geovanny León León (66.Javier Isidro Charcopa Alegria), Pedro Angel Quiñónez Rodríguez, Robert Javier Burbano Cobeña (78.Leonardo Gabriel Rolón), Luis Miguel Escalada, Miller Alejandro Bolaños Reascos. Trainer: Omar Osvaldo De Felippe (Argentina).
Juventud: Héctor Fabián Carini Hernández, Enzo Martín Pérez Verdum, Federico Platero Gazzaneo, Matías Fernando Soto de Freitas (85.Luis Fernando Machado Pinto), Alejandro Clever Reyes Sosa, Claudio Matías Mirabaje Correa (77.Cristhian Javier Colman Tolardo), Emiliano Romero Clavijo, Matías Nicolás Duffard Villarreal, Matías Damián Alonso Vallejo [sent off 60], Leonardo Gastón Puerari Torres (71.Delis Matías Vargas Blanco), José Pablo Varela Rebollo. Trainer: Jorge Antonio Giordano Moreno.

17.09.2015, Estadio „Luis Franzini", Montevideo
Referee: Enrique Patricio Cáceres Villafañe (Paraguay)
CA Juventud de Las Piedras - CS Emelec Guayaquil   0-0; 2-3 on penalties
Juventud: Héctor Fabián Carini Hernández, Enzo Martín Pérez Verdum, Federico Platero Gazzaneo, Matías Fernando Soto de Freitas, Alejandro Clever Reyes Sosa, Emiliano Romero Clavijo, Matías Nicolás Duffard Villarreal (47.Renzo Daniel Pozzi Palombo), Pablo Maximiliano Lemos Merladett (66.Joaquin Emanuel Lemos Bellini), Leonardo Gastón Puerari Torres, José Pablo Varela Rebollo, Juan Martín Boselli Duque (87.Claudio Matías Mirabaje Correa). Trainer: Jorge Antonio Giordano Moreno.
Emelec: Esteban Javier Dreer, Jorge Daniel Guagua Tamayo, Gabriel Eduardo Achilier Zurita, Óscar Dalmiro Bagüi Angulo, Henry Geovanny León León (46.Pedro Angel Quiñónez Rodríguez), Byron Andrés Mina Cuero, Osbaldo Lupo Lastra García, Robert Javier Burbano Cobeña, Marcos Gustavo Mondaini (84.Fernando Vicente Gaibor Orellana), Ángel Israel Mena Delgado, Miller Alejandro Bolaños Reascos. Trainer: Omar Osvaldo De Felippe (Argentina).
Penalties: Héctor Fabián Carini Hernández (missed); Miller Alejandro Bolaños Reascos 0-1; Claudio Matías Mirabaje Correa 1-1; Jorge Daniel Guagua Tamayo 1-2; José Pablo Varela Rebollo 2-2; Byron Andrés Mina Cuero (missed); Emiliano Romero Clavijo (missed); Fernando Vicente Gaibor Orellana 2-3; Alejandro Clever Reyes Sosa (saved).
[CS Emelec Guayaquil won 3-2 on penalties (after 0-0 on aggregate)]

27.08.2015, Estadio "Mario Alberto Kempes", Córdoba
Referee: Sandro Meira Ricci (Brazil)
CA Belgrano Córdoba - CA Lanús   1-1(1-0)
Belgrano: Pablo Heredia, Claudio Daniel Pérez, Pier Miqueas Barrios, Christian Franco Lema, Federico Hernán Álvarez, Leonardo Sebastián Prediger (72.Mario Ariel Bolatti), Guillermo Martín Farré, Lucas Joaquín Parodi Cuello, Lucas Manuel Zelarrayán (80.Jorge Luis Velázquez), Mauro Iván Óbolo, Fernando Andrés Márquez. Trainer: Ricardo Alberto Zielinski.
Lanús: Matías Alejandro Ibáñez Basualdo, Maximiliano Nicolás Velázquez, Carlos Luciano Araujo, Diego Luis Braghieri, Gustavo Raúl Gómez Portillo, Matías Lionel Fritzler, Gonzalo Pablo Castellani (90+3.Gonzalo Di Renzo), Román Fernando Martínez, Víctor Hugo Ayala Núñez, Óscar Junior Benítez, Sergio Fabián González (69.Sebastián Eduardo Leto). Trainer: Guillermo Barros Schelotto.
Goals: Fernando Andrés Márquez (1) / Gustavo Raúl Gómez Portillo (88).

17.09.2015, Estadio Ciudad de Lanús, Lanús
Referee: Antonio Javier Arias Alvarenga (Paraguay)
CA Lanús - CA Belgrano Córdoba **5-1(2-0)**
Lanús: Fernando Monetti, Maximiliano Nicolás Velázquez, Diego Luis Braghieri, Gustavo Raúl Gómez Portillo, Matías Lionel Fritzler, Román Fernando Martínez, Nicolás Diego Aguirre (88.Nicolás Pasquini), Víctor Hugo Ayala Núñez, Óscar Junior Benítez (52.Gonzalo Di Renzo), Miguel Ángel Almirón Rejala, Sergio Fabián González (82.Denis Andrés Stracqualursi). Trainer: Guillermo Barros Schelotto.
Belgrano: Pablo Heredia [sent off 1], Claudio Daniel Pérez, Pier Miqueas Barrios, Christian Franco Lema, Federico Hernán Álvarez, Leonardo Sebastián Prediger (46.Emiliano Rigoni), Guillermo Martín Farré, Lucas Joaquín Parodi Cuello (3.Lucas Mauricio Acosta), Lucas Manuel Zelarrayán, Mauro Iván Óbolo, Fernando Andrés Márquez (67.Jorge Luis Velázquez). Trainer: Ricardo Alberto Zielinski.
Goals: Nicolás Diego Aguirre (3 penalty), Diego Luis Braghieri (39), Guillermo Martín Farré (59 own goal), Miguel Ángel Almirón Rejala (77), Gonzalo Di Renzo (90) / Jorge Luis Velázquez (68).
[CA Lanús won 6-2 on aggregate]

27.08.2015, Estadio San Carlos de Apoquindo, Santiago
Referee: Darío Agustín Ubríaco Medero (Uruguay)
CD Universidad Católica Santiago - Club Libertad Asunción **2-3(2-0)**
Universidad Católica: Cristopher Benjamín Toselli Ríos, Stéfano Magnasco Galindo, Germán Lanaro, Guillermo Alfonso Maripán Loaysa, Mark Dennis González Hoffmann, Marco Antonio Medel de la Fuente, Fernando Patricio Cordero Fonseca, Michael Fabián Ríos Ripoll, Diego Nicolás Rojas Orellana (76.Jeisson Andrés Vargas Salazar), César Nicolás Fuentes González (57.Tomás Costa), David Antonio Llanos Almonacid (68.José Luis Muñoz Muñoz). Trainer: Mario Alfredo Salas Saieg.
Libertad: Rodrigo Martin Muñóz Salomón, Gustavo Ramón Mencia Ávalos, Pedro Juan Benítez Domínguez, Adalberto Román Benítez, Jorge Luis Moreira Ferreira, Sergio Daniel Aquino, Jorge Daniel González Marquet (46.Antonio Bareiro Álvarez; 88.Sergio Raúl Vergara Romero), Richard Ortíz, Jorge Eduardo Recalde Ramírez, Ángel Rodrigo Cardozo Lucena Lucena, Wilson Luis Leiva López (67.Osmar de la Cruz Molinas González). Trainer: Ever Hugo Almeida Almada.
Goals: Mark Dennis González Hoffmann (8), David Antonio Llanos Almonacid (31) / Sergio Daniel Aquino (51 penalty), Richard Ortíz (54), Jorge Eduardo Recalde Ramírez (86).

19.09.2015, Estadio „Dr. Nicolás Léoz", Asunción
Referee: Wilmar Alexander Roldán Pérez (Colombia)
Club Libertad Asunción - CD Universidad Católica Santiago **1-0(1-0)**
Libertad: Rodrigo Martin Muñóz Salomón, Gustavo Ramón Mencia Ávalos, Pedro Juan Benítez Domínguez, Adalberto Román Benítez (83.Fabián Cornelio Balbuena González), Jorge Luis Moreira Ferreira, Sergio Daniel Aquino, Jorge Daniel González Marquet (73.Sergio Raúl Vergara Romero), Richard Ortíz, Jorge Eduardo Recalde Ramírez, Ángel Rodrigo Cardozo Lucena, Hernán Rodrigo López Mora (66.Néstor Adrián Fernández Palacios). Trainer: Ever Hugo Almeida Almada.
Universidad Católica: Cristopher Benjamín Toselli Ríos, Cristián Andrés Álvarez Valenzuela (61.Benjamín Kuscevic Jaramillo), Guillermo Alfonso Maripán Loaysa [sent off 80], Mark Dennis González Hoffmann (24.Michael Fabián Ríos Ripoll), Marco Antonio Medel de la Fuente [sent off 84], Fernando Patricio Cordero Fonseca, Tomás Costa, Juan Carlos Espinoza Reyes, César Nicolás Fuentes González (46.Jeisson Andrés Vargas Salazar), David Antonio Llanos Almonacid, Christian Daniel Bravo Araneda. Trainer: Mario Alfredo Salas Saieg.
Goal: Hernán Rodrigo López Mora (16).
[Club Libertad Asunción won 4-2 on aggregate]

ROUND OF 16

22.09.2015, Estadio Metropolitano de Techo, Bogotá
Referee: Germán Delfino (Argentina)
CC Deportes Tolima - Club Sportivo Luqueño   **1-1(1-0)**
Tolima: Joel Alberto Silva Estigarribia, Davinson Alex Monsalve Jiménez, Julian Alveiro Quiñones García, Jonatan Estrada Campillo, Avimileth Rivas Quintero, Danovis Banguero Lerma, Wilmar Enrique Barrios Teherán, Didier Delgado Delgado, Marco Jhonnier Pérez Murillo (54.Robin Ariel Ramírez González), Rogério Luis Leichtweis (54.Brayan Bermúdez Mazo), Andrés Felipe Ibargüen García [*sent off 90+2*]. Trainer: Alberto Miguel Gamero Morillo.
CS Luqueño: Arnaldo Andrés Giménez, Enrique Gabriel Meza Brítez, Aquilino Giménez Gaona, José Alfredo Leguizamón, David Ariel Mendieta Chávez (50.Guido Di Vanni), Óscar Ramón Ruíz Roa (81.Esteban Javier Ramírez Samaniego), Luis Alcides Miño Muñoz, Miguel Ángel Godoy Melgarejo [*sent off 78*], Jorge Miguel Ortega Salinas, Derlis Roberto Alegre Amante (63.Jorge Núñez), Marcelo David Báez Casco. Trainer: Eduardo Héctor Rivera Mort (Uruguay).
Goals: Jonatan Estrada Campillo (15) / Jorge Miguel Ortega Salinas (69).

29.09.2015, Estadio "Feliciano Cáceres", Luque
Referee: Julio Alberto González Bascuñán (Chile)
Club Sportivo Luqueño - CC Deportes Tolima   **1-0(0-0)**
CS Luqueño: Arnaldo Andrés Giménez, Enrique Gabriel Meza Brítez, Aquilino Giménez Gaona, José Alfredo Leguizamón, Óscar Ramón Ruíz Roa (63.Derlis Roberto Alegre Amante), Luis Alcides Miño Muñoz, Luis Carlos Matto Vera, Jorge Núñez (79.Esteban Javier Ramírez Samaniego), Jorge Miguel Ortega Salinas (63.Leonardo Delvalle Morel), Guido Di Vanni, Marcelo David Báez Casco. Trainer: Eduardo Héctor Rivera Mort (Uruguay).
Tolima: Joel Alberto Silva Estigarribia, Davinson Alex Monsalve Jiménez, Julian Alveiro Quiñones García, Jonatan Estrada Campillo, Avimileth Rivas Quintero, Danovis Banguero Lerma [*sent off 73*], Wilmar Enrique Barrios Teherán, Didier Delgado Delgado, Marco Jhonnier Pérez Murillo (83.Isaac Enrique Arias Villamíl), Robin Ariel Ramírez González, Rogério Luis Leichtweis (46.Brayan Bermúdez Mazo; 75.Henry Yoseiner Obando Estacio). Trainer: Alberto Miguel Gamero Morillo.
Goal: Luis Alcides Miño Muñoz (76).
[*Club Sportivo Luqueño won 2-1 on aggregate*]

23.09.2015, Estadio Jocay, Manta
Referee: Ricardo Marques Ribeiro (Brazil)
CS Emelec Guayaquil - Independiente Santa Fe Bogotá   **2-1(0-1)**
Emelec: Esteban Javier Dreer, Jorge Daniel Guagua Tamayo, Gabriel Eduardo Achilier Zurita [*sent off 90*], Óscar Dalmiro Bagüi Angulo, Pedro Angel Quiñónez Rodríguez, Byron Andrés Mina Cuero (69.Leonardo Gabriel Rolón), Osbaldo Lupo Lastra García (79.Fernando Vicente Gaibor Orellana), Robert Javier Burbano Cobeña, Marcos Gustavo Mondaini (46.Emanuel Herrera), Ángel Israel Mena Delgado, Miller Alejandro Bolaños Reascos. Trainer: Omar Osvaldo De Felippe (Argentina).
Santa Fe: Andrés Leandro Castellanos Serrano, Sergio Andrés Otálvaro Botero, Harold Oshkaly Cummings Segura (72.Ricardo José Villarraga Marchena), Juan Daniel Roa Reyes, Francisco Javier Meza Palma, Yerry Fernando Mina González, Luis Manuel Seijas Gunther, Yeison Stiven Gordillo Vargas, Sebastián Enríque Salazar Beltrán, Wilson David Morelo López (76.Luis Enrique Quiñónes García), Daniel Patricio Angulo Arroyo. Trainer: Gerardo Cono Pelusso Boyrie (Uruguay).
Goals: Miller Alejandro Bolaños Reascos (82, 88 penalty) / Juan Daniel Roa Reyes (45).

29.09.2015, Estadio „Nemesio Camacho" [El Campín], Bogotá
Referee: Darío Agustín Ubríaco Medero (Uruguay)
Independiente Santa Fe Bogotá - CS Emelec Guayaquil   **1-0(1-0)**
Santa Fe: Robinson Zapata Rufay, Sergio Andrés Otálvaro Botero, Harold Oshkaly Cummings Segura, Juan Daniel Roa Reyes, Francisco Javier Meza Palma, Leyvin Jhojane Balanta Fory, Luis Manuel Seijas Gunther (90+1.Ricardo José Villarraga Marchena), Yeison Stiven Gordillo Vargas, Sebastián Enríque Salazar Beltrán, Wilson David Morelo López (87.Miguel Ángel Borja Hernández), Luis Enrique Quiñónes García (76.Omar Sebastián Pérez). Trainer: Gerardo Cono Pelusso Boyrie (Uruguay).
Emelec: Esteban Javier Dreer, Jorge Daniel Guagua Tamayo, Óscar Dalmiro Bagüi Angulo, Jhon William Narváez (55.Esteban Santiago de la Cruz Santacruz), Fernando Darío Pinillo Mina, Fernando Agustín Giménez Solís (82.Leonardo Gabriel Rolón), Pedro Angel Quiñónez Rodríguez, Osbaldo Lupo Lastra García (63.Fernando Vicente Gaibor Orellana), Robert Javier Burbano Cobeña, Ángel Israel Mena Delgado, Miller Alejandro Bolaños Reascos. Trainer: Omar Osvaldo De Felippe (Argentina).
Goal: Wilson David Morelo López (45+1).
[Independiente Santa Fe Bogotá won on away goals rule (2-2 on aggregate)]

23.09.2015, Estadio "Antonio Vespucio Liberti", Buenos Aires
Referee: Christian Ferreyra (Uruguay)
CA River Plate Buenos Aires - Liga Deportiva Universitaria de Quito   **2-0(1-0)**
River Plate: Marcelo Alberto Barovero, Jonathan Ramón Maidana, Gabriel Iván Mercado (69.Camilo Sebastián Mayada Mesa), Milton Óscar Casco, Éder Fabián Álvarez Balanta, Leonardo Nicolás Pisculichi (74.Tabaré Uruguay Viudez Mora), Nicolás Santiago Bertolo (61.Gonzalo Martínez), Carlos Andrés Sánchez Arcosa, Claudio Matías Kranevitter, Rodrigo Nicanor Mora Núñez, Lucas Nicolás Alario. Trainer: Marcelo Daniel Gallardo.
LDU de Quito: Alexander Domínguez Carabalí, Norberto Carlos Araujo López, José Enrique Madrid Orobio, Luis Manuel Romero Véliz *[sent off 67]*, Luis David Canga Sánchez, Pervis Josué Estupiñán Tenorio, Fernando Roberto Hidalgo Maldonado, Diego Alberto Morales (66.Juan Ignacio Cavallaro), José Francisco Cevallos Enriquez Jr., Jefferson Alfredo Intriago Mendoza, Jonatan Daniel Álvez Sagar (90+1.Luis Gonzalo Congo Minda). Trainer: Luis Francisco Zubeldía (Argentina).
Goals: Lucas Nicolás Alario (26), Rodrigo Nicanor Mora Núñez (75).

30.09.2015, Estadio de Liga Deportiva Universitaria, Quito
Referee: Wilmar Alexander Roldán Pérez (Colombia)
Liga Deportiva Universitaria de Quito - CA River Plate Buenos Aires   **1-0(0-0)**
LDU de Quito: Alexander Domínguez Carabalí, Norberto Carlos Araujo López, José Enrique Madrid Orobio, Luis David Canga Sánchez, Fernando Roberto Hidalgo Maldonado, Hólger Eduardo Matamoros Chunga (54.Arrinton Narciso Mina Villalba), Diego Alberto Morales, José Francisco Cevallos Enriquez Jr. (84.Michael Jackson Quiñónez Cabeza), José Alfredo Quinteros Ordóñez *[sent off 90+2]*, Jefferson Alfredo Intriago Mendoza (46.Juan Ignacio Cavallaro), Jonatan Daniel Álvez Sagar. Trainer: Luis Francisco Zubeldía (Argentina).
River Plate: Marcelo Alberto Barovero, Jonathan Ramón Maidana, Gabriel Iván Mercado, Milton Óscar Casco, Éder Fabián Álvarez Balanta, Leonardo Nicolás Pisculichi (58.Camilo Sebastián Mayada Mesa), Nicolás Santiago Bertolo (66.Gonzalo Martínez), Carlos Andrés Sánchez Arcosa, Claudio Matías Kranevitter, Rodrigo Nicanor Mora Núñez (72.Tabaré Uruguay Viudez Mora), Lucas Nicolás Alario. Trainer: Marcelo Daniel Gallardo.
Goal: Arrinton Narciso Mina Villalba (53).
[CA River Plate Buenos Aires won 2-1 on aggregate]

23.09.2015, Arena da Baixada, Curitiba
Referee: Gery Vargas Carreño (Bolivia)
Clube Atlético Paranaense Curitiba - Brasília FC**1-0(0-0)**
Atlético Paranaense: Wéverton Pereira da Silva, Carlos Eduardo Santos Oliveira (90+3.Bruno Alexandre Marques Pereirinha), Ricardo Martins de Araújo "Kadu", Christian Alberto Vilches González, Sidcley Ferreira Pereira, Otávio Henrique Passos Santos, Daniel Alejandro Hernández González, Hernani Azevedo Junior, Marcos Guilherme de Almeida Santos Matos, Ewandro Felipe de Lima Costa (62.Ytalo José Oliveira dos Santos), Crysan da Cruz Queiroz Barcelos (83.Bruno da Mota Miranda). Trainer: Milton Mendes.
Brasília: Artur Sergio Teixeira dos Santos Junior (46.Welder Alves da Silva), Paulo Giovani Ramos "Dedê", André Oliveira Farias, Paulo Pimentel dos Santos (71.Victor Hugo Lopes de Andrade), Marcos Aurelio Santos Araujo "Marquinhos", Jose Rodolfo Tavares da Silva „Indio", Murilo Rusalen, Bruno de Morais, Werick Souza de Assis, Gilberto de Oliveira Carneiro „Giba", Vitor de Oliveira Diniz „Vitor Anjinho" (59.Willian da Silva Lima). Trainer: Omar Feitosa.
Goal: Daniel Alejandro Hernández González (62).

30.09.2015, Estádio Nacional "Mané Garrincha", Brasília
Referee: Silvio Trucco (Argentina)
Brasília FC - Clube Atlético Paranaense Curitiba**0-0**
Brasília: Artur Sergio Teixeira dos Santos Junior, Paulo Giovani Ramos "Dedê", André Oliveira Farias, Marcos Aurelio Santos Araujo "Marquinhos", Jose Rodolfo Tavares da Silva „Indio", Raphael Andrade (69.Fernando Armando dos Santos), Murilo Rusalen (76.Willian da Silva Lima), Bruno de Morais (56.Paulo Pimentel dos Santos), Werick Souza de Assis, Gilberto de Oliveira Carneiro „Giba", Vitor de Oliveira Diniz „Vitor Anjinho". Trainer: Omar Feitosa.
Atlético Paranaense: Wéverton Pereira da Silva, Carlos Eduardo Santos Oliveira, Ricardo Martins de Araújo "Kadu", Christian Alberto Vilches González, Sidcley Ferreira Pereira, Otávio Henrique Passos Santos, Hernani Azevedo Junior, Marcos Guilherme de Almeida Santos Matos, Bruno da Mota Miranda (69.Ytalo José Oliveira dos Santos), Ewandro Felipe de Lima Costa (60.Bruno Alexandre Marques Pereirinha), Crysan da Cruz Queiroz Barcelos (84.Daniel Alejandro Hernández González).
Trainer: Sérgio Agostinho de Oliveira Vieira (Portugal).
[Clube Atlético Paranaense Curitiba won 1-0 on aggregate]

23.09.2015, Estadio Libertadores de América, Avellaneda
Referee: Héber Roberto Lopes (Brazil)
CA Independiente Avellaneda - Club Olimpia Asunción**1-0(1-0)**
Independiente: Diego Martín Rodríguez, Hernán Darío Pellerano, Nicolás Alejandro Tagliafico, Víctor Leandro Cuesta, Gustavo Ariel Toledo, Juan Manuel Martínez Trejo (60.Matiás Pisano), Cristian Gabriel Rodríguez Barrotti (83.Lucas Albertengo), Jesús David José Méndez *[sent off 83]*, Jorge Alberto Ortíz, Diego Daniel Vera Méndez, Martín Nicolás Benítez (87.Julián Vitale). Trainer: Mauricio Andrés Pellegrino.
Olimpia: Diego Fabián Barreto Lara, Salustiano Antonio Candia Galeano, Carlos Adalberto Rolón Ibarra, Cristian Miguel Riveros Núñez, Miguel Ángel Paniagua Rivarola, Iván Arturo Torres Riveros, Eduardo Lorenzo Aranda, Robert Ayrton Piris da Motta, Juan Manuel Salgueiro Silva (64.Alejandro Daniel Silva González), Pablo Daniel Zeballos Ocampos (73.Freddy José Bareiro Gamarra, José Ariel Núñez Portelli (81.William Gabriel Mendieta Pintos). Trainer: Francisco Javier Arce Rolón.
Goal: Juan Manuel Martínez Trejo (42).

30.09.2015, Estadio Defensores del Chaco, Asunción
Referee: Daniel Adán Fedorczuk Betancour (Uruguay)
Club Olimpia Asunción - CA Independiente Avellaneda   **0-0**
Olimpia: Diego Fabián Barreto Lara, Salustiano Antonio Candia Galeano, Alejandro Daniel Silva González (63.Jorge Martín Salinas), Carlos Adalberto Rolón Ibarra, Cristian Miguel Riveros Núñez, Miguel Ángel Paniagua Rivarola, Iván Arturo Torres Riveros (74.Nery Antonio Cardozo Escobar), Eduardo Lorenzo Aranda [*sent off 38*], Juan Manuel Salgueiro Silva, Pablo Daniel Zeballos Ocampos (63.Freddy José Bareiro Gamarra), José Ariel Núñez Portelli. Trainer: Francisco Javier Arce Rolón.
Independiente: Diego Martín Rodríguez, Hernán Darío Pellerano, Nicolás Alejandro Tagliafico, Víctor Leandro Cuesta, Gustavo Ariel Toledo, Juan Manuel Martínez Trejo (64.Lucas Albertengo), Cristian Gabriel Rodríguez Barrotti (87.Alexis Joel Zárate), Jorge Alberto Ortíz, Julián Vitale, Diego Daniel Vera Méndez (69.Juan Martín Lucero), Martín Nicolás Benítez. Trainer: Mauricio Andrés Pellegrino.
[CA Independiente Avellaneda won 1-0 on aggregate]

23.09.2015, Estádio "Adelmar da Costa Carvalho", Recife
Referee: Adrián Vélez (Colombia)
Sport Club do Recife - CA Huracán Buenos Aires   **1-1(0-0)**
Recife: Danilo Fernandes Batista, Severino dos Ramos Durval da Silva, Matheus Ferraz Pereira, Renê Rodrigues Martins, Diego de Souza Andrade (68.Wendell Geraldo Maurício e Silva), André Felipe Ribeiro de Souza, Weverton Almeida Santos „Ferrugem", Francisco Rithely da Silva Sousa, Johnath Marlone Azevedo da Silva, Regis Augusto Salmazzo (62.José Élber Pimentel da Silva), Maikon Fernando Souza Leite (78.Hernane Vidal de Souza). André. Trainer: Paulo Roberto Falcão.
Huracán: Marcos Guillermo Díaz, José Ignacio San Román Canciani, Federico Mancinelli, Martín Hugo Nervo, Luciano Balbi, Mauro Ezequiel Bogado, Iván Diego Moreno y Fabianesi (63.David Andrés Distéfano), Patricio Daniel Toranzo (87.Ezequiel Adrián Gallegos), Federico Vismara, Ramón Darío Abila, Cristian Espinoza (90+3.Agustin Gonzalo Torassa). Trainer: Eduardo Rodrigo Domínguez.
Goals: André Felipe Ribeiro de Souza (51) / Mauro Ezequiel Bogado (74 penalty).

30.09.2015, Estadio "Tomás Adolfo Ducó", Buenos Aires
Referee: Julio César Quintana Rodríguez (Paraguay)
CA Huracán Buenos Aires - Sport Club do Recife   **3-0(0-0)**
Huracán: Marcos Guillermo Díaz, José Ignacio San Román Canciani, Federico Mancinelli, Martín Hugo Nervo, Luciano Balbi, Mauro Ezequiel Bogado (80.Agustin Gonzalo Torassa), Daniel Gastón Montenegro (64.David Andrés Distéfano), Patricio Daniel Toranzo (71.Lucas Villarruel), Federico Vismara, Ramón Darío Abila, Cristian Espinoza. Trainer: Eduardo Rodrigo Domínguez.
Recife: Danilo Fernandes Batista, Severino dos Ramos Durval da Silva, Matheus Ferraz Pereira, Renê Rodrigues Martins, Wendell Geraldo Maurício e Silva [*sent off 88*], Diego de Souza Andrade (77.Ewerton Ribeiro Páscoa), Weverton Almeida Santos „Ferrugem" [*sent off 74*], Francisco Rithely da Silva Sousa (57.José Élber Pimentel da Silva), Johnath Marlone Azevedo da Silva, Regis Augusto Salmazzo (57.Maikon Fernando Souza Leite), André Felipe Ribeiro de Souza. Trainer: Paulo Roberto Falcão.
Goals: Ramón Darío Abila (47), Mauro Ezequiel Bogado (52), Ramón Darío Abila 72).
[CA Huracán Buenos Aires won 4-1 on aggregate]

24.09.2015, Estadio Ciudad de Lanús, Lanús
Referee: José Ramón Argote Vega (Venezuela)
CA Lanús - Defensor Sporting Club Montevideo   0-0
Lanús: Fernando Monetti, Maximiliano Nicolás Velázquez, Diego Luis Braghieri, Gustavo Raúl Gómez Portillo, Matías Lionel Fritzler, Román Fernando Martínez, Nicolás Diego Aguirre (90.Óscar Junior Benítez), Víctor Hugo Ayala Núñez, Miguel Ángel Almirón Rejala, Gonzalo Di Renzo (72.Sebastián Eduardo Leto), Sergio Fabián González. Trainer: Guillermo Barros Schelotto.
Defensor: Martín Nicolás Campaña Delgado, Andrés Scotti Ponce de León, Sergio Sebastián Ariosa Moreira, Guillermo Daniel de los Santos Viana, Emilio Enrique Zeballos Gutiérrez, Mathías Adolfo Cardaccio Alaguich, Felipe Jorge Rodríguez Valla (63.Leonardo Javier Pais Corbo), Mauro Wilney Arambarri Rosa, Facundo Ismael Castro Souto, Brian Avelino Lozano Aparicio (87.Andrés José Fleurquin Rubio), Héctor Fabián Acuña Maciel (76.Ángel Santiago Barboza Manzzi). Trainer: Juan Ramón Tejera Pérez.

01.10.2015, Estadio „Luis Franzini", Montevideo
Referee: Enrique Roberto Osses Zencovic (Chile)
Defensor Sporting Club Montevideo - CA Lanús   0-0; 5-3 on penalties
Defensor: Martín Nicolás Campaña Delgado, Andrés Scotti Ponce de León, Sergio Sebastián Ariosa Moreira, Emilio Enrique Zeballos Gutiérrez, Guillermo Fratta Cabrera, Mathías Adolfo Cardaccio Alaguich, Felipe Jorge Rodríguez Valla, Mauro Wilney Arambarri Rosa, Facundo Ismael Castro Souto, Brian Avelino Lozano Aparicio, Héctor Fabián Acuña Maciel (71.Maximiliano Gómez González). Trainer: Juan Ramón Tejera Pérez.
Lanús: Fernando Monetti, Maximiliano Nicolás Velázquez, Diego Luis Braghieri, Gustavo Raúl Gómez Portillo, Matías Lionel Fritzler, Román Fernando Martínez, Nicolás Diego Aguirre, Víctor Hugo Ayala Núñez, Óscar Junior Benítez, Miguel Ángel Almirón Rejala, Sergio Fabián González (80.Sebastián Eduardo Leto). Trainer: Guillermo Barros Schelotto.
Penalties: Andrés Scotti Ponce de León 1-0; Nicolás Diego Aguirre (missed); Felipe Jorge Rodríguez Valla 2-0; Román Fernando Martínez 2-1; Brian Avelino Lozano Aparicio 3-1; Maximiliano Nicolás Velázquez 3-2; Mathías Adolfo Cardaccio Alaguich 4-2; Sebastián Eduardo Leto 4-3; Maximiliano Gómez González 5-3.
[Defensor Sporting Club Montevideo won 5-3 on penalties (after 0-0 on aggregate)]

24.09.2015, Estadio „Dr. Nicolás Léoz", Asunción
Referee: Roberto Tobar Vargas (Chile)
Club Libertad Asunción - Associação Chapecoense de Futebol   1-1(0-1)
Libertad: Rodrigo Martin Muñóz Salomón, Gustavo Ramón Mencia Ávalos, Pedro Juan Benítez Domínguez, Adalberto Román Benítez, Jorge Luis Moreira Ferreira, Sergio Daniel Aquino, Jorge Daniel González Marquet (46.Yoel Orozmán Burgueño Marcant), Richard Ortíz, Ángel Rodrigo Cardozo Lucena, Hernán Rodrigo López Mora, Jonathan Ariel Valiente (30.Jorge Eduardo Recalde Ramírez). Trainer: Ever Hugo Almeida Almada.
Chapecoense: Marcos Danilo Padilha, Hélio Hermito Zampier Neto, Tiago da Costa Silva, Mateus Lucena dos Santos "Mateus Caramelo", Cléber Santana Loureiro, Maylson Barbosa Teixeira, Fernando Camilo Farias, Wanderson Pereira Rodrigues, Fracinilson Santos Meirelles „Maranhão" (78.Wagner Ricardo Silva da Silva), João Afonso Crispim (47.Igor Brondani Da Luz [*sent off 49*]), Tulio Vinicius Froes de Melo (36.Tiago Luis Martins). Trainer: Augusto Sérgio Ferreira "Guto Ferreira".
Goals: Hernán Rodrigo López Mora (90+2) / Fernando Camilo Farias (17).

01.10.2015, Arena Condá, Chapecó
Referee: Diego Haro (Peru)
Associação Chapecoense de Futebol - Club Libertad Asunción   1-1(1-1,1-1,1-1);
5-3 on penalties
Chapecoense: Marcos Danilo Padilha, Willian Thiego de Jesus [*sent off 99*], Luis Dialisson de Souza Alves „Apodi", Hélio Hermito Zampier Neto, Dener Assunção Braz, Cléber Santana Loureiro, Maylson Barbosa Teixeira (38.Tiago Luis Martins), Fernando Camilo Farias (56.José Gildeixon Clemente de Paiva "Gil"), Wanderson Pereira Rodrigues [*sent off 47*], Fracinilson Santos Meirelles „Maranhão", Tulio Vinicius Froes de Melo (78.Bruno Rangel Domingues). Trainer: Augusto Sérgio Ferreira "Guto Ferreira".
Libertad: Rodrigo Martin Muñóz Salomón, Gustavo Ramón Mencia Ávalos, Pedro Juan Benítez Domínguez, Jorge Luis Moreira Ferreira, Fabián Cornelio Balbuena González, Sergio Daniel Aquino, Jorge Daniel González Marquet, Richard Ortíz, Ángel Rodrigo Cardozo Lucena (46.Mario Arsenio Saldívar Rojas), Hernán Rodrigo López Mora, Wilson Luis Leiva López (80.Jorge Eduardo Recalde Ramírez). Trainer: Ever Hugo Almeida Almada.
Goals: Tulio Vinicius Froes de Melo (7) / Gustavo Ramón Mencia Ávalos (3).
Penalties: Bruno Rangel Domingues 1-0; Hernán Rodrigo López Mora (missed); Hélio Hermito Zampier Neto 2-0; Jorge Daniel González Marquet 2-1; Cléber Santana Loureiro 3-1; Fabián Cornelio Balbuena González 3-2; José Gildeixon Clemente de Paiva "Gil" 4-2; Sergio Daniel Aquino 4-3; Tiago Luis Martins 5-3.
[Associação Chapecoense de Futebol won 5-3 on penalties (after 2-2 on aggregate)]

QUARTER-FINALS

20.10.2015, Estadio "Tomás Adolfo Ducó", Buenos Aires
Referee: Anderson Daronco (Brazil)
CA Huracán Buenos Aires - Defensor Sporting Club Montevideo   1-0(0-0)
Huracán: Marcos Guillermo Díaz, José Ignacio San Román Canciani, Federico Mancinelli, Martín Hugo Nervo, Luciano Balbi, Mauro Ezequiel Bogado, Federico Vismara, Alejandro Romero Gamarra (72.Iván Diego Moreno y Fabianesi), Ezequiel Nicolás Miralles (90.Lucas Villarruel), Ramón Darío Abila, Cristian Espinoza. Trainer: Eduardo Rodrigo Domínguez.
Defensor: Martín Nicolás Campaña Delgado, Andrés Scotti Ponce de León, Sergio Sebastián Ariosa Moreira (89.Mathías Sebastián Suárez Suárez), Emilio Enrique Zeballos Gutiérrez, Guillermo Fratta Cabrera, Mathías Adolfo Cardaccio Alaguich, Felipe Jorge Rodríguez Valla, Mauro Wilney Arambarri Rosa, Facundo Ismael Castro Souto (85.Leonardo Javier Pais Corbo), Brian Avelino Lozano Aparicio, Maximiliano Gómez González (77.Héctor Fabián Acuña Maciel). Trainer: Juan Ramón Tejera Pérez.
Goal: Ramón Darío Abila (78).

27.10.2015, Estadio „Luis Franzini", Montevideo
Referee: Roddy Alberto Zambrano Olmedo (Ecuador)
Defensor Sporting Club Montevideo - CA Huracán Buenos Aires   0-0
Defensor: Martín Nicolás Campaña Delgado, Andrés Scotti Ponce de León, Emilio Enrique Zeballos Gutiérrez, Mathías Sebastián Suárez Suárez, Guillermo Fratta Cabrera, Mathías Adolfo Cardaccio Alaguich, Felipe Jorge Rodríguez Valla, Mauro Wilney Arambarri Rosa (77.Martín Ernesto Rabuñal Rey), Facundo Ismael Castro Souto (60.Ángel Santiago Barboza Manzzi), Brian Avelino Lozano Aparicio, Maximiliano Gómez González (85.Gonzalo Rodrigo Carneiro Méndez). Trainer: Juan Ramón Tejera Pérez.
Huracán: Marcos Guillermo Díaz, José Ignacio San Román Canciani (88.Santiago Echeverría), Federico Mancinelli, Martín Hugo Nervo, Luciano Balbi, Mauro Ezequiel Bogado, Daniel Gastón Montenegro (61.Iván Diego Moreno y Fabianesi), Patricio Daniel Toranzo (80.Lucas Villarruel), Federico Vismara, Ramón Darío Abila, Cristian Espinoza. Trainer: Eduardo Rodrigo Domínguez.
[CA Huracán Buenos Aires won 1-0 on aggregate]

21.10.2015, Estadio "Antonio Vespucio Liberti", Buenos Aires
Referee: Jonathan Fuentes (Uruguay)
CA River Plate Buenos Aires - Associação Chapecoense de Futebol   3-1(1-1)
River Plate: Marcelo Alberto Barovero, Jonathan Ramón Maidana, Gabriel Iván Mercado, Milton Óscar Casco, Éder Fabián Álvarez Balanta, Luis Oscar González (61.Tabaré Uruguay Viudez Mora), Leonardo Nicolás Pisculichi (73.Gonzalo Martínez), Carlos Andrés Sánchez Arcosa, Claudio Matías Kranevitter (83.Leonardo Daniel Ponzio), Rodrigo Nicanor Mora Núñez, Sebastián Driussi. Trainer: Marcelo Daniel Gallardo.
Chapecoense: Marcos Danilo Padilha, Vilson Xavier de Menezes Júnior, Luis Dialisson de Souza Alves „Apodi", Hélio Hermito Zampier Neto, Dener Assunção Braz, Cléber Santana Loureiro, Fernando Camilo Farias, José Gildeixon Clemente de Paiva "Gil", Fracinilson Santos Meirelles „Maranhão" (74.Tiago Luis Martins), Tulio Vinicius Froes de Melo, William Silva Gomes Barbio (46.Ananias Eloi Castro Monteiro). Trainer: Augusto Sérgio Ferreira "Guto Ferreira".
Goals: Carlos Andrés Sánchez Arcosa (19), Leonardo Nicolás Pisculichi (62), Carlos Andrés Sánchez Arcosa (85) / Fracinilson Santos Meirelles „Maranhão" (36).

28.10.2015, Arena Condá, Chapecó
Referee: Julio Alberto González Bascuñán (Chile)
Associação Chapecoense de Futebol - CA River Plate Buenos Aires   2-1(1-1)
Chapecoense: Marcos Danilo Padilha, Willian Thiego de Jesus, Hélio Hermito Zampier Neto, Dener Assunção Braz, Mateus Lucena dos Santos "Mateus Caramelo" (87.Tiago Luis Martins), Cléber Santana Loureiro, José Gildeixon Clemente de Paiva "Gil", Odair Souza "Neném" (69.Fernando Camilo Farias), Fracinilson Santos Meirelles „Maranhão" (75.Tulio Vinicius Froes de Melo), Ananias Eloi Castro Monteiro, Bruno Rangel Domingues. Trainer: Augusto Sérgio Ferreira "Guto Ferreira".
River Plate: Marcelo Alberto Barovero, Jonathan Ramón Maidana, Gabriel Iván Mercado, Milton Óscar Casco, Éder Fabián Álvarez Balanta (64.Emanuel Mammana), Leonardo Daniel Ponzio (63.Tabaré Uruguay Viudez Mora), Leonardo Nicolás Pisculichi (78.Luis Oscar González), Carlos Andrés Sánchez Arcosa, Claudio Matías Kranevitter, Rodrigo Nicanor Mora Núñez, Sebastián Driussi. Trainer: Marcelo Daniel Gallardo.
Goals: Bruno Rangel Domingues (20, 52) / Carlos Andrés Sánchez Arcosa (45+1).
[CA River Plate Buenos Aires won 4-3 on aggregate]

21.10.2015, Arena da Baixada, Curitiba
Referee: Víctor Hugo Carrillo Casanova (Peru)
Clube Atlético Paranaense Curitiba - Club Sportivo Luqueño   1-0(0-0)
Atlético Paranaense: Wéverton Pereira da Silva, Carlos Eduardo Santos Oliveira, Ricardo Martins de Araújo "Kadu", Christian Alberto Vilches González, Roberto Heuchayer Santos de Araújo (80.Daniel Alejandro Hernández González), Otávio Henrique Passos Santos, Hernani Azevedo Junior (46.Bruno Alexandre Marques Pereirinha), Marcos Guilherme de Almeida Santos Matos, Bruno da Mota Miranda, Walter Henrique da Silva, Guilherme Augusto Alves Dellatorre (58.Maycon Vinícius Ferreira da Cruz "Nikão"). Trainer: Cristóvão Borges.
CS Luqueño: Jorge Javier Chena Alonso, Enrique Gabriel Meza Brítez, Aquilino Giménez Gaona, José Alfredo Leguizamón, Óscar Ramón Ruíz Roa (80.Derlis Roberto Alegre Amante), Luis Alcides Miño Muñoz, Luis Carlos Matto Vera (78.Esteban Javier Ramírez Samaniego), Jorge Núñez, Jorge Miguel Ortega Salinas (62.Leonardo Delvalle Morel), Guido Di Vanni, Marcelo David Báez Casco. Trainer: Eduardo Héctor Rivera Mort (Uruguay).
Goal: Marcos Guilherme de Almeida Santos Matos (63).

28.10.2015, Estadio "Feliciano Cáceres", Luque
Referee: Christian Ferreyra (Uruguay)
Club Sportivo Luqueño - Clube Atlético Paranaense Curitiba   2-0(2-0)
CS Luqueño: Jorge Javier Chena Alonso, Enrique Gabriel Meza Brítez, Aquilino Giménez Gaona (45+1.Robert Gustavo Aldama Rodas), José Alfredo Leguizamón, David Ariel Mendieta Chávez (61.Luis Carlos Matto Vera), Luis Alcides Miño Muñoz, Miguel Ángel Godoy Melgarejo, Jorge Núñez (73.Óscar Ramón Ruíz Roa), Jorge Miguel Ortega Salinas, Guido Di Vanni, Marcelo David Báez Casco. Trainer: Eduardo Héctor Rivera Mort (Uruguay).
Atlético Paranaense: Wéverton Pereira da Silva, Carlos Eduardo Santos Oliveira (76.Cléverson Gabriel Córdova "Cléo"), Ricardo Martins de Araújo "Kadu", Bruno Alexandre Marques Pereirinha (24.Daniel Alejandro Hernández González), Christian Alberto Vilches González, Roberto Heuchayer Santos de Araújo, Otávio Henrique Passos Santos, Maycon Vinícius Ferreira da Cruz "Nikão" [*sent off 86*], Hernani Azevedo Junior (46.Guilherme Augusto Alves Dellatorre), Marcos Guilherme de Almeida Santos Matos, Walter Henrique da Silva. Trainer: Cristóvão Borges.
Goals: Jorge Miguel Ortega Salinas (3), José Alfredo Leguizamón (35).
[Club Sportivo Luqueño won 2-1 on aggregate]

22.10.2015, Estadio Libertadores de América, Avellaneda
Referee: Wilton Pereira Sampaio (Brazil)
CA Independiente Avellaneda - Independiente Santa Fe Bogotá   0-1(0-0)
Independiente: Diego Martín Rodríguez, Hernán Darío Pellerano, Nicolás Alejandro Tagliafico, Víctor Leandro Cuesta, Gustavo Ariel Toledo, Juan Manuel Martínez Trejo (59.Claudio Ezequiel Aquino), Jorge Alberto Ortíz, Federico Andrés Mancuello, Diego Daniel Vera Méndez, Juan Martín Lucero (59.Matiás Pisano), Martín Nicolás Benítez (76.Norberto Ezequiel Vidal). Trainer: Mauricio Andrés Pellegrino.
Santa Fe: Robinson Zapata Rufay, Juan Daniel Roa Reyes, Francisco Javier Meza Palma, Leyvin Jhojane Balanta Fory, Yerry Fernando Mina González, José Yulián Anchico Patiño, Luis Manuel Seijas Gunther (90+3.Darío Andrés Rodríguez Parra), Yeison Stiven Gordillo Vargas, Sebastián Enríque Salazar Beltrán, Wilson David Morelo López (87.Almir de Jesús Soto Maldonado), Luis Enrique Quiñónes García (61.Miguel Ángel Borja Hernández). Trainer: Gerardo Cono Pelusso Boyrie (Uruguay).
Goal: Leyvin Jhojane Balanta Fory (65).

29.10.2015, Estadio „Nemesio Camacho" [El Campín], Bogotá
Referee: José Ramón Argote Vega (Venezuela)
Independiente Santa Fe Bogotá - CA Independiente Avellaneda   1-1(1-0)
Santa Fe: Robinson Zapata Rufay, Juan Daniel Roa Reyes (79.Darío Andrés Rodríguez Parra), Francisco Javier Meza Palma, Leyvin Jhojane Balanta Fory, Yerry Fernando Mina González, José Yulián Anchico Patiño, Luis Manuel Seijas Gunther (89.Almir de Jesús Soto Maldonado), Yeison Stiven Gordillo Vargas, Sebastián Enríque Salazar Beltrán, Wilson David Morelo López, Luis Enrique Quiñónes García (78.Miguel Ángel Borja Hernández). Trainer: Gerardo Cono Pelusso Boyrie (Uruguay).
Independiente: Diego Martín Rodríguez, Hernán Darío Pellerano, Nicolás Alejandro Tagliafico (68.Juan Martín Lucero), Víctor Leandro Cuesta, Gustavo Ariel Toledo, Jorge Alberto Ortíz (78.Claudio Ezequiel Aquino), Federico Andrés Mancuello, Julián Vitale, Diego Daniel Vera Méndez, Martín Nicolás Benítez, Norberto Ezequiel Vidal (46.Cristian Gabriel Rodríguez Barrotti). Trainer: Mauricio Andrés Pellegrino.
Goals: Francisco Javier Meza Palma (30) / Robinson Zapata Rufay (90+1 own goal).
[Independiente Santa Fe Bogotá won 2-1 on aggregate]

SEMI-FINALS

04.11.2015, Estadio "Feliciano Cáceres", Luque
Referee: Darío Agustín Ubríaco Medero (Uruguay)
Club Sportivo Luqueño - Independiente Santa Fe Bogotá   1-1(1-0)
CS Luqueño: Jorge Javier Chena Alonso, Enrique Gabriel Meza Brítez, Robert Gustavo Aldama Rodas, José Alfredo Leguizamón, David Ariel Mendieta Chávez (80.Esteban Javier Ramírez Samaniego), Luis Alcides Miño Muñoz, Miguel Ángel Godoy Melgarejo (39.Luis Carlos Matto Vera), Jorge Núñez (71.Óscar Ramón Ruíz Roa), Jorge Miguel Ortega Salinas, Guido Di Vanni, Marcelo David Báez Casco. Trainer: Eduardo Héctor Rivera Mort (Uruguay).
Santa Fe: Robinson Zapata Rufay, Juan Daniel Roa Reyes, Francisco Javier Meza Palma, Leyvin Jhojane Balanta Fory, Yerry Fernando Mina González, José Yulián Anchico Patiño, Luis Manuel Seijas Gunther (87.Almir de Jesús Soto Maldonado), Yeison Stiven Gordillo Vargas, Sebastián Enríque Salazar Beltrán (60.Baldomero Perlaza Perlaza), Wilson David Morelo López (90+3.Jair Arrechea Amú), Luis Enrique Quiñónes García. Trainer: Gerardo Cono Pelusso Boyrie (Uruguay).
Goals: Guido Di Vanni (13) / Baldomero Perlaza Perlaza (60).

25.11.2015, Estadio „Nemesio Camacho" [El Campín], Bogotá
Referee: Enrique Roberto Osses Zencovic (Chile)
Independiente Santa Fe Bogotá - Club Sportivo Luqueño   0-0
Santa Fe: Robinson Zapata Rufay, Juan Daniel Roa Reyes, Francisco Javier Meza Palma, Leyvin Jhojane Balanta Fory, Yerry Fernando Mina González, Luis Manuel Seijas Gunther, Yeison Stiven Gordillo Vargas, Sebastián Enríque Salazar Beltrán (84.Baldomero Perlaza Perlaza), Almir de Jesús Soto Maldonado, Wilson David Morelo López (69.Miguel Ángel Borja Hernández), Daniel Patricio Angulo Arroyo (61.Omar Sebastián Pérez). Trainer: Gerardo Cono Pelusso Boyrie (Uruguay).
CS Luqueño: Arnaldo Andrés Giménez, Enrique Gabriel Meza Brítez, Robert Gustavo Aldama Rodas (88.Juan Marcelo Escobar Chena), Aquilino Giménez Gaona, David Ariel Mendieta Chávez, Luis Alcides Miño Muñoz, Miguel Ángel Godoy Melgarejo, Jorge Núñez (46.Derlis Roberto Alegre Amante), Jorge Miguel Ortega Salinas (90.Cristian Federico Ortíz López), Guido Di Vanni, Marcelo David Báez Casco. Trainer: Eduardo Héctor Rivera Mort (Uruguay).
[Independiente Santa Fe Bogotá won on away goals rule (1-1 on aggregate)]

05.11.2015, Estadio "Antonio Vespucio Liberti", Buenos Aires
Referee: Andrés Ismael Cunha Soca (Uruguay)
CA River Plate Buenos Aires - CA Huracán Buenos Aires   0-1(0-1)
River Plate: Marcelo Alberto Barovero, Jonathan Ramón Maidana, Gabriel Iván Mercado, Milton Óscar Casco, Emanuel Mammana, Gonzalo Martínez (46.Tabaré Uruguay Viudez Mora), Carlos Andrés Sánchez Arcosa, Claudio Matías Kranevitter, Rodrigo Nicanor Mora Núñez (62.Javier Pedro Saviola), Lucas Nicolás Alario, Sebastián Driussi (46.Luis Oscar González). Trainer: Marcelo Daniel Gallardo.
Huracán: Marcos Guillermo Díaz, José Ignacio San Román Canciani, Federico Mancinelli, Martín Hugo Nervo, Luciano Balbi, Mauro Ezequiel Bogado, Daniel Gastón Montenegro (54.Guillermo Sotelo), Patricio Daniel Toranzo (78.Pablo Nicolás Bruna), Federico Vismara, Ramón Darío Abila, Cristian Espinoza (88.Iván Diego Moreno y Fabianesi). Trainer: Eduardo Rodrigo Domínguez.
Goal: Cristian Espinoza (14).

26.11.2015, Estadio "Tomás Adolfo Ducó", Buenos Aires
Referee: Sandro Meira Ricci (Brazil)
CA Huracán Buenos Aires - CA River Plate Buenos Aires   2-2(2-0)
Huracán: Marcos Guillermo Díaz, José Ignacio San Román Canciani, Federico Mancinelli, Martín Hugo Nervo, Luciano Balbi, Mauro Ezequiel Bogado, Daniel Gastón Montenegro (72.David Andrés Distéfano), Patricio Daniel Toranzo (84.Lucas Villarruel), Federico Vismara, Ramón Darío Abila, Cristian Espinoza (59.Ezequiel Nicolás Miralles). Trainer: Eduardo Rodrigo Domínguez.
River Plate: Marcelo Alberto Barovero, Jonathan Ramón Maidana, Leonel Jesús Vangioni (46.Gonzalo Martínez), Gabriel Iván Mercado, Milton Óscar Casco (46.Camilo Sebastián Mayada Mesa), Éder Fabián Álvarez Balanta, Leonardo Daniel Ponzio (67.Luis Oscar González), Carlos Andrés Sánchez Arcosa [sent off 90+1], Claudio Matías Kranevitter, Rodrigo Nicanor Mora Núñez, Lucas Nicolás Alario. Trainer: Marcelo Daniel Gallardo.
Goals: Patricio Daniel Toranzo (2), Ramón Darío Abila (25) / Rodrigo Nicanor Mora Núñez (68, 81).
[CA Huracán Buenos Aires won 3-2 on aggregate]

FINAL

02.12.2015, Estadio "Tomás Adolfo Ducó", Buenos Aires
Referee: Antonio Javier Arias Alvarenga (Paraguay)
CA Huracán Buenos Aires - Independiente Santa Fe Bogotá   0-0
Huracán: Marcos Guillermo Díaz, José Ignacio San Román Canciani, Federico Mancinelli, Martín Hugo Nervo, Luciano Balbi, Mauro Ezequiel Bogado, Daniel Gastón Montenegro (82.David Andrés Distéfano), Patricio Daniel Toranzo, Federico Vismara, Ramón Darío Abila, Cristian Espinoza (62.Ezequiel Nicolás Miralles). Trainer: Eduardo Rodrigo Domínguez.
Santa Fe: Robinson Zapata Rufay, Francisco Javier Meza Palma, Leyvin Jhojane Balanta Fory, Yerry Fernando Mina González, José Yulián Anchico Patiño (89.Sergio Andrés Otálvaro Botero), Luis Manuel Seijas Gunther, Yeison Stiven Gordillo Vargas, Baldomero Perlaza Perlaza, Almir de Jesús Soto Maldonado, Wilson David Morelo López (74.Miguel Ángel Borja Hernández), Daniel Patricio Angulo Arroyo (85.Omar Sebastián Pérez). Trainer: Gerardo Cono Pelusso Boyrie (Uruguay).

29.12.2015, Estadio „Nemesio Camacho" [El Campín], Bogotá
Referee: Héber Roberto Lopes (Brazil)
Independiente Santa Fe Bogotá - CA Huracán Buenos Aires   0-0; 3-1 on penalties
Santa Fe: Robinson Zapata Rufay, Juan Daniel Roa Reyes, Francisco Javier Meza Palma, Leyvin Jhojane Balanta Fory, Yerry Fernando Mina González, José Yulián Anchico Patiño (108.Sergio Andrés Otálvaro Botero), Luis Manuel Seijas Gunther, Yeison Stiven Gordillo Vargas (72.Omar Sebastián Pérez), Baldomero Perlaza Perlaza, Wilson David Morelo López, Daniel Patricio Angulo Arroyo (46.Miguel Ángel Borja Hernández). Trainer: Gerardo Cono Pelusso Boyrie (Uruguay).
Huracán: Marcos Guillermo Díaz, José Ignacio San Román Canciani, Federico Mancinelli, Martín Hugo Nervo, Luciano Balbi, Mauro Ezequiel Bogado, Daniel Gastón Montenegro (78.David Andrés Distéfano), Patricio Daniel Toranzo, Federico Vismara, Ramón Darío Abila [sent off 117], Cristian Espinoza (97.Agustin Gonzalo Torassa; 120.Carlos Andres Arano Fernández). Trainer: Eduardo Rodrigo Domínguez.
Penalties: Mauro Ezequiel Bogado (saved); Omar Sebastián Pérez 1-0; Martín Hugo Nervo (missed); Luis Manuel Seijas Gunther 2-0; Federico Mancinelli 2-1; Leyvin Jhojane Balanta Fory 3-1; Patricio Daniel Toranzo (saved).

Copa Sudamericana Winner 2015: **Independiente Santa Fe Bogotá**

Best Goalscorer: Ramón Darío Ábila (CA Huracán Buenos Aires),
Miller Alejandro Bolaños Reasco (Club Sport Emelec Guayaquil),
Wilson David Morelo López (Independiente Santa Fe Bogotá),
José Ariel Núñez Portelli (Club Olimpia Asunción) – all 5 goals

COPA SUDAMERICANA (2002-2015) TABLE OF HONOURS		
2002	Club Atlético San Lorenzo de Almagro Buenos Aires	(ARG)
2003	Club Sportivo Cienciano de Cuzco	(PER)
2004	Club Atlético Boca Juniors Buenos Aires	(ARG)
2005	Club Atlético Boca Juniors Buenos Aires	(ARG)
2006	Club de Fútbol Pachuca	(MEX)
2007	Arsenal Fútbol Club de Sarandí	(ARG)
2008	Sport Club Internacional Porto Alegre	(BRA)
2009	Liga Deportiva Universitaria Quito	(ECU)
2010	Club Atlético Independiente Avellaneda	(ARG)
2011	CFP de la Universidad de Chile Santiago	(CHI)
2012	São Paulo Futebol Clube	(BRA)
2013	Club Atlético Lanús	(ARG)
2014	Club Atlético River Plate Buenos Aires	(ARG)
2015	Independiente Santa Fe Bogotá	(COL)

RECOPA SUDAMERICANA 2015

The Recopa Sudamericana is an annual football competition disputed between the reigning champions of the previous year's Copa Libertadores and the Copa Sudamericana. Previously, the Recopa Sudamericana was contested between the Copa Libertadores winner and the Supercopa „João Havelange" (created 1988) champion until the Supercopa was disbanded 1997.

The 2015 edition was disputed between Club Atlético San Lorenzo de Almagro (2014 Copa Libertadores winner) and Club Atlético River Plate Buenos Aires (2014 Copa Sudamericana winner). Club Atlético River Plate Buenos Aires won both legs 1–0 to win their first Recopa Sudamericana.

19.08.2015, Estadio "Antonio Vespucio Liberti", Buenos Aires
Referee: Germán Delfino (Argentina)
CA River Plate Buenos Aires – CA San Lorenzo de Almagro   1-0(0-0)
River Plate: Marcelo Alberto Barovero, Jonathan Ramón Maidana, Leonel Jesús Vangioni, Gabriel Iván Mercado, Ramiro José Funes Mori, Leonardo Nicolás Pisculichi, Ariel Mauricio Rojas (72.Camilo Sebastián Mayada Mesa), Carlos Andrés Sánchez Arcosa, Claudio Matías Kranevitter, Teófilo Antonio Gutiérrez Roncancio (72.Fernando Ezequiel Cavenaghi), Rodrigo Nicanor Mora Núñez (62.Gonzalo Nicolás Martínez). Trainer: Marcelo Daniel Gallardo.
San Lorenzo: Sebastián Alberto Torrico, Mauro Cetto, Matías Nicolás Caruzzo, Emanuel Matías Más, Pablo Cesar Barrientos (61.Leandro Atilio Romagnoli), Juan Ignacio Mercier, Sebastián Marcelo Blanco (76.Gonzalo Alberto Verón), Enzo Kalinski, Julio Alberto Buffarini, Franco Gabriel Mussis, Martín Cauteruccio Rodríguez (66.Mauro Matos). Trainer: Edgardo Bauza.
Goal: 1-0 Carlos Andrés Sánchez Arcosa (77).
Sent off: Leandro Atilio Romagnoli (87).

19.08.2015, Estadio "Pedro Bidegain", Buenos Aires
Referee: Néstor Fabián Pitana (Argentina)
CA San Lorenzo de Almagro - CA River Plate Buenos Aires   0-1(0-0)
San Lorenzo: Sebastián Alberto Torrico, Mauro Cetto, Matías Nicolás Caruzzo, Emanuel Matías Más, Pablo Cesar Barrientos (57.Mauro Matos), Juan Ignacio Mercier, Sebastián Marcelo Blanco, Julio Alberto Buffarini, Franco Gabriel Mussis (16.Facundo Tomás Quignón; 66.Gonzalo Alberto Verón), Martín Cauteruccio Rodríguez, Héctor Daniel Villalba. Trainer: Edgardo Bauza.
River Plate: Marcelo Alberto Barovero, Jonathan Ramón Maidana, Leonel Jesús Vangioni, Gabriel Iván Mercado, Ramiro José Funes Mori, Leonardo Nicolás Pisculichi (62.Gonzalo Nicolás Martínez), Ariel Mauricio Rojas, Carlos Andrés Sánchez Arcosa, Claudio Matías Kranevitter, Teófilo Antonio Gutiérrez Roncancio (75.Camilo Sebastián Mayada Mesa), Rodrigo Nicanor Mora Núñez (84.Germán Alejo Pezzela). Trainer: Marcelo Daniel Gallardo.
Goal: 0-1 Carlos Andrés Sánchez Arcosa (67).
Sent off: Ramiro José Funes Mori (81), Julio Alberto Buffarini (90).

2015 Recopa Sudamericana Winner: **Club Atlético River Plate Buenos Aires**

\multicolumn{3}{c}{**RECOPA SUDAMERICANA (1989-2014) TABLE OF HONOURS**}		
1989	Club Nacional de Football Montevideo	(URU)
1990	Club Atlético Boca Juniors Buenos Aires	(ARG)
1991	Club Olimpia Asunción[1]	(PAR)
1992	Club Social y Deportivo Colo Colo Santiago	(CHI)
1993	São Paulo Futebol Clube	(BRA)
1994	São Paulo Futebol Clube	(BRA)
1995	Club Atlético Independiente Avellaneda	(ARG)
1996	Grêmio Foot-Ball Porto Alegrense	(BRA)
1997	Club Atlético Vélez Sarsfield Buenos Aires	(ARG)
1998	Cruzeiro Esporte Clube Belo Horizonte	(BRA)
1999	*No competition*	
2000	*No competition*	
2001	*No competition*	
2002	*No competition*	
2003	Club Olimpia Asunción	(PAR)
2004	Club Sportivo Cienciano de Cuzco	(PER)
2005	Club Atlético Boca Juniors Buenos Aires	(ARG)
2006	Club Atlético Boca Juniors Buenos Aires	(ARG)
2007	Sport Club Internacional Porto Alegre	(BRA)
2008	Club Atlético Boca Juniors Buenos Aires	(ARG)
2009	Liga Deportiva Universitaria Quito	(ECU)
2010	Liga Deportiva Universitaria Quito	(ECU)
2011	Sport Club Internacional Porto Alegre	(BRA)
2012	Santos Futebol Clube	(BRA)
2013	Sport Club Corinthians Paulista São Paulo	(BRA)
2014	Clube Atlético Mineiro Belo Horizonte	(BRA)
2015	Club Atlético River Plate Buenos Aires	(ARG)

[1]No final match disputed. Club Olimpia Asunción won both Copa Libertadores and the Supercopa „João Havelange" and was declared Recopa winners.

NATIONAL ASSOCIATIONS

The South American Football Confederation, commonly known as CONMEBOL, but also known as CSF (from Spanish: Confederación Sudamericana de Fútbol) is the continental governing body of association football in South America and it is one of FIFA's six continental confederations. CONMEBOL - the oldest continental confederation in the world, having its headquarters located in Luque (Paraguay) - is responsible for the organization and governance of South American football's major international tournaments. With only 10 member football associations, it has the fewest members of all the confederations in FIFA. This 10 member associations are as follows:

Argentina   **Bolivia**   **Brazil**   **Chile**   **Colombia**

Ecuador   **Paraguay**   **Peru**   **Uruguay**   **Venezuela**

ARGENTINA

The Country:
República Argentina (Argentine Republic)
Capital: Buenos Aires
Surface: 2,766,890km²
Inhabitants: 43,417,500
Time: UTC-3

The FA:
Asociación del Fútbol Argentino
Viamonte 1366/76 Buenos Aires 1053
Year of Formation: 1893
Member of FIFA since: 1912
Member of CONMEBOL since: 1916
Internet: www.afa.org.ar

NATIONAL TEAM RECORDS	
First international match:	20.07.1902, Montevideo: Uruguay – Argentina 0-6
Most international caps:	Javier Adelmar Zanetti – 145 caps (1994-2011)
Most international goals:	Gabriel Omar Batistuta – 56 goals (78 caps, 1991-2002)

OLYMPIC GAMES 1900-2012
1928 (Runenrs-up), 1960, 1964, 1988, 1996 (Runners-up), **2004 & 2008 (Winners)**
FIFA CONFEDERATIONS CUP 1992-2013
1992 (Winners), 1995 (Runners-up), 2005 (Runners-up).

COPA AMÉRICA	
1916	Runners-up
1917	Runners-up
1919	3rd Place
1920	Runners-up
1921	**Winners**
1922	4th Place
1923	Runners-up
1924	Runners-up
1925	**Winners**
1926	Runners-up
1927	**Winners**
1929	**Winners**
1935	Runners-up
1937	**Winners**
1939	*Withdrew*
1941	**Winners**
1942	Runners-up
1945	**Winners**
1946	**Winners**
1947	**Winners**
1949	*Withdrew*
1953	*Withdrew*
1955	**Winners**
1956	3rd Place
1957	**Winners**
1959	**Winners**
1959E	Runners-up
1963	3rd Place
1967	Runners-up
1975	Round 1
1979	Round 1
1983	Round 1
1987	4th Place
1989	3rd Place
1991	**Winners**
1993	**Winners**
1995	Quarter-Finals
1997	Quarter-Finals
1999	Quarter-Finals
2001	*Withdrew*
2004	Runners-up
2007	Runners-up
2011	Quarter-Finals
2015	Runners-up
2016	Runners-up

FIFA WORLD CUP	
1930	Final Tournament (Runners-up)
1934	Final Tournament (1st Round)
1938	*Withdrew*
1950	*Withdrew*
1954	*Withdrew*
1958	Final Tournament (Group Stage)
1962	Final Tournament (Group Stage)
1966	Final Tournament (Quarter-Finals)
1970	Qualifiers
1974	Final Tournament (2nd Round)
1978	**Final Tournament (Winners)**
1982	Final Tournament (2nd Round)
1986	**Final Tournament (Winners)**
1990	Final Tournament (Runners-up)
1994	Final Tournament (2nd Round of 16)
1998	Final Tournament (Quarter-Finals)
2002	Final Tournament (Group Stage)
2006	Final Tournament (Quarter-Finals)
2010	Final Tournament (Quarter-Finals)
2014	Final Tournament (Runners-up)

PANAMERICAN GAMES	
1951	**Winners**
1955	**Winners**
1959	**Winners**
1963	Runners-up
1967	Round 1
1971	**Winners**
1975	3rd Place
1979	3rd Place
1983	Round 1
1987	3rd Place
1991	Did not enter
1995	**Winners**
1999	Did not enter
2003	**Winners**
2007	Round 1
2011	Runners-up

PANAMERICAN CHAMPIONSHIP	
1952	Did not enter
1956	Runners-up
1960	**Winners**

ARGENTINIAN CLUB HONOURS IN SOUTH AMERICAN CLUB COMPETITIONS:
COPA LIBERTADORES 1960-2015
CA Independiente Avellaneda (1964, 1965, 1972, 1973, 1974, 1975, 1984)
Racing Club Avellaneda (1967)
Club Estudiantes de La Plata (1968, 1969, 1970, 2009)
CA Boca Juniours Buenos Aires (1977, 1978, 2000, 2001, 2003, 2007)
AA Argentinos Juniors Bunoes Aires (1985)
CA River Plate Buenos Aires (1986, 1996, 2015)
CA Vélez Sársfield Buenos Aires (1994)
CA San Lorenzo de Almagro (2014)
COPA SUDAMERICANA 2002-2015
CA San Lorenzo de Almagro (2002)
CA Boca Juniours Buenos Aires (2004, 2005)
Arsenal Fútbol Club de Sarandí (2007)
CA Independiente Avellaneda (2010)
CA Lanús (2013)
CA River Plate Buenos Aires (2014)
RECOPA SUDAMERICANA 1989-2015
CA Boca Juniors Buenos Aires (1990, 2005, 2006, 2008)
CA Independiente Avellaneda (1995)
CA Vélez Sarsfield Buenos Aires (1997)
CA River Plate Buenos Aires (2015)
COPA CONMEBOL 1992-1999
CA Rosario Central (1995)
CA Lanús (1996)
CA Talleres Córdoba (1999)
SUPERCUP „JOÃO HAVELANGE" 1988-1997*
Racing Club Avellaneda (1988)
CA Boca Juniours Buenos Aires (1989)
CA Independiente Avellaneda (1994, 1995)
CA Vélez Sársfield Buenos Aires (1996)
CA River Plate Buenos Aires (1997)
COPA MERCOSUR 1998-2001**
CA San Lorenzo de Almagro (2001)

*Contested betwenn winners of all previous editions of the Copa Libertadores
**Contested between teams belonging countries from the southern part of South America (Argentina, Brazil, Chile, Paraguay and Uruguay).

NATIONAL COMPETITIONS
TABLE OF HONOURS

NATIONAL CHAMPIONS
1891-2016

The Amateur Era in Argentine football lasted between 1891 and 1934 and it was the first league tournament outside the United Kingdom. Between 1912-1914 (FAF = Federación Argentina de Football) and 1919-1926 (AAM = Asociación Amateurs de Football), other rival Football Associations organized their own amateur championships, but this associations were not recognized by the FIFA.

	Argentinean Amateur Championship
1891	Saint Andrew's Old Caledonians
1892	*No competition*
1893	Lomas Athletic Club Buenos Aires
1894	Lomas Athletic Club Buenos Aires
1895	Lomas Athletic Club Buenos Aires
1896	Lomas Academy Buenos Aires
1897	Lomas Athletic Club Buenos Aires
1898	Lomas Athletic Club Buenos Aires
1899	Belgrano Athletic Club
1900	Buenos Aires English High School*
1901	Alumni Athletic Club
1902	Alumni Athletic Club
1903	Alumni Athletic Club
1904	Belgrano Athletic Club
1905	Alumni Athletic Club
1906	Alumni Athletic Club
1907	Alumni Athletic Club
1908	Belgrano Athletic Club
1909	Alumni Athletic Club
1910	Alumni Athletic Club
1911	Alumni Athletic Club
1912	Quilmes Atlético Club / Club Porteño (FAF)
1913	Racing Club de Avellaneda / Club Estudiantes de La Plata (FAF)
1914	Racing Club de Avellaneda / Club Porteño (FAF)
1915	Racing Club de Avellaneda
1916	Racing Club de Avellaneda
1917	Racing Club de Avellaneda
1918	Racing Club de Avellaneda
1919	Club Atlético Boca Juniors Buenos Aires / Racing Club de Avellaneda (AAM)
1920	Club Atlético Boca Juniors Buenos Aires / Club Atlético River Plate Buenos Aires (AAM)
1921	Club Atlético Huracán Buenos Aires / Racing Club de Avellaneda (AAM)
1922	Club Atlético Huracán Buenos Aires / Club Atlético Independiente Avellaneda (AAM)
1923	Club Atlético Boca Juniors Buenos Aires / Club Atlético San Lorenzo de Almagro (AAM)
1924	Club Atlético Boca Juniors Buenos Aires / Club Atlético San Lorenzo de Almagro (AAM)
1925	Club Atlético Huracán Buenos Aires / Racing Club de Avellaneda (AAM)
1926	Club Atlético Boca Juniors Buenos Aires / Club Atlético Independiente Avellaneda (AAM)

1927	Club Atlético San Lorenzo de Almagro
1928	Club Atlético Huracán Buenos Aires
1929	Club de Gimnasia y Esgrima La Plata
1930	Club Atlético Boca Juniors Buenos Aires
1931	Club Atlético Estudiantil Porteño
1932	Club Sportivo Barracas Bolívar
1933	Club Sportivo Dock Sud Avellaneda
1934	Club Atlético Estudiantil Porteño

*became later Alumni Athletic Club

The best teams played since 1931 for the Professional League, founded in 1931. Between 1967 and 1985 two championships were played:
Metropolitano (=Met; First Division) with the club teams based in the Metropolitan area.
Nacional (=Nac) played with teams from all regions.
Between 1985/1986 and 1990/1991, the League played on European style, with autumn-spring seasons.
Since 1991/1992, two championships were played: **Apertura** (=Ape) is the initial championship of the League; **Clausura** (=Cla) is the last championship of the League.

	Argentinean Professional Championship
1931	Club Atlético Boca Juniors Buenos Aires
1932	Club Atlético River Plate Buenos Aires
1933	Club Atlético San Lorenzo de Almagro
1934	Club Atlético Boca Juniors Buenos Aires
1935	Club Atlético Boca Juniors Buenos Aires
1936	Club Atlético River Plate Buenos Aires
1937	Club Atlético River Plate Buenos Aires
1938	Club Atlético Independiente Avellaneda
1939	Club Atlético Independiente Avellaneda
1940	Club Atlético Boca Juniors Buenos Aires
1941	Club Atlético River Plate Buenos Aires
1942	Club Atlético River Plate Buenos Aires
1943	Club Atlético Boca Juniors Buenos Aires
1944	Club Atlético Boca Juniors Buenos Aires
1945	Club Atlético River Plate Buenos Aires
1946	Club Atlético San Lorenzo de Almagro
1947	Club Atlético River Plate Buenos Aires
1948	Club Atlético Independiente Avellaneda
1949	Racing Club de Avellaneda
1950	Racing Club de Avellaneda
1951	Racing Club de Avellaneda
1952	Club Atlético River Plate Buenos Aires
1953	Club Atlético River Plate Buenos Aires
1954	Club Atlético Boca Juniors Buenos Aires
1955	Club Atlético River Plate Buenos Aires
1956	Club Atlético River Plate Buenos Aires
1957	Club Atlético River Plate Buenos Aires
1958	Racing Club de Avellaneda
1959	Club Atlético San Lorenzo de Almagro
1960	Club Atlético Independiente Avellaneda
1961	Racing Club de Avellaneda

1962	Club Atlético Boca Juniors Buenos Aires	
1963	Club Atlético Independiente Avellaneda	
1964	Club Atlético Boca Juniors Buenos Aires	
1965	Club Atlético Boca Juniors Buenos Aires	
1966	Racing Club de Avellaneda	
1967	Met:	Club Estudiantes de La Plata
	Nac:	Club Atlético Independiente Avellaneda
1968	Met:	Club Atlético San Lorenzo de Almagro
	Nac:	Club Atlético Vélez Sársfield Buenos Aires
1969	Met:	Club Atlético Chacarita Juniors San Martín
	Nac:	Club Atlético Boca Juniors Buenos Aires
1970	Met:	Club Atlético Independiente Avellaneda
	Nac:	Club Atlético Boca Juniors Buenos Aires
1971	Met:	Club Atlético Independiente Avellaneda
	Nac:	Club Atlético Rosario Central
1972	Met:	Club Atlético San Lorenzo de Almagro
	Nac:	Club Atlético San Lorenzo de Almagro
1973	Met:	Club Atlético Huracán Buenos Aires
	Nac:	Club Atlético Rosario Central
1974	Met:	Club Atlético Newell's Old Boys Rosario
	Nac:	Club Atlético San Lorenzo de Almagro
1975	Met:	Club Atlético River Plate Buenos Aires
	Nac:	Club Atlético River Plate Buenos Aires
1976	Met:	Club Atlético Boca Juniors Buenos Aires
	Nac:	Club Atlético Boca Juniors Buenos Aires
1977	Met:	Club Atlético River Plate Buenos Aires
	Nac:	Club Atlético Independiente Avellaneda
1978	Met:	Quilmes Atlético Club
	Nac:	Club Atlético Independiente Avellaneda
1979	Met:	Club Atlético River Plate Buenos Aires
	Nac:	Club Atlético River Plate Buenos Aires
1980	Met:	Club Atlético River Plate Buenos Aires
	Nac:	Club Atlético Rosario Central
1981	Met:	Club Atlético Boca Juniors Buenos Aires
	Nac:	Club Atlético River Plate Buenos Aires
1982	Nac:	Club Ferro Carril Oeste Buenos Aires
	Met:	Club Estudiantes de La Plata
1983	Nac:	Club Estudiantes de La Plata
	Met:	Club Atlético Independiente Avellaneda
1984	Nac:	Club Ferro Carril Oeste Buenos Aires
	Met:	Asociación Atlética Argentinos Juniors Buenos Aires
1985	Nac:	Asociación Atlética Argentinos Juniors Buenos Aires
1985/1986	Club Atlético River Plate Buenos Aires	
1986/1987	Club Atlético Rosario Central	
1987/1988	Club Atlético Newell's Old Boys Rosario	
1988/1989	Club Atlético Independiente Avellaneda	
1989/1990	Club Atlético River Plate Buenos Aires	
1990/1991	Club Atlético Newell's Old Boys Rosario	
1991/1992	Ape:	Club Atlético River Plate Buenos Aires
	Cla:	Club Atlético Newell's Old Boys Rosario
1992/1993	Ape:	Club Atlético Boca Juniors Buenos Aires
	Cla:	Club Atlético Vélez Sársfield Buenos Aires

1993/1994	Ape:	Club Atlético River Plate Buenos Aires
	Cla:	Club Atlético Independiente Avellaneda
1994/1995	Ape:	Club Atlético River Plate Buenos Aires
	Cla:	Club Atlético San Lorenzo de Almagro
1995/1996	Ape:	Club Atlético Vélez Sársfield Buenos Aires
	Cla:	Club Atlético Vélez Sársfield Buenos Aires
1996/1997	Ape:	Club Atlético River Plate Buenos Aires
	Cla:	Club Atlético River Plate Buenos Aires
1997/1998	Ape:	Club Atlético River Plate Buenos Aires
	Cla:	Club Atlético Vélez Sársfield Buenos Aires
1998/1999	Ape:	Club Atlético Boca Juniors Buenos Aires
	Cla:	Club Atlético Boca Juniors Buenos Aires
1999/2000	Ape:	Club Atlético River Plate Buenos Aires
	Cla:	Club Atlético River Plate Buenos Aires
2000/2001	Ape:	Club Atlético Boca Juniors Buenos Aires
	Cla:	Club Atlético San Lorenzo de Almagro
2001/2002	Ape:	Racing Club de Avellaneda
	Cla:	Club Atlético River Plate Buenos Aires
2002/2003	Ape:	Club Atlético Independiente Avellaneda
	Cla:	Club Atlético River Plate Buenos Aires
2003/2004	Ape:	Club Atlético Boca Juniors Buenos Aires
	Cla:	Club Atlético River Plate Buenos Aires
2004/2005	Ape:	Club Atlético Newell's Old Boys Rosario
	Cla:	Club Atlético Vélez Sársfield Buenos Aires
2005/2006	Ape:	Club Atlético Boca Juniors Buenos Aires
	Cla:	Club Atlético Boca Juniors Buenos Aires
2006/2007	Ape:	Club Estudiantes de La Plata
	Cla:	Club Atlético San Lorenzo de Almagro
2007/2008	Ape:	Club Atlético Lanús
	Cla:	Club Atlético River Plate Buenos Aires
2008/2009	Ape:	Club Atlético Boca Juniors Buenos Aires
	Cla:	Club Atlético Vélez Sársfield Buenos Aires
2009/2010	Ape:	Club Atlético Banfield
	Cla:	Asociación Atlética Argentinos Juniors Buenos Aires
2010/2011	Ape:	Club Estudiantes de La Plata
	Cla:	Club Atlético Vélez Sársfield Buenos Aires
2011/2012	Ape:	CA Boca Juniors Buenos Aires
	Cla:	Arsenal FC de Sarandí
2012/2013	Ini:	Club Atlético Vélez Sársfield Buenos Aires
	Fin:	Club Atlético Newell's Old Boys Rosario
2013/2014	Ini:	Club Atlético San Lorenzo de Almagro
	Fin:	CA River Plate Buenos Aires
2014	Tra:	Racing Club de Avellaneda
2015		CA Boca Juniors Buenos Aires
2016		CA Lanús

TOP SCORERS
1891-2016

	Argentinean Amateur Championship	
1891	F. Archer (Buenos Aires & Rosario railway)	7
1892	*No competition*	
1893	William Leslie (Lomas AC Buenos Aires)	7
1894	James Gifford (Flores Athletic Club)	4
1895	*Not awarded*	
1896	T. F. Allen (Flores Athletic Club), Juan O. Anderson (Lomas AC Buenos Aires)	7
1897	William Stirling (Lomas AC Buenos Aires)	20
1898	T. F. Allen (Lanús Athletic)	11
1899	Percy Hooton (Belgrano AC)	3
1900	Spencer Leonard (Buenos Aires English High School)	8
1901	Herbert Dorning (Belgrano AC)	5
1902	Jorge Gibson Brown (Alumni AC)	11
1903	Jorge Gibson Brown (Alumni AC)	12
1904	Alfredo Carr Brown (Alumni AC)	11
1905	Tristán González (CA Estudiantes Buenos Aires), Carlos Lett (Alumni AC)	12
1906	Eliseo Brown (Alumni AC), Percy Hooton (Quilmes AC), Henry Lawrie (Lomas AC Buenos Aires), C. H. Whaley (Belgrano AC)	8
1907	Eliseo Brown (Alumni AC)	24
1908	Eliseo Brown (Alumni AC)	19
1909	Eliseo Brown (Alumni AC)	17
1910	Watson Hutton & Arnold Pencliff (Alumni AC)	13
1911	Ricardo S. Malbrán (San Isidro AC), Ricardo S. Malbrán (Alumni AC), Antonio Piaggio (Club Porteño)	10
1912	Alberto Bernardino Ohaco (Racing Club de Avellaneda)	9
	Enrique Colla (CA Independiente Avellaneda)/FAF	12
1913	Alberto Bernardino Ohaco (Racing Club de Avellaneda)	20
	Guillermo Dannaher (CA Argentino de Quilmes)/FAF	16
1914	Alberto Bernardino Ohaco (Racing Club de Avellaneda)	20
	Norberto Carabelli (Club Hispano Argentino)/FAF	11
1915	Alberto Bernardino Ohaco (Racing Club de Avellaneda)	31
1916	Marius Hiller (Club de Gimnasia y Esgrima La Plata)	16
1917	Alberto Andrés Marcovecchio (Racing Club de Avellaneda)	18
1918	Albérico Zabaleta (Racing Club de Avellaneda)	13
1919	Alfredo Garassino, Alfredo Martín (CA Boca Juniors Buenos Aires)	6
	Alberto Andrés Marcovecchio (Racing Club de Avellaneda)/AAM	12
1920	Fausto Lucarelli (CA Banfield)	15
	Santiago Carreras (CA Vélez Sársfield Buenos Aires)/AAM	19
1921	Guillermo Dannaher (CA Huracán Buenos Aires)	23
	Albérico Zabaleta (Racing Club de Avellaneda)/AAM	32
1922	J. Clarke (Sportivo Palermo), Domingo Alberto Tarasconi (CA Boca Juniors)	11
	Manuel Seoane (CA Independiente Avellaneda)/AAM	55
1923	Domingo Alberto Tarasconi (CA Boca Juniors Buenos Aires)	40
	Martín Barceló (Racing Club de Avellaneda)/AAM	15
1924	Domingo Alberto Tarasconi (CA Boca Juniors Buenos Aires)	16
	Ricardo Lucarelli (Sportivo Buenos Aires), Luis Ravaschino (CA Independiente Avellaneda)/AAM	15
1925	José Gaslini (CA Chacarita Juniors San Martín)	16
	Alberto Bellomo (Estudiantes de La Plata)/AAM	16

114

1926	Roberto Eugenio Cerro (CA Boca Juniors Buenos Aires)	20
	Manuel Seoane (CA Independiente Avellaneda)/AAM	29
1927	Domingo Alberto Tarasconi (CA Boca Juniors Buenos Aires)	32
1928	Roberto Eugenio Cerro (CA Boca Juniors Buenos Aires)	32
1929	Juan Bautista Cortesse (CA San Lorenzo de Almagro),	
	Manuel Seoane (CA Independiente Avellaneda)	13
1930	Roberto Eugenio Cerro (CA Boca Juniors Buenos Aires)	37
1931	Julio Ciancia (Club Almagro)	14
1932	Juan Carlos Irurieta (CA All Boys Buenos Aires)	23
1933	A. Lorenzo (CA Barracas Central Buenos Aires)	16
1934	C. Maseda (CA Argentino de Quilmes),	
	Domingo Alberto Tarasconi (Club General San Martín)	16

Argentinean Professional Championship

1931	Alberto Máximo Zozaya (Club Estudiantes de La Plata)	33
1932	Bernabé Ferreyra (CA River Plate Buenos Aires)	43
1933	Francisco Antonio Varallo (CA Boca Juniors Buenos Aires)	34
1934	Evaristo Vicente Barrera (Racing Club de Avellaneda)	34
1935	Agustín Cosso (CA Vélez Sársfield Buenos Aires)	33
1936	Evaristo Vicente Barrera (Racing Club de Avellaneda)	33
1937	Arsenio Pastor Erico (CA Independiente Avellaneda)	47
1938	Arsenio Pastor Erico (CA Independiente Avellaneda)	43
1939	Arsenio Pastor Erico (CA Independiente Avellaneda)	40
1940	Delfín Benítez Cáceres (Racing Club de Avellaneda)	
	Isidro Lángara Galarraga (CA San Lorenzo de Almagro)	33
1941	José Canteli (CA Newell's Old Boys Rosario)	30
1942	Rinaldo Fioramonte Martino (CA San Lorenzo de Almagro)	25
1943	Luis Arrieta (CA Lanús),	
	Ángel Amadeo Labruna (CA River Plate Buenos Aires),	
	Raúl Frutos (CA Platense)	23
1944	Atilio Mellone (CA Huracán Buenos Aires)	26
1945	Ángel Amadeo Labruna (CA River Plate Buenos Aires)	25
1946	Mario Emilio Heriberto Boyé Auterio (CA Boca Juniors Buenos Aires)	24
1947	Alfredo Di Stéfano Laulhé (CA River Plate Buenos Aires)	27
1948	Benjamín Santos (CA Rosario Central)	27
1949	Llamil Simes (Racing Club de Avellaneda),	
	Juan José Pizzuti (CA Banfield)	26
1950	Mario Papa (CA San Lorenzo de Almagro)	24
1951	Júlio Carlos Santiago Vernazza (CA River Plate Buenos Aires)	22
1952	Eduardo Ricagni (CA Huracán Buenos Aires)	28
1953	Juan José Pizzuti (Racing Club de Avellaneda),	
	Juan Benavidez (CA San Lorenzo de Almagro)	22
1954	Angel Antonio Berni Gómez (PAR, CA San Lorenzo de Almagro),	
	Norberto Conde (CA Vélez Sársfield Buenos Aires),	
	José Borello (CA Boca Juniors Buenos Aires)	19
1955	Oscar Massei (CA Rosario Central)	21
1956	Juan Alberto Castro (CA Rosario Central),	
	Ernesto Grillo (CA Independiente Avellaneda)	17
1957	Roberto Zárate (CA River Plate Buenos Aires)	22
1958	José Francisco Sanfilippo (CA San Lorenzo de Almagro)	28
1959	José Francisco Sanfilippo (CA San Lorenzo de Almagro)	31
1960	José Francisco Sanfilippo (CA San Lorenzo de Almagro)	34
1961	José Francisco Sanfilippo (CA San Lorenzo de Almagro)	26

Año			
1962		Luis Artime (CA River Plate Buenos Aires)	28
1963		Luis Artime (CA River Plate Buenos Aires)	26
1964		Héctor Rodolfo Veira (CA San Lorenzo de Almagro)	17
1965		Juan Carlos Carone (CA Vélez Sársfield Buenos Aires)	19
1966		Luis Artime (CA Independiente Avellaneda)	23
1967	Met:	Bernardo Acosta (CA Lanús)	18
	Nac:	Luis Artime (CA Independiente Avellaneda)	11
1968	Met:	Alfredo Domingo Obberti (CA Los Andes)	13
	Nac:	Omar Wehbe (CA Vélez Sársfield Buenos Aires)	13
1969	Met:	Walter Machado (Racing Club de Avellaneda)	14
	Nac:	Rodolfo José Fischer (CA San Lorenzo de Almagro), Carlos Bulla (CA Platense)	14
1970	Met:	Oscar Antonio Más (CA River Plate Buenos Aires)	16
	Nac:	Carlos Arcecio Bianchi (CA Vélez Sársfield Buenos Aires)	18
1971	Met:	Carlos Arcecio Bianchi (CA Vélez Sársfield Buenos Aires)	36
	Nac:	Alfredo Domingo Obberti (CA Newell's Old Boys Rosario), José Luñíz (Centro Juventud Antoniana Salta)	10
1972	Met:	Miguel Ángel Brindisi (CA Huracán Buenos Aires)	21
	Nac:	Carlos Manuel Morete (CA River Plate Buenos Aires)	14
1973	Met:	Oscar Antonio Más (CA River Plate Buenos Aires), Hugo Alberto Curioni (CA Boca Juniors Buenos Aires), Ignacio Peña (Club Estudiantes de La Plata)	17
	Nac:	Juan Gómez Voglino (CA Atlanta Buenos Aires)	18
1974	Met:	Carlos Manuel Morete (CA River Plate Buenos Aires)	18
	Nac:	Mario Alberto Kempes (CA Rosario Central)	25
1975	Met:	Héctor Horacio Scotta (CA San Lorenzo de Almagro)	28
	Nac:	Héctor Horacio Scotta (CA San Lorenzo de Almagro)	32
1976	Met:	Mario Alberto Kempes (CA Rosario Central)	21
	Nac:	Norberto Eresumo (San Lorenzo de Mar del Plata), Luis Ludueña (CA Talleres Córdoba), Víctor Marchetti (CA Unión de Santa Fé)	12
1977	Met:	Carlos Álvarez (AA Argentinos Juniors Buenos Aires)	27
	Nac:	Alfredo Letanú (Club Estudiantes de La Plata)	13
1978	Met:	Diego Armando Maradona (AA Argentinos Juniors Buenos Aires), Luis Andreucci (Quilmes AC)	22
	Nac:	José Omar Reinaldi (CA Talleres Córdoba)	18
1979	Met:	Diego Armando Maradona (AA Argentinos Juniors Buenos Aires), Sergio Élio Fortunato (Club Estudiantes de La Plata)	14
	Nac:	Diego Armando Maradona (AA Argentinos Juniors Buenos Aires)	12
1980	Met:	Diego Armando Maradona (AA Argentinos Juniors Buenos Aires)	25
	Nac:	Diego Armando Maradona (AA Argentinos Juniors Buenos Aires)	17
1981	Met:	Raúl Chaparro (Instituto Atlético Central Córdoba)	20
	Nac:	Carlos Arcecio Bianchi (CA Vélez Sársfield Buenos Aires)	15
1982	Nac:	Miguel Juárez (Club Ferro Carril Oeste Buenos Aires)	22
	Met:	Carlos Manuel Morete (CA Independiente Avellaneda)	20
1983	Nac:	Armando Mario Husillos (Club Social y Deportivo Loma Negra Olavarría)	11
	Met:	Víctor Rogelio Ramos (CA Newell's Old Boys Rosario)	30
1984	Nac:	Pedro Pablo Pasculli (AA Argentinos Juniors Buenos Aires)	9
	Met:	Enzo Francescoli Uriarte (URU, CA River Plate Buenos Aires)	24
1985	Nac:	Jorge Alberto Comas Romero (CA Vélez Sársfield Buenos Aires)	12
1985/1986		Enzo Francescoli Uriarte (URU, CA River Plate Buenos Aires)	25
1986/1987		Omar Arnaldo Palma (CA Rosario Central)	20

Año		Jugador	Goles
1987/1988		José Luis Rodríguez (Club Social, Deportivo y Cultural Español Buenos Aires)	18
1988/1989		Oscar Alberto Dertycia Álvarez (AA Argentinos Juniors Buenos Aires), Néstor Raúl Gorosito (CA San Lorenzo de Almagro)	20
1989/1990		Ariel Osvaldo Cozzoni (CA Newell's Old Boys Rosario)	23
1990/1991		Esteban Fernando González Sánchez (CA Vélez Sársfield Buenos Aires)	18
1991/1992	Ape:	Ramón Ángel Díaz (CA River Plate Buenos Aires)	14
	Cla:	Darío Oscar Scotto (CA Platense), Diego Fernando Latorre (CA Boca Juniors Buenos Aires)	9
1992/1993	Ape:	Alberto Federico Acosta (CA San Lorenzo de Almagro)	12
	Cla:	Rubén Fernando da Silva Echeverrito (URU, CA River Plate Buenos Aires)	13
1993/1994	Ape:	Sergio Daniel Martínez Alzuri (URU, CA Boca Juniors Buenos Aires)	12
	Cla:	Marcelo Fabian Espina (CA Platense), Marcelo Fabian Espina (CA River Plate Buenos Aires)	11
1994/1995	Ape:	Enzo Francescoli Uriarte (URU, CA River Plate Buenos Aires)	12
	Cla:	José Oscar Flores (CA Vélez Sársfield Buenos Aires)	14
1995/1996	Ape:	José Luis Calderón (Club Estudiantes de La Plata)	13
	Cla:	Ariel Maximiliano López (CA Lanús)	13
1996/1997	Ape:	Gustavo Enrique Reggi (CA Newell's Old Boys Rosario)	11
	Cla:	Sergio Daniel Martínez Alzuri (URU, CA Boca Juniors Buenos Aires)	15
1997/1998	Ape:	Rubén Fernando da Silva Echeverrito (URU, CA Rosario Central)	15
	Cla:	Roberto Carlos Sosa (Club de Gimnasia y Esgrima La Plata)	16
1998/1999	Ape:	Martín Palermo (CA Boca Juniors Buenos Aires)	20
	Cla:	José Luis Calderón (CA Independiente Avellaneda)	17
1999/2000	Ape:	Javier Pedro Saviola Fernández (CA River Plate Buenos Aires)	15
	Cla:	Oscar Esteban Fuertes (CA Colón)	17
2000/2001	Ape:	Juan Pablo Ángel (COL, CA River Plate Buenos Aires)	13
	Cla:	Bernardo Daniel Romeo (CA San Lorenzo de Almagro)	15
2001/2002	Ape:	Martín Alejandro Cardetti (CA River Plate Buenos Aires)	17
	Cla:	Fernando Ezequiel Cavenaghi (CA River Plate Buenos Aires)	15
2002/2003	Ape:	Néstor Andrés Silvera (CA Independiente Avellaneda)	16
	Cla:	Luciano Gabriel Figueroa Herrera (CA Rosario Central)	17
2003/2004	Ape:	Ernesto Antonio Farías (Club Estudiantes de La Plata)	12
	Cla:	Rolando David Zárate Riga (CA Vélez Sársfield Buenos Aires)	13
2004/2005	Ape:	Lisandro López (Racing Club de Avellaneda)	12
	Cla:	Hugo Mariano Pavone (Club Estudiantes de La Plata)	16
2005/2006	Ape:	Javier Edgardo Bustamante Cámpora (CA Tiro Federal Argentino Rosario)	13
	Cla:	Gonzalo Vargas Abella (URU, Club de Gimnasia y Esgrima La Plata)	12
2006/2007	Ape:	Mauro Matías Zárate (CA Vélez Sársfield Buenos Aires), Rodrigo Sebastián Palacio (CA Boca Juniors Buenos Aires)	12
	Cla:	Martín Palermo (CA Boca Juniors Buenos Aires)	11
2007/2008	Ape:	Germán Gustavo Denis (CA Independiente Avellaneda)	18
	Cla:	Darío Cvitanich (CA Banfield)	13
2008/2009	Ape:	José Gustavo Sand (CA Lanús)	15
	Cla:	José Gustavo Sand (CA Lanús)	13
2009/2010	Ape:	Santiago Martín Silva Olivera (URU, CA Banfield)	14
	Cla:	Mauro Boselli (Club Estudiantes de La Plata)	13
2010/2011	Ape:	Santiago Martín Silva Olivera (URU, CA Vélez Sársfield Buenos Aires) Denis Stracqualursi (CA Tigre Victoria)	11
	Cla:	Javier Edgardo Cámpora Bustamante (CA Huracán Buenos Aires) Teófilo Antonio Gutiérrez Rocancio (Racing Club de Avellaneda)	11
2011/2012	Ape:	Rubén Darío Ramírez (CD Godoy Cruz Mendoza)	12
	Cla:	Carlos Ariel Luna (CA Tigre Victoria)	12

2012/2013	Ini:	Facundo Ferreyra (CA Vélez Sársfield Buenos Aires)	
		Ignacio Martín Scocco (CA Newell's Old Boys Rosario)	13
	Fin:	Emanuel Gigliotti (CA Colón de Santa Fé)	
		Ignacio Martín Scocco (CA Newell's Old Boys Rosario)	11
2013/2014	Ini:	César Emanuel Pereyra (CA Belgrano Córdoba)	10
	Fin:	Mauro Matías Zárate (CA Vélez Sársfield Buenos Aires)	13
2014	Tra:	Lucas David Pratto (CA Vélez Sársfield Buenos Aires)	
		Maximiliano Rubén Rodríguez (CA Newell's Old Boys Rosario)	
		Silvio Ezequiel Romero (CA Lanús)	11
2015		Marco Gastón Ruben Rodríguez (CA Rosario Central)	21
2016		José Gustavo Sand (CA Lanús)	15

NATIONAL CHAMPIONSHIP
Torneo de Primera División 2015 "Julio H. Grondona"
(13.02. - 10.11.2015)

Results

Round 1 [13-16.02.2015]
Vélez Sársfield - CA Aldosivi 2-0(1-0)
Racing Club - Rosario Central 0-1(0-1)
CA San Lorenzo - CA Colón 2-0(1-0)
Gimnasia y Esgrima - Defensa y Just. 0-1(0-1)
CD Godoy Cruz - CA San Martín 1-1(1-0)
Newell's Old Boys - Independiente 2-3(0-2)
CA Banfield - CA Temperley 0-1(0-0)
Crucero del Norte - CA Tigre 0-0
CA Unión - CA Huracán 1-0(0-0)
Quilmes AC - CA Lanús 0-1(0-0)
Boca Juniors - Olimpo 3-1(1-1)
Argentinos Juniors - Atlético Rafaela 2-0(1-0)
Sarmiento - River Plate 1-4(0-2)
Arsenal - Estudiantes 0-1(0-1)
CA Belgrano - CA Nueva Chicago 3-1(2-1)

Round 2 [20-23.02.2015]
Atlético Rafaela - CA Banfield 1-4(0-3)
CA Huracán - Arsenal 1-0(1-0)
Estudiantes - CD Godoy Cruz 2-1(0-0)
Rosario Central - CA Tigre 2-1(0-0)
Olimpo - Racing Club 0-0
Vélez Sársfield - Crucero del Norte 2-1(0-0)
CA San Martín - Gimnasia y Esgrima 1-1(0-1)
CA Aldosivi - Newell's Old Boys 0-1(0-0)
Independiente - Sarmiento 1-1(0-0)
CA Nueva Chicago - CA Unión 2-2(1-2)
River Plate - Quilmes AC 2-2(0-0)
CA Colón - Argentinos Juniors 1-1(1-0)
CA Temperley - Boca Juniors 0-2(0-1)
CA Lanús - CA Belgrano 0-0
Defensa y Justicia - CA San Lorenzo 1-2(1-1)

Round 3 [27.02.-02.03.2015]
Arsenal - CA Nueva Chicago 1-1(1-1)
CD Godoy Cruz - CA Huracán 2-1(0-0)
CA Tigre - Olimpo 1-0(1-0)
Crucero del Norte - Rosario Central 0-1(0-0)
CA Unión - CA Lanús 1-1(1-1)
Quilmes AC - Independiente 1-2(1-1)
CA San Lorenzo - CA San Martín 1-2(0-1)
Gimnasia y Esgrima - Estudiantes 1-3(0-1)
Boca Juniors - Atlético Rafaela 1-0(1-0)
Racing Club - CA Temperley 2-1(2-0)
Argentin. Juniors - Defensa y Justicia 1-0(1-0)
CA Belgrano - River Plate 1-2(0-0)
Sarmiento - CA Aldosivi 2-2(1-0)
CA Banfield - CA Colón 0-0
Newell's Old Boys - Vélez Sársfield 0-0

Round 4 [06-09.03.2015]
CA Huracán - Gimnasia y Esgrima 1-1(0-1)
Atlético Rafaela - Racing Club 1-1(0-1)
CA Nueva Chicago - CD Godoy Cruz 0-2(0-1)
Olimpo - Rosario Central 1-3(1-0)
CA Aldosivi - Quilmes AC 1-1(0-1)
Independiente - CA Belgrano 1-2(1-1)
Newell's Old Boys - Crucero del Norte 2-0(1-0)
Vélez Sársfield - Sarmiento 1-1(1-1)
CA Lanús - Arsenal 0-0
Defensa y Justicia - CA Banfield 1-0(0-0)
River Plate - CA Unión 2-2(2-0)
CA San Martín - Argentinos Juniors 0-0
CA Colón - Boca Juniors 1-1(0-1)
CA Temperley - CA Tigre 1-1(0-0)
Estudiantes - CA San Lorenzo 0-2(0-1)

Round 5 [13-17.03.2015]
Crucero del Norte - Olimpo 0-0
Racing Club - CA Colón 4-1(2-0)
CA Banfield - CA San Martín 3-2(2-1)
Boca Juniors - Defensa y Justicia 2-1(2-0)
CA Unión - Independiente 1-1(1-1)
Sarmiento - Newell's Old Boys 1-2(0-1)
Quilmes AC - Vélez Sársfield 2-1(1-0)
Argentinos Juniors - Estudiantes 2-2(0-1)
CA Tigre - Atlético Rafaela 2-1(2-0)
CA San Lorenzo - CA Huracán 3-1(2-1)
CD Godoy Cruz - CA Lanús 1-5(1-2)
Rosario Central - CA Temperley 1-0(0-0)
CA Belgrano - CA Aldosivi 0-1(0-0)
Arsenal - River Plate 3-3(3-1)
Gimnasia y Esgrima - Nueva Chicago 2-1(0-0)

Round 6 [20-23.03.2015]
Newell's Old Boys - Quilmes AC 1-1(0-0)
CA Lanús - Gimnasia y Esgrima 2-0(0-0)
CA Colón - CA Tigre 0-1(0-0)
Vélez Sársfield - CA Belgrano 1-2(1-0)
Independiente - Arsenal 4-0(2-0)
Sarmiento - Crucero del Norte 2-1(0-1)
CA Huracán - Argentinos Juniors 4-0(3-0)
Atlético Rafaela - Rosario Central 1-1(1-1)
Estudiantes - CA Banfield 1-2(1-0)
Defensa y Justicia - Racing Club 1-1(0-0)
River Plate - CD Godoy Cruz 1-0(1-0)
CA San Martín - Boca Juniors 1-1(0-1)
CA Nueva Chicago - CA San Lorenzo 0-1(0-0)
CA Aldosivi - CA Unión 3-3(1-2)
CA Temperley - Olimpo 0-0

Round 7 [27-30.03.2015]
Quilmes AC - Sarmiento 0-4(0-2)
Rosario Central - CA Colón 1-1(1-1)
Olimpo - Atlético Rafaela 0-0
CA Banfield - CA Huracán 1-0(0-0)
CD Godoy Cruz - Independiente 2-2(1-1)
CA San Lorenzo - CA Lanús 4-0(1-0)
Crucero del Norte - CA Temperley 1-0(1-0)
CA Belgrano - Newell's Old Boys 2-0(1-0)
Racing Club - CA San Martín 2-0(2-0)
Boca Juniors - Estudiantes 3-0(2-0)
CA Unión - Vélez Sársfield 4-1(1-0)
Gimnasia y Esgrima - River Plate 2-3(0-2)
CA Tigre - Defensa y Justicia 0-0
Argentinos Juniors - Nueva Chicago 1-1(1-1)
Arsenal - CA Aldosivi 0-3(0-1) [25.04.]

Round 8 [03-06.04.2015]
Sarmiento - CA Belgrano 1-3(1-1)
Estudiantes - Racing Club 1-1(0-0)
Atlético Rafaela - CA Temperley 1-1(1-1)
Defensa y Justicia - Rosario Central 3-3(1-2)
CA Aldosivi - CD Godoy Cruz 2-0(1-0)
Independiente - Gimnasia y Esgrima 1-1(1-1)
Vélez Sársfield - Arsenal 2-1(1-0)
River Plate - CA San Lorenzo 1-0(0-0)
CA Lanús - Argentinos Juniors 0-1(0-0)
CA Huracán - Boca Juniors 0-2(0-1)
CA Colón - Olimpo 1-0(0-0)
Quilmes AC - Crucero del Norte 3-1(2-0)
CA San Martín - CA Tigre 3-1(1-1)
CA Nueva Chicago - CA Banfield 1-2(0-1)
Newell's Old Boys - CA Unión 2-0(2-0)

Round 9 [10-13.04.2015]
Crucero del Norte - Atlético Rafaela 1-1(0-0)
CA Temperley - CA Colón 2-1(2-0)
CD Godoy Cruz - Vélez Sársfield 2-2(0-1)
Gimnasia y Esgrima - CA Aldosivi 4-1(0-1)
Rosario Central - CA San Martín 2-1(1-0)
Racing Club - CA Huracán 2-0(0-0)
CA San Lorenzo - Independiente 1-0(1-0)
Olimpo - Defensa y Justicia 0-0
CA Banfield - CA Lanús 1-2(0-1)
CA Unión - Sarmiento 0-1(0-1)
Boca Juniors - CA Nueva Chicago 0-0
Argentinos Juniors - River Plate 1-2(0-1)
Arsenal - Newell's Old Boys 3-0(1-0)
CA Tigre - Estudiantes 2-0(1-0)
CA Belgrano - Quilmes AC 2-1(1-1)

Round 10 [17-21.04.2015]
Estudiantes - Rosario Central 1-1(0-0)
Sarmiento - Arsenal 2-0(1-0)
CA Huracán - CA Tigre 1-2(0-1)
Defensa y Justicia - CA Temperley 0-1(0-0)
Independiente - Argentinos Juniors 0-0
Vélez Sársfield - Gimnasia y Esgrima 0-1(0-0)
CA Belgrano - Crucero del Norte 1-0(1-0)
CA Nueva Chicago - Racing Club 0-0
CA Aldosivi - CA San Lorenzo 1-0(1-0)
River Plate - CA Banfield 4-1(1-0)
CA San Martín - Olimpo 1-0(1-0)
CA Lanús - Boca Juniors 1-3(1-1)
Quilmes AC - CA Unión 1-3(1-2)
CA Colón - Atlético Rafaela 2-1(1-0)
Newell's Old Boys - CD Godoy Cruz 2-0(1-0)

Round 11 [30.04.-04.05.2015]	Round 12 [08-11.05.2015]
CD Godoy Cruz - Sarmiento 1-0(0-0)	CA Nueva Chicago - Rosario Central 0-2(0-1)
Olimpo - Estudiantes 0-0	CA Lanús - CA Tigre 1-1(1-0)
Gimnasia y Esgrima - Newell's Old Boys 0-0	Estudiantes - CA Temperley 2-1(0-1)
CA San Lorenzo - Vélez Sársfield 1-0(0-0)	Quilmes AC - CD Godoy Cruz 0-0
Argentinos Juniors - CA Aldosivi 0-1(0-1)	CA Huracán - Olimpo 1-3(1-0)
Racing Club - CA Lanús 2-0(0-0)	CA Unión - Crucero del Norte 5-2(3-1)
Rosario Central - CA Huracán 1-1(0-1)	Newell's Old Boys - CA San Lorenzo 1-1(1-1)
Atlético Rafaela - Defensa y Justicia 2-1(2-0)	Vélez Sársfield - Argentinos Juniors 0-1(0-0)
CA Banfield - Independiente 1-1(0-1)	CA Belgrano - Arsenal 2-0(1-0)
CA Tigre - CA Nueva Chicago 2-0(1-0)	CA Aldosivi - CA Banfield 0-3(0-2)
Boca Juniors - River Plate 2-0(0-0)	River Plate - Racing Club 0-0
CA Unión - CA Belgrano 1-1(1-1)	CA San Martín - Atlético Rafaela 1-1(0-1)
Arsenal - Quilmes AC 0-1(0-0)	Independiente - Boca Juniors 1-1(1-1)
Crucero del Norte - CA Colón 0-0	Sarmiento - Gimnasia y Esgrima 0-0
CA Temperley - CA San Martín 0-1(0-1)	Defensa y Justicia - CA Colón 2-3(1-1)

Round 13 [22-24.05.2015]	Round 14 [29.05.-01.06.2015]
Gimnasia y Esgrima - Quilmes AC 3-2(2-1)	Quilmes AC - CA San Lorenzo 1-2(1-2)
Crucero del Norte - Defensa y Justicia 3-1(0-0)	CA Nueva Chicago - CA Temperley 0-2(0-0)
CA Temperley - CA Huracán 0-0	Sarmiento - Argentinos Juniors 0-0
Arsenal - CA Unión 1-1(0-0)	CA Belgrano - Gimnasia y Esgrima 0-1(0-1)
Rosario Central - CA Lanús 1-1(0-1)	Independiente - CA Tigre 1-0(1-0)
CA Colón - CA San Martín 2-2(2-1)	CA Unión - CD Godoy Cruz 1-0(0-0)
CA Banfield - Vélez Sársfield 1-3(1-2)	Newell's Old Boys - CA Banfield 1-1(1-1)
Olimpo - CA Nueva Chicago 0-0	CA Aldosivi - Racing Club 1-2(1-2)
CA San Lorenzo - Sarmiento 3-0(0-0)	CA San Martín - Defensa y Justicia 2-2(0-1)
Atlético Rafaela - Estudiantes 1-2(1-0)	River Plate - Rosario Central 2-0(1-0)
Racing Club - Independiente 1-0(1-0)	Estudiantes - CA Colón 0-0
Argentinos Juniors - Newell's Old B. 2-1(1-0)	Vélez Sársfield - Boca Juniors 2-0(0-0)
Boca Juniors - CA Aldosivi 0-3(0-1)	Arsenal - Crucero del Norte 1-0(0-0)
CD Godoy Cruz - CA Belgrano 1-0(0-0)	CA Lanús - Olimpo 2-0(2-0)
CA Tigre - River Plate 0-0 [08.07.]	CA Huracán - Atlético Rafaela 3-2(1-0)

Round 15 [05-08.06.2015]	Round 16 [10-13.07.2015]
Gimnasia y Esgrima - CA Unión 5-2(3-0)	Arsenal - Gimnasia y Esgrima 0-1(0-1)
CA Banfield - Sarmiento 0-0	Estudiantes - CA San Martín 0-0
Argentinos Juniors - Quilmes AC 0-2(0-2)	CA Belgrano - Argentinos Juniors 2-1(0-1)
CA Colón - CA Huracán 1-1(1-0)	River Plate - CA Temperley 1-1(1-1)
CA Temperley - CA Lanús 1-1(0-0)	CA Unión - CA San Lorenzo 1-1(1-1)
CA San Lorenzo - CA Belgrano 0-0	Quilmes AC - CA Banfield 0-1(0-1)
Crucero del Norte - CA San Martín 3-1(2-0)	CA Huracán - Defensa y Justicia 0-0
Rosario Central - Independiente 1-1(0-1)	CA Lanús - Atlético Rafaela 3-0(0-0)
Atlético Rafaela - CA Nueva Chicago 2-0(1-0)	CA Nueva Chicago - CA Colón 0-0
Racing Club - Vélez Sársfield 3-1(1-0)	Independiente - Olimpo 3-1(1-1)
Boca Juniors - Newell's Old Boys 4-0(1-0)	Newell's Old Boys - Racing Club 3-0(2-0)
CD Godoy Cruz - Arsenal 0-0	CD Godoy Cruz - Crucero del Norte 3-0(2-0)
Olimpo - River Plate 1-0(0-0)	Sarmiento - Boca Juniors 0-1(0-1)
CA Tigre - CA Aldosivi 2-1(0-0)	CA Aldosivi - Rosario Central 1-3(0-2)
Defensa y Justicia - Estudiantes 0-1(0-1)	Vélez Sársfield - CA Tigre 2-2(0-0)

Round 17 [17-20.07.2015]
CA San Lorenzo - Arsenal 3-0(2-0)
CA Banfield - CA Belgrano 1-2(1-0)
Olimpo - CA Aldosivi 3-1(3-0)
Defensa y Justicia - Nueva Chicago 2-1(0-1)
Boca Juniors - Quilmes AC 2-1(1-0)
Atlético Rafaela - River Plate 1-5(1-2)
Racing Club - Sarmiento 2-1(2-0)
CA Colón - CA Lanús 1-2(1-1)
CA San Martín - CA Huracán 3-2(1-2)
CA Tigre - Newell's Old Boys 0-0
Rosario Central - Vélez Sársfield 0-0
CA Temperley - Independiente 0-1(0-0)
Gimnasia y Esgrima - CD Godoy Cruz 2-0(0-0)
Crucero del Norte - Estudiantes 1-2(0-0)
Argentinos Juniors - CA Unión 1-2(0-1)

Round 18 [24-27.07.2015]
CA Aldosivi - CA Temperley 0-0
Gimnasia y Esgr. - Crucero del Norte 2-1(1-0)
Sarmiento - CA Tigre 0-1(0-1)
River Plate - CA Colón 3-1(0-1)
CA Unión - CA Banfield 0-0
Independiente - Atlético Rafaela 2-0(1-0)
Vélez Sársfield - Olimpo 0-2(0-0)
CD Godoy Cruz - CA San Lorenzo 1-1(0-0)
Newell's Old Boys - Rosario Central 0-1(0-0)
Quilmes AC - Racing Club 2-1(1-1)
CA Huracán - Estudiantes 1-0(1-0)
CA Lanús - Defensa y Justicia 0-1(0-0)
CA Belgrano - Boca Juniors 0-1(0-1)
CA Nueva Chicago - CA San Martín 0-0
Arsenal - Argentinos Juniors 3-2(1-0)

Round 19 [31.07.-03.08.2015]
Atlético Rafaela - CA Aldosivi 2-1(1-1)
CA Temperley - Vélez Sársfield 2-1(0-1)
Argentinos Juniors - CD Godoy Cruz 0-1(0-1)
Estudiantes - CA Nueva Chicago 1-0(0-0)
San Lorenzo - Gimnasia y Esgrima 1-0(0-0)
CA Colón - Independiente 0-1(0-0)
Rosario Central - Sarmiento 1-1(0-1)
Olimpo - Newell's Old Boys 2-0(0-0)
Racing Club - CA Belgrano 0-0
Crucero del Norte - CA Huracán 3-3(2-0)
Boca Juniors - CA Unión 3-4(1-2)
CA Tigre - Quilmes AC 0-1(0-1)
CA Banfield - Arsenal 4-1(3-1)
CA San Martín - CA Lanús 1-1(0-1) [11.08.]
Def. y Justicia - River Plate 1-0(1-0) [14.10.]

Round 20 [14.-17.08.2015]
Sarmiento - Olimpo 0-0
CA Belgrano - CA Tigre 1-0(1-0)
Independiente - Defensa y Justicia 1-0(1-0)
CA Nueva Chicago - CA Huracán 3-0(1-0)
CD Godoy Cruz - CA Banfield 1-2(1-2)
CA Aldosivi - CA Colón 1-1(1-1)
CA Unión - Racing Club 1-2(0-2)
CA Lanús - Estudiantes 0-0
CA San Lorenzo - Crucero del Norte 2-1(1-1)
Gimnasia y Esgr. - Argentinos Juniors 4-2(0-2)
Vélez Sársfield - Atlético Rafaela 2-2(1-1)
Newell's Old Boys - CA Temperley 0-0
Arsenal - Boca Juniors 1-2(0-1)
River Plate - CA San Martín 0-1(0-0)
Quilmes AC - Rosario Central 3-1(0-1)

Round 21 [21-24.08.2015]
Atlético Rafaela - Newell's Old Boys 1-1(0-0)
CA Banfield - Gimnasia y Esgrima 1-0(0-0)
Olimpo - Quilmes AC 0-1(0-1)
Racing Club - Arsenal 2-1(1-1)
CA Colón - Vélez Sársfield 0-0
CA San Martín - Independiente 1-1(1-0)
Argentinos Juniors - CA San Lorenzo 2-3(0-2)
Crucero del Norte - Nueva Chicago 0-1(0-0)
CA Huracán - CA Lanús 0-0
Rosario Central - CA Belgrano 3-1(1-0)
CA Tigre - CA Unión 2-1(2-1)
Boca Juniors - CD Godoy Cruz 2-0(1-0)
Estudiantes - River Plate 2-1(0-1)
Defensa y Justicia - CA Aldosivi 4-0(1-0)
CA Temperley - Sarmiento 0-0

Round 22 [28-31.08.2015]
Argentinos Jun. - Crucero del Norte 4-0(1-0)
Quilmes AC - CA Temperley 0-0
CA Aldosivi - CA San Martín 2-0(2-0)
Gimnasia y Esgrima - Boca Juniors 1-2(0-0)
Newell's Old Boys - CA Colón 0-1(0-0)
Vélez Sársfield - Defensa y Justicia 2-1(0-0)
Arsenal - CA Tigre 2-0(0-0)
CA San Lorenzo - CA Banfield 0-0
Sarmiento - Atlético Rafaela 0-1(0-0)
River Plate - CA Huracán 1-1(1-1)
CA Unión - Rosario Central 0-1(0-0)
Independiente - Estudiantes 1-1(0-0)
CA Belgrano - Olimpo 0-0
CA Lanús - CA Nueva Chicago 1-0(0-0)
Godoy Cruz - Racing Club 1-2(1-1) [30.09.]

Round 23 [04-07.09.2015]
CA Tigre - CD Godoy Cruz 2-1(1-0)
CA Banfield - Argentinos Juniors 1-1(0-1)
Crucero del Norte - CA Lanús 1-3(1-2)
Rosario Central - Arsenal 1-0(0-0)
CA Colón - Sarmiento 0-1(0-1)
CA Huracán - Independiente 1-1(0-0)
Defensa y Justicia - Newell's Old Boys 1-0(0-0)
CA Temperley - CA Belgrano 2-1(1-1)
CA Nueva Chicago - River Plate 1-4(1-2)
CA San Martín - Vélez Sársfield 3-1(2-0)
Boca Juniors - CA San Lorenzo 0-1(0-0)
Olimpo - CA Unión 0-0
Racing Club - Gimnasia y Esgrima 2-0(1-0)
Atlético Rafaela - Quilmes AC 2-4(0-1)
Estudiantes - CA Aldosivi 2-1(1-1)

Round 24 [11-14.09.2015]
Defensa y Justicia - Arsenal 1-0(1-0)
Nueva Chicago - Argentinos Juniors 1-2(0-1)
CA San Martín - CD Godoy Cruz 1-2(1-0)
Independiente - Racing Club 3-0(1-0)
CA Huracán - CA San Lorenzo 1-0(0-0)
Olimpo - Sarmiento 1-0(0-0)
Atlético Rafaela - CA Belgrano 1-1(0-0)
CA Tigre - Vélez Sársfield 3-0(1-0)
Rosario Central - Newell's Old Boys 0-0
Estudiantes - Gimnasia y Esgrima 1-1(0-1)
CA Colón - CA Unión 0-0
River Plate - Boca Juniors 0-1(0-1)
CA Lanús - CA Banfield 0-1(0-1)
CA Aldosivi - Crucero del Norte 2-0(1-0)
CA Temperley - Quilmes AC 0-0

Round 25 [18-21.09.2015]
Sarmiento - Defensa y Justicia 2-1(1-0)
CA Aldosivi - CA Huracán 0-0
Argentinos Juniors - Boca Juniors 1-3(0-1)
CD Godoy Cruz - Rosario Central 1-3(0-2)
Independiente - CA Nueva Chicago 2-1(1-1)
Gimnasia y Esgrima - CA Tigre 1-1(0-1)
Newell's Old Boys - CA San Martín 1-0(0-0)
Vélez Sársfield - Estudiantes 0-1(0-0)
Arsenal - Olimpo 2-1(2-1)
CA Banfield - Crucero del Norte 2-1(2-0)
CA Unión - CA Temperley 2-1(1-0)
River Plate - CA Lanús 1-1(0-1)
CA San Lorenzo - Racing Club 2-1(1-0)
CA Belgrano - Atlético Rafaela 0-0
Quilmes AC - CA Colón 1-0(1-0)

Round 26 [25-28.09.2015]
Olimpo - CD Godoy Cruz 1-0(0-0)
CA Nueva Chicago - CA Aldosivi 3-1(2-0)
Atlético Rafaela - CA Unión 2-3(2-0)
CA Tigre - CA San Lorenzo 1-1(0-0)
CA Colón - CA Belgrano 0-1(0-0)
Crucero del Norte - River Plate 0-1(0-0)
Racing Club - Argentinos Juniors 1-0(0-0)
CA Huracán - Vélez Sársfield 0-0
Rosario Central - Gimnasia y Esgrima 4-0(3-0)
Defensa y Justicia - Quilmes AC 0-1(0-1)
Boca Juniors - CA Banfield 3-0(1-0)
CA San Martín - Sarmiento 0-0
CA Lanús - Independiente 1-1(1-1)
CA Temperley - Arsenal 1-2(0-1)
Estudiantes - Newell's Old Boys 0-2(0-2)

Round 27 [02-05.10.2015]
CA Belgrano - Defensa y Justicia 1-0(1-0)
Quilmes AC - CA San Martín 2-0(1-0)
Arsenal - Atlético Rafaela 1-1(1-0)
Sarmiento - Estudiantes 0-1(0-0)
Argentinos Juniors - CA Tigre 2-1(1-0)
CA San Lorenzo - Rosario Central 2-2(1-1)
Gimnasia y Esgrima - Olimpo 2-2(1-1)
Vélez Sársfield - CA Nueva Chicago 1-2(1-1)
CA Unión - CA Colón 0-0
CD Godoy Cruz - CA Temperley 3-0(2-0)
Boca Juniors - Crucero del Norte 1-0(1-0)
Newell's Old Boys - CA Huracán 2-0(1-0)
Independiente - River Plate 3-0(2-0)
CA Aldosivi - CA Lanús 3-1(1-0)
CA Banfield - Racing Club 0-0

Round 28 [16-20.10.2015]
CA Huracán - Sarmiento 3-0(1-0)
Crucero del Norte - Independiente 0-4(0-2)
Nueva Chicago - Newell's Old Boys 5-0(3-0)
Atlético Rafaela - CD Godoy Cruz 1-4(1-1)
CA Colón - Arsenal 3-1(3-0)
CA San Martín - CA Belgrano 1-1(0-0)
Estudiantes - Quilmes AC 4-1(0-1)
CA Lanús - Vélez Sársfield 0-1(0-0)
Olimpo - CA San Lorenzo 2-1(1-0)
Rosario Central - Argentinos Juniors 2-0(1-0)
CA Tigre - CA Banfield 3-1(2-0)
River Plate - CA Aldosivi 1-1(0-1)
Racing Club - Boca Juniors 3-1(2-1)
Defensa y Justicia - CA Unión 0-0
CA Temperley - Gimnasia y Esgrima 1-3(1-2)

Round 29 [30.10.-02.11.2015]	Round 30 [06-09.11.2015]
CD Godoy Cruz - CA Colón 1-3(0-1)	CA Lanús - Sarmiento 2-1(1-0)
Sarmiento - CA Nueva Chicago 1-2(0-0)	Defensa y Justicia - CD Godoy Cruz 1-1(1-1)
CA Belgrano - Estudiantes 2-1(1-1)	CA Colón - Gimnasia y Esgrima 2-1(1-1)
Gimnasia y Esgrima - Atlético Rafaela 1-0(1-0)	CA San Martín - Arsenal 1-0(1-0)
Vélez Sársfield - River Plate 0-1(0-0)	Estudiantes - CA Unión 2-0(2-0)
CA Unión - CA San Martín 0-0	Olimpo - CA Banfield 1-2(1-2)
Racing Club - Crucero del Norte 3-0(1-0)	River Plate - Newell's Old Boys 0-2(0-0)
Newell's Old Boys - CA Lanús 1-1(0-0)	Atlético Rafaela - CA San Lorenzo 0-1(0-1)
Quilmes AC - CA Huracán 2-1(1-0)	Rosario Central - Boca Juniors 3-1(0-1)
Boca Juniors - CA Tigre 1-0(1-0)	CA Tigre - Racing Club 0-0
CA Banfield - Rosario Central 2-1(2-0)	Independiente - Vélez Sársfield 1-0(0-0)
CA San Lorenzo - CA Temperley 2-0(1-0)	CA Nueva Chicago - Quilmes AC 2-1(1-1)
CA Aldosivi - Independiente 1-0(1-0)	CA Huracán - CA Belgrano 1-1(1-1)
Arsenal - Defensa y Justicia 1-0(1-0)	CA Temperley - Argentinos Juniors 0-0
Argentinos Juniors - Olimpo 0-1(0-1)	Crucero del Norte - CA Aldosivi 0-2(0-1)

Final Standings

1.	CA Boca Juniors Buenos Aires	30	20	4	6	49 - 26	64
2.	CA San Lorenzo de Almagro	30	18	7	5	44 - 20	61
3.	CA Rosario Central	30	16	11	3	47 - 26	59
4.	Racing Club de Avellaneda	30	16	9	5	40 - 23	57
5.	CA Independiente Avellaneda	30	14	12	4	44 - 22	54
6.	CA Belgrano Córdoba	30	14	9	7	33 - 23	51
7.	Club Estudiantes de La Plata	30	14	9	7	34 - 28	51
8.	CA Banfield	30	14	8	8	38 - 32	50
9.	CA River Plate Buenos Aires	30	13	10	7	46 - 33	49
10.	CA Tigre Victoria	30	12	10	8	32 - 25	46
11.	Quilmes AC	30	13	6	11	38 - 37	45
12.	Club de Gimnasia y Esgrima La Plata	30	12	8	10	41 - 38	44
13.	CA Lanús	30	10	12	8	33 - 29	42
14.	CA Unión de Santa Fe	30	9	14	7	38 - 37	41
15.	CA Aldovisi Mar del Plata	30	11	7	12	37 - 40	40
16.	CA Newell's Old Boys Rosario	30	10	10	10	27 - 30	40
17.	CA San Martín de San Juan	30	8	13	9	32 - 34	37
18.	Club Olimpo de Bahía Blanca	30	8	12	10	23 - 26	36
19.	CA Colón de Santa Fe	30	7	13	10	26 - 31	34
20.	AA Argentinos Juniors Buenos Aires	30	8	9	13	30 - 38	33
21.	CSD Defensa y Justicia Florencio Varela	30	8	8	14	27 - 31	32
22.	CD Godoy Cruz Mendoza	30	8	8	14	32 - 40	32
23.	CA Huracán Buenos Aires	30	6	12	12	29 - 37	30
24.	CA Sarmiento Junín	30	7	9	14	24 - 34	30
25.	CA Temperley	30	6	12	12	19 - 29	30
26.	CA Nueva Chicago Mataderos	30	7	8	15	29 - 38	29
27.	CA Vélez Sársfield Buenos Aires	30	7	8	15	27 - 37	29
28.	Arsenal FC de Sarandí	30	7	6	17	25 - 44	27
29.	AMSD Atlético de Rafaela	30	4	11	15	29 - 51	23
30.	Club Mutual Crucero del Norte Garupá	30	3	5	22	21 - 55	14

Teams ranked 10-12 and 14-20 qualified for the Liguilla Pre-Sudamericana.

CA Boca Juniors Buenos Aires, CA San Lorenzo de Almagro, CA Rosario Central, Racing Club de Avellaneda and CA River Plate Buenos Aires (title holders 2015) qualified for the 2016 Copa Libertadores (group stage).
CA Huracán Buenos Aires qualified for the 2016 Copa Libertadores (first stage).
CA Independiente Avellaneda, CA Belgrano Córdoba, Club Estudiantes de La Plata, CA Banfield and CA Lanús qualified for the 2015 Copa Sudamericana.

Top goalscorers:
21 goals:	Marco Gastón Ruben Rodríguez	(CA Rosario Central)
15 goals:	Leandro Miguel Fernández	(CD Godoy Cruz Mendoza)
14 goals:	Claudio Daniel Bieler	(Quilmes AC)
12 goals:	José Gustavo Sand	(CA Aldovisi Mar del Plata)

Relegation Table

The team which will be relegated is determined team on average points taking into account results of the last four seasons (2012/2013, 2013/2014, 2014 and 2015).

Pos	Team	2012/13 P	2013/14 P	2014 P	2015 P	Total P	M	Aver
1.	CA Independiente Avellaneda	—	—	33	54	87	49	1.776
2.	CA River Plate Buenos Aires	64	58	39	49	210	125	1.680
3.	CA Boca Juniors Buenos Aires	51	61	31	64	207	125	1.656
4.	CA San Lorenzo de Almagro	58	60	26	61	205	125	1.640
5.	CA Lanús	67	59	35	42	203	125	1.624
6.	CA Newell's Old Boys Rosario	74	56	25	40	195	125	1.560
7.	Racing Club de Avellaneda	62	33	41	57	193	125	1.544
8.	CA Rosario Central	—	54	21	59	134	87	1.540
9.	Club Estudiantes de La Plata	48	59	31	51	189	125	1.512
10.	CA Belgrano Córdoba	59	49	25	51	184	125	1.472
11.	Club de Gimnasia y Esgrima La Plata	—	57	24	44	125	87	1.437
12.	CA Banfield	—	—	20	50	70	49	1.429
13.	CA Vélez Sársfield Buenos Aires	61	61	25	29	176	125	1.408
14.	CA Unión de Santa Fe	—	—	—	41	41	30	1.367
15.	CA Aldovisi Mar del Plata	—	—	—	40	40	30	1.333
16.	Arsenal FC de Sarandí	60	48	26	27	161	125	1.288
17.	CD Godoy Cruz Mendoza	49	56	21	32	158	125	1.264
18.	CA Tigre Victoria	34	49	26	46	155	125	1.240
19.	CA San Martín de San Juan	—	—	37	37	30	1.233
20.	Quilmes AC	50	45	12	45	152	125	1.216
21.	Club Olimpo de Bahía Blanca	—	50	19	36	105	87	1.207
22.	CA Colón de Santa Fe	—	—	—	34	34	30	1.133
23.	AMSD Atlético de Rafaela	43	49	25	23	140	125	1.120
24.	AA Argentinos Juniors Buenos Aires	—	—	—	33	33	30	1.100
25.	CSD Defensa y Justicia Florencio Varela	—	—	20	32	52	49	1.061
26.	CA Huracán Buenos Aires	—	—	—	30	30	30	1.000
27.	CA Sarmiento Junín	—	—	—	30	30	30	1.000
28.	CA Temperley	—	—	—	30	30	30	1.000
29.	CA Nueva Chicago Mataderos (*Relegated*)	—	—	—	29	29	30	0.967
30.	Club Mutual Crucero del Norte Garupá (*Relegated*)	—	—	—	14	14	30	0.467

Liguilla Pre-Libertadores

Semi-Finals [19-20.2015]
CA Independiente Avellaneda - CA Belgrano Córdoba	4-1(1-1)
Racing Club de Avellaneda - Club Estudiantes de La Plata	2-1(1-0)

The losers of the semi-finals advanced to the Finals of the Liguilla Pre-Sudamericana.

Finals [29.11.-02.12.2015]
CA Independiente Avellaneda - Racing Club de Avellaneda	0-2(0-2)
Racing Club de Avellaneda - CA Independiente Avellaneda	1-2(0-0)

Racing Club de Avellaneda qualified for the 2016 Copa Libertadores (group stage)
CA Independiente Avellaneda qualified for the 2016 Copa Sudamericana (second stage).

Liguilla Pre-Sudamericana

Semi-Finals [19-24.11.2015]
CA Tigre Victoria - CA Colón de Santa Fe	1-4(0-1)
CA Unión de Santa Fe - CA Aldovisi Mar del Plata	1-2(0-1)
Club de Gimnasia y Esgrima La Plata - CA San Martín de San Juan	5-1(3-1)
Quilmes AC - Club Olimpo de Bahía Blanca	0-1(0-0)
CA Lanús - CA Newell's Old Boys Rosario	2-1(1-0)
CA Banfield - AA Argentinos Juniors Buenos Aires	1-0(1-0)

Finals [28.11.-05/06.12.2015]
CA Colón de Santa Fe - CA Belgrano Córdoba	0-1(0-1)	1-1(1-0)
CA Aldovisi Mar del Plata - CA Banfield	2-3(2-1)	1-1(0-0)
Club Olimpo de Bahía Blanca - Club Estudiantes de La Plata	0-1(0-1)	0-4(0-1)
CA Lanús - Club de Gimnasia y Esgrima La Plata	1-0(0-0)	2-1(1-1)

CA Belgrano Córdoba, CA Banfield, Club Estudiantes de La Plata and CA Lanús qualified for the 2016 Copa Sudamericana (second stage).

NATIONAL CHAMPIONSHIP
Campeonato de Primera División 2016
(05.02. - 29.05.2016)

Results

Round 1 [05-08.02.2016]

Zone A	Zone B
CA Banfield - Gimnasia y Esgrima 2-0(1-0)	CA Huracán - Atlético Rafaela 0-1(0-1)
Rosario Central - CD Godoy Cruz 1-0(1-0)	CA Aldosivi - Olimpo 3-0(0-0)
Patronato - CA San Lorenzo 2-2(1-1)	Argentinos Juniors - CA Tigre 1-1(0-1)
Independiente - CA Belgrano 1-0(0-0)	CA San Martín - Newell's Old Boys 2-1(1-0)
CA Colón - Arsenal 2-1(2-0)	CA Temperley - Boca Juniors 0-0
River Plate - Quilmes AC 5-1(2-1)	Defensa y Justicia - CA Unión 2-2(2-0)
Sarmiento - Vélez Sársfield 1-0(0-0)	Atlético Tucumán - Racing Club 2-1(1-0)
	Estudiantes - CA Lanús 0-1(0-0)

Round 2 [12-14.02.2016]

Zone A	Zone B
Arsenal - CA Banfield 3-1(0-0)	CA Unión - CA Temperley 3-0(0-0)
CD Godoy Cruz - Independiente 1-1(1-1)	Atlético Rafaela - Estudiantes 0-1(0-1)
Quilmes AC - CA Colón 2-4(1-1)	CA Aldosivi - Argentinos Juniors 3-2(3-1)
CA San Lorenzo - Sarmiento 2-1(0-1)	Racing Club - CA San Martín 2-2(1-0)
Vélez Sársfield - Olimpo 2-1(1-1)	Rosario Central - Newell's Old Boys 2-0(0-0)
Gimnasia y Esgrima - Patronato 3-2(1-1)	CA Lanús - Defensa y Justicia 2-1(1-1)
CA Belgrano - River Plate 3-2(3-1)	Boca Juniors - Atlético Tucumán 0-1(0-1)
	CA Tigre - CA Huracán 1-2(1-1) [17.03.]

Round 3 [16-18.02.2016]

Zone A	Zone B
Olimpo - CA San Lorenzo 0-2(0-1)	Argentinos Juniors - Vélez Sársfield 0-3(0-2)
CA Banfield - Quilmes AC 1-1(0-1)	Defensa y Justicia - Atlético Rafaela 4-1(3-1)
Independiente - Rosario Central 0-2(0-0)	Newell's Old Boys - Racing Club 5-0(2-0)
Patronato - Arsenal 0-0	CA San Martín - Boca Juniors 0-1(0-1)
CA Colón - CA Belgrano 3-0(3-0)	Estudiantes - CA Tigre 1-1(0-0)
River Plate - CD Godoy Cruz 1-2(1-1)	CA Temperley - CA Lanús 0-1(0-0)
Sarmiento - Gimnasia y Esgrima 1-3(0-1)	Atlético Tucumán - CA Unión 2-0(1-0)
	CA Huracán - CA Aldosivi 2-0(2-0) [24.03.]

Round 4 [20-23.02.2016]

Zone A	Zone B
CA San Lorenzo - Vélez Sársfield 3-2(1-1)	Boca Juniors - Newell's Old Boys 4-1(3-0)
Gimnasia y Esgrima - Olimpo 1-0(0-0)	CA Tigre - Defensa y Justicia 0-2(0-1)
Rosario Central - River Plate 3-3(1-2)	Independiente - Racing Club 1-1(0-0)
CA Belgrano - CA Banfield 0-0	CA Unión - CA San Martín 1-1(0-1)
CD Godoy Cruz - CA Colón 4-1(1-1)	Atlético Rafaela - CA Temperley 0-2(0-1)
Quilmes AC - Patronato 2-2(1-0)	CA Lanús - Atlético Tucumán 1-0(1-0)
Arsenal - Sarmiento 2-0(0-0)	CA Aldosivi - Estudiantes 1-2(0-1)
	Argentinos Juniors - CA Huracán 0-0 [28.03.]

Round 5 [26-29.02.2016]

Zone A	Zone B
CA Banfield - CD Godoy Cruz 2-3(1-1)	Newell's Old Boys - CA Unión 1-1(1-1)
Sarmiento - Quilmes AC 2-2(2-1)	Estudiantes - Argentinos Juniors 4-1(3-0)
Patronato - CA Belgrano 2-1(0-1)	CA Huracán - CA San Lorenzo 1-1(0-0)
CA Colón - Rosario Central 0-3(0-1)	Defensa y Justicia - CA Aldosivi 4-0(1-0)
Olimpo - Arsenal 2-1(0-0)	Atlético Tucumán - Atlético Rafaela 3-0(2-0)
Vélez Sársfield - Gimnasia y Esgrima 2-1(1-0)	Racing Club - Boca Juniors 1-0(1-0)
River Plate - Independiente 1-0(0-0)	CA San Martín - CA Lanús 2-2(1-1)
	CA Temperley - CA Tigre 2-0(2-0)

Round 6 [04-07.03.2016]

Zone A	Zone B
Arsenal - Vélez Sársfield 1-0(1-0)	Argentin. Juniors - Defensa y Justicia 1-5(1-2)
Quilmes AC - Olimpo 1-1(1-1)	CA Lanús - Newell's Old Boys 3-0(1-0)
Gimnasia y Esgrima - CA San Lorenzo 0-0	Atlético Rafaela - CA San Martín 1-2(0-1)
CA Belgrano - Sarmiento 3-0(1-0)	CA Huracán - Estudiantes 1-0(0-0)
Independiente - CA Colón 4-1(2-1)	CA Aldosivi - CA Temperley 1-1(1-1)
Rosario Central - CA Banfield 2-2(0-1)	CA Unión - Racing Club 3-6(2-3)
CD Godoy Cruz - Patronato 3-1(1-1)	CA Tigre - Atlético Tucumán 5-0(4-0)
River Plate - Boca Juniors 0-0	

Round 7 [12-14.03.2016]

Zone A	Zone B
CA Banfield - Independiente 1-3(1-2)	Racing Club - CA Lanús 2-1(1-0)
CA San Lorenzo - Arsenal 0-2(0-0)	Newell's Old Boys - Atlético Rafaela 1-1(0-0)
Olimpo - CA Belgrano 2-0(0-0)	Defensa y Justicia - CA Huracán 0-2(0-1)
CA Colón - River Plate 4-1(1-1)	CA San Martín - CA Tigre 1-0(0-0)
Patronato - Rosario Central 1-0(0-0)	CA Temperley - Argentinos Juniors 0-0
Sarmiento - CD Godoy Cruz 0-0	Estudiantes - Gimnasia y Esgrima 3-0(1-0)
Vélez Sársfield - Quilmes AC 1-2(1-1) [27.03.]	Atlético Tucumán - CA Aldosivi 1-1(0-1)
	Boca Juniors - CA Unión 2-1(0-0)

Round 8 [18-21.03.2016]

Zone A	Zone B
Arsenal - Gimnasia y Esgrima 0-1(0-0)	CA Aldosivi - CA San Martín 2-2(2-1)
CA Belgrano - Vélez Sársfield 2-3(0-2)	Estudiantes - Defensa y Justicia 2-1(2-1)
Independiente - Patronato 2-1(1-1)	CA Colón - CA Unión 0-3(0-1)
CD Godoy Cruz - Olimpo 1-0(1-0)	Argentin. Juniors - Atlético Tucumán 0-3(0-0)
River Plate - CA Banfield 1-1(0-0)	CA Huracán - CA Temperley 4-2(2-2)
Quilmes AC - CA San Lorenzo 3-0(1-0)	CA Lanús - Boca Juniors 2-0(2-0)
Rosario Central - Sarmiento 1-0(1-0)	Atlético Rafaela - Racing Club 3-6(2-2)
	CA Tigre - Newell's Old Boys 3-3(3-1)

Round 9 [01-04.04.2016]	
Zone A	Zone B
Olimpo - Rosario Central 1-1(0-0)	Atlético Tucumán - Huracán 2-1(1-0)
Patronato - River Plate 2-1(1-1)	CA Temperley - Estudiantes 1-3(1-1)
CA Banfield - CA Colón 1-1(1-1)	Racing Club - Tigre 3-3(1-2)
San Lorenzo - Belgrano Córdoba 3-2(2-2)	Boca Juniors - Atlético Rafaela 3-0(2-0)
Sarmiento de Junín - Independiente 0-0	Newell's Old Boys - Aldosivi 1-1(1-0)
Vélez Sársfield - CD Godoy Cruz 1-4(1-0)	CA San Martín - Argentinos Juniors 2-0(1-0)
GyE La Plata - Quilmes AC 1-0(1-0)	Defensa y Justicia - Arsenal Sarandí 0-1(0-1)
	Unión de Santa Fe - CA Lanús 0-4(0-4)

Round 10 [08-11.04.2016]	
Zone A	Zone B
CA Colón - Patronato 2-2(0-0)	Huracán - CA San Martín 4-3(3-2)
CD Godoy Cruz - San Lorenzo 0-1(0-0)	Defensa y Justicia - CA Temperley 2-1(0-0)
Independiente - Olimpo 0-0	CA Banfield - CA Lanús 0-2(0-1)
River Plate - Sarmiento de Junín 2-2(2-1)	Argentinos Juniors - Newell's Old Boys 0-0
Belgrano Córdoba - GyE La Plata 3-0(0-0)	Aldosivi - Racing Club 2-1(0-1)
Rosario Central - Vélez Sársfield 2-3(1-1)	Tigre - Boca Juniors 2-0(0-0)
Quilmes AC - Arsenal Sarandí 1-4(0-0)	Atlético Rafaela - Unión de Santa Fe 1-1(0-0)
	Estudiantes - Atlético Tucumán 3-2(2-1)

Round 11 [15-18.04.2016]	
Zone A	Zone B
Sarmiento de Junín - CA Colón 1-0(1-0)	CA Lanús - Atlético Rafaela 2-1(0-1)
GyE La Plata - CD Godoy Cruz 2-2(2-1)	Atlético Tucumán - Defensa y Justicia 3-1(1-0)
Patronato - CA Banfield 0-2(0-1)	Newell's Old Boys - Huracán 1-0(0-0)
San Lorenzo - Rosario Central 2-1(1-1)	Boca Juniors - Aldosivi 4-1(1-1)
Vélez Sársfield - Independiente 0-2(0-1)	Unión de Santa Fe - Tigre 1-0(1-0)
Olimpo - River Plate 0-1(0-0)	Racing Club - Argentinos Juniors 2-2(1-2)
Arsenal Sarandí - Belgrano Córdoba 3-3(0-0)	CA Temperley - Quilmes AC 2-0(0-0)
	CA San Martín - Estudiantes 0-2(0-0)

Round 12 [22-25.04.2016]	
Atlético Rafaela - Patronato 3-1(0-1)	CA Lanús - CA Banfield 2-0(0-0)
Olimpo - Aldosivi 2-1(0-0)	GyE La Plata - Estudiantes 0-0
Vélez Sársfield - Argentinos Juniors 1-0(0-0)	Newell's Old Boys - Rosario Central 0-0
Unión de Santa Fe - CA Colón 1-0(0-0)	Boca Juniors - River Plate 0-0
Arsenal Sarandí - Defensa y Justicia 0-0	Racing Club - Independiente 0-0
San Lorenzo - Huracán 1-0(0-0)	Belgrano Córdoba - Atlético Tucumán 0-0
CD Godoy Cruz - CA San Martín 1-0(0-0)	Tigre - Sarmiento de Junín 2-0(0-0)
	Quilmes AC - CA Temperley 2-0(0-0)

Round 13 [29.04.-02.05.2016]

Zone A	Zone B
CA Colón - Olimpo 3-1(1-0) CD Godoy Cruz - Arsenal Sarandí 2-0(0-0) Belgrano Córdoba - Quilmes AC 2-2(1-0) Independiente - San Lorenzo 0-1(0-0) River Plate - Vélez Sársfield 0-0 Rosario Central - GyE La Plata 0-1(0-0) CA Banfield - Sarmiento de Junín 0-0	Aldosivi - Unión de Santa Fe 1-1(1-0) Estudiantes - Newell's Old Boys 0-0 Patronato - Atlético Rafaela 2-1(1-0) Huracán - Racing Club 0-1(0-1) Defensa y Justicia - CA San Martín 0-0 Argentinos Juniors - Boca Juniors 1-0(0-0) Tigre - CA Lanús 0-1(0-1) CA Temperley - Atlético Tucumán 1-1(1-0)

Round 14 [06-09.05.2016]

Zone A	Zone B
Quilmes AC - CD Godoy Cruz 1-3(0-0) Vélez Sársfield - CA Colón 2-0(0-0) San Lorenzo - River Plate 2-1(1-0) Arsenal Sarandí - Rosario Central 1-0(1-0) GyE La Plata - Independiente 3-3(2-0) Olimpo - CA Banfield 1-1(1-1) Sarmiento de Junín - Patronato 1-0(1-0)	Unión de Santa Fe – Argentin. Juniors 4-0(2-0) CA San Martín - CA Temperley 2-0(1-0) Newell's Old Boys - Defensa y Justicia 0-1(0-1) Racing Club - Estudiantes 0-0 CA Lanús - Aldosivi 2-0(0-0) Atlético Tucumán - Belgrano Córdoba 2-1(1-0) Boca Juniors - Huracán 0-0 Atlético Rafaela - Tigre 0-0

Round 15 [13-16.05.2016]

Zone A	Zone B
CA Colón - San Lorenzo 0-2(0-1) CD Godoy Cruz - Belgrano Córdoba 1-0(1-0) River Plate - GyE La Plata 1-0(0-0) Independiente - Arsenal Sarandí 2-0(0-0) Rosario Central - Quilmes AC 1-1(0-1) Patronato - Olimpo 1-0(1-0) CA Banfield - Vélez Sársfield 0-0	Huracán - Unión de Santa Fe 1-1(1-1) Defensa y Justicia - Racing Club 2-1(0-0) Atlético Tucumán - CA San Martín 3-2(0-1) Sarmiento de Junín - Tigre 0-1(0-0) Argentinos Juniors - CA Lanús 1-1(0-0) CA Temperley - Newell's Old Boys 2-0(0-0) Aldosivi - Atlético Rafaela 2-1(2-0) Estudiantes - Boca Juniors 3-1(2-1)

Round 16 [20-23.05.2016]

Zone A	Zone B
Olimpo - Sarmiento de Junín 0-1(0-0) Arsenal Sarandí - River Plate 2-1(1-0) Quilmes AC - Independiente 0-3(0-3) Vélez Sársfield - Patronato 0-0 San Lorenzo - CA Banfield 1-1(1-1) CA San Martín - CD Godoy Cruz 2-0(1-0) Belgrano Córdoba - Rosario Central 1-0(0-0) GyE La Plata - CA Colón 3-0(1-0)	Tigre - Aldosivi 2-0(1-0) Atlético Rafaela - Argentinos Juniors 0-2(0-1) Racing Club - CA Temperley 2-0(2-0) Newell's Old Boys - Atlético Tucumán 2-1(1-0) Boca Juniors - Defensa y Justicia 0-0 Unión de Santa Fe - Estudiantes 1-1(0-0) CA Lanús - Huracán 1-3(0-2)

Final Standings

Zone A

1.	CA San Lorenzo de Almagro	16	10	4	2	23	-	16	34
2.	CD Godoy Cruz Mendoza	16	10	3	3	27	-	14	33
3.	CA Independiente Avellaneda	16	7	6	3	22	-	12	27
4.	Arsenal FC de Sarandí	16	8	3	5	21	-	15	27
5.	Club de Gimnasia y Esgrima La Plata	16	7	4	5	19	-	19	25
6.	CA Vélez Sársfield Buenos Aires	16	7	3	6	20	-	19	24
7.	CA Rosario Central	16	5	5	6	19	-	16	20
8.	CA Patronato de la Juventud Católica Paraná	16	5	5	6	19	-	23	20
9.	CA River Plate Buenos Aires	16	4	6	6	21	-	22	18
10.	CA Sarmiento Junín	16	4	5	7	10	-	18	17
11.	CA Colón de Santa Fe	16	5	2	9	21	-	31	17
12.	CA Belgrano Córdoba	16	4	4	8	21	-	24	16
13.	CA Banfield	16	2	9	5	15	-	20	15
14.	Quilmes AC	16	3	6	7	21	-	32	15
15.	Club Olimpo de Bahía Blanca	16	3	4	9	11	-	20	13

Zone B

1.	CA Lanús	16	12	2	2	28	-	10	38
2.	Club Estudiantes de La Plata	16	9	5	2	25	-	11	32
3.	CA Tucumán San Miguel de Tucumán	16	9	3	4	26	-	19	30
4.	CSD Defensa y Justicia Florencio Varela	16	7	4	5	25	-	16	25
5.	CA Huracán Buenos Aires	16	7	4	5	21	-	15	25
6.	Racing Club de Avellaneda	16	6	6	4	29	-	26	24
7.	CA San Martín de San Juan	16	6	5	5	23	-	20	23
8.	CA Unión de Santa Fe	16	5	7	4	24	-	22	22
9.	CA Tigre Victoria	16	5	5	6	21	-	17	20
10.	CA Boca Juniors Buenos Aires	16	5	5	6	15	-	13	20
11.	CA Aldovisi Mar del Plata	16	4	5	7	19	-	28	17
12.	CA Newell's Old Boys Rosario	16	3	7	6	16	-	21	16
13.	CA Temperley	16	4	4	8	14	-	21	16
14.	AA Argentinos Juniors Buenos Aires	16	2	6	8	11	-	29	12
15.	AMSD Atlético de Rafaela	16	2	3	11	14	-	32	9

Both zone winners were qualified for the Championship Final while runners-up were qualified for the Copa Libertadores Play-off.

Copa Libertadores Play-off [28.05.2015]	
CD Godoy Cruz Mendoza - Club Estudiantes de La Plata	0-1

Championship Final

29.05.2016, Estadio Monumental "Antonio Vespucio Liberti", Buenos Aires; Attendance: n/a
Referee: Darío Herrera
CA Lanús - CA San Lorenzo de Almagro   **4-0(1-0)**
CA Lanús: Fernando Monetti, José Luis Gómez, Gustavo Raúl Gómez Portillo, Diego Luis Braghieri, Maximiliano Nicolás Velázquez (Cap) (72.Nicolás Pasquini), Román Fernando Martínez, Iván José Marcone, Miguel Ángel Almirón Rejala, Lautaro Germán Acosta, Óscar Junior Benítez (84.Víctor Hugo Ayala Núñez), José Gustavo Sand (78.Nicolás Diego Aguirre). Trainer: Jorge Francisco Almirón Quintana.
San Lorenzo: Sebastián Alberto Torrico, Julio Alberto Buffarini (Cap), Marcos Alberto Angeleri, Matías Nicolás Caruzzo, Emanuel Matías Más, Juan Ignacio Mercier, Fernando Daniel Belluschi, Franco Gabriel Mussis (46.Pablo Cesar Barrientos), Sebastián Marcelo Blanco (78.Héctor Daniel Villalba), Ezequiel Cerutti, Nicolás Blandi. Trainer: Pablo Adrián Guede Barrirero.
Goals: 1-0 Óscar Junior Benítez (17), 2-0 Miguel Ángel Almirón Rejala (58), 3-0 José Gustavo Sand (73), 4-0 Lautaro Germán Acosta (88).

2016 Champions: **CA Lanús**

Top goalscorers:
15 goals:	**José Gustavo Sand**	(CA Lanús)
11 goals:	Ramón Darío Ábila	(CA Huracán Buenos Aires)
9 goals:	Fabián Bordagaray	(CSD Defensa y Justicia Flor. Varela)
	Santiago Damián García Correa (URU)	(CD Godoy Cruz Mendoza)

Relegation Table

The team which will be relegated is determined team on average points taking into account results of the last four seasons (2013/2014, 2014, 2015 and 2016).

Pos	Team	2013/14 P	2014 P	2015 P	2016 P	Total P	Total M	Aver
1.	CA Tucumán San Miguel de Tucumán	—	—	—	30	30	16	1.875
2.	CA San Lorenzo de Almagro	60	26	61	34	181	103	1.757
3.	CA Independiente Avellaneda	—	33	54	27	114	65	1.754
4.	CA Boca Juniors Buenos Aires	61	31	64	20	176	103	1.709
5.	CA Lanús	59	35	42	38	174	103	1.689
6.	Club Estudiantes de La Plata	59	31	51	32	173	103	1.680
7.	CA River Plate Buenos Aires	58	39	49	18	164	103	1.592
8.	Racing Club de Avellaneda	33	41	57	24	155	103	1.505
9.	CA Rosario Central	54	21	59	20	154	103	1.495
10.	Club de Gimnasia y Esgrima La Plata	57	24	44	25	150	103	1.456
11.	CD Godoy Cruz Mendoza	56	21	32	33	142	103	1.379
12.	CA Unión de Santa Fe	—	—	41	22	63	46	1.370
13.	CA Tigre Victoria	49	26	46	20	141	103	1.369
14.	CA Belgrano Córdoba	49	25	51	16	141	103	1.369
15.	CA Vélez Sársfield Buenos Aires	61	25	29	24	139	103	1.350
16.	CA Newell's Old Boys Rosario	56	25	40	16	137	103	1.330
17.	CA Banfield	—	20	50	15	85	65	1.308
18.	CA San Martín de San Juan	—	—	37	23	60	46	1.304
19.	CA Patronato de la Juventud Católica	—	—	—	20	20	16	1.250
20.	Arsenal FC de Sarandí	48	26	27	27	128	103	1.243
21.	CA Aldovisi Mar del Plata	—	—	40	17	57	46	1.239
22.	CA Huracán Buenos Aires	—	—	30	25	55	46	1.196
23.	CSD Defensa y Justicia Flor. Varela	—	20	32	25	77	65	1.185
24.	Club Olimpo de Bahía Blanca	50	19	36	13	118	103	1.146
25.	Quilmes AC	45	12	45	15	117	103	1.136
26.	CA Colón de Santa Fe	—	—	34	17	51	46	1.109
27.	AMSD Atlético de Rafaela	49	25	23	9	106	103	1.029
28.	CA Sarmiento Junín	—	—	30	17	47	46	1.022
29.	CA Temperley	—	—	30	16	46	46	1.000
30.	AA Argentinos Juniors Buenos Aires (*Relegated*)	—	—	33	12	45	46	0.978

THE CLUBS 2015 & 2016

CLUB ATLÉTICO ALDOSIVI MAR DEL PLATA

Foundation date: March 29, 1913
Address: Calle Elcano 3321 y Bermejo, 7600 Mar del Plata
Stadium: Estadio „José María Minella", Mar del Plata - Capacity: 35,354

THE SQUAD

	DOB	2015 M	2015 G	2016 M	2016 G
Goalkeepers:					
Ariel Bulasio	04.06.1994	-	-	-	-
Pablo Javier Campodónico	17.10.1977	30	-	8	-
Matías Alejandro Vega	18.04.1986	-	-	8	-
Defenders:					
Ramiro Arias	06.01.1993			9	-
Emiliano Borjas	25.01.1996			1	-
Jonathan Sebastián Galván	25.06.1992	24	1	14	1
Damián David Ledesma	21.05.1982			7	-
Federico Matías León	30.10.1984	24	1	-	-
Matías Emanuel Lequi	13.05.1981	23	1		
Guillermo Luis Ortíz	09.08.1992	19	1	13	-
Ismael Alberto Quílez	02.10.1988	16	-	12	-
Carlos Daniel Soto	20.01.1984	1	-		
Roque Gabriel Vargas	18.02.1988		-		
Midfielders:					
Franco Canever	17.02.1989	21	-	11	-
José Federico Capriccioni	08.04.1993	-	-		
Alejandro Rubén Capurro	31.10.1980	23	1		
César Alberto Carranza	16.08.1980	12	-		
Alexis Nicolás Castro	23.01.1984			13	1
Ángel Gastón Díaz	26.03.1981	22	5	12	3
Leonardo Fredes	13.08.1991	2	-		
Ramiro Garay	06.03.1997			2	-
Juan Pablo Gargiulo	16.01.1992	-	-		
Hernán Agustín Lamberti	03.05.1984	27	-	13	-
Cristian Ezequiel Llama	26.06.1986			12	1
Nicolás Miracco	12.04.1991	11	1		
Milton Axel Müller	28.05.1990	-	-		
Nahuel Pájaro	09.05.1997			3	-
Raúl Fernando Poclaba	23.01.1990			1	-
Martín Horacio Rivero	13.11.1989			16	-
José Santiago Rosales	22.03.1995	15	-	16	2
Matías Gabriel Rosso	12.03.1993	13	2	3	-
Mariano Enrique Pablo Seccafién	13.06.1984	20	-		
Brian Toro	24.03.1994	-	-		
Forwards:					
Neri Ricardo Bandiera	03.07.1989			12	4
Lucas Di Yorio	28.04.1991			2	-
Juan Ignacio Dinenno De Cara	28.08.1994			14	1
Diego Eduardo Lagos	05.03.1986	19	1		
Pablo Ariel Lugüercio	10.03.1982	28	6	3	1
Roger Beyker Martínez Tobinson (COL)	23.06.1994	23	6		
Juan Carlos Menseguez	18.02.1984	9	-		
Sebastián Ariel Penco	22.09.1983			16	5
José Gustavo Sand	17.07.1980	28	9		
Luis Angel Vildozo Godoy	09.12.1981	12	2	-	-
Trainer:					
Fernando Héctor Quiroz [as of 26.10.2014]	19.06.1968	30		16	

133

ASOCIACIÓN ATLÉTICA ARGENTINOS JUNIORS
Foundation date: August 15, 1904
Address: Asociación Atlética Argentinos Juniors, Punta Arenas 1271, [C1427DQB], Buenos Aires
Stadium: Estadio „Diego Armando Maradona", La Paternal, Buenos Aires – Capacity: 24,800

THE SQUAD

	DOB	2015 M	2015 G	2016 M	2016 G
Goalkeepers:					
Lucas Abraham Chávez	09.08.1995	-	-	-	-
Adrián José Gabbarini	10.10.1985	15	-		
Sebastián Giovini	26.02.1990	1	-		
Federico Vicente Lanzillota	01.12.1992			10	-
Luis Alberto Ojeda	21.03.1990	15	-		
Camilo Andrés Vargas Gil (COL)	09.03.1989			6	-
Defenders:					
Luis Mariano Almandoz	10.01.1994	4	-		
Cristian Osvaldo Álvarez	09.01.1978	12	1		
Nicolás Batista	27.01.1991	-	-		
Damián Iván Batallini	24.06.1996			12	2
Ángel Guillermo Benítez	08.12.1993	-	-	5	-
Leandro Roberto Fleitas Ovejero	29.12.1983	-	-		
Franco Valentin Flores	28.05.1993	12	-		
Nicolás Omar Freire	18.02.1994	18	1	9	-
Ángel Ezequiel Garré	10.11.1981	26	2		
Joaquin Marcelo Laso	04.07.1990	15	-	10	-
Juan Pablo Lemos	22.05.1993	-	-		
Kevin MacAllister	07.11.1997			3	-
Matías Alfredo Martínez	24.03.1988			5	-
Patricio Matricardi	07.01.1994	26	-	6	-
Julio Leonel Mosevich	04.02.1997	-	-	3	-
Gonzalo Rubén Piovi	08.09.1994			11	-
Lucas Nahuel Rodríguez	27.09.1993	5	-	9	-
Juan Alberto Sabiá	17.12.1981	-	-		
Miguel Ángel Torrén	12.08.1988	21	-	12	-
Midfielders:					
Emiliano Germán Agüero	21.01.1995	12	-		
Diego Martín Alaníz Ávila (URU)	19.02.1993	7	-		
Facundo Matías Barboza	31.07.1996			4	-
Germán Rodrigo Basualdo	07.03.1984	5	-		
Juan Manuel Cobo Gálvez	26.11.1984			9	1
Iván Leonardo Colman	06.05.1995			3	-
Andrés Franzoia	21.10.1985	22	3		
Federico Gallego Revetria	13.06.1990	24	1		
Matías García	11.11.1995	-	-	-	-
Matías Alejandro Giménez	23.12.1984	9	-		
Ezequiel Naim Ham	10.03.1994	8	2	-	-
Gaspar Emmanuel Iñiguez	26.03.1994	14	-		
Federico Insúa	03.01.1980			14	1
Cristian Raúl Ledesma	29.11.1978	22	-	12	-
Francis MacAllister	30.10.1995			3	-
Reinaldo Lenis Montes (COL)	20.07.1992	25	5		
Arturo Daniel Mendoza	03.11.1993	-	-		
Leandro Alexis Navarro	16.03.1992	8	1		

Sebastián Riquelme	28.09.1996			1	-
Nahuel Rodríguez	18.03.1996	2	-	5	-
Esteban Rolón	25.09.1995	-	-	11	-
Emiliano Trovento	10.01.1995	1	-		
Martín Darío Zapata	18.12.1981	4	-		
Forwards:					
Carlos Heber Bueno Suárez (URU)	10.05.1980			8	2
Luciano Javier Cabral	26.04.1995	22	2	14	1
Lucas Cano	09.05.1995	5	1	3	-
Gonzalo Rubén Castillejos	05.03.1986	14	-		
Gerardo Maximiliano Freitas Talpamitz	04.03.1991	3	-		
Lautaro Mesa	26.04.1997	1	-		
Lautaro Patricio Rinaldi	30.12.1993	28	7	8	2
Jonathan Joel Rodríguez	30.03.1994	11	2		
Braian Ezequiel Romero	15.06.1991			13	1
Emilio José Zelaya	30.07.1987			14	1
Trainer:					
Néstor Raúl Gorosito [26.10.2014-22.12.2015]	14.05.1964	30			
Carlos Alberto Mayor [01.01.-04.03.2016; Resigned]	05.10.1965			6	
Raul Alejandro Celis Sanzotti [as of 06.03.2016]	12.01.1975			10	

ARSENAL FÚTBOL CLUB DE SARANDÍ

Foundation date: January 11, 1957
Address: Juan Díaz de Solís 3660, CP: 1872, Sarandí, Avellaneda, Buenos Aires
Stadium: Estadio „Julio Humberto Grondona", Buenos Aires - Capacity: 16,300

THE SQUAD

	DOB	2015		2016	
		M	G	M	G
Goalkeepers:					
Esteban Maximiliano Andrada	26.01.1991	27	-		
Mauricio Hernán Aquino	27.10.1993	-	-	-	-
Diego Fernando Pellegrino	31.03.1986			16	-
Óscar Alejandro Limia Rodríguez	16.07.1975	5	-		
Gaspar Andrés Servio	09.03.1992			-	-
Defenders:					
Jonathan Bottinelli	14.09.1984			16	-
Nicolás Correa Risso (URU)	25.12.1983	7	-		
Gastón Claudio Corvalán	23.03.1989	4	-	16	-
Marcos Curado	09.05.1995	17	-	16	-
Jorge Wiston Curbelo Garis (URU)	21.12.1981	17	-		
Yeimar Pastor Gómez Andrade (COL)	30.06.1992			2	-
Nahuel Adrían Martínez	13.02.1992			-	-
Federico Emanuel Milo	10.01.1992	17	-	2	-
Daniel Alejandro Rosero Valencia (COL)	06.10.1993	15	-		
Salvador Sánchez	31.07.1995	3	-	-	-
Matias Sarulyte	13.03.1989	21	1		
Iván Varga	23.06.1995	8	-	-	-
Luciano Germán Vella	13.04.1981			14	-
Matías Ezequiel Zaldivia	22.01.1991	19	1		

Midfielders:					
Mariano Barbieri	29.11.1990			13	3
Gonzalo Ismael Bazán	05.05.1989			15	2
Franco Bellocq	15.10.1993			8	2
Matías Daniel Campos Toro (CHI)	22.06.1989	17	1		
Miguel Eduardo Caneo	17.03.1983	8	1	9	1
Ramiro Ángel Carrera	24.10.1993	23	3	10	2
Cristian Manuel Chávez	16.06.1986	11	-		
Gastón Rubén Esmerado	08.02.1978	6	1		
Germán Julio César Ferreyra	13.01.1996			3	1
Gabriel Alejandro Flores	20.01.1993	7	-		
Hernán Daniel Fredes	27.03.1987	18	-		
Gonzalo Emiliano Giménez	04.09.1995	1	-	1	-
Leandro Godoy	09.12.1994	3	-		
Gonzalo Ezequiel González	06.03.1995	1	-		
Federico Eduardo Lértora	05.07.1990	13	1	15	-
Ramiro Andrés López	30.10.1984	10	1	2	-
Fernando David Luna	19.01.1990	4	1	11	1
Iván José Marcone	03.06.1988	26	-		
Fabián Nicolás Muñoz	03.11.1991	23	-		
Gonzalo Sebastián Papa Palleiro (URU)	08.05.1989			11	-
Damián Alfredo Pérez	22.12.1988	13	1		
Leonardo Gabriel Rolón	19.01.1995			2	-
Ezequiel Eduardo Ruíz	16.09.1995	10	1	1	-
Gabriel Alejandro Sanabria	07.02.1992			12	2
Matías Zaldivar	04.08.1995	1	-	5	-
Forwards:					
Joaquín Antonio Boghossian Lorenzo (URU)	19.06.1987			4	1
Pablo Burzio	03.12.1992	12	-		
Esteban Ciacchieri	20.05.1991	1	-		
Milton Aaron Céliz	25.07.1992			1	-
Franco Lautaro Costa	10.12.1991	8	-	2	-
Maximiliano Francisco Herrera	08.01.1993	1	-		
Federico Raúl Laurito	18.05.1990	1	-		
Lucas Ramón Pugh	01.01.1994	3	-		
Federico Iván Rasic	24.03.1992	14	3		
Juan Ignacio Sánchez Sotelo	02.10.1987			14	5
Carlos Bryan Schmidt	19.11.1995	1	-	-	-
Santiago Martín Silva Olivera	09.12.1980	20	7		
Santiago Tréllez Viveros (COL)	17.01.1990	7	2		
Agustin Vuletich	03.11.1991			3	1
Emilio José Zelaya	30.07.1987	-	-		
Trainer:					
Martín Palermo [15.04.2014-19.04.2015; Resigned]	07.11.1973	10			
Ricardo Daniel Caruso Lombardi [09.05.-31.12.2015]	10.02.1962	20			
Sergio Gabriel Rondina [as of 01.01.2016]	03.11.1971			16	

ASOCIACIÓN MUTUAL SOCIAL Y DEPORTIVA ATLÉTICO DE RAFAELA

Foundation date: January 13, 1907
Address: Calle Fernando Dentesano 455, 2300 Rafaela, Provincia de Santa Fe
Stadium: Estadio Rafaela (Nuevo Monumental), Rafaela - Capacity: 16,000

THE SQUAD

	DOB	2015 M	2015 G	2016 M	2016 G
Goalkeepers:					
Esteban Néstor Conde Quintana (URU)	04.03.1983	11	-		
Carlos Alberto De Giorgi	23.04.1984	17	-		
Ramiro Macagno	18.03.1997	-	-	-	-
Marcelo Germán Montoya	23.01.1983			8	-
Guido Rosetti	12.05.1993			-	-
Axel Wilfredo Werner	28.02.1996	2	-	9	-
Defenders:					
Mathías Nicolás Abero Villan (URU)	09.04.1990			12	1
Alexander Nahuel Barboza Ullúa	16.03.1995	11	1		
Nelson Pablo Benítez	24.05.1984			15	-
Nicolás Canavessio	17.09.1993	-	-	-	-
Matías Catalán	19.08.1992			8	-
Rodrigo Colombo	19.11.1992	8	-	8	-
Martín Damián Díaz Pena (URU)	17.03.1988	1	-		
Leonardo Godoy	28.04.1995	13	-	11	-
Mauricio Sebastián Gómez Castro (URU)	16.04.1992	1	-		
Gabriel Maximiliano Graciani	28.11.1992	13	1	11	3
Lucas Nahuel Kruspzky	06.04.1992	12	1		
Víctor Rubén López	19.12.1978			10	-
Sebastián Rodrigo Martínez Aguirre (URU)	11.04.1983	7	-	8	-
Dimas Morales	22.06.1994	8	-		
Alexis Jorge Niz	17.05.1988	14	1		
Norberto Javier Paparatto	03.01.1984			5	-
Germán David Ré	02.11.1981	26	-		
Joel Sacks	10.04.1989	12	-	1	-
Sebastián Fernando Sánchez	20.09.1988	4	-		
Bruno Saúl Urribarri	06.11.1986	6	-	6	-
Midfielders:					
Adrián Jesús Bastía	20.12.1978	27	2		
Mateo Castellano	12.03.1996	7	-	5	-
Facundo Marcelo Cervantes	05.06.1996	3	-	-	-
Rodrigo Leonel Depetris	05.05.1990	11	1		
Agustín Hernán Díaz	05.05.1988			10	-
Juan Manuel Eluchans	14.04.1980	13	2		
Guillermo Matías Fernández	11.10.1991	7	1		
Osmar Daniel Ferreyra	09.01.1983	23	4		
Pablo Gaitán	09.05.1992	4	-		
Guillermo Andrés Marino	02.02.1981	21	2		
Diego Armando Montiel	22.04.1996	8	-	6	-
Gabriel Jesús Morales	29.04.1994	16	2	9	-
Esteban Gabriel Orfano	13.01.1992			11	1
Santiago Paz	06.10.1996				
Germán Ezequiel Rodríguez Rojas	05.01.1990	14	-	-	-
Emiliano Romero Clavijo (URU)	30.09.1992			5	-

Federico Matías Scoppa	07.07.1987			7	-
Walter Omar Serrano	02.07.1986	25	2	10	-
Forwards:					
Mauricio Albertengo	04.01.1990			5	-
Federico Óscar Andrada	03.03.1994	5	-		
Federico Marcelo Anselmo	17.04.1994			14	5
Heber Gastón Colmán Leguisamo (URU)	04.04.1989			9	-
Federico Rafael González	06.01.1987	15	3		
Franco Marcelo Jominy	28.08.1994	14	2		
Ariel Emiliano Ledheros	04.01.1992	-	-		
Nicolás Orsini	12.09.1994	11	-		
Facundo Manuel Carlos Parra	15.06.1985	6	1	10	1
Ignacio Pussetto	21.12.1995	19	2	11	2
Mauro Daniel Quiroga	07.12.1989	3	-		
Marcos Luciano Sartor Camiña	18.03.1995	-	-		
Sergio Candelarío Sosa	15.03.1994	8	-		-
Trainer:					
Roberto Néstor Sensini [08.06.2014-04.04.2015; Sacked]	12.10.1966	8			
Gustavo Daniel Tognarelli [06.04.-11.04.2015; Caretaker]	17.09.1960	1			
Leonardo Rubén Astrada [13.04.-31.12.2015]	06.01.1970	21			
Jorge Luis Burruchaga [01.01.-25.03.2016; Sacked]	09.10.1962			8	
Juan Manuel Llop [as of 26.03.2016]	01.06.1963			8	

CLUB ATLÉTICO TUCUMÁN SAN MIGUEL DE TUCUMÁN

Foundation date: September 27, 1902
Address: 25 de Mayo 1351 y República de Chile, 4000 San Miguel de Tucumán
Stadium: Estadio Monumental „José Fierro", San Miguel de Tucumán – Capacity: 32,700

THE SQUAD

	DOB	2016 M	G
Goalkeepers:			
Josué Daniel Díaz Ayala	30.05.1988	1	-
Cristian David Lucchetti	26.06.1978	15	-
Franco Pizzicanella	29.05.1996	-	-
Defenders:			
Bruno Félix Bianchi Massey	17.12.1989	16	-
Pablo Domingo Cáceres Rodríguez (URU)	22.04.1985	9	-
Ignacio Canuto	20.02.1986	1	-
Leonel Di Plácido	28.01.1994	4	-
Enrique Gabriel Meza Brítez (PAR)	28.11.1985	7	-
Nicolás Romat	06.05.1988	15	1
Franco Sbuttoni	06.05.1989	9	-
Néstor Nahuel Sosa	12.01.1995	-	-
Lucas Villalba	19.08.1994	12	-
Midfielders:			
Guillermo Acosta	31.10.1988	13	2
Rodrigo Germán Aliendro	16.02.1991	8	3
Matías Leonel Ballini	19.12.1988	7	-
Fernando Evangelista Iglesias	21.10.1991	8	-
Juan José Govea Tenorio (ECU)	27.01.1991	10	1
Francisco Grahl	05.03.1992	-	-
Gastón Nelson Iturrieta	25.05.1985	-	-
Miguel Ángel Julio Rosette (COL)	21.02.1991	-	-
Nery Leyes	05.09.1989	15	-
Cristian Matías Menéndez	02.04.1988	15	7
Jorge Emanuel Molina	04.03.1987	1	-
Franco Tomás Quiroga	23.12.1986	6	-
David Valdez	06.04.1993	-	-
Forwards:			
Leandro González	14.10.1985	16	4
José Luís Méndez	28.03.1993	9	-
Luis Miguel Rodríguez	01.01.1985	15	5
Fernando Matías Zampedri	14.02.1988	12	3
Trainer:			
Juan Manuel Azconzábal [as of 10.11.2014]	08.09.1974	16	

CLUB ATLÉTICO BANFIELD BUENOS AIRES

Foundation date: January 21, 1896
Address: Avenida Valentín Vergara 1635/55, Banfield 1828, Lomas de Zamora, Provincia de B. Aires
Stadium: Estadio "Florencio Solá", Banfield - Capacity: 34,901

THE SQUAD

	DOB	2015 M	2015 G	2016 M	2016 G
Goalkeepers:					
Facundo Altamirano	21.03.1993	-	-	1	-
Iván Mauricio Arboleda (COL)	21.04.1996	-	-	1	-
Enrique Alberto Bologna Gómez	13.02.1982	25	-		
Facundo Cambeses	09.04.1997			-	-
Hilario Bernardo Navarro	14.11.1980			15	-
Diego Fernando Pellegrino	31.03.1986	6	-		
Defenders:					
Gonzalo Bettini	26.09.1992	17	-	16	1
Nicolás Alexis Bianchi Arce	28.01.1987	29	1		
Cristian Alberto Díaz	26.05.1989	-	-		
Carlos Javier Matheu	13.05.1984			16	1
Gonzalo Negro	26.09.1994	-	-		
Fabián Ariel Noguera	20.03.1993	16	1		
Claudio Daniel Pérez	26.12.1985			11	-
Eric Daian Remedi	04.06.1995	4	-	6	-
Jorge Agustín Rodríguez	15.09.1995	5	-	9	-
Alexis Soto	22.10.1993	1	-	15	-
Midfielders:					
Matías Enrique Abelairas	18.06.1985	7	-		
Nicolás Santiago Bertolo	02.01.1986	14	3		
Claudio Nicolás Bravo	13.03.1997			-	-
Maximiliano Matías Calzada Fuentes (URU)	21.04.1990	13	1		
Juan Ramón Cazares Sevillano (ECU)	03.04.1992	25	2		
Emanuel Cecchini	24.12.1996	1	-	2	-
Luciano Civelli	06.10.1986	27	1	-	-
Franco Daniel Colela	05.01.1995			10	-
Nicolás Mario Domingo	08.04.1985	29	-		
Walter Daniel Erviti Roldán	12.06.1980	23	-	15	1
Miguel Alejandro Escobar	24.08.1995			2	-
Agustin Fontana	11.06.1996	1	-	1	-
Lihué Dario Prichoda	26.06.1989			4	1
Romel Morales Ramírez (COL)	23.08.1997			1	-
Jonathan Iván Requena	11.06.1996	6	-		
Thomas Rodríguez	05.04.1996	1	-	8	-
Iván Rossi	01.11.1993	10	1	11	-
Brian Óscar Sarmiento	22.04.1990			9	-
Enzo Gabriel Trinidad	19.09.1996	5	-	5	-
Sergio Javier Vittor	09.06.1989	24	3		
Mariano Nahuel Yeri	12.09.1991	22	-	6	-
Forwards:					
Mauricio Gabriel Asenjo	23.07.1994	11	2		
Facundo Andrés Castillón	21.08.1985	13	1		
Leandro Chetti	23.05.1993	-	-		
Mauricio Andrés Cuero Castillo (COL)	28.01.1993	29	7		
Luciano Gómez	22.03.1996			5	-

Cristian Alberto Molina	02.04.1992	1	-		
Ricardo Daniel Noir Meyer	26.02.1987	10	4		
Santiago Martín Silva Olivera (URU)	09.12.1980			14	4
Giovanni Pablo Simeone	05.07.1995	15	7	16	5
Adrián Marcelo Sporle	13.07.1995			6	-
Emiliano Franco Terzaghi	06.03.1993	-	-		
Lucas Ezequiel Viatri	29.03.1987	21	2		
Claudio Villagra	02.01.1996	2	1	11	1
Trainer:					
Matías Jesús Almeyda [26.03.2013-03.08.2015; Resigned]	21.12.1973	19			
Claudio Alejandro Vivas [04.08.2015-20.04.2016]	12.08.1968	11		11	
Julio César Falcioni [as of 15.03.2016]	20.07.1956			5	

CLUB ATLÉTICO BELGRANO CÓRDOBA

Foundation date: March 19, 1905
Address: Calle Dr. Arturo Orgaz 510, Barrio Alberdi 5000, Ciudad de Córdoba
Stadium: Estadio „Julio César Villagra" [El Gigante de Alberdi], Córdoba - Capacity: 28,000

THE SQUAD

	DOB	2015 M	2015 G	2016 M	2016 G
Goalkeepers:					
Lucas Mauricio Acosta	12.03.1995	-	-	-	-
Federico Bonansea	13.03.1998	-	-		
Pablo Heredia	11.06.1990	-	-	-	-
Juan Carlos Olave	21.02.1976	30	-	16	-
César Pablo Rigamonti	07.04.1987			-	-
Defenders:					
Federico Hernán Álvarez	07.08.1994	14	-	7	-
Adrián Argachá González (URU)	21.12.1986			4	-
Lucas Elio Aveldaño	19.07.1985	-	-		
Pier Miqueas Barrios	01.07.1990	16	-	11	-
Sergio Daniel Escudero	12.04.1983	13	3		
Esteban Ezequiel Espíndola López	22.03.1992	4	-	2	-
Nicolás Ferreyra	30.03.1993	3	-		
Santiago Giordana	03.05.1995	1	-	-	-
Christian Franco Lema	12.09.1990	25	2	14	3
Sebastián Luna	25.12.1987			13	2
Claudio Daniel Pérez	26.12.1985	25	3		
José Manuel Rojas Bahamondes (CHI)	23.06.1983			16	-
Renzo Saravia	16.06.1993	26	-	6	-
Gastón Alejandro Turus	27.05.1980	1	-	-	-
Midfielders:					
Gabriel Alanis	16.03.1994	5	-	6	-
Gastón Maximiliano Álvarez Suárez	05.04.1993			7	1
Mario Ariel Bolatti	17.02.1985	7	-	13	4
Germán Gabriel Cochis	12.01.1996			-	-
Iván Etevenaux	20.10.1989	9	-	15	4
Guillermo Martín Farré	16.08.1981	27	-	14	-
Germán Emmanuel Gaitán	31.07.1995			1	-
Esteban Nicolás González Rojas	16.09.1978	4	-		
Nahuel Isaías Luján	23.08.1995	2	-		

Osvaldo César Mansanelli	29.08.1980	7	-		
Lucas Joaquín Parodi Cuello	30.11.1990	28	1	6	-
Leonardo Sebastián Prediger	04.09.1986	25	1	9	-
Emiliano Rigoni	04.02.1993	28	4		
Jorge Luis Velázquez	07.09.1982	24	5	16	3
Lucas Manuel Zelarrayán	20.06.1992	27	5		

Forwards:

Luciano Héctor Becchio	28.12.1983	3	-		
Jerry Ricardo Bengtson Bodden (HON)	08.04.1987	6	-		
Claudio Daniel Bieler	01.03.1984			13	2
Fernando Andrés Márquez	10.12.1987	26	4	11	2
Mauro Iván Óbolo	28.09.1981	29	5	12	-
Iván Edgardo Paz	25.01.1996			-	-
César Emanuel Pereyra	23.11.1981			12	-
Joel Valdemarin	09.05.1995	-	-		
Maximiliano Zárate Fagiuolo	04.02.1993	1	-		

Trainer:

Ricardo Alberto Zielinski [as of 13.02.2011]	14.10.1959	30		16

CLUB ATLÉTICO BOCA JUNIORS BUENOS AIRES

Foundation date: April 3, 1905
Address: Brandsen 805, C1161AAQ, La Boca, Buenos Aires
Stadium: Estadio „Alberto J. Armando" [La Bombonera], Buenos Aires - Capacity: 49,000

THE SQUAD

	DOB	2015 M	2015 G	2016 M	2016 G
Goalkeepers:					
Bruno Gabriel Galván	08.05.1994	-	-	-	-
Ramiro Fernando Martínez	18.04.1991			-	-
Agustín Ignacio Orión	26.06.1981	21	-	12	-
Guillermo Enrique Sara	30.09.1987	12	-	5	-
Emanuel Tripodi	07.08.1981	-	-		
Defenders:					
Guillermo Enio Burdisso	26.09.1988	4	1		
Daniel Alberto "Catá" Díaz	13.03.1979	27	2	8	-
Juan Cruz Komar	13.08.1996	-	-		
Frank Yusty Fabra Palacios (COL)	22.02.1991			2	-
Juan Manuel Insaurralde	03.10.1984			12	-
Lisandro Magallán Orueta	27.09.1993	1	-		
Lucas Leandro Marín	22.01.1992	5	-		
Fabián Luciano Monzón	13.04.1987	17	1		
Gino Peruzzi Lucchetti	09.06.1992	22	1	3	-
Germán Alexis Rolín Fernández	07.02.1989	10	-	3	-
Jonathan Cristian Silva	29.06.1994			15	1
Fernando Omar Tobio	18.10.1989	12	-	12	-
Pedro Silva Torrejón	25.01.1997			2	-
Marco Natanael Torsiglieri	12.01.1988	12	-		
Midfielders:					
Rodrigo Bentancur	05.06.1997	18	-	11	1
Federico Bravo	05.10.1993	1	-		
Federico Gastón Carrizo	17.05.1991	11	1	8	1
Gonzalo Pablo Castellani	10.08.1987	2	-		
Julian Antonio Chicco	13.01.1998			3	-
Nicolás Carlos Colazo	08.07.1990	22	-	4	-
Franco Cristaldo	15.08.1996	7	1		
Adrián Andrés Cubas	22.05.1996	9	-	6	-
Cristian Damián Erbes	06.01.1990	17	1	2	-
José Pedro Fuenzalida Gana (CHI)	22.02.1985	13	-		
Fernando Rubén Gago	10.04.1986	14	2	11	-
Leonardo Rafaela Jara	20.05.1991			9	-
Marcelo Nicolás Lodeiro Benítez (URU)	21.03.1989	21	3	9	3
Gonzalo Maroni	18.03.1999			1	-
Alexis Nahuel Messidoro	13.05.1997			5	1
Nahuel Molina Lucero	02.12.1997			8	-
Christian Moreno	27.04.1996			-	-
Pablo Javier Pérez	10.08.1985	17	2	10	-
Tomás Pochettino	01.02.1996	1	-		
Guido Nahuel Vadalá	08.02.1997	-	-		
Forwards:					
Nicolás Benegas	01.03.1996			4	-
Jonathan Calleri	23.09.1993	26	10		
Andrés Eliseo Chávez	21.03.1991	14	3	12	3

143

Emanuel Gigliotti	20.05.1987	-	-		
Juan Manuel Martínez	21.10.1985	7	2		
César Marcelo Meli	20.06.1992	22	3	10	-
Pablo Daniel Osvaldo	12.01.1986	11	3	3	-
Sebastián Alberto Palacios	20.01.1992	18	5	13	1
Cristian Pavón	21.01.1996	6	2	3	-
Carlos Alberto Martínez Tévez	05.02.1984	12	5	11	4
Trainer:					
Rodolfo Martín Arruabarrena [29.08.2014-29.02.2016; Sacked]	20.07.1975	30		5	
Guillermo Barros Schelotto [as of 02.03.2015]	04.05.1973			11	

CLUB ATLÉTICO COLÓN DE SANTA FE

Foundation date: May 5, 1905
Address: Avenida Juan José Paso 3535, 3000 Ciudad de Santa Fé
Stadium: Estadio „Brigadier General Estanislao López", Santa Fe – Capacity: 47,000

THE SQUAD

	DOB	2015 M	2015 G	2016 M	2016 G
Goalkeepers:					
German Andrés Bailó	06.09.1988			-	-
Jorge Emanuel Broun	26.05.1986	29	-	16	-
Ignacio Lovera	09.06.1992	-	-	-	-
Andrés Mehring	19.04.1994	1	-	-	-
Defenders:					
Osvaldo Gabriel Arroyo	27.02.1995	5	-	-	-
Ismael Benegas Arévalos (PAR)	01.08.1987	13	1	12	-
Osvaldo Rubén Barsottini	25.08.1981			4	1
Adrián Jesús Bastía	20.12.1978			12	-
Mariano Ezequiel Bíttolo	24.04.1990	14	-		
Luis Leandro Castillo	12.02.1991	4	-	7	-
Germán Andrés Conti	03.06.1994	28	1	16	-
Pablo Sebastián Cuevas	07.01.1994	15	-	2	-
Emiliano Martín García Tellechea (URU)	14.01.1990	1	-		
Raúl Alejandro Iberbia	25.12.1989			10	-
Lucas León Landa	03.04.1986	8	-	-	-
Franco Martín Lazzaroni	06.02.1988	13	-		
Clemente Juan Rodríguez	31.07.1981	17	-	9	-
Cristian Carlos Iván Sain	23.03.1993	2	-	3	-
Santiago Hernán Villafañe	19.05.1988			7	-
Midfielders:					
Matias Leonel Ballini	19.12.1988	23	-		
Federico Gabriel Boasso	11.04.1992	-	-	1	-
Emanuel Casado	08.06.1994	-	-	2	-
Sebastián Eguren Ledesma (URU)	08.01.1981	8	-		
Marcos Gabriel Fernández	20.04.1993	2	-	-	-
Guillermo Ferracutti	11.02.1991	2	-		
Victor Alberto Figueroa	29.09.1983			14	2
Cristian Andrés García	29.04.1988	15	1		
Luis Yamil Garnier	22.12.1982	21	-	2	-
Federico Jourdan	13.01.1991	1	-		
Pablo Martín Ledesma	04.02.1984	23	-	14	3

Franco Ezequiel Leys	18.10.1994	5	-	2	-
Cristian Ezequiel Llama	26.06.1986	14	5		
Franco Eduardo Mazurek	24.09.1993			8	1
Cristian Andrés Palomeque Valoyes (COL)	02.04.1994			3	-
Daniel Pérez	12.04.1993	-	-		
Gerónimo Gastón Poblete	04.09.1991	25	-	14	1
Arturo David Ramírez Torres	18.02.1981	11	1		
Alan Nahuel Ruíz	19.08.1993	13	-	9	7
Tomás Sandoval	30.03.1999			3	1
Nicolás Silva	24.01.1990			14	1
Gustavo Alejandro Villarruel	02.04.1992	24	1		
Forwards:					
Lucas Nicolás Alario	08.10.1992	10	3		
Raúl Óscar Becerra	01.10.1987	3	1		
Óscar Belinetz	07.01.1995	3	-		
Santiago Biglieri	11.02.1986			1	-
Facundo Callejo	02.07.1992	3	-		
Martín Nicolás Comachi	22.10.1991			1	-
Exequiel Maximiliano Gómez	26.01.1994	2	-		
Cristian Guanca	30.11.1992	19	3		
Diego Eduardo Lagos	05.03.1986			13	1
Nicolás Leguizamón	26.01.1995			5	-
Braian Ezequiel Romero	15.06.1991	17	4		
Mauricio Ezequiel Sperdutti	16.02.1986	8	3	16	3
Pablo Ezequiel Vegetti Pfaffen	15.10.1988	13	2	3	-
Trainer:					
Reinaldo Carlos Merlo [12.11.2014-16.02.2015; Sacked]	20.05.1950	1			
Javier Óscar López [16.02.-06.06.2015; Resigned]	23.03.1966	14			
Darío Javier Franco Gatti [10.06.2015-17.04.2016]	17.01.1969	15		11	
Ricardo Daniel Johansen [as of 18.04.2016]	08.02.1962			5	

CLUB MUTUAL CRUCERO DEL NORTE GARUPÁ

Foundation date: July 19, 1989
Address: Avenida Uruguay 4596, Garupá (Gran Posadas)
Stadium: Estadio „Comandante Andrés Guacurarí", Garupá – Capacity: 12,000

THE SQUAD

	DOB	2015 M	G
Goalkeepers:			
Guillermo Bachke	22.03.1997	-	-
Germán Martín Caffa	14.07.1980	7	-
Enzo Godoy	24.01.1997	-	-
Juan Ignacio Mendonca	05.04.1986	-	-
Horacio Martín Ramírez	21.03.1984	23	-
Defenders:			
Dante Bareyro	25.06.1989	9	1
Julio Eduardo Barraza	03.04.1980	15	1
Juan Alberto Cabrera	16.10.1984	4	-
Nicolás Diego Dematei	19.11.1987	22	1
Brian Domínguez	16.05.1996	1	-
Rodrigo Lechner	20.07.1990	16	1
Maximiliano Fernando Oliva	16.03.1990	12	-
Dardo Guido Romero	25.04.1980	14	-
Federico Guillermo Rosso	01.07.1987	12	-
Gabriel Martín Tomassini	08.01.1985	18	-
Midfielders:			
Cristian Almirón	15.03.1996	1	-
Pedro Pablo Brítez	26.06.1984	1	-
Lucas Iván Caballero	06.05.1996	9	-
Víctor Óscar Cabaña	25.06.1995	-	-
Gabriel Chironi	16.12.1991	22	-
José Dujaut	30.10.1991	18	2
Claudio Julio Fileppi	29.04.1994	3	-
Agusto Damián Kohn	06.09.1993	-	-
Marcelo Alejandro Lamas	28.02.1986	12	-
Alejandro Nicolás Martínez Ramos (PAR)	15.02.1989	21	1
Iván Alejandro Molinas	05.04.1997	1	-
Fabián Ariel Monserrat	25.06.1992	13	-
Nicolás Andrés Olmedo	10.03.1983	17	1
Daniel Alejandro Pérez	23.02.1987	26	-
Gerónimo Silva		3	-
Fabio Francisco Vázquez	19.02.1994	28	1
Forwards:			
Oscar Adrián Alegre	06.03.1986	5	-
Ernesto Raúl Álvarez Fleitas (PAR)	20.10.1988	17	2
Gabriel Ávalos Stumpfs (PAR)	12.10.1990	20	5
Fabricio Gastón Caruso	19.12.1993	-	-
Ariel Damián Cólzera	15.04.1986	21	3
Roberto Martínez Gamarra (PAR)	07.06.1988	4	-
Gumercindo Mendieta	21.03.1993	9	-
Horacio Damian Rivas	16.08.1997	2	-
Pablo Matías Stupiski	05.06.1995	5	1
Diego Alberto Torres	03.07.1982	7	-
Adrián Agustín Yagusieczko	09.06.1994	-	-
Trainer:			
Gabriel Francisco Schürrer Peralta [01.03.2014-11.04.2015; Resigned]	16.08.1971	9	
Miguel Salinas [22.04.-06.05.2015; Caretaker]		2	
Sebastián Pascual Rambert [as of 07.05.2015]	30.01.1974	19	

CLUB SOCIAL Y DEPORTIVO DEFENSA Y JUSTICIA
FLORENCIO VARELA

Foundation date: March 20, 1935
Address: Avenida San Martín 360 Florencio Varela, 1888 Florencio Varela, Provincia de Buenos Aires
Stadium: Estadio ,, Norberto Tito Tomaghello", Florencio Varela - Capacity: 8,000

THE SQUAD

	DOB	2015 M	2015 G	2016 M	2016 G
Goalkeepers:					
Gabriel Arias	13.09.1987	30	-	12	-
Lucio Chiappero	26.05.1994			-	-
Juan Ignacio Dobboletta	06.01.1993	-	-		
Pablo Ariel Santillo	07.03.1980	-	-	5	-
Defenders:					
Lucas Nicola Alférez	03.04.1996	-	-		
Alexander Nahuel Barboza Ullúa	16.03.1995			14	-
Fernando Martín Barrios	22.04.1994	1	-	-	-
Tomás Cardona	10.10.1995			7	1
Rafael Marcelo Delgado	13.01.1990	14	-	15	1
Emir Saúl Faccioli	05.08.1989	14	1		
Elias José Gómez	09.06.1994			1	-
Damián Alberto Martínez	31.01.1990	24	-	14	1
Carlos Javier Matheu	13.05.1984	22	1		
Esteban Ariel Saveljić	20.05.1991	24	1		
Hugo Ezequiel Silva	04.02.1992			3	-
Juan Andrés Tejera Arachichu (URU)	26.07.1983	4	-		
Luciano Germán Vella	13.04.1981	6	-		
Javier Orlando Yacuzzi	15.08.1979	3	-	1	-
Midfielders:					
Walter Aníbal Acevedo	16.02.1986	9	-		
Mariano Barbieri	29.11.1990	14	-		
Marcelo Nicolás Benítez	13.01.1991	26	1	5	-
Miguel Nicolás Bertocchi	09.06.1989	12	1		
Agustín Bouzat	28.03.1994			9	1
Walter Alejandro Busse	07.02.1987	19	2		
Gonzalo Gabriel Cabrera Giordano	15.01.1989	4	1		
Maximiliano Matías Calzada Fuentes (URU)	21.04.1990			4	-
Nicolás Emanuel Fernández	08.02.1996	-	-	-	-
Jaime Franco	07.04.1994	-	-		
Hernán Daniel Fredes	27.03.1987			10	1
Rafael García Casanova (URU)	06.01.1989			-	-
Axel Fernando Juárez	29.07.1990	13	-		
Leonardo Emanuel Landriel	14.07.1994	-	-		
Nery Leyes	05.09.1989	18	-		
Lisandro Magallán	08.05.1992			16	1
Santiago Magallán	08.05.1992			-	-
Tomás Martínez	07.03.1995			14	3
Tomás Pochettino	01.02.1996			9	-
Ciro Pablo Rius Aragallo	27.09.1984	28	3	9	-
José Ignacio Rivero Segade	10.04.1992	16	1	-	-
Guido Rodríguez	12.04.1994			15	-
Matías Andrés Sosa	05.07.1995	-	-	-	-
Nicolás Marcelo Stefanelli	22.11.1994			15	4

147

Emilio Mathias Tellechea Zas (URU)	05.07.1987	16	2		
Diego Rubén Tonetto	05.12.1988	4	-		
Diego Sebastián Venturi	10.04.1993	-	-	-	-
Diego Hernán Yacob	13.07.1991	3	-		
Forwards:					
Fabio Enrique Álvarez	23.01.1993	16	2		
Eric Daniel Aparicio	25.01.1990			-	-
Fabián Bordagaray	15.02.1987			16	9
Kevin Emanuel Cassoratti	06.10.1996	1	-	-	-
Facundo Nicolás Curuchet	21.01.1990	2	-		
Guido Walter Dal Casón	04.03.1993	3	-	-	-
Mariano Guerreiro	20.01.1993			1	-
Eugenio Horacio Isnaldo	07.01.1994	20	3	12	1
Humberto Segundo Osorio Botello (COL)	24.06.1988			7	-
Andrés Lorenzo Ríos	08.01.1989			10	-
Julio César Rodríguez Giménez	05.12.1990	24	3		
Juan Ignacio Sánchez Sotelo	02.10.1987	25	5		
Lucas Leonel Vera Piris	02.01.1994			-	-
Trainer:					
Darío Javier Franco Gatti [08.06.2014-18.04.2015; Resigned]	17.01.1969	10			
José Óscar Flores Bringas [20.04.2015 - 10.06.2015]	16.05.1971	5			
Ariel Enríque Holan [as of 11.06.2015]	14.09.1960	15		16	

CLUB ESTUDIANTES DE LA PLATA

Foundation date: August 4, 1905
Address: Estudiantes La Plata, Avenida 53 Centro N°620 B1900BAZ, La Plata
Stadium: Estadio Ciudad de La Plata, La Plata - Capacity: 53,000

THE SQUAD

	DOB	2015 M	G	2016 M	G
Goalkeepers:					
Mariano Gonzalo Andújar	30.07.1983	-	-	11	-
Hilario Bernardo Navarro	14.11.1980	26	-		
Agustín Daniel Rossi	21.08.1995	1	-	2	-
Claudio Daniel Sappa	09.02.1995			3	-
Agustín Silva	28.06.1989	3	-	-	-
Defenders:					
Matias Aguirregaray Guruceaga (URU)	01.04.1989	8	-		
Rodrigo Ayala	11.08.1994	-	-	-	-
Cristian Ariel Belucci	23.04.1996			-	-
Rafael Marcelo Delgado	13.01.1990	4	-		
Leandro Desábato	24.01.1979	26	1	10	1
Lucas Martín Diarte	04.06.1993			13	-
Sebastián Enrique Domínguez	20.07.1979	17	1		
Stefano Domizzi	25.01.1994	-	-		
Leandro Martín González Pírez	26.02.1992			10	-
Matías Exequiel Orihuela Bonino	17.02.1992	-	-		
Matías Isidoro Presentado	13.08.1992	-	-		
Pablo Mauricio Rosales	10.03.1992	14	-	1	-
Jonathan Ariel Schunke	22.02.1987	19	2	16	1
Luciano Andrés Vargas	28.01.1994	-	-		

Midfielders:					
Luciano Acosta	01.05.1994	24	1		
Santiago Lionel Ascaibar	25.02.1997			16	-
David Matías Barbona	22.02.1995	19	1	2	-
Juan Bautista Cascini	04.06.1997			-	-
Juan Ignacio Cavallaro	28.06.1994			15	3
Israel Alejandro Damonte	06.01.1982	22	2	13	1
Leonardo Roque Albano Gil	31.05.1991	19	-	8	-
Gastón Gil Romero	06.05.1993	20	-		
Leonardo Rafael Jara	20.05.1991	22	2		
Julián Augusto Marchioni	11.03.1993	2	-	8	-
Román Fernando Martínez	27.03.1983	3	-		
Ezequiel Miranda	15.02.1997	1	-	-	-
Emiliano Ariel Osuna	09.02.1996	3	-	-	-
Álvaro Daniel Pereira Barragán (URU)	28.11.1985	21	1		
Lucas Rodríguez	27.04.1997	11	3	10	-
Matías Gabriel Rosso	12.03.1993	6	-		
Facundo Sánchez	07.03.1990			16	1
Juan Manuel Sánchez Miño	01.01.1990	23	2		
Gabriel Nicolás Seijas	24.03.1994	5	-	-	-
Augusto Jorge Mateo Solari	03.01.1992			16	2
Nicolás Talpone	09.04.1996			1	-
Forwards:					
Federico Marcelo Anselmo	17.04.1994	5	-		
Carlos Daniel Auzqui	16.09.1991	25	3	11	2
Gonzalo Diego Bueno Bingola (URU)	16.01.1993			3	-
Guido Marcelo Carrillo	25.05.1991	11	4		-
Ezequiel Cerutti	17.01.1992	26	3		
Gastón Nicolás Fernández	12.10.1983	7	1	15	6
Carlo Lattanzio	25.07.1997	1	-	-	-
Nahuel Luna	14.02.1996			1	-
Diego Mendoza	30.09.1992	16	3		
Facundo Nicolás Quintana	01.01.1997			4	3
Elías Umere	10.12.1995	1	-	6	-
Diego Daniel Vera Méndez (URU)	05.01.1985	7	2		
Lucas Ezequiel Viatri	29.03.1987			12	5
Trainer:					
Mauricio Andrés Pellegrino [10.04.2013-14.04.2015; Sacked]	05.10.1971	9			
Gabriel Alejandro Milito [15.04.-07.12.2015]	07.09.1980	21			
Nelson David Vivas [as of 01.01.2016]	18.10.1969			16	

CLUB DE GIMNASIA Y ESGRIMA LA PLATA

Foundation date: June 3, 1887
Address: Calle 4 N° 979, 1900 La Plata, Provincia de Buenos Aires
Stadium: Estadio "Juan Carmelo Zerillo", La Plata - Capacity: 24,544

THE SQUAD

	DOB	2015 M	2015 G	2016 M	2016 G
Goalkeepers:					
Yair Iván Bonnin	20.09.1990	5	-	-	-
Alexis Marín Arias	04.07.1992	-	-	1	-
Enrique Alberto Bologna Gómez	13.02.1982			15	-
Nicolás Gastón Navarro	25.03.1985	26	-		
Pablo Torres				-	-
Defenders:					
Osvaldo Rubén Barsottini	25.08.1981	24	1	4	-
Ezequiel Augusto Bonifacio Moreno	09.05.1994	20	1	6	-
Kevin Ceceri	01.04.1996			4	-
Maximiliano Coronel	28.04.1989	25	3	13	-
Manuel Guanini	14.02.1996	2	-	1	-
Lucas Matías Licht	06.04.1981	8	1	14	1
Facundo Julián Oreja	14.06.1982	28	-	16	2
Oliver Páz Benítez	07.06.1991	23	1	8	-
Eric Iván Jesús Ramírez	21.09.1996	1	-	2	-
Mauricio Martín Romero	13.01.1983			9	-
Facundo Urquiza	10.06.1992	-	-		
Sergio Ezequiel Velázquez	12.09.1990	4	-		
Midfielders:					
Roberto Sebastián Brum Gutiérrez (URU)	05.07.1983	24	-	9	-
José Ezequiel D'Angelo	05.04.1989			1	-
Lorenzo Abel Faravelli	29.03.1993	2	-	13	3
Álvaro Fernández Gay (URU)	11.10.1985	25	3	3	-
Ignacio Fernández	12.01.1990	28	8		
Ariel Matías García	22.10.1991	-	-	-	-
Maximiliano Gorgerino	19.02.1993	1	-		
Ignacio Jaúregui	02.08.1995	-	-		
Ignacio Lachalde	06.05.1994			-	-
Javier Osvaldo Mendoza	02.09.1992	17	2	4	-
Maximiliano Eduardo Meza	15.12.1992	29	3	9	3
Diego Oscar Nicolaievsky	20.04.1993	3	-		
Matias Jesús Noble	09.08.1996	-	-	13	-
Luciano Gastón Perdomo	10.09.1996	-	-	6	-
Juan Pablo Pocholo	15.04.1994	-	-		
Omar Heber Pouso Osores (URU)	28.02.1980	8	-	2	-
Fabián Andrés Rinaudo	08.05.1987	9	-	11	-
Jorge Luis Rojas Meza (PAR)	07.01.1993	27	3		
Juan Ignacio Silva		1	-		
Jorge Vidal Valdez Chamorro	26.05.1994			1	-
Forwards:					
Omar Brian Andrada	22.06.1997	1	-	1	-
Walter Ariel Bou	25.08.1993	2	-	15	7
Facundo Andrés Castillón	21.08.1985			15	
Leandro Nicolás Contin	07.12.1995	-	-	4	1
Rodrigo Contreras	27.10.1995	11	3		

Nicolás Mario Mazzola	28.01.1990	22	5	1	-
Antonio César Medina	18.12.1984	25	4	5	-
Franco Niell	22.05.1983			9	2
Federico Iván Rasic	24.03.1992			9	-
Horacio Tijanovich	28.02.1996	1	-	-	-
Pablo Ezequiel Vegetti Pfaffen	15.10.1988	14	1		
Trainer:					
Pedro Antonio Troglio [03.10.2011-14.03.2016; Sacked]	28.07.1965	30		7	
Andrés Roberto Yllana [16.03.-20.03.2016; Caretaker]	30.07.1974			1	
Gustavo Julio Alfaro [as of 20.03.2016]	14.08.1972			8	

CLUB DEPORTIVO GODOY CRUZ MENDOZA

Foundation date: June 21, 1921
Address: Calle Balcarce 477, CP 5501 Godoy Cruz, Mendoza,
Stadium: Estadio Malvinas Argentinas, Mendoza - Capacity: 48,000

THE SQUAD

	DOB	2015 M	G	2016 M	G
Goalkeepers:					
Sebastián Emanuel Moyano	26.08.1990	8	-	-	-
Roberto Ramírez	07.07.1996	-	-		
Rodrigo Rey	08.03.1991	22	-	16	-
Defenders:					
Luciano Andrés Abecasis	04.06.1990			15	-
Juan Ignacio Alvacete	12.01.1991	11	-	-	-
Tomás Berra	19.02.1991			-	-
Esteban Rodrigo Burgos	09.01.1992	13	-		
Lucas Esteban Ceballos Maiz	03.01.1987	25	1	16	-
Matías Gabriel Contreras	18.11.1994	-	-		
Guillermo Cosaro	07.07.1989	-	-		
Leonel Ezequiel Galeano	02.08.1991	26	-	-	-
Ángel González	16.05.1994	12	-	11	1
Leandro Sebastián Olivares	15.05.1992	10	-	2	-
Danilo Fabián Ortíz Soto	28.07.1992	3	-	16	-
Diego Francisco Viera Ruíz Díaz (PAR)	30.04.1991	19	-	16	1
Nahuel Alejandro Zárate	27.01.1993	23	-		
Midfielders:					
Fabricio Angileri	15.03.1991	15	2	4	-
Iván Gonzalo Bella	13.09.1989	9	-		
Nahir Ezequiel Bonacorso	09.08.1993	4	-	-	-
Horacio Gabriel Carabajal	09.12.1990			7	2
Facundo Cobos	19.02.1993			1	-
Luis de Faria	21.02.1996	5	-		
Agustín Hernán Díaz	05.05.1988	6	-		
Orlando Gonzalo Díaz Nachar	01.03.1990	11	-		
Guillermo Matías Fernández	11.10.1991	10	-	15	2
Emanuel García	08.07.1993	16	-	5	-
Gastón Claudio Giménez	27.07.1991	17	-	6	-
Fernando Gabriel Godoy	01.05.1990			13	-
Daniel Alberto González	26.01.1991	2	-		
Fabián Gastón Henríquez	08.06.1995	-	-	2	-

Federico Arturo Illanes	29.06.1994	1	-		
Luis Jérez Silva	20.02.1989	15	-		
Kevin Bryan Mercado Mina (ECU)	28.01.1995	15	1		
Gabriel Óscar Moyano Agüero	28.07.1992	-	-		
Arturo David Ramírez Torres	18.02.1981			9	-
Facundo Ezequiel Silva	19.01.1991			11	-
Fernando Zuqui	27.11.1981	29	-	15	3
Forwards:					
Jaime Javier Ayoví Corozo (ECU)	21.02.1988	18	5	16	6
Leandro Rubén Caruso	14.07.1981	6	-		
Marcelo Javier Correa	23.10.1992	6	-	9	2
Leandro Miguel Fernández	12.03.1991	28	15		
Santiago Damián García Correa (URU)	14.09.1990			14	9
Juan Fernando Garro	24.11.1992	22	7	5	-
Luis Alfredo Vila	06.03.1992	3	-		
Trainer:					
Daniel Walter Oldrá [03.11.2014-09.06.2015; Resigned]	15.03.1967	15			
Gabriel Iván Heinze [10.06.-27.09.2015; Sacked]	19.04.1978	11			
Daniel Walter Oldrá [28.09.-01.12.2015; Replaced]	15.03.1967	4			
Sebastián Ariel Méndez Pardiñas [as of 01.12.2015]	04.07.1977			16	

CLUB ATLÉTICO HURACÁN BUENOS AIRES

Foundation date: November 1, 1908
Address: Avenida Caseros 3159, Parque Patricios, 1623 Capital Federal, Ciudad de Buenos Aires
Stadium: Estadio „Tomás Adolfo Ducó", Parque Patricios, Buenos Aires – Capacity: 48,314

THE SQUAD

	DOB	2015 M	2015 G	2016 M	2016 G
Goalkeepers:					
Marcos Guillermo Díaz	05.02.1986	25	-	16	-
Matías Fernando Giordano	11.09.1979	5	-	1	-
Gonzalo Marinelli	07.02.1989	1	-	-	-
Leonardo Facundo Zaragoza	04.06.1992	4	-		
Defenders:					
Carlos Andres Arano Fernández	06.06.1980	10	-		
Carlos Luciano Araujo	19.11.1981			7	-
Luciano Balbi	04.04.1989	17	-	14	-
Matias Javier Blázquez Lavín (CHI)	12.11.1991	-	-		
Santiago Nicolás Carrera Sanguinetti (URU)	05.03.1994	2	-		
Eduardo Rodrigo Domínguez	01.09.1978	15	2		
Santiago Echeverría	28.03.1990	13	-		
Alexis Javier Ferrero	31.03.1979	1	-		
Ezequiel Adrián Gallegos	16.04.1991	11	-		
Federico Mancinelli	08.05.1982	16	-	15	-
Lucas Merolla	27.06.1995			-	-
Martín Hugo Nervo	06.01.1991	29	-	9	-
Mario Pablo Risso Caffiro (URU)	31.01.1988	-	-	6	-
José Ignacio San Román Canciani	17.08.1988	14	-	10	-
Luca Alexander Sosa	11.06.1994			3	-
Guillermo Sotelo	01.01.1991	6	-		
Midfielders:					
Mauro Ezequiel Bogado	31.05.1985	13	1	16	1
Pablo Nicolás Bruna	07.08.1990	9	-		
Leandro Javier Díaz Borsani	26.06.1986			1	-
David Andrés Distéfano	10.07.1987	12	2		
Lucas Gabriel Favalli	16.07.1985	-	-		
Matías Lionel Fritzler	23.08.1986			12	1
Mariano Nicolas González	05.05.1981			15	4
Matías Daniel Juárez Romero	03.01.1997			-	-
Iván Diego Moreno y Fabianesi (ESP)	04.06.1979	17	-		
Germán Mandarino	13.12.1984	-	-	1	-
Daniel Gastón Montenegro	28.03.1979	18	3	14	1
Leonel Müller	13.05.1996			1	-
Federico Luciano Nieto	19.01.1991	1	-		
Gabriel Alejandro Robledo	14.06.1993	1	-		
Alejandro Romero Gamarra	11.01.1995	16	-	16	1
Patricio Daniel Toranzo	19.03.1982	25	3	3	-
Lucas Villarruel	13.11.1990	14	-	8	-
Federico Vismara	05.09.1983	23	-		
Forwards:					
Ramón Darío Abila	14.10.1989	25	9	15	11
Iván Emilio Borghello	21.01.1983	12	1		
Lucas Campana	09.03.1993	6	1		
Lucas Nicolás Chacana	16.06.1993			9	-

Cristian Espinoza	03.04.1995	17	2	14	2
Agustin Gil Clarotti	11.10.1991	8	-		
Diego Mendoza	30.09.1992			1	-
Ezequiel Nicolás Miralles	21.07.1983	8	-	10	-
Tomás Molina	12.04.1995			2	-
Edson Raúl Puch Cortez (CHI)	04.09.1986	6	-		
Agustin Gonzalo Torassa	20.10.1988	14	3		
Trainer:					
Néstor Apuzzo [03.11.2014-15.08.2015; Resigned]	26.03.1963	20			
Eduardo Rodrigo Domínguez [as of 18.08.2015]	01.09.1978	10		16	

CLUB ATLÉTICO INDEPENDIENTE AVELLANEDA
Foundation date: January 1, 1905
Address: Avenida Mitre 470, 1870 Avellaneda, Provincia de Buenos Aires
Stadium: Estadio "Libertadores de América", Avellaneda - Capacity: 52,853

THE SQUAD

	DOB	2015 M	2015 G	2016 M	2016 G
Goalkeepers:					
Martín Nicolás Campaña Delgado (URU)	29.05.1989			11	-
Facundo Andrés Daffonchio	02.02.1990	-	-	-	-
Marcelo Germán Montoya	23.01.1983	-	-		
Gonzalo Rehak	11.04.1993			-	-
Diego Martín Rodríguez	25.06.1989	30	4	8	-
Defenders:					
Rafael Victoriano Barrios	23.05.1993	-	-	2	-
Néstor Ariel Breitenbruch	13.09.1995	2	-	-	-
Víctor Leandro Cuesta	19.11.1988	27	1	15	3
Nicolás Nicolás Figal	03.04.1994	5	-		
Gabriel Maximiliano Graciani	28.11.1992	6	-		
Rodrigo Miguel Moreira	15.07.1996	-	-	-	-
Hernán Darío Pellerano	04.06.1984	9	-	15	-
Federico Nicolás Real	11.04.1993	-	-		
Nicolás Alejandro Tagliafico	31.08.1992	28	1	16	1
Gustavo Ariel Toledo	19.09.1989	26	-	14	-
Juan Manuel Martínez Trejo	12.01.1992	9	1	1	-
Cristian Alberto Tula	28.01.1978	1	-		
Gabriel Gustavo Vallés	31.05.1986	-	-		
Mauricio Bernardo Victorino Dansilio (URU)	11.10.1982	10	1		
Lucas Villalba	19.08.1994	-	-		
Alexis Joel Zárate	08.05.1994	1	-		
Midfielders:					
Víctor Emanuel Aguilera	11.06.1989	14	1	3	-
Claudio Ezequiel Aquino	24.07.1991	14	-	12	-
Franco Bellocq	15.10.1993	11	-		
Domingo Felipe Blanco	22.04.1995			2	-
Rodrigo Gómez	02.01.1993			9	1
Juan Martín Lucero	30.11.1991	15	4	1	-
Federico Andrés Mancuello	26.03.1989	14	3		
Jesús David José Méndez	01.08.1984	21	1	11	-
Saúl Sadam Nelle	24.11.1993			2	-

Jorge Alberto Ortíz	20.06.1984	7	-	12	1
Emiliano Ramiro Papa	19.04.1982	18	-		
Matiás Pisano	13.12.1991	25	2		
Emiliano Ariel Rigoni	04.02.1993			16	4
Cristian Gabriel Rodríguez Barrotti (URU)	30.09.1985	5	1	9	-
Diego Martín Rodríguez Berrini (URU)	04.09.1989	10	1	9	-
Julián Vitale	21.07.1995	12	-	1	-

Forwards:

Lucas Albertengo	30.01.1991	24	9	-	-
Martín Nicolás Benítez	17.06.1994	23	6	14	2
Gastón Alexander del Castillo	10.06.1997			2	-
Germán Gustavo Denis	10.09.1981			15	3
Leandro Miguel Fernández	12.03.1991			11	3
Cristian Jonatan Ortíz	22.09.1983	1	-		
Jorge Rolando Pereyra Díaz	05.08.1990	5	-		
Francisco Andrés Pizzini	19.09.1993	7	-		
Claudio Maximiliano Riaño	04.08.1988	10	2		
José Adolfo Valencia Arrechea (COL)	18.12.1991	9	1		
Diego Daniel Vera Méndez	05.01.1985	12	5	12	3
Norberto Ezequiel Vidal	02.08.1995	5	-	1	-

Trainer:

Jorge Francisco Almirón Quintana [18.07.2014-25.05.2015; Resigned]	19.06.1971	13	
Fernando Berón [26.05.-04.06.2015]	01.07.1967	1	
Mauricio Andrés Pellegrino [04.06.2015-10.05.2016]	05.10.1971	16	14
Fernando Berón [as of 11.05.2016]	01.07.1967		2

CLUB ATLÉTICO LANÚS

Foundation date: January 3, 1915
Address: Calle 9 de Julio N°1680, B1824KJL Lanús, Provincia de Buenos Aires
Stadium: Estadio Ciudad de Lanús „Néstor Díaz Pérez", Lanús - Capacity: 46,619

THE SQUAD

	DOB	2015 M	2015 G	2016* M	2016* G
Goalkeepers:					
Aín Acosta Luna	09.09.1994	-	-		
Esteban Maximiliano Andrada	26.01.1991			-	-
Nicolás Avellaneda	24.02.1993	-	-	-	-
Matías Alejandro Ibáñez Basualdo	16.12.1986	11	-	1	-
Fernando Monetti	21.02.1989	20	-	16	-
Defenders:					
Carlos Luciano Araujo	19.11.1981	23	-		
Diego Francisco Barisone [† **28.07.2015**]	29.05.1989	17	-		
Diego Luis Braghieri	23.02.1987	14	1	14	-
Diego Daniel Colotto	10.03.1981			3	-
Rodrigo Erramuspe	03.05.1990	2	-		
Gustavo Raúl Gómez Portillo (PAR)	06.06.1993	24	-	16	-
José Luis Gómez	10.09.1993			15	-
Luis Marcelo Herrera	26.02.1992			6	-
Facundo Daniel Monteseirín	12.03.1995	9	-	-	-
Marcos Ariel Pinto	25.01.1994			-	-
Maximiliano Nicolás Velázquez	14.03.1980	24	1	14	1
Midfielders:					
Lautaro Germán Acosta	14.03.1988	24	5	14	3
Nicolás Diego Aguirre	27.06.1990	20	5	13	1
Miguel Ángel Almirón Rejala (PAR)	13.11.1993	7	-	13	3
Marcos Emanuel Astina	21.01.1996	4	-	-	-
Víctor Hugo Ayala Núñez (PAR)	01.01.1988	28	5	13	1
Óscar Junior Benítez	14.01.1993	23	1	14	1
Maximiliano Cáceres	08.05.1995	-	-	-	-
Gonzalo Pablo Castellani	10.08.1987	4	-	7	-
Matías Lionel Fritzler	23.08.1986	23	-		
Walter Hernán Gallardo	24.01.1993	-	-	-	-
Juan Miguel Jaime	01.01.1993	-	-		
Sebastián Eduardo Leto	30.08.1986	4	-		
Leandro Isaac Maciel	29.12.1995			1	-
Iván José Marcone	03.06.1990			14	-
Román Fernando Martínez	27.03.1983	13	2	16	5
Jorge Alberto Ortíz	20.06.1984	15	2		
Nicolás Pasquini	01.02.1991	17	-	10	-
Agustín Daniel Pelletieri	17.05.1982			5	-
Matías Santiago Sánchez	05.07.1996				
Alejandro Daniel Silva González (URU)	04.09.1989	8	-		
Jorge Vidal Valdéz Chamorro	26.05.1994	13	-		
Forwards:					
Ignacio Bailone	20.01.1994	-	-	-	-
Joaquín Bautista Ibañez	05.09.1996			-	-
Gonzalo Rubén Castillejos	05.03.1986			-	-
Gonzalo Di Renzo	30.12.1995	15	-	-	-
Matías Leonel González	03.01.1997	-	-		

Sergio Fabián González	05.04.1995	22	4	1	-
Lucas Santiago Melano	01.03.1993	14	5		
Facundo Emanuel Melivillo	20.01.1992	1	-		
Pablo Nicolás Mouche	11.10.1987			15	1
José Gustavo Sand	17.07.1980			17	15
Santiago Martín Silva Olivera (URU)	09.12.1980	3	1		
Denis Andrés Stracqualursi	20.10.1987	11	-		
Trainer:					
Guillermo Barros Schelotto [01.07.2012-06.12.2015]	04.05.1973	30			
Jorge Francisco Almirón Quintana [as of 01.01.2016]	19.06.1971			17	

*Championship Final included

CLUB ATLÉTICO NEWELL'S OLD BOYS ROSARIO

Foundation date: November 3, 1903
Address: Parque de la Independencia 2000, Rosario, Santa Fe
Stadium: Estadio „Marcelo Bielsa", Rosario - Capacity: 38,095

THE SQUAD

	DOB	2015 M	2015 G	2016 M	2016 G
Goalkeepers:					
Sebastián Ezequiel D'Angelo	14.01.1989			4	-
Luciano Darío Pocrnjic	04.08.1981	2	-	9	-
Nicolás Matías Temperini	09.02.1995	-	-	-	-
Luis Ezequiel Unsain	09.03.1995	11	-	4	-
Óscar Alfredo Ustari	03.07.1986	17	-		
Defenders:					
Gabriel Alejandro Báez Corradi	21.07.1995	14	-	1	-
Enzo Beloso	20.02.1994	-	-		
Marcos Antonio Cáceres Centurión (PAR)	05.05.1986	26	-	13	-
Gastón Claudio Corvalán	23.03.1989	-	-		
Sebastián Enrique Domínguez	20.07.1980			10	-
Franco Nicolás Escobar	21.02.1995	15	-	7	-
Lorenzo Abel Faravelli	29.03.1993	1	-		
Leandro Sebastián Fernández	30.01.1983	20	-	1	-
Emanuel Mariano Insúa Zapata	10.04.1991			15	2
Víctor Rubén López	19.12.1978	20	-		
Sebastián Rodrigo Martínez Aguirre (URU)	11.04.1983	3	-		
Facundo Samuel Pardo	08.05.1998	-	-		
Nehuén Mario Paz	28.04.1993	13	1	10	1
Maximiliano Iván Pollachi	04.01.1995	-	-		
Milton Nahuel Valenzuela	13.08.1998			1	-
Jonathan Nahuel Valle	26.01.1993	-	-		
Midfielders:					
Luis Jan Piers Advíncula Castrillón (PER)	02.03.1990			15	1
José Vicente Agüero	22.02.1993	-	-		
Hernán Darío Bernardello	03.08.1986	18	-		
Milton Óscar Casco	11.04.1988	17	-		
Alexis Nicolás Castro	23.01.1984	14	1		
Jalil Juan José Elías	25.04.1996	-	-	9	-
Federico Fattori Mouzo	22.07.1992	6	-		
Victor Alberto Figueroa	29.09.1983	19	3		

Name	Date				
Mauro Abel Fórmica	04.04.1988	3	-	14	-
Fabricio Orosmán Formiliano Duarte (URU)	14.01.1993			7	-
Daniel Mancini	11.11.1996	9	-	7	2
Diego Mateo Alustiza	07.08.1978	16	1	10	-
Lucas Andrés Mugni	12.01.1992	12	-	6	-
Juan Ángel Neira	21.02.1989	4	-		
Horacio De Dios Orzán	14.04.1988	9	-		
Emiliano Franco Pola	21.10.1994			1	-
Braian Abel Rivero	22.02.1996	1	-	-	-
Denis Rodríguez	21.03.1996	13	1	5	-
Maximiliano Rubén Rodríguez	02.01.1981	28	10	16	4
Iván Ezequiel Silva	22.01.1994	-	-	2	-
Martín Tonso	19.10.1989	18	1		
Joaquín Torres	28.01.1997	1	-	1	-
Juan Ignacio Vieyra	20.04.1992	1	-		
Raúl Hernán Villalba	30.11.1989	24	-	2	-

Forwards:

Name	Date				
Lucas Boyé	28.02.1996	6	1	16	1
Héctor Hugo Fértoli	03.12.1994			8	1
Leandro Figueroa	28.03.1993	1	-		-
Francisco David Fydriszewski	13.04.1993	4	-		
Franco Nicolás Pérez	01.01.1996	-	-		
Ezequiel Ponce	29.03.1997	9	1		
Ignacio Martín Scocco	29.05.1985	23	7	16	2
Mauricio Tévez	31.07.1996	17	-	10	1

Trainer:

Name	Date				
Américo Rubén Gallego [01.01.-01.06.2015; Sacked]	25.04.1955	14			
Carlos Alberto Picerni [02.06.-07.06.2015; Caretaker]	11.06.1952	1			
Lucas Ademar Bernardi [10.06.2015-14.01.2016; Resigned]	27.09.1977	15			
Juan Pablo Vojvoda Rizzo [16.01.-22.02.2016; Caretaker]	13.05.1975			4	
Diego Mario Francisco Osella [as of 22.02.2016]	17.01.1968			12	

CLUB ATLÉTICO NUEVA CHICAGO MATADEROS

Foundation date: July 1, 1911
Address: Avenida Lisandro de La Torre 2288, 1440 Capital Federal, Ciudad de Buenos Aires
Stadium: Estadio „República de Mataderos", Garupá – Capacity: 28,500

THE SQUAD

	DOB	2015 M	G
Goalkeepers:			
Federico Vicente Lanzillota	01.12.1992	7	-
Alan Minaglia	16.07.1992	-	-
Alejandro Miguel Sánchez	25.10.1986	20	-
Nicolas Tauber	20.08.1980	4	-
Defenders:			
Lucas Javier Acevedo	08.11.1991	5	-
Mauricio Antonio Arias González (CHI)	27.10.1984	23	-
Lucas Elio Aveldaño	19.07.1985	12	2
Diego Martín Caballero Manzanares (URU)	16.06.1991	6	-
Leandro Augusto Caballero	13.02.1986	8	-
Pablo Javier Correa	10.09.1994	-	-
Rodrigo Espíndola	29.07.1989	6	-
Marcos Adrián Galarza	04.03.1984	25	-
Abel Luis Masuero	06.04.1988	28	-
Juan Cruz Monteagudo	26.10.1995	-	-
Nicolas Miguel Sainz	16.06.1989	11	1
Midfielders:			
Lucas David Baldunciel	22.03.1992	23	1
Exequiel Emanuel Benavídez	05.03.1989	6	-
Fernando Emanuel De la Fuente	26.03.1986	19	2
Alejandro Gagliardi	06.08.1989	22	11
Nicolás Giménez	16.01.1996	13	3
Christian Gustavo Gómez	07.11.1974	3	-
Sébastien Hugo Grazzini	25.01.1981	10	-
Damián Oscar Lemos	31.01.1989	27	-
Facundo Nahuel Panzardi	16.02.1989	1	-
Lihué Dario Prichoda	26.06.1989	10	-
Mariano Damián Puch	13.08.1990	22	-
Tomás Puschetta	03.08.1993	-	-
José Gabriel Ramírez Agudelo (COL)	18.09.1990	8	-
Matías Gabriel Vera	26.10.1995		
Forwards:			
Mauricio Nicolás Carrasco	24.09.1987	14	3
Matías Adrián Defederico	23.08.1989	11	-
Daúd Jared Gazale Álvarez (CHI)	10.08.1984	7	-
Ramón Alberto Lentini	14.10.1988	15	2
Nicolás Rizzo	29.03.1988	4	-
Pablo Martín Ruiz	17.07.1987	17	1
Luis Emilio Solignac	16.02.1991	10	2
Gonzalo Vivas	16.02.1993	4	-
Trainer:			
Omar Raúl Labruna [01.07.2014 - 31.03.2015; Sacked]	03.04.1957	7	
Alejandro Nania [31.03.-09.05.2015; Resigned]		5	
Rubén Darío Forestello [as of 10.05.2015]	15.02.1971	18	

CLUB OLIMPO DE BAHÍA BLANCA

Foundation date: October 15, 1910
Address: Calle Sarmiento 52, 8000 Bahía Blanca, Provincia de Buenos Aires
Stadium: Estadio "Roberto Natalio Carminatti", Bahía Blanca - Capacity: 20,000

THE SQUAD

	DOB	2015 M	2015 G	2016 M	2016 G
Goalkeepers:					
Nereo Champagne	20.01.1985	26	-	16	-
Rodrigo Emanuel Saracho	06.01.1994	-	-	-	-
Ignacio Torres	01.11.1993	-	-		
Ezequiel Héctor Viola	01.09.1987	5	-	-	-
Defenders:					
Jorge Nicolás Figal	03.04.1994			16	1
Iván Alejandro Furios	20.05.1979	16	-		
Fernando Javier González	25.09.1988			4	-
Nicolás Herranz	17.06.1994			-	-
Luis Marcelo Herrera	26.02.1992	12	1		
Leandro Lacunza	21.07.1997			2	-
Adrián Nahuel Martínez	13.02.1992	16	-		
Néstor Emanuel Moiraghi	19.04.1985	25	-	15	1
Ezequiel Jonathan Oscar Parnisari	01.06.1990	24	1	14	-
Juan Leandro Quiroga	20.04.1982	22	-	10	-
Juan Ignacio Sills	04.05.1987	11	1	13	-
Cristian Damián Villanueva	25.12.1983	12	-	3	-
Midfielders:					
Joel Gustavo Acosta	16.01.1991	25	1		
Emanuel Joel Amoroso	08.01.1988	25	1	16	3
Jean Pierre Agustin Barrientos Díaz (URU)	16.09.1990			7	-
Enrique Blanco	19.04.1997	1	-		
Jonathan Matías Blanco	29.04.1987	25	5	11	-
Alex Leonardo Bolaños Reascos (ECU)	22.01.1985	6	-		
Elías Josué Borrego	19.07.1990	13	-	2	-
Brian Federico Ferreira	24.05.1994			1	-
Juan Manuel Cobo Gálvez	26.11.1984	30	1		
Hugo Roberto Colace	06.01.1984	-	-		
Hernán Nicolás Encina	03.11.1982	25	1		
Orlando Gabriel Gaona Lugo (PAR)	25.07.1990	6	-	13	1
Jacobo Guillermo Mansilla	15.06.1987	24	2	13	-
Pablo Nicolas Míguez Farre (URU)	19.06.1987			16	1
Nicolás Minutella	23.03.1995			-	-
Lucas Ezequiel Orozco	15.04.1995	-	-		
Alejandro Otero	06.07.1993	1	-		
Mario Ángel Paglialunga	29.10.1988			6	-
Matías Sebastián Porcari	12.04.1986	10	-		
Pablo Nicolás Royón Silvera (URU)	28.01.1991	11	1		
Diego Sosa	24.10.1991	1	-		
David Alejandro Vega	17.11.1980	7	1	8	-
Marcelo Leonel Vidal	15.01.1991	2	-		
Forwards:					
Walter Rubén Acuña	04.03.1992	13	4	11	2
Gonzalo Martín Klusener	21.10.1983	16	1		
Luciano Nequecaur	19.07.1992	4	-		
Francisco Andrés Pizzini	19.09.1993			15	-
Axel Rodríguez	25.03.1997	2	-		
Javier Walter Soñer	19.03.1995	-	-		
Franco Troyansky	03.06.1997			9	2
Lucas Leonel Vera Piris	02.01.1994	1	-		
Norberto Ezequiel Vidal	02.08.1995	1	-		
Trainer:					
Walter Osvaldo Perazzo Otero [05.04.2012-12.04.2015; Resigned]	02.08.1962	9			
Alejandro Víctor Giuntini [12.04.-17.04.2015; Caretaker]	10.07.1967	1			
Diego Mario Francisco Osella [17.04.2015-22.02.2016; Resigned]	19.07.1970	20		4	
Christian Leonel Díaz [as of 22.02.2016]	12.05.1976			12	

CLUB ATLÉTICO PATRONATO DE LA JUVENTUD CATÓLICA PARANÁ

Foundation date: February 1, 1914
Address: Calle Presbítero Bartolomé Grella 874, Paraná
Stadium: Estadio „Presbítero Bartolomé Grella", Paraná – Capacity: 23,500

THE SQUAD

	DOB	2016 M	G
Goalkeepers:			
Sebastián Hernán Bertoli	16.10.1977	16	3
Agustín Bossio	15.11.1985	-	-
Federico Costa	08.10.1988	-	-
Defenders:			
Walter Saúl Andrade	01.12.1984	13	-
Jonathan Ferrari	08.05.1987	15	-
Iván Alejandro Furios	20.05.1979	9	1
Ángel Ezequiel Garré	10.11.1981	13	-
Lautaro Dante Geminiani	02.03.1991	8	-
Alexander Hollmann	10.06.1993	-	-
Lucas Matías Márquez	25.10.1988	-	-
Abel Luis Masuero	06.04.1988	13	1
Marcos Javier Minetti	17.04.1989	7	-
Midfielders:			
Alejandro Almada	05.01.1990	2	-
Miguel Nicolás Bertocchi	09.06.1989	13	1
Lautaro Comas	15.01.1995	8	-
Fernando Emanuel De la Fuente	26.03.1986	7	1
Matías Garrido	02.02.1986	15	2
Marcelo Enrique Guzmán	16.02.1985	14	-
Damián Oscar Lemos	31.01.1989	12	-
Damián Andrés Pacco	29.06.1993	1	-
Marcos Daniel Quiroga	28.11.1990	2	-
Lucas Sanabria	17.03.1996	-	-
Tomás Spinelli	16.11.1993	-	-
Fernando Telechea	06.10.1981	16	3
Forwards:			
Leonardo Samuel Acosta	17.04.1989	3	-
Facundo Callejo	02.07.1992	2	-
Mauricio Nicolás Carrasco	24.09.1987	12	3
Jorge Matías Donoso Gárate (CHI)	08.07.1986	8	1
Mauro Marconato	30.05.1996	-	-
Matías Alejandro Quiroga	14.04.1986	13	3
Trainer:			
Rubén Darío Forestello [as of 19.12.2015]	15.02.1971	16	

QUILMES ATLÉTICO CLUB
Year of Formation: November 27, 1897
Address: Calle Guido y Calle General Paz 1878, Quilmes, Provincia de Buenos Aires
Stadium: Estadio Centenario „Dr. José Luis Meiszner", Quilmes - Capacity: 30,200

THE SQUAD

	DOB	2015 M	2015 G	2016 M	2016 G
Goalkeepers:					
Walter Fabián Assmann	23.03.1986	10	-		
Walter Daniel Benítez	19.01.1993	20	-	7	-
Silvio Marcos Dulcich Arias	01.10.1981	-	-	9	-
Marcos Ignacio Ledesma	15.09.1996	-	-	-	-
Defenders:					
Alan Alegre	03.02.1991	11	1	11	-
Leonel Bontempo	01.11.1992	11	-	10	-
Mauro Joel Carli	19.10.1986	18	-		
Juan Gabriel Celaya	14.02.1992			12	-
Damián Alejandro Malrrechaufe Verdún (URU)	19.10.1984	13	-	12	1
Emanuel David Morales	08.05.1987	15	1	7	-
Gustavo David Noguera Domínguez (PAR)	07.11.1987	4	-	-	-
Matías Exequiel Orihuela Bonino	17.02.1992			5	1
Maximiliano Hernán Paredes	26.03.1991			4	-
Lucas Suárez	17.03.1995	7	1	1	-
Mariano Esteban Uglessich	06.11.1981	22	2	6	-
Midfielders:					
Gerardo Damián Arce	06.07.1991			4	-
Rodrigo Braña	07.03.1979	20	1	1	-
Gastón Ezequiel Bottino	25.06.1986			10	-
Nicolás Alejandro Cabrera	05.06.1984	10	-		
Adrián Daniel Calello	14.05.1987	23	-	13	1
Germán Emiliano Carrasco	29.05.1992	3	-		
Fernando Gastón Elizari	05.04.1991			10	1
Rodrigo Gómez	02.01.1993	28	4		
Daniel Imperiale	22.04.1988			16	2
Nicolás Mauricio López	18.03.1994	3	-		
Matías Morales	05.07.1991	12	-	6	1
Nicolás Andreas Paterno	17.12.1994	-	-		
Matías Peréz Guedes	18.08.1991	16	-		
Lucas Emmanuel Pérez Godoy	30.06.1993	14	1	8	-
Sebastián Ariel Romero Salvatore	27.04.1978	27	3	10	2
Adrián Miguel Scifo	10.10.1987	21	-		
Jonathan Fabián Zacaría	06.02.1990	9	-		
Forwards:					
Federico Oscar Andrada	03.03.1994			13	2
Claudio Daniel Bieler	01.03.1984	26	14		
Diego Mario Buonanotte Rende	19.04.1988	12	1		
Alexis Pedro Canelo	03.02.1992	22	4		
Ignacio Colombini	12.05.1992			8	-
Leonel Maximiliano Demelchori	08.12.1994	2	-	-	-
Braian Ezequiel Mansilla	16.04.1997			14	3
Néstor Adrián Fernández Palacios	04.08.1992	4	-		
Sergio Gabriel Hipperdinger	30.10.1989	-	-	-	-
Francisco Ilarregui	06.05.1997	1	-	1	-
Rubén Darío Ramírez	17.10.1982	15	5		
Ezequiel Rescaldani	11.06.1992			13	7
Jonathan Torres	29.12.1996	1	-	-	-
José Valdéz	29.12.1996				
Trainer:					
Julio César Falcioni [01.01.-20.07.2015]	20.07.1956	17			
Facundo Sava [21.07.2015 - 16.12.2015]	03.07.1974	13			
Alfredo Daniel Grelak [as of 21.12.2015]	20.06.1970			16	

RACING CLUB DE AVELLANEDA

Foundation date: March 25, 1903
Address: Avenida Presidente Bartolome Mitre N°934, B1870AAW Avellaneda
Stadium: Estadio „Presidente Juan Domingo Perón", Avellaneda - Capacity: 51,389

THE SQUAD

	DOB	2015 M	2015 G	2016 M	2016 G
Goalkeepers:					
Nelson Martín Ibáñez	13.11.1980	2	-	4	-
Juan Agustín Musso	06.05.1994	-	-	-	-
Diego Sebastián Saja	05.06.1979	28	1	12	-
Defenders:					
Nelson Fernando Acevedo	11.07.1988	10	-		
Miguel Ángel Barbieri	24.08.1993			2	-
Yonathan Emanuel Cabral	10.05.1992	13	1	6	-
Gastón Matías Campi	06.04.1991	1	-	3	-
Ricardo Gastón Díaz	13.03.1988	23	-	11	1
Ángel Alejandro García	26.02.1991			-	-
Leandro Damián Marcelo Grimi	09.02.1985	21	1	9	-
Luciano Lollo	29.03.1987	22	1	2	-
Iván Alexis Pillud	24.04.1986	22	1	9	-
Nicolás Gabriel Sánchez	04.02.1986	24	2	11	1
Damián Schmidt	07.12.1992			1	-
Germán Ariel Voboril	05.05.1987	13	-	7	-
Midfielders:					
Marcos Javier Acuña	28.10.1991	24	3	10	1
Pablo Andrés Alvarado	27.02.1986	5	-		
Luciano Román Aued	01.03.1987	21	-	12	1
Lucas Mariano Bareiro	08.03.1995			3	-
Mauro Bazán	27.04.1993	-	-		
Washington Fernando Camacho Martínez (URU)	08.04.1986	26	4	4	-
Francisco Cerro	09.02.1988	25	-	9	-
Rodrigo Javier de Paul	24.05.1994			11	-
Brian Leonel Fernández	26.09.1994	12	-		
Mauro Daniel Leiva	25.05.1995	-	-	-	-
Carlos Santiago Nagüel	28.01.1993	10	-		
Nicolás Adrián Oroz	01.04.1994	-	-		
Leonardo Enrique Rolheiser	27.05.1993	-	-		
Óscar David Romero Villamayor (PAR)	04.07.1992	21	3	10	4
Ezequiel Videla Greppi	19.01.1987	13	-	4	-
Federico Vismara	05.09.1983			11	-
Sergio Javier Vittor	09.06.1989			9	-
Forwards:					
Gustavo Leonardo Bou	18.02.1990	27	8	8	4
Facundo Andrés Castillón	21.08.1985	3	1		
Facundo Alfredo Castro	28.02.1996	5	-		
Lisandro López	02.03.1983			12	4
Braian Ezequiel Mansilla	16.04.1997	1	-		
Lautaro Javier Martínez	22.08.1997	1	-	3	-
Roger Beyker Martínez Tobinson (COL)	23.06.1994			10	4
Diego Alberto Milito	12.06.1979	20	8	13	4
Ricardo Daniel Noir Meyer	26.02.1987	12	-	10	3
Carlos Rodrigo Núñez Techera (URU)	22.06.1992	7	3	-	-
Hugo Mariano Pavone	27.05.1982	13	2		
Facundo Abel Pereyra	03.10.1987			8	2
Carlos Fernando Valenzuela	22.04.1997			-	-
Trainer:					
Diego Martín Cocca [08.06.2014-06.12.2015; End of contract]	02.11.1972	30			
Facundo Sava [as of 16.12.2015]	07.03.1994			16	

CLUB ATLÉTICO RIVER PLATE

Foundation date: May 25, 1901
Address: Av. Presidente José Figueroa Alcorta 7597, Núñez 1428, Capital Federal, Buenos Aires
Stadium: Estadio Monumental „Antonio Vespucio Liberti", Buenos Aires - Capacity: 64,000

THE SQUAD

	DOB	2015 M	2015 G	2016 M	2016 G
Goalkeepers:					
Marcelo Alberto Barovero	18.02.1984	19	-	13	-
Augusto Martín Batalla Barga	30.04.1996	-	-	4	-
Julio César Chiarini	04.03.1982	12	-	-	-
Nicolás Francese	14.08.1995	-	-		
Maximiliano Ramón Velazco	08.03.1995			-	-
Defenders:					
Éder Fabián Álvarez Balanta (COL)	28.02.1993	11	-	9	-
Ramiro José Funes Mori	05.03.1991	11	2		
Jonathan Ramón Maidana	29.04.1985	16	-	11	-
Emanuel Mammana	10.02.1996	14	-	8	1
Gabriel Iván Mercado	18.03.1987	11	-	10	-
Gonzalo Ariel Montiel	01.01.1997	-	-	1	-
Luis Olivera	24.10.1998	1	-	1	-
Germán Alejo Pezzela	27.06.1991	7	-		
Kevin Sibille	15.09.1998	3	-	-	-
Bruno Saúl Urribarri	06.11.1986	1	-		
Leandro Vega	27.05.1996	10	-	3	-
Midfielders:					
Pablo César Aimar Giordano	03.11.1979	1	-		
Lautaro Arellano	17.04.1997	1	-		
Joaquin Arzura	18.05.1993			7	-
Nicolás Santiago Bertolo	02.01.1986	8	-	7	-
Pablo Sebastián Carreras	03.03.1995	2	-	3	-
Milton Óscar Casco	11.04.1988	5	-	9	1
Abel Alberto Casquete Rodríguez (ECU)	08.08.1997	3	-	-	-
Andrés Nicolás D'Alessandro	15.04.1981			7	-
Nicolás Mario Domingo	08.04.1985			9	1
Ignacio Martín Fernández Lobbe	12.01.1990			10	-
Osmar Daniel Ferreyra	09.01.1983	-	-		
Nicolás Facundo Godoy	23.01.1997	-	-		
Luis Oscar „Lucho" González	19.01.1981	9	1	8	-
Claudio Matías Kranevitter	21.05.1993	17	-		
Gonzalo Martínez	01.05.1993	25	4	14	3
Lucas Martínez Quarta	10.05.1996	-	-	-	-
Tomás Martínez	07.03.1995	2	-		
Camilo Sebastián Mayada Mesa (URU)	08.01.1991	23	1	10	-
Dante Zacarías Morán Correa	22.02.1996			-	-
Exequiel Palacios	05.10.1998	1	-	1	-
Leonardo Nicolás Pisculichi	18.01.1984	17	-	7	1
Leonardo Daniel Ponzio	29.01.1982	17	1	13	-
Guido Rodríguez	12.04.1994	9	-		
Ariel Mauricio Rojas	16.01.1986	13	-		
Carlos Andrés Sánchez Arcosa	02.12.1984	15	2		
Augusto Jorge Mateo Solari	03.01.1992	15	1		
Leonel Jesús Vangioni	05.05.1987	13	-	9	-

Tabaré Uruguay Viudez Mora	08.09.1989	11	1	5	-
Forwards:					
Lucas Nicolás Alario	08.10.1992	6	4	13	6
Iván Daniel Alonso Vallejo (URU)	10.04.1979			13	3
Tomás Andrade	16.11.1996			3	-
Lucas Boyé	28.02.1996	9	1		
Fernando Ezequiel Cavenaghi	21.09.1983	18	11		
Sebastián Driussi	09.02.1996	18	4	8	-
Nicolás Franco	26.04.1996			-	-
Teófilo Antonio Gutiérrez Roncancio (COL)	27.05.1985	7	5		
Juan Cruz Kaprof	12.03.1995	1	-		
Franco Alexis López	01.04.1998	1	-	-	-
Rodrigo Nicanor Mora Núñez (URU)	29.10.1987	18	7	8	4
Claudio Gabriel Salto	04.01.1995	1	-	-	-
Javier Pedro Saviola	11.12.1981	13	-		
Giovanni Pablo Simeone	05.07.1995	3	-		
Trainer:					
Marcelo Daniel Gallardo [as of 06.06.2014]	18.01.1976	30		16	

CLUB ATLÉTICO ROSARIO CENTRAL
Foundation date: December 24, 1889
Address: Calle 4 N° 979, 1900 La Plata, Provincia de Buenos Aires
Stadium: Estadio "Dr. Lisandro de la Torre" [Gigante de Arroyito], Rosario - Capacity: 41,654

THE SQUAD

	DOB	2015 M	2015 G	2016 M	2016 G
Goalkeepers:					
Maurico Ariel Caranta	31.07.1978	29	-		
Juan Manuel García	08.07.1988	1	-	12	-
Jeremías Ledesma	13.02.1993	-	-	-	-
Carlos Sebastián Sosa Silva (URU)	19.08.1986			4	-
Defenders:					
Fernando Rubén Alarcón	16.06.1994	-	-		
Pablo Sebastián Valeira Álvarez	17.04.1984	14	-	11	-
Tomás Berra	19.02.1991	-	-		
Esteban Rodrigo Burgos	09.01.1992			2	-
Franco Emanuel Cervi	26.05.1994	27	5	12	-
Mauro Darío Jesús Cetto	14.04.1982			4	1
Alejandro César Donatti	24.10.1986	28	3	13	1
Jonathan Ferrari	08.05.1987	3	-		
Paulo Andrés Ferrari	04.01.1982	1	-	6	-
Nicolás Giménez	17.04.1997			-	-
Elias José Gómez	09.06.1994	5	-		
Yeimar Pastor Gómez Andrade (COL)	30.06.1992	17	-		
Javier Horacio Pinolá	24.02.1983	15	-	11	-
Cristian Carlos Villagra	27.12.1985	22	1	10	-
Midfielders:					
Leonel Jonás Aguirre Avalo	05.03.1992	22	-	10	1
Félix Adrián Banega	19.10.1996			1	-
Fernando Omar Barrientos	17.11.1991	11	-		
Rodrigo Battaglia	12.07.1991			4	-

Gustavo Alejandro Colman	18.04.1985	15	-	11	-
Hernán Nicolás Da Campo	06.08.1994	1	-	1	-
César Fabián Delgado Godoy	18.08.1981	18	1	6	1
Nery Andrés Domínguez	09.04.1990	21	2		
Jesús Alfredo Fared	25.03.1994	1	-		
José Luis Fernández	26.10.1987	20	2	6	-
Federico Jesús Flores	18.05.1992	-	-		
Gastón Gil Romero	06.05.1993			5	-
Maximiliano David González	12.03.1994	7	-	2	-
Giovani Lo Celso	09.04.1996	13	-	14	2
Maximiliano Lovera	09.03.1999			2	-
Walter Iván Montoya	21.07.1993	18	1	12	-
Damián Marcelo Musto	09.06.1987	20	-	12	1
David Ojeda				-	-
Joaquin Nicolás Pereyra	01.12.1998			3	-
Ezequiel Rodríguez				1	-

Forwards:

Walter Rubén Acuña	04.03.1992	1	-		
Pablo Ignacio Becker	29.04.1992	1	-	3	-
Germán Gustavo Herrera	19.07.1993			9	1
Marcelo Alejandro Larrondo Páez	16.08.1988	10	6	6	4
Rodrigo Javier Migone	06.06.1996	-	-	4	-
Franco Niell	22.05.1983	28	5		
Ijiel César Protti	31.01.1995	1	-	3	-
Marco Gastón Rubén Rodríguez	26.10.1985	30	21	11	7
Víctor Ezequiel Salazar	26.05.1993	17	-	12	-

Trainer:

Eduardo Germán Coudet [as of 01.01.2015]	12.09.1974	30	

CLUB ATLÉTICO SAN LORENZO DE ALMAGRO

Foundation date: April 1, 1908
Address: Calle Varela N°2680 C1437BJH, Cd. Buenos Aires
Stadium: Estadio „Pedro Bidegain", Nueva Pompeya, Buenos Aires - Capacity: 39,494

THE SQUAD

	DOB	2015 M	2015 G	2016* M	2016* G
Goalkeepers:					
José Antonio Devecchi	09.07.1995	1	-	-	-
Leonardo Neoren Franco	20.05.1977	3	-		
Álvaro David Montero Perales (COL)	29.03.1995	-	-		
Nicolás Gastón Navarro	25.03.1985			-	-
Sebastián Alberto Torrico	22.02.1980	26	-	17	-
Defenders:					
Marcos Alberto Angeleri	07.04.1983			13	-
Ramiro Arias	06.01.1993	2	-		
Julio Alberto Buffarini	18.08.1988	26	2	14	1
Tomás Cardona	10.10.1995	-	-		
Matías Nicolás Caruzzo	15.08.1984	24	4	14	1
Matías Catalán	19.08.1992	4	-		
Mauro Cetto	14.04.1982	12	2		
Paulo César Díaz Huincales (CHI)	25.08.1994			7	-
Fabricio Bautista Fontanini	30.03.1990	4	-		
Pedro Camilo Franco Ulloa (COL)	23.04.1991			3	-
Emanuel Matías Más	15.01.1989	29	1	13	-
Brian Mieres	28.07.1995			-	-
Lautaro Montoya	07.10.1994			3	-
Gonzalo Sebastián Prósperi	03.06.1985	2	-	3	-
Facundo Tomás Quignón	02.05.1993	6	-	-	-
Rodrigo Ernesto Tapia	28.09.1994			1	-
Mario Alberto Yepes Díaz (COL)	13.01.1976	25	-		
Midfielders:					
Luis Ezequiel Ávila	06.02.1994	4	-	1	-
Alejandro Brian Barbaro	20.01.1992	1	-		
Pablo Cesar Barrientos	17.01.1985	22	1	13	1
Fernando Daniel Belluschi	10.09.1983			14	2
Sebastián Marcelo Blanco	15.03.1988	29	4	15	2
Juan Ignacio Cavallaro	28.06.1994	1	-		
Rodrigo De Ciancio	30.03.1995			-	-
Fernando Gastón Elizari	05.04.1991	4	-		
Enzo Kalinski	10.03.1987	17	-	4	-
Juan Ignacio Mercier	02.02.1980	27	-	10	-
Bautista Merlini	04.07.1995			-	-
Franco Gabriel Mussis	19.04.1992	14	1	13	1
Néstor Ezequiel Ortigoza (PAR)	07.10.1984	19	1	14	1
Martín Rolle	02.02.1985	8	-		
Leandro Atilio Romagnoli	17.03.1981	17	1	7	1
Alan Nahuel Ruíz	19.08.1993	3	-		
Forwards:					
Gonzalo Berterame	11.07.1996			-	-
Nicolás Blandi	13.01.1990	6	2	14	8
Ezequiel Cerutti	17.01.1992			16	1
Martín Cauteruccio Rodríguez (URU)	14.04.1987	26	10	14	2

Rodrigo Contreras	27.10.1995			-	-
Mauro Matos	06.08.1982	23	7	10	1
Gonzalo Alberto Verón	24.12.1989	8	-		
Héctor Daniel Villalba	26.07.1994	27	6	4	-
Trainer:					
Edgardo Bauza [26.12.2013-08.11.2015; End of contract]	26.01.1958	30			
Pablo Adrián Guede Barrirero [as of 20.12.2015]	11.11.1974			17	

*Championship Final included

CLUB ATLÉTICO SAN MARTÍN DE SAN JUAN

Foundation date: September 27, 1907
Address: Calle Mendoza 1164 Norte, 5400 San Juan
Stadium: Estadio „Ingeniero Hilario Sánchez", San Juan – Capacity: 25,286

THE SQUAD

	DOB	2015 M	2015 G	2016 M	2016 G
Goalkeepers:					
Luis Emanuel Ardente	17.09.1981	25	-	16	2
Leonardo Andrés Corti	29.01.1981	5	-	-	-
Federico Urraburo	05.04.1991	-	-		
Defenders:					
Pablo Andrés Aguilar	13.09.1984			9	-
Óscar Martín Carniello	19.09.1988	1	-		
Mauricio Ferney Casierra (COL)	08.12.1985			16	-
Matías Andrés Escudero	15.12.1988			8	1
Daniel Alejandro Franco	15.07.1991	4	-	1	-
José Luis Gómez	13.09.1993	28	3		
Raúl Alejandro Iberbia	25.12.1989	25	-		
Franco Martín Lazzaroni	06.02.1988			11	-
Damián David Ledesma	21.05.1982	9	1		
Maximiliano Francisco Lugo	04.12.1989			10	-
Juan Francisco Mattia	24.06.1988	28	-	11	1
Marcos Ariel Pinto	25.01.1994	7	-		
Matias Sarulyte	13.03.1989			-	-
Matías Silva	24.01.1990	-	-		
Gonzalo Renzo Vera	01.06.1983	22	1		
Midfielders:					
Emiliano Germán Agüero	21.01.1995			2	-
Mauro Ezequiel Bogado	31.05.1985	14	1		
Maximiliano Andrés Bustos	05.01.1982	4	-		
Cristian Ezequiel Canuhé	25.08.1987	13	-		
Javier Alejandro Capelli	31.08.1985	16	-	11	-
Michael O'Neal Covea Uzcátegui (VEN)	21.08.1993	12	-	-	-
Matías Óscar Fissore	21.09.1990	3	-	15	-
Juan Daniel Galeano	07.03.1988			1	-
Marcos Agustín Gelabert	19.09.1981	23	-	14	-
Daniel Alberto González	26.01.1991	5	-	13	1
Emilio Exequiel Hernández Hernández (CHI)	14.09.1994			3	-
Ramiro Andrés López	30.10.1984	6	1		
Leandro Emmanuel Martínez	04.06.1994	14	4	5	-
Sebastián Darío Navarro	24.02.1988	22	-		

Name	DOB				
Nicolás Pelaitay	27.12.1992	21	-	4	-
Raúl Alberto Quiroga	20.03.1989	1	-		
Lucas Salas	28.09.1994	-	-	14	-
Jonathan Daniel Tejada	10.01.1993	-	-		
Gustavo Alejandro Villarruel	02.04.1992			5	-
Pablo Ernesto Vitti	09.07.1985	14	3		
Forwards:					
Rodrigo Alaniz	28.04.1993	-	-		
Eric Daniel Aparicio	25.01.1990	18	2		
Leandro Iván Barrera	28.02.1991			-	-
Carlos Heber Bueno Suárez (URU)	10.05.1980	13	3		
Franco Javier Caballero	07.03.1993			-	-
Federico Emanuel Denning	04.07.1988			16	6
Marcos Daniel Figueroa	18.01.1990	29	7		
Juan Manuel García	14.11.1992			-	-
Matías Martín Jones Mourigan	01.07.1991	1	-		
Jorge Luis Luna	14.12.1986			4	1
Mauro Ramiro Milano	18.01.1984	3	-		
Arrinton Narciso Mina Villalba (COL)	25.11.1982			-	-
Joaquín Alejandro Molina	16.12.1991			6	-
Ezequiel Montagna	08.06.1994			11	2
Gustavo Pinedo Zabala (BOL)	18.02.1988	12	1		
Facundo Pumpido	21.10.1988	14	3		
Sergio Sagarzazu	11.09.1987			2	1
Javier Fabián Toledo	20.04.1986	7	1	15	8
Trainer:					
Carlos Alberto Mayor [01.01.-23.11.2015; Resigned]	05.10.1965	30			
Pablo Hernán Lavallén [as of 11.12.2015]	07.09.1972			17	

CLUB ATLÉTICO SARMIENTO JUNÍN

Foundation date: April 1, 1911
Address: Avenida Vicente Gandini 801, 6000 Junín
Stadium: Estadio „Eva Perón", Junín – Capacity: 22,000

THE SQUAD

	DOB	2015 M	2015 G	2016 M	2016 G
Goalkeepers:					
Franco Agüero	24.03.1993	-	-		
Pablo Martín Bangardino	01.09.1985	-	-		
Javier Nicolás Burrai	09.10.1990			-	-
César Pablo Rigamonti	07.04.1987	30	-		
Emanuel Trípodi	07.08.1981			16	-
Manuel Matías Vicentini	19.04.1990	-	-	-	-
Defenders:					
Pablo Andrés Aguilar	13.09.1984	22	-		
Juan Manuel Azil	09.05.1988	2	-		
Maximiliano Caire	12.07.1988	4	-	13	-
Gustavo Darmián Canto	25.02.1994	1	-	2	-
Mauricio Ferney Casierra (COL)	08.12.1985	25	-		
Franco Coria	08.07.1988	7	-		
Guillermo Cosaro	07.07.1989			12	1
Daniel Alberto Delgado	08.11.1980	2	1		
Francisco Dutari	03.08.1988	24	-	11	-
Sebastián Luna	25.12.1987	28	3		
Franco Peppino	14.06.1982	28	1	13	-
Nahuel Quiroga	05.08.1991	9	-		
Midfielders:					
Fermín Antonini	02.07.1997			3	-
Walter Alejandro Busse	07.02.1987			16	1
Alexis Nicolás Castro	23.01.1984	14	-		
Israel Emanuel Coll	22.07.1993				4
Rodrigo Leonel Depetris	05.05.1990			11	-
Guillermo Ferracutti	11.02.1991			6	-
Maximiliano Fornarí	15.05.1995	8	-	11	1
Andrés Franzoia	21.10.1985			4	-
Michael Ryan Hoyos (USA)	02.08.1991	8	-		
Silvio Oscar Iuvalé	02.07.1979	-	-		
Matías Emanuel Lequi	13.05.1981			9	-
Juan Ignacio López	13.10.1993	3	-	3	-
Luciano Maza	10.06.1994	-	-		
Eduardo Alejandro Melo	11.01.1996	3	-		
Kevin Bryan Mercado Mina (COL)	28.01.1995			11	-
Dardo Federico Miloc	16.10.1990	25	-	8	-
Alexis Jorge Niz	17.05.1988	1	-	10	1
Gervasio Daniel Núñez	29.01.1988	29	8		
Reinaldo David Ocampo (PAR)	06.01.1987	-	-		
Agustín Pascucci	13.01.1994	5	-	-	-
Hamilton Miguel Pereira Ferrón (URU)	26.06.1987			15	-
Luis Óscar Quiroga	15.09.1984	4	-		
Nicolás Andrés Sánchez	21.02.1992	21	-	8	-
Marcelo Andrés Scatolaro Guntren (CHI)	03.08.1985	12	-		
Renzo Spinacci	08.03.1993	16	-	7	1

José Tamburelli	05.06.1993	4	-	-
Forwards:				
Fabio Enrique Álvarez	23.01.1993		9	-
Carlos Heber Bueno Suárez (URU)	10.05.1980		5	3
Ignacio Andrés Cacheiro	12.03.1993	24	4	-
Federico Castro	28.02.1992	4		
Diego Gonzalo Chaves de Miquelerena (URU)	14.02.1986	12	3	13	1
Héctor Luis Cuevas	31.08.1982	18	4	
Matías Ignacio Díaz	08.02.1984	1	-	
Tobias Nahuel Figueroa	04.02.1992	19	3	
Trainer:				
Sergio Lippi [01.07.2014-06.03.2016]	27.10.1970	30		6
Ricardo Daniel Caruso Lombardi [as of 10.03.2016]	10.02.1962			11

CLUB ATLÉTICO TEMPERLEY

Foundation date: November 1, 1912
Address: Avenida 9 de Julio 360, 1834 Temperley
Stadium: Estadio „Alfredo Beranger", Temperley – Capacity: 13,800

THE SQUAD

	DOB	2015 M	2015 G	2016 M	2016 G
Goalkeepers:					
Federico Crivelli	28.01.1982	30	-	16	-
Leandro de Bortolí	03.08.1988	1	-	1	-
Rodrigo García Accinelli	24.07.1992	-	-	-	-
Nicolás Fabián Rodríguez	12.05.1993	-	-		
Defenders:					
Gastón Damián Aguirre	11.11.1981	27	-	8	-
Leonel Barrios	05.09.1993	-	-		
Ignacio Boggino	22.02.1986	23	1	9	-
Gastón Darío Bojanich	23.04.1985	27	-	16	-
Cristian Chimino	09.02.1988	30	1	14	1
Gonzalo Escobar	16.03.1997			2	-
Fernando Javier González	25.09.1988	6	-		
Cristian Paz	24.04.1995	-	-	-	-
Patricio Romero	24.03.1993	10	-	7	1
Enzo Adrián Ruiz	20.06.1989	1	-		
Leandro Sapetti	30.01.1989			7	1
Alexis Joel Zárate	08.05.1994			3	-
Midfielders:					
Gustavo Javier Aprile Retta (URU)	10.08.1988	21	1		
Adrián Arregui	12.08.1992	23	-	13	-
Fernando Daniel Brandán	27.03.1990	22	3	13	-
Federico Bruno	03.02.1995	-	-		
Cristian Ezequiel Canuhé	25.08.1987			9	-
Rodrigo Córdoba	25.03.1995			-	-
Gabriel Esparza	30.01.1993	18	2	10	1
Alejandro Javier Frezzotti	15.02.1984	10	-		
Eduardo Fabián Ledesma Trinidad (PAR)	07.08.1985	23	1		
Santiago Magallán	08.05.1992	6	-		
Ignacio Oroná	10.03.1986	15	-		

171

Sergio Abel Peralta	17.02.1989	3	-	4	1
Nahuel Peralta	12.11.1991	-	-	1	-
Matías Peréz Guedes	18.08.1991			9	1
Claudio Darío Salina	25.09.1995	-	-		
Fabián Héctor Sambueza	01.08.1988	26	3		
Matías Ariel Sánchez	18.08.1987			16	1

Forwards:

Ariel Damián Cólzera	15.04.1986			14	1
Leonardo Di Lorenzo	20.05.1981	26	-	13	-
Juan Ignacio Dinenno De Cara	28.08.1994	24	2		
Marcos Daniel Figueroa	18.01.1990			14	3
Javier Antonio Grbec	24.03.1986	23	4		
Luis Eduardo López	23.06.1987	6	-		
Rubén Darío Ramírez	17.10.1982			8	-
Gonzalo Matías Ríos	30.01.1992			7	3
Gastón Rodas	21.06.1995			-	-
Ariel Rojas	11.04.1993	-	-	1	-
Franco Sosa	19.09.1999	-	-		
Cristian Alberto Tarragona	09.04.1991			9	-
Emiliano Franco Terzaghi	06.03.1993	6	-		
Pablo Ezequiel Vílchez	04.05.1983	12	1	-	-

Trainer:

Ricardo Néstor Rezza Pérez [01.02.2014 - 15.11.2015; End of contract]	04.07.1948	30			
Iván Raúl Delfino [as of 16.12.2016]	14.01.1971			16	

CLUB ATLÉTICO TIGRE VICTORIA

Foundation date: August 3, 1902
Address: Guido Spano 1053 y Presidente Perón, Victoria 1644 , San Fernando, Prov. de Buenos Aires
Stadium: Estadio „José Dellagiovanna" [Monumental de Victoria], Victoria - Capacity: 26,282

THE SQUAD

Name	DOB	2015 M	2015 G	2016 M	2016 G
Goalkeepers:					
Alexis Bonet	15.03.1995	-	-		
Sebastián Ezequiel D'Angelo	14.01.1989	10	-		
Adrián José Gabbarini	10.10.1985			-	-
Javier Hernán García	29.01.1987	20	-	16	-
Fernando Lugo	07.07.1994	-	-	-	-
Defenders:					
Juan Carlos Blengio	26.06.1980	20	1	9	-
Ignacio Bonadio	27.07.1993	-	-	-	-
Ivan Dubois	24.01.1995			-	-
Mariano Raúl Echeverría	27.05.1981	11	-	-	-
Rodrigo Erramuspe	03.05.1990			12	-
Erik Fernando Godoy	16.08.1993	22	-	14	1
Ernesto Goñi Ameijenda (URU)	13.01.1985	22	1		
Leandro Martín González Pirez	26.02.1992	29	3		
Santiago Izaguirre	30.07.1994	4	1	2	-
Lucas Leandro Marín	22.01.1992			11	-
Ramón Mierez	13.05.1997			2	1
Nicolás Pantaleone	18.02.1993	2	-	-	-
Alejandro Daniel Rébola	04.07.1988			1	-
Sebastián Ariel Silguero	01.01.1992	-	-		
Santiago Villarreal	28.02.1996			1	-
Midfielders:					
Joaquín Arzura	18.05.1993	23	-		
Sebastián Balmaceda	08.10.1996			3	-
Facundo Daniel Bertoglio	30.06.1990	8	1		
Diego Rafael Castaño	08.06.1979			4	-
Alexis Castro	18.10.1994	6	-	7	3
Adrián Ezequiel Cirigliano	24.01.1992			6	-
Martín Sebastián Galmarini	28.02.1982	21	1	10	-
Kevin Fabián Emiliano Itabel	20.08.1993	15	-	9	-
Lucas Janson	16.08.1994	9	-	14	6
Lucas Ariel Menossi	11.07.1992	16	-	14	-
Horacio de Dios Orzán	14.04.1988	10	-	1	-
Mario Ángel Paglialunga	29.10.1988	11	-		
Emiliano Ramiro Papa	19.04.1982			13	-
Agustín Daniel Pelletieri	17.05.1982	11	-		
Sebastián Gerardo Píriz Ribas (URU)	04.03.1990			8	-
Lucas Abel Pittinari	30.11.1991			7	-
Fernando Redondo Solari	15.09.1994			1	-
Jorge Marcelo Rodríguez Núñez (URU)	13.01.1985	10	-	8	2
Facundo Sánchez	07.03.1990	25	3		
Alberto César Mario Stegman	01.02.1994	-	-		
Lucas Daniel Wilchez	31.08.1983	25	2	12	-
Forwards:					
José Erik Correa Villero (COL)	20.07.1992	2	-	5	1

173

Leandro Julián Garate	02.09.1993	7	-		
Federico Rafael González	06.01.1987	15	3	11	3
Marcelo Alejandro Larrondo Páez	16.08.1988	13	3		
Carlos Ariel Luna	17.01.1982	28	8	11	1
Jerónimo Morales Neumann	03.06.1988	-	-		
Sebastián Rincón Lucumí (COL)	14.01.1994	25	4	11	2
Trainer:					
Gustavo Julio Alfaro [05.09.2014-25.11.2015]	14.08.1962	30			
Mauro Germán Camoranesi Serra (ITA) [22.12.2015-17.03.2016; Sacked]	04.10.1976			7	
Pedro Antonio Troglio [as of 21.03.2016]	28.07.1965			9	

CLUB ATLÉTICO UNIÓN DE SANTA FE
Foundation date: April 15, 1907
Address: Avenida Vicente López y Planes 3513, 3000 Ciudad de Santa Fé
Stadium: Estadio „15 de Abril", Santa Fe – Capacity: 22,853

THE SQUAD

	DOB	2015 M	2015 G	2016 M	2016 G
Goalkeepers:					
Matias Fidel Castro Fuentes (URU)	24.10.1987	10	-	-	-
Nereo Ariel Fernández	13.04.1979	21	-	16	-
Joaquín Matías Papaleo	23.03.1994	-	-	-	-
Defenders:					
Nelson Fernando Acevedo	11.07.1988			13	1
Juan Pablo Avendaño	05.10.1982	5	1		
Brian Rolando Blasi	08.02.1996	-	-	-	-
Emanuel Brítez	26.03.1992	20	2	12	1
Marcelo Alejandro Cardozo	08.12.1987	12	-		
Emir Saúl Faccioli	05.08.1989			3	-
Jonathan Brian David Fleita	20.01.1995	6	-	7	-
Rolando García Guerreño (PAR)	10.02.1990	26	1	13	1
Mauro Ángel Maidana	12.07.1990	5	-		
Mauricio Leonel Martínez	20.02.1993	28	1	16	2
Bruno Alejandro Pittón	01.02.1993	3	-	14	1
Leonardo Agustin Sánchez	02.08.1986	22	2		
Agustín Sandona	01.05.1993	3	-	5	-
Nahuel Alejandro Zárate	27.01.1993			2	-
Santiago Zurbriggen	27.02.1990	29	-	14	-
Midfielders:					
Facundo Andrés Affranchino	09.02.1990	9	-		
Lucas Algozino	29.09.1995	1	-	-	-
Sebastián Ignacio Caballero	06.01.1992	7	-		
Manuel Ignacio De Iriondo	06.05.1992	9	-	1	-
Emiliano Nahuel Ellacopulos	14.01.1992	5	1		
Martín Fabbro	19.04.1985	8	-		
Matías Orlando Fantín	21.11.1985	-	-	1	-
Santiago Nicolás Lebus	18.07.1996			-	-
Gerónimo Felipe Lissi	02.02.1995	1	-		
Víctor Ignacio Malcorra	24.07.1987	28	9	16	6
Fausto Emanuel Montero	22.10.1988	15	1		
Carlos Santiago Nagüel	28.01.1993			3	-

	DOB	2015 M G	2016 M G
Mauro Rodolfo Pittón	08.08.1994	1 -	10 -
Juan Gabriel Rivas	14.08.1992	17 1	- -
Martín Rolle	02.02.1985		16 -
Matías Ariel Sánchez	18.08.1987	14 -	
Jonatan Tarquini	27.06.1994	- -	
Diego Nicolás Villar	25.04.1982	25 -	14 1
Forwards:			
Nicolás Andereggen	22.09.1999	1 -	1 -
Tomás Bolzicco	29.11.1994	2 -	3 -
Facundo Alfredo Castro	28.02.1996	1 -	
Matías Gastón Castro	18.12.1991	4 -	
Lucas Colitto	01.06.1994	- -	
Fernando Coniglio	24.11.1991	7 -	
Lucas Emanuel Gamba	24.06.1987	29 6	14 2
Claudio Rubén Guerra	05.08.1983	5 -	
Claudio Maximiliano Riaño	04.08.1988	12 2	13 7
Julio César Rodríguez Giménez (PAR)	05.12.1990		10 1
Franco Soldano	14.09.1994	17 2	7 1
Enrique Luis Triverio	31.12.1988	12 9	
Trainer:			
Leonardo Carol Madelón [as of 01.01.2014]	25.01.1963	30	16

CLUB ATLÉTICO VÉLEZ SÁRSFIELD BUENOS AIRES

Foundation date: January 1, 1910
Address: Avenida Dr. Juan Bautista Justo N°9200, C1408AKU, Ciudad de Buenos Aires
Stadium: Estadio „José Amalfitani", Buenos Aires - Capacity: 49,540

THE SQUAD

	DOB	2015 M G	2016 M G
Goalkeepers:			
Alan Joaquín Aguerre	23.08.1990	23 -	15 -
Walter Fabián Assmann	23.03.1986		2 -
Tomás Carlos Figueroa	20.04.1995	- -	- -
Carlos Sebastián Sosa Silva (URU)	19.08.1986	7 -	
Gonzalo Javier Yordán	20.03.1994	- -	1 -
Defenders:			
Fabricio Oscar Alvarenga	17.01.1996	9 -	12 2
Emiliano Javier Amor	16.05.1995	25 3	4 -
Rodrigo Daniel Bella	26.01.1995	- -	
Facundo Cardozo	06.04.1995	14 -	
Brian Ezequiel Cufré	15.12.1996	3 -	7 -
Lautaro Daniel Gianetti	13.11.1993	15 -	14 1
Fausto Grillo	20.02.1993	13 1	1 -
Eric Emmanuel Jeréz	20.08.1994	3 -	
Cristian Javier Nasuti Matovelle	06.09.1982		15 1
Hernán Darío Pellerano	04.06.1984	13 -	
Matías Pérez Acuña	09.02.1994	13 1	3 -
Midfielders:			
Yamil Rodrigo Asad	27.07.1994	24 4	9 -
Iván Gonzalo Bella	13.09.1989	11 -	1 -
Emiliano Bogado	18.11.1997	- -	- -

175

Name	DOB				
Alejandro Ariel Cabral	11.09.1987	7	1		
Blas Antonio Cáceres (PAR)	01.07.1989			11	1
Rodolfo Combe Arriola	04.01.1995	-	-		
Lucio Compagnucci	23.02.1996	7	-		
Jorge Iván Correa	04.05.1993	3	-	9	2
Fabián Andrés Cubero	21.12.1978	19	2	14	-
Leandro Luis Desábato	30.03.1990	25	1	13	-
Agustin Doffo	25.05.1995	16	-	2	-
Germán Julio César Ferreyra	13.01.1996	2	-		
Brian Federico Ferreira	24.05.1994	-	-		
Juan Emanuel Lucero	08.06.1995			-	-
Damián Alfredo Pérez	22.12.1988	10	1	14	-
Leonardo Gabriel Rolón	19.01.1995	11	-		
Lucas Daniel Romero	18.04.1994	19	-	1	-
Leandro Daniel Somoza	26.01.1981	17	-	14	-
Nicolás Martín Tripichio	05.01.1996	9	-	4	-
Matías Ezequiel Vargas Martin	08.05.1997	3	-	2	-
Jairo David Vélez Cedeño (COL)	21.04.1995	2	-	-	-
Leandro Vera	21.02.1994	-	-		
Leonardo Enrique Villalba	29.09.1994	8	-		
Forwards:					
Alan Cristian Arario	01.04.1995	1	-		
Milton Joel Caraglio	01.12.1988	25	6		
Ramiro Julián Cáseres	09.01.1994	5	-		
Nicolás Delgadillo Godoy	02.10.1997	15	1	6	-
Roberto Antonio Nanni	20.08.1981	8	-		
Hugo Mariano Pavone	27.05.1982	15	6	10	5
Maximiliano Romero	09.01.1999			10	3
Nicolás Servetto	27.03.1996			3	-
Santiago Osman Stelcaldo	30.11.1993			8	2
Hernán Darío Toledo	17.01.1996	6	-	13	1
Federico Nahuel Vázquez	31.03.1993	5	-	-	-
Diego Martín Zabala Morales (URU)	19.09.1991			6	2
Trainer:					
Miguel Ángel Russo [01.01.2015 - 08.11.2015]	09.04.1956	30			
Christian Gustavo Bassedas [as of 13.11.2015]	16.02.1973			16	

SECOND LEVEL
Primera B Nacional 2015

1.	Club Atlético Tucumán San Miguel de Tucumán (*Promoted*)	42	24	13	5	69	-	31	85
2.	CA Patronato de la Juventud Católica Paraná	42	23	13	6	60	-	24	82
3.	Club Ferro Carril Oeste Buenos Aires	42	18	13	11	44	-	37	67
4.	Club y Biblioteca Ramón Santamarina Tandil	42	18	12	12	54	-	40	66
5.	Instituto Atlético Central Córdoba	42	15	17	10	48	-	38	62
6.	Club Villa Dálmine Campana	42	15	15	12	44	-	42	60
7.	CA Paraná	42	16	10	16	50	-	46	58
8.	CA Douglas Haig Pergamino	42	14	16	12	45	-	46	58
9.	CS Estudiantes San Luis	42	13	17	12	47	-	44	56
10.	CA Gimnasia y Esgrima de Jujuy	42	14	13	15	35	-	43	55
11.	CA Los Andes Lomas de Zamora	42	12	18	12	46	-	49	54
12.	CD Juventud Unida de Gualeguaychú	42	14	12	16	43	-	47	54
13.	CA Boca Unidos Corrientes	42	14	12	16	37	-	42	54
14.	CA All Boys Buenos Aires	42	13	14	15	38	-	37	53
15.	CA Central Córdoba de Santiago del Estero	42	12	15	15	37	-	44	51
16.	CS Independiente Rivadavia Mendoza	42	13	12	17	38	-	46	51
17.	CD Guaraní Antonio Franco Posadas	42	13	11	18	38	-	43	50
18.	CA Chacarita Juniors Villa Crespo	42	13	11	18	49	-	62	50
19.	CSA Guillermo Brown Puerto Madryn	42	11	15	16	43	-	50	48
20.	Club Gimnasia y Esgrima de Mendoza	42	14	6	22	37	-	53	48
21.	Sportivo Belgrano San Francisco	42	9	13	20	36	-	50	40
22.	CA Unión de Mar del Plata	42	7	16	19	36	-	60	37

Teams ranked 2-5 were qualified for the Torneo Reducido (Promotion Play-off).

Torneo Reducido

Semi-Finals [19-25.11.2015]
Club y Biblioteca Ramón Santamarina - Club Ferro Carril Oeste Buenos Aires	2-2	2-0
Instituto Atlético Central Córdoba - CA Patronato de la Juventud Católica Paraná	1-1	1-3

Finals [29.11.-06.12.2015]
Club y Biblioteca Ramón Santamarina - CA Patronato de la Juventud Católica	3-1	0-2

CA Patronato de la Juventud Católica Paraná promoted to the 2016 Primera División.

Relegation Table

The team which will be relegated is determined team on average points taking into account results of the last four seasons (2012/2013, 2013/2014, 2014 and 2015).

Pos	Team	2012/13 P	2013/14 P	2014 P	2015 P	Total P	Total M	Aver
1.	Club Atlético Tucumán San Miguel de Tucumán	51	64	29	85	229	142	1.613
2.	CA Patronato de la Juventud Católica Paraná	56	49	22	82	209	142	1.472
3.	Club y Biblioteca Ramón Santamarina Tandil	–	–	24	66	90	62	1.452
4.	Club Villa Dálmine Campana	—	—	—	60	60	42	1.429
5.	CA Paraná	—	—	—	58	58	42	1.381
6.	CA Gimnasia y Esgrima de Jujuy	50	61	30	55	196	142	1.380
7.	CS Estudiantes San Luis	—	—	—	56	56	42	1.333
8.	Instituto Atlético Central Córdoba	39	62	25	62	188	142	1.324
9.	CA Los Andes Lomas de Zamora	—	—	—	54	54	42	1.286
10.	CA Douglas Haig Pergamino	49	51	25	58	183	142	1.289
11.	CD Juventud Unida de Gualeguaychú	—	—	—	54	54	42	1.286
12.	Club Ferro Carril Oeste Buenos Aires	43	55	16	67	181	142	1.275
13.	CA Boca Unidos Corrientes	45	54	27	54	180	142	1.268
14.	CS Independiente Rivadavia Mendoza	48	55	22	51	176	142	1.239
15.	CA Central Córdoba de Santiago del Estero	—	—	—	51	51	42	1.214
16.	CA All Boys Buenos Aires	–	–	22	53	75	62	1.210
17.	CA Chacarita Juniors Villa Crespo	—	—	—	50	50	42	1.190
18.	CSA Guillermo Brown Puerto Madryn (*Relegation Play-off*)	–	–	–	48	48	42	1.143
19.	Club Gimnasia y Esgrima de Mendoza (*Relegation Play-off*)	—	—	—	48	48	42	1.143
20.	CD Guaraní Antonio Franco Posadas (*Relegated*)	—	—	18	50	68	62	1.097
21.	Sportivo Belgrano San Francisco (*Relegated*)	—	53	17	40	110	104	1.058
22.	CA Unión de Mar del Plata (*Relegated*)	—	—	—	37	37	42	0.881

Relegation Play-off [ ]

CSA Guillermo Brown Puerto Madryn - Club Gimnasia y Esgrima de Mendoza   1-1 aet; 4-5 pen

Club Gimnasia y Esgrima de Mendoza retain its place in the 2016 Primera B.

	SECOND LEVEL Primera B Nacional 2016								
1.	CA Talleres Córdoba (*Promoted*)	21	14	7	0	31	-	11	49
2.	CA Chacarita Juniors Villa Crespo	21	13	4	4	30	-	12	43
3.	CA Gimnasia y Esgrima de Jujuy	21	11	5	5	26	-	16	38
4.	CA Boca Unidos Corrientes	21	11	5	5	28	-	19	38
5.	Club Villa Dálmine Campana	21	9	6	6	35	-	28	33
6.	Club Mutual Crucero del Norte Garupá	21	9	5	7	26	-	25	32
7.	CA Nueva Chicago Mataderos	21	9	3	9	32	-	27	30
8.	CSA Guillermo Brown Puerto Madryn	21	9	3	9	31	-	29	30
9.	CA Los Andes Lomas de Zamora	21	8	6	7	21	-	22	30
10.	CA Brown Adrogué	21	6	10	5	27	-	26	28
11.	CD Juventud Unida de Gualeguaychú	21	7	7	7	25	-	26	28
12.	Club Almagro	21	7	7	7	23	-	25	28
13.	Club y Biblioteca Ramón Santamarina Tandil	21	7	6	8	16	-	19	27
14.	CA All Boys Buenos Aires	21	7	5	9	30	-	28	26
15.	Club Ferro Carril Oeste Buenos Aires	21	7	5	9	21	-	27	26
16.	CS Estudiantes San Luis	21	7	3	11	17	-	25	24
17.	CA Juventud Unida Universitario San Luís	21	4	10	7	20	-	23	22
18.	CA Central Córdoba de Santiago del Estero	21	5	6	10	23	-	27	21
19.	CA Douglas Haig Pergamino	21	5	5	11	20	-	24	20
20.	CS Independiente Rivadavia Mendoza	21	4	8	9	14	-	26	20
21.	CA Paraná	21	3	10	8	16	-	32	19
22.	Instituto Atlético Central Córdoba	21	4	4	13	18	-	33	16

Relegation Table

The team which will be relegated is determined team on average points taking into account results of the last four seasons (2013/2014, 2014/2015, 2015 and 2016).

Pos	Team	2013/14 P	2014/15 P	2015 P	2016 P	Total P	Total M	Aver
1.	CA Talleres Córdoba	–	–	–	49	49	21	2.333
2.	Club Mutual Crucero del Norte Garupá	59	33	–	32	124	83	1.494
3.	CA Chacarita Juniors Villa Crespo	–	–	50	43	93	63	1.476
4.	Club Villa Dálmine Campana	–	–	60	33	93	63	1.476
5.	CA Gimnasia y Esgrima de Jujuy	61	30	55	38	184	125	1.472
6.	CA Nueva Chicago Mataderos	–	30	–	30	60	41	1.463
7.	Club y Biblioteca Ramón Santamarina Tandil	–	24	66	27	117	83	1.410
8.	CA Boca Unidos Corrientes	54	27	54	38	173	125	1.384
9.	CA Los Andes Lomas de Zamora	–	–	54	30	84	63	1.333
10.	CA Brown Adrogué	–	–	–	28	28	21	1.333
11.	Club Almagro	–	–	–	28	28	21	1.333
12.	Instituto Atlético Central Córdoba	62	25	62	16	165	125	1.320
13.	Club Ferro Carril Oeste Buenos Aires	55	16	67	26	164	125	1.312
14.	CD Juventud Unida de Gualeguaychú	–	–	54	28	82	63	1.302
15.	CS Estudiantes San Luis	–	–	56	24	80	63	1.270
16.	CSA Guillermo Brown Puerto Madryn	–	–	48	30	78	63	1.238
17.	CA Douglas Haig Pergamino	51	25	58	20	154	125	1.232
18.	CA Paraná	–	–	58	19	77	63	1.222
19.	CA All Boys Buenos Aires	–	22	53	26	101	83	1.217
20.	CS Independiente Rivadavia Mendoza	55	22	51	20	148	125	1.184
21.	CA Central Córdoba de Santiago del Estero	–	–	51	21	72	63	1.143
22.	CA Juventud Unida Universitario San Luís (*Relegated*)	–	–	–	22	22	21	1.048

**NATIONAL TEAM
INTERNATIONAL MATCHES
(16.07.2015 – 15.07.2016)**

04.09.2015	Houston	Argentina - Bolivia	7-0(3-0)	(F)
08.09.2015	Dallas	Argentina - Mexico	2-2(0-1)	(F)
08.10.2015	Buenos Aires	Argentina - Ecuador	0-2(0-0)	(WCQ)
13.10.2015	Asunción	Paraguay - Argentina	0-0	(WCQ)
13.11.2015	Buenos Aires	Argentina - Brazil	1-1(1-0)	(WCQ)
17.11.2015	Barranquilla	Colombia - Argentina	0-1(0-1)	(WCQ)
24.03.2016	Santiago de Chile	Chile - Argentina	1-2(1-2)	(WCQ)
29.03.2016	Córdoba	Argentina - Bolivia	2-0(2-0)	(WCQ)
27.05.2016	San Juan	Argentina - Honduras	1-0(1-0)	(F)
06.06.2016	Santa Clara	Argentina - Chile	2-1(0-0)	(CA)
10.06.2016	Chicago	Argentina - Panama	5-0(1-0)	(CA)
14.06.2016	Seattle	Argentina - Bolivia	3-0(3-0)	(CA)
18.06.2016	Foxborough	Argentina – Venezuela	4-1(2-0)	(CA)
21.06.2016	Houston	United States - Argentina	0-4(0-2)	(CA)
26.06.2016	East Rutherford	Argentina - Chile	2-4 pen	(CA)

04.09.2015, Friendly International
BBVA Compass Stadium, Houston (United States); Attendance: 22,000
Referee: César Arturo Ramos Palazuelos (Mexico)
ARGENTINA - BOLIVIA **7-0(3-0)**
ARG: Sergio Germán Romero (66/0), Javier Gonzalo Rodríguez Prado (7/1), Emmanuel Matías Mas (1/0), Milton Óscar Casco (2/0) [77.Facundo Sebastián Roncaglia (7/0)], Ramiro José Funes Mori (2/0), Osvaldo Nicolás Fabián Gaitán (10/2) [65.Lionel Andrés Messi (104/48)], Roberto Maximiliano Pereyra (9/0), Érik Manuel Lamela (13/1) [77.Éver Maximiliano David Banega (35/3)], Claudio Matías Kranevitter (1/0), Sergio Leonel Agüero del Castillo (67/31) [80.Carlos Alberto Martínez Tévez (73/13)], Ezequiel Iván Lavezzi (43/6) [81.Ángel Martín Correa Martínez (1/1)]. Trainer: Gerardo Daniel Martino (15).
Goals: Ezequiel Iván Lavezzi (6), Sergio Leonel Agüero del Castillo (34), Ezequiel Iván Lavezzi (41), Sergio Leonel Agüero del Castillo (59), Lionel Andrés Messi (67, 75), Ángel Martín Correa Martínez (84).

08.09.2015, Friendly International
AT&T Stadium, Arlington (United States); Attendance: 82,559
Referee: Ricardo Salazar (United States)
ARGENTINA - MEXICO **2-2(0-1)**
ARG: Nahuel Ignacio Guzmán Palomeque (5/0), Martín Gastón Demichelis (49/2) [77.Claudio Matías Kranevitter (2/0)], Facundo Sebastián Roncaglia (8/0), Nicolás Hernán Gonzalo Otamendi (26/1), Faustino Marcos Alberto Rojo (39/2) [71.Emmanuel Matías Mas (2/0)], Javier Alejandro Mascherano (118/3), Fernando Rubén Gago (60/0) [76.Roberto Maximiliano Pereyra (10/0)], Éver Maximiliano David Banega (36/3), Lionel Andrés Messi (105/49), Carlos Alberto Martínez Tévez (74/13) [76.Sergio Leonel Agüero del Castillo (68/32)], Ángel Martín Correa Martínez (2/1) [77.Ezequiel Iván Lavezzi (44/6)]. Trainer: Gerardo Daniel Martino (16).
Goals: Sergio Leonel Agüero del Castillo (85), Lionel Andrés Messi (89).

08.10.2015, 21st FIFA World Cup, Qualifiers
Estadio Monumental „Antonio Vespucio Liberti", Buenos Aires; Attendance: 35,000
Referee: Julio Bascuñán González (Chile)
ARGENTINA - ECUADOR **0-2(0-0)**
ARG: Sergio Germán Romero (67/0), Ezequiel Marcelo Garay González (32/0), Facundo Sebastián Roncaglia (9/0), Nicolás Hernán Gonzalo Otamendi (27/1), Emmanuel Matías Mas (3/0), Javier Alejandro Mascherano (119/3), Lucas Rodrigo Biglia (36/0), Ángel Fabián Di María Hernández (67/15), Javier Matías Pastore (26/2) [70.Ezequiel Iván Lavezzi (45/6)], Sergio Leonel Agüero del Castillo (69/32) [24.Carlos Alberto Martínez Tévez (75/13)], Ángel Martín Correa Martínez (3/1). Trainer: Gerardo Daniel Martino (17).

13.10.2015, 21st FIFA World Cup, Qualifiers
Estadio Defensores del Chaco, Asunción; Attendance: 27,500
Referee: Andrés Ismael Cunha Soca (Uruguay)
PARAGUAY - ARGENTINA **0-0**
ARG: Sergio Germán Romero (68/0), Pablo Javier Zabaleta Girod (54/0), Nicolás Hernán Gonzalo Otamendi (28/1), Emmanuel Matías Mas (4/0), Ramiro José Funes Mori (3/0), Javier Alejandro Mascherano (120/3), Ángel Fabián Di María Hernández (68/15), Javier Matías Pastore (27/2) [68.Érik Manuel Lamela (14/1)], Claudio Matías Kranevitter (3/0), Carlos Alberto Martínez Tévez (76/13) [74.Paulo Bruno Exequiel Dybala (1/0)], Ezequiel Iván Lavezzi (46/6) [84.Osvaldo Nicolás Fabián Gaitán (11/2)]. Trainer: Gerardo Daniel Martino (18).

13.11.2015, 21st FIFA World Cup, Qualifiers
Estadio Monumental „Antonio Vespucio Liberti", Buenos Aires; Attendance: 40,000
Referee: Antonio Javier Arias Alvarenga (Paraguay)
ARGENTINA - BRAZIL **1-1(1-0)**
ARG: Sergio Germán Romero (69/0), Facundo Sebastián Roncaglia (10/0), Nicolás Hernán Gonzalo Otamendi (29/1), Faustino Marcos Alberto Rojo (40/2), Ramiro José Funes Mori (4/0), Javier Alejandro Mascherano (121/3), Lucas Rodrigo Biglia (37/0), Ángel Fabián Di María Hernández (69/15), Éver Maximiliano David Banega (37/3) [81.Érik Manuel Lamela (15/1)], Gonzalo Gerardo Higuaín (53/25) [81.Paulo Bruno Exequiel Dybala (2/0)], Ezequiel Iván Lavezzi (47/7) [70.Osvaldo Nicolás Fabián Gaitán (12/2)]. Trainer: Gerardo Daniel Martino (19).
Goal: Ezequiel Iván Lavezzi (34).

17.11.2015, 21st FIFA World Cup, Qualifiers
Estadio Metropolitano „Roberto Meléndez", Barranquilla; Attendance: 45,000
Referee: Carlos Alfredo Vera Rodríguez (Ecuador)
COLOMBIA - ARGENTINA **0-1(0-1)**
ARG: Sergio Germán Romero (70/0), Gabriel Iván Mercado (2/0) [79.Gino Peruzzi Lucchetti (5/0)], Nicolás Hernán Gonzalo Otamendi (30/1), Faustino Marcos Alberto Rojo (41/2), Ramiro José Funes Mori (5/0), Javier Alejandro Mascherano (122/3), Lucas Rodrigo Biglia (38/1), Ángel Fabián Di María Hernández (70/15), Éver Maximiliano David Banega (38/3), Gonzalo Gerardo Higuaín (54/25) [70.Paulo Bruno Exequiel Dybala (3/0)], Ezequiel Iván Lavezzi (48/7) [86.Enzo Nicolás Pérez Seguí (16/1)]. Trainer: Gerardo Daniel Martino (20).
Goal: Lucas Rodrigo Biglia (19).

24.03.2016, 21st FIFA World Cup, Qualifiers
Estadio Nacional "Julio Martínez Prádanos", Santiago; Attendance: 44,536
Referee: Héber Roberto Lopes (England)
CHILE - ARGENTINA   **1-2(1-2)**
ARG: Sergio Germán Romero (71/0), Gabriel Iván Mercado (3/1), Nicolás Hernán Gonzalo Otamendi (31/1), Faustino Marcos Alberto Rojo (42/2), Ramiro José Funes Mori (6/0), Lucas Rodrigo Biglia (39/1), Ángel Fabián Di María Hernández (71/16) [81.Ezequiel Iván Lavezzi (49/7)], Éver Maximiliano David Banega (39/3) [73.Augusto Matías Fernández (11/1)], Claudio Matías Kranevitter (4/0), Lionel Andrés Messi (106/49), Sergio Leonel Agüero del Castillo (70/32) [67.Gonzalo Gerardo Higuaín (55/25)]. Trainer: Gerardo Daniel Martino (21).
Goals: Ángel Fabián Di María Hernández (20), Gabriel Iván Mercado (25).

29.03.2016, 21st FIFA World Cup, Qualifiers
Estadio „Mario Alberto Kempes", Córdoba; Attendance: 55,000
Referee: Jesús Valenzuela (Venezuela)
ARGENTINA - BOLIVIA   **2-0(2-0)**
ARG: Sergio Germán Romero (72/0), Javier Horacio Pinola (2/0), Martín Gastón Demichelis (50/2), Gabriel Iván Mercado (4/2), Faustino Marcos Alberto Rojo (43/2), Javier Alejandro Mascherano (123/3), Lucas Rodrigo Biglia (40/1), Ángel Fabián Di María Hernández (72/16) [31.Ángel Martín Correa Martínez (4/1)], Éver Maximiliano David Banega (40/3) [84.Augusto Matías Fernández (12/1)], Lionel Andrés Messi (107/50), Gonzalo Gerardo Higuaín (56/25) [78.Sergio Leonel Agüero del Castillo (71/32)]. Trainer: Gerardo Daniel Martino (22).
Goals: Gabriel Iván Mercado (20), Lionel Andrés Messi (30 penalty).

27.05.2016, Friendly International
Estadio San Juan del Bicentenario, San Juan; Attendance: 20,000
Referee: Jorge Luis Osorio Reyes (Chile)
ARGENTINA - HONDURAS   **1-0(1-0)**
ARG: Sergio Germán Romero (73/0), Gabriel Iván Mercado (5/2) [77.Facundo Sebastián Roncaglia (11/0)], Nicolás Hernán Gonzalo Otamendi (32/1) [77.Jonathan Ramón Maidana (3/0)], Faustino Marcos Alberto Rojo (44/2) [78.Víctor Leandro Cuesta (1/0)], Ramiro José Funes Mori (7/0), Javier Alejandro Mascherano (124/3), Lucas Rodrigo Biglia (41/1), Ángel Fabián Di María Hernández (73/16), Érik Manuel Lamela (16/1) [64.Osvaldo Nicolás Fabián Gaitán (13/2)], Lionel Andrés Messi (108/50) [64.Éver Maximiliano David Banega (41/3)], Gonzalo Gerardo Higuaín (57/26) [65.Sergio Leonel Agüero del Castillo (72/32)]. Trainer: Gerardo Daniel Martino (23).
Goal: Gonzalo Gerardo Higuaín (31).

06.06.2016, 45th Copa América, Group Stage
Levi's Stadium, Santa Clara (United States); Attendance: 69,451
Referee: Daniel Adán Fedorczuk Betancour (Uruguay)
ARGENTINA - CHILE   **2-1(0-0)**
ARG: Sergio Germán Romero (74/0), Gabriel Iván Mercado (6/2), Nicolás Hernán Gonzalo Otamendi (33/1), Faustino Marcos Alberto Rojo (45/2), Ramiro José Funes Mori (8/0), Javier Alejandro Mascherano (125/3), Augusto Matías Fernández (13/1), Ángel Fabián Di María Hernández (74/17) [80.Érik Manuel Lamela (17/1)], Osvaldo Nicolás Fabián Gaitán (14/2) [87.Claudio Matías Kranevitter (5/0)], Éver Maximiliano David Banega (42/4), Gonzalo Gerardo Higuaín (58/26) [74.Sergio Leonel Agüero del Castillo (73/32)]. Trainer: Gerardo Daniel Martino (24).
Goals: Ángel Fabián Di María Hernández (51), Éver Maximiliano David Banega (59).

10.06.2016, 45th Copa América, Group Stage
Soldier Field, Chicago (United States); Attendance: 53,885
Referee: Joel Antonio Aguilar Chicas (El Salvador)
ARGENTINA - PANAMA   **5-0(1-0)**
ARG: Sergio Germán Romero (75/0), Gabriel Iván Mercado (7/2), Nicolás Hernán Gonzalo Otamendi (34/2), Faustino Marcos Alberto Rojo (46/2), Ramiro José Funes Mori (9/0), Javier Alejandro Mascherano (126/3), Augusto Matías Fernández (14/1) [61.Lionel Andrés Messi (109/53)], Ángel Fabián Di María Hernández (75/17) [43.Érik Manuel Lamela (18/1)], Osvaldo Nicolás Fabián Gaitán (15/2), Éver Maximiliano David Banega (43/4), Gonzalo Gerardo Higuaín (59/26) [76.Sergio Leonel Agüero del Castillo (74/33)]. Trainer: Gerardo Daniel Martino (25).
Goals: Nicolás Hernán Gonzalo Otamendi (7), Lionel Andrés Messi (68, 78, 87), Sergio Leonel Agüero del Castillo (90).

14.06.2016, 45th Copa América, Group Stage
CenturyLink Field, Seattle (United States); Attendance: 45,753
Referee: Víctor Hugo Carrillo Casanova (Peru)
ARGENTINA - BOLIVIA   **3-0(3-0)**
ARG: Sergio Germán Romero (76/0), Facundo Sebastián Roncaglia (12/0), Nicolás Hernán Gonzalo Otamendi (35/2) [75.Jonathan Ramón Maidana (4/0)], Víctor Leandro Cuesta (2/1), Ramiro José Funes Mori (10/0), Éver Maximiliano David Banega (44/4) [46.Lucas Rodrigo Biglia (42/1)], Érik Manuel Lamela (19/2), Claudio Matías Kranevitter (6/0), Sergio Leonel Agüero del Castillo (75/33), Gonzalo Gerardo Higuaín (60/26) [46.Lionel Andrés Messi (110/53)], Ezequiel Iván Lavezzi (50/8). Trainer: Gerardo Daniel Martino (26).
Goals: Érik Manuel Lamela (13), Ezequiel Iván Lavezzi (15), Víctor Leandro Cuesta (32).

18.06.2016, 45th Copa América, Quarter-Finals
Gillette Stadium, Foxborough (United States); Attendance: 59,183
Referee: Roberto García Orozco (Mexico)
ARGENTINA – VENEZUELA   **4-1(2-0)**
ARG: Sergio Germán Romero (77/0), Gabriel Iván Mercado (8/2), Nicolás Hernán Gonzalo Otamendi (36/2), Faustino Marcos Alberto Rojo (47/2), Ramiro José Funes Mori (11/0), Javier Alejandro Mascherano (127/3), Augusto Matías Fernández (15/1), Osvaldo Nicolás Fabián Gaitán (16/2) [67.Érik Manuel Lamela (20/3)], Éver Maximiliano David Banega (45/4) [80.Lucas Rodrigo Biglia (43/1)], Lionel Andrés Messi (111/54), Gonzalo Gerardo Higuaín (61/28) [74.Sergio Leonel Agüero del Castillo (76/33)]. Trainer: Gerardo Daniel Martino (27).
Goals: Gonzalo Gerardo Higuaín (8, 28), Lionel Andrés Messi (60), Érik Manuel Lamela (71).

21.06.2016, 45th Copa América, Semi-Finals
NRG Stadium, Houston; Attendance: 70,858
Referee: Enrique Patricio Cáceres Villafañe (Paraguay)
UNITED STATES - ARGENTINA   **0-4(0-2)**
ARG: Sergio Germán Romero (78/0), Gabriel Iván Mercado (9/2), Nicolás Hernán Gonzalo Otamendi (37/2), Faustino Marcos Alberto Rojo (48/2) [84.Víctor Leandro Cuesta (3/1)], Ramiro José Funes Mori (12/0), Javier Alejandro Mascherano (128/3), Augusto Matías Fernández (16/1) [59.Lucas Rodrigo Biglia (44/1)], Éver Maximiliano David Banega (46/4), Lionel Andrés Messi (112/55), Gonzalo Gerardo Higuaín (62/30), Ezequiel Iván Lavezzi (51/9) [67.Érik Manuel Lamela (21/3)]. Trainer: Gerardo Daniel Martino (28).
Goals: Ezequiel Iván Lavezzi (3), Lionel Andrés Messi (32), Gonzalo Gerardo Higuaín (50, 86).

26.06.2016, 45th Copa América, Final
MetLife Stadium, East Rutherford (United States); Attendance: 82,026
Referee: Héber Roberto Lopes (Brazil)
ARGENTINA - CHILE **0-0; 2-4 on penalties**
ARG: Sergio Germán Romero (79/0), Gabriel Iván Mercado (10/2), Nicolás Hernán Gonzalo Otamendi (38/2), Faustino Marcos Alberto Rojo (49/2), Ramiro José Funes Mori (13/0), Javier Alejandro Mascherano (129/3), Lucas Rodrigo Biglia (45/1), Ángel Fabián Di María Hernández (76/17) [57.Claudio Matías Kranevitter (7/0)], Éver Maximiliano David Banega (47/4) [111.Érik Manuel Lamela (22/3)], Lionel Andrés Messi (113/55), Gonzalo Gerardo Higuaín (63/30) [70.Sergio Leonel Agüero del Castillo (77/33)]. Trainer: Gerardo Daniel Martino (29).
Penalties: Lionel Andrés Messi (missed), Javier Alejandro Mascherano, Sergio Leonel Agüero del Castillo, Lucas Rodrigo Biglia (saved).
Sent off: Faustino Marcos Alberto Rojo (43).

NATIONAL TEAM PLAYERS
2015/2016

Name [Club 2015/2016]	DOB	Caps	Goals
(Caps and goals at 15.07.2016)			
Goalkeepers			
Nahuel Ignacio GUZMÁN Palomeque [2015: CF Tigres de la UA de Nuevo León (MEX)]	10.02.1986	5	0
Sergio Germán ROMERO [2015/2016: Manchester United FC (ENG)]	22.02.1987	79	0
Defenders			
Milton Óscar CASCO [2015: CA Newell's Old Boys Rosario]	11.04.1988	2	0
Víctor Leandro CUESTA [2016: CA Independiente Avellaneda]	19.11.1988	3	1
Martín Gastón DEMICHELIS [2015/2016: Manchester City FC (ENG)]	20.12.1980	50	2
Ramiro José FUNES Mori [2015/2016: Everton FC Liverpool (ENG)]	05.03.1991	13	0
Ezequiel Marcelo GARAY González [2015: FK Zenit St. Petersburg (RUS)]	10.10.1986	32	0
Jonathan Ramón MAIDANA [2016: CA River Plate Buenos Aires]	29.07.1985	4	0
Emmanuel Matías MAS [2015: CA San Lorenzo de Almagro]	15.01.1989	4	0
Gabriel Iván MERCADO [2015/2016: CA River Plate Buenos Aires]	18.03.1987	10	2
Nicolás Hernán Gonzalo OTAMENDI [2015/2016: Manchester City FC (ENG)]	12.02.1988	38	2
Gino PERUZZI Lucchetti [2015: CA Boca Juniors Buenos Aires]	09.06.1992	5	0
Javier Horacio PINOLA [2016: CA Rosario Central]	24.02.1983	2	0
Javier Gonzalo RODRÍGUEZ Prado [2015/2016: ACF Fiorentina (ITA)]	04.10.1984	7	1
Faustino Marcos Alberto ROJO [2015/2016: Manchester United FC (ENG)]	20.03.1990	49	2
Facundo Sebastián RONCAGLIA [2015/2016: ACF Fiorentina (ITA)]	10.02.1987	12	0
Pablo Javier ZABALETA Girod [2015/2016: Manchester City FC (ENG)]	16.01.1985	54	0

Midfielders

Éver Maximiliano David BANEGA [2015/2016: Sevilla FC (ESP)]	29.06.1988	47	4
Lucas Rodrigo BIGLIA [2015/2016: SS Lazio Roma (ITA)]	30.01.1986	45	1
Ángel Fabián DI MARÍA Hernández [2015/2016: Paris Saint-Germain FC (FRA)]	14.02.1988	76	17
Augusto Matías FERNÁNDEZ [2015/2016: Club Atlético de Madrid (ESP)]	10.04.1986	16	1
Fernando Rubén GAGO [2015: CA Boca Juniors Buenos Aires]	10.04.1986	60	0
Osvaldo Nicolás Fabián GAITÁN [2015/2016: Sport Lisboa e Benfica (POR)]	23.02.1988	16	2
Claudio Matías KRANEVITTER [2015: CA River Plate Buenos Aires; 01.2016-> Club Atlético de Madrid (ESP)]	21.05.1993	7	0
Érik Manuel LAMELA [2015/2016: Tottenham Hotspur FC London (ENG)]	04.03.1992	22	3
Javier Alejandro MASCHERANO [2015/2016: FC Barcelona (ESP)]	08.06.1984	129	3
Javier Matías PASTORE [2015/2016: Paris Saint-Germain FC (FRA)]	20.06.1989	27	2
Roberto Maximiliano PEREYRA [2015/2016: Juventus FC Torino (ITA)]	07.01.1991	10	0
Enzo Nicolás PÉREZ Seguí [2015/2016: CF Valencia (ESP)]	22.06.1986	16	1

Forwards

Sergio Leonel AGÜERO Del Castillo [2015/2016: Manchester City FC (ENG)]	02.06.1988	77	33
Ángel Martín CORREA Martínez [2015 /2016: Club Atlético de Madrid (ESP)]	09.03.1995	4	1
Paulo Bruno Exequiel DYBALA [2015/2016: Juventus FC Torino (ITA)]	15.11.1993	3	0
Gonzalo Gerardo HIGUAÍN [2015/2016: SSC Napoli (ITA)]	10.12.1987	63	30
Ezequiel Iván LAVEZZI [2015: Paris Saint-Germain FC (FRA); 12.02.2016: Hebei China Fortune Qinhuangdao (CHN)]	03.05.1985	51	9
Lionel Andrés MESSI [2015/2016: FC Barcelona (ESP)]	24.06.1987	113	55
Carlos Alberto Martínez TÉVEZ [2015: CA Boca Juniors Buenos Aires]	05.02.1984	76	13

National coaches

Gerardo Daniel MARTINO	20.11.1962	29 M; 19 W; 7 D; 3 L; 66-18

BOLIVIA

The Country:
Estado Plurinacional de Bolivia (Plurinational State of Bolivia) Capital: Sucre Surface: 1,098,581 km² Inhabitants: 11,410,651 Time: UTC-4

The FA:
Federación Boliviana de Fútbol Av. Libertador Bolívar 1168, Cochabamba Year of Formation: 1925 Member of FIFA since: 1926 Member of CONMEBOL since: 1926 Internet: www.fbf.com.bo

NATIONAL TEAM RECORDS	
First international match:	12.10.1926, Santiago: Chile – Bolivia 7-1
Most international caps:	Marco Antonio Sandy Sansusty (1993-2003) – 93 caps
Most international goals:	Joaquín Botero Vaca – 20 goals (48 caps; 1999-2009)

OLYMPIC GAMES 1900-2012
None

FIFA CONFEDERATIONS CUP 1992-2013
1999

COPA AMÉRICA	
1916	Did not enter
1917	Did not enter
1919	Did not enter
1920	Did not enter
1921	Did not enter
1922	Did not enter
1923	Did not enter
1924	Did not enter
1925	Did not enter
1926	5th Place
1927	4th Place
1929	*Withdrew*
1935	*Withdrew*
1937	*Withdrew*
1939	*Withdrew*
1941	*Withdrew*
1942	*Withdrew*
1945	6th Place
1946	6th Place
1947	7th Place
1949	4th Place
1953	6th Place
1955	*Withdrew*
1956	*Withdrew*
1957	*Withdrew*
1959	7th Place
1959E	Withdrew
1963	**Winners**
1967	6th Place
1975	1st Round
1979	1st Round
1983	Group Stage
1987	Group Stage
1989	Group Stage
1991	Group Stage
1993	Group Stage
1995	Quarter-Finals
1997	Runners-up
1999	Group Stage
2001	Group Stage
2004	Group Stage
2007	Group Stage
2011	Group Stage
2015	Quarter-Finals
2016	Group Stage

FIFA WORLD CUP	
1930	Final Tournament (Group Stage)
1934	Did not enter
1938	Did not enter
1950	Final Tournament (Group Stage)
1954	Did not enter
1958	Did not enter
1962	Qualifiers
1966	Qualifiers
1970	Qualifiers
1974	Qualifiers
1978	Qualifiers
1982	Qualifiers
1986	Qualifiers
1990	Qualifiers
1994	Final Tournament (Group Stage)
1998	Qualifiers
2002	Qualifiers
2006	Qualifiers
2010	Qualifiers
2014	Qualifiers

PANAMERICAN GAMES	
1951	Did not enter
1955	Did not enter
1959	Did not enter
1963	Did not enter
1967	Did not enter
1971	Did not enter
1975	2nd Round
1979	Did not enter
1983	Did not enter
1987	Did not enter
1991	Did not enter
1995	Did not enter
1999	Did not enter
2003	Did not enter
2007	4th Place
2011	Did not enter

PANAMERICAN CHAMPIONSHIP	
1952	Did not enter
1956	Did not enter
1960	Did not enter

BOLIVIAN CLUB HONOURS IN SOUTH AMERICAN CLUB COMPETITIONS:

COPA LIBERTADORES 1960-2015
None

COPA SUDAMERICANA 2002-2015
None

RECOPA SUDAMERICANA 1989-2015
None

COPA CONMEBOL 1992-1999
None

SUPERCUP „JOÃO HAVELANGE" 1988-1997*
None

COPA MERCONORTE 1998-2001**
None

*Contested betwenn winners of all previous editions of the Copa Libertadores
**Contested between teams belonging countries from the northern part of South America (Bolivia, Colombia, Ecuador, Peru and Venezuela);

NATIONAL COMPETITIONS
TABLE OF HONOURS

NATIONAL CHAMPIONS 1914-2016	
La Paz League	
1914	Club The Strongest La Paz
1915	Colegio Militar La Paz
1916-1	Club The Strongest La Paz
1916-2	Club The Strongest La Paz
1917	Club The Strongest La Paz
1918	*No competition*
1919	*No competition*
1920	*No competition*
1921	*No competition*
1922	Club The Strongest La Paz
1923	Club The Strongest La Paz
1924	Club The Strongest La Paz
1925	Club The Strongest La Paz
1926	*No competition*
1927	Nimbles Sport La Paz
1928	Colegio Militar La Paz
1929	CD Universitario La Paz
1930	Club The Strongest La Paz
1931	Nimbles Sport La Paz
1932	Club Bolívar La Paz
1933	*No competition*
1934	*No competition*
1935	Club The Strongest La Paz
1936	Ayacucho La Paz
1937	Club Bolívar La Paz
1938	Club The Strongest La Paz

1939	Club Bolívar La Paz
1940	Club Bolívar La Paz
1941	Club Bolívar La Paz
1942	Club Bolívar La Paz
1943	Club The Strongest La Paz
1944	Deportivo Ferroviario de La Paz
1945	Club The Strongest La Paz
1946	Club The Strongest La Paz
1947	CD Lítoral La Paz
1948	CD Lítoral La Paz
1949	CD Lítoral La Paz
1950	Club Bolívar La Paz
1951	Club Always Ready La Paz
1952	Club The Strongest La Paz
1953	Club Bolívar La Paz
Torneo Integrado (La Paz & Cochabamba & Oruro)	
1954	CD Lítoral La Paz
1955	CS San José Oruro
1956	Club Bolívar La Paz
1957	Club Always Ready La Paz
Torneo Nacional / Copa Simón Bolívar*	
1958	Club Jorge Wilstermann Cochabamba
1959	Club Jorge Wilstermann Cochabamba
1960	Club Jorge Wilstermann Cochabamba
1961	Deportivo Municipal La Paz
1962	*No competition*
1963	Club Aurora Cochabamba
1964	Club The Strongest La Paz
1965	Deportivo Municipal La Paz
1966	Club Bolívar La Paz
1967	Club Jorge Wilstermann Cochabamba
1968	Club Bolívar La Paz
1969	CD Universitario La Paz
1970	CD Chaco Petrolero La Paz
1971	CD Oriente Petrolero Santa Cruz de la Sierra
1972	Club Jorge Wilstermann Cochabamba
1973	Club Jorge Wilstermann Cochabamba
1974	Club The Strongest La Paz
1975	CD Guabirá Montero
1976	Club Bolívar La Paz
Professional National League	
1977	Club The Strongest La Paz
1978	Club Bolívar La Paz
1979	CD Oriente Petrolero Santa Cruz de la Sierra
1980	Club Jorge Wilstermann Cochabamba
1981	Club Jorge Wilstermann Cochabamba
1982	Club Bolívar La Paz
1983	Club Bolívar La Paz
1984	CSCD Blooming Santa Cruz de la Sierra
1985	Club Bolívar La Paz
1986	Club The Strongest La Paz
1987	Club Bolívar La Paz

1988	Club Bolívar La Paz	
	CHAMPIONS	**CUP WINNERS****
1989	Club The Strongest La Paz	Escuela „Enrique Happ" Cochabamba
1990	CD Oriente Petrolero Santa Cruz de la Sierra	Club Universidad Santa Cruz
1991	Club Bolívar La Paz	Escuela „Enrique Happ" Cochabamba
1992	Club Bolívar La Paz	Escuela „Enrique Happ" Cochabamba
1993	Club The Strongest La Paz	Real Santa Cruz FC
1994	Club Bolívar La Paz	Club Stormers Sucre
1995	CD San José Oruro	Deportivo Municipal La Paz
1996	Club Bolívar La Paz	CSCD Blooming Santa Cruz de la Sierra
1997	Club Bolívar La Paz	Club Bamin Real Potosí
1998	CSCD Blooming Santa Cruz de la Sierra	Club Unión Central Tarija
1999	CSCD Blooming Santa Cruz de la Sierra	Atlético Pompeya
2000	Club Jorge Wilstermann Cochabamba	Club Universidad Iberoamericana
2001	CD Oriente Petrolero Santa Cruz de la Sierra	CD San José Oruro
2002	Club Bolívar La Paz	Club Aurora Cochabamba
2003	Ape: Club The Strongest La Paz	La Paz FC
	Cla: Club The Strongest La Paz	
2004	Ape: Club Bolívar La Paz	Club Destroyers Santa Cruz de la Sierra
	Cla: CD Oriente Petrolero Santa Cruz de la Sierra	
2005	TA: Club Bolívar La Paz	CD Universitario Sucre
	Ape: CSCD Blooming Santa Cruz de la Sierra	
2006	Ape: Club Bolívar La Paz	Municipal Real Mamoré Trinidad
	Cla: Club Jorge Wilstermann Cochabamba	
2007	Ape: Club Bamin Real Potosí	CD Guabirá Montero
	Cla: CD San José Oruro	
2008	Ape: CD Universitario Sucre	CA Nacional Potosí
	Cla: Club Aurora Cochabamba	
2009	Ape: Club Bolívar La Paz	CD Guabirá Montero
	Cla: CSCD Blooming Santa Cruz de la Sierra	
2010	Ape: Club Jorge Wilstermann Cochabamba	CA Nacional Potosí
	Cla: CD Oriente Petrolero Santa Cruz de la Sierra	
2011	TA Club Bolívar La Paz	-
2011/2012	Ape: Club The Strongest La Paz	No competition
	Cla: Club The Strongest La Paz	
2012/2013	Ape: Club The Strongest La Paz	No competition
	Cla: Club Bolívar La Paz	
2013/2014	Ape: Club The Strongest La Paz	No competition
	Cla: CD Universitario Sucre	
2014/2015	Ape: Club Bolívar La Paz	No competition
	Cla: Club Bolívar La Paz	
2015/2016	Ape: Sport Boys Warnes	No competition
	Cla: Club Jorge Wilstermann Cochabamba	

*between 1960 and 1976, the final play-offs for the Torneo Nacional was known as „Copa Simón Bolívar".
**The National Cup competition was reintroduced in 1989 as the Second League championship, whose winner were promoted to the First League.
In 2005 and 2011, the first half season was called „Torneo Adecuación".

		BEST GOALSCORERS	
1977		Jesús Reynaldo Hurtado (Club Bolívar La Paz)	28
1978		Jesús Reynaldo Hurtado (Club Bolívar La Paz)	39
1979		Raúl Horacio Baldessari (ARG, CSCD Blooming Santa Cruz de la Sierra)	31
1980		Juan Carlos Sánchez (ARG, CD Guabirá Montero)	21
1981		Juan Carlos Sánchez (ARG, CSCD Blooming Santa Cruz de la Sierra)	30
1982		Raúl Horacio Baldessari (ARG, CD Oriente Petrolero Santa Cruz de la Sierra)	25
1983		Juan Carlos Sánchez (ARG, CSCD Blooming Santa Cruz de la Sierra)	30
1984		Víctor Hugo Antelo (CD Oriente Petrolero Santa Cruz de la Sierra)	38
1985		Víctor Hugo Antelo (CD Oriente Petrolero Santa Cruz de la Sierra)	37
1986		Jesús Reynaldo Hurtado (Club The Strongest La Paz)	36
1987		Fernando Salinas (Club Bolívar La Paz)	28
1988		Fernando Salinas (Club Bolívar La Paz)	17
1989		Víctor Hugo Antelo (Real Santa Cruz FC)	22
1990		Juan Carlos Sánchez (ARG, CD San José Oruro)	20
1991		Carlos Da Silva (BRA, CD Oriente Petrolero Santa Cruz de la Sierra) Jorge Hirano Matsumoto (PER, Club Bolívar La Paz) Jasson Rodrigues (BRA, CD Chaco Petrolero La Paz)	19
1992		Álvaro Guillermo Peña (CD San José Oruro)	32
1993		Víctor Hugo Antelo (CD San José Oruro)	20
1994		Oscar Osmar González (ARG, Club Independiente Petrolero Sucre)	23
1995		Juan Berthy Suárez (CD Guabirá Montero)	29
1996		Sergio João (BRA, Club Stormers Sucre)	17
1997		Víctor Hugo Antelo (CSCD Blooming Santa Cruz de la Sierra)	24
1998		Víctor Hugo Antelo (CSCD Blooming Santa Cruz de la Sierra)	31
1999		Víctor Hugo Antelo (CSCD Blooming Santa Cruz de la Sierra)	31
2000		Daniel Alejandro Delfino (ARG, Club The Strongest La Paz)	28
2001		José Alfredo Castillo (CD Oriente Petrolero Santa Cruz de la Sierra)	42
2002		Joaquín Botero Vaca (Club Bolívar La Paz)	49
2003	Ape:	Thiago Leitão Polieri (Club Jorge Wilstermann Cochabamba)	19
	Cla:	Miguel Ángel Mercado Melgar (Club Bolívar La Paz)	18
2004	Ape:	José Martín Menacho Aguilera (Club Bamin Real Potosí)	15
	Cla:	Pablo Daniel Escobar Olivetti (PAR, CD San José Oruro)	17
2005	TA:	Rubén Darío Aguilera Ferreira (PAR, CD San José Oruro)	21
	Ape:	Juan Matías Fischer (ARG, Club Bolívar La Paz)	16
2006	Ape:	Cristino Alfredo Jara Mereles (Club Bamin Real Potosí)	16
	Cla:	Cristino Alfredo Jara Mereles (Club Bamin Real Potosí)	19
2007	Ape:	Hernán Boyero (ARG, CSCD Blooming Santa Cruz de la Sierra) Lizandro Moyano (ARG, CD San José Oruro)	12
	Cla:	Juan Alberto Maraude (ARG, Municipal Real Mamoré Trinidad)	14
2008	Ape:	Anderson Aparecido Gonzaga (BRA, CSCD Blooming Santa Cruz de la Sierra)	16
	Cla:	Hernán Boyero (ARG, CSCD Blooming Santa Cruz de la Sierra) Martín Adrian Palavicini López (CD San José Oruro)	6

2009	Ape:	William Ferreira Martínez (URU, Club Bolívar La Paz)	16
	Cla:	Cristián Omar Díaz (ARG, CD San José Oruro)	
		William Ferreira Martínez (URU, Club Bolívar La Paz)	
		Pastór Torrez (Club Bamin Real Potosí)	9
2010	Ape:	Cristián Omar Díaz (ARG, CD San José Oruro)	18
	Cla:	William Ferreira Martínez (URU, Club Bolívar La Paz)	14
2011	TA:	Juan Alberto Maraude (ARG, Municipal Real Mamoré Trinidad)	19
2011/2012	Ape:	William Ferreira Martínez (URU, Club Bolívar La Paz)	16
	Cla:	Carlos Enrique Saucedo Urgel (CD San José Oruro)	17
2012/2013	Ape:	Carlos Enrique Saucedo Urgel (CD San José Oruro)	24
	Cla:	William Ferreira Martínez (URU, Club Bolívar La Paz)	
		Juan Eduardo Fierro Ribera (CD Universitario Sucre)	17
2013/2014	Ape:	Carlos Enrique Saucedo Urgel (CD San José Oruro)	
		José Marcelo Gomes (BRA, CD San José Oruro)	16
	Cla:	Carlos Ariel Neumann (PAR, CD San José Oruro)	18
2014/2015	Ape:	Juan Miguel Callejón Bueno (ESP, Club Bolívar La Paz)	15
	Cla:	Martín Adrián Palavicini (ARG, CD Universitario Sucre)	13
2015/2016	Ape:	Martín Adrián Palavicini (ARG, CD Universitario Sucre)	19
	Cla:	Juan Leandro Vogliotti (ARG, Club Atlético Ciclón de Tarija)	12

NATIONAL CHAMPIONSHIP
Liga de Fútbol Profesional Boliviano
Primera División de Bolivia 2015/2016

Torneo Apertura 2015

Results

Round 1 [07-09.08.2015]
Oriente Petrolero - Club Bolívar 1-0(1-0)
Sport Boys Warnes - CA Petrolero 2-0(2-0)
Club The Strongest - CSCD Blooming 1-1(0-0)
Universitario Sucre - CD Ciclón 1-0(1-0)
Nacional Potosí - CD San José 1-0(0-0)
Jorge Wilstermann - Real Potosí 1-0(1-0)

Round 2 [15-16.08.2015]
Club Bolívar - Sport Boys Warnes 2-3(2-2)
CD San José - Oriente Petrolero 2-1(0-0)
CA Petrolero - Universitario Sucre 2-0(2-0)
CD Ciclón - Club The Strongest 1-3(0-1)
Nacional Potosí - Jorge Wilstermann 2-2(1-1)
CSCD Blooming - Real Potosí 2-1(1-1)

Round 3 [21-23.08.2015]
Club The Strongest - CA Petrolero 3-1(1-0)
Real Potosí - CD Ciclón 1-2(0-1)
Universitario Sucre - Club Bolívar 2-3(1-2)
CD San José - Sport Boys Warnes 0-1(0-0)
Jorge Wilstermann - CSCD Blooming 3-2(1-0)
Oriente Petrolero - Nacional Potosí 3-0(1-0)

Round 4 [26-27.08.2015]
CA Petrolero - Real Potosí 2-1(0-0)
Club Bolívar - Club The Strongest 0-2(0-0)
Nacional Potosí - Sport Boys Warnes 1-3(1-0)
CD Ciclón - CSCD Blooming 4-2(2-0)
Jorge Wilstermann - Oriente Petrolero 0-0
CD San José - Universitario Sucre 2-4(1-3)

Round 5 [30.08.2015]
Universitario Sucre - Nacional Potosí 3-2(1-2)
Sport Boys Warnes - Oriente Petrolero 2-0(2-0)
Club Bolívar - Real Potosí 3-2(2-2)
Jorge Wilstermann - CD Ciclón 2-0(0-0)
Club The Strongest - CD San José 1-1(1-1)
CSCD Blooming - CA Petrolero 0-1(0-1)

Round 6 [05-09.09.2015]
CA Petrolero - CD Ciclón 2-3(1-0)
Sport Boys Warn. - Jorge Wilstermann 1-1(0-0)
CD San José - Real Potosí 3-3(2-1)
Nacional Potosí - Club The Strongest 2-3(1-2)
Club Bolívar - CSCD Blooming 1-0(1-0)
Oriente Petrolero - Universitario Sucre 0-0

Round 7 [11-13.09.2015]
Jorge Wilstermann - CA Petrolero 1-1(1-0)
Sport Boys Warnes – Universit. Sucre 5-0(2-0)
CSCD Blooming - CD San José 2-1(1-1)
CD Ciclón - Club Bolívar 1-4(0-2)
Club The Strongest - Oriente Petrolero 6-1(2-0)
Real Potosí - Nacional Potosí 1-2(0-1)

Round 8 [17-20.09.2015]
Club Bolívar - CA Petrolero 4-0(1-0)
CD San José - CD Ciclón 1-1(1-0)
Universit. Sucre - Jorge Wilstermann 2-2(2-1)
Sport Boys Warnes - The Strongest 1-2(1-1)
CSCD Blooming - Nacional Potosí 3-2(2-0)
Oriente Petrolero - Real Potosí 6-1(3-1)

Round 9 [25-27.09.2015]
Real Potosí - Sport Boys Warnes 1-0(1-0)
CD Ciclón - Nacional Potosí 2-2(1-0)
CA Petrolero - CD San José 5-2(3-1)
Club The Strongest – Universit. Sucre 5-0(4-0)
Jorge Wilstermann - Club Bolívar 3-0(2-0)
CSCD Blooming - Oriente Petrolero 1-1(0-0)

Round 10 [16-18.10.2015]
Nacional Potosí - CA Petrolero 4-0(2-0)
Sport Boys Warnes - CSCD Blooming 1-1(0-0)
CD San José - Club Bolívar 1-3(0-3)
Universitario Sucre - Real Potosí 5-0(2-0)
The Strongest - Jorge Wilstermann 1-2(1-1)
Oriente Petrolero - CD Ciclón 1-1(0-1)

Round 11 [21-22.10.2015]
CA Petrolero – Ori. Petrolero 0-1(0-0) [11.10.]
Real Potosí - Club The Strongest 1-2(0-1)
Club Bolívar - Nacional Potosí 6-3(2-2)
CD Ciclón - Sport Boys Warnes 1-2(0-1)
Jorge Wilstermann - CD San José 1-1(1-0)
CSCD Blooming - Universitario Sucre 2-2(1-1)

Round 12 [24-26.10.2015]
CD San José - Nacional Potosí 3-2(1-2)
CD Ciclón - Universitario Sucre 0-2(0-2)
CA Petrolero - Sport Boys Warnes 0-1(0-0)
CSCD Blooming - Club The Strongest 1-0(1-0)
Real Potosí - Jorge Wilstermann 2-0(1-0)
Club Bolívar - Oriente Petrolero 2-0(0-0)

Round 13 [28-29.10.2015]
Jorge Wilstermann - Nacional Potosí 4-3(1-2)
Universitario Sucre - CA Petrolero 3-0(3-0)
Club The Strongest - CD Ciclón 2-1(1-0)
Real Potosí - CSCD Blooming 2-1(0-0)
Sport Boys Warnes - Club Bolívar 4-1(2-1)
Oriente Petrolero - CD San José 0-0 [02.12.]

Round 14 [31.10.-01.11.2015]
CA Petrolero - Club The Strongest 2-1(0-1)
Nacional Potosí - Oriente Petrolero 1-1(0-0)
CD Ciclón - Real Potosí 2-0(1-0)
Sport Boys Warnes - CD San José 2-1(1-0)
Club Bolívar - Universitario Sucre 5-2(2-2)
CSCD Blooming - Jorge Wilstermann 3-1(1-0)

Round 15 [20-22.11.2015]
Sport Boys Warnes - Nacional Potosí 1-0(0-0)
Universitario Sucre - CD San José 1-0(0-0)
Oriente Petrolero - Jorge Wilstermann 2-1(0-1)
Real Potosí - CA Petrolero 2-1(0-1)
Club The Strongest - Club Bolívar 2-3(1-1)
CSCD Blooming - CD Ciclón 2-3(2-2)

Round 16 [24-26.11.2015]
Nacional Potosí – Univ. Sucre 2-2(2-1) [15.11.]
Oriente Petrolero - Sport Boys Warnes 1-0(0-0)
CD Ciclón - Jorge Wilstermann 2-0(2-0)
CA Petrolero - CSCD Blooming 1-1(1-0)
CD San José - Club The Strongest 1-1(0-0)
Real Potosí - Club Bolívar 2-5(1-1)

Round 17 [28-29.11.2015]
Jorge Wilstermann - Sport Boys Warn. 2-0(0-0)
Real Potosí - CD San José 1-3(1-1)
Universitario Sucre - Oriente Petrolero 3-2(2-2)
CD Ciclón - CA Petrolero 1-0(0-0)
CSCD Blooming - Club Bolívar 2-2(1-0)
Club The Strongest - Nacional Potosí 4-2(3-0)

Round 18 [05-06.12.2015]
CD San José - CSCD Blooming 2-0(1-0)
CA Petrolero - Jorge Wilstermann 1-1(1-1)
Nacional Potosí - Real Potosí 2-1(0-0)
Club Bolívar - CD Ciclón 0-1(0-0)
Oriente Petrolero - Club The Strongest 1-1(1-0)
Universit. Sucre - Sport Boys Warnes 1-1(0-0)

Round 19 [09-10.12.2015]
CA Petrolero - Club Bolívar 0-1(0-0)
Real Potosí - Oriente Petrolero 6-1(4-0)
Jorge Wilstermann – Universit. Sucre 4-4(2-2)
Nacional Potosí - CSCD Blooming 1-1(1-1)
CD Ciclón - CD San José 3-1(2-1)
The Strongest - Sport Boys Warnes 1-2(1-0)

Round 20 [13-14.12.2015]
CD San José - CA Petrolero 1-0(0-0)
Club Bolívar - Jorge Wilstermann 2-0(1-0)
Nacional Potosí - CD Ciclón 3-1(1-0)
Universit. Sucre - Club The Strongest 0-2(0-1)
Oriente Petrolero - CSCD Blooming 4-2(3-0)
Sport Boys Warnes - Real Potosí 1-0(1-0)

Round 21 [16-17.12.2015]
CA Petrolero - Nacional Potosí 1-1(1-1)
CD Ciclón - Oriente Petrolero 1-4(1-1)
CSCD Blooming - Sport Boys Warnes 1-0(1-0)
Jorge Wilstermann - The Strongest 1-1(0-0)
Real Potosí - Universitario Sucre 2-3(1-0)
Club Bolívar - CD San José 2-5(0-1)

Round 22 [19-20.12.2015]
Oriente Petrolero - CA Petrolero 1-0(1-0)
Club The Strongest - Real Potosí 1-1(0-0)
Nacional Potosí - Club Bolívar 0-3(0-2)
CD San José - Jorge Wilstermann 0-2(0-1)
Universitario Sucre - CSCD Blooming 4-2(0-1)
Sport Boys Warnes - CD Ciclón 3-0(0-0)

Final Standings

1.	**Sport Boys Warnes**	22	14	3	5	33	-	17	45
2.	Club Bolívar La Paz	22	14	1	7	49	-	39	43
3.	Club The Strongest La Paz	22	11	6	5	45	-	26	39
4.	CD Universitario Sucre	22	10	6	6	44	-	43	36
5.	CD Oriente Petrolero Santa Cruz de la Sierra	22	9	7	6	32	-	30	34
6.	CD Jorge Wilsterman Cochabamba	22	8	9	5	34	-	30	33
7.	Club Atlético Ciclón de Tarija	22	9	3	10	31	-	38	30
8.	CSCD Blooming Santa Cruz de la Sierra	22	6	7	9	31	-	37	25
9.	CD San José Oruro	22	6	6	10	30	-	36	24
10.	Club Atlético Nacional Potosí	22	5	6	11	38	-	48	21
11.	CD Petrolero del Gran Chaco Yacuiba	22	5	4	13	20	-	35	19
12.	Club Bamin Real Potosí	22	5	2	15	31	-	48	17

Top goalscorers:
19 goals: **Martín Adrián Palavicini (ARG)**   **(CD Universitario Sucre)**
13 goals: Juan Miguel Callejón Bueno "Juanmi" (ESP)   (Club Bolívar La Paz)
12 goals: Sergio Oscar Almirón (ARG)   (CD Oriente Petrolero Santa Cruz)
              Gilbert Álvarez Vargas   (Club Bamin Real Potosí)

Torneo Clausura 2016

Results

Round 1 [22-24.01.2016]
Universitario Sucre - Real Potosí 4-2(2-1)
CD San José - Sport Boys Warnes 1-1(0-1)
CD Ciclón - CA Petrolero 2-2(0-1)
Club Bolívar - Oriente Petrolero 1-0(0-0)
Nacional Potosí - Jorge Wilstermann 0-1(0-0)
CSCD Blooming - Club The Strongest 1-0(0-0)

Round 2 [27-28.01.2016]
Real Potosí - CD Ciclón 4-0(2-0)
Oriente Petrolero - Universitario Sucre 1-1(0-0)
Sport Boys Warnes - Nacional Potosí 3-1(1-1)
CD San José - Club Bolívar 2-0(1-0)
Jorge Wilstermann - CSCD Blooming 1-0(0-0)
Club The Strongest - CA Petrolero 2-0(1-0)

Round 3 [31.01.-01.02.2016]
CD Ciclón - CD San José 1-0(1-0)
Jorge Wilstermann - Club Bolívar 2-2(0-0)
CA Petrolero - CSCD Blooming 2-0(2-0)
Real Potosí - Nacional Potosí 1-2(1-1)
Oriente Petrolero - Sport Boys Warnes 1-1(1-1)
Club The Strongest – Universit. Sucre 1-0(1-0)

Round 4 [03-06.02.2016]
Sport Boys Warn. - Jorge Wilstermann 1-1(1-1)
Club Bolívar - Real Potosí 2-0(1-0)
Universitario Sucre - CA Petrolero 1-1(1-0)
CSCD Blooming - CD Ciclón 2-0(1-0)
Nacional Potosí - Club The Strongest 2-1(0-0)
CD San José – Or. Petrolero 0-3(0-1) [23.02.]

Round 5 [13-14.02.2016]
Sport Boys Warnes - Real Potosí 4-0(2-0)
CD Ciclón - Universitario Sucre 4-1(2-1)
CA Petrolero - Nacional Potosí 3-1(2-1)
CSCD Blooming - CD San José 2-1(1-0)
Club The Strongest - Club Bolívar 2-2(2-0)
Jorge Wilstermann - Oriente Petrolero 1-1(1-1)

Round 6 [17-19.02.2016]
CD San José - Jorge Wilstermann 1-3(1-2)
Universitario Sucre - CSCD Blooming 2-0(1-0)
Club Bolívar - CA Petrolero 2-0(1-0)
Nacional Potosí - CD Ciclón 4-2(2-1)
Real Potosí - Oriente Petrolero 3-1(1-0)
Sp. B. Warnes - The Strongest 1-1(0-1) [09.03.]

Round 7 [26-28.02.2016]
CSCD Blooming - Nacional Potosí 1-2(0-1)
CA Petrolero - Sport Boys Warnes 1-0(1-0)
Club The Strongest - Oriente Petrolero 0-0
CD Ciclón - Club Bolívar 2-1(0-1)
Universitario Sucre - CD San José 1-2(0-0)
Real Potosí - Jorge Wilstermann 0-2(0-2)

Round 8 [04-06.03.2016]
Oriente Petrolero - CA Petrolero 1-1(0-1)
Sport Boys Warnes - CD Ciclón 1-0(0-0)
Nacional Potosí - Universitario Sucre 0-1(0-1)
CD San José - Real Potosí 2-3(2-3)
Club Bolívar - CSCD Blooming 3-1(1-0)
Jorge Wilstermann - The Strongest 1-0(0-0)

Round 9 [12-13.03.2016]
CD Ciclón - Oriente Petrolero 1-2(0-1)
Nacional Potosí - CD San José 1-1(0-1)
CA Petrolero - Jorge Wilstermann 4-1(1-0)
Club The Strongest - Real Potosí 3-1(2-0)
Universitario Sucre - Club Bolívar 1-1(0-1)
CSCD Blooming - Sport Boys Warnes 2-0(0-0)

Round 10 [01-03.04.2016]
Jorge Wilstermann - CD Ciclón 4-3(2-2)
Sport Boys Warnes - Universitario Sucre 0-0
Club Bolívar - Nacional Potosí 1-1(0-0)
CD San José - Club The Strongest 3-2(0-1)
Real Potosí - CA Petrolero 1-2(1-1)
Oriente Petrolero - CSCD Blooming 0-2(0-1)

Round 11 [09-10.04.2016]
CA Petrolero - Club The Strongest 0-1(0-1)
Nacional Potosí - Sport Boys Warnes 4-1(3-0)
CD Ciclón - Real Potosí 2-0(1-0)
Universitario Sucre - Oriente Petrolero 2-1(1-0)
Club Bolívar - CD San José 1-2(0-1)
CSCD Blooming - Jorge Wilstermann 1-3(0-1)

Round 12 [16-17.04.2016]
Real Potosí - CSCD Blooming 4-0(3-0)
Oriente Petrolero - Nacional Potosí 2-1(0-0)
CD San José - CA Petrolero 3-0(2-0)
Club The Strongest - CD Ciclón 4-2(2-0)
Jorge Wilstermann – Universit. Sucre 2-1(0-0)
Sport Boys Warnes - Club Bolívar 1-1(0-1)

Round 13 [20-21.04.2016]
The Strongest - Blooming 3-2(3-1) [23.02.]
Ori. Petrolero - Club Bolívar 3-2(2-0) [16.04.]
CA Petrolero - CD Ciclón 4-1(2-1)
Jorge Wilstermann - Nacional Potosí 2-1(2-0)
Sport Boys Warnes - CD San José 2-2(2-1)
Real Potosí - Universitario Sucre 1-4(1-2)

Round 14 [23-24.04.2016]
CSCD Blooming - CA Petrolero 4-0(2-0)
Nacional Potosí - Real Potosí 0-1(0-0)
CD San José - CD Ciclón 5-2(3-1)
Sport Boys Warnes - Oriente Petrolero 1-1(1-1)
Club Bolívar - Jorge Wilstermann 0-2(0-0)
Universit. Sucre - Club The Strongest 2-0(0-0)

Round 15 [27-28.04.2016]
CD Ciclón - CSCD Blooming 3-3(1-0)
Jorge Wilstermann – Sp. Boys Warnes 3-0(1-0)
Oriente Petrolero - CD San José 1-0(0-0)
Real Potosí - Club Bolívar 0-0
CA Petrolero - Universitario Sucre 2-2(1-0)
Club The Strongest - Nacional Potosí 2-1(2-0)

Round 16 [30.04.-01.05.2016]
CD San José - CSCD Blooming 0-0
Real Potosí - Sport Boys Warnes 0-0
Nacional Potosí - CA Petrolero 4-2(2-1)
Universitario Sucre - CD Ciclón 3-0(3-0)
Club Bolívar - Club The Strongest 1-1(0-0)
Oriente Petrolero - Jorge Wilstermann 1-0(0-0)

Round 17 [04-05.05.2016]
CD Ciclón - Nacional Potosí 1-2(0-1)
CSCD Blooming - Universitario Sucre 1-1(0-1)
Jorge Wilstermann - CD San José 2-2(1-0)
CA Petrolero - Club Bolívar 4-1(1-1)
Oriente Petrolero - Real Potosí 2-0(1-0)
The Strongest - Sport Boys Warnes 4-0(2-0)

Round 18 [07-08.05.2016]
CD San José - Universitario Sucre 1-1(0-0)
Nacional Potosí - CSCD Blooming 2-0(0-0)
Jorge Wilstermann - Real Potosí 4-3(3-2)
Sport Boys Warnes - CA Petrolero 1-0(0-0)
Club Bolívar - CD Ciclón 2-0(1-0)
Oriente Petrolero - Club The Strongest 0-1(0-0)

Round 19 [11-12.05.2016]
CA Petrolero - Oriente Petrolero 1-3(0-0)
CSCD Blooming - Club Bolívar 1-2(0-1)
Real Potosí - CD San José 2-1(1-0)
CD Ciclón - Sport Boys Warnes 1-0(0-0)
The Strongest - Jorge Wilstermann 2-0(0-0)
Universitario Sucre - Nacional Potosí 3-3(1-1)

Round 20 [14-15.05.2016]
CA Petrolero - Real Potosí 2-0(2-0)
CD Ciclón - Jorge Wilstermann 1-2(1-0)
Nacional Potosí - Club Bolívar 3-2(2-0)
Universit. Sucre - Sport Boys Warnes 2-0(0-0)
Club The Strongest - CD San José 4-1(3-0)
CSCD Blooming - Oriente Petrolero 1-1(0-1)

Round 21 [19-22.05.2016]
Club Bolívar - Universitario Sucre 1-1(0-0)
Jorge Wilstermann - CA Petrolero 0-0
Oriente Petrolero - CD Ciclón 3-0(2-0)
Real Potosí - Club The Strongest 2-2(2-0)
CD San José - Nacional Potosí 0-0
Sport Boys Warnes - CSCD Blooming 1-0(0-0)

Round 22 [25.05.2016]
CSCD Blooming - Real Potosí 2-3(1-1)
CD Ciclón - Club The Strongest 2-0(1-0)
Nacional Potosí - Oriente Petrolero 3-1(1-0)
CA Petrolero - CD San José 2-0(1-0)
Universit. Sucre - Jorge Wilstermann 4-2(2-1)
Club Bolívar - Sport Boys Warnes 0-1(0-0)

Final Standings								
1. CD Jorge Wilsterman Cochabamba	22	13	5	4	39	-	28	44
2. Club The Strongest La Paz	22	11	5	6	36	-	24	38
3. CD Universitario Sucre	22	10	9	4	38	-	26	36
4. Club Atlético Nacional Potosí	22	10	4	8	38	-	32	34
5. CD Oriente Petrolero Santa Cruz de la Sierra	22	9	7	6	29	-	23	34
6. CD Petrolero del Gran Chaco Yacuiba	22	9	5	8	33	-	31	32
7. Club Bolívar La Paz	22	6	8	8	28	-	30	26
8. CD San José Oruro	22	6	7	9	30	-	34	25
9. Sport Boys Warnes	22	5	10	7	20	-	27	25
10. Club Bamin Real Potosí	22	7	3	12	31	-	41	24
11. CSCD Blooming Santa Cruz de la Sierra	22	6	5	11	27	-	34	23
12. Club Atlético Ciclón de Tarija	22	6	2	14	30	-	49	20

Top goalscorers:
12 goals: **Juan Leandro Vogliotti (ARG)** **(Club Atlético Ciclón de Tarija)**
10 goals: Martín Adrián Palavicini (ARG) (CD Universitario Sucre)
Marcelo Raúl Bergese (ARG) (CD Jorge Wilsterman Cochabamba)

Aggregate Table 2015/2016								
1. Club The Strongest La Paz	44	22	11	11	81	-	50	77
2. CD Jorge Wilsterman Cochabamba	44	21	14	9	73	-	58	77
3. CD Universitario Sucre	44	19	15	10	82	-	69	72
4. Sport Boys Warnes	44	19	13	12	53	-	44	70
5. Club Bolívar La Paz	44	20	9	15	80	-	66	69
6. CD Oriente Petrolero Santa Cruz de la Sierra	44	18	14	12	61	-	53	68
7. Club Atlético Nacional Potosí	44	15	10	19	76	-	80	55
8. CD Petrolero del Gran Chaco Yacuiba	44	14	9	21	53	-	66	51
9. Club Atlético Ciclón de Tarija	44	15	5	24	61	-	87	50
10. CD San José Oruro	44	12	13	19	60	-	70	49
11. CSCD Blooming Santa Cruz de la Sierra	44	12	12	20	58	-	71	48
12. Club Bamin Real Potosí	44	12	5	27	62	-	89	41

Club The Strongest La Paz, CD Jorge Wilsterman Cochabamba and Sport Boys Warnes qualified for the 2017 Copa Libertadores.

CD Universitario Sucre, Club Bolívar La Paz, CD Oriente Petrolero Santa Cruz de la Sierra and Club Atlético Nacional Potosí qualified for the 2017 Copa Sudamericana.

Relegation Table

The team which will be relegated is determined on average points taking into account results of the last two seasons (Apertura & Clausura 2014/2015, Apertura & Clausura 2015/2016).

Pos	Team	Ape & Cla 2014/2015 P	Ape & Cla 2015/2016 P	Total P	M	Aver
1.	Club Bolívar La Paz	92	69	161	88	1,830
2.	Club The Strongest La Paz	79	77	156	88	1,772
3.	CD Jorge Wilsterman Cochabamba	73	77	150	88	1,705
4.	CD Oriente Petrolero Santa Cruz de la Sierra	76	68	144	88	1,636
5.	CD Universitario Sucre	53	72	125	88	1,420
6.	CSCD Blooming Santa Cruz de la Sierra	66	48	114	88	1,296
7.	CD San José Oruro	61	49	110	88	1,250
8.	Sport Boys Warnes	38	70	108	88	1,227
9.	Club Bamin Real Potosí	63	41	104	88	1,181
10.	Club Atlético Nacional Potosí	49	55	104	88	1,181
11.	CD Petrolero del Gran Chaco Yacuiba (*Relegation Play-Off*)	52	51	103	88	1,170
12.	Club Atlético Ciclón de Tarija (*Relegated*)	–	50	50	44	1,136

Promotion/Relegation Play-Offs (01-05.06.2016)

CD Petrolero del Gran Chaco Yacuiba - Universitario del Beni Trinidad   3-1(3-0)
Universitario del Beni Trinidad - CD Petrolero del Gran Chaco Yacuiba   0-3(0-1)
CD Petrolero del Gran Chaco Yacuiba retain its place in the next season's first level.

THE CLUBS 2015/2016

CLUB SOCIAL, CULTURAL Y DEPORTIVO BLOOMING
SANTA CRUZ DE LA SIERRA

Foundation date: May 1, 1946
Address: Monseñor Santistevan 144, Santa Cruz
Stadium: Estadio „Ramón "Tahuichi" Aguilera", Santa Cruz de la Sierra – Capacity: 40,000

THE SQUAD

	DOB	Ape M	Ape G	Cla M	Cla G
Goalkeepers:					
Jorge Araúz	15.03.1995	12	-	1	-
Rubén Cordano Justiniano	16.10.1998	-	-		
Hugo Súarez Vaca	07.02.1982	7	-	15	-
Marco Daniel Vaca Vélez	10.03.1990	4	-	7	-
Defenders:					
Lorgio Álvarez Roca	29.06.1978			12	-
Marcos Ramón Acosta Pera (PAR)	07.10.1987	6	1		
Oscar Añez Urachianta	23.07.1990	6	-	8	-
Rodrigo Cabrera		-	-	-	-
Cristhian Michael Coimbra Arias	31.12.1988	10	-	18	-
Marcos Fernando De Lima				1	-
Miguel Ángel Hurtado Suárez	04.07.1985	19	-	21	1
Ronald Renato Huth Manzur (PAR)	05.10.1989	16	-		
Facundo Talín (ARG)	25.07.1987			4	-
Carlos Hugo Tordoya Pizarro	31.07.1987	15	1	16	-
Midfielders:					
Jenry Alaca Maconde	14.11.1986	20	-	14	-
Cristián Paul Arano	23.02.1995	14	1	5	-
José Maria Carrasco		-	-	1	-
José Luis Chávez Sánchez	18.05.1986	13	-	11	1
Nicolás Anibal Di Biase (ARG)	09.12.1988	12	1	17	2
Kevin Alan Farell Cuéllar	27.03.1996			2	-
Leandro Ferreira Pessoa (BRA)	15.07.1986	13	1	19	4
Mario Martínez Rubio (ESP)	25.03.1985	16	4		
Carlos Anderson Rey Salinas		-	-		
Anibal Andrés Rotundo Carneiro (URU)	31.01.1988			14	3
Roly Desiderio Sejas Muñoz	27.09.1978	17	1	14	-
José Miguel Serrano Justiniano	07.07.1998			-	-
Didi Torrico Camacho	18.05.1988	21	-	16	-
Joselito Vaca Velasco	12.08.1982	20	1	21	-
Forwards:					
Sergio Álvarez	14.11.1994	5	-	1	-
Hugo Christophe Bargas (ARG)	22.10.1986	11	6	18	6
José Bravo		1	-	1	-
Ronald Cuéllar Ortiz		-	-		
Limberg Gutiérrez Mariscal	19.11.1977			1	-
Pablo Antonio Salinas Menacho	07.08.1979	17	7	14	3
Carlos Enrique Saucedo Urgel	11.09.1979	12	6	16	4
Leonardo Vaca Gutiérrez	24.11.1995	18	2	15	2
Trainer:					
Erwin Sánchez Freking [01.01.-30.11.2015]	19.10.1969	17			
Raúl Gutiérrez Sagredo [04.12.- 08.12.2015]	08.01.1976	2			
Hernán Eduardo Boyero (ARG) [as of 09.12.2015]	30.12.1979	3		22	

CLUB BOLÍVAR LA PAZ

Foundation date: April 12, 1925
Address: Calle 17 de Obrajes, La Paz
Stadium: Estadio „Hernando Siles Zuazo", La Paz – Capacity: 42,000

THE SQUAD

	DOB	Ape M	Ape G	Cla M	Cla G
Goalkeepers:					
Romel Javier Quiñónez Suárez	25.06.1992	7	-	18	-
Javier Rojas Iguaro	14.01.1996	-	-		
Widen Rojas Jou	01.04.1993	3	-	-	-
Diego Zamora Roca	12.09.1993	12	-	4	-
Defenders:					
Óscar Junior Baldomar Roca	16.02.1996	12	3	5	-
Nelson David Cabrera Báez (PAR)	22.04.1983	19	-	18	-
Facundo Omar Cardozo (ARG)	06.04.1995			7	1
Óscar Padula Castro Rodríguez (URU)	28.11.1993			-	-
Ronald Eguino Segovia	20.02.1988	19	1	16	1
Nicolás Andrés Landa Medreno	27.01.1996	-	-	1	-
Edemir Rodríguez Mercado	21.10.1986	8	1	17	-
Luis Francisco Rodríguez Zegada	22.08.1994	3	-	9	-
Ricardo Hugo Sagardia Medrano	01.03.1995	1	-		
Juan Gabriel Valverde Rivera	24.06.1990	5	-	7	-
Midfielders:					
Jaime Darío Arrascaita Iriondo	02.09.1993	21	4	7	1
Danny Bryan Bejarano Yañez	03.01.1994			12	-
Daniel Alejandro Camacho Almanza	15.10.1998			1	
José Luis Sánchez Capdevila (ESP)	12.02.1981	16	3	14	-
Rudy Alejandro Cardozo Fernández	14.02.1990	19	3	19	2
Walter Alberto Flores Condarco	29.10.1978	19	-	10	-
Juan Miguel Callejón Bueno "Juanmi" (ESP)	11.02.1987	22	13	20	6
Leonel Justiniano Araúz	02.07.1992	4	-	10	-
Damián Emanuel Lizio (ARG)	30.06.1989	15	3		
Damir Miranda Mercado	06.10.1985	17	2	12	1
Ronaldo Monteiro Pedraza	11.01.1998			1	-
Hernán Luis Rodríguez	15.09.1996	-	-		
Erwin Mario Saavedra Flores	22.02.1996	20	2	18	1
Moisés Villarroel Angulo	07.09.1998			3	-
Forwards:					
Juan Carlos Arce Justiniano	10.04.1985	16	3	17	3
Iván Emilio Borghello (ARG)	21.01.1983			10	1
Gastón Andrés Javier Cellerino /ARG)	27.06.1986			16	4
William Ferreira Martínez (URU)	25.02.1983	13	6	13	7
Leandro Marcelo Maygua Ríos	12.09.1992	6	1	8	-
Ricardo Müller		-	-		
Carlos Vicente Tenorio Medina (ECU)	14.05.1979	21	7		
César Gerardo Yecerotte Soruco (ARG)	28.08.1988	3	-	4	-
Trainer:					
Eduardo Andred Villegas Camara [31.05.-31.12.2015]	29.03.1964	22			
Rubén Darío Insúa (ARG) [01.01.-25.04.2016]	17.04.1961			14	
Óscar Villegas Cámara [as of 27.04.2016]	15.04.1970			8	

CLUB ATLÉTICO CICLÓN DE TARIJA

Year of Formation: September 21, 1951
Address: *Not available*
Stadium: Estadio „IV Centenario", Tarija – Capacity: 15,000

THE SQUAD

	DOB	Ape M	G	Cla M	G
Goalkeepers:					
Pedro Domingo Galindo Suheiro	13.04.1995	20	-	20	-
Jorge Esteban Ruth Cruz	26.12.1982	2	-		
Javier Raúl Tejerina Sánchez	02.12.1993	-	-	2	-
Defenders:					
Juan Pablo Alemán Morales	04.05.1990	16	-	13	-
Paolo Mariano Arzabe		20	-	15	-
Diego Marcelo Blanco Vallejos	10.03.1988	21	1	18	-
Félix Candia Saucedo	20.02.1987	16	-	21	1
Gabriel Darío Díaz Valdiviezo (ARG)	02.07.1987	18	4	3	1
Sergio Daniel Garzón Garzón	16.02.1991	3	-	9	1
Junior Kevin Romay Sánchez	17.04.1994	6	-	2	-
Nelvin Solíz Escalante	03.11.1989	19	5	17	2
Midfielders:					
Maximiliano Gabriel Andrada (ARG)	05.10.1985	21	2	10	2
Nicolás Marcelo Canalis	25.07.1985	3	-	8	-
Gerardo Francisco Castellón López	04.06.1993	1	-	-	-
Edgar Marcelo Escalante Mojica	13.03.1986	21	2	19	2
David Osvaldo Medina Aguirre	06.08.1986	2	-	3	-
Álvaro Paniagua Pérez	29.12.1986	14	1	14	1
Carlos Eduardo Puña	25.02.1986	8	-	15	-
Miguel Alejandro Quiroga Castillo	15.09.1991	13	-	13	-
Mariano Adrián Ramírez (ARG)	25.04.1985	17	1	16	1
Cristhian Henry Valencia Choque		1	-	3	-
Wilber Cristhian Viluyo				3	-
Héctor Óscar Zuleta Quispe	19.06.1995	1	-	1	-
Forwards:					
Álvaro Edil Espindola Rivera	26.09.1993	7	-	8	1
Ignacio Martínez Vela	27.01.1993	9	-	18	4
Yeltsin Nery Ovando Guerrero		8	2	12	1
José Gabriel Ríos Banegas	20.03.1986	14	6	16	1
Héctor Ronaldo Sánchez		2	-	3	-
Juan Leandro Vogliotti (ARG)	11.04.1985	19	6	18	12
Trainer:					
Víctor Hugo Andrada Canalis [01.07.2015-21.04.2016]	25.12.1958	22		13	
Gonzalo Méndez [21-27.04.2016; Caretaker]				1	
Gustavo Luis Romanello (ARG) [as of 27.04.2016]	11.09.1972			8	

CLUB JORGE WILSTERMAN COCHABAMBA

Year of Formation: November 24, 1949
Address: Calle Ecuador 673, Cochabamba
Stadium: Estadio „Félix Capriles", Cochabamba – Capacity: 32,000

THE SQUAD

	DOB	Ape M	Ape G	Cla M	Cla G
Goalkeepers:					
Juan Pablo Foronda		-	-	-	-
Raúl Alejandro Olivares Gálvez (CHI)	17.04.1988	8	-	11	-
Gustavo Salvatierra García	16.03.1990	14	-	11	-
Defenders:					
Jorge Ignacio Cuéllar Rojas	29.04.1991	8	-	14	-
Enrique David Díaz Velázquez (URU)	04.09.1982	21	3	16	1
Brian Alejandro Hinojosa Pinto		4	-	1	-
Iván Enrique Huayhuata Romero	09.03.1989	16	-	16	1
Pablo Antonio Laredo Pardo				1	-
Omar Jesús Morales Paz	18.01.1988	18	6	21	3
Rolando Joel Oporto		-	-	-	-
Juan Sebastian Reyes Farell	1996	-	-	1	-
Amilcar Alvaro Sánchez Guzmán	23.01.1991	18	1	2	-
Isaiah Richard Scoggan				1	-
Christian Israel Vargas Claros	08.09.1983	11	-	18	-
Edward Mauro Zenteno Álvarez	05.12.1984	19	1	19	2
Midfielders:					
Juan Pablo Aponte Gutiérrez	18.05.1992	10	-	16	-
Pedro Mauricio Baldivieso Ferrufino	22.07.1996	6	-	2	1
Carlos Mauricio Bohórquez		-	-	-	-
José Fabricio Bustamante		-	-	1	1
Michael Fernando Castellón Escaler	16.04.1996	2	-	1	-
Cristhian Machado Pinto	20.06.1990	5	-	16	-
Carlos Daniel Pérez		-	-	-	-
Ezequiel Ramos				1	-
Gustavo Ariel Rodas (ARG)	16.01.1986			15	2
Fernando Javier Saucedo Pereyra	15.03.1990	16	-	14	-
Ronald Segovia Calzadilla	17.01.1985	12	-	5	-
Miguel Gerardo Suárez Savino	01.06.1993	10	-	16	-
Antonio Thomaz Santos de Barros (BRA)	27.01.1986	18	5	16	4
Forwards:					
Marcelo Ramón Bergese (ARG)	30.04.1985	21	5	21	10
Óscar Alberto Díaz Acosta	22.10.1985	14	2	21	7
Luis Enrique Heredia López		-	-	-	-
Imanol Iriberri (ARG)	04.03.1987	21	9		
Marcos Emiliano Pirchio (ARG)	25.01.1986			15	2
Félix Quero López (ESP)	07.09.1982	17	1		
Edivaldo Rojas Hermoza	17.11.1985	16	1	14	5
Trainer:					
Juan Manuel Llop (ARG) [01.01.-26.11.2015]	01.06.1963	16			
Norberto Jesús Kekes (ARG) [27.11.-31.12.2015]		6			
Julio Alberto Zamora Ureña (ARG) [as of 01.01.2016]	11.03.1966			22	

CLUB ATLÉTICO NACIONAL POTOSÍ

Foundation date: March 24, 1942
Address: Pasaje Bulevar Edificio Potosi no.2425
Stadium: Estadio „Víctor Agustín Ugarte", Potosí – Capacity: 30,000

THE SQUAD

	DOB	Ape M G	Cla M G
Goalkeepers:			
Jon Andoni Azpillaga Fraile (ESP)	12.08.1992		8 -
Luis Rodrigo Banegas	1995	4 -	- -
Yadin Salazar Caballero	26.03.1982	9 -	14 -
Tobías Antonio Vargas Insfrán (PAR)	21.08.1987	9 -	
Defenders:			
Bidari García de Cortázar Mejías (ESP)	27.09.1989		21 1
Eliseo Isaias Dury Gómez	16.10.1990	21 1	21 1
Faustino Abraham García Justiniano	15.02.1984		1 -
Ignacio Awad García Justiniano	20.08.1986	21 2	20 7
Rony Jiménez Mendoza	12.04.1989	1 -	11 -
Javier Ignacio León Mira (ARG)	23.05.1982	5 -	
Luis Aníbal Torrico Valverde	14.09.1986	21 -	22 2
Ricardo Verduguez	27.08.1989	16 2	21 3
Midfielders:			
Bruno Pascua López (ESP)	21.01.1990		20 3
Ariel Valentín Choque			3 -
Rolando Elmer Choque Calisaya	23.05.1993	5 -	6 -
Jesús Ronald Gallegos Vera	06.09.1982	13 3	22 7
Osvaldo Hobecker García (PAR)	23.03.1984	19 1	
Andrés Fernando Irahola Zallez	01.11.1991	15 1	1 -
Olvis Justiniano Cuéllar	21.10.1988	11 -	8 -
Darwin Jesús Lora Vidaurre	10.07.1986	14 1	21 1
Luis Hernán Melgar Ortíz	22.02.1983	14 2	
Wilber Mendoza	03.03.1992	1 -	
Luis Fernando Pavia Mamani		1 -	
Darwin Peña Arce	08.08.1977	18 3	10 3
Juan Pablo Sánchez Chanevy	08.07.1982	11 1	4 -
Forwards:			
Cristián Ernesto Alessandrini (CHI)	27.05.1985	14 8	
Wilson Guzmán Arellano		1 -	
José Antonio Ayala Pacheco (PAR)	08.04.1992	- -	
Sebastian Yeri Molina Ribera	20.11.1990	4 -	
Sergio Alejandro Moruno Antezana	08.06.1993	5 -	- -
José Carlos Muñóz López	21.09.1994	17 2	15 1
Walter Humberto Rioja Ugarte	23.04.1986	13 -	14 -
Tommy Tobar Reyes (COL)	21.11.1986	22 10	20 8
Pastor Buenaventura Tórrez Quiróz	27.08.1990		20 1
Trainer:			
Miguel Ángel Zahzú (ARG) [26.02.-28.08.2015]		5	
David de la Torre (MEX) [29.08.-27.11.2015]		11	
Claudio Ángel Chacior (ARG) [28.11.-31.12.2015]	09.09.1968	6	
Juan Márquez Contreras (ESP) [01.01.-16.03.2016]			9
Edgardo Malvestiti (ARG) [as of 22.03.2016]			13

CLUB DEPORTIVO ORIENTE PETROLERO
SANTA CRUZ DE LA SIERRA

Foundation date: November 5, 1955
Address: Av. Monseñor Costas No.50 - Barrio San Antonio, Santa Cruz de la Sierra
Stadium: Estadio „Ramón 'Tahuichi' Aguilera", Santa Cruz de la Sierra – Capacity: 40,000

THE SQUAD

	DOB	Ape M	Ape G	Cla M	Cla G
Goalkeepers:					
Marcos Ariel Argüello (ARG)	28.07.1981	19	-	9	-
Juan David Pedraza Cuellar		1	-	-	-
Pedro Tomichá					
Jesús Vaca Diez		-	-	1	-
Guillermo Viscarra Bruckner	07.02.1993	3	-	13	-
Defenders:					
Joel Fernando Alba Justiniano		1	-		
Carlos Enrique Añez Oliva	06.07.1995	16	-	19	2
Marvin Orlando Bejarano Jiménez	06.03.1988	10	1	17	2
Mariano Sebastián Brau (ARG)	10.07.1982	21	1	13	-
Luis Fernando Haquin López				-	-
Alejandro Meleán Villarroel	16.07.1987	19	4	20	-
Luis Javier Méndez Moza	12.07.1985	-	-		
Ronny Fernando Montero Martínez	15.05.1991	2	-	-	-
Gustavo Olguin Mancilla	13.11.1994	2	-	1	-
Jorge Antonio Ortíz Ortíz	01.06.1984	19	-	12	-
Ronald Raldés Balcazar	20.04.1981	20	-	22	-
Hugo Fernando Souza Dias (URU)	28.01.1985			13	-
Midfielders:					
Joel Bejarano Azogue	21.03.1996	15	-	5	-
Brahian Égüez Flores		1	-		
Diego Josué Hoyos Carrillo	29.09.1992	-	-		
Erick Gabriel Iragua Párraga	30.11.1995			7	-
Pedro Luis Laserna Vargas		1	-	1	-
Mauro Darío Marrone (ARG)	23.06.1986	16	-		
Fabián Marcelo Mendieta		-	-		
Alan Jorge Mercado Berthalet		13	3	2	-
Gualberto Olmos Mojica	07.10.1984			18	1
Juan Alexis Ribera Castillo		-	-	3	-
Marcel Nicolás Román Núñez (URU)	07.02.1988			17	1
Emiliano Daniel Romero (ARG)	11.09.1985			13	1
Rubén de la Cuesta Vera "Rúben Cuesta" (ESP)	11.02.1981	17	-		
Thiago dos Santos Ferreira (BRA)	14.05.1984	10	1		
Mateo Henrique Zoch Méndez		5	-	10	-
Forwards:					
Carmelo Algarañaz Añez	27.01.1996	-	-		
Sergio Óscar Almirón (ARG)	20.09.1985	20	12	18	9
Pedro Jesús Azogue Rojas	06.12.1994	18	2	10	-
Alexis Alfredo Carrasco Sanguino	11.02.1995	1	-		
José Alfredo Castillo Parada	09.02.1983	10	-	14	6
José Luis Mendoza Amador	07.05.1994			-	-
Alcides Peña Jiménez	14.01.1989	21	6	18	5
Alberto Pinto Pérez	25.08.1995	4	-	12	-
Álvaro Pinto		2	-		
Mauricio Saucedo Guardia	14.08.1985	11	1	12	1
Rodrigo Mauricio Vargas Castillo	19.10.1994	10	1	7	1
Trainer:					
Roberto Fabián Pompei "Tito Pompei" (ARG) [01.07.-14.09.2015]	14.03.1970	6			
Francisco Xabier Azkargorta Uriarte (ESP) [15.09.2015-07.03.2016]	26.09.1953	16			8
Ángel Guillermo Hoyos (ARG) [as of 09.03.2016]	09.06.1963				14

CLUB ATLÉTICO PETROLERO DEL GRAN CHACO YACUIBA
Foundation date: September 4, 2000
Address: 27 de Mayo 1 entre Ballivian y Avaroa, Yacuiba
Stadium: Estadio Provincial de Yacuiba, Yacuiba – Capacity: 30,000

THE SQUAD

	DOB	Ape M	Ape G	Cla M	Cla G
Goalkeepers:					
Alex Arancibia Chávez	28.01.1990	14	-	-	-
Iván Alejandro Brun (ARG)	19.01.1984	6	-	22	-
Christian Chilo Rojas	12.03.1994	1	-		
Jorge Luis Flores Alcoba	13.12.1988	1	-	-	-
Defenders:					
Santos Amador Quispe	06.04.1982	1	-	3	-
Jesús Carlos Flores Vaca	10.04.1996	8	-	5	-
Luis Alejandro Flores Gumile	17.12.1994	9	-	10	-
Gerson Luis García Gálvez	24.04.1985	21	-	20	-
Luis Enrique Hurtado Badani	27.09.1993	14	1	20	2
Juan Camilo Ríos Arboleda (COL)	04.12.1987	19	2	17	2
Midfielders:					
Cristián Amador		-	-		
José Carlos Báez (PAR)		14	-	15	-
Rolando Barra Pinedo	10.03.1987	16	-	5	-
Paul Jorge Burton Salvatierra	25.06.1992	14	-	17	-
Iver Eduardo Castedo	25.07.1987	10	2		
Juan Carlos Figueroa	10.07.1985	7	-	-	-
Samuel Galindo Suheiro	18.04.1992	17	1	18	2
Aldo Vladimir Gallardo	07.10.1985	20	-	20	2
José María Méndez		20	2	19	4
Diego Gabriel Rivero Cortéz	16.06.1991	15	2	21	5
Jaime Robles Céspedes	02.02.1978			16	
Jesús Manuel Robles		2	-	-	-
Forwards:					
Carmelo Algarañaz Añez	27.01.1996			21	6
Jorge Céspedes Vargas	14.07.1990			3	-
Ángel Cuellar Tuero	24.06.1990	11	-	1	-
Víctor Alfonso Guazá Lucumí (COL)	16.08.1985	3	1		
Rogerio Inacio „Leilao" (BRA)	03.08.1980	14	2	10	-
Enzo Damián Maidana (ARG)	02.01.1990	17	7	6	3
Kevin Augusto Morales		11	-		
Jeison Arley Quiñónes Angulo (COL)	17.09.1986			16	7
Álvaro Daniel Quiroga				-	-
Diego Armando Rodríguez Campos	28.08.1993	20	-	20	-
Trainer:					
Celso Rafael Ayala Gavilán (PAR) [06.04.-04.12.2015]	20.08.1970	17			
Santos Amador Quispe [05.-31.12.2015; Caretaker]	06.04.1982	5			
Milton Maygua Herrera [as of 01.01.2016]	18.09.1970			22	

CLUB BAMIN REAL POTOSÍ

Foundation date: October 20, 1941
Address: Calle Final Bustillos s/n (Industrias Potosí), Potosí
Stadium: Estadio „Víctor Agustín Ugarte", Potosí – Capacity: 18,000

THE SQUAD

	DOB	Ape M	Ape G	Cla M	Cla G
Goalkeepers:					
Eder Jordán Pereyra	17.06.1985	7	-	16	-
Henry Williams Lapczyk Vera (PAR)	17.04.1978	15	1	6	-
José Osbaldo Nova Anhel	16.05.1994	-	-	1	-
Defenders:					
Limberg Álvarez				-	-
José Carlos Barba Paz	21.04.1985	17	1		
Claudio Rubén Centurión (PAR)	21.07.1983	12	-	18	-
Luis Miguel Garnica Chávez	27.08.1992	11	-	2	-
Dustin Maldonado Antelo	18.03.1990	20	-	22	3
Daniel Manjón Montero	19.02.1990			2	-
Carlos Enrique Mendoza Loayza	19.10.1992	6	-	20	1
Martín Horacio Pavez (ARG)	05.08.1988	8	-		
Pablo Elías Pedraza Bustos	10.03.1995	20	1	18	1
Hermán Solíz Salvatierra	14.07.1982			17	-
Midfielders:					
Jon Paulo Acchura Parraga	01.08.1993	8	1	13	-
Rodrigo Fabián Ávila Solíz	01.01.1995	10	2	15	1
Álvaro Miguel Berrios	19.05.1994	-	-	1	-
Federico Jesús Flores (ARG)	18.05.1992	14	3		
Dino Huallpa Mendoza	04.09.1988	10	-	14	-
Andrés Jiménez Pérez	08.07.1985			15	-
Brolin Jordán Pereira	20.08.1990			10	-
Miguel Oswaldo Loaiza Tardio	13.02.1983	10	-		
Eduardo Fabiano Ortíz Cuéllar	07.05.1980	1	-	14	-
Cristian Felipe Pulido Gálvez (COL)	20.07.1991	7	2		
Julio César Quispe				5	-
Juan Pablo Rioja	04.05.1988	-	-		
Erwin Junior Sánchez Paniagua	23.07.1992	12	2		
Diego Terrazas Pérez	23.02.1987	19	-	11	-
Jorge Leonardo Toco Arredondo	13.01.1992	18	1	13	1
Forwards:					
Gilbert Álvarez Vargas	07.04.1992	21	12	20	6
Diego Fernando Ardaya Serrate	09.04.1991			3	-
Aldair Jonathan Berrios Arana	30.07.1994	1	-	1	-
Carlos Daniel Hidalgo Cadena (COL)	25.04.1986	16	3		
José Leandro Padilla Abunter	21.01.1985	6	-		
Dennis Franklin Pinto Saavedra	25.09.1995	8	-	7	-
Leonardo Fabián Piris (ARG)	01.04.1990	6	-		
Antonio Raúl Rojano (ARG)	27.04.1991			18	9
Carlos Eduardo Vargas Menacho	26.02.1987	10	2	21	9
Juan Pablo Vargas				2	-
Pablo Zeballos Bejarano	13.02.1993	12	-	-	-
Trainer:					
Jose Alberto Rossi (ARG) [01.01.2015-03.09.2015]		5			
Richard Preza (URU) [07.09.-22.10.2015]		6			
Óscar Sanz (ARG) [23.10.2015-02.03.2016]	09.08.1957	11		7	
Jesús Leal [03.03.-06.03.2016; Caretaker]				1	
Julio César Toresani (ARG) [07.03.-22.04.2016]	05.12.1967			5	
Henry Williams Lapczyk Vera (PAR) [as of 22.04.2016]	17.04.1978			9	

208

CLUB DEPORTIVO SAN JOSÉ ORURO

Foundation date: March 19, 1942
Address: Caro entre 6 de Agosto y Potosi No. 448, Oruro
Stadium: Estadio „Jesús Bermúdez", Oruro – Capacity: 28,000

THE SQUAD

	DOB	Ape M	Ape G	Cla M	Cla G
Goalkeepers:					
Jesús Enrique Careaga Guzmán	09.05.1997	-	-		
Rubén Escobar Fernández (PAR)	06.02.1991	-	-		
Felipe Alexandre Januário Gomes (BRA)	06.12.1988	6	-	-	-
Juan Carlos Robles Rodríguez	25.01.1985	17	-	22	-
Harry Sebastián Zegarra		-	-		
Defenders:					
Jorge Miguel Ayala Quintana	27.11.1988	18	1	11	2
Douglas Rodolfo Ferrufino Rojas	18.12.1991	8	-	4	-
Miguel Ángel Hoyos Guzmán	11.03.1981	2	-	22	2
Ariel Juárez Montaño	23.06.1988	19	2	15	-
Enrique Javier Montesinos (ESP)	1995			13	-
Delio Ramón Ojeda Ferreira (PAR)	25.09.1985	21	-		
Maximiliano Iván Ortíz Cuello	11.10.1989	16	1		
Gonzalo Oviedo (ARG)	18.06.1990			5	-
Enrique Parada Salvatierra	04.11.1981	16	2	16	-
Diego Jhosimar Prado Tupa	29.06.1986	18	-	20	3
Daniel Nicoll Taboada Caballero	06.06.1990	1	-	18	-
Midfielders:					
Mijael Huanca Camacho	23.04.1993	2	-		
Werther Thiers Charles da Silva (BRA)	11.03.1984			13	3
Juan Carlos Morales		2	-		
Mario Alberto Ovando Padilla	10.11.1985	12	-	22	-
Mario Leonardi Parrado Alanez	05.10.1993	12	-	11	-
Roberto Paz Jiménez	19.02.1991			1	-
Ronald Puma Caballero	23.05.1980	18	4	8	-
Abdón Reyes Cardozo	15.10.1981	17	1	18	-
Edwin Rivera		10	-	9	-
Gianakis Suárez Tan Wing	26.09.1991	-	-		
Henrry Torrez		2	-		
Iván Gonzalo Vidaurre Mejía	02.02.1987	8	-	1	-
Forwards:					
Luis Alberto Alí Vega	17.04.1994	5	-	16	4
Augusto Andaveris Iriondo	05.05.1979	21	10	20	6
Héctor Ariel Calderón Llave	03.11.1992	14	3	5	1
Erlan Gastón Mealla Anachuri	03.09.1988			17	7
Abel Rodrigo Méndez (ARG)	27.10.1992	14	4		
Sergio García Mut (ESP)	20.01.1991			12	2
Gonzalo Eduardo Sebastián Rovira (ARG)	07.04.1988	2	-		
Nelson Sossa Chávez	14.03.1986	8	1		
Michael René Vera		-	-		
Marcelo Zamorano	02.06.1996	-	-		
Ivan Jamilton Adán Zerda (ARG)	17.11.1989	13	2	8	-
Trainer:					
Víctor Barrientos [01.07.-25.08.2015]		3			
Mario Rolando Ortega [as of 27.08.-19.10.2015]	12.09.1965	7			
José Freddy Cossio López [10.10.2015-19.02.2016]	01.03.1967	12			6
Marcos Rodolfo Ferrufino Estévez [as of 20.02.2016]	25.04.1963				16

CLUB SPORT BOYS WARNES

Year of Formation: August 17, 1954
Address: *Not available*
Stadium: Estadio „Samuel Vaca Jiménez", Warnes – Capacity: 18,000

THE SQUAD

	DOB	Ape M	Ape G	Cla M	Cla G
Goalkeepers:					
Carlos Emilio Lampe Porras	17.03.1987	22	-	17	-
Miguel Angel Mercado Mole	08.12.1988	-	-	-	-
Saidt Mustafá	11.09.1989	-	-	5	-
Defenders:					
Jordy Joan Candía Zeballos	20.04.1996	-	-	6	1
Enrique Corrales Martín (ESP)	01.03.1982	4	-		
Mario Alberto Cuéllar Saavedra	05.05.1989	17	-	12	2
Jeferson Lopes Faustino (BRA)	31.08.1988	14	-	17	1
Luis Javier Méndez Moza	12.07.1985			8	-
Alejandro Leonel Morales Pinedo	02.09.1988	21	2	20	-
Rosauro Rivero Céspedes	08.09.1982	21	-	21	1
Stalin Taborga Cortez	13.02.1994	-	-	1	-
Arnaldo Andrés Vera Chamorro (PAR)	22.01.1980	21	1	14	-
José Daniel Zabala Negrete	01.01.1993	-	-	-	-
Juan Carlos Zampiery Rivarola	28.09.1989	18	-	17	-
Midfielders:					
Yasmani Georges Duk Arandia	01.03.1988	14	5		
Guery Fernando García Gúzman	23.02.1989	10	-	16	-
Jesús Alejandro Gómez Lanza	18.07.1979	18	2	16	-
Helmut Enrique Gutiérrez Zapana	02.07.1987	20	7	17	3
Alfredo Pachi Saavedra	10.07.1995	-	-	1	-
Aldo Andrés Paniagua Benítez (PAR)	12.07.1989	17	4	22	1
Diego José Paz Frias		2	-		
Carlos Enrique Pinto Medina		1	-		
Diego José Paz Frias	13.03.1983	12	-		
Raúl Rodolfo Reque Balderrama	10.12.1993			3	-
Rolando Ribera Menacho	13.03.1983			9	-
Anthony David Tapia Gil (COL)	16.01.1987			6	-
Forwards:					
Anderson Aparecido Gonzaga Martins "Anderson Gonzaga" (BRA)	29.12.1983	12	1	12	-
Juan Carlos Galvis Claure	08.02.1987	15	1	14	1
Delfin Manrique Manrique	19.02.1990	-	-	2	-
Wilder Andres Medina Tamayo (COL)	21.02.1981	12	3	3	-
Marcos Emanuel Ovejero (ARG)	23.11.1986	20	9	14	7
Gustavo Pinedo Zabala	18.02.1988			11	-
Aldo Cesár Velasco Quiroga		12	1	16	3
Trainer:					
Carlos Fabián Leeb (ARG) [01.07.2015-06.04.2016]	18.07.1968	22		10	
Sergio Apaza [07-09.04.2016; Caretaker]	22.12.1955			1	
Eduardo Andred Villegas Camara [as of 10.04.2016]	29.03.1964			11	

CLUB THE STRONGEST LA PAZ

Foundation date: April 8, 1908
Address: Calle Colón No. 512 esq. Comercio, La Paz
Stadium: Estadio „Hernando Siles Zuazo", La Paz – Capacity: 42,000

THE SQUAD

	DOB	Ape M	Ape G	Cla M	Cla G
Goalkeepers:					
Gustavo Adolfo Fernández Pedraza	23.08.1986	-	-	-	-
José Feliciano Peñarrieta Flores	18.11.1989	1	-	2	-
Andrés Genaro Pinto				-	-
Daniel Vaca Tasca	11.03.1978	21	-	20	-
Defenders:					
Ramiro Daniel Ballivián	08.04.1992	20	3	16	1
Alexander Burgos				1	-
Abraham Cabrera Scarpin	20.02.1991	4	-	1	-
Brayan Chacón		2	-	1	-
David Rafael Checa Padilla	28.05.1993	3	-	8	-
Ernesto Rubén Cristaldo Santa Cruz (PAR)	16.03.1984	18	5	8	1
Sergio Gil Zabala	23.06.1994			1	-
Luis Eduardo Maldonado Presa (URU)	26.03.1985			16	-
Luis Fernando Marteli Dias (BRA)	08.02.1986	21	1	14	-
Paulo Henrique Moreira	03.11.1983	3	-		
Federico Hernán Pereyra (ARG)	04.01.1989	21	-	15	-
Jhonny Taquichiri				1	-
Ricardo Vaca Rojas	21.08.1994	1	-		
Walter Veizaga Argote	22.04.1986	14	-	18	-
Jhon Jairo Villegas		-	-	1	-
Midfielders:					
Diego Bejarano Ibañez	01.02.1988			14	3
Raúl Castro Peñaloza	19.08.1988	22	1	19	1
Alejandro Saúl Chumacero Bracamonte	22.04.1991	21	5	10	4
Daniel Coca Hurtado	19.02.1995	1	-	-	-
Leonardo Conde				1	-
Milton Valdir Figueredo				1	-
Daynor Flores				1	-
Richet Gómez				1	-
Denilson Gutiérrez	23.09.1998			1	-
Marcos Antonio León	22.10.1995	1	-		
Kevin Moisés Merubia				-	-
Jhon Jairo Otta Chory		1	-	1	-
Julio César Pérez Peredo	24.10.1991	7	-	10	1
Mariano Néstor Torres (ARG)	19.05.1987			11	-
Jair Torrico Camacho	02.08.1986	19	3	13	-
Forwards:					
Freddy Alessandro Abastoflór Molina	10.01.1993	7	-	1	-
Matías Damián Alonso Vallejo (URU)	16.04.1985			16	7
Daniel Andrés Chávez Betancourt	13.01.1990	17	-	2	-
Pablo Daniel Escobar Olivetti	12.07.1978	21	8	19	2
Rerian Percy Loza				1	-
Iván Mango				-	-
Carlos Ariel Neumann Torres (PAR)	03.01.1986	18	8	17	5
Gabriel Jesús Ortega				1	-
Rodrigo Luis Ramallo Cornejo	19.10.1990	21	11	18	3
Junior Raúl Salazar				1	-
Rodrigo Vargas Touchard	01.09.1989	5	-	12	5
Diego Horacio Wayar Cruz	15.10.1993	7	-	11	2
Trainer:					
Pablo Caballero Cáceres (PAR) [01.07.2015-08.02.2016]	25.06.1974	22		4	
Mauricio Ronald Soria Portillo [10.02.-18.04.2016]	10.06.1966			7	
Sergio Óscar Luna (ARG) [19-21.04.2016]				1	
César Alejandro Farías Acosta (VEN) [as of 21.04.2016]	07.03.1973			10	

CLUB DEPORTIVO UNIVERSITARIO
SAN FRANCISCO XAVIER DE SUCRE

Foundation date: April 5, 1962
Address: Calle Olañeta 45, Sucre
Stadium: Estadio Olímpico Patria, Sucre – Capacity: 32,000

THE SQUAD

	DOB	Ape M	G	Cla M	G
Goalkeepers:					
Paolo Roberto Castro Alarcón	1990	1	-	3	-
Ricardo Daza		-	-		
Juan Marcelo Robledo Pizarro (ARG)	03.12.1978	19	-	18	-
Cristian Germán Salinas Fuentes	09.11.1993	3	-	1	-
Manuel Antonio Valda				-	-
Defenders:					
Alejandro René Bejarano Sajama (ARG)	21.06.1984	15	1	18	1
Julio César Ferrón Alvez (URU)	12.10.1988	2	-		
Leandro Gareca Fernández	23.01.1991	6	-	1	-
Daniel Mancilla Durán	17.02.1991	19	1	19	3
Oscar Leandro Ribera Guzman	11.02.1992	10	-	16	-
Carlos Gustavo Ríos		2	-		
Juan Carlos Sánchez Ampuero	01.03.1985	12	-	3	-
Pedro José Rojas				1	-
Saúl Torres Rojas	22.03.1990	2	-	3	-
Wilder Zabala Perrogón	31.12.1982	6	-	2	-
Midfielders:					
Jorge Marco Andia Pizarro	08.02.1988	15	-	12	-
Matías Emanuel Fernández (ARG)	18.10.1984	2	-		
Jorge Enrique Flores Yrahory	01.02.1994	17	2	17	-
Alan Loras Vélez	07.04.1986	20	-	16	-
José Marcelo Gomes (BRA)	24.11.1981	22	3	21	1
Victor Hugo Melgar Bejarano	23.02.1988	16	1	19	-
Limbert Méndez Rocha	18.08.1982	8	-	20	-
Sergio Fabián Rosado Moscoso	07.06.1993	1	-	2	-
Federico Silvestre (ARG)	06.10.1987			17	2
Cristian Jhamil Urdininea Zambrana	06.01.1993	3	-	5	-
Edson Marcelo Zenteno Álvarez	12.08.1978	14	-	9	-
Forwards:					
Adán Alexis Félix Bravo (ARG)	15.09.1984	22	3	22	6
Leonardo Ezequiel Carboni (ARG)	04.11.1984	19	4	16	6
Juan Eduardo Fierro Ribera	23.06.1988	18	10	17	9
Martín Adrián Palavicini López (ARG)	15.08.1977	21	19	22	10
Edson Rigoberto Pérez Torres	16.12.1992	4	-	1	-
Trainer:					
Javier Vega [as of 01.07.2015]		22		22	

SECOND LEVEL
Segunda División - Liga Nacional „B" "Simón Bolívar" 2015/2016

First Stage

Please note: Top-8 qualified for the Second Stage (Cuadrangulares).

Grupo A
1.	Club Royal Pari Santa Cruz de la Sierra	8	6	0	2	18	-	9	18
2.	CD Guabirá Montero	8	5	1	2	19	-	7	16
3.	Universitario del Beni Trinidad	8	5	1	2	21	-	15	16
4.	Club Mariscal Sucre Cobija	8	2	2	4	13	-	14	8
5.	Club Atlético San Borja	8	0	0	8	8	-	34	0

Grupo B
1.	Club Aurora Cochabamba	6	4	1	1	15	-	9	13
2.	Club Empresa Minera Huanuni	6	3	0	3	7	-	10	9
3.	Club Arauco Prado Cochabamba	6	1	3	2	9	-	9	6
4.	Club Unión Maestranza de Viacha	6	1	2	3	5	-	8	5

Grupo C
1.	Club Universitario de Tarija	8	5	1	2	7	-	8	16
2.	Club García Agreda Tarija	8	4	1	3	14	-	11	13
3.	Club Quebracho Villamontes	8	4	1	3	15	-	14	13
4.	Club Fancesa Sucre	8	3	1	4	15	-	13	10
5.	Club 10 de Noviembre Wilstermann Cooperativas Potosí	8	2	0	6	11	-	16	6

Second Stage – Cuadrangulares

Please note: Top-2 qualified for the Semi-Finals.

Grupo A
1.	Club Universitario de Tarija	6	3	2	1	11	-	9	11
2.	Club Empresa Minera Huanuni	6	2	2	2	7	-	6	8
3.	Club Royal Pari Santa Cruz de la Sierra	6	2	2	2	4	-	3	8
4.	Club Quebracho Villamontes	6	2	0	4	5	-	9	6

Grupo B
1.	CD Guabirá Montero	6	5	1	0	15	-	2	16
2.	Universitario del Beni Trinidad	6	2	2	2	7	-	10	8
3.	Club Aurora Cochabamba	6	1	3	2	3	-	6	6
4.	Club García Agreda Tarija	6	0	2	4	4	-	11	2

Final Stage

Semi-Finals [09-17.04.2016]		
Club Universitario de Tarija - Universitario del Beni Trinidad	3-0	1-3; 13-14 pen
CD Guabirá Montero - Club Empresa Minera Huanuni	3-0	1-2; 5-4 pen

Finals [01-08.05.2016]		
Universitario del Beni Trinidad - CD Guabirá Montero	0-1(0-0)	0-1(0-0)

CD Guabirá Montero qualified for the 2016/2017 Primera División de Bolivia.

NATIONAL TEAM
INTERNATIONAL MATCHES
(16.07.2015 – 15.07.2016)

04.09.2015	Houston	Argentina - Bolivia	7-0(3-0)	(F)
08.10.2015	La Paz	Bolivia - Uruguay	0-2(0-1)	(WCQ)
13.10.2015	Quito	Ecuador - Bolivia	2-0(0-0)	(WCQ)
13.11.2015	La Paz	Bolivia - Venezuela	4-2(3-1)	(WCQ)
17.11.2015	Asunción	Paraguay - Bolivia	2-1(0-0)	(WCQ)
24.03.2016	La Paz	Bolivia - Colombia	2-3(0-2)	(WCQ)
29.03.2016	Córdoba	Argentina - Bolivia	2-0(2-0)	(WCQ)
28.05.2016	Kansas City	United States - Bolivia	4-0(1-0)	(F)
06.06.2016	Orlando	Panama - Bolivia	2-1(1-0)	(CA)
10.06.2016	Foxborough	Chile - Bolivia	2-1(0-0)	(CA)
14.06.2016	Seattle	Bolivia - Argentina	0-3(0-3)	(CA)

04.09.2015, Friendly International
BBVA Compass Stadium, Houston (United States); Attendance: 22,000
Referee: César Arturo Ramos Palazuelos (Mexico)
ARGENTINA - BOLIVIA **7-0(3-0)**
BOL: Daniel Vaca Tasca (10/0), Ronald Raldes Balcázar (87/2), Edward Mauro Zenteno Álvarez (20/0), Miguel Ángel Hurtado Suárez (7/0), Martín Ramiro Guillermo Smedberg-Dalence (7/1) [65.Rodrigo Luis Ramallo Cornejo (5/0)], Rudy Alejandro Cardozo Fernández (34/4) [46.Ronald Eguino Segovia (10/0)], Wálter Veizaga Argote (13/0), Alejandro Meleán Villarroel (10/0) [46.Alejandro Saúl Chumacero Bracamonte (26/1)], Danny Brayhan Bejarano Yañez (14/0) [46.Damián Emmanuel Lizio (7/1)], Marcelo Moreno Martins (55/14), Juan Carlos Arce Justiniano (45/6) [46.Abraham Cabrera Scapín (3/0)]. Trainer: Julio César Baldivieso Rico (1).

08.10.2015, 21st FIFA World Cup, Qualifiers
Estadio „Hernándo Siles Zuazo", La Paz; Attendance: 26,000
Referee: Patricio Hernán Loustau (Argentina)
BOLIVIA - URUGUAY **0-2(0-1)**
BOL: Daniel Vaca Tasca (11/0), Edward Mauro Zenteno Álvarez (21/0), Jair Torrico Camacho (4/0), Juan Carlos Zampiery Rivarola (2/0), Luis Fernando Marteli Dias (1/0), Jhasmani Campos Dávalos (29/2) [69.Rudy Alejandro Cardozo Fernández (35/4)], Alejandro Saúl Chumacero Bracamonte (27/1) [61.Damián Emmanuel Lizio (8/1)], Wálter Veizaga Argote (14/0), Raúl Castro Peñaloza (2/0) [46.Óscar Alberto Díaz Acosta (1/0)], Juan Carlos Arce Justiniano (46/6), Yasmani Georges Duk Arandia (1/0). Trainer: Julio César Baldivieso Rico (2).
Sent off: Jair Torrico Camacho (71).

13.10.2015, 21st FIFA World Cup, Qualifiers
Estadio Olímpico Atahualpa, Quito; Attendance: 35,000
Referee: Sandro Meira Ricci (Brazil)
ECUADOR - BOLIVIA **2-0(0-0)**
BOL: Daniel Vaca Tasca (12/0), Ronald Eguino Segovia (11/0), Edward Mauro Zenteno Álvarez (22/0), Alejandro Leonel Morales Pinedo (8/0) [86.José Gabriel Ríos Banegas (1/0)], Juan Carlos Zampiery Rivarola (3/0), Luis Fernando Marteli Dias (2/0), Jhasmani Campos Dávalos (30/2), Samuel Galindo Suheiro (3/0) [63.Alejandro Meleán Villarroel (11/0)], Wálter Veizaga Argote (15/0), Jorge Enrique Flores Yrahory (1/0), Yasmani Georges Duk Arandia (2/0) [84.Gilbert Álvarez Vargas (3/0)]. Trainer: Julio César Baldivieso Rico (3).

13.11.2015, 21st FIFA World Cup, Qualifiers
Estadio „Hernándo Siles Zuazo", La Paz; Attendance: 20,923
Referee: Víctor Hugo Carrillo Casanova (Peru)
BOLIVIA - VENEZUELA   **4-2(3-1)**
BOL: Daniel Vaca Tasca (13/0), Edward Mauro Zenteno Álvarez (23/0), Alejandro Leonel Morales Pinedo (9/0), Luis Fernando Marteli Dias (3/0), Erwin Mario Saavedra Flores (1/0), Damián Emmanuel Lizio (9/1) [78.Yasmani Georges Duk Arandia (3/0)], Alejandro Saúl Chumacero Bracamonte (28/1), Rudy Alejandro Cardozo Fernández (36/5), Wálter Veizaga Argote (16/0), Juan Carlos Arce Justiniano (47/7) [86.Ronald Eguino Segovia (12/0)], Rodrigo Luis Ramallo Cornejo (6/2) [58.Jaime Darío Arrascaita Iriondo (5/1)]. Trainer: Julio César Baldivieso Rico (4).
Goals: Rodrigo Luis Ramallo Cornejo (19), Juan Carlos Arce Justiniano (23 penalty), Rodrigo Luis Ramallo Cornejo (45+1), Rudy Alejandro Cardozo Fernández (48).

17.11.2015, 21st FIFA World Cup, Qualifiers
Estadio Defensores del Chaco, Asunción; Attendance: 20,000
Referee: José Ramón Argote Vega (Venezuela)
PARAGUAY - BOLIVIA   **2-1(0-0)**
BOL: Daniel Vaca Tasca (14/0), Ronald Eguino Segovia (13/0), Edward Mauro Zenteno Álvarez (24/0), Luis Fernando Marteli Dias (4/0), Jhasmani Campos Dávalos (31/2) [24.Damián Emmanuel Lizio (10/1)], Alejandro Saúl Chumacero Bracamonte (29/1), Wálter Veizaga Argote (17/0), Diego Bejarano Ibáñez (9/1) [52.Erwin Mario Saavedra Flores (2/0)], Danny Brayhan Bejarano Yañez (15/0), Jorge Enrique Flores Yrahory (2/0), Rodrigo Luis Ramallo Cornejo (7/2) [46.Yasmani Georges Duk Arandia (4/1)]. Trainer: Julio César Baldivieso Rico (5).
Goal: Yasmani Georges Duk Arandia (59).

24.03.2016, 21st FIFA World Cup, Qualifiers
Estadio „Hernándo Siles Zuazo", La Paz; Attendance: 35,000
Referee: Wilton Sampaio (Brazil)
BOLIVIA - COLOMBIA   **2-3(0-2)**
BOL: Romel Javier Quiñónez Suárez (13/0), Ronald Eguino Segovia (14/0), Edward Mauro Zenteno Álvarez (25/0), Alejandro Leonel Morales Pinedo (10/0) [37.Marvin Orlando Bejarano Jiménez (24/0)], Erwin Mario Saavedra Flores (3/0), Damián Emmanuel Lizio (11/1) [46.Yasmani Georges Duk Arandia (5/1)], Alejandro Saúl Chumacero Bracamonte (30/2), Rudy Alejandro Cardozo Fernández (37/5) [88.Jaime Darío Arrascaita Iriondo (6/1)], Danny Brayhan Bejarano Yañez (16/0), Juan Carlos Arce Justiniano (48/8), Rodrigo Luis Ramallo Cornejo (8/2). Trainer: Julio César Baldivieso Rico (6).
Goals: Juan Carlos Arce Justiniano (50 penalty), Alejandro Saúl Chumacero Bracamonte (62).

29.03.2016, 21st FIFA World Cup, Qualifiers
Estadio „Mario Alberto Kempes", Córdoba; Attendance: 55,000
Referee: Jesús Valenzuela (Venezuela)
ARGENTINA - BOLIVIA   **2-0(2-0)**
BOL: Carlos Emilio Lampe Porras (4/0), Ronald Eguino Segovia (15/0), Luis Alberto Gutiérrez Herrera (42/0), Marvin Orlando Bejarano Jiménez (25/0), Luis Fernando Marteli Dias (5/0), Jhasmani Campos Dávalos (32/2) [46.Samuel Galindo Suheiro (4/0)], Alejandro Saúl Chumacero Bracamonte (31/2) [75.Juan Carlos Arce Justiniano (49/8)], Martín Ramiro Guillermo Smedberg-Dalence (8/1), Diego Bejarano Ibáñez (10/1), Danny Brayhan Bejarano Yañez [46.Fernando Javier Saucedo Pereyra (1/0)], Yasmani Georges Duk Arandia (6/1). Trainer: Julio César Baldivieso Rico (7).

28.05.2016, Friendly International
Children's Mercy Park , Kansas City; Attendance: 8,894
Referee: Elmer Arturo Bonilla (El Salvador)
UNITED STATES - BOLIVIA **4-0(1-0)**
BOL: Guillermo Vizcarra Bruckner (1/0), Nelson David Cabrera Báez (1/0), Ronald Eguino Segovia (16/0), Luis Alberto Gutiérrez Herrera (43/0) [68.Marvin Orlando Bejarano Jiménez (26/0)], Jhasmani Campos Dávalos (33/2) [46.Raúl Castro Peñaloza (3/0)], Martín Ramiro Guillermo Smedberg-Dalence (9/1) [74.Edward Mauro Zenteno Álvarez (26/0)], Alejandro Meleán Villarroel (12/0) [54.Rodrigo Luis Ramallo Cornejo (9/2)], Fernando Javier Saucedo Pereyra (2/0) [46.Pedro Jesús Azogue Rojas (10/0)], Diego Bejarano Ibáñez (11/1), Yasmani Georges Duk Arandia (7/1), Carmelo Algarañaz Arnez (1/0) [46.Bruno Miranda Villagómez (1/0)]. Trainer: Julio César Baldivieso Rico (8).

06.06.2016, 45th Copa América, Group Stage
Camping World Stadium, Orlando (United States); Attendance: 13,466
Referee: Ricardo Montero (Costa Rica)
PANAMA - BOLIVIA **2-1(1-0)**
BOL: Carlos Emilio Lampe Porras (5/0), Nelson David Cabrera Báez (2/0), Ronald Eguino Segovia (17/0) [46.Alejandro Meleán Villarroel (13/0)], Edward Mauro Zenteno Álvarez (27/0), Marvin Orlando Bejarano Jiménez (27/0), Martín Ramiro Guillermo Smedberg-Dalence (10/1), Fernando Javier Saucedo Pereyra (3/0) [46.Jhasmani Campos Dávalos (34/2)], Diego Bejarano Ibáñez (12/1), Pedro Jesús Azogue Rojas (11/0), Juan Carlos Arce Justiniano (50/9), Yasmani Georges Duk Arandia (8/1) [87.Rodrigo Luis Ramallo Cornejo (10/2)]. Trainer: Julio César Baldivieso Rico (9).
Goal: Juan Carlos Arce Justiniano (54).

10.06.2016, 45th Copa América, Group Stage
Gillette Stadium, Foxborough (United States); Attendance: 19,392
Referee: Jair Marrufo (United States)
CHILE - BOLIVIA **2-1(0-0)**
BOL: Carlos Emilio Lampe Porras (6/0), Ronald Eguino Segovia (18/0), Edward Mauro Zenteno Álvarez (28/0), Luis Alberto Gutiérrez Herrera (44/0), Marvin Orlando Bejarano Jiménez (28/0), Erwin Mario Saavedra Flores (4/0), Martín Ramiro Guillermo Smedberg-Dalence (11/1), Alejandro Meleán Villarroel (14/0), Raúl Castro Peñaloza (4/0) [58.Jhasmani Campos Dávalos (35/3)], Juan Carlos Arce Justiniano (51/9) [54.Rodrigo Luis Ramallo Cornejo (11/2)], Yasmani Georges Duk Arandia (9/1) [82.Wálter Veizaga Argote (18/0)]. Trainer: Julio César Baldivieso Rico (10).
Goal: Jhasmani Campos Dávalos (61).

14.06.2016, 45th Copa América, Group Stage
CenturyLink Field, Seattle (United States); Attendance: 45,753
Referee: Víctor Hugo Carrillo Casanova (Peru)
BOLIVIA - ARGENTINA **0-3(0-3)**
BOL: Carlos Emilio Lampe Porras (7/0), Nelson David Cabrera Báez (3/0), Edward Mauro Zenteno Álvarez (29/0), Luis Alberto Gutiérrez Herrera (45/0), Erwin Mario Saavedra Flores (5/0), Jhasmani Campos Dávalos (36/3), Martín Ramiro Guillermo Smedberg-Dalence (12/1) [85.Carmelo Algarañaz Arnez (2/0)], Alejandro Meleán Villarroel (15/0), Pedro Jesús Azogue Rojas (12/0), Juan Carlos Arce Justiniano (52/9) [46.Cristhian Machado Pinto], Yasmani Georges Duk Arandia (10/1) [24.Diego Bejarano Ibáñez (13/1)]. Trainer: Julio César Baldivieso Rico (11).

NATIONAL TEAM PLAYERS
2015/2016

Name [Club 2015/2016]	DOB	Caps	Goals

(Caps and goals at 15.07.2016)

Goalkeepers

Carlos Emilio LAMPE Porras [2016: Club Sport Boys Warnes]	17.03.1987	7	0
Romel Javier QUIÑÓNEZ Suárez [2016: Club Bolívar La Paz]	25.06.1992	13	0
Daniel VACA Tasca [2015: Club The Strongest La Paz]	03.11.1978	14	0
Guillermo VIZCARRA Bruckner [2016: CD Oriente Petrolero Santa Cruz de la Sierra]	07.02.1993	1	0

Defenders

Diego BEJARANO Ibáñez [2015: PAE Panetolikos Agrinio (GRE); 05.01.2016-> Club The Strongest La Paz]	24.08.1991	13	1
Marvin Orlando BEJARANO Jiménez [2016: CD Oriente Petrolero Santa Cruz de la Sierra]	06.03.1988	28	0
Abraham CABRERA Scarpín [2015: Club The Strongest La Paz]	20.02.1991	3	0
Nelson David CABRERA Báez [2016: Club Bolívar La Paz]	22.04.1983	3	0
Ronald EGUINO Segovia [2015/2016: Club Bolívar La Paz]	20.02.1988	18	0
Jorge Enrique FLORES Yrahory [2015: CD Universitario Sucre]	01.02.1994	2	0
Luis Alberto GUTIÉRREZ Herrera [2015/2016: Hapoel Ironi Kiryat Shmona (ISR)]	15.01.1985	41	0
Miguel Ángel HURTADO Suárez [2015: CSCD Blooming Santa Cruz de la Sierra]	04.07.1985	7	0
Luis Fernando MARTELI Dias [2015/2016: Club The Strongest La Paz]	08.02.1986	5	0
Alejandro MELEÁN Villarroel [2015/2016: CD Oriente Petrolero Santa Cruz de la Sierra]	16.06.1987	15	0
Alejandro Leonel MORALES Pinedo [2015/2016: Club Sport Boys Warnes]	02.09.1988	10	0
Ronald RALDES Balcazar [2015: CD Oriente Petrolero Santa Cruz de la Sierra]	20.04.1981	87	2
Erwin Mario SAAVEDRA Flores [2015/2016: Club Bolívar La Paz]	22.02.1996	5	0
Jair TORRICO Camacho [2015: Club The Strongest La Paz]	12.08.1988	4	0
Juan Carlos ZAMPIERY Rivarola [2015: Club Sport Boys Warnes]	28.09.1989	3	0
Edward Mauro ZENTENO Álvarez [2015/2016: Club Jorge Wilstermann Cochabamba]	05.12.1984	29	0

Midfielders			
Jaime Darío ARRASCAITA Iriondo	02.09.1991	6	1
[2015/2016: Club Bolívar La Paz]			
Pedro Jesús AZOGUE Rojas	06.12.1994	12	0
[2016: CD Oriente Petrolero Santa Cruz de la Sierra]			
Danny Brayhan BEJARANO Yañez	03.01.1994	16	0
[2015: PAE Panetolikos Agrinio (GRE); 05.01.2016-> Club Bolívar La Paz]			
Jhasmani CAMPOS Dávalos	10.05.1988	36	3
[2015/2016: Kazma Sporting Club (KUW)]			
Rudy Alejandro CARDOZO Fernández	14.02.1990	37	5
[2015/2016: Club Bolívar La Paz]			
Raúl CASTRO Peñaloza	19.08.1989	4	0
[2015/2016: Club The Strongest La Paz]			
Samuel GALINDO Suheiro	18.04.1992	4	0
[2015/2016: CD Oriente Petrolero Santa Cruz de la Sierra]			
Alejandro Saúl CHUMACERO Bracamonte	22.04.1991	31	2
[2015/2016: Club The Strongest La Paz]			
Damián Emmanuel LIZIO	30.06.1989	11	1
[2015: Club Bolívar La Paz; 05.01.2016-> Botafogo FR Rio de Janeiro (BRA)]			
Cristhian MACHADO Pinto	20.06.1990	1	0
[2016: Club Jorge Wilstermann Cochabamba]			
Fernando Javier SAUCEDO Pereyra	15.03.1990	3	0
[2016: Club Jorge Wilstermann Cochabamba]			
Martin Ramiro Guillermo SMEDBERG-DALENCE	10.05.1984	12	1
[2015/2016: IFK Göteborg (SWE)]			
Wálter VEIZAGA Argote	22.04.1986	18	0
[2015/2016: Club The Strongest La Paz]			

Forwards			
Carmelo ALGARAÑAZ Arnez	27.01.1996	2	0
[2016: CD Petrolero del Gran Chaco Yacuiba]			
Juan Carlos ARCE Justiniano	10.04.1985	52	9
[2015/2016: Club Bolívar La Paz]			
Gilbert ÁLVAREZ Vargas	07.04.1992	3	0
[2015: Club Bamin Real Potosí]			
Óscar Alberto DÍAZ Acosta	22.10.1985	1	0
[2015: Club Jorge Wilsterman Cochabamba]			
Yasmani Georges DUK Arandia	01.03.1988	10	1
[2015: Club Sport Boys Warnes; 19.02.2016: New York Cosmos (USA)]			
Bruno MIRANDA Villagómez	10.02.1998	1	0
[2016: Club Universidad de Chile Santiago (CHI)]			
Marcelo MORENO Martins	18.06.1987	55	14
[2015: Changchun Yatai FC (CHN)]			
Rodrigo Luis RAMALLO Cornejo	14.10.1990	11	2
[2015/2016: Club The Strongest La Paz]			
José Gabriel RÍOS Banegas	20.03.1986	1	0
[2015: Club Ciclón de Tarija]			

National coaches		
Julio César BALDIVIESO Rico	02.12.1971	11 M; 1 W; 0 D; 10 L; 9-31

BRAZIL

The Country:
República Federativa do Brasil (Federative Republic of Brazil) Capital: Brasilia Surface: 8,514,877 km² Inhabitants: 202,768,562 (estimated 2014) Time: UTC-2 to -4

The FA:
Confederação Brasileira de Futebol, Rua Victor Civita 66, Bloco 1 - Edifício 5-5 Andar Barra da Tijuca 22775-044 Rio de Janeiro Year of Formation: 1914 Member of FIFA since: 1923 Member of CONMEBOL since: 1916 Internet: www.cbf.com.br

NATIONAL TEAM RECORDS
First international match: 20.09.1914, Buenos Aires: Argentina – Brazil 3-0 **Most international caps:** Marcos Evangelista de Morais „Cafu" – 142 caps (1990-2006) **Most international goals:** Edson Arantes do Nascimento „Pelé" – 77 goals (92 caps, 1957-1971)

OLYMPIC GAMES 1900-2012
1952, 1960, 1964, 1968, 1972, 1976, 1984&1988 (Runners-up), 1996 (3rd Place), 2000, 2008 (3rd Place), 2012 (Runners-up)

FIFA CONFEDERATIONS CUP 1992-2013
1997 (Winners), 1999 (Runners-up), 2001, 2003, **2005 (Winners), 2009 (Winners), 2013 (Winners)**

COPA AMÉRICA	
1916	3rd Place
1917	3rd Place
1919	**Winners**
1920	3rd Place
1921	Runners-up
1922	**Winners**
1923	4th Place
1924	*Withdrew*
1925	Runners-up
1926	*Withdrew*
1927	*Withdrew*
1929	*Withdrew*
1935	*Withdrew*
1937	Runners-up
1939	*Withdrew*
1941	*Withdrew*
1942	3rd Place
1945	Runners-up
1946	Runners-up
1947	*Withdrew*
1949	**Winners**
1953	Runners-up
1955	*Withdrew*
1956	4th Place
1957	Runners-up
1959	Runners-up
1959E	3rd Place
1963	4th Place
1967	*Withdrew*
1975	Semi-Finals
1979	Semi-Finals
1983	Runners-up
1987	Group Stage
1989	**Winners**
1991	Runners-up
1993	Quarter-Finals
1995	Runners-up
1997	**Winners**
1999	**Winners**
2001	Quarter-Finals
2004	**Winners**
2007	**Winners**
2011	Quarter-Finals
2015	Quarter-Finals
2016	Group Stage

FIFA WORLD CUP	
1930	Final Tournament (1st Round)
1934	Final Tournament (1st Round)
1938	Final Tournament (3rd Place)
1950	Final Tournament (Runners-up)
1954	Final Tournament (Quarter-Finals)
1958	**Final Tournament (Winners)**
1962	**Final Tournament (Winners)**
1966	Final Tournament (Group Stage)
1970	**Final Tournament (Winners)**
1974	Final Tournament (4th Place)
1978	Final Tournament (3rd Place)
1982	Final Tournament (2nd Round)
1986	Final Tournament (Quarter-Finals)
1990	Final Tournament (2nd Round of 16)
1994	**Final Tournament (Winners)**
1998	Final Tournament (Runners-up)
2002	**Final Tournament (Winners)**
2006	Final Tournament (Quarter-Finals)
2010	Final Tournament (Quarter-Finals)
2014	Final Tournament (4th Place)

PANAMERICAN GAMES	
1951	*Withdrew*
1955	-
1959	Runners-up
1963	**Winners**
1967	-
1971	-
1975	**Winners**
1979	**Winners**
1983	Runners-up
1987	**Winners**
1991	-
1995	Quarter-Finals
1999	-
2003	Runners-up
2007	Round 1
2011	-

PANAMERICAN CHAMPIONSHIP	
1952	**Winners**
1956	**Winners**
1960	Runners-up

BRAZILIAN CLUB HONOURS IN SOUTH AMERICAN CLUB COMPETITIONS:

COPA LIBERTADORES 1960-2015
Santos Futebol Clube (1962, 1963, 2011)
Cruzeiro Esporte Clube Belo Horizonte (1976, 1997)
Clube de Regatas do Flamengo Rio de Janeiro (1981)
Grêmio Foot-Ball Porto Alegrense (1983, 1995)
São Paulo Futebol Clube (1992, 1993, 2005)
Club de Regatas Vasco da Gama Rio de Janeiro (1998)
Sociedade Esportiva Palmeiras São Paulo (1999)
Sport Club Internacional Porto Alegre (2006, 2010)
Sport Club Corinthians Paulista São Paulo (2012)
Clube Atletico Mineiro Belo Horizonte (2013)

COPA SUDAMERICANA 2002-2015
Sport Club Internacional Porto Alegre (2008)
São Paulo Futebol Clube (2012)

RECOPA SUDAMERICANA 1989-2015
São Paulo Futebol Clube (1993, 1994)
Grêmio Foot-Ball Porto Alegrense (1996)
Cruzeiro Esporte Clube Belo Horizonte (1998)
Sport Club Internacional Porto Alegre (2007, 2011)
Santos Futebol Clube (2012)
Sport Club Corinthians Paulista São Paulo (2013)
Clube Atletico Mineiro Belo Horizonte (2014)

COPA CONMEBOL 1992-1999
Clube Atlético Mineiro (1992, 1997)
Botafogo de Futebol e Regatas Rio de Janeiro (1993)
São Paulo Futebol Clube (1994)
Santos Futebol Clube (1998)

SUPERCUP „JOÃO HAVELANGE" 1988-1997*
Cruzeiro Esporte Clube Belo Horizonte (1991, 1992)
São Paulo Futebol Clube (1993)

COPA MERCOSUR 1998-2001**
Sociedade Esportiva Palmeiras São Paulo (1998)
Clube de Regatas do Flamengo Rio de Janeiro (1999)
Club de Regatas Vasco da Gama Rio de Janeiro (2000)

*Contested betwenn winners of all previous editions of the Copa Libertadores
** Contested between teams belonging countries from the southern part of South America (Argentina, Brazil, Chile, Paraguay and Uruguay).

NATIONAL COMPETITIONS
TABLE OF HONOURS

	CHAMPIONS	CUP WINNERS
1959	-	Esporte Clube Bahia
1960	-	SE Palmeiras São Paulo
1961	-	Santos FC
1962	-	Santos FC
1963	-	Santos FC
1964	-	Santos FC
1965	-	Santos FC
1966	-	Cruzeiro EC Belo Horizonte
1967	-	SE Palmeiras São Paulo
1968	-	Botafogo de FR Rio de Janeiro
1969	-	-
1970	-	-
1971	Clube Atlético Mineiro	-
1972	SE Palmeiras São Paulo	-
1973	SE Palmeiras São Paulo	-
1974	CR Vasco da Gama Rio de Janeiro	-
1975	SC Internacional Porto Alegre	-
1976	SC Internacional Porto Alegre	-
1977	São Paulo FC	-
1978	Guarani FC Campinas	-
1979	SC Internacional Porto Alegre	-
1980	CR Flamengo Rio de Janeiro	-
1981	Grêmio Foot-Ball Porto Alegrense	-
1982	CR Flamengo Rio de Janeiro	-
1983	CR Flamengo Rio de Janeiro	-
1984	Fluminense FC Rio de Janeiro	-
1985	Coritiba FC	-
1986	São Paulo FC	-
1987	Sport Club do Recife	-
1988	Esporte Clube Bahia	-
1989	CR Vasco da Gama Rio de Janeiro	Grêmio Foot-Ball Porto Alegrense
1990	SC Corinthians Paulista São Paulo	CR Flamengo Rio de Janeiro
1991	São Paulo FC	Criciúma EC
1992	CR Flamengo Rio de Janeiro	SC Internacional Porto Alegre
1993	SE Palmeiras São Paulo	Cruzeiro EC Belo Horizonte
1994	SE Palmeiras São Paulo	Grêmio Foot-Ball Porto Alegrense
1995	Botafogo de FR Rio de Janeiro	SC Corinthians Paulista São Paulo
1996	Grêmio Foot-Ball Porto Alegrense	Cruzeiro EC Belo Horizonte
1997	CR Vasco da Gama Rio de Janeiro	Grêmio Foot-Ball Porto Alegrense
1998	SC Corinthians Paulista São Paulo	SE Palmeiras São Paulo
1999	SC Corinthians Paulista São Paulo	EC Juventude Caxias do Sul
2000	CR Vasco da Gama Rio de Janeiro	Cruzeiro EC Belo Horizonte
2001	Clube Atlético Paranaense Curitiba	Grêmio Foot-Ball Porto Alegrense
2002	Santos FC	SC Corinthians Paulista São Paulo
2003	Cruzeiro EC Belo Horizonte	Cruzeiro EC Belo Horizonte
2004	Santos FC	EC Santo André
2005	SC Corinthians Paulista São Paulo	Paulista FC São Paulo

2006	São Paulo FC	CR Flamengo Rio de Janeiro
2007	São Paulo FC	Fluminense FC Rio de Janeiro
2008	São Paulo FC	Sport Club do Recife
2009	CR Flamengo Rio de Janeiro	SC Corinthians Paulista São Paulo
2010	Fluminense FC Rio de Janeiro	Santos FC
2011	SC Corinthians Paulista São Paulo	CR Vasco da Gama Rio de Janeiro
2012	Fluminense FC Rio de Janeiro	SE Palmeiras São Paulo
2013	Cruzeiro EC Belo Horizonte	CR Flamengo Rio de Janeiro
2014	Cruzeiro EC Belo Horizonte	Clube Atlético Mineiro Belo Horizonte
2015	SC Corinthians Paulista São Paulo	SE Palmeiras São Paulo

	BEST GOALSCORERS	
1971	Dario José dos Santos (Clube Atlético Mineiro)	17
1972	Dario José dos Santos (Clube Atlético Mineiro) Pedro Virgilio Rocha Franchetti (São Paulo FC)	17
1973	Ramón da Silva Ramos (Santa Cruz FC Recife)	21
1974	Carlos Roberto de Oliveira „Roberto Dinamite" (CR Vasco da Gama)	16
1975	Flávio Almeida da Fonseca „Flávio Minuano" (SC Internacional Porto Alegre)	16
1976	Dario José dos Santos (SC Internacional Porto Alegre)	16
1977	José Reinaldo de Lima (Clube Atlético Mineiro)	28
1978	Paulo Luiz Massariol „Paulinho" (CR Vasco da Gama)	19
1979	César Martins de Oliveira (América FC Rio de Janeiro) Roberto César Itacaramby (Cruzeiro EC Belo Horizonte)	12
1980	Arthur Antunes Coimbra „Zico" (CR Flamengo Rio de Janeiro)	21
1981	João Batista Nunes de Oliveira (CR Flamengo Rio de Janeiro)	16
1982	Arthur Antunes Coimbra „Zico" (CR Flamengo Rio de Janeiro)	21
1983	Sérgio Bernardino „Serginho" (Santos FC)	22
1984	Carlos Roberto de Oliveira „Roberto Dinamite" (CR Vasco da Gama)	16
1985	Edmar Bernardes dos Santos (Guarani FC Campinas)	20
1986	Antônio de Oliveira Filho „Careca" (São Paulo FC)	25
1987	Luís Antônio Corréa da Costa „Müller" (São Paulo FC)	25
1988	Nílson Esídio Mora (SC Internacional Porto Alegre)	15
1989	Túlio Humberto Pereira Costa (Goiás EC Goiânia)	11
1990	Charles Fabian Figueiredo Santos (Esporte Clube Bahia)	11
1991	Paulo César Vieira Rosa „Paulinho" (Santos FC)	15
1992	José Roberto Gama de Oliveira „Bebeto" (CR Vasco da Gama)	18
1993	Alexandre da Silva „Guga" (Santos FC)	14
1994	Márcio Amoroso dos Santos (Guarani FC Campinas) Túlio Humberto Pereira Costa (Botafogo de FR Rio de Janeiro)	19
1995	Túlio Humberto Pereira Costa (Botafogo de FR Rio de Janeiro)	23
1996	Renaldo Lopes da Cruz (Clube Atlético Mineiro) Arílson de Paula Nunes „Paulo Nunes" (Grêmio Foot-Ball Porto Alegrense)	16
1997	Edmundo Alves de Souza Neto (CR Vasco da Gama)	29
1998	Paulo Sergio Rosa „Viola" (Santos FC)	21
1999	Guilherme de Cássio Alves (Clube Atlético Mineiro)	28
2000	Elpídio Barbosa Conceição „Dill" (Goiás EC Goiânia) Magno Alves de Araújo (Fluminense FC Rio de Janeiro) Romário de Souza Faria (CR Vasco da Gama)	20
2001	Romário de Souza Faria (CR Vasco da Gama)	21
2002	Luís Fabiano Clemente (São Paulo FC) Rodrigo Fabri (Grêmio Foot-Ball Porto Alegrense)	19

2003	Editácio Vieira de Andrade „Dimba" (Goiás EC Goiânia)	31
2004	Washington Stecanela Cerqueira (Clube Atlético Paranaense Curitiba)	34
2005	Romário de Souza Faria (CR Vasco da Gama)	22
2006	Rodrigo de Souza Cardoso (Goiás EC Goiânia)	17
2007	Josiel da Rocha (Paraná Clube Curitiba)	20
2008	Keirrison de Souza Carneiro (Coritiba FC) Washington Stecanela Cerqueira (Fluminense FC Rio de Janeiro) Kléber João Boas Pereira (Santos FC)	21
2009	Adriano Leite Ribeiro (CR Flamengo Rio de Janeiro) Diego Tardelli Martins (Clube Atlético Mineiro)	19
2010	Jonas Gonçalves Oliveira (Grêmio Foot-Ball Porto Alegrense)	23
2011	Humberlito Borges Teixeira (Santos FC)	23
2012	Frederico Chaves Guedes "Fred" (Fluminense FC Rio de Janeiro)	20
2013	Éderson Alves Ribeiro Silva (Clube Atlético Paranaense Curitiba)	21
2014	Frederico Chaves Guedes "Fred" (Fluminense FC Rio de Janeiro)	18
2015	Ricardo de Oliveira (Santos FC)	20

NATIONAL CHAMPIONSHIP
Campeonato Brasileiro Série A 2015
(09.05.- 06.12.2015)

Results

Round 1 [09-10.05.2015]
SE Palmeiras - Atlético Mineiro 2-2(0-0)
Chapecoense - Coritiba FC 2-1(1-1)
Fluminense - Joinville EC 1-0(0-0)
Grêmio Porto Alegre - Ponte Preta 3-3(1-0)
São Paulo FC - Flamengo 2-1(0-0)
Cruzeiro EC - Corinthians 0-1(0-0)
Atlético Paranaense - Internacional 3-0(1-0)
Sport Club Recife - Figueirense 4-1(1-0)
Vasco da Gama - Goiás EC 0-0
Avaí FC - Santos FC 1-1(0-1)

Round 2 [16-17.05.2015]
Coritiba FC - Grêmio Porto Alegre 2-0(2-0)
Goiás EC - Atlético Paranaense 2-0(0-0)
Corinthians - Chapecoense 1-0(1-0)
Figueirense - Vasco da Gama 0-0
Santos FC - Cruzeiro EC 1-0(1-0)
Flamengo - Sport Club Recife 2-2(0-1)
Atlético Mineiro - Fluminense 4-1(2-0)
Ponte Preta - São Paulo FC 1-0(1-0)
Internacional - Avaí FC 1-0(0-0)
Joinville EC - SE Palmeiras 0-0

Round 3 [23-24.05.2015]
São Paulo FC - Joinville EC 3-0(1-0)
Vasco da Gama - Internacional 1-1(0-1)
Grêmio Porto Alegre - Figueirense 1-0(0-0)
SE Palmeiras - Goiás EC 0-1(0-0)
Fluminense - Corinthians 0-0
Avaí FC - Flamengo 2-1(0-0)
Atlético Paranaense - Atlético Mineiro 1-0(1-0)
Chapecoense - Santos FC 1-0(1-0)
Cruzeiro EC - Ponte Preta 1-1(0-0)
Sport Club Recife - Coritiba FC 1-0(1-0)

Round 4 [30-31.05.2015]
Ponte Preta - Chapecoense 3-1(1-0)
Coritiba FC - Avaí FC 1-2(0-1)
Joinville EC - Atlético Paranaense 1-2(0-2)
Santos FC - Sport Club Recife 2-2(1-0)
Corinthians - SE Palmeiras 0-2(0-2)
Internacional - São Paulo FC 0-0
Atlético Mineiro - Vasco da Gama 3-0(3-0)
Goiás EC - Grêmio Porto Alegre 1-1(0-1)
Flamengo - Fluminense 2-3(1-2)
Figueirense - Cruzeiro EC 2-1(1-1)

Round 5 [03-04.06.2015]
Vasco da Gama - Ponte Preta 0-3(0-2)
Atlético Paranaense - Figueirense 1-0(1-0)
Chapecoense - Joinville EC 2-0(2-0)
São Paulo FC - Santos FC 3-2(1-1)
Grêmio Porto Alegre - Corinthians 3-1(3-1)
Cruzeiro EC - Flamengo 1-0(0-0)
Avaí FC - Atlético Mineiro 1-4(0-2)
Fluminense - Coritiba FC 2-0(1-0)
SE Palmeiras - Internacional 1-1(0-0)
Sport Club Recife - Goiás EC 1-0(0-0)

Round 6 [06-07.06.2015]
Santos FC - Ponte Preta 2-2(1-0)
Flamengo - Chapecoense 1-0(0-0)
Atlético Mineiro - Cruzeiro EC 1-3(1-1)
São Paulo FC - Grêmio Porto Alegre 2-0(1-0)
Atlético Paranaense - Vasco da Gama 2-0(0-0)
Joinville EC - Corinthians 0-1(0-1)
Internacional - Coritiba FC 2-0(2-0)
Fluminense - Sport Club Recife 0-0
Figueirense - SE Palmeiras 2-1(1-1)
Goiás EC - Avaí FC 0-1(0-0)

Round 7 [13-14.06.2015]
Atlético Mineiro - Santos FC 2-2(2-1) [10.06.]
Corinthians - Internacional 2-1(0-1)
Coritiba FC - Flamengo 0-1(0-1)
Chapecoense - São Paulo FC 0-1(0-1)
Vasco da Gama - Cruzeiro EC 1-3(0-1)
Sport Club Recife - Joinville EC 2-1(2-0)
Ponte Preta - Goiás EC 0-0
SE Palmeiras - Fluminense 2-1(1-1)
Grêmio P.Alegre – Atlét. Paranaense 2-1(1-0)
Avaí FC - Figueirense 1-1(1-1)

Round 8 [18-21.06.2015]
Figueirense - Internacional 0-0
Santos FC - Corinthians 1-0(1-0)
Flamengo - Atlético Mineiro 0-2(0-2)
Sport Club Recife - Vasco da Gama 2-1(1-1)
Grêmio Porto Alegre - SE Palmeiras 1-0(0-0)
Cruzeiro EC - Chapecoense 0-1(0-1)
São Paulo FC - Avaí FC 1-1(0-0)
Atlético Paranaense - Coritiba FC 2-2(1-1)
Joinville EC - Goiás EC 2-1(2-1)
Fluminense - Ponte Preta 2-0(0-0) [24.06.]

Round 9 [27-28.06.2015]
Avaí FC - Grêmio Porto Alegre 1-2(0-2)
Chapecoense - Sport Club Recife 1-1(0-1)
Corinthians - Figueirense 2-1(0-0)
Atlético Mineiro - Joinville EC 1-0(1-0)
SE Palmeiras - São Paulo FC 4-0(2-0)
Ponte Preta - Atlético Paranaense 2-1(1-1)
Coritiba FC - Cruzeiro EC 1-0(0-0)
Goiás EC - Fluminense 1-2(1-0)
Vasco da Gama - Flamengo 1-0(1-0)
Internacional - Santos FC 1-0(0-0)

Round 10 [01-02.07.2015]
Vasco da Gama - Avaí FC 1-0(0-0)
Sport Club Recife - Internacional 3-0(3-0)
SE Palmeiras - Chapecoense 2-0(1-0)
Atlético Mineiro - Coritiba FC 2-0(1-0)
Grêmio Porto Alegre - Cruzeiro EC 1-0(0-0)
Atlético Paranaense - São Paulo FC 2-1(1-0)
Joinville EC - Flamengo 0-1(0-0)
Corinthians - Ponte Preta 2-0(1-0)
Figueirense - Goiás EC 3-1(2-0)
Fluminense - Santos FC 2-1(1-0)

Round 11 [04-05.07.2015]
Coritiba FC - Joinville EC 0-0
Cruzeiro EC - Atlético Paranaense 2-0(1-0)
Chapecoense - Vasco da Gama 1-0(0-0)
Avaí FC - Sport Club Recife 2-2(2-1)
São Paulo FC - Fluminense 0-0
Santos FC - Grêmio Porto Alegre 1-3(0-1)
Goiás EC - Corinthians 0-0
Ponte Preta - SE Palmeiras 0-2(0-2)
Flamengo - Figueirense 1-2(0-0)
Internacional - Atlético Mineiro 1-3(0-0)

Round 12 [08-09.07.2015]
Coritiba FC - Ponte Preta 0-0
Goiás EC - Santos FC 4-1(0-0)
Chapecoense - Grêmio Porto Alegre 1-0(0-0)
SE Palmeiras - Avaí FC 3-0(1-0)
Figueirense - Joinville EC 0-2(0-1)
Vasco da Gama - São Paulo FC 0-4(0-2)
Internacional - Flamengo 1-2(0-1)
Atlético Mineiro - Sport Club Recife 2-1(0-0)
Corinthians - Atlético Paranaense 2-0(1-0)
Fluminense - Cruzeiro EC 1-0(0-0)

Round 13 [11-12.07.2015]
Santos FC - Figueirense 3-0(1-0)
Grêmio Porto Alegre - Vasco da Gama 2-0(0-0)
Ponte Preta - Atlético Mineiro 0-2(0-1)
São Paulo FC - Coritiba FC 3-1(2-0)
Flamengo - Corinthians 0-3(0-2)
Cruzeiro EC - Goiás EC 1-0(1-0)
Atlético Paranaense - Fluminense 1-2(0-0)
Joinville EC - Internacional 0-2(0-2)
Avaí FC - Chapecoense 2-1(2-0)
Sport Club Recife - SE Palmeiras 2-2(1-1)

Round 14 [18-19.07.2015]
Flamengo - Grêmio Porto Alegre 1-0(1-0)
Internacional - Goiás EC 2-1(0-0)
Corinthians - Atlético Mineiro 1-0(1-0)
Atlético Paranaense - Chapecoense 1-0(0-0)
SE Palmeiras - Santos FC 1-0(1-0)
Fluminense - Vasco da Gama 1-2(0-1)
Figueirense - Coritiba FC 0-0
Sport Club Recife - São Paulo FC 2-0(1-0)
Cruzeiro EC - Avaí FC 1-1(1-0)
Joinville EC - Ponte Preta 1-1(0-0)

Round 15 [25-26.07.2015]
Avaí FC - Atlético Paranaense 1-2(0-1)
Grêmio Porto Alegre - SC Recife 1-1(1-0)
Atlético Mineiro - Figueirense 1-0(0-0)
Santos FC - Joinville EC 2-0(2-0)
Chapecoense - Fluminense 2-1(1-1)
São Paulo FC - Cruzeiro EC 1-0(1-0)
Ponte Preta - Internacional 0-0
Coritiba FC - Corinthians 1-1(0-1)
Goiás EC - Flamengo 0-1(0-0)
Vasco da Gama - SE Palmeiras 1-4(0-3)

Round 16 [29.07.-01.08.2015]
Corinthians - Vasco da Gama 3-0(0-0)
Atlético Mineiro - São Paulo FC 3-1(3-0)
Fluminense - Grêmio Porto Alegre 1-0(0-0)
SE Palmeiras - Atlético Paranaense 0-1(0-0)
Coritiba FC - Goiás EC 1-1(0-0)
Flamengo - Santos FC 2-2(2-0)
Internacional - Chapecoense 0-0
Figueirense - Ponte Preta 3-1(1-0)
Joinville EC - Avaí FC 2-0(1-0)
Sport Club Recife - Cruzeiro EC 0-0

Round 17 [08-09.08.2015]
Avaí FC - Fluminense 1-0(1-0)
Santos FC - Coritiba FC 3-0(2-0)
Vasco da Gama - Joinville EC 0-0
Atlético Paranaense - SC Recife 1-1(0-1)
São Paulo FC - Corinthians 1-1(0-1)
Ponte Preta - Flamengo 1-0(0-0)
Cruzeiro EC - SE Palmeiras 2-1(1-0)
Goiás EC - Atlético Mineiro 0-0
Grêmio Porto Alegre - Internacional 5-0(2-0)
Chapecoense - Figueirense 2-2(0-0)

Round 18 [12-13.08.2015]
Flamengo - Atlético Paranaense 3-2(3-1)
Coritiba FC - SE Palmeiras 2-1(1-0)
Santos FC - Vasco da Gama 1-0(0-0)
Goiás EC - Chapecoense 0-0
Corinthians - Sport Club Recife 4-3(2-1)
Internacional - Fluminense 1-0(0-0)
Figueirense - São Paulo FC 0-2(0-2)
Ponte Preta - Avaí FC 2-0(0-0)
Atlético Mineiro - Grêmio P. Alegre 0-2(0-1)
Joinville EC - Cruzeiro EC 3-0(2-0)

Round 19 [15-16.08.2015]
Vasco da Gama - Coritiba FC 0-1(0-0)
Atlético Paranaense - Santos FC 0-0
São Paulo FC - Goiás EC 0-3(0-2)
SE Palmeiras - Flamengo 4-2(1-0)
Fluminense - Figueirense 2-1(0-1)
Cruzeiro EC - Internacional 0-0
Avaí FC - Corinthians 1-2(1-1)
Sport Club Recife - Ponte Preta 1-1(0-0)
Grêmio Porto Alegre - Joinville EC 2-1(0-1)
Chapecoense - Atlético Mineiro 2-1(1-0)

Round 20 [22-23.08.2015]
Santos FC - Avaí FC 5-2(2-1)
Goiás EC - Vasco da Gama 3-0(2-0)
Figueirense - Sport Club Recife 2-1(0-1)
Ponte Preta - Grêmio Porto Alegre 0-0
Coritiba FC - Chapecoense 1-0(1-0)
Corinthians - Cruzeiro EC 3-0(2-0)
Flamengo - São Paulo FC 2-1(1-1)
Internacional - Atlético Paranaense 2-0(1-0)
Joinville EC - Fluminense 2-1(0-0)
Atlético Mineiro - SE Palmeiras 2-1(2-1)

Round 21 [29-30.08.2015]
Vasco da Gama - Figueirense 0-1(0-0)
São Paulo FC - Ponte Preta 3-0(1-0)
Grêmio Porto Alegre - Coritiba FC 0-0
Avaí FC - Internacional 3-0(0-0)
SE Palmeiras - Joinville EC 3-2(2-2)
Fluminense - Atlético Mineiro 1-2(0-1)
Sport Club Recife - Flamengo 0-1(0-1)
Chapecoense - Corinthians 1-3(1-2)
Cruzeiro EC - Santos FC 0-1(0-1)
Atlético Paranaense - Goiás EC 3-0(1-0)

Round 22 [02-03.09.2015]
Ponte Preta - Cruzeiro EC 1-2(0-1)
Internacional - Vasco da Gama 6-0(2-0)
Joinville EC - São Paulo FC 0-0
Flamengo - Avaí FC 3-0(1-0)
Atlético Mineiro - Atlético Paranaense 0-1(0-0)
Corinthians - Fluminense 2-0(1-0)
Coritiba FC - Sport Club Recife 0-0
Goiás EC - SE Palmeiras 1-0(0-0)
Santos FC - Chapecoense 3-1(1-0)
Figueirense - Grêmio Porto Alegre 0-2(0-1)

Round 23 [05-06.09.2015]
São Paulo FC - Internacional 2-0(0-0)
Vasco da Gama - Atlético Mineiro 1-2(0-2)
Atlético Paranaense - Joinville EC 0-0
Cruzeiro EC - Figueirense 5-1(2-0)
Chapecoense - Ponte Preta 0-0
SE Palmeiras - Corinthians 3-3(3-2)
Fluminense - Flamengo 1-3(0-2)
Grêmio Porto Alegre - Goiás EC 2-1(0-1)
Avaí FC - Coritiba FC 0-2(0-0)
Sport Club Recife - Santos FC 1-1(1-1)

Round 24 [09-10.09.2015]
Ponte Preta - Vasco da Gama 0-1(0-0)
Internacional - SE Palmeiras 1-0(1-0)
Atlético Mineiro - Avaí FC 2-0(2-0)
Figueirense - Atlético Paranaense 1-1(1-1)
Corinthians - Grêmio Porto Alegre 1-1(0-0)
Santos FC - São Paulo FC 3-0(2-0)
Coritiba FC - Fluminense 1-1(1-0)
Goiás EC - Sport Club Recife 1-0(0-0)
Flamengo - Cruzeiro EC 2-0(1-0)
Joinville EC - Chapecoense 0-0

Round 25 [12-13.09.2015]
Coritiba FC - Internacional 0-1(0-1)
SE Palmeiras - Figueirense 2-0(0-0)
Corinthians - Joinville EC 3-0(1-0)
Ponte Preta - Santos FC 3-1(3-0)
Vasco da Gama - Atlético Paranaense 2-0(1-0)
Grêmio Porto Alegre - São Paulo FC 1-2(0-1)
Cruzeiro EC - Atlético Mineiro 1-1(1-0)
Chapecoense - Flamengo 1-3(0-2)
Avaí FC - Goiás EC 2-1(0-1)
Sport Club Recife - Fluminense 1-0(1-0)

Round 26 [16-17.09.2015]
Fluminense - SE Palmeiras 1-4(1-0)
Goiás EC - Ponte Preta 1-2(1-1)
Joinville EC - Sport Club Recife 1-1(1-0)
Figueirense - Avaí FC 0-1(0-0)
Atlético Paranaense - Grêmio P.A. 1-2(0-1)
Santos FC - Atlético Mineiro 4-0(1-0)
Internacional - Corinthians 2-1(1-1)
Cruzeiro EC - Vasco da Gama 2-2(2-1)
São Paulo FC - Chapecoense 0-0
Flamengo - Coritiba FC 0-2(0-2)

Round 27 [19-20.09.2015]
SE Palmeiras - Grêmio Porto Alegre 3-2(2-1)
Internacional - Figueirense 1-1(1-0)
Ponte Preta - Fluminense 3-1(3-0)
Corinthians - Santos FC 2-0(0-0)
Goiás EC - Joinville EC 3-0(1-0)
Vasco da Gama - Sport Club Recife 2-1(1-1)
Atlético Mineiro - Flamengo 4-1(2-1)
Avaí FC - São Paulo FC 2-1(1-1)
Coritiba FC - Atlético Paranaense 2-0(2-0)
Chapecoense - Cruzeiro EC 0-2(0-2)

Round 28 [26-27.09.2015]
Fluminense - Goiás EC 2-0(1-0)
Grêmio Porto Alegre - Avaí FC 3-1(2-0)
Santos FC - Internacional 3-1(1-1)
Atlético Paranaense - Ponte Preta 1-2(1-1)
São Paulo FC - SE Palmeiras 1-1(0-0)
Flamengo - Vasco da Gama 1-2(1-0)
Figueirense - Corinthians 1-3(0-1)
Joinville EC - Atlético Mineiro 2-2(0-0)
Cruzeiro EC - Coritiba FC 2-0(1-0)
Sport Club Recife - Chapecoense 3-0(1-0)

Round 29 [03-04.10.2015]
Internacional - Sport Club Recife 2-1(0-0)
Coritiba FC - Atlético Mineiro 0-3(0-1)
São Paulo FC - Atlético Paranaense 1-0(0-0)
Flamengo - Joinville EC 2-0(0-0)
Avaí FC - Vasco da Gama 1-1(0-1)
Santos FC - Fluminense 3-1(2-0)
Ponte Preta - Corinthians 2-2(0-1)
Cruzeiro EC - Grêmio Porto Alegre 0-0
Goiás EC - Figueirense 2-3(1-0)
Chapecoense - SE Palmeiras 5-1(2-0)

Round 30 [14-15.10.2015]
Atlético Mineiro - Internacional 2-1(1-1)
Sport Club Recife - Avaí FC 3-0(0-0)
SE Palmeiras - Ponte Preta 0-1(0-1)
Figueirense - Flamengo 3-0(1-0)
Joinville EC - Coritiba FC 3-1(1-0)
Fluminense - São Paulo FC 2-0(1-0)
Atlético Paranaense - Cruzeiro EC 2-2(1-0)
Corinthians - Goiás EC 3-0(2-0)
Vasco da Gama - Chapecoense 1-1(0-0)
Grêmio Porto Alegre - Santos FC 1-0(1-0)

Round 31 [17-18.10.2015]
Avaí FC - SE Palmeiras 1-3(0-1)
Joinville EC - Figueirense 1-0(0-0)
Ponte Preta - Coritiba FC 3-0(0-0)
Cruzeiro EC - Fluminense 2-0(1-0)
São Paulo FC - Vasco da Gama 2-2(1-1)
Flamengo - Internacional 0-1(0-1)
Atlético Paranaense - Corinthians 1-4(0-3)
Santos FC - Goiás EC 3-1(3-0)
Grêmio Porto Alegre - Chapecoense 2-3(2-0)
Sport Club Recife - Atlético Mineiro 4-1(3-0)

Round 32 [24-25.10.2015]
Fluminense - Atlético Paranaense 0-1(0-0)
Internacional - Joinville EC 1-0(0-0)
Figueirense - Santos FC 0-0
SE Palmeiras - Sport Club Recife 0-2(0-1)
Corinthians - Flamengo 1-0(1-0)
Vasco da Gama - Grêmio Porto Alegre 0-0
Coritiba FC - São Paulo FC 1-2(1-1)
Chapecoense - Avaí FC 0-0
Goiás EC - Cruzeiro EC 0-1(0-0)
Atlético Mineiro - Ponte Preta 2-1(0-0)

Round 33 [31.10.-01.11.2015]
São Paulo FC - Sport Club Recife 3-0(2-0)
Ponte Preta - Joinville EC 1-0(0-0)
Avaí FC - Cruzeiro EC 1-1(0-0)
Coritiba FC - Figueirense 1-1(1-1)
Santos FC - SE Palmeiras 2-1(1-0)
Grêmio Porto Alegre - Flamengo 2-0(0-0)
Atlético Mineiro - Corinthians 0-3(0-0)
Chapecoense - Atlético Paranaense 0-0
Vasco da Gama - Fluminense 0-1(0-1)
Goiás EC - Internacional 2-1(0-1)

Round 34 [07-08.11.2015]
Internacional - Ponte Preta 1-0(0-0)
Corinthians - Coritiba FC 2-1(1-0)
Atlético Paranaense - Avaí FC 2-1(2-0)
Fluminense - Chapecoense 2-3(1-2)
SE Palmeiras - Vasco da Gama 0-2(0-2)
Flamengo - Goiás EC 4-1(1-1)
Cruzeiro EC - São Paulo FC 2-1(1-1)
Figueirense - Atlético Mineiro 0-1(0-0)
Joinville EC - Santos FC 0-0
Sport Club Recife - Grêmio P. Alegre 1-0(0-0)

Round 35 [18-19.11.2015]
Cruzeiro EC - SC Recife 3-0(0-0) [15.11.]
Goiás EC - Coritiba FC 1-3(0-2)
Ponte Preta - Figueirense 0-1(0-1)
Avaí FC - Joinville EC 2-1(1-1)
Atlético Paranaense - SE Palmeiras 3-3(1-0)
Grêmio Porto Alegre - Fluminense 1-0(0-0)
Chapecoense - Internacional 1-0(0-0)
São Paulo FC - Atlético Mineiro 4-2(0-0)
Santos FC - Flamengo 0-0
Vasco da Gama - Corinthians 1-1(0-0)

Round 36 [21-22.11.2015]
SE Palmeiras - Cruzeiro EC 1-1(0-1)
Corinthians - São Paulo FC 6-1(3-0)
Internacional - Grêmio Porto Alegre 1-0(0-0)
Atlético Mineiro - Goiás EC 2-2(1-1)
Figueirense - Chapecoense 0-0
Joinville EC - Vasco da Gama 1-2(0-2)
Flamengo - Ponte Preta 1-1(0-0)
Fluminense - Avaí FC 3-1(1-0)
Coritiba FC - Santos FC 1-0(0-0)
Sport Club Recife - Atlético Paranaense 0-0

Round 37 [28-29.11.2015]	Round 38 [06.12.2015]
São Paulo FC - Figueirense 3-2(1-1)	Corinthians - Avaí FC 1-1(0-0)
Fluminense - Internacional 1-1(0-1)	Santos FC - Atlético Paranaense 5-1(2-1)
Avaí FC - Ponte Preta 1-0(0-0)	Ponte Preta - Sport Club Recife 0-1(0-0)
Grêmio P. Alegre - Atlético Mineiro 2-1(1-1)	Flamengo - SE Palmeiras 1-2(0-0)
Cruzeiro EC - Joinville EC 3-0(2-0)	Internacional - Cruzeiro EC 2-0(1-0)
Sport Club Recife - Corinthians 2-0(1-0)	Atlético Mineiro - Chapecoense 3-0(1-0)
SE Palmeiras - Coritiba FC 0-2(0-1)	Figueirense - Fluminense 1-0(0-0)
Vasco da Gama - Santos FC 1-0(1-0)	Coritiba FC - Vasco da Gama 0-0
Chapecoense - Goiás EC 1-3(0-2)	Goiás EC - São Paulo FC 0-1(0-0)
Atlético Paranaense - Flamengo 3-0(2-0)	Joinville EC - Grêmio Porto Alegre 0-2(0-1)

Final Standings

1.	SC Corinthians Paulista São Paulo	38	24	9	5	71 - 31	81
2.	Clube Atlético Mineiro Belo Horizonte	38	21	6	11	65 - 47	69
3.	Grêmio Foot-Ball Porto Alegrense	38	20	8	10	52 - 32	68
4.	São Paulo Futebol Clube	38	18	8	12	53 - 47	62
5.	SC Internacional Porto Alegre	38	17	9	12	39 - 38	60
6.	Sport Club do Recife	38	15	14	9	53 - 38	59
7.	Santos Futebol Clube	38	16	10	12	59 - 41	58
8.	Cruzeiro EC Belo Horizonte	38	15	10	13	44 - 35	55
9.	SE Palmeiras São Paulo	38	15	8	15	60 - 51	53
10.	Clube Atlético Paranaense Curitiba	38	14	9	15	43 - 48	51
11.	Associação Atlética Ponte Preta Campinas	38	13	12	13	41 - 40	51
12.	CR Flamengo Rio de Janeiro	38	15	4	19	45 - 53	49
13.	Fluminense FC Rio de Janeiro	38	14	5	19	40 - 49	47
14.	Associação Chapecoense de Futebol	38	12	11	15	34 - 44	47
15.	Coritiba Foot Ball Club	38	11	11	16	31 - 42	44
16.	Figueirense FC Florianópolis	38	11	10	17	36 - 50	43
17.	Avaí FC Florianópolis (*Relegated*)	38	11	9	18	38 - 60	42
18.	CR Vasco da Gama Rio de Janeiro (*Relegated*)	38	10	11	17	28 - 54	41
19.	Goiás EC Goiânia (*Relegated*)	38	10	8	20	39 - 49	38
20.	Joinville Esporte Clube (*Relegated*)	38	7	10	21	26 - 48	31

Top goalscorers:
18 goals: Ricardo de Oliveira (Santos Futebol Clube)
14 goals: Vágner Silva de Souza "Vágner Love" (SC Corinthians Paulista São Paulo)
13 goals: André Felipe Ribeiro de Souza (Sport Club do Recife)
Jádson Rodrigues da Silva (SC Corinthians Paulista São Paulo)
Lucas David Pratto (ARG) (Clube Atlético Mineiro Belo Horizonte)

Qualified for the 2016 Copa Libertadores (First Stage):
São Paulo Futebol Clube.

Qualified for the 2016 Copa Libertadores (Group Stage):
SC Corinthians Paulista São Paulo, Clube Atlético Mineiro Belo Horizonte, Grêmio Foot-Ball Porto Alegrense, SE Palmeiras São Paulo (as 2015 Copa do Brasil winner).

Qualified for the 2016 Copa Sudamericana:
Sport Club do Recife, Santos Futebol Clube, Cruzeiro EC Belo Horizonte, Clube Atlético Paranaense Curitiba, Associação Atlética Ponte Preta Campinas, CR Flamengo Rio de Janeiro.

NATIONAL CUP
Copa do Brasil Final 2015 (Copa Sadia)

12.11.2015, Estádio Villa Belmiro, Santos; Attendance: 14,116
Referee: Luiz Flávio de Oliveira, replaced due to injury by Marcelo Aparecido de Souza after 67 mins.
Santos Futebol Clube - SE Palmeiras São Paulo **1-0(0-0)**
Santos: Vanderlei Farias da Silva, David Braz de Oliveira Filho, Victor Ferraz Macedo, Gustavo Henrique Vernes, José Carlos Cracco Neto „Zé Carlos", Carlos Renato de Abreu, Marcos Gabriel do Nascimento "Marquinhos" (65.Geuvânio Santos Silva), Lucas Rafael Araújo Lima, Thiago Maia Alencar (90+3.José Nilson dos Santos Silva), Ricardo de Oliveira, Gabriel Barbosa Almeida (83.Sostenes José Santos Salles "Neto Berola"). Trainer: Dorival Silvestre Júnior.
Palmeiras: Fernando Büttenbender Prass, Lucas Rios Marques [*sent off 90*], Vitor Hugo Franchescoli de Souza, Jackson de Souza, Marcos Arouca da Silva, José Roberto da Silva Júnior "Zé Roberto", Róbson Michael Signorini "Robinho", Matheus de Sales Cabral (46.Willian José de Souza "Amaral"), Lucas Ramón Barrios Cáceres (65.Rafael Marques Mariano), Eduardo Pereira Rodrigues "Dudu", Gabriel Fernando de Jesus (13.Kelvin Mateus de Oliveira). Trainer: Marcelo de Oliveira Santos.
Goal: 1-0 Gabriel Barbosa Almeida (78).

26.11.2015, Allianz Parque, São Paulo; Attendance: 39,660
Referee: Heber Roberto Lopes
SE Palmeiras São Paulo - Santos Futebol Clube **2-1(0-0,2-1, 2-1);**
4-3 on penalties
Palmeiras: Fernando Büttenbender Prass, Vitor Hugo Franchescoli de Souza, Jackson de Souza, João Pedro Maturano dos Santos (73.Lucas Taylor Maia Reis), Marcos Arouca da Silva, José Roberto da Silva Júnior "Zé Roberto", Róbson Michael Signorini "Robinho", Matheus de Sales Cabral, Lucas Ramón Barrios Cáceres (72.Jonathan Ezequiel Cristaldo), Eduardo Pereira Rodrigues "Dudu", Gabriel Fernando de Jesus (42.Rafael Marques Mariano). Trainer: Marcelo de Oliveira Santos.
Santos: Vanderlei Farias da Silva, David Braz de Oliveira Filho (28.Werley Ananias Da Silva), Victor Ferraz Macedo, Gustavo Henrique Vernes, José Carlos Cracco Neto „Zé Carlos", Carlos Renato de Abreu, Marcos Gabriel do Nascimento "Marquinhos", Lucas Rafael Araújo Lima, Thiago Maia Alencar (81.Paulo Ricardo Ferreira), Ricardo de Oliveira, Gabriel Barbosa Almeida (64.Geuvânio Santos Silva). Trainer: Dorival Silvestre Júnior.
Goals: 1-0 Eduardo Pereira Rodrigues "Dudu" (56), 2-0 Eduardo Pereira Rodrigues "Dudu" (84), 2-1 Ricardo de Oliveira (86).
Penalties: Marcos Gabriel do Nascimento "Marquinhos" (missed); José Roberto da Silva Júnior "Zé Roberto" 1-0; Gustavo Henrique Vernes (missed); Rafael Marques Mariano (missed); Geuvânio Santos Silva 1-1; Jackson de Souza 2-1; Lucas Rafael Araújo Lima 2-2; Jonathan Ezequiel Cristaldo 3-2; Ricardo de Oliveira 3-3; Fernando Büttenbender Prass 4-3.

Copa do Brasil Winner 2015: **SE Palmeiras São Paulo**

THE CLUBS 2015

CLUBE ATLÉTICO MINEIRO BELO HORIZONTE

Foundation date: March 25, 1908
Address: Av Olegario Maciel, 1516 , Bairro Centro, Belo Horizonte, MG CEP: 30180-110
Stadium: Estádio Independência, Belo Horizonte – Capacity: 23,018

THE SQUAD

		DOB	M	G
Goalkeepers:				
Gabriel Batista	Gabriel Batista de Souza	03.06.1998	-	-
Giovanni	Giovanni Aparecido Adriano dos Santos	05.02.1987	-	-
Rodolfo	Rodolfo Pereira de Castro	12.04.1995	-	-
Uilson	Uilson Pedruzzi de Oliveira	28.04.1994	-	-
Victor	Victor Leandro Bagy	21.01.1983	38	-
Defenders:				
Carlos César	Carlos César Neves	21.04.1987	7	-
Douglas Santos	Douglas dos Santos Justino de Melo	22.03.1994	31	-
Edcarlos	Edcarlos Conceição Santos	10.05.1985	8	-
Emerson	Emerson da Conceição	23.02.1986	-	-
Gabriel	Gabriel Costa França	14.03.1995	-	-
Jemerson	Jemerson de Jesus Nascimento	24.08.1992	35	4
Jesiel	Jesiel Cardoso Miranda	05.03.1994	-	-
Leonardo Silva	Leonardo Fabiano Silva e Silva	22.06.1979	32	3
Mansur	Joéliton Lima Santos "Mansur"	17.04.1993	1	-
Marcos Rocha	Marcos Luis Rocha de Aquino	11.12.1988	22	2
Patric	Patric Cabral Lalau	25.03.1989	25	3
Tiago	Tiago Pagnussat	17.06.1990	3	-
Midfielders:				
Botelho	Pedro Roberto Silva Botelho	14.12.1989	7	-
	Sherman Andrés Cárdenas Estupiñan (COL)	07.08.1989	17	-
Danilo Pires	Danilo Pires Costa	21.03.1992	3	-
	Jesús Alberto Dátolo (ARG)	19.05.1984	26	7
Dodo	Raphael Guimaraes de Paula „Dodo"	05.09.1994	12	-
Eduardo	Eduardo Henrique da Silva	17.05.1995	2	-
Giovanni Augusto	Giovanni Augusto Oliveira Cardoso	05.09.1989	35	5
Josué	Josué Anunciado de Oliveira	19.07.1979	13	-
Leandro Donizete	Leandro Donizete Gonçalves da Silva	18.05.1985	31	-
Lucas Cândido	Lucas Cândido Silva	25.12.1993	1	-
Maicosuel	Maicosuel Reginaldo de Matos	16.06.1986	12	2
Rafael Carioca	Rafael de Souza Pereira „Rafael Carioca"	18.06.1989	36	-
Forwards:				
André	André Felipe Ribeiro de Souza	27.09.1990	-	-
Carlos	Carlos Alberto Carvalho da Silva Junior	15.08.1995	21	3
Guilherme	Guilherme Milhomen Gusmão	22.10.1988	10	-
Jô	João Alves de Assis Silva "Jô"	20.03.1987	3	1
Luan	Luan Madson Gedeão de Paiva	11.08.1990	26	7
	Lucas David Pratto (ARG)	04.06.1988	36	13
Thiago Ribeiro	Thiago Ribeiro Cardoso	24.02.1986	33	9
Trainer:				
Levir Culpi	Levir Culpi [25.04.2014-26.11.2015]	28.02.1953	36	
Diogo Giacomini	Diogo Schüler Giacomini [as of 26.11.2015; Caretaker]	18.05.1979	2	

CLUBE ATLÉTICO PARANAENSE CURITIBA

Foundation date: May 26, 1924
Address: Rua Petit Carneiro 57, Bairro Água Verde 80240-050, Curitiba, Paraná
Stadium: Estádio "Joaquim Américo Guimarães" [Arena da Baixada] – Capacity: 43,000

THE SQUAD

		DOB	M	G
Goalkeepers:				
Rodolfo	Rodolfo Alves de Melo	19.03.1991	1	-
Santos	Aderbar Melo dos Santos Neto	17.03.1990	1	-
Wéverton	Wéverton Pereira da Silva	13.12.1987	36	-
Defenders:				
Alan Ruschel	Alan Luciano Ruschel	23.08.1989	1	-
Alessandro	Alessandro da Conceição Pinto	21.09.1977	1	-
	Óscar Eduardo Cabezas Segura (COL)	22.12.1996	-	-
Cleberson	Cleberson Martins de Souza	17.08.1992	4	3
Daniel Borges	Daniel Fortunato Borges	23.03.1993	-	-
Eduardo Santos	Carlos Eduardo Santos Oliveira	20.11.1986	34	-
Guilherme Arana	Guilherme Antonio Arana Lopes	14.04.1997	3	-
Gustavo	Gustavo Franchin Schiavolin	19.02.1982	14	1
Kadu	Ricardo Martins de Araújo "Kadu"	20.07.1986	31	1
Leo Pereira	Leonardo Pereira „Leo Pereira"	31.01.1996	-	-
Lula	Carlos Henrique dos Santos Costa „Lula"	18.02.1992	-	-
Matheus Ribeiro	Matheus Antunes Ribeiro	23.02.1993	5	-
Natanael	Natanael Batista Pimienta	25.12.1990	13	-
Pereirinha	Bruno Alexandre Marques Pereirinha (POR)	02.03.1988	7	1
Rafael Zuchi	Rafael Henrique Zuchi	11.06.1994	-	-
Ricardo Silva	Ricardo César Dantas Silva	13.08.1992	4	-
Roberto	Roberto Heuchayer Santos de Araújo	04.12.1990	10	1
Sidcley	Sidcley Ferreira Pereira	13.05.1993	24	2
Wagner Silva	Wagner da Silva	24.09.1989	-	-
Wellington da Silva	Wellington da Silva Pinto	30.09.1991	7	-
	Christian Alberto Vilches González (CHI)	13.07.1983	21	1
Midfielders:				
Bady	Renato Escobar Baruffi "Bady"	27.04.1989	2	-
	Fernando Omar Barrientos (ARG)	17.11.1991	8	-
Bruno Mota	Bruno da Mota Miranda	22.05.1995	12	2
Deivid	Deivid Willian da Silva	18.01.1989	13	-
Dellatorre	Guilherme Augusto Alves Dellatorre	01.05.1992	9	-
Ewandro	Ewandro Felipe de Lima Costa	15.03.1996	14	5
Felipe	Felipe de Oliveira Silva	28.05.1990	6	1
Giovanny	Giovanny Bariani Marques	19.09.1991	8	-
	Victor Guillermo Gutiérrez Armesto (COL)	20.04.1996	-	-
	Daniel Alejandro Hernández González (COL)	10.12.1990	19	-
Hernani	Hernani Azevedo Junior	27.03.1994	30	3
Jadson	Jadson Alves dos Santos	30.08.1993	10	-
João Pedro	João Pedro Heinen Silva	20.01.1997	-	-
Marcos Guilherme	Marcos Guilherme de Almeida Santos Matos	05.08.1995	26	4
Matteus	Matteus Oliveira Santos	11.10.1989	-	-
Nikão	Maycon Vinícius Ferreira da Cruz "Nikão"	29.07.1992	31	4
Otávio	Otávio Henrique Passos Santos	04.05.1994	32	-
Paulinho Dias	Paulo Henrique Dias da Cruz	13.05.1988	2	-
Forwards:				

André	André Luis da Costa Alfredo	21.04.1997	-	-
Caique	Caique da Silva Santos	30.01.1994	1	-
Cléo	Cléverson Gabriel Córdova "Cléo"	09.08.1985	21	1
Crysan	Crysan da Cruz Queiroz Barcelos	07.07.1996	14	-
Douglas Coutinho	Douglas Coutinho Gomes de Souza	08.02.1994	13	2
Edigar Junio	Edigar Junio Teixeira Lima	30.11.1990	5	1
Marco Damasceno	Marco Gabriel Damasceno Alves	11.04.1996	2	-
Wálter	Walter Henrique da Silva	22.07.1989	32	9
Ytalo	Ytalo José Oliveira dos Santos	12.01.1988	16	1
Trainer:				
Milton Mendes	Milton Mendes [20.04.-28.09.2015; Sacked]	25.04.1965	28	
Cristóvão	Cristóvão Borges dos Santos "Cristóvão"	09.06.1959	10	

AVAÍ FUTEBOL CLUBE

Foundation date: September 1, 1923
Address: Avenida Deputado Diomício Freitas, n° 1000, Bairro Carianos, Florianópolis-SC, CEP 88047-400
Stadium: Estádio "Dr. Aderbal Ramos da Silva" [Ressacada], Florianópolis – Capacity: 17,800

THE SQUAD

		DOB	M	G
Goalkeepers:				
Diego	Diego Salgado da Costa Medeiros	02.02.1982	5	-
Duda	Eduardo Moreira Souza "Duda"	15.03.1995	-	-
Vagner	Vagner Antônio Brandalise	24.08.1989	33	-
Vitor	Vitor Prada Maçaneiro	04.08.1992	-	-
Defenders:				
Antonio Carlos	Antonio Carlos Cunha Capocasali Junior	07.03.1993	29	1
Cássio	Cássio Alessandro de Souza	08.07.1986	-	-
Eltinho	Elton Divino Célio "Eltinho"	07.07.1987	8	-
Emerson	Emerson dos Santos Silva	03.05.1983	26	2
Everton Silva	Everton José Modesto Silva	04.08.1988	16	1
Jéci	Jecimauro José Borges "Jéci"	22.04.1980	19	-
Jubal	Jubal Rocha Mendes Júnior	29.08.1993	6	-
Kevin	Kevin Peterson dos Santos Silva	07.09.1997	-	-
Lucas	Lucas Lovat	15.01.1997	1	-
Marrone	Glekson Marrone Pires Santos	15.09.1992	2	-
Nino	Severino de Ramos Clementino da Silva "Nino"	10.01.1986	35	-
Pablo Barros	Pablo de Barros Paulino	03.08.1988	27	-
Romário	Romário Guilherme dos Santos	13.03.1992	32	-
Sander	Sander Henrique Bortolotto	03.10.1993	-	-
Midfielders:				
Adriano	Adriano Bispo dos Santos	29.05.1987	16	-
	Nestor Abraham Camacho Ledesma (PAR)	15.10.1987	12	1
Claudinei	Claudinei Junio de Souza	08.10.1988	7	1
Denner	Denner Nascimento da Luz	06.05.1994	3	-
Eduardo	Eduardo da Silva Nascimento Neto	24.10.1988	27	-
Eduardo Costa	Eduardo Nascimento Costa	23.09.1982	2	-
Juninho	Junior Aparecido Guimaro de Souza "Juninho"	28.05.1989	4	-
Marquinhos	Marcos Vicente Dos Santos "Marquinhos"	29.09.1981	14	2
Philipe Maia	Philipe Maia de Freitas	11.07.1995	-	-
Renan	Renan Martins Pereira	19.09.1997	21	-
Renan Oliveira	Renan Henrique Oliveira Vieira	29.12.1989	24	1

Rudnei	Rudnei da Rosa	07.10.1984	6	-
Tinga	Luiz Otávio Santos de Araújo "Tinga"	12.10.1990	19	-
	Toshiya Tōjō (JPN)	31.10.1992	-	-
Uelliton	Uelliton da Silva Vieira	28.08.1987	1	-
Forwards:				
Anderson Lopes	Anderson José Lopes de Souza	15.09.1993	26	5
André Lima	André Luiz Barretto Silva Lima	03.05.1985	25	10
Bruno Mendes	Bruno Pereira Mendes (POR)	02.08.1994	-	-
Conrado	Paulo Conrado do Carmo Sardin	18.07.1991	3	-
Hugo	Hugo da Silva Cabral	06.09.1988	7	2
Iury	Iury Lirio Freitas de Castilho	06.09.1995	1	-
Leo Gamalho	Leonardo Gamalho de Souza "Leo Gamalho"	30.01.1986	14	5
Roberto	Roberto César Zandim Rodrigues	19.12.1985	19	1
Rômulo	Rômulo dos Santos de Souza	28.04.1995	28	3
Tauã	Tauã Ferreira dos Santos	29.12.1993	5	-
Wilker	Wilker Guimaraes Cruz	04.10.1994	-	-
William Souza	William Salles de Lima Souza Júnior	14.05.1983	7	1
Trainer:				
Gilson Kleina	Gilson Kleina [24.03.-10.11.2015]	30.03.1968	34	
Raul Cabral	Raul Maia Cabral [as of 11.11.2015]	06.10.1981	38	

ASSOCIAÇÃO CHAPECOENSE DE FUTEBOL
Foundation date: May 10, 1973
Address: Rua Clevelandia 807E, Bairro Centro 89801-560, Chapecó
Stadium: Arena Condá, Chapecó - Capacity: 22,600

THE SQUAD

		DOB	M	G
Goalkeepers:				
Danilo	Marcos Danilo Padilha	31.07.1985	33	-
João Paulo	João Paulo Azevedo Barbosa	12.02.1981	-	-
Nivaldo	Jóse Nivaldo Martins Constante	19.03.1974	5	-
Silvio	Silvio Silas da Silva Walenga	11.10.1988	1	-
Defenders:				
Apodi	Luis Dialisson de Souza Alves „Apodi"	13.12.1986	34	4
Dener	Dener Assunção Braz	28.06.1991	35	-
Felipe Zang	Felipe Afonso Zang	21.05.1994	-	-
Igor	Igor Brondani Da Luz	21.03.1995	-	-
Mateus Caramelo	Mateus Lucena dos Santos "Mateus Caramelo"	30.08.1994	4	-
Michel	Michel Gilioli	13.09.1995	-	-
Neto	Hélio Hermito Zampier Neto	16.08.1985	23	3
Pedro	Pedro Guilherme Santos Felipe	25.03.1995	-	-
Rafael Lima	Rafael Ramos de Lima	08.03.1986	24	-
Thiego	Willian Thiego de Jesus	22.07.1986	13	1
Tiago Costa	Tiago da Costa Silva	13.04.1987	2	-
Tiago Saletti	Tiago Saletti	29.01.1983	-	-
Vílson	Vilson Xavier de Menezes Júnior	03.04.1989	18	-
Wesley	Wesley Fernandes Costa	25.08.1996	-	-
Midfielders:				
Abuda	Jucimar Lima Pacheco "Abuda"	22.01.1989	4	-
André Paulinho	André Luiz Paulino de Souza Motta	14.03.1985	-	-
Bruno Silva	Bruno Cesar Pereira da Silva	03.08.1986	31	1
Camilo	Fernando Camilo Farias	09.03.1986	31	3
Cléber Santana	Cléber Santana Loureiro	27.06.1981	26	1
Elicarlos	Elicarlos Souza Santos	08.06.1985	30	1
Flavinho	Flavio Alex Valencio "Flavinho"	27.07.1983	1	-
Gil	José Gildeixon Clemente de Paiva "Gil"	03.09.1987	23	1
Hyoran	Hyoran Kaue Dalmoro	25.05.1993	17	-
Jajá	Jailson Marques Siqueira "Jajá"	07.09.1995	-	-
João Afonso	João Afonso Crispim	09.02.1995	3	-
Lucas Machado	Lucas Machado Pinna	22.02.1994	-	-
Maranhão	Fracinilson Santos Meirelles „Maranhão"	03.05.1990	24	-
Maylson	Maylson Barbosa Teixeira	06.03.1989	3	-
Neném	Odair Souza "Neném"	04.02.1982	11	-
Richarlyson	Richarlyson Barbosa Felisbino	27.12.1982	-	-
Wagner	Wagner Ricardo Silva da Silva	27.05.1991	18	-
Wanderson	Wanderson Pereira Rodrigues	06.10.1980	5	-
Forwards:				
Ananias	Ananias Eloi Castro Monteiro	20.01.1989	30	3
Bruno Rangel	Bruno Rangel Domingues	11.12.1981	19	9
Edmilson	Edmilson Dos Santos Silva	15.09.1982	7	-
Roger	Roger Rodrigues da Silva	07.01.1985	7	1
Tiago Luis	Tiago Luis Martins	13.03.1989	22	1
Tulio	Tulio Vinicius Froes de Melo	31.01.1985	13	5
William Barbio	William Silva Gomes Barbio	22.10.1992	12	-
Yuri	Marcos Yuri Goncalves da Silva de Souza	28.06.1994	-	-
Trainer:				
Vinícius Eutrópio	Vinícius Soares Eutrópio [11.12.2014-14.09.2015; Sacked]	27.06.1976	25	
Guto Ferreira	Augusto Sérgio Ferreira "Guto Ferreira"	07.09.1965	13	

SPORT CLUB CORINTHIANS PAULISTA SÃO PAULO

Foundation date: September 1, 1910
Address: Rua São Jorge, 777 São Paulo, CEP 03087-000
Stadium: Arena Corinthians, São Paulo - Capacity: 47,605

THE SQUAD

		DOB	M	G
Goalkeepers:				
Caíque	Caíque França Godoy	03.06.1995	-	-
Cássio	Cássio Ramos	06.06.1987	35	-
Matheus Caldeira	Matheus Caldeira Vidotto de Oliveria	10.04.1993	-	-
Walter	Walter Leandro Capeloza Artune	18.11.1987	4	-
Defenders:				
Edilson	Edílson Mendes Guimarães	27.07.1986	18	-
Edu Dracena	Eduardo Luís Abonízio de Souza "Edu Dracena"	18.05.1981	16	2
Fábio Santos	Fábio Santos Romeu	16.09.1985	6	1
Fágner	Fágner Conserva Lemos	11.06.1989	26	-
Felipe Monteiro	Felipe Augusto de Almeida Monteiro	16.05.1989	26	1
Gil	Carlos Gilberto Nascimento Silva "Gil"	12.06.1987	34	2
Guilherme Andrade	Guilherme Andrade da Silva	31.01.1989	-	-
Pedro Henrique	Pedro Henrique Ribeiro Gonçalves	02.10.1995	-	-
Rodrigo Sam	Rodrigo Eduardo da Silva "Rodrigo Sam"	24.07.1995	-	-
Uendel	Uendel Pereira Gonçalves	08.10.1988	19	2
Yago	Yago Fernando da Silva	29.08.1992	8	-
Midfielders:				
Bruno Henrique	Bruno Henrique Corsini	21.10.1989	22	1
Cristian	Cristian Mark Junior Nascimento Oliveira Baroni	25.06.1983	13	1
Danilo	Danilo Gabriel de Andrade	11.06.1979	29	-
Elías	Elías Mendes Trindade	16.05.1985	24	5
Guilherme	Guilherme dos Santos Torres	05.04.1991	-	-
Guilherme Lopes	Guilherme Antonio Arana Lopes	14.04.1997	12	1
Jádson	Jádson Rodrigues da Silva	05.10.1983	34	13
Luciano	Luciano da Rocha Neves	18.05.1993	6	5
Marciel	Marciel Silva da Silva	08.03.1995	4	1
Matheus Pereira	Matheus Pereira da Silva	25.02.1998	1	-
Matheus Vargas	Matheus de Vargas	18.06.1996	-	-
Petros	Petros Matheus dos Santos Araujo	29.05.1989	8	-
Ralf	Ralf de Souza Teles	09.06.1984	31	1
Renato Augusto	Renato Soares de Oliveira Augusto	08.02.1988	30	5
Rodriguinho	Rodrigo Eduardo Costa Marinho „Rodriguinho"	27.03.1988	12	2
	Ángel Rodrigo Romero Villamayor (PAR)	04.07.1992	12	-
	Gustavo Agustín Viera Velázquez (PAR)	28.08.1995	-	-
Forwards:				
Claudinho	Cláudio Luiz Rodrigues Parise Leonel "Claudinho"	28.01.1997	-	-
Emerson	Marcio Passos de Albuquerque "Emerson"	06.12.1978	3	-
	José Paulo Guerrero Gonzales (PER)	01.01.1984	2	-
Isaac	Isaac Oliveira Prado	26.01.1995	-	-
Lincom	Orlando Francisco Pires Junior „Lincom"	17.02.1984	3	-
Lucca	Lucca Borges de Brito	14.02.1990	10	3
Malcom	Malcom Filipe Silva de Oliveira	26.02.1997	31	5
	John Stiven Mendoza Valencia (COL)	27.06.1992	10	1
Rildo	Rildo de Andrade Felicissimo	20.03.1989	12	-
Vágner Love	Vágner Silva de Souza "Vágner Love"	11.06.1984	31	14
Trainer:				
Tite	Adenor Leonardo Bacchi "Tite" [as of 15.12.2014]	25.05.1961	38	

CORITIBA FOOT BALL CLUB

Foundation date: October 12, 1909
Address: Rua Ubaldino do Amaral 37, Bairro Alto da Glória 80060-190, Curitiba, Paraná
Stadium: Estádio „Major Antônio Couto Pereira" - Capacity: 37,182

THE SQUAD

		DOB	M	G
Goalkeepers:				
Bruno	Bruno Brigido de Oliveira	09.03.1991	10	-
Rafael Martins	Rafael Martins Claro dos Santos	29.11.1991	-	-
Samuel	Samuel Portugal	29.03.1994	-	-
Vaná	Vanailson Luciano de Souza Alves "Vaná"	25.04.1991	1	-
Wilson	Wilson Rodrigues de Moura Junior	31.01.1984	27	-
Defenders:				
Bonfim	Rafael de Jesus Bonfim	24.07.1991	-	-
Carlinhos	Carlos Emiliano Pereira "Carlinhos"	29.11.1986	26	1
Ceará	Walisson Moreira Farias Maia "Ceará"	21.08.1991	16	-
Eberson	Eberson Silva de Pontes	06.07.1993	-	-
Ednei	Ednei Barbosa de Souza	05.07.1990	-	-
Henrique	Henrique Gelain Custodio	05.01.1995	10	-
Ivan	Ivan Aparecido Martins	25.08.1992	13	-
Jackson	Jackson Alan Tibolla Rodrigues	11.05.1990	-	-
Juan	Juan Maldonado Jaimez Junior	06.02.1982	15	3
Leandro Almeida	Leandro Almeida da Silva	14.03.1987	6	-
Leandro Silva	Leandro Paulino da Silva	07.04.1986	28	-
Lucas Claro	Luccas Claro dos Santos	20.10.1991	16	-
Norberto Neto	Norberto Pereira Marinho Neto	19.07.1990	11	-
Rafael Marques	Rafael Marques Pinto	21.09.1983	9	-
Rodrigo	Rodrigo de Oliveira Ramos	24.05.1995	8	-
Welinton Souza	Welinton Souza Silva	10.04.1989	6	-
Midfielders:				
Alan Santos	Alan Santos da Silva	24.04.1991	16	-
Baiano	Fabricio Santos de Jesus „Baiano"	13.06.1992	5	-
	Luis Enrique Cáceres Centurión (PAR)	16.04.1988	16	1
Esquerdinha	Rubens Raimundo da Silva „Esquerdinha"	10.10.1989	14	-
Hélder	Hélder de Paula Santos	20.06.1984	10	-
Ícaro	Ícaro Cosmo da Rocha	05.08.1993	3	-
João Paulo	João Paulo da Silva	22.02.1985	32	1
Juninho	José Carlos Ferreira Júnior "Juninho"	01.02.1995	19	-
Lúcio Flávio	Lúcio Flávio dos Santos	03.02.1979	25	-
Misael	Misael Bueno	15.07.1994	7	-
Pedro Ken	Pedro Ken Morimoto Moreira	20.03.1987	1	-
Rodolfo	Rodolfo de Almeida Guimarães	03.05.1993	3	-
Ruy	Ruy Franco de Almeida Junior	26.01.1989	18	1
Thiago	Thiago Ferreira Lopes	27.10.1996	7	-
Thiago Galhardo	Thiago Galhardo do Nascimento Rocha	20.07.1989	25	1
Zé Rafael	José Rafael Vivian „Zé Rafael"	16.06.1993	-	-
Forwards:				
Diogo Sodré	Diogo Henrique Sodré	21.03.1991	-	-
Evandro	Evandro da Silva	14.01.1997	10	3
Giva	Givanildo Pulgas da Silva „Giva"	03.01.1993	1	-
	Henrique Almeida Caixeta Nascentes	27.05.1991	20	12
Keirrison	Keirrison de Souza Carneiro	03.12.1988	1	-
Kléber	Kléber Giacomazzi de Souza Freitas	12.08.1983	13	1

Marcos Aurélio	Marcos Aurélio de Oliveira Lima	10.02.1984	14	1
Mateus Oliveira	Mateus Aparecido de Oliveira Fonseca	19.08.1995	1	-
Michel	Michel Das Chagas Henrique	19.05.1989	-	-
Negueba	Guilherme Negueba Ferreira Pinto	07.04.1992	24	2
Paraguaio	Guilherme Parede Pinheiro	19.09.1995	5	-
Paulinho	Paulo Roberto Moccelin "Paulinho"	16.03.1994	4	-
Rafhael Lucas	Rafhael Lucas Oliveira da Silva	30.11.1992	24	2
Rosinei	Rosinei Adolfo	03.05.1983	3	-
Wallyson	Wallyson Ricardo Maciel Monteiro	17.10.1988	2	-
Wellington Paulista	Wellington Pereira do Nascimento	22.04.1983	6	1
Trainer:				
Marquinhos Santos	Marcos Vinícius dos Santos Gonçalves "Marquinhos Santos" [24.08.2014-08.06.2015; Sacked]	24.05.1979	6	
Ney Franco	Ney Franco da Silveira Júnior [10.06.-08.11.2015; Sacked]	22.07.1966	28	
Pachequinho	Eriélton Carlos Pacheco "Pachequinho" [as of 09.11.2016]	26.09.1970	4	

CRUZEIRO ESPORTE CLUBE BELO HORIZONTE

Foundation date: January 2, 1921
Address: Rua Guajajaras, 1722 , Bairro Barro Preto, Belo Horizonte, CEP 30180-101
Stadium: Estádio „Governador Magalhães Pinto" [Mineirão], Belo Horizonte – Capacity: 62,547

THE SQUAD

		DOB	M	G
Goalkeepers:				
Alan	Alan José Bernardon	22.06.1994	-	-
Elisson	Elisson Aparecido Rosa	26.03.1987	-	-
Fábio	Fábio Deivson Lopes Maciel	30.09.1980	36	-
Rafael	Rafael Pires Monteiro	23.06.1989	2	-
Defenders:				
Alex Flávio	Alex Flávio Santos Luz	21.01.1993	-	-
Bruno Almeida	Bruno Edgar Silva Almeida	18.03.1994	3	-
Bruno Rodrigo	Bruno Rodrigo Fenelon Palomo	12.04.1985	22	-
Ceará	Marcos Venâncio de Albuquerque "Ceará"	16.06.1980	19	1
Dedé	Anderson Vital da Silva „Dedé"	01.07.1988	-	-
Dione	Dione Fernendo Carvalho da Silva	22.07.1995	-	-
Douglas Grolli	Douglas Ricardo Grolli	05.10.1989	2	-
Fabiano	Fabiano Leismann	18.11.1991	12	1
Fabrício	Fabrício dos Santos Silva	11.01.1987	25	1
Léo	Leonardo Renan Simões de Lacerda "Léo"	30.01.1988	5	-
Manoel	Manoel Messias Silva Carvalho	26.02.1990	36	1
Mayke	Mayke Rocha de Oliveira	10.11.1992	17	-
	Eugenio Estenan Mena Reveco (CHI)	18.07.1988	6	-
Pará	Anderson Ferreira da Silva "Pará"	23.08.1995	11	-
Paulo André	Paulo André Cren Benini	20.08.1983	17	-
Midfielders:				
Alisson	Alisson Euler de Freitas Castro	25.06.1993	17	3
Allano	Allano Brendon de Souza Lima	24.04.1995	16	-
	Alejandro Ariel Cabral (ARG)	11.09.1987	18	-
Charles	Charles Fernando Basílio da Silva	14.02.1985	25	3
	Giorgian Daniel de Arrascaeta Benedetti (URU)	01.06.1994	23	4
Eurico	Eurico Nicolau de Lima Neto	16.04.1994	3	-

Gabriel Xavier	Gabriel Augusto Xavier	15.07.1993	12	1
Henrique	Henrique Pacheco de Lima	16.05.1985	31	1
Hugo Ragelli	Hugo Ragelli Oliveira Andrade	02.05.1995	-	-
Judivan	Judivan Flor da Silva	21.05.1995	1	-
Luiz Fernando	Luiz Fernando Macedo dos Santos	25.10.1993	-	-
Marcos Vinicius	Marcos Vinicius de Jesus Araújo	26.12.1994	20	3
Marinho	Mário Sérgio Santos Costa "Marinho"	29.05.1990	12	1
	Felipe Ignacio Seymour Dobud (CHI)	23.07.1987	-	-
Uillian Correia	Uillian Correia Granemann	27.09.1989	1	-
Willian	Willian Roberto de Farias	06.06.1989	5	-
Willians	Willians Domingos Fernandes	29.01.1986	29	2
Forwards:				
Henrique	José Henrique da Silva Dourado	15.09.1989	5	-
Júlio Baptista	Júlio César Baptista	01.10.1981	2	-
Leandro Damião	Leandro Damião da Silva dos Santos	22.07.1989	23	4
Marquinhos	Marcos Antônio da Silva Gonçalves "Marquinhos"	19.10.1989	23	1
Neilton	Neilton Meira Mestzk	17.02.1994	1	-
	Duvier Orlando Riascos Barahona (COL)	26.06.1986	1	-
	Diederrick Joel Tagueu Tadjo (CMR)	06.12.1993	11	1
Vinícius Araújo	Vinícius Vasconcelos Araújo	22.02.1993	12	2
Willian	Willian Gomes de Siqueira	19.11.1986	28	11
Trainer:				
Marcelo	Marcelo de Oliveira Santos [03.12.2012-02.06.2015; Sacked]	04.03.1955	5	
Luxemburgo	Vanderlei Luxemburgo da Silva [02.06.-31.08.2015; Sacked]	10.05.1952	16	
Mano Menezes	Luiz Antônio Venker de Menezes "Mano Menezes" [as of 31.08.2015]	11.06.1962	17	

FIGUEIRENSE FUTEBOL CLUBE FLORIANÓPOLIS
Foundation date: June 12, 1921
Address: Rua Humaitá 194, Bairro Estreito, 88070-730 Florianópolis
Stadium: Estádio „Orlando Scarpelli",Florianópolis – Capacity: 19,908

THE SQUAD

		DOB	M	G
Goalkeepers:				
Alex Rafael	Alex Roberto Santana Rafael	10.11.1989	35	-
Alvino Neto	Alvino Volpi Neto	01.08.1992	-	-
Júnior Oliveira	Jucemar de Oliveira Cordeiro Júnior "Júnior Oliveira"	02.01.1990	-	-
Luan Polli	Luan Polli Gomes	06.04.1993	-	-
Defenders:				
Bruno Alves	Bruno Fabiano Alves	16.04.1991	22	1
Henrique	Henrique de Souza Trevisan	20.01.1997	-	-
Juninho	Evanildo Borges Barbosa Junior "Juninho"	11.01.1990	12	-
Leo Rodrigues	Leonardo Rodrigues "Leo Rodrigues"	06.04.1991	-	-
Marquinhos Pedroso	Marcos Garbellotto Pedroso "Marquinhos Pedroso"	04.10.1993	22	1
Nirley	Nirley da Silva Fonseca	09.04.1988	1	-
Saimon	Saimon Pains Tormen	03.03.1991	10	-
Sueliton	Sueliton Pereira de Aguiar	19.08.1986	10	-
Thiago Heleno	Thiago Heleno Henrique Ferreira	17.09.1988	25	-
William	William Cordeiro Melo	15.07.1993	1	-

	Midfielders:			
Alemão	José Carlos Tofolo Júnior "Alemão"	02.03.1989	4	-
Bruno Dybal	Bruno de Araújo Dybal	03.03.1994	3	-
Bruno Santos	Bruno Antonio dos Santos	13.06.1995	-	-
Carlos Alberto	Carlos Alberto Gomes de Jesus	11.12.1984	14	3
Celsinho	Celso Luis Honorato Júnior "Celsinho"	25.08.1988	7	-
	Roberto Andrés Cereceda Guajardo (CHI)	10.10.1984	13	-
Dener	Dener Gonçalves Pinheiro	12.04.1995	15	-
Fabinho	Fabio Gonçalves "Fabinho"	19.11.1986	33	1
Felipe	Felipe de Oliveira Silva	28.05.1990	2	-
França	Welington Wildy Muniz dos Santos "França"	21.04.1991	2	-
Guilherme Lazaroni	Guilherme Henrique dos Reis Lazaroni	18.11.1992		
Hyago	Hyago de Medeiros Engelmann	03.01.1995	-	-
Jackson Sousa	Jackson Fernando de Sousa	10.08.1990	-	-
Jean Deretti	Jean Alexandre Deretti	01.05.1993	1	-
Jefferson	Jefferson Nogueira Junior	22.01.1994	5	-
João Vitor	João Vitor Lima Gomes	01.06.1988	22	1
Leandro Silva	Leandro da Silva	22.09.1988	32	1
Léo Lisboa	Leonardo Santos Lisboa "Léo Lisboa"	01.06.1994	1	-
Luan	Luan José Nidezielski	11.02.1991	1	-
Marquinhos	Marcos Roberto da Silva Barbosa "Marquinhos"	21.10.1982	21	3
Matheusinho	Matheus Martins Fogaça de Paulo "Matheusinho"	18.10.1997	-	-
Paulo Roberto	Paulo Roberto da Silva	06.03.1987	24	1
Rafael Bastos	Rafael Bastos	01.01.1985	25	1
Ricardinho	Ricardo de Souza Silva "Ricardinho"	10.06.1985	13	1
Talhetti	Maicon Talhetti	23.02.1990	-	-
Thiago Santana	Thiago Santos Santana	04.02.1993	25	4
Yago	Yago Felipe da Costa Rocha	13.02.1995	28	1
	Forwards:			
Carlos Henrique	Carlos Henrique Alves Pereira	27.02.1995	1	-
Clayton	Clayton da Silveira da Silva	23.10.1995	29	7
Dudu	Luiz Eduardo dos Santos Gonzaga "Dudu"	21.04.1990	21	6
Elias	Constantino Pereira Filho §Elias"	13.02.1987	9	-
Everaldo	Everaldo Stum	05.07.1991	11	-
Jonatan	Jonatan Ponciano Silva	30.08.1991		-
Marcão	Marcos Assis Santana "Marcão"	25.09.1985	25	3
Marcelo	Marcelo Henrique França de Siqueira	23.05.1994	2	-
Mazola	Marcelino Júnior Lopes Arruda "Mazola"	08.05.1989	4	-
	Trainer:			
Argel	Argélico Fucks [24.07.2014-13.08.2015]	04.09.1974	18	
René Simões	René Rodrigues Simões [17.08.-16.09.2015; Sacked]	17.12.1952	8	
Hudson Coutinho	Hudson José Coutinho [as of 22.09.2015]	12.07.1972	12	

CLUBE DE REGATAS DO FLAMENGO RIO DE JANEIRO
Foundation date: November 15, 1895
Address: Av. Borges de Medeiros, 997, Gávea, Rio de Janeiro, CEP 22430-041
Stadium: Estadio "Jornalista Mário Filho" [Maracanã], Rio de Janeiro – Capacity: 78,838

THE SQUAD

		DOB	M	G
Goalkeepers:				
César	César Bernardo Dutra	27.01.1992	13	-
Daniel	Daniel Miller Tenenbaum	19.04.1995	-	-
Paulo Victor	Paulo Victor Mileo Vidotti	12.01.1987	25	-
Defenders:				
Anderson Pico	Anderson da Silveira Ribeiro "Anderson Pico"	04.11.1988	4	-
	Pablo Estifer Armero (COL)	02.11.1986	4	-
Ayrton	Ayrton Luiz Ganino	19.04.1985	13	1
Bressan	Matheus Simonete Bressanelli "Bressan"	15.01.1993	4	-
César	César Henrique Martins	28.12.1992	20	-
Digão	Rodrigo Longo Freitas „Digão"	12.03.1993	-	-
Marcelo	Marcelo Augusto Mathias da Silva	26.08.1991	11	-
Pará	Marcos Rogério Ricci Lopes "Pará"	14.02.1986	29	1
Rafael	Rafael Dumas Ribeiro	13.03.1995	-	-
Rodrigo Frauches	Rodrigo Frauches de Souza Santos	28.09.1992	1	-
Samir	Samir Caetano de Souza Santos	05.12.1994	20	-
Thallyson	Thallyson Augusto Tavares Dias	01.12.1991	-	-
Wallace	Wallace Reis da Silva	26.12.1987	28	1
Midfielders:				
Alan Patrick	Alan Patrick Lourenço	13.05.1991	26	7
Almir	Almir Lopes de Luna	20.05.1982	6	-
Arthur Maia	Arthur Brasiliano Maia	13.10.1992	5	-
	Víctor Javier Cáceres Centurión (PAR)	25.03.1985	5	-
	Héctor Miguel Canteros (ARG)	15.03.1989	34	2
Ederson	Honorato Campos Ederson	13.01.1986	8	3
Éverton	Éverton Cardoso da Silva	11.12.1988	33	4
Gabriel	Gabriel Santana Pinto	06.01.1990	24	4
Jajá	Hugo Gomes dos Santos Silva "Jajá"	18.03.1995	5	-
Jonas	Jonas Gomes de Sousa	18.10.1991	19	-
Jorge	Jorge Marco de Oliveira Moraes	28.03.1996	22	-
Luiz Antônio	Luiz Antônio de Souza Soares	11.03.1991	14	1
Márcio Araújo	Márcio Rodrigues Araújo	11.06.1984	33	-
Matheus Sávio	Matheus Gonçalves Sávio	15.04.1997	1	-
	Lucas Andrés Mugni (ARG)	12.01.1992	1	-
Ronaldo	Ronaldo da Silva Souza	23.10.1996	1	-
Forwards:				
Alecsandro	Alecsandro Barbosa Felisbino	04.02.1981	4	1
Douglas Baggio	Douglas Baggio de Oliveira Costa	02.02.1995	-	-
Eduardo	Eduardo Alves da Silva	25.02.1983	9	2
Emerson	Marcio Passos de Albuquerque "Emerson"	06.12.1978	22	5
	José Paulo Guerrero Gonzales (PER)	01.01.1984	15	3
Kayke Rodrigues	Kayke Moreno de Andrade Rodrigues	01.04.1988	16	6
Marcelo	Marcelo Cirino da Silva	22.01.1991	20	1
Nixson	Nixson Darlanio Reis Cardoso	20.07.1992	-	-
Paulinho	Paulo Luiz Beraldo Santos "Paulinho"	14.06.1988	25	3
Thiago	Thiago Nascimento dos Santos	12.04.1995	1	-
Trainer:				
Luxemburgo	Vanderlei Luxemburgo da Silva [23.07.2014-27.05.2015; Sacked]	10.05.1952	3	
Cristóvão	Cristóvão Borges dos Santos [28.05.-20.08.2015]	09.06.1959	16	
Oswaldo de Oliveira	Oswaldo de Oliveira Filho [20.08.-28.11.2015]	05.12.1950	18	
Jayme de Almeida	Jayme de Almeida Filho [as of 28.11.2015]	17.03.1953	1	

FLUMINENSE FOOTBALL CLUB RIO DE JANEIRO

Foundation date: July 21, 1902
Address: Rua Álvaro Chaves, 41, Laranjeiras, Rio de janeiro, CEP 22231-220
Stadium: Estadio "Jornalista Mário Filho" [Maracanã], Rio de Janeiro – Capacity: 78,838

THE SQUAD

		DOB	M	G
Goalkeepers:				
Diego Cavalieri	Diego Cavalieri	01.12.1982	35	-
Júlio César	Júlio César Jacobi	02.09.1986	2	-
Kléver	Kléver Rodrigo Gomes Ruffino	20.06.1989	1	-
Marcos	Marcos Felipe de Freitas Monteiro	13.04.1996	2	-
Defenders:				
Antônio Carlos	Antônio Carlos dos Santos Aguiar	22.06.1983	17	-
Artur	Artur Jesus Vieira	11.06.1990	1	-
Ayrton	Ayrton Lucas Dantas de Medeiros	19.06.1997	4	-
Breno	Breno Goncalves Lopes	28.09.1990	5	-
Edson	Edson Felipe da Cruz	01.07.1991	26	2
Gerson	Gerson Santos da Silva	20.07.1997	28	2
Giovanni	Giovanni Palmieri dos Santos	03.06.1989	12	-
Gum	Wellington Pereira Rodrigues „Gum"	04.01.1986	29	1
Henrique	Carlos Henrique dos Santos Souza	02.05.1983	8	-
João Filipe	João Filipe Rabelo da Costa e Silva	10.06.1988	-	-
Jonathan	Jonathan Cícero Moreira	27.02.1986	3	-
Marlon	Marlon Santos da Silva Barbosa	07.09.1995	24	-
Renato	José Renato da Silva Júnior	19.01.1990	12	-
Victor	Victor Oliveira	28.04.1994	6	-
Vinicius	Vinicius Goes Barbosa de Souza	15.04.1991	20	3
Wellington Silva	Wellington do Nascimento Silva	06.03.1988	28	1
Ygor Nogueira	Ygor Nogueira de Paula	27.03.1995	2	-
Midfielders:				
	Bryan Olivera Calvo (URU)	11.03.1994	-	-
Cícero	Cícero Santos	26.08.1984	19	3
Douglas	Douglas Augusto Soares Gomes	13.01.1997	3	-
Gustavo	Gustavo Henrique Furtado Scarpa	05.01.1994	28	4
Higor	Higor Rodrigues Barbosa Leite	02.06.1993	7	-
Jean	Jean Raphael Vanderlei Moreira	24.06.1986	32	4
Leo	Leonardo Pinheiro da Conceição "Leo"	06.03.1996	6	-
Luiz Fernando	Luiz Fernando Ferreira Maximiliano	08.04.1995	-	-
Pierre	Lucas Pierre Santos Oliveira	19.01.1982	18	-
Rafinha	Rafael Gimenes da Silva "Rafinha"	05.08.1993	3	-
Robert	Robert Gonçalves Santos	28.09.1996	4	1
Ronaldinho	Ronaldo de Assis Moreira "Ronaldinho"	21.03.1980	7	-
Wagner	Wagner Ferreira dos Santos	29.01.1985	9	1
Willian	Willian Osmar de Oliveira Silva	16.05.1993	-	-
Forwards:				
Fred	Frederico Chaves Guedes „Fred"	03.10.1983	23	9
Kenedy	Robert Kenedy Nunes do Nascimento	08.02.1996	1	-
Lucas	Lucas Gomes da Silva	29.05.1990	15	1
Magno Alves	Magno Alves de Araujo	13.01.1976	18	-
Marcos Júnior	Marcos Júnior Lima dos Santos	19.01.1993	28	5
Marlone	Johnath Marlone Azevedo da Silva	02.04.1992	1	-
	Hernán Alejandro Martinuccio (ARG)	16.12.1987	-	-
Michael	Michael Vinicius Silva de Morais	19.04.1993	5	-
Osvaldo	Osvaldo Lourenço Filho	11.04.1987	20	1
Wellington Paulista	Wellington Pereira do Nascimento "Wellington Paulista"	22.04.1983	17	1
Trainer:				
Ricardo Drubscky	Sebastião Ricardo Drubscky de Campos [24.03.-20.05.2015; Sacked]	20.01.1962	2	
Enderson Moreira	Enderson Alves Moreira [21.05.-16.09.2015; Sacked]	28.09.1971	24	
Eduardo Baptista	Eduardo Alexandre Baptista [as of 17.09.2015]	30.03.1970	12	

GOIÁS ESPORTE CLUBE GOIÂNIA

Foundation date: April 6, 1943
Address: Avenida Edmundo Pinheiro de Abreu 721, Setor Bela Vista, 74823-030 Goiânia, Goiás
Stadium: Estádio Serra Dourada, Goiânia - Capacity: 50,049

THE SQUAD

		DOB	M	G
Goalkeepers:				
Matheus Alves	Matheus Alves	15.12.1994	-	-
Paulo Henrique	Paulo Henrique Alves de Faria	12.05.1994	3	-
Renan	Renan Brito Soares	24.01.1985	35	-
Wallace	Wallace Costa Andrade	14.04.1992	-	-
Defenders:				
Alex Alves	Alex Alves Cardoso	25.08.1992	17	-
Baiano	Joemison Santos Barbosa "Baiano"	12.10.1994	-	-
Bocão	Jonathan Ferreira da Silva "Bocão"	03.11.1992	-	-
Clayton Sales	Clayton Sales Paulino	24.02.1993	7	-
Diogo	Diogo Barbosa Mendonha	17.08.1992	26	-
Everton	Everton Pereira	21.08.1995	9	-
Felipe	Felipe Francisco Macedo	27.03.1994	29	-
Fred	Frederico Burgel Xavier "Fred"	15.01.1986	33	6
Rafael Forster	Rafael Forster	23.07.1990	18	-
Rodrigo	Rodrigo Baldasso Da Costa	27.08.1980	30	1
Tulio	Tulio Rocha Lima	24.06.1993	-	-
Valmir Lucas	Valmir Lucas de Oliveira	12.01.1989	3	-
Midfielders:				
Arthur	Arthur Rodrigues Rezende	21.03.1994	12	-
David	David França Oliveira e Silva	29.05.1982	26	1
Deivid	David de Duarte Macedo "Deivid"	24.01.1995	2	-
Felipe Menezes	Felipe Jácomo Menezes	20.01.1988	25	4
Gelson	Gelson Luis Pinto Mello	20.01.1994	1	-
Gimenez	Guilherme Gimenez de Souza	18.06.1995	23	-
Juliano	Juliano Real Pacheco	06.04.1990	8	-
Liniker	Liniker da Silva Moreira	08.03.1993	19	1
Murilo	Murilo Henrique Pereira Rocha	20.11.1994	18	-
Patrick	Patrick Bezerra Do Nascimento	29.07.1992	31	-
Paulo Henrique	Paulo Oliveira da Silva "Paulo Henrique"	12.01.1993	-	-
Péricles	Péricles da Silva Nunes	24.03.1994	7	1
Pither	Pither Reis Pinto	25.04.1994	-	-
Ramón	Ramón Rodrigo de Freitas	07.04.1983	-	-
Robert Geannine	Robert Geannine de Souza Campos	04.09.1991	3	-
William Kozlowski	William Kozlowski Alves da Silva	19.11.1983	10	-
Ygor	Ygor Maciel Santiago	01.06.1984	12	-
Forwards:				
Bruno Henrique	Bruno Henrique Pinto	30.12.1990	33	7
Carlos	Carlos Eduardo Ferreira de Souza	10.10.1996	16	2
Erik	Erik Nascimento de Lima	18.07.1994	26	10
Esquerdinha	Rubens Raimundo da Silva "Esquerdinha"	10.10.1989	1	-
Felipe	Felipe Saturnino Gomes	10.08.1995	-	-
Jarlan	Jarlan Pinheiro da Silva	17.05.1994	2	-
Juba	Juberci Alves da Cruz "Juba"	03.11.1984	1	-
Lucas Coelho	Lucas Coelho	20.07.1994	9	-
Ruan	Ruan Carlos Gomes Costa da Silva	11.05.1990	7	-
Wesley	Wesley Pacheco Gomes	24.04.1990	12	1

Zé Eduardo	José Eduardo Bischofe de Almeida "Zé Eduardo"	29.10.1987	15	3
Trainer:				
Hélio dos Anjos	Hélio César dos Anjos Pinto [06.04.-30.06.2015; Sacked]	07.03.1958	9	
Julinho Camargo	Júlio César Valduga Camargo "Julinho Camargo" [07.07.-17.09.2015; Sacked]	12.01.1971	17	
Artur Neto	Artur Alves da Silva Neto [18.09.-18.10.2015; Resigned]	17.01.1955	5	
Danny Sérgio	Danny Sérgio Guissoni [as of 19.10.2015]	21.03.1978	7	

GRÊMIO FOOT-BALL PORTO ALEGRENSE

Foundation date: September 15, 1903
Address: Rua Largo dos Campeões, 1, Porto Alegre (RS), CEP 9088 – 0440
Stadium: Arena do Grêmio, Porto Alegre – Capacity: 55,662

THE SQUAD

		DOB	M	G
Goalkeepers:				
Bruno Grassi	Bruno Medeiros Grassi	05.03.1987	4	-
Leonardo	Leonardo Cesar Jardim	20.03.1995	-	-
Marcelo Grohe	Marcelo Grohe	13.01.1987	24	-
Tiago Machowski	Tiago Machowski	16.05.1993	12	-
Vitor	Vitor Monteiro Luz	11.01.1996	-	-
Defenders:				
Bressan	Matheus Simonete Bressanelli „Bressan"	15.01.1993	9	1
Denilson	Denilson dos Santos de Souza	18.04.1995	-	-
	Frickson Rafael Erazo Vivero (ECU)	05.05.1988	23	1
Gabriel	Gabriel Rodrigues dos Santos	28.02.1989	-	-
Gabriel Silva	Gabriel Teixeira da Silva	03.03.1995	2	-
Geromel	Pedro Tonon Geromel	21.09.1985	31	-
Junior	Carlos Eugenio Júnior Tavares dos Santos	07.08.1996	2	-
Léo Campos	Leonardo de Campos "Léo Campos"	03.07.1992	-	-
Lucas	Lucas Ramon Batista Silva	07.03.1994	6	-
Marcelo Hermes	Marcelo Hermes	02.01.1995	7	-
Moisés	Moisés Francisco Dallazen	09.08.1990	8	-
Rafael Galhardo	Rafael Galhardo de Souza	30.10.1991	33	2
Rafael Thyere	Rafael Thyere de Albuquerque Marques	17.05.1993	4	-
Raul	Raul José Cardoso	04.04.1997	-	-
Rhodolfo	Luiz Rhodolfo Dini Gaioto	11.08.1986	11	1
	Matías Nicolas Rodríguez (ARG)	14.04.1986	2	1
Tony Ewerton	Tony Ewerton Ramos da Silva	04.08.1989	-	-
Wesley	Wesley Craudio Campos	10.02.1995	-	-
Midfielders:				
Araujo	Teodoro Junior Barbosa de Araujo	16.05.1995	1	-
Arthur	Arthur Henrique Ramos de Oliveira Melo	12.08.1996	-	-
Douglas	Douglas dos Santos	18.02.1982	31	5
Edinho	Edimo Ferreira Campos „Edinho"	15.01.1983	19	-
Fellipe Bastos	Fellipe Ramos Ignez Bastos	01.02.1990	6	-
Giuliano	Giuliano Victor de Paula	31.05.1990	35	6
Kaio	Kaio Silva Mendes	18.03.1995	-	-
Leandro Porto	Leandro Porto Torma	23.11.1994	-	-
Lincoln	Lincoln Henrique Oliveira dos Santos	07.11.1998	2	-
Maicon	Maicon Thiago Pereira de Souza	14.09.1985	23	1

Marcelo Oliveira	Marcelo Oliveira Ferreira	29.03.1987	33	2
Matheus Biteco	Matheus Bitencourt da Silva „Matheus Biteco"	28.06.1995	-	-
Ramiro	Ramiro Moschen Benetti	22.05.1993	5	-
Rondinelly	Rondinelly de Andrade Silva	08.02.1991	-	-
	Maximiliano Rodríguez Maeso (URU)	02.10.1990	9	1
Tontini	Felipe Tontini da Silveira	16.07.1996	-	-
Walace	Walace Souza Silva	04.04.1995	34	-
Willian Schuster	William Schuster Dornelles da Silva	31.05.1987	3	-
Forwards:				
Balbino	Anderson Balbino Assis	19.01.1997	-	-
Bobô	Deivson Rogerio Da Silva "Bobô"	09.01.1985	20	5
Everton	Everton Sousa Soares	22.03.1996	14	4
Fernandinho	Luiz Fernando Pereira da Silva „Fernandinho"	25.11.1985	16	1
Léo Tilica	Leonardo Costa Silva "Léo Tilica"	20.04.1995	-	-
Luan	Luan Guilherme de Jesús Vieira	27.03.1993	33	10
Pedro Rocha	Pedro Rocha Neves	01.10.1994	34	5
	Braian Damián Rodríguez Carballo (URU)	14.08.1986	14	-
Vitinho	Vitinho Neves Rangel	08.09.1990	6	-
Yuri Mamute	Yuri Souza Almeida "Yuri Mamute"	07.05.1995	15	3
Trainer:				
Felipão	Luiz Felipe Scolari „Felipão" [28.07.2014-19.05.2015; Resigned]	09.11.1948	2	
James Freitas	James Francisco Freitas Iahnke [20-26.05.2015; Caretaker]	16.08.1968	1	
Roger	Roger Machado Marques [as of 26.05.2015]	25.04.1975	35	

SPORT CLUB INTERNACIONAL PORTO ALEGRE

Foundation date: April 4, 1909
Address: Av. Padre Cacique, 891, Menino Deus, Porto Alegre, CEP 90810-240
Stadium: Estádio "José Pinheiro Borda" [Beira-Rio], Porto Alegre – Capacity: 50,128

THE SQUAD

		DOB	M	G
Goalkeepers:				
Alisson	Alisson Ramses Becker	02.10.1992	26	-
Dida	Nelson de Jesús da Silva "Dida"	10.07.1973	-	-
Jacsson	Jaccson Antonio Wichnovski	12.03.1994	-	-
Muriel	Muriel Gustavo Becker	14.02.1987	13	-
Defenders:				
Alan	Alan Henrique Costa	31.10.1990	10	-
Artur	Artur Sergio Batista de Souza	05.08.1994	13	-
	Joël Iván Bregonis Mundo (URU)	23.01.1996	-	-
Cláudio Winck	Cláudio Winck Neto	15.04.1994	1	-
Ebert	Ebert Cardoso da Silva	25.05.1993	-	-
Eduardo	Eduardo Gabriel dos Santos Bauermann	13.02.1996	3	1
Eriks	Eriks Santos	23.02.1996	-	-
Ernando	Ernando Rodrigues Lopes	17.04.1988	30	2
Juan	Juan Silveira dos Santos	01.02.1979	10	-
Leo	Leonardo Moreira Morais „Leo"	03.10.1991	8	-
Matheus Bertotto	Matheus Hanauer Bertotto	15.06.1993	5	-
Matheus Oliveira	Matheus Oliveira de Souza	06.09.1996	-	-
Paulão	Paulo Marcos De Jesus Ribeiro "Paulão"	25.02.1986	24	2
Réver	Réver Humberto Alves Araújo	04.01.1985	17	2

Rodrigo Moledo	Rodrigo Modesto da Silva Moledo	27.10.1987	-	-
William	William de Asevedo Furtado	03.04.1995	29	-
Midfielders:				
Adniellyson Silva	Adniellyson da Silva Oliveira	07.09.1995	6	-
Alan Ruschel	Alan Luciano Ruschel	23.08.1989	6	-
Alex	Alex Raphael Meschini	25.03.1982	24	1
Alex Santana	Alex Paulo Menezes Santana	13.05.1995	1	-
Anderson	Anderson Luís de Abreu Oliveira	13.04.1988	30	-
Andrigo	Andrigo Oliveira de Araújo	27.02.1995	1	-
	Andrés Nicolás D'Alessandro (ARG)	15.04.1981	15	-
Eduardo Sasha	Eduardo Colcenti Antunes "Eduardo Sasha"	24.02.1992	15	2
	Nicolás Andrés Freitas Silva (URU)	08.06.1987	16	-
Geferson	Geferson Cerqueira Teles	13.05.1994	12	-
Jair	Jair Rodrigues Júnior	26.08.1994	-	-
Lucas Marques	Lucas Marques de Oliveira	24.05.1995	1	-
	Carlos Martín Luque (ARG)	01.03.1993	1	-
Milla	Luís Fernando Müller "Milla"	09.12.1997	-	-
Nílton	Nílton Ferreira Júnior	21.04.1987	24	2
Rodrigo Dourado	Rodrigo Dourado Cunha	17.06.1994	30	1
Silas	Silas Araujo Da Silva	30.05.1996	-	-
Taiberson Ruan	Taiberson Ruan Menezes Nunes	18.11.1993	13	-
Valdivia	Wanderson Ferreira de Oliveira „Valdivia"	04.10.1994	26	6
Wellington	Wellington Aparecido Martins	28.01.1991	15	-
Zé Mário	José Mário de Bona "Zé Mário"	20.02.1992	3	-
Forwards:				
Alisson Farias	Alisson Alves Farias	07.04.1996	10	-
Bruno Baio	Bruno Henrique Baio Baio da Cunha	03.10.1995	1	-
Bruno Gomes	Bruno Gomes de Oliveira Conceiçao	19.07.1996	-	-
Gustavinho	Gustavo Ramos Vasconcelos de Oliveira "Gustavinho"	02.07.1996	-	-
Jorge Henrique	Jorge Henrique de Souza	23.04.1982	5	-
	Lisandro López (ARG)	02.03.1983	24	4
Nilmar	Nilmar Honorato da Silva	14.07.1984	7	3
Rafael Moura	Rafael Martiniano de Miranda Moura	23.05.1983	21	1
Vitinho	Victor Vinícius Coelho dos Santos "Vitinho"	09.10.1993	33	11
Trainer:				
	Diego Vicente Aguirre Camblor (URU) [22.12.2014-06.08.2015; Sacked]	13.09.1965	16	
Odair Hellmann	Odair Hellmann [06.08.-12.08.2015; Caretaker]	22.01.1997	1	
Argel	Argélico Fucks [as of 13.08.2015]	04.09.1974	21	

JOINVILLE ESPORTE CLUBE

Foundation date: January 29, 1976
Address: Rua Inácio Basto 1084, Bairro Bucarein 89202-310, Joinville, Santa Catarina
Stadium: Arena Joinville, Joinville – Capacity: 22,675

THE SQUAD

		DOB	M	G
Goalkeepers:				
Agenor	Agenor Detofol	11.12.1989	32	-
Jhonatan	Jhonatan Luiz da Siqueira	08.05.1991	-	-
Matheus	Matheus Albino Carneiro	04.02.1995	-	-
Oliveira	Ederaldo Antonio de Oliveira	17.10.1981	6	-
Vitor	Vitor Ferreira de Paiva	13.12.1994	-	-
Defenders:				
Alef	Alef Vieira Santos	10.09.1993	3	-
Arnaldo	Arnaldo Manoel de Almeida	15.04.1992	4	-
Bruno Aguiar	Bruno Henrique Fortunato Aguiar	25.03.1986	18	2
Dankler	Dankler Luis de Jesus Pereira	24.01.1992	9	-
Danrlei	Danrlei Rosa dos Santos	01.08.1994	10	-
Diego Rodrigues	Diego Jara Rodrigues	21.09.1995	25	-
Douglas Silva	Douglas da Silva	07.03.1984	8	-
Dráusio	Dráusio Luis Salla Gil	21.08.1991	-	-
Edson Ratinho	Edson Ramos Da Silva	31.05.1986	14	-
Eusébio	José Jefferson Rodrigues de Oliveira "Eusébio"	22.09.1985	-	-
Guti	Gutieri Tomelin "Guti"	29.06.1991	34	1
Heracles	Heracles Paiva Aguiar	18.09.1992	3	-
Igor	Igor da Silva Candiota	27.06.1996	-	-
Joãozinho	João Lucas Lima Silva "Joãozinho"	28.02.1996	-	-
Luiz Gustavo	Luiz Gustavo Domingues	28.09.1988	7	-
Mario Sérgio	Mario Sérgio Gomes de Souza	16.01.1992	22	1
Rafael Donato	Rafael Ferreira Donato	17.03.1989	9	2
Rogério	Rogério Rodrigues da Silva	14.03.1984	9	-
Sueliton	Sueliton Pereira de Aguiar	19.08.1986	6	-
Wellington Saci	Wellington Aleixo dos Santos	05.01.1985	2	-
Midfielders:				
Anselmo	Anselmo de Moraes	20.02.1989	29	-
Augusto	Augusto Cesar dos Santos Moreira	16.08.1992	8	-
Fabrício	Fabricio de Souza	05.07.1982	9	-
Geandro	Geandro Augusto de Paula	26.11.1987	-	-
Ítalo Melo	Ítalo Melo Oliveira	25.02.1993	7	-
Juninho	Luiz Carlos dos Santos Júnior "Juninho"	16.03.1995	2	-
Kadu	Carlos Eduardo Antônio dos Santos "Kadu"	08.09.1996	20	1
Lucas Crispim	Lucas de Figueiredo Crispim	19.06.1994	20	-
Luiz Meneses	Luiz Felipe Costa Meneses	15.10.1996	3	-
Marcelinho	Marcelo dos Santos Paraíba "Marcelinho"	17.05.1975	29	5
Marcelo Costa	Marcelo Pereira da Costa	24.07.1980	12	-
Naldo	Marinaldo dos Santos Oliveira "Naldo"	13.05.1990	24	-
Renatinho	Renato Augusto Santos Junior "Renatinho"	29.01.1992	1	-
Silvinho	Silvio José Cardoso Reis Junior "Silvinho"	01.07.1990	9	1
Yuri	Yuri Naves Roberto	07.10.1989	4	-
Forwards:				
Adriano	Adriano Soares Filgueira	22.06.1996	-	-
Bruno Furlan	Bruno de Oliveira Furlan	09.07.1992	-	-
Edigar Junio	Edigar Junio Teixeira Lima	30.11.1990	20	1

Fernando Viana	Fernando Viana Jardim Silva	20.02.1992	11	1
Jael	Jael Ferreira Vieira	30.10.1988	3	-
Kempes	Everton Kempes dos Santos Gonçalves	03.08.1982	30	6
Ilian Popp	Ilian Popp		1	-
Marion	Marion Silva Fernandes	07.09.1991	13	-
Mateus	Mateus Silva Machado	27.08.1996	1	-
Niltinho	Nilton Soares Rodrigues "Niltinho"	11.09.1993	5	-
Rafael	Rafael Furlan Soares	20.09.1994	2	1
Rafael Costa	Rafael Costa dos Santos	23.08.1987	2	-
Ricardo Bueno	Ricardo Bueno da Silva	15.08.1987	5	1
Tiago Luis	Tiago Luis Martins	13.03.1989	5	-
	Mariano Sebastián Trípodi (ARG)	03.07.1987	3	1
Welinton	Welinton Junior Ferreira dos Santos	08.06.1993	3	-
William Henrique	William Henrique Rodrigues da Silva	28.01.1992	3	-
Willian Popp	Willian Popp	13.03.1994	24	1
Trainer:				
Hemerson Maria	Hemerson José Maria [01.01.2014-04.06.2015; Sacked]	04.05.1972	5	
Adílson Batista	Adílson Dias Batista [05.06.-26.07.2015; Sacked]	16.03.1968	10	
PC Gusmão	Paulo César Lopes de Gusmão [as of 27.07.2015]	19.05.1962	23	

SOCIEDADE ESPORTIVA PALMEIRAS SÃO PAULO
Foundation date: August 26, 1914
Address: Rua Turiaçu 1840, Perdizes 05005-000, São Paulo
Stadium: Allianz Parque [Palestra Itália Arena], São Paulo – Capacity: 43,600

THE SQUAD				
		DOB	M	G
Goalkeepers:				
Aranha	Mario Lúcio Duarte Costa "Aranha"	17.11.1980	-	-
Fabio	Fabio Szymonek	11.05.1990	2	-
Fernando Prass	Fernando Büttenbender Prass	09.07.1978	36	-
Jaílson	Jaílson Marcelino dos Santos	20.07.1981	-	-
Vinicius	Vinicius Silvestre da Costa	28.03.1994	-	-
Defenders:				
Ayrton	Ayrton Luiz Ganino	19.04.1985	3	-
Daniel	Daniel de Carvalho	13.05.1996	-	-
Dudu	Eduardo Pereira Rodrigues "Dudu"	07.01.1992	27	10
Egidio	Egidio de Araujo Pereira Júnior	16.06.1986	30	1
Jackson Souza	Jackson de Souza	01.05.1990	18	3
João Paulo	João Paulo Gomes da Costa	01.07.1986	6	-
João Pedro	João Pedro Maturano dos Santos	15.11.1996	11	-
Juninho	Evanildo Borges Barbosa Junior "Juninho"	11.01.1990	2	-
Leandro Almeida	Leandro Almeida da Silva	14.03.1987	13	-
Lucas	Lucas Rios Marques	26.03.1988	28	2
Lucas Taylor	Lucas Taylor Maia Reis	10.04.1995	3	-
Nathan Cardoso	Nathan Raphael Pelae Cardoso	13.05.1995	3	-
	Fernando Omar Tobio (ARG)	18.10.1989	1	-
Victor Luís	Victor Luís Chuab Zamblauskas	23.06.1993	-	-
Victor Ramos	Victor Ramos Ferreira	05.05.1989	17	2
Vitor Hugo	Vitor Hugo Francheschcoli de Souza	20.05.1991	30	4
Wellington Silva	Wellington Silva Pinto	30.09.1991	-	-
Midfielders:				
Alan Patrick	Alan Patrick Lourenço	13.05.1991	2	-

	Agustin Leonel Allione (ARG)	28.10.1994	12	-
Amaral	Willian José de Souza "Amaral"	07.10.1986	15	-
Andrei	Andrei Girotto	17.02.1992	12	1
	Francisco Andrés Arancibia Silva (CHI)	12.11.1996	-	-
Arouca	Marcos Arouca da Silva	11.08.1986	22	-
Cleiton Xavier	Cleiton Ribeiro Xavier	23.03.1983	10	-
	Jonathan Ezequiel Cristaldo (ARG)	05.03.1989	22	6
Fellype Gabriel	Fellype Gabriel de Melo e Silva	06.12.1985	1	-
Gabriel	Gabriel Girotto Franco	10.07.1992	16	1
Jobson	Jobson Souza Santos	13.09.1995	-	-
Julen	Julen Sandy Rodrigues Ferreira	09.06.1994	-	-
Kelvin	Kelvin Mateus de Oliveira	01.06.1993	16	-
Matheus Sales	Matheus de Sales Cabral	13.05.1995	4	-
Róbson	Róbson Michael Signorini	10.11.1987	25	3
Thiago	Thiago dos Santos	05.09.1989	13	-
	Jorge Luis Valdivia Toro (CHI)	19.10.1983	4	-
Zé Roberto	José Roberto da Silva Junior "Zé Roberto"	06.07.1974	26	2
	Forwards:			
Alecsandro	Alecsandro Barbosa Felisbino	04.02.1981	18	2
Augusto	Augusto De Souza Silva	16.04.1997	-	-
	Lucas Ramón Barrios Cáceres (PAR)	13.11.1984	13	5
Gabriel Jesus	Gabriel Fernando de Jesus	03.04.1997	20	4
Kaué	Kaué Da Silva	04.01.1997	-	-
Leandro	Weverson Leandro Oliveira Moura	12.05.1993	2	-
Leandro	Leandro Marcos Pereira	13.07.1991	11	6
Luan	Luan Michel de Louzã	21.09.1988	-	-
Maikon Leite	Maikon Fernando Souza Leite	03.08.1988	-	-
Matos	Ryder Matos Santos	27.02.1993	-	-
	Pablo Nicolás Mouche (ARG)	11.10.1987	5	-
Rafael Marques	Rafael Marques Mariano	27.05.1983	32	7
	Trainer:			
Oswaldo de Oliveira	Oswaldo de Oliveira Filho [01.01.-09.06.2015; Sacked]	05.12.1950	6	
Marcelo Oliveira	Marcelo de Oliveira Santos [as of 15.06.2015]	04.03.1955	32	

ASSOCIAÇÃO ATLÉTICA PONTE PRETA

Foundation date: August 11, 1900
Address: Praça Dr. Francisco Ursaia 1900, Jardim Proença 13026-350, Campinas, São Paulo
Stadium: Estádio Moisés Lucarelli, Campinas – Capacity: 19,722

THE SQUAD

		DOB	M	G
	Goalkeepers:			
Guilherme	Guilherme Henrique Silva Nogueira	28.10.1999	-	-
Ivan	Ivan Quaresma da Silva	07.02.1997	-	-
João Carlos	João Carlos Heidemann	06.04.1988	1	-
Marcelo Lomba	Marcelo Lomba do Nascimento	18.12.1986	37	-
Matheus	Matheus Francisco Inacio	27.04.1992	-	-
Reynaldo	Reynaldo Moura Machado dos Santos	12.03.1991	-	-
	Defenders:			
Diego Ivo	Diego Ivo Pires	06.04.1989	13	2
Fábio Ferreira	Fábio Ferreira da Silva	23.10.1984	5	-
Ferron	Luiz Antonio Linhares Garcia "Ferron"	11.11.1985	15	1

Gilson	Gilson Gomes do Nascimento	15.05.1986	32	-
Jeferson	Jeferson de Araujo de Carvalho	22.06.1996	4	-
Jefferson	Jefferson de Kassio Wanderley Santos	13.06.1993	1	-
Joao Paulo	Joao Paulo Purcino de Almeida	20.07.1990	1	-
Pablo	Pablo Nascimento Castro	21.06.1991	19	1
Renato Chaves	Renato de Araújo Chaves Júnior	04.05.1990	29	2
Rodinei	Rodinei Marcelo de Almeida	29.01.1992	35	-
Rodrigo Biro	Rodrigo Pereira Lima "Rodrigo Biro"	18.11.1986	-	-
Tiago	Tiago dos Santos Alves	29.05.1984	12	2
Midfielders:				
Adrianinho	Adriano Manfred Laaber "Adrianinho"	11.07.1980	4	-
Bady	Renato Escobar Baruffi "Bady"	27.04.1989	11	1
Cristian	Cristian Martins Cabral	28.08.1979	13	-
Elton	Elton Junior Melo Ataide	17.03.1990	20	1
Felipe	Felipe de Oliveira Silva	28.05.1990	5	-
Felipe Azevedo	Felipe Azevedo dos Santos	10.01.1987	31	4
Fernando Bob	Fernando Paixao Da Silva "Fernando Bob"	07.01.1988	34	3
Giovanny	Giovanny Bariani Marques	19.09.1997	-	-
Josimar	Josimar Rosado da Silva Tavares	18.08.1986	19	-
Juninho	Adilson dos Anjos Oliveira "Juninho"	23.10.1987	22	-
Léo Costa	Leonardo Fabricio Soares da Costa "Léo Costa"	03.03.1986	2	-
Marcos Serrato	Marcos Vinicius Serrato	08.02.1994	1	-
Nathan Indio	Nathan dos Santos Custódio "Nathan Indio"	16.09.1993	-	-
Paulinho	Paulo Sergio de Oliveira "Paulinho"	10.05.1989	4	-
Renato Cajá	Renato Adriano Jacó Morais "Renato Cajá"	15.09.1984	12	5
Roni	Ronei Gleison Rodrigues dos Reis	26.01.1991	8	-
Forwards:				
Alexandro	Alexandro da Silva Batista	06.11.1986	12	3
Biro Biro	Diego Santos Gama Camilo "Biro Biro"	22.11.1994	30	7
Borges	Humberlito Borges Teixeira	05.10.1980	28	6
Cesinha	Cesar Fernando Silva dos Santos „Cesinha"	29.11.1989	16	-
Clayson	Clayson Henrique da Silva Vieira	19.03.1995	12	-
Diego Oliveira	Diego Queiroz de Oliveira	22.06.1990	19	1
Fábio Santos	José Fábio Santos de Oliveira	21.04.1987	1	-
Fágner	José Fágner Silva Da Luz	25.05.1988	-	-
Keno	Marcos da Silva França "Keno"	10.09.1989	12	-
Leandro	Leandro Henrique do Nascimento	11.10.1998	7	-
Rildo	Rildo de Andrade Felicissimo	20.03.1989	2	1
Vitor Xavier	Vitor Xavier de Campos Humeni	27.03.1994	2	-
Trainer:				
Guto Ferreira	Augusto Sérgio Ferreira "Guto Ferreira" [24.07.2014-03.08.2015; Sacked]	07.09.1965	16	
Doriva	Dorival Guidoni Júnior "Doriva" [04.08.-07.10.2015]	28.05.1972	13	
Felipe Moreira	Felipe José Feres Moreira [as of 14.10.2015]	15.01.1981	9	

SANTOS FUTEBOL CLUBE

Foundation date: April 14, 1912
Address: Rua Princesa Isabel, 77, Vila Belmiro, Santos, CEP 11075-501
Stadium: Estádio „Urbano Caldeira" [Vila Belmiro], Santos – Capacity: 16,798

THE SQUAD

		DOB	M	G
Goalkeepers:				
Gabriel	Gabriel Bordinhão Gasparotto	09.02.1993	5	1
João Paulo	João Paulo Silva Martins	29.06.1995	-	-
John	John Victor Maciel Furtado	13.02.1996	-	-
Vanderlei	Vanderlei Farias da Silva	01.02.1984	28	-
Vladimir	Vladimir Orlando Cardoso de Araújo Filho	16.07.1989	11	-
Defenders:				
Caju	Wanderson de Jesus Martis "Caju"	17.07.1995	4	-
Cicinho	Neuciano de Jesus Gusmão "Cicinho"	26.12.1988	1	-
Crystian	Crystian Souza Carvalho	10.06.1992	-	-
Daniel Guedes	Daniel Guedes da Silva	02.04.1994	18	-
David	David Braz de Oliveira Filho	21.05.1987	29	2
Geuvânio	Geuvânio Santos Silva	05.04.1992	28	6
Gustavo Henrique	Gustavo Henrique Vernes	24.03.1993	20	-
Leonardo	Leonardo José Aparecido Moura	19.03.1986	2	-
Lucas	Lucas Verissimo da Silva	01.01.1995	-	-
Paulo	Paulo Ricardo Ferreira	13.07.1994	11	-
Victor Ferraz	Victor Ferraz Macedo	14.01.1988	29	1
Werley	Werley Ananias da Silva	05.09.1988	23	2
Zé Carlos	José Carlos Cracco Neto „Zé Carlos"	16.05.1994	22	-
Midfielders:				
Alison	Alison Lopes Ferreira	01.03.1993	3	-
Chiquinho	Francisco Souza dos Santos „Chiquinho"	27.07.1989	10	-
Diogo	Diogo Vitor Da Cruz	11.02.1997	-	-
Elano	Elano Ralph Blumer	14.06.1981	5	-
Fernando	Fernando Medeiros Da Silva	10.02.1996	1	-
Leandrinho	Leandro Cordeiro de Lima Silva "Leandrinho"	25.09.1993	6	-
	Cristian Daniel Ledesma (ARG)	24.09.1982	4	-
Léo Cittadini	Leonardo Cittadini „Léo Cittadini"	27.02.1994	6	-
Lucas Crispim	Lucas de Figueiredo Crispim	19.06.1994	-	-
Lucas Lima	Lucas Rafael Araújo Lima	09.07.1990	31	4
Lucas Otávio	Lucas Otávio Veiga Lopes	09.10.1994	14	-
Marquinhos	Marcos da Silva Ignacio „Marquinhos"	15.06.1989	5	-
Renato	Carlos Renato de Abreu	09.06.1978	25	-
Serginho	Sergio Antonio Soler de Oliveira Junior "Serginho"	15.03.1995	10	-
Thiago Maia	Thiago Maia Alencar	23.03.1997	28	2
Vitor	Vitor Frezarin Bueno	05.09.1994	4	1
Forwards:				
Diego Cardoso	Diego Cardoso Nogueira	06.03.1994	-	-
Gabriel Barbosa	Gabriel Barbosa Almeida	30.08.1996	25	9
Leandro	Weverson Leandro Oliveira Moura	12.05.1993	14	1
Marquinhos Gabriel	Marcos Gabriel do Nascimento	21.07.1990	25	3
Neto Berola	Sosthenes José Santos Salles „Neto Berola"	18.11.1987	18	1
Nilson	José Nilson dos Santos Silva	06.04.1991	13	1
Rafinha	Rafael Vinicius Carvalho Longuine „Rafinha"	30.05.1990	12	2
Ricardo Oliveira	Ricardo de Oliveira	06.05.1980	32	20
Robinho	Robson de Souza "Robinho"	25.01.1984	4	2
Edwin Valencia	Edwin Armando Valencia Rodríguez (COL)	29.03.1985	2	-
Trainer:				
Marcelo Fernandes	Marcelo Faria Fernandes [12.03.-09.07.2015]	20.04.1974	12	
Dorival Júnior	Dorival Silvestre Júnior [as of 09.07.2015]	25.04.1962	26	

SÃO PAULO FUTEBOL CLUBE

Foundation date: January 25, 1930
Address: Praça Roberto Gomes Pedrosa, 1, São Paulo, CEP 05653-070
Stadium: Estádio „Cícero Pompeu de Toledo" [Morumbi], São Paulo – Capacity: 67,428

THE SQUAD

		DOB	M	G
Goalkeepers:				
Carlinhos	Carlos Vinícius Pinto "Carlinhos"	16.03.1998	-	-
Dênis	Denis César de Matos „Dênis"	14.04.1987	6	-
Leo	Leonardo da Silva Vieira "Leo"	22.09.1990	-	-
Leonardo	Leonardo Navacchio	28.12.1992	1	-
Lucas Perri	Lucas Estella Perri	10.12.1997	-	-
Renan Ribeiro	Renan Ribeiro	23.03.1990	9	-
Rogério Ceni	Rogério Ceni	22.01.1973	23	3
Defenders:				
Auro	Auro Alvaro da Cruz Junior	23.01.1996	10	-
Breno	Breno Vinicius Rodrigues Borges	13.10.1989	5	1
Bruno	Bruno Vieira do Nascimento	30.08.1985	30	-
Carlinhos	Carlos Andrade Souza "Carlinhos"	23.01.1987	19	2
Doria	Matheus Doria Macedo	08.11.1994	9	1
Édson Silva	Édson José da Silva	09.05.1986	12	-
Lucão	Lucas Cavalcante Silva Afonso "Lucão"	23.03.1996	25	-
Luiz Eduardo	Luiz Eduardo Rodrigues	21.03.1987	6	1
Lyanco	Lyanco Evangelista Silveira Neves Vojnovic	01.02.1997	8	-
Paulo Miranda	Jonathan Doin "Paulo Miranda"	16.08.1988	5	1
Reinaldo	Reinaldo Manoel da Silva	28.09.1989	23	-
Rodrigo Caio	Rodrigo Caio Coquete Russo	17.08.1993	24	1
Rafael Tolói	Rafael Tolói	10.10.1990	13	-
Midfielders:				
Alan Kardec	Alan Kardec de Souza Pereira Junior	12.01.1989	8	4
Boschilia	Gabriel Boschilia	05.03.1996	6	1
	Adrián Ricardo Centurión (ARG)	19.01.1993	25	2
Daniel	Daniel Correa Freitas	12.01.1994	2	-
Denilson	Denílson Pereira Neves	16.02.1988	4	-
Ewandro	Ewandro Felipe de Lima Costa	15.03.1996	-	-
Ganso	Paulo Henrique Chagas de Lima "Ganso"	12.10.1989	31	2
	Wilder Andrés Guisao Correa (COL)	30.07.1991	6	1
Húdson	Húdson Rodrigues dos Santos	30.01.1988	29	-
Jeferson	Jeferson Wagner de Lima Bolico	02.07.1997	-	-
João Schmidt	João Felipe Schmidt Urbano	19.05.1993	4	-
Matheus Reis	Matheus Reis de Lima	18.02.1995	13	-
Michel Bastos	Michel Fernandes Bastos	02.08.1983	31	7
Murilo	Murilo Henrique Oliveira Santos	22.10.1997	-	-
Souza	Josef de Souza Dias	11.02.1989	8	2
Thiago Mendes	Thiago Henrique Mendes Ribeiro	15.03.1992	35	1
Lyanco Vojnovic	Lyanco Vojnovic	01.02.1997	1	-
Wesley	Wesley Lopes Beltrame	24.06.1987	25	1
Forwards:				
Alexandre Pato	Alexandre Rodrigues da Silva	02.09.1989	33	10
João Paulo	João Paulo Queiroz de Moraes	28.11.1996	3	-
Jonathan Cafú	Jonathan Cafú	10.07.1991	2	-
Luis Fabiano	Luís Fabiano Clemente	08.11.1980	22	8
Rogério	José Rogério de Oliveira Melo	24.12.1990	14	4
Trainer:				
Milton Cruz	Milton da Cruz [09.04.-26.05.2015]	01.08.1957	3	
	Juan Carlos Osorio Arbeláez (COL) [01.06.-07.10.2015]	08.06.1961	26	
Doriva	Dorival Guidoni Júnior [07.10.-09.11.2015; Sacked]	28.05.1972	5	
Milton Cruz	Milton da Cruz [as of 09.11.2015]	01.08.1957	4	

SPORT CLUB DO RECIFE

Foundation date: May 13, 1905
Address: Avenida Sport Club do Recife, Bairro Madalena 50750-221, Recife
Stadium: Estádio "Adelmar da Costa Carvalho" [Ilha do Retiro], Recife / Itaipava Arena Pernambuco, Recife - Capacity: 35,020 / 46,154

THE SQUAD

		DOB	M	G
Goalkeepers:				
Danilo Fernandes	Danilo Fernandes Batista	03.04.1988	36	-
Luiz Carlos	Luiz Carlos Oliveira de Bitencourt	24.05.1988	-	-
Magrão	Alessandro Beti Rosa "Magrão"	09.04.1977	2	-
Defenders:				
Adryelson	Adryelson Rodrigues	23.03.1998	-	-
Alex	Alex da Silva	15.05.1994	-	-
Danilo Barcelos	Danilo Carvalho Barcelos	17.08.1991	12	1
Durval	Severino dos Ramos Durval da Silva	11.07.1980	36	-
Ewerton Páscoa	Ewerton Ribeiro Páscoa	14.03.1989	7	-
Ferrugem	Weverton Almeida Santos "Ferrugem"	28.03.1988	10	1
Henrique Mattos	Henrique Mendonça de Mattos	25.07.1990	-	-
Matheus	Matheus Ferraz Pereira	12.02.1985	36	5
Oswaldo	Oswaldo Alfredo de Lima Gonçalves	27.12.1992	3	-
Renê	Renê Rodrigues Martins	14.09.1992	35	1
Samuel Xavier	Samuel Xavier Brito	06.06.1990	31	1
Midfielders:				
Alison	Alison Vicente da Silva	01.04.1998	-	-
Diego Souza	Diego de Souza Andrade	17.06.1985	34	9
Élber	José Élber Pimentel da Silva	27.05.1992	25	5
Fabio	Fabio Carvalho Matos	31.01.1996	-	-
Joelinton	Joelinton Cassio Apolinário de Lira	14.08.1996	5	1
Matheus Galdezani	Matheus Galdezani	13.03.1992	1	-
Pica-Pau	Francisco Italo de Sousa Correia "Pica-Pau"	03.01.1995	-	-
Regis	Regis Augusto Salmazzo	30.11.1992	26	3
Rithely	Francisco Rithely da Silva Sousa	27.01.1991	35	1
Rodrigo Mancha	Rodrigo Marcos dos Santos "Rodrigo Mancha"	16.06.1986	16	-
Ronaldo	Ronaldo Henrique Ferreira da Silva	27.06.1994	5	-
Vitor	Cícero Vitor dos Santos Júnior	29.07.1982	1	-
Wendel	Wendell Geraldo Maurício e Silva	08.04.1992	28	1
Willian	Willian Osmar de Oliveira Silva	16.05.1993	-	-
Forwards:				
André	André Felipe Ribeiro de Souza	27.09.1990	29	13
Hernane	Hernane Vidal de Souza	08.04.1986	14	2
James	James Dean Araujo de Lima	22.07.1997	-	-
Kelvenny	Kelvenny Petrini Viana Da Silva	27.06.1998	-	-
Maikon Leite	Maikon Fernando Souza Leite	03.08.1988	25	4
Marlone	Johnath Marlone Azevedo da Silva	02.04.1992	30	3
Mike	Mike dos Santos Nenatarvicius	08.03.1993	8	-
Neto	Antonio Francisco Moura Neto	06.08.1996	21	1
Samuel Rosa	Samuel Rosa Gonçalves	25.02.1991	16	-
Wallace	Wallace Lucas Aires da Silva	17.07.1997	2	-
Trainer:				
Eduardo Baptista	Eduardo Alexandre Baptista [01.02.2014-17.09.2015]	30.03.1970	26	
Falcão	Paulo Roberto Falcão [as of 20.09.2015]	16.10.1953	12	

CLUB DE REGATAS VASCO DA GAMA RIO DE JANEIRO

Foundation date: August 21, 1898
Address: Rua Gal Almério de Moura 131, Bairro Vasco da Gama 20921-060, Rio de Janeiro
Stadium: Estadio "Jornalista Mário Filho" [Maracanã], Rio de Janeiro – Capacity: 78,838

THE SQUAD

		DOB	M	G
Goalkeepers:				
Charles	Charles Marcelo da Silva	04.02.1994	9	-
Diogo Silva	Diogo José Gonçalves da Silva	07.08.1986	-	-
Gabriel Felix	Gabriel Felix Dos Santos	04.04.1995	-	-
Jordi	Jordi Martins Almeida	03.09.1993	10	-
	Martín Andrés Silva Leites (URU)	25.03.1983	21	-
Defenders:				
Aislan	Aislan Paulo Lotici Back	11.01.1988	4	-
Anderson Salles	Anderson Aparecido Salles	16.02.1988	12	-
Bruno Ferreira	Bruno Ferreira dos Santos	14.09.1994	3	-
Bruno Teles	Bruno Martins Teles	01.05.1986	-	-
Christiano Vieira	Christiano Andrey de Araújo Vieira	29.10.1991	20	-
Douglas Silva	Douglas da Silva	07.03.1984	-	-
Erick Daltro	Erick Fernando Brandão Daltro	17.01.1993	-	-
Henrique	Henrique Silva Milagres	25.04.1994	-	-
João Carlos	João Carlos Pinto Chaves	01.01.1982	-	-
Jomar	Jomar Herculano Lourenço	28.09.1992	4	-
Júlio César	Júlio César Coelho de Moraes Junior	15.06.1982	25	2
Lorran	Lorran de Oliveira Quintanilha	28.01.1996	-	-
Luan Teixeira	Luan Garcia Teixeira	10.05.1993	25	-
Mádson	Lucas Santos Siqueira	13.01.1992	33	-
Nei	Claudinei Cardoso Félix da Silva "Nei"	06.12.1985	-	-
Rafael Vaz	Rafael Vaz dos Santos	17.09.1988	9	1
Rodrigo	Rodrigo Baldasso Da Costa	27.08.1980	34	4
Midfielders:				
Andrezinho	André Luiz Tavares "Andrezinho"	30.07.1983	21	1
Baiano	Heitor Bispo dos Santos "Baiano"	07.03.1996	-	-
Bernardo	Bernardo Vieira de Souza	20.05.1990	3	-
	Emanuel Biancucchi (ARG)	28.07.1988	7	1
Bruno Gallo	Bruno Vieira Gallo de Oliveira	07.05.1988	13	-
Diguinho	Rodrigo Oliveira de Bittencourt „Diguinho"	20.03.1983	13	-
	Julio Daniel Dos Santos Rodríguez (PAR)	07.05.1983	26	-
	Pablo Horacio Guiñazú (ARG)	26.08.1978	21	-
Jackson Caucaia	Francisco Jackson Menezes da Costa "Jackson Caucaia"	21.01.1987	3	-
Jean	Jean Patrick Reis	25.06.1992	2	-
Jéferson	Jéferson Rodrigues Gonçalves Nascimento	15.07.1984	-	-
Jonatas Paulista	Jonatas Barbosa Rodrigues „Jonatas Paulista"	05.02.1994	-	-
Lucas	Lucas Santos Siqueira	23.09.1988	12	1
Marcinho	Márcio José Oliveira "Marcinho"	20.07.1984	3	-
Mateus Vital	Mateus Da Silva Vital Assumpção	12.02.1998	1	-
Matheus Índio	Matheus da Cunha Gomes "Matheus Índio"	28.02.1996	-	-
Nenê	Anderson Luiz de Carvalho „Nenê"	19.07.1981	20	9
Serginho	Sérgio Antônio Borges Júnior "Serginho"	04.08.1986	26	-
	Felipe Ignacio Seymour Dobud (CHI)	23.07.1987	1	-
Victor Lemos	Victor Gomes Lemos	14.04.1987	-	-
Forwards:				
Dagoberto	Dagoberto Pelentier	22.03.1983	9	-

Éder Luís	Éder Luís de Oliveira	19.04.1985	5	-
Gilberto	Gilberto Oliveira Souza Júnior	05.06.1989	12	-
	Germán Gustavo Herrera (ARG)	19.07.1983	13	-
Jhon Cley	Jhon Cley Jesus Silva	09.03.1994	14	1
Jorge Henrique	Jorge Henrique de Souza	23.04.1982	14	-
Leandrão	Leandro Costa Miranda Moraes "Leandrão"	18.07.1983	11	1
Marquinhos do Sul	Marcos do Sul Bezerra "Marquinhos do Sul"	22.02.1994	-	-
Rafael Silva	Rafael da Silva Souza	08.10.1990	25	3
Renato Kayzer	Renato Kayzer de Souza	17.02.1996	2	-
	Duvier Orlando Riascos Barahona (COL)	26.06.1986	26	4
Romarinho	Romário de Souza Faria Júnior "Romarinho"	20.09.1993	2	-
Thalles Lima	Thalles Lima de Conceição Penha	18.05.1995	13	-
Yago	Yago Moreira Silva	28.04.1994	5	-
Trainer:				
Doriva	Dorival Guidoni Júnior "Doriva" [14.12.2014-21.06.2015]	28.05.1972	8	
Celso Roth	Celso Juarez Roth [23.06.-15.08.2015; Sacked]	30.11.1957	11	
Jorginho	Jorge de Amorim Campos "Jorginho" [as of 16.08.2015]	17.08.1964	19	

Campeonato Brasileiro Série B 2015

1.	Botafogo de FR Rio de Janeiro (*Promoted*)	38	21	9	8	60 - 30	72
2.	Santa Cruz FC Recife (*Promoted*)	38	20	7	11	63 - 43	67
3.	EC Vitória Salvador de Bahia (*Promoted*)	38	19	9	10	58 - 40	66
4.	América FC Mineiro Belo Horizonte (*Promoted*)	38	19	8	11	55 - 39	65
5.	Clube Náutico Capibaribe Recife	38	18	9	11	49 - 42	63
6.	Clube Atlético Bragantino Bragança Paulista	38	19	3	16	56 - 56	60
7.	Paysandu Sport Club Belém	38	17	9	12	49 - 40	60
8.	Sampaio Corrêa FC São Luís	38	15	13	10	51 - 43	58
9.	Esporte Clube Bahia Salvador	38	15	13	10	48 - 41	58
10.	Luverdense Esporte Clube Lucas de Rio Verde	38	15	9	14	46 - 40	54
11.	Clube de Regatas Brasil Maceió	38	15	9	14	47 - 45	54
12.	Criciúma Esporte Clube	38	12	13	13	36 - 41	49
13.	Paraná Clube Curitiba	38	12	11	15	39 - 43	47
14.	Atlético Clube Goianiense	38	11	13	14	36 - 46	46
15.	Ceará Sporting Club Fortaleza	38	12	9	17	42 - 50	45
16.	Oeste Futebol Clube Itápolis	38	10	14	14	37 - 45	44
17.	Macaé Esporte FC (*Relegated*)	38	10	13	15	46 - 54	43
18.	ABC Futebol Clube Natal (*Relegated*)	38	6	14	18	41 - 64	32
19.	Boa Esporte Clube Varginha (*Relegated*)	38	7	10	21	34 - 54	31
20.	Mogi Mirim Esporte Clube (*Relegated*)	38	4	11	23	32 - 69	23

Promoted for the 2016 Série B season:
Vila Nova Futebol Clube Goiânia,
Londrina Esporte Clube,
Tupi Football Club Juiz de Fora,
Grêmio Esportivo Brasil Pelotas.

THE STATE CHAMPIONSHIPS 2015

Acre

Acre State Championship winners:

1919	Rio Branco FC
1920	Ypiranga SC Rio Branco
1921	Rio Branco FC
1922	Rio Branco FC
1923	*Not known*
1924	*Not known*
1925	*Not known*
1926	*Not known*
1927	*Not known*
1928	Rio Branco FC
1929	*Not known*
1930	Associação Atlética Militar Rio Branco
1931	*Not known*
1932	*Not known*
1933	*Not known*
1934	*Not known*
1935	Rio Branco FC
1936	Rio Branco FC
1937	Rio Branco FC
1938	Rio Branco FC
1939	Rio Branco FC
1940	Rio Branco FC
1941	Rio Branco FC
1942	Rio Branco FC
1943	Rio Branco FC
1944	Rio Branco FC
1945	Rio Branco FC
1946	Rio Branco FC
1947	Rio Branco FC
1948	América FC Rio Branco
1949	América FC Rio Branco
1950	Rio Branco FC
1951	Rio Branco FC
1952	Atlético Acreano Rio Branco
1953	Atlético Acreano Rio Branco
1954	Independência FC Rio Branco
1955	Rio Branco FC
1956	Rio Branco FC
1957	Rio Branco FC
1958	Independência FC Rio Branco
1959	Independência FC Rio Branco
1960	Independência FC Rio Branco
1961	Rio Branco FC
1962	Rio Branco FC & Atlético Acreano Rio Branco
1963	Independência FC Rio Branco
1964	Rio Branco FC
1965	AD Vasco da Gama Rio Branco
1966	AC Juventus Rio Branco
1967	Grêmio Atlético Sampaio Rio Branco
1968	Atlético Acreano Rio Branco
1969	AC Juventus Rio Branco
1970	Independência FC Rio Branco
1971	Rio Branco FC
1972	Independência FC Rio Branco
1973	Rio Branco FC
1974	Independência FC Rio Branco
1975	AC Juventus Rio Branco
1976	AC Juventus Rio Branco
1977	AC Juventus Rio Branco
1978	Rio Branco FC
1979	Rio Branco FC
1980	AC Juventus Rio Branco
1981	AC Juventus Rio Branco
1982	AC Juventus Rio Branco
1983	Rio Branco FC
1984	AC Juventus Rio Branco
1985	Independência FC Rio Branco
1986	Rio Branco FC
1987	Atlético Acreano Rio Branco
1988	Independência FC Rio Branco
1989	AC Juventus Rio Branco
1990	AC Juventus Rio Branco
1991	Atlético Acreano Rio Branco
1992	Rio Branco FC
1993	Independência FC Rio Branco
1994	Rio Branco FC
1995	AC Juventus Rio Branco
1996	AC Juventus Rio Branco
1997	Rio Branco FC
1998	Independência FC Rio Branco
1999	AD Vasco da Gama Rio Branco
2000	Rio Branco FC
2001	AD Vasco da Gama Rio Branco
2002	Rio Branco FC
2003	Rio Branco FC
2004	Rio Branco FC
2005	Rio Branco FC
2006	AD Senador Guiomard
2007	Rio Branco FC
2008	Rio Branco FC
2009	AC Juventus Rio Branco
2010	Rio Branco FC
2011	Rio Branco FC
2012	Rio Branco FC
2013	Plácido de Castro FC
2014	Rio Branco FC
2015	Rio Branco FC

Acre State League (Campeonato Acriano) 2015

First Stage

1.	Atlético Acreano Rio Branco	14	11	2	1	36	-	9	35
2.	Rio Branco Football Club	14	9	3	2	10	-	5	30
3.	Plácido de Castro Futebol Clube	14	7	2	5	23	-	19	23
4.	Galvez Esporte Clube	14	7	2	5	23	-	20	23
5.	Amax Esporte Clube	14	5	4	5	19	-	21	19
6.	Associação Desportiva Vasco da Gama Rio Branco	14	3	2	9	22	-	35	11
7.	Alto Acre Futebol Club	14	3	2	9	18	-	41	11
8.	Náuas Esporte Clube Cruzeiro do Sul (*Relegated*)	14	2	1	11	9	-	41	7

Top-4 qualified for the semi-finals.

Semi-Finals (13-16.06.2015)
Galvez Esporte Clube - Atlético Acreano Rio Branco   1-1(0-1) 2-1 aet
Plácido de Castro Futebol Clube - Rio Branco Football Club   0-2(0-1) 1-2(1-2)

Acre Championship Finals (20–27.06.2015)
Galvez Esporte Clube - Rio Branco Football Club   1-2(0-1)
Rio Branco Football Club - Galvez Esporte Clube   2-0(2-0)

Acre State Championship Winners 2015: **Rio Branco Football Club**

Alagoas

Alagoas State Championship winners:

Year	Winner	Year	Winner
1927	Clube de Regatas Maceió	1972	Clube de Regatas Maceió
1928	Centro Sportivo Alagoano Maceió	1973	Clube de Regatas Maceió
1929	Centro Sportivo Alagoano Maceió	1974	Centro Sportivo Alagoano Maceió
1930	Clube de Regatas Maceió	1975	Centro Sportivo Alagoano Maceió
1931	*No competition*	1976	Clube de Regatas Maceió
1932	*No competition*	1977	Clube de Regatas Maceió
1933	Centro Sportivo Alagoano Maceió	1978	Clube de Regatas Maceió
1934	*No competition*	1979	Clube de Regatas Maceió
1935	Centro Sportivo Alagoano Maceió	1980	Centro Sportivo Alagoano Maceió
1936	Centro Sportivo Alagoano Maceió	1981	Centro Sportivo Alagoano Maceió
1937	Clube de Regatas Maceió	1982	Centro Sportivo Alagoano Maceió
1938	Clube de Regatas Maceió	1983	Clube de Regatas Maceió
1939	Clube de Regatas Maceió	1984	Centro Sportivo Alagoano Maceió
1940	Clube de Regatas Maceió	1985	Centro Sportivo Alagoano Maceió
1941	Centro Sportivo Alagoano Maceió	1986	Clube de Regatas Maceió
1942	Centro Sportivo Alagoano Maceió	1987	Clube de Regatas Maceió
1943	*No competition*	1988	Centro Sportivo Alagoano Maceió
1944	Centro Sportivo Alagoano Maceió	1989	Centro Sportivo Capelense
1945	Santa Cruz FC Maceió	1990	Centro Sportivo Alagoano Maceió
1946	EC Barroso Maceió	1991	Centro Sportivo Alagoano Maceió
1947	EC Alexandria Maceió	1992	Clube de Regatas Maceió
1948	Santa Cruz FC Maceió	1993	Clube de Regatas Maceió
1949	Centro Sportivo Alagoano Maceió	1994	Centro Sportivo Alagoano Maceió
1950	Clube de Regatas Maceió	1995	Clube de Regatas Maceió
1951	Clube de Regatas Maceió	1996	Centro Sportivo Alagoano Maceió
1952	Centro Sportivo Alagoano Maceió	1997	Centro Sportivo Alagoano Maceió
1953	Agremiação Sportiva Arapiraquense	1998	Centro Sportivo Alagoano Maceió
1954	Ferroviário AC Maceió	1999	Centro Sportivo Alagoano Maceió
1955	Centro Sportivo Alagoano Maceió	2000	Agremiação Sportiva Arapiraquense
1956	Centro Sportivo Alagoano Maceió	2001	Agremiação Sportiva Arapiraquense
1957	Centro Sportivo Alagoano Maceió	2002	Clube de Regatas Maceió
1958	Centro Sportivo Alagoano Maceió	2003	Agremiação Sportiva Arapiraquense
1959	Centro Sportivo Capelense	2004	SC Corinthians Alagoano Maceió
1960	Centro Sportivo Alagoano Maceió	2005	Agremiação Sportiva Arapiraquense
1961	Clube de Regatas Maceió	2006	Associação Atlética Coruripe
1962	Centro Sportivo Capelense	2007	Associação Atlética Coruripe
1963	Centro Sportivo Alagoano Maceió	2008	Centro Sportivo Alagoano Maceió
1964	Clube de Regatas Maceió	2009	Agremiação Sportiva Arapiraquense
1965	Centro Sportivo Alagoano Maceió	2010	Murici Futebol Clube
1966	Centro Sportivo Alagoano Maceió	2011	Agremiação Sportiva Arapiraquense
1967	Centro Sportivo Alagoano Maceió	2012	Clube de Regatas Brasil Maceió
1968	Centro Sportivo Alagoano Maceió	2013	Clube de Regatas Brasil Maceió
1969	Clube de Regatas Maceió	2014	Associação Atlética Coruripe
1970	Clube de Regatas Maceió	2015	Clube de Regatas Brasil Maceió
1971	Centro Sportivo Alagoano Maceió		

Alagoas State League (Campeonato Alagoano) 2015

First Stage (Copa Alagoas)

1. Agremiação Sportiva Arapiraquense	6	2	4	0	8	-	5	10
2. Centro Sportivo Alagoano Maceió	6	2	3	1	7	-	7	9
3. Centro Esportibo Olhodagüense	6	2	2	2	11	-	7	8
4. Murici Futebol Clube	6	2	2	2	11	-	11	8
5. Ipanema Atlético Clube	6	2	2	2	6	-	9	8
6. Associação Atlética Santa Rita	6	1	3	2	9	-	12	6
7. Clube Sociedade Esportiva Palmeira dos Índios	6	1	2	3	7	-	8	5

Top-4 teams qualified for the Semi-Finals.
Associação Atlética Coruripe (as title holders) and Clube de Regatas Brasil Maceió were qualified directly for the Second Stage.

Semi-Finals (01-08.03.2015)
Centro Esportibo Olhodagüense - Centro Sportivo Alagoano Maceió   1-0(0-0)   0-2(0-0)
Murici Futebol Clube - Agremiação Sportiva Arapiraquense   0-2(0-2)   0-2(0-1)

Final (11-15.03.2015)
Centro Sportivo Alagoano Maceió - Agremiação Sportiva Arapiraquense   0-0
Agremiação Sportiva Arapiraquense - Centro Sportivo Alagoano Maceió   1-1(1-1,1-1,1-1); 5-3 pen

Second Stage (Copa Maceió)

Grupo A
1. Centro Sportivo Alagoano Maceió	10	3	3	4	9	-	9	12
2. Associação Atlética Coruripe	10	3	1	6	12	-	17	10
3. Ipanema Atlético Clube	10	3	0	7	6	-	18	9
4. Centro Esportibo Olhodagüense	10	2	2	6	5	-	15	8

Grupo B
1. Agremiação Sportiva Arapiraquense	8	6	2	0	14	-	3	20
2. Clube de Regatas Brasil Maceió	8	6	0	2	15	-	5	18
3. Clube Sociedade Esportiva Palmeira dos Índios	8	5	2	1	11	-	7	17
4. Associação Atlética Santa Rita	8	4	1	3	12	-	7	13
5. Murici Futebol Clube	8	2	1	5	7	-	10	7

Semi-Finals (25-27.04.2015)
Centro Sportivo Alagoano Maceió - Associação Atlética Coruripe   0-1   1-2
Clube de Regatas Brasil Maceió - Agremiação Sportiva Arapiraquense   2-0   1-2

Alagoas Championship Finals (03-06.05.2015)
Associação Atlética Coruripe - Clube de Regatas Brasil Maceió   1-1
Clube de Regatas Brasil Maceió - Associação Atlética Coruripe   2-0

Alagoas State Championship Winners 2015: **Clube de Regatas Brasil Maceió**

Amapá

Amapá State Championship winners:

1944	Esporte Clube Macapá
1945	Amapá Clube Macapá
1946	Esporte Clube Macapá
1947	Esporte Clube Macapá
1948	Esporte Clube Macapá
1949	*No competition*
1950	Amapá Clube Macapá
1951	Amapá Clube Macapá
1952	Trem Desportivo Clube Macapá
1953	Amapá Clube Macapá
1954	Esporte Clube Macapá
1955	Esporte Clube Macapá
1956	Esporte Clube Macapá
1957	Esporte Clube Macapá
1958	Esporte Clube Macapá
1959	Esporte Clube Macapá
1960	Santana Esporte Clube
1961	Santana Esporte Clube
1962	Santana Esporte Clube
1963	CEA Clube
1964	Juventus
1965	Santana Esporte Clube
1966	Juventus
1967	Juventus
1968	Santana Esporte Clube
1969	Esporte Clube Macapá
1970	SER São José Macapá
1971	SER São José Macapá
1972	Santana Esporte Clube
1973	Amapá Clube Macapá
1974	Esporte Clube Macapá
1975	Amapá Clube Macapá
1976	Ypiranga Clube Macapá
1977	Guarany
1978	Esporte Clube Macapá
1979	Amapá Clube Macapá
1980	Esporte Clube Macapá
1981	Esporte Clube Macapá
1982	Independente Esporte Clube Santana
1983	Independente Esporte Clube Santana
1984	Trem Desportivo Clube Macapá
1985	Santana Esporte Clube
1986	Esporte Clube Macapá
1987	Amapá Clube Macapá
1988	Amapá Clube Macapá
1989	Independente Esporte Clube Santana
1990	Amapá Clube Macapá
1991	Esporte Clube Macapá
1992	Ypiranga Clube Macapá
1993	SER São José Macapá
1994	Ypiranga Clube Macapá
1995	Independente Esporte Clube Santana
1996	*No competition*
1997	Ypiranga Clube Macapá
1998	Aliança
1999	Ypiranga Clube Macapá
2000	Santos Futebol Clube Macapá
2001	Independente Esporte Clube Santana
2002	Ypiranga Clube Macapá
2003	Ypiranga Clube Macapá
2004	Ypiranga Clube Macapá
2005	SER São José Macapá
2006	SER São José Macapá
2007	Trem Desportivo Clube Macapá
2008	Cristal Atlético Clube Macapá
2009	SER São José Macapá
2010	Trem Desportivo Clube Macapá
2011	Trem Desportivo Clube Macapá
2012	Oratório Recreativo Clube Macapá
2013	Santos Futebol Clube Macapá
2014	Santos Futebol Clube Macapá
2015	Santos Futebol Clube Macapá

Amapá State League (Campeonato Amapaense) 2015

First Stage

1.	Independente Esporte Clube Santana	8	6	1	1	13	-	6	19
2.	Ypiranga Clube Macapá	8	6	1	1	15	-	9	19
3.	Trem Desportivo Clube Macapá	8	4	0	4	8	-	11	12
4.	Santos Futebol Clube Macapá	8	3	2	3	18	-	8	11
5.	Esporte Clube Macapá	8	3	2	3	11	-	8	11
6.	Oratório Recreativo Clube Macapá	8	3	2	3	10	-	10	11
7.	Sociedade Esportiva e Recreativa São José	8	2	2	4	8	-	13	8
8.	São Paulo Futebol Clube Macapá	8	2	1	5	12	-	17	7
9.	Santana Esporte Clube	8	1	1	6	7	-	20	4

Top-2 teams qualified for the first stage finals.

Semi-Finals (10-17.09.2015)
Santos Futebol Clube Macapá - Independente Esporte Clube Santana   2-0(1-0)   1-1(0-1)
Trem Desportivo Clube Macapá - Ypiranga Clube Macapá   0-1(0-1)   1-0(1-0)
    4-2 pen

Amapá Championship Finals (21-26.09.2015)
Santos Futebol Clube Macapá - Trem Desportivo Clube Macapá   0-1(0-1)
Trem Desportivo Clube Macapá - Santos Futebol Clube Macapá   0-1(0-0,0-1,0-1);
    3-4 pen

Amapá State Championship Winners 2015: **Santos Futebol Clube Macapá**

Amazonas

Amazonas State Championship winners:

1914	Manaus Athletic Club Manaus
1915	Manaus Athletic Club Manaus
1916	Nacional Futebol Clube Manaus
1917	Nacional Futebol Clube Manaus
1918	Nacional Futebol Clube Manaus
1919	Nacional Futebol Clube Manaus
1920	Nacional Futebol Clube Manaus
1921	Atlético Rio Negro Clube Manaus
1922	Nacional Futebol Clube Manaus
1923	Nacional Futebol Clube Manaus
1924	*No competition*
1925	*No competition*
1926	*No competition*
1927	Atlético Rio Negro Clube Manaus
1928	Cruzeiro do Sul Futebol Clube Manaus
1929	Manaus Sporting Club Manaus
1930	Cruzeiro do Sul Futebol Clube Manaus
1931	Atlético Rio Negro Clube Manaus
1932	Atlético Rio Negro Clube Manaus
1933	Nacional Futebol Clube Manaus
1934	União Esportiva Portuguesa Manaus
1935	União Esportiva Portuguesa Manaus
1936	Nacional Futebol Clube Manaus
1937	Nacional Futebol Clube Manaus
1938	Atlético Rio Negro Clube Manaus
1939	Nacional Futebol Clube Manaus
1940	Atlético Rio Negro Clube Manaus
1941	Nacional Futebol Clube Manaus
1942	Nacional Futebol Clube Manaus
1943	Atlético Rio Negro Clube Manaus
1944	Olímpico Clube Manaus
1945	Nacional Futebol Clube Manaus
1946	Nacional Futebol Clube Manaus
1947	Olímpico Clube Manaus
1948	Nacional Fast Club Manaus
1949	Nacional Fast Club Manaus
1950	Nacional Futebol Clube Manaus
1951	América Futebol Clube Manaus
1952	América Futebol Clube Manaus
1953	América Futebol Clube Manaus
1954	América Futebol Clube Manaus
1955	Nacional Fast Club Manaus
1956	Auto Esporte Clube Manaus
1957	Nacional Futebol Clube Manaus
1958	Santos Futebol Clube Manaus
1959	Auto Esporte Clube Manaus
1960	Nacional Fast Club Manaus
1961	São Raimundo Esporte Clube Manaus
1962	Atlético Rio Negro Clube Manaus
1963	Nacional Futebol Clube Manaus
1964	Nacional Futebol Clube Manaus
1965	Atlético Rio Negro Clube Manaus
1966	São Raimundo Esporte Clube Manaus
1967	Olímpico Clube Manaus
1968	Nacional Futebol Clube Manaus
1969	Nacional Futebol Clube Manaus
1970	Nacional Fast Club Manaus
1971	Nacional Fast Club Manaus
1972	Nacional Futebol Clube Manaus
1973	Associação Atlética Rodoviária Manaus
1974	Nacional Futebol Clube Manaus
1975	Atlético Rio Negro Clube Manaus
1976	Nacional Futebol Clube Manaus
1977	Nacional Futebol Clube Manaus
1978	Nacional Futebol Clube Manaus
1979	Nacional Futebol Clube Manaus
1980	Nacional Futebol Clube Manaus
1981	Nacional Futebol Clube Manaus
1982	Atlético Rio Negro Clube Manaus
1983	Nacional Futebol Clube Manaus
1984	Nacional Futebol Clube Manaus
1985	Nacional Futebol Clube Manaus
1986	Nacional Futebol Clube Manaus
1987	Atlético Rio Negro Clube Manaus
1988	Atlético Rio Negro Clube Manaus
1989	Atlético Rio Negro Clube Manaus
1990	Atlético Rio Negro Clube Manaus
1991	Nacional Futebol Clube Manaus
1992	Sul América Esporte Clube Manaus
1993	Sul América Esporte Clube Manaus
1994	América Futebol Clube Manaus
1995	Nacional Futebol Clube Manaus
1996	Nacional Futebol Clube Manaus
1997	São Raimundo Esporte Clube Manaus
1998	São Raimundo Esporte Clube Manaus
1999	São Raimundo Esporte Clube Manaus
2000	Nacional Futebol Clube Manaus
2001	Atlético Rio Negro Clube Manaus
2002	Nacional Futebol Clube Manaus
2003	Nacional Futebol Clube Manaus
2004	São Raimundo Esporte Clube Manaus
2005	Grêmio Atlético Coariense Coari
2006	São Raimundo Esporte Clube Manaus
2007	Nacional Futebol Clube Manaus
2008	Holanda Esporte Clube Manaus
2009	América Futebol Clube Manaus
2010	Peñarol Atlético Clube Itacoatiara
2011	Peñarol Atlético Clube Itacoatiara
2012	Nacional Futebol Clube Manaus
2013	Princesa do Solimões EC Manacapuru
2014	Nacional Futebol Clube Manaus
2015	Nacional Futebol Clube Manaus

Amazonas State Championship (Campeonato Amazonense) 2015

First Stage – Taça Estado do Amazonas

First Stage

1. Nacional Futebol Clube Manaus	18	16	0	2	48 - 11	48
2. Nacional Fast Clube Manaus	18	13	1	4	53 - 14	40
3. Princesa do Solimões Esporte Clube Manacapuru	18	11	4	3	37 - 20	37
4. Peñarol Atlético Clube Itacoatiara	18	10	3	5	30 - 24	33
5. São Raimundo Esporte Clube	18	8	2	8	28 - 33	26
6. Manaus Futebol Clube	18	8	0	10	26 - 27	24
7. AR Clube Nacional Borbense	18	7	1	10	26 - 31	22
8. Esporte Clube Iranduba da Amazônia	18	5	5	8	30 - 40	20
9. Atlético Rio Negro Clube	18	3	1	14	17 - 52	10
10. Operário Esporte Clube Manacapuru	18	0	1	17	21 - 64	1

Top-4 qualified for the semi-finals.

Semi-Finals (30.05.-07.06.2015)
Peñarol Atlético Clube Itacoatiara - Nacional Futebol Clube Manaus 0-2(0-2) 3-2(1-1)
Princesa do Solimões EC Manacapuru - Nacional Fast Clube Manaus 0-1(0-1) 2-0(0-0)

Amazonas Championship Finals (13-20.06.2015)
Nacional Futebol Clube Manaus - Princesa do Solimões EC Manacapuru 1-0(0-0)
Princesa do Solimões EC Manacapuru - Nacional Futebol Clube Manaus 1-2(0-0)

Amazonas State Championship Winners 2015: **Nacional Futebol Clube Manaus**

Bahia

Bahia State Championship winners:

Year	Winner	Year	Winner
1905	Clube Internacional de Cricket Salvador	1961	Esporte Clube Bahia Salvador
1906	Clube de Natação e Regatas São Salvador	1962	Esporte Clube Bahia Salvador
1907	Clube de Natação e Regatas São Salvador	1963	Fluminense Futebol Clube Feira de Santana
1908	Esporte Clube Vitória Salvador	1964	Esporte Clube Vitória Salvador
1909	Esporte Clube Vitória Salvador	1965	Esporte Clube Vitória Salvador
1910	Sport Club Santos Dumont Salvador	1966	Associação Desportiva Leônico Salvador
1911	Sport Club Bahia Salvador	1967	Esporte Clube Bahia Salvador
1912	Atlético Futebol Clube Salvador	1968	Galícia Esporte Clube Salvador
1913	Fluminense Futebol Clube Salvador	1969	Fluminense Futebol Clube Feira de Santana
1914	Sport Club Internacional Salvador	1970	Esporte Clube Bahia Salvador
1915	Fluminense Futebol Clube Salvador	1971	Esporte Clube Bahia Salvador
1916	Sport Club República Salvador	1972	Esporte Clube Vitória Salvador
1917	Sport Club Ypiranga Salvador	1973	Esporte Clube Bahia Salvador
1918	Sport Club Ypiranga Salvador	1974	Esporte Clube Bahia Salvador
1919	Sport Club Botafogo Salvador	1975	Esporte Clube Bahia Salvador
1920	Sport Club Ypiranga Salvador	1976	Esporte Clube Bahia Salvador
1921	Sport Club Ypiranga Salvador	1977	Esporte Clube Bahia Salvador
1922	Sport Club Botafogo Salvador	1978	Esporte Clube Bahia Salvador
1923	Sport Club Botafogo Salvador	1979	Esporte Clube Bahia Salvador
1924	Associação Atlética da Bahia Salvador	1980	Esporte Clube Vitória Salvador
1925	Sport Club Ypiranga Salvador	1981	Esporte Clube Bahia Salvador
1926	Sport Club Botafogo Salvador	1982	Esporte Clube Bahia Salvador
1927	Clube Bahiano de Tênis Salvador	1983	Esporte Clube Bahia Salvador
1928	Sport Club Ypiranga Salvador	1984	Esporte Clube Bahia Salvador
1929	Sport Club Ypiranga Salvador	1985	Esporte Clube Vitória Salvador
1930	Sport Club Botafogo Salvador	1986	Esporte Clube Bahia Salvador
1931	Esporte Clube Bahia Salvador	1987	Esporte Clube Bahia Salvador
1932	Sport Club Ypiranga Salvador	1988	Esporte Clube Bahia Salvador
1933	Esporte Clube Bahia Salvador	1989	Esporte Clube Vitória Salvador
1934	Esporte Clube Bahia Salvador	1990	Esporte Clube Vitória Salvador
1935	Sport Club Botafogo Salvador	1991	Esporte Clube Bahia Salvador
1936	Esporte Clube Bahia Salvador	1992	Esporte Clube Vitória Salvador
1937	Galícia Esporte Clube Salvador	1993	Esporte Clube Bahia Salvador
1938	1/ Esporte Clube Bahia Salvador	1994	Esporte Clube Bahia Salvador
1938	2/ Sport Club Botafogo Salvador	1995	Esporte Clube Vitória Salvador
1939	Sport Club Ypiranga Salvador	1996	Esporte Clube Vitória Salvador
1940	Esporte Clube Bahia Salvador	1997	Esporte Clube Vitória Salvador
1941	Galícia Esporte Clube Salvador	1998	Esporte Clube Bahia Salvador
1942	Galícia Esporte Clube Salvador	1999	Esporte Clube Bahia Salvador & Esporte Clube Vitória Salvador (shared)
1943	Galícia Esporte Clube Salvador	2000	Esporte Clube Vitória Salvador
1944	Esporte Clube Bahia Salvador	2001	Esporte Clube Bahia Salvador
1945	Esporte Clube Bahia Salvador	2002	Palmeiras do Nordeste Feira de Santana
1946	Associação Desportiva Guarany Salvador	2002	Esporte Clube Vitória Salvador
1947	Esporte Clube Bahia Salvador	2003	Esporte Clube Vitória Salvador
1948	Esporte Clube Bahia Salvador	2004	Esporte Clube Vitória Salvador
1949	Esporte Clube Bahia Salvador	2005	Esporte Clube Vitória Salvador
1950	Esporte Clube Bahia Salvador	2006	Colo-Colo de Futebol e Regatas Ilhéus
1951	Sport Club Ypiranga Salvador	2007	Esporte Clube Vitória Salvador
1952	Esporte Clube Bahia Salvador	2008	Esporte Clube Vitória Salvador
1953	Esporte Clube Vitória Salvador	2009	Esporte Clube Vitória Salvador
1954	Esporte Clube Bahia Salvador	2010	Esporte Clube Vitória Salvador
1955	Esporte Clube Vitória Salvador	2011	Associação Desportiva Bahia de Feira
1956	Esporte Clube Bahia Salvador	2012	Esporte Clube Bahia Salvador
1957	Esporte Clube Vitória Salvador	2013	Esporte Clube Vitória Salvador
1958	Esporte Clube Bahia Salvador	2014	Esporte Clube Bahia Salvador
1959	Esporte Clube Bahia Salvador	2015	Esporte Clube Bahia Salvador
1960	Esporte Clube Bahia Salvador		

Bahia State Championship (Campeonato Baiano) 2015

First Stage

Grupo 1
1.	Esporte Clube Bahia Salvador	6	3	1	2	14	-	7	10
2.	Sociedade Desportiva Juazeirense	6	2	3	1	9	-	6	9
3.	Colo Colo de Futebol e Regatas Ilhéus	6	2	2	2	2	-	2	8
4.	Associação Desportiva Bahia de Feira	6	1	5	0	3	-	2	8
5.	Galícia Esporte Clube Salvador	6	2	2	2	5	-	6	8
6.	Serrano Sport Club Vitória da Conquista	6	2	1	3	7	-	9	7

Grupo 2
1.	Esporte Clube Primeiro Passo Vitória da Conquista	6	4	2	0	8	-	3	14
2.	Esporte Clube Vitória Salvador	6	2	4	0	4	-	1	10
3.	Esporte Clube Jacuipense Riachão do Jacuipe	6	2	3	1	4	-	5	9
4.	Catuense Futebol S/A Alagoinhas	6	2	1	3	7	-	6	7
5.	Jacobina Esporte Clube	6	0	3	3	2	-	6	3
6.	Feirense Futebol Clube Feira de Santana	6	0	1	5	1	-	13	1

Top-8 of both groups (aggregate table) qualified for the Quarter-Finals.

Quarter-Finals (11-22.03.2015)
Associação Desportiva Bahia de Feira - EC Primeiro Passo Vitória da Conquista 0-0 2-2(1-1)
Galícia Esporte Clube Salvador - Esporte Clube Bahia Salvador 0-5(0-1) 0-4(0-2)
Colo Colo de Futebol e Regatas Ilhéus - Esporte Clube Vitória Salvador 1-2(1-0) 2-0(2-0)
Sociedade Desportiva Juazeirense - Esporte Clube Jacuipense Riachão do Jacuipe 1-1(1-0) 3-1(0-1)

Semi-Finals (05-19.04.2015)
EC Primeiro Passo Vitória da Conquista - Colo Colo de Futebol e Regatas Ilhéus 3-0(2-0) 1-1(1-1)
Sociedade Desportiva Juazeirense - Esporte Clube Bahia Salvador 1-2(1-1) 2-3(2-0)

Bahia Championship Finals (26.04.-03.05.2015)
EC Primeiro Passo Vitória da Conquista - Esporte Clube Bahia Salvador 3-0(0-0)
Esporte Clube Bahia Salvador - EC Primeiro Passo Vitória da Conquista 6-0(3-0)

Bahia State Championship Winners 2015: **Esporte Clube Bahia Salvador**

Ceará

Ceará State Championship winners:

1914	Rio Branco Foot-ball Club Fortaleza	1967	Fortaleza Esporte Clube
1915	Ceará Sporting Club Fortaleza	1968	Ferroviário Atlético Clube Fortaleza
1916	Ceará Sporting Club Fortaleza	1969	Fortaleza Esporte Clube
1917	Ceará Sporting Club Fortaleza	1970	Ferroviário Atlético Clube Fortaleza
1918	Ceará Sporting Club Fortaleza	1971	Ceará Sporting Club Fortaleza
1919	Ceará Sporting Club Fortaleza	1972	Ceará Sporting Club Fortaleza
1920	Fortaleza Esporte Clube	1973	Fortaleza Esporte Clube
1921	Fortaleza Esporte Clube	1974	Fortaleza Esporte Clube
1922	Ceará Sporting Club Fortaleza	1975	Ceará Sporting Club Fortaleza
1923	Fortaleza Esporte Clube	1976	Ceará Sporting Club Fortaleza
1924	Fortaleza Esporte Clube	1977	Ceará Sporting Club Fortaleza
1925	Ceará Sporting Club Fortaleza	1978	Ceará Sporting Club Fortaleza
1926	Fortaleza Esporte Clube	1979	Ferroviário Atlético Clube Fortaleza
1927	Fortaleza Esporte Clube	1980	Ceará Sporting Club Fortaleza
1928	Fortaleza Esporte Clube	1981	Ceará Sporting Club Fortaleza
1929	Maguari Esporte Clube Fortaleza	1982	Fortaleza Esporte Clube
1930	Orion Futebol Clube Fortaleza	1983	Fortaleza Esporte Clube
1931	Ceará Sporting Club Fortaleza	1984	Ceará Sporting Club Fortaleza
1932	Ceará Sporting Club Fortaleza	1985	Fortaleza Esporte Clube
1933	Fortaleza Esporte Clube	1986	Ceará Sporting Club Fortaleza
1934	Fortaleza Esporte Clube	1987	Fortaleza Esporte Clube
1935	América Futebol Clube Fortaleza	1988	Ferroviário Atlético Clube Fortaleza
1936	Maguari Esporte Clube Fortaleza	1989	Ceará Sporting Club Fortaleza
1937	Fortaleza Esporte Clube	1990	Ceará Sporting Club Fortaleza
1938	Fortaleza Esporte Clube	1991	Fortaleza Esporte Clube
1939	Ceará Sporting Club Fortaleza	1992	Fortaleza Esporte Clube
1940	Tramways Sport Club Fortaleza		Ceará Sporting Club Fortaleza
1941	Ceará Sporting Club Fortaleza		Associação Esportiva Tiradentes Fortaleza
1942	Ceará Sporting Club Fortaleza		Icasa Esporte Clube Juazeiro do Norte
1943	Maguari Esporte Clube Fortaleza	1993	Ceará Sporting Club Fortaleza
1944	Maguari Esporte Clube Fortaleza	1994	Ferroviário Atlético Clube Fortaleza
1945	Ferroviário Atlético Clube Fortaleza	1995	Ferroviário Atlético Clube Fortaleza
1946	Fortaleza Esporte Clube	1996	Ceará Sporting Club Fortaleza
1947	Fortaleza Esporte Clube	1997	Ceará Sporting Club Fortaleza
1948	Ceará Sporting Club Fortaleza	1998	Ceará Sporting Club Fortaleza
1949	Fortaleza Esporte Clube	1999	Ceará Sporting Club Fortaleza
1950	Ferroviário Atlético Clube Fortaleza	2000	Fortaleza Esporte Clube
1951	Ceará Sporting Club Fortaleza	2001	Fortaleza Esporte Clube
1952	Ferroviário Atlético Clube Fortaleza	2002	Ceará Sporting Club Fortaleza
1953	Fortaleza Esporte Clube	2003	Fortaleza Esporte Clube
1954	Fortaleza Esporte Clube	2004	Fortaleza Esporte Clube
1955	Calouros do Ar Futebol Clube Fortaleza	2005	Fortaleza Esporte Clube
1956	Gentilândia Atlético Clube Fortaleza	2006	Ceará Sporting Club Fortaleza
1957	Ceará Sporting Club Fortaleza	2007	Fortaleza Esporte Clube
1958	Ceará Sporting Club Fortaleza	2008	Fortaleza Esporte Clube
1959	Fortaleza Esporte Clube	2009	Fortaleza Esporte Clube
1960	Fortaleza Esporte Clube	2010	Fortaleza Esporte Clube
1961	Ceará Sporting Club Fortaleza	2011	Ceará Sporting Club Fortaleza
1962	Ceará Sporting Club Fortaleza	2012	Ceará Sporting Club Fortaleza
1963	Ceará Sporting Club Fortaleza	2013	Ceará Sporting Club Fortaleza
1964	Fortaleza Esporte Clube Fortaleza	2014	Ceará Sporting Club Fortaleza
1965	Fortaleza Esporte Clube	2015	Fortaleza Esporte Clube
1966	América Futebol Clube Fortaleza		

Please note: 1992 - four winners (shared).

Ceará State Championship (Campeonato Cearense) 2015

First Stage

Grupo A1

1. Associação Desportiva Recreativa Cultural Icasa	8	5	1	2	15	-	11	16
2. Fortaleza Esporte Clube	8	4	3	1	13	-	7	15
3. Quixadá Futebol Clube	8	4	2	2	10	-	7	14
4. Horizonte Futebol Clube	8	2	2	4	10	-	13	8
5. Associação Desportiva São Benedito	8	1	0	7	9	-	19	3

Grupo A2

1. Ceará Sporting Club Fortaleza	8	6	1	1	18	-	7	19
2. Maranguape Futebol Clube	8	4	0	4	11	-	11	12
3. Guarani Esporte Clube Juazeiro do Norte	8	3	1	4	11	-	9	10
4. Guarany Sporting Club Sobral	8	3	1	4	5	-	11	10
5. Itapipoca Esporte Clube	8	2	1	5	4	-	11	7

Top-3 of each group qualified for the Second Stage.

Second Stage

Grupo B1

1. Fortaleza Esporte Clube	6	4	1	1	11	-	3	13
2. Associação Desportiva Recreativa Cultural Icasa	6	3	1	2	11	-	8	10
3. Quixadá Futebol Clube	6	3	1	2	11	-	9	10

Grupo B2

1. Ceará Sporting Club Fortaleza	6	3	1	2	10	-	8	10
2. Guarani Esporte Clube Juazeiro do Norte	6	1	1	4	3	-	8	4
3. Maranguape Futebol Clube	6	1	1	4	7	-	17	4

Top-2 of each group qualified for the Semi-Finals.

Semi-Finals (04-19.04.2015)
Guarani Esporte Clube Juazeiro do Norte - Ceará Sporting Club Fortaleza   0-1(0-0)   0-3(0-1)
Associação Desportiva Recreativa Cultural Icasa - Fortaleza Esporte Clube   1-2(0-1)   0-0

Ceará Championship Finals (26.04.-03.05.2015)
Fortaleza Esporte Clube - Ceará Sporting Club Fortaleza   2-1(2-1)
Ceará Sporting Club Fortaleza - Fortaleza Esporte Clube   2-2(0-1)

Ceará State Championship Winners 2015: **Fortaleza Esporte Clube**

Distrito Federal

Distrito Federal State Championship winners:

1959	GE Brasiliense Núcleo Bandeirante
1960	Defelê Futebol Clube Brasília
1961	Defelê Futebol Clube Brasília
1962	Defelê Futebol Clube Brasília
1963	AE Cruzeiro do Sul Brasília
1964	AA Guanabara Brasília (Am)*
	Rabello Futebol Clube Brasília (Pr)*
1965	Pederneiras FC Brasília (Am)
	Rabello Futebol Clube Brasília (Pr)
1966	AA Guanabara Brasília (Am)
	Rabello Futebol Clube Brasília (Pr)
1967	Rabello Futebol Clube Brasília
1968	Defelê Futebol Clube Brasília
1969	Coenge Futebol Clube Brasília
1970	GE Brasiliense Núcleo Bandeirante
1971	CA Colombo Núcleo Bandeirante
1972	AA Serviço Gráfico Brasília
1973	CEUB Esporte Clube Brasília
1974	Pioneira Futebol Clube Taguatinga
1975	Campineira Brasília
1976	Brasília Esporte Clube
1977	Brasília Esporte Clube
1978	Brasília Esporte Clube
1979	Sociedade Esportiva do Gama
1980	Brasília Esporte Clube
1981	Taguatinga Esporte Clube
1982	Brasília Esporte Clube
1983	Brasília Esporte Clube
1984	Brasília Esporte Clube
1985	Sobradinho Esporte Clube
1986	Sobradinho Esporte Clube
1987	Brasília Esporte Clube
1988	Grêmio Esportivo Tiradentes Brasília
1989	Taguatinga Esporte Clube
1990	Sociedade Esportiva do Gama
1991	Taguatinga Esporte Clube
1992	Taguatinga Esporte Clube
1993	Taguatinga Esporte Clube
1994	Sociedade Esportiva do Gama
1995	Sociedade Esportiva do Gama
1996	Clube de Regatas Guará
1997	Sociedade Esportiva do Gama
1998	Sociedade Esportiva do Gama
1999	Sociedade Esportiva do Gama
2000	Sociedade Esportiva do Gama
2001	Sociedade Esportiva do Gama
2002	Centro de Futebol do Zico/BSB Brasília
2003	Sociedade Esportiva Gama
2004	Brasiliense Futebol Clube Taguatinga
2005	Brasiliense Futebol Clube Taguatinga
2006	Brasiliense Futebol Clube Taguatinga
2007	Brasiliense Futebol Clube Taguatinga
2008	Brasiliense Futebol Clube Taguatinga
2009	Brasiliense Futebol Clube Taguatinga
2010	Ceilândia Esporte Clube
2011	Brasiliense Futebol Clube Taguatinga
2012	Ceilândia Esporte Clube
2013	Brasiliense Futebol Clube Taguatinga
2014	Associação Atlética Luziânia
2015	Sociedade Esportiva do Gama

*Am=Amateurs; Pr= Professionals

Distrito Federal State Championship (Campeonato Brasiliense) 2015

First Stage

1.	Brasília Futebol Clube	10	6	3	1	14	-	6	21
2.	Sociedade Esportiva do Gama	10	6	2	2	10	-	5	20
3.	Brasiliense Futebol Clube Taguatinga	10	5	4	1	15	-	9	19
4.	Ceilândia Esporte Clube	10	4	4	2	14	-	8	16
5.	Associação Atlética Luziânia	10	4	2	4	14	-	10	14
6.	Sobradinho Esporte Clube	10	3	4	3	11	-	9	13
7.	Bosque Formosa Esporte Clube	10	3	4	3	9	-	12	13
8.	Paracatu Futebol Clube	10	3	3	4	11	-	14	12
9.	Cruzeiro Futebol Clube	10	2	3	5	7	-	13	9
10.	Sociedade Esportiva Santa Maria	10	1	3	6	10	-	16	6
11.	Sociedade Atlético Ceilandense (*Relegated*)	10	0	4	6	6	-	19	4

Top-8 qualified for the Final Stage.

Final Stage

Quarter-Finals (29.03.-08.04.2015)
Sobradinho Esporte Clube - Brasiliense Futebol Clube Taguatinga	1-1(1-1)	0-0
Bosque Formosa Esporte Clube - Sociedade Esportiva do Gama	1-0(0-0)	1-2(1-1)
Associação Atlética Luziânia - Ceilândia Esporte Clube	2-1	1-1(1-1)
Paracatu Futebol Clube - Brasília Futebol Clube	1-3	0-2(0-0)

Semi-Finals (11-21.04.2015)
Brasiliense Futebol Clube Taguatinga - Sociedade Esportiva do Gama	0-2(0-0)	1-0(0-0)
Associação Atlética Luziânia - Brasília Futebol Clube	1-1(0-0)	1-1(1-0)

Distrito Federal Championship Final (25.04.-02.05.2015)
Sociedade Esportiva do Gama - Brasília Futebol Clube	3-0(0-0)
Brasília Futebol Clube - Sociedade Esportiva do Gama	0-1(0-0)

Distrito Federal State Championship Winners 2015: **Sociedade Esportiva do Gama**

Espirito Santo

Espirito Santo State Championship winners:

Year	Winner	Year	Winner
1930	Rio Branco Atlético Clube Vitória	1973	Rio Branco Atlético Clube Vitória
1931	Santo Antônio Futebol Clube Vitória	1974	Assoc. Desportiva Ferroviária Cariacica
1932	Vitória Futebol Clube	1975	Rio Branco Atlético Clube Vitória
1933	Vitória Futebol Clube	1976	Vitória Futebol Clube
1934	Rio Branco Atlético Clube Vitória	1977	Assoc. Desportiva Ferroviária Cariacica
1935	Rio Branco Atlético Clube Vitória	1978	Rio Branco Atlético Clube Vitória
1936	Rio Branco Atlético Clube Vitória	1979	Assoc. Desportiva Ferroviária Cariacica
1937	Rio Branco Atlético Clube Vitória	1980	Assoc. Desportiva Ferroviária Cariacica
1938	Rio Branco Atlético Clube Vitória	1981	Assoc. Desportiva Ferroviária Cariacica
1939	Rio Branco Atlético Clube Vitória	1982	Rio Branco Atlético Clube Vitória
1940	Americano Futebol Clube Vitória	1983	Rio Branco Atlético Clube Vitória
1941	Rio Branco Atlético Clube Vitória	1984	Assoc. Desportiva Ferroviária Cariacica
1942	Rio Branco Atlético Clube Vitória	1985	Rio Branco Atlético Clube Vitória
1943	Vitória Futebol Clube	1986	Assoc. Desportiva Ferroviária Cariacica
1944	Caxias Futebol Clube Vitória	1987	Guarapari Esporte Clube
1945	Rio Branco Atlético Clube Vitória	1988	Ibiraçu Esporte Clube
1946	Rio Branco Atlético Clube Vitória	1989	Assoc. Desportiva Ferroviária Cariacica
1947	Rio Branco Atlético Clube Vitória	1990	Associação Atlética Colatina
1948	Cachoeiro FC Cachoeiro do Itapemirim	1991	Muniz Freire Futebol Clube
1949	Rio Branco Atlético Clube Vitória	1992	Assoc. Desportiva Ferroviária Cariacica
1950	Vitória Futebol Clube	1993	Linhares Esporte Clube
1951	Rio Branco Atlético Clube Vitória	1994	Assoc. Desportiva Ferroviária Cariacica
1952	Vitória Futebol Clube	1995	Linhares Esporte Clube
1953	Santo Antônio Futebol Clube Vitória	1996	Assoc. Desportiva Ferroviária Cariacica
1954	Santo Antônio Futebol Clube Vitória	1997	Linhares Esporte Clube
1955	Santo Antônio Futebol Clube Vitória	1998	Linhares Esporte Clube
1956	Vitória Futebol Clube	1999	Sociedade Desportiva Serra FC
1957	Rio Branco Atlético Clube Vitória	2000	Assoc. Desportiva Ferroviária Cariacica
1958	Rio Branco Atlético Clube Vitória	2001	Alegrense Futebol Clube
1959	Rio Branco Atlético Clube Vitória	2002	Alegrense Futebol Clube
1960	Santo Antônio Futebol Clube Vitória	2003	Sociedade Desportiva Serra FC
1961	Santo Antônio Futebol Clube Vitória	2004	Sociedade Desportiva Serra FC
1962	Rio Branco Atlético Clube Vitória	2005	Sociedade Desportiva Serra FC
1963	Rio Branco Atlético Clube Vitória	2006	Vitória Futebol Clube
1964	Assoc. Desportiva Ferroviária Cariacica	2007	Linhares Futebol Clube
1965	Assoc. Desportiva Ferroviária Cariacica	2008	Sociedade Desportiva Serra FC
1966	Rio Branco Atlético Clube Vitória	2009	Associação Atlética São Mateus
1967	Assoc. Desportiva Ferroviária Cariacica	2010	Rio Branco Atlético Clube Vitória
1968	Rio Branco Atlético Clube Vitória	2011	CER Associação Atlética São Mateus
1969	Rio Branco Atlético Clube Vitória	2012	Esporte Clube Aracruz
1970	Rio Branco Atlético Clube Vitória	2013	Assoc. Desportiva Ferroviária Cariacica
1971	Rio Branco Atlético Clube Vitória	2014	Estrela do Norte FC Cachoeiro de Itapemirim
1972	Assoc. Desportiva Ferroviária Cariacica	2015	Rio Branco Atlético Clube Vitória

Espirito Santo State Championship (Campeonato Capixaba) 2015

First Stage

Grupo Norte
1. Rio Branco Atlético Clube Vitória	8	7	0	1	15	-	9	21
2. Real Noroeste Capixaba FC Águia Branca	8	5	1	2	18	-	7	16
3. Linhares Futebol Clube	8	3	0	5	14	-	13	9
4. Vitória Futebol Clube	8	2	1	5	8	-	12	7
5. Centro Educativo Recreativo Associação Atlética São Mateus	8	2	0	6	3	-	17	0

Grupo Sul
1. Associação Desportiva Ferroviária Vale do Rio Doce Cariacica	8	4	1	3	11	-	10	13
2. Estrela do Norte Futebol Clube Cachoeiro de Itapemirim	8	4	1	3	8	-	7	13
3. Clube Atlético Itapemirim	8	3	4	1	9	-	5	13
4. Castelo Futebol Clube	8	3	3	2	6	-	6	12
5. Sport Club Linharense	8	1	1	6	10	-	16	4

Top-3 of each group qualified for the Hexagonal Semifinal, while the other teams played in the Relegation Play-offs.

Second Stage

Quadrangular do Rebaixamento (Relegation Play-offs)
1. Centro Educativo Recreativo Associação Atlética São Mateus	6	4	1	1	7	-	4	13
2. Sport Club Linharense	6	3	1	2	7	-	7	10
3. Castelo Futebol Clube (*Relegated*)	6	2	2	2	7	-	6	8
4. Vitória Futebol Clube (*Relegated*)	6	0	2	4	5	-	9	2

Hexagonal Semifinal
1. Rio Branco Atlético Clube Vitória	10	7	1	2	9	-	3	22
2. Associação Desportiva Ferroviária Vale do Rio Doce Cariacica	10	5	2	3	13	-	11	17
3. Real Noroeste Capixaba FC Águia Branca	10	5	0	5	14	-	13	15
4. Estrela do Norte Futebol Clube Cachoeiro de Itapemirim	10	3	3	4	12	-	11	12
5. Clube Atlético Itapemirim	10	3	1	6	10	-	15	10
6. Linhares Futebol Clube	10	3	1	6	8	-	13	10

Top-2 qualified for the Championship Finals.

Espirito Santo Championship Finals (09-16.05.2015)
AD Ferroviária Vale do Rio Doce Cariacica - Rio Branco Atlético Clube Vitória 0-1
Rio Branco Atlético Clube Vitória - AD Ferroviária Vale do Rio Doce Cariacica 1-1

<u>Espirito Santo State Championship Winners 2015</u>: **Rio Branco Atlético Clube Vitória**

Goias

Goias State Championship winners:

Amateur Era:

1944	Atlético Clube Goianiense Goiânia		1954	Goiânia Esporte Clube
1945	Goiânia Esporte Clube		1955	Atlético Clube Goianiense Goiânia
1946	Goiânia Esporte Clube		1956	Goiânia Esporte Clube
1947	Atlético Clube Goianiense Goiânia		1957	Atlético Clube Goianiense Goiânia
1948	Goiânia Esporte Clube		1958	Goiânia Esporte Clube
1949	Atlético Clube Goianiense Goiânia		1959	Goiânia Esporte Clube
1950	Goiânia Esporte Clube		1960	Goiânia Esporte Clube
1951	Goiânia Esporte Clube		1961	Vila Nova Futebol Clube Goiânia
1952	Goiânia Esporte Clube		1962	Vila Nova Futebol Clube Goiânia
1953	Goiânia Esporte Clube			

Professional Era:

1963	Vila Nova Futebol Clube Goiânia		1990	Goiás Esporte Clube Goiânia
1964	Atlético Clube Goianiense Goiânia		1991	Goiás Esporte Clube Goiânia
1965	Anápolis Futebol Clube		1992	Goiatuba Esporte Clube
1966	Goiás Esporte Clube Goiânia		1993	Vila Nova Futebol Clube Goiânia
1967	Clube Recreativo Atlético Catalano		1994	Goiás Esporte Clube Goiânia
1968	Goiânia Esporte Clube		1995	Vila Nova Futebol Clube Goiânia
1969	Vila Nova Futebol Clube Goiânia		1996	Goiás Esporte Clube Goiânia
1970	Atlético Clube Goianiense Goiânia		1997	Goiás Esporte Clube Goiânia
1971	Goiás Esporte Clube Goiânia		1998	Goiás Esporte Clube Goiânia
1972	Goiás Esporte Clube Goiânia		1999	Goiás Esporte Clube Goiânia
1973	Vila Nova Futebol Clube Goiânia		2000	Goiás Esporte Clube Goiânia
1974	Goiânia Esporte Clube		2001	Vila Nova Futebol Clube Goiânia
1975	Goiás Esporte Clube Goiânia		2002	Goiás Esporte Clube Goiânia
1976	Goiás Esporte Clube Goiânia		2003	Goiás Esporte Clube Goiânia
1977	Vila Nova Futebol Clube Goiânia		2004	Clube Recreativo Atlético Catalano
1978	Vila Nova Futebol Clube Goiânia		2005	Vila Nova Futebol Clube Goiânia
1979	Vila Nova Futebol Clube Goiânia		2006	Goiás Esporte Clube Goiânia
1980	Vila Nova Futebol Clube Goiânia		2007	Atlético Clube Goianiense Goiânia
1981	Goiás Esporte Clube Goiânia		2008	Itumbiara Esporte Clube
1982	Vila Nova Futebol Clube Goiânia		2009	Goiás Esporte Clube Goiânia
1983	Goiás Esporte Clube Goiânia		2010	Atlético Clube Goianiense Goiânia
1984	Vila Nova Futebol Clube Goiânia		2011	Atlético Clube Goianiense Goiânia
1985	Atlético Clube Goianiense Goiânia		2012	Goiás Esporte Clube Goiânia
1986	Goiás Esporte Clube Goiânia		2013	Goiás Esporte Clube Goiânia
1987	Goiás Esporte Clube Goiânia		2014	Atlético Clube Goianiense Goiânia
1988	Atlético Clube Goianiense Goiânia		2015	Goiás Esporte Clube Goiânia
1989	Goiás Esporte Clube Goiânia			

Goias State Championship (Campeonato Goiano) 2015

First Stage

1. Trindade Atlético Clube	14	5	7	2	15	-	13	22
2. Itumbiara Esporte Clube	14	6	3	5	12	-	9	21
3. Atlético Clube Goianiense Goiânia	14	5	4	5	13	-	14	19
4. Clube Recreativo Atlético Catalano (CRAC) Catalão	14	2	5	7	12	-	21	11
5. Grêmio Esportivo Anápolis (*Relegated*)	14	2	4	8	12	-	27	10

Grupo B

1. Goiás Esporte Clube Goiânia	14	9	4	1	26	-	10	31
2. Associação Atlética Aparecidense	14	7	6	1	22	-	8	27
3. Goianésia Esporte Clube	14	8	1	5	23	-	15	25
4. Associação Atlética Anapolina	14	4	6	4	12	-	12	17
5. Caldas Novas Atlético Clube (*Relegated*)	14	0	4	10	6	-	24	4

Top-4 of the aggregate table were qualified for the semi-finals.

Semi-Finals (11-19.04.2015)

Associação Atlética Aparecidense - Trindade Atlético Clube	2-1(2-0)	1-0(0-0)
Goianésia Esporte Clube - Goiás Esporte Clube Goiânia	2-2(2-1)	0-1(0-1)

Goias Championship Finals (28.04.-03.05.2015)

Associação Atlética Aparecidense - Goiás Esporte Clube Goiânia	0-2(0-1)
Goiás Esporte Clube Goiânia - Associação Atlética Aparecidense	1-1(0-0)

Goias State Championship Winners 2015: **Goiás Esporte Clube Goiânia**

Maranhão

Maranhão State Championship winners:

Year	Winner	Year	Winner
1918	Sport Club Luso Brasileiro São Luís	1967	Moto Clube São Luís
1919	Sport Club Luso Brasileiro São Luís	1968	Moto Clube São Luís
1920	Football Athletic Club São Luís	1969	Maranhão Atlético Clube São Luís
1921	Fênix Futebol Clube São Luís	1970	Maranhão Atlético Clube São Luís
1922	Sport Club Luso Brasileiro São Luís	1971	Ferroviário Esporte Clube São Luís
1923	Sport Club Luso Brasileiro São Luís	1972	Sampaio Corrêa FC São Luís
1924	Sport Club Luso Brasileiro São Luís	1973	Ferroviário Esporte Clube São Luís
1925	Sport Club Luso Brasileiro São Luís	1974	Moto Clube São Luís
1926	Sport Club Luso Brasileiro São Luís	1975	Sampaio Corrêa FC São Luís
1927	Sport Club Luso Brasileiro São Luís	1976	Sampaio Corrêa FC São Luís
1928	Vasco da Gama Futebol Clube São Luís	1977	Moto Clube São Luís
1929	*No competition*	1978	Sampaio Corrêa FC São Luís
1930	Sport Club Sírio São Luís	1979	Maranhão Atlético Clube São Luís
1931	*No competition*	1980	Sampaio Corrêa FC São Luís
1932	Tupan Esporte Clube São Luís	1981	Moto Clube São Luís
1933	Sampaio Corrêa FC São Luís	1982	Moto Clube São Luís
1934	Sampaio Corrêa FC São Luís	1983	Moto Clube São Luís
1935	Tupan Esporte Clube São Luís	1984	Sampaio Corrêa FC São Luís
1936	*No competition*	1985	Sampaio Corrêa FC São Luís
1937	Maranhão Atlético Clube São Luís	1986	Sampaio Corrêa FC São Luís
1938	Tupan Esporte Clube São Luís	1987	Sampaio Corrêa FC São Luís
1939	Maranhão Atlético Clube São Luís	1988	Sampaio Corrêa FC São Luís
1940	Sampaio Corrêa FC São Luís	1989	Moto Clube São Luís
1941	Maranhão Atlético Clube São Luís	1990	Sampaio Corrêa FC São Luís
1942	Sampaio Corrêa FC São Luís	1991	Sampaio Corrêa FC São Luís
1943	Maranhão Atlético Clube São Luís	1992	Sampaio Corrêa FC São Luís
1944	Moto Clube São Luís	1993	Maranhão Atlético Clube São Luís
1945	Moto Clube São Luís	1994	Maranhão Atlético Clube São Luís
1946	Moto Clube São Luís	1995	Maranhão Atlético Clube São Luís
1947	Moto Clube São Luís	1996	Bacabal Esporte Clube
1948	Moto Clube São Luís	1997	Sampaio Corrêa FC São Luís
1949	Moto Clube São Luís	1998	Sampaio Corrêa FC São Luís
1950	Moto Clube São Luís	1999	Maranhão Atlético Clube São Luís
1951	Maranhão Atlético Clube São	2000	Moto Clube São Luís
1952	Vitória do Mar Futebol Clube São Luís	2001	Moto Clube São Luís
1953	Sampaio Corrêa FC São Luís	2002	Sampaio Corrêa FC São Luís
1954	Sampaio Corrêa FC São Luís	2003	Sampaio Corrêa FC São Luís
1955	Moto Clube São Luís	2004	Moto Clube São Luís
1956	Sampaio Corrêa FC São Luís	2005	Sociedade Imperatriz de Desportos
1957	Ferroviário Esporte Clube São Luís	2006	Moto Clube São Luís
1958	Ferroviário Esporte Clube São Luís	2007	Maranhão Atlético Clube São Luís
1959	Moto Clube São Luís	2008	Moto Clube São Luís
1960	Moto Clube São Luís	2009	JV Lideral Esporte Clube Imperatriz
1961	Sampaio Corrêa FC São Luís	2010	Sampaio Corrêa FC São Luís
1962	Sampaio Corrêa FC São Luís	2011	Sampaio Corrêa FC São Luís
1963	Maranhão Atlético Clube São Luís	2012	Sampaio Corrêa FC São Luís
1964	Sampaio Corrêa FC São Luís	2013	Maranhão Atlético Clube São Luís
1965	Sampaio Corrêa FC São Luís	2014	Sampaio Corrêa FC São Luís
1966	Moto Clube São Luís	2015	Sociedade Imperatriz de Desportos

Maranhão State Championship (Campeonato Maranhense) 2015

First Stage

1. Moto Club de São Luís	8	4	3	1	16	-	8	15
2. São José de Ribamar Esporte Clube	8	4	3	1	11	-	7	15
3. Sociedade Imperatriz de Desportos	8	4	2	2	15	-	11	14
4. Sampaio Corrêa Futebol Clube São Luís	8	3	5	0	14	-	7	14
5. Santa Quitéria Futebol Clube	8	3	4	1	7	-	5	13
6. Araioses Futebol Clube	8	2	3	3	10	-	9	9
7. Cordino Esporte Clube Barra do Corda	8	1	3	4	11	-	14	6
8. Balsas Esporte Clube (*Relegated*)	8	1	2	5	6	-	18	5
9. Expressinho Futebol Clube São Luís (*Relegated*)	8	1	1	6	7	-	18	4

Top-4 qualified for the semi-finals.

Semi-Finals (18-22.04.2015)

Sampaio Corrêa Futebol Clube São Luís - Moto Club de São Luís   3-1(2-1)   0-1(0-1)
Sociedade Imperatriz de Desportos - São José de Ribamar Esporte Clube   4-1(1-0)   4-2(2-2)

Maranhão Championship Finals (26.04.-02.05.2015)

Sampaio Corrêa Futebol Clube São Luís - Sociedade Imperatriz de Desportos   2-1(1-1)
Sociedade Imperatriz de Desportos - Sampaio Corrêa Futebol Clube São Luís   3-1(1-0)

Maranhão State Championship Winners 2015: **Sociedade Imperatriz de Desportos**

Mato Grosso

Mato Grosso State Championship winners:

Year	Winner	Year	Winner
1943	Mixto Esporte Clube	1980	Mixto Esporte Clube Cuiabá
1944	Americano Futebol Clube Cuiabá	1981	Mixto Esporte Clube Cuiabá
1945	Mixto Esporte Clube Cuiabá	1982	Mixto Esporte Clube Cuiabá
1946	Clube Atlético Matogrossense Cuiabá	1983	CE Operário Várzea Grande
1947	Mixto Esporte Clube Cuiabá	1984	Mixto Esporte Clube Cuiabá
1948	Mixto Esporte Clube Cuiabá	1985	CE Operário Várzea Grande
1949	Mixto Esporte Clube Cuiabá	1986	CE Operário Várzea Grande
1950	Clube Atlético Matogrossense Cuiabá	1987	CE Operário Várzea Grande
1951	Mixto Esporte Clube Cuiabá	1988	Mixto Esporte Clube Cuiabá
1952	Mixto Esporte Clube Cuiabá	1989	Mixto Esporte Clube Cuiabá
1953	Mixto Esporte Clube Cuiabá	1990	Sinop Futebol Clube
1954	Mixto Esporte Clube Cuiabá	1991	Clube Esportivo Dom Bosco Cuiabá
1955	Clube Atlético Matogrossense Cuiabá	1992	Sorriso Esporte Clube
1956	Clube Atlético Matogrossense Cuiabá	1993	Sorriso Esporte Clube
1957	Clube Atlético Matogrossense Cuiabá	1994	CE Operário Várzea Grande
1958	Clube Esportivo Dom Bosco Cuiabá	1995	CE Operário Várzea Grande
1959	Mixto Esporte Clube Cuiabá	1996	Mixto Esporte Clube Cuiabá
1960	Clube Esportivo Dom Bosco Cuiabá	1997	CE Operário Várzea Grande
1961	Mixto Esporte Clube Cuiabá	1998	Sinop Futebol Clube
1962	Mixto Esporte Clube Cuiabá	1999	Sinop Futebol Clube
1963	Clube Esportivo Dom Bosco Cuiabá	2000	SER Juventude Primavera do Leste
1964	CE Operário Várzea Grande	2001	SER Juventude Primavera do Leste
1965	Mixto Esporte Clube Cuiabá	2002	Esporte Clube Operário Várzea Grande
1966	Clube Esportivo Dom Bosco Cuiabá	2003	Cuiabá Esporte Clube
1967	CE Operário Várzea Grande	2004	Cuiabá Esporte Clube
1968	CE Operário Várzea Grande	2005	SE Vila Aurora Rondonópolis
1969	Mixto Esporte Clube Cuiabá	2006	Esporte Clube Operário Várzea Grande
1970	Mixto Esporte Clube Cuiabá	2007	Cacerense Esporte Clube Cáceres
1971	Clube Esportivo Dom Bosco Cuiabá	2008	Mixto Esporte Clube Cuiabá
1972	CE Operário Várzea Grande	2009	Luverdense EC Lucas do Rio Verde
1973	CE Operário Várzea Grande	2010	União Esporte Clube Rondonópolis
1974	Operário Futebol Clube Campo Grande	2011	Cuiabá Esporte Clube
1975	EC Comercial Campo Grande	2012	Luverdense EC Lucas do Rio Verde
1976	Operário Futebol Clube Campo Grande	2013	Cuiabá Esporte Clube
1977	Operário Futebol Clube Campo Grande	2014	Cuiabá Esporte Clube
1978	Operário Futebol Clube Campo Grande	2015	Cuiabá Esporte Clube
1979	Mixto Esporte Clube Cuiabá		

Mato Grosso State Championship (Campeonato Mato-Grossense) 2015

First Stage

Grupo A

1. Operário Futebol Clube Ltda. Várzea Grande	8	4	1	3	12	-	10	13
2. Poconé Esporte Clube	8	4	0	4	13	-	12	12
3. Luverdense Esporte Clube Lucas do Rio Verde	8	2	3	3	7	-	8	9
4. Mixto Esporte Clube Cuiabá	8	2	3	3	9	-	11	9
5. Sinop Futebol Clube	8	3	3	2	8	-	8	8

Please note: Sinop Futebol Clube – 4 points deducted for using 3 irregular players!

Grupo B

1. Cuiabá Esporte Clube	8	5	3	0	10	-	1	18
2. Clube Esportivo Dom Bosco	8	3	1	4	8	-	10	10
3. Rondonópolis Esporte Clube	8	2	3	3	10	-	8	9
4. Cacerense Esporte Clube	8	2	2	4	10	-	17	0
5. União Esporte Clube Rondonópolis	8	2	3	3	9	-	11	-7

Please note: Cacerense Esporte Clube – 8 points deducted for using 10 irregular players while União Esporte Clube Rondonópolis – 6 points deducted for using 3 irregular players!
Top-3 of each group qualified for the Second Stage.

Second Stage

Grupo C

1. Luverdense Esporte Clube Lucas do Rio Verde	6	4	2	0	10	-	6	14
2. Operário Futebol Clube Ltda. Várzea Grande	6	3	0	3	5	-	6	9
3. Poconé Esporte Clube	6	0	1	5	5	-	11	1

Grupo D

1. Cuiabá Esporte Clube	6	4	0	2	10	-	7	12
2. Rondonópolis Esporte Clube	6	3	1	2	9	-	7	10
3. Clube Esportivo Dom Bosco	6	1	2	3	4	-	6	5

Top-2 of each group qualified for the Semi-Finals.

Semi-Finals (22-26.04.2015)

Operário FC Ltda. Várzea Grande - Luverdense EC Lucas do Rio Verde	1-2(0-1)	2-1 aet 5-4 pen
Rondonópolis Esporte Clube - Cuiabá Esporte Clube	0-2(0-1)	0-3(0-1)

Mato Grosso Championship Finals (03-11.05.2015)

Operário Futebol Clube Ltda. Várzea Grande - Cuiabá Esporte Clube	0-1(0-0)
Cuiabá Esporte Clube - Operário Futebol Clube Ltda. Várzea Grande	1-1(1-0)

Mato Grosso State Championship Winners 2015: **Cuiabá Esporte Clube**

Mato Grosso do Sul

Mato Grosso do Sul State Championship winners:

1979	Operário Campo Grande
1980	Operário Campo Grande
1981	Operário Campo Grande
1982	Comercial Campo Grande
1983	Operário Campo Grande
1984	Corumbaense Corumbá
1985	Comercial Campo Grande
1986	Operário Campo Grande
1987	Comercial Campo Grande
1988	Operário Campo Grande
1989	Operário Campo Grande
1990	Ubiratan Dourados
1991	Operário Campo Grande
1992	Nova Andradina Nova Andradina
1993	Comercial Campo Grande
1994	Comercial Campo Grande
1995	SER Chapadão
1996	Operário Campo Grande
1997	Operário Campo Grande

1998	Ubiratan Dourados
1999	Ubiratan Dourados
2000	Comercial Campo Grande
2001	Comercial Campo Grande
2002	CENE Campo Grande
2003	SER Chapadão
2004	CENE Campo Grande
2005	CENE Campo Grande
2006	Clube Atlético Coxim
2007	EC Águia Negra Rio Brilhante
2008	Ivinhema Futebol Clube
2009	Clube Esportivo Naviraiense
2010	EC Comercial Campo Grande
2011	CENE Campo Grande
2012	EC Águia Negra Rio Brilhante
2013	CENE Campo Grande
2014	CENE Campo Grande
2015	EC Comercial Campo Grande

Mato Grosso do Sul State Championship (Campeonato Sul-Mato-Grossense) 2015

First Stage

Grupo A
1.	Sociedade Esportiva e Recreativa Chapadão	10	5	3	2	22	-	13	18
2.	Costa Rica Esporte Clube	10	5	3	2	20	-	14	18
3.	Novoperário Futebol Clube Campo Grande	10	4	3	3	18	-	9	15
4.	Esporte Clube Comercial Campo Grande	10	4	1	5	9	-	15	13
5.	Misto Esporte Clube	10	3	2	5	6	-	17	11
6.	Clube Esportivo Nova Esperança (CENE) Campo Grande (*Relegated*)	10	1	4	5	11	-	18	7

Grupo B
1.	Esporte Clube Águia Negra Rio Brilhante	10	6	2	2	19	-	15	20
2.	Ivinhema Futebol Clube	10	3	6	1	15	-	8	15
3.	Clube Esportivo Naviraiense	10	3	4	3	15	-	13	13
4.	Corumbaense Futebol Clube	10	3	4	3	12	-	11	13
5.	Clube Recreativo Desportivo 7 de Setembro Dourados	10	2	4	4	11	-	14	10
6.	Ubiratan Esporte Clube Dourados (*Relegated*)	10	2	2	6	10	-	21	8

Top-4 from each group qualified for the quarter-finals.

Quarter-Finals (28.03.-05.04.2015)
Corumbaense Futebol Clube - Sociedade Esportiva e Recreativa Chapadão	2-1(0-0)	3-2(2-1)
Novoperário Futebol Clube Campo Grande - Ivinhema Futebol Clube	0-2(0-1)	0-3(0-2)
Clube Esportivo Naviraiense - Costa Rica Esporte Clube	1-1(0-0)	1-0(0-0)
EC Comercial Campo Grande - Esporte Clube Águia Negra Rio Brilhante		

Semi-Finals (11-19.04.2015)
Corumbaense Futebol Clube - Ivinhema Futebol Clube	1-1(1-1)	0-2(0-2)
Esporte Clube Comercial Campo Grande - Clube Esportivo Naviraiense	1-1(0-0)	3-2(1-1)

Mato Grosso do Sul Championship Finals (26.04.-03.05.2015)
Esporte Clube Comercial Campo Grande - Ivinhema Futebol Clube	0-0
Ivinhema Futebol Clube - Esporte Clube Comercial Campo Grande	2-3(1-1)

Mato Grosso do Sul State Championship Winners 2015: **Esporte Clube Comercial Campo Grande**

Minas Gerais

<u>Minas Gerais State Championship winners</u>:

1915	Clube Atlético Mineiro Belo Horizonte
1916	América Futebol Clube Belo Horizonte
1917	América Futebol Clube Belo Horizonte
1918	América Futebol Clube Belo Horizonte
1919	América Futebol Clube Belo Horizonte
1920	América Futebol Clube Belo Horizonte
1922	América Futebol Clube Belo Horizonte
1922	América Futebol Clube Belo Horizonte
1923	América Futebol Clube Belo Horizonte
1924	América Futebol Clube Belo Horizonte
1925	América Futebol Clube Belo Horizonte
1926	Clube Atlético Mineiro Belo Horizonte[1]
	SE Palestra Itália Belo Horizonte[2]
1927	Clube Atlético Mineiro Belo Horizonte
1928	SE Palestra Itália Belo Horizonte
1929	SE Palestra Itália Belo Horizonte
1930	SE Palestra Itália Belo Horizonte
1931	Clube Atlético Mineiro Belo Horizonte
1932	Clube Atlético Mineiro Belo Horizonte[1]
	Villa Nova Atlético Clube Nova Lima[3]
1933	Villa Nova Atlético Clube Nova Lima
1934	Villa Nova Atlético Clube Nova Lima
1935	Villa Nova Atlético Clube Nova Lima
1936	Clube Atlético Mineiro Belo Horizonte
1937	Esporte Clube Siderúrgica Sabará
1938	Clube Atlético Mineiro Belo Horizonte
1939	Clube Atlético Mineiro Belo Horizonte
1940	SE Palestra Itália Belo Horizonte
1941	Clube Atlético Mineiro Belo Horizonte
1942	Clube Atlético Mineiro Belo Horizonte
1943	Cruzeiro Esporte Clube Belo Horizonte
1944	Cruzeiro Esporte Clube Belo Horizonte
1945	Cruzeiro Esporte Clube Belo Horizonte
1946	Clube Atlético Mineiro Belo Horizonte
1947	Clube Atlético Mineiro Belo Horizonte
1948	América Futebol Clube Belo Horizonte
1949	Clube Atlético Mineiro Belo Horizonte
1950	Clube Atlético Mineiro Belo Horizonte
1951	Villa Nova Atlético Clube Nova Lima
1952	Clube Atlético Mineiro Belo Horizonte
1953	Clube Atlético Mineiro Belo Horizonte
1954	Clube Atlético Mineiro Belo Horizonte
1955	Clube Atlético Mineiro Belo Horizonte
1956	Clube Atlético Mineiro Belo Horizonte
	Cruzeiro Esporte Clube Belo Horizonte[4]
1957	América Futebol Clube Belo Horizonte
1958	Clube Atlético Mineiro Belo Horizonte
1959	Cruzeiro Esporte Clube Belo Horizonte
1960	Cruzeiro Esporte Clube Belo Horizonte
1961	Cruzeiro Esporte Clube Belo Horizonte
1962	Clube Atlético Mineiro Belo Horizonte
1963	Clube Atlético Mineiro Belo Horizonte

1964	Esporte Clube Siderúrgica Sabará
1965	Cruzeiro Esporte Clube Belo Horizonte
1966	Cruzeiro Esporte Clube Belo Horizonte
1967	Cruzeiro Esporte Clube Belo Horizonte
1969	Cruzeiro Esporte Clube Belo Horizonte
1969	Cruzeiro Esporte Clube Belo Horizonte
1970	Clube Atlético Mineiro Belo Horizonte
1971	América Futebol Clube Belo Horizonte
1972	Cruzeiro Esporte Clube Belo Horizonte
1973	Cruzeiro Esporte Clube Belo Horizonte
1974	Cruzeiro Esporte Clube Belo Horizonte
1975	Cruzeiro Esporte Clube Belo Horizonte
1976	Clube Atlético Mineiro Belo Horizonte
1977	Cruzeiro Esporte Clube Belo Horizonte
1978	Clube Atlético Mineiro Belo Horizonte
1979	Clube Atlético Mineiro Belo Horizonte
1980	Clube Atlético Mineiro Belo Horizonte
1981	Clube Atlético Mineiro Belo Horizonte
1982	Clube Atlético Mineiro Belo Horizonte
1983	Clube Atlético Mineiro Belo Horizonte
1984	Cruzeiro Esporte Clube Belo Horizonte
1985	Clube Atlético Mineiro Belo Horizonte
1986	Clube Atlético Mineiro Belo Horizonte
1987	Cruzeiro Esporte Clube Belo Horizonte
1988	Clube Atlético Mineiro Belo Horizonte
1989	Clube Atlético Mineiro Belo Horizonte
1990	Cruzeiro Esporte Clube Belo Horizonte
1991	Clube Atlético Mineiro Belo Horizonte
1992	Cruzeiro Esporte Clube Belo Horizonte
1993	América Futebol Clube Belo Horizonte
1994	Cruzeiro Esporte Clube Belo Horizonte
1995	Clube Atlético Mineiro Belo Horizonte
1996	Cruzeiro Esporte Clube Belo Horizonte
1997	Cruzeiro Esporte Clube Belo Horizonte
1998	Cruzeiro Esporte Clube Belo Horizonte
1999	Clube Atlético Mineiro Belo Horizonte
2000	Clube Atlético Mineiro Belo Horizonte
2001	América Futebol Clube Belo Horizonte
2002	AA Caldense Poços de Caldas
2003	Cruzeiro Esporte Clube Belo Horizonte
2004	Cruzeiro Esporte Clube Belo Horizonte
2005	Ipatinga Futebol Clube Ipatinga
2006	Cruzeiro Esporte Clube Belo Horizonte
2007	Clube Atlético Mineiro Belo Horizonte
2008	Cruzeiro Esporte Clube Belo Horizonte
2009	Cruzeiro Esporte Clube Belo Horizonte
2010	Clube Atlético Mineiro Belo Horizonte
2011	Cruzeiro Esporte Clube Belo Horizonte
2012	Clube Atlético Mineiro Belo Horizonte
2013	Clube Atlético Mineiro Belo Horizonte
2014	Cruzeiro Esporte Clube Belo Horizonte
2015	Clube Atlético Mineiro Belo Horizonte

(1) Winner of LMDT [Liga Mineira de Desportes Terrestres]

[2] Winner of AMET [Associação Mineira de Esportes Terrestres]
[3] Winner of AMEG [Associação Mineira de Esportes Geraes]
[4] two winners (shared)

Minas Gerais State Championship (Campeonato Mineiro) 2015

First Stage

1. Associação Atlética Caldense	11	7	4	0	16	-	4	25
2. Cruzeiro Esporte Clube Belo Horizonte	11	7	3	1	23	-	7	24
3. Clube Atlético Mineiro Belo Horizonte	11	7	1	3	20	-	7	22
4. Tombense Futebol Clube	11	6	2	3	17	-	14	20
5. América Futebol Clube Belo Horizonte	11	5	5	1	12	-	7	20
6. Villa Nova Atlético Clube Nova Lima	11	3	4	4	7	-	15	13
7. Boa Esporte Clube Varginha	11	2	5	4	8	-	10	11
8. União Recreativa dos Trabalhadores Patos de Minas	11	3	1	7	8	-	15	10
9. Tupi Football Club Juiz de Fora	11	3	1	7	9	-	17	10
10. Guarani Esporte Clube Divinópolis	11	2	4	5	8	-	15	10
11. Esporte Clube Democrata Governador Valadares (*Relegated*)	11	2	2	7	9	-	16	8
12. Esporte Clube Mamoré Patos de Minas (*Relegated*)	11	2	2	7	9	-	19	8

Top-4 qualified for the semi-finals.

Semi-Finals (11-19.04.2015)

Tombense Futebol Clube - Associação Atlética Caldense   0-0   0-2(0-1)
Clube Atlético Mineiro Belo Horizonte - Cruzeiro Esporte Clube Belo Horizonte   1-1(1-0)   2-1(0-1)

Minas Gerais Championship Finals (26.04.-03.05.2015)

Clube Atlético Mineiro Belo Horizonte - Associação Atlética Caldense   0-0
Associação Atlética Caldense - Clube Atlético Mineiro Belo Horizonte   1-2(0-0)

Minas Gerais State Championship Winners 2015: **Clube Atlético Mineiro Belo Horizonte**

Pará

Pará State Championship winners:

1908	SA União Sportiva Belém	1962	Paysandu Sport Club Belém
1909	*No competition*	1963	Paysandu Sport Club Belém
1910	SA União Sportiva Belém	1964	Clube do Remo Belém
1911	*No competition*	1965	Paysandu Sport Club Belém
1912	*No competition*	1966	Paysandu Sport Club Belém
1913	Clube do Remo Belém	1967	Paysandu Sport Club Belém
1914	Clube do Remo Belém	1968	Clube do Remo Belém
1915	Clube do Remo Belém	1969	Paysandu Sport Club Belém
1916	Clube do Remo Belém	1970	Tuna Luso Brasileira Belém
1917	Clube do Remo Belém	1971	Paysandu Sport Club Belém
1918	Clube do Remo Belém	1972	Paysandu Sport Club Belém
1919	Clube do Remo Belém	1973	Clube do Remo Belém
1920	Paysandu Sport Club Belém	1974	Clube do Remo Belém
1921	Paysandu Sport Club Belém	1975	Clube do Remo Belém
1922	Paysandu Sport Club Belém	1976	Paysandu Sport Club Belém
1923	Paysandu Sport Club Belém	1977	Clube do Remo Belém
1924	Clube do Remo Belém	1978	Clube do Remo Belém
1925	Clube do Remo Belém	1979	Clube do Remo Belém
1926	Clube do Remo Belém	1980	Paysandu Sport Club Belém
1927	Paysandu Sport Club Belém	1981	Paysandu Sport Club Belém
1928	Paysandu Sport Club Belém	1982	Paysandu Sport Club Belém
1929	Paysandu Sport Club Belém	1983	Tuna Luso Brasileira Belém
1930	Clube do Remo Belém	1984	Paysandu Sport Club Belém
1931	Paysandu Sport Club Belém	1985	Paysandu Sport Club Belém
1932	Paysandu Sport Club Belém	1986	Clube do Remo Belém
1933	Clube do Remo Belém	1987	Paysandu Sport Club Belém
1934	Paysandu Sport Club Belém	1988	Tuna Luso Brasileira Belém
1935	*No competition*	1989	Clube do Remo Belém
1936	Clube do Remo Belém	1990	Clube do Remo Belém
1937	Tuna Luso Brasileira Belém	1991	Clube do Remo Belém
1938	Tuna Luso Brasileira Belém	1992	Paysandu Sport Club Belém
1939	Paysandu Sport Club Belém	1993	Clube do Remo Belém
1940	Clube do Remo Belém	1994	Clube do Remo Belém
1941	Tuna Luso Brasileira Belém	1995	Clube do Remo Belém
1942	Paysandu Sport Club Belém	1996	Clube do Remo Belém
1943	Paysandu Sport Club Belém	1997	Clube do Remo Belém
1944	Paysandu Sport Club Belém	1998	Paysandu Sport Club Belém
1945	Paysandu Sport Club Belém	1999	Clube do Remo Belém
1946	*No competition*	2000	Paysandu Sport Club Belém
1947	Paysandu Sport Club Belém	2001	Paysandu Sport Club Belém
1948	Tuna Luso Brasileira Belém	2002	Paysandu Sport Club Belém
1949	Clube do Remo Belém	2003	Clube do Remo Belém
1950	Clube do Remo Belém	2004	Clube do Remo Belém
1951	Tuna Luso Brasileira Belém	2005	Paysandu Sport Club Belém
1952	Clube do Remo Belém	2006	Paysandu Sport Club Belém
1953	Clube do Remo Belém	2007	Clube do Remo Belém
1954	Clube do Remo Belém	2008	Clube do Remo Belém
1955	Tuna Luso Brasileira Belém	2009	Paysandu Sport Club Belém
1956	Paysandu Sport Club Belém	2010	Paysandu Sport Club Belém
1957	Paysandu Sport Club Belém	2011	Independente Atlético Clube Tucuruí

1958	Tuna Luso Brasileira Belém	2012	Cametá Sport Club
1959	Paysandu Sport Club Belém	2013	Paysandu Sport Club Belém
1960	Clube do Remo Belém	2014	Clube do Remo Belém
1961	Paysandu Sport Club Belém	2015	Clube do Remo Belém

Pará State Championship (Campeonato Paraense) 2015

First Phase (Classificação – Taça ACLEP)

Grupo A1
1. Parauapebas Futebol Clube   4 2 1 1   7 - 2   7
2. Tapajós Futebol Clube Santarém   4 2 1 1   4 - 6   7
3. Atlético Clube Izabelense Santa Isabel do Pará 4 2 0 2   6 - 4   6
4. Vênus Atlético Clube Abaetetuba   4 1 2 1   4 - 5   5
5. Águia de Marabá Futebol Clube   4 1 0 3   6 - 10   3

Grupo A2
1. Castanhal Esporte Clube   4 1 3 0   7 - 4   6
2. Gavião Kyikatejê Futebol Clube   4 1 3 0   4 - 3   6
3. Tuna Luso Brasileira Belém   4 1 2 1   3 - 3   5
4. São Raimundo Esporte Clube Santarém 4 1 2 1   3 - 3   5
5. Bragantino Clube do Pará   4 1 0 3   2 - 6   3

Top-2 of each group qualified for the second stage.

Semi-Finals (30.11.2014)
Parauapebas Futebol Clube - Gavião Kyikatejê Futebol Clube   0-0; 6-5 pen
Castanhal Esporte Clube - Tapajós Futebol Clube Santarém   0-0; 5-6 pen

Final (06.12.2014)
Parauapebas Futebol Clube - Tapajós Futebol Clube Santarém   1-1; 4-2 pen

Second Stage – First Tournament (Taça Cidade de Belém)

Grupo A1
1. Parauapebas Futebol Clube   4 3 0 1   6 - 3   9
2. Independente Atlético Clube Tucuruí 4 3 0 1   6 - 3   9
3. São Francisco Futebol Clube Rio Branco 4 1 2 1   6 - 6   5
4. Clube do Remo Belém   4 1 1 2   3 - 4   4
5. Castanhal Esporte Clube   4 0 1 3   3 - 8   1

Grupo A2
1. Tapajós Futebol Clube Santarém   4 2 1 1   5 - 4   7
2. Cametá Sport Club   4 2 1 1   4 - 3   7
3. Paysandu Sport Club Belém   4 2 0 2   7 - 4   6
4. Paragominas Futebol Clube   4 1 1 2   5 - 5   4
5. Gavião Kyikatejê Futebol Clube   4 1 1 2   3 - 8   4

Top-2 of each group qualified for the semi-finals.

Semi-Finals (26.02.-01.03.2015)
Parauapebas Futebol Clube - Cametá Sport Club   1-0
Tapajós Futebol Clube Santarém - Independente Atlético Clube Tucuruí   1-2

Final (16-23.02.2015)
Parauapebas Futebol Clube - Independente Atlético Clube Tucuruí   0-0; 6-7 pen

Independente Atlético Clube Tucuruí as champions of the First Tournament qualified to the State Championship Finals.

Second Stage – Second Tournament (Taça Estado do Pará)

Grupo A1
1. Clube do Remo Belém	5	3	1	1	10 - 9	10
2. Parauapebas Futebol Clube	5	2	2	1	9 - 6	8
3. Independente Atlético Clube Tucuruí	5	2	1	2	6 - 7	7
4. São Francisco Futebol Clube Rio Branco	5	2	1	2	9 - 16	7
5. Castanhal Esporte Clube	5	1	2	2	6 - 9	5

Grupo A2
1. Paysandu Sport Club Belém	5	3	0	2	14 - 6	9
2. Paragominas Futebol Clube	5	2	2	1	7 - 3	8
3. Cametá Sport Club	5	2	1	2	8 - 9	7
4. Tapajós Futebol Clube Santarém	5	1	1	3	11 - 12	4
5. Gavião Kyikatejê Futebol Clube	5	0	3	2	7 - 10	3

Top-2 of each group qualified for the semi-finals.

Semi-Finals (21-22.04.2015)
Clube do Remo Belém - Paragominas Futebol Clube   1-0
Paysandu Sport Club Belém - Parauapebas Futebol Clube   0-0; 4-3 pen

Final (26.04.2015)
Clube do Remo Belém - Paysandu Sport Club Belém   2-1

Clube do Remo Belém as champions of the Second Tournament qualified to the State Championship Finals.

Pará Championship Finals – Taça Açaí (05-08.06.2015)
Independente Atlético Clube Tucuruí - Clube do Remo Belém   0-2(0-2)

Pará State Championship Winners 2015: **Clube do Remo Belém**

Paraíba

Paraíba State Championship winners:

Liga Desportiva Parahybana:

1919	Palmeiras Sport Club João Pessoa	1930	*No competition*
1920	EC Cabo Branco João Pessoa	1931	EC Cabo Branco João Pessoa
1921	Palmeiras Sport Club João Pessoa	1932	EC Cabo Branco João Pessoa
1922	Pytaguares Futebol Clube João Pessoa	1933	Palmeiras Sport Club João Pessoa
1923	América Football Club João Pessoa	1934	EC Cabo Branco João Pessoa
1924	EC Cabo Branco João Pessoa	1935	Palmeiras Sport Club João Pessoa
1925	América Football Club João Pessoa	1936	Botafogo Futebol Clube João Pessoa
1926	EC Cabo Branco João Pessoa	1937	Botafogo Futebol Clube João Pessoa
1927	EC Cabo Branco João Pessoa	1938	Botafogo Futebol Clube João Pessoa
1928	Palmeiras Sport Club João Pessoa	1939	Auto Esporte Clube João Pessoa
1929	EC Cabo Branco João Pessoa	1940	Treze Futebol Clube Campina Grande

Federação Desportiva de Football

1941	Treze Futebol Clube Campina Grande	1944	Botafogo Futebol Clube João Pessoa
1942	Clube Ástrea João Pessoa	1945	Botafogo Futebol Clube João Pessoa
1943	Clube Ástrea João Pessoa	1946	Felipéia Esporte Clube João Pessoa

Federação Paraíbana de Futebol

1947	Botafogo Futebol Clube João Pessoa	1981	Treze Futebol Clube Campina Grande
1948	Botafogo Futebol Clube João Pessoa	1982	Treze Futebol Clube Campina Grande
1949	Botafogo Futebol Clube João Pessoa	1983	Treze Futebol Clube Campina Grande
1950	Treze Futebol Clube Campina Grande	1984	Botafogo Futebol Clube João Pessoa
1951	*No competition*	1985	*No competition*
1952	Red Cross Football Club João Pessoa	1986	Botafogo Futebol Clube João Pessoa
1953	Botafogo Futebol Clube João Pessoa	1987	Auto Esporte Clube João Pessoa
1954	Botafogo Futebol Clube João Pessoa	1988	Botafogo Futebol Clube João Pessoa
1955	Botafogo Futebol Clube João Pessoa	1989	Treze Futebol Clube Campina Grande
1956	Auto Esporte Clube João Pessoa	1990	Auto Esporte Clube João Pessoa
1957	Botafogo Futebol Clube João Pessoa	1991	Campinense Clube Campina Grande
1958	Auto Esporte Clube João Pessoa	1992	Auto Esporte Clube João Pessoa
1959	Estrela do Mar EC João Pessoa	1993	Campinense Clube Campina Grande
1960	Campinense Clube Campina Grande	1994	Sousa Esporte Clube
1961	Campinense Clube Campina Grande	1995	Santa Cruz Recreativo EC Santa Rita
1962	Campinense Clube Campina Grande	1996	Santa Cruz Recreativo EC Santa Rita
1963	Campinense Clube Campina Grande	1997	Confiança Esporte Clube Sapé
1964	Campinense Clube Campina Grande	1998	Botafogo Futebol Clube João Pessoa
1965	Campinense Clube Campina Grande	1999	Botafogo Futebol Clube João Pessoa
1966	Treze Futebol Clube Campina Grande	2000	Treze Futebol Clube Campina Grande
1967	Campinense Clube Campina Grande	2001	Treze Futebol Clube Campina Grande
1968	Botafogo Futebol Clube João Pessoa	2002	Atlético Cajazeirense de Desportos
1969	Botafogo Futebol Clube João Pessoa	2003	Botafogo Futebol Clube João Pessoa
1970	Botafogo Futebol Clube João Pessoa	2004	Campinense Clube Campina Grande
1971	Campinense Clube Campina Grande	2005	Treze Futebol Clube Campina Grande
1972	Campinense Clube Campina Grande	2006	Treze Futebol Clube Campina Grande
1973	Campinense Clube Campina Grande	2007	Nacional Atlético Clube Patos
1974	Campinense Clube Campina Grande	2008	Campinense Clube Campina Grande
1975	Treze Futebol Clube Campina Grande	2009	Sousa Esporte Clube
	Botafogo Futebol Clube João Pessoa*	2010	Treze Futebol Clube Campina Grande

1976	Botafogo Futebol Clube João Pessoa	2011	Treze Futebol Clube Campina Grande
1977	Botafogo Futebol Clube João Pessoa	2012	Campinense Clube Campina Grande
1978	Botafogo Futebol Clube João Pessoa	2013	Botafogo Futebol Clube João Pessoa
1979	Campinense Clube Campina Grande	2014	Botafogo Futebol Clube João Pessoa
1980	Campinense Clube Campina Grande	2015	Campinense Clube Campina Grande

*both teams winners (shared).

Paraíba State Championship (Campeonato Paraibano) 2015

First Stage

1.	Botafogo Futebol Clube João Pessoa	18	13	2	3	37 - 18	41
2.	Campinense Clube Campina Grande	18	12	4	2	38 - 15	40
3.	Treze Futebol Clube Campina Grande	18	9	6	3	27 - 16	33
4.	Auto Esporte Clube João Pessoa	18	8	5	5	23 - 17	29
5.	Centro Sportivo Paraibano João Pessoa	18	7	4	7	21 - 21	25
6.	Sousa Esporte Clube	18	7	4	7	22 - 26	25
7.	Atlético Cajazeirense de Desportos	18	4	7	7	28 - 33	19
8.	Santa Cruz Recreativo EC Santa Rita	18	3	7	8	20 - 31	16
9.	Lucena Sport Clube (*Relegated*)	18	3	5	10	21 - 32	14
10.	Miramar Esporte Clube Cabedelo (*Relegated*)	18	1	2	15	12 - 40	5

Top-4 qualified for the second stage (Quadrangular Final).

Quadrangular Final

1.	Campinense Clube Campina Grande	6	4	1	1	11 - 4	13
2.	Botafogo Futebol Clube João Pessoa	6	2	3	1	9 - 8	9
3.	Treze Futebol Clube Campina Grande	6	1	3	2	7 - 9	6
4.	Auto Esporte Clube João Pessoa	6	0	3	3	6 - 12	3

Paraíba State Championship Winners 2015: **Campinense Clube Campina Grande**

Paraná

Paraná State Championship winners:

Year	Winner	Year	Winner
1915	Internacional Futebol Clube Curitiba	1967	Esporte Clube Água Verde Curitiba
1916	Coritiba Foot Ball Club	1968	Coritiba Foot Ball Club
1917	América Futebol Clube Curitiba	1969	Coritiba Foot Ball Club
1918	Britânia Sport Club Curitiba	1970	Clube Atlético Paranaense Curitiba
1919	Britânia Sport Club Curitiba	1971	Coritiba Foot Ball Club
1920	Britânia Sport Club Curitiba	1972	Coritiba Foot Ball Club
1921	Britânia Sport Club Curitiba	1973	Coritiba Foot Ball Club
1922	Britânia Sport Club Curitiba	1974	Coritiba Foot Ball Club
1923	Britânia Sport Club Curitiba	1975	Coritiba Foot Ball Club
1924	Palestra Itália Futebol Clube Curitiba	1976	Coritiba Foot Ball Club
1925	Clube Atlético Paranaense Curitiba	1977	Grêmio de Esportes Maringá
1926	Palestra Itália Futebol Clube Curitiba	1978	Coritiba Foot Ball Club
1927	Coritiba Foot Ball Club	1979	Coritiba Foot Ball Club
1928	Britânia Sport Club Curitiba	1980	Colorado Esporte Clube Curitiba
1929	Clube Atlético Paranaense Curitiba		Cascavel Esporte Clube Cascavel*
1930	Clube Atlético Paranaense Curitiba	1981	Londrina Esporte Clube
1931	Coritiba Foot Ball Club	1982	Clube Atlético Paranaense Curitiba
1932	Palestra Itália Futebol Clube Curitiba	1983	Clube Atlético Paranaense Curitiba
1933	Coritiba Foot Ball Club	1984	Esporte Clube Pinheiros Curitiba
1934	Clube Atlético Paranaense Curitiba	1985	Clube Atlético Paranaense Curitiba
1935	Coritiba Foot Ball Club	1986	Coritiba Foot Ball Club
1936	Clube Atlético Paranaense Curitiba	1987	Esporte Clube Pinheiros Curitiba
1937	Clube Atlético Ferroviário Curitiba	1988	Clube Atlético Paranaense Curitiba
1938	Clube Atlético Ferroviário Curitiba	1989	Coritiba Foot Ball Club
1939	Coritiba Foot Ball Club	1990	Clube Atlético Paranaense Curitiba
1940	Clube Atlético Paranaense Curitiba	1991	Paraná Clube Curitiba
1941	Coritiba Foot Ball Club	1992	Londrina Esporte Clube
1942	Coritiba Foot Ball Club	1993	Paraná Clube Curitiba
1943	Clube Atlético Paranaense Curitiba	1994	Paraná Clube Curitiba
1944	Clube Atlético Ferroviário Curitiba	1995	Paraná Clube Curitiba
1945	Clube Atlético Paranaense Curitiba	1996	Paraná Clube Curitiba
1946	Coritiba Foot Ball Club	1997	Paraná Clube Curitiba
1947	Coritiba Foot Ball Club	1998	Clube Atlético Paranaense Curitiba
1948	Clube Atlético Ferroviário Curitiba	1999	Coritiba Foot Ball Club
1949	Clube Atlético Paranaense Curitiba	2000	Clube Atlético Paranaense Curitiba
1950	Clube Atlético Ferroviário Curitiba	2001	Clube Atlético Paranaense Curitiba
1951	Coritiba Foot Ball Club	2002	Iraty Sport Club
1952	Coritiba Foot Ball Club	2002	Clube Atlético Paranaense Curitiba**
1953	Clube Atlético Ferroviário Curitiba	2003	Coritiba Foot Ball Club
1954	Coritiba Foot Ball Club	2004	Coritiba Foot Ball Club
1955	CA Monte Alegre Telêmaco Borba	2005	Clube Atlético Paranaense Curitiba
1956	Coritiba Foot Ball Club	2006	Paraná Clube Curitiba
1957	Coritiba Foot Ball Club	2007	Atlético Clube Paranavaí
1958	Clube Atlético Paranaense Curitiba	2008	Coritiba Foot Ball Club
1959	Coritiba Foot Ball Club	2009	Clube Atlético Paranaense Curitiba
1960	Coritiba Foot Ball Club	2010	Coritiba Foot Ball Club
1961	EC Comercial Cornélio Procópio	2011	Coritiba Foot Ball Club
1962	Londrina de Futebol e Regatas	2012	Coritiba Foot Ball Club
1963	Grêmio de Esportes Maringá	2013	Coritiba Foot Ball Club
1964	Grêmio de Esportes Maringá	2014	Londrina Esporte Clube
1965	Clube Atlético Ferroviário Curitiba	2015	Operário Ferroviário EC Ponta Grossa
1966	Clube Atlético Ferroviário Curitiba		

*both teams winners (shared).

**two editions organized in 2002; Clube Atlético Paranaense Curitiba winners of Super Championship

Paraná State Championship (Campeonato Paranaense) 2015

First Stage (Classificação)

1. Coritiba Foot Ball Club	11	8	2	1	17	-	6	26
2. J. Malucelli Futebol S/A Curitiba	11	7	2	2	14	-	6	23
3. Operário Ferroviário EC Ponta Grossa	11	6	2	3	17	-	10	20
4. Maringá Futebol Clube	11	6	2	3	17	-	13	20
5. Londrina Esporte Clube	11	5	3	3	9	-	3	18
6. Paraná Clube Curitiba	11	5	3	3	13	-	9	18
7. Foz do Iguaçu Futebol Clube	11	5	2	4	12	-	12	17
8. Futebol Clube Cascavel	11	3	5	3	7	-	8	14
9. Clube Atlético Paranaense Curitiba	11	3	2	6	12	-	10	11
10. Rio Branco Sport Club Paranaguá	11	3	1	7	8	-	14	10
11. Nacional Atlético Clube Sociedade Civil Rolândia	11	1	1	9	12	-	29	4
12. Prudentópolis Futebol Clube	11	0	3	8	5	-	23	3

Top-8 teams qualified for the Second Stage. Places 9-12 qualified for the relegation Play-offs.

Relegation Play-off (Torneio da Morte)

1. Clube Atlético Paranaense Curitiba	6	4	1	1	14	-	5	13
2. Rio Branco Sport Club Paranaguá	6	2	2	2	7	-	6	8
3. Nacional Atlético Clube Sociedade Civil Rolândia (*Relegated*)	6	2	2	2	4	-	8	8
4. Prudentópolis Futebol Clube (*Relegated*)	6	0	3	3	5	-	11	3

Second Stage

Quarter-Finals (04-09.04.2015)
Paraná Clube Curitiba - Operário Ferroviário EC Ponta Grossa	0-0	0-3(0-1)
Futebol Clube Cascavel - Coritiba Foot Ball Club	1-3(0-1)	0-2(0-2)
Londrina Esporte Clube - Maringá Futebol Clube	1-2(1-0)	2-1 aet 4-3 pen
Foz do Iguaçu Futebol Clube - J. Malucelli Futebol S/A Curitiba	3-1(1-1)	1-2(1-2)

Semi-Finals (12-19.04.2015)
Londrina Esporte Clube - Coritiba Foot Ball Club	1-0(1-0)	0-3(0-1)
Foz do Iguaçu Futebol Clube - Operário Ferroviário EC Ponta Grossa	1-1(0-0)	0-2(0-1)

Third Place Play off (25.04.-02.05.2015)
Foz do Iguaçu Futebol Clube - Londrina Esporte Clube	1-1(1-0)	0-2(0-1)

Paraná Championship Finals (26.04.-03.05.2015)
Operário Ferroviário EC Ponta Grossa - Coritiba Foot Ball Club	2-0(2-0)
Coritiba Foot Ball Club - Operário Ferroviário EC Ponta Grossa	0-3(0-0)

Paraná State Championship Winners 2015: **Operário Ferroviário EC Ponta Grossa**

Pernambuco

Pernambuco State Championship winners:

1915	Esporte Clube Flamengo Recife		1966	Clube Náutico Capibaribe Recife
1916	Sport Club do Recife		1967	Clube Náutico Capibaribe Recife
1917	Sport Club do Recife		1968	Clube Náutico Capibaribe Recife
1918	América Futebol Clube Recife		1969	Santa Cruz Futebol Clube Recife
1919	América Futebol Clube Recife		1970	Santa Cruz Futebol Clube Recife
1920	Sport Club do Recife		1971	Santa Cruz Futebol Clube Recife
1921	América Futebol Clube Recife		1972	Santa Cruz Futebol Clube Recife
1922	América Futebol Clube Recife		1973	Santa Cruz Futebol Clube Recife
1923	Sport Club do Recife		1974	Clube Náutico Capibaribe Recife
1924	Sport Club do Recife		1975	Sport Club do Recife
1925	Sport Club do Recife		1976	Santa Cruz Futebol Clube Recife
1926	Torre Sport Club Recife		1977	Sport Club do Recife
1927	América Futebol Clube Recife		1978	Santa Cruz Futebol Clube Recife
1928	Sport Club do Recife		1979	Santa Cruz Futebol Clube Recife
1929	Torre Sport Club Recife		1980	Sport Club do Recife
1930	Torre Sport Club Recife		1981	Sport Club do Recife
1931	Santa Cruz Futebol Clube Recife		1982	Sport Club do Recife
1932	Santa Cruz Futebol Clube Recife		1983	Santa Cruz Futebol Clube Recife
1933	Santa Cruz Futebol Clube Recife		1984	Clube Náutico Capibaribe Recife
1934	Clube Náutico Capibaribe Recife		1985	Clube Náutico Capibaribe Recife
1935	Santa Cruz Futebol Clube Recife		1986	Santa Cruz Futebol Clube Recife
1936	Tramways Sport Club Recife		1987	Santa Cruz Futebol Clube Recife
1937	Tramways Sport Club Recife		1988	Sport Club do Recife
1938	Sport Club do Recife		1989	Clube Náutico Capibaribe Recife
1939	Clube Náutico Capibaribe Recife		1990	Santa Cruz Futebol Clube Recife
1940	Santa Cruz Futebol Clube Recife		1991	Sport Club do Recife
1941	Sport Club do Recife		1992	Sport Club do Recife
1942	Sport Club do Recife		1993	Santa Cruz Futebol Clube Recife
1943	Sport Club do Recife		1994	Sport Club do Recife
1944	América Futebol Clube Recife		1995	Santa Cruz Futebol Clube Recife
1945	Clube Náutico Capibaribe Recife		1996	Sport Club do Recife
1946	Santa Cruz Futebol Clube Recife		1997	Sport Club do Recife
1947	Santa Cruz Futebol Clube Recife		1998	Sport Club do Recife
1948	Sport Club do Recife		1999	Sport Club do Recife
1949	Sport Club do Recife		2000	Sport Club do Recife
1950	Clube Náutico Capibaribe Recife		2001	Clube Náutico Capibaribe Recife
1951	Clube Náutico Capibaribe Recife		2002	Clube Náutico Capibaribe Recife
1952	Clube Náutico Capibaribe Recife		2003	Sport Club do Recife
1953	Sport Club do Recife		2004	Clube Náutico Capibaribe Recife
1954	Clube Náutico Capibaribe Recife		2005	Santa Cruz Futebol Clube Recife
1955	Sport Club do Recife		2006	Sport Club do Recife
1956	Sport Club do Recife		2007	Sport Club do Recife
1957	Santa Cruz Futebol Clube Recife		2008	Sport Club do Recife
1958	Sport Club do Recife		2009	Sport Club do Recife
1959	Santa Cruz Futebol Clube Recife		2010	Sport Club do Recife
1960	Clube Náutico Capibaribe Recife		2011	Santa Cruz Futebol Clube Recife
1961	Sport Club do Recife		2012	Santa Cruz Futebol Clube Recife
1962	Sport Club do Recife		2013	Santa Cruz Futebol Clube Recife
1963	Clube Náutico Capibaribe Recife		2014	Sport Club do Recife
1964	Clube Náutico Capibaribe Recife		2015	Santa Cruz Futebol Clube Recife
1965	Clube Náutico Capibaribe Recife			

Pernambuco State Championship (Campeonato Pernambucano) 2015

First Stage (Taça Eduardo Campos)

1. Central Sport Club Caruaru	14	7	4	3	20	-	12	25
2. Serra Talhada Futebol Clube	14	6	5	3	21	-	12	23
3. Vera Cruz FC Vitória de Santo Antão	14	6	4	4	12	-	14	22
4. Clube Atlético Pernambucano Carpina	14	4	5	5	19	-	19	17
5. Pesqueira Futebol Clube	14	4	5	5	16	-	17	17
6. Clube Atlético do Porto Caruaru	14	4	5	5	21	-	23	17
7. Sociedade Esportiva Ypiranga Futebol Clube Santa Cruz do Capibaribe	14	3	5	6	10	-	13	14
8. América Futebol Clube Recife	14	2	7	5	8	-	17	13

Top-2 teams qualified for the Second Stage. Places 3-8 played in the Relegation Play-offs.

Second Stage

1. Sport Club do Recife	10	8	1	1	19	-	5	25
2. Central Sport Club Caruaru	10	4	2	4	10	-	10	14
3. Santa Cruz Futebol Clube Recife	10	4	2	4	9	-	11	14
4. Salgueiro Atlético Clube	10	3	2	5	10	-	13	11
5. Serra Talhada Futebol Clube	10	3	1	6	10	-	18	10
6. Clube Náutico Capibaribe Recife	10	2	4	4	11	-	12	10

Top-4 qualified for the Semi-Finals.

Relegation Play-offs (Hexagonal de rebaixamento)

1. Clube Atlético do Porto Caruaru	10	6	2	2	18	-	13	20
2. Pesqueira Futebol Clube	10	5	2	3	12	-	9	17
3. Clube Atlético Pernambucano Carpina	10	3	4	3	15	-	14	13
4. América Futebol Clube Recife	10	3	4	3	13	-	12	13
5. Vera Cruz FC Vitória de Santo Antão (*Relegated*)	10	3	3	4	12	-	13	12
6. Sociedade Esportiva Ypiranga FC Santa Cruz do Capibaribe (*Relegated*)	10	1	3	6	10	-	19	6

Semi-Finals (18-26.04.2015)

Santa Cruz Futebol Clube Recife - Central Sport Club Caruaru	4-0(1-0)	2-0(1-0)
Salgueiro Atlético Clube - Sport Club do Recife	2-0(0-0)	1-1(0-1)

Third Place Play-off (29.04.-02.05.2015)

Central Sport Club Caruaru - Sport Club do Recife	0-5(0-3)	0-0

Pernambuco Championship Final (29.04.-03.05.2015)

Salgueiro Atlético Clube - Santa Cruz Futebol Clube Recife	0-0
Santa Cruz Futebol Clube Recife - Salgueiro Atlético Clube	1-0(0-0)

Pernambuco State Championship Winners 2015: **Santa Cruz Futebol Clube Recife**

Piauí

Piauí State Championship winners:

1941	Botafogo Esporte Clube Teresina	1978	Ríver Atlético Clube Teresina
1942	Esporte Clube Flamengo Teresina	1979	Esporte Clube Flamengo Teresina
1943	Esporte Clube Flamengo Teresina	1980	Ríver Atlético Clube Teresina
1944	Esporte Clube Flamengo Teresina	1981	Ríver Atlético Clube Teresina
1945	Botafogo Esporte Clube Teresina	1982	Sociedade Esportiva Tiradentes
1946	Botafogo Esporte Clube Teresina	1983	Auto Esporte Clube Teresina
1947	Esporte Clube Flamengo Teresina	1984	Esporte Clube Flamengo Teresina
1948	Ríver Atlético Clube Teresina	1985	Piauí Esporte Clube Teresina
1949	Botafogo Esporte Clube Teresina	1986	Esporte Clube Flamengo Teresina
1950	Ríver Atlético Clube Teresina	1987	Esporte Clube Flamengo Teresina
1951	Ríver Atlético Clube Teresina	1988	Esporte Clube Flamengo Teresina
1952	Ríver Atlético Clube Teresina	1989	Ríver Atlético Clube Teresina
1953	Ríver Atlético Clube Teresina	1990	Sociedade Esportiva Tiradentes
1954	Ríver Atlético Clube Teresina	1991	Sociedade Esportiva de Picos
1955	Ríver Atlético Clube Teresina	1992	4 de Julho Esporte Clube Piripiri
1956	Ríver Atlético Clube Teresina	1993	4 de Julho Esporte Clube Piripiri
1957	Botafogo Esporte Clube Teresina	1994	Sociedade Esportiva de Picos
1958	Ríver Atlético Clube Teresina	1995	Assoc. Atlética Cori-Sabbá Floriano
1959	Ríver Atlético Clube Teresina	1996	Ríver Atlético Clube Teresina
1960	Ríver Atlético Clube Teresina	1997	Sociedade Esportiva de Picos
1961	Ríver Atlético Clube Teresina	1998	Sociedade Esportiva de Picos
1962	Ríver Atlético Clube Teresina	1999	Ríver Atlético Clube Teresina
1963	Ríver Atlético Clube Teresina	2000	Ríver Atlético Clube Teresina
1964	Esporte Clube Flamengo Teresina	2001	Ríver Atlético Clube Teresina
1965	Esporte Clube Flamengo Teresina	2002	Ríver Atlético Clube Teresina
1966	Piauí Esporte Clube Teresina	2003	Esporte Clube Flamengo Teresina
1967	Piauí Esporte Clube Teresina	2004	Parnahyba Sport Club
1968	Piauí Esporte Clube Teresina	2005	Parnahyba Sport Club
1969	Piauí Esporte Clube Teresina	2006	Parnahyba Sport Club
1970	Esporte Clube Flamengo Teresina	2007	Ríver Atlético Clube Teresina
1971	Esporte Clube Flamengo Teresina	2008	Barras Futebol Clube
1972	Sociedade Esportiva Tiradentes	2009	Esporte Clube Flamengo Teresina
1973	Ríver Atlético Clube Teresina	2010	Comercial Atlético Clube Campo Maior
1974	Sociedade Esportiva Tiradentes	2011	4 de Julho Esporte Clube Piripiri
1975	Ríver Atlético Clube Teresina & Sociedade Esportiva Tiradentes(shared)	2012	Parnahyba Sport Club
		2013	Parnahyba Sport Club
1976	Esporte Clube Flamengo Teresina	2014	Ríver Atlético Clube Teresina
1977	Ríver Atlético Clube Teresina	2015	Ríver Atlético Clube Teresina

Piauí State Championship (Campeonato Piauiense) 2015

First Stage (Taça Estado do Piauí)

1.	Ríver Atlético Clube Teresina	5	3	2	0	7	-	2	11
2.	Caiçara Esporte Clube Campo Maior	5	1	4	0	7	-	6	7
3.	Parnahyba Sport Club	5	1	2	2	8	-	7	5
4.	Piauí Esporte Clube Teresina	5	1	2	2	2	-	3	5
5.	Esporte Clube Flamengo Teresina	5	1	2	2	3	-	8	5
6.	4 de Julho Esporte Clube Piripiri	5	0	4	1	2	-	3	4

Top-4 qualified for the Semi-Finals.

Semi-Finals (19-20.04.2015)
Caiçara Esporte Clube Campo Maior - Parnahyba Sport Club   0-2(0-0,0-0)
Ríver Atlético Clube Teresina -

Final (26.04.2015)
Ríver Atlético Clube Teresina - Parnahyba Sport Club   3-0(0-0)
Ríver Atlético Clube Teresina, as winner of the First Stage were qualified for the state championship finals.

Second Stage (Taça Cidade de Teresina)

1.	Esporte Clube Flamengo Teresina	5	3	1	1	6	-	1	10
2.	Ríver Atlético Clube Teresina	5	2	2	1	5	-	2	8
3.	Caiçara Esporte Clube Campo Maior	5	2	2	1	4	-	4	8
4.	Parnahyba Sport Club	5	1	4	0	5	-	3	7
5.	4 de Julho Esporte Clube Piripiri	5	1	0	4	3	-	9	3
6.	Piauí Esporte Clube Teresina	5	0	3	2	6	-	10	3

Top-4 qualified for the Semi-Finals.

Semi-Finals (27-28.05.2015)
Esporte Clube Flamengo Teresina - Parnahyba Sport Club   2-2(1-1,1-1)
Ríver Atlético Clube Teresina - Caiçara Esporte Clube Campo Maior

Final (31.05.2015)
Ríver Atlético Clube Teresina - Esporte Clube Flamengo Teresina   1-1(1-1,1-1)
Ríver Atlético Clube Teresina, as winner of the Second Stage were qualified for the state championship finals.

Piauí Championship Finals (18-25.05.2015)
No final needed. Ríver Atlético Clube Teresina, as winner of both stages were State Champions.

Piauí State Championship Winners 2015: **Ríver Atlético Clube Teresina**

Aggregate Table 2015

1.	Ríver Atlético Clube Teresina	14	8	5	1	22	-	5	29
2.	Caiçara Esporte Clube Campo Maior	12	4	5	3	12	-	12	17
3.	Parnahyba Sport Club	13	3	7	3	17	-	15	16
4.	Esporte Clube Flamengo Teresina	12	3	6	3	11	-	15	15
5.	Piauí Esporte Clube Teresina	11	1	5	5	8	-	16	8
6.	4 de Julho Esporte Clube Piripiri (*Relegated*)	10	1	4	5	5	-	12	7

Rio de Janeiro

Rio de Janeiro State Championship winners:

1906	Fluminense FC Rio de Janeiro		1958	CR Vasco da Gama Rio de Janeiro
1907	Fluminense FC Rio de Janeiro & Botafogo FC Rio de Janeiro [shared]		1959	Fluminense FC Rio de Janeiro
			1960	América FC Rio de Janeiro
1908	Fluminense FC Rio de Janeiro		1961	Botafogo de FR Rio de Janeiro
1909	Fluminense FC Rio de Janeiro		1962	Botafogo de FR Rio de Janeiro
1910	Botafogo FC Rio de Janeiro		1963	CR do Flamengo Rio de Janeiro
1911	Fluminense FC Rio de Janeiro		1964	Fluminense FC Rio de Janeiro
1912	Paysandu Cricket Club Rio de Janeiro[1] Botafogo FC Rio de Janeiro[2]		1965	CR do Flamengo Rio de Janeiro
			1966	Bangu AC Rio de Janeiro
1913	América FC Rio de Janeiro		1967	Botafogo de FR Rio de Janeiro
1914	CR do Flamengo Rio de Janeiro		1968	Botafogo de FR Rio de Janeiro
1915	CR do Flamengo Rio de Janeiro		1969	Fluminense FC Rio de Janeiro
1916	América FC Rio de Janeiro		1970	CR Vasco da Gama Rio de Janeiro
1917	Fluminense FC Rio de Janeiro		1971	Fluminense FC Rio de Janeiro
1918	Fluminense FC Rio de Janeiro		1972	CR do Flamengo Rio de Janeiro
1919	Fluminense FC Rio de Janeiro		1973	Fluminense FC Rio de Janeiro
1920	CR do Flamengo Rio de Janeiro		1974	CR do Flamengo Rio de Janeiro
1921	CR do Flamengo Rio de Janeiro		1975	Fluminense FC Rio de Janeiro
1922	América FC Rio de Janeiro		1976	Fluminense FC Rio de Janeiro
1923	CR Vasco da Gama Rio de Janeiro		1977	CR Vasco da Gama Rio de Janeiro
1924	CR Vasco da Gama Rio de Janeiro[3] Fluminense FC Rio de Janeiro[4]		1978	CR do Flamengo Rio de Janeiro
			1979	CR do Flamengo Rio de Janeiro CR do Flamengo Rio de Janeiro*
1925	CR do Flamengo Rio de Janeiro		1980	Fluminense FC Rio de Janeiro
1926	São Cristóvão AC Rio de Janeiro		1981	CR do Flamengo Rio de Janeiro
1927	CR do Flamengo Rio de Janeiro		1982	CR Vasco da Gama Rio de Janeiro
1928	América FC Rio de Janeiro		1983	Fluminense FC Rio de Janeiro
1929	CR Vasco da Gama Rio de Janeiro		1984	Fluminense FC Rio de Janeiro
1930	Botafogo FC Rio de Janeiro		1985	Fluminense FC Rio de Janeiro
1931	América FC Rio de Janeiro		1986	CR do Flamengo Rio de Janeiro
1932	Botafogo FC Rio de Janeiro		1987	CR Vasco da Gama Rio de Janeiro
1933	Botafogo FC Rio de Janeiro[4] Bangu Atlético Clube Rio de Janeiro[5]		1988	CR Vasco da Gama Rio de Janeiro
			1989	Botafogo de FR Rio de Janeiro
1934	Botafogo FC Rio de Janeiro[4] CR Vasco da Gama Rio de Janeiro[5]		1990	Botafogo de FR Rio de Janeiro
			1991	CR do Flamengo Rio de Janeiro
1935	Botafogo FC Rio de Janeiro[6] América FC Rio de Janeiro[5]		1992	CR Vasco da Gama Rio de Janeiro
			1993	CR Vasco da Gama Rio de Janeiro
1936	CR Vasco da Gama Rio de Janeiro[6] Fluminense FC Rio de Janeiro[5]		1994	CR Vasco da Gama Rio de Janeiro
			1995	Fluminense FC Rio de Janeiro
1937	Fluminense FC Rio de Janeiro		1996	CR do Flamengo Rio de Janeiro
1938	Fluminense FC Rio de Janeiro		1997	Botafogo de FR Rio de Janeiro
1939	CR do Flamengo Rio de Janeiro		1998	CR Vasco da Gama Rio de Janeiro
1940	Fluminense FC Rio de Janeiro		1999	CR do Flamengo Rio de Janeiro
1941	Fluminense FC Rio de Janeiro		2000	CR do Flamengo Rio de Janeiro
1942	CR do Flamengo Rio de Janeiro		2001	CR do Flamengo Rio de Janeiro
1943	CR do Flamengo Rio de Janeiro		2002	Fluminense FC Rio de Janeiro
1944	CR do Flamengo Rio de Janeiro		2003	CR Vasco da Gama Rio de Janeiro
1945	CR Vasco da Gama Rio de Janeiro		2004	CR do Flamengo Rio de Janeiro
1946	Fluminense FC Rio de Janeiro		2005	Fluminense FC Rio de Janeiro
1947	CR Vasco da Gama Rio de Janeiro		2006	Botafogo de FR Rio de Janeiro
1948	Botafogo de FR Rio de Janeiro		2007	CR do Flamengo Rio de Janeiro
1949	CR Vasco da Gama Rio de Janeiro		2008	CR do Flamengo Rio de Janeiro
1950	CR Vasco da Gama Rio de Janeiro		2009	CR do Flamengo Rio de Janeiro
1951	Fluminense FC Rio de Janeiro			

1952	CR Vasco da Gama Rio de Janeiro	2010	Botafogo de FR Rio de Janeiro
1953	CR do Flamengo Rio de Janeiro	2011	CR do Flamengo Rio de Janeiro
1954	CR do Flamengo Rio de Janeiro	2012	Fluminense FC Rio de Janeiro
1955	CR do Flamengo Rio de Janeiro	2013	Botafogo de FR Rio de Janeiro
1956	CR Vasco da Gama Rio de Janeiro	2014	CR do Flamengo Rio de Janeiro
1957	Botafogo de FR Rio de Janeiro	2015	CR Vasco da Gama Rio de Janeiro

[1] champions of LMSA [Liga Metropolitana de Sports Athleticos]
[2] champions of AFRJ [Associação de Football do Rio de Janeiro]
[3] champions of LMDT [Liga Metropolitana de Desportos Terrestres]
[4] champions of AMEA [Associação Metropolitana de Esportes Athleticos]
[5] champions of LCF [Liga Carioca de Futebol]
[6] champions of FMD [Federação Metropolitana de Desportos]
*two editions played in 1979

Rio de Janeiro State Championship (Campeonato Carioca) 2015

First Stage – Taça Guanabara

1.	Botafogo de FR Rio de Janeiro	15	11	3	1	31	-	9	36
2.	CR do Flamengo Rio de Janeiro	15	11	3	1	31	-	9	36
3.	CR Vasco da Gama Rio de Janeiro	15	10	3	2	31	-	13	33
4.	Fluminense FC Rio de Janeiro	15	10	1	4	29	-	15	31
5.	Madureira Esporte Clube Rio de Janeiro	15	9	3	3	26	-	12	30
6.	Macaé Esporte Futebol Clube	15	7	5	2	17	-	14	26
7.	Volta Redonda Futebol Clube	15	6	5	4	20	-	21	23
8.	Bangu Atlético Clube Rio de Janeiro	15	6	4	5	22	-	21	22
9.	Resende Futebol Clube	15	4	4	7	18	-	23	16
10.	Friburguense Atlético Clube Nova Friburgo	15	3	5	7	16	-	24	14
11.	Associação Desportiva Cabofriense	15	2	5	7	7	-	16	11
12.	Bonsucesso Futebol Clube Rio de Janeiro	15	1	7	6	9	-	21	10
13.	EC Tigres do Brasil Duque de Caxias	15	3	3	9	13	-	27	12
14.	Boavista Sport Club Saquarema	15	1	5	9	12	-	27	8
15.	Nova Iguaçu Futebol Clube (*Relegated*)	15	1	5	9	10	-	26	8
16.	Barra Mansa Futebol Clube (*Relegated*)	15	1	6	8	14	-	27	–6

Top-4 teams qualified for the Final Tournament and the State Championship semi-finals.
Please note: Barra Mansa Futebol Clube – 15 points deducted!
Promoted for the 2016 season: America FC Rio de Janeiro, Associação Atlética Portuguesa Rio de Janeiro.

Final Tournament – Torneio Super Clássicos

1.	**CR do Flamengo Rio de Janeiro**	3	2	0	1	5	-	2	6
2.	CR Vasco da Gama Rio de Janeiro	3	1	1	1	3	-	3	4
3.	Botafogo de FR Rio de Janeiro	3	1	1	1	3	-	4	4
4.	Fluminense FC Rio de Janeiro	3	1	0	2	3	-	5	3

Semi-Finals (11-19.04.2015)

Fluminense FC Rio de Janeiro - Botafogo de FR Rio de Janeiro	2-1(1-0)	1-2 aet 8-9 pen
CR Vasco da Gama Rio de Janeiro - CR do Flamengo Rio de Janeiro	0-0	1-0(0-0)

Rio de Janeiro State Championship Finals (26.04.-03.05.2015)

CR Vasco da Gama Rio de Janeiro - Botafogo de FR Rio de Janeiro 1-0(0-0)
Botafogo de FR Rio de Janeiro - CR Vasco da Gama Rio de Janeiro 1-2(0-1)

Rio de Janeiro State Championship Winners 2015: **CR Vasco da Gama Rio de Janeiro**

Rio Grande Do Norte

Rio Grande do Norte State Championship winners:

1918	*Championship not finished*
1919	América Futebol Clube Natal
1920	América Futebol Clube Natal
1921	Centro Esportivo Natalense Natal
1922	América Futebol Clube Natal
1923	ABC Futebol Clube Natal
1924	Alecrim Futebol Clube Natal
1925	Alecrim Futebol Clube Natal & ABC Futebol Clube Natal [shared]
1926	América Futebol Clube Natal
1927	América Futebol Clube Natal
1928	ABC Futebol Clube Natal
1929	ABC Futebol Clube Natal
1930	América Futebol Clube Natal
1931	América Futebol Clube Natal
1932	ABC Futebol Clube Natal
1933	ABC Futebol Clube Natal
1934	ABC Futebol Clube Natal
1935	ABC Futebol Clube Natal
1936	ABC Futebol Clube Natal
1937	ABC Futebol Clube Natal
1938	ABC Futebol Clube Natal
1939	ABC Futebol Clube Natal
1940	ABC Futebol Clube Natal
1941	ABC Futebol Clube Natal
1942	América Futebol Clube Natal
1943	Santa Cruz Esporte e Cultura Natal
1944	ABC Futebol Clube Natal
1945	ABC Futebol Clube Natal
1946	América Futebol Clube Natal
1947	ABC Futebol Clube Natal
1948	América Futebol Clube Natal
1949	América Futebol Clube Natal
1950	ABC Futebol Clube Natal
1951	América Futebol Clube Natal
1952	América Futebol Clube Natal
1953	ABC Futebol Clube Natal
1954	ABC Futebol Clube Natal
1955	ABC Futebol Clube Natal
1956	América Futebol Clube Natal
1957	América Futebol Clube Natal
1958	ABC Futebol Clube Natal
1959	ABC Futebol Clube Natal
1960	ABC Futebol Clube Natal
1961	ABC Futebol Clube Natal
1962	ABC Futebol Clube Natal
1963	Alecrim Futebol Clube Natal
1964	Alecrim Futebol Clube Natal
1965	ABC Futebol Clube Natal
1966	ABC Futebol Clube Natal
1967	América Futebol Clube Natal
1968	Alecrim Futebol Clube Natal
1969	América Futebol Clube Natal
1970	ABC Futebol Clube Natal
1971	ABC Futebol Clube Natal
1972	ABC Futebol Clube Natal
1973	ABC Futebol Clube Natal
1974	América Futebol Clube Natal
1975	América Futebol Clube Natal
1976	ABC Futebol Clube Natal
1977	América Futebol Clube Natal
1978	ABC Futebol Clube Natal
1979	América Futebol Clube Natal
1980	América Futebol Clube Natal
1981	América Futebol Clube Natal
1982	América Futebol Clube Natal
1983	ABC Futebol Clube Natal
1984	ABC Futebol Clube Natal
1985	Alecrim Futebol Clube Natal
1986	Alecrim Futebol Clube Natal
1987	América Futebol Clube Natal
1988	América Futebol Clube Natal
1989	América Futebol Clube Natal
1990	ABC Futebol Clube Natal
1991	América Futebol Clube Natal
1992	América Futebol Clube Natal
1993	ABC Futebol Clube Natal
1994	ABC Futebol Clube Natal
1995	ABC Futebol Clube Natal
1996	América Futebol Clube Natal
1997	ABC Futebol Clube Natal
1998	ABC Futebol Clube Natal
1999	ABC Futebol Clube Natal
2000	ABC Futebol Clube Natal
2001	Atlético Clube Coríntians Caicó
2002	América Futebol Clube Natal
2003	América Futebol Clube Natal
2004	AC Desportiva Potiguar Mossoró
2005	ABC Futebol Clube Natal
2006	AC Esporte Clube Baraúnas Mossoró
2007	ABC Futebol Clube Natal
2008	ABC Futebol Clube Natal
2009	AS Sociedade Unida Açu
2010	ABC Futebol Clube Natal
2011	ABC Futebol Clube Natal
2012	América Futebol Clube Natal
2013	AC Desportiva Potiguar Mossoró
2014	América Futebol Clube Natal
2015	América Futebol Clube Natal

Rio Grande do Norte State Championship (Campeonato Potiguar) 2015

First Stage (Taça Cidade de Natal)

1. América Futebol Clube Natal	9	7	2	0	22 - 2	23
2. ABC Futebol Clube Natal	9	5	4	0	17 - 6	19
3. Alecrim Futebol Clube Natal	9	6	0	3	12 - 11	18
4. Globo Futebol Clube Ceará Mirim	9	5	1	3	20 - 11	16
5. Associação Cultural e Desportiva Potiguar Mossoró	9	5	1	3	16 - 11	16
6. Associação Cultural EC Baraúnas Mossoró	9	4	1	4	9 - 8	13
7. Sport Club Santa Cruz	9	3	1	5	12 - 19	10
8. Palmeira Futebol Clube da Una Goianinha	9	2	1	6	9 - 21	7
9. Centro Esportivo Força e Luz Natal (*Relegation Play-off*)	9	1	0	8	6 - 21	3
10. Atlético Clube Corintians Caicó (*Relegation Play-off*)	9	0	3	6	7 - 20	3

América Futebol Clube Natal qualified for the State Championship Final.

Relegation Play-off (25-29.03.2015)
Centro Esportivo Força e Luz Natal - Atlético Clube Corintians Caicó   1-0(0-0)   0-2(0-2)
Centro Esportivo Força e Luz Natal were relegated in the 2016 Second Division Championship.

Second Stage (Taça Rio Grande del Norte)

1. ABC Futebol Clube Natal	7	7	0	0	17 - 1	21
2. América Futebol Clube Natal	7	4	2	1	15 - 9	14
3. Globo Futebol Clube Ceará Mirim	7	3	3	1	12 - 6	12
4. Sport Club Santa Cruz	7	3	1	3	8 - 12	10
5. Alecrim Futebol Clube Natal	7	2	1	4	9 - 12	7
6. Palmeira Futebol Clube da Una Goianinha	7	2	1	4	7 - 16	7
7. Associação Cultural EC Baraúnas Mossoró	7	2	0	5	9 - 12	6
8. Associação Cultural e Desportiva Potiguar Mossoró	7	1	0	6	8 - 17	3

ABC Futebol Clube Natal qualified for the State Championship Final.

Rio Grande do Norte Championship Finals (29.04.-02.05.2015)
América Futebol Clube Natal - ABC Futebol Clube Natal   1-1(1-0)
ABC Futebol Clube Natal - América Futebol Clube Natal   0-1(0-1)

Rio Grande do Norte State Championship Winners 2015: **América Futebol Clube Natal**

Aggregate Table 2015

1. América Futebol Clube Natal	18	12	5	1	39 - 12	41
2. ABC Futebol Clube Natal	18	12	5	1	35 - 9	41
3. Globo Futebol Clube Ceará Mirim	16	8	4	4	32 - 17	28
4. Alecrim Futebol Clube Natal	16	8	1	7	21 - 23	25
5. Sport Club Santa Cruz	16	6	2	8	20 - 31	20
6. Associação Cultural EC Baraúnas Mossoró	16	6	1	9	18 - 20	19
7. ACD Potiguar Mossoró	16	6	1	9	24 - 28	19
8. Palmeira Futebol Clube da Una Goianinha	16	4	2	10	16 - 37	14
9. Atlético Clube Corintians Caicó	11	1	3	7	9 - 21	6
10. Centro Esportivo Força e Luz Natal (*Relegated*)	11	2	0	9	7 - 23	6

Rio Grande do Sul

1919	Grêmio Esportivo Brasil Pelotas
1920	Guarany Futebol Clube Bagé
1921	Grêmio Foot-ball Porto Alegrense
1922	Grêmio Foot-ball Porto Alegrense
1923	*No competition*
1924	*No competition*
1925	Grêmio Esportivo Bagé
1926	Grêmio Foot-ball Porto Alegrense
1927	Sport Club Internacional Porto Alegre
1928	Sport Club Americano Porto Alegre
1929	Esporte Clube Cruzeiro Porto Alegre
1930	Esporte Clube Pelotas Pelotas
1931	Grêmio Foot-ball Porto Alegrense
1932	Grêmio Foot-ball Porto Alegrense
1933	Sport Club São Paulo Rio Grande
1934	Sport Club Internacional Porto Alegre
1935	Grêmio Atlético Farroupilha Pelotas
1936	Sport Club Rio Grande Rio Grande
1937	Grêmio Foot-ball Santanense
1938	Guarany Futebol Clube Bagé
1939	FC Riograndense Rio Grande
1940	Sport Club Internacional Porto Alegre
1941	Sport Club Internacional Porto Alegre
1942	Sport Club Internacional Porto Alegre
1943	Sport Club Internacional Porto Alegre
1944	Sport Club Internacional Porto Alegre
1945	Sport Club Internacional Porto Alegre
1946	Grêmio Foot-ball Porto Alegrense
1947	Sport Club Internacional Porto Alegre
1948	Sport Club Internacional Porto Alegre
1949	Grêmio Foot-ball Porto Alegrense
1950	Sport Club Internacional Porto Alegre
1951	Sport Club Internacional Porto Alegre
1952	Sport Club Internacional Porto Alegre
1953	Sport Club Internacional Porto Alegre
1954	Sport Club Renner Porto Alegre
1955	Sport Club Internacional Porto Alegre
1956	Grêmio Foot-ball Porto Alegrense
1957	Grêmio Foot-ball Porto Alegrense
1958	Grêmio Foot-ball Porto Alegrense
1959	Grêmio Foot-ball Porto Alegrense
1960	Grêmio Foot-ball Porto Alegrense
1961	Sport Club Internacional Porto Alegre
1962	Grêmio Foot-ball Porto Alegrense
1963	Grêmio Foot-ball Porto Alegrense
1964	Grêmio Foot-ball Porto Alegrense
1965	Grêmio Foot-ball Porto Alegrense
1966	Grêmio Foot-ball Porto Alegrense
1967	Grêmio Foot-ball Porto Alegrense
1968	Grêmio Foot-ball Porto Alegrense
1969	Sport Club Internacional Porto Alegre
1970	Sport Club Internacional Porto Alegre
1971	Sport Club Internacional Porto Alegre
1972	Sport Club Internacional Porto Alegre
1973	Sport Club Internacional Porto Alegre
1974	Sport Club Internacional Porto Alegre
1975	Sport Club Internacional Porto Alegre
1976	Sport Club Internacional Porto Alegre
1977	Grêmio Foot-ball Porto Alegrense
1978	Sport Club Internacional Porto Alegre
1979	Grêmio Foot-ball Porto Alegrense
1980	Grêmio Foot-ball Porto Alegrense
1981	Sport Club Internacional Porto Alegre
1982	Sport Club Internacional Porto Alegre
1983	Sport Club Internacional Porto Alegre
1984	Sport Club Internacional Porto Alegre
1985	Grêmio Foot-ball Porto Alegrense
1986	Grêmio Foot-ball Porto Alegrense
1987	Grêmio Foot-ball Porto Alegrense
1988	Grêmio Foot-ball Porto Alegrense
1989	Grêmio Foot-ball Porto Alegrense
1990	Grêmio Foot-ball Porto Alegrense
1991	Sport Club Internacional Porto Alegre
1992	Sport Club Internacional Porto Alegre
1993	Grêmio Foot-ball Porto Alegrense
1994	Sport Club Internacional Porto Alegre
1995	Grêmio Foot-ball Porto Alegrense
1996	Grêmio Foot-ball Porto Alegrense
1997	Sport Club Internacional Porto Alegre
1998	Esporte Clube Juventude Caxias do Sul
1999	Grêmio Foot-ball Porto Alegrense
2000	SE Recreativa Caxias do Sul
2001	Grêmio Foot-ball Porto Alegrense
2002	Sport Club Internacional Porto Alegre
2003	Sport Club Internacional Porto Alegre
2004	Sport Club Internacional Porto Alegre
2005	Sport Club Internacional Porto Alegre
2006	Grêmio Foot-ball Porto Alegrense
2007	Grêmio Foot-ball Porto Alegrense
2008	Sport Club Internacional Porto Alegre
2009	Sport Club Internacional Porto Alegre
2010	Grêmio Foot-ball Porto Alegrense
2011	Sport Club Internacional Porto Alegre
2012	Sport Club Internacional Porto Alegre
2013	Sport Club Internacional Porto Alegre
2014	Sport Club Internacional Porto Alegre
2015	Sport Club Internacional Porto Alegre

Rio Grande do Sul State Championship (Campeonato Gaúcho) 2015

First Stage

1.	Sport Club Internacional Porto Alegre	15	10	4	1	21	-	8	34
2.	Grêmio Foot-ball Porto Alegrense	15	9	3	3	20	-	7	30
3.	Ypiranga Futebol Clube Erechim	15	8	2	5	21	-	10	26
4.	Grêmio Esportivo Brasil Pelotas	15	7	5	3	18	-	9	26
5.	Clube Esportivo Lajeadense	15	6	6	3	18	-	12	24
6.	Esporte Clube Juventude Caxias do Sul	15	6	5	4	18	-	10	23
7.	Esporte Clube Novo Hamburgo	15	6	3	6	13	-	14	21
8.	Esporte Clube Cruzeiro Cachoeirinha	15	5	6	4	13	-	13	21
9.	Esporte Clube Passo Fundo	15	5	5	5	18	-	21	20
10.	Veranópolis EC Recreativo e Cultural	15	5	3	7	10	-	12	18
11.	Esporte Clube São José	15	4	6	5	17	-	18	18
12.	Clube Esportivo Aimoré São Leopoldo	15	4	6	5	16	-	24	18
13.	Sport Club São Paulo Rio Grande	15	3	5	7	12	-	19	14
14.	Sociedade Esportiva e Recreativa Caxias do Sul (*Relegated*)	15	3	3	9	10	-	18	12
15.	União Frederiquense de Futebol (*Relegated*)	15	1	7	7	10	-	24	10
16.	Esporte Clube Avenida Santa Cruz do Sul (*Relegated*)	15	2	3	10	9	-	25	9

Top-8 qualified for the final stage.

Final Stage

Quarter-Finals (08-09.04.2015)
Grêmio Esportivo Brasil Pelotas - Clube Esportivo Lajeadense	2-1(1-1)
Sport Club Internacional Porto Alegre - Esporte Clube Cruzeiro Cachoeirinha	2-2 aet; 3-1 pen
Grêmio Foot-ball Porto Alegrense - Esporte Clube Novo Hamburgo	1-1 aet; 6-5 pen
Ypiranga Futebol Clube Erechim - Esporte Clube Juventude Caxias do Sul	0-2(0-1)

Semi-Finals (11-19.04.2015)
Grêmio Esportivo Brasil Pelotas - Sport Club Internacional Porto Alegre	1-1(0-1)	1-3(0-0)
Esporte Clube Juventude Caxias do Sul - Grêmio Foot-ball Porto Alegrense	0-1(0-1)	1-2(1-1)

Rio Grande do Sul Championship Finals (26.04.-03.52015)
Grêmio Foot-ball Porto Alegrense - Sport Club Internacional Porto Alegre	0-0
Sport Club Internacional Porto Alegre - Grêmio Foot-ball Porto Alegrense	2-1(2-1)

Rio Grande do Sul State Championship Winners 2015: **Sport Club Internacional Porto Alegre**

Rondônia

Rondonia State Championship winners:

1945	Ypiranga Esporte Clube Porto Velho		1981	Moto Clube Porto Velho
1946	Ferroviário Atlético Clube Porto Velho		1982	CR Flamengo Porto Velho
1947	Ferroviário Atlético Clube Porto Velho		1983	CR Flamengo Porto Velho
1948	Ferroviário Atlético Clube Porto Velho		1984	Ypiranga Esporte Clube Porto Velho
1949	Ferroviário Atlético Clube Porto Velho		1985	CR Flamengo Porto Velho
1950	Ferroviário Atlético Clube Porto Velho		1986	Ferroviário Atlético Clube Porto Velho
1951	Ferroviário Atlético Clube Porto Velho		1987	Ferroviário Atlético Clube Porto Velho
1952	Ferroviário Atlético Clube Porto Velho		1988	*No competition*
1953	Ypiranga Esporte Clube Porto Velho		1989	Ferroviário Atlético Clube Porto Velho
1954	Moto Clube Porto Velho		1990	*No competition*
1955	Ferroviário Atlético Clube Porto Velho		1991	Ji-Paraná Futebol Clube
1956	CR Flamengo Porto Velho		1992	Ji-Paraná Futebol Clube
1957	Ferroviário Atlético Clube Porto Velho		1993	Sociedade Esportiva Ariquemes
1958	Ferroviário Atlético Clube Porto Velho		1994	Sociedade Esportiva Ariquemes
1959	Ypiranga Esporte Clube Porto Velho		1995	Ji-Paraná Futebol Clube
1960	CR Flamengo Porto Velho		1996	Ji-Paraná Futebol Clube
1961	CR Flamengo Porto Velho		1997	Ji-Paraná Futebol Clube
1962	CR Flamengo Porto Velho		1998	Ji-Paraná Futebol Clube
1963	Ferroviário Atlético Clube Porto Velho		1999	Ji-Paraná Futebol Clube
1964	Ypiranga Esporte Clube Porto Velho		2000	Guajará Esporte Clube Guajará-Mirim
1965	CR Flamengo Porto Velho		2001	Ji-Paraná Futebol Clube
1966	CR Flamengo Porto Velho		2002	Centro de Fut. Amazônia Porto Velho
1967	CR Flamengo Porto Velho		2003	Sociedade Esportiva União Cacoalense
1968	Moto Clube Porto Velho		2004	Sociedade Esportiva União Cacoalense
1969	Moto Clube Porto Velho		2005	Vilhena Esporte Clube
1970	Ferroviário Atlético Clube Porto Velho		2006	Sport Clube Ulbra Ji-Paraná
1971	Moto Clube Porto Velho		2007	Sport Clube Ulbra Ji-Paraná
1972	Moto Clube Porto Velho		2008	Sport Clube Ulbra Ji-Paraná
1973	São Domingos EC Porto Velho		2009	Vilhena Esporte Clube
1974	Botafogo Futebol Clube Porto Velho		2010	Vilhena Esporte Clube
1975	Moto Clube Porto Velho		2011	Esporte Clube Espigão
1976	Moto Clube Porto Velho		2012	Ji-Paraná Futebol Clube
1977	Moto Clube Porto Velho		2013	Vilhena Esporte Clube
1978	Ferroviário Atlético Clube Porto Velho		2014	Vilhena Esporte Clube
1979	Ferroviário Atlético Clube Porto Velho		2015	Sport Club Genus de Porto Velho
1980	Moto Clube Porto Velho			

Rondônia State Championship (Campeonato Rondoniense) 2015

Primeiro Turno
1. Vilhena Esporte Clube   4 2 2 0   7 - 2   8
2. Ji-Paraná Futebol Clube   4 2 2 0   6 - 2   8
3. Ariquemes Futebol Clube   4 1 2 1   4 - 5   5
4. Sport Club Genus de Porto Velho   4 0 3 1   2 - 3   3
5. Guajará Esporte Clube   4 0 1 3   0 - 7   1

Top-2 qualified for the Finals.

Finals de Primo Turno (07-10.05.2015)
Ji-Paraná Futebol Clube - Vilhena Esporte Clube   1-1(0-1)   0-4(0-1)
Vilhena Esporte Clube qualified for the State Championship Final.

Segundo Turno
1. Vilhena Esporte Clube   4 4 0 0   9 - 1   12
2. Sport Club Genus de Porto Velho   4 3 0 1   9 - 2   9
3. Ariquemes Futebol Clube   4 1 1 2   4 - 3   4
4. Ji-Paraná Futebol Clube   4 1 0 3   6 - 10   3
5. Guajará Esporte Clube   4 0 1 3   0 - 12   1

Top-2 qualified for the Finals.

Finals de Segundo Turno (18-21.06.2015)
Sport Club Genus de Porto Velho - Vilhena Esporte Clube   1-0(0-0)   1-1(0-0)
Sport Club Genus de Porto Velho qualified for the State Championship Final.

Rondônia State Championship Finals (28.06.-04.07.2015)
Sport Club Genus de Porto Velho - Vilhena Esporte Clube   2-1(2-0)
Vilhena Esporte Clube - Sport Club Genus de Porto Velho   3-4(2-0)

Rondônia State Championship Winners 2015: **Sport Club Genus de Porto Velho**

Roraima

Roraima State Championship winners:

Amateur Era:

1974	São Francisco Futebol Clube Boa Vista
1975	Atlético Roraima Clube Boa Vista
1976	Atlético Roraima Clube Boa Vista
1977	São Raimundo Esporte Clube Boa Vista
1978	Atlético Roraima Clube Boa Vista
1979	Ríver Esporte Clube Boa Vista
1980	Atlético Roraima Clube Boa Vista
1981	Atlético Roraima Clube Boa Vista
1982	Baré Esporte Clube Boa Vista
1983	Atlético Roraima Clube Boa Vista
1984	Baré Esporte Clube Boa Vista

1985	Atlético Roraima Clube Boa Vista
1986	Baré Esporte Clube Boa Vista
1987	Atlético Roraima Clube Boa Vista
1988	Baré Esporte Clube Boa Vista
1989	Ríver Esporte Clube Boa Vista
1990	Atlético Roraima Clube Boa Vista
1991	Atlético Rio Negro Clube Boa Vista
1992	São Raimundo Esporte Clube Boa Vista
1993	Atlético Roraima Clube Boa Vista
1994	Ríver Esporte Clube Boa Vista

Professional Era:

1995	Atlético Roraima Clube Boa Vista
1996	Baré Esporte Clube Boa Vista
1997	Baré Esporte Clube Boa Vista
1998	Atlético Roraima Clube Boa Vista
1999	Baré Esporte Clube Boa Vista
2000	Atlético Rio Negro Clube Boa Vista
2001	Atlético Roraima Clube Boa Vista
2002	Atlético Roraima Clube Boa Vista
2003	Atlético Roraima Clube Boa Vista
2004	São Raimundo Esporte Clube Boa Vista
2005	São Raimundo Esporte Clube Boa Vista

2006	Baré Esporte Clube Boa Vista
2007	Atlético Roraima Clube Boa Vista
2008	Atlético Roraima Clube Boa Vista
2009	Atlético Roraima Clube Boa Vista
2010	Baré Esporte Clube Boa Vista
2011	AE Real São Luiz do Anauá
2012	São Raimundo Esporte Clube Boa Vista
2013	Náutico Futebol Clube Boa Vista
2014	São Raimundo Esporte Clube Boa Vista
2015	Náutico Futebol Clube Boa Vista

First Stage – Taça Boa Vista

1. Náutico Futebol Clube Boa Vista	5	4	0	1	14	-	6	12
2. São Raimundo Esporte Clube Boa Vista	5	4	0	1	21	-	7	12
3. Atlético Rio Negro Clube Boa Vista	5	2	1	2	5	-	11	7
4. Baré Esporte Clube Boa Vista	5	2	0	3	8	-	9	6
5. Atlético Roraima Clube Boa Vista	5	1	1	3	5	-	17	4
6. Grêmio Atlético Sampaio (GAS) Boa Vista	5	1	0	4	4	-	10	3

Second Stage – Taça Roraima

Grupo A

1. Náutico Futebol Clube Boa Vista	2	1	1	0	6	-	1	4
2. Baré Esporte Clube Boa Vista	2	1	1	0	4	-	1	4
3. Grêmio Atlético Sampaio (GAS) Boa Vista	2	0	2	0	2	-	10	0

Grupo B

1. São Raimundo Esporte Clube Boa Vista	2	2	0	0	5	-	1	6
2. Atlético Roraima Clube Boa Vista	2	1	0	1	4	-	2	3
3. Atlético Rio Negro Clube Boa Vista	2	0	0	2	0	-	6	0

Top-2 of each group qualified for the semi-finals.

Semi-Finals (05.05.2015)
Náutico Futebol Clube Boa Vista - Atlético Roraima Clube Boa Vista 1-1 aet; 4-3 pen
São Raimundo Esporte Clube Boa Vista - Baré Esporte Clube Boa Vista 0-1(0-0)

Roraima State Championship Final (09.05.2015)
Náutico Futebol Clube Boa Vista - Baré Esporte Clube Boa Vista 2-1

Roraima State Championship Winners 2015: **Náutico Futebol Clube Boa Vista**

Santa Catarina

Santa Catarina State Championship winners:

Year	Winner	Year	Winner
1924	Avaí Futebol Clube Florianópolis	1970	Esporte Clube Ferroviário Tubarão
1925	Externato Futebol Clube Florianópolis	1971	América Futebol Clube Joinville
1926	Avaí Futebol Clube Florianópolis	1972	Figueirense FC Florianópolis
1927	Avaí Futebol Clube Florianópolis	1973	Avaí Futebol Clube Florianópolis
1928	Avaí Futebol Clube Florianópolis	1974	Figueirense FC Florianópolis
1929	Caxias Futebol Clube Joinville	1975	Avaí Futebol Clube Florianópolis
1930	Avaí Futebol Clube Florianópolis	1976	Joinville Esporte Clube
1931	Lauro Müller Futebol Clube Itajaí	1977	Ass. Chapecoense de Futebol Chapecó
1932	Figueirense FC Florianópolis	1978	Joinville Esporte Clube
1933	*Not finished*	1979	Joinville Esporte Clube
1934	CA Catarinense Florianópolis	1980	Joinville Esporte Clube
1935	Figueirense FC Florianópolis	1981	Joinville Esporte Clube
1936	Figueirense FC Florianópolis	1982	Joinville Esporte Clube
1937	Figueirense FC Florianópolis	1983	Joinville Esporte Clube
1938	CIP Futebol Clube Itajaí	1984	Joinville Esporte Clube
1939	Figueirense FC Florianópolis	1985	Joinville Esporte Clube
1940	Ypiranga FC São Francisco do Sul	1986	Criciúma Esporte Clube
1941	Figueirense FC Florianópolis	1987	Joinville Esporte Clube
1942	Avaí Futebol Clube Florianópolis	1988	Avaí Futebol Clube Florianópolis
1943	Avaí Futebol Clube Florianópolis	1989	Criciúma Esporte Clube
1944	Avaí Futebol Clube Florianópolis	1990	Criciúma Esporte Clube
1945	Avaí Futebol Clube Florianópolis	1991	Criciúma Esporte Clube
1946	*No competition*	1992	Brusque Futebol Clube
1947	América Futebol Clube Joinville	1993	Criciúma Esporte Clube
1948	América Futebol Clube Joinville	1994	Figueirense FC Florianópolis
1949	Grêmio Esportivo Olímpico Blumenau	1995	Criciúma Esporte Clube
1950	Clube Atlético Carlos Renaux Brusque	1996	Ass. Chapecoense de Futebol Chapecó
1951	América Futebol Clube Joinville	1997	Avaí Futebol Clube Florianópolis
1952	América Futebol Clube Joinville	1998	Criciúma Esporte Clube
1953	Clube Atlético Carlos Renaux Brusque	1999	Figueirense FC Florianópolis
1954	Caxias Futebol Clube Joinville	2000	Joinville Esporte Clube
1955	Caxias Futebol Clube Joinville	2001	Joinville Esporte Clube
1956	Clube Atlético Operário Joinville	2002	Figueirense FC Florianópolis
1957	Hercílio Luz Futebol Clube Tubarão	2003	Figueirense FC Florianópolis
1958	Hercílio Luz Futebol Clube Tubarão	2004	Figueirense FC Florianópolis
1959	Paula Ramos EC Florianópolis	2005	Criciúma Esporte Clube
1960	Esporte Clube Metropol Criciúma	2006	Figueirense FC Florianópolis
1961	Esporte Clube Metropol Criciúma	2007	Ass. Chapecoense de Futebol Chapecó
1962	Esporte Clube Metropol Criciúma	2008	Figueirense FC Florianópolis
1963	Clube Náutico Marcílio Dias Itajaí	2009	Avaí Futebol Clube Florianópolis
1964	Grêmio Esportivo Olímpico Blumenau	2010	Avaí Futebol Clube Florianópolis
1965	Esporte Clube Internacional Lages	2011	Ass. Chapecoense de Futebol Chapecó
1966	SER Perdigão Concórdia	2012	Avaí Futebol Clube Florianópolis
1967	Esporte Clube Metropol Criciúma	2013	Criciúma Esporte Clube
1968	Comerciário Esporte Clube Criciúma	2014	Figueirense FC Florianópolis
1969	Esporte Clube Metropol Criciúma	2015	Figueirense FC Florianópolis

Santa Catarina State Championship (Campeonato Catarinense) 2015

First Stage

1.	Associação Chapecoense de Futebol Chapecó	9	6	2	1	17	-	3	20
2.	Figueirense Futebol Clube Florianópolis	9	6	1	2	13	-	9	19
3.	Clube Atlético Metropolitano Blumenau	9	4	3	2	12	-	10	15
4.	Criciúma Esporte Clube	9	4	1	4	12	-	11	13
5.	Esporte Clube Internacional de Lages	9	3	3	3	12	-	15	12
6.	Joinville Esporte Clube	9	2	5	2	7	-	8	11
7.	Guarani de Palhoça Futebol Ltda	9	2	4	3	14	-	15	10
8.	Clube Atlético Hermann Aichinger Ibirama	9	1	3	5	8	-	16	6
9.	Clube Náutico Marcílio Dias Itajaí	9	2	2	5	11	-	15	21
10.	Avaí Futebol Clube Florianópolis	9	1	4	4	10	-	14	12

Places 1-6 qualified for the Second Stage (Hexagonal Final); Places 7-10 qualified for the Relegation Play-offs (Quadrangular de Rebaixamento).

Second Stage

Quadrangular de Rebaixamento

1.	Avaí Futebol Clube Florianópolis	6	3	1	2	13	-	7	10
2.	Clube Atlético Hermann Aichinger Ibirama	6	3	1	2	9	-	8	10
3.	Guarani de Palhoça Futebol Ltda (*Relegated*)	6	3	0	3	10	-	11	9
4.	Clube Náutico Marcílio Dias Itajaí (*Relegated*)	6	2	0	4	5	-	11	6

Hexagonal Final

1.	Figueirense Futebol Clube Florianópolis	10	6	3	1	15	-	6	21
2.	Joinville Esporte Clube*	10	7	2	1	13	-	5	19
3.	Associação Chapecoense de Futebol Chapecó	10	4	3	3	11	-	9	15
4.	Esporte Clube Internacional de Lages	10	4	2	4	11	-	10	14
5.	Clube Atlético Metropolitano Blumenau	10	1	2	7	5	-	15	5
6.	Criciúma Esporte Clube	10	1	2	7	2	-	12	5

Top-2 teams qualified for the State Championship finals.
Please note: Joinville Esporte Clube – 4 points deducted for utilizing a player without contract.

Santa Catarina Championship Finals (26.04.-03.05.2015)

Figueirense Futebol Clube Florianópolis - Joinville Esporte Clube   0-0
Joinville Esporte Clube - Figueirense Futebol Clube Florianópolis   0-0
Figueirense Futebol Clube Florianópolis won for having the best record in the league.

Santa Catarina State Championship Winners 2015: **Figueirense FC Florianópolis**

São Paulo

São Paulo State Championship winners:

1902	São Paulo Athletic Club
1903	São Paulo Athletic Club
1904	São Paulo Athletic Club
1905	Clube Atlético Paulistano São Paulo
1906	Sport Club Germânia São Paulo
1907	Sport Club Internacional São Paulo
1908	Clube Atlético Paulistano São Paulo
1909	AA das Palmeiras São Paulo
1910	AA das Palmeiras São Paulo
1911	São Paulo Athletic Club
1912	Sport Club Americano São Paulo
1913	Sport Club Americano São Paulo[1] Clube Atlético Paulistano São Paulo[2]
1914	SC Corinthians Paulista São Paulo[1] AA São Bento São Paulo[2]
1915	Sport Club Germânia São Paulo[1] AA das Palmeiras São Paulo[2]
1916	SC Corinthians Paulista São Paulo[1] Clube Atlético Paulistano São Paulo[2]
1917	Clube Atlético Paulistano São Paulo
1918	Clube Atlético Paulistano São Paulo
1919	Clube Atlético Paulistano São Paulo
1920	Palestra Itália São Paulo
1921	Clube Atlético Paulistano São Paulo
1922	SC Corinthians Paulista São Paulo
1923	SC Corinthians Paulista São Paulo
1924	SC Corinthians Paulista São Paulo
1925	AA São Bento São Paulo
1926	Palestra Itália São Paulo[2] Clube Atlético Paulistano São Paulo[3]
1927	Palestra Itália São Paulo[2] Clube Atlético Paulistano São Paulo[3]
1928	SC Corinthians Paulista São Paulo[2] Sport Club Internacional São Paulo[3]
1929	SC Corinthians Paulista São Paulo[2] Clube Atlético Paulistano São Paulo[3]
1930	SC Corinthians Paulista São Paulo
1931	São Paulo Futebol Clube
1932	Palestra Itália São Paulo
1933	Palestra Itália São Paulo
1934	Palestra Itália São Paulo
1935	Santos Futebol Clube[1] Portuguesa de Desportos São Paulo[2]
1936	Palestra Itália São Paulo[1] Portuguesa de Desportos São Paulo[2]
1937	SC Corinthians Paulista São Paulo
1938	SC Corinthians Paulista São Paulo
1939	SC Corinthians Paulista São Paulo
1940	Palestra Itália São Paulo
1941	SC Corinthians Paulista São Paulo
1955	Santos Futebol Clube
1956	Santos Futebol Clube
1957	São Paulo Futebol Clube
1958	Santos Futebol Clube
1959	SE Palmeiras São Paulo
1960	Santos Futebol Clube
1961	Santos Futebol Clube
1962	Santos Futebol Clube
1963	SE Palmeiras São Paulo
1964	Santos Futebol Clube
1965	Santos Futebol Clube
1966	SE Palmeiras São Paulo
1967	Santos Futebol Clube
1968	Santos Futebol Clube
1969	Santos Futebol Clube
1970	São Paulo Futebol Clube
1971	São Paulo Futebol Clube
1972	SE Palmeiras São Paulo
1973	Santos Futebol Clube & Portuguesa de Desportos São Paulo*
1974	SE Palmeiras São Paulo
1975	São Paulo Futebol Clube
1976	SE Palmeiras São Paulo
1977	SC Corinthians Paulista São Paulo
1978	Santos Futebol Clube
1979	SC Corinthians Paulista São Paulo
1980	São Paulo Futebol Clube
1981	São Paulo Futebol Clube
1982	SC Corinthians Paulista São Paulo
1983	SC Corinthians Paulista São Paulo
1984	Santos Futebol Clube
1985	São Paulo Futebol Clube
1986	Assoc. Atlética Internacional Limeira
1987	São Paulo Futebol Clube
1988	SC Corinthians Paulista São Paulo
1989	São Paulo Futebol Clube
1990	CA Bragantino Bragança Paulista
1991	São Paulo Futebol Clube
1992	São Paulo Futebol Clube
1993	SE Palmeiras São Paulo
1994	SE Palmeiras São Paulo
1995	SC Corinthians Paulista São Paulo
1996	SE Palmeiras São Paulo
1997	SC Corinthians Paulista São Paulo
1998	São Paulo Futebol Clube
1999	SC Corinthians Paulista São Paulo
2000	São Paulo Futebol Clube
2001	SC Corinthians Paulista São Paulo
2002	Ituano Futebol Clube Itu
2003	SC Corinthians Paulista São Paulo

1942	SE Palmeiras São Paulo	2004	São Caetano Futebol Limitada
1943	São Paulo Futebol Clube	2005	São Paulo Futebol Clube
1944	SE Palmeiras São Paulo	2006	Santos Futebol Clube
1945	São Paulo Futebol Clube	2007	Santos Futebol Clube
1946	São Paulo Futebol Clube	2008	SE Palmeiras São Paulo
1947	SE Palmeiras São Paulo	2009	SC Corinthians Paulista São Paulo
1948	São Paulo Futebol Clube	2010	Santos Futebol Clube
1949	São Paulo Futebol Clube	2011	Santos Futebol Clube
1950	SE Palmeiras São Paulo	2012	Santos Futebol Clube
1951	SC Corinthians Paulista São Paulo	2013	SC Corinthians Paulista São Paulo
1952	SC Corinthians Paulista São Paulo	2014	Ituano Futebol Clube São Paulo
1953	São Paulo Futebol Clube	2015	Santos Futebol Clube
1954	SC Corinthians Paulista São Paulo		

[1] champions of LPF [Liga Paulista de Foot-Ball]
[2] champions of APEA [Associação Paulista de Esportes Atléticos]
[3] champions of LAF [Liga dos Amadores de Futebol]
*shared winners

São Paulo State Championship (Campeonato Paulista) 2015

First Stage
Top-2 of each group qualified for the quarter-finals.

Grupo A
1.	São Paulo Futebol Clube	15	10	2	3	30 - 10	32
2.	Red Bull Brasil Campinas	15	7	3	5	20 - 19	24
3.	Mogi Mirim Esporte Clube	15	5	5	5	17 - 20	20
4.	Ituano Futebol Clube São Paulo	15	4	8	3	12 - 13	20
5.	São Bernardo Futebol Clube	15	5	3	7	13 - 13	18

Grupo B
1.	Sport Club Corinthians Paulista São Paulo	15	11	4	0	28 - 10	37
2.	Associação Atlética Ponte Preta	15	8	3	4	22 - 17	27
3.	Grêmio Osasco Audax São Paulo	15	6	4	5	23 - 19	22
4.	Esporte Clube São Bento Sorocaba	15	4	9	2	17 - 13	21
5.	Rio Claro Futebol Clube	15	4	4	7	11 - 16	16

Grupo C
1.	Sociedade Esportiva Palmeiras São Paulo	15	10	1	4	23 - 10	31
2.	Botafogo Futebol Clube Ribeirão Preto	15	6	4	5	16 - 14	22
3.	Clube Atlético Linense	15	4	4	7	12 - 25	16
4.	Associação Portuguesa de Desportos São Paulo	15	2	7	6	13 - 22	13
5.	Marilia Atlético Clube	15	0	2	13	6 - 35	2

Grupo D
1.	Santos Futebol Clube	15	10	4	1	29 - 12	34
2.	Esporte Clube XV de Novembro Piracicaba	15	5	3	7	17 - 20	18
3.	Capivariano Futebol Clube	15	4	4	7	20 - 23	16
4.	Clube Atlético Penapolense	15	4	3	8	17 - 22	15
5.	Clube Atlético Bragantino Bragança	15	2	1	12	8 - 22	7

Quarter-Finals (11-12.04.2015)

Sport Club Corinthians Paulista São Paulo - Associação Atlética Ponte Preta	1-0(0-0)
São Paulo Futebol Clube - Red Bull Brasil Campinas	3-0(1-0)
SE Palmeiras São Paulo - Botafogo Futebol Clube Ribeirão Preto	
Santos Futebol Clube - Esporte Clube XV de Novembro Piracicaba	3-0(1-0)

Semi-Finals (19.04.2015)

Sport Club Corinthians Paulista São Paulo - SE Palmeiras São Paulo	2-2 aet; 5-6 pen
Santos Futebol Clube - São Paulo Futebol Clube	2-1(1-0)

São Paulo Championship Finals (26.04.-03.05.2015)

Sociedade Esportiva Palmeiras São Paulo - Santos Futebol Clube	1-0(1-0)
Santos Futebol Clube - Sociedade Esportiva Palmeiras São Paulo	2-1(2-0,2-1,2-1); 4-2 pen

São Paulo State Championship Winners 2015: **Santos Futebol Clube**

Aggregate Table 2015

1.	Santos Futebol Clube	19	13	4	2	36 - 15	43
2.	Sociedade Esportiva Palmeiras São Paulo	19	12	2	5	28 - 14	38
3.	Sport Club Corinthians Paulista São Paulo	17	12	5	0	31 - 12	41
4.	São Paulo Futebol Clube	17	11	2	4	34 - 12	35
5.	Associação Atlética Ponte Preta	16	8	3	5	22 - 18	27
6.	Red Bull Brasil Campinas	16	7	3	6	20 - 22	24
7.	Botafogo Futebol Clube Ribeirão Preto	16	6	4	6	16 - 15	22
8.	Esporte Clube XV de Novembro Piracicaba	16	5	3	8	17 - 23	18
9.	Grêmio Osasco Audax São Paulo	15	6	4	5	23 - 19	22
10.	Esporte Clube São Bento Sorocaba	15	4	9	2	17 - 13	21
11.	Mogi Mirim Esporte Clube	15	4	8	3	12 - 13	20
12.	Ituano Futebol Clube São Paulo	15	5	5	5	17 - 20	20
13.	São Bernardo Futebol Clube	15	5	3	7	13 - 13	18
14.	Capivariano Futebol Clube	15	4	4	7	20 - 23	16
15.	Rio Claro Futebol Clube	15	4	4	7	11 - 16	16
16.	Clube Atlético Linense	15	4	4	7	13 - 25	16
17.	Clube Atlético Penapolense (*Relegated*)	15	4	3	8	17 - 22	15
18.	Associação Portuguesa de Desportos São Paulo (*Relegated*)	15	2	7	6	13 - 22	13
19.	Clube Atlético Bragantino Bragança (*Relegated*)	15	2	1	12	8 - 22	7
20.	Marilia Atlético Clube (*Relegated*)	15	0	2	13	6 - 35	2

Promoted clubs for the 2016 São Paulo State Championship:
Associação Ferroviária de Esportes Araraquara,
Grêmio Esportivo Novorizontino,
Oeste Futebol Clube Itápolis,
Esporte Clube Água Santa Diadema.

Sergipe

Sergipe State Championship winners:

1918	Cotinguiba Sport Club Aracaju
1919	*No competition*
1920	Cotinguiba Sport Club Aracaju
1921	Industrial Futebol Clube Aracaju
1922	Club Sportivo Sergipe Aracaju
1923	Cotinguiba Sport Club Aracaju
1924	Club Sportivo Sergipe Aracaju
1925	*No competition*
1926	*No competition*
1927	Club Sportivo Sergipe Aracaju
1928	Club Sportivo Sergipe Aracaju
1929	Club Sportivo Sergipe Aracaju
1930	*No competition*
1931	*No competition*
1932	Club Sportivo Sergipe Aracaju
1933	Club Sportivo Sergipe Aracaju
1934	Palestra Futebol Clube Aracaju
1935	Palestra Futebol Clube Aracaju
1936	Cotinguiba Sport Club Aracaju
1937	Club Sportivo Sergipe Aracaju
1938	*No competition*
1939	Ipiranga Futebol Clube Maruim
1940	Club Sportivo Sergipe Aracaju
1941	Riachuelo Futebol Clube Aracaju
1942	Cotinguiba Sport Club Aracaju
1943	Club Sportivo Sergipe Aracaju
1944	Vasco Esporte Clube Aracaju
1945	Ipiranga Futebol Clube Maruim
1946	Olímpico Futebol Clube Aracaju
1947	Olímpico Futebol Clube Aracaju
1948	Vasco Esporte Clube Aracaju
1949	Palestra Futebol Clube Aracaju
1950	Passagem Futebol Clube Aracaju
1951	Assoc. Desportiva Confiança Aracaju
1952	Cotinguiba Sport Club Aracaju
1953	Vasco Esporte Clube Aracaju
1954	Assoc. Desportiva Confiança Aracaju
1955	Club Sportivo Sergipe Aracaju
1956	Esporte Clube Santa Cruz Estância
1957	Esporte Clube Santa Cruz Estância
1958	Esporte Clube Santa Cruz Estância
1959	Esporte Clube Santa Cruz Estância
1960	Esporte Clube Santa Cruz Estância
1961	Club Sportivo Sergipe Aracaju
1962	Assoc. Desportiva Confiança Aracaju
1963	Assoc. Desportiva Confiança Aracaju
1964	Club Sportivo Sergipe Aracaju
1965	Assoc. Desportiva Confiança Aracaju
1966	América Futebol Clube Propriá
1967	Club Sportivo Sergipe Aracaju

1968	Assoc. Desportiva Confiança Aracaju
1969	Associação Olímpica Itabaiana
1970	Club Sportivo Sergipe Aracaju
1971	Club Sportivo Sergipe Aracaju
1972	Club Sportivo Sergipe Aracaju
1973	Associação Olímpica Itabaiana
1974	Club Sportivo Sergipe Aracaju
1975	Club Sportivo Sergipe Aracaju
1976	Assoc. Desportiva Confiança Aracaju
1977	Assoc. Desportiva Confiança Aracaju
1978	Associação Olímpica Itabaiana
1979	Associação Olímpica Itabaiana
1980	Associação Olímpica Itabaiana
1981	Associação Olímpica Itabaiana
1982	Associação Olímpica Itabaiana & Club Sportivo Sergipe Aracaju [shared]
1983	Assoc. Desportiva Confiança Aracaju
1984	Club Sportivo Sergipe Aracaju
1985	Club Sportivo Sergipe Aracaju
1986	Assoc. Desportiva Confiança Aracaju
1987	Vasco Esporte Clube Aracaju
1988	Assoc. Desportiva Confiança Aracaju
1989	Club Sportivo Sergipe Aracaju
1990	Assoc. Desportiva Confiança Aracaju
1991	Club Sportivo Sergipe Aracaju
1992	Club Sportivo Sergipe Aracaju
1993	Club Sportivo Sergipe Aracaju
1994	Club Sportivo Sergipe Aracaju
1995	Club Sportivo Sergipe Aracaju
1996	Club Sportivo Sergipe Aracaju
1997	Associação Olímpica Itabaiana
1998	Olimpico Lagartense Lagarto
1999	Club Sportivo Sergipe Aracaju
2000	Club Sportivo Sergipe Aracaju
2001	Assoc. Desportiva Confiança Aracaju
2002	Assoc. Desportiva Confiança Aracaju
2003	Club Sportivo Sergipe Aracaju
2004	Assoc. Desportiva Confiança Aracaju
2005	Associação Olímpica Itabaiana
2006	Olímpico Pirambu Futebol Clube
2007	América Futebol Clube Propriá
2008	Assoc. Desportiva Confiança Aracaju
2009	Assoc. Desportiva Confiança Aracaju
2010	Soc. Esportiva River Plate Carmópolis
2011	Soc. Esportiva River Plate Carmópolis
2012	Olímpico Esporte Clube Itabaianinha
2013	Club Sportivo Sergipe Aracaju
2014	Assoc. Desportiva Confiança Aracaju
2015	Assoc. Desportiva Confiança Aracaju

Sergipe State Championship (Campeonato Sergipano) 2015

First Stage (Copa Governo do Estado de Sergipe)

Grupo A

1. Associação Desportiva Confiança Aracaju	10	5	4	1	16	-	8	19
2. Estanciano Esporte Clube	10	5	3	2	18	-	12	18
3. Itabaiana Coritiba Foot Ball Clube	10	4	4	2	14	-	7	16
4. Amadense Esporte Clube Tobias Barreto	10	5	0	5	22	-	11	15
5. Associação Boquinhense de Desporto	10	4	3	3	12	-	9	15

Grupo B

1. Lagarto Futebol Clube	10	4	4	2	10	-	9	16
2. Associação Desportiva Socorrense Nossa Senhora do Socorro	10	4	3	3	8	-	10	15
3. Club Sportivo Sergipe Aracaju	10	3	5	2	14	-	13	14
4. Sociedade Boca Júnior Futebol Clube Estância	10	2	2	6	11	-	16	8
5. Itabaiana Coritiba Foot Ball Clube*	10	0	0	10	5	-	35	-3

Top-2 of each group qualified for the Quadrangular Final.
3 points deducted for using ineligible players.

Second Stage – Quadrangular Final

1. Associação Desportiva Confiança Aracaju	6	6	0	0	13	-	1	18
2. Estanciano Esporte Clube	6	2	1	3	6	-	8	7
3. Lagarto Futebol Clube	6	2	1	3	4	-	7	7
4. Associação Desportiva Socorrense Nossa Senhora do Socorro	6	0	2	4	2	-	9	2

Top-2 qualified for the State Championship Final.

Sergipe Championship Finals (02-09.05.2015)

Estanciano Esporte Clube - Associação Desportiva Confiança Aracaju   0-1
Associação Desportiva Confiança Aracaju - Estanciano Esporte Clube   4-0

Sergipe State Championship Winners 2015: **Associação Desportiva Confiança Aracaju**

Aggregate Table 2015

1. Associação Desportiva Confiança Aracaju	18	13	4	1	34	-	9	43
2. Estanciano Esporte Clube	18	7	4	7	24	-	25	25
3. Lagarto Futebol Clube	16	6	5	5	14	-	16	23
4. Associação Desportiva Socorrense Nossa Senhora do Socorro	16	4	5	7	10	-	19	17
5. Associação Olímpica de Itabaiana	10	4	4	2	14	-	7	16
6. Amadense Esporte Clube Tobias Barreto	10	5	0	5	22	-	11	15
7. Club Sportivo Sergipe Aracaju	10	3	5	2	14	-	13	14
8. Sociedade Boca Júnior Futebol Clube Estância	10	2	2	6	11	-	16	8
9. Associação Boquinhense de Desporto (*Relegated*)	10	4	3	3	12	-	9	15
10. Itabaiana Coritiba Foot Ball Clube (*Relegated*)	10	0	0	10	5	-	35	-3

Tocatins

Tocatins State Championship winners:

1993	Tocantinópolis Esporte Clube	2005	Colinas Esporte Clube
1994	União Atlética Araguainense	2006	Araguaína Futebol e Regatas
1995	Intercap Esporte Clube Paraíso	2007	Palmas Futebol e Regatas
1996	Gurupi Esporte Clube	2008	Tocantins Futebol Clube Palmas
1997	Gurupi Esporte Clube	2009	Araguaína Futebol e Regatas
1998	Associação Atlética Alvorada	2010	Gurupi Esporte Clube Tocantinópolis
1999	Interporto FC Porto Nacional	2011	Gurupi Esporte Clube Tocantinópolis
2000	Palmas Futebol e Regatas	2012	Gurupi Esporte Clube Tocantinópolis
2001	Palmas Futebol e Regatas	2013	Interporto FC Porto Nacional
2002	Tocantinópolis Esporte Clube	2014	Interporto FC Porto Nacional
2003	Palmas Futebol e Regatas	2015	Tocantinópolis Esporte Clube
2004	Palmas Futebol e Regatas		

Tocatins State Championship (Campeonato Tocantinense) 2015

First Stage

1. Tocantinópolis Esporte Clube	14	7	5	2	19	-	12	26
2. Interporto Futebol Clube Porto Nacional	14	6	5	3	25	-	23	23
3. Palmas Futebol e Regatas	14	7	1	6	23	-	17	22
4. Gurupi Esporte Clube Tocantinópolis	14	6	3	5	19	-	15	21
5. Paraíso Esporte Clube	14	5	5	4	19	-	16	20
6. Araguaína Futebol e Regatas	14	5	3	6	18	-	21	18
7. Tocantins Esporte Clube de Miracema do Tocantins (*Relegated*)	14	4	2	8	23	-	33	14
8. (*Relegated*)	14	3	2	9	20	-	29	11

Top-4 qualified for the semi-finals.

Second Stage

Semi-Finals (17-25.05.2015)

Gurupi Esporte Clube Tocantinópolis - Tocantinópolis Esporte Clube 1-0 1-2
Interporto Futebol Clube Porto Nacional - Palmas Futebol e Regatas 1-0 0-1
Both Figueirense Futebol Clube Florianópolis and Interporto Futebol Clube Porto Nacional were qualified for having the best record in the league.

Tocatins Championship Finals (30.05.-07.06.2015)

Interporto Futebol Clube Porto Nacional - Tocantinópolis Esporte Clube 0-0
Tocantinópolis Esporte Clube - Interporto Futebol Clube Porto Nacional 0-0
Figueirense Futebol Clube Florianópolis won for having the best record in the league.

Tocatins State Championship Winners 2013: **Tocantinópolis Esporte Clube**

		NATIONAL TEAM INTERNATIONAL MATCHES (16.07.2015 – 15.07.2016)		
05.09.2015	Harrison	Brazil - Costa Rica	1-0(1-0)	(F)
08.09.2015	Foxborough	United States - Brazil	1-4(0-1)	(F)
08.10.2015	Santiago	Chile - Brazil	2-0(0-0)	(WCQ)
13.10.2015	Fortaleza	Brazil - Venezuela	3-1(2-0)	(WCQ)
13.11.2015	Buenos Aires	Argentina - Brazil	1-1(1-0)	(WCQ)
17.11.2015	Salvador	Brazil - Peru	3-0(1-0)	(WCQ)
26.03.2016	Recife	Brazil - Uruguay	2-2(2-1)	(WCQ)
29.03.2016	Asunción	Paraguay - Brazil	2-2(1-0)	(WCQ)
29.05.2016	Commerce City	Brazil - Panama	2-0(1-0)	(F)
04.06.2016	Pasadena	Brazil - Ecuador	0-0	(CA)
08.06.2016	Orlando	Brazil – Haiti	7-1(3-0)	(CA)
12.06.2016	Foxborough	Brazil - Peru	0-1(0-0)	(CA)

05.09.2015, Friendly International
Red Bull Arena, Harrison (United States); Attendance: 19,600
Referee: Mathieu Bourdeau (Canada)
BRAZIL - COSTA RICA   **1-0(1-0)**
BRA: Marcelo Grohe (1/0), Danilo I (15/0), Miranda (Cap) (22/0), David Luiz (52/3), Marcelo (40/4), Willian (27/4) [78.Lucas Moura (32/4)], Luiz Gustavo (33/2) [81.Rafinha Alcântara (1/0)], Fernandinho (25/2) [74.Elias (26/0)], Douglas Costa (10/1) [82.Neymar (66/44)], Lucas Lima (1/0) [67.Philippe Coutinho (12/1)], Hulk (42/10) [67.Kaká (90/29)]. Trainer: Carlos Caetano Bledorn Verri "Dunga" (74).
Goal: Hulk (10).

08.09.2015, Friendly International
Gillette Stadium, Foxborough; Attendance: 29,308
Referee: Joel Antonio Aguilar Chicas (El Salvador)
UNITED STATES - BRAZIL   **1-4(0-1)**
BRA: Marcelo Grohe (2/0), Fabinho (3/0), Miranda (Cap) (23/0) [23.Marquinhos III (7/0)], David Luiz (53/3), Marcelo (41/4), Willian (28/4) [46.Neymar (67/46)], Luiz Gustavo (34/2) [65.Fernandinho (26/2)], Elias (27/0), Douglas Costa (11/1) [63.Rafinha Alcântara (2/1)], Lucas Lima (2/0) [63.Lucas Moura (33/4)], Hulk (43/11) [46.Roberto Firmino (11/4)]. Trainer: Carlos Caetano Bledorn Verri "Dunga" (75).
Goals: Hulk (9), Neymar (51), Rafinha Alcântara (64), Neymar (67).

08.10.2015, 21st FIFA World Cup, Qualifiers
Estadio Nacional „Julio Martínez Prádanos", Santiago; Attendance: 42,150
Referee: Roddy Alberto Zambrano Olmedo (Ecuador)
CHILE - BRAZIL   **2-0(0-0)**
BRA: Jéfferson (22/0), Daniel Alves (84/6), David Luiz (54/3) [36.Marquinhos III (8/0)], Miranda (Cap) (24/0), Marcelo (42/4), Luiz Gustavo (35/2) [82.Lucas Lima (3/0)], Elias (28/0), Oscar (46/12), Willian (29/4), Douglas Costa (12/1), Hulk (44/11) [77.Ricardo Oliveira (12/3)]. Trainer: Carlos Caetano Bledorn Verri "Dunga" (76).

13.10.2015, 21st FIFA World Cup, Qualifiers
Estádio Castelão, Fortaleza; Attendance: 38,970
Referee: Darío Agustín Ubríaco Medero (Uruguay)
BRAZIL - VENEZUELA 3-1(2-0)
BRA: Alisson Becker (1/0), Daniel Alves (85/6), Miranda (Cap) (25/0), Filipe Luís (19/0), Marquinhos III (9/0), Luiz Gustavo (36/2), Elias (29/0), Oscar (47/12) [65.Lucas Lima (4/0)], Willian (30/6), Douglas Costa (13/1) [75.Kaká (91/29)], Ricardo Oliveira (13/4) [81.Hulk (45/11)]. Trainer: Carlos Caetano Bledorn Verri "Dunga" (77).
Goals: Willian (1, 42), Ricardo Oliveira (74).

13.11.2015, 21st FIFA World Cup, Qualifiers
Estadio Monumental „Antonio Vespucio Liberti", Buenos Aires; Attendance: 40,000
Referee: Antonio Javier Arias Alvarenga (Paraguay)
ARGENTINA - BRAZIL 1-1(1-0)
BRA: Alisson Becker (2/0), Daniel Alves (86/6), Miranda (26/0), David Luiz (55/3), Filipe Luís (20/0), Luiz Gustavo (37/2), Elias (30/0), Lucas Lima (5/1) [63.Renato Augusto (4/0)], Willian (31/6) [90.Gil II (4/0)], Ricardo Oliveira (14/4) [57.Douglas Costa (14/1)], Neymar (Cap) (68/46). Trainer: Carlos Caetano Bledorn Verri "Dunga" (78).
Goal: Lucas Lima (58).
Sent off: David Luiz (88).

17.11.2015, 21st FIFA World Cup, Qualifiers
Itaipava Arena Fonte Nova, Salvador; Attendance: 45,558
Referee: José Hernando Buitrago Arango (Colombia)
BRAZIL - PERU 3-0(1-0)
BRA: Alisson Becker (3/0), Daniel Alves (87/6), Miranda (27/0), Filipe Luís (21/1), Gil II (5/0), Renato Augusto (5/1), Luiz Gustavo (38/2) [78.Fernandinho (27/2)], Elias (31/0), Willian (32/6) [85.Oscar (48/12)], Douglas Costa (15/2) [89.Lucas Lima (6/1)], Neymar (Cap) (69/46). Trainer: Carlos Caetano Bledorn Verri "Dunga" (79).
Goals: Douglas Costa (22), Renato Augusto (57), Filipe Luís (76).

26.03.2016, 21st FIFA World Cup, Qualifiers
Itaipava Arena Pernambuco, Recife; Attendance: 45,010
Referee: Néstor Fabián Pitana (Argentina)
BRAZIL - URUGUAY 2-2(2-1)
BRA: Alisson Becker (4/0), Daniel Alves (88/6), Miranda (28/0), Filipe Luís (22/1), David Luiz (56/3), Renato Augusto (6/2), Luiz Gustavo (39/2), Fernandinho (28/2) [67.Philippe Coutinho (13/1)], Willian (33/6) [85.Lucas Lima (7/1)], Douglas Costa (16/3) [78.Ricardo Oliveira (15/4)], Neymar (Cap) (70/46). Trainer: Carlos Caetano Bledorn Verri "Dunga" (80).
Goals: Douglas Costa (1), Renato Augusto (25).

29.03.2016, 21st FIFA World Cup, Qualifiers
Estadio Defensores del Chaco, Asunción; Attendance: 35,000
Referee: Wilmar Alexander Roldán Pérez (Colombia)
PARAGUAY - BRAZIL 2-2(1-0)
BRA: Alisson Becker (5/0), Daniel Alves (89/7), Miranda (Cap) (29/0), Gil II (6/0), Filipe Luís (23/1), Renato Augusto (7/2), Luiz Gustavo (40/2) [70.Lucas Lima (8/1)], Fernandinho (29/2) [46.Hulk (46/11)], Willian (34/6), Douglas Costa (17/3), Ricardo Oliveira (16/5) [80.Jonas (9/2)]. Trainer: Carlos Caetano Bledorn Verri "Dunga" (81).
Goals: Ricardo Oliveira (79), Daniel Alves (90+2).

29.05.2016, Friendly International
Dick's Sporting Goods Park, Commerce City (United States); Attendance: 11,000
Referee: Armando Isaí Castro Oviedo (Honduras)
BRAZIL - PANAMA 2-0(1-0)
BRA: Alisson Becker (6/0), Daniel Alves (90/7) [77.Fabinho (4/0)], Miranda (Cap) (30/0), Gil II (7/0), Douglas Santos (1/0), Renato Augusto (8/2) [79.Rodrigo Caio (1/0)], Luiz Gustavo (41/2) [46.Hulk (47/11)], Elias (32/0), Willian (35/6) [64.Lucas Lima (9/1)], Philippe Coutinho (14/1) [80.Kaká (92/29)], Jonas (10/3) [64.Gabriel III (1/1)]. Trainer: Carlos Caetano Bledorn Verri "Dunga" (82).
Goals: Jonas (2), Gabriel III (73).

04.06.2016, 45th Copa América, Group Stage
Rose Bowl, Pasadena (United States); Attendance: 53,158
Referee: Julio Bascuñán González (Chile)
BRAZIL - ECUADOR 0-0
BRA: Alisson Becker (7/0), Daniel Alves (Cap) (91/7), Marquinhos III (10/0), Gil II (8/0), Filipe Luís (24/1), Casemiro (10/0), Renato Augusto (9/2), Elias (33/0) [86.Lucas Lima (10/1)], Willian (36/6) [76.Lucas Moura (34/4)], Philippe Coutinho (15/1), Jonas (11/3) [62.Gabriel III (2/1)]. Trainer: Carlos Caetano Bledorn Verri "Dunga" (83).

08.06.2016, 45th Copa América, Group Stage
Camping World Stadium, Orlando (United States); Attendance: 28,241
Referee: Mark Geiger (United States)
BRAZIL – HAITI 7-1(3-0)
BRA: Alisson Becker (8/0), Daniel Alves (Cap) (92/7), Filipe Luís (25/1), Gil II (9/0), Marquinhos III (11/0), Renato Augusto (10/4), Elias (34/0) [72.Walace (1/0)], Casemiro (11/0) [62.Lucas Lima (11/2)], Willian (37/6), Philippe Coutinho (16/4), Jonas (12/3) [46.Gabriel III (3/2)]. Trainer: Carlos Caetano Bledorn Verri "Dunga" (84).
Goals: Philippe Coutinho (14, 29), Renato Augusto (35), Gabriel III (59), Lucas Lima (67), Renato Augusto (86), Philippe Coutinho (90+2).

12.06.2016, 45th Copa América, Group Stage
Gillette Stadium, Foxborough (United States); Attendance: 36,187
Referee: Andrés Ismael Cunha Soca (Uruguay)
BRAZIL - PERU 0-1(0-0)
BRA: Alisson Becker (9/0), Daniel Alves (93/7), Miranda (Cap) (31/0), Filipe Luís (26/1), Gil II (10/0), Elias (35/0), Willian (38/6), Renato Augusto (11/4), Lucas Lima (12/2), Philippe Coutinho (17/4), Gabriel III (4/2) [72.Hulk (48/11)]. Trainer: Carlos Caetano Bledorn Verri "Dunga" (85).

NATIONAL TEAM PLAYERS
2015/2016

Name [Club 2015/2016]	DOB	Caps	Goals
(Caps and goals at 15.07.2016)			
Goalkeepers			
ALISSON Ramses BECKER [2015/2016: SC Internacional Porto Alegre]	02.10.1992	9	0
JÉFFERSON de Oliveira Galvão [2015/2016: Botafogo de FR Rio de Janeiro]	02.01.1983	22	0
MARCELO GROHE [2015: Grêmio Foot-Ball Porto Alegrense]	13.01.1987	2	0
Defenders			
DANIEL ALVES da Silva [2015/2016: FC Barcelona (ESP)]	06.05.1983	93	7
Danilo Luiz da Silva „DANILO I" [2015/2016: Real Madrid CF (ESP)]	15.07.1991	15	0
DAVID LUIZ Moreira Marinho [2015/2016: Paris Saint-Germain FC (FRA)]	22.04.1987	56	3
DOUGLAS dos SANTOS Justino de Melo [2016: Clube Atlético Mineiro Belo Horizonte]	22.03.1994	1	0
Fábio Henrique Tavares "FABINHO" [2015/2016: AS Monaco FC (FRA)]	23.10.1993	4	0
FILIPE LUÍS Kasmirski [2015/2016: Club Atlético de Madrid (ESP)]	09.08.1985	26	1
Carlos Gilberto Nascimento Silva "GIL II" [2015: SC Corinthians Paulista São Paulo; 01.2016-> Shandong Luneng Taishan FC (CHN)]	12.06.1987	10	0
MARCELO Vieira da Silva Júnior [2015/2016: Real Madrid CF (ESP)]	12.05.1988	42	4
Marcos Aoás Corrêa „MARQUINHOS III" [2015/2016: Paris Saint-Germain FC (FRA)]	14.05.1994	11	0
João MIRANDA de Souza Filho [2015/2016: FC Internazionale Milano (ITA)]	07.09.1984	31	0
RODRIGO CAIO Coquette Russo [2016: São Paulo FC]	17.08.1993	1	0

Midfielders

Carlos Henrique CASEMIRO [2015/2016: Real Madrid CF (ESP)]	23.02.1992	11	0
DOUGLAS COSTA de Souza [2015/2016: FC Bayern München (GER)]	14.09.1990	17	3
ELIAS Mendes Trindade [2015/2016: SC Corinthians Paulista São Paulo]	16.05.1985	35	0
Fernando Luiz Rosa „FERNANDINHO" [2015/2016: Manchester City FC (ENG)]	04.05.1985	29	2
Ricardo Izecson dos Santos Leite "KAKÁ" [2015/2016: Orlando City Soccer Club (USA)]	22.04.1982	92	29
LUCAS Rafael Araújo LIMA [2015/2016: Santos FC]	09.07.1990	12	2
LUCAS Rodrigues MOURA da Silva [2015/2016: Paris Saint-Germain FC (FRA)]	13.08.1992	34	4
LUIZ GUSTAVO Dias [2015/2016: VfL Wolfsburg (GER)]	23.07.1987	41	2
OSCAR dos Santos Emboaba Júnior [2015/2016: Chelsea FC London (ENG)]	09.09.1991	48	12
PHILIPPE COUTINHO Correia [2015/2016: Liverpool FC (ENG)]	12.06.1992	17	4
RAFAEL ALCÁNTARA do Nascimento [2015/2016: FC Barcelona (ESP)]	12.02.1993	2	1
RENATO Soares de Oliveira AUGUSTO [2015: SC Corinthians Paulista São Paulo; 06.01.2016-> Beijing Guoan FC (CHN)]	08.02.1988	11	4
ROBERTO FIRMINO Barbosa de Oliveira [2015/2016: Liverpool FC (ENG)]	02.10.1991	11	4
WALACE Souza Silva [2016: Grêmio Foot-Ball Porto Alegrense]	04.04.1995	1	0
WILLIAN Borges da Silva [2015/2016: Chelsea FC London (ENG)]	09.08.1988	38	6

Forwards

Gabriel Barbosa Almeida "GABRIEL III" [2016: Santos FC]	30.08.1996	4	2
Givanildo Vieira de Souza „HULK" [2015/2016: FK Zenit St. Petersburg (RUS)]	25.07.1986	48	11
JONAS Gonçalves Oliveira [2015/2016: Sport Lisboa e Benfica (POR)]	01.04.1984	12	3
NEYMAR da Silva Santos Júnior [2015/2016: FC Barcelona (ESP)]	05.02.1992	70	46
RICARDO de OLIVEIRA [2015/2016: Santos FC]	06.05.1980	16	5

National coaches

Carlos Caetano Bledorn Verri "DUNGA" [also national coach between 16.08.2006 – 02.07.2010; Complete records: 85 M; 59 W; 17 D; 9 L; 174-58]	31.10.1963	26 M; 18 W; 5 D; 3 L; 51-17

CHILE

The Country:
República de Chile (Republic of Chile)
Capital: Santiago
Surface: 756,950 km²
Inhabitants: 18,006,407 [2015 estimate]
Time: UTC -4

The FA:
Federación de Fútbol de Chile
Avenida Quilín No. 5635 - Comuna Peñalolén, Casilla No. 3733 Central de Casillas, Santiago
Year of Formation: 1895
Member of FIFA since: 1913
Member of CONMEBOL since: 1916
Internet: www.anfp.cl

NATIONAL TEAM RECORDS	
First international match:	27.05.1910, Buenos Aires: Argentina – Chile 3-1
Most international caps:	Claudio Andrés Bravo Muñoz - 106 caps (since 2004)
Most international goals:	José Marcelo Salas Melinao - 37 goals / 71 caps (1994-2007)

OLYMPIC GAMES 1900-2012
1952, 1984, 2000 (3rd Place)

COPA AMÉRICA	
1916	4th Place
1917	4th Place
1919	4th Place
1920	4th Place
1921	*Withdrew*
1922	5th Place
1923	Withdrew
1924	4th Place
1925	*Withdrew*
1926	3rd Place
1927	*Withdrew*
1929	*Withdrew*
1935	4th Place
1937	5th Place
1939	4th Place
1941	3rd Place
1942	6th Place
1945	3rd Place
1946	5th Place
1947	4th Place
1949	5th Place
1953	4th Place
1955	Runners-up
1956	Runners-up
1957	6th Place
1959	5th Place
1959E	*Withdrew*
1963	*Withdrew*
1967	3rd Place
1975	Round 1
1979	Runners-up
1983	Round 1
1987	Runners-up
1989	Group Stage
1991	3rd Place
1993	Group Stage
1995	Group Stage
1997	Group Stage
1999	4th Place
2001	Quarter-Finals
2004	Group Stage
2007	Quarter-Finals
2011	Quarter-Finals
2015	**Winners**
2016	**Winners**

FIFA WORLD CUP	
1930	Final Tournament (Group Stage)
1934	*Withdrew*
1938	*Withdrew*
1950	Final Tournament (Group Stage)
1954	Qualifiers
1958	Qualifiers
1962	Final Tournament (3rd Place)
1966	Final Tournament (Group Stage)
1970	Qualifiers
1974	Final Tournament (Group Stage)
1978	Qualifiers
1982	Final Tournament (Group Stage)
1986	Qualifiers
1990	Disqualified by the FIFA
1994	Banned by the FIFA
1998	Final Tournament (2nd Round of 16)
2002	Qualifiers
2006	Qualifiers
2010	Final Tournament (2nd Round of 16)
2014	Final Tournament (2nd Round of 16)

PANAMERICAN GAMES	
1951	3rd Place
1955	Did not enter
1959	Did not enter
1963	3rd Place
1967	Did not enter
1971	Did not enter
1975	Did not enter
1979	Did not enter
1983	Round 1
1987	Runners-up
1991	Did not enter
1995	Quarter-Finals
1999	Did not enter
2003	Did not enter
2007	Did not enter
2011	Did not enter

PANAMERICAN CHAMPIONSHIP	
1952	Runners-up
1956	6th Place
1960	Did not enter

CHILEAN CLUB HONOURS IN SOUTH AMERICAN CLUB COMPETITIONS:
COPA LIBERTADORES 1960-2015
Club Social y Deportivo Colo-Colo Santiago (1991)
COPA SUDAMERICANA 2002-2015
CFP de la Universidad de Chile (2011)
RECOPA SUDAMERICANA 1989-2015
Club Social y Deportivo Colo-Colo Santiago (1992)
COPA CONMEBOL 1992-1999
None
SUPERCUP „JOÃO HAVELANGE" 1988-1997*
None
COPA MERCOSUR 1998-2001**
None

*Contested betwenn winners of all previous editions of the Copa Libertadores
**Contested between teams belonging countries from the southern part of South America (Argentina, Brazil, Chile, Paraguay and Uruguay).

NATIONAL COMPETITIONS
TABLE OF HONOURS

	CHAMPIONS	CUP WINNERS
1933	CD Magallanes Santiago	-
1934	CD Magallanes Santiago	-
1935	CD Magallanes Santiago	-
1936	Audax CS Italiano Santiago*	-
1937	CSD Colo-Colo Santiago	-
1938	CD Magallanes Santiago	-
1939	CSD Colo-Colo Santiago	-
1940	CFP de la Universidad de Chile	-
1941	CSD Colo-Colo Santiago	-
1942	CD Santiago Morning	-
1943	Club Unión Española Santiago	-
1944	CSD Colo-Colo Santiago	-
1945	CD Green Cross Santiago	-
1946	Audax CS Italiano Santiago	-
1947	CSD Colo-Colo Santiago	-
1948	Audax CS Italiano Santiago	-
1949	CD Universidad Católica Santiago	-
1950	Everton de Viña del Mar	-
1951	Club Unión Española Santiago	-
1952	Everton de Viña del Mar	-
1953	CSD Colo-Colo Santiago	-
1954	CD Universidad Católica Santiago	-
1955	CD Palestino Santiago	-
1956	CSD Colo-Colo Santiago	-
1957	Audax CS Italiano Santiago	-
1958	CD Santiago Wanderers Valparaíso	CSD Colo-Colo Santiago
1959	CFP de la Universidad de Chile	CD Santiago Wanderers Valparaíso
1960	CSD Colo-Colo Santiago	Club de Deportes La Serena

1961	CD Universidad Católica Santiago	CD Santiago Wanderers Valparaíso
1962	CFP de la Universidad de Chile	CD Luis Cruz Martínez Curicó
1963	CSD Colo-Colo Santiago	No competition
1964	CFP de la Universidad de Chile	No competition
1965	CFP de la Universidad de Chile	No competition
1966	CD Universidad Católica Santiago	No competition
1967	CFP de la Universidad de Chile	No competition
1968	CD Santiago Wanderers Valparaíso	No competition
1969	CFP de la Universidad de Chile	No competition
1970	CSD Colo-Colo Santiago	No competition
1971	CD Unión San Felipe	No competition
1972	CSD Colo-Colo Santiago	No competition
1973	Club Unión Española Santiago	No competition
1974	CD Huachipato Talcahuano	CSD Colo-Colo Santiago
1975	Club Unión Española Santiago	CD Palestino Santiago
1976	Everton de Viña del Mar	No competition
1977	Club Unión Española Santiago	No competition
1978	CD Palestino Santiago	CD Palestino Santiago
1979	CSD Colo-Colo Santiago	CFP de la Universidad de Chile
1980	CD Cobreloa Calama	CD Municipal Iquique
1981	CSD Colo-Colo Santiago	CSD Colo-Colo Santiago
1982	CD Cobreloa Calama	CSD Colo-Colo Santiago
1983	CSD Colo-Colo Santiago	CD Universidad Católica Santiago
1984	CD Universidad Católica Santiago	Everton de Viña del Mar
1985	CD Cobreloa Calama	CSD Colo-Colo Santiago
1986	CSD Colo-Colo Santiago	CD Cobreloa Calama
1987	CD Universidad Católica Santiago	CD Cobresal El Salvador
1988	CD Cobreloa Calama	CSD Colo-Colo Santiago
1989	CSD Colo-Colo Santiago	CSD Colo-Colo Santiago
1990	CSD Colo-Colo Santiago	CSD Colo-Colo Santiago
1991	CSD Colo-Colo Santiago	CD Universidad Católica Santiago
1992	CD Cobreloa Calama	Club Unión Española Santiago
1993	CSD Colo-Colo Santiago	Club Unión Española Santiago
1994	CFP de la Universidad de Chile	CSD Colo-Colo Santiago
1995	CFP de la Universidad de Chile	CD Universidad Católica Santiago
1996	CSD Colo-Colo Santiago	CSD Colo-Colo Santiago
1997	Ape: CD Universidad Católica Santiago Cla: CSD Colo-Colo Santiago	No competition
1998	CSD Colo-Colo Santiago	CFP de la Universidad de Chile
1999	CFP de la Universidad de Chile	No competition
2000	CFP de la Universidad de Chile	CFP de la Universidad de Chile
2001	CD Santiago Wanderers Valparaíso	No competition
2002	Ape: CD Universidad Católica Santiago Cla: CSD Colo-Colo Santiago	No competition
2003	Ape: CD Cobreloa Calama Cla: CD Cobreloa Calama	No competition
2004	Ape: CFP de la Universidad de Chile Cla: CD Cobreloa Calama	No competition
2005	Ape: Club Unión Española Santiago Cla: CD Universidad Católica Santiago	No competition
2006	Ape: CSD Colo-Colo Santiago Cla: CSD Colo-Colo Santiago	No competition

2007	Ape:	CSD Colo-Colo Santiago	*No competition*
	Cla:	CSD Colo-Colo Santiago	
2008	Ape:	Everton de Viña del Mar	Universidad de Concepción
	Cla:	CSD Colo-Colo Santiago	
2009	Ape:	CFP de la Universidad de Chile	CD Unión San Felipe
	Cla:	CSD Colo-Colo Santiago	
2010	CD Universidad Católica Santiago		CD Municipal Iquique
2011	Ape:	CFP de la Universidad de Chile	CD Universidad Católica Santiago
	Cla:	CFP de la Universidad de Chile	
2012	Ape:	CFP de la Universidad de Chile	CFP de la Universidad de Chile
	Cla:	CD Huachipato Talcahuano	(2012/2013)
2013	Club Unión Española Santiago		-
2013/2014	Ape:	CD O'Higgins Rancagua	CD Iquique
	Cla:	CSD Colo-Colo Santiago	
2014/2015	Ape:	Club Universidad de Chile	CD Universidad de Concepción
	Cla:	CD Cobresal El Salvador	
2015/2016	Ape:	CSD Colo-Colo Santiago	Club Universidad de Chile Santiago
	Cla:	CD Universidad Católica Santiago	

*became in January 2007 Audax CS Italiano La Florida.

	BEST GOALSCORERS	
1933	Luis Carvallo (CSD Colo-Colo Santiago)	9
1934	Carlos Giudice (Audax CS Italiano Santiago)	19
1935	Aurelio Domínguez (CSD Colo-Colo Santiago)	
	Guillermo Ogaz (CD Magallanes Santiago)	12
1936	Hernán Bolaños (CRC, Audax CS Italiano Santiago)	14
1937	Hernán Bolaños (CRC, Audax CS Italiano Santiago)	16
1938	Gustavo Pizarro (Badminton FC Santiago)	17
1939	Alfonso Domínguez (CSD Colo-Colo Santiago)	32
1940	Victor Alonso (CFP de la Universidad de Chile Santiago)	
	Pedro Valenzuela (CD Magallanes Santiago)	20
1941	José Profetta (ARG, Santiago National FC)	19
1942	Domingo Romo (CD Santiago Morning)	16
1943	Luis Machuca (Club Unión Española Santiago)	
	Victor Mancilla (CD Universidad Católica Santiago)	17
1944	Juan Alcantara (CSD Colo-Colo Santiago)	
	Alfonso Domínguez (Audax CS Italiano Santiago)	19
1945	Ubaldo Cruche (URU, CFP de la Universidad de Chile Santiago)	
	Hugo Giorgi (Audax CS Italiano Santiago)	
	Juan Zárate (ARG, CD Green Cross Santiago)	17
1946	Ubaldo Cruche (URU, CFP de la Universidad de Chile Santiago)	25
1947	Apolonides Vera (Santiago National FC)	17
1948	Juan Zárate (ARG, Audax CS Italiano Santiago)	22
1949	Mario Lorca (Club Unión Española Santiago)	20
1950	Félix Díaz (ARG, CD Green Cross Santiago)	21
1951	Rubén Aguilera (CD Santiago Morning)	
	Carlos Tello (Audax CS Italiano Santiago)	21
1952	René Meléndez (Everton de Viña del Mar)	30
1953	Jorge Robledo Oliver (CSD Colo-Colo Santiago)	26
1954	Jorge Robledo Oliver (CSD Colo-Colo Santiago)	25
1955	Nicolas Moreno (ARG, CD Green Cross Santiago)	27

Year	Player	Goals
1956	Guillermo Villarroel (CD O'Higgins Rancagua)	19
1957	Gustavo Albella (ARG, CD Green Cross Santiago)	27
1958	Gustavo Albella (ARG, CD Green Cross Santiago)	
	Carlos Verdejo (Club de Deportes La Serena)	23
1959	José Benito Rios (CD O'Higgins Rancagua)	
1960	Juan Falcón (ARG, CD Palestino Santiago)	21
1961	Carlos Campos Sánchez (CFP de la Universidad de Chile Santiago)	
	Honorino Landa Vera (Club Unión Española Santiago)	24
1962	Carlos Campos Sánchez (CFP de la Universidad de Chile Santiago)	34
1963	Luis Hernán Álvarez (CSD Colo-Colo Santiago)	37
1964	Daniel Escudero (Everton de Viña del Mar)	25
1965	Héctor Scandolli (CSD Rangers Talca)	25
1966	Felipe Bracamonte (ARG, CD Unión San Felipe)	
	Carlos Campos Sánchez (CFP de la Universidad de Chile Santiago)	21
1967	Eladio Zarate (PAR, Club Unión Española Santiago)	28
1968	Carlos Enzo Reinoso Valdenegro (Audax CS Italiano Santiago)	21
1969	Eladio Zarate (PAR, Club Unión Española Santiago)	22
1970	Osvaldo Castro Pelayo (Universidad de Concepción)	36
1971	Eladio Zarate (PAR, CFP de la Universidad de Chile Santiago)	25
1972	Fernando Espinoza (CD Magallanes Santiago)	25
1973	Guillermo Yávar (Club Unión Española Santiago)	21
1974	Julio Crisosto (CSD Colo-Colo Santiago)	28
1975	Víctor Pizarro (CD Santiago Morning)	27
1976	Oscar Fabbiani (ARG, CD Palestino Santiago)	23
1977	Oscar Fabbiani (ARG, CD Palestino Santiago)	34
1978	Oscar Fabbiani (ARG, CD Palestino Santiago)	35
1979	Carlos Humberto Caszely Garrido (CSD Colo-Colo Santiago)	20
1980	Carlos Humberto Caszely Garrido (CSD Colo-Colo Santiago)	26
1981	Víctor Cabrera (CD San Luis de Quillota)	
	Carlos Humberto Caszely Garrido (CSD Colo-Colo Santiago)	
	Luis Marcoleta (CD Magallanes Santiago)	20
1982	Jorge Luis Siviero (URU, CD Cobreloa Calama)	18
1983	Washington Oliveira (URU, CD Cobreloa Calama)	29
1984	Víctor Cabrera (CD Regional Atacama Copiapó)	18
1985	Ivo Alexis Basay Hatibovic (CD Magallanes Santiago)	19
1986	Sergio Salgado (CD Cobresal El Salvador)	18
1987	Osvaldo Heriberto Hurtado Galeguillo (CD Universidad Católica Santiago)	21
1988	Gustavo De Luca (ARG, Club de Deportes La Serena)	
	Juan José Oré (PER, CD Municipal Iquique)	18
1989	Rubén Martínez (CD Cobresal El Salvador)	25
1990	Rubén Martínez (CSD Colo-Colo Santiago)	22
1991	Rubén Martínez (CSD Colo-Colo Santiago)	23
1992	Aníbal Segundo González Espinoza (CSD Colo-Colo Santiago)	24
1993	Marco Antonio Figueroa Montero (CD Cobreloa Calama)	18
1994	Alberto Federico Acosta (ARG, CD Universidad Católica Santiago)	33
1995	Gabriel Esteban Caballero Schiker (ARG, Club Deportes Antofagasta)	
	Aníbal Segundo González Espinoza (CD Palestino Santiago)	18
1996	Mario Véner (CD Santiago Wanderers Valparaíso)	30
1997	Ape: David Bisconti (ARG, CD Universidad Católica Santiago)	15
	Cla: Richard Martín Báez Fernández (PAR, Universidad de Chile Santiago)	
	Rubén Vallejos (Club de Deportes Puerto Montt)	10
1998	Pedro Alejandro González Vera (CFP de la Universidad de Chile Santiago)	23

1999		Mario Núñez (CD O'Higgins Rancagua)	34
2000		Pedro Alejandro González Vera (CFP de la Universidad de Chile Santiago)	26
2001		Héctor Santiago Tapia Urdile (CSD Colo-Colo Santiago)	24
2002	Ape:	Sebastián Ignacio González Valdés (CSD Colo-Colo Santiago)	18
	Cla:	Manuel Alejandro Neira Díaz (CSD Colo-Colo Santiago)	14
2003	Ape:	Salvador Cabañas Ortega (PAR, Audax CS Italiano Santiago)	18
	Cla:	Gustavo Javier Biscayzacú Perea (URU, Club Unión Española Santiago)	21
2004	Ape:	Patricio Sebastián Galaz Sepúlveda (CD Cobreloa Calama)	23
	Cla:	Patricio Sebastián Galaz Sepúlveda (CD Cobreloa Calama)	19
2005	Ape:	Joel Estay Silva (Everton de Viña del Mar) Álvaro Gustavo Sarabia Navarro (CD Huachipato Talcahuano) Héctor Raúl Mancilla (CD Cobresal El Salvador)	13
	Cla:	Cristian Antonio Montecinos González (CD Concepción) Gonzalo Antonio Fierro Caniullán (CSD Colo-Colo Santiago) César Díaz (CD Cobresal El Salvador)	13
2006	Ape:	Humberto Andrés Suazo Pontivo (CSD Colo-Colo Santiago)	19
	Cla:	Leonardo Esteban Monje Valenzuela (Universidad de Concepción)	17
2007	Ape:	Humberto Andrés Suazo Pontivo (CSD Colo-Colo Santiago)	18
	Cla:	Carlos Andrés Villanueva Roland (Audax CS Italiano La Florida)	20
2008	Ape:	Lucas Ramón Barrios Arioli (ARG, CSD Colo-Colo Santiago)	19
	Cla:	Lucas Ramón Barrios Arioli (ARG, CSD Colo-Colo Santiago)	18
2009	Ape:	Esteban Efraín Paredes Quintanilla (CD Santiago Morning)	17
	Cla:	Diego Gabriel Rivarola Popón (ARG, CD Santiago Morning)	13
2010		Milovan Petar Mirošević Albornoz (CD Universidad Católica Santiago)	19
2011	Ape:	Matías Héctor Sebastián Urbano (ARG, CD Unión San Felipe)	11
	Cla:	Esteban Efraín Paredes Quintanilla (CSD Colo-Colo Santiago)	14
2012	Ape:	Enzo Hernán Gutiérrez Lencinas (CD O'Higgins Rancagua) Emanuel Herrera (Club Unión Española Santiago) Sebastián Andrés Ubilla Cambón (CD Santiago Wanderers Valparaíso)	11
	Cla:	Sebastián Oscar Jaime (ARG, Club Unión Española Santiago) Carlos Andrés Muñoz Rojas (CSD Colo-Colo Santiago) Jorge Sebastián Sáez (ARG, Audax CS Italiano La Florida)	12
2013	Tra:	Javier Aníbal Elizondo (ARG, CD Antofagasta) Jorge Sebastián Sáez (ARG, Audax CS Italiano La Florida)	14
2013/2014	Ape:	Claudio Luciano Vázquez (ARG, Deportivo Ñublense Chillán)	11
	Cla:	Esteban Efraín Paredes Quintanilla (CSD Colo-Colo Santiago)	16
2014/2015	Ape:	Esteban Efraín Paredes Quintanilla (CSD Colo-Colo Santiago)	12
	Cla:	Jean Paul Jesús Pineda Cortés (CD Unión La Calera) Esteban Efraín Paredes Quintanilla (CSD Colo-Colo Santiago)	11
2015/2016	Ape:	Marcos Daniel Riquelme (ARG, CD Palestino Santiago)	10
	Cla:	Nicolás Ignacio Castillo Mora (CD Universidad Católica Santiago)	11

NATIONAL CHAMPIONSHIP
Campeonato Nacional de Primera División de la
Asociación Nacional de Fútbol Profesional 2015/2016

Torneo Apertura 2015

Results

Round 1 [25-27.07.2015]
Unión Española - Colo-Colo 1-2(1-2)
Santiago Wanderers - CD San Marcos 1-1(1-0)
Unión La Calera - O'Higgins 1-0(1-0)
Univ. Concepción - CD Huachipato 2-0(2-0)
CD Iquique - Universidad Católica 0-2(0-1)
Universid. de Chile - CD Antofagasta 1-1(0-1)
Audax Italiano - CD Palestino 1-1(1-0)
CD Cobresal - CD San Luis 2-1(0-0) [06.09.]

Round 2 [07-09.08.2015]
CD Huachipato - CD Iquique 2-1(0-1)
CD San Marcos - CD Cobresal 1-2(0-0)
CD San Luis - Santiago Wanderers 0-1(0-1)
Colo-Colo - Audax Italiano 4-1(3-0)
CD Palestino - Unión Española 2-1(1-0)
O'Higgins – Univ. de Chile 2-2(1-1) [19.08.]
Antofagasta – U. Concepción 1-4(0-1) [06.09.]
Univ. Católica – U. La Calera 3-1(0-1) [06.09.]

Round 3 [14-17.08.2015]
CD Iquique - O'Higgins 2-5(1-4)
Unión Española - CD Huachipato 2-2(2-1)
Santiago Wanderers – Univ. Católica 2-2(1-2)
Unión La Calera - CD San Marcos 1-4(1-1)
Audax Italiano - CD Antofagasta 0-0
CD Cobresal - Colo-Colo 2-3(2-1)
Universidad de Chile - CD San Luis 4-2(1-1)
Univers. Concepción - CD Palestino 1-0(0-0)

Round 4 [22-24.08.2015]
CD Palestino - CD Cobresal 3-1(2-0)
CD Huachipato - Unión La Calera 1-1(0-0)
O'Higgins - Santiago Wanderers 1-0(1-0)
CD San Luis - Audax Italiano 0-0
San Marcos - Universidad de Chile 0-1(0-1)
Colo-Colo - CD Iquique 1-0(0-0)
Univ. Católica – Univ. Concepción 2-1(1-0)
CD Antofagasta - Unión Española 0-2(0-1)

Round 5 [28-31.08.2015]
Santiago Wanderers - CD Huachipato 3-1(2-1)
Universid. Concepción - CD Cobresal 3-1(0-1)
Unión La Calera - Audax Italiano 1-2(0-0)
CD Iquique - CD San Luis 2-1(1-1)
CD Antofagasta - Colo-Colo 0-1(0-1)
Universidad de Chile - CD Palestino 4-4(2-1)
Unión Española – Universid. Católica 2-0(1-0)
O'Higgins - CD San Marcos 3-1(0-0)

Round 6 [12-15.09.2015]
CD Cobresal - CD Iquique 1-2(1-1)
CD Huachipato - CD Antofagasta 1-0(0-0)
Universidad Católica - O'Higgins 5-0(3-0)
CD San Luis - Unión Española 0-4(0-2)
CD Palestino - Santiago Wanderers 2-0(0-0)
Colo-Colo - Unión La Calera 3-1(3-0)
CD San Marcos – Univ. Concepción 4-1(3-0)
Audax Italiano - Universidad de Chile 3-1(1-0)

Round 7 [23-28.09.2015]
Universidad de Chile - CD Cobresal 2-1(0-0)
CD Iquique - CD Palestino 0-2(0-0)
Unión Española – Univ. Concepción 2-4(1-3)
CD Huachipato - Universidad Católica 0-1(0-1)
Santiago Wanderers - Unión La Calera 1-0(1-0)
CD Antofagasta - CD San Marcos 0-1(0-0)
CD San Luis - Colo-Colo 0-1(0-0)
O'Higgins - Audax Italiano 3-2(1-0)

Round 8 [02-04.10.2015]
CD San Marcos - CD Huachipato 2-0(1-0)
CD Palestino - O'Higgins 1-0(1-0)
Univ. Concepción - CD San Luis 1-0(0-0)
Universid. de Chile - Unión Española 1-1(1-0)
Universidad Católica - Colo-Colo 2-1(1-0)
CD Cobresal - Santiago Wanderers 2-0(1-0)
Unión La Calera - CD Antofagasta 2-0(0-0)
Audax Italiano - CD Iquique 2-1(1-1)

Round 9 [15-19.10.2015]
CD Cobresal - Audax Italiano 1-2(0-2)
O'Higgins - CD Huachipato 1-0(1-0)
CD San Luis - CD Palestino 6-2(4-1)
CD Antofagasta – Universid. Católica 2-1(1-0)
Santiago Wanderers - CD Iquique 2-2(1-0)
Univ. Concepción – Univers. de Chile 4-1(2-1)
Colo-Colo - CD San Marcos 0-1(0-0)
Unión Española - Unión La Calera 4-0(2-0)

Round 10 [24-26.10.2015]
Unión Española - O'Higgins 1-2(1-1)
CD Iquique - CD Antofagasta 1-1(0-0)
Univ. de Chile - Santiago Wanderers 0-1(0-1)
Unión La Calera - CD Cobresal 0-2(0-1)
CD San Marcos - CD San Luis 0-1(0-1)
CD Huachipato - Colo-Colo 1-2(0-0)
Universidad Católica - CD Palestino 2-0(1-0)
Audax Italiano – Univers. Concepción 2-1(0-0)

Round 11 [30.10.-02.11.2015]
CD San Marcos - Unión Española 1-1(0-1)
Colo-Colo - Universidad de Chile 2-0(1-0)
Universidad Concepción - CD Iquique 1-1(1-0)
O'Higgins - CD Antofagasta 1-1(1-0)
CD Palestino - Unión La Calera 1-1(1-0)
CD Cobresal - Universidad Católica 2-5(1-3)
Audax Italiano - Santiago Wanderers 1-1(0-0)
CD San Luis - CD Huachipato 2-3(0-1)

Round 12 [06-09.11.2015]
CD Antofagasta - CD Palestino 0-2(0-0)
Universid. Católica - CD San Marcos 5-1(2-0)
CD Iquique - Universidad de Chile 5-3(1-2)
Unión La Calera - CD San Luis 0-2(0-1)
Colo-Colo - O'Higgins 2-1(2-1)
CD Huachipato - CD Cobresal 2-0(1-0)
Unión Española - Audax Italiano 3-2(0-0)
Santiago Wanderers – Un. Concepción 1-2(1-1)

Round 13 [20-23.11.2015]
Audax Italiano - CD Huachipato 2-2(0-0)
CD Cobresal - CD Antofagasta 3-1(1-0)
CD Palestino - Colo-Colo 2-0(1-0)
Santiago Wanderers - Unión Española 1-2(1-1)
Univers. de Chile – Univers. Católica 2-2(0-0)
CD Iquique - CD San Marcos 2-1(2-1)
CD San Luis - O'Higgins 2-1(1-0)
Univ. Concepción - Unión La Calera 1-2(1-1)

Round 14 [26-30.11.2015]
CD Antofagasta - Santiago Wanderers 2-2(0-2)
CD San Marcos - Audax Italiano 0-1(0-0)
Colo-Colo - Universidad Concepción 1-0(1-0)
Universidad Católica - CD San Luis 1-0(0-0)
Unión La Calera – Universid. de Chile 1-0(0-0)
Unión Española - CD Iquique 3-0(3-0)
CD Huachipato - CD Palestino 0-0
O'Higgins - CD Cobresal 2-0(1-0)

Round 15 [03-06.12.2015]
CD San Luis - CD Antofagasta 1-2(0-0)
CD Cobresal - Unión Española 3-1(1-1)
Universidad Concepción - O'Higgins 3-1(2-1)
CD Palestino - CD San Marcos 1-0(0-0)

Universidad de Chile - CD Huachipato 2-1(2-0)
CD Iquique - Unión La Calera 1-1(0-0)
Audax Italiano - Universidad Católica 1-0(1-0)
Santiago Wanderers - Colo-Colo 2-1(2-1)
[11.01.2016]

	Final Standings							
1.	**CSD Colo-Colo Santiago**	15	11	0	4	24 - 14	33
2.	CD Universidad Católica Santiago	15	10	2	3	33 - 15	32
3.	CD Universidad de Concepción	15	9	1	5	29 - 19	28
4.	CD Palestino Santiago	15	8	4	3	23 - 17	28
5.	Audax CS Italiano La Florida	15	7	5	3	22 - 19	26
6.	Club Unión Española Santiago	15	7	3	5	30 - 20	24
7.	CD O'Higgins Rancagua	15	7	2	6	23 - 23	23
8.	CD Santiago Wanderers Valparaíso	15	5	5	5	20 - 19	20
9.	CD Cobresal El Salvador	15	6	0	9	23 - 28	18
10.	CD San Marcos de Arica	15	5	2	8	18 - 20	17
11.	Club Universidad de Chile Santiago	15	4	5	6	24 - 30	17
12.	CD Huachipato Talcahuano	15	4	4	7	16 - 21	16
13.	CD Iquique	15	4	4	7	20 - 28	16
14.	CD Unión La Calera	15	4	3	8	13 - 27	15
15.	CD San Luis de Quillota	15	4	1	10	18 - 24	13
16.	CD Antofagasta	15	2	5	8	11 - 22	11

As Apertura champions, CSD Colo-Colo Santiago were qualified for the 2016 Copa Libertadores. Teams ranked 2-5 qualified for the Apertura Liguilla

Apertura Liguilla Pre-Libertadores 2015

Semi-Finals (10-13.12.2015)
CD Palestino Santiago - CD Universidad de Concepción   2-1   1-0
Audax CS Italiano La Florida - CD Universidad Católica Santiago   2-1   0-2

Liguilla Finals (17-20.12.2015)
CD Palestino Santiago - CD Universidad Católica Santiago   2-1   1-4
CD Universidad Católica Santiago qualified for the 2015 Copa Sudamericana.

Apertura 2015 - Top goalscorers*:
10 goals: **Marcos Daniel Riquelme (ARG)**   **(CD Palestino Santiago)**
 9 goals: Pablo Ignacio Calandria (ARG)   (CD Huachipato Talcahuano)
          Carlos Daniel Salom Zulema (ARG)   (Club Unión Española Santiago)
only regular season, no Liguilla goals included!

Torneo Clausura 2016

Results

Round 1 [15-18.01.2016]
O'Higgins - Unión La Calera 4-0(1-0)
CD San Marcos - Santiago Wanderers 0-2(0-1)
Colo-Colo - Unión Española 1-1(0-0)
CD Huachipato – Univ. Concepción 3-0(1-0)
CD San Luis - CD Cobresal 0-0
CD Antofagasta – Universid. de Chile 1-1(1-0)
Universidad Católica - CD Iquique 2-2(0-0)
CD Palestino - Audax Italiano 2-1(2-1)

Round 2 [22-24.01.2016]
Santiago Wanderers - CD San Luis 3-1(1-0)
CD Iquique - CD Huachipato 1-1(1-1)
Audax Italiano - Colo-Colo 0-3(0-0)
Univ. Concepción - CD Antofagasta 2-1(0-0)
Unión La Calera – Universid. Católica 1-4(0-2)
Universidad de Chile - O'Higgins 8-1(2-1)
Unión Española - CD Palestino 1-1(0-0)
CD Cobresal - CD San Marcos 0-0

Round 3 [27.01.-01.02.2016]
CD San Luis - Universidad de Chile 1-1(1-0)
CD Antofagasta - Audax Italiano 1-2(0-1)
Colo-Colo - CD Cobresal 1-0(0-0)
CD Huachipato - Unión Española 3-3(1-1)
CD San Marcos - Unión La Calera 0-1(0-0)
Univ. Católica - Santiago Wanderers 4-2(1-0)
O'Higgins - CD Iquique 0-0
CD Palestino – Universid. Concepción 3-0(1-0)

Round 4 [05-08.02.2016]
Santiago Wanderers - O'Higgins 3-1(1-1)
Audax Italiano - CD San Luis 1-0(0-0)
Universidad de Chile - CD San Marcos 0-0
Univ. Concepción – Univers. Católica 2-4(1-3)
CD Cobresal - CD Palestino 2-3(1-1)
CD Iquique - Colo-Colo 0-0
Unión Española - CD Antofagasta 0-2(0-1)
Unión La Calera - CD Huachipato 1-2(0-0)

Round 5 [12-15.02.2016]
Universid. Católica - Unión Española 4-2(1-2)
CD Palestino - Universidad de Chile 2-1(1-0)
CD Cobresal – Universid. Concepción 1-0(0-0)
CD San Luis - CD Iquique 3-1(0-1)
Colo-Colo - CD Antofagasta 2-1(2-0)
CD Huachipato - Santiago Wanderers 3-2(1-2)
CD San Marcos - O'Higgins 0-1(0-1)
Audax Italiano - Unión La Calera 0-0

Round 6 [19-22.02.2016]
Santiago Wanderers - CD Palestino 0-0
O'Higgins - Universidad Católica 4-3(2-0)
Universidad de Chile - Audax Italiano 2-2(1-2)
Unión Española - CD San Luis 3-1(1-1)
Unión La Calera - Colo-Colo 0-1(0-0)
CD Antofagasta - CD Huachipato 3-0(2-0)
CD Iquique - CD Cobresal 1-1(0-0)
Univ. Concepción - CD San Marcos 2-1(1-1)

Round 7 [26-29.02.2016]
CD Palestino - CD Iquique 2-2(0-2)
Univ. Concepción - Unión Española 3-1(2-1)
Colo-Colo - CD San Luis 2-0(2-0)
CD San Marcos - CD Antofagasta 0-2(0-2)
CD Cobresal - Universidad de Chile 1-4(1-2)
Universidad Católica - CD Huachipato 2-2(2-1)
Audax Italiano - O'Higgins 2-2(0-0)
Unión La Calera - Santiago Wanderers 3-3(2-1)

Round 8 [04-07.03.2016]
CD Antofagasta - Unión La Calera 3-1(1-0)
CD San Luis - Univ. Concepción 2-2(1-0)
Unión Española - Universidad de Chile 0-0
CD Huachipato - CD San Marcos 1-1(0-1)
Santiago Wanderers - CD Cobresal 3-1(2-0)
Colo-Colo - Universidad Católica 3-0(3-0)
CD Iquique - Audax Italiano 1-1(1-0)
O'Higgins - CD Palestino 1-1(1-1)

Round 9 [11-14.03.2016]
Unión La Calera - Unión Española 2-1(2-0)
CD Iquique - Santiago Wanderers 1-2(1-1)
Audax Italiano - CD Cobresal 0-1(0-1)
Universid. Católica - CD Antofagasta 2-1(0-0)
CD Huachipato - O'Higgins 0-1(0-1)
CD San Marcos - Colo-Colo 1-0(1-0)
Univers. de Chile - Univ. Concepción 1-3(0-3)
CD Palestino - CD San Luis 2-2(1-1)

Round 10 [18-20.03.2016]
O'Higgins - Unión Española 0-0
CD Palestino - Universidad Católica 0-1(0-0)
CD Antofagasta - CD Iquique 2-3(2-2)
Univ. Concepción - Audax Italiano 2-0(1-0)
CD San Luis - CD San Marcos 1-1(0-0)
CD Cobresal - Unión La Calera 0-0
San. Wanderers – Un. de Chile 5-4(2-2)[02.04.]
Colo-Colo - CD Huachipato 1-1(0-0) [02.04.]

Round 11 [02-06.04.2016]
Universidad de Chile - Colo-Colo 0-0 [20.03.]
CD Iquique - Univ. Concepción 3-1(1-0)
Unión La Calera - CD Palestino 1-1(1-0)
CD Antofagasta - O'Higgins 0-2(0-1)
Universidad Católica - CD Cobresal 1-0(1-0)
Unión Española - CD San Marcos 1-1(0-1)
CD Huachipato - CD San Luis 3-3(1-1)
Santiago Wanderers - Audax Italiano 2-2(0-2)

Round 12 [08-11.04.2016]
Universidad de Chile - CD Iquique 2-1(2-0)
CD Palestino - CD Antofagasta 0-2(0-1)
CD Cobresal - CD Huachipato 3-2(2-1)
O'Higgins - Colo-Colo 3-0(2-0)
CD San Luis - Unión La Calera 3-1(3-0)
Audax Italiano - Unión Española 1-1(0-0)
CD San Marcos – Universid. Católica 3-2(0-1)
Univ. Concepción – Sant. Wanderers 1-0(1-0)

Round 13 [16-20.04.2016]
CD Antofagasta - CD Cobresal 2-1(1-0)
CD Huachipato - Audax Italiano 0-3(0-2)
Unión Española - Santiago Wanderers 2-2(1-1)
CD San Marcos - CD Iquique 0-1(0-0)
Unión La Calera - Univ. Concepción 1-2(1-1)
Colo-Colo - CD Palestino 1-3(0-2)
O'Higgins - CD San Luis 4-3(1-1)
Un. Católica – Univ. de Chile 2-1(1-0) [23.04.]

Round 14 [23-26.04.2016]
CD Palestino - CD Huachipato 1-1(1-1)
CD Iquique - Unión Española 2-3(1-0)
Audax Italiano - CD San Marcos 0-0
Univ. Concepción - Colo-Colo 0-2(0-0)
CD Cobresal - O'Higgins 2-3(1-1)
Santiago Wanderers - CD Antofagasta 1-1(0-0)
Universid. de Chile - Unión La Calera 2-2(0-1)
CD San Luis - Universidad Católica 1-0(1-0)

Round 15 [29-30.04.2016]
Unión La Calera - CD Iquique 2-4(1-1)
CD Huachipato - Universidad de Chile 4-2(2-0)
CD Antofagasta - CD San Luis 1-1(1-1)
Unión Española - CD Cobresal 1-1(0-1)

CD San Marcos - CD Palestino 2-3(0-1)
Universidad Católica - Audax Italiano 2-1(0-1)
Colo-Colo - Santiago Wanderers 2-1(1-0)
O'Higgins - Univ. Concepción 1-2(0-1)

Final Standings

1. CD Universidad Católica Santiago	15	9	2	4	33	-	25	29
2. CSD Colo-Colo Santiago	15	8	4	3	19	-	11	28
3. CD O'Higgins Rancagua	15	8	4	3	28	-	24	28
4. CD Palestino Santiago	15	6	7	2	24	-	18	25
5. CD Universidad de Concepción	15	8	1	6	22	-	24	25
6. CD Santiago Wanderers Valparaíso	15	6	5	4	31	-	26	23
7. CD Antofagasta	15	6	3	6	23	-	18	21
8. CD Iquique	15	4	7	4	23	-	22	19
9. CD Huachipato Talcahuano	15	4	7	4	26	-	27	19
10. Club Universidad de Chile Santiago	15	3	7	5	29	-	25	16
11. Audax CS Italiano La Florida	15	3	7	5	16	-	19	16
12. CD San Luis de Quillota	15	3	7	5	22	-	25	16
13. Club Unión Española Santiago	15	2	9	4	20	-	24	15
14. CD Cobresal El Salvador	15	3	5	7	14	-	21	14
15. CD San Marcos de Arica	15	2	6	7	10	-	17	12
16. CD Unión La Calera	15	2	5	8	16	-	30	11

As Clausura champions, CD Universidad Católica Santiago were qualified for the 2017 Copa Libertadores.
Teams ranked 3 and 6-8 qualified for the Clausura Liguilla

Clausura Liguilla

Semi-Finals (04-08.05.2016)
CD Iquique - CD O'Higgins Rancagua   1-3   1-0
CD Antofagasta - CD Santiago Wanderers Valparaíso   0-0   3-4 pen

Liguilla Finals (11-15.05.2016)
CD Santiago Wanderers Valparaíso - CD O'Higgins Rancagua   0-0   0-1
CD O'Higgins Rancagua qualified for the 2016 Copa Sudamericana.

Clausura 2016 - Top goalscorers*:
11 goals: Nicolás Ignacio Castillo Mora   **(CD Universidad Católica Santiago)**
  9 goals: Diego Churín (ARG)   (Club Unión Española Santiago)
  8 goals: Gastón Adrián Lezcano (ARG)   (CD O'Higgins Rancagua)
             Ronnie Alan Fernández Sáez   (CD Santiago Wanderers Valparaíso)
only regular season, no Liguilla goals included!

	Primera División del Fútbol Profesional Chileno Aggregate Table 2015/2016								
1.	CD Universidad Católica Santiago	30	19	4	7	66	-	40	61
2.	CSD Colo-Colo Santiago	30	19	4	7	42	-	24	61
3.	CD Palestino Santiago	30	14	11	5	47	-	35	53
4.	CD Universidad de Concepción	30	17	2	11	51	-	43	53
5.	CD O'Higgins Rancagua	30	15	6	9	51	-	47	51
6.	CD Santiago Wanderers Valparaíso	30	11	10	9	51	-	45	43
7.	Audax CS Italiano La Florida	30	10	12	8	38	-	38	42
8.	Club Unión Española Santiago	30	9	12	9	50	-	44	39
9.	CD Huachipato Talcahuano	30	8	11	11	41	-	47	35
10.	CD Iquique	30	8	11	11	43	-	50	35
11.	Club Universidad de Chile Santiago	30	7	12	11	53	-	55	33
12.	CD Antofagasta	30	8	8	14	34	-	41	32
13.	CD Cobresal El Salvador	30	9	5	16	37	-	49	32
14.	CD San Luis de Quillota	30	7	8	15	40	-	49	29
15.	CD San Marcos de Arica (*Relegated*)	30	7	8	15	28	-	37	29
16.	CD Unión La Calera (*Relegated*)	30	6	8	16	29	-	57	26

NATIONAL CUP
Copa Chile Final 2015

02.12.2015, Estadio La Portada, La Serena; Attendance: 12,342
Referee: Julio Bascuñán González
Club Universidad de Chile Santiago - CSD Colo-Colo Santiago   **1-1(1-0,1-1,1-1);**
5-3 on penalties
Universidad de Chile: Jhonny Cristián Herrera Muñoz, Matías Nicolás Rodríguez, Osvaldo Alexis González Sepúlveda, José Manuel Rojas Bahamondes, Paulo Cesar Magalhães Lobos, Mathías Corujo Díaz, Ricardo Guzmán Pereira Méndez, Gustavo Rubén Lorenzetti Espinosa (67.Gonzalo Alejandro Espinoza Toledo), Leonardo Felipe Valencia Rossel, Luis Felipe Pinilla (46.Sebastián Andrés Ubilla Cambón), Patricio Rodolfo Rubio Pulgar (76.Leandro Iván Benegas). Trainer: Martín Bernardo Lasarte Arróspide (Uruguay).
Colo-Colo: Justo Wilmar Villar Viveros, Gonzalo Antonio Fierro Caniullán, José Leonardo Cáceres Ovelar, Julio Alberto Barroso, Cristián Daniel Gutiérrez Zúñiga (59.Luis Pedro Figueroa Sepúlveda), Esteban Pavez Suazo, Martín Vladimir Rodríguez Torrejon, Jean André Eman Beausejour Coliqueo, Emiliano Gabriel Vecchio (65.Jaime Andrés Zapata Valdés), Andrés Alejandro Vilches Araneda (71.Juan Antonio Delgado Baeza), Esteban Efraín Paredes Quintanilla. Trainer: José Luis Sierra Pando.
Goals: 1-0 Mathías Corujo Díaz (25), 1-1 Luis Pedro Figueroa Sepúlveda (90+2).
Penalties: Leonardo Felipe Valencia Rossel 1-0; Jaime Andrés Zapata Valdés 1-1; Gonzalo Alejandro Espinoza Toledo 2-1; Martín Vladimir Rodríguez Torrejon (missed); Matías Nicolás Rodríguez 3-1; Julio Alberto Barroso 3-2; Mathías Corujo Díaz 4-2; Gonzalo Antonio Fierro Caniullán 4-3; Jhonny Cristián Herrera Muñoz 5-3.

2015 Copa Chile Winners: **Club Universidad de Chile Santiago**

CLUB DE DEPORTES ANTOFAGASTA

Foundation date: May 14, 1966
Address: Calle General Manuel Baquedano 482, Oficina 24-25, 124-0000 Antofagasta
Stadium: Estadio Regional Calvo y Bascuñán, Antofagasta – Capacity: 21,178

THE SQUAD

	DOB	Ape M	Ape G	Cla* M	Cla* G
Goalkeepers:					
Nicolás Araya	05.06.1999	-	-	-	-
Alán Cortés Cornejo	20.12.1996	-	-	-	-
Matías Ezequiel Dituro	08.05.1987	14	1	17	-
Fernando Javier Hurtado Pérez	05.04.1983	2	-	-	-
Defenders:					
Salvador Cordero	11.03.1996	-	-	1	-
Alejandro Alfredo Delfino (ARG)	18.09.1989	6	1	16	-
Rodolfo Antonio González Aránguiz	28.02.1989	9	-	5	-
Ronald Damián González Tabilo	17.10.1990	10	1	7	-
Patricio Andrés Jérez Díaz	26.06.1987	12	-	17	-
Rodrigo Fabián Riquelme Cabrera (PAR)	01.06.1984	6	1	15	-
Mathias Saavedra	27.08.1996	-	-	-	-
Marcelo Tapia	17.03.1998	-	-	-	-
Midfielders:					
Marcos Sebastián Aguirre (ARG)	30.03.1984	11	3		
Branco Ampuero Vera	19.07.1993	11	-	15	-
Angelo Araos	06.01.1997	6	-	-	-
Luis Alberto Cabrera Figueroa	07.01.1994	15	-	11	-
Mauricio Díaz	13.03.1989	-	-	-	-
Hugo Patricio Droguett Diocares	02.09.1982	-	-	17	4
Angelo Patricio González Aceituno	02.03.1989	-	-	4	-
Cristian Nicolás Ivanobski (ARG)	11.02.1990	13	1	2	-
Sebastián Ignacio Leyton Hevia	13.03.1993	10	-	15	2
Felipe Ignacio Muñoz Cáceres	09.04.1990	-	-	-	-
Johao Rios	11.08.1997	-	-	-	-
Cristián Manuel Rojas Sanhueza	19.12.1985	12	-	10	-
Francisco Javier Sánchez Silva	02.06.1985	4	-	13	1
Jason Alejandro Silva Pérez	13.02.1991	10	-		
Gonzalo Andrés Villagra Lira	17.09.1981	5	-	14	-
Forwards:					
Marcos Nikolas Bolados Hidalgo	28.02.1996	7	-	15	2
Flavio Germán Ciampichetti (ARG)	07.03.1988			13	7
Alberto Martín Gómez (ARG)	26.01.1983	13	-	2	-
Juan Gonzalo Lorca Donoso	15.01.1985	2	1	7	1
Gerson Sebastián Martínez Arredondo	10.01.1989	15	1	2	-
Juan Muriel Orlando (ARG)	18.03.1989	-	-	16	5
Renato Andrés Ramos Madrigal	12.02.1979	9	-		
Francisco Javier Sepúlveda Riveros	03.09.1991	6	-	-	-
Hugo Valencia	11.01.1998	-	-	-	-
Trainer:					
José Miguel Cantillana [01.01.-06.09.2015]	14.10.1965	5			
Sergio Armando Marchant Muñoz [07.09.-20.09.2015; Caretaker]	17.09.1961	1			
Beñat San José Gil (ESP) [as of 20.09.2015]	24.09.1979	9		17	

*Matches and goals in 2016 Liguilla Clausura included

AUDAX CLUB SPORTIVO ITALIANO LA FLORIDA

Foundation date: November 30, 1910
Address: Enrique Olivares 1003, La Florida, 832-0000 Santiago
Stadium: Estadio Bicentenario Municipal de La Florida – Capacity: 12,000

THE SQUAD

	DOB	Ape* M	Ape* G	Cla M	Cla G
Goalkeepers:					
Joaquín Emanuel Muñoz Almarza	28.12.1990	-	-	1	-
Nicolás Miroslav Perić Villarreal	19.10.1978	17	-	14	-
Eryin Alexis Sanhueza Mora	29.04.1996	-	-	-	-
Defenders:					
Bryan Paul Carrasco Santos	31.01.1991	10	-	1	-
José Raúl Contreras Arrau	23.03.1982	8	-	2	-
Juan Francisco Cornejo Palma	27.02.1990	14	2	8	-
Carlos Alfredo Labrín Candia	02.12.1990	15	-	14	-
Rafael Andrés Olarra Guerrero	25.05.1978	14	-	6	-
Sebastián Ignacio Silva Pérez	16.07.1991	7	1	6	1
Sebastián Ignacio Vegas Orellana	04.12.1996	10	-	9	-
Midfielders:					
Osvaldo Javier Bosso Torres	14.10.1993	13	-	14	-
Matías Daniel Campos Toro	22.06.1989	-	-	13	1
David Hernán Drocco (ARG)	20.01.1989	9	1	15	1
Ricardo Antonio Escobar Acuña	30.03.1998	-	-	-	-
Jorge Alexis Henríquez Neira	17.06.1994	-	-	-	-
Pablo Darío López (ARG)	04.06.1982	1	-	5	-
René Antonio Meléndez Plaza	19.11.1998	2	-	5	-
Juan Pablo Miño Peña (ARG)	23.08.1987	14	-	10	-
Eduardo Andrés Navarrete Contreras	07.06.1996	3	-	-	-
Bryan Camilo Reyes Silva (COL)	17.08.1992	1	-	-	-
Rodrigo Álvaro Tello Valenzuela	14.10.1979	8	-	2	-
Diego Alfonso Valdés Contreras	30.01.1994	17	4	15	2
Forwards:					
Leandro Iván Benegas (ARG)	27.11.1988	-	-	10	2
Matías Rodrigo Campos López	18.08.1991	4	1		
Javier Aníbal Elizondo (ARG)	31.10.1982	1	-	3	1
Felipe Andrés Mora Aliaga	02.08.1993	14	6	12	6
Marcos Sebastián Pol (ARG)	15.03.1988	10	2		
Sergio Henríque Santos Gómes	04.09.1994	5	2	14	1
Diego Alfredo Vallejos Hernández	16.03.1990	17	4	12	1
Christopher Fabián Vargas Isamit	20.01.1998	-	-	-	-
Iván Gonzalo Vásquez Quilodrán	13.08.1985	17	-	14	-
Trainer:					
Jorge Alberto Pellicer Berceló [as of 01.07.2014]	07.02.1966	17			

Matches and goals in 2015 Liguilla Apertura included

CLUB DE DEPORTES COBRESAL EL SALVADOR

Foundation date: May 5, 1979
Address: Avenida Arqueros 2500, 150-8101 El Salvador, Diego de Almagro
Stadium: Estadio El Cobre, El Salvador – Capacity: 20,752

THE SQUAD

	DOB	Ape M	Ape G	Cla M	Cla G
Goalkeepers:					
Jeff Alan Barría Huenchul	11.05.1994	-	-	-	-
Sebastián Leonel Cuerdo (ARG)	16.07.1986	-	-	11	-
David Lara		-	-	-	-
Eduardo Eugenio Lobos Landaeta	30.07.1981	15	-	4	-
Defenders:					
Daniel Andrés Aguilera Godoy	30.07.1988	-	-	-	-
Diego Andrés Cerón Silva	15.09.1991	-	-	-	-
Juan José Contreras Contreras	08.07.1993			-	-
Miguel Andrés Escalona Armijo	23.03.1990	13	-	10	-
Alexis Alejandro Salazar Villarroel	03.06.1983	7	-	14	-
Diego Alejandro Silva Fuentes	11.03.1983	5	1	12	-
Midfielders:					
Jorge Cristián Acuña Concha	31.07.1978	4	-	4	-
Fabián Astorga Santander	07.02.1997	-	-	-	-
Jonathan Óscar Benítez (ARG)	04.09.1991	14	3	5	-
José Luis Cabión Dianta	14.11.1983	9	-	6	-
Mauricio Alejandro Flores Farías	30.10.1996	3	-	4	-
Johan Patricio Fuentes Muñoz	02.09.1984	15	4	14	1
Pablo Ignacio González Reyes	19.11.1986	9	1	7	-
Hugo Andrés Herrera Jaramillo	31.07.1994	1	-	-	-
Patricio Felipe Jérez Aguayo	29.06.1987	15	1	14	-
Eduardo Alejandro López (ARG)	16.06.1989	14	4	8	-
Lino Waldemar Maldonado Gárnica	27.07.1990	2	1	6	1
Diego Andrés Muñoz Tapia	25.12.1989	-	-	-	-
Eduardo Sebastián Otárola Tapia	15.06.1992	2	-	10	-
Israel Elías Poblete Zúñiga	22.06.1995	7	-	5	-
Flavio Rojas Catalán	16.01.1994	6	-	3	-
Matías Humberto Rojas (ARG)	09.05.1989	6	-	5	-
Iván Ignacio Sandoval	22.04.1995	-	-	6	4
Víctor Hugo Sarabia Aguilar	27.11.1983	12	-	13	2
Nelson Alejandro Sepúlveda Moya	22.01.1992	8	-	5	-
Rodrigo Andrés Ureña Reyes	01.03.1993	-	-	14	-
Luis Gabriel Valenzuela Toledo	22.02.1988	8	1	4	1
Felipe Esteban Vásquez Vásquez	09.12.1992	-	-	-	-
Aaron Villagra	13.03.1996	-	-	3	1
Forwards:					
Ever Milton Cantero Benítez (PAR)	03.12.1985	12	6	7	-
Rodrigo Pablo Gattás Bertoni	02.12.1991	2	-		
Javier Antonio Grbec (ARG)	24.03.1986	-	-	7	1
Carlos Alfredo Oyaneder González	07.07.1990	9	-	9	3
Trainer:					
Arturo Andrés Norambuena Ardiles [01.07.-25.09.2015]	24.11.1971	7			
Rubén Vallejos Gajardo [28.09.-31.12.2015]	20.05.1967	8			
Dalcio Víctor Giovagnoli [as of 01.01.2016]	05.06.1963			15	

CLUB SOCIAL Y DEPORTIVO COLO-COLO SANTIAGO
Foundation date: April 19, 1925
Address: Avenida Marathon 5300, Macul, 782-0919 Santiago
Stadium: Estadio Monumental „David Arellano", Santiago – Capacity: 47,017

THE SQUAD

	DOB	Ape M	Ape G	Cla M	Cla G
Goalkeepers:					
Paulo Andrés Garcés Contreras	02.08.1984	4	-	2	-
Álvaro Luis Salazar Bravo	24.03.1993	2	-	-	-
Pablo César Soto Soto	07.02.1995	-	-	-	-
Justo Wilmar Villar Viveros (PAR)	30.06.1977	10	-	13	-
Defenders:					
Julio Alberto Barroso (ARG)	16.01.1985	15	-	14	-
José Leonardo Cáceres Ovelar (PAR)	28.04.1985	6	-		
Hardy Fabián Cavero Vargas	31.05.1996	-	-	-	-
Paulo César Díaz Huincales	25.08.1994	1	-		
Cristian Daniel Gutiérrez Zúñiga	18.02.1997	11	-	7	-
Modou Lamin Jadama (USA)	17.03.1994	-	-	-	-
Camilo Bryan Rodríguez Pedraza	04.03.1995	8	-	2	-
Henry Steven Sanhueza Galaz	24.03.1996	-	-	1	-
Gabriel Alonso Suazo Urbina	07.08.1997	2	-	5	-
Matías Ezequiel Zaldivia	22.01.1991	-	-	11	1
Dylan Patricio Zúñiga Valenzuela	26.07.1996	-	-	1	-
Midfielders:					
Jorge Matias Araya Pozo	25.03.1994	-	-	4	-
Jean André Eman Beausejour Coliqueo	01.06.1984	12	2	13	1
Bryan Andrés Carvallo Utreras	15.09.1996	7	-	6	1
Carlos Alfredo Contreras Zambrano	22.01.1995	-	-	1	-
Juan Antonio Delgado Baeza	05.03.1993	9	1	11	2
Luciano Javier Díaz Araya	08.05.1998	-	-	-	-
Luis Pedro Figueroa Sepúlveda	14.05.1983	6	-	3	1
Christofer Gonzáles Crespo	12.10.1992	6	-	3	-
Esteban Pavez Suazo	01.05.1990	9	2	13	-
Martín Vladimir Rodríguez Torrejon	05.08.1994	12	3	10	1
Emiliano Gabriel Vecchio (ARG)	16.11.1988	14	3		
Jaime Andrés Zapata Valdés	11.01.1981	11	2	12	2
Forwards:					
Claudio Baeza Baeza	23.12.1993	15	-	14	-
Gonzalo Antonio Fierro Caniullán	21.03.1983	12	3	14	3
Esteban Efraín Paredes Quintanilla	01.08.1980	13	7	13	2
Javier Arley Reina Calvo	04.01.1989	-	-	13	-
Roberto Ignacio Riveros Uribe	27.02.1996	-	-	-	-
Humberto Andrés Suazo Pontivo	10.05.1981	7	1		
Martín Tonso (ARG)	19.10.1989	-	-	11	4
Andrés Alejandro Vílches Araneda	14.01.1992	10	-	8	1
Trainer:					
José Luis Sierra Pando [as of 19.05.2015]	05.12.1968	15		15	

333

CLUB DEPORTIVO HUACHIPATO TALCAHUANO

Foundation date: June 7, 1947
Address: Avenida Desiderio García 909, Las Higueras, 429-0035 Talcahuano
Stadium: Estadio CAP, Talcahuano – Capacity: 10,500

THE SQUAD

	DOB	Ape M	Ape G	Cla M	Cla G
Goalkeepers:					
Franco Antonio Collado Moraleda	20.04.1994	-	-	-	-
Javier Contardo		-	-	-	-
Felipe Alejandro Núñez Becerra	25.02.1979	15	-	12	-
Álvaro Sáenz-Laguna Saavedra	04.09.1991	-	-		
Yerko Urra	09.07.1996	-	-	3	-
Defenders:					
José Carlos Bizama Venegas	25.06.1994	6	-	8	1
Leandro Javier Delgado Plenkovich	15.07.1982	9	-	8	-
Valber Roberto Huerta Jérez	26.08.1993	-	-	12	2
Omar Jesús Merlo (ARG)	12.06.1987	13	1	10	-
Claudio Andrés Muñoz Carrillo	02.12.1984	15	-	9	-
Yerson Flavio Opazo Riquelme	24.12.1984	15	-	11	-
Alfonso Cristián Parot Rojas	15.10.1989	-	-	11	2
John Antonio Santander Plaza	15.05.1994	6	1	5	1
Midfielders:					
Mikel Arguinarena Lara	27.06.1991	7	-	6	-
Francisco Esteban Arrué Pardo	07.08.1977	11	1		
Jair Castro Morales	28.12.1995	-	-	-	-
Victor Alejandro Dávila Zavala	04.11.1997	9	-		
Juan Ignacio Duma (ARG)	08.12.1993	10	-	11	3
Kevin Hidalgo Silva	29.07.1995	-	-		
Brayan Manosalva	14.07.1997	-	-	-	-
Matias Ignacio Manríquez Rodríguez	09.03.1996	-	-	-	-
Jimmy Antonio Martínez	26.01.1997	-	-	-	-
Juan Méndez	26.06.1996	-	-	-	-
Kevin Nicolás Oliveros Ortega	01.09.1993	-	-		
Rómulo Otero Vásquez (VEN)	09.11.1992	8	1	13	7
José Peña					
Camilo Ismael Pontoni Hueche	29.01.1995	4	-	-	-
Leonardo Nicolás Povea Pérez	26.01.1994	9	-	7	-
Ramón Ignacio Sáez Navarro	24.06.1996	-	-		
Claudio Elias Sepúlveda Castro	19.06.1992	9	-	15	1
Bryan Alfonso Vejar Utreras	14.07.1995	14	1	14	1
Forwards:					
Vicente Marcelo Gatica Grandón	11.02.1996	-	-	-	-
Ricardo Alfonso González	10.03.1995	4	-	-	-
Eliseo Miranda	25.01.1997	2	-	-	-
Martín Molini (ARG)	20.01.1994	-	-	5	-
Javier Andrés Parraguez Herrera	31.12.1989	14	3	14	-
Simón Alonso Ramírez Cuevas	03.11.1998	-	-	8	-
Ángelo Nicolás Sagal Tapia	18.04.1993	6	3	9	-
Lucas Simón García (ARG)	01.08.1986	13	-	4	1
Claudio Luciano Vázquez (ARG)	06.03.1985	10	2	15	7
Trainer:					
Hugo Alejandro Héctor Vilches Manuguian [01.01.-31.12.2015]	27.02.1969	15			
Miguel Andrés Ponce Torres [as of 01.01.2016]	19.08.1971			15	

CLUB DEPORTES IQUIQUE

Foundation date: May 21, 1978
Address: Avenida Soldado Pedro Prado con Avenida Tadeo Haenke, Iquique
Stadium: Estadio Tierra de Campeones, Iquique – Capacity: 9,500

THE SQUAD

	DOB	Ape M	G	Cla M	G
Goalkeepers:					
Brayan Cortés Fernández	29.05.1995	-	-	-	-
Carlos Felipe González Montero	06.12.1994	1	-	-	-
Rodrigo Felipe Naranjo López	30.08.1979	15	-	15	-
Luis Ignacio Sotomayor Orrego	04.12.1996	-	-	-	-
Defenders:					
Francisco Bahamondes Galea	07.04.1988	13	-	11	1
Javier Ignacio Cabezas Cavieres	06.04.1995	-	-	-	-
José Cepeda		-	-	-	-
Tomás Patricio Charles (ARG)	12.06.1985	11	-	13	-
Matías Figueroa (ARG)	30.07.1993	-	-	-	-
Hernán Ezequiel Lopes (ARG)	28.03.1991	-	-	12	-
Walter Daniel Mazzolatti Rivarola (ARG)	25.04.1990	1	-	2	-
Alan Mauricio Moreno Ávalos	30.10.1995	6	-	-	-
Cristián Gonzalo Oviedo Molina	22.05.1980	11	-	11	-
Mauricio Alejandro Zenteno Morales	21.04.1984	13	-	14	-
Midfielders:					
Luis Gonzalo Bustamante (ARG)	12.11.1985	10	-	15	5
Rafael Antonio Caroca Cordero	19.07.1989	15	-	15	-
Bryan Cubillos	30.10.1994	-	-	-	-
Álvaro Alejandro Delgado Sciaraffia	13.05.1995	-	-	-	-
Diego Nicolás Fernández Castro	08.03.1998	1	-	-	-
Fernando Tomás Lazcano Barros	10.11.1988	12	-	1	-
Javier Enrique Muñoz Calabacero	24.01.1995	-	-	-	-
Piero Andrés Paz Sarrua	01.01.1995	-	-	-	-
César Ignacio Pinares Tamayo	23.05.1991	14	2		
Jonathan Eduardo Rebolledo Ardiles	22.10.1991	9	-	4	-
Michael Fabián Ríos Ripoll	24.04.1985	-	-	14	4
Mathías Damian Riquero Beretta (URU)	29.08.1982	12	2	15	5
Carlos Andrés Soza Quezada	03.01.1990	5	2	11	-
Diego Fabián Torres (ARG)	06.11.1990			12	1
Forwards:					
Cristian Venancio Bogado Morínigo (PAR)	07.01.1987	10	2		
Misael Omar Cubillos Ramos	06.02.1996	6	-	14	2
Misael Aldair Dávila Carvajal	17.07.1991	15	5	14	-
Ignacio José Herrera Fernández	30.10.1987	14	3	2	-
Kevin Alexander Mellado Torres	17.07.1998	-	-	-	-
Manuel Arturo Villalobos Salvo	15.10.1980	10	3	9	5
Trainer:					
Nelson Bonifacio Acosta López (URU) [14.10.2014-07.09.2015]	12.06.1944	5			
Erick Guerrero [09-12.09.2015]		1			
Jaime Andrés Vera Rodríguez {as of 12.09.2015}	25.03.1963	9		15	

CLUB DEPORTIVO O'HIGGINS RANCAGUA

Foundation date: April 7, 1955
Address: Calle Cuevas 51, 284-0608 Rancagua
Stadium: Estadio El Teniente Codelco, Rancagua – Capacity: 15,600

THE SQUAD

	DOB	Ape M	Ape G	Cla* M	Cla* G
Goalkeepers:					
Jorge Carlos Carranza (ARG)	07.05.1981	8	-	19	-
Javier Basilio Cerruti Donoso	28.01.1998	-	-	-	-
Victor Gálvez	19.08.1997	-	-	-	-
Roberto Andrés González Beltran	19.05.1976	8	-	-	-
Felipe Ochagavía Eguiguren	16.09.1993	-	-	-	-
Defenders:					
Albert Alejandro Acevedo Vergara	06.05.1983	10	1	16	3
Guillermo Cubillos González	14.01.1995	3	-	1	-
Hugo Patricio Droguett Diocares	02.09.1982	9	1		
Diego Abraham González Torres	29.04.1998			1	-
Raúl Andrés Osorio Medina	29.06.1995	13	-	17	-
Brian Nicolás Torrealba Silva	14.07.1997	2	-	17	-
Pablo Nicolás Vargas Romero	15.09.1992	12	-	15	-
Midfielders:					
Moisés Ávila	17.01.1998	-	-	-	-
Gonzalo Felipe Barriga Ahumada	21.07.1984	12	-	10	-
Ramón Ignacio Fernández (ARG)	03.12.1984	15	2	18	2
Juan Eduardo Fuentes	21.03.1995	4	-	17	1
Esteban Eduardo González Herrera	22.05.1982	13	-	8	-
Braulio Antonio Leal Salvo	22.11.1981	13	1	17	1
Santiago Nicolás Lizana Lizana	30.09.1992	-	-	1	-
Alejandro Samuel Márquez Pérez	31.10.1991	14	-	18	1
Iván Marcelo Pardo Córdova	10.11.1995	2	-	-	-
Bastián San Juan Martínez	27.04.1994	6	-	13	1
Leandro Sosa Toranza (URU)	24.06.1994	-	-	10	1
Juan Antonio Zúñiga Quiroz	05.04.1996	5	-	1	-
Forwards:					
Iván Bulos Guerrero (PER)	20.05.1993	-	-	9	1
Pablo Ignacio Calandria (ARG)	15.03.1982	15	9	15	7-
Saúl Dante Flores Inostroza	19.01.1994	-	-	-	-
Fabián Marcelo Hormazabal Berríos	26.04.1996	5	-	-	-
Cristian Insaurralde (ARG)	20.07.1991	-	-	17	3
Michel Lagos Abarca		2	-	-	-
Gastón Andrés Lezcano	21.11.1986	14	6	19	8
Pedro Emiliano Muñoz Zúñiga	09.06.1986	12	1	7	1
Emilio José Zelaya	30.07.1987	13	2		
Trainer:					
Pablo Andrés Sánchez (ARG) [22.01.-31.12.2015]	03.01.1973	15			
Cristián Roberto Arán Rubio (ARG) [as of 01.01.2016]	04.07.1971			19	

*Matches and goals in 2016 Liguilla Clausura included

CLUB DEPORTIVO PALESTINO SANTIAGO

Foundation date: August 20, 1920
Address: Avenida El Parrón 999, La Cisterna, 797-0227 Santiago
Stadium: Estadio Municipal de La Cisterna, Santiago – Capacity: 12,000

THE SQUAD

	DOB	Ape* M	Ape* G	Cla M	Cla G
Goalkeepers:					
Matías Nicolás Herrera Fuentes	07.05.1995	1	-	-	-
Luis Antonio Marín Barahona	18.05.1983	17	-	14	-
Iván Ignacio Meirone Macías	28.06.1995	-	-	-	-
Darío Esteban Melo Pulgar	24.03.1994	1	-	3	-
Defenders:					
Francisco Alarcón Cruz	14.04.1988	7	1	8	-
Felipe Manuel Campos Mosqueira	08.11.1993	19	-	15	1
Alejandro Andrés Contreras Daza	03.03.1993	15	-	14	-
Lucas Domínguez Irrazábal	27.10.1989	3	-	1	-
Matías Andrés Escudero (ARG)	15.12.1988	1	-		
Fernando Nicolás Meza (ARG)	21.03.1990	18	1	15	2
Diego Rosende Lagos	11.02.1986	-	-	-	-
Bayron Antonio Saavedra Navarro	06.07.1997	6	-	8	1
Midfielders:					
Cristian Marcelo Álvarez (ARG)	28.09.1992	3	-	-	-
Roberto Carlos Ávalos Pino	16.06.1980	1	-	-	-
Jonathan Eduardo Cantillana Zorrilla	26.05.1992	5	-	-	-
Esteban Andrés Carvajal Tapia	17.11.1988	17	-	13	-
Jonathan Josué Cisternas Fernández	16.06.1980	9	-	12	2
Carlos Agustín Farías (ARG)	25.12.1987	19	-	13	1
Diego Gutiérrez		1	-	-	-
Enzo Hernán Gutiérrez Lencinas	28.05.1986	10	2	15	7
Nicolás Alexander Maturana Caneo	08.07.1993	19	2	15	3
Michael Sandoval		-	-	2	-
Jorge Osvaldo Schwager Navarrete	04.07.1983	-	-	-	-
Diego Ignacio Torres Quintana	31.07.1992	10	-	1	-
César Valenzuela Martínez	04.09.1992	17	1	12	-
Jonathan Fabián Zacaría	06.02.1990	15	3	13	1
Forwards:					
Fabián Antonio Ahumada Astete	29.04.1996	6	-	1	-
César Alexis Cortés Pinto	09.01.1984	19	6	14	2
Rúben Ignacio Farfan Arancibia	25.09.1991	-	-	3	-
Jorge Ricardo Guajardo Neira	09.05.1994	1	-	-	-
Richard Paredes	1996	3	1	3	1
Walter Benjamin Ponce Gallardo	04.03.1998	3	-	-	-
Matías Fernando Ramírez Palacios	05.02.1996	1	-	-	-
Marcos Daniel Riquelme (ARG)	01.06.1989	17	11	14	2
Yerko Rojas	06.10.1995	2	-	-	-
Leonardo Uribe	16.05.1996	-	-	-	-
Trainer:					
Pablo Adrián Guede Barrirero (ARG) [01.07.2014 - 31.12.2015]	11.11.1974	19			
Nicolás Andrés Córdova San Cristóbal [as of 01.01.2016]	09.02.1979			15	

*Matches and goals in 2015 Liguilla Apertura included

CLUB DEPORTIVO SAN LUIS DE QUILLOTA

Foundation date: December 8, 1919
Address: Calle San Martin 320, 226-0000 Quillota
Stadium: Estadio Municipal "Lucio Fariña Fernández", Quillota – Capacity: 7,680

THE SQUAD

	DOB	Ape M	Ape G	Cla M	Cla G
Goalkeepers:					
Alan Chaparro	29.05.1996	-	-	-	-
Fernando Carlos de Paul Lanciotti (ARG)	25.04.1991	14	-	14	-
David Anfrés Reyes Ferrada	17.01.1985	1	-	2	-
Defenders:					
Stefano Contreras Céspedes	13.01.1996			-	-
Matías Ignacio Estay Miranda	10.11.1999	-	-	-	-
Javier Ignacio Guzmán Ramírez	03.01.1995	-	-	4	-
Federico Martorell Rigo (ARG)	26.03.1981	13	-	8	1
Claudio Andrés Meneses Cordero	05.02.1988	10	-	12	-
Víctor Hernán Morales Reyes	05.06.1991	3	-	-	-
Guillermo Alfonso Pacheco Tudela	10.04.1989	14	1	13	-
Daniel Matías Vicencio Quiero	04.08.1992	7	-	14	-
Brayams Marcelo Viveros Alvarado	21.02.1992	14	-	11	-
Midfielders:					
Alvaro Felipe Césped Lártiga	10.10.1991	5	2		
Guillermo Díaz Ayala	16.05.1994	5	-	-	-
Marco Andrés Estrada Quinteros	28.05.1983	6	-	7	-
Marcos Gabriel Fernández (ARG)	20.04.1993	5	-		
Edwin Alexi Gómez Gutiérrez (PER)	04.03.1993	10	-	11	2
Arnaldo González (ARG)	13.05.1989	-	-	11	1
Giakumis Yaya Kodogiannis Valencia	13.02.1992	-	-	-	-
Luis Esteban La Paz	11.03.1998	-	-	-	-
Camilo Elías Rencoret Lecaros	23.09.1990	-	-	9	-
Gonzalo Andrés Rivas Saavedra	20.10.1995	11	-	9	-
Felipe Ignacio Saavedra Saavedra	26.09.1996	1	-	2	-
Boris Sagredo Romero	21.03.1989	15	2	15	-
Gastón Leandro Sirino Rodríguez (URU)	22.02.1991	11	-	15	4
Pablo Andrés Tamburrini Bravo	30.01.1990	1	-	-	-
Forwards:					
Carlos Humberto Escobar Ortíz	24.12.1989	14	6	14	5
Alejandro Fiorina (ARG)	11.03.1988	11	5	10	3
Jaime Andrés Grondona Bobadilla	15.04.1987	7	-	9	4
Pablo Daniel Magnín	25.04.1990	-	-	10	1
Jean David Meneses Villarroel	16.03.1993	14	1		
Ricardo Paz	10.11.1991	3	-	-	-
José Ignacio Pizarro Araya	04.07.1995	-	-	-	-
Matías Román Collao	08.05.1994	-	-	-	-
Sebastián Zúñiga Fuenzalida	21.06.1990	11	1	8	-
Trainer:					
Mario Alfredo Sciacqua (ARG) [01.07.-14.09.2015]	30.08.1970	6			
Miguel Mauricio Ramírez Pérez [as of 22.09.2015]	11.06.1970	9		15	

CLUB DEPORTIVO SAN MARCOS DE ARICA
Foundation date: February 14, 1978
Address: Avenida 18 de Septiembre 2000, Arica
Stadium: Estadio "Carlos Dittborn", Arica – Capacity: 17,786

THE SQUAD

	DOB	Ape M	Ape G	Cla M	Cla G
Goalkeepers:					
Pedro Alex Carrizo Córdova	09.07.1977	11	-	13	-
Zacarías López González	30.06.1998	-	-	3	-
Luciano Ramón Palos Ongaro (ARG)	29.11.1979	4	-		
Diego Andrés Tapia Rojas	07.05.1995	-	-	-	-
Defenders:					
Juan René Abarca Fuentes	07.12.1988	8	-	12	-
Nicolás Ferreyra (ARG)	30.03.1993	15	-	14	2
Christian André Jélvez Palacios	22.01.1991	13	1	13	-
Juan López		-	-	-	-
Midfielders:					
César Andrés Alvarado Labra	13.09.1995	-	-	-	-
Augusto Sebastián Barrios Silva	03.10.1991	14	-	14	1
Luis Ignacio Casanova Sandoval	01.07.1992	5	1	12	1
Miguel Ángel Coronado Contreras	06.02.1987	1	-	4	-
Pablo Ignacio Corral Mondaca	16.01.1992	15	5	8	-
Claudio Andrés Jopia Arias	17.11.1991	15	-	10	-
Kevin Felipe Medel Soto	24.05.1996	7	-	4	-
Sebastián Antonio Méndez Plaza	06.06.1986	8	-	15	1
Nicolás Arnaldo Nuñez Rojas	12.09.1984	5	-		
Brandon Eduardo Olivares Orrego	20.04.1995	-	-	-	-
Sebastián Alejandro Rivera Morales	16.06.1988	13	-	10	-
Christopher Singer Ossandón	03.06.1994	2	-	-	-
Nicolás Valenzuela	18.01.1996	-	-	-	-
Alejandro Gonzalo Vásquez Aguilera	05.07.1984	15	1	10	-
Forwards:					
Sergio Nicolás Bubas (ARG)	23.04.1989	14	2	4	-
Matías Adrián Defederico	23.08.1989	-	-	11	1
Nicolás Emilio Fagúndez Sequeira (URU)	20.02.1986	15	2	9	-
Carlos Gabriel González Espínola (PAR)	04.02.1993	-	-	11	2
Gerardo Sebastián Gularte Fros (URU)	21.05.1990	12	3	7	-
Nicolás Esteban Medina Ríos	28.03.1987	1	-	1	-
Nicolás Iván Orellana Acuña	03.09.1995	15	3	15	-
Juan Carlos Oviedo (ARG)	30.04.1993	1	-		
Marcos Sebastián Pol (ARG)	15.03.1988	-	-	7	-
Trainer:					
Marco Antonio Figueroa Montero [01.07.2015-03.02.2016]	21.02.1962	15		3	
Emiliano Eduardo Astorga Lobos [as of 04.02.2016]	21.09.1960			12	

CLUB DE DEPORTES SANTIAGO WANDERERS S.A.D.P.
Foundation date: August 15, 1892
Address: Calle Independencia 2061, 234-0000 Valparaíso
Stadium: Estadio "Elías Figueroa Brander", Valparaíso – Capacity: 23,000

THE SQUAD

	DOB	Ape M	Ape G	Cla* M	Cla* G
Goalkeepers:					
Gabriel Jesús Castellón Velazque	08.09.1993	4	-	3	-
Mauricio Alejandro Viana Caamaño (BRA)	14.06.1989	11	-	17	-
David Israel Pérez Molina	12.02.1997	1	-	-	-
Defenders:					
Bryan Alberto Chepulich Astorga	07.07.1995	-	-	-	-
Matías Fernández Cordero	14.08.1995	2	-	12	1
Luis Francisco García Varas	09.02.1996	11	-	16	-
Mario López Quintana (PAR)	07.07.1995	7	-	14	-
Ezequiel Luna (ARG)	19.11.1986	12	-	14	1
Óscar Mauricio Opazo Lara	18.10.1990	13	-	16	-
Agustín Parra Repetto	10.06.1989	1	-	4	1
Mauricio Prieto Garcés (URU)	26.09.1987	6	-	16	2
Nelson Saavedra Sánchez	06.04.1988	10	-	1	-
Franz Hermann Schulz Ramírez	20.07.1991	11	-	15	-
Kevin Vásquez	-	-	-	-	-
Midfielders:					
Johan Manuel Bravo Díaz	15.02.1993	1	-	9	2
Jimmy Andrés Cisterna Moya	05.04.1993	-	-	6	-
Bryan Alfonso Cortés Carvajal	19.08.1991	6	-	13	-
Adrián Ignacio Cuadra Cabrera	23.10.1997	2	-	17	1
Kevin Andrés Flores Senecal	01.01.1995	6	-	-	-
Yerko Rodrigo Muñoz Villaroel	16.03.1996	-	-	1	1
Jorge Andrés Ormeño Guerra	14.06.1977	12	-		
David Marcelo Pizarro Cortes	11.09.1979	4	-	5	-
Ángelo Nataniel Quiñones Tapia	20.07.1998	-	-	-	-
Andrés Robles Fuentes	07.05.1994	12	-	4	-
Paulo Roberto Rosales	10.04.1984	13	1	10	2
Kevin Douglas Valenzuela Fuentes	30.07.1993	10	-	-	-
Forwards:					
Ronnie Alan Fernández Sáez	01.02.1992	15	7	17	8
Carlos Gabriel González Espínola (PAR)	04.02.1993	9	1		
Carlos Andrés Muñoz Rojas	21.04.1989	13	4	18	7
Franco Sebastián Ortega Venegas	25.06.1996	-	-	4	-
Álvaro Sebastián Ramos Sepúlveda	14.04.1992	14	5	18	3
Roberto Jesús Saldías Díaz	25.02.1993	2	-	10	2
Juan Carlos Soto Swett	02.07.1994	-	-	4	-
Trainer:					
Emiliano Eduardo Astorga Lobos [01.07.2014-31.12.2015]	21.09.1960	15			
Alfredo Carlos Arias Sánchez (URU) [as of 01.01.2016]	28.11.1958			19	

*Matches and goals in 2016 Liguilla Clausura included

CLUB UNIÓN ESPAÑOLA SANTIAGO

Foundation date: May 18, 1897
Address: Calle Julio Martínez Pradanos 1365, Independencia, 833-0072 Santiago
Stadium: Estadio „Santa Laura"-Universidad SEK, Santiago – Capacity: 22,000

THE SQUAD

	DOB	Ape M	G	Cla M	G
Goalkeepers:					
Cristian Edward Guerra Torres	09.08.1994	-	-	-	-
Ángel Marin		-	-	-	-
Diego Ignacio Sánchez Carvajal	08.05.1987	10	-	6	-
Nery Alexis Veloso Espinoza	02.03.1987	5	-	9	-
Defenders:					
Jorge Enrique Ampuero Cabello	01.07.1986	15	-	9	1
Pablo Aránguiz	17.04.1997	1	-	2	-
Tomás Pablo Astaburuaga Montoya	11.10.1996	-	-	-	-
Nicolás Berardo (ARG)	26.07.1990	11	2	14	1
Fernando Esteban Cornejo Padilla	13.04.1994	15	-	5	-
Mario Ignacio Larenas Díaz	27.07.1993	1	-	1	-
Nicolas Ramón Mancilla Hidalgo	07.10.1993	4	1	9	-
Matías Cristóbal Navarrete Fuentes	20.01.1992	6	-		
Christopher Ross		3	-	5	-
Midfielders:					
Dagoberto Alexis Currimilla Gómez	26.12.1987	11	-	14	-
Jason Flores Abrigo	28.02.1997	3	1	5	-
Pablo Ignacio Galdames Millán	30.12.1996	11	1	15	-
Kevin Andrew Harbottle Carrasco	08.06.1990	13	2	12	2
Oscar Ignacio Hernández Polanco	07.03.1993	12	1	3	-
René Martín Lima (ARG)	03.01.1985	3	-	-	-
Sergio Daniel López (ARG)	04.01.1989	14	2	12	2
Dante Martínez Jara	18.06.1994	2	-	-	-
Gabriel Antonio Méndez (ARG)	08.05.1988	3	1		
Milovan Petar Mirosevic Albornoz	20.07.1980	8	3	9	1
Ángel Muñoz Castro	23.11.1991	-	-	-	-
César Ignacio Pinares Tamayo	23.05.1991	-	-	14	2
Gabriel Eduardo Sandoval Alarcón	13.03.1984	14	-	15	-
Adrián Miguel Scifo (ARG)	10.10.1987	-	-	11	-
Forwards:					
Gonzalo Daniel Abán (ARG)	11.06.1987	4	1	6	-
Diego Churín Puyo (ARG)	12.01.1989	-	-	15	9
Juan Carlos Ferreyra (ARG)	12.09.1983	14	3		
Fabián Saavedra Muñoz	27.01.1992	11	3	1	-
Carlos Daniel Salom Zulema (ARG)	15.04.1987	14	9	14	2
José Luis Sierra Cabrera	24.06.1997	-	-	-	-
Trainer:					
Luis Fernando Vergara Meylan [01.07.2015-05.04.2016]	13.05.1970	15		11	
Vladimir David Bigorra López [as of 08.04.2016]	09.08.1954			4	

CLUB DEPORTIVO UNIÓN LA CALERA

Foundation date: January 26, 1954
Address: Calle Balmaceda 372, La Calera
Stadium: Estadio Municipal „Nicolás Chahuán", La Calera - Capacity: 15,000

THE SQUAD

	DOB	Ape M	Ape G	Cla M	Cla G
Goalkeepers:					
José Luis Aguilera Mejías	12.10.1988	-	-	4	-
Cristofer Jesús Fuentes Ramírez	14.03.1997	-	-	-	-
Lucas Raúl Giovini Schiapino (ARG)	13.10.1981	15	-	11	-
Defenders:					
Hugo Gabriel Bascuñán Vera	11.01.1985	-	-	5	1
Mario Esteban Berríos Jara	20.08.1981	9	-	2	-
Diego Bravo	-	-	-	7	-
Franco Sebastián Coca (ARG)	26.03.1992	-	-		
Eduardo Ignacio Farías Diaz	01.01.1989	-	-	5	-
Ezequiel Michelli (ARG)	29.04.1991	3	-	9	3
Nicolás Patricio Ortíz Vergara	06.04.1984	11	-	4	-
Diego Alejandro Oyarzún Carrasco	19.01.1993	13	-	14	2
Francisco Javier Romero Pérez	20.09.1995	-	-	1	-
Benjamín Ignacio Ruíz Herrera	21.08.1981	8	1	3	-
Midfielders:					
Maximiliano Bajter Ugollini	01.03.1986	10	2	13	-
Fabian Alejandro Beas Aranda	13.11.1992	-	-	-	-
Lucas Yamil José Bracco (ARG)	11.10.1996			4	-
Roberto Andrés Cereceda Guajardo	10.10.1984	-	-	13	4
Cristhian Alejandro Collao Valencia	08.09.1995	11	-	3	-
Agustín González Tapia (ARG)	30.01.1983	13	-	13	-
Allan Andreas Luttecke Rascovky	31.01.1993	-	-	5	-
Andrés Bastián Ojeda Díaz	18.01.1995	-	-	-	-
Fabián Esteban Pizarro Venenciano	22.07.1996	13	-	5	-
Javier Ignacio Ramírez	27.12.1994	-	-	-	-
Carlos Felipe Sepúlveda Huerta	31.01.1995	4	-	-	-
Gonzalo Alfredo Sepúlveda Domínguez	10.11.1988	10	-	8	-
Mirko Matías Serrano Panes	28.05.1991	7	-	13	1
Jason Alejandro Silva Pérez	13.02.1991	-	-	9	-
Jonathan Alfonso Suazo Cuevas	04.08.1989	11	-	11	-
Carlos Varas		-	-	-	-
Forwards:					
Matías Nicolás Arrúa (ARG)	16.04.1983	15	1	10	3
Alejandro Martín Bordonaro (ARG)	20.04.1988	9	-		
Matías Gastón Castro (ARG)	18.12.1991	-	-	5	1
Ignacio Alejandro Geraldino Gil	06.12.1995	10	1	10	-
Matías José Guardia (ARG)	05.03.1991	9	1	-	-
Lucas Yamil Lima (ARG)	11.08.1994	-	-	-	-
Francisco Javier Pizarro Cartes	10.05.1989	3	-	5	-
Francesco Andrés Akermann Silva (VEN)	07.03.1995	-	-	-	-
Michael Andrés Silva Torres	12.03.1988	10	1	9	-
Patricio Vidal (ARG)	08.04.1992	15	5	9	1
Trainer:					
Ariel Roberto Pereyra Legallais [01.07.2014-30.09.2015]	11.11.1973	7			
Jorge Díaz [01.10.-31.12.2015]		8			
Miguel Augusto Riffo Garay [01.01.-17.02.2016]	21.06.1981			5	
Leonardo Alfredo Ramos Giro (URU) [as 18.02.2016]	11.09.1969			10	

CLUB DEPORTIVO UNIVERSIDAD CATÓLICA SANTIAGO
Foundation date: April 21, 1937
Address: Avenida Andrés Bello 2782, Las Condes, 755-0006 Santiago
Stadium: Estadio "San Carlos de Apoquindo", Santiago – Capacity: 18,000

THE SQUAD

	DOB	Ape* M	Ape* G	Cla M	Cla G
Goalkeepers:					
Fabián Alfredo Cerda Valdes	07.02.1989	-	-	-	-
Franco Costanzo (ARG)	05.09.1980	3	-	-	-
Cristopher Benjamín Toselli Ríos	15.06.1988	16	-	15	-
Defenders:					
Cristián Andrés Álvarez Valenzuela	20.01.1980	10	1	6	-
Pablo Álvarez Menéndez (URU)	07.02.1985	3	-		
Marko Andrés Biskupovic Venturino	30.06.1989	-	-		
Tomás Costa (ARG)	30.01.1985	11	1		
Germán Lanaro (ARG)	21.03.1986	16	-	11	-
Stéfano Magnasco Galindo	28.09.1992	17	1	13	-
Guillermo Alfonso Maripán Loaysa	06.05.1994	14	2	13	-
Raimundo Rebolledo	02.05.1996	-	-	-	-
Midfielders:					
Fernando Patricio Cordero Fonseca	26.08.1987	18	-	12	1
Carlos Felipe Ignacio Espinosa Contreras	22.11.1982	12	-	12	2
Juan Carlos Espinoza Reyes	05.07.1991	4	-	6	-
César Nicolás Fuentes González	12.04.1993	18	4	13	-
José Pedro Fuenzalida Gana	22.02.1985	-	-	13	4
Mark Dennis González Hoffmann	10.07.1984	10	5		
Benjamín Kuscevic Jaramillo	02.05.1996	-	-	5	-
Carlos Alberto Lobos Ubilla	21.02.1997	4	1	2	-
Fabián Jorge Manzano Pérez	13.01.1994	2	-	5	-
Marco Antonio Medel de la Fuente	30.06.1989	17	-	8	-
Michael Fabián Ríos Ripoll	24.04.1985	14	3		
Diego Nicolás Rojas Orellana	15.02.1995	14	2	11	2
Jeisson Andrés Vargas Salazar	15.09.1997	12	6	12	3
Forwards:					
Christian Daniel Bravo Araneda	01.10.1993	16	2	12	3
Jaime Matías Carreño Le-Chong	03.03.1997	6	-	12	1
Nicolás Ignacio Castillo Mora	14.02.1993	-	-	11	11
Roberto Carlos Gutiérrez Gamboa	18.04.1983	10	6	2	-
Matías Nicolás Jadue González	16.05.1992	-	-	2	-
Sebastián Óscar Jaime (ARG)	30.01.1987	-	-	6	-
David Antonio Llanos Almonacid	27.07.1989	12	5	10	5
José Luis Muñoz Muñoz	24.07.1987	4	-		
Ricardo José Rodríguez Marengo	10.05.1998	1	-	-	-
Francisco Sierralta Carvallo	06.05.1997	2	1	-	-
Trainer:					
Mario Alfredo Salas Saieg [as of 01.01.2015]	11.10.1967	19		15	

*Matches and goals in 2015 Liguilla Apertura included

CLUB UNIVERSIDAD DE CHILE SANTIAGO

Foundation date: May 24, 1927
Address: Avenida Campo de Deportes 565, Ñuñoa, 775-0332 Santiago
Stadium: Estadio Nacional „Julio Martínez Prádanos", Santiago – Capacity: 77,000

THE SQUAD

	DOB	Ape M	Ape G	Cla M	Cla G
Goalkeepers:					
Nelson Francisco Espinoza Díaz	22.09.1995	-	-	-	-
Jhonny Cristián Herrera Muñoz	09.05.1981	13	1	15	2
Miguel Hernán Jiménez Aracena	12.12.1980	2	-	-	-
Defenders:					
Mathias Corujo Díaz (URU)	08.05.1986	13	-	12	3
Osvaldo Alexis González Sepúlveda	10.08.1984	12	-	12	-
Gonzalo Alejandro Jara Reyes	29.08.1985			10	-
Paulo Cesar Magalhães Lobos	14.12.1989	4	1		
Fabián Luciano Monzón (ARG)	13.04.1987			10	-
Nicolás Enrique Ramírez Aguilera	01.05.1997	-	-	9	-
Matías Nicolas Rodríguez	14.04.1986	11	1	14	2
José Manuel Rojas Bahamondes	23.06.1983	12	-		
Cristián Fernando Suárez Figueroa	06.02.1987	8	2	9	1
Leonardo Felipe Valencia Rossel	25.04.1991	10	2	6	2
Benjamin Fernando Vidal Allendes	18.03.1991	4	-	2	2
Midfielders:					
Gonzalo Alejandro Espinoza Toledo	09.04.1990	11	-	9	-
Luis Carlos Olivera Fariña (ARG)	12.03.1991	-	-	9	-
Diego García		1	-		
Diego Ignacio González Fuentes	24.11.1994	6	-	-	-
Renato Patricio González De La Hoz	19.02.1990	11	-		
Yerko Bastián Leiva Lazo	14.06.1998	-	-	7	1
Gustavo Rubén Lorenzetti Espinosa (ARG)	10.05.1985	10	-	15	3
Sebastián Martínez Muñoz	06.06.1993	11	-	10	-
Camilo Andrés Moya Carreño	19.02.1998	-	-	-	-
Joao Luis Ortíz Pérez	10.02.1991	1	-	1	-
Matías Cristóbal Parada Parra	02.04.1998	-	-	2	1
Ricardo Guzmán Pereira Méndez (URU)	16.05.1991	6	-	8	-
Luis Felipe Pinilla	24.09.1997	7	2	2	-
John Michael Salas Torres	12.10.1996				
Sebastián Andrés Ubilla Cambón	09.08.1990	12	4	15	4
Rodrigo Andrés Ureña Reyes	01.03.1993	4	-		
Moisés Villarroel Angulo (BOL)	07.09.1998	-	-		
Forwards:					
Leandro Iván Benegas (ARG)	27.11.1988	11	2		
Felipe Brito		-	-	-	-
Gustavo Javier Canales	30.03.1982	8	6	9	3
Fabián Alejandro Carmona Fredes	21.03.1994	-	-	5	1
Francisco Fernando Castro Gamboa	04.09.1990	7	1	-	-
Rúben Ignacio Farfan Arancibia	25.09.1991	1	-		
Sebastián Gómez Ríos	09.01.1996	-	-		
Ian Leonel Leal Núñez	18.01.1996	-	-		
César Franco Lobos Asman	22.02.1999			1	-
Gabriel Agustín Mazuela Cruz	30.01.1999	-	-		
Patricio Rodolfo Rubio Pulgar	18.07.1989	12	2	14	3
Bryan Danilo Taiva Lobos	19.03.1995			1	2
Bruno Miranda Villagómez (BOL)	10.02.1998			3	-
Trainer:					
Martín Bernardo Lasarte Arróspide (URU) [01.07.2014-31.12.2015]	20.03.1961	15			
Sebastián Andrés Beccacece (ARG) [as of 01.01.2016]	17.12.1980			15	

CLUB DEPORTIVO UNIVERSIDAD DE CONCEPCIÓN
Foundation date: August 8, 1994
Address: Calle Beltrán Mathieu 97, Barrio Universitario, 403-0576 Concepción
Stadium: Estadio "Alcaldesa Ester Roa Rebolledo", Concepción – Capacity: 30,448

THE SQUAD

	DOB	Ape* M	Ape* G	Cla M	Cla G
Goalkeepers:					
Pablo Benítez Alveal	11.12.1996	-	-	-	-
Daniel Castillo	23.10.1990	-	-	-	-
Leonardo Hilario Figueroa González	17.03.1992	-	-	-	-
Cristián Fernando Muñoz Hoffman (ARG)	01.07.1977	17	-	15	-
Defenders:					
Héctor Eduardo Berríos Ibarra	18.10.1986	12	-	14	-
Matías Eduardo Cerda Belmar	26.03.1995	1	-	-	-
Diego Armando Díaz Ahumada	12.07.1986	6	-	14	-
Esteban Flores Martínez	07.04.1992	14	-	13	-
Alexis Machuca (ARG)	10.05.1990	3	-	12	-
Felipe Andrés Muñoz Flores	04.04.1985	6	-	-	-
Waldo Alonso Ponce Carrizo	04.12.1982	5	1	-	-
Sebastián Alejandro Roco Melgarejo	26.06.1983	-	-	2	-
Diego Soto Riffo	22.10.1998	2	-	-	-
Midfielders:					
Giovanni Asken Riquelme	26.10.1996	1	-	3	-
Alejandro Maximiliano Camargo (ARG)	12.06.1989	15	-	13	2
Joseph Aníbal Carvallo Torres	01.05.1990	1	-	2	-
Gustavo Alberto Cristaldo Britez (PAR)	31.05.1989	8	-	3	-
Ronald de la Fuente	25.01.1991	11	1	2	-
Juan Pablo Gómez Vidal	11.05.1991	9	-	2	-
Renato Patricio González De La Hoz	19.02.1990	-	-	11	3
Diego Nicolás Guastavino Bentancor (URU)	26.07.1984	8	2		
Michael Antonio Lepe Labraña	13.08.1990	10	2	10	1
Fernando Alejandro Manríquez Hernández	01.02.1984	16	6	15	4
José Eduardo Pérez Ferrada	28.07.1985	7	-	3	-
Francisco Leoncio Portillo Maidana (PAR)	24.07.1987	11	-	8	-
Luis Felipe Roa González	24.03.1996	-	-	-	-
Hans Francisco Salinas Flores	23.04.1990	3	-	-	-
Forwards:					
Manuel Briones	16.01.1994	7	-	-	-
Diego Churín Puyo (ARG)	12.01.1989	15	2		
Matías Conti (ARG)	17.01.1990	-	-	8	1
Felipe Fritz Saldías	23.09.1997	10	2	9	1
José Huentelaf Santana	22.01.1989	10	3	9	2
Jean David Meneses Villarroel	16.03.1993	-	-	15	3
Felipe Andrés Reynero Galarce	14.03.1989	5	2	8	-
Jorge Troncoso Ramírez	14.01.1993	11	3	5	-
Álvaro Vallejos	03.01.1996	1	-	-	-
Gabriel Alejandro Vargas Venegas	08.12.1983	14	5	14	4
Trainer:					
Ronald Hugo Fuentes Núñez [01.01.2015]	22.06.1969	17		15	

*Matches and goals in 2015 Liguilla Apertura included

SECOND LEVEL
Campeonato National de Primera División B del Fútbol Profesional Chileno 2015/2016

Primera Rueda / Apertura 2015

1. CD Temuco	15	10	4	1	30	-	15	34
2. Everton de Viña del Mar	15	9	1	5	25	-	16	28
3. CD Cobreloa Calama	15	8	3	4	22	-	14	27
4. CD La Serena	15	7	4	4	21	-	17	25
5. CD Provincial Curicó Unido	15	6	6	3	19	-	11	24
6. CSD Rangers Talca	15	7	2	6	18	-	21	23
7. CD Unión San Felipe	15	6	4	5	17	-	11	22
8. Deportivo Ñublense Chillán	15	5	6	4	26	-	20	21
9. CD Puerto Montt	15	5	5	5	15	-	16	20
10. CD Copiapó	15	5	4	6	12	-	12	19
11. CD Magallanes Santiago	15	5	4	6	18	-	22	19
12. Deportes Iberia Los Ángeles	15	4	5	6	21	-	24	17
13. CD Concepción	15	3	5	7	15	-	19	14
14. CD Santiago Morning	15	3	4	8	19	-	33	13
15. Athletic Club Barnechea	15	2	6	7	14	-	24	12
16. CD Coquimbo Unido	15	0	7	8	8	-	25	7

Top-4 qualified for the Cuadro Principal (Play-offs).

Cuadro Principal / Play-offs

Semi-Finals [27.11.-06.12.2015]
CD Cobreloa Calama - Everton de Viña del Mar	0-1(0-0)	0-3(0-1)
CD La Serena - CD Temuco	4-1(1-0)	1-3(1-1)

Finals [12-19.12.2015]
CD La Serena - Everton de Viña del Mar	0-0	1-2(0-1)

Torneo Apertura 2015 Champions: **Everton de Viña del Mar**

Segunda Rueda / Clausura 2016

1. CD Provincial Curicó Unido	15	10	3	2	35	-	15	33
2. CD Temuco	15	8	4	3	26	-	18	28
3. CD Concepción	15	7	6	2	23	-	16	27
4. CD Puerto Montt	15	8	2	5	23	-	20	26
5. CSD Rangers Talca	15	6	6	3	20	-	16	24
6. Deportes Iberia Los Ángeles	15	6	5	4	21	-	13	23
7. CD Copiapó	15	6	3	6	21	-	19	21
8. CD Coquimbo Unido	15	5	5	5	30	-	30	20
9. CD Cobreloa Calama	15	5	5	5	21	-	22	20
10. CD Unión San Felipe	15	4	6	5	14	-	14	18
11. CD La Serena	15	5	3	7	21	-	24	18
12. Everton de Viña del Mar	15	4	4	7	17	-	20	16
13. Deportivo Ñublense Chillán	15	5	1	9	16	-	25	16
14. CD Santiago Morning	15	3	5	7	20	-	26	14
15. CD Magallanes Santiago	15	3	4	8	18	-	29	13
16. Athletic Club Barnechea	15	3	2	10	11	-	30	11

Teams ranked 1 and 4-6 qualified for the Cuadro Principal (Play-offs).
Please note: CD Concepción withdrew from professional football; CD Temuco, as aggregate winners, were directly promoted for the 2016/2017 Primera División.

Cuadro Principal / Play-offs		
Semi-Finals [30.04.-09.05.2016]		
Deportes Iberia Los Ángeles - CD Provincial Curicó Unido	1-0(0-0)	2-2(0-2)
CSD Rangers Talca - CD Puerto Montt	0-1(0-0)	0-1(0-1)
Finals [12-15.05.2016]		
Deportes Iberia Los Ángeles - CD Puerto Montt	1-0(1-0)	0-4(0-1)

Torneo Clausura 2016 Champions: **CD Puerto Montt**

Promotion Finals [18-22.05.2016]		
Everton de Viña del Mar - CD Puerto Montt	3-1(1-0)	0-1(0-0)

Everton de Viña del Mar promoted for the 2016/2017 Primera División.

Aggregate Table 2015/2016

1.	CD Temuco	30	18	8	4	56 - 33	62
2.	CD Provincial Curicó Unido	30	16	9	5	54 - 26	57
3.	CD Cobreloa Calama	30	13	8	9	43 - 36	47
4.	CSD Rangers Talca	30	13	8	9	38 - 37	47
5.	CD Puerto Montt	30	13	7	10	38 - 36	46
6.	Everton de Viña del Mar	30	13	5	12	42 - 36	44
7.	CD La Serena	30	12	7	11	42 - 41	43
8.	CD Concepción	30	10	11	9	38 - 35	41
9.	CD Unión San Felipe	30	10	10	10	31 - 25	40
10.	Deportes Iberia Los Ángeles	30	10	10	10	42 - 37	40
11.	CD Copiapó	30	11	7	11	33 - 31	40
12.	Deportivo Ñublense Chillán	30	10	7	13	42 - 45	37
13.	CD Magallanes Santiago	30	8	8	14	36 - 51	32
14.	CD Coquimbo Unido	30	5	12	13	38 - 56	27
15.	CD Santiago Morning	30	6	9	15	39 - 59	27
16.	Athletic Club Barnechea (*Relegated*)	30	5	8	17	26 - 54	23

NATIONAL TEAM INTERNATIONAL MATCHES (16.07.2015 – 15.07.2016)

05.09.2015	Santiago	Chile - Paraguay	3-2(1-0)	(F)
08.10.2015	Santiago	Chile - Brazil	2-0(1-0)	(WCQ)
13.10.2015	Lima	Peru - Chile	3-4(2-3)	(WCQ)
12.11.2015	Santiago	Chile - Colombia	1-1(1-0)	(WCQ)
17.11.2015	Montevideo	Uruguay - Chile	3-0(1-0)	(WCQ)
24.03.2016	Santiago	Chile - Argentina	1-2(1-2)	(WCQ)
29.03.2016	Barinas	Venezuela - Chile	1-4(1-1)	(WCQ)
27.05.2016	Viña del Mar	Chile - Jamaica	1-2(0-1)	(F)
01.06.2016	San Diego	Mexico - Chile	1-0(0-0)	(F)
06.06.2016	Santa Clara	Argentina - Chile	2-1(1-0)	(CA)
10.06.2016	Foxborough	Chile – Bolivia	2-1(0-0)	(CA)
14.06.2016	Philadelphia	Chile - Panama	4-2(2-1)	(CA)
18.06.2016	Santa Clara	Mexico - Chile	0-7(0-2)	(CA)
22.06.2016	Chicago	Colombia - Chile	0-2(0-2)	(CA)
26.06.2016	East Rutherford	Chile - Argentina	4-2 pen	(CA)

05.09.2015, Friendly International
Estadio Nacional „Julio Martínez Prádanos", Santiago; Attendance: 25,000
Referee: Mauro Vigliano (Argentina)
CHILE - PARAGUAY   **3-2(1-0)**
CHI: Johnny Cristián Herrera Muñoz (13/0), Gonzalo Alejandro Jara Reyes (81/3), Eugenio Esteban Mena Reveco (40/3), Jorge Luis Valdivia Toro (69/7), Matías Ariel Fernández Fernández (67/14), Mauricio Aníbal Isla Isla (67/3), Marcelo Alfonso Díaz Rojas (39/1), Gary Alexis Medel Soto (81/7), Felipe Alejandro Gutiérrez Leiva (25/3), Alexis Alejandro Sánchez Sánchez (87/28), Antenor Junior Fernandes da Silva Vitoria (10/0) [58.Ángelo José Henríquez Iturra (9/2)]. Trainer: Jorge Luis Sampaoli Moya (Argentina, 40).
Goals: Felipe Alejandro Gutiérrez Leiva (8, 64), Alexis Alejandro Sánchez Sánchez (82).

08.10.2015, 21st FIFA World Cup, Qualifiers
Estadio Nacional „Julio Martínez Prádanos", Santiago; Attendance: 42,150
Referee: Roddy Alberto Zambrano Olmedo (Ecuador)
CHILE - BRAZIL   **2-0(1-0)**
CHI: Claudio Andrés Bravo Muñoz (96/0), Gonzalo Alejandro Jara Reyes (82/3), Jorge Luis Valdivia Toro (70/7) [64.Matías Ariel Fernández Fernández (68/14)], Mauricio Aníbal Isla Isla (68/3), Marcelo Alfonso Díaz Rojas (40/1) [82.Christian Alberto Vilches González (2/0)], Gary Alexis Medel Soto (82/7), Arturo Erasmo Vidal Pardo (70/12), Francisco Andrés Silva Gajardo (19/0) [41.Mark Dennis González Hoffmann (52/6)], Eduardo Jesús Vargas Rojas (49/23), Jean André Emanuel Beausejour Coliqueo (71/6), Alexis Alejandro Sánchez Sánchez (88/29). Trainer: Jorge Luis Sampaoli Moya (Argentina, 41).
Goals: Eduardo Jesús Vargas Rojas (72), Alexis Alejandro Sánchez Sánchez (88).

13.10.2015, 21st FIFA World Cup, Qualifiers
Estadio Nacional, Lima; Attendance: 45,000
Referee: Néstor Fabián Pitana (Argentina)
PERU - CHILE   **3-4(2-3)**
CHI: Claudio Andrés Bravo Muñoz (97/0), Gonzalo Alejandro Jara Reyes (83/3), Eugenio Esteban Mena Reveco (41/3), Mark Dennis González Hoffmann (53/6), Jorge Luis Valdivia Toro (71/7), Arturo Erasmo Vidal Pardo (71/12) [65.Felipe Alejandro Gutiérrez Leiva (26/3)], Mauricio Aníbal Isla Isla (69/3), Marcelo Alfonso Díaz Rojas (41/1) [54.Francisco Andrés Silva Gajardo (20/0)], Gary Alexis Medel Soto (83/7), Eduardo Jesús Vargas Rojas (50/25) [82.Fabián Ariel Orellana Valenzuela (31/2)], Alexis Alejandro Sánchez Sánchez (89/31). Trainer: Jorge Luis Sampaoli Moya (Argentina, 42).
Goals: Alexis Alejandro Sánchez Sánchez (7), Eduardo Jesús Vargas Rojas (41), Alexis Alejandro Sánchez Sánchez (44), Eduardo Jesús Vargas Rojas (49).

12.11.2015, 21st FIFA World Cup, Qualifiers
Estadio Nacional „Julio Martínez Prádanos", Santiago; Attendance: 48,665
Referee: Enrique Patricio Cáceres Villafañe (Paraguay)
CHILE - COLOMBIA   **1-1(1-0)**
CHI: Claudio Andrés Bravo Muñoz (98/0), Gonzalo Alejandro Jara Reyes (84/3), Jorge Luis Valdivia Toro (72/7) [79.Fabián Ariel Orellana Valenzuela (32/2)], Matías Ariel Fernández Fernández (69/14), Mauricio Aníbal Isla Isla (70/3), Gary Alexis Medel Soto (84/7), Arturo Erasmo Vidal Pardo (72/13), Francisco Andrés Silva Gajardo (21/0) [90.Bryan Martín Rabello Mella (4/0)], Eduardo Jesús Vargas Rojas (51/25) [86.Mauricio Ricardo Pinilla Ferrera (37/6)], Jean André Emanuel Beausejour Coliqueo (72/6), Alexis Alejandro Sánchez Sánchez (90/31). Trainer: Jorge Luis Sampaoli Moya (Argentina, 43).
Goal: Arturo Erasmo Vidal Pardo (45).

17.11.2015, 21st FIFA World Cup, Qualifiers
Estadio Centenario, Montevideo; Attendance: 50,000
Referee: Wilmar Alexander Roldán Pérez (Colombia)
URUGUAY - CHILE   **3-0(1-0)**
CHI: Claudio Andrés Bravo Muñoz (99/0), Gonzalo Alejandro Jara Reyes (85/3), Eugenio Esteban Mena Reveco (42/3) [66.Matías Ariel Fernández Fernández (70/14)], Mark Dennis González Hoffmann (54/6) [66.Jean André Emanuel Beausejour Coliqueo (73/6)], Jorge Luis Valdivia Toro (73/7), Arturo Erasmo Vidal Pardo (73/13), Mauricio Aníbal Isla Isla (71/3), Marcelo Alfonso Díaz Rojas (42/1), Gary Alexis Medel Soto (85/7), Eduardo Jesús Vargas Rojas (52/25) [81.Fabián Ariel Orellana Valenzuela (33/2)], Alexis Alejandro Sánchez Sánchez (91/31). Trainer: Jorge Luis Sampaoli Moya (Argentina, 44).
Sent off: Jorge Luis Valdivia Toro (90+2).

24.03.2016, 21st FIFA World Cup, Qualifiers
Estadio Nacional "Julio Martínez Prádanos", Santiago; Attendance: 44,536
Referee: Héber Roberto Lopes (England)
CHILE - ARGENTINA   **1-2(1-2)**
CHI: Claudio Andrés Bravo Muñoz (**100**/0), Gonzalo Alejandro Jara Reyes (86/3), Eugenio Esteban Mena Reveco (43/3), Matías Ariel Fernández Fernández (71/14) [7.Francisco Andrés Silva Gajardo (22/0)], Mauricio Aníbal Isla Isla (72/3), Fabián Ariel Orellana Valenzuela (34/2), Marcelo Alfonso Díaz Rojas (43/1) [21.Bryan Martín Rabello Mella (5/0); 69.Mauricio Ricardo Pinilla Ferrera (38/6)], Gary Alexis Medel Soto (86/7), Jean André Emanuel Beausejour Coliqueo (74/6), Felipe Alejandro Gutiérrez Leiva (27/4), Alexis Alejandro Sánchez Sánchez (92/31). Trainer: Juan Antonio Pizzi Torroja (Argentina, 1).
Goals: Felipe Alejandro Gutiérrez Leiva (11).

29.03.2016, 21st FIFA World Cup, Qualifiers
Estadio "Agustín Tovar", Barinas; Attendance: 29,800
Referee: Diego Mirko Haro Sueldo (Peru)
VENEZUELA - CHILE **1-4(1-1)**
CHI: Johnny Cristián Herrera Muñoz (14/0), Gonzalo Alejandro Jara Reyes (87/3), Mauricio Aníbal Isla Isla (73/3), Fabián Ariel Orellana Valenzuela (35/2) [87.Eugenio Esteban Mena Reveco (44/3)], Gary Alexis Medel Soto (87/7), Arturo Erasmo Vidal Pardo (74/15), Francisco Andrés Silva Gajardo (23/0), Jean André Emanuel Beausejour Coliqueo (75/6), Felipe Alejandro Gutiérrez Leiva (28/4), Mauricio Ricardo Pinilla Ferrera (39/8) [80.Nicolás Ignacio Castillo Mora (2/0)], Alexis Alejandro Sánchez Sánchez (93/31). Trainer: Juan Antonio Pizzi Torroja (Argentina, 2).
Goals: Mauricio Ricardo Pinilla Ferrera (33, 52), Arturo Erasmo Vidal Pardo (72, 90+2).

27.05.2016, Friendly International
Estadio Sausalito, Viña del Mar; Attendance: 22,000
Referee: Raúl Morón Orozco (Bolivia)
CHILE - JAMAICA **1-2(0-1)**
CHI: Johnny Cristián Herrera Muñoz (15/0), Gonzalo Alejandro Jara Reyes (88/3), Mauricio Aníbal Isla Isla (74/3), Fabián Ariel Orellana Valenzuela (36/2) [64.Edson Raúl Puch Cortés (7/0)], Gary Alexis Medel Soto (88/7), Francisco Andrés Silva Gajardo (24/0), Eduardo Jesús Vargas Rojas (53/25) [46.Matías Ariel Fernández Fernández (72/14)], Charles Mariano Aránguiz Sandoval (41/6), Jean André Emanuel Beausejour Coliqueo (76/6) [64.José Pedro Fuenzalida Gana (27/1)], Mauricio Ricardo Pinilla Ferrera (40/8) [70.Nicolás Ignacio Castillo Mora (3/1)], Alexis Alejandro Sánchez Sánchez (94/31). Trainer: Juan Antonio Pizzi Torroja (Argentina, 3).
Goal: Nicolás Ignacio Castillo Mora (81).

01.06.2016, Friendly International
Qualcomm Stadium, San Diego (United States); Attendance: 65,000
Referee: Baldomero Toledo (United States)
MEXICO - CHILE **1-0(0-0)**
CHI: Cristopher Benjamín Toselli Ríos (5/0), Eugenio Esteban Mena Reveco (45/3), Enzo Pablo Roco Roco (7/1), Marcelo Alfonso Díaz Rojas (44/1) [64.Francisco Andrés Silva Gajardo (25/0)], José Pedro Fuenzalida Gana (28/1), Arturo Erasmo Vidal Pardo (75/15) [78.Erick Antonio Pulgar Farfán (3/0)], Gary Alexis Medel Soto (89/7) [69.Gonzalo Alejandro Jara Reyes (89/3)], Charles Mariano Aránguiz Sandoval (42/6), Edson Raúl Puch Cortés (8/0) [56.Fabián Ariel Orellana Valenzuela (37/2)], Alexis Alejandro Sánchez Sánchez (95/31) [82.Mauricio Ricardo Pinilla Ferrera (41/8)], Nicolás Ignacio Castillo Mora (4/1) [51.Eduardo Jesús Vargas Rojas (54/25)]. Trainer: Juan Antonio Pizzi Torroja (Argentina, 4).

06.06.2016, 45th Copa América, Group Stage
Levi's Stadium, Santa Clara (United States); Attendance: 69,451
Referee: Daniel Adán Fedorczuk Betancour (Uruguay)
ARGENTINA - CHILE **2-1(1-0)**
CHI: Claudio Andrés Bravo Muñoz (101/0), Gonzalo Alejandro Jara Reyes (90/3), Eugenio Esteban Mena Reveco (46/3) [54.Fabián Ariel Orellana Valenzuela (38/2)], Mauricio Aníbal Isla Isla (75/3), Marcelo Alfonso Díaz Rojas (45/1), Gary Alexis Medel Soto (90/7), Arturo Erasmo Vidal Pardo (76/15), Eduardo Jesús Vargas Rojas (55/25) [68.Mauricio Ricardo Pinilla Ferrera (42/8)], Charles Mariano Aránguiz Sandoval (43/6) [82.José Pedro Fuenzalida Gana (29/2)], Jean André Emanuel Beausejour Coliqueo (77/6), Alexis Alejandro Sánchez Sánchez (96/31).Trainer: Juan Antonio Pizzi Torroja (Argentina, 5).
Goal: José Pedro Fuenzalida Gana (90+3).

10.06.2016, 45th Copa América, Group Stage
Gillette Stadium, Foxborough (United States); Attendance: 19,392
Referee: Jair Marrufo (United States)
CHILE - BOLIVIA 2-1(0-0)
CHI: Claudio Andrés Bravo Muñoz (102/0), Gonzalo Alejandro Jara Reyes (91/3), Mauricio Aníbal Isla Isla (76/3) [76.José Pedro Fuenzalida Gana (30/2)], Fabián Ariel Orellana Valenzuela (39/2) [68.Edson Raúl Puch Cortés (9/0)], Gary Alexis Medel Soto (91/7), Arturo Erasmo Vidal Pardo (77/17), Charles Mariano Aránguiz Sandoval (44/6), Jean André Emanuel Beausejour Coliqueo (78/6), Pedro Pablo Hernández (5/3), Mauricio Ricardo Pinilla Ferrera (43/8) [58.Eduardo Jesús Vargas Rojas (56/25)], Alexis Alejandro Sánchez Sánchez (97/31). Trainer: Juan Antonio Pizzi Torroja (Argentina, 6).
Goals: Arturo Erasmo Vidal Pardo (46, 90+10 penalty).

14.06.2016, 45th Copa América, Group Stage
Lincoln Financial Field, Philadelphia (United States); Attendance: 27,260
Referee: Roddy Alberto Zambrano Olmedo (Ecuador)
CHILE - PANAMA 4-2(2-1)
CHI: Claudio Andrés Bravo Muñoz (103/0), Gonzalo Alejandro Jara Reyes (92/3), Arturo Erasmo Vidal Pardo (78/17) [90.Pedro Pablo Hernández (6/3)], Mauricio Aníbal Isla Isla (77/3), Marcelo Alfonso Díaz Rojas (46/1), José Pedro Fuenzalida Gana (31/2), Gary Alexis Medel Soto (92/7) [90.Enzo Pablo Roco Roco (8/1)], Charles Mariano Aránguiz Sandoval (45/6), Jean André Emanuel Beausejour Coliqueo (79/6) [60.Edson Raúl Puch Cortés (10/0)], Eduardo Jesús Vargas Rojas (57/27), Alexis Alejandro Sánchez Sánchez (98/33). Trainer: Juan Antonio Pizzi Torroja (Argentina, 7).
Goals: Eduardo Jesús Vargas Rojas (14, 42), Alexis Alejandro Sánchez Sánchez (49, 86).

18.06.2016, 45th Copa América, Quarter-Finals
Levi's Stadium, Santa Clara (United States); Attendance: 70,547
Referee: Héber Roberto Lopes (Brazil)
MEXICO - CHILE 0-7(0-2)
CHI: Claudio Andrés Bravo Muñoz (104/0), Gonzalo Alejandro Jara Reyes (93/3), Marcelo Alfonso Díaz Rojas (47/1) [57.Francisco Andrés Silva Gajardo (26/0)], José Pedro Fuenzalida Gana (32/2), Gary Alexis Medel Soto (93/7) [60.Enzo Pablo Roco Roco (9/1)], Arturo Erasmo Vidal Pardo (79/17), Charles Mariano Aránguiz Sandoval (46/6), Jean André Emanuel Beausejour Coliqueo (80/6) [73.Mark Dennis González Hoffmann (55/6)], Edson Raúl Puch Cortés (11/2), Eduardo Jesús Vargas Rojas (58/31), Alexis Alejandro Sánchez Sánchez (99/34). Trainer: Juan Antonio Pizzi Torroja (Argentina, 8).
Goals: Edson Raúl Puch Cortés (16), Eduardo Jesús Vargas Rojas (44), Alexis Alejandro Sánchez Sánchez (49), Eduardo Jesús Vargas Rojas (52, 57, 74), Edson Raúl Puch Cortés (87).

22.06.2016, 45th Copa América, Semi-Finals
Soldier Field, Chicago (United States); Attendance: 55,423
Referee: Joel Antonio Aguilar Chicas (El Salvador)
COLOMBIA - CHILE 0-2(0-2)
CHI: Claudio Andrés Bravo Muñoz (105/0), Gonzalo Alejandro Jara Reyes (94/3), Mauricio Aníbal Isla Isla (78/3), José Pedro Fuenzalida Gana (33/3) [75.Edson Raúl Puch Cortés (12/2)], Gary Alexis Medel Soto (94/7), Francisco Andrés Silva Gajardo (27/0), Charles Mariano Aránguiz Sandoval (47/7), Jean André Emanuel Beausejour Coliqueo (81/6), Pedro Pablo Hernández (7/3) [30.Erick Antonio Pulgar Farfán (4/0)], Eduardo Jesús Vargas Rojas (59/31) [88.Mark Dennis González Hoffmann (56/6)], Alexis Alejandro Sánchez Sánchez (**100**/34). Trainer: Juan Antonio Pizzi Torroja (Argentina, 9).
Goals: Charles Mariano Aránguiz Sandoval (7), José Pedro Fuenzalida Gana (11).

26.06.2016, 45th Copa América, Final
MetLife Stadium, East Rutherford (United States); Attendance: 82,026
Referee: Héber Roberto Lopes (Brazil)
CHILE - ARGENTINA **0-0; 4-2 penalties**
CHI: Claudio Andrés Bravo Muñoz (106/0), Gonzalo Alejandro Jara Reyes (95/3), Mauricio Aníbal Isla Isla (79/3), Marcelo Alfonso Díaz Rojas (48/1), Arturo Erasmo Vidal Pardo (80/17), José Pedro Fuenzalida Gana (34/3) [80.Edson Raúl Puch Cortés (13/2)], Gary Alexis Medel Soto (95/7), Charles Mariano Aránguiz Sandoval (48/7), Jean André Emanuel Beausejour Coliqueo (82/6), Eduardo Jesús Vargas Rojas (60/31) [109.Nicolás Ignacio Castillo Mora (5/1)], Alexis Alejandro Sánchez Sánchez (101/34) [104.Francisco Andrés Silva Gajardo (28/0)]. Trainer: Juan Antonio Pizzi Torroja (Argentina, 10).
Penalties: Arturo Erasmo Vidal Pardo (saved), Nicolás Ignacio Castillo Mora, Charles Mariano Aránguiz Sandoval, Jean André Emanuel Beausejour Coliqueo, Francisco Andrés Silva Gajardo.
Sent off: Marcelo Alfonso Díaz Rojas (28).

NATIONAL TEAM PLAYERS 2015/2016

Name	DOB	Caps	Goals
[Club 2015/2016]			

(Caps and goals at 15.07.2016)

Goalkeepers

Claudio Andrés BRAVO Muñoz	13.04.1983	106	0
[2015/2016: FC Barcelona (ESP)]			
Johnny Cristian HERRERA Muñoz	09.05.1981	15	0
[2015/2016: Club Universidad de Chile Santiago]			
Cristopher Benjamín TOSELLI Ríos	15.06.1988	5	0
[2016: CD Universidad Católica Santiago]			

Defenders

Mauricio Aníbal ISLA Isla	12.06.1988	79	3
[2015/2016: Olympique de Marseille (FRA), on loan]			
Gonzalo Alejandro JARA Reyes	29.08.1985	95	3
[2015: 1.FSV Mainz 05 (GER); 18.01.2016-> Club Universidad de Chile Santiago]			
Gary Alexis MEDEL Soto	03.08.1987	95	7
[2015/2016: FC Internazionale Milano (ITA)]			
Eugenio Esteban MENA Reveco	18.07.1988	46	3
[2015: Cruzeiro EC Belo-Horizonte (BRA); 08.01.2016-> São Paulo FC (BRA)]			
Erick Antonio PULGAR Farfán	15.01.1994	4	0
[2015/2016: Bologna FC (ITA)]			
Enzo Pablo ROCO Roco [*called earlier Enzo Pablo Andía Roco*]	16.08.1992	9	1
[2015/2016: RCD Espanyol Barcelona (ESP)]			
Christian Alberto VILCHES González	27.10.1983	2	0
[2015: Clube Atlético Paranaense (BRA)]			

Midfielders			
Charles Mariano ARÁNGUIZ Sandoval [2015/2016: TSV Bayer 06 Leverkusen (GER)]	17.04.1989	48	7
Jean André Emanuel BEAUSEJOUR Coliqueo [2015/2016: CSD Colo-Colo Santiago]	01.06.1984	82	6
Marcelo Alfonso DÍAZ Rojas [2015: Hamburger SV (GER); 15.01.2016-> RC Celta de Vigo (ESP)]	30.12.1986	48	1
Matías Ariel FERNÁNDEZ Fernández [2015/2016: AC Fiorentina Firenze (ITA)]	15.05.1986	72	14
José Pedro FUENZALIDA Gana [2016: CD Universidad Católica Santiago]	22.02.1985	34	3
Mark Dennis GONZÁLEZ Hoffmann [2015: CD Universidad Católica Santiago; 04.01.2016-> Sport Club do Recife (BRA)]	10.07.1984	56	6
Felipe Alejandro GUTIÉRREZ Leiva [2015/2016: FC Twente Enschede (NED)]	08.10.1990	28	4
Pedro Pablo HERNÁNDEZ [2015/2016: RC Celta de Vigo (ESP)]	24.10.1986	7	3
Bryan Martín RABELLO Mella [2015: Club Santos Laguna Torreón (MEX)]	16.05.1994	5	0
Francisco Andrés SILVA Gajardo [2015/2016: Chiapas FC Tuxtla Gutiérrez (MEX)]	11.02.1986	28	0
Jorge Luis VALDIVIA Toro [2015: Al Wahda FC Abu Dhabi (UAE)]	19.01.1983	73	7
Arturo Erasmo VIDAL Pardo [2015/2016: FC Bayern München (GER)]	22.05.1987	80	17

Forwards			
Nicolás Ignacio CASTILLO Mora [2016: CD Universidad Católica Santiago, on loan]	14.02.1993	5	1
Antenor Junior FERNANDES da Silva Vitoria [2015/2016: GNK Dinamo Zagreb (CRO)]	04.10.1988	10	0
Ángelo José HENRÍQUEZ Iturra [2015/2016: GNK Dinamo Zagreb (CRO)]	13.04.1994	9	2
Fabián Ariel ORELLANA Valenzuela [2015/2016: RC Celta de Vigo (ESP)]	27.01.1986	39	2
Mauricio Ricardo PINILLA Ferrera [2015/2016: Atalanta Bergamasca Calcio (ITA)]	04.02.1984	43	8
Edson Raúl PUCH Cortés [2016: LDU de Quito (ECU)]	04.09.1986	13	2
Alexis Alejandro SÁNCHEZ Sánchez [2015/2016: Arsenal FC London (ENG)]	19.12.1988	101	34
Eduardo Jesús VARGAS Rojas [2015/2016: TSG 1899 Hoffenheim (GER)]	20.11.1989	60	31

National coaches		
Jorge Luis SAMPAOLI Moya (Argentina)	09.11.1948	44 M; 27 W; 9 D; 8 L; 89-44
Juan Antonio PIZZI Torroja (Argentina) [as of 29.01.2016]	07.06.1968	10 M; 5 W; 1 D; 4 L; 22-11

COLOMBIA

The Country:
República de Colombia (Republic of Colombia) Capital: Bogotá Surface: 1,141,748 km² Inhabitants: 48,014,026 Time: UTC-5

The FA:
Federación Colombiana de Fútbol Avenida 32 No. 16-22 Piso 4°, Apdo Aéreo, 17602 Santa Fé de Bogotá D.C. Year of Formation: 1924 Member of FIFA since: 1936 Member of CONMEBOL since: 1936 Internet: fcf.com.co

NATIONAL TEAM RECORDS	
First international match:	10.02.1938, Ciudad de Panamá: Mexico – Colombia 3-1
Most international caps:	Carlos Alberto Valderrama Palacio – 111 caps (1985-1998)
Most international goals:	Arnoldo Alberto Iguarán Zúñiga – 25 goals / 68 caps (1979-1993) Radamel Falcao García Zárate - 25 goals / 61 caps (since 2007)

OLYMPIC GAMES 1900-2012
1968, 1972, 1980, 1992

FIFA CONFEDERATIONS CUP 1992-2013
2003

COPA AMÉRICA	
1916	Did not enter
1917	Did not enter
1919	Did not enter
1920	Did not enter
1921	Did not enter
1922	Did not enter
1923	Did not enter
1924	Did not enter
1925	Did not enter
1926	Did not enter
1927	Did not enter
1929	Did not enter
1935	Did not enter
1937	Did not enter
1939	Did not enter
1941	Did not enter
1942	Did not enter
1945	5th Place
1946	*Withdrew*
1947	8th Place
1949	8th Place
1953	*Withdrew*
1955	*Withdrew*
1956	*Withdrew*
1957	5th Place
1959	*Withdrew*
1959E	*Withdrew*
1963	7th Place
1967	Qualifying Round
1975	Runners-up
1979	Round 1
1983	Round 1
1987	3rd Place
1989	Group Stage
1991	4th Place
1993	3rd Place
1995	3rd Place
1997	Quarter-Finals
1999	Quarter-Finals
2001	**Winners**
2004	4th Place
2007	Group Stage
2011	Quarter-Finals
2015	Quarter-Finals
2016	3rd Place

FIFA WORLD CUP	
1930	Did not enter
1934	Did not enter
1938	*Withdrew*
1950	Did not enter
1954	Did not enter
1958	Qualifiers
1962	Final Tournament (Group Stage)
1966	Qualifiers
1970	Qualifiers
1974	Qualifiers
1978	Qualifiers
1982	Qualifiers
1986	Qualifiers
1990	Final Tournament (2nd Round of 16)
1994	Final Tournament (Group Stage)
1998	Final Tournament (Group Stage)
2002	Qualifiers
2006	Qualifiers
2010	Qualifiers
2014	Final Tournament (Quarter-Finals)

PANAMERICAN GAMES	
1951	Did not enter
1955	Did not enter
1959	Did not enter
1963	Did not enter
1967	Round 1
1971	Runners-up
1975	Did not enter
1979	Did not enter
1983	Did not enter
1987	Round 1
1991	Did not enter
1995	3rd Place
1999	Did not enter
2003	4th Place
2007	Round 1
2011	Did not enter

PANAMERICAN CHAMPIONSHIP	
1952	Did not enter
1956	Did not enter
1960	Did not enter

COLOMBIAN CLUB HONOURS IN SOUTH AMERICAN CLUB COMPETITIONS:

COPA LIBERTADORES 1960-2015
Corporación Deportiva Atlético Nacional Medellín (1989)
Corporación Deportiva Once Caldas Manizales (2004)

COPA SUDAMERICANA 2002-2015
Club Independiente Santa Fe Bogotá (2015)

RECOPA SUDAMERICANA 1989-2015
None

COPA CONMEBOL 1992-1999
None

SUPERCUP „JOÃO HAVELANGE" 1988-1997*
None

COPA MERCONORTE 1998-2001**
Corporación Deportiva Atlético Nacional Medellín (1998, 2000)
Corporación Deportiva América de Cali (1999)
Club Deportivo Los Millonarios Bogotá (2001)

*Contested betwenn winners of all previous editions of the Copa Libertadores
**Contested between teams belonging countries from the northern part of South America (Bolivia, Colombia, Ecuador, Peru and Venezuela);

NATIONAL COMPETITIONS
TABLE OF HONOURS

NATIONAL CHAMPIONS 1948-2015

1948	Independiente Santa Fé Bogotá[1]
1949	CD Los Millonarios Bogotá
1950	CD Once Caldas Manizales
1951	CD Los Millonarios Bogotá
1952	CD Los Millonarios Bogotá
1953	CD Los Millonarios Bogotá
1954	Club Atlético Nacional Medellín
1955	CD Independiente Medellín
1956	Deportes Quindío Armenia
1957	CD Independiente Medellín
1958	Independiente Santa Fé Bogotá
1959	CD Los Millonarios Bogotá
1960	Independiente Santa Fé Bogotá
1961	CD Los Millonarios Bogotá
1962	CD Los Millonarios Bogotá
1963	CD Los Millonarios Bogotá
1964	CD Los Millonarios Bogotá
1965	Asociación Deportivo Cali
1966	Independiente Santa Fé Bogotá
1967	Asociación Deportivo Cali
1968	AD Unión Magdalena Santa Marta
1969	Asociación Deportivo Cali
1970	Asociación Deportivo Cali
1971	Independiente Santa Fé Bogotá
1972	CD Los Millonarios Bogotá
1973	Club Atlético Nacional Medellín

1974	Asociación Deportivo Cali	
1975	Independiente Santa Fé Bogotá	
1976	Club Atlético Nacional Medellín	
1977	CDPJ Atlético Junior Barranquilla	
1978	CD Los Millonarios Bogotá	
1979	CD América de Cali	
1980	CDPJ Atlético Junior Barranquilla	
1981	Club Atlético Nacional Medellín	
1982	CD América de Cali	
1983	CD América de Cali	
1984	CD América de Cali	
1985	CD América de Cali	
1986	CD América de Cali	
1987	CD Los Millonarios Bogotá	
1988	CD Los Millonarios Bogotá	
1989	*Championship cancelled*	
1990	CD América de Cali	
1991	Club Atlético Nacional Medellín	
1992	CD América de Cali	
1993	CDPJ Atlético Junior Barranquilla	
1994	Club Atlético Nacional Medellín	
1995	CDPJ Atlético Junior Barranquilla[2]	
1995/1996	Asociación Deportivo Cali	
1996/1997	CD América de Cali	
1998	Asociación Deportivo Cali	
1999	Club Atlético Nacional Medellín	
2000	CD América de Cali	
2001	CD América de Cali	
2002	Ape:	CD América de Cali
	Fin:	CD Independiente Medellín
2003	Ape:	CD Once Caldas Manizales
	Fin:	CC Deportes Tolima
2004	Ape:	CD Independiente Medellín
	Fin:	CDPJ Atlético Junior Barranquilla
2005	Ape:	Club Atlético Nacional Medellín
	Fin:	Asociación Deportivo Cali
2006	Ape:	Asociación Deportivo Pasto
	Fin:	CN Cúcuta Deportivo
2007	Ape:	Club Atlético Nacional Medellín
	Fin:	Club Atlético Nacional Medellín
2008	Ape:	Boyacá Chicó FC Tunja
	Fin:	CD América de Cali
2009	Ape:	CD Once Caldas Manizales
	Fin:	CD Independiente Medellín
2010	Ape:	CDP Junior Barranquilla
	Fin:	CD Once Caldas Manizales
2011	Ape:	Club Atlético Nacional Medellín
	Fin:	CDP Junior Barranquilla
2012	Ape:	Santa Fe CD Bogotá
	Fin:	CD Los Millonarios Bogotá
2013	Ape:	Club Atlético Nacional Medellín
	Fin:	Club Atlético Nacional Medellín

2014	Ape:	Club Atlético Nacional Medellín
	Fin:	Santa Fe CD Bogotá
2015	Ape:	Asociación Deportivo Cali
	Fin:	Club Atlético Nacional Medellín

[1]became Santa Fe CD Bogotá.
[2]became CDP Junior Barranquilla.

	BEST GOALSCORERS	
1948	Alfredo Castillo (ARG, CD Los Millonarios Bogotá)	31
1949	Pedro Cabillón (ARG, CD Los Millonarios Bogotá)	42
1950	Casimiro Ávalos (PAR, CSDC de Pereira)	27
1951	Alfredo Stéfano Di Stéfano Laulhé (ARG, CD Los Millonarios Bogotá)	31
1952	Alfredo Stéfano Di Stéfano Laulhé (ARG, CD Los Millonarios Bogotá)	19
1953	Mario Garelli (ARG, Deportes Quindío Armenia)	20
1954	Carlos Alberto Gambina (ARG, Club Atlético Nacional Medellín)	21
1955	Felipe Marino (ARG, CD Independiente Medellín)	22
1956	Jaime Gutiérrez (Deportes Quindío Armenia)	21
1957	José Vicente Grecco (ARG, CD Independiente Medellín)	30
1958	José Americo Montanini (ARG, Club Atlético Bucaramanga CD)	36
1959	Felipe Marino (ARG, CN Cúcuta Deportivo)	35
1960	Walter Marcolini (ARG, Asociación Deportivo Cali)	30
1961	Alberto Perazzo (ARG, Independiente Santa Fé Bogotá)	32
1962	José Omar Verdún (URU, CN Cúcuta Deportivo)	36
1963	Omar Lorenzo Devanni (ARG, Club Atlético Bucaramanga CD)	
	José Omar Verdún (URU, CN Cúcuta Deportivo)	36
1964	Omar Lorenzo Devanni	
	(ARG, AD Unión Magdalena Santa Marta / Club Atlético Bucaramanga CD)	28
1965	Perfecto Rodríguez (ARG, CD Independiente Medellín)	38
1966	Omar Lorenzo Devanni (ARG, Independiente Santa Fé Bogotá)	31
1967	José María Ferrero (ARG, CD Los Millonarios Bogotá)	38
1968	José María Ferrero (ARG, CD Los Millonarios Bogotá)	32
1969	Hugo Horacio Londero (ARG, CD América de Cali)	25
1970	José María Ferrero (ARG, CN Cúcuta Deportivo)	
	Walter Sosa (URU, Independiente Santa Fé Bogotá)	27
1971	Hugo Horacio Londero (ARG, CN Cúcuta Deportivo)	
	Apolinar Paniagua (PAR, CSDC de Pereira)	30
1972	Hugo Horacio Londero (ARG, CN Cúcuta Deportivo)	27
1973	Nelson Silva Pacheco (URU, CN Cúcuta Deportivo)	36
1974	Víctor Ephanor (BRA, CDPJ Atlético Junior Barranquilla)	33
1975	Jorge Ramón Cáceres (ARG, CSDC de Pereira)	35
1976	Miguel Ángel Converti (ARG, CD Los Millonarios Bogotá)	33
1977	Oswaldo Marcial Palavecino (ARG, Club Atlético Nacional Medellín)	33
1978	Oswaldo Marcial Palavecino (ARG, Club Atlético Nacional Medellín)	36
1979	Juan José Irigiyon (ARG, CD Los Millonarios Bogotá)	36
1980	Sergio Cierra (ARG, CSDC de Pereira)	26
1981	Víctor Hugo Del Río (ARG, CC Deportes Tolima)	29
1982	Miguel Oswaldo González (ARG, Club Atlético Bucaramanga CD)	27
1983	Hugo Ernesto Gottardi (ARG, Independiente Santa Fé Bogotá)	29
1984	Hugo Ernesto Gottardi (ARG, Independiente Santa Fé Bogotá)	23
1985	Miguel Oswaldo González (ARG, Club Atlético Bucaramanga CD)	34
1986	Hugo Ramón Sosa (ARG, CD Independiente Medellín)	23
1987	Jorge Orlando Aravena Plaza (CHI, Asociación Deportivo Cali)	23

Year		Player (Club)	Goals
1988		Sergio Angulo Bolaños (Independiente Santa Fé Bogotá)	29
1989		Héctor Gerardo Móndez (URU, CSDC de Pereira)	17
1990		Antony Wílliam de Ávila Charris (CD América de Cali)	25
1991		Sergio Angulo Bolaños (CDPJ Atlético Junior Barranquilla)	30
1992		John Jairo Tréllez (Club Atlético Nacional Medellín)	25
1993		Miguel Guerrero (CDPJ Atlético Junior Barranquilla)	34
1994		Rubén Darío Hernández (Club Atlético Nacional Medellín / CSDC de Pereira / CD América de Cali)	32
1995		Iván René Valenciano Pérez (CDPJ Atlético Junior Barranquilla)	24
1995/1996		Iván René Valenciano Pérez (CDPJ Atlético Junior Barranquilla)	36
1996/1997		Hamilton Ricard Cuesta (Asociación Deportivo Cali)	36
1998		Víctor Manuel Bonilla Hinestroza (Asociación Deportivo Cali)	37
1999		Sergio Galván Rey (ARG, CD Once Caldas Manizales)	26
2000		Carlos Alberto Castro (CD Los Millonarios Bogotá)	24
2001		Carlos Alberto Castro (CD Los Millonarios Bogotá) Jorge Horacio Serna Castañeda (CD Independiente Medellín)	29
2002	Ape:	Luis Fernando Zuleta (AD Unión Magdalena Santa Marta)	13
	Fin:	Orlando Enrique Ballesteros Santos (Club Atlético Bucaramanga CD) Milton Fabián Rodríguez Suárez (CSDC de Pereira)	13
2003	Ape:	Arnulfo Valentierra Cuero (CD Once Caldas Manizales)	13
	Fin:	Léider Calimenio Preciado Guerrero (Asociación Deportivo Cali)	17
2004	Ape:	Sergio Darío Herrera Month (CD América de Cali)	13
	Fin:	Leonardo Fabio Moreno Cortés (CD América de Cali) Léider Calimenio Preciado Guerrero (Independiente Santa Fé Bogotá)	15
2005	Ape:	Víctor Hugo Aristizábal Posada (Club Atlético Nacional Medellín)	16
	Fin:	Jémerson Rentería (Independiente Santa Fé Bogotá) Hugo Rodalega Martínez (Asociación Deportivo Cali)	12
2006	Ape:	Jorge Moreno (CN Cúcuta Deportivo)	15
	Fin:	Diego Álvarez (CD Independiente Medellín) John Jairo Charria Escobar (CC Deportes Tolima)	11
2007	Ape:	Fredy Henkyer Montero Muñoz Jr. (CD Atlético Huila Neiva) Sergio Galván Rey (Club Atlético Nacional Medellín)	13
	Fin:	Dayro Mauricio Moreno Galindo (CD Once Caldas Manizales)	16
2008	Ape:	Iván Velásquez (Deportes Quindío Armenia) Miguel Eduardo Caneo (ARG, Boyacá Chicó FC Tunja)	13
	Fin:	Fredy Henkyer Montero Muñoz Jr. (Asociación Deportivo Cali)	16
2009	Ape:	Teófilo Antonio Gutiérrez Rocancio (CDP Junior Barranquilla)	16
	Fin:	Jackson Arley Martínez Valencia (CD Independiente Medellín)	18
2010	Ape:	Carlos Arturo Bacca Ahumada (CDP Junior Barranquilla) Carlos Alveiro Rentería Cuesta (CD La Equidad Seguros Bogotá)	12
	Fin:	Wilder Andrés Medina Tamayo (CC Deportes Tolima)	17
2011	Ape:	Carlos Alveiro Rentería Cuesta (Club Atlético Nacional Medellín)	12
	Fin:	Carlos Arturo Bacca Ahumada (CDP Junior Barranquilla)	12
2012	Ape:	Robin Ariel Ramírez González (CC Deportes Tolima)	13
	Fin:	Henry Javier Hernández Álvarez (CN Cúcuta Deportivo)	9
2013	Ape:	Wilder Andrés Medina Tamayo (Santa Fe CD Bogotá)	12
	Fin:	Dayro Mauricio Moreno Galindo (CD Los Millonarios Bogotá) Luis Carlos Ruiz Morales (CDP Junior Barranquilla)	16
2014	Ape:	Dayro Mauricio Moreno Galindo (CD Los Millonarios Bogotá)	13
	Fin:	Germán Ezequiel Cano (ARG, CD Independiente Medellín)	16
2015	Ape:	Fernando Uribe Hincapié (Millonarios FC Bogotá)	15
	Fin:	Jefferson Andrés Duque Montoya (Club Atlético Nacional Medellín)	15

NATIONAL CHAMPIONSHIP
PRIMERA A 2015

Torneo Apertura - Liga Águila I

Results

Round 1 [30.01-02.02.2015]
CCD Tuluá - Envigado FC 1-1(0-1)
Deportes Tolima - Boyacá Chicó FC 4-1(2-0)
Once Caldas - CD Independiente 0-2(0-0)
Atlético Nacional - Águilas Pereira 2-0(1-0)
Jaguares de Córdoba - Deportivo Cali 0-0
CD La Equidad - Santa Fe 2-2(1-1)
CD Patriotas FC - Atlético Huila 2-1(1-1)
Cúcuta Deportivo FC - CDP Junior 1-0(1-0)
Uniautónoma FC - Alianza Petrolera 1-1(1-1)
Millonarios FC – Dep. Pasto 5-1(4-0) [25.03.]

Round 2 [06-08.02.2015]
Atlético Huila - Jaguares de Córdoba 2-1(1-0)
Deportivo Pasto - CCD Tuluá 0-3(0-2)
Águilas Pereira - Uniautónoma FC 1-0(0-0)
Millonarios FC - CD Patriotas FC 2-0(0-0)
CD Independiente - Atlético Nacional 0-1(0-0)
Cúcuta Deportivo FC - Santa Fe 2-2(1-1)
Boyacá Chicó FC - Alianza Petrolera 0-0
Deportivo Cali - CD La Equidad 2-0(1-0)
CDP Junior - Once Caldas 2-1(1-0)
Envigado FC - Deportes Tolima 1-0(1-0)

Round 3 [10-12.02.2015]
Jaguares de Córdoba – Deport. Pasto 2-0(1-0)
Patriotas FC - Cúcuta Deportivo FC 3-0(1-0)
Alianza Petrolera - Águilas Pereira 1-0(1-0)
Atlético Nacional - Atlético Huila 1-2(0-1)
CD La Equidad - Envigado FC 0-1(0-0)
Uniautónoma FC - Deportivo Cali 1-2(1-1)
Santa Fe - Boyacá Chicó FC 1-0(0-0)
CCD Tuluá - CDP Junior 2-0(0-0)
Deportes Tolima - CD Independiente 1-2(1-0)
Once Caldas - Millonarios FC 1-2(1-1) [01.04.]

Round 4 [14-15.02.2015]
CD La Equidad - Águilas Pereira 0-2(0-0)
Alianza Petrolera - Santa Fe 0-1(0-0)
Envigado FC - Atlético Nacional 1-2(1-1)
Boyacá Chicó FC - Uniautónoma FC 0-0
Millonarios FC - Cúcuta Deportivo FC 3-0(0-0)
CCD Tuluá - Atlético Huila 0-1(0-1)
Deportes Tolima - Deportivo Cali 4-1(4-1)
CD Independiente - Jaguares de Córd. 2-2(1-2)
Once Caldas - Deportivo Pasto 1-0(0-0)
CDP Junior - CD Patriotas FC 2-0(2-0) [25.03.]

Round 5 [21-22.02.2015]
Envigado FC - Uniautónoma FC 2-0(1-0)
Cúcuta Deportivo - Boyacá Chicó FC 1-1(0-0)
Deportivo Cali - Alianza Petrolera 0-0
Millonarios FC - CCD Tuluá 4-1(3-0)
CDP Junior - Jaguares de Córdoba 4-0(1-0)
CD Patriotas FC - Once Caldas 1-1(0-0)
CD Independiente - CD La Equidad 1-0(1-0)
Águilas Pereira - Santa Fe 1-1(0-0)
Deportivo Pasto - Atlético Nacional 2-1(1-1)
Atlético Huila - Deportes Tolima 1-1(1-1)

Round 6 [24-26.02.2015]
Boyacá Chicó FC - Envigado FC 1-1(0-0)
CCD Tuluá - Cúcuta Deportivo FC 0-0
Jaguares de Córdoba - Once Caldas 1-2(1-1)
Alianza Petrolera - Atlético Huila 1-1(1-0)
CD La Equidad - CDP Junior 1-0(0-0)
Deportes Tolima - Millonarios FC 1-0(0-0)
Uniautónoma FC - Deportivo Pasto 1-0(1-0)
Águilas Pereira - Deportivo Cali 2-1(0-0)
Atlético Nacional - CD Patriotas FC 2-0(1-0)
Santa Fe - Independiente 3-1(2-1) [24.03.]

Round 7 [28.02.-01.03.2015]
Deportivo Pasto - CD Independiente 0-3(0-1)
Deportes Tolima - CD La Equidad 1-0(0-0)
CDP Junior - Envigado FC 0-0
Once Caldas - Boyacá Chicó FC 2-2(2-2)
Atlético Huila - Cúcuta Deportivo FC 3-0(2-0)
CD Patriotas FC - Águilas Pereira 1-0(1-0)
Jaguares de Córdoba - Alianza Petrol. 2-0(2-0)
Atlético Nacional - Uniautónoma FC 4-0(2-0)
Deportivo Cali - Millonarios FC 5-1(3-1)
Santa Fe - CCD Tuluá 3-0(2-0)

Round 8 [07-08.03.2015]
Envigado FC - Águilas Pereira 1-0(0-0)
Millonarios FC - CD La Equidad 1-1(0-0)
Atlético Huila - Santa Fe 2-2(0-1)
Deportivo Pasto - Alianza Petrolera 0-0
CD Independiente - Boyacá Chicó FC 1-1(1-0)
CCD Tuluá - Jaguares de Córdoba 1-2(0-1)
CDP Junior - Uniautónoma FC 2-1(1-1)
Once Caldas - Atlético Nacional 3-3(1-0)
Cúcuta Deportivo FC - Deportivo Cali 2-4(1-2)
CD Patriotas FC - Deportes Tolima 1-0(1-0)

Round 9 [10-12.03.2015]
Envigado FC - Deportivo Pasto 2-1(2-1)
Águilas Pereira - Millonarios FC 0-0
Alianza Petrolera - CCD Tuluá 1-1(0-0)
Cúcuta Deportivo - Deportes Tolima 1-1(0-1)
Uniautónoma FC - Jaguares de Córd. 1-1(0-0)
Santa Fe - Once Caldas 0-1(0-1)
CD Independiente - Atlético Huila 2-0(1-0)
Boyacá Chicó FC - CD Patriotas FC 1-1(1-0)
Deportivo Cali - CDP Junior 3-2(1-2)
La Equidad - Atlético Nac. 2-0(0-0) [29.04.]

Round 10 [14-15.03.2015]
Once Caldas - Águilas Pereira 1-1(0-0)
Jaguares de Córdoba - Envigado FC 2-1(1-0)
Alianza Petrolera - Cúcuta Deportivo 3-2(2-0)
Millonarios FC - Santa Fe 0-0
Deportes Tolima - Atlético Huila 3-1(2-1)
CD La Equidad - Deportivo Pasto 1-0(1-0)
CD Patriotas FC - Boyacá Chicó FC 1-1(1-0)
Atlético Nacional - CD Independiente 3-1(1-1)
CCD Tuluá - Deportivo Cali 2-1(0-1)
Uniautónoma FC - CDP Junior 0-2(0-1)

Round 11 [21-23.03.2015]
Boyacá Chicó FC - CD La Equidad 1-2(1-1)
CD Independiente - CCD Tuluá 2-1(1-1)
Envigado FC - Jaguares de Córdoba 2-0(1-0)
Santa Fe - Uniautónoma FC 4-1(3-1)
Atlético Huila - Once Caldas 1-0(0-0)
CDP Junior - Millonarios FC 2-0(2-0)
Deportivo Cali - Atlético Nacional 3-1(1-0)
Águilas Pereira - Deportes Tolima 0-0
Deportivo Pasto - CD Patriotas FC 1-3(1-2)
Cúcuta Deportivo FC - Alianza Petrolera 0-0

Round 12 [27-29.03.2015]
CCD Tuluá - Uniautónoma FC 0-1(0-0)
CD Patriotas FC - Santa Fe 0-0
Jaguares de Córdoba - CD La Equidad 1-1(1-1)
Deportivo Pasto - Deportivo Cali 1-4(1-1)
Atlético Nacional - Deportes Tolima 2-0(2-0)
Atlético Huila - Envigado FC 2-1(2-1)
CDP Junior - Águilas Pereira 1-1(0-0)
Cúcuta Dep. - CD Independiente 0-3(Awarded)
Once Caldas - Alianza Petrolera 2-2(1-0)
Millonarios FC - Boyacá Chicó FC 3-1(1-0)

Round 13 [04-05.04.2015]
CD La Equidad - CD Patriotas FC 0-0
Jaguares de Córdoba - Cúcuta Deport. 1-1(1-0)
Santa Fe - Deportivo Pasto 4-0(1-0)
Atlético Nacional - CCD Tuluá 1-3(1-3)
Boyacá Chicó FC - Atlético Huila 0-1(0-1)
Deportivo Cali - Envigado FC 0-2(0-1)
Águilas Pereira - CD Independiente 0-1(0-1)
Alianza Petrolera - CDP Junior 0-0
Uniautónoma FC - Millonarios FC 2-1(2-0)
Deportes Tolima - Once Caldas 1-1(1-1)

Round 14 [07-09.04.2015]
Santa Fe - Deportes Tolima 1-0(1-0) [31.03.]
Boyacá Chicó - Atlético Nac. 3-2(2-1) [01.04.]
Deportivo Cali - CCD Tuluá 1-1(0-0)
Águilas Pereira - Jaguares de Córdoba 1-0(0-0)
Atlético Huila - Millonarios FC 2-2(1-1)
Uniautónoma FC - Cúcuta Deportivo FC 0-0
CD Independiente - CD Patriotas FC 1-0(0-0)
Alianza Petrolera - CD La Equidad 2-2(2-0)
Envigado FC - Once Caldas 2-1(1-0)
Deportivo Pasto - CDP Junior 0-0

Round 15 [11-12.04.2015]
Atlético Huila - Águilas Pereira 3-3(1-1)
CCD Tuluá - Deportes Tolima 1-1(0-0)
CD Patriotas FC - Uniautónoma FC 1-0(0-0)
CD Independiente - Deportivo Cali 2-2(0-1)
Deportivo Pasto - Boyacá Chicó FC 0-1(0-1)
Jaguares de Córdoba - Atlético Nac. 0-1(0-1)
CDP Junior - Santa Fe 3-1(1-1)
Once Caldas - CD La Equidad 2-2(0-1)
Cúcuta Deportivo FC - Envigado FC 0-0
Millonarios FC - Alianza Pet. 3-1(1-0) [15.04.]

Round 16 [18-20.04.2015]
CD La Equidad - Atlético Huila 1-2(0-1)
Alianza Petrolera - Envigado FC 1-2(0-0)
Uniautónoma FC - CD Independiente 1-1(1-1)
Atlético Nacional - CDP Junior 2-2(2-0)
Deportes Tolima - Deportivo Pasto 2-1(0-1)
Jaguares de Córdoba - Millonarios FC 3-3(2-1)
Santa Fe - Deportivo Cali 0-1(0-1)
CCD Tuluá - CD Patriotas FC 2-0(1-0)
Cúcuta Deportivo FC - Once Caldas 1-2(1-0)
Boyacá Chicó FC - Águilas Pereira 0-1(0-0)

Round 17 [24-26.04.2015]
Boyacá Chicó FC - CCD Tuluá 2-1(0-0)
CD La Equidad - Cúcuta Deportivo 3-1(3-0)
Atlético Huila - Deportivo Pasto 3-1(2-1)
CD Independiente - CDP Junior 1-2(1-0)
Santa Fe - Jaguares de Córdoba 3-0(2-0)
Águilas Pereira - Once Caldas 2-1(0-0)
Alianza Petrolera - Atlético Nacional 0-1(0-1)
Deportivo Cali - CD Patriotas FC 0-0
Envigado FC - Millonarios FC 0-0
Uniautónoma FC - Deportes Tolima 0-2(0-0)

Round 18 [01-03.05.2015]
Envigado FC - Santa Fe 0-0
Once Caldas - CCD Tuluá 3-2(1-0)
Cúcuta Deportivo - Águilas Pereira 2-1(1-0)
CDP Junior - Deportes Tolima 1-1(1-0)
Patriotas FC - Jaguares de Córdoba 2-1(1-1)
Atlético Huila - Uniautónoma FC 3-1(3-0)
Deportivo Pasto - CD La Equidad 1-2(0-1)
Millonarios FC - Atlético Nacional 0-0
CD Independiente - Alianza Petrolera 2-2(0-2)
Deportivo Cali - Boyacá Chicó FC 3-0(1-0)

Round 19 [09-10.05.2015]
CD La Equidad - Uniautónoma FC 1-0(0-0)
Jaguares de Córdoba - Boyacá Chicó 2-0(1-0)
Deportivo Pasto - Cúcuta Deportivo 1-0(0-0)
Millonarios FC - CD Independiente 3-1(1-0)
Atlético Nacional - Santa Fe 2-0(0-0)
Águilas Pereira - CCD Tuluá 1-0(1-0)
CDP Junior - Atlético Huila 0-1(0-0)
Once Caldas - Deportivo Cali 2-3(0-1)
Deportes Tolima - Alianza Petrolera 1-0(0-0)
CD Patriotas FC - Envigado FC 0-1(0-0)

Round 20 [15-17.05.2015]
Uniautónoma FC - Once Caldas 2-2(2-2)
CCD Tuluá - CD La Equidad 0-0
Atlético Nacional - Cúcuta Deportivo 2-2(1-1)
Deportivo Cali - Atlético Huila 0-1(0-1)
Deportes Tolima - Jaguares de Córd. 5-0(0-0)
Alianza Petrolera - CD Patriotas FC 2-1(1-1)
Santa Fe - Millonarios FC 1-3(1-0)
Boyacá Chicó FC - CDP Junior 0-2(0-0)
Águilas Pereira - Deportivo Pasto 6-0(4-0)
Envigado FC - CD Independiente 0-2(0-1)

	Final Standings							
1.	CD Atlético Huila Neiva	20	12	5	3	33 - 22	41
2.	Envigado FC	20	10	6	4	21 - 13	36
3.	Asociación Deportivo Cali	20	10	5	5	36 - 24	35
4.	CD Independiente Medellín	20	10	5	5	31 - 22	35
5.	Millonarios FC Bogotá	20	9	7	4	36 - 23	34
6.	Club Atlético Nacional Medellín	20	10	4	6	33 - 24	34
7.	CC Deportes Tolima	20	9	6	5	29 - 16	33
8.	CDP Junior Barranquilla	20	9	6	5	27 - 16	33
9.	Club Independiente Santa Fe Bogotá	20	8	7	5	29 - 19	31
10.	Águilas Pereira	20	8	6	6	23 - 16	30
11.	CD Patriotas FC Tunja	20	7	6	7	17 - 18	27
12.	CD La Equidad Seguros Bogotá	20	6	8	6	21 - 21	26
13.	CD Once Caldas Manizales	20	5	8	7	29 - 32	23
14.	Corporación Club Deportivo Tuluá	20	5	6	9	22 - 25	21
15.	Jaguares de Córdoba FC Montería	20	5	6	9	21 - 32	21
16.	CD Alianza Petrolera Barrancabermeja	20	3	11	6	17 - 22	20
17.	Boyacá Chicó FC Tunja	20	3	8	9	16 - 29	17
18.	Cúcuta Deportivo FC	20	2	9	9	16 - 33	15
19.	Uniautónoma FC Barranquilla	20	3	6	11	13 - 30	15
20.	Asociación Deportivo Pasto	20	2	3	15	11 - 44	9

Top-8 qualified for the Play-offs.2

Play-offs

Quarter-Finals [20-24.05.2015]	
CC Deportes Tolima - CD Atlético Huila Neiva	2-1(1-1) 3-2(1-1)
CDP Junior Barranquilla - CD Independiente Medellín	2-2(1-0) 0-1(0-0) 0-3 aw.
Millonarios FC Bogotá - Envigado FC	4-0(1-0) 2-3(0-1)
Club Atlético Nacional Medellín - Asociación Deportivo Cali	3-3(2-2) 0-1(0-0)

Semi-Finals [27-28.05.2015]	
CC Deportes Tolima - CD Independiente Medellín	0-0 1-3(1-0)
Millonarios FC Bogotá - Asociación Deportivo Cali	3-2(1-1) 0-1 aet 3-4 pen

Liga Águila I Final

03.06.2015, Estadio Deportivo Cali, Palmira; Attendance: 35,000
Referee: Gustavo Murillo
Asociación Deportivo Cali - CD Independiente Medellín   **1-0(1-0)**
Deportivo Cali: Ernesto Hernández Oncina, Helibelton Palacios Zapata, Germán Mera Cáceres, Richard Renteria Moreno (60.Danilo Arboleda Hurtado), Frank Yusty Fabra Palacios, Andrés Eduardo Pérez Gutiérrez (Cap), Kevin Balanta, Yerson Candelo Miranda (84.David Ariel Mendieta Chávez), Andrés Felipe Roa Estrada, Mateo Casierra (76.Miguel Ángel Murillo García), Harold Fabián Preciado Villarreal. Trainer: Fernando Castro Lozada.
Independiente: Anthony Domingo Silva Cano, Juan Camilo Angulo Villegas, Diego Armando Hérner (Cap), Jefferson Mena Palacios, Vladimir Marín Ríos (57.Brayan Edinson Angulo Mosquera), Didier Andrés Moreno Asprilla, Jherson Enrique Córdoba Ospina, Christian Camilo Marrugo Rodríguez (75.Cristian Alberto Restrepo González), Hernán Ignacio Hechalar, Juan Fernando Caicedo Benítez (33.Hernán Enrique Pertúz Ortega), Juan David Pérez Benítez. Trainer: Leonel de Jesús Álvarez Zuleta.

Goal: 1-0 Harold Fabián Preciado Villarreal (17).

07.06.2015, Estadio "Atanasio Girardot", Medellín; Attendance: 45,000
Referee: Juan Carlos Gamarra
CD Independiente Medellín - Asociación Deportivo Cali　　　　　　**1-1(0-1)**
Independiente: Anthony Domingo Silva Cano, Juan Camilo Angulo Villegas (60.Hernán Enrique Pertúz Ortega), Diego Armando Hérner (Cap), Jefferson Mena Palacios, Vladimir Marín Ríos (70.Alfredo José Morelos Aviléz), Didier Andrés Moreno Asprilla, Jherson Enrique Córdoba Ospina (59.Daniel Alejandro Hernández González), Brayan Edinson Angulo Mosquera, Hernán Ignacio Hechalar, Charles Júnior Monsalvo Peralta, Juan David Pérez Benítez. Trainer: Leonel de Jesús Álvarez Zuleta.
Deportivo Cali: Ernesto Hernández Oncina, Helibelton Palacios Zapata, Cristian Javier Nasuti Matovelle, Germán Mera Cáceres, Frank Yusty Fabra Palacios, Andrés Eduardo Pérez Gutiérrez (Cap), Kevin Balanta, Yerson Candelo Miranda (74.Víctor Hugo Giraldo López), Andrés Felipe Roa Estrada (70.Juan David Cabezas Nuñez), Mateo Casierra (84.Miguel Ángel Murillo García), Harold Fabián Preciado Villarreal. Trainer: Fernando Castro Lozada.
Goals: 0-1 Andrés Felipe Roa Estrada (40), 1-1 Charles Júnior Monsalvo Peralta (69).

2015 Campeonato Apertura Champions: **Asociación Deportivo Cali**

Top goalscorers:
15 goals:	**Fernando Uribe Hincapié**	**(Millonarios FC Bogotá)**
13 goals:	Harold Fabián Preciado Villarreal	(Asociación Deportivo Cali)
10 goals:	Marco Jhonnier Pérez Murillo	(CC Deportes Tolima)

Torneo Finalización - Liga Águila II

Results

Round 1 [10-12.07.2015]
Alianza Petrolera - Uniautónoma FC 2-0(0-0)
Envigado FC - CCD Tuluá 1-2(0-1)
CDP Junior - Cúcuta Deportivo FC 2-0(2-0)
CD Independiente - Once Caldas 0-0
Atlético Huila - CD Patriotas FC 0-2(0-2)
Águilas Pereira - Atlético Nacional 0-2(0-1)
Santa Fe - CD La Equidad 4-0(2-0)
Deportivo Pasto - Millonarios FC 0-0
Deportivo Cali - Jaguares de Córdoba 0-3 Awd.
Boyacá Chicó FC – Dep. Tolima 0-0 [11.10.]

Round 2 [18-19.07.2015]
CD La Equidad - Deportivo Cali 1-2(1-1)
Uniautónoma FC - Águilas Pereira 0-0
Atlético Nacional - CD Independiente 0-0
CCD Tuluá - Deportivo Pasto 5-1(1-0)
Deportes Tolima - Envigado FC 0-2(0-2)
Jaguares de Córdoba - Atlético Huila 1-1(1-1)
Once Caldas - CDP Junior 1-1(1-0)
Alianza Petrolera - Boyacá Chicó FC 1-0(0-0)
Santa Fe - Cúcuta Deportivo FC 5-0(2-0)
Patriotas FC - Millonarios FC 2-3(1-2) [06.08.]

Round 3 [23-26.07.2015]
Deportivo Cali - Uniautónoma FC 5-1(3-1)
Envigado FC - CD La Equidad 0-2(0-1)
Deportivo Pasto - Jaguares de Córd. 2-0(0-0)
Boyacá Chicó FC - Santa Fe 0-1(0-0)
Atlético Huila - Atlético Nacional 0-2(0-1)
CD Independiente - Deportes Tolima 1-0(1-0)
Águilas Pereira - Alianza Petrolera 0-0
Millonarios FC - Once Caldas 0-0
CDP Junior - CCD Tuluá 1-2(0-0)
Cúcuta Deportivo FC - Patriotas FC 1-0(0-0)

Round 4 [31.07.-02.08.2015]
Cúcuta Deportivo FC - Millonarios FC 1-1(1-0)
Atlético Huila - CCD Tuluá 1-0(0-0)
Águilas Pereira - CD La Equidad 2-1(1-1)
Uniautónoma FC - Boyacá Chicó FC 0-1(0-1)
Santa Fe - Alianza Petrolera 1-1(1-1)
Deportivo Pasto - Once Caldas 2-1(0-0)
Jaguares de Córd. - CD Independiente 1-2(0-0)
Atlético Nacional - Envigado FC 1-0(1-0)
Deportivo Cali - Deportes Tolima 1-1(1-1)
CD Patriotas FC - CDP Junior 1-0(0-0)

Round 5 [05-09.08.2015]
Atlético Nacional - Deportivo Pasto 4-0(3-0)
CD La Equidad - CD Independiente 2-0(1-0)
Jaguares de Córdoba - CDP Junior 0-1(0-0)
Deportes Tolima - Atlético Huila 2-1(0-0)
Santa Fe - Águilas Pereira 0-0
Uniautónoma FC - Envigado FC 0-0
CCD Tuluá - Millonarios FC 2-0(1-0)
Once Caldas - CD Patriotas FC 1-3(1-2)
Alianza Petrolera - Deportivo Cali 3-2(2-1)
Boyacá Chicó - Cúcuta Dep. 3-2(1-0) [23.09.]

Round 6 [14-16.08.2015]
Envigado FC - Boyacá Chicó FC 0-0
CD Independiente - Santa Fe 1-1(1-1)
Atlético Huila - Alianza Petrolera 1-0(0-0)
CDP Junior - CD La Equidad 1-1(1-1)
Deportivo Pasto - Uniautónoma FC 3-0(1-0)
Deportivo Cali - Águilas Pereira 0-0
Cúcuta Deportivo FC - CCD Tuluá 0-0
Once Caldas - Jaguares de Córdoba 1-1(0-0)
Millonarios FC – Dep. Tolima 1-0(1-0) [07.10.]
Patriotas FC - Atlético Nac. 0-1(0-1) [22.10.]

Round 7 [19-20.08.2015]
Alianza Petrol. - Jaguares de Córdoba 1-0(1-0)
Uniautónoma FC - Atlético Nacional 1-1(1-1)
Millonarios FC - Deportivo Cali 1-1(1-1)
Cúcuta Deportivo FC - Atlético Huila 0-1(0-1)
CD Independiente - Deportivo Pasto 1-0(0-0)
Boyacá Chicó FC - Once Caldas 0-1(0-0)
Águilas Pereira - Patriotas FC 1-1(0-1) [02.09.]
Envigado FC - CDP Junior 0-1(0-0) [10.10.]
CCD Tuluá - Santa Fe 1-2(1-1) [11.10.]
CD La Equidad – Dep.Tolima 0-2(0-0) [14.10.]

Round 8 [22-23.08.2015]
Jaguares de Córdoba - CCD Tuluá 0-0
Uniautónoma FC - CDP Junior 2-3(1-1)
CD La Equidad - Millonarios FC 2-1(1-0)
Deportes Tolima - CD Patriotas FC 1-0(0-0)
Águilas Pereira - Envigado FC 1-2(0-1)
Alianza Petrolera - Deportivo Pasto 1-0(0-0)
Santa Fe - Atlético Huila 2-1(1-0)
Atlético Nacional - Once Caldas 1-2(1-2)
Deportivo Cali - Cúcuta Deportivo FC 2-0(0-0)
Boyacá Chicó - CD Independ. 0-1(0-0) [14.10.]

Round 9 [28-31.08.2015]
CD Patriotas FC - Boyacá Chicó FC 0-0
Atlético Huila - CD Independiente 0-2(0-1)
CCD Tuluá - Alianza Petrolera 0-0
Atlético Nacional - CD La Equidad 2-0(1-0)
Deportes Tolima - Cúcuta Deportivo 3-0(2-0)
Jaguares de Córd. - Uniautónoma FC 1-2(0-2)
Once Caldas - Santa Fe 1-0(0-0)
CDP Junior - Deportivo Cali 3-1(2-0)
Millonarios FC - Águilas Pereira 2-0(1-0)
Deportivo Pasto - Envigado FC 2-0(1-0)

Round 10 [04-06.09.2015]
Deportivo Pasto - CD La Equidad 1-2(1-1)
Envigado FC - Jaguares de Córdoba 1-0(0-0)
CD Independiente - Atlético Nacional 1-0(0-0)
CDP Junior - Uniautónoma FC 0-2(0-1)
Águilas Pereira - Once Caldas 2-1(1-0)
Atlético Huila - Deportes Tolima 1-3(1-1)
Santa Fe - Millonarios FC 1-1(0-0)
Cúcuta Deportivo - Alianza Petrolera 1-2(1-1)
Deportivo Cali - CCD Tuluá 1-0(1-0)
Boyacá Chicó - Patriotas FC 0-1(0-0) [16.09.]

Round 11 [09-10.09.2015]
Deportes Tolima - Águilas Pereira 1-1(1-0)
Uniautónoma FC - Santa Fe 0-1(0-0)
CCD Tuluá - CD Independiente 3-1(3-1)
Alianza Petrolera - Cúcuta Deportivo 1-0(1-0)
Millonarios FC - CDP Junior 1-2(0-0)
Jaguares de Córdoba - Envigado FC 1-3(1-1)
CD La Equidad - Boyacá Chicó FC 1-0(0-0)
Once Caldas - Atlético Huila 4-0(2-0)
Atlético Nacional - Deportivo Cali 3-0(1-0)
Patriotas FC – Deport. Pasto 1-3(0-1) [24.09.]

Round 12 [12-14.09.2015]
Santa Fe - CD Patriotas FC 0-0
Águilas Pereira - CDP Junior 0-2(0-0)
Uniautónoma FC - CCD Tuluá 1-0(0-0)
CD Independiente - Cúcuta Deportivo 4-1(3-0)
CD La Equidad - Jaguares de Córdoba 4-3(2-2)
Alianza Petrolera - Once Caldas 0-0
Deportivo Cali - Deportivo Pasto 2-2(1-0)
Envigado FC - Atlético Huila 0-0
Boyacá Chicó FC - Millonarios FC 0-3(0-1)
Deportes Tolima - Atlético Nacional 0-1(0-0)

Round 13 [18-20.09.2015]
Envigado FC - Deportivo Cali 1-1(1-1)
CD Patriotas FC - CD La Equidad 1-2(1-0)
Atlético Huila - Boyacá Chicó FC 0-0
Deportivo Pasto - Santa Fe 3-1(1-1)
CD Independiente - Águilas Pereira 0-0
Once Caldas - Deportes Tolima 0-0
Cúcuta Deportivo - Jaguares de Córd. 4-0(2-0)
Millonarios FC - Uniautónoma FC 2-0(1-0)
CDP Junior - Alianza Petrolera 2-1(1-1)
CCD Tuluá - Atlético Nacional 0-0

Round 14 [25-27.09.2015]
CD La Equidad - Alianza Petrolera 0-0
Once Caldas - Envigado FC 1-1(1-0)
CCD Tuluá - Deportivo Cali 1-2(0-1)
Cúcuta Deportivo - Uniautónoma FC 2-1(1-1)
Deportes Tolima - Santa Fe 1-0(0-0)
Millonarios FC - Atlético Huila 0-0
Jaguares de Córdoba - Águilas Pereira 2-1(1-1)
Atlético Nacional - Boyacá Chicó FC 6-1(5-0)
CDP Junior - Deportivo Pasto 2-0(0-0)
CD Patriotas FC - CD Independiente 3-1(0-0)

Round 15 [02-04.10.2015]
CD La Equidad - Once Caldas 1-2(0-0)
Deportes Tolima - CCD Tuluá 2-0(0-0)
Deportivo Cali - CD Independiente 4-2(1-2)
Santa Fe - CDP Junior 3-0(1-0)
Atlético Nacional - Jaguares de Córd. 1-0(1-0)
Águilas Pereira - Atlético Huila 3-0(2-0)
Alianza Petrolera - Millonarios FC 1-0(0-0)
Boyacá Chicó FC - Deportivo Pasto 1-0(1-0)
Envigado FC - Cúcuta Deportivo FC 4-1(3-1)
Uniautónoma - Patriotas FC 2-1(2-0) [10.10.]

Round 16 [16-18.10.2015]
CD Patriotas FC - CCD Tuluá 2-2(1-1)
Águilas Pereira - Boyacá Chicó FC 1-1(1-1)
Atlético Huila - CD La Equidad 1-1(0-0)
Millonarios FC - Jaguares de Córdoba 3-1(2-1)
CDP Junior - Atlético Nacional 0-4(0-4)
Envigado FC - Alianza Petrolera 2-1(0-0)
CD Independiente - Uniautónoma FC 1-0(0-0)
Deportivo Cali - Santa Fe 1-0(0-0)
Once Caldas - Cúcuta Deportivo FC 1-0(0-0)
Deportivo Pasto - Deportes Tolima 0-0

Round 17 [27-29.10.2015]
CD Patriotas FC - Deportivo Cali 2-1(1-0)
CCD Tuluá - Boyacá Chicó FC 2-1(1-1)
Millonarios FC - Envigado FC 0-0
Deportes Tolima - Uniautónoma FC 3-2(2-0)
Atlético Nacional - Alianza Petrolera 1-0(0-0)
Once Caldas - Águilas Pereira 1-0(0-0)
Cúcuta Deportivo - CD La Equidad 1-1(0-0)
Deportivo Pasto - Atlético Huila 3-2(1-1)
CDP Junior - CD Independiente 2-0(1-0)
Jaguares de Córd. - Santa Fe 2-2(2-1) [15.11.]

Round 18 [31.10.-02.11.2015]
Jaguares de Córdoba - Patriotas FC 0-2(0-2)
CCD Tuluá - Once Caldas 0-3(0-1)
Atlético Nacional - Millonarios FC 1-0(0-0)
Águilas Pereira - Cúcuta Deportivo 2-0(2-0)
Uniautónoma FC - Atlético Huila 0-0
Santa Fe - Envigado FC 1-1(1-0)
Deportes Tolima - CDP Junior 2-0(0-0)
Boyacá Chicó FC - Deportivo Cali 0-2(0-1)
CD La Equidad - Deportivo Pasto 0-1(0-1)
Alianza Petrolera - CD Independiente 1-1(0-0)

Round 19 [06-08.11.2015]
Deportivo Cali - Once Caldas 1-4(1-2)
Atlético Huila - CDP Junior 2-2(2-1)
CD Independiente - Millonarios FC 2-0(0-0)
Santa Fe - Atlético Nacional 1-0(1-0)
Cúcuta Deportivo - Deportivo Pasto 0-2(0-2)
Alianza Petrolera - Deportes Tolima 2-0(2-0)
Envigado FC - CD Patriotas FC 0-1(0-1)
CCD Tuluá - Águilas Pereira 0-0
Uniautónoma FC - CD La Equidad 3-0(2-0)
Boyacá Chicó - Jaguares de Córdoba 2-1(0-1)

Round 20 [21-22.11.2015]
CD La Equidad - CCD Tuluá 1-0(0-0)
Cúcuta Deportivo - Atlético Nacional 1-2(1-1)
Jaguares de Córdoba – Dep. Tolima 1-2(1-0)
Once Caldas - Uniautónoma FC 0-1(0-1)
CD Patriotas FC - Alianza Petrolera 1-0(0-0)
Millonarios FC - Santa Fe 1-0(1-0)
CDP Junior - Boyacá Chicó FC 6-0(4-0)
Deportivo Pasto - Águilas Pereira 0-3(0-0)
Atlético Huila - Deportivo Cali 0-1(0-0)
CD Independiente - Envigado FC 2-0(1-0)

Final Standings

1.	Club Atlético Nacional Medellín	20	14	3	3	33	-	7	45
2.	CDP Junior Barranquilla	20	11	3	6	31	-	23	36
3.	CC Deportes Tolima	20	10	5	5	23	-	14	35
4.	CD Independiente Medellín	20	10	5	5	23	-	18	35
5.	CD Once Caldas Manizales	20	9	7	4	25	-	14	34
6.	CD Alianza Petrolera Barrancabermeja	20	9	6	5	18	-	12	33
7.	Asociación Deportivo Cali	20	9	5	6	30	-	28	32
8.	Club Independiente Santa Fe Bogotá	20	8	7	5	26	-	15	31
9.	CD Patriotas FC Tunja	20	9	4	7	24	-	19	31
10.	Asociación Deportivo Pasto	20	9	3	8	25	-	26	30
11.	Millonarios FC Bogotá	20	7	7	6	20	-	16	28
12.	CD La Equidad Seguros Bogotá	20	8	4	8	22	-	27	28
13.	Envigado FC	20	6	7	7	18	-	18	25
14.	Águilas Pereira	20	5	9	6	17	-	16	24
15.	Corporación Club Deportivo Tuluá	20	6	6	8	20	-	20	24
16.	Uniautónoma FC Barranquilla	20	6	4	10	18	-	26	22
17.	Boyacá Chicó FC Tunja	20	4	5	11	10	-	29	17
18.	CD Atlético Huila Neiva	20	3	7	10	12	-	28	16
19.	Cúcuta Deportivo FC	20	3	3	14	15	-	37	12
20.	Jaguares de Córdoba FC Montería	20	2	4	14	18	-	35	10

Top-8 qualified for the Play-offs.

Play-offs

Quarter-Finals [28.11.-06.12.2015]

Asociación Deportivo Cali - Club Atlético Nacional Medellín	0-0	1-3(1-2)
CD Alianza Petrolera Barrancabermeja - CD Independiente Medellín	0-2(0-2)	0-4(0-1)
Club Independiente Santa Fe Bogotá - CDP Junior Barranquilla	2-1(1-1)	1-3(1-2)
CD Once Caldas Manizales - CC Deportes Tolima	1-0(1-0)	1-3(1-1)

Semi-Finals [10-13.12.2015]

CD Independiente Medellín - Club Atlético Nacional Medellín	1-0(0-0)	0-2(0-2)
CC Deportes Tolima - CDP Junior Barranquilla	0-1(0-0)	0-1(0-0)

Liga Águila II Final

16.12.2015, Estadio Metropolitano "Roberto Meléndez", Barranquilla; Attendance: 38,508
Referee: Wilson Lamoroux
CDP Junior Barranquilla - Club Atlético Nacional Medellín   2-1(2-0)
Junior: Mario Sebastián Viera Galaín (Cap), William José Tesillo Gutiérrez, Andrés Felipe Correa Osorio, Juan Guillermo Domínguez Cabeza, José Iván Vélez Castillo, Guillermo León Celis Montiel, Gustavo Leonardo Cuéllar Gallego, Jarlan Junior Barrera Escalona (76.Luis Manuel Narváez Pitalúa), Vladimir Javier Hernández Rivero (76.Juan David Pérez Benítez), Édinson Toloza Colorado (89.Jorge Andrés Aguirre Restrepo), Roberto Andrés Ovelar Maldonado. Trainer: Alexis Antonio Mendoza Barros.
Atlético Nacional: Franco Armani, Oscar Fabián Murillo Murillo, Alexis Héctor Henríquez Charales (Cap), Daniel Eduardo Bocanegra Ortíz, Farid Alfonso Díaz Rhenals, Alexander Mejía Sabalsa (46.Sebastián Pérez Cardona), Alejandro Bernal Rios, Macnelly Torres Berrío (46.Marlos Moreno Durán), Alejandro Abraham Guerra Morales, Yimmi Javier Chará Zamora, Jefferson Andrés Duque Montoya (68.Jonathan Copete Valencia). Trainer: Reinaldo Rueda Rivera.
Goals: 1-0 Roberto Andrés Ovelar Maldonado (14), 2-0 Édinson Toloza Colorado (21), 2-1 Yimmi Javier Chará Zamora (66).

20.12.2015, Estadio "Atanasio Girardot", Medellín; Attendance: 47,707
Referee: Gustavo Murillo
Club Atlético Nacional Medellín - CDP Junior Barranquilla   1-0(1-0,1-0,1-0);
3-2 on penalties
Atlético Nacional: Franco Armani, Gilberto García Olarte (77.Daniel Eduardo Bocanegra Ortíz), Oscar Fabián Murillo Murillo, Alexis Héctor Henríquez Charales (Cap), Farid Alfonso Díaz Rhenals, Alexander Mejía Sabalsa (88.Alejandro Bernal Rios), Sebastián Pérez Cardona, Macnelly Torres Berrío (65.Alejandro Abraham Guerra Morales), Marlos Moreno Durán, Yimmi Javier Chará Zamora, Jefferson Andrés Duque Montoya. Trainer: Reinaldo Rueda Rivera.
Junior: Mario Sebastián Viera Galaín (Cap), William José Tesillo Gutiérrez, Andrés Felipe Correa Osorio, Juan Guillermo Domínguez Cabeza, José Iván Vélez Castillo, Gustavo Leonardo Cuéllar Gallego, Luis Manuel Narváez Pitalúa, Guillermo León Celis Montiel, Vladimir Javier Hernández Rivero (90.Félix Enrique Noguera), Édinson Toloza Colorado (59.Juan David Pérez Benítez), Roberto Andrés Ovelar Maldonado. Trainer: Alexis Antonio Mendoza Barros.
Goal: 1-0 (1).
Penalties: Félix Enrique Noguera (missed); Daniel Eduardo Bocanegra Ortíz (missed); Luis Manuel Narváez Pitalúa 0-1; Yimmi Javier Chará Zamora 1-1; Roberto Andrés Ovelar Maldonado 1-2; Alejandro Abraham Guerra Morales 2-2; Guillermo León Celis Montiel (missed); Sebastián Pérez Cardona 3-2; Gustavo Leonardo Cuéllar Gallego (missed).

2015 Campeonato Finalización Champions: **Club Atlético Nacional Medellín**

Top goalscorers:
- 15 goals: Jefferson Andrés Duque Montoya (Club Atlético Nacional Medellín)
- 12 goals: Harold Fabián Preciado Villarreal (Asociación Deportivo Cali)
- 9 goals: Juan Fernando Caicedo Benítez (CD Independiente Medellín)
- Roberto Andrés Ovelar Maldonado (PAR) (CDP Junior Barranquilla)

	Aggregate Table 2015								
1.	Club Atlético Nacional Medellín	48	27	9	12	76	-	39	90
2.	CD Independiente Medellín	50	26	12	12	69	-	45	90
3.	CDP Junior Barranquilla	48	24	9	15	66	-	48	81
4.	Asociación Deportivo Cali	48	22	13	13	76	-	62	79
5.	CC Deportes Tolima	48	22	12	14	61	-	40	78
6.	Millonarios FC Bogotá	44	18	14	12	65	-	45	68
7.	Club Independiente Santa Fe Bogotá	42	17	14	11	58	-	38	65
8.	Envigado FC	42	17	13	12	42	-	37	64
9.	CD Once Caldas Manizales	42	15	15	12	56	-	49	60
10.	CD Patriotas FC Tunja	40	16	10	14	41	-	37	58
11.	CD Atlético Huila Neiva	42	15	12	15	48	-	55	57
12.	Águilas Pereira	40	13	15	12	39	-	33	54
13.	CD La Equidad Seguros Bogotá	40	14	12	14	43	-	48	54
14.	CD Alianza Petrolera Barrancabermeja	42	12	17	13	35	-	40	53
15.	Corporación Club Deportivo Tuluá	40	11	12	17	42	-	45	45
16.	Asociación Deportivo Pasto	40	11	6	23	36	-	70	39
17.	Uniautónoma FC Barranquilla	40	9	10	21	31	-	56	37
18.	Boyacá Chicó FC Tunja	40	7	13	20	26	-	58	34
19.	Jaguares de Córdoba FC Montería	40	7	10	23	39	-	67	31
20.	Cúcuta Deportivo FC	40	5	12	23	31	-	70	27

Qualified for the 2016 Copa Libertadores (First Stage):
Club Independiente Santa Fe Bogotá

Qualified for the 2016 Copa Libertadores (Second Stage):
Club Atlético Nacional Medellín, Asociación Deportivo Cali

Qualified for the 2016 Copa Sudamericana (First Stage):
CD Independiente Medellín, CDP Junior Barranquilla, CC Deportes Tolima,

Qualified for the 2016 Copa Sudamericana (2nd Round of 16):
Club Independiente Santa Fe Bogotá

Relegation Table 2015

Relegation was determined by an average of the points obtained in the First Stages of the past six championships (last three seasons: 2013, 2014, 2015).

Pos	Team	2013 P	2014 P	2015 P	Total P	Total M	Aver
1.	Club Atlético Nacional Medellín	69	63	79	211	112	1.884
2.	Club Independiente Santa Fe Bogotá	61	61	62	184	112	1.643
3.	CDP Junior Barranquilla	52	55	69	176	112	1.571
4.	Millonarios FC Bogotá	59	53	62	174	112	1.554
5.	Asociación Deportivo Cali	58	47	67	172	112	1.536
6.	CD Once Caldas Manizales	56	57	57	170	112	1.518
7.	Águilas Pereira	58	57	54	169	112	1.509
8.	CD Independiente Medellín	47	51	70	168	112	1.500
9.	CC Deportes Tolima	50	45	68	163	112	1.455
10.	Envigado FC	39	48	61	148	112	1.321
11.	CD Alianza Petrolera Barrancabermeja	38	54	53	145	112	1.295
12.	CD Atlético Huila Neiva	40	46	57	143	112	1.277
13.	CD La Equidad Seguros Bogotá	45	41	54	140	112	1.250
14.	CD Patriotas FC Tunja	34	45	58	137	112	1.223
15.	Asociación Deportivo Pasto	53	38	39	130	112	1.161
16.	Boyacá Chicó FC Tunja	34	47	34	115	112	1.027
17.	Corporación Club Deportivo Tuluá	34	35	45	114	112	1.018
18.	Jaguares de Córdoba FC Montería	34	45	31	110	112	0.982
19.	Uniautónoma FC Barranquilla (*Relegated*)	34	35	37	106	112	0.946
20.	Cúcuta Deportivo FC (*Relegated*)	34	35	27	96	112	0.857

COPA COLOMBIA
Copa Águila Final 2015

11.11.2015, Estadio Metropolitano, Barranquilla; Attendance: 22,258
Referee: Ímer Lemuel Machado Barrera
CDP Junior Barranquilla - Club Independiente Santa Fe Bogotá   2-0(1-0)
Junior: Mario Sebastián Viera Galaín (Cap), Andrés Felipe Correa Osorio, William José Tesillo Gutiérrez, José Iván Vélez Castillo, Juan Guillermo Domínguez Cabeza, Guillermo León Celis Montiel, Gustavo Leonardo Cuéllar Gallego, Jarlan Junior Barrera Escalona (67.Jorge Andrés Aguirre Restrepo), Vladimir Javier Hernández Rivero, Juan David Pérez Benítez (73.Yessy Ferley Mena Palacios), José Edison Toloza Colorado (81.Luis Manuel Narváez Pitalúa). Trainer: Alexis Antonio Mendoza Barros.
Santa Fe: Robinson Zapata Rufay, Yerry Fernando Mina González, Jair Arrechea Amú, José Yulián Anchico Patiño (Cap), Leyvin Jhojane Balanta Fory, Yeison Stiven Gordillo Vargas, Sebastián Enríque Salazar Beltrán (81.Almir de Jesús Soto Maldonado), Juan Daniel Roa Reyes, Darío Andrés Rodríguez Parra (75.Omar Sebastián Pérez), Jhon Fredy Miranda Rada (68.Miguel Ángel Borja Hernández), Wilson David Morelo López. Trainer: Gerardo Cono Pelusso Boyrie (Uruguay).
Goals: 1-0 Juan David Pérez Benítez (23), 2-0 Jorge Andrés Aguirre Restrepo (76).

19.11.2015, Estadio "Nemesio Camacho" 'El Campín', Bogotá; Attendance: 36,000
Referee: Adrián Vélez
Club Independiente Santa Fe Bogotá - CDP Junior Barranquilla   1-0(1-0)
Santa Fe: Robinson Zapata Rufay, Yerry Fernando Mina González, Francisco Javier Meza Palma, José Yulián Anchico Patiño (Cap) (46.Omar Sebastián Pérez), Leyvin Jhojane Balanta Fory, Yeison Stiven Gordillo Vargas, Sebastián Enríque Salazar Beltrán, Luis Manuel Seijas Gunther, Juan Daniel Roa Reyes (79.Baldomero Perlaza Perlaza), Daniel Patricio Angulo Arroyo (63.Yair Arboleda Quiñones), Wilson David Morelo López. Trainer: Gerardo Cono Pelusso Boyrie (Uruguay).
Junior: Mario Sebastián Viera Galaín (Cap), Andrés Felipe Correa Osorio, William José Tesillo Gutiérrez, José Iván Vélez Castillo, Juan Guillermo Domínguez Cabeza, Guillermo León Celis Montiel, Gustavo Leonardo Cuéllar Gallego, Luis Manuel Narváez Pitalúa, Vladimir Javier Hernández Rivero (85.Jhonny Albeiro Ramírez Lozano), Juan David Pérez Benítez (72.Jorge Andrés Aguirre Restrepo), José Edison Toloza Colorado (46.Roberto Andrés Ovelar Maldonado). Trainer: Alexis Antonio Mendoza Barros.
Goal: 1-0 Luis Manuel Seijas Gunther (2).

2015 Copa Colombia Winners: **CDP Junior Barranquilla**

THE CLUBS 2015

ÁGUILAS PEREIRA FÚTBOL CLUB

Foundation date: January 7, 2008 / November 1991
Address: Calle 36 N° 59, 69 Int. 187 Itagüí / Carrera 11 N° 46 - 152 – Maraya, Pereira
Stadium: Estadio "Alberto Grisales", Rionegro – Capacity: 14,000

THE SQUAD

	DOB	Ape M	G	Fin M	G
Goalkeepers:					
Osvaldo Andrés Cabral (ARG)	04.06.1985	15	-	9	-
Kevin Wilson Piedrahita Velasco (USA)	18.06.1991	5	-	11	-
Cristian Pinillos Fernández	26.10.1996	-	-	-	-
Juan Valencia	19.03.1993			-	-
Defenders:					
Carlos Mario Arboleda Ampudia	08.06.1986	18	1	16	-
Gustavo Adolfo Benjumea Jaramillo	12.01.1996			-	-
Javier López Rodríguez	30.10.1988	15	-	5	-
Ervin Antonio Maturana Órtiz	05.10.1979	3	-	7	-
Jhonny Mesa Morelos	11.09.1993	10	2	6	-
Hanyer Luis Mosquera Córdoba	15.01.1987	9	-	19	-
Juan Camilo Pérez Saldarriaga	26.10.1985			13	-
Fabio Darío Rodríguez Mejía	03.10.1985	13	1	15	-
Samuel Antonio Vanegas Luna	08.09.1976	4	-		
Fabián Alexis Viáfara Alarcón	16.03.1992	10	1	18	-
Anderson Fernan Zapata Diosa	03.12.1984	16	-	-	-
Midfielders:					
Cleider Leandro Alzáte Correa	05.02.1988	10	-	13	3
Diego de Jesús Chamorro Freyre (PAR)	23.03.1988			-	-
Luis Felipe Chará Zamora	06.01.1981			17	-
Diego Fernando Chica López	11.02.1981	16	1	6	-
John Edward Hernández García	11.02.1991	-	-	1	-
Vladimir Marín Rios	26.09.1979			16	1
Juan José Mezú Viáfara	06.01.1989			4	-
Elvis David Mosquera Valdés	22.01.1991	7	-	-	-
Yohn Géiler Mosquera Martínez	15.04.1989	13	-	14	-
Hilton José Murillo Garces	07.10.1990	11	-	13	1
Juan Daniel Murillo Machado	24.09.1987			4	-
Yonaider Ortega Crespo	22.09.1987	-	-		
Edinson Manuel Palomino Marrugo	30.01.1986	17	5	13	2
Dayron Alexander Pérez Calle	24.12.1978	17	1		
Andrés Ricaurte Vélez	03.10.1991	3	1	-	-
Jhon Eduis Viáfara Mina	27.10.1978	5	-		
Víctor Manuel Zapata Mera	01.11.1985	17	-		
Forwards:					
Esteban Felipe Castañeda Otálvaro	18.12.1991			10	1
Johan Jorge Fano (PER)	09.08.1978	14	5	9	-
José David Lloreda Guevara	12.08.1994			7	1
Mauricio Mina Quintero	24.08.1982	14	2		
Jhon César Mosquera Rivas	26.01.1992	2	1	9	-
Kevin Alfredo Nieto Márquez	24.05.1995	1	-	1	1
Luis Alfonso Páez Restrepo	24.10.1986			15	6
Óscar Eduardo Rodas Vargas	04.06.1987	15	1	8	1
Trainer:					
Óscar Héctor Quintabani Faggiolani (ARG) [24.09.2014-28.09.2015]	04.06.1950	20		14	
Néstor William Otero Carvajal [as of 29.09.2015]	18.09.1955			6	

CLUB DEPORTIVO ALIANZA PETROLERA BARRANCABERMEJA
Foundation date: October 24, 1991
Address: *Not available*
Stadium: Estadio "Daniel Villa Zapata", Floridablanca – Capacity: 10,400

THE SQUAD

	DOB	Ape M	Ape G	Fin* M	Fin* G
Goalkeepers:					
Pier Luigi Grazziani Serrano	14.08.1994	-	-	3	-
Ricardo Antonio Jérez Figueroa (GUA)	04.02.1986	19	-	19	-
Santiago Rodas Restrepo	05.05.1990	1	-	-	-
Defenders:					
Felipe Aguilar Mendoza	20.01.1993	6	-	19	-
Andrés Felipe Álvarez Gordón	01.07.1993	2	-	1	-
Juan Guillermo Arboleda Sánchez	28.07.1989	15	-	21	-
Jonathan Ávila Martínez	01.11.1991	2	-		
Deivy Alexander Balanta Abonía	09.02.1993	10	-	10	1
Felipe Banguero Millán	31.12.1988	18	-	20	-
Jeisson Andrés Palacios Palacios	17.09.1989	16	1	2	-
David Alonso Valencia Figueroa	31.05.1991	19	1	21	1
Midfielders:					
Edwin Ronaldo Ariza Cabezas	17.01.1998	2	-	6	-
Nelson Alberto Barahona Collins (PAN)	22.11.1987			18	2
Rafael Andrés Carrascal Avílez	17.03.1992	17	1	21	-
Víctor Alfonso Castillo Ocoro	10.07.1987	15	-	18	1
Alex Stik Castro Giraldo	08.03.1994	19	1	16	-
Jherson Enrique Córdoba Ospina	02.09.1988			11	-
Omar Yecid Manjarrés Noriega	13.12.1994			10	2
Mateo Fígoli Martínez (URU)	03.08.1984			21	3
Marco Antonio Morgon Filho "Marquinho"	24.02.1988	6	-	-	-
Giovanny Martínez Cortés	07.07.1989	-	-		
Juan Pablo Nieto Salazar	25.02.1993	16	1	19	-
Carlos Alberto Riascos Guazá	19.06.1994	1	-	1	-
Henry Andrés Rojas Delgado	27.07.1987	16	3		
Daniel Santa Moreno	07.06.1992	19	-	9	-
Gerardo Sebastián Vonder Putten (URU)	28.02.1988	7	1	-	-
Forwards:					
Martín Enrique Arzuaga Coronel	23.07.1981			16	5
Luis Carlos Espínola Ruíz (PAR)	15.04.1986	17	4		
Jeison Estupiñán	13.08.1995	4	1	-	-
Jhon Stiwar García Mena	06.09.1990	3	-		
Juan Sebastián Herrera Sanabria	04.11.1994	13	1	4	-
Jamillacson Palacios Palacio	09.02.1988	-	-	3	-
Arley José Rodríguez Henry	13.02.1993	14	2	17	3
Trainer:					
Adolfo León Holguín [21.02.2014-14.03.2015]	01.05.1975	10			
Óscar Francisco Upegui Pereira [as of 14.03.2015]	20.09.1969	10		22	

*Matches and goals in 2015 Torneo Finalización play-offs included

CLUB DEPORTIVO ATLÉTICO HUILA NEIVA

Foundation date: November 29, 1990
Address: Coliseo Cubierto la Libertad, Carrera 18 N° 18 – 25, Neiva
Stadium: Estadio „Guillermo Plazas Alcid", Neiva – Capacity: 23,000

THE SQUAD

Name	DOB	Ape* M	Ape* G	Fin M	Fin G
Goalkeepers:					
Carlos Andrés Abella Parra	25.01.1986	2	-	5	-
Geovanni Banguera Delgado	15.12.1995	-	-	1	-
Jhonny Alexander da Silva Sosa (URU)	21.08.1991	20	-	14	-
Johan Camilo Lizarralde Pedraza	08.03.1995	-	-	-	-
Gustavo Adolfo Sánchez Giraldo	17.01.1996	-	-	-	-
Defenders:					
Diego Armando Amaya Solano	10.11.1985	14	1	11	1
Eder Castañeda Botia	22.07.1992			13	-
Elacio José Córdoba Mosquera	21.10.1993	16	1		
Carlos Alberto Díaz	28.11.1982	17	1	12	-
Elvis Javier Gónzalez Herrera	20.02.1982	17	-	16	-
Eduard Andrés Gutiérrez Castillo	09.08.1995			2	-
John Jairo Lozano Castaño	31.07.1984	17	2		
Dainer Joanni Mera Arará	15.01.1995	-	-	3	-
Elvis Yoan Perlaza Lara	07.03.1989	20	-	13	-
Kenier Andrés Renteria Mena	06.05.1995			2	-
Francined Restrepo García	02.02.1995			1	-
Cristian Germán Useche Ramos	13.08.1995			1	-
Midfielders:					
Cristhian Felipe Alarcon Guarin	29.05.1992	7	-	11	2
Camilo Andrés Ayala Quintero	23.06.1986	16	1	5	-
Jean Carlos Becerra Cuello	17.08.1993	1	-	-	-
Pedro Julián Chávez Ruiz (PAR)	29.06.1985	17	3	5	-
David Arturo Ferreira Rico	09.08.1979	20	7	18	-
Denis Leonardo Gómez Lozano	07.10.1991			11	1
Jarvinson González Castro	21.04.1997			1	-
Juan José Herrán Rojas	15.10.1995			-	-
César Augusto Hinestroza Lozano	20.11.1989	9	1	5	-
Jefferson Andrés Lerma Solís	25.10.1994	19	1	4	1
Juan Fernando Niño Perdomo	15.06.1990	6	-	13	-
Juan Esteban Ortíz Blandón	29.08.1987	16	-	8	-
Jackson Palacio Sánchez	07.12.1995			1	-
Arnol Palacios Mosquera	08.06.1992			11	-
Jordyn José Soracá Turizo	20.12.1993			2	-
Edwin Ronaldo Tavera Contreras	31.07.1995			4	-
Hamilton Valencia Londoño	31.01.1997	-	-	-	-
Layneker Evelio Zafra Martínez	23.05.1986	3	-		
Forwards:					
Jonathan Alexander Angulo	06.01.1993	7	1		
Yovanny Arrechea Amu	23.01.1983	15	3	7	-
Marcelo Raúl Bergese (ARG)	30.04.1985	20	4		
Manuel Eutimio Berrio Palacios	22.07.1996			2	-
César Augusto Caicedo Solís	21.10.1994	1	-		
Cristian Stiven Canga Vargas	23.02.1991			13	2
Jhony Moisés Cano Barrios	14.06.1989	21	8	14	2
William Omar Duarte Figueroa	18.07.1995			8	-
Francisco Javier García Quezada (PAR)	04.04.1991			15	2
Jhoan Mauricio Mancilla Mina	18.02.1996			1	-
Anderson Daniel Plata Guillén	08.11.1990	4	1	16	1
Jesús Daniel Toscanini Correa (URU)	11.12.1987	2	-	-	-
Trainer:					
José Fernando Santa Robledo	12.09.1970	22		20	

*Matches and goals in 2015 Torneo Apertura play-offs included

CORPORACIÓN DEPORTIVA ATLÉTICO NACIONAL MEDELLÍN
Foundation date: March 7, 1947
Address: Calle 62 N° 44-103, Itagüí
Stadium: Estadio „Atanasio Girardot", Medellín – Capacity: 52,872

THE SQUAD

	DOB	Ape* M G	Fin** M G
Goalkeepers:			
Franco Armani (ARG)	16.10.1986	11 -	18 -
Luis Enrique „Neco" Martínez Rodríguez	11.07.1982	1 -	- -
Camilo Andrés Vargas Gil	09.03.1989	10 -	8 -
Christián Vargas Cortés	16.11.1989	1 -	- -
Defenders:			
Alejandro Bernal Rios	03.06.1988	10 -	22 1
Elkin Darío Calle Grajales	19.01.1985	5 -	
Farid Alfonso Díaz Rhenals	20.07.1983	17 -	24 -
Gilberto García Olarte	27.01.1987	15 1	19 2
Alexis Héctor Henríquez Charales	01.02.1983	15 -	22 1
Miller Stiwar Mosquera Cabrera	16.07.1992	4 -	2 -
Oscar Fabián Murillo Murillo	18.04.1988	17 1	20 2
Álvaro Francisco Nájera Gil	25.07.1983	16 2	12 -
Diego Arturo Peralta González	02.01.1985	6 -	- -
Juan David Valencia Hinestroza	15.01.1986	14 3	4 -
Midfielders:			
Daniel Eduardo Bocanegra Ortíz	23.04.1987	7 -	9 -
Andrés Ramiro Escobar Díaz	14.05.1991	11 1	3 -
Alejandro Abraham Guerra Morales	09.07.1985	12 4	14 -
Alexander Mejía Sabalsa	11.07.1988		19 -
Jonathan Yulián Mejía Chaverra	28.07.1990	15 1	9 -
José Hárrison Otálvaro Arce	28.02.1986	9 -	
Jairo Fabián Palomino Sierra	02.08.1988	14 -	1 -
Sebastián Pérez Cardona	29.03.1993	11 -	14 1
Davinson Sánchez Mina	12.06.1996	- -	7 -
Macnelly Torres Berrio	01.11.1984		19 -
Forwards:			
Diego Alejandro Arias Hincapié	15.06.1985	9 -	9 -
Orlando Enrique Berrío Meléndez	14.02.1991	10 -	20 4
Yimmi Javier Chará Zamora	02.04.1991		24 5
Jonathan Copete Valencia	23.01.1988	17 9	12 2
Jefferson Andrés Duque Montoya	17.05.1987	11 3	25 15
Marlos Moreno Durán	20.09.1996	- -	17 5
Rodin Jair Quiñónes Rentería	30.05.1995	4 -	- -
Michael Jhon Ander Rangel Valencia	08.03.1991	2 -	
Brayan Andrés Rovira Ferreira	02.12.1996	- -	1 -
Luis Carlos Ruíz Morales	08.01.1987	11 4	7 1
Sebastián Támara Manrrique	10.05.1996		1 1
Pablo César Leonardo Velázquez Centurión (PAR)	12.03.1987	13 3	
Pablo Daniel Zeballos Ocampos (PAR)	04.03.1986	9 3	
Trainer:			
Juan Carlos Osorio Arbelaez [03.05.2012-25.05.2015]	08.06.1962	22	
Reinaldo Rueda Rivera [as of 01.07.2015]	16.04.1957		26

*Matches and goals in 2015 Torneo Apertura play-offs included
**Matches and goals in 2015 Torneo Finalización play-offs included

BOYACÁ CHICÓ FÚTBOL CLUB TUNJA

Foundation date: March 26, 2002
Address: Carrera 7 N° 156 - 80 - Torre I - Oficina 1301, Tunja
Stadium: Estadio de La Independencia, Tunja – Capacity: 20,000

THE SQUAD

	DOB	Ape M	G	Fin M	G
Goalkeepers:					
Sebastián Arango Mercado	27.01.1996	-	-	-	-
Eder Aleixo Chaux Ospina	20.12.1991	6	-	3	-
José Huber Escobar Giraldo	10.09.1987	-	-	17	-
Luis Alberto Estacio Valverde	19.04.1980	14	-		
Defenders:					
Alexander Felipe Arrieta Hernández	25.05.1993	-	-	-	-
Willianson Córdoba Palacios	12.01.1991	-	-	11	-
Juan Cruz Gotta (ARG)	10.07.1990	-	-	-	-
José Luis Díaz Rincón	05.02.1995	1	-	10	-
Lucas Ezequiel Díaz Cannevaro (ARG)	14.01.1987			2	-
Brayan Andrey Freire Cárdenas	16.07.1993			3	-
Juan Diego González Alzate	22.09.1980	13	2		
Antony Ibarbo Guerrero	21.11.1996			-	-
Luis Hernando Mena Sepúlveda	20.05.1994	13	-	13	-
Johnny Javier Mostasilla Ceballos	03.01.1991	16	4	19	-
Luciano Alejandro Ospina Londoño	18.02.1991	4	-		
Julián Esteban Pachón Rodríguez	16.02.1989	5	-	-	-
José Daniel Quiñónes Olave	03.01.1994			5	-
Deimer Rufz Rada	22.09.1995	6	-	5	-
Pedro Pablo Tavima Alba	16.11.1985	16	-	19	-
Jefferson Verdecia Nuñez	26.02.1989			4	-
Midfielders:					
Yesid Alberto Aponzá Romero	14.01.1992	12	1		
Edwin Ernesto Ávila Peñaranda	24.09.1986	14	-	1	-
Oscar Leonardo Becerra Gamboa	17.01.1993			5	-
Mike Campaz	16.11.1987			12	-
Déiner Andrés Córdoba Escarpeta	21.04.1992	10	-	15	1
Javier Antonio Flórez Valoyes	18.05.1982	15	-	-	-
Yeison Stiven Gordillo Vargas	25.06.1992	19	1		
Joan Sebastián Jaramillo Herrera	14.04.1994	-	-	-	-
Yesinguer Jiménez Bustamente	13.01.1991	4	1	-	-
Juan Alejandro Mahecha Molina	22.07.1987			17	-
Carlos Alberto Múnera Ramírez	15.04.1991			2	-
David Ángel Oltolina (ARG)	22.03.1985	-	-	-	-
Mateo Palacios Pretel	12.10.1996	-	-	4	-
Raúl Wilfredo Peña Peña	29.08.1996			3	-
John Misael Riascos Silva	29.03.1991	12	-	17	1
Francisco Javier Rodríguez Ibarra	24.06.1987	14	-	13	2
Ronny Rodríguez Peña	26.06.1994	1	-	4	-
Javier Andrés Sanguinetti (ARG)	28.08.1990	19	2		
Kammel Hebanny Valencia Salazar	24.10.1994			4	-
Forwards:					
Juan David Alzáte Calderón	20.01.1984	-	-	-	-
Oscar Iván Balanta Mosquera	07.04.1988	14	1	15	1
Norman Freddy Cabrera Valencia	25.06.1989	7	-	-	-
Goor Edilson Córdoba Mena	10.01.1994	-	-	-	-
Óscar Enrique Galindo Rentería	01.02.1994	4	-	-	-
Víctor Alfonso Guazá Lucumí	16.08.1985	7	-	-	-
Henry Javier Hernández Álvarez	14.05.1982			15	3
Jeferson Alexis Hurtado Valencia	07.06.1994	7	-	-	-
Diego Germán Leguiza (ARG)	23.03.1985	-	-	-	-
Mauricio Mina Quintero	24.08.1982			9	1
Oscar Javier Móvil Castillo	01.05.1987			9	-
Sergio Andrés Quiñónes Ortíz	15.04.1995	11	-	3	-
Efraín Viáfara Molina	08.04.1981	14	2		
William Zapata Brand	28.04.1988			12	-
Trainer:					
Eduardo Lara Lozano [01.01.-10.05.2015]	04.09.1959	19			
Eduardo Pimentel Murcia [as of 11.05.2015]	18.05.1961	1		20	

CORPORACIÓN CLUB DEPORTIVO TULUÁ

Foundation date: October 16, 1967
Address: Carrera 26 N° 32 – 70, Tuluá
Stadium: Estadio Doce de Octubre, Tuluá – Capacity: 16,000

THE SQUAD

	DOB	Ape M	Ape G	Fin M	Fin G
Goalkeepers:					
Camilo Andrés Acero Pedraza	28.03.1994	1	-	-	-
Sebastián Javier Britos Rodríguez (URU)	02.01.1988	11	-		
Jáiber Damián Cardona Lozano	19.01.1990			3	-
Pablo Andrés Mina Ramírez	09.06.1985	10	-	17	-
Defenders:					
Jhon Jairo Bermúdez López	14.04.1992	-	-	-	-
Juan Camilo Bolaños Paredes	03.11.1995	-	-	-	-
Cristian Alexis Borja González	18.02.1993	18	-	16	1
Camilo del Castillo Escobar	09.05.1995	-	-	3	-
Juan David Díaz Navarro	27.08.1987	-	-	-	-
Jonis López Ballesteros	01.09.1995	4	-	1	-
Geison Montaño Ruiz	07.05.1989	-	-	-	-
Juan Carlos Mosquera Gómez	10.12.1982	14	-	15	-
Martín Enríque Payares Campo	27.03.1995	8	-	4	1
Danner David Polo Fernández	07.07.1993				
Andrés Felipe Quejada Murillo	21.11.1985	15	-	13	-
Gustavo Andrés Rojas Calderón	02.06.1988	6	-	1	-
Eder Alberto Sinisterra Vargas	08.11.1991			1	-
Edwin Alexis Velasco Uzuriaga	05.11.1991	16	-	11	-
Midfielders:					
Néider Alexander Batalla Caicedo	23.10.1997	4	-	1	-
Luis Alberto Caicedo Mosquera	18.05.1996			1	-
Juan David Campo Bermúdez	28.05.1993	3	-	18	-
Julio Ricardo Chávez Royero	12.04.1995	4	-	1	-
Jaime Miguel Córdoba Taborda	07.05.1988	14	-	16	2
Vladimir Delgado Ruíz	14.03.1993	8	-	2	-
Yonni Fernando Hinestroza Lozano	20.08.1984	12	1	17	-
Heisen Hower Izquierdo Rentería	13.01.1995	-	-	-	-
Oscar Iván Méndez Giraldo	06.02.1987	1	-	-	-
Jhoan Stiven Mina Peña	11.10.1994			1	-
Jhonathan Muñoz Posso	01.08.1988	19	1	19	2
Jerry Alberto Ortíz Cortés	07.11.1992	8	-		
Kelvin David Osorio Antury	29.10.1993			2	-
Kevin Rojas Ramírez	10.01.1997			-	-
Juan Camilo Roa Estrada	14.11.1994	19	1	17	1
Arlenzon Luís Ucrós Brito	21.07.1992	2	-	-	-
Jhon Edinson Varela Prado	06.09.1987	18	1	19	1
Forwards:					
Daniel Esteban Buitrago Tamayo	27.02.1991	16	3	17	1
Henry Fernando Castillo Riascos	27.06.1994	-	-	4	-
José Rodrigo Castillo Angulo	20.02.1986			1	-
Carlos Alberto Ibargüen Hinojosa	07.10.1995	16	9	14	6
Miguel Ángel Medina Asprilla	05.03.1995	15	4	17	1
Cristian Rafael Mercado Curiel	10.05.1991			2	-
Stiven Pretel Castillo	07.10.1994			3	-
Harold Fernando Reina Figueroa	18.07.1990	9	1	2	-
Ronal Rengifo Abadía	12.08.1991	1	-	-	-
Carlos Andrés Rodas Montoya	04.02.1975	7	-	17	3
Trainer:					
Jaime de la Pava Márquez [as of 01.01.2015]	14.04.1967	20		20	

CÚCUTA DEPORTIVO FÚTBOL CLUB

Foundation date: September 10, 1924
Address: Calle 3 No.1-E-36, Barrio La Ceiba, Cúcuta
Stadium: Estadio "General Santander", Cúcuta – Capacity: 47,500

THE SQUAD

	DOB	Ape M	G	Fin M	G
Goalkeepers:					
Sérgio Andrés Avellaneda Morales	26.02.1990	1	-	4	-
Michael Etulain Castro (URU)	30.09.1980	15	-		
Luis Enrique Delgado Mantilla	16.10.1980			8	-
Yosse Esteban Hernández Bolaños	18.02.1995	-	-	-	-
Wilder Mosquera Romaña	21.01.1985	4	-		
Miguel Fernando Vargas Castaño	03.08.1989			8	-
Defenders:					
Argenis Orlando Alba Ramírez	02.04.1996	1	-	7	-
Eduar Hernán Caicedo Solis	23.04.1995	8	-		
Elkin Darío Calle Grajales	19.01.1985			12	-
Darwin Johan Carrero Ortega	04.11.1993	8	-	11	-
Germán Martín Centurión Marecos (PAR)	05.05.1980			9	-
Édison Mauricio Duarte Barajas	24.06.1992	-	-	-	-
Pablo Andrés Escobar Valencía	12.02.1987	6	-	16	-
John Edison García Zabala	04.06.1989	15	1	2	-
David Alejandro Gómez Rojas	25.03.1988	15	-		
Harold Andres Gómez Muñoz	21.04.1992			12	1
Jerson Jair Gongora	02.12.1995	1	-		
John Jairo Montaño Victoria	17.04.1984			8	-
Kenner Yeffrey Rey Cuberos	10.12.1996			1	-
Franco Sebastián Sosa (ARG)	04.04.1981	5	-	-	-
Luis Miguel Vergara Rodríguez	31.08.1990	13	1	-	-
Midfielders:					
Estéfano Arango González	18.01.1994			18	4
Andrés Felipe Arboleda Hurtado	13.04.1987	14	1	-	-
Gerardo Alberto Bedoya Múnera	26.11.1975	13	3	-	-
Gustavo Adolfo Bolívar Zapata	16.04.1985			18	3
Franco José del Giglio Grossi (ARG)	07.01.1993	5	-	-	-
Edsón Daniel Gómez Pulgarin	16.06.1996	-	-	2	-
Jhon Fredy Hurtado	23.03.1985			6	-
Mauricio Marín Giraldo	15.06.1985	12	-	-	-
Martín Gerardo Morel (ARG)	05.11.1980	-	-	13	1
Edwin Dayan Móvil Cabrera	07.05.1986	13	2	8	-
Jefferson Eulises Murillo Aguilar	18.01.1992	15	1	18	-
Juan Daniel Murillo Machado	24.09.1987	14	-		
Leonardo Alexis Ossa López	06.08.1989	15	1		
Fram Enrique Pacheco Cardona	08.11.1980			2	-
Junior Armando Pyttiam Rangel Cordón	28.07.1995			1	-
Iván David Rivas Mendoza	10.03.1988			3	-
Luis Ángel Robayo Cuadros	29.12.1995			2	-
Alejandro Rojas Ortega	15.08.1995			2	-
Juan Sebastián Santos	24.12.1995	2	-	-	-
Forwards:					
Óscar Alexander Caicedo Carabalí	17.01.1996	1	-	3	-
Cristian Stiven Canga Vargas	23.02.1991	12	3		
Cristián Andrés Dajome Arboleda	03.01.1994			17	4
Marlon Jonathan De Jesús Pabón	04.09.1991			8	-
Diego Armando Espinel Malpica	07.12.1987	18	-	15	-
Edwards Yesid Jiménez Gómez	14.07.1981	11	1		
Marcos Antonio Lazaga Dávalos (PAR)	26.02.1983	6	-		
José David Lloreda Guevara	12.08.1994	9	-		
Jonathan Antonio Palacios Lucas	11.10.1991	16	3	15	1
Erwin Ronaldo Pérez Pérez	13.04.1995			1	-
Miguel Antonio Pérez Jiménez	22.09.1992	10	-	15	1
Jarín Medardo Quintero León	19.08.1993			4	-
Jefferson Giovanny Solano Montañez	24.02.1996			4	-
Trainer:					
José Alberto Suárez [01.01.-10.03.2015]	22.02.1961	8			
Carlos Alberto Quintero Castillo [11.03.-15.03.2015]	28.08.1966	2			
Carlos Marcelo Fuentes (ARG) [16.03.-11.05.2015]	05.05.1960	9			
José Flabio Torres Sierra [12.05.-01.09.2015]	07.12.1970	1		9	
Carlos Alberto Quintero Castillo [as of 02.09.2015]	28.08.1966			11	

378

CORPORACION CLUB DEPORTES TOLIMA IBAGUÉ

Foundation date: December 18, 1954
Address: Carrera 4 Bis N° 34-60,. Ibagué
Stadium: Estadio „Manuel Murillo Toro", Ibagué – Capacity: 31,000

THE SQUAD

	DOB	Ape* M	Ape* G	Fin** M	Fin** G
Goalkeepers:					
William Orlando Arias Bermúdez	27.08.1990	-	-	-	-
José Miguel Paz Hurtado	12.02.1995	-	-	-	-
Janer Alberto Serpa Pacheco	12.02.1981	-	-	-	-
Joel Alberto Silva Estigarribia	13.01.1989	24	-	24	-
Defenders:					
Omar Antonio Albornoz Contreras	28.09.1995	1	-	9	-
Wilmar Enrique Barrios Teherán	17.10.1993	19	1	18	2
Bréiner Bonilla Montaño	21.07.1986	12	1	4	-
Daladier Gerardo Chávez Vásquez	23.03.1995	-	-	-	-
Nelson Eduardo Lemus Hurtado	15.02.1989	2	-	7	-
Davinson Alex Monsalve Jiménez	06.09.1984	9	2	17	-
Julian Alveiro Quiñones García	05.11.1989	21	-	19	-
Fáiner Torijano Cano	31.08.1988	3	-	8	-
Andrés Mateus Uribe Villa	21.03.1991	18	1	15	1
John Alexander Valencia Hinestroza	04.01.1982	9	-	3	-
Midfielders:					
Danovis Banguero Lerma	27.10.1989	21	1	15	-
Delman Cajiao Balanta	03.08.1996			1	-
Didier Delgado Delgado	25.07.1992	23	-	17	1
Jonatan Estrada Campillo	27.01.1983	18	3	16	2
Darwin Guillermo López Tobías	10.02.1992			6	1
Juan Alejandro Mahecha Molina	22.07.1987	9	-		
John Edinson Méndez Bettin	10.08.1985			20	1
Henry Yoseiner Obando Estacio	05.04.1993	7	-	9	-
Avimileth Rivas Quintero	17.10.1984	19	-	16	1
Daniel José Tapia Díaz	21.06.1996	1	-	-	-
Jackson Valencia Mosquera	09.03.1993			4	-
Forwards:					
Héctor Fabián Acuña Maciel (URU)	27.10.1981	16	1		
Róbinson Aponzá Carabali	11.04.1989	4	-		
Isaac Enrique Arias Villamíl	08.10.1990	6	3	7	-
Sleater Arroyo Martínez	12.04.1996	1	-	-	-
Brayan Bermúdez Mazo	02.11.1995			1	-
Álvaro Javier Cabas Rivas	29.10.1995			1	-
Wilfrido De La Rosa Mendoza	07.02.1993	9	1	1	-
Hernán Figueredo Alonzo (URU)	15.05.1985	14	-	5	-
Andrés Felipe Ibargüen García	07.05.1992	24	4	23	6
Rogério Luis Leichtweis (PAR)				19	3
Nicolás Palacios Vidal	11.02.1992	9	-	9	1
Marco Jhonnier Pérez Murillo	18.09.1990	20	10	21	3
Robin Ariel Ramírez González	11.01.1989	13	7	16	1
Trainer:					
Alberto Miguel Gamero Morillo [as of 01.07.2014]	03.02.1964	24		24	

*Matches and goals in 2015 Torneo Apertura play-offs included
**Matches and goals in 2015 Torneo Finalización play-offs included

ASOCIACIÓN DEPORTIVO CALI

Foundation date: November 23, 1912
Address: Calle 34 Norte N°2 BN 75, Cali
Stadium: Estadio Deportivo Cali, Cali – Capacity: 55,000

THE SQUAD

	DOB	Ape* M	Ape* G	Fin** M	Fin** G
Goalkeepers:					
Jáiber Damián Cardona Lozano	19.01.1990	-	-		
Ernesto Exequiel Hernández Oncina (URU)	26.07.1985	24	-	22	-
Luis Alfonso Hurtado Osorio	24.01.1994	2	-	-	-
Manuel Fernando Loaiza Quintas	06.04.1995	-	-	-	-
Defenders:					
Jeison Andrés Angulo Trujillo	27.06.1996	-	-	8	-
Danilo Arboleda Hurtado	16.05.1995	4	-	1	-
Kevin Alexander Balanta Lucumí	28.04.1997	12	-	17	-
Eduar Hernán Caicedo Solis	23.04.1995			1	-
Luis Antonio Calderón Orozco	02.06.1990	-	-	1	-
Harrison Javier Canchimbo Carabalí	14.09.1990	8	-	5	-
Frank Yusty Fabra Palacios	22.02.1991	19	-		
Víctor Hugo Giraldo López	30.09.1985	7	-	-	-
John Jairo Lozano Castaño	31.07.1984			10	1
Germán Mera Cáceres	05.03.1990	24	2	19	1
José Alberto Mondragón Mina	12.01.1994	1	-		
Cristian Javier Nasuti Matovelle (ARG)	06.09.1982	24	-	15	1
Luis Manuel Orejuela García	20.08.1996	1	-	3	-
Helibelton Palacios Zapata	09.06.1993	25	-	18	-
Richard Stevens Rentería Moreno	19.02.1996	4	-	-	-
Jeison Abelardo Súarez Vásquez	08.07.1997			1	-
Midfielders:					
Estéfano Arango González	18.01.1994	1	-		
Nicolás Benedetti	25.04.1997			16	3
Juan David Cabezas Nuñez	27.02.1991	19	1	13	-
Yerson Candelo Miranda	24.02.1992	22	1	3	-
Nilson David Castrillón Burbano	28.01.1996			1	-
Sebastián Escobar	24.11.1997			3	-
Juan Carlos Guazá Pedroza	22.08.1980	16	1	6	-
Jhon Janer Lucumi Bonilla	26.06.1998			9	-
David Ariel Mendieta Chávez (PAR)	22.08.1986	18	1		
Luis Fernando Mosquera Alomia	17.08.1986	1	-	-	-
Andrés Eduardo Pérez Gutiérrez	05.09.1980	22	1	19	2
Jhon Fredy Pérez Lizarazo	22.07.1988			7	-
Juan Fernando Quintero Paniagua	18.01.1993	6	-	5	-
Jhon Alexander Ramírez Caicedo	16.08.1995	1	-		
Carlos Enrique Rentería Olaya	05.07.1995	1	-	8	-
Ali Rodolfo Reyes Vivero	09.02.1993	2	-	-	-
Andrés Felipe Roa Estrada	25.05.1993	13	5	16	-
Jhojan Manuel Valencia Jiménez	27.07.1996	2	-	7	-
Forwards:					
Víctor Manuel Arboleda Murillo	01.10.1997	5	1	-	-
Juan Andrés Balanta Palacios	03.03.1997	1	-	2	-
Rafael Santos Borré Amaury	15.09.1995	12	8	16	3
Zander Mateo Casierra Cabezas	13.04.1997	7	3	16	5
Sergio Darío Herrera Month	15.03.1981	-	-	-	-
Harrison Arley Mojica Betancourt	17.02.1993	1	-	3	-
Miguel Ángel Murillo García	19.10.1993	19	8	11	2
Harold Fabián Preciado Villarreal	01.06.1994	26	13	20	12
Alveiro Sánchez Ramírez	18.11.1997	-	-	1	-
Trainer:					
Fernando Castro Lozada [as of 01.01.2015]	11.02.1949	26		22	

*Matches and goals in 2015 Torneo Apertura play-offs included
**Matches and goals in 2015 Torneo Finalización play-offs included

ASOCIACIÓN DEPORTIVO PASTO

Foundation date: October 12, 1949
Address: Estadio Departamental Libertad, San Juan de Pasto
Stadium: Estadio Departamental Libertad, Pasto – Capacity: 25,000

THE SQUAD

	DOB	Ape M	Ape G	Fin M	Fin G
Goalkeepers:					
Luis Alberto Estacio Valverde	19.04.1980	-	-	-	-
Esteban Giraldo Villarreal	03.06.1992	-	-	-	-
Rodrigo Odriozola López (URU)	31.08.1988	8	-	-	-
Nelson Fernando Ramos Betancourt	23.11.1981			20	-
Jorge Iván Soto Botero	02.08.1993	12	-	-	-
Defenders:					
Álvaro Anyiver Angulo Mosquera	03.06.1997	4	-		
Jonathan Ávila Martínez	01.11.1991			17	-
Gustavo Adolfo Benjumea Jaramillo	12.01.1996	2	-		
Daniel Oswaldo Briceño Bueno	09.06.1985			19	-
Darío Alberto Bustos Torres	03.09.1985			5	-
Camilo Andrés Ceballos Zapata	15.07.1984	19	3		
Yamith Cuesta Romaña	17.04.1989	3	-		
Alex Díaz Díaz	13.01.1989			14	-
Jorge Esteban Hernández García	29.08.1992	9	-		
Omar Mancilla Arboleda	05.10.1994	14	1	2	-
John Jairo Montaño Victoria	17.04.1984	15	-		
Juan David Muriel Crúz	07.05.1989	6	-		
Mairon Jair Quiñónes Cabezas	20.04.1996	2	-	6	-
Rodrigo Ariel Sevillano Cabezas	17.04.1985	10	-		
Midfielders:					
Bréiner Steven Belalcázar Ulabarri	22.09.1984	13	-	7	-
Gustavo Adolfo Bolívar Zapata	16.04.1985	18	-		
Francisco Antonio Córdoba Escarpeta	08.09.1988			19	1
Jean Carlos Cortés Landázuri	09.07.1996	13	-	-	-
Marlon Antonio Fernández Jiménez	16.01.1986	14	4	16	1
Jonathan David Gómez (ARG)	21.12.1989	15	1	19	8
Jhon Fredy Hurtado	23.03.1985	16	-		
José David Leudo Romaña	09.11.1993			16	-
Giovanny Martínez Cortés	07.07.1989			19	-
Járol Enrique Martínez González	22.03.1987	8	-		
Fernando Junior Medina Rogero	18.01.1994	3	-		
Edgar Andrés Meneses Huaca	12.02.1995	13	-		
Yan Carlos Mosquera Palacios	10.04.1995	3	-		
Hernán Natalio Pereyra	21.02.1990	6	-		
Jonathan Restrepo Naranjo	14.08.1994	2	-		
Claudio Domingo Rivero Rodríguez (URU)	14.04.1985			5	-
Julián Guillermo Rojas	23.02.1990			10	1
Jonathan René Rosero Tovar	05.09.1984	2	-	-	-
Rodrigo Ernesto Soria (ARG)	14.02.1987			13	2
Marvin Leandro Vallecilla Gómez	24.06.1991	-	-	-	-
Forwards:					
Justin Arboleda Buenaños	18.09.1992	7	-		
Juan Andrés Arizala Rivero	05.05.1995	9	-	-	-
Yuber Alberto Asprilla Viera	11.12.1992			17	4
Oscar Alberto Briceño Bueno	06.09.1985			16	1
Eduar Alejandro Góngora Cuero	16.05.1991	6	-	-	-
Henry Javier Hernández Álvarez	14.05.1982	4	-		
Edwards Yesid Jiménez Gómez	14.07.1981			9	1
Wilson Antonio Mena Asprilla	07.02.1987			5	-
Jeison Jair Núñez Charales	21.03.1989			7	-
Julio Agustín Quiñónes Pastrana	08.07.1996	2	1	-	-
Jorge Andrés Ramírez Frostte (URU)	25.05.1986	15	4		
Duvan Torres Caicedo	15.08.1996			3	-
Efraín Viáfara Molina	08.04.1981			11	5
Trainer:					
Óscar Héctor Quintabani Faggiolani (ARG) [01.01.-27.03.2015]	04.06.1950	11			
Luis Giovanny Ruiz Guerrero [28.03.-06.04.2015]	02.06.1975	2			
Luis Guillermo Berrío Gómez [as of 07.04.2015]	11.04.1967	7		20	

ENVIGADO FÚTBOL CLUB

Foundation date: Ocotober 14, 1989
Address: Polideportivo Sur Carrera 48 - 46 Sur 150, Envigado
Stadium: Estadio Polideportivo Sur, Envigado – Capacity: 6,000

THE SQUAD

	DOB	Ape* M	G	Fin M	G
Goalkeepers:					
Breiner Clemente Castillo Caicedo	05.05.1978	21	-	16	-
Wilmar Santiago Londoño Ruiz	09.03.1995	-	-	-	-
Jefferson Justino Martínez Valverde	16.08.1993	1	-	5	-
Defenders:					
Cristian Camilo Arrieta Medina	03.01.1996	14	-	17	-
Jefferson José Gómez Genes	22.06.1996	7	-	14	-
Santiago Jiménez Mejía	01.03.1998	-	-	-	-
Daniel Londoño Castañeda	01.01.1995	12	-	17	-
Sergio Andrés Mosquera Zapata	09.02.1994	10	1	9	-
Andrés Felipe Orozco Vásquez	18.03.1979	15	1	20	-
Santiago Ruíz Rojas	12.01.1997	1	-	-	-
Juan Camillo Saíz Ortegón	01.03.1992	19	1		
Campo Elías Santacruz Hernández	06.01.1985	12	1	5	-
Jorge Andrés Segura Portocarrero	18.01.1997	-	-	-	-
Jhon Fredy Zea Mosquera	02.11.1983	8	-	4	-
Midfielders:					
Yilmar Alonso Angulo González	09.01.1987	17	-		
Faber Cañaveral Renteria	31.08.1988	20	3	13	2
Kevin Mateo Cardona Bedoya	11.02.1996	2	-	3	-
Venji Yesid Castrillón Gómez	17.01.1995	-	-	2	-
Ricardo Delgado Araújo	24.07.1994	-	-		
Diego Gregori Díaz	28.07.1995	2	-	4	-
Yony Alexander González Copete	11.07.1994	20	7	13	2
John Edinson Méndez Bettin	10.08.1985	21	3		
Diego Fernando Moreno Quintero	27.02.1996	6	-	5	-
Juan Alberto Mosquera Álvarez	10.02.1996	1	-	11	-
Jonny Ferney Mosquera Mena	17.02.1991			3	-
Jerry Alberto Ortíz Cortés	07.11.1992			16	2
Nicolás Fernando Rubio Guzmán	29.01.1995	9	1	16	3
George Saunders (ENG)	10.06.1989			10	1
Forwards:					
Cristian Daniel Arango Duque	09.03.1995	19	1	7	1
Fáider Favio Burbano Castillo	12.06.1992	20	2		
Eliécer Espinosa Calvo	12.03.1996	2	-	-	-
Otto Jesús Franco Mercado	31.01.1995	7	-	12	-
Michael Nike Gómez Vega	04.04.1992	3	-	7	-
José Adolfo Guerra Argote	23.03.1987			14	4
Andrés Javier Mosquera Murillo	19.09.1989			12	1
John Jairo Mosquera	15.01.1988	4	-	-	-
Angelo José Rodríguez Henry	04.04.1989	10	3		
Duván Andrés Vergara Hernández	09.09.1996			12	-
Juan Camilo Zapata Londoño	15.04.1994	18	-	13	2
Trainer:					
Juan Carlos Sánchez [as of 16.04.2013]		22			

*Matches and goals in 2015 Torneo Apertura play-offs included

CORPORACIÓN DEPORTIVA INDEPENDIENTE MEDELLÍN

Foundation date: April 15, 1914
Address: Carrera 74 N° 48-37 C.E. Obelisco Oficina 1037, Medellín
Stadium: Estadio „Atanasio Girardot", Medellín – Capacity: 52,872

THE SQUAD

	DOB	Ape* M	Ape* G	Fin** M	Fin** G
Goalkeepers:					
Juan David Gómez Gómez	06.01.1996	-	-	-	-
David González Giraldo	20.07.1982	2	-	14	-
Antony Domingo Silva Cano	27.02.1984	24	-	11	-
Luis Herney Vásquez Caicedo	01.03.1996	-	-	-	-
Defenders:					
Juan Camilo Angulo Villegas	26.09.1988	13	-		
Matías Cahais (ARG)	24.12.1987			16	2
Elacio José Córdoba Mosquera	21.10.1993			5	-
Jorge Enrique Arias De La Hoz	13.12.1992	-	-	19	-
Jherson Enrique Córdoba Ospina	09.02.1988	13	1		
Frank Yusty Fabra Palacios	22.02.1991			18	1
Diego Armando Herner (ARG)	31.07.1983	15	-	-	-
Vladimir Marín Ríos	26.09.1979	19	2		
Jefferson Mena Palacios	15.06.1989	14	-		
Hernán Enrique Pertúz Ortega	31.03.1989	13	-	10	-
Juan Camillo Saiz Ortegón	01.03.1992			1	-
Luis Alberto Tipton Palacio	28.07.1992	8	2	7	-
Carlos Alberto Valencia Paredes	28.04.1989	13	1	12	-
Midfielders:					
Brayan Edinson Angulo Mosquera	19.07.1993	22	1	15	1
Yilmar Alonso Angulo González	09.01.1987			6	-
Julián Guillermo Rojas	23.02.1990	6	-		
Daniel Alejandro Hernández González	10.12.1990	15	3		
Jhon Edison Hernández Montoya	22.06.1986	15	-	11	1
Wilson Mateo López Presiga	18.03.1997			1	-
Sebastián Macías Correa	19.06.1996			3	-
Christian Camilo Marrugo Rodríguez	18.07.1985	19	2	21	3
Didier Andrés Moreno Asprilla	15.09.1991	20	-	21	-
Juan David Pérez Benítez	25.03.1991	25	4		
Cristian Alberto Restrepo González	07.06.1988	10	1		
Daniel Alejandro Torres Rojas	15.11.1989			23	2
Ever Augusto Valencia Ruiz	23.01.1997			2	-
Forwards:					
Luis Carlos Arias Cardona	13.01.1985			10	2
Fáider Fabio Burbano Castillo	12.06.1992			16	2
Juan Fernando Caicedo Benítez	13.07.1989	24	8	19	9
Hernán Ignacio Hechalar (ARG)	12.08.1988	24	8	17	4
Diego Fernando Herazo Moreno	14.04.1996			3	-
Félix Andrés Micolta Micolta	30.11.1989			9	-
Charles Junior Monsalvo Peralta	06.05.1990	11	3		
Alfredo José Morelos Aviléz	21.06.1996	3	-	3	-
Andrés Javier Mosquera Murillo	19.09.1989	20	1	20	-
Luis Humberto Nieves Mancillas	06.06.1985	3	-		
Jhon Freddy Pajoy Ortíz	10.11.1988			15	3
William Parra Sinisterra	01.03.1995	-	-	-	-
Angelo José Rodríguez Henry	04.04.1989			8	-
Trainer:					
Hernán Torres Oliveros [22.02.2014-05.05.2015]	18.02.1961	18			
Javier Ignacio Álvarez Arteaga [Caretaker]	14.10.1958				
Leonel de Jesús Álvarez Zuleta [as of 06.05.2015]	29.07.1965	10		24	

*Matches and goals in 2015 Torneo Apertura play-offs included
**Matches and goals in 2015 Torneo Finalización play-offs included

CLUB INDEPENDIENTE SANTA FE BOGOTÁ
Foundation date: February 28, 1941
Address: Calle 64 a N° 50 b – 08 (Nueva Nomenclatura), Bogotá
Stadium: Estadio „Nemesio Camacho" [El Campín], Bogotá – Capacity: 48,310

THE SQUAD

	DOB	Ape M	G	Fin* M	G
Goalkeepers:					
Andrés Leandro Castellanos Serrano	09.03.1984	14	-	16	-
Juan Manuel Leyton Guerrero	02.09.1990	1	-	1	-
Yilmar Antonio Mosquera Perea	19.02.1996	-	-	-	-
Robinson Zapata Rufay	30.09.1978	5	-	6	-
Defenders:					
Jair Arrechea Amú	08.11.1980	12	1	12	2
Harold Oshkaly Cummings Segura (PAN)	01.03.1992	6	-	6	-
José Julián de la Cuesta Herrera	10.02.1983	-	-	-	-
Francisco Javier Meza Palma	29.08.1991	13	3	13	1
Yerry Fernando Mina González	23.09.1994	13	1	10	1
Jordy Joâo Monroy Ararat	03.01.1996			6	-
Dairon Mosquera Chaverra	23.06.1992	11	-	4	-
Sergio Andrés Otálvaro Botero	12.10.1986	12	-	11	-
Juan Daniel Roa Reyes	20.08.1991	12	-	14	1
Héctor Antonio Urrego Hurtado	10.11.1992	-	-	8	-
Carlos Enrique Valdéz Parra	22.05.1985			2	-
Ricardo José Villarraga Marchena	23.04.1992	9	-	9	-
Midfielders:					
José Yulián Anchico Patiño	28.05.1984	8	-	12	1
Leyvin Jhojane Balanta Fory	03.09.1990			5	-
Ricardo Cadavid Suárez	04.02.1995			-	-
José David González Castañeda	05.04.1995			-	-
Yeison Stiven Gordillo Vargas	27.06.1992			10	-
Jonathan Herrera Baquero	24.02.1996	-	-	-	-
Jorge Leonardo Obregón Rojas	29.03.1997			1	-
Juan Guillermo Pedroza Perdomo	14.04.1993	-	-	-	-
Omar Sebastián Pérez (ARG)	29.03.1981	9	-	12	1
Baldomero Perlaza Perlaza	05.06.1992	15	1	11	-
Iván David Rivas Mendoza	10.03.1988	4	-		
Yamilson Alexis Rivera Hurtado	18.06.1989	11	-		
Norbey Salazar Giraldo	10.11.1987	-	-	-	-
Sebastián Enríque Salazar Beltrán	30.09.1995	5	-	13	-
Luis Manuel Seijas Gunther (VEN)	23.06.1986	11	2	10	1
Almir de Jesús Soto Maldonado	17.07.1994	1	-	12	2
Daniel Alejandro Torres Rojas	15.11.1989	13	-		
Jhon Jairo Velásquez Turga	02.05.1995			1	-
Forwards:					
Daniel Patricio Angulo Arroyo	16.11.1986			8	1
Yair Arboleda Quiñónes	07.04.1996			6	1
Luis Carlos Arias	13.01.1985	9	1		
Miguel Ángel Borja Hernández	26.01.1993	14	5	19	5
Jhon Fredy Miranda Rada	07.03.1997	2	-	11	1
Wilson David Morelo López	21.05.1987	14	6	10	6
Luis Alfonso Páez Restrepo	24.10.1986	13	4		
Luis Enrique Quiñónes García	26.06.1991	9	2	13	1
Darío Andrés Rodríguez Parra	15.05.1995	13	1	20	1
Armando Junior Vargas Morales	27.12.1988	14	1	12	1
Trainer:					
Gustavo Adolfo Costas Makeira (ARG) [14.05.2014-30.06.2015]	28.02.1963	20			
Gerardo Cono Pelusso Boyrie (URU) [as of 01.07.2015]	25.02.1954			22	

*Matches and goals in 2015 Torneo Finalización play-offs included

JAGUARES FÚTBOL CLUB MONTERÍA

Foundation date: December 5, 2012
Address: *Not available*
Stadium: Estadio Municipal de Montería, Montería – Capacity: 8,000

THE SQUAD

	DOB	Ape M	G	Fin M	G
Goalkeepers:					
Williams Iván Buenaños Mosquera	17.10.1983	14	-	16	-
Diego Alejandro Martínez Marin	29.11.1989	6	-	1	-
Wilder Mosquera Romaña	21.01.1985			3	-
Defenders:					
Sebastián Arias Molina	29.01.1987			9	-
Darío Alberto Bustos Torres	03.09.1985	15	-		
Ramón André Córdoba Mena	09.09.1989	13	-		
Jardi Hurtado Viáfara	03.03.1996	-	-	-	-
César Augusto Mena Mosquera	15.10.1988			10	-
José Alberto Mondragón Mina	12.01.1994			15	-
Elkín Darío Mosquera Moreno	24.11.1989	16	-	10	-
Fausto Manuel Obeso Pérez	28.08.1988			12	-
Deiver Parra Fuertes	01.01.1992	15	1	10	-
José Daniel Quiñónes Olave	03.01.1994	13	-		
Carlos Alfredo Saa Posso	12.04.1983	6	1	-	-
Leonardo Enrique Saldaña Carvajal	08.12.1989	19	-	20	1
Midfielders:					
David Fernando Agudelo Herrera	23.04.1990	-	-	-	-
Osneider Álvarez Orozco	08.09.1990	-	-	-	-
Elkin Darío Barrera Cano	14.01.1983			15	-
Efraín Junior Burgos (SLV)	14.08.1988	-	-		
César Manuel Carrillo Mejía	08.08.1992	14	-	17	-
David Eliécer Contreras Suárez	07.02.1994	13	-	7	-
Diego Alejandro Cuadros Velázquez	28.05.1996			6	-
Ricardo Delgado Araújo	24.07.1994			14	1
Mario Alejandro García Ramírez	10.02.1983	6	-	-	-
Denis Leonardo Gómez Lozano	07.10.1991	15	5		
Mario Martínez Rubio „Mario" (ESP)	25.03.1985	4	-		
Juan José Mezú Viáfara	06.01.1989	20	2		
Julio César Mora Bravo	23.06.1988	-	-	-	-
Aldair Murillo Sanmartín	12.06.1990	-	-	-	-
Pablo Andrés Orozco Isaza	04.09.1996			2	-
Yonaider Ortega Crespo	22.09.1987			6	-
Oscar Manuel Oviedo Sánchez	14.04.1996	-	-	-	-
Cristian Andrés Palomeque Valoyes	02.04.1994			11	2
Dayron Alexander Pérez Calle	24.12.1978			18	3
Emmanuel Prisco Jaramillo	25.04.1991	9	-	-	-
Jhon Alexander Ramírez Caicedo	16.08.1995			2	-
Wilder José Salazar Cuitiva	18.06.1985	19	-	15	2
Javier Andrés Sanguinetti (ARG)	28.08.1990			8	1
Forwards:					
Martín Enrique Arzuaga Coronel	23.07.1981	12	8		
Martín Edwin García Díaz	02.03.1981			8	-
Mauricio González Villa	29.06.1984	6	-		
Alexander Ibarra Becerra	31.01.1993	12	-	-	-
Wilson Antonio Mena Asprilla	07.02.1987	10	1		
José Alcides Moreno Mora	10.09.1981			11	4
William Enrique Palacio González	21.07.1994			17	2
Raúl Eduardo Peñaranda Contreras	02.05.1991			3	-
Yovani José Ricardo García	12.01.1990	-	-	13	-
Junior Josué Sandoval López	13.10.1990	14	1		
Onel Cristóbal Vidal Campaz	26.05.1990	-	-	-	-
Juan Carlos Villa Úsuga	29.02.1992			1	-
William Zapata Brand	28.04.1988	9	1		
Trainer:					
Carlos Alberto Castro Herrera [01.01.-03.08.2015]	15.08.1970	20		4	
Julio Méndez [04.08. -09.08.2015; Caretaker]				1	
Jorge Luis Bernal Caviedes [10.08.-21.10.2015]	27.09.1952			11	
Adolfo León Holguín [22.10-15.11.2015]	01.05.1975			3	
Carlos Augusto Navarrete Zuleta [as of 15.11.2015]	23.07.1959			1	

CORPORACIÓN POPULAR DEPORTIVA JUNIOR BARRANQUILLA

Foundation date: August 7, 1924
Address: Carrera 57 Nº 72-56, Barranquilla
Stadium: Estadio Metropolitano "Roberto Meléndez", Barranquilla – Capacity: 60,000

THE SQUAD

	DOB	Ape* M	Ape* G	Fin** M	Fin** G
Goalkeepers:					
José Luis Chunga Vega	11.07.1991	-	-	3	-
Sergio Andrés Estrada Peña	30.05.1996	-	-	-	-
Jair Mosquera Romaña	05.02.1993			-	-
Mario Sebastián Viera Galaín (URU)	07.03.1983	22	-	23	-
Defenders:					
Nery Rubén Bareiro Zorrilla (PAR)	03.03.1988	10	-	3	-
Jarlan Junior Barrera Escalona	16.09.1985	5	2	20	3
Andrés Felipe Correa Osorio	02.07.1984	14	-	23	1
Juan Guillermo Domínguez Cabeza	17.12.1986	12	1	13	-
Germán Andrés Gutiérrez Henao	16.01.1980	3	-	6	-
Jesús David Murillo León	17.08.1993			7	1
Félix Enrique Noguera Collante	31.03.1987	12	1	10	-
Oidel Jair Pérez Rivadeneira	29.01.1991	2	-	2	-
William José Tesillo Gutiérrez	02.02.1990	18	-	24	-
José Iván Vélez Castillo	16.08.1984	15	1	16	-
Midfielders:					
Jorge Andrés Aguirre Restrepo	18.06.1987	20	4	19	3
Guillermo León Celis Montiel	06.05.1993	14	1	20	3
Gustavo Leonardo Cuéllar Gallego	14.10.1992	15	-	19	-
Jossymar Andrés Gómez Pereira	13.08.1987	4	-	4	-
Vladimir Javier Hernández Rivero	08.02.1989	17	2	24	8
Eduardo Luis Labarrera Escalante	02.08.1991	-	-		
Luis Manuel Narváez Pitalúa	11.07.1984	17	-	22	1
Michael Javier Ortega Dieppa	06.04.1991	14	-	11	1
Juan David Pérez Benítez	23.03.1991			14	2
Jhonny Albeiro Ramírez Lozano	23.05.1983	6	-	8	1
Jamell Orlando Ramos Hernández	12.10.1981	-	-		
Macnelly Torres Berrio	01.11.1984	19	2		
Jhon Freduar Vásquez Anaya	12.02.1995			5	-
Jhonny Alexander Vásquez Salazar	23.06.1987	6	-	-	-
Forwards:					
Luis Carlos de la Hoz Suárez	27.10.1989	2	-	-	-
Léiner de Jesús Escalante Escorcia	18.12.1991	10	-	10	1
Luis Eduardo López (ARG)	23.06.1987	7	1		
Yessy Ferley Mena Palacios	05.07.1989	9	1	6	2
Roberto Andrés Ovelar Maldonado (PAR)	01.02.1985	16	7	22	9
Zamir Valoyes Nabollán	16.03.1986			6	-
José Edison Toloza Colorado	15.06.1984	12	6	18	2
Trainer:					
Alexis Antonio Mendoza Barrios [as of 13.11.2014]	08.11.1961	22		26	

*Matches and goals in 2015 Torneo Apertura play-offs included
**Matches and goals in 2015 Torneo Finalización play-offs included

CLUB DEPORTIVO LA EQUIDAD SEGUROS
Foundation date: Ocotober 12, 1990
Address: Calle 193 N° 38-20, Bogotá
Stadium: Estadio Metropolitano de Techo, Bogotá – Capacity: 12,000

THE SQUAD

	DOB	Ape M	G	Fin M	G
Goalkeepers:					
Cristian Harson Bonilla Garzón	02.06.1993	12	-	16	-
William David Cuesta Mosquera	19.02.1993	-	-	-	-
Diego Alejandro Novoa Urrego	31.05.1989	8	-	4	-
Esteban Armando Ruíz Molina	15.07.1997	-	-	-	-
Defenders:					
Daniel Oswaldo Briceño Bueno	09.06.1985	3	-		
Wilmer Díaz Lucumi	23.06.1978	14	1	18	-
Julián Hurtado Izquierdo	24.11.1979	19	2	5	-
Jerson Andrés Malagón Piracún	26.06.1993	1	-	3	-
Geovan Jarít Montes Melo	31.01.1996	2	-	-	-
Yonatan Yovanny Murillo Alegría	05.07.1992	18	-	9	-
Andrés Felipe Murillo Segura	04.01.1996	14	1	17	-
Hugo Emilio Soto Miranda	28.09.1983	7	-	15	-
Amaury Torralvo Polo	12.01.1994	1	-	11	1
Midfielders:					
Yesid Alberto Aponzá Romero	14.01.1992			4	-
Jhoan Sebastián Ayala Sanabria	14.09.1995	7	-	5	-
Nilson David Castrillón Burbano	28.01.1996	1	-		
Jhon Fredy Duque Arias	04.06.1992	-	-	-	-
Jorge Andrés Guillén Ovalle	08.02.1996	1	-	1	-
Héctor Martín Icart Atahídes (URU)	01.12.1984	10	-		
Dahwling Leudo Cossio	24.07.1989	15	2	17	-
Yairo Yesid Moreno Berrío	04.04.1995	14	-	5	-
Stalin Motta Vaquiro	28.03.1984	20	1	16	4
Dager Yair Palacios Palacios	04.04.1985	19	-	6	-
Andrés Mauricio Restrepo Gómez	07.05.1981	2	-	20	-
Roger Nicolás Torres Hoya	13.07.1992	14	1	9	-
Juan Sebastian Villota Vargas	18.02.1992	17	3	10	-
Forwards:					
Oscar David Barreto Pérez	28.04.1993	13	2	18	1
Jean Carlos Blanco Becerra	06.04.1992	18	3	20	6
Luis Cuesta Cuesta	11.11.1993	1	-	4	-
Fabián Andrés González Lasso	23.11.1992	5	-	3	1
Andy Robert Pando García (PER)	28.07.1983	18	5	9	-
Wason Liberado Rentería Cuesta	04.07.1985			18	5
Ulises de Jesús Tavares Reynoso	29.04.1993	6	-	8	1
Diego Luis Valoyes Ruíz	22.09.1996			5	-
Trainer:					
Santiago Escobar Saldarriaga [as of 01.01.2015]	13.01.1964	20		20	

MILLONARIOS FÚTBOL CLUB BOGOTÁ

Foundation date: June 18, 1946
Address: Carrera 50 N° 59-54, Bogotá
Stadium: Estadio „Nemesio Camacho" [El Campín], Bogotá – Capacity: 48,310

THE SQUAD

	DOB	Ape* M	G	Fin M	G
Goalkeepers:					
Luis Enrique Delgado Mantilla	26.10.1980	1	-		
José Ramiro Sánchez Carvajal	05.10.1983	-	-	-	-
Brayan Esteban Silva Pinto	04.09.1997	-	-	-	-
Nicolas Vikonis Moreau (URU)	06.08.1984	23	-	20	-
Defenders:					
Andrés Felipe Cadavid Cardona	28.12.1985	11	-	18	-
Nelson Cuero Betancurt	21.01.1995	-	-	-	-
Álex Díaz Díaz	13.01.1989	-	-		
Gabriel Eduardo Díaz Rico	28.01.1996	15	2	7	-
Yoiver González Mosquera	22.11.1989	-	-	-	-
Oswaldo José Henríquez Bocanegra	03.10.1989	10	-	16	-
Lewis Alexander Ochoa Cassiani	04.09.1984	17	-	15	-
Carlos Andrés Ramírez Aguirre	01.05.1988	6	-	-	-
Román Torres Morcillo (PAN)	20.03.1986	17	3		
Stiven Vega Londoño	22.05.1998	-	-	7	-
Midfielders:					
Elkin Blanco Rivas	05.09.1989	-	-	11	-
Mayer Andrés Candelo García	20.02.1977	22	2	18	1
Jorge Andrés Carrascal Guardo	25.05.1998	-	-	1	-
Mario Alejandro González Castro	25.08.1983			2	-
Jefferson Marzio Herrera Geves	20.07.1992	-	-	-	-
Federico Insúa (ARG)	03.01.1980	22	6	18	4
Deiver Andrés Machado Mena	02.09.1995	16	-	16	-
Luis Hernán Mosquera Chamorro	25.05.1989	11	1	4	-
Maximiliano Ezequiel Núñez (ARG)	17.09.1986	17	2	13	-
José Hárrison Otálvaro Arce	28.02.1986			4	1
Javier Arley Reina Calvo	04.01.1989	11	1		
Kévin Camilo Rendón Guerrero	08.02.1993	9	-	4	-
Rafael Fernando Robayo Marroquín	24.04.1984	19	3	20	-
Sergio Esteban Romero Méndez	22.11.1988			11	-
David Macalister Silva Mosquera	13.12.1986	22	3	20	3
Edier Tello Mosquera	02.03.1990	7	-	-	-
Daniel Mauricio Torres González	28.06.1993	-	-	-	-
Fabián Andrés Vargas Rivera	17.04.1980	13	-	15	1
Edson Omar Vásquez Ortega	15.08.1989	8	1	4	-
Sergio Leonardo Villarreal Ruíz	29.01.1995	12	-	3	-
Forwards:					
Jhonatan Alexander Agudelo Velásquez	17.12.1992	19	6	16	3
Michael Jhon Ander Rangel Valencia	08.03.1991			14	6
Victor Alberto Salazar Cuesta	14.02.1991	1	-		
Fernando Uribe Hincapié	01.01.1988	23	15		
Trainer:					
Ricardo Gabriel Lunari Del Federico (ARG) [03.09.2014-24.08.2015]	06.02.1970	24		8	
Neys Alfonso Nieto Ortíz [25.08.-01.09.2015; Caretaker]	14.06.1973			1	
Rubén Jorge Israel Yelen (URU) [as of 02.09.2015]	08.12.1955			11	

*Matches and goals in 2015 Torneo Apertura play-offs included

CORPORACIÓN DEPORTIVA ONCE CALDAS MANIZALES

Foundation date: April 16, 1947
Address: Carrera 23 N° 55-81, Puerta 18, Manizales
Stadium: Estadio Palogrande, Manizales – Capacity: 42,553

THE SQUAD

	DOB	Ape M	Ape G	Fin* M	Fin* G
Goalkeepers:					
José Fernando Cuadrado Romero	01.06.1985	19	-	18	-
Juan Carlos Henao Valencia	30.12.1971	3	-	7	1
Sergio Felipe Román Palacios	21.05.1995	-	-	-	-
Defenders:					
Israel Alba Marín	06.05.1995	4	-		
Luis Arboleda Murillo	01.06.1997			1	-
Rodrigo Stiven Alzate Heredia	08.08.1995			1	-
Fernando Martín Bonjour (ARG)	04.09.1985	-	-		
Jonathan Lopera Jiménez	02.06.1987	15	1	17	2
Jorge Hernán Menosse Acosta (URU)	28.04.1987			13	1
José Luis Moreno Peña	22.10.1996	14	3	7	1
Luis Carlos Murillo	16.10.1990	3	-	18	-
Fausto Manuel Obeso Pérez	28.08.1988	8	-		
Juan Camilo Pérez Saldarriaga	26.10.1985	13	-		
Marlon Javier Piedrahita Londoño	13.06.1985	16	-	20	4
César Alexander Quintero Jiménez	29.11.1989	18	-	20	1
Daniel Ramírez Ramírez	31.10.1995	2	-	9	-
Midfielders:					
Jonathan Esteban Álvarez Isaza	27.06.1987	14	1	-	-
Johan Leandro Arango Ambuila	05.02.1991	17	5	20	7
Jhonathan Caicedo Vergara	15.11.1995	8	-	1	-
Mike Campaz	16.11.1987	7	-		
Gustavo Culma	20.04.1993	7	1	6	-
Leandro Javier Díaz (ARG)	26.06.1986	5	-	-	-
Óscar Eduardo Estupiñán Vallesilla	29.12.1996	1	-	9	1
Hárrison Steve Henao Hurtado	19.12.1987	3	-	19	1
José David Leudo Romaña	09.11.1993	12	-		
Franklin José Lucena Peña	20.02.1981			20	-
Michael Ordóñez Rodríguez	22.02.1990	5	-	16	1
Patricio Pablo Pérez (ARG)	27.06.1985	2	-	16	3
Sergio Esteban Romero Méndez	22.11.1988	7	5		
Jhon Edwar Valoy Riascos	26.07.1991	17	1	16	-
Forwards:					
César Augusto Arias Moros	02.04.1988	14	2	9	2
Yuber Alberto Asprilla Viera	11.12.1992	2	-		
Maicol Balanta Peña	02.01.1990	5	-		
Cristian Luis Fernándes Mejía	10.04.1990	4	-	7	-
Jesús David Marimón Báez	09.09.1998			11	-
Jelinson Mosquera Rodríguez	08.09.1995	-	-	-	-
Raúl Eduardo Peñaranda Contreras	02.05.1991	6	2		
Sebastián Ariel Penco (ARG)	22.09.1983	13	4	10	-
Santiago Román García	06.11.1995	1	-	-	-
Jhon Fredy Salazar Valencia	01.04.1995	8	4	16	1
Jaime Andrés Sierra Ramírez	11.04.1986	7	-	-	-
Trainer:					
Javier Luis Torrente (ARG) [as of 01.07.2015]	08.06.1969	20		22	

*Matches and goals in 2015 Torneo Finalización play-offs included

CORPORACIÓN DEPORTIVA PATRIOTAS FUTBOL CLUB TUNJA
Foundation date: February 18, 2003
Address: Calle 19 #9-35 Ofi: 607, Tunja
Stadium: Estadio La Independencia, Tunja – Capacity: 21,000

THE SQUAD

	DOB	Ape M	Ape G	Fin M	Fin G
Goalkeepers:					
Juan Guillermo Castillo Iriarte (URU)	17.04.1978	17	-	19	-
Alejandro Antonio Otero Orejuela	10.02.1984	4	-	2	-
Juan Antonio Tejera Ortíz	08.03.1988	-	-	-	-
Oswaldo Villada Amaya	28.01.1996	-	-	-	-
Defenders:					
Jhon Alexander Cano Angulo	20.12.1982	18	-	18	-
Nicolás Carreño Suárez	24.07.1993	16	-	19	1
Santiago García Palacios	07.01.1995	1	-	-	-
Edgar Mauricio Gómez Sánchez	21.12.1993			15	-
Carlos Alberto Henao Sánchez	03.12.1988	5	-	18	6
Harold Macias Cabrera	12.06.1980	14	-	15	-
Gonzalo Martínez Caicedo	30.11.1975	7	2	-	-
Jesús David Murillo León	17.08.1993	15	-	12	-
Jesús Suárez Guerrero	03.08.1988	-	-		
Midfielders:					
Sebastián Acosta Pineda	01.11.1994	5	-	-	-
Raúl Carmona Mena (ESP)	12.11.1991	-	-	-	-
Jonathan Ferney Cely Bernal	01.03.1996	-	-	-	-
Iván Arturo Corredor Hurtado	25.06.1983	18	1	10	1
Héctor Martín Icart Atahídes (URU)	01.12.1984			12	1
Raúl Alberto Loaiza Morelos	08.06.1994	12	-	15	-
Darwin Guillermo López Tobías	10.02.1992	10	-		
Alan Ferney Navarro Espinosa	08.05.1989	13	1	-	-
Leonardo Rubén Pico Carvajal	04.10.1991	19	-	16	1
George Saunders (ENG)	10.06.1989	3	-		
Jonathan Segura	09.07.1990	8	-	8	-
Larry Vásquez Ortega	19.09.1992	16	-	16	-
Forwards:					
Diego Andrés Álvarez Sánchez	23.09.1981			18	5
Luis Francis D'Albenas Reyes (URU)	11.01.1996			-	-
Elton Martins da Cruz	04.11.1988	10	-	-	-
Deivy Steven González Mejía	26.05.1993	-	-	-	-
Duman Herrera Chacón	30.07.1995			1	-
Maicol Giovanny Medina Medina	04.06.1997	-	-	5	-
Hilario Fabián Mena Marquínez	25.12.1991			3	-
Jorge Andrés Ramírez Frostte (URU)	25.05.1986			19	5
Carlos Alveiro Rentería Cuesta	04.03.1986	18	7	2	-
Carlos Andrés Rivas Gómez	22.08.1991	20	6	20	3
Harold Andrés Rivera Chavarro	19.03.1993	16	-	14	-
Diego Fernando Sora Merchán	24.11.1993	-	-	-	-
Tommy Tobar Reyes	21.11.1986	8	-		
Ray Andrés Vanegas Zúñiga	12.03.1993	6	-		
Trainer:					
Harold Rivera Roa [as of 02.02.2014]	01.05.1974	20		20	

UNIAUTÓNOMA FÚTBOL CLUB BARRANQUILLA
Foundation date: November 1, 2010
Address: Calle 88 No. 47-76 Barranquilla
Stadium: Estadio Metropolitano „Roberto Meléndez", Barranquilla – Capacity: 49,612

THE SQUAD

	DOB	Ape M	Ape G	Fin M	Fin G
Goalkeepers:					
Jafeb José Bonilla Pájaro	16.04.1996	-	-	-	-
Carlos Geovanni Chávez Ospina	07.08.1984	-	-	1	-
Sebastián Alberto López (ARG)	14.09.1985	20	-	19	-
Defenders:					
Alonso Antonio Acosta Arrieta	10.02.1989	13	-	16	-
Joan Sebastián Castro Dinas	13.01.1997	5	-	3	-
Leonardo Javier Escorcia Barraza	09.08.1996	1	-	11	-
César Augusto Fawcett Lebolo	12.08.1984			11	-
José Luis García Herrera	11.06.1988	11	1	-	-
Iván Alonso Garrido Pinzón	02.06.1981	13	-		
Francisco Javier Palma Pérez	28.02.1991	7	-	-	-
Alexis Rafael Pérez Fontanilla	25.03.1994			12	-
Joel Salas Orozco (PAN)	18.03.1991	8	-	2	-
James Amilkar Sánchez Altamiranda	04.05.1988	16	2	16	3
Nelino José Tapia Gil	01.02.1991	17	-	18	-
Midfielders:					
José Antonio Amaya Pardo	16.07.1980	15	-	17	-
Álvaro Alberto Arias Almazo	18.08.1994	2	-	-	-
Deiber Yohan Ballesteros García	26.09.1993	3	-	-	-
Juan Domingo Berdún (ARG)	24.04.1987	13	1	2	-
Juan Carlos Escobar Rodríguez	30.10.1982			5	-
Omar Alfredo Guerra Castilla	11.05.1981	11	-	12	1
Daniel Machacón Hernández	05.01.1985	11	-	18	1
Yair Yulián Martínez Torres	24.02.1995	-	-	-	-
Raúl Murillo Navarro	26.02.1995	1	-	-	-
Luis Carlos Núñez Arias	22.11.1991	5	-	-	-
Víctor Hugo Ocampo Idárraga	05.05.1993	2	-	-	-
Walmer Pacheco Mejía	16.01.1995	13	-	16	-
Alberto Andrés Pardo Zapata	25.03.1996	8	-	1	-
Brayan Quiroga	13.04.1995	1	-	-	-
Forwards:					
Michael David Barrios Puerta	21.04.1991	4	-		
Víctor Javier Cortés	26.02.1976			16	2
Yuberney Franco Gaviria	20.01.1985	15	4	15	2
Leonel Ernesto García Dulce	24.04.1995	10	1	1	-
Camilo Javier Mancilla Valencia	26.03.1993	9	-	4	-
Mauro Andrés Manotas Páez	15.07.1995	13	2		
Óscar Dario Martínez Pantoja	19.02.1980			5	-
Christian de Jesús Mejía Martínez	11.10.1990	7	1	12	-
Jáder Rafael Obrian Arias	18.05.1995	6	-	-	-
Jorge Luis Ramos Sánchez	02.10.1992	18	1	17	-
Pablo José Rojas Cardales	23.09.1991			19	5
Ray Andrés Vanegas Zúñiga	12.03.1993			11	4
Trainer:					
Calixto José Chiquillo Mendoza [23.09.2014-09.03.2015]	23.11.1973	8			
Giovanni Hernández Soto Prínc [as of 10.03.2015]	16.06.1976	12		20	

SECOND LEVEL
Primera B 2015 - Torneo Águila

Prootion Tournament [14-21.01.2015]

Group A
1. Cúcuta Deportivo FC (*Promoted*)	3	2	1	0	8	-	3	7
2. Deportes Quindío Armenia	3	2	1	0	6	-	4	7
3. Club Atlético Bucaramanga CD	2	0	0	2	0	-	3	0
4. CD Real Cartagena FC	2	0	0	2	1	-	5	0

Group B
1. CC Deportivo Tuluá (*Promoted*)	3	1	2	0	4	-	2	5
2. AD Unión Magdalena Santa Marta	3	1	2	0	1	-	0	5
3. SAD América de Cali	3	0	2	1	2	-	3	2
4. CS Deportivo y Cultural Pereira	3	0	2	1	2	-	4	2

Both Cúcuta Deportivo FC and Corporación Club Deportivo Tuluá promoted to Primera A 2015.

Primera B 2015

First Stage

1. Club Atlético Bucaramanga	32	21	8	3	55	-	17	71
2. CS Deportivo y Cultural Pereira	32	18	6	8	54	-	36	60
3. SAD América de Cali	32	15	11	6	61	-	37	56
4. Fortaleza FC Zipaquira	32	13	12	7	41	-	35	51
5. CD Real Cartagena FC	32	15	5	12	46	-	43	50
6. Leones FC Urabá Turbo	32	15	5	12	33	-	36	50
7. AD Unión Magdalena Santa Marta	32	12	12	8	37	-	28	48
8. Universitário de Popayán	32	12	11	9	36	-	30	47
9. Deportes Quindío Armenia	32	12	9	11	43	-	36	45
10. Valledupar FC	32	10	8	14	38	-	45	38
11. Bogotá FC	32	9	7	16	30	-	44	34
12. CD Expreso Rojo Zipaquirá	32	8	9	15	38	-	56	33
13. CD Real Santander Floridablanca	32	8	8	16	36	-	52	32
14. Barranquilla FC	32	7	10	15	23	-	37	31
15. Llaneros FC Villavicencio	32	7	9	16	33	-	51	30
16. Depor FC Aguablanca Cali	32	6	6	20	37	-	58	24

Top-8 qualified for the Cuadrangulares.

Cuadrangulares

Grupo A
1. Club Atlético Bucaramanga	6	4	1	1	10	-	3	13
2. SAD América de Cali	6	3	1	2	12	-	9	10
3. CD Real Cartagena FC	6	2	1	3	7	-	12	7
4. Universitário de Popayán	6	1	1	4	8	-	13	4

Grupo B
1. Fortaleza FC Zipaquira	6	5	0	1	14	-	7	15
2. CS Deportivo y Cultural Pereira	6	4	1	1	12	-	5	13
3. Leones FC Urabá Turbo	6	1	1	4	5	-	10	4
4. AD Unión Magdalena Santa Marta	6	1	0	5	5	-	14	3

Both winner were qualified for the Primera B Finals.

Primera B 2015 – Finals
[06-12.12.2015]

Fortaleza FC Zipaquira - Club Atlético Bucaramanga   0-2(0-0) 0-0

2015 Primera B Champions: **Club Atlético Bucaramanga**

Club Atlético Bucaramanga promoted to 2016 „Primera A".

NATIONAL TEAM INTERNATIONAL MATCHES
(16.07.2015 – 15.07.2016)

08.09.2015	Harrison	Colombia - Peru	1-1(1-0)	(F)
08.10.2015	Barranquilla	Colombia - Peru	2-0(1-0)	(WCQ)
13.10.2015	Montevideo	Uruguay - Colombia	3-0(1-0)	(WCQ)
12.11.2015	Santiago	Chile - Colombia	1-1(1-0)	(WCQ)
17.11.2015	Barranquilla	Colombia - Argentina	0-1(0-1)	(WCQ)
24.03.2016	La Paz	Bolivia - Colombia	2-3(0-2)	(WCQ)
29.03.2016	Barranquilla	Colombia - Ecuador	3-1(1-0)	(WCQ)
29.05.2016	Miami	Colombia - Haiti	3-1(1-1)	(F)
03.06.2016	Santa Clara	United States - Colombia	0-2(0-2)	(CA)
07.06.2016	Pasadena	Colombia - Paraguay	2-1(2-0)	(CA)
11.06.2016	Houston	Colombia - Costa Rica	2-3(1-2)	(CA)
16.06.2016	East Rutherford	Peru - Colombia	2-4 pen	(CA)
22.06.2016	Chicago	Colombia - Chile	0-2(0-2)	(CA)
25.06.2016	Glendale	United States - Colombia	0-1(0-1)	(CA)

08.09.2015, Friendly International
Red Bull Arena, Harrison (United States); Attendance: 24,800
Referee: Christopher Penso (United States)
COLOMBIA - PERU   **1-1(1-0)**
COL: David Ospina Ramírez (57/0), Cristián Eduardo Zapata Valencia (35/0) [66.Éder Fabián Álvarez Balanta (6/0)], Santiago Arias Naranjo (17/0), Jeison Fabián Murillo Cerón (11/1), Frank Yusty Fabra Palacios (1/0), Macnelly Torres Berrío (39/3) [46.Edwin Andrés Cardona Bedoya (8/1)], Carlos Alberto Sánchez Moreno (59/0), James David Rodríguez Rubio (38/12) [59.Jackson Arley Martínez Valencia (39/9)], Gustavo Leonardo Cuéllar Gallego (1/0) [46.Kevin Alexander Balanta Lucumí (1/0)], Teófilo Antonio Gutiérrez Roncancio (45/14) [73.Andrés Felipe Roa Estrada (1/0)], Carlos Arturo Bacca Ahumada (21/8) [59.Fabián Andrés Castillo Sánchez (1/0)]. Trainer: José Néstor Pékerman Krimen (Argentina, 41).
Goal: Carlos Arturo Bacca Ahumada (37).

08.10.2015, 21st FIFA World Cup, Qualifiers
Estadio Metropolitano "Roberto Meléndez", Barranquilla; Attendance: 45,000
Referee: Antonio Javier Arias Alvarenga (Paraguay)
COLOMBIA - PERU   **2-0(1-0)**
COL: David Ospina Ramírez (58/0), Cristián Eduardo Zapata Valencia (36/0), Santiago Arias Naranjo (18/0), Jeison Fabián Murillo Cerón (12/1), Frank Yusty Fabra Palacios (2/0), Carlos Alberto Sánchez Moreno (60/0), Fredy Alejandro Guarín Vásquez (56/4) [64.Alexander Mejía Sabalsa (22/0)], Juan Guillermo Cuadrado Bello (45/5), Edwin Andrés Cardona Bedoya (9/2), Teófilo Antonio Gutiérrez Roncancio (46/15) [76.Radamel Falcao García Zárate (61/25)], Carlos Arturo Bacca Ahumada (22/8) [90+3.Fabián Andrés Castillo Sánchez (2/0)]. Trainer: José Néstor Pékerman Krimen (Argentina, 42).
Goals: Teófilo Antonio Gutiérrez Roncancio (36), Edwin Andrés Cardona Bedoya (90+5).

13.10.2015, 21st FIFA World Cup, Qualifiers
Estadio Centenario, Montevideo; Attendance: 40,000
Referee: Héber Roberto Lopes (Brazil)
URUGUAY - COLOMBIA   **3-0(1-0)**
COL: David Ospina Ramírez (59/0), Cristián Eduardo Zapata Valencia (37/0), Santiago Arias Naranjo (19/0) [72.Radamel Falcao García Zárate (62/25)], Jeison Fabián Murillo Cerón (13/1), Frank Yusty Fabra Palacios (3/0), Carlos Alberto Sánchez Moreno (61/0), Fredy Alejandro Guarín Vásquez (57/4) [58.Macnelly Torres Berrío (40/3)], Juan Guillermo Cuadrado Bello (46/5), Edwin Andrés Cardona Bedoya (10/2), Teófilo Antonio Gutiérrez Roncancio (47/15) [58.Fabián Andrés Castillo Sánchez (3/0)], Carlos Arturo Bacca Ahumada (23/8). Trainer: José Néstor Pékerman Krimen (Argentina, 43).
Sent off: Juan Guillermo Cuadrado Bello (90+3).

12.11.2015, 21st FIFA World Cup, Qualifiers
Estadio Nacional „Julio Martínez Prádanos", Santiago; Attendance: 48,665
Referee: Enrique Patricio Cáceres Villafañe (Paraguay)
CHILE - COLOMBIA   **1-1(1-0)**
COL: David Ospina Ramírez (60/0), Cristián Eduardo Zapata Valencia (38/0), Santiago Arias Naranjo (20/0), Jeison Fabián Murillo Cerón (14/1), Frank Yusty Fabra Palacios (4/0), Carlos Alberto Sánchez Moreno (62/0) [56.Edwin Andrés Cardona Bedoya (11/2)], Alexander Mejía Sabalsa (23/0), James David Rodríguez Rubio (39/13), Daniel Alejandro Torres Rojas (1/0), Jackson Arley Martínez Valencia (40/9) [85.Édgar Felipe Pardo Castro (1/0)], Luis Fernando Muriel Fruto (7/1) [72.Carlos Arturo Bacca Ahumada (24/8)]. Trainer: José Néstor Pékerman Krimen (Argentina, 44).
Goal: James David Rodríguez Rubio (68).

17.11.2015, 21st FIFA World Cup, Qualifiers
Estadio Metropolitano „Roberto Meléndez", Barranquilla; Attendance: 45,000
Referee: Carlos Alfredo Vera Rodríguez (Ecuador)
COLOMBIA - ARGENTINA   **0-1(0-1)**
COL: David Ospina Ramírez (61/0), Cristián Eduardo Zapata Valencia (39/0), Jeison Fabián Murillo Cerón (15/1), Frank Yusty Fabra Palacios (5/0), Helibelton Palacios Zapata (1/0), Macnelly Torres Berrío (41/3) [46.Luis Fernando Muriel Fruto (8/1)], Alexander Mejía Sabalsa (24/0) [78.Gustavo Adrián Ramos Vásquez (35/4)], James David Rodríguez Rubio (40/13), Daniel Alejandro Torres Rojas (2/0), Teófilo Antonio Gutiérrez Roncancio (48/15) [58.Edwin Andrés Cardona Bedoya (12/2)], Carlos Arturo Bacca Ahumada (25/8). Trainer: José Néstor Pékerman Krimen (Argentina, 45).

24.03.2016, 21st FIFA World Cup, Qualifiers
Estadio „Hernándo Siles Zuazo", La Paz; Attendance: 35,000
Referee: Wilton Sampaio (Brazil)
BOLIVIA - COLOMBIA   **2-3(0-2)**
COL: David Ospina Ramírez (62/0), Farid Alfonso Díaz Rhenals (1/0), Óscar Fabián Murillo Murillo (1/0), John Stefan Medina Ramírez (4/0), Jeison Fabián Murillo Cerón (16/1), Juan Guillermo Cuadrado Bello (47/5) [85.Marlos Moreno Durán (1/0)], James David Rodríguez Rubio (41/14), Daniel Alejandro Torres Rojas (3/0), Sebastian Pérez Cardona (1/0) [62.Edwin Andrés Cardona Bedoya (13/3)], Guillermo León Celis Montiel (1/0), Carlos Arturo Bacca Ahumada (26/9) [69.Luis Fernando Muriel Fruto (9/1)]. Trainer: José Néstor Pékerman Krimen (Argentina, 46).
Goals: James David Rodríguez Rubio (10), Carlos Arturo Bacca Ahumada (41), Edwin Andrés Cardona Bedoya (90+2).

29.03.2016, 21ˢᵗ FIFA World Cup, Qualifiers
Estadio Metropolitano "Roberto Meléndez", Barranquilla; Attendance: 45,000
Referee: Enrique Roberto Osses Zencovic (Chile)
COLOMBIA - ECUADOR **3-1(1-0)**
COL: David Ospina Ramírez (63/0), Cristián Eduardo Zapata Valencia (40/0), Farid Alfonso Díaz Rhenals (2/0), Óscar Fabián Murillo Murillo (2/0), Santiago Arias Naranjo (21/0), Juan Guillermo Cuadrado Bello (48/5) [85.Marlos Moreno Durán (2/0)], James David Rodríguez Rubio (42/14), Edwin Andrés Cardona Bedoya (14/3), Daniel Alejandro Torres Rojas (4/0), Sebastian Pérez Cardona (2/1) [84.Gustavo Leonardo Cuéllar Gallego (2/0)], Carlos Arturo Bacca Ahumada (27/11) [79.Gustavo Adrián Ramos Vásquez (36/4)]. Trainer: José Néstor Pékerman Krimen (Argentina, 47).
Goals: Carlos Arturo Bacca Ahumada (15), Sebastian Pérez Cardona (48), Carlos Arturo Bacca Ahumada (67).

29.05.2016, Friendly International
Marlins Park, Miami (United States); Attendance: 18,000
Referee: Edward Unkel (United States)
COLOMBIA - HAITI **3-1(1-1)**
COL: David Ospina Ramírez (64/0), Cristián Eduardo Zapata Valencia (41/0), Farid Alfonso Díaz Rhenals (3/0) [46.Frank Yusty Fabra Palacios (6/0)], Santiago Arias Naranjo (22/0), Jeison Fabián Murillo Cerón (17/1) [61.Felipe Aguilar Mendoza (1/0)], Juan Guillermo Cuadrado Bello (49/6) [66.Andrés Felipe Roa Estrada (2/0)], Daniel Alejandro Torres Rojas (5/0) [46.Carlos Alberto Sánchez Moreno (63/0)], Sebastian Pérez Cardona (3/1) [60.Guillermo León Celis Montiel (2/0)], Dayro Mauricio Moreno Galindo (27/3), Carlos Arturo Bacca Ahumada (28/11) [46.Roger Beyker Martínez Tobinson (1/1)], Marlos Moreno Durán (3/0). Trainer: José Néstor Pékerman Krimen (Argentina, 48).
Goals: Dayro Mauricio Moreno Galindo (13), Juan Guillermo Cuadrado Bello (54), Roger Beyker Martínez Tobinson (72).

03.06.2016, 45ᵗʰ Copa América, Group Stage
Levi's Stadium, Santa Clara; Attendance: 67,439
Referee: Roberto García Orozco (Mexico)
UNITED STATES - COLOMBIA **0-2(0-2)**
COL: David Ospina Ramírez (65/0), Cristián Eduardo Zapata Valencia (42/1), Farid Alfonso Díaz Rhenals (4/0), Santiago Arias Naranjo (23/0), Jeison Fabián Murillo Cerón (18/1), Juan Guillermo Cuadrado Bello (50/6), James David Rodríguez Rubio (43/15) [73.Guillermo León Celis Montiel (3/0)], Edwin Andrés Cardona Bedoya (15/3), Daniel Alejandro Torres Rojas (6/0), Sebastian Pérez Cardona (4/1) [86.Carlos Alberto Sánchez Moreno (64/0)], Carlos Arturo Bacca Ahumada (29/11) [88.Dayro Mauricio Moreno Galindo (28/3)]. Trainer: José Néstor Pékerman Krimen (Argentina, 49).
Goals: Cristián Eduardo Zapata Valencia (8), James David Rodríguez Rubio (42 penalty).

07.06.2016, 45ᵗʰ Copa América, Group Stage
Rose Bowl, Pasadena (United States); Attendance: 42,766
Referee: Héber Roberto Lopes (Brazil)
COLOMBIA - PARAGUAY **2-1(2-0)**
COL: David Ospina Ramírez (66/0), Cristián Eduardo Zapata Valencia (43/1) [90.Yerry Fernando Mina González (1/0)], Farid Alfonso Díaz Rhenals (5/0), Santiago Arias Naranjo (24/0), Jeison Fabián Murillo Cerón (19/1), Juan Guillermo Cuadrado Bello (51/6) [87.Marlos Moreno Durán (4/0)], James David Rodríguez Rubio (44/16), Edwin Andrés Cardona Bedoya (16/3), Daniel Alejandro Torres Rojas (7/0), Sebastian Pérez Cardona (5/1) [58.Guillermo León Celis Montiel (4/0)], Carlos Arturo Bacca Ahumada (30/12). Trainer: José Néstor Pékerman Krimen (Argentina, 50).
Goals: Carlos Arturo Bacca Ahumada (12), James David Rodríguez Rubio (30).

11.06.2016, 45th Copa América, Group Stage
NRG Stadium, Houston (United States); Attendance: 45,808
Referee: José Ramón Argote Vega (Venezuela)
COLOMBIA - COSTA RICA
COL: Róbinson Zapata Montaño (4/0), John Stefan Medina Ramírez (5/0), Frank Yusty Fabra Palacios (7/1), Felipe Aguilar Mendoza (2/0) [66.Juan Guillermo Cuadrado Bello (52/6)], Yerry Fernando Mina González (2/0), Carlos Alberto Sánchez Moreno (65/0), Sebastian Pérez Cardona (6/1) [46.James David Rodríguez Rubio (45/16)], Guillermo León Celis Montiel (5/0), Dayro Mauricio Moreno Galindo (29/3) [46.Edwin Andrés Cardona Bedoya (17/3)], Marlos Moreno Durán (5/1), Roger Beyker Martínez Tobinson (2/1). Trainer: José Néstor Pékerman Krimen (Argentina, 51).
Goals: Frank Yusty Fabra Palacios (6), Marlos Moreno Durán (73).

17.06.2016, 45th Copa América, Quarter-Finals
MetLife Stadium, East Rutherford (United States); Attendance: 79,194
Referee: Patricio Hernán Loustau (Argentina)
PERU - COLOMBIA   **0-0; 2-4 on penalties**
COL: David Ospina Ramírez (67/0), Cristián Eduardo Zapata Valencia (44/1), Farid Alfonso Díaz Rhenals (6/0) [90+1.Frank Yusty Fabra Palacios (8/1)], Santiago Arias Naranjo (25/0), Jeison Fabián Murillo Cerón (20/1), Carlos Alberto Sánchez Moreno (66/0), Juan Guillermo Cuadrado Bello (53/6), James David Rodríguez Rubio (46/16), Edwin Andrés Cardona Bedoya (18/3) [76.Dayro Mauricio Moreno Galindo (30/3)], Daniel Alejandro Torres Rojas (8/0) [80.Sebastian Pérez Cardona (7/1)], Carlos Arturo Bacca Ahumada (31/12). Trainer: José Néstor Pékerman Krimen (Argentina, 52).
Penalties: James David Rodríguez Rubio, Juan Guillermo Cuadrado Bello, Dayro Mauricio Moreno Galindo, Sebastian Pérez Cardona.

22.06.2016, 45th Copa América, Semi-Finals
Soldier Field, Chicago (United States); Attendance: 55,423
Referee: Joel Antonio Aguilar Chicas (El Salvador)
COLOMBIA - CHILE   **0-2(0-2)**
COL: David Ospina Ramírez (68/0), Cristián Eduardo Zapata Valencia (45/1), Santiago Arias Naranjo (26/0), Jeison Fabián Murillo Cerón (21/1), Frank Yusty Fabra Palacios (9/1) [73.Sebastian Pérez Cardona (8/1)], Carlos Alberto Sánchez Moreno (67/0), Juan Guillermo Cuadrado Bello (54/6) [80.Carlos Arturo Bacca Ahumada (32/12)], James David Rodríguez Rubio (47/16), Edwin Andrés Cardona Bedoya (19/3) [46.Marlos Moreno Durán (6/1)], Daniel Alejandro Torres Rojas (9/0), Roger Beyker Martínez Tobinson (3/1). Trainer: José Néstor Pékerman Krimen (Argentina, 53).
Sent off: Carlos Alberto Sánchez Moreno (57).

25.06.2016, 45th Copa América, Third Place Play-off
University of Phoenix Stadium, Glendale; Attendance: 29,041
Referee: Daniel Adán Fedorczuk Betancour (Uruguay)
UNITED STATES - COLOMBIA   **0-1(0-1)**
COL: David Ospina Ramírez (69/0), Cristián Eduardo Zapata Valencia (46/1), Santiago Arias Naranjo (27/0), Jeison Fabián Murillo Cerón (22/1), Frank Yusty Fabra Palacios (10/1), Juan Guillermo Cuadrado Bello (55/6) [74.Marlos Moreno Durán (7/1)], James David Rodríguez Rubio (48/16), Edwin Andrés Cardona Bedoya (20/3), Daniel Alejandro Torres Rojas (10/0), Guillermo León Celis Montiel (6/0) [87.John Stefan Medina Ramírez (6/0)], Carlos Arturo Bacca Ahumada (33/13) [79.Roger Beyker Martínez Tobinson (4/1)]. Trainer: José Néstor Pékerman Krimen (Argentina, 54).
Goal: Carlos Arturo Bacca Ahumada (31).
Sent off: Santiago Arias Naranjo (90+4).

NATIONAL TEAM PLAYERS
2015/2016

Name [Club 2015/2016]	DOB	Caps	Goals

(Caps and goals at 05.07.2015)

Goalkeepers

Name [Club 2015/2016]	DOB	Caps	Goals
David OSPINA Ramírez [2015/2016: Arsenal FC London (ENG)]	31.08.1988	69	0
Róbinson ZAPATA Montaño [2016: Club Independiente Santa Fe Bogotá]	30.09.1978	4	0

Defenders

Name [Club 2015/2016]	DOB	Caps	Goals
Felipe AGUILAR Mendoza [2016: Club Atlético Nacional Medellín]	20.01.1993	2	0
Éder Fabián ÁLVAREZ Balanta [2015: CA River Plate Buenos Aires (ARG)]	26.02.1993	6	0
Santiago ARIAS Naranjo [2015/2016: PSV Eindhoven (NED)]	13.01.1992	27	0
Farid Alfonso DÍAZ Rhenals [2016: Club Atlético Nacional Medellín]	20.07.1983	6	0
Frank Yusty FABRA Palacios [2015: CD Independiente Medellín; 22.01.2016-> CA Boca Juniors Buenos Aires (ARG)]	22.02.1991	10	1
John Stefan MEDINA Ramírez [2016: CF Pachuca (MEX)]	14.06.1992	6	0
Yerry Fernando MINA González [2016: Club Independiente Santa Fe Bogotá]	23.09.1994	2	0
Jeison Fabián MURILLO Cerón [2015/2016: FC Internazionale Milano (ITA)]	27.05.1992	22	1
Óscar Fabián MURILLO Murillo [2016: CF Pachuca (MEX)]	18.04.1988	2	0
Helibelton PALACIOS Zapata [2015: Asociación Deportivo Cali]	11.06.1993	1	0
Cristián Eduardo ZAPATA Valencia [2015/2016: Milan AC (ITA)]	30.09.1986	46	1

Midfielders

Name [Club 2015/2016]	DOB	Caps	Goals
Kevin Alexander BALANTA Lucumí [2015: Asociación Deportivo Cali]	28.04.1997	1	0
Edwin Andrés CARDONA Bedoya [2015/2016: CF Monterrey (MEX)]	08.12.1992	20	3
Guillermo León CELIS Montiel [2016: CDP Junior Barranquilla]	08.05.1993	6	0
Juan Guillermo CUADRADO Bello [2015/2016: Juventus FC Torino (ITA)]	26.05.1988	55	6
Gustavo Leonardo CUÉLLAR Gallego [2015: CDP Junior Barranquilla; 31.12.2016 -> Asociación Deportivo Cali; 28.01.2016 -> CR Flamengo Rio de Janeiro (BRA)]	14.10.1992	2	0
Freddy Alejandro GUARÍN Vásquez [2015: FC Internazionale Milano (ITA)]	30.06.1986	57	4

Alexander MEJÍA Sabalsa [2015: Club Atlético Nacional Medellín]	07.09.1988	24	0
Andrés Felipe ROA Estrada [2015/2016: Asociación Deportivo Cali]	25.05.1993	2	0
James David RODRÍGUEZ Rubio [2015/2016: Real Madrid CF (ESP)]	12.07.1991	48	16
Carlos Alberto SÁNCHEZ Moreno [2015/2016: Aston Villa FC Birmingham (ENG)]	06.02.1986	67	0
Daniel Alejandro TORRES Rojas [2015/2016: CD Independiente Medellín]	15.11.1989	10	0
Macnelly TORRES Berrío [2015: Club Atlético Nacional Medellín]	11.01.1984	41	3

Forwards

Carlos Arturo BACCA Ahumada [2015/2016: Milan AC (ITA)]	31.12.1984	33	13
Fabián Andrés CASTILLO Sánchez [2015: FC Dallas (USA)]	17.06.1992	3	0
Radamel Falcao GARCÍA Zárate [2015/2016: Chelsea FC London (ENG)]	10.02.1986	62	25
Teófilo Antonio GUTIÉRREZ Roncancio [2015/2016: Sporting Clube de Portugal Lisboa (POR)]	17.05.1985	48	15
Jackson Arley MARTÍNEZ Valencia [2015: Club Atlético de Madrid (ESP)]	03.10.1986	40	9
Roger Beyker MARTÍNEZ Tobinson [2016: Racing Club de Avellaneda (ARG)]	23.06.1994	4	1
Dayro Mauricio MORENO Galindo [2016: Club Tijuana Xoloitzcuintles de Caliente (MEX)]	16.09.1985	30	3
Marlos MORENO Durán [2016: Club Atlético Nacional Medellín]	20.09.1996	7	1
Luis Fernando MURIEL Fruto [2015/2016: UC Sampdoria Genoa (ITA)]	18.04.1991	9	1
Édgar Felipe PARDO Castro [2015: SFP Olympiacos Peiraiás (GRE)]	17.08.1990	1	0
Sebastian PÉREZ Cardona [2016: Club Atlético Nacional Medellín]	29.03.1993	8	1
Gustavo Adrián RAMOS Vásquez [2015/2016: BV Borussia Dortmund (GER)]	22.01.1986	36	4

National Coach

José Néstor PÉKERMAN Krimen (Argentina)	03.09.1949	54 M; 33 W; 11 D; 10 L; 92-38

ECUADOR

The Country:
República del Ecuador (Republic of Ecuador)   Capital: Quito   Surface: 256,370 km²   Inhabitants: 15,223,680   Time: UTC-5 to -6

The FA:
Federación Ecuatoriana de Fútbol   Avenida Las Aguas y Calle Alianza, P.O. Box 09-01-7447, Guayaquíl   Year of Formation: 1925   Member of FIFA since: 1926   Member of CONMEBOL since: 1927   Internet: www.ecuafutbol.org

NATIONAL TEAM RECORDS	
First international match:	08.08.1938, Bogotá: Bolivia – Ecuador 1-1
Most international caps:	Iván Jacinto Hurtado Angulo – 168 caps (1992-2015)
Most international goals:	Agustín Javier Delgado Chalá – 31 goals / 72 caps (1994-2011)

OLYMPIC GAMES 1900-2012
None

FIFA CONFEDERATIONS CUP 1992-2013
None

COPA AMÉRICA	
1916	Did not enter
1917	Did not enter
1919	Did not enter
1920	Did not enter
1921	Did not enter
1922	Did not enter
1923	Did not enter
1924	Did not enter
1925	Did not enter
1926	Did not enter
1927	Did not enter
1929	Did not enter
1935	Did not enter
1937	Did not enter
1939	5th Place
1941	5th Place
1942	7th Place
1945	7th Place
1946	*Withdrew*
1947	6th Place
1949	7th Place
1953	6th Place
1955	7th Place
1956	*Withdrew*
1957	7th Place
1959	*Withdrew*
1959E	4th Place
1963	6th Place
1967	Qualifying Round
1975	Round 1
1979	Round 1
1983	Round 1
1987	Group Stage
1989	Group Stage
1991	Group Stage
1993	4th Place
1995	Group Stage
1997	Quarter-Finals
1999	Group Stage
2001	Group Stage
2004	Group Stage
2007	Group Stage
2011	Group Stage
2015	Group Stage
2016	Quarter-Finals

FIFA WORLD CUP	
1930	Did not enter
1934	Did not enter
1938	Did not enter
1950	*Withdrew*
1954	Did not enter
1958	Did not enter
1962	Qualifiers
1966	Qualifiers
1970	Qualifiers
1974	Qualifiers
1978	Qualifiers
1982	Qualifiers
1986	Qualifiers
1990	Qualifiers
1994	Qualifiers
1998	Qualifiers
2002	Final Tournament (Group Stage)
2006	Final Tournament (2nd Round of 16)
2010	Qualifiers
2014	Final Tournament (Group Stage)

PANAMERICAN GAMES	
1951	Did not enter
1955	Did not enter
1959	Did not enter
1963	Did not enter
1967	Did not enter
1971	Did not enter
1975	Did not enter
1979	Did not enter
1983	Did not enter
1987	Did not enter
1991	Did not enter
1995	Round 1
1999	Did not enter
2003	Did not enter
2007	**Winners**
2011	Group Stage

PANAMERICAN CHAMPIONSHIP	
1952	Did not enter
1956	Did not enter
1960	Did not enter

ECUADORIAN CLUB HONOURS IN SOUTH AMERICAN CLUB COMPETITIONS:

COPA LIBERTADORES 1960-2015
Liga Deportiva Universitaria de Quito (2008)
COPA SUDAMERICANA 2002-2015
Liga Deportiva Universitaria de Quito (2009)
RECOPA SUDAMERICANA 1989-2014
Liga Deportiva Universitaria Quito (2009, 2010)
COPA CONMEBOL 1992-1999
None
SUPERCUP „JOÃO HAVELANGE" 1988-1997*
None
COPA MERCONORTE 1998-2001**
None

*Contested betwenn winners of all previous editions of the Copa Libertadores
**Contested between teams belonging countries from the northern part of South America (Bolivia, Colombia, Ecuador, Peru and Venezuela)

NATIONAL COMPETITIONS TABLE OF HONOURS

NATIONAL CHAMPIONS 1957-2015	
1957	CS Emelec Guayaquil
1958	*No competition*
1959	*No competition*
1960	Barcelona SC Guayaquil
1961	CS Emelec Guayaquil
1962	CD Everest Guayaquil
1963	Barcelona SC Guayaquil
1964	Sociedad Deportivo Quito
1965	CS Emelec Guayaquil
1966	Barcelona SC Guayaquil
1967	CD El Nacional Quito
1968	Sociedad Deportivo Quito
1969	LDU de Quito
1970	Barcelona SC Guayaquil
1971	Barcelona SC Guayaquil
1972	CS Emelec Guayaquil
1973	CD El Nacional Quito
1974	LDU de Quito
1975	LDU de Quito
1976	CD El Nacional Quito
1977	CD El Nacional Quito
1978	CD El Nacional Quito
1979	CS Emelec Guayaquil
1980	Barcelona SC Guayaquil
1981	Barcelona SC Guayaquil
1982	CD El Nacional Quito
1983	CD El Nacional Quito
1984	CD El Nacional Quito

1985	Barcelona SC Guayaquil
1986	CD El Nacional Quito
1987	Barcelona SC Guayaquil
1988	CS Emelec Guayaquil
1989	Barcelona SC Guayaquil
1990	LDU de Quito
1991	Barcelona SC Guayaquil
1992	CD El Nacional Quito
1993	CS Emelec Guayaquil
1994	CS Emelec Guayaquil
1995	Barcelona SC Guayaquil
1996	CD El Nacional Quito
1997	Barcelona SC Guayaquil
1998	LDU de Quito
1999	LDU de Quito
2000	CD Olmedo Riobamba
2001	CS Emelec Guayaquil
2002	CS Emelec Guayaquil
2003	LDU de Quito
2004	Club Deportivo Cuenca
2005	Ape: LDU de Quito
	Fin: CD El Nacional Quito
2006	CD El Nacional Quito
2007	LDU de Quito
2008	Sociedad Deportivo Quito
2009	Sociedad Deportivo Quito
2010	LDU de Quito
2011	Sociedad Deportivo Quito
2012	Barcelona SC Guayaquil
2013	CS Emelec Guayaquil
2014	CS Emelec Guayaquil
2015	CS Emelec Guayaquil

	BEST GOALSCORERS	
1957	Simón Cañarte (Barcelona SC Guayaquil)	4
1960	Enrique Cantos (Barcelona SC Guayaquil)	8
1961	Galo Pinto (CD Everest Guayaquil)	12
1962	Iris López (BRA, Barcelona SC Guayaquil)	9
1963	Carlos Alberto Raffo Vallaco (ARG, CS Emelec Guayaquil)	4
1964	Jorge Valencia (CD América de Manta)	8
1965	Hélio Cruz (BRA, Barcelona SC Guayaquil)	8
1966	Pio Coutinho (BRA, LDU de Quito)	13
1967	Tomás Rodríguez (CD El Nacional Quito)	16
1968	Víctor Manuel Battaini Treglia (URU, Sociedad Deportivo Quito)	19
1969	Francisco Bertocchi (URU, LDU de Quito)	26
1970	Rómulo Dudar Mina (CSD Macará)	19
1971	Alfonso Obregón (PAR, LDU de Portoviejo)	18
1972	Nelson Miranda „Nelsinho" (BRA, Barcelona SC Guayaquil)	15
1973	Ángel Marín (URU, CD América de Quito)	18
1974	Ángel Luis Liciardi Pasculi (ARG, Club Deportivo Cuenca)	19
1975	Ángel Luis Liciardi Pasculi (ARG, Club Deportivo Cuenca)	36

1976	Ángel Luis Liciardi Pasculi (ARG, Club Deportivo Cuenca)	35
1977	Fabián Paz y Miño (CD El Nacional Quito)	
	Ángel Marín (URU, Sociedad Deportivo Quito)	27
1978	Juan José Pérez (ARG, LDU de Portoviejo)	24
1979	Carlos Horacio Miori (ARG, CS Emelec Guayaquil)	26
1980	Miguel Ángel Gutiérrez (ARG, CD América de Quito)	26
1981	Paulo César Evangelista (BRA, LDU de Quito)	25
1982	José Villafuerte (CD El Nacional Quito)	25
1983	Paulo César Evangelista (BRA, Barcelona SC Guayaquil)	28
1984	Sergio Antonio Saucedo (ARG, Sociedad Deportivo Quito)	25
1985	Juan Carlos de Lima (URU, CD Universidad Católica Quito)	
	Alexander Da Silva „Guga" (BRA, CSD Esmeraldas Petrolero)	24
1986	Juan Carlos de Lima (URU, Sociedad Deportivo Quito)	23
1987	Ermen Benítez (CD El Nacional Quito)	
	Hamilton Cuvi (CD Filanbanco Guayaquil)	
	Waldemar Barreto Victorino (URU, LDU de Portoviejo)	23
1988	Janio Pinto (BRA, LDU de Quito)	18
1989	Ermen Benítez (CD El Nacional Quito)	23
1990	Ermen Benítez (CD El Nacional Quito)	28
1991	Pedro Emir Varela (URU, Delfin SC Manta)	24
1992	Carlos Antonio Muñoz Martínez (Barcelona SC Guayaquil)	19
1993	Diego Rodrigo Herrera (LDU de Quito)	18
1994	Manuel Antonio Uquillas (CD Espoli Quito)	
1995	Manuel Antonio Uquillas (Barcelona SC Guayaquil)	24
1996	Ariel José Graziani Lentini (ARG, CS Emelec Guayaquil)	29
1997	Ariel José Graziani Lentini (ARG, CS Emelec Guayaquil)	24
1998	Jaime Iván Kaviedes Llorenty (CS Emelec Guayaquil)	43
1999	Christian José Botero (ARG, CSD Macará)	25
2000	Alejandro Martín Kenig (ARG, CS Emelec Guayaquil)	25
2001	Carlos Alberto Juárez Devico (ARG, CS Emelec Guayaquil)	17
2002	Christian Gabriel Carnero (ARG, Sociedad Deportivo Quito)	26
2003	Ariel José Graziani Lentini (ARG, Barcelona SC Guayaquil)	23
2004	Ebelio Agustín Ordóñez Martínez (CD El Nacional Quito)	28
2005	Ape: Wilson Segura (LDU de Quito)	21
	Fin: Omar Alfredo Guerra Castilla (SD Aucas Quito)	
2006	Luis Miguel Escalada (ARG, CS Emelec Guayaquil)	29
2007	Juan Carlos Ferreyra (ARG, Club Deportivo Cuenca)	17
2008	Pablo David Palacios Herrería (Barcelona SC Guayaquil)	20
2009	Claudio Daniel Bieler (ARG, LDU de Quito)	22
2010	Jaime Javier Ayoví Corozo (CS Emelec Guayaquil)	23
2011	Arrinton Narciso Mina Villalba (CSD Independiente José Terán Sangolquí)	28
2012	Arrinton Narciso Mina Villalba (Barcelona SC Guayaquil)	30
2013	Federico Gastón Nieto (ARG, Sociedad Deportivo Quito)	29
2014	Armando Lenin Wila Canga (CD Universidad Católica Quito)	20
2015	Miller Alejandro Bolaños Reascos (CS Emelec Guayaquil)	25

NATIONAL CHAMPIONSHIP
Campeonato Ecuatoriano de Fútbol 2015
Serie A - Copa Pilsener

Primera Etapa

Results

Round 1 [31.01.-01.02.2015]
CD Univ. Católica - Independiente 0-1(0-0)
LDU Loja - Barcelona SC 1-1(1-0)
River Plate Ecuador - SD Aucas 2-1(1-0)
LDU Quito - El Nacional Quito 1-0(1-0)
Deportivo Quito - CS Emelec 1-1(0-0)
Mushuc Runa SC - CD Cuenca 2-1(1-1)

Round 2 [06-08.02.2015]
CD Cuenca - CD Universidad Católica 1-2(1-0)
CS Emelec - Mushuc Runa SC 5-2(3-0)
SD Aucas - LDU Quito 1-1(1-0)
El Nacional Quito - LDU Loja 0-1(0-1)
Independiente - Deportivo Quito 2-0(0-0)
Barcelona SC - River Plate Ecuador 1-1(0-1)

Round 3 [13-16.02.2015]
Deportivo Quito - CD Cuenca 2-3(1-2)
LDU Loja - CS Emelec 0-2(0-0)
River Plate Ecuad. - El Nacional Quito 3-1(0-1)
CD Universidad Católica - SD Aucas 2-2(0-1)
LDU Quito - Mushuc Runa SC 2-1(0-1)
Barcelona SC - Independiente 2-1(0-1)

Round 4 [20-22.02.2015]
CD Cuenca - LDU Quito 1-1(1-0)
Mushuc Runa SC - Deportivo Quito 2-2(2-2)
El Nacional Quito - Barcelona SC 2-1(1-1)
CS Emelec - CD Universidad Católica 1-1(1-1)
Independiente - River Plate Ecuador 3-2(1-1)
SD Aucas - LDU Loja 1-2(1-1)

Round 5 [27.02.-01.03.2015]
LDU Loja - CD Cuenca 1-1(0-1)
LDU Quito - CS Emelec 2-1(2-1)
El Nacional Quito - Independiente 1-2(1-2)
River Plate Ecuad. - Mushuc Runa SC 2-0(1-0)
CD Univ. Católica - Deportivo Quito 2-1(1-0)
Barcelona SC - SD Aucas 2-0(1-0) [01.04.]

Round 6 [06-08.03.2015]
CD Cuenca - River Plate Ecuador 1-2(0-1)
Mushuc Runa SC - CD Univ. Católica 0-2(0-1)
Independiente - LDU Loja 2-0(1-0)
Deportivo Quito - LDU Quito 0-0
SD Aucas - El Nacional Quito 2-3(2-1)
CS Emelec - Barcelona SC 2-0(0-0)

Round 7 [14-15.03.2015]
LDU Loja - Mushuc Runa SC 1-2(0-1)
River Plate Ecuador - Deportivo Quito 2-2(0-0)
LDU Quito - CD Universidad Católica 3-0(1-0)
El Nacional Quito - CS Emelec 1-1(0-1)
SD Aucas - Independiente 0-1(0-0)
Barcelona SC - CD Cuenca 2-0(0-0)

Round 8 [20-22.03.2015]
CD Un.Católica - River Plate Ecuador 4-1(0-1)
Deportivo Quito - LDU Loja 3-1(2-0)
CD Cuenca - El Nacional Quito 1-0(0-0)
Mushuc Runa SC - Independiente 0-1(0-1)
CS Emelec - SD Aucas 2-0(2-0)
LDU Quito - Barcelona SC 2-0(1-0) [29.04.]

Round 9 [25.03.2015]
SD Aucas - CD Cuenca 2-0(1-0)
River Plate Ecuador - LDU Quito 1-1(0-0)
Barcelona SC - Mushuc Runa SC 6-0(1-0)
El Nacional Quito - Deportivo Quito 2-3(0-1)
LDU Loja - CD Universidad Católica 1-0(0-0)
Independiente - CS Emelec 3-1(2-0) [08.04.]

Round 10 [29.03.2015]
Deportivo Quito - SD Aucas 3-2(2-1)
LDU Quito - LDU Loja 2-1(1-1)
Mushuc Runa SC - El Nacional Quito 0-3(0-2)
CD Univers. Católica - Barcelona SC 1-2(0-0)
CD Cuenca - Independiente 1-1(1-0)
River Plate Ecuador - CS Emelec 1-2(0-1)

Round 11 [03-05.04.2015]
CS Emelec - CD Cuenca 3-1(1-0)
Independiente - LDU Quito 1-1(1-1)
LDU Loja - River Plate Ecuador 1-0(0-0)
El Nacional Quito - CD Universid. Católica 0-0
SD Aucas - Mushuc Runa SC 2-2(0-1)
Barcelona SC - Deportivo Quito 1-2(0-2)

Round 12 [11-13.04.2015]
CD Univ. Católica - El Nacional Quito 0-4(0-1)
Mushuc Runa SC - SD Aucas 2-2(1-0)
River Plate Ecuador - LDU Loja 1-0(1-0)
LDU Quito - Independiente 2-0(0-0)
Deportivo Quito - Barcelona SC 1-0(0-0)
CD Cuenca - CS Emelec 0-4(0-1) [29.04.]

Round 13 [17-19.04.2015]
Barcelona SC - CD Univ.Católica 2-0(2-0)
LDU Loja - LDU Quito 0-0
SD Aucas - Deportivo Quito 2-3(1-3)
El Nacional Quito - Mushuc Runa SC 1-2(1-0)
Independiente - CD Cuenca 2-2(0-1)
CS Emelec - River Plate Ecuador 0-0

Round 14 [22.04.2015]
CD Universidad Católica - LDU Loja 1-3(0-0)
Deportivo Quito - El Nacional Quito 0-1(0-0)
CD Cuenca - SD Aucas 0-2(0-0)
LDU Quito - River Plate Ecuador 2-0(1-0)
Mushuc Runa - Barcelona SC 1-1(0-0) [13.05.]
CS Emelec - Independiente 3-3(3-1) [01.07.]

Round 15 [15-26.04.2015]
Independiente - Mushuc Runa SC 1-0(1-0)
LDU Loja - Deportivo Quito 1-1(1-1)
El Nacional Quito - CD Cuenca 1-1(0-0)
SD Aucas - CS Emelec 0-0
River Plate Ec. - CD Univ. Católica 1-0(1-0)
Barcelona SC - LDU Quito 0-1(0-1)

Round 16 [02-03.05.2015]
Mushuc Runa SC - LDU Loja 3-1(0-0)
Independiente - SD Aucas 1-1(1-0)
Deportivo Quito - River Plate Ecuador 1-1(1-0)
CD Cuenca - Barcelona SC 3-2(0-1)
CD Universidad Católica - LDU Quito 1-1(0-0)
CS Emelec - El Nacional Quito 2-0(0-0)

Round 17 [08-10.05.2015]
LDU Loja - Independiente 0-2(0-2)
CD Univ. Católica - Mushuc Runa SC 0-1(0-1)
River Plate Ecuador - CD Cuenca 2-3(0-2)
LDU Quito - Deportivo Quito 3-1(1-0)
El Nacional Quito - SD Aucas 1-1(0-1)
Barcelona SC - CS Emelec 2-0(1-0)

Round 18 [15-17.05.2015]
CD Cuenca - LDU Loja 1-0(0-0)
Independiente - El Nacional Quito 1-0(1-0)
Deportivo Quito - CD Univ. Católica 0-3(0-1)
Mushuc Runa SC - River Plate Ec. 1-0(0-0)
SD Aucas - Barcelona SC 0-2(0-1)
CS Emelec - LDU Quito 1-0(0-0) [07.07.]

Round 19 [22-24.05.2015]
LDU Loja - SD Aucas 2-5(0-2)
Deportivo Quito - Mushuc Runa SC 1-1(1-1)
River Plate Ecuador - Independiente 1-2(0-1)
LDU Quito - CD Cuenca 0-0
Barcelona SC - El Nacional Quito 0-2(0-0)
Univ. Católica - CS Emelec 0-1(0-0) [10.07.]

Round 20 [26-28.06.2015]
CD Cuenca - Deportivo Quito 3-3(1-0)
CS Emelec - LDU Loja 4-0(3-0)
Independiente - Barcelona SC 2-3(1-1)
Mushuc Runa SC - LDU Quito 0-1(0-1)
El Nacional Quito - River Plate Ecuad. 2-1(0-0)
SD Aucas - CD Universidad Católica 3-1(0-1)

Round 21 [03-05.07.2015]
LDU Loja - El Nacional Quito 0-3 Awarded
River Plate Ecuador - Barcelona SC 2-1(2-1)
CD Universidad Católica - CD Cuenca 1-1(0-0)
LDU Quito - SD Aucas 1-0(1-0)
Mushuc Runa SC - CS Emelec 1-3(0-2)
Deportivo Quito - Independiente 3-2(0-1)

Round 22 [10-12.07.2015]
CD Cuenca - Mushuc Runa SC 0-2(0-2)
Independiente - CD Univers. Católica 1-1(1-1)
SD Aucas - River Plate Ecuador 3-1(1-0)
El Nacional Quito - LDU Quito 0-1(0-1)
CS Emelec - Deportivo Quito 2-0(1-0)
Barcelona SC - LDU Loja 2-0(2-0)

Final Standings

1. Liga Deportiva Universitaria de Quito	22	13	8	1	28	-	10	47
2. CS Emelec Guayaquil	22	13	6	3	41	-	18	45
3. CARE Independiente del Valle Sangolquí	22	12	6	4	35	-	24	42
4. Barcelona SC Guayaquil	22	10	3	9	33	-	24	32
5. Sociedad Deportivo Quito	22	7	8	7	33	-	37	29
6. CD El Nacional Quito	22	8	4	10	28	-	24	28
7. CD River Plate Ecuador Guayaquil	22	7	5	10	27	-	32	26
8. Mushuc Runa SC Ambato	22	7	5	10	25	-	38	26
9. Club Deportivo Cuenca	22	5	8	9	25	-	37	23
10. Sociedad Deportiva Aucas Quito	22	5	7	10	32	-	34	22
11. CD Universidad Católica Quito	22	5	6	11	22	-	31	21
12. Liga Deportiva Universitaria de Loja	22	5	4	13	17	-	37	16

Please note: Liga Deportiva Universitaria de Quito qualified for the Championship finals and the 2016 Copa Libertadores second stage.
Barcelona SC Guayaquil – 1 point deducted
Liga Deportiva Universitaria de Loja – 3 points deducted

Segunda Etapa

Results

Round 1 [17-19.07.2015]
LDU Loja - River Plate Ecuador 0-0
Mushuc Runa SC - CD Cuenca 2-1(1-1)
El Nacional Quito - SD Aucas 1-0(0-0)
Independiente - LDU Quito 1-3(0-2)
CD Univ. Católica - Barcelona SC 0-2(0-0)
CS Emelec - Deportivo Quito 0-0

Round 2 [24-25.07.2015]
Deportivo Quito - El Nacional Quito 1-0(1-0)
CD Cuenca - Independiente 0-2(0-2)
SD Aucas - LDU Loja 1-0(0-0)
Barcelona SC - Mushuc Runa SC 0-0
LDU Quito - CD Universidad Católica 1-1(1-0)
River Plate Ecuador - CS Emelec 0-4(0-3)

Round 3 [29.07.2015]
CD Universidad Católica - CD Cuenca 1-3(0-1)
CS Emelec - SD Aucas 3-0(1-0)
Independiente - Deportivo Quito 3-0(0-0)
River Plate Ecuador - LDU Quito 1-0(1-0)
LDU Loja - Barcelona SC 1-2(1-1)
El Nacional Quito - Mushuc Runa SC 1-0(1-0)

Round 4 [02.08.2015]
LDU Quito - CS Emelec 2-1(2-0)
CD Cuenca - El Nacional Quito 0-0
Deportivo Quito - LDU Loja 1-1(1-0)
SD Aucas - River Plate Ecuador 4-0(3-0)
Mushuc Runa SC - CD Univ. Católica 1-3(1-1)
Barcelona SC - Independiente 2-1(0-0)

Round 5 [07-09.08.2015]
Independiente - CD Univ. Católica 0-1(0-0)
LDU Loja - CD Cuenca 0-1(0-0)
River Plate Ecuador - Deportivo Quito 3-1(2-1)
CS Emelec - Mushuc Runa SC 1-0(0-0)
SD Aucas - LDU Quito 3-2(2-1)
El Nacional Quito - Barcelona SC 1-0(1-0)

Round 6 [15-16.08.2015]
Mushuc Runa SC - Independiente 2-4(2-1)
Deportivo Quito - SD Aucas 0-1(0-0)
Barcelona SC - River Plate Ecuador 0-1(0-0)
CD Cuenca - CS Emelec 0-1(0-0)
Univ. Católica - El Nacional 3-1(0-1) [26.08.]
LDU Quito - LDU Loja 1-2(0-1) [09.10.]

Round 7 [22-24.08.2015]
El Nacional Quito - Independiente 0-1(0-1)
River Plate Ecuador - CD Cuenca 1-1(1-0)
Deportivo Quito - LDU Quito 1-4(0-1)
SD Aucas - Barcelona SC 3-1(2-0)
CS Emelec - CD Universidad Católica 2-2(1-0)
LDU Loja - Mushuc Runa SC 2-1(1-0)

Round 8 [28-30.08.2015]
CD Cuenca - SD Aucas 1-1(0-1)
CD Universidad Católica - LDU Loja 3-0(2-0)
Mushuc Runa SC - LDU Quito 1-3(1-1)
El Nacional Quito - River Plate Ec. 2-0(0-0)
Barcelona SC - Deportivo Quito 3-0(2-0)
Independiente - CS Emelec 1-0(0-0)

Round 9 [04-06.09.2015]
Deportivo Quito - CD Cuenca 0-3(0-1)
LDU Loja - Independiente 3-2(1-1)
River Plate Ec. - Mushuc Runa SC 2-2(1-1)
LDU Quito - Barcelona SC 2-0(1-0)
SD Aucas - CD Universidad Católica 2-1(0-0)
CS Emelec - El Nacional 2-1(1-0) [28.10.]

Round 10 [11-13.09.2015]
CD Cuenca - LDU Quito 0-1(0-0)
Independiente - River Plate Ecuador 1-1(0-1)
El Nacional Quito - LDU Loja 1-3(1-1)
Mushuc Runa SC - SD Aucas 3-1(1-0)
CD Univ. Católica - Deportivo Quito 2-1(2-0)
CS Emelec - Barcelona SC 0-0

Round 11 [19-20.09.2015]
River Plate Ec. - CD Univ. Católica 1-3(0-1)
LDU Quito - El Nacional Quito 1-1(0-1)
Deportivo Quito - Mushuc Runa SC 1-2(0-1)
SD Aucas - Independiente 1-1(0-0)
Barcelona SC - CD Cuenca 1-1(0-0)
LDU Loja - CS Emelec 2-4(1-3) [25.11.]

Round 12 [26-27.09.2015]
CD Univ. Católica - River Plate Ec. 1-0(0-0)
Mushuc Runa SC - Deportivo Quito 1-1(0-0)
Independiente - SD Aucas 1-1(0-1)
CS Emelec - LDU Loja 1-1(1-1)
El Nacional Quito - LDU Quito 1-5(1-2)
CD Cuenca - Barcelona SC 3-0(0-0)

Round 13 [02-04.10.2015]
SD Aucas - Mushuc Runa SC 0-0
River Plate Ecuador - Independiente 1-3(0-1)
LDU Loja - El Nacional Quito 1-0(0-0)
Barcelona SC - CS Emelec 0-1(0-0)
Deportivo Quito - CD Univ. Católica 4-1(2-0)
LDU Quito - CD Cuenca 3-2(2-0)

Round 14 [16-18.10.2015]
CD Cuenca - Deportivo Quito 1-0(1-0)
CD Universidad Católica - SD Aucas 3-0(1-0)
Independiente - LDU Loja 2-1(1-0)
El Nacional Quito - CS Emelec 1-1(0-1)
Mushuc Runa SC - River Plate Ec. 1-1(0-0)
Barcelona SC - LDU Quito 1-0(1-0)

Round 15 [23-25.10.2015]
LDU Loja - CD Universidad Católica 1-2(0-0)
CS Emelec - Independiente 3-2(2-1)
River Plate Ecuador - El Nacional 5-0(1-0)
LDU Quito - Mushuc Runa SC 1-1(0-1)
Deportivo Quito - Barcelona SC 0-1(0-1)
SD Aucas - CD Cuenca 0-0

Round 16 [30.10.-02.11.2015]
Barcelona SC - SD Aucas 0-0
LDU Quito - Deportivo Quito 2-0(2-0)
Mushuc Runa SC - LDU Loja 2-1(0-0)
Independiente - El Nacional Quito 2-1(1-0)
CD Universidad Católica - CS Emelec 0-3(0-1)
CD Cuenca - River Plate Ecuador 1-1(1-0)

Round 17 [06-08.11.2015]
CS Emelec - CD Cuenca 6-0(3-0)
Independiente - Mushuc Runa SC 4-1(2-0)
El Nacional Quito - CD Univ. Católica 0-2(0-1)
River Plate Ecuador - Barcelona SC 1-1(0-0)
LDU Loja - LDU Quito 2-3(2-0)
SD Aucas - Deportivo Quito 2-2(1-2)

Round 18 [20-22.11.2015]
CD Cuenca - LDU Loja 1-2(0-1)
Deportivo Quito - River Plate Ec. 0-3 Awarded
CD Univ. Católica - Independiente 2-1(1-1)
LDU Quito - SD Aucas 0-2(0-2)
Mushuc Runa SC - CS Emelec 2-2(1-0)
Barcelona SC - El Nacional Quito 3-0(1-0)

Round 19 [27-29.11.2015]	Round 20 [02.12.2015]
CD Univ. Católica - Mushuc Runa SC 1-1(0-0)	SD Aucas - CS Emelec 3-3(1-2)
Independiente - Barcelona SC 3-3(2-2)	Mushuc Runa SC - El Nacional Quito 1-2(1-2)
River Plate Ecuador - SD Aucas 1-0(1-0)	Deportivo Quito - Independiente 0-5(0-3)
El Nacional Quito - CD Cuenca 2-0(0-0)	LDU Quito - River Plate Ecuador 1-0(0-0)
LDU Loja - Deportivo Quito 1-0(1-0)	Barcelona SC - LDU Loja 2-1(1-1)
CS Emelec - LDU Quito 0-2(0-0)	CD Cuenca - CD Universidad Católica 1-0(0-0)

Round 21 [06.12.2015]	Round 22 [12-13.12.2015]
Independiente - CD Cuenca 2-0(1-0)	SD Aucas - El Nacional Quito 1-0(1-0)
El Nacional Quito - Deportivo Quito 1-2(1-1)	River Plate Ecuador - LDU Loja 2-1(2-0)
CD Universidad Católica - LDU Quito 2-1(1-0)	CD Cuenca - Mushuc Runa SC 1-1(1-0)
CS Emelec - River Plate Ecuador 3-1(2-1)	Deportivo Quito - CS Emelec 0-1(0-0)
LDU Loja - SD Aucas 2-1(0-1)	LDU Quito - Independiente 4-3(2-2)
Mushuc Runa SC - Barcelona SC 1-0(0-0)	Barcelona SC - CD Univ. Católica 1-1(1-1)

Final Standings

1.	CS Emelec Guayaquil	22	12	7	3	42 - 20	43
2.	Liga Deportiva Universitaria de Quito	22	13	3	6	42 - 26	42
3.	CD Universidad Católica Quito	22	12	4	6	35 - 27	40
4.	CARE Independiente del Valle Sangolquí	22	11	4	7	45 - 30	37
5.	Sociedad Deportiva Aucas Quito	22	8	8	6	27 - 25	32
6.	Barcelona SC Guayaquil	22	8	7	7	23 - 21	30
7.	CD River Plate Ecuador Guayaquil	22	7	7	8	26 - 30	28
8.	Liga Deportiva Universitaria de Loja	22	8	3	11	28 - 33	26
9.	Club Deportivo Cuenca	22	6	7	9	21 - 27	25
10.	Mushuc Runa SC Ambato	22	5	9	8	26 - 33	24
11.	CD El Nacional Quito	22	6	3	13	17 - 34	20
12.	Sociedad Deportivo Quito	22	3	4	15	15 - 41	5

Please note: CS Emelec Guayaquil qualified for the Championship finals and the 2016 Copa Libertadores second stage.
Barcelona SC Guayaquil, CD El Nacional Quito and Liga Deportiva Universitaria de Loja – 1 point deducted
Sociedad Deportivo Quito – 8 points deducted

Campeonato Ecuatoriano de Fútbol - Final 2015

16.12.2015, Estadio Reales Tamarindos, Portoviejo; Attendance: 14,023
Referee: Vinicio Eduardo Espinel Espín
CS Emelec Guayaquil - Liga Deportiva Universitaria de Quito   3-1(1-0)
Emelec: Esteban Javier Dreer, Óscar Dalmiro Bagüi Angulo, Gabriel Eduardo Achilier Zurita, Fernando Darío Pinillo Mina, Jhon William Narváez, Pedro Angel Quiñónez Rodríguez (Cap), Fernando Vicente Gaibor Orellana, Marcos Gustavo Mondaini (86.Javier Isidro Charcopa Alegría), Ángel Israel Mena Delgado, Emanuel Herrera (82.Luis Miguel Escalada), Miller Alejandro Bolaños Reascos (89.Henry Geovanny León León). Trainer: Omar Osvaldo De Felippe (Argentina).
LDU Quito: Alexander Domínguez Carabalí, Norberto Carlos Araujo López (Cap), Luis Manuel Romero Véliz, Pervis Josué Estupiñán Tenorio, José Enrique Madrid Orobio, Fernando Roberto Hidalgo Maldonado, José Francisco Cevallos Enriquez Jr., Hólger Eduardo Matamoros Chunga (69.Juan Ignacio Cavallaro), Miller David Castillo Quiñónez (79.Michael Jackson Quiñónez Cabeza), Diego Alberto Morales, Jonathan Daniel Álvez Sagar (87.Arrinton Narciso Mina Villalba). Trainer: Luis Francisco Zubeldía (Argentina).
Goals: 1-0 Fernando Vicente Gaibor Orellana (7), 2-0 Ángel Israel Mena Delgado (49), 3-0 Ángel Israel Mena Delgado (66), 3-1 José Francisco Cevallos Enriquez Jr. (83).

20.12.2015, Estadio Casa Blanca, Quito; Attendance: 26,045
Referee: Daniel Abraham Salazar Muñoz
Liga Deportiva Universitaria de Quito - CS Emelec Guayaquil   0-0
LDU Quito: Alexander Domínguez Carabalí, Norberto Carlos Araujo López (Cap), Luis Manuel Romero Véliz, Pervis Josué Estupiñán Tenorio (60.Juan Ignacio Cavallaro), José Enrique Madrid Orobio, Fernando Roberto Hidalgo Maldonado, José Francisco Cevallos Enriquez Jr., José Alfredo Quinteros Ordóñez, Hólger Eduardo Matamoros Chunga (70.Arrinton Narciso Mina Villalba), Diego Alberto Morales (79.Michael Jackson Quiñónez Cabeza), Jonathan Daniel Álvez Sagar. Trainer: Luis Francisco Zubeldía (Argentina).
Emelec: Esteban Javier Dreer, Óscar Dalmiro Bagüi Angulo, Gabriel Eduardo Achilier Zurita, Jorge Daniel Guagua Tamayo, Jhon William Narváez, Fernando Agustín Giménez Solís, Pedro Angel Quiñónez Rodríguez (Cap), Fernando Vicente Gaibor Orellana, Marcos Gustavo Mondaini (58.Robert Javier Burbano Cobeña), Ángel Israel Mena Delgado (88.Henry Geovanny León León), Miller Alejandro Bolaños Reascos (90.Emanuel Herrera). Trainer: Omar Osvaldo De Felippe (Argentina).

2015 Campeonato Ecuatoriano de Fútbol / Copa Credife Winners: **CS Emelec Guayaquil**

Aggregate Table 2015

		P	W	D	L	GF		GA	Pts
1.	Liga Deportiva Universitaria de Quito	44	26	11	7	70	-	36	89
2.	CS Emelec Guayaquil	44	25	13	6	83	-	38	88
3.	CARE Independiente del Valle Sangolquí	44	23	10	11	80	-	54	79
4.	Barcelona SC Guayaquil	44	18	10	16	56	-	45	62
5.	CD Universidad Católica Quito	44	17	10	17	57	-	58	61
6.	Sociedad Deportiva Aucas Quito	44	13	15	16	59	-	59	54
7.	CD River Plate Ecuador Guayaquil	44	14	12	18	53	-	62	54
8.	Mushuc Runa SC Ambato	44	12	14	18	51	-	71	50
9.	CD El Nacional Quito	44	14	7	23	45	-	58	48
10.	Club Deportivo Cuenca	44	11	15	18	46	-	64	48
11.	Liga Deportiva Universitaria de Loja (*Relegated*)	44	13	7	24	45	-	70	42
12.	Sociedad Deportivo Quito (*Relegated*)	44	10	12	22	48	-	78	34

Liga Deportiva Universitaria de Quito, CS Emelec Guayaquil and CARE Independiente del Valle Sangolquí qualified for the 2016 Copa Libertadores.

Barcelona SC Guayaquil, CD Universidad Católica Quito and Sociedad Deportiva Aucas Quito qualified for the 2016 Copa Sudamericana.

Top goalscorers:
25 goals:	**Miller Alejandro Bolaños Reascos**	**(CS Emelec Guayaquil)**
22 goals:	Daniel Alberto Néculman Suárez (ARG)	(CD River Plate Ecuador Guayaquil)
16 goals:	Bruno Leonel Vides (ARG)	(CD Universidad Católica Quito)
14 goals:	Arrinton Narciso Mina Villalba	(Liga Deportiva Universitaria de Quito)
	Ismael Alfonso Blanco	(Barcelona SC Guayaquil)
	José Enrique Angulo Caicedo	(CARE Independiente del Valle Sangolquí)

THE CLUBS 2015

SOCIEDAD DEPORTIVA AUCAS QUITO

Foundation date: February 6, 1945
Address: Villalengua e Iñaquito (Esquina), Quito
Stadium: Estadio „Gonzalo Pozo Ripalda", Quito – Capacity: 18,799

THE SQUAD

	DOB	Pr Et M	Pr Et G	Sg Et M	Sg Et G
Goalkeepers:					
Marco Antonio Bazan Loor	11.05.1995	-	-	-	-
Sebastián Alberto Blázquez Tosso (ARG)	27.11.1979	22	-	22	-
Carlos Andrés Ortíz Assos	26.10.1992	-	-	-	-
Defenders:					
Edison Javier Carcelen Chála	09.11.1992	17	1	16	1
Edder Fabian Fuertes Bravo	27.03.1992	-	-	9	-
Miguel Washington Ibarra Tixe (USA)	09.08.1984	18	-	21	-
Santiago Fernando Mallitasig Achig	12.02.1990	18	2	14	-
Omar Alexander Pilataxi Manzano	12.05.1990	11	-	-	-
Horacio David Salaberry Marrero	03.04.1987	19	6	16	3
Darwin Ernesto Suárez Vélez	17.01.1995	3	1	15	-
Midfielders:					
Omar Santiago Andrade Terán	16.06.1986	17	4	15	1
Alex Leonardo Bolaños Reascos	22.01.1985	-	-	17	3
Jonathan Oswaldo de la Cruz Valverde	18.07.1992	1	-	17	-
John Jairo Garcés Pino	28.06.1987	6	-	3	-
Jimmy David Gómez Valencia	20.05.1992	7	-	-	-
Cristhian Oliver Hurtado Valencia	20.06.1990	16	1	16	1
Nelson Fabricio Lara Cuero	20.03.1987	21	-	4	-
Ángel Alexander Ledesma Felix	22.06.1993	17	1	-	-
Juan Ignacio Marcarie Carra	25.09.1985	19	1	10	-
Henry Patricio Medina Alarcón	22.08.1992	-	-	-	-
Edwin Miguel Méndez Escobar	09.05.1993	8	-	-	-
Jairo Santiago Padilla Folleco	10.05.1991	19	6	19	1
Nea Fernando Padilla Landazuri	24.03.1995	6	-	3	-
Carlos Daniel Peralta Valencia	20.08.1998	-	-	-	-
Eduar Ayrton Preciado García	17.07.1994	1	-	17	4
Darwin Estuardo Quilumba Díaz	07.12.1988	15	-	3	-
José Alfredo Quinteros Ordóñez	20.06.1990	-	-	-	-
Joao Joshimar Rojas López	16.08.1997	1	-	20	3
Luis Alexander Valencia Chillambo	15.11.1985	13	1	-	-
Forwards:					
Washington Sebastián Abreu Gallo	17.10.1976	10	4		
Mauro Sergio Bustamante (ARG)	23.06.1991	-	-	14	1
Lauro Ramón Cazal (PAR)	23.03.1986	2	1		
Germán Caleb España Tenorio	05.02.1998	-	-	-	-
Víctor Manuel Estupiñán Mairongo	05.03.1988	1	-	16	4
Henry Ricardo Oñate Torres	02.03.1996	-	-	-	-
Jesús Alberto Vélez Mero	17.08.1990	3	-	-	-
Juan Carlos Villacrés Espín	30.09.1989	17	3	19	4
Edgar Alexander Vivero Carabali	13.11.1998			1	-
Trainer:					
Juan Ramón Silva (URU) [01.01.-31.05.2015]	05.08.1948	19			
Carlos Luis Ischia (ARG) [as of 01.06.2015]	28.10.1956	3		22	

412

BARCELONA SPORTING CLUB GUAYAQUIL

Foundation date: May 1, 1925
Address: Ciudadela Bellavista, Estadio Monumental, Guayaquil
Stadium: Estadio Monumental „Isidro Romero Carbo", Guayaquil – Capacity: 57,267

THE SQUAD

	DOB	Pr Et M	Pr Et G	Sg Et M	Sg Et G
Goalkeepers:					
Máximo Orlando Banguera Valdivieso	16.12.1985	18	-	21	-
Bryan Esteban Caicedo Medina	13.07.1994	-	-	-	-
Damián Enrique Lanza Moyano	10.04.1982	4	-	1	-
Ayrton Abel Morales Caballero	19.05.1995	-	-	-	-
Defenders:					
Diego Armando Calderón Espinoza	26.10.1986	4	-	9	-
Luis Armando Checa Villamar	21.12.1983	14	1	8	1
Andrés Lamas Bervejillo (URU)	16.01.1984	7	1	-	-
Gabriel Marques de Andrade Pinto (BRA)	03.03.1988	-	-	19	1
Geovanny Enrique Nazareno Simisterra	17.01.1988	18	-	-	-
José Luis Perlaza Napa	06.10.1981	18	2	11	-
Midfielders:					
Brahian Milton Alemán Athaydes	22.12.1989	18	4	19	6
Flavio David Caicedo Gracia	28.02.1988	5	-	-	-
Luis Andrés Caicedo de la Cruz	12.05.1979	-	-	-	-
Erick Leonel Castillo Arroyo	05.02.1995	-	-	10	1
Gerson Jair Cedeño Aspiazu	09.03.1992	-	-	1	-
Alex Patricio Colón Rueda	17.11.1986	19	2	6	-
Jonathan Oswaldo de la Cruz Valverde	18.07.1992	1	-		
Brayan José de la Torre Martínez	11.01.1991	1	-	-	-
William Ricardo Erreyes Vásquez	13.10.1997	5	-	10	-
Alejandro Javier Frezzotti (ARG)	15.02.1984	15	-		
José Manuel García Coronel	13.04.1997	2	-	4	-
Herlin Hernán Lino Pluas	06.02.1997	2	-	16	-
Anderson Joffre Mina Mina	15.07.1995	-	-	-	-
Tilson Oswaldo Minda Suscal	26.07.1983	5	-	16	-
Walter Williams Molina Torres	03.06.1993	-	-	-	-
Carlos César Olivero Espínoza	16.04.1997	7	-	-	-
Matías Damián Oyola (ARG)	15.10.1982	19	1	5	-
Roosevelt Esteban Oyola Zuriaga	06.04.1991	3	-	4	-
Gedy Aaron Peñafiel Bruno	23.10.1995	-	-	-	-
Hamilton Miguel Pereira Ferrón (URU)	26.06.1987	-	-	20	-
Tito Johan Valencia Gómez	05.01.1991	13	1	12	3
Ángel Aldair Vásquez Vera	12.03.1998	9	1	2	-
Edison Fernando Vega Obando	08.03.1990	19	1	16	-
Pedro Pablo Velasco Arboleda	26.06.1993	15	-	11	-
Washington Wilfrido Vera Gines	24.04.1994	4	-	8	3
Forwards:					
Ismael Alfonso Blanco (ARG)	19.01.1983	21	10	21	4
Marlon Jonathan De Jesús Pabón	04.09.1991	12	2		
Jeison Alfonso Domínguez Quiñónez	31.05.1995	3	-	7	-
Ely Jair Esterilla Castro	06.02.1993	16	5	15	2
Edson Eli Montaño Angulo	15.03.1991	-	-	8	1
Henry Leonel Patta Quintero	14.01.1987	10	1	10	-
Alexander Alfonso Pinillo Arce	27.05.1991	-	-	1	-
Armando Lenin Wila Cangá	12.05.1985	-	-	9	-
Trainer:					
Rubén Jorge Israel (URU) [28.05.2014-30.05.2015]	08.12.1955	19			
Carlos Asanza [01.06.-30.06.2015]		1			
Guillermo Jorge Almada Alves (URU) [as of 01.07.2015]	18.06.1969	2		22	

CLUB DEPORTIVO CUENCA

Foundation date: March 4, 1971
Address: Avenida del Estadio y José Peralta, Cuenca
Stadium: Estadio „Alejandro Serrano Aguilar", Cuenca – Capacity: 20,502

THE SQUAD

	DOB	Pr Et M	Pr Et G	Sg Et M	Sg Et G
Goalkeepers:					
Brian Roberto Heras González	17.04.1995	-	-	-	-
Levid Martínez Caicedo	26.12.1989	6	-	-	-
Hamilton Emanuel Piedra Ordóñez	20.02.1993	16	-	22	-
Defenders:					
Nicolás Nahuel Ayr (ARG)	11.10.1982	-	-	15	-
Galo Ricardo Corozo Junco	20.08.1990	7	-	7	-
Julio César Domínguez Castillo (PAR)	07.04.1992	16	-		
Koob David Hurtado Arboleda	19.07.1985	12	-	16	-
Jerry Gabriel León Nazareno	22.04.1995	-	-	-	-
Jesús David Solis Tenorio	11.05.1988	12	2	15	-
Midfielders:					
Bruno de Camargo Agnello (BRA)	07.12.1985	-	-	9	-
Freddy Ubeiman Araujo Araujo	10.09.1993	4	-	6	-
Bruno Federico Barreto González (URU)	09.05.1989	2	-	-	-
Luis Alberto Bolaños León	27.03.1985	17	2	15	7
Miguel Ángel Bravo Prado	29.10.1986	4	-	7	-
Italo Agustín Cabanilla Campos	20.09.1997			3	-
Andrés Sebastián Calle Estrella	27.01.1997	10	1	-	-
John Dennis Campoverde Ramírez	18.10.1997	-	-	1	-
Rúben Dario Canga Yánez	07.04.1994	-	-	4	-
Bryan Ignacio Carabali Cañola	18.12.1997	-	-	12	-
Ronald Erick Champang Zambrano	19.06.1994	6	-	-	-
Ángel Lizardo Cheme Ortíz	19.11.1981	-	-	-	-
Moisés David Corozo Cañizares	20.10.1992	9	-	18	-
Carlos Alfredo Feraud Silva	23.10.1990	18	1	10	-
Alex Efrén González Palma	18.08.1995	3	-	-	-
José Luis Gutierrez Bastidas	03.03.1993	-	-	12	1
Silvio Patricio Gutiérrez Álvarez	28.02.1993	16	1	7	-
Diego Alejandro Jervés Cordóva	15.05.1997	12	1	4	-
Marcos Andres López Cabrera	04.02.1993	22	-	21	-
Denilson Aldair Marín Rivadeneira	22.09.1997			1	-
Bryan Gabriel Oña Simbaña	12.12.1993	10	2	19	1
Christian Andrés Oña Alcocer	23.01.1993	19	1	18	-
Marco Antonio Posligua Garcés	17.02.1993	-	-	10	-
James Andrés Quiñónez Castillo	27.10.1995	-	-	-	-
Renny Hernán Simisterra Boboy	10.12.1997			1	-
Polo Raúl Wila Cangá	09.02.1987	10	-		
Walter Germán Zea Baldeón	07.01.1985	15	3	20	2
Forwards:					
Walter Richard Calderón Carcelén	17.10.1977	8	-	6	-
Juan Manuel Cobelli (ARG)	27.02.1988	13	2	2	-
Carlos Jhon Garcés Acosta	01.03.1990	18	8		
Ronaldo Iván Johnson Mina	15.04.1995	4	-	-	-
Luis Bernardo Santana Vera	09.07.1991	16	1	8	-
Esteban Andrés Solari Poggio (ARG)	02.06.1980	-	-	13	10
Trainer:					
Ángel Paúl Vélez Ordoñez [01.01.-04.04.2015]	12.05.1971	11			
Álex Darío Aguinaga Garzón [as of 05.04.2015]	09.07.1968	11		22	

SOCIEDAD DEPORTIVO QUITO

Foundation date: February 25, 1955
Address: Avenida República del Salvador 34-399 y Irlanda, Carcelén, Quito
Stadium: Estadio Olímpico Atahualpa, Quito – Capacity: 35,258

THE SQUAD

	DOB	Pr Et M	Pr Et G	Sg Et M	Sg Et G
Goalkeepers:					
Diego Sebastián Espinosa Cordova	16.06.1997	-	-	2	-
Alexi Ever Lemos Castillo	15.12.1989	3	-	10	-
Bernardo Enzo Long Baccino	27.09.1989	-	-	9	-
Nelson Fernando Ramos Betancourt	23.11.1981	19	-	-	-
Defenders:					
Fernando Martín Bonjour (ARG)	04.09.1985	-	-	12	1
Roberto Michael Castro Cadena	15.07.1989	19	-	13	-
Marko Alejandro Cevallos Rueda	21.10.1997	-	-	-	-
Juan Kely Guerrón Vásquez	21.10.1983	17	-	17	-
Eddie Fernando Guevara Chávez	02.04.1990	6	-	1	-
Javier Estevan Hinostroza Calzada	22.03.1990	-	-	2	-
Andrés Eduardo Justicia García	04.03.1988	11	1	8	-
Luis Eduardo Maldonado Presa (URU)	26.03.1985	16	3		
Isaac Bryan Mina Arboleda	17.10.1980	4	-		
Limber David Padilla Viteri	05.03.1997	-	-	2	-
Juan Diego Rojas Caicedo	23.12.1992	20	8	19	2
Keny Valencia Pata	29.01.1997	-	-	-	-
Mateo Alejandro Emile Zambrano Bailon	02.04.1998	-	-	-	-
Midfielders:					
Cristian Andrés Acosta Congo	04.10.1994	-	-	9	-
Alexander Antonio Alvarado Carriel	21.04.1999	1	-	-	-
Michael Steven Arboleda Quiñónez	16.02.1994	-	-	-	-
Eddy Roberto Blandón Benítez	18.01.1993	-	-	2	-
Jairon Enríque Bonett Sulvaran	10.04.1995	7	-	17	3
Byron Gonzalo Cano Recalde	20.04.1990	7	-	-	-
Hugo Franklin Córtez Viveros	10.11.1995	-	-	2	-
Cristhian David Cuero Valencia	22.12.1989	18	3	-	-
Marlon Javier Ganchozo Santana	21.02.1991	4	-	10	-
Roberto Daniel Garcés Salazar	07.06.1993	-	-	-	-
Jacinto David Hernández Macias	17.02.1991	18	-	7	-
Madison Marcelo Julio Santos	10.10.1997	3	-	1	-
Fricson Aldahir Macías Vera	24.02.1996	-	-	2	-
Juan Sebastián Medina Flores	04.11.1996	-	-	1	-
Luis Gabriel Mosquera Rodríguez	17.01.1992	-	-	1	-
Michael Javier Obando Morales	17.09.1995	1	-	2	-
Christopher Patricio Plaza Peña	20.01.1994	-	-	1	-
Paul Andrés Plaza Peña	08.03.1988	-	-	-	-
Daniel Guillermo Porozo Valencia	20.09.1997	19	1	20	-
Jefferson David Preciado Arboleda	29.12.1997	-	-	-	-
Efrén Vicente Proaño Nazareno	11.07.1992	2	-	12	1
Dennys Andrés Quiñónez Espinoza	12.03.1992	5	-	9	-
Claudio Domingo Rivero Rodríguez (URU)	14.04.1985	17	1		
Mike Davis Rodríguez Sornoza	20.04.1989	2	-		
Luis Fernando Saritama Padilla	20.10.1983	13	1	18	2
André Aristóteles Skiada Wohigemuth	14.03.1985	-	-	-	-
Roberto Patricio Valarezo Romero	17.09.1991	4	-	1	-
Adrián Vicente Vera Burgos	25.09.1991	-	-	10	-
Forwards:					
Walter Richard Calderón Carcelén	17.10.1977	21	3	18	2
Ronnal Fernando Campos León	31.03.1986	13	5	18	1
Jorge Luis Cuesta Valdiviezo	25.02.1992	1	-	3	-
Marlon Bryan Delgado Landazuri	09.02.1997	-	-	-	-
Julián Enrique Lalinde Rubio (URU)	18.12.1985	18	2	1	-
Cristian Rolando Ledesma Núñez (PAR)	11.02.1987	1	-	13	3
Onnis Alfredo Rojas Caicedo	12.01.1998	-	-	1	-
Franklin Agustín Salas Nárvaez	30.08.1981	18	4	8	-
Beder Joseph Valencia Angulo	31.10.1995	-	-	1	-
Trainer:					
Tabaré Abayubá Silva Aguilar (URU) [01.01.-24.05.2015]	30.08.1974	19			
Angel Paúl Vélez Ordoñez [25.05.-28.08.2015]	12.05.1971	3		7	
Carlos Edmundo Sevilla Dalgo [as of 28.08.2015]	26.08.1950			15	

415

CLUB DEPORTIVO EL NACIONAL QUITO

Foundation date: June 1, 1964
Address: Yasuni e Isla San Cristóbal, Ciudadela Jipijapa, Quito
Stadium: Estadio Olímpico Atahualpa, Quito – Capacity: 35,258

THE SQUAD

	DOB	Pr Et M	Pr Et G	Sg Et M	Sg Et G
Goalkeepers:					
Adrián Javier Bone Sánchez	08.09.1988	21	-	21	-
Darwin Patricio Cuero Anangono	15.10.1994	-	-	-	-
Defenders:					
Banner Geovanny Caicedo Quiñónez	28.03.1981	16	2	16	2
Aníbal Hernán Chalá Ayoví	09.05.1996	17	-	17	-
Michael Alfonso Chalá Espinoza	29.01.1994	-	-	1	-
Bagner Samuel Delgado Loor	20.11.1995	8	-	-	-
José Ignacio Flor Blanco	05.04.1998	-	-	-	-
Edder Fabian Fuertes Bravo	27.03.1992	3	-		
Franklin Joshua Guerra Cedeño	12.04.1992	6	-	17	-
Eduardo Xavier Morante Rosas	01.06.1987	7	-	11	-
Jorge David Valencia Quiñónez	22.05.1992	9	-	11	-
Midfielders:					
Joel Alirio Almache Hidalgo	20.02.1998	2	-	4	-
Fabricio Ildegar Bagui Wila	07.05.1989	10	1	4	-
José Andrés Cárdenas Duque	23.03.1998	-	-	-	-
Jairo Víctor Castillo Nazareno	22.05.1991	-	-	-	-
Christian Santiago Cordero Rodríguez	20.10.1987	6	-	14	-
Víctor Javier Corozo Váldez	12.04.1997	8	1	-	-
Christian Rolando Lara Anangonó	27.04.1980	20	3	20	1
Luis Armando Lastra Salazar	12.11.1994	-	-	-	-
Luis Alejandro Luna Quinteros	25.01.1988	13	1	18	-
Ronny Bryan Medina Valencia	09.04.1995	-	-	-	-
Felipe Jonathan Mejía Perlaza	25.02.1995	5	-	1	-
Edison Vicente Méndez Méndez	16.03.1979	7	2	14	2
Johao Daniel Montaño Preciado	22.04.1998	6	-	1	-
Marco Roberto Montaño Díaz	08.09.1992	13	-	11	2
Marco Roberto Mosquera Borja	03.12.1984	15	1	16	-
Adolfo Alejandro Muñoz Cervantes	12.12.1997	10	1	9	-
Anderson Rafael Ordóñez Váldez	29.01.1994	14	1	10	2
José Alexander Pabón de la Cruz	08.08.1991	7	-	10	-
Jean Carlos Peña Ludueña	05.03.1998	-	-	-	-
Kevin Marcelo Peralta Ayoví	01.05.1997	1	-	-	-
Walter Wilfrido Reyes Caicedo	25.01.1991	-	-	-	-
Luis Geovanny Segovia Vega	26.10.1997	-	-	3	1
Alejandro Javier Villalva Pavón	28.11.1992	14	2	11	2
Forwards:					
Miguel Alesandro Álvarez Zambrano	06.01.1989	18	6	14	-
Christian Gabriel Márquez Mina	16.11.1980	13	3	7	1
Kevin Alexander Minda García	28.03.1996	2	-	-	-
Pablo David Palacios Herrería	05.02.1982	18	1	14	-
Edison Andrés Preciado Bravo	18.04.1986	-	-	19	3
Daniel Esteban Samaniego Dávila	27.08.1986	1	-	7	1
Augusto Mercedes Sevillano Hurtado	24.11.1982	-	-	-	-
Trainer:					
Manuel Octavio Zambrano Viera [11.08.2014-18.05.2015]	03.02.1958	18			
Luiz Orlando Narváez Padilla [19.05.-25.05.2015; Caretaker]	26.06.1958	1			
Rubén Darío Insúa (ARG) [as of 26.05.2015]	17.04.1961	3		22	

CLUB SPORT EMELEC GUAYAQUIL

Foundation date: April 29, 1929
Address: General Gómez 1312 y Avenida Quito, Guayaquil
Stadium: Estadio „George Capwell" / Modelo "Alberto Spencer" , Guayaquil – Capacity: 21,388 / 42,000

THE SQUAD

	DOB	Pr Et M	Pr Et G	Sg Et* M	Sg Et* G
Goalkeepers:					
Cristian Jonathan Arana Hurtado	03.08.1988	1	-	-	-
Xavier Andrés Cevallos Durán	22.06.1996	-	-	-	-
Esteban Javier Dreer (ARG)	11.11.1981	20	-	24	-
Javier Hernán Klimowicz Laganá	10.03.1977	-	-	-	-
Defenders:					
Gabriel Eduardo Achilier Zurita	24.03.1985	13	-	16	2
Óscar Dalmiro Bagüi Angulo	10.12.1982	20	-	22	1
Byron David Castillo Segura	10.11.1998	-	-	-	-
Diego Armando Corozo Castillo	25.12.1990	-	-	2	-
Jorge Daniel Guagua Tamayo	28.09.1981	20	1	18	4
Jordan Andrés Jaime Plata	28.10.1995	-	-	-	-
Jhon William Narváez	12.06.1991	20	1	16	-
Fernando Darío Pinillo Mina	27.03.1991	5	2	8	1
Midfielders:					
Brayan Dennis Angulo Tenorio	30.11.1995	1	-	3	-
Miller Alejandro Bolaños Reascos	01.06.1990	17	10	17	15
Robert Javier Burbano Cobeña	10.04.1995	15	-	19	-
Javier Isidro Charcopa Alegria	02.09.1992	2	-	7	1
Eddy Roy Corozo Olaya	28.06.1994	1	-	2	-
Fernando Vicente Gaibor Orellana	08.10.1991	10	1	15	2
Osbaldo Lupo Lastra García	12.06.1985	17	-	2	-
Henry Geovanny León León	20.04.1983	5	1	14	-
Byron Andrés Mina Cuero	01.08.1991	4	1	8	-
Carlos Alberto Moreno Romaña	04.10.1995	-	-	-	-
David Alejandro Noboa Tello	16.05.1995	-	-	1	-
José Luis Quiñónez Quiñónez	29.05.1984	7	1	8	1
Pedro Angel Quiñónez Rodríguez	04.03.1986	17	-	16	1
Dennis Fabian Quintero Loor	14.06.1997	6	-	1	-
Leonardo Gabriel Rolón (ARG)	19.01.1995			13	-
Bryan Alexis Ruíz Vera	10.02.1995			1	-
Yorman Michael Valencia Caicedo	18.03.1995	-	-		
Forwards:					
Esteban Santiago de la Cruz Santacruz	23.06.1993	-	-	2	-
Luis Miguel Escalada	27.02.1986	14	5	13	2
Fernando Agustín Giménez Solís (PAR)	10.07.1984	17	1	18	1
Emanuel Herrera (ARG)	13.04.1987	13	7	17	1
Ángel Israel Mena Delgado	21.01.1988	17	5	21	8
Marcos Gustavo Mondaini (ARG)	14.02.1985	17	3	20	4
Luís Raúl Rodríguez Fontecilla	10.02.1997	14	1	-	-
Aaron Jesus Villamar Mazón	14.02.1997	2	-	9	-
Trainer:					
Gustavo Domingo Quinteros Desabato (BOL) [08.07.2012-09.03.2015]	15.02.1965	7			
Omar Osvaldo De Felippe (ARG) [as of 10.03.2015]		15		24	

*Matches and goals in Championship finals included

CLUB DE ALTO RENDIMIENTO ESPECIALIZADO INDEPENDIENTE DEL VALLE

Foundation date: March 1, 1958
Address: Calle Oinchincha 603 y Calle García Moreno, Sangolquí
Stadium: Estadio Municipal „General Rumiñahui", Sangolquí – Capacity: 7,233

THE SQUAD

	DOB	Pr Et M	G	Sg Et M	G
Goalkeepers:					
Librado Rodrigo Azcona (PAR)	18.01.1984	20	-	13	-
Javier Edison Nazareno Valencia	01.09.1996	-	-	3	-
Johan David Padilla Quiñónez	14.08.1992	2	-	7	-
Frixon Dario Realpe Arroyo	17.03.1998	-	-	-	-
José Luis Emilio Vizcaíno Ortega	26.05.1994	-	-	-	-
Defenders:					
Andi Didier Caicedo Corozo	16.01.1993	1	-	-	-
Luis Alberto Caicedo Medina	11.05.1992	20	-	15	-
Luis Fernando León Bermeo	11.04.1993	10	-	11	1
Arturo Rafael Mina Meza	08.10.1990	18	2	14	-
Christian Washington Núñez Medina (URU)	24.09.1982	19	-	21	1
Mario Alberto Pineida Martínez	06.07.1992	19	-	18	-
Fabiano Estefano Tello Arce	28.10.1998	-	-	-	-
Midfielders:					
Julio Eduardo Angulo Medina	28.05.1990	21	1	21	1
Dixon Jair Arroyo Espinoza	01.06.1992	18	-	16	-
Luis Miguel Ayala Brucil	24.09.1993	10	-	7	-
Pablo Eduardo Caballero Sebastiani	21.11.1987	19	6	17	4
Bryan Alfredo Cabezas Segura	20.03.1997	22	3	21	-
Gabriel Jhon Córtez Casierra	10.10.1995	20	5	17	7
Carlos Andres Cuero Quiñonez	17.02.1996			-	-
Yeison Guerrero Perea	21.04.1998	-	-	-	-
Renny Salen Jaramillo Barre	12.06.1998	-	-	1	-
Anthony Rigoberto Landazuri Estacio	19.04.1997			4	1
Jhegson Sebastián Méndez Carabali	26.04.1997	2	-		
Jefferson Gabriel Orejuela Izquierdo	14.02.1993	20	-	19	1
Marco Abel Ramos Preciado	09.07.1992	2	-	4	1
Mario Enrique Rizotto Vázquez (URU)	30.08.1984	14	1	17	1
Forwards:					
Daniel Patricio Angulo Arroyo	16.11.1986	19	12		-
José Enrique Angulo Caicedo	03.02.1995			13	14
Wilter Andrés Ayoví Mina	17.04.1997	3	-	6	-
Walter Leodán Chalá Vázquez	24.02.1992	6	2	11	1
Washington Bryan Corozo Becerra	09.07.1998			1	-
William Ferreira Martínez (URU)	25.02.1983	16	1		
Jacson Mauricio Pita Mina	08.12.1995	1	1		
Carlos Luis Quintero Arroyo	27.08.1982	6	-	11	4
Junior Nazareno Sornoza Moreira	28.01.1994	-	-	18	8
Trainer:					
Pablo Eduardo Repetto Aquino (URU) [as of 24.09.2012]	14.03.1974	22		22	

LIGA DEPORTIVA UNIVERSITARIA DE LOJA

Foundation date: October 23, 1987
Address: Universidad Nacional de Loja, Loja
Stadium: Estadio Federativo Reina del Cisne, Loja – Capacity: 13,359

THE SQUAD

	DOB	Pr Et M	G	Sg Et M	G
Goalkeepers:					
Danny Cruzelio Cabezas Vera	04.03.1985	3	-	20	-
Robinson Jeovanny Sánchez Suquillo	25.03.1978	18	-	-	-
Milton Alexander Montalván Guambaña	07.04.1996	-	-	-	-
Defenders:					
Darío Javier Aimar Álvarez	05.01.1995	3	-	12	1
Julio Walberto Ayoví Casierra	30.05.1982	21	2	18	-
Juan Carlos Espinosa Mercado	23.07.1997	1	-	14	1
Armando Francisco Gómez Torres	24.01.1984	19	1	16	1
Ángel Fernando Gracia Toral	30.05.1989	15	1	-	-
Edwin Manolo Hurtado Mina	15.10.1982	19	-		
Óscar Basilio Velázquez Mendoza (PAR)	19.04.1990	18	1	19	1
David Saul Vilela Quiñónez	22.03.1985	-	-	-	-
Midfielders:					
Kener Luis Arce Caicedo	17.06.1988	12	-	18	-
Juan Andrés Armijos Quevedo	06.05.1998	3	-	1	-
Jonathan Darwin Borja Colorado	05.04.1994			13	3
Luis Felipe Bustamante Huanca	02.01.1994			1	-
Juan Pablo Caffa (ARG)	30.09.1984	20	2	18	6
Byron Esteban Calva Cumbicus	17.08.1993	6	-	3	-
Carlos Andrés Castillo Girón	16.03.1997	-	-	-	-
Ángel Lizardo Cheme Ortíz	19.11.1981			18	1
Dennys Alberto Condo Rodríguez	18.07.1993	6	-	6	-
Dubar Adrián Enríquez Sánchez	10.08.1992	1	-	2	-
Jover Orlando Espinoza Valencia	05.05.1992	1	-	2	-
Pablo Alejandro Estrella Ordoñez	13.12.1995	-	-	2	-
Richard Anderson Granda Bermúdez	22.08.1994	-	-	5	-
Lenin Michael Infante Santos	21.02.1996				
Pedro Sebastián Larrea Arellano	21.05.1986	14	-	18	4
Joder Ricardo Loyaga García	17.11.1997	-	-	-	-
Marx Anthony Medina Álvarez	04.06.1996			1	-
Onofre Ramiro Mejía Mero	24.03.1986	16	-	14	1
Anderson Alexander Naula Cumbicus	22.06.1998	13	3	13	1
Luis Emilio Ojeda Sotomayor	18.07.1998	6	-	-	-
Jefferson Manuel Quiñónez Anguisaca	23.01.1999			1	-
Robinson Andrés Requene Reasco	01.12.1992	7	-	9	-
Danny Josué Vaca Figueroa	12.05.1990				
Forwards:					
Carlos Javier Caicedo Preciado	04.01.1993	14	-	-	-
Facundo Callejo (ARG)	02.07.1992	17	5		
Édgar Ivan Celly Viñan	06.01.1998			3	-
José Javier Córtez Arroyo	05.05.1995	4	1	17	2
Diego Javier Doldán Zacarías (PAR)	06.02.1987	-	-	14	3
Fábio Renato de Azevedo Lima (BRA)	17.06.1980	18	1	-	-
Gregoris Antonio Ortíz Espinoza	10.12.1995	5	-	8	-
Ángel Reinaldo Orué Echeverría (PAR)	05.01.1989	-	-	17	2
James David Salazar Córtez	07.12.1998	1	-	-	-
Pablo Osvaldo Vázquez Micieli (ARG)	29.07.1982	4	-	-	-
Trainer:					
Julio César Toresani (ARG) [01.01.-24.05.2015]	05.12.1967	19			
Geovanny Patricio Cumbicus Castillo [as of 25.05.2015]	25.01.1980	3		22	

LIGA DEPORTIVA UNIVERSITARIA DE QUITO

Foundation date: January 11, 1930
Address: Calle Robles 653 y Avenida Amazonas 41-01, Edif. Proinco, Quito
Stadium: Estadio Casa Blanca, Quito – Capacity: 41,575

THE SQUAD

	DOB	Pr Et M	Pr Et G	Sg Et* M	Sg Et* G
Goalkeepers:					
Alexander Domínguez Carabalí	05.06.1987	19	-	20	-
Leonel Romario Nazareno Delgado	05.08.1994	-	-	-	-
Daniel Jimmy Viteri Vinces	12.12.1981	3	-	4	-
Defenders:					
Norberto Carlos Araujo López	13.10.1978	22	-	23	-
Luis David Canga Sánchez	18.06.1995	3	-	3	-
Jorge Antonio Carcelén Espinoza	01.05.1995	-	-	-	-
Rodrigo Erramuspe (ARG)	03.05.1990	1	-		
Luis Manuel Romero Véliz	15.05.1984	21	-	22	2
Midfielders:					
Hancel Javier Batalla Carreño	09.11.1997	7	-	-	-
Danny Alejandro Cabezas Bazan	29.01.1993	-	-		
Harold Andre Carcelén Carcelén	23.03.1997	-	-		
Andy Joel Casquete Rodríguez	23.02.1998	1	-	-	-
Juan Ignacio Cavallaro (ARG)	28.06.1994	-	-	18	1
José Francisco Cevallos Enriquez Jr.	18.01.1995	20	5	24	7
Esteban Nicolás Dávila Alarcón	07.02.1996			-	-
Pervis Josué Estupiñán Tenorio	21.01.1998	15	-	17	-
Fernando Roberto Hidalgo Maldonado	20.05.1985	20	1	24	1
Jefferson Alfredo Intriago Mendoza	04.06.1996	8	-	16	1
Anderson Andrés Julio Santos	31.05.1996	-	-	-	-
Jhojan Esmaides Julio Palacios	11.02.1998			-	-
José Enrique Madrid Orobio	21.04.1988	17	-	19	1
Josué Sebastián Martínez Recalde	15.08.1996			1	-
Hólger Eduardo Matamoros Chunga	04.01.1985	19	1	16	1
Jorge Andrés Mendoza Uza	16.08.1989			1	-
Diego Alberto Morales (ARG)	29.11.1986	21	5	18	6
Michael Jackson Quiñónez Cabeza	21.06.1984	16	3	13	-
José Alfredo Quinteros Ordóñez	20.06.1990	22	1	22	3
Neicer Reasco Yano	23.07.1977	7	-	15	-
Jonny Alexander Uchuari Pintado	19.01.1994	3	-	4	-
Enrique Daniel Vera Torres (PAR)	10.03.1979	13	-	-	-
Forwards:					
Jonatan Daniel Álvez Sagar (URU)	31.05.1988	-	-	18	10
Miller David Castillo Quiñonez	01.08.1987	19	3	9	1
Luis Gonzalo Congo Minda	27.02.1989	11	1	12	1
Arrinton Narciso Mina Villalba	25.11.1982	18	8	15	6
Trainer:					
Luis Francisco Zubeldía (ARG) [as of 26.11.2013]	13.01.1981	22		24	

*Matches and goals in Championship finals included

420

MUSHUC RUNA SPORTING CLUB AMBATO
Foundation date: January 2, 2003
Address: Montalvo Entre 12 de Noviembre y Juan Benigno Vela
Stadium: Estadio Bellavista, Ambato – Capacity: 16,467

THE SQUAD

	DOB	Pr Et M	Pr Et G	Sg Et M	Sg Et G
Goalkeepers:					
Nelson Vinicio Cartagena López	15.04.1986	-	-	-	-
Claudio Andrés Castillo Saa	16.02.1990	-	-		
Luís Fernando Fernández López	01.01.1978	22	-	21	-
Deny Javier Mideros Valencia	10.07.1993	-	-	1	-
Washington Francisco Reyes Caicedo	25.01.1987	-	-	-	-
Defenders:					
Jesús Fernando Cabezas Cabezas	25.04.1995	6	-	1	-
Christian César Castro Garzón	16.02.1978	4	-	8	-
Christian Ariel Cellay (ARG)	05.09.1981	16	-	19	4
Erick Rolando De Jesús Delgado	08.11.1982	6	-	15	-
Pedro Luis Esterilla Delgado	28.10.1984	2	-	-	-
Jhonny Xavier Gudiño Ramos	10.12.1983	12	-	18	1
Isaac Bryan Mina Arboleda	17.10.1980	13	-	10	-
Erwin Argenis Moreira Alcívar	15.06.1987	8	1	6	-
Gustavo Nazareno Cortez	01.04.1985	-	-	-	-
Víctor Andrés Valarezo Ospina	17.05.1988	2	-	1	-
Midfielders:					
Christian José Arcos Guamán	26.05.1994	-	-	-	-
Agustín Rodrigo Briones	04.10.1988	1	-	19	-
Giancarlo Carmona Maldonado (PER)	12.10.1985	21	2	21	-
Ángel Miguel Castillo Ordóñez	16.09.1997	-	-	-	-
Jonathan Rubén Delgado Meza	04.10.1997	12	-	3	-
Xavier Alejandro Endara López	11.12.1991	1	-	-	-
Merlyn Johao Estacio Caicedo	21.04.1994	-	-	-	-
Jorge Mauricio Folleco Yepez	17.07.1983	13	1	14	-
Juan José Govea Tenorio	27.01.1991	17	1	19	8
Wálter Ramiro Iza García	02.08.1981	15	7	13	-
Carlos Luis Moyano Morán	28.06.1989	3	-	7	1
Christian Serafin Pandi Masabanda	09.06.1986	-	-	-	-
Lenín Guillermo Porozo Quintero	17.07.1990	20	1	18	-
Wellington Eduardo Sánchez Luzuriaga	19.06.1974	14	-	2	-
Kléver José Triviño Zambrano	20.03.1986	7	-	3	-
Ederson Wilmar Valencia Vásquez	18.08.1995	-	-	-	-
William Fernando Viveros Jarrin	19.01.1995	-	-	-	-
Rommel Santiago Zura De Jesús	21.11.1983	10	-	7	-
Forwards:					
Orlindo Ayoví Caicedo	15.09.1984	-	-	-	-
Maximiliano Fabián Barreiro (ARG)	16.03.1985	-	-	19	5
Luis Hernán Batioja Castillo	16.02.1994	-	-	-	-
Félix Alexander Borja Valencia	02.04.1983	11	1		
Pedro Fernando Cabezas Córtez	05.02.1998	9	-	8	-
Gustavo Omar Figueroa Cáceres	30.08.1978	-	-	-	-
Leonel Jorge Núñez (ARG)	13.10.1984	3	-	-	-
Roberto Javier Ordóñez Ayoví	04.05.1985	20	7	15	5
Marwin Jonathan Pita Mora	17.04.1985	17	4	20	1
Renzo Darío Quiñónez Parrales	07.06.1997			2	-
Maicon Stiven Solís Arroyo	11.05.1994	2	-	12	-
Trainer:					
Julio Daniel Asad (ARG) [07.04.2014-30.03.2015]	07.06.1953	10			
Sixto Rafael Vizuete Toapanta (ARG) [as of 07.04.2015]	13.01.1961	12		22	

CLUB DEPORTIVO RIVER ECUADOR GUAYAQUIL

Foundation date: September 7, 2007
Address: Estadio La Fortaleza, km 14,5 via Samborondón, Guayaquil
Stadium: Estadio "Christian Benítez Betancourt", Guayaquil – Capacity: 10,152

THE SQUAD

	DOB	Pr Et M	G	Sg Et M	G
Goalkeepers:					
Juan Gabriel Molina Guevara	10.09.1982	21	-	20	-
Alexis Israel Tenorio Lastra	26.10.1989	1	-	2	-
Gonzalo Roberto Valle Bustamante	28.02.1996	-	-	-	-
Defenders:					
Saimón Daiquer Angulo Caicedo	21.03.1994	5	-	3	-
Byron Darwin Camacho Bautista	24.05.1988	12	-	16	-
José Luis Cazares Quiñónez	14.05.1991	22	2	20	3
Christian Geovanny Cruz Tapia	01.08.1992	21	1	16	-
Juan Gabriel Lara Quiñónez	26.05.1989	17	-	19	2
Mario Iván Quintana Vaca	20.08.1978	-	-	-	-
Edison Gabriel Realpe Solis	13.04.1996	-	-	9	-
Antony Ismael Robledo Cevallos	31.03.1992	4	-	-	-
Jorge Luis Yépez Batalla	20.05.1991	7	1	13	1
Midfielders:					
Samuel Ezequiel Aguirre Betancourt	28.07.1997	1	-	1	-
Rafael Giovanny Alava Mero	31.03.1998	2	-	-	-
José Ismael Andrade Córtez	14.06.1997	2	-	-	-
José Luis Ardila Valencia	17.01.1988	1	-	13	-
Luis Enríque Becerra Escobar	30.01.1996	-	-	-	-
Jonnathan Ariel Bravo Sellan	08.07.1997	11	-	6	-
Danny Alejandro Cabezas Bazan	29.01.1993	1	1	11	1
Édison Armando Caicedo Castro	13.03.1990	20	-	18	-
Jefferson Miguel Chila Figueroa	15.06.1998	3	-	5	-
Deny Antonio Giler Cedeño	01.12.1984	16	1	16	1
Fernando Gastón López Hernández (URU)	11.01.1985	21	-	18	-
Danny Gabriel Luna Moran	25.05.1991	18	3	13	3
Patricio Javier Quiñónez Portilla	08.08.1986	9	-	13	2
Facundo Serra (ARG)	16.09.1991	12	-	3	-
Nelson Andrés Solíz Arroyo	25.12.1993	17	1	12	-
Robert Romario Toloza Tobar	30.06.1994	-	-	-	-
Peter Gregorio Valencia Manzaba	27.01.1998	3	-	-	-
Marco Luís Vallejo Arroyo	08.11.1993	3	-	3	-
Geancarlos Tex Zumba Baños	02.06.1994	2	-	1	-
Forwards:					
Gustavo Adolfo Asprilla Caicedo	14.09.1993	1	-	9	-
Dennys Fabian Hurtado Mancilla	22.07.1994	-	-	-	-
Manuel José Maciel Fernández (PAR)	12.02.1984	19	3	12	-
Luis Andrés Moreira Mora	20.06.1996	-	-	-	-
Daniel Alberto Neculman Suárez (ARG)	25.05.1985	20	12	20	10
Armando Julian Solís Quintero	17.09.1987	15	2	2	-
Trainer:					
Humberto Enríque Pizarro Véliz [01.01.-26.09.2015]	28.07.1967	22		13	
Marcelo Antonio Trobbiani Ughetto (ARG) [as of 27.09.2015]	17.02.1955			9	

CLUB DEPORTIVO UNIVERSIDAD CATÓLICA QUITO
Foundation date: June 26, 1963
Address: Pasaje Manuela Sáenz 827 y Hénández Girón, Quito
Stadium: Estadio Olímpico Atahualpa, Quito – Capacity: 35,258

THE SQUAD

	DOB	Pr Et M	Pr Et G	Sg Et M	Sg Et G
Goalkeepers:					
Hernán Ismael Galíndez (ARG)	30.03.1987	22	-	20	-
Rodrigo Ramiro Perea Salazar	08.04.1990	-	-	2	-
Defenders:					
Ridder Voltaire Alcívar Cedeño	13.03.1994	1	-	4	-
Juan Carlos Anangonó Campos	29.03.1989	10	-	13	-
Robert Abel Arboleda Escobar	22.10.1991	18	1	21	1
Henry Junior Cangá Ortíz	20.06.1987	17	1	21	-
Deison Adolfo Méndez Rosero	27.10.1990	10	-	16	-
Wilmar Pascual Meneses Borja	14.12.1995	5	-	15	-
Midfielders:					
Luis Alfredo Ayoví Medina	05.05.1993	4	-	7	-
Diego Fernando Benítez Quintena (URU)	23.01.1988	11	2		
Jordy Josué Caicedo Medina	18.11.1997	3	-	1	-
Franklin Alexander Carabalí Carabalí	27.06.1996	-	-	-	-
Jonathan Bladimir Carabalí Palacios	18.02.1995	3	-	2	1
Gustavo Orlando Córtez Quiñónez	11.10.1997	5	-	4	-
Jimmy Michael Delgado Arroyo	09.05.1990	21	5	16	4
Bryan Alejandro de Jesús Pabón	10.02.1995			1	-
Tomás Alexander Enríquez Camacho	02.02.1997	4	-	-	-
Alejandro Gabriel Espinosa Borja	13.08.1985	19	2	1	-
Jesi Alexander Godoy Quiñónes	15.09.1992	15	-	19	-
Wilmer Javier Godoy Quiñónez	05.11.1993	1	-	2	-
José Manuel Hernández Porozo	18.12.1996	6	-	2	-
Romario Andrés Ibarra Mina	24.09.1994	10	-	17	-
Kevin Teodoro Jauch Rodríguez	24.11.1992	6	-	-	-
Jhonatan Jeison Lucas Figueroa	28.01.1996	1	-	1	-
Facundo Martin Martinez Montagnoli (URU)	02.04.1983	21	2	20	3
Efrén Alexander Mera Moreira	23.06.1985	19	3	11	1
Ronaldo André Oñate Zambrano	02.01.1996	-	-	2	-
Elvis Adán Patta Quintero	17.11.1990	22	-	19	3
Haminto Leiner Prado Lerma	30.04.1997	11	-	17	1
Henry Geovanny Rua Quiñonez	08.01.1994	7	-	-	-
Alexander Xavier Ushiña Goyes	26.08.1996	-	-	-	-
Kevin Xavier Ushiña Goyes	26.08.1996	-	-	-	-
Jairo David Vélez Cedeño	21.04.1995			3	-
Forwards:					
Federico Raúl Laurito (ARG)	18.05.1990	13	4		
Sergio Danilo Mina Jaramillo	12.03.1990	16	2	16	1
Federico Gastón Nieto (ARG)	26.08.1983	2	-	13	3
Bryan David Sánchez Congo	24.04.1993	5	-	-	-
Bruno Leonel Vides	20.02.1993	-	-	21	16
Trainer:					
Jorge César Fortunato Celico (ARG) [as of 07.10.2014]	13.09.1964	22		22	

SECOND LEVEL
Campeonato Ecuatoriano de Fútbol Serie B 2015 / Copa Pilsener Serie B

Primera Etapa

1. Club Centro Deportivo Olmedo	22	11	8	3	38	-	22	41
2. Imbabura SC Ibarra	22	11	6	5	29	-	21	39
3. Delfín Sporting Club Manta	22	10	8	4	23	-	14	38
4. Manta FC	22	9	9	4	27	-	18	36
5. Fuerza Amarilla Sporting Club Machala	22	8	10	4	26	-	22	34
6. CD Técnico Universitario Ambato	22	9	4	9	34	-	29	31
7. CSD Macará	22	8	6	8	32	-	27	30
8. Gualaceo Sporting Club	22	8	5	9	31	-	29	29
9. CD Espoli Quito	22	7	4	11	24	-	34	25
10. CD Quevedo	22	4	8	10	22	-	39	20
11. Liga Deportiva Universitaria de Portoviejo	22	4	7	11	21	-	34	19
12. CD Azogues	22	3	5	14	19	-	37	14

Segunda Etapa

1. Fuerza Amarilla Sporting Club Machala	22	10	9	3	33	-	19	39
2. Delfín Sporting Club Manta	22	10	6	6	27	-	19	36
3. CD Técnico Universitario Ambato	22	8	8	6	30	-	30	32
4. Gualaceo Sporting Club	22	9	4	9	25	-	26	31
5. Liga Deportiva Universitaria de Portoviejo[1]	22	7	10	5	28	-	24	30
6. Manta FC[1]	22	9	3	10	36	-	20	29
7. CD Azogues	22	7	7	8	22	-	28	28
8. CD Espoli Quito	22	7	6	9	27	-	39	27
9. Club Centro Deportivo Olmedo[1]	22	7	6	9	32	-	35	26
10. Imbabura SC Ibarra	22	6	7	9	27	-	30	25
11. CD Quevedo[2]	22	7	6	9	18	-	28	25
12. CSD Macará[1]	22	7	4	11	31	-	35	24

[1] *1 point deducted*
[2] *2 points deducted*

Aggregate Table 2015

1. Delfín Sporting Club Manta (*Promoted*)	44	20	14	10	50	-	33	74
2. Fuerza Amarilla SC Machala (*Promoted*)	44	18	19	7	60	-	42	73
3. Club Centro Deportivo Olmedo	44	18	14	12	70	-	57	67
4. Manta FC	44	18	12	14	60	-	38	65
5. Imbabura SC Ibarra	44	17	13	14	55	-	50	64
6. CD Técnico Universitario Ambato	44	17	12	15	64	-	59	63
7. Gualaceo Sporting Club	44	17	9	18	56	-	55	60
8. CSD Macará	44	15	10	19	63	-	62	54
9. CD Espoli Quito	44	14	10	20	51	-	73	52
10. Liga Deportiva Universitaria de Portoviejo	44	11	17	16	49	-	58	49
11. CD Quevedo (*Relegated*)	44	11	14	19	40	-	67	45
12. CD Azogues (*Relegated*)	44	10	12	22	41	-	65	42

NATIONAL TEAM INTERNATIONAL MATCHES (16.07.2015 – 15.07.2016)

08.09.2015	Quito	Ecuador - Honduras	2-0(1-0)	(F)
08.10.2015	Buenos Aires	Argentina - Ecuador	0-2(0-0)	(WCQ)
13.10.2015	Quito	Ecuador - Bolivia	2-0(0-0)	(WCQ)
12.11.2015	Quito	Ecuador - Uruguay	2-1(1-0)	(WCQ)
17.11.2015	Ciudad Guayana	Venezuela - Ecuador	1-3(0-2)	(WCQ)
24.03.2016	Quito	Ecuador - Paraguay	2-2(1-1)	(WCQ)
29.03.2016	Barranquilla	Colombia - Ecuador	3-1(1-0)	(WCQ)
25.05.2016	Frisco	United States - Ecuador	1-0(0-0)	(F)
04.06.2016	Pasadena	Brazil - Ecuador	0-0	(CA)
08.06.2016	Glendale	Ecuador – Peru	2-2(1-2)	(CA)
12.06.2016	East Rutherford	Ecuador - Haiti	4-0(2-0)	(CA)
16.06.2016	Seattle	United States - Ecuador	2-1(1-0)	(CA)

08.09.2015, Friendly International
Estadio Olimpico "Atahualpa", Quito; Attendance: 10,000
Referee: Imer Lemuel Machado Barrera (Colombia)
ECUADOR - HONDURAS   **2-0(1-0)**
ECU: Alexander Domínguez Carabalí (31/0), Gabriel Eduardo Achilier Zurita (31/0), Walter Orlando Ayoví Corozo (106/8), Juan Carlos Paredes Reasco (53/0) [68.Alex Renato Ibarra Mina (27/0)], Arturo Rafael Mina Meza (6/0) [46.Frickson Rafael Erazo Vivero (51/1)], Segundo Alejandro Castillo Nazareno (86/9) [61.Carlos Armando Gruezo Arboleda (10/0)], Luis Antonio Valencia Mosquera (76/8), Christian Fernando Noboa Tello (57/3), Michael Antonio Arroyo Mina (23/3) [61.Juan Ramón Cazares Sevillano (8/1)], Fidel Francisco Martínez Tenorio (18/5) [73.Daniel Patricio Angulo Arroyo (4/0)], Miller Alejandro Bolaños Reasco (8/5) [82.Óscar Dalmiro Bagüí Angulo (24/0)]. Trainer: Gustavo Domingo Quinteros Desabato (Bolivia, 8).
Goals: José David Velásquez Colón (12 own goal), Miller Alejandro Bolaños Reasco (48).

08.10.2015, 21st FIFA World Cup, Qualifiers
Estadio Monumental „Antonio Vespucio Liberti", Buenos Aires; Attendance: 35,000
Referee: Julio Bascuñán González (Chile)
ARGENTINA - ECUADOR   **0-2(0-0)**
ECU: Alexander Domínguez Carabalí (32/0), Gabriel Eduardo Achilier Zurita (32/0), Walter Orlando Ayoví Corozo (107/8), Juan Carlos Paredes Reasco (54/0), Frickson Rafael Erazo Vivero (52/2), Luis Antonio Valencia Mosquera (77/8), Christian Fernando Noboa Tello (58/3), Pedro Ángel Quiñónez Rodríguez (15/0) [75.Segundo Alejandro Castillo Nazareno (87/9)], Felipe Salvador Caicedo Corozo (55/16) [84.Ángel Israel Mena Delgado (3/0)], Miller Alejandro Bolaños Reasco (9/5), Jefferson Antonio Montero Vite (50/9) [77.Fidel Francisco Martínez Tenorio (19/5)]. Trainer: Gustavo Domingo Quinteros Desabato (Bolivia, 9).
Goals: Frickson Rafael Erazo Vivero (81), Felipe Salvador Caicedo Corozo (82).

13.10.2015, 21st FIFA World Cup, Qualifiers
Estadio Olimpico „Atahualpa", Quito; Attendance: 35,000
Referee: Sandro Meira Ricci (Brazil)
ECUADOR - BOLIVIA **2-0(0-0)**
ECU: Alexander Domínguez Carabalí (33/0), Gabriel Eduardo Achilier Zurita (33/0) [61.Arturo Rafael Mina Meza (7/0)], Walter Orlando Ayoví Corozo (108/8), Juan Carlos Paredes Reasco (55/0) [75.Fidel Francisco Martínez Tenorio (20/5)], Frickson Rafael Erazo Vivero (53/2), Luis Antonio Valencia Mosquera (78/8), Christian Fernando Noboa Tello (59/3), Pedro Ángel Quiñónez Rodríguez (16/0) [46.Juan Ramón Cazares Sevillano (9/1)], Felipe Salvador Caicedo Corozo (56/17), Miller Alejandro Bolaños Reasco (10/6), Jefferson Antonio Montero Vite (51/9). Trainer: Gustavo Domingo Quinteros Desabato (Bolivia, 10).
Goals: Miller Alejandro Bolaños Reasco (81), Felipe Salvador Caicedo Corozo (90+5 penalty).

12.11.2015, 21st FIFA World Cup, Qualifiers
Estadio Olimpico „Atahualpa", Quito; Attendance: 32,650
Referee: Ricardo Marques Ribeiro (Brazil)
ECUADOR - URUGUAY **2-1(1-0)**
ECU: Alexander Domínguez Carabalí (34/0), Gabriel Eduardo Achilier Zurita (34/0), Walter Orlando Ayoví Corozo (109/8), Juan Carlos Paredes Reasco (56/0), Frickson Rafael Erazo Vivero (54/2), Christian Fernando Noboa Tello (60/3), Pedro Ángel Quiñónez Rodríguez (17/0) [46.Álex Leonardo Bolaños Reascos (9/0)], Fidel Francisco Martínez Tenorio (21/6), Felipe Salvador Caicedo Corozo (57/18), Miller Alejandro Bolaños Reasco (11/6) [83.Juan Ramón Cazares Sevillano (10/1)], Jefferson Antonio Montero Vite (52/9) [90.Ángel Israel Mena Delgado (4/0)]. Trainer: Gustavo Domingo Quinteros Desabato (Bolivia, 11).
Goals: Felipe Salvador Caicedo Corozo (23), Fidel Francisco Martínez Tenorio (59).

17.11.2015, 21st FIFA World Cup, Qualifiers
Estadio Cachamay, Ciudad Guayana; Attendance: 41,659
Referee: Gery Vargas Carreño (Bolivia)
VENEZUELA - ECUADOR **1-3(0-2)**
ECU: Esteban Javier Dreer (1/0), Jorge Daniel Guagua Tamayo (63/2), Walter Orlando Ayoví Corozo (110/8), Juan Carlos Paredes Reasco (57/0), Frickson Rafael Erazo Vivero (55/2), Christian Fernando Noboa Tello (61/3), Pedro Ángel Quiñónez Rodríguez (18/0) [70.Segundo Alejandro Castillo Nazareno (88/9)], Fidel Francisco Martínez Tenorio (22/7), Felipe Salvador Caicedo Corozo (58/19) [82.Jaime Javier Ayoví Corozo (33/9)], Miller Alejandro Bolaños Reasco (12/6), Jefferson Antonio Montero Vite (53/10) [76.Juan Ramón Cazares Sevillano (11/1)]. Trainer: Gustavo Domingo Quinteros Desabato (Bolivia, 12).
Goals: Fidel Francisco Martínez Tenorio (15), Jefferson Antonio Montero Vite (23), Felipe Salvador Caicedo Corozo (60).

24.03.2016, 21st FIFA World Cup, Qualifiers
Estadio Olimpico "Atahualpa", Quito; Attendance: 34,817
Referee: Daniel Adán Fedorczuk Betancour (Uruguay)
ECUADOR - PARAGUAY **2-2(1-1)**
ECU: Alexander Domínguez Carabalí (35/0), Gabriel Eduardo Achilier Zurita (35/0), Walter Orlando Ayoví Corozo (111/8), Frickson Rafael Erazo Vivero (56/2), Luis Antonio Valencia Mosquera (79/8), Christian Fernando Noboa Tello (62/3), Álex Leonardo Bolaños Reascos (10/0) [46.Michael Antonio Arroyo Mina (24/3)], Fidel Francisco Martínez Tenorio (23/7) [78.Alex Renato Ibarra Mina (28/0)], Juan Ramón Cazares Sevillano (12/1) [83.Ángel Israel Mena Delgado (5/1)], Jefferson Antonio Montero Vite (54/10), Enner Remberto Valencia Lastra (23/14). Trainer: Gustavo Domingo Quinteros Desabato (Bolivia, 13).
Goals: Enner Remberto Valencia Lastra (20), Ángel Israel Mena Delgado (90+2).

29.03.2016, 21ˢᵗ FIFA World Cup, Qualifiers
Estadio Metropolitano "Roberto Meléndez", Barranquilla; Attendance: 45,000
Referee: Enrique Roberto Osses Zencovic (Chile)
COLOMBIA - ECUADOR **3-1(1-0)**
ECU: Alexander Domínguez Carabalí (36/0), Gabriel Eduardo Achilier Zurita (36/0), Walter Orlando Ayoví Corozo (112/8), Juan Carlos Paredes Reasco (58/0), Frickson Rafael Erazo Vivero (57/2), Luis Antonio Valencia Mosquera (80/8), Christian Fernando Noboa Tello (63/3) [83.Fernando Vicente Gaibor Orellana (3/0)], Pedro Ángel Quiñónez Rodríguez (19/0), Ángel Israel Mena Delgado (6/1) [75.Jaime Javier Ayoví Corozo (34/9)], Jefferson Antonio Montero Vite (55/10) [59.Michael Antonio Arroyo Mina (25/4)], Enner Remberto Valencia Lastra (24/14). Trainer: Gustavo Domingo Quinteros Desabato (Bolivia, 14).
Goal: Michael Antonio Arroyo Mina (90).

25.05.2016, Friendly International
Toyota Stadium, Frisco; Attendance: 9,893
Referee: José Alfredo Peñaloza (Mexico)
UNITED STATES - ECUADOR **1-0(0-0)**
ECU: Alexander Domínguez Carabalí (37/0) [46.Esteban Javier Dreer (2/0)], Gabriel Eduardo Achilier Zurita (37/0) [73.Robert Abel Arboleda Escobar (1/0)], Juan Carlos Paredes Reasco (59/0), Frickson Rafael Erazo Vivero (58/2), Cristian Leonel Ramírez Zambrano (5/0), Christian Fernando Noboa Tello (64/3) [68.Fernando Vicente Gaibor Orellana (4/0)], Carlos Armando Gruezo Arboleda (11/0) [60.Pedro Sebastián Larrea Arellano (1/0)], Ángel Israel Mena Delgado (7/1), Miller Alejandro Bolaños Reasco (13/6) [68.Juan Ramón Cazares Sevillano (13/1)], Jefferson Antonio Montero Vite (56/10) [64.Michael Antonio Arroyo Mina (26/4)], Enner Remberto Valencia Lastra (25/14). Trainer: Gustavo Domingo Quinteros Desabato (Bolivia, 15).

04.06.2016, 45ᵗʰ Copa América, Group Stage
Rose Bowl, Pasadena (United States); Attendance: 53,158
Referee: Julio Bascuñán González (Chile)
BRAZIL - ECUADOR **0-0**
ECU: Esteban Javier Dreer (3/0), Gabriel Eduardo Achilier Zurita (38/0), Walter Orlando Ayoví Corozo (113/8), Juan Carlos Paredes Reasco (60/0), Arturo Rafael Mina Meza (8/0), Luis Antonio Valencia Mosquera (81/8), Christian Fernando Noboa Tello (65/3), Carlos Armando Gruezo Arboleda (12/0), Miller Alejandro Bolaños Reasco (14/6) [90+1.Fernando Vicente Gaibor Orellana (5/0)], Jefferson Antonio Montero Vite (57/10) [81.Fidel Francisco Martínez Tenorio (24/7)], Enner Remberto Valencia Lastra (26/14) [81.Jaime Javier Ayoví Corozo (35/9)]. Trainer: Gustavo Domingo Quinteros Desabato (Bolivia, 16).

08.06.2016, 45ᵗʰ Copa América, Group Stage
University of Phoenix, Glendale (United States); Attendance: 11,937
Referee: Wilmar Alexander Roldán Pérez (Colombia)
ECUADOR - PERU **2-2(1-2)**
ECU: Alexander Domínguez Carabalí (38/0), Gabriel Eduardo Achilier Zurita (39/0), Walter Orlando Ayoví Corozo (114/8), Juan Carlos Paredes Reasco (61/0) [46.Jaime Javier Ayoví Corozo (36/9)], Arturo Rafael Mina Meza (9/0), Luis Antonio Valencia Mosquera (82/8), Christian Fernando Noboa Tello (66/3), Carlos Armando Gruezo Arboleda (13/0), Miller Alejandro Bolaños Reasco (15/7) [62.Fidel Francisco Martínez Tenorio (25/7)], Jefferson Antonio Montero Vite (58/10) [88.Juan Ramón Cazares Sevillano (14/1)], Enner Remberto Valencia Lastra (27/15). Trainer: Gustavo Domingo Quinteros Desabato (Bolivia, 17).
Goals: Enner Remberto Valencia Lastra (39), Miller Alejandro Bolaños Reasco (48).
Sent off: Gabriel Eduardo Achilier Zurita (90+3).

12.06.2016, 45th Copa América, Group Stage
MetLife Stadium, East Rutherford (United States); Attendance: 50,976
Referee: Gery Vargas Carreño (Bolivia)
ECUADOR - HAITI **4-0(2-0)**
ECU: Alexander Domínguez Carabalí (39/0), Walter Orlando Ayoví Corozo (115/8), Juan Carlos Paredes Reasco (62/0), Frickson Rafael Erazo Vivero (59/2), Arturo Rafael Mina Meza (10/0), Luis Antonio Valencia Mosquera (83/9), Christian Fernando Noboa Tello (67/4), Carlos Armando Gruezo Arboleda (14/0) [79.Fernando Vicente Gaibor Orellana (6/0)], Jaime Javier Ayoví Corozo (37/10) [46.Juan Ramón Cazares Sevillano (15/1)], Jefferson Antonio Montero Vite (59/10), Enner Remberto Valencia Lastra (28/16) [84.Fidel Francisco Martínez Tenorio (26/7)]. Trainer: Gustavo Domingo Quinteros Desabato (Bolivia, 18).
Goals: Enner Remberto Valencia Lastra (11), Jaime Javier Ayoví Corozo (20), Christian Fernando Noboa Tello (57), Luis Antonio Valencia Mosquera (78).

16.06.2016, 45th Copa América, Quarter-Finals
CenturyLink Field, Seattle; Attendance: 47,322
Referee: Wilmar Alexander Roldán Pérez (Colombia)
UNITED STATES - ECUADOR **2-1(1-0)**
ECU: Alexander Domínguez Carabalí (40/0), Walter Orlando Ayoví Corozo (116/8), Juan Carlos Paredes Reasco (63/0) [82.Jaime Javier Ayoví Corozo (38/10)], Frickson Rafael Erazo Vivero (60/2), Arturo Rafael Mina Meza (11/0), Luis Antonio Valencia Mosquera (84/9), Christian Fernando Noboa Tello (68/4) [62.Fernando Vicente Gaibor Orellana (7/0)], Michael Antonio Arroyo Mina (27/5), Carlos Armando Gruezo Arboleda (15/0) [72.Cristian Leonel Ramírez Zambrano (6/0)], Jefferson Antonio Montero Vite (60/10), Enner Remberto Valencia Lastra (29/16). Trainer: Gustavo Domingo Quinteros Desabato (Bolivia, 19).
Goal: Michael Antonio Arroyo Mina (74).
Sent off: Luis Antonio Valencia Mosquera (52).

NATIONAL TEAM PLAYERS 2015/2016

Name [Club 2015/2016]	DOB	Caps	Goals
Goalkeepers			
Alexander DOMÍNGUEZ Carabalí [2015/2016: LDU de Quito]	05.06.1987	40	0
Esteban Javier DREER [2015/2016: CS Emelec Guayaquil]	11.11.1981	3	0
Defenders			
Gabriel Eduardo ACHILIER Zurita [2015/2016: CS Emelec Guayaquil]	24.03.1985	39	0
Robert Abel ARBOLEDA Escobar [2016: CD Universidad Católica Quito]	22.10.1991	1	0
Walter Orlando AYOVÍ Corozo [2015: CSD Dorados de Sinaloa Culiacán (MEX); 01.01.2016-> CF Monterrey (MEX)]	11.08.1979	116	8
Óscar Dalmiro BAGÜÍ Angulo [2015: CS Emelec Guayaquil]	10.12.1982	24	0
Frickson Rafael ERAZO Vivero [2015: Grêmio Foot-Ball Porto Alegrense (BRA); 02.01.2016: Clube Atlético Mineiro Belo Horizonte (BRA)]	05.05.1988	60	2
Jorge Daniel GUAGUA Tamayo [2015: CS Emelec Guayaquil]	28.09.1981	63	2
Arturo Rafael MINA Meza [2015/2016: CSD Independiente del Valle Sangolquí]	08.10.1990	11	0
Juan Carlos PAREDES Reasco [2015/2016: Watford FC (ENG)]	08.07.1987	63	0
Cristian Leonel RAMÍREZ Zambrano [2016: Ferencvárosi TC (HUN)]	12.08.1994	6	0

(Caps and goals at 15.07.2016)

Midfielders			
Michael Antonio ARROYO Mina [2015/2016: CF América Ciudad de México (MEX)]	23.04.1987	27	5
Alex Leonardo BOLAÑOS Reascos [2015/2016: SD Aucas Quito]	22.01.1985	10	0
Segundo Alejandro CASTILLO Nazareno [2015: CSD Dorados de Sinaloa Culiacán (MEX)]	15.05.1982	88	9
Juan Ramón CAZARES Sevillano [2015: CA Banfield (ARG); 28.01.2016-> Clube Atlético Mineiro Belo Horizonte (BRA)]	03.04.1992	15	1
Fernando Vicente GAIBOR Orellana [2016: CS Emelec Guayaquil]	08.10.1991	7	0
Carlos Armando GRUEZO Arboleda [2015: VfB Stuttgart (GER); 23.01.2016: FC Dallas (USA)]	19.04.1995	15	0
Alex Renato IBARRA Mina [2015/2016: SBV Vitesse Arnhem (NED)]	20.01.1991	28	0
Pedro Sebastián LARREA ARELLANO [2016: CD El Nacional Quito]	21.05.1986	1	0
Fidel Francisco MARTÍNEZ Tenorio [2015/2016: CF UNAM Ciudad de México (MEX)]	15.02.1990	26	7
Ángel Israel MENA Delgado [2015/2016: CS Emelec Guayaquil]	21.01.1988	7	1
Jefferson Antonio MONTERO Vite [2015/2016: Swansea City AFC (WAL)]	01.09.1989	60	10
Christian Fernando NOBOA Tello [2015/2016: FK Rostov (RUS)]	09.04.1985	68	4
Pedro Ángel QUIÑÓNEZ Rodríguez [2015/2016: CS Emelec Guayaquil]	04.03.1986	19	0
Luis Antonio VALENCIA Mosquera [2015/2016: Manchester United FC (ENG)]	04.08.1985	84	9

Forwards			
Daniel Patricio ANGULO Arroyo [2015: Club Independiente Santa Fe Bogotá (COL)]	16.11.1986	4	0
Jaime Javier AYOVÍ Corozo [2015/2016: CD Godoy Cruz Antonio Tomba (ARG)]	21.02.1988	38	10
Miller Alejandro BOLAÑOS Reasco [2015: CS Emelec Guayaquil; 07.02.2016-> Grêmio Foot-Ball Porto-Alegrense (BRA)]	01.06.1990	15	7
Felipe Salvador CAICEDO Corozo [2015: RCD Espanyol Barcelona (ESP)]	05.09.1988	58	19
Enner Remberto VALENCIA Lastra [2015/2016: West Ham United FC London (ENG)]	11.04.1989	29	16

National coaches		
Gustavo Domingo QUINTEROS Desabato (Bolivia) [as of 29.01.2015]	15.02.1965	19 M; 8 W; 4 D; 7 L; 31-22

PARAGUAY

The Country:
República del Paraguay (Republic of Paraguay) Capital: Asunción Surface: 406,752 km² Inhabitants: 7,012,433 [estimated 2015] Time: UTC-4

The FA:
Asociación Paraguaya de Fútbol Estadio de los Defensores del Chaco, Calle Mayor Martínez, 1393 Asunción Year of Formation: 1906 Member of FIFA since: 1925 Member of CONMEBOL since: 1921 Internet: www.apf.org.py

NATIONAL TEAM RECORDS	
First international match:	11.05.1919, Asunción: Paraguay - Argentina 1-5
Most international caps:	Paulo César da Silva Barrios - 137 caps (2000-2016)
Most international goals:	Roque Luis Santa Cruz Cantero – 32 goals / 111 caps (1999-2016)

OLYMPIC GAMES 1900-2012
1992, 2004 (Runners-up)

COPA AMÉRICA	
1916	Did not enter
1917	Did not enter
1919	Did not enter
1920	Did not enter
1921	4th Place
1922	Runners-up
1923	3rd Place
1924	3rd Place
1925	3rd Place
1926	4th Place
1927	*Withdrew*
1929	Runners-up
1935	*Withdrew*
1937	4th Place
1939	3rd Place
1941	*Withdrew*
1942	4th Place
1945	*Withdrew*
1946	3rd Place
1947	Runners-up
1949	Runners-up
1953	**Winners**
1955	5th Place
1956	5th Place
1957	*Withdrew*
1959	3rd Place
1959E	5th Place
1963	Runners-up
1967	4th Place
1975	Round 1
1979	**Winners**
1983	Semi-Finals
1987	Round 1
1989	4th Place
1991	Group Stage
1993	Quarter-Finals
1995	Quarter-Finals
1997	Quarter-Finals
1999	Quarter-Finals
2001	Group Stage
2004	Quarter-Finals
2007	Quarter-Finals
2011	Runners-up
2015	4th Place
2016	Group Stage

FIFA WORLD CUP	
1930	Final Tournament (1st Round)
1934	Did not enter
1938	Did not enter
1950	Final Tournament (Group Stage)
1954	Qualifiers
1958	Final Tournament (Group Stage)
1962	Qualifiers
1966	Qualifiers
1970	Qualifiers
1974	Qualifiers
1978	Qualifiers
1982	Qualifiers
1986	Final Tournament (2nd Round of 16)
1990	Qualifiers
1994	Qualifiers
1998	Final Tournament (2nd Round of 16)
2002	Final Tournament (2nd Round of 16)
2006	Final Tournament (Group Stage)
2010	Final Tournament (Quarter-Finals)
2014	Qualifiers

PANAMERICAN GAMES	
1951	5th Place
1955	Did not enter
1959	Did not enter
1963	Did not enter
1967	Did not enter
1971	Did not enter
1975	Did not enter
1979	Did not enter
1983	Did not enter
1987	Round 1
1991	Did not enter
1995	Quarter-Finals
1999	Did not enter
2003	Round 1
2007	Did not enter
2011	Did not enter

PANAMERICAN CHAMPIONSHIP	
1952	Did not enter
1956	Did not enter
1960	Did not enter

PARAGUAYAN CLUB HONOURS IN SOUTH AMERICAN CLUB COMPETITIONS:

COPA LIBERTADORES 1960-2015
Club Olimpia Asunción (1979, 1990, 2002)
COPA SUDAMERICANA 2002-2015
None
RECOPA SUDAMERICANA 1989-2015
Club Olimpia Asunción (1991, 2003)
COPA CONMEBOL 1992-1999
None
SUPERCUP „JOÃO HAVELANGE" 1988-1997*
Club Olimpia Asunción (1990)
COPA MERCONORTE 1998-2001**
None

*Contested betwenn winners of all previous editions of the Copa Libertadores
**Contested between teams belonging countries from the southern part of South America (Argentina, Brazil, Chile, Paraguay and Uruguay).

NATIONAL COMPETITIONS TABLE OF HONOURS

NATIONAL CHAMPIONS 1906-2015	
Amateur Era Championship	
1906	Club Guaraní Asunción
1907	Club Guaraní Asunción
1908	No championship
1909	Club Nacional Asunción
1910	Club Libertad Asunción
1911	Club Nacional Asunción
1912	Club Olimpia Asunción
1913	Club Cerro Porteño Asunción
1914	Club Olimpia Asunción
1915	Club Cerro Porteño Asunción
1916	Club Olimpia Asunción
1917	Club Libertad Asunción
1918	Club Cerro Porteño Asunción
1919	Club Cerro Porteño Asunción
1920	Club Libertad Asunción
1921	Club Guaraní Asunción
1922	No championship
1923	Club Guaraní Asunción
1924	Club Nacional Asunción
1925	Club Olimpia Asunción
1926	Club Nacional Asunción
1927	Club Olimpia Asunción
1928	Club Olimpia Asunción
1929	Club Olimpia Asunción
1930	Club Libertad Asunción
1931	Club Olimpia Asunción
1932	No championship

1933	*No championship*
1934	*No championship*
Professional Era Championship	
1935	Club Cerro Porteño Asunción
1936	Club Olimpia Asunción
1937	Club Olimpia Asunción
1938	Club Olimpia Asunción
1939	Club Cerro Porteño Asunción
1940	Club Cerro Porteño Asunción
1941	Club Cerro Porteño Asunción
1942	Club Nacional Asunción
1943	Club Libertad Asunción
1944	Club Cerro Porteño Asunción
1945	Club Libertad Asunción
1946	Club Nacional Asunción
1947	Club Olimpia Asunción
1948	Club Olimpia Asunción
1949	Club Guaraní Asunción
1950	Club Cerro Porteño Asunción
1951	Club Sportivo Luqueño
1952	Club Presidente Hayes Asunción
1953	Club Sportivo Luqueño
1954	Club Cerro Porteño Asunción
1955	Club Libertad Asunción
1956	Club Olimpia Asunción
1957	Club Olimpia Asunción
1958	Club Olimpia Asunción
1959	Club Olimpia Asunción
1960	Club Olimpia Asunción
1961	Club Cerro Porteño Asunción
1962	Club Olimpia Asunción
1963	Club Cerro Porteño Asunción
1964	Club Guaraní Asunción
1965	Club Olimpia Asunción
1966	Club Cerro Porteño Asunción
1967	Club Guaraní Asunción
1968	Club Olimpia Asunción
1969	Club Guaraní Asunción
1970	Club Cerro Porteño Asunción
1971	Club Olimpia Asunción
1972	Club Cerro Porteño Asunción
1973	Club Cerro Porteño Asunción
1974	Club Cerro Porteño Asunción
1975	Club Olimpia Asunción
1976	Club Libertad Asunción
1977	Club Cerro Porteño Asunción
1978	Club Olimpia Asunción
1979	Club Olimpia Asunción
1980	Club Olimpia Asunción
1981	Club Olimpia Asunción
1982	Club Olimpia Asunción
1983	Club Olimpia Asunción

1984	Club Guaraní Asunción	
1985	Club Olimpia Asunción	
1986	Club Sol de América Asunción	
1987	Club Cerro Porteño Asunción	
1988	Club Olimpia Asunción	
1989	Club Olimpia Asunción	
1990	Club Cerro Porteño Asunción	
1991	Club Sol de América Asunción	
1992	Club Cerro Porteño Asunción	
1993	Club Olimpia Asunción	
1994	Club Cerro Porteño Asunción	
1995	Club Olimpia Asunción	
1996	Club Cerro Porteño Asunción	
1997	Club Olimpia Asunción	
1998	Club Olimpia Asunción	
1999	Club Olimpia Asunción	
2000	Club Olimpia Asunción	
2001	Club Cerro Porteño Asunción	
2002	Club Libertad Asunción	
2003	Club Libertad Asunción	
2004	Club Cerro Porteño Asunción	
2005	Club Cerro Porteño Asunción	
2006	Club Libertad Asunción	
2007	Club Libertad Asunción	
2008	Ape:	Club Libertad Asunción
	Cla:	Club Libertad Asunción
2009	Ape:	Club Cerro Porteño Asunción
	Cla:	Club Nacional Asunción
2010	Ape:	Club Guaraní Asunción
	Cla:	Club Libertad Asunción
2011	Ape:	Club Nacional Asunción
	Cla:	Club Olimpia Asunción
2012	Ape:	Club Cerro Porteño Asunción
	Cla:	Club Libertad Asunción
2013	Ape:	Club Nacional Asunción
	Cla:	Club Cerro Porteño Asunción
2014	Ape:	Club Libertad Asunción
	Cla:	Club Libertad Asunción
2015	Ape:	Club Cerro Porteño Asunción
	Cla:	Club Olimpia Asunción

	BEST GOALSCORERS	
1935	Pedro Osorio (Club Cerro Porteño Asunción)	18
1936	Flaminio Silva (Club Olimpia Asunción)	36
1937	Francisco Sosa (Club Cerro Porteño Asunción)	21
1938	Martín Flor (Club Cerro Porteño Asunción)	
	Amado Salinas (Club Libertad Asunción)	17
1939	Teófilo Salinas (Club Libertad Asunción)	28
1940	José Vinsac (Club Cerro Porteño Asunción)	30
1941	Benjamín Laterza (Club Cerro Porteño Asunción)	
	Fabio Franco (Club Nacional Asunción)	18

Año	Goleador	Goles
1942	Francisco Sosa (Club Cerro Porteño Asunción)	23
1943	Atilio Mellone (Club Guaraní Asunción)	27
1944	Porfirio Rolón (Club Libertad Asunción) Sixto Noceda (Club Presidente Hayes Asunción)	18
1945	Porfirio Rolón (Club Libertad Asunción)	18
1946	Leocadio Marín (Club Olimpia Asunción)	26
1947	Leocadio Marín (Club Olimpia Asunción)	27
1948	Fabio Franco (Club Nacional Asunción)	24
1949	Darío Jara Saguier (Club Cerro Porteño Asunción)	18
1950	Darío Jara Saguier (Club Cerro Porteño Asunción)	18
1951	Antonio Ramón Gómez (Club Libertad Asunción)	19
1952	Antonio Ramón Gómez (Club Libertad Asunción) Rubén Fernández Real (Club Libertad Asunción)	16
1953	Antonio Acosta (Club Presidente Hayes Asunción)	15
1954	Máximo Rolón (Club Libertad Asunción)	24
1955	Máximo Rolón (Club Libertad Asunción)	25
1956	Máximo Rolón (Club Libertad Asunción)	26
1957	Juan Bautista Agüero (Club Olimpia Asunción)	14
1958	Juan Bautista Agüero (Club Olimpia Asunción)	16
1959	Ramón Rodríguez (Club River Plate Asunción)	17
1960	Benigno Gilberto Penayo (Club Cerro Porteño Asunción)	18
1961	Justo Pastor Leiva (Club Guaraní Asunción)	17
1962	Cecilio Martínez (Club Nacional Asunción)	19
1963	Juan Cabañas (Club Libertad Asunción)	17
1964	Genaro García (Club Guaraní Asunción) A. Jara (Club Sol de América Asunción) Antonio González (Club Rubio Ñu Asunción)	8
1965	Genaro García (Club Guaraní Asunción)	15
1966	Celino Mora (Club Cerro Porteño Asunción)	14
1967	Sebastián Fleitas Miranda (Club Libertad Asunción)	18
1968	Pedro Antonio Cibils (Club Libertad Asunción)	13
1969	Benicio Ferreira (Club Olimpia Asunción)	13
1970	Saturnino Arrúa (Club Cerro Porteño Asunción)	19
1971	Cristóbal Maldonado (Club Libertad Asunción)	11
1972	Saturnino Arrúa (Club Cerro Porteño Asunción)	17
1973	Mario Beron (Club Cerro Porteño Asunción) Clemente Rolón (Club River Plate Asunción)	15
1974	Mario Beron (Club Cerro Porteño Asunción) Fermín Cabrera (Club Sportivo Luqueño)	10
1975	Hugo Enrique Kiesse (Club Olimpia Asunción)	12
1976	Arsenio Meza (Club River Plate Asunción)	11
1977	Gustavo Fanego (Club Guaraní Asunción)	12
1978	Enrique Villalba (Club Olimpia Asunción)	10
1979	Edgar Ozuna (Club Capitán Figari Lambaré)	10
1980	Miguel Michelagnoli (Club Olimpia Asunción)	11
1981	Eulalio Mora (Club Guaraní Asunción)	9
1982	Pedro Fernánez (Club River Plate Asunción)	13
1983	Rafael Bobadilla (Club Olimpia Asunción)	14
1984	Amancio Mereles (Club River Plate Asunción) Milciades Morel (Club Cerro Porteño Asunción)	12
1985	Adriano Samaniego Giménez (Club Olimpia Asunción)	19
1986	Félix Ricardo Torres (Club Sol de América Asunción)	13

Year		Player	Goals
1987		Félix Brítez Román (Club Cerro Porteño Asunción)	11
1988		Raúl Vicente Amarilla (Club Olimpia Asunción)	17
1989		Jorge López (Club Sportivo San Lorenzo)	16
1990		Buenaventura Ferreira Gómez (Club Libertad Asunción / Club Cerro Porteño Asunción)	
		Julio César Romero (Club Sportivo Luqueño)	17
1991		Carlos Luis Torres (Club Olimpia Asunción)	
		Lilio Torales (Club Atlético Colegiales)	12
1992		Felipe Nery Franco (Club Libertad Asunción)	13
1993		Francisco Flaminio Ferreira Romero (Club Sportivo Luqueño)	13
1994		Héctor Núñez Bello (URU, Club Cerro Porteño Asunción)	27
1995		Héctor Núñez Bello (URU, Club Cerro Porteño Asunción)	17
1996		Arístides Miguel Rojas Aranda (Club Guaraní Asunción)	22
1997		Luis Molinas (Club Nacional Asunción / Club Atlético Tembetary Yparé)	13
1998		Mauro Antonio Caballero (Club Olimpia Asunción)	21
1999		Paulo Roberto Junges „Gauchinho" (BRA, Club Cerro Porteño Asunción)	22
2000		Francisco Flaminio Ferreira Romero (Club Cerro Porteño Asunción)	23
2001		Mauro Antonio Caballero López (Club Cerro Porteño Asunción / Club Libertad Asunción)	13
2002		Juan Eduardo Samudio Serna (Club Libertad Asunción)	23
2003		Erwin Lorenzo Ávalos (Club Cerro Porteño Asunción)	17
2004		Juan Eduardo Samudio Serna (Club Libertad Asunción)	22
2005		Dante Rafael López Fariña (Club Nacional Asunción / Club Olimpia Asunción)	21
2006		Hernán Rodrigo López Mora (URU, Club Libertad Asunción)	27
2007		Fabio Ramón Ramos Mereles (Club Nacional Asunción)	
		Pablo Daniel Zeballos Ocampos (Club Sol de América Asunción)	15
2008	Ape:	Fabio Escobar Benítez (Club Nacional Asunción)	13
	Cla:	Edgar Benítez Santander (Club Sol de América Asunción)	14
2009	Ape:	Pablo César Leonardo Velázquez Centurión (Club Rubio Ñu Asunción)	16
	Cla:	César Cáceres Cañete (Club Guaraní Asunción)	11
2010	Ape:	Rodrigo Teixeira Pereira (BRA, Club Guaraní Asunción)	
		Pablo Daniel Zeballos Ocampos (Club Cerro Porteño Asunción)	16
	Cla:	Juan Carlos Ferreyra (ARG, Club Olimpia Asunción)	
		Roberto Antonio Nanni (ARG, Club Cerro Porteño Asunción)	12
2011	Ape:	Pablo Daniel Zeballos Ocampos (Club Olimpia Asunción)	13
	Cla:	Freddy José Barreiro Gamarra (Club Cerro Porteño Asunción)	13
2012	Ape:	José María Ortigoza Ortíz (Club Sol de América Asunción)	13
	Cla:	José Ariel Nuñez Portelli (Club Libertad Asunción)	13
2013	Ape:	Julián Alfonso Benítez Franco (Club Nacional Asunción)	13
	Cla:	Hernán Rodrigo López Mora (URU, Club Sportivo Luqueño)	17
2014	Ape:	Hernán Rodrigo López Mora (URU, Club Libertad Asunción)	
		Christian Gilberto Ovelar Rodríguez (Club Sol de América Asunción)	19
	Cla:	Fernando Fabián Fernández Acosta (Club Guaraní Asunción)	17
2015	Ape:	Fernando Fabián Fernández Acosta (Club Guaraní Asunción)	11
		José María Ortigoza Ortíz (Club Cerro Porteño Asunción)	
		Santiago Gabriel Salcedo González (Club Sol de América Asunción)	
	Cla:	Santiago Gabriel Salcedo González (Club Sol de América Asunción)	19

NATIONAL CHAMPIONSHIP
División Profesional - 2015 Copa TIGO-Visión Banco
Torneo Apertura 2015

Results

Round 1 [30.01.-01.02.2015]
Guaraní - Nacional 3-1(1-0)
Sol de América - Deportivo Capiatá 3-1(0-1)
Libertad - Cerro Porteño 1-2(1-1)
Sportivo Luqueño - General Díaz 1-0(1-0)
CD Santaní - CS San Lorenzo 2-0(1-0)
Rubio Ñu - Olimpia 1-0(1-0)

Round 2 [06-08.02.2015]
Deportivo Capiatá - Guaraní 2-1(0-0)
General Díaz - Sol de América 3-0(1-0)
Libertad - Rubio Ñu 1-0(0-0)
CS San Lorenzo - Sportivo Luqueño 3-3(2-2)
Nacional - Olimpia 0-0
Cerro Porteño - CD Santaní 2-2(0-1)

Round 3 [13-15.02.2015]
Guaraní - General Díaz 3-2(0-1)
CD Santaní - Libertad 1-1(0-1)
Sol de América - CS San Lorenzo 2-1(2-0)
Sportivo Luqueño - Cerro Porteño 0-3(0-0)
Rubio Ñu - Nacional 3-1(0-0)
Olimpia - Deportivo Capiatá 1-2(0-1)

Round 4 [20-22.02.2015]
Deportivo Capiatá - Nacional 0-1(0-0)
CD Santaní - Rubio Ñu 3-0(2-0)
General Díaz - Olimpia 1-2(1-1)
CS San Lorenzo - Guaraní 3-4(1-3)
Cerro Porteño - Sol de América 0-1(0-1)
Libertad - Sportivo Luqueño 2-0(2-0)

Round 5 [24-25.02.2015]
Nacional - General Díaz 0-0
Rubio Ñu - Deportivo Capiatá 5-1(2-0)
Olimpia - CS San Lorenzo 4-1(1-0)
Sportivo Luqueño - CD Santaní 1-0(0-0)
Sol de América - Libertad 0-1(0-0)
Guaraní - Cerro Porteño 4-0(1-0) [04.03.]

Round 6 [28.02.-01.03.2015]
General Díaz - Deportivo Capiatá 0-2(0-0)
CS San Lorenzo - Nacional 1-1(0-0)
Libertad - Guaraní 1-3(1-2)
CD Santaní - Sol de América 1-1(0-1)
Cerro Porteño - Olimpia 1-0(1-0)
Sportivo Luqueño - Rubio Ñu 2-1(1-0)

Round 7 [06-08.03.2015]
Sol de América - Sportivo Luqueño 1-0(0-0)
Olimpia - Libertad 1-2(0-0)
Rubio Ñu - General Díaz 1-1(1-1)
Guaraní - CD Santaní 1-0(1-0)
Deportivo Capiatá - CS San Lorenzo 1-1(1-1)
Nacional - Cerro Porteño 0-3(0-0)

Round 8 [13-15.03.2015]
Cerro Porteño - Deportivo Capiatá 3-2(2-0)
CS San Lorenzo - General Díaz 0-1(0-0)
Sol de América - Rubio Ñu 2-2(1-1)
Sportivo Luqueño - Guaraní 1-3(0-1)
CD Santaní - Olimpia 1-1(0-1)
Libertad - Nacional 0-0

Round 9 [18-19.03.2015]
Rubio Ñu - CS San Lorenzo 1-3(0-2)
General Díaz - Cerro Porteño 1-2(0-1)
Nacional - CD Santaní 1-1(1-1)
Olimpia - Sportivo Luqueño 3-2(1-1)
Guaraní - Sol de América 0-1(0-1) [25.03.]
Deportivo Capiatá - Libertad 1-1(0-0) [29.04.]

Round 10 [21-22.03.2015]
CD Santaní - Deportivo Capiatá 3-3(3-2)
Cerro Porteño - CS San Lorenzo 1-0(0-0)
Guaraní - Rubio Ñu 3-2(0-0)
Sportivo Luqueño - Nacional 3-4(1-1)
Libertad - General Díaz 1-1(0-0)
Sol de América - Olimpia 2-2(0-1)

Round 11 [27-30.03.2015]
General Díaz - CD Santaní 0-1(0-1)
CS San Lorenzo - Libertad 1-2(1-1)
Nacional - Sol de América 0-1(0-0)
Deportivo Capiatá - Sportivo Luqueño 0-1(0-0)
Olimpia - Guaraní 0-0
Rubio Ñu - Cerro Porteño 0-2(0-1)

Round 12 [04-06.04.2015]
Nacional - Guaraní 3-4(3-2)
Olimpia - Rubio Ñu 3-0(1-0)
Deportivo Capiatá - Sol de América 2-2(1-0)
General Díaz - Sportivo Luqueño 0-1(0-0)
Cerro Porteño - Libertad 0-0
CS San Lorenzo - CD Santaní 1-2(0-2)

Round 13 [10-12.04.2015]
Sol de América - General Díaz 2-3(1-1)
Guaraní - Deportivo Capiatá 3-1(1-0)
CD Santaní - Cerro Porteño 0-2(0-1)
Sportivo Luqueño - CS San Lorenzo 2-1(1-1)
Olimpia - Nacional 1-0(1-0)
Rubio Ñu - Libertad 2-3(0-0)

Round 14 [15-16.04.2015]
CS San Lorenzo - Sol de América 0-1(0-0)
Cerro Porteño - Sportivo Luqueño 2-1(2-0)
Libertad - CD Santaní 3-3(2-2)
Nacional - Rubio Ñu 1-1(0-0)
Deportivo Capiatá - Olimpia 0-1(0-0)
General Díaz - Guaraní 1-2(0-1) [29.04.]

Round 15 [18-19.04.2015]
Sol de América - Cerro Porteño 1-2(0-0)
Sportivo Luqueño - Libertad 3-0(3-0)
Rubio Ñu - CD Santaní 0-0
Guaraní - CS San Lorenzo 0-0
Nacional - Deportivo Capiatá 1-3(1-2)
Olimpia - General Díaz 1-1(0-1)

Round 16 [24-26.04.2015]
General Díaz - Nacional 2-2(1-2)
CD Santaní - Sportivo Luqueño 2-2(1-1)
Deportivo Capiatá - Rubio Ñu 2-2(0-0)
Cerro Porteño - Guaraní 2-0(0-0)
CS San Lorenzo - Olimpia 2-5(0-3)
Libertad - Sol de América 1-0(0-0)

Round 17 [01-03.05.2015]
Rubio Ñu - Sportivo Luqueño 1-1(0-1)
Sol de América - CD Santaní 2-1(1-0)
Nacional - CS San Lorenzo 2-0(1-0)
Guaraní - Libertad 1-0(1-0)
Deportivo Capiatá - General Díaz 1-2(1-0)
Olimpia - Cerro Porteño 1-1(0-1)

Round 18 [08-10.05.2015]
General Díaz - Rubio Ñu 1-2(1-2)
CS San Lorenzo - Deportivo Capiatá 2-2(1-1)
Libertad - Olimpia 2-2(2-0)
CD Santaní - Guaraní 1-2(0-0)
Cerro Porteño - Nacional 3-2(1-2)
Sportivo Luqueño - Sol de América 0-0

Round 19 [13-14.05.2015]
Nacional - Libertad 0-1(0-0)
Rubio Ñu - Sol de América 1-1(1-1)
General Díaz - CS San Lorenzo 1-2(0-1)
Olimpia - CD Santaní 2-1(0-0)
Deportivo Capiatá - Cerro Porteño 0-2(0-1)
Guaraní - Sportivo Luqueño 0-3(0-2) [19.04.]

Round 20 [16-17.05.2015]
CD Santaní - Nacional 0-3(0-1)
Sportivo Luqueño - Olimpia 0-1(0-0)
CS San Lorenzo - Rubio Ñu 2-5(2-1)
Sol de América - Guaraní 0-1(0-0)
Cerro Porteño - General Díaz 3-1(1-0)
Libertad - Deportivo Capiatá 3-1(3-1)

Round 21 [22-24.05.2015]
Nacional - Sportivo Luqueño 2-5(0-3)
General Díaz - Libertad 1-1(1-0)
Olimpia - Sol de América 1-1(0-1)
Deportivo Capiatá - CD Santaní 2-0(1-0)
Rubio Ñu - Guaraní 2-1(1-1)
CS San Lorenzo - Cerro Porteño 0-3(0-0)

Round 22 [28-31.05.2015]
Libertad - CS San Lorenzo 3-0(1-0)
Sol de América - Nacional 2-3(0-2)
CD Santaní - General Díaz 2-3(1-1)
Sportivo Luqueño - Deportivo Capiatá 3-0(1-0)
Cerro Porteño - Rubio Ñu 2-2(0-1)
Guaraní - Olimpia 1-0(1-0)

	Final Standings							
1.	Club Cerro Porteño Asunción	22	16	4	2	41 - 19	52
2.	Club Guaraní Asunción	22	15	2	5	40 - 26	47
3.	Club Libertad Asunción	22	10	8	4	30 - 23	38
4.	Club Olimpia Asunción	22	9	8	5	32 - 22	35
5.	Club Sportivo Luqueño	22	10	4	8	35 - 29	34
6.	Club Sol de América Asunción	22	8	7	7	26 - 26	31
7.	Club Rubio Ñu Asunción	22	6	8	8	34 - 36	26
8.	Club Nacional Asunción	22	5	7	10	28 - 37	22
9.	Club Deportivo Santaní San Estanislao	22	4	9	9	27 - 33	21
10.	Club General Díaz Luque	22	5	6	11	26 - 32	21
11.	Club Deportivo Capiatá	22	5	6	11	29 - 41	21
12.	Club Sportivo San Lorenzo	22	2	5	15	24 - 48	11

Top goalscorers:
11 goals:	Fernando Fabián Fernández Acosta	(Club Guaraní Asunción)
	José María Ortigoza Ortíz	(Club Cerro Porteño Asunción)
	Santiago Gabriel Salcedo González	(Club Sol de América Asunción)
8 goals:	Wilson Luis Leiva López	(Club Deportivo Santaní)
7 goals:	Hernán Rodrigo López Mora (URU)	(Club Libertad Asunción)

NATIONAL CHAMPIONSHIP
División Profesional - 2015 Copa TIGO-Visión Banco
Torneo Clausura 2015

Results

Round 1 [04-05.07.2015]
Sol de América - Deportivo Capiatá 1-2(0-0)
Nacional - Rubio Ñu 1-1(1-1)
Guaraní - CS San Lorenzo 0-1(0-1)
CD Santaní - Cerro Porteño 0-1(0-1)
Sportivo Luqueño - Olimpia 0-1(0-0)
Libertad - General Díaz 1-1(1-0)

Round 2 [08-09.07.2015]
Rubio Ñu - Sol de América 1-1(1-0)
CS San Lorenzo - Nacional 0-2(0-1)
Deportivo Capiatá - Cerro Porteño 1-0(1-0)
General Díaz - Guaraní 0-5(0-2)
Sportivo Luqueño - CD Santaní 1-4(0-0)
Olimpia - Libertad 1-1(0-0)

Round 3 [17-19.07.2015]
Sol de América - CS San Lorenzo 1-2(1-0)
Guaraní - Olimpia 0-2(0-1)
Nacional - General Díaz 0-1(0-1)
CD Santaní - Deportivo Capiatá 3-0(0-0)
Cerro Porteño - Rubio Ñu 1-0(1-0)
Libertad - Sportivo Luqueño 2-5(0-2)

Round 4 [24-25.07.2015]
Libertad - CD Santaní 3-0(1-0)
General Díaz - Sol de América 0-2(0-1)
Olimpia - Nacional 1-0(0-0)
CS San Lorenzo - Cerro Porteño 1-1(0-0)
Rubio Ñu - Deportivo Capiatá 0-1(0-0)
Sportivo Luqueño - Guaraní 2-2(1-1)

Round 5 [31.07.-02.08.2015]
Nacional - Sportivo Luqueño 1-1(1-0)
Guaraní - Libertad 1-2(0-0)
Sol de América - Olimpia 1-1(1-0)
CD Santaní - Rubio Ñu 1-2(0-1)
Deportivo Capiatá - CS San Lorenzo 0-4(0-1)
Cerro Porteño - General Díaz 4-0(1-0)

Round 6 [07-09.08.2015]
Sportivo Luqueño - Sol de América 1-2(0-1)
Libertad - Nacional 0-0
Olimpia - Cerro Porteño 0-1(0-0)
Guaraní - CD Santaní 2-1(1-1)
CS San Lorenzo - Rubio Ñu 1-1(1-1)
General Díaz - Deportivo Capiatá 1-1(0-1)

Round 7 [15-16.08.2015]
Rubio Ñu - General Díaz 1-1(1-1)
CD Santaní - CS San Lorenzo 2-1(2-0)
Sol de América - Libertad 2-2(1-1)
Deportivo Capiatá - Olimpia 1-2(0-2)
Nacional - Guaraní 0-4(0-2)
Cerro Porteño – Sp. Luqueño 3-1(2-1) [08.09.]

Round 8 [21-23.08.2015]
Guaraní - Sol de América 1-2(1-2)
General Díaz - CS San Lorenzo 1-1(0-1)
Libertad - Cerro Porteño 0-0
Olimpia - Rubio Ñu 2-1(2-0)
Sportivo Luqueño - Deportivo Capiatá 5-1(2-0)
Nacional - CD Santaní 1-1(1-0) [02.09.]

Round 9 [29-30.08.2015]
Cerro Porteño - Guaraní 1-0(0-0)
CD Santaní - General Díaz 1-1(0-1)
CS San Lorenzo - Olimpia 1-1(0-1)
Sol de América - Nacional 1-2(0-1)
Rubio Ñu - Sportivo Luqueño 2-2(1-1)
Deportivo Capiatá - Libertad 1-1(1-1) [09.09.]

Round 10 [04-06.09.2015]
Sportivo Luqueño - CS San Lorenzo 2-1(1-1)
Sol de América - CD Santaní 3-0(2-0)
Olimpia - General Díaz 3-1(1-1)
Guaraní - Deportivo Capiatá 3-1(1-0)
Libertad - Rubio Ñu 2-1(2-0)
Nacional - Cerro Porteño 1-0(1-0) [23.09.]

Round 11 [11-13.09.2015]
General Díaz - Sportivo Luqueño 1-0(0-0)
CD Santaní - Olimpia 0-4(0-2)
Deportivo Capiatá - Nacional 2-3(1-3)
Cerro Porteño - Sol de América 3-1(0-0)
CS San Lorenzo - Libertad 0-2(0-0)
Rubio Ñu - Guaraní 0-1(0-1)

Round 12 [18-20.09.2015]
Deportivo Capiatá - Sol de América 2-1(1-0)
Olimpia - Sportivo Luqueño 4-2(2-1)
Cerro Porteño - CD Santaní 2-1(1-0)
Rubio Ñu - Nacional 1-1(0-1)
General Díaz - Libertad 0-0
CS San Lorenzo - Guaraní 2-2(1-2)

Round 13 [25-27.09.2015]
Sol de América - Rubio Ñu 4-1(1-0)
CD Santaní - Sportivo Luqueño 4-1(2-1)
Guaraní - General Díaz 4-1(1-0)
Libertad - Olimpia 1-1(1-0)
Cerro Porteño - Deportivo Capiatá 1-0(1-0)
Nacional - CS San Lorenzo 0-2(0-1)

Round 14 [02-04.10.2015]
General Díaz - Nacional 1-4(0-2)
Deportivo Capiatá - CD Santaní 1-1(0-0)
Rubio Ñu - Cerro Porteño 1-2(0-2)
CS San Lorenzo - Sol de América 2-4(1-1)
Olimpia - Guaraní 1-2(0-1)
Sportivo Luqueño - Libertad 1-1(0-0)

Round 15 [16-18.10.2015]
Sol de América - General Díaz 0-2(0-1)
Guaraní - Sportivo Luqueño 4-2(1-1)
Deportivo Capiatá - Rubio Ñu 0-0
Nacional - Olimpia 1-3(0-2)
Cerro Porteño - CS San Lorenzo 1-0(0-0)
CD Santaní - Libertad 0-2(0-1)

Round 16 [23-25.10.2015]
Rubio Ñu - CD Santaní 1-2(0-1)
General Díaz - Cerro Porteño 2-0(1-0)
Sportivo Luqueño - Nacional 3-1(0-0)
CS San Lorenzo - Deportivo Capiatá 1-5(0-3)
Libertad - Guaraní 3-2(3-1)
Olimpia - Sol de América 3-2(1-0)

Round 17 [30.10.-01.11.2015]
Nacional - Libertad 1-4(1-0)
Deportivo Capiatá - General Díaz 2-0(1-0)
CD Santaní - Guaraní 2-6(0-2)
Rubio Ñu - CS San Lorenzo 3-0(1-0)
Sol de América - Sportivo Luqueño 2-1(1-0)
Cerro Porteño - Olimpia 1-3(1-2)

Round 18 [03-05.11.2015]
Guaraní - Nacional 4-0(1-0)
General Díaz - Rubio Ñu 1-2(0-2)
Libertad - Sol de América 1-0(1-0)
CS San Lorenzo - CD Santaní 3-2(2-0)
Olimpia - Deportivo Capiatá 1-2(1-1)
Sp. Luqueño - Cerro Porteño 2-3(1-2) [19.11.]

Round 19 [07-08.11.2015]
CS San Lorenzo - General Díaz 1-2(0-1)
Cerro Porteño - Libertad 1-3(0-1)
Sol de América - Guaraní 2-4(0-1)
Rubio Ñu - Olimpia 1-3(0-1)
Deportivo Capiatá - Sportivo Luqueño 2-1(1-0)
CD Santaní - Nacional 2-1(1-1)

Round 20 [20-23.11.2015]
General Díaz - CD Santaní 0-1(0-0)
Nacional - Sol de América 0-0
Olimpia - CS San Lorenzo 3-2(1-1)
Sportivo Luqueño - Rubio Ñu 2-0(0-0)
Guaraní - Cerro Porteño 4-2(3-2)
Libertad - Deportivo Capiatá 3-3(2-2)

Round 21 [27-30.11.2015]
CD Santaní - Sol de América 1-1(1-0)
Rubio Ñu - Libertad 1-0(0-0)
General Díaz - Olimpia 1-0(1-0)
Cerro Porteño - Nacional 1-0(0-0)
Deportivo Capiatá - Guaraní 1-1(0-0)
CS San Lorenzo - Sportivo Luqueño 2-2(0-1)

Round 22 [04-05.12.2015]
Sportivo Luqueño - General Díaz 2-0(1-0)
Nacional - Deportivo Capiatá 1-2(0-0)
Olimpia - CD Santaní 0-0
Sol de América - Cerro Porteño 2-3(2-2)
Libertad - CS San Lorenzo 1-1(1-1)
Guaraní - Rubio Ñu 0-1(0-1)

Final Standings

1.	Club Olimpia Asunción	22	13	5	4	40	-	22	44
2.	Club Cerro Porteño Asunción	22	14	2	6	32	-	23	44
3.	Club Guaraní Asunción	22	12	3	7	52	-	29	39
4.	Club Libertad Asunción	22	9	11	2	35	-	23	38
5.	Club Deportivo Capiatá	22	9	6	7	31	-	34	33
6.	Club Sol de América Asunción	22	7	5	10	35	-	35	26
7.	Club Deportivo Santaní San Estanislao	22	7	5	10	29	-	37	26
8.	Club General Díaz Luque	22	6	6	10	18	-	35	24
9.	Club Sportivo Luqueño	22	6	5	11	39	-	43	23
10.	Club Rubio Ñu Asunción	22	5	7	10	22	-	29	22
11.	Club Sportivo San Lorenzo	22	5	7	10	29	-	38	22
12.	Club Nacional Asunción	22	5	6	11	21	-	35	21

Club Olimpia Asunción and Club Cerro Porteño Asunción tied with 44 points, so a title play-off was played to determine the Clausura champions.

Clausura Championship Play-off

09.12.2015, Estadio Defensores del Chaco, Asunción; Attendance: 27,494
Referee: Eber Aquino
Club Olimpia Asunción - Club Cerro Porteño Asunción 2-1(0-0)
Goals: 1-0 Fredy José Bareiro Gamarra (52), 2-0 Diego Alfredo Lugano Morena (64 own goal), 2-1 Guillermo Alexis Beltrán Paredes (78).

Torneo Clausura 2015 Champions: **Club Olimpia Asunción**

Top goalscorers:

19 goals:	**Santiago Gabriel Salcedo González**	**(Club Sol de América Asunción)**
15 goals:	Fernando Fabián Fernández Acosta	(Club Guaraní Asunción)
10 goals:	Blas Yamil Díaz Silva	(Club Deportivo Santaní)
10 goals:	José Ramón Leguizamón Ortega	(Club Sportivo Luqueño)

	Aggregate Table 2015								
1.	Club Cerro Porteño Asunción	44	30	6	8	73	-	42	96
2.	Club Guaraní Asunción	44	27	5	12	92	-	55	86
3.	Club Olimpia Asunción	44	22	13	9	72	-	44	79
4.	Club Libertad Asunción	44	19	19	6	65	-	46	76
5.	Club Sol de América Asunción	44	15	12	17	61	-	61	57
6.	Club Sportivo Luqueño	44	16	9	19	74	-	72	57
7.	Club Deportivo Capiatá	44	14	12	18	60	-	75	54
8.	Club Rubio Ñu Asunción	44	11	15	18	56	-	65	48
9.	Club Deportivo Santaní San Estanislao	44	11	14	19	56	-	70	47
10.	Club General Díaz Luque	44	11	12	21	44	-	67	45
11.	Club Nacional Asunción	44	10	13	21	49	-	72	43
12.	Club Sportivo San Lorenzo	44	7	12	25	53	-	86	33

Club Cerro Porteño Asunción qualified for the 2016 Copa Libertadores and 2016 Copa Sudamericana.
Club Guaraní Asunción and Club Olimpia Asunción qualified for the 2016 Copa Libertadores.
Club Libertad Asunción, Club Sol de América Asunción and Club Sportivo Luqueño qualified for the 2016 Copa Sudamericana.

	Relegation Table

The team which will be relegated is determined on average points taking into account results of the last six seasons (Apertura & Clausura 2013, Apertura & Clausura 2014, Apertura & Clausura 2015).

Pos	Team	2013 P	2014 P	2015 P	Total P	M	Aver
1.	Club Cerro Porteño Asunción	87	75	96	258	132	1.9545
2.	Club Guaraní Asunción	77	87	86	250	132	1.8939
3.	Club Libertad Asunción	75	96	76	247	132	1.8712
4.	Club Olimpia Asunción	55	63	79	197	132	1.4924
5.	Club Nacional Asunción	79	62	43	184	132	1.3939
6.	Club Sportivo Luqueño	54	63	57	174	132	1.3182
7.	Club Deportivo Capiatá	65	47	54	166	88	1.2576
8.	Club Sol de América Asunción	46	55	57	158	132	1.1970
9.	Club General Díaz Luque	61	48	45	154	132	1.1667
10.	Club Rubio Ñu Asunción	50	50	48	148	132	1.1212
11.	Club Deportivo Santaní San Estanislao (*Relegated*)	—	—	47	47	44	1.0682
12.	Club Sportivo San Lorenzo (*Relegated*)	—	—	33	33	44	0.7500

THE CLUBS 2015

CLUB CERRO PORTEÑO ASUNCIÓN

Foundation date: October 1, 1912
Address: Avenida 5ta, N° 828 c/ Tacuary, Barrio Obrero, Asunción
Stadium: Estadio „General Pablo Rojas", Asunción – Capacity: 32,000

THE SQUAD

	DOB	Ape M	Ape G	Cla* M	Cla* G
Goalkeepers:					
Cristian Darío Álvarez (ARG)	13.11.1985			21	-
Diego Daniel Barreto Cáceres	16.07.1981	21	-		
Carlos Alberto Gamarra Montanía jr.	06.06.1992	-	-		
Leonardo Abraham Machado Ferreira	08.11.1994			-	-
Rodolfo Fabián Rodriguez Jara	08.03.1987	2	-	2	-
Defenders:					
Omar Federico Alderete Fernández	26.12.1996	-	-	-	-
Junior Osmar Ignacio Alonso Mujica	11.02.1993	20	2	23	2
Jorge Manuel Balbuena Carreras	07.06.1993			2	-
César Iván Benítez León	28.05.1990	17	-	5	-
Carlos Bonet Cáceres	02.10.1977	20	-	23	-
Osmar Alexis Cantero Guillén	04.01.1995	-	-	-	-
Diego Alfredo Lugano Morena (URU)	02.11.1980			16	5
Víctor Hugo Mareco	26.02.1984	13	-	11	-
Santiago Molina				-	-
Fidencio Oviedo Domínguez	30.05.1987	15	-	17	-
Renzo Iván Tandi Núñez	08.02.1996	-	-		
Bruno Amilcar Valdez	06.10.1992	20	2	15	-
Midfielders:					
Miguel Ángel Almirón Rejala	13.11.1993	15	5	4	-
Santiago Arzamendia	05.05.1998			1	-
Blas Antonio Cáceres	01.07.1989	14	-	10	1
David Josué Colmán Escobar	25.07.1998	-	-	-	-
Júnior Danilo Coronel Pavón	10.02.1997	-	-		
Cecilio Andrés Domínguez Ruíz	22.07.1993	18	4	19	1
Jonathan Fabbro (ARG)	16.01.1982	18	4	21	8
Juan José Franco Arrellaga	10.02.1992	3	-	5	-
Alexis Joel González Belotto	07.01.1992	6	-	11	-
Santiago Ariel López Stockel	13.03.1996	-	-	-	-
Ángel David Martínez	13.04.1989	1	-	4	-
Ramón Eduardo David Mendieta Alfonso	04.05.1988	3	-	8	-
Miguel Ángel Paniagua Rivarola	14.05.1987	20	1		
Matías Rojas		9	1	10	1
Juan Rodrigo Rojas Ovelar	09.04.1988	11	2	21	1
Jonathan Santana Gehre	19.10.1981	10	1	13	1
Forwards:					
Guillermo Alexis Beltrán Paredes	26.04.1984	9	2	19	4
Enrique Javier Borja	30.05.1995	1	-	8	1
Sergio Ismael Díaz Velázquez	06.12.1998	13	5	15	-
Francisco Javier Garcia Quezada	04.04.1991	4	-		
Ángel Gómez	11.04.1994			1	-
Daniel González Güiza (ESP)	17.08.1980	2	-		
Ronaldo Iván Martínez Rolón	25.04.1996			2	1
José María Ortigoza Ortíz	01.04.1987	21	11	15	6
Mauricio Ezequiel Sperdutti (ARG)	16.02.1986	2	-		
Julio César Villalba Gaona	17.09.1998	-	-	-	-
Trainer:					
Leonardo Rubén Astrada (ARG) [28.08.2014-05.03.2015]	06.01.1970	6			
Roberto Ismael Torres Báez [06.03.-26.11.2015]	06.04.1972	16		20	
Gustavo Atilano Florentín Morínigo [as of 27.11.2015]	30.06.1978			3	

*2015 Clausura Final included

CLUB DEPORTIVO CAPIATÁ
Foundation date: September 4, 2008
Address: Calle La Candelaria, Capiatá
Stadium: Estadio Deportivo, Capiatá – Capacity: 6,000

THE SQUAD

	DOB	Ape M	Ape G	Cla M	Cla G
Goalkeepers:					
Juanito José Alfonso Guevara	24.06.1990	2	-	4	-
Roberto Jara		7	-	-	-
Elio Martínez		-	-	-	-
Tobías Antonio Vargas Insfrán	21.08.1989	14	-		-
Mario Alberto Santilli (ARG)	27.06.1984			19	-
Defenders:					
Federico Acuña Cabrera	23.03.1985	13	-	22	-
Marcos Arce	03.05.1983	-	-	-	-
Cristian Benítez	18.09.1987			1	-
Alejandro David Bernal	09.07.1987			17	-
Sergio Brítez		5	-		
Hugo Rafael Fleytas Báez	23.06.1988	4	-	1	-
Marcos Antonio Gamarra Arbiniagaldez	08.07.1988	17	-	13	1
Felipe Ariel Giménez Miranda	26.05.1981	4	-	-	-
Celso Daniel González Ferreira	18.06.1980			6	-
Néstor Fabián González	09.05.1986	19	1	7	-
Julio César Irrazábal León	25.11.1980	15	2	20	5
Jorge Rodrigo Paredes	23.04.1985	14	3		
Alfredo David Rojas	30.12.1987	8	-	-	-
Pedro Pablo Sosa		-	-	-	-
Midfielders:					
Juan Gabriel Abente Amarilla	04.03.1984	11	-		
Diego Areco		-	-	-	-
Jorge Gabriel Báez Mendoza	23.10.1990	7	1	3	-
Diego Fabián Barreto Lara	31.05.1993	-	-	1	-
Cristian Barrios	14.08.1996			1	-
Juan Jeremías Bogado Britos	04.07.1995			11	1
César Daniel Cáceres Cañete	10.06.1977			5	-
Jorge Luis Candia	17.03.1986	-	-	-	-
Willian Benito Candia Garay	27.03.1993	19	1	18	1
Yimmy Adán Cano Morínigo	02.06.1986	14	-		
Leonardo Delvalle Morel	18.01.1985	4	-		
Diego Armando Godoy Vásquez	01.04.1992	6	-		
Blas Bernardo Irala Rojas	30.11.1983	-	-		
Alexis Ledesma		1	-	-	-
Joel David Lesme	17.07.1990			12	-
Cristian Ariel López Leiva	31.12.1987	14	1	20	4
Carlos Damián Martínez Arce	28.05.1987	6	-	7	1
Cristian Martínez Medina	19.05.1983			20	1
Fernando Martínez	13.05.1994			5	-
Fabián Ocampo		18	-	2	-
Derlis Fabián Ortíz Rodríguez	12.12.1986	3	-	8	-
Aldo Andrés Paniagua Benítez	12.07.1989	1	-	19	1
Alvaro Enrique Peña Montero (URU)	08.03.1989	5	-	-	-
Raúl Basilio Román Garay	25.10.1977	-	-		

Félix Gustavo Romero Benítez	01.10.1987	18	3	16	4
Juan Villalba		1	-	-	-

Forwards:

Jorge Daniel Achucarro	06.11.1981	14	3		
Julio Ramón Aguilar Franco	01.07.1986	6	2	-	-
Gustavo Benítez		2	-	12	3
Rodrigo Bernal González	17.07.1993	3	1	1	-
Ariel Gregorio Bogado Llanos	24.12.1983	8	1	13	1
Diego Aroldo Cabrera Flores (BOL)	13.08.1982			4	-
Fabio Escobar Benítez	15.02.1982	15	6		
Porfirio Gauto	23.03.1992	-	-	-	-
Gumercindo Mendieta (ARG)	21.03.1993	10	4		
Dionisio Ismael Pérez Mambreani	13.08.1986			20	7
Jonathan Sánchez	28.02.1996	-	-	-	-
Milciades Daniel Silva	30.09.1985	-	-	-	-

Trainer:

Héctor Marecos [23.04.2014-17.03.2015]		8		
Julio César Cabrera [18.03.-06.04.2015; Caretaker]	31.01.1973	4		
Humberto Antonio García Ramirez [07.04.-04.09.2015]	13.05.1974	10		8
Julio César Cabrera [05.09.-07.09.2015; Caretaker]	31.01.1973			1
Felix Darío León [as of 08.09.2015]	05.05.1961			13

CLUB GUARANÍ ASUNCIÓN

Foundation date: October 12, 1903
Address: Avenida Dr. Eusebio Ayala N° 770 y Calle 1811, Barrio Dos Bocas, Asunción
Stadium: Estadio „Rogelio Livieres", Asunción – Capacity: 6,000

THE SQUAD

	DOB	Ape M	G	Cla M	G
Goalkeepers:					
Alfredo Ariel Aguilar	18.07.1986	14	-	21	-
Alejandro Daniel Bogado Flecha	28.04.1994	-	-	-	-
Antonio Alejandro Franco Arza	10.07.1991	8	-	1	-
Defenders:					
Arturo David Aquino	14.09.1982	5	-	-	-
Édgar Manuel Aranda	05.09.1983	9	-	5	-
Tomás Javier Bartomeús	27.10.1982	13	-	13	-
Luis Alberto Cabral Vásquez	23.09.1983	10	2	10	3
Julio César Cáceres López	05.10.1979	16	1	19	1
Eric Tomás Cristaldo Paniagua	17.12.1990	-	-	-	-
Eduardo Javier Filippini (ARG)	05.06.1983	8	-	16	-
Adilson Antonio Lezcano	27.12.1994	13	1	-	-
Rubén Dario Maldonado Brizuela	25.04.1979	16	1	8	-
Juan Gabriel Patiño Martínez	29.11.1989	9	1	21	3
Armando Marcelo Ruíz Díaz Galeano	14.07.1993	4	-	1	-
Midfielders:					
Juan José Aguilar Orzusa	24.06.1989	12	2	14	5
Julián Alfonso Benítez Franco	06.06.1987	16	4	16	4
Rodrigo Manuel Bogarín Giménez	24.05.1997	16	2	7	-
Alberto Cirilo Contrera Jiménez	14.02.1992	6	-	14	4
Luis Eladio de La Cruz	23.03.1991	16	2	21	1
Iván Emmanuel González Ferreira	28.01.1987	16	-	14	2
Marcelo Sebastián González Cabral	27.05.1996	2	-	-	-
Bill Walter López Isidre	13.01.1998	-	-	-	-
Ramón Martínez		4	-	4	-
Jorge Darío Mendoza Torres	15.05.1989	18	2	22	4
Sergio Adrián Mendoza Espinola	27.05.1994	-	-	-	-
Jorge Emanuel Morel Barrios	22.01.1998	-	-	-	-
Ramón Darío Ocampo (ARG)	21.06.1986	15	-	8	-
Marcelo José Palau Balzaretti (URU)	01.08.1985	16	1	21	-
Nicolás Riquelme Quintana	31.10.1993	-	-	-	-
Alexis Iván Vargas Artela	05.04.1991	-	-	-	-
Nildo Arturo Viera Recalde	20.03.1993	1	-	1	-
Forwards:					
Alex Albino Cáceres Méndez	01.02.1996			11	2
Claudio César Correa Cañiza	03.05.1993			15	6
Fernando Fabián Fernández Acosta	08.01.1992	17	11	22	15
Roberto Carlos Gamarra Acosta	11.05.1981	13	5	14	2
Críspulo Guillermo Peña Ayala	21.04.1991	-	-	-	-
Federico Javier Santander Mereles	04.06.1991	15	5	2	-
Trainer:					
Fernando Jubero Carmona (ESP)	27.02.1974	22		22	

447

GENERAL DÍAZ FOOTBALL CLUB LUQUE

Foundation date: November 22, 1917
Address: Avenida "General Elizardo Aquino y General Jara Luque", Luque
Stadium: Estadio „General Adrián Jara", Luque – Capacity: 3,500

THE SQUAD

	DOB	Ape M	Ape G	Cla M	Cla G
Goalkeepers:					
Jorge Luis González Cardozo	28.02.1989	-	-	3	-
Miguel Ángel Martínez Irala	29.09.1998	-	-	-	-
Bernardo David Medina	14.01.1988	22	-	20	-
Defenders:					
Francisco Báez		4	-	-	-
Alejandro David Bernal	09.07.1987	3	-		
Walter Cabrera	01.07.1990	18	2	11	-
Alberto Espinola Giménez	08.02.1991	16	-	11	1
César Abel Espínola Martínez	26.03.1988	4	-	2	-
Julio César González Trinidad	28.06.1992	11	-	15	-
Arturo Luis Mendoza Ayala	02.09.1994	1	-		
Daniel Muñoz		6	-		
Aldo David Olmedo Román	25.09.1989			15	1
Roberto Ezequiel Palacio (ARG)	10.04.1983			20	3
Gustavo Velazco		-	-	-	-
Ángel Osmar Vera Escobar	25.02.1992	13	1	6	-
Diego Roberto Vera Cabrera	27.11.1989	18	1	21	-
Midfielders:					
Osvaldo Argüello				1	-
César Assia (COL)	15.07.1992			1	-
Wilfrido Manuel Báez	18.06.1994	4	2	9	1
Diego Javier Benítez	18.02.1991	-	-		
Juan Ignacio Briones	16.01.1986			2	-
Héctor Caballero	02.02.1988	15	-	-	-
Pedro Galeano		10	-	8	1
Oscar Moisés Gamarra	09.09.1986	4	-	-	-
Víctor Sócrates Michael Genés Espínola	29.09.1987	3	-	-	-
Blas González		4	-	-	-
Víctor Hugo Matta	21.04.1990	9	-	5	-
Dionisio Mereles Ovelar	23.02.1986			8	1
Víctor Vicente Miranda		1	-	1	-
Adilio Fabián Mora López	16.05.1985	1	-	-	-
Marcos Antonio Pfingst	29.03.1993			6	-
Richard Fabián Prieto	25.01.1997	12	-	14	-
Cristian Gustavo Sosa Ledesma	08.08.1987	20	3	19	2
Carlos Alberto Vera Segovia	19.05.1983	16	-	13	-
Edgar Catalino Zaracho Zorilla	29.11.1989	15	-	19	-
Forwards:					
Raúl Alejandro Benítez	14.01.1993			10	1
Alfredo Virginio Cano Benítez (ARG)	30.08.1982	9	2	17	3
Carlos Carvallo				7	-
Diego Javier Doldán Zacarías	06.02.1987	18	6	1	-
Julio Sebastián Doldán	15.10.1993	8	-	17	2
Jorge Américo Giménez	11.06.1991	6	2		
Diego González				1	-

Ricardo González		-	-	-	-
Miguel María Medina Medina	01.06.1993	3	-	-	-
Robert Noguera		8	-	10	1
Luis Armando Ovelar Maldonado	08.06.1983	14	4	12	-
Enzo Enrico Prono Zelaya	27.06.1991	12	3	3	-
Wilfrido Ramón Rivas Martínez	09.06.1993	-	-		

Trainer:

Humberto García Ramírez [01.01.2013-30.03.2015]	13.05.1974	11	
Julio Javier Doldán [31.03.-06.04.2015; Caretaker]		1	
Mario Vicente Jara (ARG) [07.04.-26.08.2015]	25.04.1980	10	8
Julio Javier Doldán [27.08.-04.09.2015; Caretaker]			2
Humberto García Ramírez [as of 05.09.2015]	13.05.1974		12

CLUB LIBERTAD ASUNCIÓN

Foundation date: July 30, 1905
Address: Avenida Artigas N° 1030, esq. Cusmanich, Asunción
Stadium: Estadio „Dr. Nicolás Leóz", Asunción – Capacity: 10,000

THE SQUAD

	DOB	Ape M	G	Cla M	G
Goalkeepers:					
Junior Ramón Balbuena	31.08.1994	-	-	-	-
Diego Alejandro Morel Bejarano	15.12.1993	1	-	-	-
Rodrigo Martin Muñóz Salomón (URU)	22.01.1982	18	1	10	-
Pablo Andrés Torresagasti	05.08.1980	4	-	12	-
Defenders:					
Fabián Cornelio Balbuena González	23.08.1991	16	1	10	1
Ismael Benegas	01.08.1987	9	-		
Alan Max Benítez Domínguez	25.01.1994	2	-		
Pedro Juan Benítez Domínguez	23.03.1981	11	1	19	-
Luis Carlos Cardozo Espillaga	10.10.1988			5	-
Víctor Hugo Dávalos Aguirre	03.02.1991	1	-		
Carlos Daniel Desvars	26.11.1993	-	-	-	-
Gustavo Ramón Mencia Ávalos	05.07.1988	13	-	18	2
Jorge Luis Moreira Ferreira	01.02.1990	14	-	17	-
Adalberto Román Benítez	11.04.1987	6	-	16	-
Sergio Raúl Vergara Romero	15.12.1988	10	-	8	-
Midfielders:					
Sergio Daniel Aquino (ARG)	21.09.1979	17	-	21	1
Arturo Osvaldo Aranda Barreto	20.04.1998	-	-	-	-
Ángel María Benítez Argüello	27.01.1996	2	-	-	-
Félix Benítez	25.04.1977	2	-	4	-
Yoel Orozmán Burgueño Marcant (URU)	15.02.1988			5	-
Néstor Abraham Camacho Ledesma	15.10.1987	18	3		
José María Canale Domínguez	20.07.1996	1	-	5	-
Ángel Rodrigo Cardozo Lucena	19.10.1994	5	-	14	-
Jorge Daniel González Marquet	25.03.1988	17	2	17	1
Roque Ariel Guachire Lugo	05.05.1995			1	-
Wilson Luis Leiva López	15.04.1991			17	7
Osmar de la Cruz Molinas González	03.05.1987	13	-	9	-
Richard Ortíz	22.05.1990			17	4
Floriano Pereira		2	-	-	-
Iván Rodrigo Ramírez Segovia	08.12.1994	6	-		
Derlis Rodríguez		-	-	1	-
Óscar Ramón Ruíz Roa	14.05.1991	10	-		
Mario Arsenio Saldívar Rojas	12.09.1990	10	-	11	-
Juan Danilo Santacruz González	12.06.1995	15	2	14	-
Forwards:					
Luis Antonio Amarilla Lencina	25.08.1995	4	-		
Antonio Bareiro Álvarez	24.04.1989	20	6	10	3
Richard Maunel Brítez Aranda	13.03.1999			1	1
Néstor Adrián Fernández Palacios	04.08.1992			4	1
Leandro Flecha				1	-
Rodolfo Vicente Gamarra Varela	10.12.1988	-	-	7	3
Pedro González	29.06.1994			1	-
Rogério Luis Leichtweis	28.06.1988	11	1		
Hernán Rodrigo López Mora (URU)	21.01.1978	12	7	13	2
Jesús Manuel Medina Maldonado	30.04.1997	-	-	-	-
Bruno Alfonso Mendieta Ibáñez	19.01.1996	2	-	-	-
Jorge Eduardo Recalde Ramírez	08.05.1992	19	3	18	8
Gustavo Ariel Santa Cruz González	21.07.1993	-	-	-	-
Santiago Tréllez Viveros (COL)	17.01.1990	16	3	1	-
Jonathan Ariel Valiente	21.02.1998	-	-	1	-
Trainer:					
Pedro Alcides Sarabia Achucarro [02.09.2013-30.06.2015]	05.07.1975	22			
Ever Hugo Almeida Almada [as of 01.07.2015]	01.07.1948			22	

CLUB NACIONAL ASUNCIÓN

Foundation date: June 5, 1904
Address: Cerro León y Paraguarí, Barrio Obrero, Asunción
Stadium: Estadio „Arsenio Erico", Asunción – Capacity: 4,000

THE SQUAD

	DOB	Ape M	Ape G	Cla M	Cla G
Goalkeepers:					
Roque Alberto Cardozo	16.08.1987	6	-	6	-
José Coronel	04.02.1993	-	-	-	-
Ignacio Oscar Don (ARG)	28.02.1982	16	-	14	-
Juan Espínola				3	-
Aurelio Eduardo Giménez Cáceres	31.01.1993	-	-	-	-
Gabriel Perrota Bacellar	26.12.1998	-	-	-	-
Defenders:					
Marco Antonio Acosta Rojas	08.11.1984	15	2	11	-
Ramón David Coronel Gómez	31.03.1991	19	-	13	-
Miguel Isaías Jacquet Duarte	20.05.1995	12	-	4	-
Ricardo Julián Martínez Pavón	18.02.1984			6	-
Ricardo Mazacotte (ARG)	09.01.1985			11	-
Arturo Luis Mendoza Ayala	02.09.1994			2	-
David Bernardo Mendoza Ayala	10.05.1985	19	-	18	-
Raúl Eduardo Piris	09.12.1980	19	-	17	-
Sixto Rodrigo Ramírez Cardozo	29.07.1990			3	-
Sandino Sosa Weiberlen	01.03.1991	-	-	3	1
Midfielders:					
Ángel David Almirón Pereira	05.02.1996	-	-	-	-
Enrique Araújo Álvarez	03.10.1995	3	-	9	-
Juan David Argüello Arias	28.09.1991	12	1	19	1
Milton Rodrigo Benítez Lirio	30.03.1986	10	-	9	-
Bruno Henrique Turco (BRA)	30.07.1991			6	-
Héctor Ariel Bustamante	31.03.1995	16	3	17	1
Hugo Wilmar Cabrera González	12.03.1994	-	-		
Matías Cáceres	31.07.1996			1	-
Joel David Lesme	17.07.1990	-	-		
Dani Medina				3	-
Marcos Benjamín Melgarejo	03.10.1986	21	3	9	2
Cristian David Mélida Argüello	23.04.1991	-	-	-	-
José Arnulfo Montiel Núñez	19.03.1988	12	1	-	-
Derlis Ricardo Orué Acevedo	02.01.1989	18	3	21	3
Orlen Marcelo Quintero Mercado (ECU)	10.10.1990	1	-	-	-
Marcos Antonio Riveros Krayacich	04.09.1988	18	1	11	-
Carlos Gabriel Ruíz Peralta	17.07.1984	14	-	-	-
Forwards:					
René Yván Cabrera Cáceres	21.01.1999	1	-	-	-
Arnaldo Castorino Mujica	03.01.1987	9	-	4	1
Cristian Colmán	26.02.1994	18	6	15	1
Douglas Holger Martínez	13.04.1994	1	-	-	-
Brian Guillermo Montenegro Martínez	18.06.1993			17	7
Marcelo Montiel		4	-	3	-
Dionisio Ismael Pérez Mambreani	13.08.1986	15	5		
Rodrigo Teixeira Pereira (BRA)	16.06.1978			18	3
Julio Eduardo Santa Cruz Cantero	12.05.1990	9	2	11	1
Víctor Gustavo Velázquez	17.04.1991	17	-	19	-
Elías Arturo Zimnavonda Méndez	21.01.1996	-	-	1	-
Trainer:					
Gustavo Eliseo Morínigo Vázquez [18.04.2012-30.03.2015]	23.01.1977	11			
Daniel Eduardo Raschle Matucheski (SUI) [31.03.-11.09.2015]	15.08.1963	11		10	
Juan Manuel Battaglia Melgarejo [12.09.-06.11.2015]	11.06.1957			8	
Ricardo Mariano Dabrowski (ARG) [as of 07.11.2015]	28.03.1961			4	

CLUB OLIMPIA ASUNCIÓN

Foundation date: July 25, 1902
Address: Avenida Mariscal López 1499, casi Avenida General M. Santos, Barrio Las Mercedes, Asunción
Stadium: Estadio „Manuel Ferreira", Asunción – Capacity: 15,000

THE SQUAD

	DOB	Ape M	Ape G	Cla* M	Cla* G
Goalkeepers:					
Diego Fabián Barreto Lara	31.05.1993			11	-
Ever Alexis Caballero	27.04.1982	-	-	-	-
Christian Daniel Campestrini (ARG)	18.06.1980	22	-		
Víctor Hugo Centurión Miranda	24.02.1986	-	-	13	-
Carlos María Servín Caballero	24.03.1987	-	-		
Alan Vladimir Vento Gómez	09.05.1995	-	-	-	-
Defenders:					
Wildo Javier Alonso Jara	30.07.1990	9	-	-	-
Marcelo Javier Arce Insfrán	24.03.1998	-	-	-	-
Salustiano Antonio Candia Galeano	08.07.1983	21	2	20	-
José Arnaldo Cañete Prieto	19.03.1996	-	-	-	-
Rodi David Ferreira	29.05.1998	2	-	7	-
Orlando Israel Gallardo Noguera	27.06.1994	-	-		
Alex Garcete	22.09.1993	-	-		
Luis Alejandro Giménez	01.08.1998	-	-	-	-
Marcos Francisco Gonzalez Ojeda	15.07.1995	-	-		
Jonathan Leonardo Lacerda Araujo	07.02.1987	-	-		
Herminio Antonio Miranda Ovelar	07.05.1985	10	1	8	1
Blas Miguel Riveros Galeano	03.02.1998	4	-	5	-
Oscar Adrián Rodas Rambado	08.02.1998	-	-		
Carlos Adalberto Rolón Ibarra	30.06.1992	20	-	18	2
Saúl Savin Salcedo Zárate	29.08.1997	9	-	12	-
Richard Adrián Salinas	06.02.1988	2	-	-	-
Alejandro Daniel Silva González (URU)	04.09.1989			19	6
Midfielders:					
Miguel Angel Amado Alanís	28.12.1994	10	-	-	-
Eduardo Lorenzo Aranda	28.01.1985	20	-	10	1
Juan Jeremías Bogado Britos	04.07.1995	1	-		
Júnior Brítez	19.01.1997			1	-
Walter David Clar Fritz	27.09.1994	4	-		
Gianlucca Fatecha Benítez	17.01.1998	-	-	-	-
Carlos Javier Guerreño Otazú	22.12.1995	5	-	-	-
Fernando Martínez	13.05.1994	1	-		
William Gabriel Mendieta Pintos	09.01.1989	14	3	12	1
Miguel Ángel Paniagua Rivarola	14.05.1987			19	2
Carlos Humberto Paredes Monges	16.07.1976	-	-		
Marcos Antonio Pfingst	29.03.1993	-	-		
Robert Ayrton Piris da Motta	26.07.1994			13	1
Cristian Miguel Riveros Núñez	16.10.1982	22	2	18	3
Jorge Martín Salinas	06.05.1992	16	2	15	-
Iván Arturo Torres Riveros	27.02.1991	21	2	19	-
Claudio David Vargas Villalba	15.10.1985	16	1	22	2
Forwards:					
Carlos Javier Acuña Caballero	23.06.1988	15	-		-

Adam Bareiro	26.07.1998	1	-	-	-	
Freddy José Bareiro Gamarra	27.03.1982	16	5	17	5	
Nery Antonio Cardozo Escobar	26.05.1989			11	3	
Jorge David Colmán Aguayo	12.12.1997	2	-	-	-	
Carlos Sebastián Ferreira	13.02.1998	-	-	-	-	
Michel Adams Franco Bedoya		4	1	-	-	
Pedro Javier Godoy Agüero	28.06.1995	-	-			
Adalberto David González Ybarrola	13.11.1989			-	-	
Wálter Rodrigo González Sosa	21.06.1995	8	2	-	-	
Osmar Leguizamón Pavón	11.05.1994	-	-	-	-	
José Ariel Núñez Portelli	12.09.1988			18	1	
Cristian Gilberto Ovelar	18.01.1986	15	6			
Juan Manuel Salgueiro Silva (URU)	03.04.1983	18	5	17	3	
Pablo Daniel Zeballos Ocampos	04.03.1986			16	8	
Trainer:						
Nery Alberto Pumpido Barrinat (ARG) [14.10.2014-09.03.2015]	30.07.1957	7				
Luis Alberto Monzón León [09.03.-16.03.2015; Caretaker]	26.05.1970	1				
Francisco Javier Arce Rolón [as of 16.03.2015]	02.04.1971	14		22		

*2015 Clausura Final included

CLUB RUBIO ÑU ASUNCIÓN

Foundation date: August 24, 1913
Address: Calle Espíritu Santo y Juana P. Carillo, Barrio Santísima Trinidad, Asunción
Stadium: Estadio La Arboleda, Asunción – Capacity: 5,500

THE SQUAD

	DOB	Ape M	G	Cla M	G
Goalkeepers:					
Aldo Bareiro		-	-	-	-
Adrián Domínguez (ARG)	11.04.1991			-	-
Fabiano Heves da Silva (BRA)	18.01.1983			8	-
Carlos Alberto Gamarra Montanía	26.05.1992			12	-
Orlando Ramón Rojas Cáceres	14.12.1983	3	-	-	-
Mario Alberto Santilli (ARG)	27.06.1984	11	-		
Blas Valenzuela	1991	9	-	3	-
Christian Villalba	20.03.1992	-	-	-	-
Defenders:					
José Báez		12	-	3	-
Wilfrido Guzmán Bazán Arrúa	04.08.1984	-	-	-	-
Alan Max Benítez Domínguez	25.01.1994			16	2
Iván Benítez		-	-	-	-
Diego Nicolás Ciz Torres (URU)	31.05.1981	8	-	12	-
Walter David Clar Fritz	27.09.1994			15	2
Pablo Esteban Espinoza	21.06.1988	21	-	13	-
Claudio Daniel Estigarribia Balmori	07.03.1992	3	-		
Edgar Ramón Ferreira Gallas	31.08.1987	7	-	4	-
Gustavo Giménez	19.06.1987	8	-		
Celso Daniel González Ferreira	18.06.1980	15	1		
Fernando Edilio Lomaquis Lezcano	05.09.1998	-	-	-	-
Maximiliano Lugo (ARG)	04.12.1989	10	4	18	3
Julio César Manzur Caffarena	22.01.1981	20	2	22	2
Arnaldo Javier Pereira Vera	11.01.1986			19	1

David Robles		10	2	10	-
Merardo Robles Jr.		-	-	-	-
Nelson Ramón Ruiz Giménez	27.12.1991	8	-	1	-
Francisco Miguel Vera González	15.01.1986	13	1		
Midfielders:					
Fabio Caballero	01.10.1992			10	-
Carlos Díaz		-	-	-	-
Ronaldo Díaz		5	-	3	-
Julio César Domínguez Castillo	07.04.1992			14	1
Diego Antonio Figueredo Matiauda	28.04.1982	8	-	-	-
Carlos Augusto Junior Florenciañez Vera	09.05.1994	6	3		
Alex Garay		1	-	2	-
Diego Armando Godoy Vásquez	01.04.1992			5	1
Rolando González		1	-	-	-
Santiago Irala		1	-	-	-
Hugo Américo Lusardi Moríngo	17.08.1982			21	-
Marcelino Nicolas Ñamandú Ojeda	28.07.1999	1	-	-	-
Jorge Daniel Núñez Espínola	22.09.1984			1	-
Juan Nuñez		22	4	18	2
Robert Ayrton Piris Da Mota	26.07.1994	21	2		
Néstor Javier Ramírez Martínez	15.10.1990			4	-
Ismael Roa		10	-	10	-
Celso Vera		2	-	-	-
Forwards:					
Wilson Brahian Ayala Vera	29.06.1995	1	-	5	-
Álvaro Campuzano				15	-
Nery Antonio Cardozo Escobar	26.05.1989	22	-	7	-
Diego Omar Centurión	05.06.1982			15	-
Claudio César Correa Cañiza	03.05.1993	22	6		
Alejandro Damián Da Silva	18.05.1982	1	-	-	-
Fabio Escobar Benítez	15.02.1982			18	8
Pedro Javier Godoy Agüero	28.06.1995			-	-
Victor Manuel Gómez	16.10.1983	5	-	-	-
Bladimiro Ojeda Dávalos	03.02.1994	-	-	-	-
Miguel Ángel Fabián Ovejero	13.04.1991			5	-
Alfio Oviedo		14	1	4	-
Cristian Santacruz Ojeda	03.06.1991	4	-	-	-
Diego Velázquez		2	-	1	-
Osmar Villalba				1	-
Trainer:					
Alicio Ignacio Solalinde Miers [18.11.2014-13.04.2015]	01.02.1952	13			
Miguel Pavani [14.04.-03.06.2015]		9			
Rubén Darío Piaggio (ARG) [01.07.-01.08.2015]	02.04.1970	4			
Miguel Pavani [02.08.-08.09.2015]		6			
Mario César Jacquet Martínez [09.09.-15.10.2015]	29.07.1946	4			
Víctor Genés [as of 16.10.2015]	29.06.1961	8			

CLUB SPORTIVO SAN LORENZO

Foundation date: April 17, 1930
Address: Rua General Genes y Ruta International, San Lorenzo
Stadium: Estadio „Gunther Vogel", San Lorenzo – Capacity: 5,000

THE SQUAD

	DOB	Ape M	G	Cla M	G
Goalkeepers:					
Víctor López		9	-	17	-
Wilson Daniel Quiñonez Amarilla	04.09.1988			4	-
Sergio Esteban Valinotti	01.04.1983	13	-	-	-
Armando Andrés Vera Amarilla	04.02.1993	-	-	2	-
Defenders:					
Diego Andrés Ayala Santa Cruz	09.01.1990	1	-	-	-
Jorge Manuel Balbuena Carreras	07.06.1993	-	-		
Orlando Israel Gallardo Noguera	27.06.1994			8	1
Alex Garcete				15	-
Gustavo Giménez	19.06.1987			22	-
Ramón Mancuello				1	-
Miller David Mareco Colmán	31.01.1994	20	2	9	-
Ricardo Mazacotte (ARG)	09.01.1985	-	-		
Eugenio Gabriel Montiel	28.09.1991	8	-	5	-
Matías Rodrigo Pérez Marin	04.01.1994	7	-	11	-
Nelson Ramírez		-	-	-	-
Néstor Javier Ramírez Martínez	15.10.1990	3	-		
José Ríos		8	-	-	-
Derlis Riveros		13	-	2	-
Héctor Vidal Sosa Gaona	02.05.1979	11	-	2	-
Cristian Damián Trombetta (ARG)	15.10.1986			17	8
Diego Vázquez				1	-
Fredy Agustín Vera Fernández	15.01.1986	9	-	-	-
Midfielders:					
Hugo Aquino	04.04.1993	15	-	20	1
Carlos Ayala		-	-	-	-
Hugo Ayala		-	-	-	-
José Oscar Barreto	20.07.1983	13	1	8	1
Sergio Gustavo Escalante (ARG)	09.03.1986			1	-
Osvaldo Hobecker García	23.03.1984	9	1		
Blas Bernardo Irala Rojas	30.11.1983			13	
Rodrigo Antonio Jacquet	15.12.1993	7	-	-	-
Alex López		-	-	-	-
Hugo López		3	-	-	-
Ángel Martínez	27.01.1995	6	-	12	-
Sergio Daniel Órteman Rodríguez (URU)	29.09.1978	18	1	-	-
Ricardo Javier Ortiz Pineda	22.08.1983	5	-	17	2
Carlos Pereira		13	1	11	2
Armando Pessolani		-			
Daniel Recalde				1	-
Carlos Ripoll				1	-
Arnaldo Andrés Rodríguez	10.10.1985	14	-	-	-
Carlos Gabriel Ruíz Peralta	17.07.1984			15	3
Forwards:					
Elvio Adrian Amarilla Caballero	20.03.1986	6	-	8	-

455

Gerardo Domingo Arévalos	03.08.1987	20	5	22	4
Marcos Cabañas González	22.04.1993	5	-	-	-
César Augusto Caicedo Solís (COL)	21.10.1994			7	-
Dario Ariel Estigarribia Torres	22.06.1991	19	5	18	3
Richar Mariano Estigarribia Ortega	15.08.1982			15	2
Adalberto David González Ybarrola	13.11.1989	19	5		
Javier Mercedes González González	24.09.1979	11	1	1	-
Tomás Andrés Guzmán Gaetan	07.03.1982	11	1	-	-
Matías Martínez		1	-		
Juan Morinigo		2	-	-	-
Armando Pessolani		-	-	1	-
Felipe Rivarola				2	-
Luís Rivarola				1	-
Joel Román		6	1	-	-
Edson Riveros				3	-
Osvaldo Romero				11	2
Cornelio Vargas				4	-
Aquilino Villalba Sanabria	20.09.1983	3	-		
Trainer:					
Humberto Jesús Ovelar Rojas [01.01.-05.03.2015]	24.12.1969	6			
César Augusto Castro Paiva [06.03.-30.03.2015]	24.06.1966	5			
Pablo Leonardo Caballero Cáceres [31.03.-21.05.2015]	25.06.1972	9			
Héctor Marecos [as of 22.05.2015]	04.01.1979	2		22	

CLUB DEPORTIVO SANTANÍ SAN ESTANISLAO
Foundation date: February 27, 2009
Address: *Not available*
Stadium: Estadio „Juan José Vázquez", San Estanislao – Capacity: 8,000

THE SQUAD

	DOB	Ape M	G	Cla M	G
Goalkeepers:					
Gustavo Arévalos	03.08.1987	22	-	3	-
Óscar Gaete		-	-	-	-
Pablo Martín Gavilán Fernández	18.07.1989	-	-	9	-
Arturo Ocampo		-	-	-	-
Carlos María Servín Caballero	24.03.1987			10	-
Defenders:					
Marcos Acosta López		19	3	1	-
Víctor Hugo Ayala Ojeda	05.11.1988	18	-	21	-
Ulises Bogado		1	-	-	-
Sergio Brítez				3	-
Roberto Cano		-	-	-	-
Marcos Francisco González Ojeda	15.07.1995			4	-
Ismael Martínez	11.01.1978	-	-	-	-
Dionisio Mereles Ovelar	23.02.1986	5	-		
Aldo David Olmedo Román	25.09.1989	11	-		
Ramón Ortigoza Martínez	26.01.1987	19	1	15	-
Marcos Pérez		-	-	-	-
Gustavo Romero		17	-	7	-
Héctor Sanabria		20	2	17	-
Robert Antonio Servín	18.07.1984			19	3

Gustavo Alberto Velázquez Núñez	17.12.1987	21	-	18	2
Gustavo Villamayor		7	-	7	-

Midfielders:

Juan Gabriel Abente Amarilla (PAR)	04.03.1984			10	-
Juan Álvarez		3	-	-	-
Rodrigo Daniel Báez Acosta	23.11.1994			6	-
Yimmy Adán Cano Morínigo	02.06.1986			12	-
Blas Yamil Díaz Silva	03.02.1991	20	-	20	10
Ángel Daniel Enciso Castillo	10.09.1987			7	-
Arnaldo Antonio Gauna Villalba	29.04.1989	6	1	-	-
Juan Gómez		3	-	-	-
Leandro Gracián (ARG)	06.08.1982			18	4
Adrián Lugo		1	-	2	-
Javier Andrés Maidana		18	3	19	1
Aníbal Martínez		1	-	-	-
Carlos Manuel Martínez Genes	14.03.1990	3	-	-	-
Javier Martínez		9	-	3	-
Iván Rodrigo Ramírez Segovia	08.12.1994			7	1
César Agustín Serna Sarabia	20.02.1992			4	-
Edison Eliézer Torres Martínez	04.04.1983	17	2	-	-
Aldo Anibal Vera Grance		-	-	-	-
Bernardino Villalba		1	-	1	-

Forwards:

Julio Acosta		18	1	-	-
Víctor Marcelino Aquino Romero	26.11.1985			13	1
Diego Armando Brizuela Jara	15.12.1988			1	-
Juvenal Cardozo Peralta	26.09.1987	2	-	-	-
Roberto Carlos Gamarra Acosta	11.05.1981			18	2
Jorge Américo Giménez	11.06.1991			2	-
Wilson Leiva	15.04.1991	18	8		
Cristian Paredes		6	-	20	3
Rodrigo Teixeira Pereira (BRA)	16.06.1978	20	6		
Paulo Sequeira		-	-	-	-
Aníbal Torres		1	-	-	-
Enrique Torres		1	-	-	-
Arnaldo Andrés Zárate Sánchez	06.04.1988			11	2

Trainer:

Felix Darío León [01.01.-23.05.2015]	05.05.1961	21		
Alicio Ignacio Solalinde Miers [24.05.-14.08.2015]	01.02.1952	1		6
Adriano Samaniego Giménez [15.08.-11.09.2015]	08.09.1963			5
Mario Vicente Jara (ARG) [as of 12.09.2015]	25.04.1980			11

CLUB SOL DE AMÉRICA ASUNCIÓN

Foundation date: February 22, 1909
Address: Avenida 5ta y Antequera, Barrio Villa Elisa, Asunción
Stadium: Estadio „Luis Alfonso Giagni", Asunción – Capacity: 5,000

THE SQUAD

	DOB	Ape M	Ape G	Cla M	Cla G
Goalkeepers:					
Roberto Carlos Acosta Coronel	12.07.1984	22	-	3	-
Gerardo Amilcar Ortíz Zarza	25.03.1989	-	-	19	-
Mario Fabián Ovando Colmán	22.02.1991	-	-	-	-
Defenders:					
Diego Aguada		1	-	5	-
Diego Manuel Arrúa	29.11.1987			6	-
Celso Cáceres		-	-	-	-
Jorge Cáceres		12	-	5	-
Raúl Alejandro Cáceres Bogado	18.09.1991	22	1	22	-
César Coronel Recalde	05.03.1991	8	-	3	-
Juan Duarte	23.02.1992	-	-	-	-
Raúl Estigarribia		2	-	-	-
Walter Alberto López Gasco (URU)	15.10.1985			20	1
Teodoro Paul Paredes Pavón	01.04.1993	14	-	13	-
Arnaldo Javier Pereira Vera	11.01.1986	17	-		
Arnaldo Joel Recalde Ramírez	21.05.1991	10	-	19	-
Gustavo Ariel Toranzo (ARG)	15.09.1987			4	-
Midfielders:					
Walter Ramón Araujo Molinas	05.09.1995	11	-	7	-
Rodrigo Callizo		2	-	-	-
Marcos Duré	18.02.1991	9	1	1	-
Carlos Augusto Junior Florenciañez Vera	09.05.1994			8	2
Claudio Darío Garay Ortega	09.02.1996			11	-
Jorge Alejandro Jara González	11.11.1991	2	-	-	-
Hugo Américo Lusardi Moríngo	17.08.1982	15	-		
Cristian Martínez Medina	19.05.1983	11	-		
Alfredo Carlos Alberto Mazacotte	17.11.1987	2	-		
Ignacio Miño	18.04.1992	9	1	8	-
Edgardo Orzuza	23.02.1986	19	1	14	-
Cristhian Fabián Paredes Maciel	18.05.1998	-	-	-	-
Juan Pablo Raponi (ARG)	07.05.1982	13	2	7	-
Tomás Rojas		6	2	19	4
José Domingo Salcedo González	11.09.1983	18	-	18	-
Édgar Villasboa	07.07.1992	1	-	1	-
Forwards:					
Pedro Marcelo Arce Meaurio	09.08.1991	1	-	3	-
Marcelo Cáceres				1	-
Cristian Chávez		-	-	-	-
Lorenzo Rodrigo Frutos	04.06.1989	8	-	16	2
Luís Godoy		3	-	-	-
Mario Groménida	05.10.1994	-	-	-	-
Cristian Gilberto Ovelar	18.01.1986			6	1
Miguel Ángel Fabián Ovejero	13.04.1991	12	2		
Nelson David Romero Cárdenas	18.11.1984	18	-	17	1
Santiago Gabriel Salcedo González	06.09.1981	21	11	22	19

Jonathan Samaniego	25.04.1997			1	-
Hugo Sebastián Santacruz Villalba	06.02.1989	13	5	13	2
Osvaldo Vigo	02.04.1993	-	-	1	-
César Villagra				11	3

Trainer:

Mario César Jacquet Martínez [06.10.2014-01.06.2015]	29.07.1946	22
Daniel Óscar Garnero (ARG) [as of 11.06.2015]	01.04.1969	22

CLUB SPORTIVO LUQUEÑO

Foundation date: May 1, 1921
Address: Avenida Sportivo Luqueño y Gaspar R. de Francia, Barrio Tercer, Luque
Stadium: Estadio „Feliciano Cáceres", Luque – Capacity: 25,000

THE SQUAD

	DOB	Ape M	G	Cla M	G
Goalkeepers:					
José Silvino Aquino Allende	31.12.1991	-	-	-	-
Jorge Javier Chena Alonso	31.10.1988	11	-	6	-
Tomás Dionisio Echagüe Coronel	18.09.1996	-	-	-	-
Arnaldo Andrés Giménez	09.03.1987	12	-	16	-
Óscar Enríque Meza Zaracho	15.03.1998	-	-	-	-
Defenders:					
Robert Gustavo Aldama Rodas	03.06.1987	9	-	12	1
Óscar Darío Ayala Ojeda	14.03.1980	14	3		
Marcelo David Báez Casco	14.01.1991	16	-	19	1
Derlis Agustín Coronel Agüero	06.08.1990	-	-	-	-
Elvis Echagüe Coronel	14.01.1998	-	-	-	-
Juan Marcelo Escobar Chena	03.07.1995	2	-	8	-
Édson Figueiredo (BRA)		-	-	-	-
Javier Florentín				1	-
Aquilino Giménez Gaona	21.04.1993	18	1	11	-
Enrique Gabriel Meza Brítez	28.11.1985	12	1	16	2
Juan Miguel Ojeda Gauto	04.04.1998	-	-	-	-
Juan Daniel Pérez		4	-	2	-
Freddy Alfredo Portillo	23.04.1992	-	-	-	-
Arturo Vera				1	-
Midfielders:					
Christian Javier Aguada Jacquet	04.05.1993	17	2	1	-
Diego de Jesús Chamorro Freyre	23.03.1988	5	-		
Fúlvio Milciades Chávez	05.07.1993	2	-	-	-
Leonardo Delvalle Morel	18.01.1995			7	-
Guido Di Vanni (ARG)	06.11.1988			15	6
Miguel Ángel Godoy Melgarejo	07.05.1983	14	1	18	2
Luis Carlos Matto Vera	15.07.1993	17	2	10	-
David Ariel Mendieta Chávez	22.08.1986			15	1
Luis Alcides Miño Muñoz	08.01.1989	21	1	17	1
Aldo Emmanuel Quiñónez Ayala	08.02.1991			2	-
Esteban Javier Ramírez Samaniego	17.05.1985	16	2	15	2
Wálter Rodríguez		2	-	-	-
Fernando Ariel Romero Villamayor		-	-	-	-
Henry Ruíz		9	-	-	-
Óscar Ramón Ruíz Roa	14.05.1991			17	2

Forwards:

Derlis Roberto Alegre Amante	10.01.1994	21	2	18	1
Francisco Aldo Barreto Miranda	03.01.1988	-	-	-	-
Enrique Javier Borja	30.05.1995	10	1		
Diego Omar Centurión	05.06.1982	5	-		
Marcelo Augusto Ferreira Bordón	17.08.1993	15	2	-	-
José Alfredo Leguizamón	24.04.1984	18	2	21	10
Aldo Rubén Musso		-	-	-	-
Jorge Núñez		9	5	17	3
Jorge Miguel Ortega Salinas	16.04.1991	19	7	19	4
Cristian Federico Ortíz López (ARG)	06.08.1989			15	2
Wilfrido Rivas	12.09.1990	4	2	1	-
Alexis Ricardo Rojas Villalba	08.10.1996	1	-	3	-
Leonardo Adrián Villagra Enciso	02.09.1990	4	-		

Trainer:

Pablo Leonardo Caballero Cáceres [28.09.2014-23.03.2015]	25.06.1972	10		
Eduardo Héctor Rivera Mort (URU) [as of 23.03.2015]	28.05.1961	12		22

SECOND LEVEL
División Intermedia 2015
"Hugo Benjamín Galeano Serafini y José Hugo Bogado Vaceque"

1. Club River Plate Asunción (*Promoted*)	30	15	11	4	42	-	28	56
2. General Caballero Sport Club Zeballos Cué (*Promoted*)	30	14	10	6	45	-	33	52
3. Club Deportivo Liberación	30	14	8	8	39	-	31	50
4. Club Fernando de la Mora Asunción[1]	30	15	8	7	45	-	25	47
5. Club Deportivo Caaguazú	30	12	10	8	33	-	26	46
6. Club Sportivo Iteño[2]	30	11	10	9	33	-	32	46
7. Resistencia Sport Club Asunción	30	11	12	7	29	-	23	45
8. Club Atlético 3 de Febrero Ciudad del Este[2]	30	8	16	6	27	-	18	43
9. Club Cristóbal Colón Ñemby	30	12	6	12	45	-	48	42
10. Caacupé Football Club	30	12	5	13	43	-	38	41
11. Independiente FBC Asunción	30	8	10	12	39	-	44	34
12. Club Sportivo Trinidense	30	6	11	13	34	-	43	29
13. Sport Colombia Fernando de la Mora	30	5	14	11	27	-	42	29
14. Tacuary Football Club Asunción	30	5	12	13	22	-	30	27
15. Club Sportivo Carapeguá	30	4	14	12	32	-	50	26
16. 12 de Octubre Football Club Itauguá	30	4	11	15	28	-	52	23

(1) 6 points deducted.
(2) 3 points added

2015 Second Level champions: **Club River Plate Asunción**

Relegation Table

The team which will be relegated is determined on average points taking into account results of the last three seasons (2013, 2014 and 2015).

Pos	Team	2013 P	2014 P	2015 P	Total P	Total M	Aver
1.	Club Deportivo Liberación	-	-	50	50	30	1,666
2.	Club Fernando de la Mora Asunción	-	-	47	47	30	1,566
3.	Club Sportivo Iteño	-	47	46	93	60	1,550
4.	Club Deportivo Caaguazú	-	45	46	91	60	1,516
5.	Club Atlético 3 de Febrero Ciudad del Este	-	-	43	43	30	1,433
6.	Club River Plate Asunción	33	39	56	128	90	1,422
7.	Resistencia Sport Club Asunción	35	47	45	127	90	1,411
8.	Club Cristóbal Colón Ñemby	-	-	42	42	30	1,400
9.	General Caballero Sport Club Zeballos Cué	39	34	52	125	90	1,388
10.	Independiente FBC Asunción	47	44	34	125	90	1,388
11.	Club Sportivo Trinidense	49	43	29	121	90	1,344
12.	Caacupé Football Club	38	38	41	117	90	1,300
13.	Sport Colombia Fernando de la Mora	47	41	29	117	90	1,300
14.	Tacuary Football Club Asunción (*Relegated*)	48	36	27	111	90	1,233
15.	Club Sportivo Carapeguá (*Relegated*)	-	36	26	62	60	1,033
16.	12 de Octubre Football Club Itauguá (*Relegated*)	-	-	23	23	30	0,766

Promoted for the 2016 División Intermedia:
Ovetense Fútbol Club
Club Olimpia de Itá
Club Fulgencio Yegros Ñemby

**NATIONAL TEAM
INTERNATIONAL MATCHES
(16.07.2015 – 15.07.2016)**

05.09.2015	Santiago	Chile - Paraguay	3-2(1-0)	(F)
08.10.2015	Ciudad Guayana	Venezuela - Paraguay	0-1(0-0)	(WCQ)
13.10.2015	Asunción	Paraguay - Argentina	0-0	(WCQ)
13.11.2015	Lima	Peru - Paraguay	1-0(1-0)	(WCQ)
17.11.2015	Asunción	Paraguay - Bolivia	2-1(0-0)	(WCQ)
24.03.2016	Quito	Ecuador - Paraguay	2-2(1-1)	(WCQ)
29.03.2016	Asunción	Paraguay - Brazil	2-2(1-0)	(WCQ)
28.05.2016	Atlanta	Mexico - Paraguay	1-0(1-0)	(F)
04.06.2016	Orlando	Costa Rica - Paraguay	0-0	(CA)
07.06.2016	Pasadena	Colombia - Paraguay	2-1(0-0)	(CA)
11.06.2016	Philadelphia	Paraguay - United States	0-1(0-1)	(CA)

05.09.2015, Friendly International
Estadio Nacional „Julio Martínez Prádanos", Santiago; Attendance: 25,000
Referee: Mauro Vigliano (Argentina)
CHILE - PARAGUAY   **3-2(1-0)**
PAR: Antony Domingo Silva Cano (10/0), Miguel Ángel Ramón Samudio (27/1), Jorge Luis Moreira Ferreira (7/0) [61.Juan Gabriel Patiño Martínez (1/0)], Gustavo Raúl Gómez Portillo (11/2), Bruno Amílcar Valdez (6/0), Néstor Ezequiel Ortigoza (27/1) [86.Juan Rodrigo Rojas Ovelar (4/0)], Jonathan Fabbro (12/4) [81.Miguel Ángel Almirón Rejala (1/0)], Eduardo Lorenzo Aranda (4/0), Óscar David Romero Villamayor (15/1) [46.Cecilio Andrés Domínguez Ruíz (1/0)], Hernán Arsenio Pérez González (23/1) [67.Gustavo Ramón Mencia Ávalos (3/0)], José María Ortigoza Ortíz (6/3) [46.Jorge Daniel Benítez Guillén (3/1)]. Trainer: Ramón Ángel Díaz (Argentina, 10).
Goals: Jonathan Fabbro (51), Jorge Daniel Benítez Guillén (53).

08.10.2015, 21st FIFA World Cup, Qualifiers
Estadio Cachamay, Ciudad Guayana; Attendance: 36,000
Referee: José Hernando Buitrago Arango (Colombia)
VENEZUELA - PARAGUAY   **0-1(0-0)**
PAR: Antony Domingo Silva Cano (11/0), Paulo César da Silva Barrios (128/2), Pablo César Aguilar Benítez (21/4), Miguel Ángel Ramón Samudio (28/1), Bruno Amílcar Valdez (7/0), Néstor Ezequiel Ortigoza (28/1), Richard Ortíz Bustos (21/4) [63.Víctor Javier Cáceres Centurión (67/1)], Lucas Ramón Barrios Cáceres (31/9) [86.Jonathan Fabbro (13/4)], Édgar Milciades Benítez Santander (48/7), Federico Javier Santander Mereles (7/1) [72.Raúl Marcelo Bobadilla (9/0)], Derlis Alberto González Galeano (15/3). Trainer: Ramón Ángel Díaz (Argentina, 11).
Goal: Derlis Alberto González Galeano (85).

13.10.2015, 21st FIFA World Cup, Qualifiers
Estadio Defensores del Chaco, Asunción; Attendance: 27,500
Referee: Andrés Ismael Cunha Soca (Uruguay)
PARAGUAY - ARGENTINA   **0-0**
PAR: Antony Domingo Silva Cano (12/0), Paulo César da Silva Barrios (129/2), Pablo César Aguilar Benítez (22/4), Miguel Ángel Ramón Samudio (29/1), Bruno Amílcar Valdez (8/0), Néstor Ezequiel Ortigoza (29/1) [38.Eduardo Lorenzo Aranda (5/0)], Víctor Javier Cáceres Centurión (68/1), Richard Ortíz Bustos (22/4), Lucas Ramón Barrios Cáceres (32/9) [68.Federico Javier Santander Mereles (8/1)], Darío Lezcano Mendoza (1/0), Derlis Alberto González Galeano (16/3) [77.Óscar David Romero Villamayor (16/1)]. Trainer: Ramón Ángel Díaz (Argentina, 12).

13.11.2015, 21st FIFA World Cup, Qualifiers
Estadio Nacional, Lima; Attendance: 40,000
Referee: Julio Alberto González Bascuñán (Chile)
PERU - PARAGUAY **1-0(1-0)**
PAR: Antony Domingo Silva Cano (13/0), Paulo César da Silva Barrios (130/2), Pablo César Aguilar Benítez (23/4), Miguel Ángel Ramón Samudio (30/1), Iván Rodrigo Piris Leguizamón (22/0), Víctor Javier Cáceres Centurión (69/1) [58.Raúl Marcelo Bobadilla (10/0)], Raúl Hernán Villalba (1/0), Richard Ortíz Bustos (23/4) [80.Jonathan Santana Gehre (33/1)], Nelson Antonio Haedo Valdez (74/13) [58.Édgar Milciades Benítez Santander (49/7)], Darío Lezcano Mendoza (2/0), Derlis Alberto González Galeano (17/3). Trainer: Ramón Ángel Díaz (Argentina, 13).

17.11.2015, 21st FIFA World Cup, Qualifiers
Estadio Defensores del Chaco, Asunción; Attendance: 20,000
Referee: José Ramón Argote Vega (Venezuela)
PARAGUAY - BOLIVIA **2-1(0-0)**
PAR: Antony Domingo Silva Cano (14/0), Paulo César da Silva Barrios (131/2), Pablo César Aguilar Benítez (24/4), Miguel Ángel Ramón Samudio (31/1), Bruno Amílcar Valdez (9/0), Juan Rodrigo Rojas Ovelar (5/0), Celso Fabián Ortíz Gamarra (8/0) [61.Óscar David Romero Villamayor (17/1)], Lucas Ramón Barrios Cáceres (33/10), Édgar Milciades Benítez Santander (50/7) [71.Jonathan Santana Gehre (34/1)], Darío Lezcano Mendoza (3/1), Derlis Alberto González Galeano (18/3) [77.Hernán Arsenio Pérez González (24/1)]. Trainer: Ramón Ángel Díaz (Argentina, 14).
Goals: Dario Lezcano Mendoza (61), Lucas Ramón Barrios Cáceres (64).
Sent off: Pablo César Aguilar Benítez (86).

24.03.2016, 21st FIFA World Cup, Qualifiers
Estadio Olímpico Atahualpa, Quito; Attendance: 33,000
Referee: Daniel Adán Fedorczuk Betancour (Uruguay)
ECUADOR - PARAGUAY **2-2(1-1)**
PAR: Justo Wilmar Villar Viveros (113/0), Paulo César da Silva Barrios (132/2), Miguel Ángel Ramón Samudio (32/1), Gustavo Raúl Gómez Portillo (12/2), Bruno Amílcar Valdez (10/0) [50.Iván Rodrigo Piris Leguizamón (23/0)], Néstor Ezequiel Ortigoza (30/1), Richard Ortíz Bustos (24/4), Édgar Milciades Benítez Santander (51/7), Darío Lezcano Mendoza (4/3) [84.Hernán Arsenio Pérez González (25/1)], Derlis Alberto González Galeano (19/3) [73.Juan Rodrigo Rojas Ovelar (6/0)], Jorge Daniel Benítez Guillén (4/1). Trainer: Ramón Ángel Díaz (Argentina, 15).
Goals: Dario Lezcano Mendoza (38, 59).

29.03.2016, 21st FIFA World Cup, Qualifiers
Estadio Defensores del Chaco, Asunción; Attendance: 35,000
Referee: Wilmar Alexander Roldán Pérez (Colombia)
PARAGUAY - BRAZIL **2-2(1-0)**
PAR: Justo Wilmar Villar Viveros (114/0), Paulo César da Silva Barrios (133/2), Pablo César Aguilar Benítez (25/4), Miguel Ángel Ramón Samudio (33/1), Gustavo Raúl Gómez Portillo (13/2), Néstor Ezequiel Ortigoza (31/1), Richard Ortíz Bustos (25/4) [56.Jonathan Santana Gehre (35/1)], Édgar Milciades Benítez Santander (52/8), Darío Lezcano Mendoza (5/4) [70.Juan Manuel Iturbe Arévalos (2/0)], Derlis Alberto González Galeano (20/3), Jorge Daniel Benítez Guillén (5/1) [10.Roque Luis Santa Cruz Cantero (111/32)]. Trainer: Ramón Ángel Díaz (Argentina, 16).
Goals: Dario Lezcano Mendoza (40), Édgar Milciades Benítez Santander (64).

28.05.2016, Friendly International
Georgia Dome, Atlanta (United States); Attendance: 63,049
Referee: Edvin Jurisevic (United States)
MEXICO - PARAGUAY **1-0(1-0)**
PAR: Justo Wilmar Villar Viveros (115/0) [46.Antony Domingo Silva Cano (15/0)], Paulo César da Silva Barrios (134/2), Bruno Amílcar Valdez (11/0) [56.Iván Rodrigo Piris Leguizamón (24/0)], Fabián Cornelio Balbuena González (3/0), Blás Miguel Riveros Galeano (1/0), Celso Fabián Ortíz Gamarra (9/0), Robert Ayrton Piris Da Motta (1/0), Óscar David Romero Villamayor (18/1) [81.Juan Manuel Iturbe Arévalos (3/0)], Derlis Alberto González Galeano (21/3) [69.Juan Rodrigo Rojas Ovelar (7/0)], Jorge Daniel Benítez Guillén (6/1) [65.Nelson Antonio Haedo Valdez (75/13)], Arnaldo Antonio Sanabria Ayala (6/0) [57.Darío Lezcano Mendoza (6/4)]. Trainer: Ramón Ángel Díaz (Argentina, 17).

04.06.2016, 45th Copa América, Group Stage
Camping World Stadium, Orlando (United States); Attendance: 14,334
Referee: Patricio Hernán Loustau (Argentina)
COSTA RICA - PARAGUAY **0-0**
PAR: Justo Wilmar Villar Viveros (116/0), Paulo César da Silva Barrios (135/2), Miguel Ángel Ramón Samudio (34/1), Gustavo Raúl Gómez Portillo (14/2), Bruno Amílcar Valdez (12/0), Celso Fabián Ortíz Gamarra (10/0), Robert Ayrton Piris Da Motta (2/0), Óscar David Romero Villamayor (19/1) [70.Édgar Milciades Benítez Santander (53/8)], Darío Lezcano Mendoza (7/4), Derlis Alberto González Galeano (22/3) [89.Juan Manuel Iturbe Arévalos (4/0)], Jorge Daniel Benítez Guillén (7/1) [73.Nelson Antonio Haedo Valdez (76/13)]. Trainer: Ramón Ángel Díaz (Argentina, 18).

07.06.2016, 45th Copa América, Group Stage
Rose Bowl, Pasadena (United States); Attendance: 42,766
Referee: Héber Roberto Lopes (Brazil)
COLOMBIA - PARAGUAY **2-1(0-0)**
PAR: Justo Wilmar Villar Viveros (117/0), Paulo César da Silva Barrios (136/2), Miguel Ángel Ramón Samudio (35/1), Gustavo Raúl Gómez Portillo (15/2), Bruno Amílcar Valdez (13/0), Celso Fabián Ortíz Gamarra (11/0), Robert Ayrton Piris Da Motta (3/0) [46.Víctor Hugo Ayala Núñez (18/1)], Óscar David Romero Villamayor (20/1), Miguel Ángel Almirón Rejala (2/0), Édgar Milciades Benítez Santander (54/8) [46.Jorge Daniel Benítez Guillén (8/1)], Darío Lezcano Mendoza (8/4) [67.Arnaldo Antonio Sanabria Ayala (7/0)]. Trainer: Ramón Ángel Díaz (Argentina, 19).
Goal: Víctor Hugo Ayala Núñez (71).
Sent off: Óscar David Romero Villamayor (81).

11.06.2016, 45th Copa América, Group Stage
Lincoln Financial Field, Philadelphia; Attendance: 51,041
Referee: Julio Alberto González Bascuñán (Chile)
PARAGUAY - UNITED STATES **0-1(0-1)**
PAR: Justo Wilmar Villar Viveros (118/0), Paulo César da Silva Barrios (137/2), Miguel Ángel Ramón Samudio (36/1), Gustavo Raúl Gómez Portillo (16/2), Fabián Cornelio Balbuena González (4/0) [46.Juan Manuel Iturbe Arévalos (5/0)], Celso Fabián Ortíz Gamarra (12/0) [55.Juan Rodrigo Rojas Ovelar (8/0)], Víctor Hugo Ayala Núñez (19/1), Miguel Ángel Almirón Rejala (3/0), Darío Lezcano Mendoza (9/4), Derlis Alberto González Galeano (23/3), Arnaldo Antonio Sanabria Ayala (8/0) [63.Jorge Daniel Benítez Guillén (9/1)]. Trainer: Ramón Ángel Díaz (Argentina, 20).

NATIONAL TEAM PLAYERS 2015/2016			
Name [Club 2015/2016] *(Caps and goals at 15.07.2016)*	DOB	Caps	Goals

Goalkeepers

Antony Domingo SILVA Cano [2015: Deportivo Independiente Medellín (COL); 01.01.2016-> Club Cerro Porteño Asunción]	27.02.1984	15	0
Justo Wilmar VILLAR Viveros [2015/2016: CSD Colo-Colo Santiago (CHI)]	30.06.1977	118	0

Defenders

Pablo César AGUILAR Benítez [2015/2016: CF América Ciudad de México (MEX)]	02.04.1987	25	4
Fabián Cornelio BALBUENA González [2016: SC Corinthians Paulista São Paulo (BRA)]	23.08.1991	4	0
Paulo César DA SILVA Barrios [2015/2016: Deportivo Toluca FC (MEX)]	01.02.1980	137	2
Gustavo Raúl GÓMEZ Portillo [2015/2016: CA Lanús (ARG)]	06.05.1993	16	2
Jorge Luís MOREIRA Ferreira [2015: Club Libertad Asunción]	01.02.1990	7	0
Blás Miguel RIVEROS Galeano [2016: Club Olimpia Asunción]	03.02.1998	1	0
Juan Gabriel PATIÑO Martínez [2015: Club Guaraní Asunción]	29.11.1989	1	0
Iván Rodrigo PIRIS Leguizamón [2015/2016: Udinese Calcio (ITA)]	10.03.1989	24	0
Miguel Ángel Ramón SAMUDIO [2015/2016: CF América Ciudad de México (MEX)]	24.08.1986	36	1
Bruno Amílcar VALDEZ [2015/2016: Club Cerro Porteño Asunción]	06.10.1992	13	0

Midfielders

Miguel Ángel ALMIRÓN Rejala [2015/2016: CA Lanús (ARG)]	13.11.1993	3	0
Eduardo Lorenzo ARANDA [2015: Club Olimpia Asunción]	28.01.1985	5	0
Víctor Hugo AYALA Núñez [2015/2016: CA Lanús (ARG)]	01.01.1988	19	1
Víctor Javier CÁCERES Centurión [2015/2016: Al Rayyan Sports Club (QAT)]	25.03.1985	69	1
Gustavo Ramón MENCIA Ávalos [2015: Club Libertad Asunción]	05.06.1988	3	0
Néstor Ezequiel ORTIGOZA [2015/2016: CA San Lorenzo de Almagro (ARG)]	07.10.1984	31	1
Celso Fabián ORTÍZ Gamarra [2015/2016: AZ'67 Alkmaar (NED)]	26.01.1989	12	0

Richard ORTÍZ Bustos [2015; Club Libertad Asunción; 2016: Deportivo Toluca FC (MEX)]	22.05.1988	25	4
Robert Ayrton PIRIS Da Motta [2016: Club Olimpia Asunción]	26.07.1994	3	0
Juan Rodrigo ROJAS Ovelar [2015/2016: Club Cerro Porteño Asunción]	09.04.1988	8	0
Óscar David ROMERO Villamayor [2015/2016: Racing Club de Avellaneda (ARG)]	04.07.1992	20	1
Jonathan SANTANA Ghere [2015/2016: Club Cerro Porteño Asunción]	19.10.1981	35	1
Raúl Hernán VILLALBA [2015: CA Newell's Old Boys Rosario (ARG)]	09.02.1989	1	0

Forwards			
Lucas Ramón BARRIOS Cáceres [2015: SE Palmeiras São Paulo (BRA)]	13.11.1984	33	10
Édgar Milciades BENÍTEZ Santander [2015/2016: Querétaro FC (MEX)]	08.11.1987	54	8
Jorge Daniel BENÍTEZ Guillén [2015/2016: Cruz Azul FC Ciudad de México (MEX)]	02.09.1992	9	1
Raúl Marcelo BOBADILLA [2015/2016: FC Augsburg (GER)]	18.06.1987	10	0
Cecilio Andrés DOMÍNGUEZ Ruíz [2015: Club Cerro Porteño Asunción]	11.08.1994	3	0
Derlis Alberto GONZÁLEZ Galeano [2015/2016: FK Dynamo Kyiv (UKR)]	20.03.1994	23	3
Juan Manuel ITURBE Arévalos [2016: AFC Bournemouth (ENG)]	04.06.1993	5	0
Darío LEZCANO Mendoza [2015: FC Luzern (SUI); 2016: FC Ingolstadt 04 (GER)]	30.06.1990	9	4
José María ORTIGOZA Ortíz [2015: Club Cerro Porteño Asunción]	01.04.1987	6	3
Arnaldo Antonio SANABRIA Ayala [2015/2016: Real Sporting de Gijón (ESP)]	04.03.1996	8	0
Roque Luis SANTA CRUZ Cantero [2016: Málaga FC (ESP)]	16.08.1981	111	32
Nelson Antonio Haedo VALDÉZ [2015/2016: Seattle Sounders FC (USA)]	28.11.1983	76	13

National coaches		
Ramón Ángel DÍAZ (ARG) [04.12.2014-11.06.2016]	29.08.1959	20 M; 3 W; 9 D; 8 L; 18-28

PERU

The Country:
República del Perú (Republic of Peru) Capital: Lima Surface: 1,285,216 km² Inhabitants: 31,151,643 Time: UTC-5

The FA:
Federación Peruana de Fútbol Avenida Aviación 2085 San Luis, Lima 30 Year of Formation: 1922 Member of FIFA since: 1924 Member of CONMEBOL since: 1925 Internet: www.fpf.com.pe

NATIONAL TEAM RECORDS
First international match: 01.11.1927, Lima: Peru – Uruguay 0-4 **Most international caps:** Roberto Carlos Palacios Mestas – 128 caps (1992-2012) **Most international goals:** José Paolo Guerrero Gonzales – 27 goals / 73 caps (since 2004)

OLYMPIC GAMES 1900-2012
1936, 1960

FIFA CONFEDERATIONS CUP 1992-2013
None

COPA AMÉRICA		FIFA WORLD CUP	
1916	Did not enter	1930	Final Tournament (Group Stage)
1917	Did not enter	1934	*Withdrew*
1919	Did not enter	1938	Qualifiers
1920	Did not enter	1950	*Withdrew*
1921	Did not enter	1954	Withdrew
1922	Did not enter	1958	Qualifiers
1923	Did not enter	1962	Qualifiers
1924	Did not enter	1966	Qualifiers
1925	Did not enter	1970	Final Tournament (Quarter-Finals)
1926	Did not enter	1974	Qualifiers
1927	3rd Place	1978	Final Tournament (2nd Round of 16)
1929	4th Place	1982	Final Tournament (Group Stage)
1935	3rd Place	1986	Qualifiers
1937	6th Place	1990	Qualifiers
1939	**Winners**	1994	Qualifiers
1941	4th Place	1998	Qualifiers
1942	5th Place	2002	Qualifiers
1945	*Withdrew*	2006	Qualifiers
1946	*Withdrew*	2010	Qualifiers
1947	5th Place	2014	Qualifiers
1949	3rd Place	PANAMERICAN GAMES	
1953	5th Place	1951	Did not enter
1955	3rd Place	1955	Did not enter
1956	6th Place	1959	Did not enter
1957	4th Place	1963	Did not enter
1959	4th Place	1967	Did not enter
1959E	Did not enter	1971	Did not enter
1963	5th Place	1975	Did not enter
1967	*Withdrew*	1979	Did not enter
1975	**Winners**	1983	Did not enter
1979	Semi-Finals	1987	Did not enter
1983	Semi-Finals	1991	Did not enter
1987	Group Stage	1995	Did not enter
1989	Group Stage	1999	Did not enter
1991	Group Stage	2003	Did not enter
1993	Quarter-Finals	2007	Did not enter
1995	Group Stage	2011	Did not enter
1997	4th Place	PANAMERICAN CHAMPIONSHIP	
1999	Quarter-Finals	1952	4th Place
2001	Quarter-Finals	1956	4th Place
2004	Quarter-Finals	1960	Did not enter
2007	Quarter-Finals		
2011	3rd Place		
2015	3rd Place		
2016	Quarter-Finals		

PERUVIAN CLUB HONOURS IN SOUTH AMERICAN CLUB COMPETITIONS:

COPA LIBERTADORES 1960-2014
None

COPA SUDAMERICANA 2002-2014
Club Sportivo Cienciano Cuzco (2003)

RECOPA SUDAMERICANA 1989-2014
Club Sportivo Cienciano Cuzco (2004)

COPA CONMEBOL 1992-1999
None

SUPERCUP „JOÃO HAVELANGE" 1988-1997*
None

COPA MERCONORTE 1998-2001**
None

*Contested betwenn winners of all previous editions of the Copa Libertadores
**Contested between teams belonging countries from the northern part of South America (Bolivia, Colombia, Ecuador, Peru and Venezuela);

NATIONAL COMPETITIONS
TABLE OF HONOURS

NATIONAL CHAMPIONS
1906-2015

Liga Peruana

1912	Lima Cricket and Football Club
1913	Jorge Chávez Nr. 1 Lima
1914	Lima Cricket and Football Club
1915	Sport José Galvez Lima
1916	Sport José Galvez Lima
1917	Sport Juan Bielovucic Lima
1918	Sport Alianza Lima[1]
1919	Sport Alianza Lima
1920	Sport Inca Lima
1921	Sport Progreso Lima
1922	*No competition*
1923	*No competition*
1924	*No competition*
1925	*No competition*

Amateur Era Championship

1926	Sport Progreso Lima
1927	Club Alianza Lima
1928	Club Alianza Lima
1929	Federación Universitaria Lima[2]
1930	Club Atlético Chalaco Callao
1931	Club Alianza Lima
1932	Club Alianza Lima
1933	Club Alianza Lima
1934	Club Universitario de Deportes Lima
1935	Sport Boys Association Callao
1936	*No competition*
1937	Sport Boys Association Callao

1938	Club Centro Deportivo Municipal Lima
1939	Club Universitario de Deportes Lima
1940	Club Centro Deportivo Municipal Lima
1941	Club Universitario de Deportes Lima
1942	Sport Boys Association Callao
1943	Club Centro Deportivo Municipal Lima
1944	Mariscal Sucre FC Lima
1945	Club Universitario de Deportes Lima
1946	Club Universitario de Deportes Lima
1947	Club Atlético Chalaco Callao
1948	Club Alianza Lima
1949	Club Universitario de Deportes Lima
1950	Club Centro Deportivo Municipal Lima
	**Lima & Callao League**
1951	Sport Boys Association Callao
1952	Club Alianza Lima
1953	Mariscal Sucre FC Lima
1954	Club Alianza Lima
1955	Club Alianza Lima
1956	Club Sporting Cristal Lima
1957	Club Centro Iqueño Lima
1958	Sport Boys Association Callao
1959	Club Universitario de Deportes Lima
1960	Club Universitario de Deportes Lima
1961	Club Sporting Cristal Lima
1962	Club Alianza Lima
1963	Club Alianza Lima
1964	Club Universitario de Deportes Lima
1965	Club Alianza Lima
	**Professional (Descentralizado) Era Championship**
1966	Club Universitario de Deportes Lima
1967	Club Universitario de Deportes Lima
1968	Club Sporting Cristal Lima
1969	Club Universitario de Deportes Lima
1970	Club Sporting Cristal Lima
1971	Club Universitario de Deportes Lima
1972	Club Sporting Cristal Lima
1973	Club Atlético Defensor Lima
1974	Club Universitario de Deportes Lima
1975	Club Alianza Lima
1976	Club Sport Unión Huaral
1977	Club Alianza Lima
1978	Club Alianza Lima
1979	Club Sporting Cristal Lima
1980	Club Sporting Cristal Lima
1981	Foot Ball Club Melgar Arequipa
1982	Club Universitario de Deportes Lima
1983	Club Sporting Cristal Lima
1984	Sport Boys Association Callao
1985	Club Universitario de Deportes Lima
1986	Club Deportivo Colegio San Agustín Lima
1987	Club Universitario de Deportes Lima

1988		Club Sporting Cristal Lima
1989		Club Sport Unión Huaral
1990		Club Universitario de Deportes Lima
1991		Club Sporting Cristal Lima
1992		Club Universitario de Deportes Lima
1993		Club Universitario de Deportes Lima
1994		Club Sporting Cristal Lima
1995		Club Sporting Cristal Lima
1996		Club Sporting Cristal Lima
1997		Club Alianza Lima
1998		Club Universitario de Deportes Lima
1999		Club Universitario de Deportes Lima
2000		Club Universitario de Deportes Lima
2001		Club Alianza Lima
2002		Club Sporting Cristal Lima
2003		Club Alianza Lima
2004		Club Alianza Lima
2005		Club Sporting Cristal Lima
2006		Club Alianza Lima
2007		Club Deportivo Universidad San Martín de Porres
2008		Club Deportivo Universidad San Martín de Porres
2009		Club Universitario de Deportes Lima
2010		Club Deportivo Universidad San Martín de Porres
2011		Club Juan Aurich de Chiclayo
2012		Club Sporting Cristal Lima
2013		Club Universitario de Deportes Lima
2014		Club Sporting Cristal Lima
2015		Foot Ball Club Melgar Arequipa

[1] became 1927 Club Alianza Lima
[2] became 1931 Club Universitario de Deportes Lima

	BEST GOALSCORERS	
1928	Carlos Alejandro Villanueva Martinez (Club Alianza Lima)	3
1929	Carlos Cilloniz (Federación Universitaria Lima)	8
1930	Manuel Puente (Club Atlético Chalaco Callao)	3
1931	Carlos Alejandro Villanueva Martinez (Club Alianza Lima)	16
1932	Teodoro Fernández Meyzán (Club Universitario de Deportes Lima)	11
1933	Teodoro Fernández Meyzán (Club Universitario de Deportes Lima)	9
1934	Teodoro Fernández Meyzán (Club Universitario de Deportes Lima)	9
1935	Jorge Alcalde (Sport Boys Association Callao)	5
1936	*No competition*	
1937	Juan Flores (Sport Boys Association Callao)	10
1938	Jorge Alcalde (Sport Boys Association Callao)	8
1939	Teodoro Fernández Meyzán (Club Universitario de Deportes Lima)	15
1940	Teodoro Fernández Meyzán (Club Universitario de Deportes Lima)	15
1941	Jorge Cabrejos (Club Centro Deportivo Municipal Lima)	13
1942	Teodoro Fernández Meyzán (Club Universitario de Deportes Lima)	11
1943	German Cerro (Club Universitario de Deportes Lima)	9
1944	Victor Espinoza (Club Universitario de Deportes Lima)	16
1945	Teodoro Fernández Meyzán (Club Universitario de Deportes Lima)	16
1946	Valeriano López (Sport Boys Association Callao)	22
1947	Valeriano López (Sport Boys Association Callao)	20
1948	Valeriano López (Sport Boys Association Callao)	20
1949	Emilio Salinas (Club Alianza Lima)	18
1950	Alberto Terry Arias-Schreiber (Club Universitario de Deportes Lima)	16
1951	Valeriano López (Sport Boys Association Callao)	31
1952	Emilio Salinas (Club Alianza Lima)	22
1953	Gualberto Blanco (Club Atlético Chalaco Callao)	17
1954	Vicente Villanueva (Club Sporting Tabaco Lima)	
1955	Maximo Mosquera (Club Alianza Lima)	11
1956	Daniel Ruiz (Club Universitario de Deportes Lima)	16
1957	Daniel Ruiz (Club Universitario de Deportes Lima)	20
1958	Juan Joya (Club Alianza Lima)	17
1959	Daniel Ruiz (Club Universitario de Deportes Lima)	28
1960	Fernando Olaechea (Club Centro Iqueño Lima)	18
1961	Alberto Gallardo (Club Sporting Cristal Lima)	18
1962	Alberto Gallardo (Club Sporting Cristal Lima)	22
1963	Pedro Pablo León García (Club Alianza Lima)	13
1964	Ángel Uribe Sánchez (Club Universitario de Deportes Lima)	15
1965	Carlos Urranaga (Club Atlético Defensor Lima)	16
1966	Teófilo Juan Cubillas Arizaga (Club Alianza Lima)	19
1967	Pedro Pablo León García (Club Alianza Lima)	14
1968	Oswaldo Felipe Ramírez Salcedo (Sport Boys Association Callao)	26
1969	Jaime Moreno (Club Centro Deportivo Municipal Lima)	15
1970	Teófilo Juan Cubillas Arizaga (Club Alianza Lima)	22
1971	Manuel Mellan (Club Centro Deportivo Municipal Lima)	25
1972	Francisco González (Club Atlético Defensor Lima)	20
1973	Francisco González (Club Atlético Defensor Lima)	25
1974	Pablo Muchotrigo (Club Sportivo Cienciano Cuzco)	32
1975	José Leyva (Club Alfonso Ugarte Puno)	28
1976	Alejandro Luces (Club Sport Unión Huaral)	17
1977	Freddy Ravello (Club Alianza Lima)	21

Year	Player	Goals
1978	Juan José Oré Herrera (Club Universitario de Deportes Lima)	19
1979	José Leyva (Club Alfonso Ugarte Puno)	28
1980	Oswaldo Felipe Ramírez Salcedo (Club Sporting Cristal Lima)	18
1981	José Carranza (Club Alianza Lima)	15
1982	Percy Rojas Montero (Club Universitario de Deportes Lima)	19
1983	Juan Caballero (Club Sporting Cristal Lima)	29
1984	Jaime Drago (Club Universitario de Deportes Lima) Francisco Montero (Club Atlético Torino de Talara)	13
1985	Genaro Neyra (Foot Ball Club Melgar Arequipa)	22
1986	Juvenal Briceño (Foot Ball Club Melgar Arequipa)	16
1987	Fidel Suárez (Club Universitario de Deportes Lima)	20
1988	Alberto Mora (Club Social Deportivo Octavio Espinoza Ica)	15
1989	Carlos Delgado (Club Carlos Mannucci de Trujillo)	14
1990	Cláudio Adalberto Adão (BRA, Sport Boys Association Callao)	31
1991	Horacio Raúl Baldessari Guntero (ARG, Club Sporting Cristal Lima)	25
1992	Marco dos Santos „Marquinho" (BRA, Sport Boys Association Callao)	18
1993	Waldir Alejandro Sáenz Pérez (Club Alianza Lima)	31
1994	Flavio Francisco Maestri Andrade (Club Sporting Cristal Lima)	25
1995	Julio César de Andrade Moura „Julinho" (BRA, Club Sporting Cristal Lima)	23
1996	Waldir Alejandro Sáenz Pérez (Club Alianza Lima)	19
1997	Ricardo Zegarra (Club Alianza Atlético Sullana)	17
1998	Nílson Esídio Mora (BRA, Club Sporting Cristal Lima)	25
1999	Herlyn Ysrael Zuñiga Yañez (Foot Ball Club Melgar Arequipa)	32
2000	José Eduardo Esidio (BRA, Club Universitario de Deportes Lima)	37
2001	Jorge Ramírez (Club Deportivo Wanka Huancayo)	21
2002	Luis Fabián Artime (ARG, Foot Ball Club Melgar Arequipa)	24
2003	Luis Alberto Bonnet (ARG, Club Sporting Cristal Lima)	20
2004	Gabriel García (URU, Foot Ball Club Melgar Arequipa)	35
2005	Miguel Ángel Mostto Fernández-Prada (Club Sportivo Cienciano Cuzco)	18
2006	Miguel Ángel Mostto Fernández-Prada (Club Sportivo Cienciano Cuzco)	22
2007	Johan Javier Fano Espinoza (Club Universitario de Deportes Lima)	19
2008	Miguel Alejandro Ximénez Acosta (URU, Club Sporting Cristal Lima)	32
2009	Richard María Estigarribia (PAR, Total Chalaco FBC Callao)	23
2010	Héber Alberto Arriola (ARG, CD Universidad San Martín de Porres)	24
2011	Luis Carlos Tejada Hansell (PAN, Club Juan Aurich de Chiclayo)	17
2012	Andy Roberto Pando García (Asociación Civil Real Atlético Garcilaso)	27
2013	Víctor Alfonso Rossel Del Mar (CD Unión Comercio Nueva Cajamarca) Raúl Mario Ruidíaz Misitich (Club Universitario de Deportes Lima)	21
2014	Santiago Silva Gerez (URU, CD Universidad San Martín de Porres)	23
2015	Lionard Fernando Pajoy Ortíz (COL, CD Unión Comercio Nueva Cajamarca)	18

Torneo del Inca 2015
(2015 Copa Movistar)
14.02.-21.05.2014

The 2015 Torneo del Inca was the 3rd season of the competition, the first football tournament of the 2015 season of Peruvian football. It was played before the start of the national championship 2015. The winner of the tournament advances to the play-offs of the 2015 Torneo Descentralizado.

Group Stage

The Group winners and the best runner-up advanced to the semi-finals.

Group A

1. **CD Universidad San Martín de Porres**	10	6	1	3	12	-	7	19
2. Club Sporting Cristal Lima	10	6	0	4	15	-	11	18
3. Foot Ball Club Melgar Arequipa	10	6	0	4	14	-	15	18
4. Club Sportivo Cienciano Cuzco	10	4	2	4	10	-	8	14
5. Club Centro Deportivo Municipal Lima	10	2	3	5	6	-	16	9
6. Club Juan Aurich de Chiclayo	10	2	2	6	12	-	13	8

Group B

1. **CSCD Universidad César Vallejo Trujillo**	10	8	0	2	24	-	11	24
2. Asociación Civil Real Atlético Garcilaso	10	7	1	2	19	-	10	22
3. CSD León de Huánuco	10	5	1	4	14	-	12	16
4. CS Alianza Atlético Sullana	10	3	0	7	12	-	17	9
5. Club Universitario de Deportes Lima	10	3	0	7	10	-	17	9
6. CCD Universidad Técnica de Cajamarca	10	3	0	7	8	-	20	9

Group C

1. **Club Alianza Lima**	8	5	1	2	16	-	7	16
2. Deportivo Sport Huancayo	8	5	1	2	10	-	7	16
3. CD Unión Comercio Nueva Cajamarca	8	4	3	1	13	-	8	15
4. Ayacucho FC	8	1	2	5	11	-	18	5
5. Club Deportivo Sport Loreto	8	1	1	6	7	-	17	4

Please note: Club Inti Gas Deportes Ayacucho changed its name to Ayacucho Fútbol Club.
Ayacucho FC – 1 point deducted for the 2015 Torneo Descentralizado Aggregate Table.
Club Deportivo Sport Loreto – 2 points deducted for the 2015 Torneo Descentralizado Aggregate Table.

Ranking of runners-up

	M	Pts	Average
1. **Asociación Civil Real Atlético Garcilaso**	10	22	2.2
2. Deportivo Sport Huancayo	8	16	2.0
3. Club Sporting Cristal Lima	10	18	1.8

Semi-Finals

AC Real Atlético Garcilaso - CSCD Universidad César Vallejo Trujillo	2-0(1-0)	0-2 aet 4-5 pen
Club Alianza Lima - CD Universidad San Martín de Porres	2-1(1-1)	3-3(0-1)

Copa Inca Final 2015

27.04.2015, Estadio Nacional, Lima; Attendance: 35,320
Referee: Henry Percy Gambetta Avalos
CSCD Universidad César Vallejo Trujillo - Club Alianza Lima   3-1(1-1)
Universidad César Vallejo: Salomón Alexis Libman Pastor, Luís Felipe Cardoza Zuñiga, Guillermo Alejandro York Guizasola La Rosa, Emiliano José Ciucci, Pedro Paulo Requena Cisneros, Hansell Argenis Riojas La Rosa, Paulo Rinaldo Cruzado Durand (89.Juan Gustavo Morales Coronado), Donald Diego Millán Rodríguez, Ronald Jonathan Quinteros Sánchez (66.Víctor Andrés Cedron Zurita), Daniel Mackensi Chávez Castillo, Mauricio Alejandro Montes Sanguinetti (88.Miguel Ángel Silva Carillo). Trainer: Franco Enrique Navarro Monteyro.
Alianza: George Patrick Forsyth Sommer, Marcos David Miers, Miguel Gianpierre Araújo Blanco, Luis Enrique Trujillo Ortíz, Roberto Carlos Guizasola La Rosa, Christian Alberto Cueva Bravo, Pablo Nicolas Míguez Farre, Josimar Jair Atoche Bances (76.Osnar Noronha Montani), Julio César Landauri Ventura (84.Willyan Junior Mimbela Cáceres), Mauro Guevgeozián Crespo, Jean Carlos Francisco Deza Sánchez (61.Carlos Alberto Preciado Benítez). Trainer: Guillermo Óscar Sanguinetti Giordano (Uruguay).
Goals: 0-1 Marcos David Miers (20), 1-1 Mauricio Alejandro Montes Sanguinetti (38), 2-1 Víctor Andrés Cedron Zurita (74), 3-1 Daniel Mackensi Chávez Castillo (86).

CSCD Universidad César Vallejo Trujillo were qualified for the 2015 Championship Play-offs.

NATIONAL CHAMPIONSHIP Primera División del Perú / Torneo Descentralizado de Fútbol Profesional 2015 (Copa Movistar)

Torneo Apertura

Results

Round 1 [01-03.05.2015]	Round 2 [05-06.05.2015]
CS Cienciano - León de Huánuco 4-2(1-2) Unión Comercio - Universitario Lima 1-0(0-0) Univ. Técnica - Real Atl. Garcilaso 2-3(1-2) Alianza Atlético - CD Sport Loreto 1-0(0-0) Ayacucho FC - Sport Huancayo 0-1(0-1) Dep. Municipal – Univ. Cesar Vallejo 1-0(0-0) FBC Melgar - Universidad San Martín 1-1(1-0) Alianza Lima - Juan Aurich 0-1(0-0)	Real Atl. Garcilaso - Ayacucho FC 3-2(1-0) Sporting Cristal - CD Unión Comercio 1-1(0-1) CD Sport Loreto - Univ. Técnica 2-1(1-1) Universitario Lima - Alianza Atlético 1-1(1-1) León de Huánuco - FBC Melgar 0-3(0-2) Sport Huancayo - CS Cienciano 0-0 Juan Aurich - Deportivo Municipal 1-1(0-0) Univ. San Martín - Alianza Lima 2-3(0-2)
Round 3 [08-10.05.2015]	**Round 4** [12-13.05.2015]
Alianza Atlético - Sporting Cristal 1-1(0-1) Ayacucho FC - CD Sport Loreto 1-0(0-0) Dep. Municipal - Univ. San Martín 2-0(1-0) Univ. Cesar Vallejo - Juan Aurich 2-0(1-0) Alianza Lima - León de Huánuco 1-0(0-0) CS Cienciano - Real Atl. Garcilaso 1-1(1-0) FBC Melgar - Sport Huancayo 1-0(1-0) Univ. Técnica - Universitario Lima 2-0(1-0)	Unión Comercio - Alianza Atlético 5-2(1-1) León de Huánuco - Dep. Municipal 1-1(0-0) Univ. San Martín - Un. Cesar Vallejo 3-2(1-1) Sport Huancayo - Alianza Lima 1-1(1-0) Real Atlético Garcilaso - FBC Melgar 1-0(0-0) Sporting Cristal - Universidad Técnica 3-2(1-0) CD Sport Loreto - CS Cienciano 1-0(1-0) Universitario Lima - Ayacucho FC 2-0(2-0)

Round 5 [15-17.05.2015]
Juan Aurich - Univ. San Martín 1-0(0-0)
CS Cienciano - Universitario Lima 1-0(1-0)
Dep. Municipal - Sport Huancayo 3-3(1-1)
Un. Cesar Vallejo - León de Huánuco 2-2(1-1)
Ayacucho FC - Sporting Cristal 1-2(1-1)
FBC Melgar - CD Sport Loreto 2-2(0-0)
Univ. Técnica - CD Unión Comercio 4-2(3-2)
Alianza Lima - Real Atl. Garcilaso 0-1(0-0)

Round 6 [19-20.05.2015]
León de Huánuco - Juan Aurich 0-2(0-1)
Sport Huancayo - Univ. Cesar Vallejo 1-1(1-0)
Universitario Lima - FBC Melgar 0-0
Alianza Atlético - Univ. Técnica 2-0(1-0)
CD Unión Comercio - Ayacucho FC 1-1(0-0)
Sporting Cristal - CS Cienciano 3-2(2-2)
Real Atl. Garcilaso - Dep. Municipal 1-0(0-0)
CD Sport Loreto - Alianza Lima 1-0(0-0)

Round 7 [22-25.05.2015]
Univ. San Martín - León de Huánuco 3-1(0-1)
Ayacucho FC - Alianza Atlético 2-1(0-0)
FBC Melgar - Sporting Cristal 0-0
CS Cienciano - CD Unión Comercio 3-2(3-0)
U. Cesar Vallejo - Real Atl. Garcilaso 2-0(1-0)
Deportivo Municipal - CD Sport Loreto 0-0
Alianza Lima - Universitario Lima 1-0(0-0)
Juan Aurich - Sport Huancayo 4-0(2-0)

Round 8 [03-05.07.2015]
Sport Huancayo - Univ. San Martín 2-1(0-0)
Universidad Técnica - Ayacucho FC 1-0(1-0)
Alianza Atlético - CS Cienciano 3-2(2-1)
CD Sport Loreto - Univ. Cesar Vallejo 1-1(1-0)
Universitario Lima - Dep. Municipal 0-1(0-1)
Real Atlético Garcilaso - Juan Aurich 2-1(2-0)
CD Unión Comercio - FBC Melgar 1-0(1-0)
Sporting Cristal - Alianza Lima 1-3(0-3)

Round 9 [10-12.07.2015]
Univ. San Martín - Real Atl. Garcilaso 2-0(0-0)
Juan Aurich - CD Sport Loreto 0-0
Deportivo Municipal - Sporting Cristal 1-0(1-0)
León de Huánuco - Sport Huancayo 0-1(0-0)
U. Cesar Vallejo - Universitario Lima 4-2(2-1)
CS Cienciano - Universidad Técnica 2-0(0-0)
FBC Melgar - Alianza Atlético 2-1(1-0)
Alianza Lima - CD Unión Comercio 3-0(2-0)

Round 10 [14-16.07.2015]
Real At. Garcilaso - León de Huánuco 1-2(0-0)
Sporting Cristal - Univ. Cesar Vallejo 1-2(0-0)
CD Sport Loreto - Univ. San Martín 4-1(1-1)
Universitario Lima - Juan Aurich 1-1(0-1)
CD Unión Comercio - Deportivo Municipal 0-0
Ayacucho FC - CS Cienciano 0-0
Universidad Técnica - FBC Melgar 0-0
Alianza Atlético - Alianza Lima 0-1(0-0)

Round 11 [17-19.07.2015]
Juan Aurich - Sporting Cristal 1-2(0-2)
Sport Huancayo - Real Atl. Garcilaso 1-1(1-0)
Dep. Municipal - Alianza Atlético 2-0(0-0)
Univ. San Martín - Universitario Lima 0-0(0-0)
León de Huánuco - CD Sport Loreto 2-1(2-0)
FBC Melgar - Ayacucho FC 1-0(0-0)
Alianza Lima - Universidad Técnica 4-1(2-0)
Univ. Cesar Vallejo - Unión Comercio 0-1(0-0)

Round 12 [24-26.07.2015]
Alianza Atlético - Univ. Cesar Vallejo 1-1(0-0)
Univ. Técnica - Deportivo Municipal 2-3(1-2)
CD Unión Comercio - Juan Aurich 3-1(1-0)
Sporting Cristal - Univ. San Martín 2-0(1-0)
CD Sport Loreto - Sport Huancayo 1-1(0-1)
CS Cienciano - FBC Melgar 1-3(0-2)
Ayacucho FC - Alianza Lima 2-1(0-0)
Universitario Lima - León de Huánuco 1-4(0-2)

Round 13 [28-29.07.2015]
Real Atl. Garcilaso - CD Sport Loreto 4-0(1-0)
Deportivo Municipal - Ayacucho FC 2-1(1-1)
Univ. Cesar Vallejo - Univ. Técnica 1-1(1-0)
Univ. San Martín - CD Unión Comercio 0-0
Sport Huancayo - Universitario Lima 0-0
León de Huánuco - Sporting Cristal 1-2(0-1)
Juan Aurich - Alianza Atlético 0-1(0-1)
Alianza Lima - CS Cienciano 1-0(0-0)

Round 14 [01-03.08.2015]
Unión Comercio - León de Huánuco 2-0(0-0)
Sporting Cristal - Sport Huancayo 1-0(0-0)
FBC Melgar - Alianza Lima 3-1(1-1)
CS Cienciano - Deportivo Municipal 3-1(0-1)
Ayacucho FC - Univ. Cesar Vallejo 2-2(1-0)
Universit. Lima - Real Atl. Garcilaso 1-1(0-0)
Alianza Atlético - Univ. San Martín 2-0(0-0)
Universidad Técnica - Juan Aurich 2-2(2-1)

Round 15 [07-09.08.2015]
Juan Aurich - Ayacucho FC 5-0(2-0)
Universidad San Martín - Univ. Técnica 0-0
Sport Huancayo - Unión Comercio 3-0(2-0)
Deportivo Municipal - FBC Melgar 1-1(0-1)
Univ. Cesar Vallejo - CS Cienciano 3-2(2-1)
Real Atl. Garcilaso - Sporting Cristal 0-4(0-3)
León de Huánuco - Alianza Atlético 1-0(1-0)
CD Sport Loreto - Universitario Lima 0-1(0-0)

Round 16 [14-16.08.2015]
Alianza Atlético - Sport Huancayo 2-0(1-0)
CS Cienciano - Juan Aurich 1-2(0-1)
Ayacucho FC - Univ. San Martín 1-0(0-0)
Sporting Cristal - CD Sport Loreto 2-1(0-0)
FBC Melgar - Univ. Cesar Vallejo 2-0(0-0)
Unión Comercio - Real Atl. Garcilaso 1-1(1-1)
Univ. Técnica - León de Huánuco 2-2(1-2)
Alianza Lima - Deportivo Municipal 0-0

Round 17 [22-24.08.2015]
Sport Huancayo - Universidad Técnica 5-1(3-1)
Univ. San Martín - CS Cienciano 1-1(0-0)
Real Atl. Garcilaso - Alianza Atlético 2-1(0-0)
Juan Aurich - FBC Melgar 2-3(1-0)

Univ. Cesar Vallejo - Alianza Lima 1-0(0-0)
Universitario Lima - Sporting Cristal 0-0
CD Sport Loreto - Unión Comercio 0-1(0-0)
León de Huánuco - Ayacucho FC 3-2(1-0)

Final Standings

1. Club Sporting Cristal Lima	16	9	4	3	25	-	16	31
2. Foot Ball Club Melgar Arequipa	16	8	6	2	22	-	11	30
3. Club Centro Deportivo Municipal Lima	16	7	7	2	19	-	13	28
4. Asociación Civil Real Atlético Garcilaso	16	8	4	4	22	-	20	28
5. Club Alianza Lima	16	8	2	6	20	-	14	26
6. CD Unión Comercio Nueva Cajamarca	16	7	5	4	21	-	19	26
7. CSCD Universidad César Vallejo Trujillo	16	6	6	4	24	-	20	24
8. Club Juan Aurich de Chiclayo	16	6	4	6	24	-	18	22
9. Deportivo Sport Huancayo	16	5	7	4	19	-	17	22
10. CS Alianza Atlético Sullana	16	6	3	7	19	-	20	21
11. Club Sportivo Cienciano Cuzco	16	5	4	7	23	-	23	19
12. CSD León de Huánuco	16	5	3	8	21	-	28	18
13. Club Deportivo Sport Loreto Pucallpa	16	4	5	7	14	-	18	17
14. Club Universitario de Deportes Lima	16	3	6	7	10	-	17	15
15. Ayacucho FC	16	4	3	9	15	-	25	15
16. CCD Universidad Técnica de Cajamarca	16	3	5	8	21	-	31	14
17. CD Universidad San Martín de Porres	16	3	4	9	14	-	23	13

Club Sporting Cristal Lima were qualified for the Championship Play-offs.

Torneo Clausura

Results

Round 1 [28-30.08.2015]
Sport Huancayo - Ayacucho FC 2-2(1-0)
Juan Aurich - Alianza Lima 2-0(1-0)
Universidad San Martín - FBC Melgar 1-0(0-0)
CD Sport Loreto - Alianza Atlético 0-0
Univ. Cesar Vallejo - Dep. Municipal 1-0(0-0)
Real Atl. Garcilaso - Univ. Técnica 2-0(1-0)
León de Huánuco - CS Cienciano 0-0
Universitario Lima - Unión Comercio 2-3(1-1)

Round 2 [02-03.09.2015]
CS Cienciano - Sport Huancayo 0-1(0-1)
CD Unión Comercio - Sporting Cristal 1-4(0-1)
Univ. Técnica - CD Sport Loreto 2-0(1-0)
Alianza Lima - Univ. San Martín 0-1(0-0)
Ayacucho FC - Real Atl. Garcilaso 2-2(1-0)
Alianza Atlético - Universitario Lima 1-2(0-0)
Deportivo Municipal - Juan Aurich 1-2(0-1)
FBC Melgar - León de Huánuco 5-0(2-0)

Round 3 [11-13.09.2015]
Sport Huancayo - FBC Melgar 3-2(1-1)
León de Huánuco - Alianza Lima 3-1(3-0)
Sporting Cristal - Alianza Atlético 4-1(2-0)
CD Sport Loreto - Ayacucho FC 3-0(0-0)
Univ. San Martín - Deportivo Municipal 0-0
Real Atl. Garcilaso - CS Cienciano 1-1(0-0)
Juan Aurich - Univ. Cesar Vallejo 2-1(2-1)
Universitario Lima - Univ. Técnica 1-1(0-0)

Round 4 [15-17.09.2015]
Alianza Atlético - Unión Comercio 2-1(2-0)
Dep. Municipal - León de Huánuco 1-1(0-0)
FBC Melgar - Real Atlético Garcilaso 2-0
CS Cienciano - CD Sport Loreto 1-0(0-0)
Universidad Técnica - Sporting Cristal 2-3(2-1)
Alianza Lima - Sport Huancayo 3-0(1-0)
Un. Cesar Vallejo - Univ. San Martín 2-1(1-1)
Ayacucho FC – Univ. Lima 1-2(1-0) [23.09.]

Round 5 [19-21.09.2015]
CD Unión Comercio - Univ. Técnica 2-0(2-0)
Sporting Cristal - Ayacucho FC 4-0(2-0)
CD Sport Loreto - FBC Melgar 0-0
Real Atl. Garcilaso - Alianza Lima 1-1(1-1)
Sport Huancayo - Dep. Municipal 5-0(2-0)
Universitario Lima - CS Cienciano 2-1(2-0)
León de Huánuco - Un. Cesar Vallejo 1-1(1-1)
Universidad San Martín - Juan Aurich 3-1(2-0)

Round 6 [25-27.09.2015]
Univ. Técnica - Alianza Atlético 2-0(1-0)
Ayacucho FC - CD Unión Comercio 4-0(1-0)
Dep. Municipal - Real Atl. Garcilaso 1-0(0-0)
Univ. Cesar Vallejo - Sport Huancayo 0-0
FBC Melgar - Universitario Lima 2-0(1-0)
Juan Aurich - León de Huánuco 3-0(0-0)
CS Cienciano - Sporting Cristal 2-2(2-0)
Alianza Lima - CD Sport Loreto 1-0(0-0)

Round 7 [29.09.-01.10.2015]
Alianza Atlético - Ayacucho FC 3-3(1-1)
Real Atl. Garcilaso - U. Cesar Vallejo 4-0(1-0)
CD Unión Comercio - CS Cienciano 3-1(2-0)
CD Sport Loreto - Dep. Municipal 1-2(0-0)
León de Huánuco - Univ. San Martín 1-2(0-1)
Sport Huancayo - Juan Aurich 1-0(0-0) [15.10.]
Univer. Lima - Alianza Lima 1-1(0-1) [15.11.]
Sporting Cristal – Melgar 2-2(0-0) [24.11.]

Round 8 [03-04.10.2015]
Ayacucho FC - Universidad Técnica 1-2(0-1)
CS Cienciano - Alianza Atlético 2-0(1-0)
FBC Melgar - CD Unión Comercio 4-1(3-1)
Dep. Municipal - Universitario Lima 0-1(0-0)
Juan Aurich - Real Garcilaso 1-3(0-3) [25.11.]
U. San Martín – Sp.Huancayo 1-1(1-0) [25.11.]
Cesar Vallejo - Sport Loreto 4-2(2-2) [26.11]
Alianza Lima – Sport. Cristal 2-0(1-0) [26.11.]

Round 9 [16-18.10.2015]
Alianza Atlético - FBC Melgar 0-0
Universidad Técnica - CS Cienciano 0-0
Sport Huancayo - León de Huánuco 4-3(1-3)
Sporting Cristal - Deportivo Municipal 2-2(1-1)
CD Sport Loreto - Juan Aurich 1-0(0-0)
Real Atl. Garcilaso - Univ. San Martín 1-0(0-0)
CD Unión Comercio - Alianza Lima 2-2(1-1)
Universit. Lima - Univ. Cesar Vallejo 3-0(1-0)

Round 10 [20-21.10.2015]
León de Huánuco - Real At. Garcilaso 2-4(0-3)
Dep. Municipal - CD Unión Comercio 1-1(1-0)
FBC Melgar - Universidad Técnica 1-0(0-0)
Univ. Cesar Vallejo - Sporting Cristal 0-2(0-1)
Juan Aurich - Universitario Lima 2-2(2-1)
Univ. San Martín - CD Sport Loreto 0-1(0-0)
Alianza Lima - Alianza Atlético 4-2(1-0)
CS Cienciano - Ayacucho FC 1-1(1-0) [15.11.]

Round 11 [24-25.10.2015]
Ayacucho FC - FBC Melgar 1-2(0-2)
Universidad Técnica - Alianza Lima 3-0(1-0)
CD Sport Loreto - León de Huánuco 1-1(1-0)
Universitario Lima - Univ. San Martín 2-0(0-0)
Real Atlético Garcilaso - Sport Huancayo 0-0
Unión Comercio - Univ. Cesar Vallejo 1-2(0-0)
Alianza Atlético - Dep. Municipal 4-1(2-1)
Sporting Cristal - Juan Aurich 3-2(1-1)

Round 12 [27-28.10.2015]
Sport Huancayo - CD Sport Loreto 2-0(1-0)
León de Huánuco - Universitario Lima 3-2(1-0)
Univ. Cesar Vallejo - Alianza Atlético 1-0(1-0)
Alianza Lima - Ayacucho FC 0-1(0-1)
Juan Aurich - CD Unión Comercio 1-0(0-0)
Deportivo Municipal - Univ. Técnica 1-1(0-1)
FBC Melgar - CS Cienciano 5-1(3-1)
Univ. San Martín - Sporting Cristal 0-2(0-0)

Round 13 [30.10.-01.11.2015]
Univ. Técnica - Univ. Cesar Vallejo 2-1(1-0)
Ayacucho FC - Deportivo Municipal 2-0(1-0)
Sporting Cristal - León de Huánuco 1-1(1-0)
Alianza Atlético - Juan Aurich 2-2(1-1)
CD Sport Loreto - Real Atl. Garcilaso 0-1(0-1)
CS Cienciano - Alianza Lima 1-0(0-0)
Unión Comercio - Univ. San Martín 1-2(1-0)
Universitario Lima - Sport Huancayo 2-0(1-0)

Round 14 [03-05.11.2015]
Deportivo Municipal - CS Cienciano 1-0(1-0)
Univ. Cesar Vallejo - Ayacucho FC 1-0(0-0)
León de Huánuco - Unión Comercio 3-3(1-1)
Real Atl. Garcilaso – Universit. Lima 4-2(4-0)
Univ. San Martín - Alianza Atlético 2-1(0-0)
Alianza Lima - FBC Melgar 0-0
Sport Huancayo - Sporting Cristal 5-3(3-1)
Juan Aurich - Universidad Técnica 0-0

Round 15 [07-08.11.2015]
CS Cienciano - Univ. Cesar Vallejo 0-1(0-0)
Alianza Atlético - León de Huánuco 1-0(0-0)
Sporting Cristal - Real Atlético Garcilaso 0-0
FBC Melgar - Deportivo Municipal 0-0
Unión Comercio - Sport Huancayo 2-0(0-0)
Ayacucho FC - Juan Aurich 2-1(1-1)
Univ. Técnica - Univ. San Martín 1-1(0-0)
Universitario Lima - CD Sport Loreto 0-0

Round 16 [20-22.11.2015]
León de Huánuco - Univ. Técnica 2-0(2-0)
Univ. San Martín - Ayacucho FC 3-0(1-0)
Sport Huancayo - Alianza Atlético 4-0(1-0)
CD Sport Loreto - Sporting Cristal 2-2(2-0)
Univ. Cesar Vallejo - FBC Melgar 1-0(0-0)
Real Atl. Garcilaso - Unión Comercio 2-1(1-1)
Juan Aurich - CS Cienciano 2-2(2-1)
Deportivo Municipal - Alianza Lima 2-1(1-1)

Round 17 [29.11.2015]
Ayacucho FC - León de Huánuco 2-0(1-0)
FBC Melgar - Juan Aurich 4-1(1-1)
Alianza Lima - Univ. Cesar Vallejo 2-2(1-0)
CS Cienciano - Univ. San Martín 3-0(3-0)

Sporting Cristal - Universitario Lima 1-2(0-2)
Unión Comercio - CD Sport Loreto 5-2(3-1)
Alianza Atlético - Real Atl. Garcilaso 3-1(2-1)
Universidad Técnica - Sport Huancayo 2-0(1-0)

	Final Standings								
1.	Foot Ball Club Melgar Arequipa	16	8	5	3	29	-	11	29
2.	Asociación Civil Real Atlético Garcilaso	16	8	5	3	26	-	16	29
3.	Club Universitario de Deportes Lima	16	8	4	4	28	-	20	28
4.	Deportivo Sport Huancayo	16	8	4	4	26	-	20	28
5.	Club Sporting Cristal Lima	16	7	6	3	35	-	24	27
6.	CSCD Universidad César Vallejo Trujillo	16	8	3	5	18	-	20	27
7.	CD Universidad San Martín de Porres	16	7	3	6	17	-	17	24
8.	CCD Universidad Técnica de Cajamarca	16	6	5	5	18	-	15	23
9.	Club Juan Aurich de Chiclayo	16	5	4	7	22	-	25	19
10.	Ayacucho FC	16	5	4	7	22	-	26	19
11.	Club Sportivo Cienciano Cuzco	16	4	6	6	16	-	19	18
12.	CD Unión Comercio Nueva Cajamarca	16	5	3	8	27	-	32	18
13.	Club Centro Deportivo Municipal Lima	16	4	6	6	13	-	22	18
14.	Club Alianza Lima	16	4	5	7	18	-	21	17
15.	CS Alianza Atlético Sullana	16	4	4	8	20	-	29	16
16.	CSD León de Huánuco	16	3	6	7	21	-	31	15
17.	Club Deportivo Sport Loreto Pucallpa	16	3	5	8	13	-	21	14

Torneo Clausura Final

02.12.2015, Estadio "Miguel Grau", Callao; Attendance: 1,009
Referee: Manuel Garay
Foot Ball Club Melgar Arequipa - AC Real Atlético Garcilaso   **1-1(0-0,1-1,1-1);**
                                                                                  4-2 on penalties
Goals: José Aurelio Gonzales-Vigíl (67 penalty) / Juan Ramón Rodríguez del Solar (89 penalty).
Penalties: Werner Luis Schuler Gamarra, Paulo Hernán Hinostroza Vásquez, Mario Nolberto Palomino Durand, Patricio Salvatore Arce Cambana / Alfredo Sebastián Ramúa (missed), Edson Diego Aubert Cervantes, Juan Ramón Rodríguez del Solar, Danilo Ezequiel Carando (missed).

Foot Ball Club Melgar Arequipa were qualified for the Championship Play-offs.
Asociación Civil Real Atlético Garcilaso were also qualified for the Championship Play-offs as best placed team of the Aggeregate Table 2015.

Play-offs

Semi-Finals [06-09.12.2015]		
Foot Ball Club Melgar Arequipa - Asociación Civil Real Atlético Garcilaso	1-0(0-0)	4-0(2-0)
Club Sporting Cristal Lima - CSCD Universidad César Vallejo Trujillo	3-1(1-1)	3-4(1-2)

Thid Place Play-off [12-15.12.2015]		
AC Real Atlético Garcilaso - CSCD Universidad César Vallejo Trujillo	1-0(1-0)	0-3(0-1)

Both finalist also CSCD Universidad César Vallejo Trujillo qualified for the 2016 Copa Libertadores.
Asociación Civil Real Atlético Garcilaso qualified for the 2016 Copa Sudamericana.

Championship final

13.12.2015, Estadio Nacional, Lima; Attendance: 21,955
Referee: Diego Haro
Club Sporting Cristal Lima - Foot Ball Club Melgar Arequipa   2-2(1-1)
Sporting Cristal: Diego Alonso Penny Valdez, Renzo Revoredo Zuazo, Alberto Junior Rodríguez Valdelomar, Alexis Cossio Zamora, Paolo Giancarlo de la Haza Urquiza, Jorge Luis Cazulo, Josepmir Aarón Ballón Villacorta, Horacio Martín Calcaterra (81.Luis Alfonso Abram Ugarelli), Renzo Santiago Sheput Rodríguez (Cap) (73.Sergio Rubén Blanco Soto), Luiz Humberto da Silva Silva, Irven Beybe Ávila Acero (85.Alexander Succar Cañote). Trainer: Daniel Hector Ahmed (Argentina).
FBC Melgar: Daniel Andrés Ferreyra, Eduardo Alberto Uribe Oshiro, John Christian Galliquio Castro, Lampros Kontogiannis Gómez, Édgar Humberto Villamarín Arguedas (Cap), Nelinho Minzúm Quina Asín, Alexis Arias Tuesta (75.Jonathan Watson Acasiete Ariadela), Rainer Torres Salas, Mario Nolberto Palomino Durand (65.Paulo Hernán Hinostroza Vásquez), Johnnier Esteiner Montaño Caicedo (54.Herlyn Ysrael Zúñiga Yañez), Bernardo Nicolás Cuesta. Trainer: Juan Máximo Reynoso Guzmán.
Goals: 0-1 Eduardo Alberto Uribe Oshiro (38), 1-1 Mario Nolberto Palomino Durand (43 own goal), 2-1 Renzo Santiago Sheput Rodríguez (52 penalty), 2-2 Nelinho Minzúm Quina Asín (87).

16.12.2015, Estadio Monumental Virgen de Chapi, Arequipa; Attendance: 35,565
Referee: Luis Antonio Garay Evia
Foot Ball Club Melgar Arequipa - Club Sporting Cristal Lima   3-2(2-1)
FBC Melgar: Patricio Leonel Álvarez Noguera, Jonathan Watson Acasiete Ariadela, Lampros Kontogiannis Gómez, Édgar Humberto Villamarín Arguedas, Nelinho Minzúm Quina Asín, Alexis Arias Tuesta (84.Paulo Hernán Hinostroza Vásquez), Gustavo Alfonso Torres Quispe (66.Rainer Torres Salas), Johnnier Esteiner Montaño Caicedo, Omar Andrés Fernández Frasica, Bernardo Nicolás Cuesta, Herlyn Ysrael Zúñiga Yañez. Trainer: Juan Máximo Reynoso Guzmán.
Sporting Cristal: Diego Alonso Penny Valdez, Renzo Revoredo Zuazo, Alberto Junior Rodríguez Valdelomar, Alexis Cossio Zamora, Paolo Giancarlo de la Haza Urquiza (66.Edinson José Chávez Quiñónez), Jorge Luis Cazulo, Josepmir Aarón Ballón Villacorta, Horacio Martín Calcaterra, Renzo Santiago Sheput Rodríguez (Cap) (53.Sergio Rubén Blanco Soto), Irven Beybe Ávila Acero, Luiz Humberto da Silva Silva. Trainer: Daniel Hector Ahmed (Argentina).
Goals: 0-1 Luiz Humberto da Silva Silva (16), 1-1 Herlyn Ysrael Zúñiga Yañez (22), 2-1 Omar Andrés Fernández Frasica (44), 2-2 Sergio Rubén Blanco Soto (71 penalty), 3-2 Bernardo Nicolás Cuesta (90+1).

<u>2015 Torneo Descentralizado de Fútbol Profesional Winners</u>: **Foot Ball Club Melgar Arequipa**

Top goalscorers:
18 goals:	**Lionard Fernando Pajoy Ortíz (COL)**	**(Unión Comercio Nueva Cajamarca)**
17 goals:	Antonio Meza Cuadra Bisso	(Deportivo Sport Huancayo)
	Víctor Alfonso Rossel Del Mar	(Universidad Técnica de Cajamarca)
16 goals:	Herlyn Ysrael Zúñiga Yáñez	(Foot Ball Club Melgar Arequipa)
15 goals:	Carlos Alberto Orejuela Pita	(Club Sportivo Cienciano Cuzco)

Aggregate Table 2015

1.	Foot Ball Club Melgar Arequipa[1]	32	16	11	5	51	-	22	60
2.	Club Sporting Cristal Lima	32	16	10	6	60	-	40	58
3.	Asociación Civil Real Atlético Garcilaso	32	16	9	7	48	-	36	57
4.	CSCD Universidad César Vallejo Trujillo	32	14	9	9	42	-	40	51
5.	Deportivo Sport Huancayo[2]	32	13	11	8	47	-	37	47
6.	Club Centro Deportivo Municipal Lima	32	11	13	8	32	-	35	46
7.	Club Universitario de Deportes Lima[3]	32	11	10	11	36	-	37	44
8.	CD Unión Comercio Nueva Cajamarca	32	12	8	12	48	-	51	44
9.	Club Alianza Lima	32	12	7	13	38	-	35	43
10.	Club Juan Aurich de Chiclayo	32	11	8	13	46	-	43	41
11.	CD Universidad San Martín de Porres[4]	32	10	7	15	31	-	40	38
12.	CCD Universidad Técnica de Cajamarca	32	9	10	13	39	-	46	37
13.	CS Alianza Atlético Sullana	32	10	7	15	39	-	49	37
14.	Ayacucho FC[5]	32	9	7	16	37	-	51	33
15.	Club Sportivo Cienciano Cuzco[6] (*Relegated*)	32	9	10	13	39	-	42	31
16.	Club Deportivo Sport Loreto Pucallpa[7] (*Relegated*)	32	7	10	15	27	-	39	29
17.	CSD León de Huánuco[8] (*Relegated*)	32	8	9	15	42	-	59	29

[1] *1 points awarded as 2015 Copa Inca champions*
[2] *3 points deducted*
[3] *1 point awarded as 2015 Copa Inca Reserva champions*
[4] *1 point awarded as 2015 Torneo Descentralizado Reserva champions*
[5] *1 point deducted (see Copa Inca)*
[6] *6 points deducted for financial reasons*
[7] *2 points deducted (see Copa Inca)*
[8] *4 points deducted for financial reasons*

Foot Ball Club Melgar Arequipa, Club Sporting Cristal Lima and CSCD Universidad César Vallejo Trujillo qualified for the 2016 Copa Libertadores.
Asociación Civil Real Atlético Garcilaso, Deportivo Sport Huancayo, Club Centro Deportivo Municipal Lima and Club Universitario de Deportes Lima qualified for the 2016 Copa Sudamericana.

Copa Perú Final 2015

13.12.2015, Estadio Sesquicentenario, Sechura
Referee: Michael Espinoza Valles
Club Defensor La Bocana - Academia Deportiva Cantolao Callao   **2-0(1-0)**
Goals: 1-0 George Arrieta (7), 2-0 Isidro Arroyo (90+4).

20.12.2015, Estadio "Alejandro Villanueva", Lima
Referee: Víctor Carrillo
Academia Deportiva Cantolao Callao - Club Defensor La Bocana   **3-2(1-0)**
Goals: 1-0 Mario Javier Ceballos Chau (38), 1-1 Elmer Yovera (68), 1-2 Isidro Arroyo (84), 2-2 Mario Javier Ceballos Chau (86), 3-2 Vernal (90+4).

Club Defensor La Bocana promoted for the 2016 Primera División del Perú.

THE CLUBS 2015

CLUB ALIANZA ATLÉTICO DE SULLANA
Foundation date: 1920
Address: Calle Jr. Sucre 462, 2° Piso, Sullana
Stadium: Estadio „Miguel Grau de Piura", Piura – Capacity: 23,550

THE SQUAD

	DOB	Ape M	Ape G	Cla M	Cla G
Goalkeepers:					
Fischer Guevara Urbina	24.07.1979	-	-	3	-
Félix José Lira Ubidia	22.01.1983	1	-	1	-
Cristian Andrés Pinzón Rivera	29.11.1984	15	-	12	-
Defenders:					
Juan Carlos Arce Ormeño	02.05.1995			3	-
Yhirbis Yosec Córdova Guizasola	03.01.1991			10	-
Carlos Armando Correa Flores	25.01.1995	1	-	-	-
Kevin Daniel Galindo Vega	05.02.1995	2	-	-	-
Andrés Felipe González Ramírez	08.01.1984	-	-	-	-
Óscar Alexander Guerra Maldonado	25.03.1985			5	-
Marcos Alfredo Jaunarena Collantes	17.12.1995	-	-	-	-
Andrés Alejandro López Díaz	28.10.1988	13	1	11	-
José Manuel Mesarina Mayorga	15.11.1988	6	-	-	-
Atilio Muente Gionti	15.03.1980	11	-	16	-
Jesús Rabanal Dávila	25.12.1984	13	1	13	-
Jean Franco Rodríguez Malpartida	31.01.1987	7	-	1	-
Axel Yair Sánchez Solano	27.11.1996	8	-	6	-
Julio César Serrano Valdivia	27.10.1994	-	-	-	-
Midfielders:					
Junior Alejandro Aguirre Ramírez	10.05.1992	11	1	9	-
Robinson Aponzá Carabalí (COL)	11.04.1989	-	-	14	4
Iván Aparicio Camarino Conde	21.12.1986	11	-	11	-
Aris Rogger Cruz Periche	04.01.1997			1	-
Eduardo Israel Kahn Gómez	01.12.1988	12	1	-	-
Víctor Jasmany Labrín Cornejo	29.01.1993	-	-	-	-
Albert Omar La Rosa Cienfuegos	05.09.1995			1	-
Josué Alberto Rodríguez Malpartida	13.05.1993	-	-	-	-
Nelson Edil Roque Alburqueque	04.09.1984	16	1	1	-
Yoshiro Abelardo Salazar Flores	26.03.1987			11	-
Benedit Sánchez Vargas		-	-	-	-
Mario Jorge Soto Weninger	19.04.1987	14	1	12	1
Jhon Jairo Valencia Ortíz (COL)	27.03.1982	15	1	15	1
Cristhian Vargas Reyes	14.06.1995	6	1	1	-
Alfredo Lorenzo Zapata Rondoy	16.07.1991	1	-	-	-
Forwards:					
Saulo Aponte Córdova	03.09.1985	10	1	8	-
Jorge Luis Bazán Lazarte	23.03.1991	16	2	15	1
Roberto Carlos Jiménez Jiménez	17.04.1983	12	5	14	6
Luis Edgardo Palacios Rosillo	15.04.1996	-	-	-	-
Janeiler Rivas Palacios (COL)	18.05.1988	16	2	14	1
Alex Sinisterra Villa	04.01.1979	-	-	-	-
Juan Guillermo Vélez Córdoba (COL)	16.10.1983	6	-	15	6
Trainer:					
Teddy Armando Cardama Sinti [as of 01.01.2015]	15.08.1966	16		16	

CLUB ALIANZA LIMA

Foundation date: February 15, 1901
Address: Calle Jirón Abtao con Avenida Isabel La Católica 821, La Victoria, Lima
Stadium: Estadio „Alejandro Villanueva", Lima – Capacity: 36,966

THE SQUAD

	DOB	Ape M	Ape G	Cla M	Cla G
Goalkeepers:					
Leao Butrón Gotuzzo	06.03.1977	16	-	6	-
George Patrick Forsyth Sommer	20.06.1982	-	-	4	-
Daniel Arturo Prieto Solimano	18.09.1995	-	-	6	-
Gerson Gustavo Valladares Rodríguez	09.09.1995	-	-	-	-
Defenders:					
Alejandro Jesús Aparicio Sánchez	09.01.1995	-	-	-	-
Roberto Efraín Koichi Aparicio Mori	06.06.1993	12	-	14	1
Miguel Gianpierre Araújo Blanco	24.10.1994	13	1	15	1
Carlos Humberto Jhonifer García Martínez	25.03.1994	-	-	-	-
Antony Jesús Lavalle Portal	23.10.1997	2	-	-	-
Juan Diego Li Naranjo	16.02.1995	4	-	2	-
Marcos David Miers (PAR)	24.03.1990	8	-	4	-
Aldair Jean Pierre Ramos Ballarta	12.08.1995	1	-	-	-
Midfielders:					
Paulo César Albarracín García	30.11.1989	13	1	11	-
Josimar Jair Atoche Bances	29.09.1989	14	1	11	-
Fernando Alexis Canales Alvarado	13.04.1995	6	-	3	-
Basilio Gabriel Costa Heredia (URU)	02.04.1990	14	5	16	4
Christian Alberto Cueva Bravo	23.11.1991	4	-		
Roberto Carlos Guizasola La Rosa	31.08.1984	15	-	13	-
Julio César Landauri Ventura	17.04.1986	14	1	16	-
Pier Antonio Larrauri Conroy	26.03.1994			1	-
Alexander Ángelo Llanos Calisaya	01.04.1997	-	-	-	-
Reimond Orangel Manco Albarracín	23.08.1990			14	1
Cristian Adrián Mejía Quintanilla	15.02.1992	6	-	3	-
Pablo Nicolas Míguez Farre (URU)	19.06.1987	6	-	15	4
Junior William Mimbela Cáceres	15.05.1992	10	4	5	-
Osmar Noronha Montani	17.12.1991	13	1	9	-
Sergio Fernando Peña Flores	28.09.1995	-	-	8	-
Marco Aldair Rodríguez Iraola	06.08.1994	8	-	2	-
David Torres Fernández	14.11.1994	1	-	3	-
Luis Enrique Trujillo Ortíz	27.12.1990	15	-	13	1
Forwards:					
Almircar Raí Caña Cabello	24.05.1996	1	-	-	-
Jair Ayrton Córdova Carpio	18.08.1996	-	-	-	-
Jean Carlos Francisco Deza Sánchez	09.06.1993	5	-		
Gonzalo Martín Guadalupe Martínez	04.12.1994	-	-	-	-
Mauro Guevgeozián Crespo (URU)	10.05.1986	6	-	12	4
Carlos Alberto Preciado Benítez (COL)	30.03.1985	16	6	15	2
Trainer:					
Guillermo Óscar Sanguinetti Giordano (URU) [01.01.2014-18.05.2015]	21.06.1966	5			
Jorge Gustavo Roverano Soto (URU) [18.05.-29.10.2015]	22.07.1967	11		12	
Francisco Pizarro Fortunat [as of 30.10.2015]	03.03.1971			4	

AYACUCHO FÚTBOL CLUB

Foundation date: July 27, 1972
Address: Avenida Machu Picchu, Barrio de Miraflores, San Juan Bautista, Ayacucho
Stadium: Estadio Ciudad de Cumaná, Ayacucho – Capacity: 15,000

THE SQUAD

	DOB	Ape M	Ape G	Cla M	Cla G
Goalkeepers:					
Walter Junior Brousset Arredondo	23.04.1994	-	-	-	-
Gianfranco Castellanos Conde	08.04.1988	-	-	-	-
Mario Eduardo Villasanti Adorno (PAR)	02.07.1991	16	1	16	2
Defenders:					
Dani Marcelino Aliaga Beltrán	24.03.1993	-	-	-	-
Hugo Alexis Ademir Ángeles Chávez	18.12.1993	9	-	-	-
Brayan Gustavo Arana	21.01.1994	7	-	13	-
Arón Bernal Abensur	25.02.1996	4	-	9	-
Óscar Alexander Guerra Maldonado	25.03.1985	7	2		
Alfredo José Guzman Pacheco	05.12.1990	-	-	-	-
Gonzalo Matias Maulella Rodríguez (URU)	06.07.1984	-	-	-	-
Raúl Penalillo Cotito	29.09.1982	12	-	7	1
Luis Carlos Prieto Zayas (PAR)	20.04.1988	14	2	3	-
Jeickson Gustavo Reyes Aparcana	09.10.1987	7	-	14	-
Carlos Andrés Robalino Gutiérrez	27.01.1991	1	-	1	-
Christian Ronal Saldivar Balladares	28.01.1995	-	-	-	-
Jorge Jair Yglesias Cárdenas	10.02.1981			13	-
Midfielders:					
Wadid Jesús Arismendi Lazo	25.03.1987	3	-	15	3
Heiner Jesús Chávez Salazar	05.03.1986	10	-	14	3
Erick Edgardo Coavoy De la Cruz	22.01.1990	5	-	-	-
Henry Jorge Colán Díaz	13.03.1982	14	1	16	6
Alberto Stuard Junior Cornejo Rubio	12.03.1996			8	-
Paolo Pablo César Joya Ricci	31.01.1984	12	-	8	-
Joseph Martín Juárez	16.06.1994	12	-	10	-
Alfredo Carlos Alberto Mazacotte (PAR)	17.11.1987	1	-	5	1
Jorge Luis Molina Cabrera	05.06.1990	13	-	14	1
Juan Raúl Neira Medina	07.05.1995	-	-	-	-
Giancarlo Ramírez Quinde	14.09.1992	-	-	-	-
Francesco do Santos Aldair Recalde Sánchez	12.01.1991	8	1	4	-
Yoshiro Abelardo Salazar Flores	26.03.1987	10	-		
Miguel Ángel Torres Quintana	17.01.1982	2	-	3	-
Christian Sergio Vildoso Valverde	29.01.1979	8	-	-	-
Forwards:					
Orlando Auqui Barrientos				1	-
Ronald Céliz Milian	30.08.1983	2	-	-	-
Fernando Oliveira de Avila (BRA)	11.05.1984	14	3	12	-
Víctor Ramón Ferreira Barrios (PAR)	09.05.1986	9	-	7	1
Jesús Ray Gómez Carreño	29.12.1993	-	-	1	-
Giorman Ronaldo Goyzueta Ronaldo	13.04.1994	4	-	7	-
Anderson Edwin Sinchitullo Medrano	09.06.1996	-	-	-	-
Cristofer Augusto Jesús Soto Gonzáles	06.01.1990	12	3	11	2
Guillermo Tomasevich Castañeda	20.03.1987	5	1	11	2
Joffre Vásquez Vera	21.05.1991	-	-	-	-
Trainer:					
Fredy Manuel García Loayza [16.03.-16.07.2015]	22.11.1959	9			
Pedro Jesús Requena Seceda [17.07.-20.07.2015]	15.10.1961	1			
Hugo Alberto Iervasi (ARG) [21.07.-08.08.2015]	06.09.1956	5			
Nolberto Fernando Tullo Sosa (PAR) [as of 09.08.2015]		1		16	

CLUB SPORTIVO CIENCIANO CUZCO

Foundation date: July 8, 1901
Address: Calle Gastón Zapata 446, Cuzco
Stadium: Estadio Garcilaso de la Vega, Cuzco – Capacity: 42,056

THE SQUAD

	DOB	Ape M	Ape G	Cla M	Cla G
Goalkeepers:					
Alejandro Christoph Duarte Preus	05.04.1994	-	-	-	-
Diego Hernán Morales López	16.03.1983	16	-	14	-
Luis Cristian Ortíz Lovera	09.06.1990	-	-	2	-
Defenders:					
Ignacio Nicolás Ameli (ARG)	29.03.1992	3	-	3	-
Jorge Martin Araujo Paredes	20.11.1979	13	1	15	-
Jean-Pierre Cáncar Maccari	08.07.1987	15	-	15	-
Pedro Alberto Junior Díez Canseco	22.05.1992	1	-	1	-
Vladimir Alexander Hinostroza Moreno	21.12.1993	-	-	-	-
Jaime Rodolfo Huerta Boggiano	08.08.1987			1	-
Marcos Armando Ortíz Lovera	27.03.1993	12	-	12	-
Kerwin Junior Peixoto Chiclayo	21.02.1988	6	-	8	-
Midfielders:					
Piero Fernando Alva Niezen	18.08.1990			13	2
Wilfredo Junior Baca Ochoa	23.02.1995	-	-	4	-
Bryan Jair Canela Mestanza	20.03.1994	-	-	-	-
Tarek Brahan Carranza Terry	13.02.1992	5	-		
Herbert Luis Castillo Figuero	05.12.1991	4	-	10	1
Nelson Eduardo Chaparro Belapatiño	15.10.1991	1	-	2	-
Christian Alejandro Chui Carcagno	12.08.1987	-	-	-	-
Inti Amaru Garrafa Tapía	10.09.1995			-	-
Carlos Josimar Gonzáles Ávalos	10.01.1991	-	-	-	-
Gino Guerrero Lara	24.10.1992	3	-		
Adderly Roosevelt Guzmán Medina	24.03.1995			-	-
Farih Jasauí Peirano	09.09.1991	15	-	14	-
Edison Antony Kuncho Ynchcsana	12.02.1996	-	-	1	-
Pier Antonio Larrauri Conroy	26.03.1994	13	6		
Martín Jeffrey León Márquez	01.04.1986			-	-
Giordano Marcos Mendoza Lescano	18.10.1993	14	-	12	-
Diego Enrique Pizarro Bossio	14.08.1990			10	1
Héctor Quintanilla Béjar	05.05.1986	-	-	1	-
Mario Kazuma Tajima López	31.05.1993	11	-	13	1
Raúl Alexander Tito Cano	05.09.1997	9	2	15	2
Carlos Iván Uribe Zambrano	25.03.1992	15	-	12	1
Julio Edson Uribe Elera	09.05.1982	10	-		
Diego Eduardo Virrueta Candia	07.03.1992	3	-	2	-
Forwards:					
Piero Fernando Alva Niezen	14.02.1979			13	1
Alfredo José Carrillo	11.09.1996			-	-
Juan Ignacio Delgado Martínez (URU)	05.07.1994	1	-		
Johan Arturo Alexander Madrid Reyes	26.11.1996			2	-
Carlos Alberto Orejuela Pita	04.04.1980	15	9	14	6
Aurelio Saco-Vértiz Figari (USA)	30.05.1989	12	1	4	-
Jorge Pablo Samillán Araujo	18.06.1995	-	-	6	-
Alexander Succar Cañote	12.08.1995	15	3		
Miguel Alejandro Ximénez Acosta (URU)	26.08.1977	7	1	-	-
Trainer:					
Jorge Luis Espejo Miranda [01.01.-01.10.2015]	20.08.1976	16		7	
Sergio Ramón Ibarra Guzmán [02.10.-05.10.2015; Caretaker]	11.01.1973			1	
Orlando Maltese (ITA) [as of 05.10.2015]				8	

CLUB JUAN AURICH DE CHICLAYO

Foundation date: September 3, 1922
Address: Avenida Miguel Grau 473 Urb. Santa Victoria, Chiclayo
Stadium: Estadio „Capitán Remigio Elías Aguirre Romero", Chiclayo – Capacity: 24,500

THE SQUAD

	DOB	Ape M	Ape G	Cla M	Cla G
Goalkeepers:					
Pedro David Gallese Quiróz	23.02.1990	15	-	15	-
Juan Gilberto Goyoneche Carrasco	14.10.1985	1	-	1	-
Andy Gabriel Vidal Chihuan	23.08.1994	-	-	-	-
Defenders:					
Juan Carlos Arce Ormeño	02.05.1995	-	-	-	-
Edgar Gabriel Balbuena Adorno (PAR)	20.11.1980	11	-	1	-
Jair Edson Céspedes Zegarra	22.05.1984	15	-	15	-
Gianmarco Gambetta Sponza	02.05.1991	4	1	-	-
Aldair Francesco Jiménez Palomino	15.09.1995	-	-	-	-
Rosmel Enríque „Aldair" Perleche Romero	04.06.1995	6	-	14	-
Christian Guillermo Ramos Garagay	04.11.1988	15	1	15	-
Ramón Jesús Rengifo Domínguez	26.08.1995	1	-	1	-
Benjamin Joel Vásquez Holguín	22.01.1996	-	-	-	-
Midfielders:					
Segundo Henry Acevedo Arana	18.02.1994	5	1	5	-
Ricardo Enrique Buitrago Medina (PAN)	03.10.1985			12	1
Rodrigo Cuba Piedra	17.05.1992	12	2		
Marcos Abner Delgado Ocampo	17.02.1989	12	-	8	-
José Miguel Manzaneda Pineda	10.09.1994	-	-	4	-
Álvaro Eduardo Medrano Chuchuca	23.10.1995	5	4	16	3
Adrián Sneyder Mujica Gamarra	30.12.1995	-	-	-	-
Diego Enrique Pizarro Bossio	14.08.1990	4	-		
Italo Estuard Regalado Algendones	15.09.1995	2	-	1	-
Deyair Reyes Contreras	04.03.1992	10	-	6	-
Alfredo Junior Rojas Pajuelo	01.05.1991	14	-	10	-
Benjamín Ubierna Barandiarán (ARG)	22.11.1991	14	1	11	1
Óscar Christopher Vílchez Soto	21.01.1986	15	-	14	-
Yordi Eduardo Vilchez Cienfuegos	13.02.1995	7	-	14	1
Forwards:					
Germán Ezequiel Pacheco (ARG)	19.05.1991	10	2	12	4
Hernán Rengifo Trigoso	18.04.1983	11	1	12	5
Douglas Junior Ross Santillana	19.02.1986	11	-	10	-
Luis Carlos Tejada Hansell (PAN)	28.03.1982	8	7	13	7
César Augusto Valoyes Córdoba (COL)	05.01.1984	14	3	12	-
Trainer:					
Roberto Orlando Mosquera Vera (COL) [as of 02.09.2013]	21.06.1956	16		16	

CLUB DEPORTIVO LEÓN DE HUÁNUCO
Foundation date: June 29, 1946
Address: Jr. Dos de Mayo 769, Huánuco
Stadium: Estadio „Heraclio Tapia", Huánuco – Capacity: 20,000

THE SQUAD

	DOB	Ape M	G	Cla M	G
Goalkeepers:					
Ángel David Azurín Condori	29.05.1991	2	-	8	-
Jesús Eduardo Cisneros Ríos	18.03.1979	12	-	10	-
Eduardo Figueroa Meza	20.07.1995	2	-	-	-
Defenders:					
Daive Edinson Arriaga Escalante	07.10.1992	-	-	-	-
Víctor Julio Rodolfo Balta Mori	30.01.1986	16	1	12	-
Juan Augusto Barreda Bellido	20.03.1993	5	-	9	2
Manuel Alejandro Corrales González	03.09.1982	15	2	13	1
Gianfranco Roberto Espinoza Andrade	26.08.1986	9	1	12	-
Jeeferson Frasier Fermín Romero	09.02.1996	-	-	-	-
José Luis Granda Bravo	13.04.1992	8	-	3	-
José Luis Honores Valle	22.02.1989	-	-	-	-
Kerin Gabriel López Heras	12.12.1995	1	-	-	-
Amilton Jair Prado Barrón	06.05.1979	8	-	7	1
Willy Alexander Rivas Asin	04.06.1985	14	3	14	1
Midfielders:					
Augusto Tomás Álvarez (ARG)	01.08.1984	-	-	5	-
Roberto Mauro Cantoro (ARG)	01.09.1976	3	-	2	-
Gerson Jairo Gonzales Tarazona	13.11.1996	2	-	2	-
Gino Guerrero Lara	24.10.1992	-	-	3	1
Alonso Alejandro Ibáñez Balmaceda	31.08.1995	-	-	-	-
Lucas Costa de Abreu (BRA)	14.05.1994	1	-	-	-
Reimond Orangel Manco Albarracín	23.08.1990	11	2		
Juan Carlos Mariño Márquez	02.01.1982	7	-	1	-
Jesús Molina Flores	03.07.1992	-	-	-	-
Bruno Alberto Pajuelo Lindo	29.08.1995			1	-
Ricardo Enrique Salcedo Smith	23.03.1990	9	1	15	-
Anderson Santamaría Bardales	10.01.1992	13	6	14	5
Yuji Fans Tahara Mena	26.03.1996	-	-	-	-
Oshiro Carlos Takeuchi Bambaren	13.10.1994	14	3	6	-
Jean Carlo Tragodara Gálves	16.12.1985	10	-	15	-
Renato André Zapata Portilla	16.02.1992			5	-
Forwards:					
Junior Miguel Castrillón Castillo	10.04.1993	4	-	-	-
Hermel José Espinoza del Pino	01.01.1996			1	-
Ronald Gerardo Gárate Zea	04.04.1984	4	-		
Maximiliano Jorge Giusti (ARG)	18.02.1991	4	-		
Juan Carlos Lescano (ARG)	18.12.1991	-	-	15	1
Jarvey Raúl López Bardales	01.09.1992	2	-	-	-
Mauro Andrés Olivi Castañeda (ARG)	18.03.1983	1	1	14	9
Jeison Arley Quiñónes Angulo (COL)	17.09.1986	9	1	-	-
Alexis Sleiter Rojas Castilla	14.04.1996			12	-
Daniel Alonso Sánchez Albujar	02.05.1990	11	1	1	-
Johan Joussep Sotil Eche	29.08.1982	11	-	12	-
Gustavo Fernando Alfredo Stagnaro Rodríguez	20.01.1989	11	-	6	-
Trainer:					
Marciano Rolando Chilavert González (PAR) [03.08.2014-07.05.2015]	22.05.1961	2			
Luis Carlos Cumapa Sifuentes [08.05.-13.07.2015]	06.03.1966	7			
Carlos Ramacciotti (ARG) [14.07.-02.10.2015]	29.05.1955	7		7	
Fredy Manuel García Loayza [as of 03.10.2015]	22.11.1959			9	

FOOT BALL CLUB MELGAR AREQUIPA

Foundation date: March 25, 1915
Address: Calle Consuelo 414, Arequipa
Stadium: Estadio Virgen de Chapi, Arequipa – Capacity: 40,217

THE SQUAD

	DOB	Ape M	G	Cla* M	G
Goalkeepers:					
Patricio Leonel Álvarez Noguera	24.01.1994	5	-	9	-
Diego Nelson Campos Huamán	28.05.1996	-	-	1	-
Daniel Andrés Ferreyra (ARG)	22.01.1982	7	-	7	-
Jonathan Benito Medina Angulo	29.04.1993	4	-	3	-
Defenders:					
Jonathan Acasiete Ariadela	11.11.1988	12	-	15	-
Diego Angles Quispe	20.02.1996	-	-	-	-
Carlos Antonio Ascues Avila	19.06.1992	6	-		
John Christian Galliquio Castro	12.01.1979	6	-	9	-
Nelinho Minzúm Quina Asín	11.05.1987	14	3	20	4
Werner Luis Schuler Gamarra	27.07.1990	4	-	2	-
Édgar Humberto Villamarín Arguedas	01.04.1982	14	-	18	-
Midfielders:					
Patricio Salvatore Arce Cambana	23.02.1993	7	-	17	-
Alexis Arias Tuesta	13.12.1995	5	-	19	1
Carlos Javier Beltrán Neroni	18.08.1990	7	-		
Omar Andrés Fernández Frasica	11.02.1993			18	7
Luis Alberto Hernández Diaz	15.02.1981	6	-	-	-
Paulo Hernán Junior Hinostroza Vásquez	21.12.1993	-	-	14	1
Lampros Kontogiannis Gómez (MEX)	01.08.1988	14	2	20	-
Nilson Evair Loyola Morales	26.10.1994	-	-		
Jean Paul Maravi Hurtado	27.04.1994	-	-	-	-
Neil Jaime Marcos Morán	11.05.1992	3	-	7	-
Johnnier Esteiner Montaño Caicedo (COL)	14.01.1983	16	-	17	-
Mario Nolberto Palomino Durand	04.06.1994	8	-	2	-
Minzún Nelinho Quina Asín	11.05.1987	3	-		
Gustavo Alfonso Torres Quispe	23.07.1995	5	1	10	-
Rainer Torres Salas	12.01.1980	12	-	15	1
Eduardo Alberto Uribe Oshiro	02.09.1985	7	1	9	1
Forwards:					
Piero Fernando Alva Niezen	14.02.1979	6	-	-	-
Bernardo Nicolás Cuesta (ARG)	20.12.1988	2	1	20	11
José Aurelio Gonzáles Vigil Bentin	01.03.1996	2	1	2	-
Gonzalo Maldonado Lostaunau	18.05.1994			2	
Raúl Mario Ruidíaz Misitich	25.07.1990	14	2		
Jean Pierre Jesús Valdivia Torres	29.02.1996	4	-	-	-
Herlyn Ysrael Zúñiga Yañez	27.08.1976	13	5	20	11
Trainer:					
Juan Máximo Reynoso Guzmán [as of 01.01.2014]	28.12.1969	16		20	

*Matches and goals in Championship Play-offs included

CLUB CENTRO DEPORTIVO MUNICIPAL LIMA

Foundation date: July 27, 1935
Address: *not available*
Stadium: Estadio Municipal "Iván Elías Moreno", Lima – Capacity: 13,773

THE SQUAD

	DOB	Ape M	Ape G	Cla M	Cla G
Goalkeepers:					
Luis Alexander Aquino Sani	09.11.1988	-	-	-	-
Juniors Branco Barbieri García	20.01.1996	-	-	-	-
Hairo José Camacho Cumpa	05.04.1994	-	-	-	-
Erick Guillermo Delgado Vásquez	30.06.1982	16	-	16	-
Defenders:					
Brian Robert Edson Bernaola Acosta	17.01.1995			12	-
Marcos Israel Barrera (ARG)	02.03.1984	16	-	12	-
Orlando Contreras Collantes	11.06.1982	-	-	1	-
Cristian Antonio García González	02.03.1981	2	-	1	-
Júnior Jesús Huerta Salazar	19.04.1989			6	-
Manuel Eduardo Tenchy Ugaz Nemotto	21.06.1981	9	-	7	-
Adrián Zela Terry	20.03.1989	16	-	14	-
Midfielders:					
Armando André Alfageme Palacios	03.11.1990	16	1	14	-
Diego Fernando Benítez Quintena (URU)	23.01.1988	2	-	15	3
Erick Antón Cossío León	06.05.1996			3	-
Leonardo del Mastro Naccarato	07.11.1994	-	-	-	-
Gianluca di Laura la Torre	30.11.1990	-	-	-	-
Luis Gabriel García Uribe	05.06.1988	11	2	14	1
Bryan David Guerrero	06.04.1995	1	-	-	-
Bryan Hermoza Segura	16.06.1995	-	-	2	-
Damián Ismodes Saravia	10.03.1989	11	-	9	-
Mauricio López Torino	12.04.1991	-	-	3	1
Juan Carlos Nakaya Taira	31.12.1983	11	-	13	-
Aldo Italo Olcese Vassallo	23.10.1974	7	-	3	-
Andrés Ota Tamashiro	06.02.1993	1	-	-	-
Leandro Damián Paschetta (ARG)	19.02.1991			5	-
Saúl Yonatan Salas Carrillo	10.10.1994	8	-	3	-
Ian Gabriel Simich Zúñiga	15.02.1995	5	-	1	-
Óscar Diego Vega Guerrero	25.03.1989	13	1	7	-
Franco Razzotti Viretto (ARG)	06.02.1985			-	-
José Humberto Zurita Rodríguez	05.05.1995	2	-	1	-
Forwards:					
Iván Bulos Guerrero	20.05.1993	14	9	9	-
Víctor Alberto Eugenio Ormeño	23.04.1993	3	-	4	-
Juan Diego Gonzales Vigil Bentin	18.02.1985	11	-	16	5
Pedro Guillermo Gutiérrez Montero	05.10.1991	11	-	12	-
Alberto Gianfranco Labarthe Tome	20.09.1984	12	2	8	2
Guillermo Maidana Revetría (URU)	18.01.1988	-	-		
Breno Rodrigo Naranjo Guerrini	26.01.1996	1	-	-	-
Masakatsu Sawa	12.01.1983	16	4	13	1
Yeison Breither Vinces Atoche	06.04.1994	-	-	-	-
Trainer:					
Roberto Fabián Pompei (ARG) [01.01.-30.06.2015]	14.03.1970	7			
Francisco Melgar Roose [as of 01.07.2015]	20.06.1973	9		16	

ASOCIACIÓN CIVIL REAL ATLÉTICO GARCILASO CUZCO
Foundation date: July 16, 2009
Address: Calle Huayruru Pata y 24 de Junio
Stadium: Estadio "Inca Garcilaso de la Vega", Cuzco – Capacity: 42,056

THE SQUAD

	DOB	Ape M	Ape G	Cla* M	Cla* G
Goalkeepers:					
Diego Martín Carranza Fernández	28.08.1981	12	-	16	-
Christian Anderson Miranda Iñoñan	04.01.1991	-	-	-	-
Juan Miguel Pretel Sánchez	05.11.1983	4	-	2	-
Defenders:					
Jhoel Alexander Herrera Zegarra	09.07.1980	16	-	13	-
Jaime Rodolfo Huerta Boggiano	08.08.1987	9	-		
Alexander Lecaros Aragón	13.10.1999			-	-
Juan Diego Lojas Solano	23.04.1989	13	3	16	1
Iván Diego Santillán Atoche	06.05.1991	13	2	15	-
Hugo Fernando Souza Dias (URU)	28.01.1985	14	-	10	1
Walter Ricardo Vílchez Soto	20.02.1982	4	-	16	1
Midfielders:					
Fabrizio Emmanuel Altamirano Espinoza	30.01.1996	1	-	1	-
Edson Diego Aubert Cervantes	14.11.1988	12	1	12	-
Gary Jeamsen Correa Gogin	23.05.1990	13	1	5	1
Carlos Javier Flores Córdova	09.05.1988	7	-	5	1
Sebastian Andrés Lojas Solano	04.07.1995	1	-	7	-
Edson Aldair López Rubina	03.08.1996	-	-	-	-
César Andrés Ortíz Castillo	21.12.1983	10	-	16	2
Alfredo Sebastián Ramúa	04.09.1986	15	1	17	5
Edwin Retamoso Palomino	23.02.1982	15	-	16	-
Brian Óscar Sarmiento (ARG)	22.04.1990	13	2	17	5
Marcio Andre Valverde Zamora	23.10.1987	15	-	16	3
Forwards:					
Félix Alexander Borja Valencia (ECU)	02.04.1983			11	1
Danilo Ezequiel Carando (ARG)	05.08.1988	11	4	17	6
Ramón Rodríguez del Solar	08.08.1977	13	6	10	-
Ray Anderson Sandoval Baylón	13.02.1995	10	2	12	1
Trainer:					
Mariano Soso (ARG) [01.01.-10.08.2015]	30.04.1981	14			
Tabaré Abayubá Silva Aguilar (URU) [as of 11.08.2015]	30.08.1974	2		18	

*Matches and goals in Championship Play-offs included

DEPORTIVO SPORT HUANCAYO

Foundation date: February 7, 2007
Address: Jr. Loreto N° 839 - 2do. Piso - Huancayo
Stadium: Estadio Huancayo, Huancayo – Capacity: 20,000

THE SQUAD

	DOB	Ape M	Ape G	Cla M	Cla G
Goalkeepers:					
Joel Ademir Pinto Herrera	05.06.1980	16	-	15	-
Carlos Martín Solís Ugarte	20.09.1990	-	-	-	-
Michael Anthony Sotillo Cañari	29.09.1984	-	-	1	-
Defenders:					
Javier Ángel Chumpitáz Zea	04.01.1984	7	-	3	-
Cord Jesús Cleque Sánchez	09.10.1986	16	1	14	1
Christian Gabriel Davila Ríos	06.07.1990	-	-	3	-
Anier Alfonso Figueroa Mosquera (COL)	27.07.1987	14	-	14	-
Diego Emanuel González Pereira (ARG)	16.11.1986	10	-	5	-
Brackson Henry León Canchaya	13.05.1995			9	-
Ricardo Antonio Ronceros Ramos	20.07.1977	10	1	1	-
Midfielders:					
Lee Alexander Andonaire Delfín	05.10.1980	6	-	6	-
Jhordan Estanis Campos Merino	15.09.1995	6	-	6	-
Ever Gustavo Chávez Hernández	28.12.1984	16	1	16	4
Renatto Alonso Chira Lora	07.04.1992	5	1	-	-
Iván Christopher Chumpitáz Blas	17.05.1990	15	-	3	-
Sidney Enrique Faiffer Ames	12.05.1980	10	2	7	2
Blas Ramón López Medez (PAR)	14.03.1984	9	-	12	2
Juan Jerardo Mayo Oliva	15.04.1994	1	-	-	-
César Manuel Mayuri Lara	04.09.1992	7	1	3	-
Nicolás Rubén Medina (ARG)	17.02.1982	15	-	11	-
Jeanpierre Alexis Nuñez Ingaroca	21.01.1996	1	-	-	-
Víctor Manuel Peña Espinoza	14.10.1987	12	1	12	3
César Augusto Ruiz Sánchez	10.01.1990	3	-	14	-
Jhonny Víctor Vidales Lature	22.04.1992	-	-	13	1
Forwards:					
Jankarlo de los Santos Chirinos Tello	30.03.1988	8	1	2	-
Petter Benjamin Joya Casas	11.05.1995	11	1	6	-
Kleyr Vieira dos Santos (BRA)	14.09.1980	6	2	-	-
Antonio Meza Cuadra Bisso	12.09.1982	14	7	15	10
Marco Alexander Lliuya Cristobál	27.03.1992			9	-
Daniel Fabio Morales Quispe	28.04.1992	4	-	-	-
Luis Alberto Perea Pérez	03.09.1986	-	-	14	3
Trainer:					
Walter Orlando Lizarraga (ARG) [05.11.2014-30.06.2015]	01.10.1968	7			
Elar Wilmar Valencia Pacheco [as of 01.07.2015]	27.10.1961	9		16	

CLUB DEPORTIVO SPORT LORETO PUCALLPA

Foundation date: September 3, 1939
Address: *not available*
Stadium: Estadio "Aliardo Soria", Pucallpa – Capacity: 25,000

THE SQUAD

	DOB	Ape M	Ape G	Cla M	Cla G
Goalkeepers:					
Robinson Manolo Matamoro Arica	05.03.1989	6	-	5	-
Vides Jesús Pérez Valderrama	06.11.1995	-	-	-	-
Jorge Eddie Rivera Galindo (COL)	28.10.1978	10	-	11	-
Defenders:					
Christian Paolo Cárdenas Reátegui	21.05.1992	3	-	-	-
Christian Ramón Enciso Barreto (PAR)	12.05.1991	13	1	11	1
José Luis Honores Valle	22.02.1989	-	-	-	-
Reder Carlos Izquierdo Gratelli	27.06.1985	-	-	-	-
Julián David Parra Ruíz (COL)	06.01.1985	-	-	-	-
Ángel Arturo Pérez Madrid	07.10.1989	15	-	15	-
Johan Omar Pineda Picón	03.04.1987	5	-	2	-
Brayan Fernando Prado Pastor	18.02.1995	8	-	-	-
Sergio Maruicio Reyna Piedrahita (COL)	26.01.1985	11	-	9	-
Erick Vincenzo Rossi Díaz	13.12.1992	3	-	4	-
Jean Antony Velja Córdova	08.09.1991	15	-	4	-
Juan José Zevallos Uriarte	07.07.1990	2	-	-	-
Midfielders:					
Carlos Alonso Bazalar Aróstegui	19.03.1990	-	-	-	-
Tarek Brahan Carranza Terry	13.02.1992	-	-	9	-
Àngelo Daniel Cruzado Sifuentes	10.12.1979	15	5	12	3
Christopher Yuri Cruzado Aguilar	02.04.1996	1	-	1	-
Jean Pierre Fuentes Siguas	18.10.1991	14	1	10	-
Nelson Ezequiel González (ARG)	22.09.1988	13	1	14	-
Christian Jhon Guevara Ávalos	23.10.1984	-	-	4	-
César Manuel Medina Lozada	08.05.1991	-	-	14	3
Donny Renzo Neyra Ferrada	12.01.1984	12	2	7	-
Jhony Rainiero Olórtegui Ramos	30.07.1985	4	-	1	-
Sergio Renato Rengifo Montalbán	15.04.1997	1	-	-	-
Gino Arturo Ríos Peso	01.06.1994	7	-	1	-
Oswaldo Jhon Rivas Molfino	01.07.1990	11	-	15	-
Yves Patrick Marcos Roach Farfán	07.08.1992	3	-	2	-
José Anthony Rosell Delgado	20.04.1995	-	-	11	-
Wilger Elías Saboya Shuña	21.12.1988	1	-	-	-
Clifford Matthew Seminario Grados	01.06.1984	14	1	14	-
Gerardo Albino Trinidad Caycho	08.03.1988	1	-	-	-
Juan Pablo Vergara Martínez	24.02.1985	16	2	14	2
Forwards:					
Andrés Felipe Arroyave Cartagena	09.06.1990	-	-	-	-
Accel Roberto Campos Segura	31.07.1997	-	-	4	-
Ronald Gerardo Gárate Zea	04.04.1984			9	-
Danny Salvador Kong Ramos	26.02.1987	3	-	-	-
Diego Armando Mayora Rengifo	01.02.1992	8	1	8	3
Aquilino Villalba Sanabria (PAR)	20.09.1983	8	-	7	-
Trainer:					
César Augusto Tabares Velásquez (COL) [01.01.-29.07.2015]	12.05.1971	13			
Jovino Reategui [30.07.-25.08.2015; Caretaker]		3			
Javier Silvano Arce Arias [as of 26.08.2015]	28.02.1957			16	

CLUB SPORTING CRISTAL LIMA

Foundation date: December 13, 1955
Address: Calle 18 s/n, La Florida, Rímac, Lima
Stadium: Estadio "Alberto Gallardo" (ex-San Martín de Porres), Lima – Capacity: 18,000

THE SQUAD

	DOB	Ape M	Ape G	Cla* M	Cla* G
Goalkeepers:					
Luis Alexander Araújo Ludeña	16.01.1981	3	-	2	-
Carlos Alfonso Grados Heredia	15.05.1995	-	-	-	-
Diego Alonso Penny Valdez	22.04.1984	14	-	18	-
Defenders:					
Luis Alfonso Abram Ugarelli	27.02.1996	5	1	5	-
Brian Robert Bernaola Acosta	17.01.1995	-	-		
Josué Daniel Estrada Aguilar	07.09.1994	11	-	5	-
José Diego Gómez Villaizán	10.05.1994	-	-	-	-
Matías Alfredo Martínez (ARG)	24.03.1988	12	-	12	-
Renzo Revoredo Zuazo	11.05.1986	12	1	14	2
Luis Enrique Mattaeus Rivas Salazar	05.01.1996	-	-	-	-
Alberto Junior Rodríguez Valdelomar	31.03.1984	6	-	14	1
Midfielders:					
Pedro Jesús Aquino Sánchez	13.04.1995	-	-	7	-
Josepmir Aarón Ballón Villacorta	21.03.1988	15	1	18	-
Horacio Martín Calcaterra (ARG)	22.02.1989	13	-	20	2
Jorge Luis Cazulo (URU)	14.02.1982	16	-	19	-
Edinson José Chávez Quiñónez	20.11.1993	5	-	2	-
Alexís Cossio Zamora	11.02.1995	12	-	19	2
Paolo Giancarlo de la Haza Urquiza	30.11.1983	11	-	18	-
Carlos Augusto Lobatón Espejo	06.02.1980	14	7	8	5
Renzo Santiago Sheput Rodríguez	08.11.1990	9	1	17	9
Carlo André Urquiaga Cabrera	12.08.1994	-	-	-	-
Forwards:					
Joazhiño Walhir Arroé Salcedo	05.06.1992	6	1	4	-
Irven Beybe Ávila Acero	02.07.1990	16	7	20	5
Luiz Humberto da Silva Silva	28.12.1996	1	-	15	6
Sergio Rubén Blanco Soto (URU)	25.11.1981	16	4	12	3
Carlos Jairzinho Gonzales Ávalos	20.12.1989	8	-	1	-
Diego Ariel Manicero (ARG)	24.05.1985	10	1	5	-
Yamir Edhu Oliva Rodríguez	17.01.1996	-	-	-	-
César Emanuel Pereyra (ARG)	23.11.1981	9	-	17	7
Elsar Rodas Mendoza	28.02.1994	-	-	-	-
Alexander Succar Cañote	12.08.1995			3	-
Trainer:					
Daniel Hector Ahmed (ARG) [as of 01.01.2014]	22.11.1965	16		20	

*Matches and goals in Championship Play-offs included

CLUB DEPORTIVO UNIÓN COMERCIO NUEVA CAJAMARCA
Foundation date: June 15, 1994
Address: Jr. Imperio Nro. 688, Nueva Cajamarca
Stadium: Estadio IPD de Moyobamba, Moyobamba – Capacity: 8,000

THE SQUAD

	DOB	Ape M	Ape G	Cla M	Cla G
Goalkeepers:					
Daniel Alexander Reyes Buenaño	12.12.1987	5	-	-	-
Ronald Pierr Ruíz Ordinola	02.08.1984	11	-	8	-
Johnny Martín Vegas Fernández	09.02.1976	-	-	10	-
Ángel Gustavo Zamudio Chávez	21.04.1997	-	-	-	-
Defenders:					
Ronal Omar Huacca Jurado	20.12.1993	1	-	2	-
Jorge Jair Yglesias Cárdenas	10.02.1981	12	-		
Ederson Leonel Mogollón Flores	04.10.1992	-	-	-	-
Pedro Genaro Montesinos Torres	15.12.1995	1	-	3	-
Wálter José Moreno Arco	18.05.1978	14	-	13	-
Edy Rentería Mena (COL)	03.10.1993	12	-	15	-
Jaime Vásquez Ramírez	21.02.1991	14	-	13	-
Midfielders:					
Adán Adolfo Balbín Silva	13.10.1986	-	-	14	-
Miguel Alexander Carranza Macahuachi	03.11.1995	11	1	12	1
José Alberto Corcuera Valdiviezo	06.08.1981	12	-	11	-
Marco Antonio Godos Recharte	08.06.1993	-	-	-	-
Wilber Huaynacari Ríos	26.08.1982	3	-	6	-
Evany Gamal Ángel Machahuay Ruíz	08.03.1996	7	-	6	5
César Manuel Medina Lozada	08.05.1991	5	-		
Roberto Merino Ramírez	19.05.1982	1	-	10	3
Angel Ojeda Allauca	11.08.1992	8	-	14	-
Diego Armando Otoya Grandez	07.05.1991	12	2	4	1
Omar Ernesto Reyes Burga	13.12.1988	8	-	2	-
Alexander Gustavo Sánchez Reyes	06.06.1983	15	2	14	3
Miguel Ángel Trauco Saavedra	25.08.1992	15	-	15	1
Omar Alejandro Valdés Salazar (COL)	02.05.1985	-	-	-	-
Mario Alfonso Velarde Pinto	03.07.1990	16	3	14	-
Nixon Villoslada Avellaneda	21.05.1993	-	-	2	-
Forwards:					
Jesús David Arrieta Farak (COL)	10.01.1991	11	5	-	-
Julián Enrique Lalinde Rubio (URU)	18.12.1985	2	-	11	1
Lionard Fernando Pajoy Ortíz (COL)	07.06.1981	16	8	15	10
Johan Jeanpierre Rey Estupiñan	28.02.1992	-	-	-	-
Joao de Jesús Villamarin Antúnez	10.02.1992	6	-	8	1
Domingo Omar Zalazar (ARG)	10.08.1986	-	-	1	-
Trainer:					
Walter Fernando Aristizábal Serna (COL) [as of 01.01.2014]	13.04.1966	16		16	

CLUB SOCIAL CULTURAL DEPORTIVO UNIVERSIDAD CÉSAR VALLEJO TRUJILLO

Foundation date: January 6, 1996
Address: Avenida Víctor Larco 1700, Trujillo
Stadium: Estadio Mansiche, Trujillo – Capacity: 25,036

THE SQUAD

	DOB	Ape M	Ape G	Cla* M	Cla* G
Goalkeepers:					
Rodolfo Jesús Anderson Rodó	10.05.1996	-	-	-	-
Salomón Alexis Libman Pastor	25.02.1984	14	-	17	-
Fernando Martinuzzi Bonaccoso (ARG)	06.01.1980	2	-	3	-
Regis Martín Quiróz Ampuero	04.08.1994	-	-	-	-
Máximo Saúl Rabines Terrones	05.07.1993	-	-	-	-
Defenders:					
Jesús Martín Álvarez Hurtado	26.08.1981	4	-	5	-
Luís Felipe Cardoza Zuñiga (COL)	19.12.1984	16	3	19	1
Guillermo Alejandro Guizasola La Rosa	08.02.1982	13	-	16	-
Ishiro Michael Plasencia Ishikawa	09.08.1997	-	-	-	-
Hansell Argenis Riojas La Rosa	15.10.1991	10	-	16	-
Jeremy Martín Rostaing Verástegui	23.05.1995	7	-	5	1
Jesús Branco Geraldo Serrano Aguirre	24.08.1992	5	-	8	-
Niger Josset Vega Argomedo	06.08.1993	-	-	-	-
Frank Víctor Nayid Vilela	13.03.1993	-	-	-	-
Midfielders:					
Arly Anderson Benítez Torres	15.02.1997	4	-	5	1
Victor Andrés Cedrón Zurita	06.10.1993	7	-	11	1
William Medardo Chiroque Tavara	10.05.1980	5	-	2	-
Emiliano José Ciucci (ARG)	07.04.1986	16	1	19	3
Paulo Rinaldo Cruzado Durand	21.09.1984	15	2	15	1
Carlos Stefano Díez Lino	18.04.1996	4	-	4	-
Anthony Manuel Alberto Gordillo Vásquez	30.04.1994	-	-	-	-
Donald Diego Millán Rodríguez (COL)	21.03.1986	15	4	19	3
Juan Gustavo Morales Coronado	06.03.1989	3	-	12	-
Ronald Jonathan Quinteros Sánchez	28.06.1985	15	-	18	3
Pedro Paulo Requena Cisneros	24.01.1991	15	-	17	1
Ángel Bryan Silva Rodríguez	27.08.1994	-	-	-	-
Cesar Junior Viza Seminario	03.04.1985	5	1	3	-
Forwards:					
Christian Anthony Buenaño Romero	16.07.1995	-	-	-	-
Daniel Mackensi Chávez Castillo	08.01.1988	11	4	19	1
Juan Manuel Cobelli (ARG)	27.02.1988	-	-	13	2
José Carlos Fernández Piedra	14.05.1983	10	2	3	-
Mauricio Alejandro Montes Sanguinetti	22.06.1982	11	5	16	4
Miguel Ángel Silva	14.09.1988	10	2	5	3
Trainer:					
Franco Enrique Navarro Monteyro [as of 01.01.2014]	10.11.1961	16		20	

*Matches and goals in Championship Play-offs included

CLUB DEPORTIVO UNIVERSIDAD SAN MARTÍN DE PORRES

Foundation date: January 21, 2004
Address: Avenida Las Calandrias, Santa Anita, Lima
Stadium: Estadio "Alberto Gallardo" (ex-San Martín de Porres), Lima – Capacity: 18,000

THE SQUAD

	DOB	Ape M	Ape G	Cla M	Cla G
Goalkeepers:					
Italo Gilmar Espínoza Gómez	17.04.1996	-	-	-	-
Ricardo Daniel Farro Caballero	06.03.1989	16	-	13	-
Steven Aldair Rivadeneyra del Villar	02.11.1994	-	-	3	-
Mario Fernando Suárez Rodríguez	31.05.1994	-	-	-	-
Defenders:					
Jorge Adolfo Bosmediano Carrasco	16.02.1991	5	-	8	-
José Vladimar Cánova Hernández	30.09.1992	6	-	13	-
Yhirbis Yosec Córdova Guizasola	03.01.1991	-	-		
Aldo Sebastián Corzo Chávez	20.05.1989	14	1	15	2
Carlos Oswaldo Fernández Maldonado	01.11.1984	6	-	13	-
Anthony Belkier Molina Rubio	17.02.1989	6	-	-	-
Jack Robert Safra Montilla	03.02.1992	6	-	-	-
Daniel Aldair Salazar López	08.08.1997	-	-	-	-
Juan Enrique Tuesta Macedo	25.09.1993	8	-	2	-
Jerson Vásquez Shapiama	05.03.1986	14	2	13	1
Diego Zurek Gonzáles	25.05.1996	-	-	-	-
Midfielders:					
Luis Enrique Álvarez Valdivia	17.05.1990	15	1	10	-
Juan Paolo Bustamante Requena	24.06.1994	1	-	-	-
Cristofer Adolfo Cañamero Ángeles	30.12.1996	-	-	-	-
Horacio Gabriel Carabajal (ARG)	09.12.1990	14	-	5	-
Wilder José Cartagena Mendoza	23.09.1994	14	-	11	-
Federico Freire (ARG)	06.11.1990	15	1	14	-
Renzo Renato Garcés Mori	12.06.1996	1	-	9	-
Raziel Samir García Paredes	15.02.1994	1	-	-	-
Rafael Nicanor Guarderas Saravia	12.09.1993			6	-
Alejandro Hohberg González	20.08.1991	15	4	11	1
Alejandro Segundo Medina Huáman	15.06.1995	-	-	-	-
Júnior Alexander Ponce Pardo	16.02.1994	2	1	8	-
Willy Fernando Pretel Santos	20.04.1994	-	-	-	-
Luis Alberto Ramírez Lucay	10.11.1984			11	1
Joel Melchor Sánchez Alegría	11.06.1989	14	1	14	2
Adrián Martín Ugarriza Tello	01.01.1997	3	-	-	-
Forwards:					
Dangelo Josué Artiaga Morales	15.06.1996	3	-	-	-
Mauro Raúl Fernández	31.03.1991	2	-	15	1
Pietro Flores Valenza	29.09.1992	-	-	-	-
Luis Enrique Iberico Robalino	06.02.1998	15	1	2	-
Nicolás Andrés Maná (ARG)	25.03.1994	15	-	11	1
Maximiliano Alejandro Velasco (ARG)	19.06.1990	10	2	16	7
Trainer:					
Christian Leonel Díaz (ARG) [as of 01.01.2015]	12.05.1976	16		16	

CLUB CULTURAL Y DEPORTIVO UNIVERSIDAD TÉCNICA DE CAJAMARCA

Foundation date: July 14, 1964
Address: *Not available*
Stadium: Estadio "Héroes de San Ramón", Cajamarca – Capacity: 18,000

THE SQUAD

	DOB	Ape M	Ape G	Cla M	Cla G
Goalkeepers:					
Juan Pablo Begazo Valvidia	18.05.1988	16	-	1	-
Manuel Alexander Heredia Rojas	09.01.1986	-	-	15	-
Carlos Renato Uculmana Sáenz	27.04.1991	-	-	-	-
Defenders:					
Rolando Marciano Bogado (PAR)	22.04.1984	14	3	15	-
David Alonso Díaz Colunga	12.03.1991	8	-	12	1
Diego Armando Encinas González	11.07.1993	11	-	1	-
Alexander Pedro Fajardo Tipacti	29.06.1985	7	-	8	1
Roberto Carlos Huerta Reyes	24.05.1985	-	-	1	-
José Adolfo Mendoza Zambrano	24.07.1982	14	2	13	-
Warren Alexander Olórtegui Alvarado	10.01.1994	-	-	-	-
Giancarlo Antonio Peña Herrera	21.08.1992	5	-	-	-
Franco Andrés Pretell Ramírez	19.01.1995	7	-	-	-
Nelinho Minzúm Quina Asín	11.05.1987	-	-	12	-
Renzo Rodrigo Reaños Mina	17.05.1986	14	1	8	-
Víctor Raúl Rojas García	15.04.1994	1	-	6	1
Félix Josimar Uculmana Aliaga	25.02.1991	13	1	5	-
Midfielders:					
Julio Alfredo Acosta Ñique	23.01.1996	4	-	1	-
Juan Gilmar Arce Cotrina	09.01.1990	2	-	-	-
Víctor Hugo Espinoza Cornejo	13.01.1992	5	-	-	-
Karl William Fernández Díaz	22.04.1987	-	-	6	-
Pablo Damián Lavandeira Hernández (URU)	11.05.1990	15	2	15	3
Leonardo Fávio López Méndez (COL)	18.05.1987	4	-	-	-
Giuliano Alonso Muñóz Rodríguez	21.09.1997	-	-	-	-
José Luis Junior Nuñez Julca	28.07.1989	13	-	3	-
Eduardo Valentin Rabanal Jaramillo	30.01.1997	2	-	13	-
Javier Sebastián Robles (ARG)	18.01.1985	-	-	10	1
Ryan Zonath Salazar Rivera	25.02.1981	16	1	13	1
Julio Edson Uribe Elera	09.05.1982			14	-
Forwards:					
Jairzinho Julio Baylón Iglesias	26.02.1989	7	-	11	-
Diego Alonso Bejarano Aguinaga	09.03.1993	-	-	-	-
John Jairo Castillo Angulo (COL)	22.03.1984	2	1	3	-
José Elvis Gonzales Núñez	27.05.1995	-	-	-	-
Diego Antonio Ramírez Cutti	02.11.1994	-	-	-	-
Víctor Alonso Rossel Del Mar	05.11.1985	16	8	14	9
Ryan Zonath Salazar Rivera (COL)	11.08.1990	15	2	16	1
Manuel Angel Tejada Medina	12.01.1989	8	-	-	-
Jorge Isaac Vílchez Calla	13.04.1991	-	-	-	-
Trainer:					
Josué Ricardo Martínez Herrera (COL) [03.03.-07.05.2015]	04.10.1965	2			
José Teodoro Salas Jáuregui [08.05.-30.06.2015]	17.07.1943	4			
Javier Silvano Arce Arias [01.07.-09.08.2015]	28.02.1957	9			
Rafael Castillo Lazón [as of 10.08.2015]	26.09.1960	1		16	

CLUB UNIVERSITARIO DE DEPORTES LIMA
Foundation date: August 7, 1924
Address: Avenida Javier Prado Este, 77 Ate-Vitarte, Lima
Stadium: Estadio Monumental del Perú, Lima – Capacity: 80,093

THE SQUAD

	DOB	Ape M	Ape G	Cla M	Cla G
Goalkeepers:					
Carlos Esteban Cáceda Reyes	27.09.1991	-	-	-	-
José Aurelio Carvallo Alonso	16.03.1986	10	-	7	-
Raúl Fernández Valverde	06.10.1975	6	-	9	-
Patrick Sergei Zunczuk Meléndez	21.02.1995	-	-	-	-
Defenders:					
Gerson Alexis Barreto Gamboa	18.08.1995	1	-	-	-
Horacio Cristian Benincasa Olaya	11.04.1994	10	1	16	3
Diego Armando Chávez Ramos	07.03.1993	15	-	14	-
Néstor Alonso Duarte Carassa	08.09.1990	4	-	12	1
Gustavo Alfonso Dulanto Sanguinetti	05.09.1995	11	1	2	-
Braynner Yezid García Leal (COL)	06.09.1986	13	1	5	1
Carlos Roberto Neyra Layva	24.05.1995	-	-	-	-
Javier Eduardo Núñez Mendoza	23.01.1997	6	-	-	-
Ángel Elías Romero Iparraguirre	09.08.1990	5	-	8	-
Midfielders:					
Alvaro Francisco Ampuero García Rosell	25.09.1992	5	-	1	-
José Luis Cáceres Zevallos	25.01.1995	-	-	-	-
Rodrigo Cuba Piedra	17.05.1992	-	-	11	-
Antonio Emiliano Gonzáles Canchari	16.05.1986	3	-	15	-
Christofer Gonzáles Crespo	12.10.1992	5	-		
Carlos Javier Grossmüller (URU)	04.05.1983	8	1		
Rafael Nicanor Guarderas Saravia	12.09.1993	6	-		
Juan Diego Gutierrez De las Casas	28.04.1992	15	1	10	1
César Andrés Huamantica Semorile	10.10.1996	9	1	-	-
Claudio Franco Namoc Zavaleta	19.07.1996	1	-	-	-
Gerson André Panduro Alvarado	01.08.1995	-	-	-	-
Emmanuel Jesús Paucar Reyes	09.08.1996	8	-	8	-
Andy Maelo Reátegui Castillo	14.06.1995	4	-	-	-
Josimar Hugo Vargas García	06.04.1990	14	-	14	1
Forwards:					
Joaquín Aldaír Aguirre Luza	24.07.1995	3	-	13	-
Germán Ariel Alemanno (ARG)	27.09.1983	11	-	14	2
Héctor Sebastián Bravo Quispe	22.05.1997	5	-	-	-
Édison Michael Flores Peralta	14.05.1994	15	1	9	2
Henry Damián Giménez Báez (URU)	13.03.1986	-	-	7	-
Maximiliano Jorge Giusti (ARG)	18.02.1991	-	-	9	2
Gonzalo Maldonado Lostaunau	18.05.1994	1	-		
Andy Jorman Polo Andrade	29.09.1994	10	-	14	1
Liber Daniel Quiñones Prieto (URU)	11.02.1985	7	-		
Raúl Mario Ruidíaz Misitich	25.07.1990	-	-	13	12
Kevin Ruíz Rosales	14.02.1995	-	-	-	-
Roberto Siucho Neyra	07.02.1997	8	1	9	-
Trainer:					
Luis Fernando Suárez Guzman (COL) [07.04.-31.08.2015]	23.12.1959	16			
Roberto Carlos Challe Olarte [as of 01.09.2015]	24.11.1946			16	

499

SECOND LEVEL
Segunda División 2015

1. CSDC Comerciantes Unidos Cutervo[1] (*Promoted*)	22	14	3	5	46	-	33	43
2. CCD Los Caimanes de Puerto Etén	22	12	5	5	33	-	26	41
3. Club Atlético Torino Talara[1]	22	11	4	7	30	-	24	35
4. CDSC Willy Serrato Puse Pimentel	22	10	4	8	34	-	28	34
5. Club Deportivo Coopsol Lima	22	9	7	6	30	-	27	34
6. CDSC Alianza Universidad de Huánuco	22	8	7	7	36	-	24	31
7. Sport Boys Association Callao[2]	22	10	4	8	35	-	24	30
8. Club Sport Unión Huaral	22	9	3	10	27	-	24	30
9. Club Sport Victoria Ica	22	5	8	9	28	-	31	23
10. CSD Carlos A. Manucci Trujillo[1]	22	5	8	9	24	-	32	21
11. Club Atlético Minero Matucana	22	3	6	13	15	-	39	15
12. Club Deportivo Comunitario Laboral San Simón[3] (*Relegated*)	22	4	5	13	14	-	38	9

Please note:
[1] 2 points deducted.
[2] 4 points deducted.
[3] 8 points deducted.

	NATIONAL TEAM INTERNATIONAL MATCHES (16.07.2015 – 15.07.2016)			
04.09.2015	Washington D.C:	United States - Peru	2-1(0-1)	(F)
08.09.2015	Harrison	Colombia - Peru	1-1(1-0)	(F)
08.10.2015	Barranquilla	Colombia - Peru	2-0(1-0)	(WCQ)
13.10.2015	Lima	Peru - Chile	3-4(2-3)	(WCQ)
13.11.2015	Lima	Peru - Paraguay	1-0(1-0)	(WCQ)
17.11.2015	Salvador	Brazil - Brazil - Peru	3-0(1-0)	(WCQ)
24.03.2016	Lima	Peru - Venezuela	2-2(0-1)	(WCQ)
29.03.2016	Montevideo	Uruguay - Peru	1-0(0-0)	(WCQ)
23.05.2016	Lima	Peru – Trinidad and Tobago	4-0(2-0)	(F)
28.05.2016	Washington D.C.	Peru – El Salvador	3-1(1-0)	(F)
04.06.2016	Seattle	Haiti - Peru	0-1(0-0)	(CA)
08.06.2016	Glendale	Ecuador - Peru	2-2(1-2)	(CA)
12.06.2016	Foxborough	Brazil - Peru	0-1(0-0)	(CA)
16.06.2016	East Rutherford	Peru - Colombia	2-4 pen	(CA)

05.09.2015, Friendly International
"Robert F. Kennedy" Memorial Stadium, Washington D.C.; Attendance: 28,896
Referee: Francisco Chacón Gutiérrez (Mexico)
UNITED STATES - PERU **2-1(0-1)**
PER: Pedro David Gallese Quiroz (14/0), Carlos Augusto Zambrano Ochandarte (36/4), Luis Jan Piers Advíncula Castrillón (49/0), Josepmir Aarón Ballón Villacorta (42/0) [65.Renato Tapia Cortijo (2/0)], Carlos Augusto Lobatón Espejo (40/1) [72.Víctor Yoshimar Yotún Flores (46/1)], Christian Alberto Cueva Bravo (15/1) [82.Édison Michael Flores Peralta (3/0)], Juan Manuel Vargas Risco (60/4), Carlos Antonio Ascues Ávila (14/5), Jefferson Agustín Farfán Guadalupe (70/18), Daniel Mackensi Chávez Castillo (17/1) [82.Iván Bulos Guerrero (1/0)], André Martín Carrillo Díaz (28/2) [64.Cristopher Paolo César Hurtado Huertas (21/2)]. Trainer: Ricardo Alberto Gareca Nardi (Argentina, 9).
Goal: Daniel Mackensi Chávez Castillo (20).

08.09.2015, Friendly International
Red Bull Arena, Harrison (United States); Attendance: 24,800
Referee: Christopher Penso (United States)
COLOMBIA - PERU **1-1(1-0)**
PER: Pedro David Gallese Quiroz (15/0), Carlos Augusto Zambrano Ochandarte (37/4) [74.Christian Guillermo Martín Ramos Garagay (41/1)], Luis Jan Piers Advíncula Castrillón (50/0) [69.Pedro Paulo Requena Cisneros (4/0)], Carlos Augusto Lobatón Espejo (41/1) [46.Víctor Yoshimar Yotún Flores (47/1)], Christian Alberto Cueva Bravo (16/1), Juan Manuel Vargas Risco (61/4), Carlos Antonio Ascues Ávila (15/5), Renato Tapia Cortijo (3/0) [72.Josepmir Aarón Ballón Villacorta (43/0)], Jefferson Agustín Farfán Guadalupe (71/19), André Martín Carrillo Díaz (29/2) [60.Joel Melchor Sánchez Alegría (8/0)], Iván Bulos Guerrero (2/0) [60.Cristopher Paolo César Hurtado Huertas (22/2)]. Trainer: Ricardo Alberto Gareca Nardi (Argentina, 10).
Goal: Jefferson Agustín Farfán Guadalupe (89).

08.10.2015, 21st FIFA World Cup, Qualifiers
Estadio Metropolitano "Roberto Meléndez", Barranquilla; Attendance: 45,000
Referee: Antonio Javier Arias Alvarenga (Paraguay)
COLOMBIA - PERU **2-0(1-0)**
PER: Pedro David Gallese Quiroz (16/0), Carlos Augusto Zambrano Ochandarte (38/4) [79.Christian Guillermo Martín Ramos Garagay (42/1)], Luis Jan Piers Advíncula Castrillón (51/0), Jair Edson Céspedes Zegarra (6/0), Josepmir Aarón Ballón Villacorta (44/0), Carlos Augusto Lobatón Espejo (42/1), Christian Alberto Cueva Bravo (17/1), Carlos Antonio Ascues Ávila (16/5), José Paolo Guerrero Gonzales (64/24), Claudio Miguel Pizarro Bosio (82/20) [73.José Yordy Reyna Serna (14/2)], André Martín Carrillo Díaz (30/2) [82.Cristopher Paolo César Hurtado Huertas (23/2)]. Trainer: Ricardo Alberto Gareca Nardi (Argentina, 11).

13.10.2015, 21st FIFA World Cup, Qualifiers
Estadio Nacional, Lima; Attendance: 45,000
Referee: Néstor Fabián Pitana (Argentina)
PERU - CHILE **3-4(2-3)**
PER: Pedro David Gallese Quiroz (17/0), Víctor Yoshimar Yotún Flores (48/1), Carlos Augusto Zambrano Ochandarte (39/4), Luis Jan Piers Advíncula Castrillón (52/0), Josepmir Aarón Ballón Villacorta (45/0), Carlos Augusto Lobatón Espejo (43/1) [46.Renato Tapia Cortijo (4/0)], Christian Alberto Cueva Bravo (18/1), Carlos Antonio Ascues Ávila (17/5), José Paolo Guerrero Gonzales (65/25), Jefferson Agustín Farfán Guadalupe (72/21), André Martín Carrillo Díaz (31/2) [46.José Yordy Reyna Serna (15/2); 73.Joel Melchor Sánchez Alegría (9/0)]. Trainer: Ricardo Alberto Gareca Nardi (Argentina, 12).
Goals: Jefferson Agustín Farfán Guadalupe (10, 36 penalty), José Paolo Guerrero Gonzales (90+2).
Sent off: Christian Alberto Cueva Bravo (23).

13.11.2015, 21st FIFA World Cup, Qualifiers
Estadio Nacional, Lima; Attendance: 40,000
Referee: Julio Alberto González Bascuñán (Chile)
PERU - PARAGUAY **1-0(1-0)**
PER: Diego Alonso Penny Valdez (15/0), Víctor Yoshimar Yotún Flores (49/1), Carlos Augusto Zambrano Ochandarte (40/4), Luis Jan Piers Advíncula Castrillón (53/0), Carlos Augusto Lobatón Espejo (44/1), Carlos Antonio Ascues Ávila (18/5), Renato Tapia Cortijo (5/0) [73.Josepmir Aarón Ballón Villacorta (46/0)], José Paolo Guerrero Gonzales (66/25), Claudio Miguel Pizarro Bosio (83/20) [84.Cristopher Paolo César Hurtado Huertas (24/2)], Jefferson Agustín Farfán Guadalupe (73/22), José Yordy Reyna Serna (16/2) [90+3.Christofer Gonzáles Crespo (6/1)]. Trainer: Ricardo Alberto Gareca Nardi (Argentina, 13).
Goal: Jefferson Agustín Farfán Guadalupe (20).

17.11.2015, 21st FIFA World Cup, Qualifiers
Itaipava Arena Fonte Nova, Salvador; Attendance: 45,558
Referee: José Hernando Buitrago Arango (Colombia)
BRAZIL - PERU **3-0(1-0)**
PER: Diego Alonso Penny Valdez (16/0), Víctor Yoshimar Yotún Flores (50/1), Carlos Augusto Zambrano Ochandarte (41/4), Luis Jan Piers Advíncula Castrillón (54/0), Cristopher Paolo César Hurtado Huertas (25/2) [65.José Yordy Reyna Serna (17/2)], Carlos Augusto Lobatón Espejo (45/1) [70.Christofer Gonzáles Crespo (7/1)], Christian Alberto Cueva Bravo (19/1), Carlos Antonio Ascues Ávila (19/5), Renato Tapia Cortijo (6/0) [70.Josepmir Aarón Ballón Villacorta (47/0)], José Paolo Guerrero Gonzales (67/25), Jefferson Agustín Farfán Guadalupe (74/22). Trainer: Ricardo Alberto Gareca Nardi (Argentina, 14).

24.03.2016, 21st FIFA World Cup, Qualifiers
Estadio Nacional, Lima; Attendance: 35,459
Referee: Enrique Patricio Cáceres Villafañe (Paraguay)
PERU - VENEZUELA   **2-2(0-1)**
PER: Pedro David Gallese Quiroz (18/0), Carlos Augusto Zambrano Ochandarte (42/4), Luis Jan Piers Advíncula Castrillón (55/0), Josepmir Aarón Ballón Villacorta (48/0), Christian Alberto Cueva Bravo (20/1), Juan Manuel Vargas Risco (62/4), Carlos Antonio Ascues Ávila (20/5), Renato Tapia Cortijo (7/0) [51.Carlos Augusto Lobatón Espejo (46/1)], José Paolo Guerrero Gonzales (68/26), Claudio Miguel Pizarro Bosio (84/20) [60.Raúl Mario Ruidíaz Misitich (11/1)], Jefferson Agustín Farfán Guadalupe (75/22) [60.Édison Michael Flores Peralta (4/0)]. Trainer: Ricardo Alberto Gareca Nardi (Argentina, 15).
Goals: José Paolo Guerrero Gonzales (61), Raúl Mario Ruidíaz Misitich (90+4).

29.03.2016, 21st FIFA World Cup, Qualifiers
Estadio Centenario, Montevideo; Attendance: 55,000
Referee: Roddy Alberto Zambrano Olmedo (Ecuador)
URUGUAY - PERU   **1-0(0-0)**
PER: Pedro David Gallese Quiroz (19/0), Alberto Junior Rodríguez Valdelomar (52/0), Christian Guillermo Martín Ramos Garagay (43/1), Luis Jan Piers Advíncula Castrillón (56/0), Jair Edson Céspedes Zegarra (7/0), Christian Alberto Cueva Bravo (21/1), Carlos Antonio Ascues Ávila (21/5) [65.Adán Adolfo Balbín Silva (12/0)], Renato Tapia Cortijo (8/0) [63.Víctor Yoshimar Yotún Flores (51/1)], José Paolo Guerrero Gonzales (69/26), Claudio Miguel Pizarro Bosio (85/20) [49.Raúl Mario Ruidíaz Misitich (12/1)], Andy Jorman Polo Andrade (1/0). Trainer: Ricardo Alberto Gareca Nardi (Argentina, 16).

23.05.2016, Friendly International
Estadio Nacional, Lima; Attendance: 20,000
Referee: Luis Sánchez González (Colombia)
PERU – TRINIDAD AND TOBAGO   **4-0(2-0)**
PER: Pedro David Gallese Quiroz (20/0), Alberto Junior Rodríguez Valdelomar (53/0) [69.Luis Alfonso Abram Ugarelli (1/0)], Renzo Revoredo Zuazo (19/0), Christian Guillermo Martín Ramos Garagay (44/1), Miguel Ángel Trauco Saavedra (3/0) [83.Jair Edson Céspedes Zegarra (8/0)], Adán Adolfo Balbín Silva (13/0) [55.Renato Tapia Cortijo (9/0)], Óscar Christopher Vílchez Soto (2/0) [56.Víctor Yoshimar Yotún Flores (52/1)], Christian Alberto Cueva Bravo (22/2), Alejandro Hohberg González (1/0) [70.Armando André Alfageme Palacios (1/0)], Édison Michael Flores Peralta (5/1) [57.Cristian Benavente Bristol (10/2)], Luiz Humberto da Silva Silva (1/1). Trainer: Ricardo Alberto Gareca Nardi (Argentina, 17).
Goals: Christian Alberto Cueva Bravo (36), Luiz Humberto da Silva Silva (39), Édison Michael Flores Peralta (50), Cristian Benavente Bristol (90+3 penalty).

28.05.2016, Friendly International
"Robert F. Kennedy" Memorial Stadium, Washington D.C. (United States); Attendance: 10,000
Referee: Vladrin Legister (Jamaica)
PERU – EL SALVADOR   **3-1(1-0)**
PER: Carlos Alberto Cáceda Ollaguez (1/0) [69.Diego Alonso Penny Valdez (17/0)], Alberto Junior Rodríguez Valdelomar (54/0) [80.Luis Alfonso Abram Ugarelli (2/0)], Renzo Revoredo Zuazo (20/0), Víctor Yoshimar Yotún Flores (53/2), Jair Edson Céspedes Zegarra (9/0), Adán Adolfo Balbín Silva (14/0) [60.Armando André Alfageme Palacios (2/0)], Renato Tapia Cortijo (10/0) [67.Christian Guillermo Martín Ramos Garagay (45/1)], Cristian Benavente Bristol (11/2) [57.Óscar Christopher Vílchez Soto (3/0)], Raúl Mario Ruidíaz Misitich (13/2), Andy Jorman Polo Andrade (2/1), Luiz Humberto da Silva Silva (2/1) [57.Édison Michael Flores Peralta (6/1)]. Trainer: Ricardo Alberto Gareca Nardi (Argentina, 18).
Goals: Raúl Mario Ruidíaz Misitich (11), Andy Jorman Polo Andrade (60), Víctor Yoshimar Yotún Flores (90+3).

04.06.2016, 45th Copa América, Group Stage
CenturyLink Field, Seattle (United States); Attendance: 20,190
Referee: Jhon Pitti (Panama)
HAITI - PERU **0-1(0-0)**
PER: Pedro David Gallese Quiroz (21/0), Alberto Junior Rodríguez Valdelomar (55/0), Renzo Revoredo Zuazo (21/0), Christian Guillermo Martín Ramos Garagay (46/1), Miguel Ángel Trauco Saavedra (4/0), Óscar Christopher Vílchez Soto (4/0), Christian Alberto Cueva Bravo (23/2) [75.Víctor Yoshimar Yotún Flores (54/2)], Renato Tapia Cortijo (11/0), Alejandro Hohberg González (2/0) [83.Andy Jorman Polo Andrade (3/1)], José Paolo Guerrero Gonzales (70/27), Édison Michael Flores Peralta (7/1) [90+1.Luiz Humberto da Silva Silva (3/1)]. Trainer: Ricardo Alberto Gareca Nardi (Argentina, 19).
Goal: José Paolo Guerrero Gonzales (61).

08.06.2016, 45th Copa América, Group Stage
University of Phoenix, Glendale (United States); Attendance: 11,937
Referee: Wilmar Alexander Roldán Pérez (Colombia)
ECUADOR - PERU **2-2(1-2)**
PER: Pedro David Gallese Quiroz (22/0), Alberto Junior Rodríguez Valdelomar (56/0), Renzo Revoredo Zuazo (22/0), Christian Guillermo Martín Ramos Garagay (47/1), Miguel Ángel Trauco Saavedra (5/0), Óscar Christopher Vílchez Soto (5/0) [73.Raúl Mario Ruidíaz Misitich (14/2)], Christian Alberto Cueva Bravo (24/3), Renato Tapia Cortijo (12/0), Alejandro Hohberg González (3/0) [50.Andy Jorman Polo Andrade (4/1)], José Paolo Guerrero Gonzales (71/27), Édison Michael Flores Peralta (8/2) [89.Víctor Yoshimar Yotún Flores (55/2)]. Trainer: Ricardo Alberto Gareca Nardi (Argentina, 20).
Goals: Christian Alberto Cueva Bravo (5), Édison Michael Flores Peralta (13).

12.06.2016, 45th Copa América, Group Stage
Gillette Stadium, Foxborough (United States); Attendance: 36,187
Referee: Andrés Ismael Cunha Soca (Uruguay)
BRAZIL - PERU **0-1(0-0)**
PER: Pedro David Gallese Quiroz (23/0), Alberto Junior Rodríguez Valdelomar (57/0), Aldo Sebastián Corzo Chávez (9/0), Christian Guillermo Martín Ramos Garagay (48/1), Miguel Ángel Trauco Saavedra (6/0), Adán Adolfo Balbín Silva (15/0) [46.Víctor Yoshimar Yotún Flores (56/2)], Óscar Christopher Vílchez Soto (6/0), Christian Alberto Cueva Bravo (25/3) [90+1.Renato Tapia Cortijo (13/0)], José Paolo Guerrero Gonzales (72/27), Andy Jorman Polo Andrade (5/1), Édison Michael Flores Peralta (9/2) [64.Raúl Mario Ruidíaz Misitich (15/3)]. Trainer: Ricardo Alberto Gareca Nardi (Argentina, 21).
Goal: Raúl Mario Ruidíaz Misitich (75).

16.06.2016, 45th Copa América, Quarter-Finals
MetLife Stadium, East Rutherford (United States); Attendance: 79,194
Referee: Patricio Hernán Loustau (Argentina)
PERU - COLOMBIA **0-0; 2-4 on penalties**
PER: Pedro David Gallese Quiroz (24/0), Alberto Junior Rodríguez Valdelomar (58/0), Aldo Sebastián Corzo Chávez (10/0), Christian Guillermo Martín Ramos Garagay (49/1), Miguel Ángel Trauco Saavedra (7/0), Óscar Christopher Vílchez Soto (7/0), Christian Alberto Cueva Bravo (26/3), Renato Tapia Cortijo (14/0), José Paolo Guerrero Gonzales (73/27), Andy Jorman Polo Andrade (6/1) [81.Cristian Benavente Bristol (12/2)], Édison Michael Flores Peralta (10/2) [77.Raúl Mario Ruidíaz Misitich (16/3)]. Trainer: Ricardo Alberto Gareca Nardi (Argentina, 22).
Penalties: Raúl Mario Ruidíaz Misitich, Renato Tapia Cortijo, Miguel Ángel Trauco Saavedra (missed), Christian Alberto Cueva Bravo (missed).

NATIONAL TEAM PLAYERS
2015/2016

Name [Club 2015/2016]	DOB	Caps	Goals

(Caps and goals at 15.07.2016)

Goalkeepers

Carlos Alberto CÁCEDA Ollaguez [2016: Club Universitario de Deportes Lima]	27.09.1991	1	0
Pedro David GALLESE Quiroz [2015/2016: Club Juan Aurich de Chiclayo]	23.04.1990	24	0
Diego Alonso PENNY Valdez [2015/2016: Club Sporting Cristal Lima]	22.04.1984	17	0

Defenders

Luis Alfonso ABRAM Ugarelli [2016: Club Sporting Cristal Lima]	27.02.1996	2	0
Luis Jan Piers ADVÍNCULA Castrillón [2015: Bursaspor Kulübü (TUR); 09.01.2016-> CA Newell's Old Boys Rosario (ARG)]	02.03.1990	56	0
Adán Adolfo BALBÍN Silva [2016: Club Universitario de Deportes Lima]	13.10.1986	15	0
Jair Edson CÉSPEDES Zegarra [2015: Club Juan Aurich de Chiclayo; 01.01.2016-> Club Sporting Cristal Lima]	22.05.1984	9	0
Aldo Sebastián CORZO Chávez [2016: CD Universidad San Martín de Porres]	20.04.1989	10	0
Christian Guillermo Martín RAMOS Garagay [2015/2016: Club Juan Aurich de Chiclayo]	04.11.1988	49	1
Pedro Paulo REQUENA Cisneros [2015: CSCD Universidad César Vallejo Trujillo]	24.01.1991	4	0
Renzo REVOREDO Zuazo [2016: Club Sporting Cristal Lima]	11.05.1986	22	0
Alberto Junior RODRÍGUEZ Valdelomar [2016: Club Sporting Cristal Lima]	31.03.1984	58	0
Miguel Ángel TRAUCO Saavedra [2016: Club Universitario de Deportes Lima]	25.08.1992	7	0
Víctor Yoshimar YOTÚN Flores [2015/2016: Malmö FF (SWE)]	07.04.1990	56	2
Carlos Augusto ZAMBRANO Ochandarte [2015/2016: SG Eintracht Frankfurt (GER)]	10.07.1989	42	4

Midfielders

Armando André ALFAGEME Palacios [2016: Club Centro Deportivo Municipal Lima]	03.11.1990	2	0
Carlos Antonio ASCUES Ávila [2015/2016: VfL Wolfsburg (GER)]	06.06.1992	21	5
Josepmir Aaron BALLÓN Villacorta [2015/2016: Club Sporting Cristal Lima]	21.03.1988	48	0
Cristian BENAVENTE Bristol [2016: R Charleroi SC (BEL)]	19.05.1994	12	2

Christian Alberto CUEVA Bravo [2015/2016: Deportivo Toluca FC (MEX)]	23.11.1991	26	3
Christofer GONZÁLES Crespo [2015: CSD Colo Colo Santiago]	12.10.1992	7	1
Alejandro HOHBERG González [2016: CD Universidad César Vallejo Trujillo]	20.09.1991	3	0
Christopher Paolo César HURTADO Huertas [2015/2016: Reading FC London (ENG)]	27.07.1990	25	2
Carlos Augusto LOBATÓN Espejo [2015/2016: Club Sporting Cristal Lima]	06.02.1980	47	1
Joel Melchor SÁNCHEZ Alegría [2015: CD Universidad San Martín de Porres]	11.07.1989	9	0
Renato TAPIA Cortijo [2015/2016: FC Twente Enschede (NED)]	28.07.1995	14	0
Juan Manuel VARGAS Risco [2015/2016: Real Betis Balompié Sevilla (ESP)]	05.10.1983	62	4
Óscar Christopher VÍLCHEZ Soto [2016: Club Alianza Lima]	21.01.1986	7	0

Forwards			
Iván BULOS Guerrero [2015: Club Centro Deportivo Municipal Lima]	20.05.1993	2	0
André Martín CARRILLO Díaz [2015/2016: Sporting Clube de Portugal Lisboa (POR)]	14.06.1991	31	2
Daniel Mackensi CHÁVEZ Castillo [2015: CSCD Universidad César Vallejo Trujillo]	08.01.1988	17	1
Luiz Humberto DA SILVA Silva [2015/2016: PSV Eindhoven (NED)]	28.12.1996	3	1
Jefferson Agustín FARFÁN Guadalupe [2015/2016: Al Jazira Sports & Cultural Club Abu Dhabi (UAE)]	26.10.1984	75	22
Édison Michael FLORES Peralta [2015/2016: Club Universitario de Deportes Lima]	15.05.1994	10	2
José Paolo GUERRERO Gonzales [2015/2016: CR Flamengo Rio de Janeiro (BRA)]	01.01.1984	73	27
Claudio Miguel PIZARRO Bosio [2015/2016: SV Werder Bremen (GER)]	03.10.1978	85	20
Andy Jorman POLO Andrade [2016: Club Universitario de Deportes Lima]	29.09.1994	6	1
José Yordy REYNA Serna [2015/2016: FC Red Bull Salzburg (AUT)]	17.09.1993	17	2
Raúl Mario RUIDÍAZ Misitich [2016: Club Universitario de Deportes Lima]	25.07.1990	16	3

National Trainers		
Ricardo Alberto GARECA Nardi (Argentina)	10.02.1958	22 M; 8 W; 6 D; 8 L; 28-25

URUGUAY

The Country:
República Oriental del Uruguay (Oriental Republic of Uruguay) Capital: Montevideo Surface: 176,215 km² Inhabitants: 3,324,460 Time: UTC-3

The FA:
Asociación Uruguaya de Fútbol Guayabo 1531, Montevideo 11200 Year of Formation: 1900 Member of FIFA since: 1923 Member of CONMEBOL since: 1916 Internet: www.auf.org.uy

NATIONAL TEAM RECORDS	
First international match:	20.07.1902, Montevideo: Uruguay – Argentina 0-6
Most international caps:	Diego Martín Forlán Corazzo – 112 caps (2002-2014)
Most international goals:	Luis Alberto Suárez Díaz – 44 goals / 84 caps (since 2007)

OLYMPIC GAMES 1900-2012
1924 (Winners), 1928 (Winners)

FIFA CONFEDERATIONS CUP 1992-2009
1997, 2013

COPA AMÉRICA	
1916	**Winners**
1917	**Winners**
1919	Runners-up
1920	**Winners**
1921	3rd Place
1922	3rd Place
1923	**Winners**
1924	**Winners**
1925	Withdrew
1926	**Winners**
1927	Runners-up
1929	3rd Place
1935	**Winners**
1937	3rd Place
1939	Runners-up
1941	Runners-up
1942	**Winners**
1945	4th Place
1946	4th Place
1947	3rd Place
1949	6th Place
1953	3rd Place
1955	4th Place
1956	**Winners**
1957	3rd Place
1959	5th Place
1959E	**Winners**
1963	*Withdrew*
1967	**Winners**
1975	Semi-Finals
1979	Round 1
1983	**Winners**
1987	**Winners**
1989	Runners-up
1991	Group Stage
1993	Quarter-Finals
1995	**Winners**
1997	Group Stage
1999	Runners-up
2001	Semi-Finals
2004	3rd Place
2007	Semi-Finals
2011	**Winners**
2015	Quarter-Finals
2016	Group Stage

FIFA WORLD CUP	
1930	**Final Tournament (Winners)**
1934	*Withdrew*
1938	Did not enter
1950	**Final Tournament (Winners)**
1954	Final Tournament (Semi-Finals)
1958	Qualifiers
1962	Final Tournament (Group Stage)
1966	Final Tournament (Quarter-Finals)
1970	Final Tournament (4th Place)
1974	Final Tournament (Group Stage)
1978	Qualifiers
1982	Qualifiers
1986	Final Tournament (2nd Round of 16)
1990	Final Tournament (2nd Round of 16)
1994	Qualifiers
1998	Qualifiers
2002	Final Tournament (Group Stage)
2006	Qualifiers
2010	Final Tournament (4th Place)
2014	Final Tournament (2nd Round of 16)

PANAMERICAN GAMES	
1951	Did not enter
1955	Did not enter
1959	Did not enter
1963	4th Place
1967	Did not enter
1971	Did not enter
1975	Round 1
1979	Did not enter
1983	**Winners**
1987	Did not enter
1991	Did not enter
1995	Did not enter
1999	Round 1
2003	Did not enter
2007	Did not enter
2011	3rd Place

PANAMERICAN CHAMPIONSHIP	
1952	3rd Place
1956	Did not enter
1960	Did not enter

URUGUAYAN CLUB HONOURS IN SOUTH AMERICAN CLUB COMPETITIONS:
COPA LIBERTADORES 1960-2015
Club Atlético Peñarol Montevideo (1960, 1961, 1966, 1982, 1987)   Club Nacional de Football Montevideo (1971, 1980, 1988)
COPA SUDAMERICANA 2002-2015
None
RECOPA SUDAMERICANA 1989-2015
Club Nacional de Football Montevideo (1989)
COPA CONMEBOL 1992-1999
None
SUPERCUP „JOÃO HAVELANGE" 1988-1997*
None
COPA MERCOSUR 1998-2001**
None

*Contested betwenn winners of all previous editions of the Copa Libertadores
**Contested between teams belonging countries from the southern part of South America (Argentina, Brazil, Chile, Paraguay and Uruguay).

NATIONAL COMPETITIONS
TABLE OF HONOURS

NATIONAL CHAMPIONS
1900-2016

	THE AMATEUR ERA
	Uruguay Association Foot-ball League
1900	Central Uruguay Railway Cricket Club Montevideo (CURCC)
1901	Central Uruguay Railway Cricket Club Montevideo
1902	Club Nacional de Football Montevideo
1903	Club Nacional de Football Montevideo
1904	*No competition*
1905	Central Uruguay Railway Cricket Club Montevideo
1906	Montevideo Wanderers FC
1907	Central Uruguay Railway Cricket Club Montevideo
	Liga Uruguaya
1908	River Plate FC Montevideo
1909	Montevideo Wanderers FC
1910	River Plate FC Montevideo
1911	Central Uruguay Railway Cricket Club Montevideo
1912	Club Nacional de Football Montevideo
1913	River Plate FC Montevideo
1914	River Plate FC Montevideo
	Asociación Uruguaya de Foot-ball
1915	Club Nacional de Football Montevideo
1916	Club Nacional de Football Montevideo
1917	Club Nacional de Football Montevideo
1918	CA Peñarol Montevideo
1919	Club Nacional de Football Montevideo
1920	Club Nacional de Football Montevideo
1921	CA Peñarol Montevideo
1922	Club Nacional de Football Montevideo
1923	Club Nacional de Football Montevideo
1924	Club Nacional de Football Montevideo
1925	*Championship not finished*
	Consejo Provisorio
1926	CA Peñarol Montevideo
	Asociación Uruguaya de Foot-ball
1927	Rampla Juniors FC Montevideo
1928	CA Peñarol Montevideo
1929	CA Peñarol Montevideo
1930	*No competition*
1931	Montevideo Wanderers FC
	THE PROFESSIONAL ERA
	Asociación Uruguaya de Fútbol
1932	CA Peñarol Montevideo
1933	Club Nacional de Football Montevideo
1934	Club Nacional de Football Montevideo
1935	CA Peñarol Montevideo
1936	CA Peñarol Montevideo

1937	CA Peñarol Montevideo
1938	CA Peñarol Montevideo
1939	Club Nacional de Football Montevideo
1940	Club Nacional de Football Montevideo
1941	Club Nacional de Football Montevideo
1942	Club Nacional de Football Montevideo
1943	Club Nacional de Football Montevideo
1944	CA Peñarol Montevideo
1945	CA Peñarol Montevideo
1946	Club Nacional de Football Montevideo
1947	Club Nacional de Football Montevideo
1948	*Championship not fiished*
1949	CA Peñarol Montevideo
1950	Club Nacional de Football Montevideo
1951	CA Peñarol Montevideo
1952	Club Nacional de Football Montevideo
1953	CA Peñarol Montevideo
1954	CA Peñarol Montevideo
1955	Club Nacional de Football Montevideo
1956	Club Nacional de Football Montevideo
1957	Club Nacional de Football Montevideo
1958	CA Peñarol Montevideo
1959	CA Peñarol Montevideo
1960	CA Peñarol Montevideo
1961	CA Peñarol Montevideo
1962	CA Peñarol Montevideo
1963	Club Nacional de Football Montevideo
1964	CA Peñarol Montevideo
1965	CA Peñarol Montevideo
1966	Club Nacional de Football Montevideo
1967	CA Peñarol Montevideo
1968	CA Peñarol Montevideo
1969	Club Nacional de Football Montevideo
1970	Club Nacional de Football Montevideo
1971	Club Nacional de Football Montevideo
1972	Club Nacional de Football Montevideo
1973	CA Peñarol Montevideo
1974	CA Peñarol Montevideo
1975	CA Peñarol Montevideo
1976	Defensor SC Montevideo
1977	Club Nacional de Football Montevideo
1978	CA Peñarol Montevideo
1979	CA Peñarol Montevideo
1980	Club Nacional de Football Montevideo
1981	CA Peñarol Montevideo
1982	CA Peñarol Montevideo
1983	Club Nacional de Football Montevideo
1984	Central Español FC Montevideo
1985	CA Peñarol Montevideo
1986	CA Peñarol Montevideo
1987	Defensor SC Montevideo
1988	Danubio FC Montevideo

1989	CA Progreso Montevideo
1990	CA Bella Vista Montevideo
1991	Defensor SC Montevideo
1992	Club Nacional de Football Montevideo
1993	CA Peñarol Montevideo
1994	CA Peñarol Montevideo
1995	CA Peñarol Montevideo
1996	CA Peñarol Montevideo
1997	CA Peñarol Montevideo
1998	Club Nacional de Football Montevideo
1999	CA Peñarol Montevideo
2000	Club Nacional de Football Montevideo
2001	Club Nacional de Football Montevideo
2002	Club Nacional de Football Montevideo
2003	CA Peñarol Montevideo
2004	Danubio FC Montevideo
2005	Club Nacional de Football Montevideo
2005/2006	Club Nacional de Football Montevideo
2006/2007	Danubio FC Montevideo
2007/2008	Defensor SC Montevideo
2008/2009	Club Nacional de Football Montevideo
2009/2010	CA Peñarol Montevideo
2010/2011	Club Nacional de Football Montevideo
2011/2012	Club Nacional de Football Montevideo
2012/2013	CA Peñarol Montevideo
2013/2014	Danubio FC Montevideo
2014/2015	Club Nacional de Football Montevideo
2015/2016	CA Peñarol Montevideo

Year	BEST GOALSCORERS	
1932	Juan Labraga (Rampla Juniors FC Montevideo)	17
1933	Juan Young (CA Peñarol Montevideo)	33
1934	Aníbal Ciocca (Club Nacional de Football Montevideo)	13
1935	Antonio Cataldo (Defensor SC Montevideo)	12
1936	Aníbal Ciocca (Club Nacional de Football Montevideo)	14
1937	Horacio Tellechea (CA Peñarol Montevideo)	16
1938	Atilio Ceferino García Pérez (ARG, Club Nacional de Football Montevideo)	20
1939	Atilio Ceferino García Pérez (ARG, Club Nacional de Football Montevideo)	21
1940	Atilio Ceferino García Pérez (ARG, Club Nacional de Football Montevideo)	18
1941	Atilio Ceferino García Pérez (ARG, Club Nacional de Football Montevideo)	23
1942	Atilio Ceferino García Pérez (ARG, Club Nacional de Football Montevideo)	19
1943	Atilio Ceferino García Pérez (ARG, Club Nacional de Football Montevideo)	18
1944	Atilio Ceferino García Pérez (ARG, Club Nacional de Football Montevideo)	21
1945	Nicolás Falero (CA Peñarol Montevideo) Juan Alberto Schiaffino Villano (CA Peñarol Montevideo)	21
1946	Atilio Ceferino García Pérez (ARG, Club Nacional de Football Montevideo)	21
1947	Nicolás Falero (CA Peñarol Montevideo)	17
1948	Óscar Omar Míguez (CA Peñarol Montevideo)	8
1949	Óscar Omar Míguez (CA Peñarol Montevideo)	20
1950	Juan Ramón Orlandi (Club Nacional de Football Montevideo)	14
1951	Juan Eduardo Hohberg (CA Peñarol Montevideo)	17
1952	Jorge Enrico (Club Nacional de Football Montevideo)	15
1953	Juan Eduardo Hohberg (CA Peñarol Montevideo)	17
1954	Juan Romay (CA Peñarol Montevideo)	12
1955	Javier Ambrois (Club Nacional de Football Montevideo)	17
1956	Carlos Carranza (CA Cerro Montevideo)	18
1957	Walter Hernández (Defensor SC Montevideo)	16
1958	Manuel Pedersen (Rampla Juniors FC Montevideo)	12
1959	Víctor Guaglianone (Montevideo Wanderers FC)	13
1960	Ángel Cabrera (CA Peñarol Montevideo)	14
1961	Alberto Spencer Herrera (ECU, CA Peñarol Montevideo)	18
1962	Alberto Spencer Herrera (ECU, CA Peñarol Montevideo)	16
1963	Pedro Virgilio Rocha Franchetti (CA Peñarol Montevideo)	18
1964	Héctor Salva (Rampla Juniors FC Montevideo)	12
1965	Pedro Virgilio Rocha Franchetti (CA Peñarol Montevideo)	15
1966	Araquem De Melo (BRA, Danubio FC Montevideo)	12
1967	Alberto Spencer Herrera (ECU, CA Peñarol Montevideo)	11
1968	Alberto Spencer Herrera (ECU, CA Peñarol Montevideo) Pedro Virgilio Rocha Franchetti (CA Peñarol Montevideo) Ruben García (CA Cerro Montevideo) Ruben Bareño (CA Cerro Montevideo)	8
1969	Luis Artime (ARG, Club Nacional de Football Montevideo)	24
1970	Luis Artime (ARG, Club Nacional de Football Montevideo)	21
1971	Luis Artime (ARG, Club Nacional de Football Montevideo)	16
1972	Juan Carlos Mamelli (Club Nacional de Football Montevideo)	20
1973	Fernando Morena Belora (CA Peñarol Montevideo)	23
1974	Fernando Morena Belora (CA Peñarol Montevideo)	27
1975	Fernando Morena Belora (CA Peñarol Montevideo)	34
1976	Fernando Morena Belora (CA Peñarol Montevideo)	18
1977	Fernando Morena Belora (CA Peñarol Montevideo)	19

Year	Player	Goals
1978	Fernando Morena Belora (CA Peñarol Montevideo)	36
1979	Waldemar Barreto Victorino (Club Nacional de Football Montevideo)	19
1980	Jorge Luis Siviero Vlahussich (Institución Atlética Sud América Montevideo)	19
1981	Ruben Walter Paz Márquez (CA Peñarol Montevideo)	17
1982	Fernando Morena Belora (CA Peñarol Montevideo)	17
1983	Roberto Arsenio Luzardo Correa (Club Nacional de Football Montevideo)	13
1984	José Villareal (Central Español FC Montevideo)	18
1985	Antonio Valentín Alzamendi Casas (CA Peñarol Montevideo)	13
1986	Juan Ramón Carrasco Torres (Club Nacional de Football Montevideo) Gerardo Miranda (Defensor SC Montevideo)	11
1987	Gerardo Miranda (Defensor SC Montevideo)	13
1988	Rubén Fernando da Silva Echeverrito (Danubio FC Montevideo)	23
1989	Johnny Miqueiro (CA Progreso Montevideo) Diego Vicente Aguirre Camblor (CA Peñarol Montevideo) Oscar Quagliata (CSD Huracán Buceo)	7
1990	Adolfo Barán (CA Peñarol Montevideo)	13
1991	Julio César Dely Valdés (PAN, Club Nacional de Football Montevideo)	16
1992	Julio César Dely Valdés (PAN, Club Nacional de Football Montevideo)	13
1993	Wilmar Rubens Cabrera Sappa (CSD Huracán Buceo)	12
1994	Darío Debray Silva Pereira (CA Peñarol Montevideo)	19
1995	Juan Antonio González Crespo (Club Nacional de Football Montevideo)	16
1996	Juan Antonio González Crespo (Club Nacional de Football Montevideo)	13
1997	Pablo Javier Bengoechea Dutra (CA Peñarol Montevideo)	10
1998	Jorge Martín Rodríguez Alba (CA River Plate Montevideo) Rubén Sosa Ardáiz (Club Nacional de Football Montevideo)	13
1999	Jorge Gabriel Álvez Fernández (Club Nacional de Football Montevideo)	24
2000	Ernesto Javier Chevantón Espinoza (Danubio FC Montevideo)	33
2001	Eliomar Marcón (BRA, Defensor SC Montevideo)	21
2002	Germán Hornos (Centro Atlético Fénix Montevideo)	25
2003	Alexander Jesús Medina Reobasco (Liverpool FC Montevideo)	22
2004	Alexander Jesús Medina Reobasco (Club Nacional de Football Montevideo) Carlos Éber Bueno Suárez (CA Peñarol Montevideo)	26
2005	Pablo Mariano Granoche Louro (Club Sportivo Miramar Misiones)	16
2005/2006	Pedro Cardoso (Rocha Fútbol Club)	17
2006/2007	Aldo Díaz (Tacuarembó FC)	15
2007/2008	Christian Ricardo Stuani (Danubio FC Montevideo) Richard Aníbal Porta Candelaresi (CA River Plate Montevideo)	19
2008/2009	Líber Quiñones (Racing Club de Montevideo) Antonio Pacheco D'Agosti (CA Peñarol Montevideo)	12
2009/2010	Antonio Pacheco D'Agosti (CA Peñarol Montevideo)	23
2010/2011	Santiago Damián García Correa (Club Nacional de Football Montevideo)	23
2011/2012	Richard Aníbal Porta Candelaresi (Club Nacional de Football Montevideo)	17
2012/2013	Juan Manuel Olivera López (CA Peñarol Montevideo)	18
2013/2014	Héctor Fabián Acuña Maciel (CA Cerro Montevideo)	20
2014/2015	Iván Daniel Alonso Vallejo (Club Nacional de Football Montevideo)	22
2015/2016	Gastón Rodríguez Maeso (Montevideo Wanderers FC) Junior Gabriel Arias Cáceres (Liverpool FC Montevideo)	19

NATIONAL CHAMPIONSHIP
Liga Profesional de Primera División 2015/2016
Torneo Uruguayo Copa „Coca-Cola" / Campeonato Uruguayo "Héctor Rivadavia Gómez"

Torneo Apertura „Ramón Barreto" 2015

Results

Round 1 [15-16.08.2015]
CPD Colonia - CA Rentistas 1-2(1-1)
CA River Plate - CA Fénix 1-2(0-1)
Club Nacional - CA Villa Teresa 4-1(2-1)
CA Juventud - Danubio FC 0-2(0-0)
CCD El Tanque - Racing Club 2-3(1-0)
Wanderers FC - Liverpool FC 1-1(0-0)
CA Cerro - CA Peñarol 0-3(0-1)
Defensor Sp. - Sud América 1-2(0-1) [02.09.]

Round 2 [22-23.08.2015]
CA Villa Teresa - Wanderers FC 2-3(0-2)
CA Peñarol - CCD El Tanque 2-2(1-0)
Racing Club - Defensor Sporting 0-2(0-1)
IA Sud América - CA Fénix 1-1(0-0)
Liverpool FC - CPD Colonia 1-2(0-1)
Danubio FC - CA Cerro 3-1(1-0)
Club Nacional - CA River Plate 2-1(0-1)
CA Juventud - CA Rentistas 0-3(0-0) [03.09.]

Round 3 [29-30.08.2015]
CA River Plate - IA Sud América 2-0(0-0)
CA Fénix - Racing Club 3-1(2-1)
CA Cerro - CA Rentistas 1-0(0-0)
CPD Colonia - CA Villa Teresa 0-1(0-1)
CCD El Tanque - Danubio FC 1-0(1-0)
Wanderers FC - Club Nacional 2-1(2-0)
Defensor Sporting - CA Peñarol 3-1(1-1)
CA Juventud - Liverpool FC 1-0(1-0) [09.09.]

Round 4 [05-06.09.2015]
Wanderers FC - CA River Plate 5-1(1-1)
Liverpool FC - CA Cerro 1-0(0-0)
CA Peñarol - CA Fénix 2-1(0-0)
CA Villa Teresa - CA Juventud 0-0
CA Rentistas - CCD El Tanque 0-2(0-0)
Racing Club - IA Sud América 2-0(2-0)
Danubio FC - Defensor Sporting 2-3(0-1)
Club Nacional - CPD Colonia 1-0(0-0)

Round 5 [11-13.09.2015]
Defensor Sporting - CA Rentistas 2-0(0-0)
CA Fénix - Danubio FC 2-1(1-0)
CA Juventud - Club Nacional 2-3(0-0)
CA River Plate - Racing Club 3-1(2-1)
CCD El Tanque - Liverpool FC 0-1(0-1)
CA Cerro - CA Villa Teresa 3-1(1-1)
CPD Colonia - Wanderers FC 1-1(1-0)
IA Sud América - CA Peñarol 1-4(0-1)

Round 6 [19-20.09.2015]
CA Villa Teresa - CCD El Tanque 0-1(0-1)
Liverpool FC - Defensor Sporting 2-1(1-0)
Danubio FC - IA Sud América 1-1(0-0)
CA Peñarol - Racing Club 3-1(1-0)
CPD Colonia - CA River Plate 3-2(1-1)
Wanderers FC - CA Juventud 0-1(0-1)
CA Rentistas - CA Fénix 0-0
Club Nacional - CA Cerro 4-3(1-1)

Round 7 [26-27.09.2015]
Racing Club - Danubio FC 0-0
IA Sud América - CA Rentistas 3-3(0-1)
CA Fénix - Liverpool FC 1-1(0-1)
CCD El Tanque - Club Nacional 1-1(0-1)
Defensor Sporting - CA Villa Teresa 1-1(0-1)
CA Cerro - Wanderers FC 1-0(0-0)
CA Juventud - CPD Colonia 1-1(1-1)
CA River Plate - CA Peñarol 4-0(1-0)

Round 8 [03-04.10.2015]
CA Villa Teresa - CA Fénix 0-2(0-2)
CA Rentistas - Racing Club 0-0
Danubio FC - CA Peñarol 0-1(0-0)
CA Juventud - CA River Plate 2-3(1-1)
CPD Colonia - CA Cerro 0-1(0-0)
Wanderers FC - CCD El Tanque 1-0(1-0)
Liverpool FC - IA Sud América 1-0(1-0)
Club Nacional - Defensor Sporting 4-0(3-0)

Round 9 [16-18.10.2015]
Defensor Sporting - Wanderers FC 2-3(0-0)
IA Sud América - CA Villa Teresa 3-1(2-0)
CA Cerro - CA Juventud 4-1(1-0)
CA Fénix - Club Nacional 0-2(0-0)
CA River Plate - Danubio FC 2-1(0-1)
Racing Club - Liverpool FC 3-1(2-0)
CCD El Tanque - CPD Colonia 0-1(0-0)
CA Peñarol - CA Rentistas 1-0(0-0)

Round 10 [23-25.10.2015]
CPD Colonia - Defensor Sporting 0-0
Wanderers FC - CA Fénix 1-1(0-0)
CA Rentistas - Danubio FC 0-2(0-0)
Club Nacional - IA Sud América 1-2(1-2)
CA Cerro - CA River Plate 1-1(1-0)
CA Juventud - CCD El Tanque 1-0(0-0)
CA Villa Teresa - Racing Club 1-2(0-0)
Liverpool FC - CA Peñarol 1-3(0-1)

Round 11 [31.10.-01.11.2015]
IA Sud América - Wanderers FC 1-0(1-0)
CA Fénix - CPD Colonia 0-0
Racing Club - Club Nacional 2-2(0-1)
Defensor Sporting - CA Juventud 4-1(2-0)
CA River Plate - CA Rentistas 2-3(1-0)
Danubio FC - Liverpool FC 4-0(3-0)
CCD El Tanque - CA Cerro 2-3(0-1)
CA Peñarol - CA Villa Teresa 4-1(1-0)

Round 12 [06-08.11.2015]
CPD Colonia - IA Sud América 1-1(0-1)
CCD El Tanque - CA River Plate 2-1(2-1)
CA Cerro - Defensor Sporting 2-3(2-2)
Wanderers FC - Racing Club 2-2(1-2)
CA Villa Teresa - Danubio FC 0-1(0-0)
CA Juventud - CA Fénix 0-1(0-1)
Liverpool FC - CA Rentistas 0-3(0-0)
Club Nacional - CA Peñarol 1-1(1-0)

Round 13 [20-22.11.2015]
Defensor Sporting - CCD El Tanque 2-2(0-1)
CA River Plate - Liverpool FC 2-2(1-2)
CA Rentistas - CA Villa Teresa 1-0(1-0)
Danubio FC - Club Nacional 2-0(1-0)
IA Sud América - CA Juventud 1-1(0-0)
CA Fénix - CA Cerro 0-1(0-0)
Racing Club - CPD Colonia 2-2(2-0)
CA Peñarol - Wanderers FC 1-1(0-0)

Round 14 [27-29.11.2015]
Defensor Sporting - CA River Plate 1-2(1-0)
CCD El Tanque - CA Fénix 1-0(1-0)
CA Cerro - IA Sud América 2-0(0-0)
CPD Colonia - CA Peñarol 1-1(0-1)
Wanderers FC - Danubio FC 0-0
CA Juventud - Racing Club 3-2(3-2)
CA Villa Teresa - Liverpool FC 0-1(0-0)
Club Nacional - CA Rentistas 3-2(1-1)

Round 15 [05-06.12.2015]
CA River Plate - CA Villa Teresa 4-0(2-0)
CA Rentistas - Wanderers FC 1-2(1-1)
Danubio FC - CPD Colonia 2-2(0-0)
IA Sud América - CCD El Tanque 1-1(0-0)
CA Fénix - Defensor Sporting 3-0(3-0)
Racing Club - CA Cerro 0-2(0-0)
Liverpool FC - Club Nacional 2-3(1-1)
CA Peñarol - CA Juventud 1-0(1-0)

	Final Standings								
1.	CA Peñarol Montevideo	15	9	4	2	28	-	17	31
2.	Club Nacional de Football Montevideo	15	9	3	3	32	-	21	30
3.	CA Cerro Montevideo	15	9	1	5	25	-	19	28
4.	Montevideo Wanderers FC	15	6	6	3	22	-	16	24
5.	CA River Plate Montevideo	15	7	2	6	31	-	25	23
6.	CA Fénix Montevideo	15	6	5	4	17	-	12	23
7.	Danubio FC Montevideo	15	6	4	5	21	-	13	22
8.	Defensor Sporting Club Montevideo	15	6	3	6	25	-	25	21
9.	CCD El Tanque Sisley Montevideo	15	5	4	6	17	-	17	19
10.	CA Rentistas Montevideo	15	5	3	7	18	-	19	18
11.	Institución Atlética Sud América Montevideo	15	4	6	5	18	-	22	18
12.	Liverpool FC Montevideo	15	5	3	7	15	-	24	18
13.	Club Plaza Colonia de Deportes Colonia del Sacramento	15	3	8	4	15	-	16	17
14.	Racing Club de Montevideo	15	4	5	6	21	-	26	17
15.	CA Juventud de Las Piedras	15	4	3	8	14	-	25	15
16.	CA Villa Teresa Montevideo	15	1	2	12	9	-	30	5

CA Peñarol Montevideo qualified for the championship semi-finals.

Torneo Clausura „100 años del Centro Atlético Fénix" 2016

Results

Round 1 [06-07.02.2016]
CA Fénix - CA River Plate 1-1(0-1)
CA Rentistas - CPD Colonia 1-3(0-1)
Liverpool FC - Wanderers FC 1-4(0-2)
IA Sud América - Defensor Sporting 2-0(0-0)
CA Villa Teresa - Club Nacional 0-3(0-2)
Racing Club - CCD El Tanque 2-0(0-0)
CA Peñarol - CA Cerro 2-1(1-0)
Danubio FC - CA Juventud 2-1(1-0)

Round 2 [13-14.02.2016]
CA River Plate - Club Nacional 0-3(0-2)
Wanderers FC - CA Villa Teresa 2-3(0-1)
CA Fénix - IA Sud América 2-0(1-0)
CPD Colonia - Liverpool FC 1-0(0-0)
CCD El Tanque - CA Peñarol 0-2(0-2)
CA Rentistas - CA Juventud 2-1(0-1)
CA Cerro - Danubio FC 1-0(0-0)
Defensor Sporting - Racing Club 1-3(0-2)

Round 3 [20-21.02.2016]
Racing Club - CA Fénix 2-2(0-1)
CA Rentistas - CA Cerro 0-0
IA Sud América - CA River Plate 2-1(1-1)
Club Nacional - Wanderers FC 2-1(1-1)
Danubio FC - CCD El Tanque 3-3(1-2)
Liverpool FC - CA Juventud 1-3(0-1)
CA Villa Teresa - CPD Colonia 1-1(0-0)
CA Peñarol - Defensor Sporting 5-1(2-1)

Round 4 [27-28.02.2016]
CA River Plate - Wanderers FC 1-1(0-1)
CA Juventud - CA Villa Teresa 0-1(0-0)
IA Sud América - Racing Club 2-2(2-1)
CA Fénix - CA Peñarol 2-0(2-0)
CA Cerro - Liverpool FC 1-0(0-0)
CCD El Tanque - CA Rentistas 2-1(1-0)
Defensor Sporting - Danubio FC 3-2(1-2)
CPD Colonia - Club Nacional 2-0(0-0)

Round 5 [05-06.03.2016]
Liverpool FC - CCD El Tanque 0-1(0-1)
CA Villa Teresa - CA Cerro 0-1(0-1)
CA Peñarol - IA Sud América 1-1(1-1)
Danubio FC - CA Fénix 0-2(0-0)
Racing Club - CA River Plate 0-1(0-0)
CA Rentistas - Defensor Sporting 0-1(0-0)
Wanderers FC - CPD Colonia 0-1(0-0)
Club Nacional - CA Juventud 1-1(0-0)

Round 6 [18-20.03.2016]
CCD El Tanque - CA Villa Teresa 0-1(0-0)
CA Fénix - CA Rentistas 1-1(0-0)
IA Sud América - Danubio FC 2-1(2-0)
Racing Club - CA Peñarol 0-1(0-0)
CA River Plate - CPD Colonia 0-1(0-1)
CA Cerro - Club Nacional 1-0(0-0)
CA Juventud - Wanderers FC 3-3(1-1)
Defensor Sporting - Liverpool FC 1-2(1-1)

Round 7 [02-03.04.2016]
Danubio FC - Racing Club 1-1(0-0)
CA Villa Teresa - Defensor Sporting 2-2(1-1)
CPD Colonia - CA Juventud 1-2(1-1)
Club Nacional - CCD El Tanque 3-1(1-1)
Wanderers FC - CA Cerro 3-1(2-0)
CA Rentistas - IA Sud América 1-0(1-0)
Liverpool FC - CA Fénix 1-1(0-0)
CA Peñarol - CA River Plate 0-2(0-1)

Round 8 [09-10.04.2016]
CA Fénix - CA Villa Teresa 1-0(1-0)
Racing Club - CA Rentistas 0-3(0-3)
CA Peñarol - Danubio FC 2-1(2-0)
IA Sud América - Liverpool FC 0-3(0-2)
CA River Plate - CA Juventud 0-0
CA Cerro - CPD Colonia 0-0
CCD El Tanque - Wanderers FC 1-3(0-1)
Defensor Sporting - Club Nacional 2-4(1-3)

Round 9 [23-24.04.2016]
Liverpool FC - Racing Club 3-2(1-1)
Wanderers FC - Defensor Sporting 0-0
CPD Colonia - CCD El Tanque 2-1(1-1)
Club Nacional - CA Fénix 1-0(0-0)
Danubio FC - CA River Plate 0-3(0-1)
CA Villa Teresa - IA Sud América 0-1(0-0)
CA Juventud - CA Cerro 1-3(1-1)
CA Rentistas - CA Peñarol 1-3(1-0)

Round 10 [28-30.04.2016]
Racing Club - CA Villa Teresa 2-3(0-2)
Danubio FC - CA Rentistas 1-2(1-1)
CCD El Tanque - CA Juventud 0-2(0-0)
CA Peñarol - Liverpool FC 1-0(0-0)
CA River Plate - CA Cerro 3-1(2-0)
CA Fénix - Wanderers FC 2-1(0-1)
Defensor Sporting - CPD Colonia 1-1(0-0)
IA Sud América - Club Nacional 1-1(1-0)

Round 11 [07-08.05.2016]
Wanderers FC - IA Sud América 0-2(0-1)
CPD Colonia - CA Fénix 1-0(0-0)
CA Villa Teresa - CA Peñarol 0-3(0-0)
CA Cerro - CCD El Tanque 2-0(1-0)
CA Rentistas - CA River Plate 2-1(2-0)
CA Juventud - Defensor Sporting 2-1(1-1)
Liverpool FC - Danubio FC 0-3(0-1)
Club Nacional - Racing Club 1-0(1-0)

Round 12 [14-15.05.2016]
CA River Plate - CCD El Tanque 1-0(0-0)
CA Fénix - CA Juventud 2-2
Racing Club - Wanderers FC 1-3(1-0)
Danubio FC - CA Villa Teresa 1-1(1-0)
Defensor Sporting - CA Cerro 1-0(0-0)
CA Rentistas - Liverpool FC 0-1(0-0)
CA Peñarol - Club Nacional 2-2(0-0)
IA Sud América - CPD Colonia 0-2(0-2)

Round 13 [21-22.05.2016]
Wanderers FC - CA Peñarol 4-1(1-0)
CA Juventud - IA Sud América 0-1(0-1)
CPD Colonia - Racing Club 2-2(2-2)
Liverpool FC - CA River Plate 1-0(0-0)
CA Villa Teresa - CA Rentistas 1-1(1-1)
CA Cerro - CA Fénix 2-1(0-1)
CCD El Tanque - Defensor Sporting 5-6(1-4)
Club Nacional - Danubio FC 0-2(0-1)

Round 14 [28-29.05.2016]
CA Fénix - CCD El Tanque 1-0(1-0)
Racing Club - CA Juventud 0-0
Danubio FC - Wanderers FC 1-4(0-1)
CA Rentistas - Club Nacional 2-0(0-0)
Liverpool FC - CA Villa Teresa 1-0(0-0)
CA River Plate - Defensor Sporting 1-2(1-0)
IA Sud América - CA Cerro 2-2(2-1)
CA Peñarol - CPD Colonia 1-2(1-1)

Round 15 [04-05.06.2016]	
Club Nacional - Liverpool FC 0-2(0-1)	CA Villa Teresa - CA River Plate 2-0(1-0)
Wanderers FC - CA Rentistas 2-1(0-1)	CCD El Tanque - IA Sud América 0-1(0-1)
CA Juventud - CA Peñarol 1-1(1-0)	Defensor Sporting - CA Fénix 1-0(0-0)
CA Cerro - Racing Club 1-2(1-1)	CPD Colonia - Danubio FC 0-0

Final Standings

1.	Club Plaza Colonia de Deportes Colonia del Sacramento	15	9	5	1	20	-	9	32
2.	CA Peñarol Montevideo	15	8	3	4	25	-	18	27
3.	Institución Atlética Sud América Montevideo	15	7	4	4	17	-	16	25
4.	Montevideo Wanderers FC	15	7	3	5	31	-	21	24
5.	Club Nacional de Football Montevideo	15	7	3	5	21	-	17	24
6.	CA Cerro Montevideo	15	7	3	5	17	-	15	24
7.	CA Fénix Montevideo	15	6	5	4	18	-	13	23
8.	Liverpool FC Montevideo	15	7	1	7	16	-	18	22
9.	CA Rentistas Montevideo	15	6	3	6	18	-	17	21
10.	Defensor Sporting Club Montevideo	15	6	3	6	23	-	29	21
11.	CA Villa Teresa Montevideo	15	5	4	6	15	-	18	19
12.	CA Juventud de Las Piedras	15	4	6	5	19	-	19	18
13.	CA River Plate Montevideo	15	5	3	7	15	-	16	18
14.	Racing Club de Montevideo	15	3	5	7	19	-	24	14
15.	Danubio FC Montevideo	15	3	4	8	18	-	25	13
16.	CCD El Tanque Sisley Montevideo	15	2	1	12	14	-	30	7

Club Plaza Colonia de Deportes Colonia del Sacramento qualified for the championship semi-finals.

Aggregate Table 2015/2016

1.	CA Peñarol Montevideo	30	17	7	6	53	-	35	58
2.	Club Nacional de Football Montevideo	30	16	6	8	53	-	38	54
3.	CA Cerro Montevideo	30	16	4	10	42	-	34	52
4.	Club Plaza Colonia de Deportes Colonia del Sacramento	30	12	13	5	35	-	25	49
5.	Montevideo Wanderers FC	30	13	9	8	53	-	37	48
6.	CA Fénix Montevideo	30	12	10	8	35	-	25	46
7.	Institución Atlética Sud América Montevideo	30	11	10	9	35	-	38	43
8.	Defensor Sporting Club Montevideo	30	12	6	12	48	-	54	42
9.	CA River Plate Montevideo	30	12	5	13	46	-	41	41
10.	Liverpool FC Montevideo	30	12	4	14	31	-	42	40
11.	CA Rentistas Montevideo	30	11	6	13	36	-	36	39
12.	Danubio FC Montevideo	30	9	8	13	39	-	38	35
13.	CA Juventud de Las Piedras	30	8	9	13	33	-	44	33
14.	Racing Club de Montevideo	30	7	10	13	40	-	50	31
15.	CCD El Tanque Sisley Montevideo	30	7	5	18	31	-	47	26
16.	CA Villa Teresa Montevideo	30	6	6	18	24	-	49	24

CA Peñarol Montevideo qualified for the championship finals.

CA Peñarol Montevideo, Club Nacional de Football Montevideo and CA Cerro Montevideo qualified for the 2017 Copa Libertadores.

Club Plaza Colonia de Deportes Colonia del Sacramento, Montevideo Wanderers FC and CA Fénix Montevideo qualified for the 2016 Copa Sudamericana.

Championship Semi-final

12.05.2016, Estadio Centenario, Montevideo; Attendance: n/a
Referee: Christian Ferreyra
CA Peñarol Montevideo – Club Plaza Colonia de Deportes Colonia d. Sacramento   3-1(0-0,1-1)
Peñarol: Gastón Guruceaga Fagundez, Carlos Adrián Valdéz Suárez, Guillermo Daniel Rodríguez Pérez, Matias Aguirregaray Guruceaga, Maximiliano Martín Olivera de Andrea, Hernán Novick Rettich (84.Tomás Costa), Nahitan Michel Nández Acosta (74.Mauricio Affonso Prieto), Federico Santiago Valverde Dipetta, Diego Martín Forlán Corazo, Diego Ifrán Sala (63.Diego Martín Rossi Marachlian), Miguel Ángel Murillo García. Trainer: Jorge Orosmán Da Silva Echeverrito.
Plaza Colonia: Kevin Emiliano Dawson Blanco, Carlos Emiliano Rodríguez Rodríguez, Alejandro David Furia Cabral, Miguel Alejandro Villoldo Rueda, Santiago de Ávila de María, Germán Ferreira Cáceres [*sent off 106*], Matias Ezequiel Caseras Taberna, Nicolás Ezequiel Dibble Aristimuño (106.Carlos Federico Puppo Gross), Nicolás Milesi van Lommel, Germán Ariel Rivero (98.Sergio William Leal González), Facundo Federico Waller Martiarena (69.Mariano Adrián Bogliacino Hernández). Trainer: Eduardo Fabián Espinel Porley.
Goals: 0-1 Alejandro David Furia Cabral (69), 1-1 Diego Martín Rossi Marachlian (79), 2-1 Maximiliano Martín Olivera de Andrea (109), 3-1 Mauricio Affonso Prieto (111).

CA Peñarol Montevideo qualified for the championship finals against the winner of the aggregate table.

Championship final

No final needed after CA Peñarol Montevideo were winners of both semi-final and aggregate table.

2015/2016 Primera División Profesional Champions: **CA Peñarol Montevideo**

Top goalscorers:
19 goals:	**Gastón Rodríguez Maeso**	**(Montevideo Wanderers FC)**
	Junior Gabriel Arias Cáceres	**(Liverpool FC Montevideo)**
14 goals:	Maximiliano Gómez González	(Defensor Sporting Club Montevideo)
11 goals:	Juan Manuel Olivera López	(Danubio FC Montevideo)
	Michael Nicolás Santos Rosadilla	(CA River Plate Montevideo)
	Maximiliano Daniel Pérez Tambasco	(ARG, CA Fénix Montevideo)

Relegation Table 2015/2016

The relagation was determined after adding points obtained in the two last seasons. Teams promoted this season doubled their points.

Pos	Team	2014/15 P	2015/16 P	Total M	Total P
1.	Club Nacional de Football Montevideo	63	54	60	117
2.	CA Peñarol Montevideo	55	58	60	113
3.	Club Plaza Colonia de Deportes Colonia del Sacramento	-	49	30	98
4.	CA River Plate Montevideo	54	41	60	95
5.	Defensor Sporting Club Montevideo	48	42	60	90
6.	CA Cerro Montevideo	34	52	60	86
7.	Institución Atlética Sud América Montevideo	42	43	60	85
8.	Danubio FC Montevideo	49	35	60	84
9.	CA Fénix Montevideo	37	46	60	83
10.	Montevideo Wanderers FC	34	48	60	82
11.	Liverpool FC Montevideo	-	40	30	80
12.	CA Juventud de Las Piedras	45	33	60	78
13.	Racing Club de Montevideo	45	31	60	76
14.	CA Rentistas Montevideo (*Relegated*)	34	39	60	73
15.	CCD El Tanque Sisley Montevideo (*Relegated*)	36	26	60	62
16.	CA Villa Teresa Montevideo (*Relegated*)	-	24	30	48

THE CLUBS 2015/2016

CLUB ATLÉTICO CERRO MONTEVIDEO

Foundation date: December 1, 1922
Address: Avenida Grecia 3621, 11600 Montevideo
Stadium: Estadio Monumental „Luis Tróccoli", Montevideo – Capacity: 25,000

THE SQUAD

	DOB	Ape M	Ape G	Cla M	Cla G
Goalkeepers:					
Sebastián Javier Britos Rodríguez	02.01.1988	-	-	-	-
Jonathan Mathías Cubero Rieta	15.01.1994	-	-		
Pablo Sebastián Fuentes Fraga	18.01.1987	15	-	15	-
Sebastián Medina Ortelli	24.02.1993	-	-	-	-
Defenders:					
Osvaldo Iván Centurión (ARG)	05.08.1988			7	-
Nicolás Correa Risso	25.12.1983	14	2		
Lucas Camilo Hernández Perdomo	05.08.1992	15	1	13	1
Rodrigo Andrés Izquierdo Díaz	19.11.1992	3	-	1	-
Williams Guillermo Martínez Fracchia	18.12.1982	15	1		
Jonathan Alberto Píriz Palacio	02.10.1986			-	-
Ángelo Matías Pizzorno Bracco	21.10.1992	-	-	8	-
Andrés Ravecca Cadenas	01.09.1989	-	-	8	1
Diego Martín Rodríguez Telechea	08.01.1991			9	-
Ariel Agustín Sant'Anna Quintero	27.09.1997	7	1	13	1
Nicolás Gabriel Techera Pereira	26.08.1993	2	-	9	-
Midfielders:					
Matías Alberto Abisab Gutiérrez	10.09.1993	2	-	5	-
Edward Andrés Barboza Cubilla	23.07.1994	8	-	12	-
Maureen Javier Franco Alonso	13.12.1983			13	2
Richard Javier Pellejero Ferreira	30.05.1976	13	1	6	-
Bruno Piñatares Prieto	25.06.1990	11	-	15	-
Gonzalo Ramos Deféminis	16.05.1991	15	5	8	3
Rodrigo de Oliveira Longaray (BRA)	12.05.1985	14	-	7	-
Santiago Saúl Litwin	08.01.1993	7	-		
Héctor Baltasar Silva Cabrera	19.11.1984	6	-		
Luis Alfredo Urruti Giménez	11.09.1992	13	3	14	3
Forwards:					
Mauricio Sebastián Alonso Pereda	12.02.1994	5	-		
Joaquín Antonio Boghossian	19.06.1987	12	3		
Felipe Ely Klein (BRA)	09.04.1987	13	1	11	-
Fabián Muñoz Alvarado	15.03.1993	-	-		
Enzo Exequiel Negreira Hernández	23.03.1997			2	-
Facundo Peraza Fontana	27.07.1992			4	-
Richard Aníbal Porta Candelaresi	01.08.1983	4	3	11	2
Ricardo Nahuel Roldán Pinela	21.12.1998			2	-
Santiago Silva Gérez	26.08.1990	6	3		
Hugo Gabriel Silveira Pereira	23.05.1993	10	1	15	4
Trainer:					
Eduardo Mario Cardozo Acevedo [01.07.-31.12.2015]	25.09.1959	15			
Gustavo Antonio Ferrín Rodríguez [as of 01.01.2016]	01.05.1959			15	

DANUBIO FÚTBOL CLUB MONTEVIDEO

Foundation date: March 1, 1932
Address: Avenida 8 de Octubre 4584, 12100 Montevideo
Stadium: Estadio Jardines del Hipódromo, Montevideo – Capacity: 18,000

THE SQUAD

	DOB	Ape M	Ape G	Cla M	Cla G
Goalkeepers:					
Michael Etulain Castro	30.09.1980	-	-	12	-
Ravel Pelegrini Alves (BRA)	02.08.1995	-	-	-	-
Facundo Ariel Silva Scheefer	04.07.1996	-	-	3	-
Franco Luis Torgnascioli Lagreca	24.08.1990	15	-	-	-
Defenders:					
Martín Federico Amuz Balari	21.04.1997			1	-
Fabricio Orosmán Formiliano Duarte	14.01.1993	13	-		
Cristian Marcelo González Tassano	23.07.1996	9	-	13	-
Gianfranco Larrosa Leguizamón	27.04.1996	-	-		
Pablo Martín Lima Olid	26.03.1981	3	1	7	-
Alejandro Agustín Peña Montero	08.03.1989	9	-	11	-
Joaquín Alejandro Pereyra Cantero	10.07.1994	4	-		
Renzo Ramírez Maidana	06.06.1996			7	1
Federico Ricca Rostagnol	01.12.1994	15	-		
José Luis Rodríguez Bebanz	14.03.1997			5	-
Marcelo Josemir Saracchi Pintos	23.04.1998	15	1	15	1
Luis Leandro Sosa Otermin	18.03.1991	11	-	11	2
Matías Exequiel Velázquez Maldonado	16.05.1992	4	-	4	-
Midfielders:					
Mathías Nicolás De Los Santos Aguirre	20.01.1991	5	-	11	1
Gastón Faber Chevalier	21.04.1996	4	-		
Gonzalo Federico González Pereyra	07.10.1993	7	-	2	-
Juan Ignacio González Brazeiro	05.11.1993	12	-	9	-
Carlos Javier Grossmüller	04.05.1983	14	4	9	1
Jadson Viera Castro (BRA)	04.08.1981	-	-	-	-
Pablo Martín Porcile Palacios	24.06.1996			4	-
Agustín Viana Ache	23.08.1983	5	-	5	-
Jorge Giovani Zarfino Calandría	08.10.1991	12	-	14	1
Forwards:					
Joaquín Matías Ardaiz de los Santos	11.01.1991			11	1
Gonzalo Barreto Mastropierro	22.01.1992	15	4	13	3
Sebastián Mauricio Fernández Presa	15.11.1989	6	-		
Emiliano Michael Ghan Carranza	05.06.1996	3	-		
Jorge Daniel Graví Piñeiro	16.01.1994	9	2	13	-
Andrés Felipe Jurado Fernández (COL)	05.11.1993	-	-	-	-
Juan Manuel Olivera López	14.08.1981	14	7	10	4
Gonzalo Martín Pereira dos Santos	20.01.1997			6	-
Pablo Martín Silvera Duarte	26.08.1995	-	-		
Octavio Daniel Siqueira Darriulat	23.01.1987	3	-	2	-
Marcelo Tabárez Rodríguez	10.02.1993	1	1	11	2
Wesley Antônio Silva Barbosa de Lira	23.02.1994	-	-	-	-
Trainer:					
Jorge Hugo Castelli (ARG) [01.07.-20.09.2015; Resigned]	12.05.1946	6			
Luis Alberto González Albano [21.09.2015-22.03.2016; Resigned]	21.11.1958	9		6	
Pablo Daniel Gaglianone De León [22.03.-02.05.2016; Resigned]	25.04.1976			4	
Leonardo Alfredo Ramos Giró [as of 02.05.2016]	11.09.1969			5	

DEFENSOR SPORTING CLUB MONTEVIDEO

Foundation date: March 15, 1913
Address: Avenida 21 de Setiembre N° 2362 Parque Rodó, 1100 Montevideo
Stadium: Estadio „Luis Franzini", Montevideo – Capacity: 18,000

THE SQUAD

	DOB	Ape M	Ape G	Cla M	Cla G
Goalkeepers:					
Martín Nicolás Campaña Delgado	29.05.1989	15	-		
Yonatan Irrazabál Condines	12.02.1988	1	-	15	-
Kevin Axel Larrea Alzamendi	19.04.1996	-	-	-	-
Agustín López Araújo	09.09.1997	-	-	-	-
Matías Gastón Rodríguez Olivera	12.02.1994	-	-	-	-
Defenders:					
Emiliano Álvarez Longo	03.04.1996	-	-	-	-
Sergio Sebastián Ariosa Moreira	05.06.1985	12	-	4	-
Bréyner Bonilla Montaño (COL)	21.07.1986			8	-
Guillermo Daniel de los Santos Viana	15.02.1991	6	-	5	-
Guillermo Fratta Cabrera	19.09.1995	10	1	3	-
Andrés Lamas Bervejillo	16.01.1984			6	-
Ricardo Julián Martínez Pavón (PAR)	18.02.1984			5	-
Lucas Elías Morales Villalba	14.02.1994	-	-		
Andrés Scotti Ponce de León	14.12.1975	13	-	-	-
Mathías Sebastián Suárez Suárez	24.06.1996	9	-	14	-
Joaquin Varela Romero	27.06.1998	-	-	1	-
Midfielders:					
Miguel Angel Amado Alanís	28.12.1984			14	
Mauro Wilney Arambarri Rosa	30.09.1995	13	-		
Carlos Nahuel Benavídez Protesoni	30.03.1998			5	-
Mathías Adolfo Cardaccio Alaguich	02.10.1987	8	-		
Carlos Ayrton Cougo Rivero	15.06.1996			1	-
Robert Ismael Ergas Moreno	15.01.1998	-	-	-	-
Andrés José Fleurquin Rubio	08.02.1975	9	1	-	-
Brian Avelino Lozano Aparicio	23.02.1994	11	4		
Adrián Nicolás Luna Retamar	12.04.1992	2	1		
Facundo Ospitaleche Hernández	11.04.1996	1	-	-	-
Martín Ernesto Rabuñal Rey	22.04.1994	11	-	10	1
Esteban Javier Ramírez Samaniego (PAR)	17.05.1985			7	-
Felipe Jorge Rodríguez Valla	26.05.1990	12	6	9	3
Álvaro Lucas Tamareo Sosa	22.03.1991			3	-
Diego Viera Moreira	04.06.1994	9	-	1	-
Damián Javier Waller Grosso	09.07.1997			1	-
Emilio Enrique Zeballos Gutiérrez	05.08.1992	13	-	11	-
Paul Matías Zunino Escudero	20.04.1990			11	2
Forwards:					
Héctor Fabián Acuña Maciel	27.10.1981	9	2	13	3
Ángel Santiago Barboza Manzzi	03.10.1989	12	3	3	-
Gonzalo Rodrigo Carneiro Méndez	12.09.1995	1	-	4	-
Facundo Ismael Castro Souto	22.01.1995	9	1	15	-
Santiago Nicolás Charamoni Ferreira	28.01.1994	-	-	-	-
Maximiliano Gómez González	14.08.1996	8	5	13	9
Andrés Nicolás Olivera	30.05.1978	9	-	13	3
Leonardo Javier Pais Corbo	07.07.1994	5	-	2	-
Jhon Alexander Pírez Araujo	20.02.1993	2	-	1	-
Vicente Martín Sánchez Bragunde	07.12.1979			10	2
Juan Ramón Tejera Pérez [01.07.2015-17.02.2016; Resigned]	23.02.1956	15		3	
Eduardo Mario Acevedo [as of 18.02.2016]	25.09.1959			12	

CENTRO CULTURAL Y DEPORTIVO EL TANQUE SISLEY
MONTEVIDEO

Foundation date: March 17, 1955
Address: Santa Mónica 2370, Montevideo
Stadium: Estadio "Campeones Olímpicos", Florida – Capacity: 7,000

THE SQUAD

	DOB	Ape M	G	Cla M	G
Goalkeepers:					
Leandro Gelpi Rosales	27.02.1991	12	-	11	-
Rubén Darío Silva Silva	19.02.1992	3	-	5	-
Diego Manuel Soría Carlos	20.11.1993	-	-	-	-
Defenders:					
Horacio Joaquín Aguirre Santellán	23.03.1991	14	2	13	1
Álvaro Maximiliano Arias Invernizzi	03.10.1988	1			
Juan Pablo Fagúndez Duarte	16.07.1985	5	-	11	1
Sergio Andrés Felipe Silva	21.02.1991			6	-
Andrés Pablo Fernández Rizzo	21.08.1986	3	-	8	-
Pablo Fabián Gutiérrez Cabrera	02.04.1991	-	-		
Maximiliano Felipe Montero Rodríguez	27.08.1988			9	-
Federico Gastón Velázquez Brandon	20.05.1986			5	1
Midfielders:					
Mathías Alexander Acuña Maciel	28.11.1992	5	1	13	2
Juan Carlos Amado Alanis	28.09.1990	14	-	13	-
Claudio Martín Dadomo Minervini	10.02.1982	3	-	5	-
Leandro Nicolás Díaz Baffico	24.03.1990	15	1	4	-
Yuri León Galli Mora	04.06.1994	12	2	13	2
Robert Matías González Núñez	23.11.1993	1	-	5	1
Fernando Mathías López Beltrame	02.08.1994	6	-	12	1
Gastón Rodrigo Machado López	19.01.1986	1	-	10	1
Matías Nicolás Masiero Balas	15.11.1988	1	-	1	-
Facundo Maximiliano Moreira Burgos	27.02.1989	15	1	7	3
Yefferson Moreira Scaraffoni	07.03.1991	13	1	-	-
Diego Daniel Patrone Ramallo	27.05.1994			3	
Juan Pablo Péndola Sellanes	09.09.1980	14	-	12	-
Walter Vaz Correa (FRA)	24.05.1990			4	1
Paul Matías Zunino Escudero	20.04.1990	-	-		
Forwards:					
Borys Santiago Barone Grillo	31.05.1994	3	-	1	-
Maximiliano Callorda Lafont	04.04.1990	15	6	9	-
Elías Ricardo Figueroa Silva	26.01.1988	14	1	3	-
Franco Sebastián López Taborda	20.10.1992	12	-	11	-
Luis Enrique Machado Mora	22.12.1991	7	-	3	-
Jesús Darwin Ramírez Umpiérrez	12.07.1988			6	-
Trainer:					
Julio César Antúnez Amorín [07.04.2015-02.05.2016; Resigned]	09.01.1956	15		10	
Gabriel Corral [as of 02.05.2016]	03.10.1976			5	

CENTRO ATLÉTICO FÉNIX MONTEVIDEO

Foundation date: July 7, 1916
Address: Avenida Capurro 874, 11200 Montevideo
Stadium: Estadio Parque Capurro, Montevideo – Capacity: 10,000

THE SQUAD

	DOB	Ape M	Ape G	Cla M	Cla G
Goalkeepers:					
Emiliano Darío Denis Figueroa	16.12.1991	15	-	15	-
Santiago Andrés Mele Castanero	06.09.1997	-	-	-	-
Mathias Gaston Rolero Amaral	10.09.1988	-	-	-	-
Defenders:					
Antonio Nicolás Fernández Mozzo	07.08.1985	5	-	10	-
Ángelo Emanuel Gabrielli Scaroni	23.09.1992	2	-	11	-
Adrián Javier Gunino Duque	03.02.1989	2	-	-	-
José Ignacio Pallas Martínez	05.01.1983	15	1	14	2
Maximiliano Perg Schneider	16.09.1991	14	-	12	-
Rodrigo Rojo Piazze	21.07.1989	7	-		
Fabricio Silva Jorge	05.04.1990	2	-	9	1
Leandro Agustín Zazpe Rodríguez	29.04.1994	15	1	7	-
Midfielders:					
Rodrigo Abascal Barros	14.01.1994	5	-	3	-
Juan Daniel Álvez Ortíz	21.08.1983	15	-	14	-
Facundo Nicolás Bone Vale	16.11.1995	4	-	2	-
Mateo Gastón Carro Gaiza	27.10.1994	10	-		
Alejandro Nicolás Della Nave Casella	15.08.1998			-	-
Leonardo Cecilio Fernández López	08.11.1998	3	-	9	-
Raúl Freddy Ferro Olivera	13.01.1983	15	-	15	-
Gonzalo Sebastián Papa Palleiro	08.05.1989	7	-		
Claudio Domingo Rivero Rodríguez	14.04.1985			10	-
Edgardo Andrés Schetino Yancev	26.05.1994	14	1		
Hugo Horacio Sequeira Soiza	20.09.1995	-	-		
Juan Bautista Viacava Caviglia	20.02.1999			3	-
Forwards:					
Diego Nicolás Blanco Lemos	19.10.1994	2	-	-	-
Lucas Daniel Cavallini (ARG)	28.12.1992	14	4	11	3
Martín Ricardo Ligüera López	09.11.1980	11	-	15	6
Emiliano Gastón Mozzone Sueiro	23.04.1998			1	
Maximiliano Daniel Pérez Tambasco	26.10.1986	15	7	13	4
Sebastián César Helios Ribas	11.03.1988	5	-		
Cecilio Alfonso Waterman Ruíz (PAN)	13.04.1991	10	1	14	-
Trainer:					
Rosario Martínez [as of 24.11.2014]	03.09.1957	15		15	

CLUB ATLÉTICO JUVENTUD DE LAS PIEDRAS
Foundation date: December 24, 1935
Address: Avenida Lavalleja 584, Las Piedras
Stadium: Estadio Parque Artigas, Las Piedras – Capacity: 5,500

THE SQUAD

	DOB	Ape M	Ape G	Cla M	Cla G
Goalkeepers:					
Héctor Fabián Carini Hernández	26.12.1979	13	-	14	-
Gonzalo Adrián Falcón Vitancour	16.11.1996	-	-	1	-
Diego Martín Rodríguez Telechea	08.01.1991	2	-		
Defenders:					
Cristhian Javier Colman Tolardo	26.02.1993	5	-		
Esteban Carlos de Iacovo Steffano	22.09.1996	2	-	3	-
Facundo Jorge Fajardo Puentes	10.08.1994	-	-		
Ismael Fernando Gularte Bustos	12.05.1996	-	-	-	-
Roberto Carlos Hernández Rodríguez	20.03.1994	10	-	12	-
Luis Fernando Machado Pinto	26.09.1979	4	-	13	2
Enzo Martín Pérez Verdum	25.11.1990	13	-	10	-
Federico Platero Gazzaneo	07.02.1991	11	-	8	-
Matías Fernando Soto de Freitas	23.04.1991	13	-	12	-
Midfielders:					
Mateo Gastón Carro Gaiza	27.10.1994			6	-
Matías Javier Damiano Rodríguez	23.08.1994	-	-	-	-
Matías Nicolás Duffard Villarreal	27.04.1989	14	-	13	1
Damián Alejandro Eroza Medeiro	22.03.1993			12	-
Diego Gonzalo García Cardozo	29.12.1996	-	-	9	-
Pablo Maximiliano Lemos Merladett	17.12.1993	7	1	2	-
José Alberti Loyarte	29.03.1997			-	-
Claudio Matías Mirabaje Correa	06.03.1989	11	1	12	2
Juan de Díos Pintado Leines	28.07.1997	1	-	3	-
Renzo Daniel Pozzi Palombo	12.10.1984	5	-	-	-
Alejandro Clever Reyes Sosa	01.01.1984	8	-	13	-
Emiliano Romero Clavijo	30.09.1992	13	-		
José Pablo Varela Rebollo	29.05.1988	15	-	14	3
Delis Matías Vargas Blanco	25.10.1994	8	1	10	1
Forwards:					
Matías Damián Alonso Vallejo	16.04.1985	14	4		
Jaime Báez Stábile	25.04.1995	1	-		
Facundo Barcelo Viera	31.03.1993			11	6
Juan Martín Boselli Duque	28.10.1994	14	3	12	1
Diego Alexis González Miranda	21.02.1997	-	-	2	-
Marcos Gastón Labandeira Castro	18.01.1995	-	-		
Joaquin Emanuel Lemos Bellini	27.04.1994	9	-	1	-
Hober Gabriel Leyes Viera	29.05.1990			10	2
Jorge Andrés Martínez Barrios	05.04.1983	2	-	4	-
Leonardo Gastón Puerari Torres	23.01.1986	12	4		
Trainer:					
Jorge Antonio Giordano Moreno [as of 04.11.2013]	27.02.1965	15		15	

LIVERPOOL FÚTBOL CLUB

Foundation date: February 15, 1915
Address: Avenida Agraciada 4186, 11200 Montevideo
Stadium: Estadio Belvedere, Montevideo – Capacity: 8,364

THE SQUAD

	DOB	Ape M	Ape G	Cla M	Cla G
Goalkeepers:					
Jorge Rodrigo Bava	02.08.1981	15	-	12	-
Guillermo Rafael De Amores Ravelo	19.04.1994	-	-	2	-
Carlos Sebastián Lentinelly Villavicencio	07.08.1997	-	-	-	-
Rodrigo Gabriel Rodriguez Dubovich	25.11.1995	-	-	1	-
Defenders:					
Christian Andrés Almeida Rodríguez	25.12.1989	13	2	14	-
Santiago Nicolás Carrera Sanguinetti	05.03.1994	8	-		
Martín Damián Díaz Pena	17.03.1988			12	-
Emmanuel Franco González da Luz	12.01.1996	-	-	-	-
Pablo Matías González Maciel	13.09.1996	-	-	-	-
Mathías Agustín Goyeni de Armas	17.01.1995	4	-	4	-
Damián Macaluso Rojas	09.03.1980	15	-	9	-
Facundo Mallo Blanco	16.01.1995	8	-	10	-
Pablo Andrés Pereira Errandonea	24.04.1985			-	-
Carlos Andrés Rodales Ramírez	09.07.1987	14	-		
Cristian Martín Rodríguez Telis	10.02.1985	3	-		
Jonathan Alexis Sandoval Rojas	25.06.1987			15	-
Bruno Nicolás Toledo Dante	25.08.1994	-	-	3	-
Luis Alberto Torrecilla Michelle	18.03.1989			4	-
Midfielders:					
Víctor Emiliano Aparicio Gutiérrez	16.10.1995	2	-	-	-
Gustavo Javier Aprile Retta	10.08.1988			12	1
Facundo Raúl Briñón Acosta	14.04.1999			1	-
Jhonatan Marcelo Candia Hernández	15.03.1995	8	-	11	1
Diego Nicolás de la Cruz Arcosa	01.06.1997	11	-	6	1
Diego Ismael Ferreira Villa	04.05.1985	12	1	8	-
Gonzalo Gastón Freitas Silva	02.10.1991	13	-	12	-
Pablo Javier García Lafluf	15.04.1999			6	-
Federico Andrés Martínez Berroa	28.02.1996	1	-	15	-
Paulo César Pezzolano Suárez	25.04.1983	11	-		
Jhon Harold Pintos Amoroso	14.01.1996	-	-	-	-
Pablo César Pintos Cabral	01.07.1987			6	-
Sebastián Javier Rodríguez Iriarte	16.08.1992	12	1	14	1
Cristian Emanuel Sención Rodríguez	28.01.1996	-	-	-	-
Álvaro Lucas Tamareo Sosa	22.03.1991	5	-		
Santiago Nicolás Viera Moreira	04.06.1998			2	-
Forwards:					
Junior Gabriel Arias Cáceres	17.05.1993	14	9	15	10
Adrián Martin Balboa Camacho	19.01.1994	6	1		
Facundo Barcelo Viera	31.03.1993	7	-		
Marcos Maximiliano Cantera Mora	10.05.1993	10	-		
Sebastián Mauricio Fernández Presa	15.11.1989			4	1
Federico Emanuel García Irisarri	28.12.1994			-	-
Diego Andrés Martiñones Rus	25.01.1985			3	-
Renato César Pérez	16.08.1993	11	1		
Miguel Alejandro Puglia Custodio	20.01.1988	6	-		
Juan Ignacio Ramírez Polero	01.02.1995			9	1
Jonathan Darío Silveira Sosa	19.03.1996	1	-	-	-
Trainer:					
Juan José Verzeri Casas [01.07.2015-31.12.2015]	20.05.1963	15			
Gabriel Gerardo Oroza Mariño [01.01.-21.02.2016; Resigned]	26.02.1967			3	
Mario Daniel Saralegui Iriarte [as of 21.02.2016]	24.04.1959			12	

MONTEVIDEO WANDERERS FÚTBOL CLUB

Foundation date: August 15, 1902
Address: Avenida Agraciada 2871, 11700 Montevideo
Stadium: Estadio Parque „Alfredo Víctor Viera", Montevideo – Capacity: 12,000

THE SQUAD

	DOB	Ape M	Ape G	Cla M	Cla G
Goalkeepers:					
Leonardo Fabián Burian Castro	21.01.1984	15	-	15	-
Federico Alfredo Cristóforo Pepe	19.09.1989	-	-	-	-
Ignacio de Arruabarrena Fernández	16.01.1997	-	-	-	-
Carlos Leandro Techera Sánchez	28.04.1992	-	-		
Defenders:					
Federico Andueza Velazco	25.05.1997	1	-	-	-
Federico Barrandeguy Martino	08.05.1996	-	-	2	-
Gastón Matías Bueno Sciutto	02.02.1985	14	-	13	-
Luis Manuel Castro Cáceres	27.09.1995	-	-	2	-
Caue Fernandes Silveira (BRA)	31.07.1988	3	-	4	-
Emiliano Mathías Díaz Rondine	29.06.1990	11	-	9	-
Paulo Fabián Lima Simoes	20.01.1992	3	-	8	-
Lucas Elías Morales Villalba	14.02.1994			1	-
Maximiliano Martín Olivera De Andrea	05.03.1992	14	1		
Matías Quagliotti Ponce de León	17.05.1985	-	-	-	-
Rodrigo Rivero Fernández	27.12.1995	1	-	7	-
Alex Silva Quiroga	15.06.1993	15	-	14	1
Midfielders:					
Marcelo Javier Cabrera Rivero	18.03.1992	15	-	14	1
Pablo Daniel Ceppelini Gatto	11.09.1991	7	-	2	-
Adrián Nicolás Colombino Rodríguez	12.10.1993	12	2	13	-
Juan Manuel Duarte Genta	15.11.1994	-	-	-	-
Santiago Gabriel Martínez Pintos	30.07.1991	9	-	9	-
Leandro Gastón Paiva Santurión	15.02.1994	3	-		
Leandro Federico Reymundez Martínez	01.02.1992	2	-		
Roberto Martín Rivas Tagliabúe	14.03.1992	3	-	14	-
Jonathan Ezequiel Rodríguez García	26.03.1993	1	-	-	-
Matías Joaquín Santos Arotegui	11.03.1994	12	3	12	1
Diego Martín Scotti Ponce De León	14.01.1977	15	3	12	-
Joaquín Azzem Vergés Collazo	01.06.1992	6	-	4	2
Forwards:					
Santiago Bellini Noya	19.09.1993	6	-	2	-
Sergio Rubén Blanco Soto	25.11.1981			12	1
Rodrigo de Olivera Donado	20.12.1994			11	3
Danilo Javier Peinado Lerena	15.02.1985	10	2	-	-
Kevin Federik Ramírez Dutra	01.04.1994	15	8		
Diego Nicolás Riolfo Pérez	08.01.1990	1	-	14	6
Gastón Rodríguez Maeso	23.03.1992	13	3	14	16
Trainer:					
Gastón Mauricio Machado Arcaus [as of 01.07.2015]	28.11.1958	15		15	

CLUB NACIONAL DE FOOTBALL MONTEVIDEO

Foundation date: May 14, 1899
Address: Avenida 8 de Octubre 2847, 11200 Montevideo
Stadium: Estadio Gran Parque Central, Montevideo – Capacity: 22,000

THE SQUAD

	DOB	Ape M	Ape G	Cla M	Cla G
Goalkeepers:					
Gabriel Araujo Soto	28.03.1993	-	-	-	-
Esteban Néstor Conde Quintana	04.03.1983	15	-	14	-
Luis Angel Mejía Cajar (PAN)	16.03.1991	-	-	1	-
Defenders:					
Mathías Nicolás Abero Villan	09.04.1990	8	1		
José Manuel Aja Livchich	10.05.1993	4	-		
Erick Cathriel Cabaco Almada	19.04.1995			7	-
Alejandro Mario Cavanna González	13.06.1994			1	-
Luis Alfonso Espino García	05.01.1992	14	-	13	1
Maximiliano Joel Falcón Picart	01.05.1997	-	-	-	-
Jorge Ciro Fucile Perdomo	19.11.1984	9	-	12	-
Sebastián Gorga Nogueira	06.04.1994	8	-	2	-
Agustín Maximiliano Lapido Paita	17.10.1997	-	-	-	-
Matías Daniel Malvino Gómez	20.01.1992	6	-		
Mathías Olivera Miramontes	31.10.1997	-	-	2	-
Diego Fabián Polenta Museti	06.02.1992	15	-	12	2
Mauricio Bernardo Victorino Dansilio	11.10.1982			10	-
Midfielders:					
Rodrigo Nahuel Amaral Pereira	25.03.1997	14	1	3	-
Alejandro Brian Barbaro (ARG)	20.01.1992	10	2	6	-
Matías Julio Cabrera Acevedo	16.05.1986	5	-	2	-
Felipe Ignacio Carballo Ares	04.10.1996	-	-	10	1
Carlos María de Pena Bonino	11.03.1992	2	2		
Sebastián Eguren Ledesma	08.01.1981	5	-	5	-
Damián Alejandro Eroza Medeiro	22.03.1993	3	-		
Ignacio María „Nacho" González Gatti	14.05.1982	13	4	8	1
Gonzalo Fabián Porras Burghi	31.01.1984	14	-	11	-
Nicolás Santiago Prieto Larrea	05.09.1992	-	-	-	-
Santiago Ernesto Romero Fernández	15.02.1990	12	3	13	1
Forwards:					
Washington Sebastián Abreu Gallo	17.10.1976	8	3		
Iván Daniel Alonso Vallejo	10.04.1979	13	8		
Leandro Barcía Montero	08.10.1992	12	-	13	2
Marcio Alejandro Benítez Albarracin	03.06.1996	-	-	3	-
Sebastián Bruno Fernández Miglierina	23.05.1985	12	7	13	1
Leonardo Gamalho de Souza "Leo Gamalho" (BRA)	30.01.1986			11	2
Nicolás Federico López Alonso	01.10.1993			12	7
Juan Crúz Mascia Paysée	03.01.1994	2	-	3	-
Leandro Gastón Otormín Fumero	30.07.1996	5	-		
Kevin Federik Ramírez Dutra	01.04.1994			8	2
Christian Alejandro Tabo Hornos	23.11.1993			12	1
Trainer:					
Gustavo Adolfo Munúa Vera [as of 01.07.2015]	27.01.1978	15		15	

CLUB ATLÉTICO PEÑAROL MONTEVIDEO

Foundation date: September 28, 1891
Address: Palacio Peñarol „Contador Gastón Güelfi", Avenida Magallanes 1721, 11200 Montevideo
Stadium: Estadio "Campeón del Siglo", Montevideo – Capacity: 42,500

THE SQUAD

	DOB	Ape M	Ape G	Cla M	Cla G
Goalkeepers:					
Washington Omar Aguerre Lima	23.04.1993	-	-	-	-
Thiago Gastón Cardozo	31.07.1996	-	-	-	-
Damián Frascarelli Gutiérrez	02.06.1985	-	-	-	-
Gastón Guruceaga Fagundez	15.03.1995	15	-	15	-
Defenders:					
Matias Aguirregaray Guruceaga	01.04.1989	14	4	15	1
Fabrizio Buschiazzo Morel	07.07.1996	-	-	1	-
Diogo Silvestre Bittencourt (BRA)	30.12.1989	11	1	4	-
Washington Emilio MacEachen Vázquez	05.04.1992	8	-	2	-
Maximiliano Martín Olivera de Andrea	05.03.1992			13	-
Rodrigo Hernán Petrik Vidal	21.10.1994			-	-
Carlos Andrés Rodales Ramírez	09.07.1987			2	-
Gianni Daniel Rodríguez Fernández	07.06.1994	3	-	2	-
Guillermo Daniel Rodríguez Pérez	21.03.1984	8	1	10	-
Jonathan Alexis Sandoval Rojas	25.06.1987	1	-		
Carlos Adrián Valdéz Suárez	02.05.1983	14	1	13	1
Gonzalo Viera Davyt	08.02.1987	3	1		
Midfielders:					
Luis Bernardo Aguiar Burgos	17.11.1985	14	4	7	1
Nicolás Gabriel Albarracín Basil	11.06.1993	12	-	10	2
Tomás Costa (ARG)	30.01.1985			6	1
Nicolás Andrés Freitas Silva	08.06.1987			1	-
Carlos Martín Luque (ARG)	01.03.1993	12	1	2	-
Nahitan Michel Nández Acosta	28.12.1995	13	1	14	-
Hernán Novick Rattich	13.12.1988	2	-	9	-
Marcel Novick Rattich	11.10.1983	3	-	10	1
Sebastián Gerardo Píriz Ribas	04.03.1990	14	-		
Maximiliano Rodríguez Maeso	02.10.1990			14	4
Federico Santiago Valverde Dipetta	22.07.1998	2	-	9	-
Rodrigo Viega Alves	07.08.1991	3	-	1	-
Forwards:					
Mauricio Affonso Prieto	26.01.1992			6	-
Diego Martín Forlán Corazo	19.05.1979	15	4	15	4
Diego Ifrán Sala	08.06.1987	15	4	4	-
Hober Gabriel Leyes Viera	29.05.1990	2	-		
Miguel Ángel Murillo García (COL)	19.10.1993			10	7
Cristian Martín Palacios Ferreira	02.09.1990	9	4	8	-
Diego Martín Rossi Marachlian	05.03.1998			6	1
Marcelo Danubio Zalayeta	05.12.1978	15	1		
Trainer:					
Pablo Javier Bengoechea Dutra Bruno [22.12.2014-31.12.2015]	27.06.1965	15			
Jorge Orosmán Da Silva Echeverrito [as of 01.01.2016]	11.12.1961			15	

CLUB PLAZA DE DEPORTES COLONIA
COLONIA DEL SACRAMENTO

Foundation date: April 22, 1917
Address: Avenida General Flores 272, Colonia del Sacramento
Stadium: Campus Municipal "Profesor Alberto Suppici", Colonia del Sacramento – Capacity: 15,000

THE SQUAD

	DOB	Ape M	Ape G	Cla M	Cla G
Goalkeepers:					
Ignacio Luis Barrios Hernández	26.10.1992	-	-	-	-
Bruno Bouchard Collazzi	04.03.1998	-	-	-	-
Kevin Emiliano Dawson Blanco	08.02.1992	14	-	14	-
Nicolás Guirin Chialvo	07.05.1995	1	-	1	-
Defenders:					
Pablo Emanuel Acosta Melo	28.02.1990	-	-	-	-
Santiago de Ávila de María	27.09.1993	10	-	13	1
Richard Ernesto Fernández Rodríguez	29.09.1996	10	-	2	-
Germán Ferreira Cáceres	04.04.1991	6	-	14	-
Alejandro David Furia Cabral	15.03.1994	9	-	8	-
Danilo Telmo Gerlo (ARG)	07.03.1979	9	-	-	-
Guillermo Padula Lenna	16.09.1997	10	1	-	-
Alejandro Javier Rodríguez Morales	09.07.1986			4	-
Carlos Emiliano Rodríguez Rodríguez	07.04.1990	14	1	14	1
Nicolás Alejandro Rodríguez Charquero	22.07.1991			2	-
Miguel Alejandro Villoldo Rueda	08.08.1989	13	2	14	3
Midfielders:					
Níver Alejandro Arango Ramírez (COL)	06.05.1991	-	-	2	-
Mariano Adrián Bogliacino Hernández	02.06.1980			10	-
Matias Ezequiel Caseras Taberna	20.03.1992	11	1	13	-
Nicolás Ezequiel Dibble Aristimuño	27.05.1994	15	2	13	1
Brian Joel Gonia Morua	02.06.1995	-	-	-	-
Cristian Esteban Malán Arenas	04.04.1992	15	2	9	2
Nicolás Milesi van Lommel	10.11.1992	12	-	14	2
Julio Joao Ortíz Landázuri (ECU)	01.05.1996	-	-		
Ezequias Emanuel Redín Morales	11.05.1995	15	-	11	-
Andrés Silva Cáceres	17.08.1989	-	-	-	-
Ignacio Ezequiel Velázquez Oudri	18.06.1994	-	-	2	-
Forwards:					
Waldemar Jesús Acosta Ferreira	25.08.1986			2	-
Axel Javier Fernández Berón	03.09.1993	1	-	1	-
Marcelo Juvenal Fernández García	04.04.1988	2	-		
Sergio William Leal González	25.09.1982	8	3	9	-
Carlos Federico Puppo Gross	06.12.1986	9	2	9	1
Germán Ariel Rivero (ARG)	17.03.1992	2	-	14	8
Alejandro Tirado Muñoz	20.03.1994			1	-
Walter Excequiel Vázquez Bernal	11.05.1991	11	-		
Facundo Federico Waller Martiarena	09.04.1997	7	-	14	-
Trainer:					
Eduardo Fabián Espinel Porley [as of 01.10.2014]	28.06.1972	15		15	

RACING CLUB DE MONTEVIDEO

Foundation date: April 6, 1919
Address: Avenida Millán 4712 entre Avenida Sayago y Vedia, 12900 Montevideo
Stadium: Estadio Parque „Osvaldo Roberto", Montevideo – Capacity: 8,500

THE SQUAD

	DOB	Ape M	G	Cla M	G
Goalkeepers:					
Jorge Walter Contreras Rodríguez	21.09.1971	15	-	15	-
Nicolás Enrique Gentilio Martínez	13.04.1987	-	-	-	-
Diego Melián de León	04.11.1991	-	-	-	-
Defenders:					
Gonzalo Aguilar Camacho	02.08.1987	5	-	8	-
José Manuel Aja Livchich	10.05.1993			12	2
Facundo Bonifazio Castro	29.09.1995	-	-	8	-
Sebastián Cardozo Coitinho	09.09.1995	3	-	-	-
Juan Manuel Díaz Martínez	28.10.1987	5	1	7	-
Luciano Rodrigo Domínguez Nunes	08.06.1995	-	-		
Ignacio Ithurralde Sáez	30.05.1983	10	1	12	1
Pablo Martín Lacoste Icardi	15.01.1988	9	-	-	-
Franco Gastón Romero Ponte	11.02.1995	11	1	7	-
Darwin Fabián Torres Alonso	16.02.1991	12	-		
Midfielders:					
Carlos Daniel Acosta Alcántara	19.04.1990	6	-	11	1
Gastón Rodrigo Alvíte Duarte	09.03.1996	-	-	5	1
Jean Pierre Agustin Barrientos Díaz	16.09.1990	15	3		
Pablo Eduardo Caballero Sebastiani	21.11.1987			12	2
Ángel Gabriel Cayetano Pirez	08.01.1991	1	-		
Ernesto Simón Dudok Parrilla	14.01.1987	12	-	6	-
Leandro Ezquerra De León	05.06.1986	14	4	8	1
Mauro Nahuel Estol Rodríguez	27.01.1995	-	-	12	1
Gastón Faber Chevalier	21.04.1996			-	-
Miguel Agustín Gutiérrez de León	11.02.1992	-	-		
Óscar Javier Méndez Albornoz	05.12.1994	2	-	14	-
Ignacio Nicolini Díaz	04.02.1987	14	1	-	-
Maximiliano Rodrigo Pereira Cardozo	25.04.1993			7	-
Juan Pablo Rodríguez Conde	14.06.1982	15	1	14	1
Sebastián Rodríguez Paz	07.12.1994	-	-	-	-
Jesús Emiliano Trinidade Flores	10.07.1993	12	-	8	1
Forwards:					
Gabriel Matías Fernández Leites	13.05.1994	3	-	13	-
Joaquín Jacques Sánchez	12.02.1993	-	-		
Renzo López Patrón	16.04.1994	5	-	10	3
Carlos Leonardo Muela Viera	22.06.1991	1	-		
Leandro Gastón Otormín Fumero	30.07.1996			8	1
Liber Daniel Quiñones Prieto	11.02.1985	14	5	13	3
Jonathan Raphael Ramis Persincula	06.11.1989	10	3		
Diego Martín Zabala Morales	19.09.1991	15	1		
Trainer:					
Santiago Ostolaza Sosa [12.04.-30.08.2015]	10.07.1962	3			
Ramón Darío Larrosa De Los Santos [31.08.-31.12.2015]	13.12.1971	12			
Néstor Sebastián Taramasco Olivera [01.01.-15.05.2016; Resigned]	27.01.1974			12	
Ney José Morales Leites [as of 15.05.2016]	28.10.1954			3	

CLUB ATLÉTICO RENTISTAS MONTEVIDEO

Foundation date: March 26, 1933
Address: Avenida "General Flores" 4020, Montevideo
Stadium: Estadio Complejo Rentistas, Montevideo – Capacity: 10,600

THE SQUAD

	DOB	Ape M	Ape G	Cla M	Cla G
Goalkeepers:					
John Alex Faust Acosta	26.09.1990	5	-	-	-
Guillermo Martín Reyes Maneiro	10.07.1986	15	-	15	-
Jonathan Nicolás Rossi Acuña	16.05.1998	-	-	-	-
Defenders:					
Deivis Barone Farías	28.08.1979			13	3
Erick Cathriel Cabaco Almada	19.04.1995	14	2		
Diego Darío Fernández Catardo	30.01.1995	1	-	-	-
Richard Martín González Lemos	06.07.1994	8	1	8	-
Heber Javier Méndez Leiva	06.11.1982	7	-	11	-
Matías Omar Pérez Laborda	20.07.1985			6	-
Mario Sebastián Ramírez Silva	18.05.1992	10	-	10	-
Gonzalo Nicolás Rizzo Sánchez	27.12.1995	-	-		
Nicolás Alejandro Rodríguez Charquero	22.07.1991	8	1		
Midfielders:					
Yoel Orozmán Burgueño Marcant	15.02.1988			12	5
Paolo Martín Dantaz Paredes	14.10.1994	5	-	1	-
Nicolás Andrés Giraldo Urueta (COL)	29.03.1993	-	-		
Damián González González	05.01.1993	7	-	9	-
Ignacio Nicolás Lemmo Gervasio	13.01.1990	4	1		
Gastón Martínez Menendez	01.12.1990	10	-	13	-
Henry Matías Mier Codina	02.08.1990	13	4	15	6
Camilo Alejandro Núñez Gómez	06.03.1993	1	-	10	-
Alfonso Darío Pereira D'Atri	25.02.1996	3	-		
Lucas Guzmán Rodríguez Cardoso	08.05.1993	13	2	10	-
Hugo Maximiliano Soria Sánchez	16.02.1990	15	-	10	-
Cristian Souza España	28.08.1995	2	-	14	-
Rodrigo Sebastián Vázquez Maidana	04.11.1980	13	1	14	-
Forwards:					
Gustavo Javier Alles Villa	09.04.1989	9	-	3	-
Bryan Federico Bautista López	29.01.1994	-	-	-	-
Danilo Erardo Cócaro Díaz	22.08.1991	13	1	6	1
Guillermo Maidana Revetría	18.01.1988	12	-	3	-
Gonzalo Mathías Mastriani Borges	28.04.1993	11	2	12	3
Gastón Javier Palacios Baleirón	26.12.1997	1	-		
Miguel David Terans Pérez	11.08.1994	15	3	15	-
Trainer:					
Valentín Villazán Castro [as of 01.07.2015]	12.02.1980	15		15	

CLUB ATLÉTICO RIVER PLATE MONTEVIDEO

Foundation date: May 11, 1932
Address: Avenida 19 de Abril 1145, 11200 Montevideo
Stadium: Estadio Parque „Federico Omar Saroldi", Montevideo – Capacity: 5,165

THE SQUAD

	DOB	Ape M	Ape G	Cla M	Cla G
Goalkeepers:					
Gastón Hernán Olveira Echeverría	21.04.1993	3	-	9	-
Alison Nicola Pérez Barone	05.02.1990	12	-	7	-
Juan Francisco Tinaglini Olariaga	09.11.1998	-	-	-	-
Defenders:					
Agustín Ale Perego	19.02.1995	8	-	5	-
Flavio Armando Córdoba Rodríguez (COL)	04.10.1984	-	-		
Darío Antonio Flores Bistolfi	06.02.1984	14	-	11	-
Cristian Mario González Aidinovich	19.12.1976	9	-	11	-
Giovanni Alessandro González Apud	20.09.1994	5	-	9	-
Claudio Herrera Casanova	11.02.1988	5	-	10	-
Esteban Damián Mascareña Sánchez	12.07.1995			1	-
Diego Manuel Rodríguez Da Luz	08.08.1986	8	-	7	-
Ronaldo Alexander Conceiçao Silveira (BRA)	03.04.1987	6	2	9	1
Lucas Ruíz Alonso	07.03.1996	6	-	3	-
Luis Alberto Torrecilla Michelle	18.03.1989	3	1		
Wellington Baroni (BRA)	01.04.1989	-	-	-	-
Midfielders:					
Diego Martín Alaníz Ávila	19.02.1993	9	3		
Robert Mario Flores Bistolfi	13.05.1986	9	-	8	-
Pablo Agustín González Ferrón	03.07.1995			4	-
Fernando Gorriarán Fontes	27.11.1994	14	1	9	-
Mario Evaristo Leguizamón Martínez	07.07.1982			2	-
Nicolás Teodoro Machado Mira	03.01.1997			2	-
Marcus Vinícius Vidal Cunha "Marquinhos Carioca" (BRA)	28.05.1992	6	-	-	-
Bruno Montelongo Gesta	12.09.1987	12	5	10	-
Christian Pérez Gómez	18.05.1990	1	-		
César Federico Pintos Álvarez	17.11.1992			5	-
Ángel Leonardo Rodríguez Güelmo	02.12.1992	14	-	10	1
Iván Rodrigo Silva Olivera	23.10.1993	6	-	-	-
Diego Vicente	19.07.1998	1	-	3	-
Forwards:					
Diego Mateo Casas López	04.03.1995	1	-		
Santiago Ciganda Forni	16.01.1994	9	1	2	-
Santiago Damián García Correa	14.09.1990	15	10		
Matías Martín Jones Mourigan	01.07.1991			7	-
Emilton Pedroso Domingues	28.03.1993			4	-
Jonathan Alexander Ramírez Silva	18.12.1990	4	-	7	-
Sebastián César Helios Ribas	11.03.1988			10	1
Leandro Joaquín Rodríguez Telechea	19.11.1992	1	-		
Alexander Mauricio Rosso Génova	27.02.1993	5	-	11	3
Michael Nicolás Santos Rosadilla	13.03.1993	12	6	11	5
Nicolás Javier Schiappacasse Oliva	12.01.1999	8	2	9	1
Walter Vaz Correa (FRA)	24.05.1990	1	-		
Facundo Vigo González	22.05.1999	1	-	1	-
César Taján Jiménez (COL)	25.06.1991			12	1
Trainer:					
Juan Ramón Carrasco Torres [as of 01.07.2015]	15.09.1956	15		15	

INSTITUCIÓN ATLÉTICA SUD AMÉRICA MONTEVIDEO

Foundation date: February 15, 1914
Address: Avenida Domingo Aramburu 16-34, Montevideo
Stadium: Estadio Municipal "Castro Martínez Laguarda", San José de Mayo – Capacity: 3,810

THE SQUAD

	DOB	Ape M	Ape G	Cla M	Cla G
Goalkeepers:					
Jorge Luís Fleitas de María	24.01.1993	-	-	-	-
Cono Javier Irazún González	04.12.1986	15	-	15	-
Washington Jesús Ortega Olivera	13.11.1994	-	-	1	-
Defenders:					
Juan Ramón Alsina Kligger	15.11.1989	2	-		
Adrián Argachá González	21.12.1986	13	1		
Álvaro Maximiliano Arias Invernizzi	03.10.1988			12	1
Santiago Nicolás Carrera Sanguinetti	05.03.1994			12	1
Antonio Nicolás Fernández Mozzo	07.08.1985	1	-	-	-
César Alejandro Galván Soler	18.01.1993	1	-	-	-
Michael Alexander Guerra Pereira	19.12.1995	1	-	1	-
Edgard Leonardo Martínez Fracchia	26.01.1979	13	-	14	-
Rodrigo Gastón Mieres Pérez	19.04.1989			3	-
Diego Fernando Molina	14.06.1991	8	-		
Christian Gabriel Paiva Mattos	17.10.1995			5	-
Maximiliano Pereiro Zugarramurdi	17.08.1990	15	-	7	-
Julián Ricardo Perujo Airala	23.01.1986	12	-	13	-
Rodrigo Rojo Piazze	21.07.1989			12	-
Nicolás Viera Cabrera	07.08.1998	-	-	1	-
Midfielders:					
José Fernando Arismendi Peralta	31.03.1991	13	7	1	-
Jonathan Daniel Barboza Bonilla	02.11.1990	15	-	14	-
Cristhian Britos Rodríguez	07.09.1990			2	-
Emanuel Adrián Centurión (ARG)	25.08.1982	-	-		
Rodrigo Gastón Díaz Rodríguez	04.07.1995	8	-		
Bruno Foliados Suárez	17.01.1992	7	-	-	-
Federico Gallego Revetria	13.06.1990			12	-
Claudio Gastón Innella Alderete	26.11.1990	-	-	-	-
Diego Gastón López Barrios	23.02.1994	2	-	-	-
Federico Damián Millacet Echevarría	21.07.1991	7	-	11	-
Leandro Federico Reymundez Martínez	01.02.1992			8	-
Gastón Mozeijko Rodríguez	25.04.1996	-	-	-	-
Pablo Nicolás Royón Silvera	28.01.1991	13	2	12	5
Santiago Saúl Litwin	08.01.1993			5	-
Diego Gonzalo Vega Martínez	29.06.1992	8	-	13	4
Fabián Rodrigo Yantorno Blengio	04.09.1982	8	-	7	1
Forwards:					
Bryan Maximiliano Aldave Benítez	29.09.1983	11	1		
Heber Gastón Colmán Leguisamo	04.04.1989	15	5		
Ángel Emanuel Luna (ARG)	30.01.1989	6	1		
Gonzalo Daniel Malán Arenas	08.04.1988			7	-
Federico Daniel Osvaldo Olivera	02.01.1993	-	-	-	-
Facundo Rodríguez Calleriza	20.08.1995	4	-	14	4
Maximiliano Russo Imperial	28.09.1988			4	1
Trainer:					
Jorge Antonio Vivaldo (ARG) [01.07.2014-05.10.2015]	16.02.1967	8			
Julio Avelino Comesaña [06.10.2015-20.04.2016; Resigned]	10.03.1948	7		8	
Julio César Fuentes Vicente [as of 22.04.2016]	03.02.1968			7	

CLUB ATLÉTICO VILLA TERESA MONTEVIDEO
Foundation date: June 1, 1941
Address: Islas Canarias 4978, Montevideo
Stadium: Estadio "José Nasazzi", Montevideo – Capacity: 5,000

THE SQUAD

	DOB	Ape M	Ape G	Cla M	Cla G
Goalkeepers:					
Pablo Ramiro Bentancour Rodríguez	28.02.1989	6	-		
Agustín Sebastián Cousillas	19.04.1990			11	-
Pablo Damián Tourn Martinez	08.05.1984	9	-	4	-
Defenders:					
Cristian Martín Arguiñarena Pombo	06.09.1991	12	1	14	2
Walt Alejandro Báez Bordon	29.11.1978	9	-		
Joe Emerson Bastos Bizera	17.05.1980			5	-
Mayco Daniel Britos Belén	09.08.1989	6	-	11	1
Gabriel de León Villegas	03.03.1993	14	1	15	1
Daniel Leites	28.02.1982	14	-	-	-
Luis Nicolás Olivera Moreira	17.02.1993	1	-	9	1
Jhonatan Daniel Souza Motta Montero	07.03.1989	14	-	14	2
Joaquín Alejandro Pereyra Cantero	10.07.1994			-	-
Diego Matías Viña Ferreira	29.08.1988	8	-	10	1
Midfielders:					
Fabián Andrés Bastidas (USA)	06.10.1993	1	-	-	-
Gerónimo Beato Pessina	10.11.1995	3	-	8	-
Santiago Chacón (ARG)	30.05.1992	8	-	12	-
Diego Raúl Denis Regueiro	06.03.1990	10	-	6	-
Alex Javier Fernández Aguirre	14.12.1994	-	-	-	-
Jhony Moisés Galli Moreira	19.03.1990	7	-	14	-
Diego Alejandro Galo Prado	14.03.1994			5	-
Ademar Martínez Lima	09.01.1990	13	2	14	-
Daniel Horacio Pereira Viana (ARG)	05.12.1976	10	1	9	-
Omar Mario Pérez Aguado	20.09.1976	9	1	-	-
Forwards:					
Jorge Nicolás Ayala Silva	15.08.1995			2	-
Adrián Martin Balboa Camacho	19.01.1994			15	6
Octavio Agustín Colo González	09.01.1994	2	-	14	1
Gonzalo Raúl Curbelo Blanchet	24.04.1987	7	-	-	-
Santiago Emiliano González Areco	11.06.1992	8	-		
Cristhian Leonardo Gutiérrez Almeida	03.02.1992	8	1	-	-
Diego Andrés Martiñones Rus	25.01.1985	14	2		
Michel Miranda Moreira	01.03.1993	4	-	-	-
Fabián Muñoz Alvarado	15.03.1993			3	-
Pablo José Pavetti (ARG)	20.03.1991			5	-
Agustín Peraza Fontana	03.06.1994	2	-	-	-
Facundo Rodríguez Calleriza	20.08.1995	3	-	2	-
Maximiliano Russo Imperial	28.09.1988	8	-		
Pablo Martín Silvera Duarte	26.08.1995			8	-
Trainer:					
Vito Beato Islas [as of 20.01.2012]		15		15	

SECOND LEVEL
Segunda División Profesional "Nelson Ciappesoni" 2015/2016

Primera Rueda (First Stage)

Serie A

1. Cerro Largo FC Melo	7	5	2	0	19	-	10	17
2. Club Oriental de Football La Paz	7	5	0	2	16	-	8	15
3. CA Boston River Montevideo	7	5	0	2	15	-	7	15
4. Canadian Soccer Club Montevideo	7	3	1	3	9	-	8	10
5. CA Torque Montevideo	7	2	1	4	13	-	14	7
6. Rocha Fútbol Club	7	2	0	5	8	-	17	6
7. CA Atenas de San Carlos	7	2	0	5	9	-	14	6
8. CA Progreso Montevideo	7	1	2	4	4	-	15	5

Serie B

1. Rampla Juniors FC Montevideo	6	4	1	1	14	-	5	13
2. CS Miramar Misiones	6	4	1	1	8	-	2	13
3. CSD Villa Española Montevideo	6	3	3	0	7	-	4	12
4. CD Maldonado	6	3	0	3	7	-	10	9
5. Huracán FC Montevideo	6	2	0	4	5	-	8	6
6. Tacuarembó FC	6	1	1	4	3	-	10	4
7. Central Español FC Montevideo	6	1	0	5	4	-	9	3

Both winners were qualified for the Stage Final.

Finals

Cerro Largo FC Melo - Rampla Juniors FC Montevideo   2-2(1-0)
Rampla Juniors FC Montevideo - Cerro Largo FC Melo   5-4(1-4,4-4)

Segunda Rueda (Second Stage)

1. Rampla Juniors FC Montevideo	14	10	1	3	22	-	14	31
2. CSD Villa Española Montevideo	14	9	2	3	23	-	14	29
3. CA Boston River Montevideo	14	8	2	4	21	-	13	26
4. CA Torque Montevideo	14	6	5	3	26	-	20	23
5. CA Progreso Montevideo	14	7	2	5	21	-	16	23
6. CA Atenas de San Carlos	14	6	4	4	25	-	19	22
7. CS Miramar Misiones	14	4	7	3	18	-	17	19
8. Tacuarembó FC	14	5	2	7	22	-	23	17
9. Cerro Largo FC Melo	14	5	2	7	16	-	18	17
10. Central Español FC Montevideo	14	5	2	7	17	-	20	17
11. Rocha Fútbol Club	14	4	5	5	12	-	15	17
12. CD Maldonado	14	4	2	8	12	-	19	14
13. Club Oriental de Football La Paz	14	4	2	8	12	-	20	14
14. Huracán FC Montevideo	14	4	1	9	10	-	23	13
15. Canadian Soccer Club Montevideo	14	3	3	8	16	-	23	12

Aggregate Table 2015/2016

1.	Rampla Juniors FC Montevideo (*Promoted*)	20	14	2	4	36	-	19	44
2.	CA Boston River Montevideo (*Promoted*)	21	13	2	6	36	-	20	41
3.	CSD Villa Española Montevideo (*Promoted*)	20	12	5	3	30	-	18	41
4.	Cerro Largo FC Melo	21	10	4	7	35	-	28	34
5.	CS Miramar Misiones	20	8	8	4	26	-	19	32
6.	CA Torque Montevideo	21	8	6	7	39	-	37	30
7.	Club Oriental de Football La Paz	21	9	2	10	28	-	28	29
8.	CA Atenas de San Carlos	21	8	4	9	34	-	33	28
9.	CA Progreso Montevideo	21	8	4	9	25	-	31	28
10.	CD Maldonado	20	7	2	11	19	-	29	23
11.	Rocha Fútbol Club	21	6	5	10	20	-	32	23
12.	Canadian Soccer Club Montevideo	21	6	4	11	25	-	31	22
13.	Tacuarembó FC	20	6	3	11	25	-	33	21
14.	Central Español FC Montevideo	20	6	2	12	21	-	29	20
15.	Huracán FC Montevideo	20	6	1	13	15	-	31	19

Relegation Table 2015/2016

Pos	Team	Ape & Cla 2014/2015 P	Ape & Cla 2015/2016 P	Total P	M	Aver
1.	Rampla Juniors FC Montevideo	-	44	44	20	2,200
2.	CA Boston River Montevideo	44	41	85	49	1,734
3.	CSD Villa Española Montevideo	42	41	83	48	1,729
4.	CS Miramar Misiones	37	31	69	48	1,437
5.	Club Oriental de Football La Paz	-	29	29	21	1,380
6.	Cerro Largo FC Melo	32	34	66	49	1,346
7.	CA Atenas de San Carlos	-	28	28	21	1,333
8.	Canadian Soccer Club Montevideo	43	22	65	49	1,326
9.	CA Torque Montevideo	35	27	65	49	1,326
10.	Central Español FC Montevideo	43	20	63	48	1,312
11.	Huracán FC Montevideo	41	19	60	48	1,250
12.	CD Maldonado	31	23	54	48	1,125
13.	CA Progreso Montevideo	25	28	53	49	1,081
14.	Tacuarembó FC	-	21	21	20	1,050
15.	Rocha Fútbol Club (*Relegated*)	25	23	48	49	0,979

**NATIONAL TEAM
INTERNATIONAL MATCHES
(16.07.2015 – 15.07.2016)**

04.09.2015	Ciudad de Panamá	Panama - Uruguay	0-1(0-0)	(F)
09.09.2015	San José	Costa Rica - Uruguay	1-0(1-0)	(F)
08.10.2015	La Paz	Bolivia - Uruguay	0-2(0-1)	(WCQ)
13.10.2015	Montevideo	Uruguay - Colombia	3-0(1-0)	(WCQ)
12.11.2015	Quito	Ecuador - Uruguay	2-1(1-0)	(WCQ)
17.11.2015	Montevideo	Uruguay - Chile	3-0(1-0)	(WCQ)
25.03.2016	Recife	Brazil - Uruguay	2-2(2-1)	(WCQ)
29.03.2016	Montevideo	Uruguay - Peru	1-0(0-0)	(WCQ)
27.05.2016	Montevideo	Uruguay - Trinidad and Tobago	3-1(2-1)	(F)
05.06.2016	Glendale	Mexico - Uruguay	3-1(1-0)	(CA)
09.06.2016	Philadelphia	Uruguay - Venezuela	0-1(0-1)	(CA)
13.06.2016	Santa Clara	Uruguay - Jamaica	3-0(1-0)	(CA)

04.09.2015, Friendly International
Estadio "Rommel Fernández Gutiérrez", Ciudad de Panamá; Attendance: 20,000
Referee: Jonathan Polanco (Guatemala)
PANAMA - URUGUAY   **0-1(0-0)**
URU: Néstor Fernando Muslera Micol (73/0), Victorio Maximiliano Pereira Páez (106/3) [83.Camilo Sebastián Mayada Mesa (5/0)], José María Giménez de Vargas (22/3) [46.Sebastián Coates Nion (18/1)], Diego Roberto Godín Leal (Cap) (92/4), José Martín Cáceres Silva (64/1), Carlos Andrés Sánchez Arcosa (9/0) [67.Mathías Corujo Díaz (8/0)], Egidio Raúl Arévalo Ríos (72/0), Marcelo Nicolás Lodeiro Benítez (40/3) [46.Álvaro Rafael González Luengo (56/3)], Álvaro Daniel Pereira Barragán (71/6) [46.Jonathan Javier Rodríguez Portillo (8/1)], Diego Alejandro Rolán Silva (12/2) [73.Brian Avelino Lozano Aparicio (1/0)], Christian Ricardo Stuani Curbelo (23/5). Trainer: Óscar Wáshington Tabárez Silva (155).
Goal: Christian Ricardo Stuani Curbelo (82).

09.09.2015, Friendly International
Estadio Nacional, San José; Attendance: 22,000
Referee: Jorge Rojas Castillo (México)
COSTA RICA - URUGUAY   **1-0(1-0)**
URU: Martín Andrés Silva Leites (7/0), Mathías Corujo Díaz (9/0), José María Giménez de Vargas (23/3), Diego Roberto Godín Leal (Cap) (93/4), José Martín Cáceres Silva (65/1), Carlos Andrés Sánchez Arcosa (10/0) [68.Giorgian Daniel De Arrascaeta Benedetti (7/1)], Egidio Raúl Arévalo Ríos (73/0) [77.Álvaro Daniel Pereira Barragán (72/6)], Álvaro Rafael González Luengo (57/3) [36.Nahitan Michel Nández Acosta (1/0)], Camilo Sebastián Mayada Mesa (6/0) [60.Christian Ricardo Stuani Curbelo (24/5)], Diego Alejandro Rolán Silva (13/2) [36.Brian Avelino Lozano Aparicio (2/0)], Jonathan Javier Rodríguez Portillo (9/1) [61.Michael Nicolás Santos Rosadilla (1/0)]. Trainer: Óscar Wáshington Tabárez Silva (156).

08.10.2015, 21st FIFA World Cup, Qualifiers
Estadio „Hernándo Siles Zuazo", La Paz; Attendance: 26,000
Referee: Patricio Hernán Loustau (Argentina)
BOLIVIA - URUGUAY   **0-2(0-1)**
URU: Néstor Fernando Muslera Micol (74/0), José Martín Cáceres Silva (66/2), José María Giménez de Vargas (24/3), Diego Roberto Godín Leal (Cap) (94/5), Álvaro Daniel Pereira Barragán (73/6), Carlos Andrés Sánchez Arcosa (11/0) [74.Marcelo Nicolás Lodeiro Benítez (41/3)], Mathías Corujo Díaz (10/0), Álvaro Rafael González Luengo (58/3), Cristian Gabriel Rodríguez Barotti (89/9) [37.Camilo Sebastián Mayada Mesa (7/0)], Christian Ricardo Stuani Curbelo (25/5), Abel Mathías Hernández Platero (23/9) [61.Diego Alejandro Rolán Silva (14/2)]. Trainer: Óscar Wáshington Tabárez Silva (157).
Goals: José Martín Cáceres Silva (9), Diego Roberto Godín Leal (65).

13.10.2015, 21st FIFA World Cup, Qualifiers
Estadio Centenario, Montevideo; Attendance: 40,000
Referee: Héber Roberto Lopes (Brazil)
URUGUAY - COLOMBIA   **3-0(1-0)**
URU: Néstor Fernando Muslera Micol (75/0), Victorio Maximiliano Pereira Páez (107/3), José María Giménez de Vargas (25/3), Diego Roberto Godín Leal (Cap) (95/6), José Martín Cáceres Silva (67/2) [18.Marcelo Nicolás Lodeiro Benítez (42/3)], Carlos Andrés Sánchez Arcosa (12/0) [71.Abel Mathías Hernández Platero (24/10)], Mathías Corujo Díaz (11/0), Álvaro Rafael González Luengo (59/3) [85.Nahitan Michel Nández Acosta (2/0)], Álvaro Daniel Pereira Barragán (74/6), Christian Ricardo Stuani Curbelo (26/5), Diego Alejandro Rolán Silva (15/3). Trainer: Óscar Wáshington Tabárez Silva (158).
Goals: Diego Roberto Godín Leal (34), Diego Alejandro Rolán Silva (51), Abel Mathías Hernández Platero (88).

12.11.2015, 21st FIFA World Cup, Qualifiers
Estadio Olimpico „Atahualpa", Quito; Attendance: 32,650
Referee: Ricardo Marques Ribeiro (Brazil)
ECUADOR - URUGUAY   **2-1(1-0)**
URU: Néstor Fernando Muslera Micol (76/0), Victorio Maximiliano Pereira Páez (108/3), Sebastián Coates Nion (19/1), Diego Roberto Godín Leal (Cap) (96/6), José Martín Cáceres Silva (68/2), Carlos Andrés Sánchez Arcosa (13/0), Egidio Raúl Arévalo Ríos (74/0), Álvaro Rafael González Luengo (60/3) [89.Álvaro Daniel Pereira Barragán (75/6)], Marcelo Nicolás Lodeiro Benítez (43/3) [63.Diego Alejandro Rolán Silva (16/3)], Edinson Roberto Cavani Gómez (77/28), Abel Mathías Hernández Platero (25/10) [86.Michael Nicolás Santos Rosadilla (2/0)]. Trainer: Óscar Wáshington Tabárez Silva (159).
Goal: Edinson Roberto Cavani Gómez (49).

17.11.2015, 21st FIFA World Cup, Qualifiers
Estadio Centenario, Montevideo; Attendance: 50,000
Referee: Wilmar Alexander Roldán Pérez (Colombia)
URUGUAY - CHILE   **3-0(1-0)**
URU: Néstor Fernando Muslera Micol (77/0), Victorio Maximiliano Pereira Páez (109/3), Sebastián Coates Nion (20/1), Diego Roberto Godín Leal (Cap) (97/7), José Martín Cáceres Silva (69/3) [70.Gastón Alexis Silva Perdomo (2/0)], Carlos Andrés Sánchez Arcosa (14/0), Egidio Raúl Arévalo Ríos (75/0), Mathías Corujo Díaz (12/0), Marcelo Nicolás Lodeiro Benítez (44/3) [59.Álvaro Daniel Pereira Barragán (76/7)], Edinson Roberto Cavani Gómez (78/28), Diego Alejandro Rolán Silva (17/3) [80.Nahitan Michel Nández Acosta (3/0)]. Trainer: Óscar Wáshington Tabárez Silva (160).
Goals: Diego Roberto Godín Leal (23), Álvaro Daniel Pereira Barragán (61), José Martín Cáceres Silva (65).

25.03.2016, 21st FIFA World Cup, Qualifiers
Itaipava Arena Pernambuco, Recife; Attendance: 45,010
Referee: Néstor Fabián Pitana (Argentina)
BRAZIL - URUGUAY **2-2(2-1)**
URU: Néstor Fernando Muslera Micol (78/0), Jorge Ciro Fucile Perdomo (45/0), Mauricio Bernardo Victorino Dansilo (22/0), Sebastián Coates Nion (21/1), Álvaro Daniel Pereira Barragán (77/7), Carlos Andrés Sánchez Arcosa (15/0) [81.Christian Ricardo Stuani Curbelo (27/5)], Matías Vecino Falero (1/0), Egidio Raúl Arévalo Ríos (76/0), Cristian Gabriel Rodríguez Barotti (90/9) [46.Álvaro Rafael González Luengo (61/3)], Luis Alberto Suárez Díaz (Cap) (83/44), Edinson Roberto Cavani Gómez (79/29). Trainer: Óscar Wáshington Tabárez Silva (161).
Goals: Edinson Roberto Cavani Gómez (30), Luis Alberto Suárez Díaz (48).

29.03.2016, 21st FIFA World Cup, Qualifiers
Estadio Centenario, Montevideo; Attendance: 55,000
Referee: Roddy Alberto Zambrano Olmedo (Ecuador)
URUGUAY - PERU **1-0(0-0)**
URU: Néstor Fernando Muslera Micol (79/0), Victorio Maximiliano Pereira Páez (Cap) (110/3), Mauricio Bernardo Victorino Dansilo (23/0), Sebastián Coates Nion (22/1), Álvaro Daniel Pereira Barragán (78/7), Carlos Andrés Sánchez Arcosa (16/0) [85.Diego Alejandro Rolán Silva (18/3)], Egidio Raúl Arévalo Ríos (77/0), Matías Vecino Falero (2/0) [46.Cristian Gabriel Rodríguez Barotti (91/9)], Álvaro Rafael González Luengo (62/3) [80.Jorge Ciro Fucile Perdomo (46/0)], Luis Alberto Suárez Díaz (84/44), Edinson Roberto Cavani Gómez (80/30). Trainer: Óscar Wáshington Tabárez Silva (162).
Goal: Edinson Roberto Cavani Gómez (51).

27.05.2016, Friendly International
Estadio Centenario, Montevideo; Attendance: 10,000
Referee: Mauro Vigliano (Argentina)
URUGUAY - TRINIDAD AND TOBAGO **3-1(2-1)**
URU: Martín Andrés Silva Leites (8/0) [80.Martín Nicolás Campaña Delgado (1/0)], Victorio Maximiliano Pereira Páez (Cap) (111/3) [70.Jorge Ciro Fucile Perdomo (47/0)], Mauricio Bernardo Victorino Dansilo (24/0), Gastón Alexis Silva Perdomo (3/0), Álvaro Daniel Pereira Barragán (79/7), Carlos Andrés Sánchez Arcosa (17/0) [46.Mathías Corujo Díaz (13/0)], Egidio Raúl Arévalo Ríos (78/0) [59.Álvaro Rafael González Luengo (63/3)], Matías Vecino Falero (3/1), Marcelo Nicolás Lodeiro Benítez (45/3) [46.Gastón Exequiel Ramírez Pereyra (35/0)], Diego Alejandro Rolán Silva (19/3), Edinson Roberto Cavani Gómez (81/32) [46.Christian Ricardo Stuani Curbelo (28/5)]. Trainer: Óscar Wáshington Tabárez Silva (163).
Goals: Edinson Roberto Cavani Gómez (26, 39), Matías Vecino Falero (52).

05.06.2016, 45th Copa América, Group Stage
University of Phoenix Stadium, Glendale (United States); Attendance: 60,025
Referee: Enrique Patricio Cáceres Villafañe (Paraguay)
MEXICO - URUGUAY **3-1(1-0)**
URU: Néstor Fernando Muslera Micol (80/0), Victorio Maximiliano Pereira Páez (112/3), José María Giménez de Vargas (26/3), Diego Roberto Godín Leal (Cap) (98/8), Álvaro Daniel Pereira Barragán (80/7), Carlos Andrés Sánchez Arcosa (18/0) [83.Gastón Exequiel Ramírez Pereyra (36/0)], Egidio Raúl Arévalo Ríos (79/0), Matías Vecino Falero (4/1), Marcelo Nicolás Lodeiro Benítez (46/3) [46.Álvaro Rafael González Luengo (64/3)], Edinson Roberto Cavani Gómez (82/32), Diego Alejandro Rolán Silva (20/3) [59.Abel Mathías Hernández Platero (26/10)]. Trainer: Óscar Wáshington Tabárez Silva (164).
Goal: Diego Roberto Godín Leal (74).

09.06.2016, 45th Copa América, Group Stage
Lincoln Financial Field, Philadelphia (United States); Attendance: 23,002
Referee: Patricio Hernán Loustau (Argentina)
URUGUAY - VENEZUELA **0-1(0-1)**
URU: Néstor Fernando Muslera Micol (81/0), Victorio Maximiliano Pereira Páez (113/3), José María Giménez de Vargas (27/3), Diego Roberto Godín Leal (Cap) (99/8), Gastón Alexis Silva Perdomo (4/0), Carlos Andrés Sánchez Arcosa (19/0) [77.Marcelo Nicolás Lodeiro Benítez (47/3)], Egidio Raúl Arévalo Ríos (80/0), Álvaro Rafael González Luengo (65/3) [79.Mathías Corujo Díaz (14/0)], Gastón Exequiel Ramírez Pereyra (37/0) [72.Diego Alejandro Rolán Silva (21/3)], Edinson Roberto Cavani Gómez (83/32), Christian Ricardo Stuani Curbelo (29/5). Trainer: Óscar Wáshington Tabárez Silva (165).

13.06.2016, 45th Copa América, Group Stage
Levi's Stadium, Santa Clara (United States); Attendance: 40,166
Referee: Wilson Lamouroux (Canada)
URUGUAY - JAMAICA **3-0(1-0)**
URU: Néstor Fernando Muslera Micol (82/0), Victorio Maximiliano Pereira Páez (114/3), José María Giménez de Vargas (28/3), Diego Roberto Godín Leal (Cap) (**100**/8), Gastón Alexis Silva Perdomo (5/0), Carlos Andrés Sánchez Arcosa (20/0) [65.Matías Vecino Falero (5/1)], Egidio Raúl Arévalo Ríos (81/0), Álvaro Rafael González Luengo (66/3) [80.Mathías Corujo Díaz (15/1)], Marcelo Nicolás Lodeiro Benítez (48/3), Edinson Roberto Cavani Gómez (84/32), Abel Mathías Hernández Platero (27/11) [73.Gastón Exequiel Ramírez Pereyra (38/0)]. Trainer: Óscar Wáshington Tabárez Silva (166).
Goals: Abel Mathías Hernández Platero (20), Je-Vaughn Watson (66 own goal), Mathías Corujo Díaz (87).

NATIONAL TEAM PLAYERS 2015/2016			
Name	DOB	Caps	Goals
[Club 2015/2016]			

(Caps and goals at 15.07.2016)

Goalkeepers			
Martín Nicolás CAMPAÑA Delgado [2016: CA Independiente Avellaneda (ARG)]	29.05.1989	1	0
Néstor Fernando MUSLERA Micol [2015/2016: SK Galatasaray Istanbul (TUR)]	16.06.1986	82	0
Martín Andrés SILVA Leites [2015/2016: CR Vasco da Gama Rio de Janeiro (BRA)]	25.03.1983	8	0

Defenders

José Martín CÁCERES Silva [2015/2016: Juventus FC Torino (ITA)]	07.04.1987	69	3
Sebastián COATES Nión [2015: Sunderland AFC (ENG); 28.01.2016-> Sporting Clube de Portugal Lisboa (POR)]	07.10.1990	22	1
José María GIMÉNEZ De Vargas [2015/2016: Club Atlético de Madrid (ESP)]	20.01.1995	28	3
Diego Roberto GODÍN Leal [2015/2016: Club Atlético de Madrid (ESP)]	16.02.1986	100	8
Jorge Ciro FUCILE Perdomo [2016: Club Nacional de Football Montevideo]	19.11.1984	47	0
Victorio Maximiliano PEREIRA Páez [2015/2016: FC do Porto (POR)]	08.06.1984	114	3
Gastón Alexis SILVA Perdomo [2015/2016: Torino FC (ITA)]	05.03.1994	5	0
Mauricio Bernardo VICTORINO Dansilo [2016: Club Nacional de Football Montevideo]	11.10.1982	24	0

Midfielders

Egidio Raúl ARÉVALO Ríos [2015: CF Tigres de la Universidad Autónoma de Nuevo León (MEX); 01.01.2016-> Atlas FC Guadalajara (MEX)]	01.01.1982	81	0
Giorgian Daniel DE ARRASCAETA Benedetti [2015: EC Cruzeiro Belo Horizonte (BRA)]	01.05.1994	7	1
Mathías CORUJO Díaz [2015/2016: Club Universidad de Chile Santiago (CHI)]	08.05.1986	15	1
Álvaro Rafael GONZÁLEZ Luengo [2015/2016: Atlas FC Guadalajara (MEX)]	29.10.1984	66	3
Marcelo Nicolás LODEIRO Benítez [2015/2016: CA Boca Juniors Buenos Aires (ARG)]	21.03.1989	48	3
Brian Avelino LOZANO Aparicio [2015: Defensor Sporting Club Montevideo]	23.02.1994	2	0
Camilo Sebastián MAYADA Mesa [2015: CA River Plate Buenos Aires (ARG)]	08.01.1991	7	0
Nahitan Michel NÁNDEZ Acosta [2015: CA Peñarol Montevideo]	28.12.1995	3	0
Álvaro Daniel PEREIRA Barragán [2015: Club Estudiantes de La Plata (ARG), on loan; 01.01.2016-> FC Internazionale Milano (ITA); 01.02.2016-> Getafe CF (ESP), on loan]	28.01.1985	80	7
Gastón Ezequiel RAMÍREZ Pereyra [2016: Middlesbrough FC (ENG)]	02.12.1990	38	0
Cristian Gabriel RODRÍGUEZ Barotti [2015/2016: CA Independiente Avellaneda (ARG)]	30.09.1985	91	9
Jonathan Javier RODRÍGUEZ Portillo [2015/2016: RC Deportivo La Coruña (ESP)]	06.07.1993	9	1
Carlos Andrés SÁNCHEZ Arcosa [2015: CA River Plate Buenos Aires (ARG); 01.01.2016-> CF Monterrey (MEX)]	02.12.1984	20	0
Matías VECINO Falero [2015/2016: AC Fiorentina Firenze (ITA)]	24.08.1991	5	1

Forwards			
Edinson Roberto CAVANI Gómez	14.02.1987	84	32
[2015/2016: Paris Saint-Germain FC (FRA)]			
Abel Mathías HERNÁNDEZ Platero	08.08.1990	27	11
[2015/2016: Hull City AFC (ENG)]			
Diego Alejandro ROLÁN Silva	24.03.1993	21	3
[2015/2016: FC Girondins de Bordeaux (FRA)]			
Michael Nicolás SANTOS Rosadilla	13.03.1993	2	0
[2015: CA River Plate Montevideo (2/0)]			
Christian Ricardo STUANI Curbelo	12.10.1986	29	5
[2015/2016: Middlesbrough FC (ENG)]			
Luis Alberto SUÁREZ Díaz	24.01.1987	84	44
[2016: FC Barcelona (ESP)]			

National coaches		
Óscar Wáshington TABÁREZ Silva	03.03.1947	132 M; 65 W; 35 D; 32 L; 223-138
[also national coach between 27.09.1988 – 25.06.1990; Complete records: 166 M; 82 W; 43 D; 41 L; 273-166]		

VENEZUELA

The Country:
República Bolivariana de Venezuela (Bolivarian Republic of Venezuela)   Capital: Caracas   Surface: 916,445 km²   Inhabitants: 30,933,000   Time: UTC-4.30

The FA:
Federación Venezolana de Fútbol   Avenida Santos Erminy Ira, Calle las Delicias, Torre, Mega II P.H. Sabana Grande, Caracas 1050   Year of Formation: 1926   Member of FIFA since: 1952   Member of CONMEBOL since: 1952   Internet: www.federacionvenezolanadefutbol.org

NATIONAL TEAM RECORDS	
First international match:	12.02.1938, Ciudad de Panamá: Panama – Venezuela 2-1
Most international caps:	Juan Fernando Arango Sáenz – 129 caps (1999-2015)
Most international goals:	Juan Fernando Arango Sáenz - 23 goals / 129 caps (1999-2015)

OLYMPIC GAMES 1900-2012
1980

COPA AMÉRICA			FIFA WORLD CUP	
1916	Did not enter		1930	Did not enter
1917	Did not enter		1934	Did not enter
1919	Did not enter		1938	Did not enter
1920	Did not enter		1950	Did not enter
1921	Did not enter		1954	Did not enter
1922	Did not enter		1958	*Withdrew*
1923	Did not enter		1962	Did not enter
1924	Did not enter		1966	Qualifiers
1925	Did not enter		1970	Qualifiers
1926	Did not enter		1974	*Withdrew*
1927	Did not enter		1978	Qualifiers
1929	Did not enter		1982	Qualifiers
1935	Did not enter		1986	Qualifiers
1937	Did not enter		1990	Qualifiers
1939	Did not enter		1994	Qualifiers
1941	Did not enter		1998	Qualifiers
1942	Did not enter		2002	Qualifiers
1945	Did not enter		2006	Qualifiers
1946	Did not enter		2010	Qualifiers
1947	Did not enter		2014	Qualifiers
1949	Did not enter		PANAMERICAN GAMES	
1953	Did not enter		1951	4th Place
1955	Did not enter		1955	4th Place
1956	Did not enter		1959	Did not enter
1957	Did not enter		1963	Did not enter
1959	Did not enter		1967	Did not enter
1959E	Did not enter		1971	Did not enter
1963	Did not enter		1975	Did not enter
1967	5th Place		1979	Did not enter
1975	Round 1		1983	Round 1
1979	Round 1		1987	Did not enter
1983	Round 1		1991	Did not enter
1987	Group Stage		1995	Did not enter
1989	Group Stage		1999	Did not enter
1991	Group Stage		2003	Did not enter
1993	Group Stage		2007	Round 1
1995	Group Stage		2011	Did not enter
1997	Group Stage		PANAMERICAN CHAMPIONSHIP	
1999	Group Stage		1952	Did not enter
2001	Group Stage		1956	Did not enter
2004	Group Stage		1960	Did not enter
2007	Quarter-Finals			
2011	4th Place			
2015	Group Stage			
2016	Quarter-Finals			

VENEZUELAN CLUB HONOURS IN SOUTH AMERICAN CLUB COMPETITIONS:

COPA LIBERTADORES 1960-2015
None
COPA SUDAMERICANA 2002-2015
None
RECOPA SUDAMERICANA 1989-2015
None
COPA CONMEBOL 1992-1999
None
SUPERCUP „JOÃO HAVELANGE" 1988-1997*
None
COPA MERCONORTE 1998-2001**
None

*Contested betwenn winners of all previous editions of the Copa Libertadores
**Contested between teams belonging countries from the northern part of South America (Bolivia, Colombia, Ecuador, Peru and Venezuela);

NATIONAL COMPETITIONS TABLE OF HONOURS

	CHAMPIONS	CUP WINNERS[1]
	THE AMATEUR ERA	
1921	Las América FC	-
1922	Centro Atlético SC	-
1923	Las América FC	-
1924	Centro Atlético SC	-
1925	Loyola SC	-
1926	Centro Atlético SC	-
1927	Venzóleo	-
1928	Deportivo Venezuela	-
1929	Deportivo Venezuela	-
1930	Centro Atlético SC	-
1931	Deportivo Venezuela	-
1932	Unión SC	-
1933	Deportivo Venezuela	-
1934	Unión SC	-
1935	Unión SC	-
1936	Dos Caminos SC	-
1937	Dos Caminos SC	-
1938	Dos Caminos SC	-
1939	Unión SC	-
1940	Unión SC	-
1941	Litoral SC	-
1942	Dos Caminos SC	-
1943	Loyola SC	-
1944	Loyola SC	-
1945	Dos Caminos SC	-
1946	Club Deportivo Español	-
1947	Unión SC	-
1948	Loyola SC	-

1949	Dos Caminos SC	-
1950	Unión SC	-
1951	Universidad Central de Venezuela FC	-
1952	La Salle FC	-
1953	Universidad Central de Venezuela FC	-
1954	Deportivo Vasco	-
1955	La Salle FC	-
1956	Banco Obrero	-
	THE PROFESSIONAL ERA	
1957	Universidad Central de Venezuela FC	-
1958	CD Portugués Caracas	-
1959	CD Español	CD Portugués Caracas
1960	CD Portugués Caracas	Banco Agrícola y Pecuario
1961	Deportivo Italia FC Caracas[2]	Deportivo Italia FC Caracas
1962	CD Portugués Caracas	Deportivo Italia FC Caracas
1963	Deportivo Italia FC Caracas	Unión Deportivo Canarias
1964	Deportivo Galicia Caracas[3]	Tiquire Flores FC
1965	Lara FC Barquisimeto	Valencia FC
1966	Deportivo Italia FC Caracas	Deportivo Galicia Caracas
1967	CD Portugués Caracas	Deportivo Galicia Caracas
1968	Unión Deportivo Canarias	Unión Deportivo Canarias
1969	Deportivo Galicia Caracas	Deportivo Galicia Caracas
1970	Deportivo Galicia Caracas	Deportivo Italia FC Caracas
1971	Valencia FC[4]	Estudiantes de Mérida FC
1972	Deportivo Italia FC Caracas	CD Portugués Caracas
1973	Portuguesa FC Acarigua	Portuguesa FC Acarigua
1974	Deportivo Galicia Caracas	*No competition*
1975	Portuguesa FC Acarigua	Estudiantes de Mérida FC
1976	Portuguesa FC Acarigua	Portuguesa FC Acarigua
1977	Portuguesa FC Acarigua	Portuguesa FC Acarigua
1978	Portuguesa FC Acarigua	Valencia FC
1979	Deportivo Táchira FC San Cristóbal[5]	Deportivo Galicia Caracas
1980	Estudiantes de Mérida FC	Atlético Zamora FC Barinas
1981	Deportivo Táchira FC San Cristóbal	Deportivo Galicia Caracas
1982	Club Atlético San Cristóbal	Atlético Zamora FC Barinas
1983	Universidad de Los Andes FC Mérida	*No competitio*
1984	Deportivo Táchira FC San Cristóbal	AC Mineros de Guayana FC Puerto Ordaz
1985	Estudiantes de Mérida FC	Estudiantes de Mérida FC
1986	Unión Atlético Táchira San Cristóbal	Deportivo Táchira FC San Cristóbal
1986/1987	CS Marítimo de Venezuela Caracas	CS Marítimo de Venezuela Caracas (1987)
1987/1988	CS Marítimo de Venezuela Caracas	Caracas FC (1988)
1988/1989	AC Mineros de Guayana FC Puerto Ordaz	CS Marítimo de Venezuela Caracas (1989)
1989/1990	CS Marítimo de Venezuela Caracas	Anzoátegui FC (1990)
1990/1991	Universidad de Los Andes FC Mérida	Internacional de Anzoátegui Puerto La Cruz (1991)
1991/1992	Caracas FC	Trujillanos FC Valera (1992)
1992/1993	CS Marítimo de Venezuela Caracas	*No competition* (1993)
1993/1994	Caracas FC	Caracas FC (1994)
1994/1995	Caracas FC	Caracas FC (1995)
1995/1996	AC Minervén Bolívar FC Ciudad Guayana	Universidad de Los Andes FC Mérida (1996)
1996/1997	Caracas FC	Atlético Zulia FC Maracaibo (1997)

1997/1998	Atlético Zulia FC Maracaibo	*No competition* (1998)
1998/1999	Deportivo Italchacao FC Caracas	*No competition* (1999)
1999/2000	Deportivo Táchira FC San Cristóbal	Caracas FC (2000)
2000/2001	Caracas FC	*No competition* (2001)
2001/2002	Club Nacional Táchira San Cristóbal	*No competition* (2002)
2002/2003	Caracas FC	*No competition* (2003)
2003/2004	Caracas FC	*No competition* (2004)
2004/2005	CD Unión Atlético Maracaibo	*No competition* (2005)
2005/2006	Caracas FC	*No competition* (2006)
2006/2007	Caracas FC	AC Aragua FC Maracay (2007)
2007/2008	Deportivo Táchira FC San Cristóbal	Deportivo Anzoátegui SC Puerto La Cruz (2008)
2008/2009	Caracas FC	Caracas FC (2009)
2009/2010	Caracas FC	Trujillanos FC Valera (2010)
2010/2011	Deportivo Táchira FC San Cristóbal	AC CD Mineros de Guayana Puerto Ordaz (2011)
2011/2012	CD Lara Barquisimeto	Deportivo Anzoátegui SC Puerto La Cruz (2012)
2012/2013	Zamora FC Barinas	Caracas FC (2013)
2013/2014	Zamora FC Barinas	Deportivo La Guaira Caracas (2014)
2014/2015	Deportivo Táchira FC San Cristóbal	-
2015	Zamora FC Barinas	Deportivo La Guaira Caracas

[1]The National Cup had different names over the years: Copa Liga Mayor (1959), Copa Naciones (1960), Copa Caracas (1961-1967), Copa Venezuela (1968-1971), Copa Valencia (1972), Copa Venezuela (1973-today).
[2]changed its name to Deportivo Italchacao FC Caracas between 1998 and 2006.
[3]became 2005 Galicia de Araguay, after moving to Maracay.
[4]became 1997 Carabobo FC Valencia.
[5]called Unión Atlético Táchira San Cristóbal between 1986 and 1999.

	BEST GOALSCORERS	
1957	Marino Araújo „Tonho" (BRA, Universidad Central de Venezuela FC)	12
1958	René Irazque (CD Portugués Caracas)	6
1959	Abel Benítez (ESP, CD Español)	15
1960	José Luis Iglesias (ESP, CD Portugués Caracas)	9
1961	Antonio Rávelo (Banco Agrícola y Pecuario)	11
1962	Jaime Araújo da Silva (BRA, Universidad Central de Venezuela FC)	16
1963	Aldeny Isidro „Nino" (BRA, CD Portugués Caracas)	15
1964	Hélio Rodrigues (BRA, Tiquire Flores FC)	12
1965	Mario Mateo (BRA, Lara FC Barquisimeto) Jorge Horacio Romero (ARG, La Salle FC)	16
1966	Luis De Mouros „Ratto" (BRA, CD Portugués Caracas)	21
1967	João Ramos (CD Portugués Caracas)	18
1968	Raimundo Lima „Raimundinho" (CD Portugués Caracas)	21
1969	Eustaquio Batista (Deportivo Italia FC Caracas) Aurélio dos Santos „Lelo" (Valencia FC)	19
1970	Roland Langón (URU, Deportivo Galicia Caracas)	13
1971	Agostinho Sabara (BRA, Tiquire Aragua FC)	20
1972	Francisco Rodríguez (Anzoátegui FC)	18
1973	José Chiazzaro (URU, Estudiantes de Mérida FC)	14
1974	José Chiazzaro (URU, Estudiantes de Mérida FC) Sergio Hugo Castillo (URU, Anzoátegui FC)	15
1975	Pedro Pascual Peralta (PAR, Portuguesa FC Acarigua)	20
1976	Pedro Pascual Peralta (PAR, Portuguesa FC Acarigua)	25
1977	Jair Ventura Filho „Jairzinho" (BRA, Portuguesa FC Acarigua) Juan César Silva (Portuguesa FC Acarigua)	20
1978	Jorge Luís Andrade (Universidad de Los Andes FC Mérida)	23
1979	Omar Ferrari (URU, Deportivo Táchira FC San Cristóbal)	15
1980	Walfrido Campos (BRA, Portuguesa FC Acarigua)	12
1981	Rafael Angulo (COL, Deportivo Táchira FC San Cristóbal)	14
1982	Germán Montero (URU, Estudiantes de Mérida FC)	21
1983	Johnny Castellanos (Atlético Zamora FC Barinas)	13
1984	Sérgio Meckler (BRA, Atlético Zamora FC Barinas)	15
1985	Sérgio Meckler (BRA, Deportivo Táchira FC San Cristóbal)	17
1986	Wilton Arreaza (Caracas FC)	8
1986/1987	Johnny Castellanos (Portuguesa FC Acarigua)	16
1987/1988	Miguel Oswaldo González (ARG, Unión Atlético Táchira San Cristóbal)	22
1988/1989	Johnny Castellanos (AC Mineros de Guayana FC Puerto Ordaz)	24
1989/1990	Herbert Márquez (CS Marítimo de Venezuela Caracas)	19
1990/1991	Alexander Bottini (Monagas SC Maturín)	15
1991/1992	Andreas Vogler (GER, Caracas FC)	22
1992/1993	Herbert Márquez (CS Marítimo de Venezuela Caracas)	21
1993/1994	Rodrigo Soto (COL, Trujillanos FC Valera)	20
1994/1995	Rogeiro Da Silva (BRA, Mineros de Guayana FC Puerto Ordaz)	30
1995/1996	José Luis Dolgetta (Caracas FC)	22
1996/1997	Rafael Ernesto Castellín García (Caracas FC)	19
1997/1998	José Luis Dolgetta (Estudiantes de Mérida FC / Caracas FC)	22
1998/1999	Gustavo Fonseca (COL, Internacional Lara FC)	24
1999/2000	Juan García Rivas (Caracas FC)	24
2000/2001	(Estudiantes de Mérida FC)	12
2001/2002	Juan García Rivas (Club Nacional Táchira San Cristóbal)	34

2002/2003	Juan García Rivas (Monagas SC Maturín / AC Mineros de Guayana FC Puerto Ordaz)	19
2003/2004	Juan García Rivas (AC Mineros de Guayana FC Puerto Ordaz)	18
2004/2005	Daniel Delfino (ARG, Carabobo FC Valencia)	19
2005/2006	Juan García Rivas (Deportivo Táchira FC San Cristóbal)	21
2006/2007	Robinson Rentería (COL, Trujillanos FC Valera)	19
2007/2008	Alexander Rondón Heredia (Deportivo Anzoátegui SC Puerto La Cruz)	19
2008/2009	Heatklif Rafael Castillo Delgado (AC Aragua FC Maracay) Daniel Enrique Arismendi (Deportivo Táchira FC San Cristóbal)	17
2009/2010	Norman Freddy Cabrera Valencia (Atlético El Vigía FC)	20
2010/2011	Daniel Enrique Arismendi (Deportivo Anzoátegui SC Puerto La Cruz)	20
2011/2012	Rafael Ernesto Castellín García (CD Lara Barquisimeto)	21
2012/2013	Gabriel Arturo Torres Tejada (Zamora FC Barinas)	20
2013/2014	Juan Manuel Falcón Jiménez (Zamora FC Barinas)	18
2014/2015	Edwin Enrique Aguilar Samaniego (Deportivo Anzoátegui SC Puerto La Cruz)	23
2015	Manuel Alejandro Arteaga Rubianes (Zulia FC Maracaibo)	17

NATIONAL CHAMPIONSHIP
Primera División de Venezuela 2015

Torneo de Adecuación 2015 – Copa Traki

Results

Round 1 [11-12.07.2015]
Trujillanos FC - Deportivo La Guaira 1-1
Estudiantes de Caracas - Zulia FC 0-0
Metropolitanos FC - Atlético Venezuela 1-0
Deportivo Anzoátegui - Deportivo Táchira 1-2
Tucanes de Amazonas - Caracas FC 0-4
CD Lara - Aragua FC 1-2
Ureña SC - Mineros de Guayana 1-0
Estudiantes de Mérida - Portuguesa FC 1-0
Deportivo Petare - Carabobo FC 0-0
Llaneros de Guanare - Zamora FC 1-1

Round 2 [18-19.07.2015]
Deportivo La Guaira - Llaneros de Guanare 1-0
Portuguesa FC - Estudiantes de Caracas 0-1
Zulia FC - Ureña SC 4-0
Deportivo Táchira - Trujillanos FC 1-1
Mineros de Guayana - Metropolitanos FC 4-1
Atlético Venezuela - Deportivo Anzoátegui 1-3
Carabobo FC - Estudiantes de Mérida 0-0
Caracas FC - CD Lara 2-2
Aragua FC - Deportivo Petare 0-1
Zamora FC - Tucanes de Amazonas 4-1

Round 3 [22-23.07.2015]
Estudiantes de Caracas - Carabobo FC 0-0
Llaneros de Guanare - Deportivo Táchira 0-1
CD Lara - Deportivo Petare 1-0
Deport. Anzoátegui - Mineros de Guayana 1-1
Ureña SC - Portuguesa FC 1-1
Estudiantes de Mérida - Aragua FC 2-0
Caracas FC - Zamora FC 2-0
Trujillanos FC - Atlético Venezuela 1-0
Metropolitanos FC - Zulia FC 0-1
Tucanes de Amaz. – Dep.La Guaira 0-5[03.09.]

Round 4 [25-26.07.2015]
Deportivo La Guaira - Caracas FC 0-0
Portuguesa FC - Metropolitanos FC 2-0
Zulia FC - Deportivo Anzoátegui 1-0
Atlético Venezuela - Llaneros de Guanare 3-1
Mineros de Guayana - Trujillanos FC 3-1
Carabobo FC - Ureña SC 0-0
Deportivo Petare - Estudiantes de Mérida 0-1
Deportivo Táchira - Tucanes de Amazonas 1-1
Aragua FC - Estudiantes de Caracas 1-1
Zamora FC - CD Lara 4-2

Round 5 [01-02.08.2015]
Trujillanos FC - Zulia FC 2-2
Metropolitanos FC - Carabobo FC 1-1
Deportivo Anzoátegui - Portuguesa FC 3-0
Estudiantes de Caracas - Deportivo Petare 2-2
Tucanes de Amazonas - Atlético Venezuela 0-0
CD Lara - Estudiantes de Mérida 2-0
Llaneros de Guanare - Mineros de Guayana 2-1
Ureña SC - Aragua FC 1-1
Caracas FC - Deportivo Táchira 0-0
Zamora FC - Deportivo La Guaira 1-1

Round 6 [08-09.08.2015]
Carabobo FC - Deportivo Anzoátegui 4-0
Portuguesa FC - Trujillanos FC 1-1
Zulia FC - Llaneros de Guanare 3-3
Atlético Venezuela - Caracas FC 0-0
Estudiant. de Mérida – Estud. de Caracas 1-1
Mineros de Guayana - Tucanes de Amaz. 4-2
Deportivo Petare - Ureña SC 1-1
Deportivo Táchira - Zamora FC 2-1
Aragua FC - Metropolitanos FC 1-0
Deportivo La Guaira - CD Lara 3-0 [10.10.]

Round 7 [15-17.08.2015]
Deportivo La Guaira - Deportivo Táchira 2-0
Deportivo Anzoátegui - Aragua FC 0-1
Tucanes de Amazonas - Zulia FC 0-2
CD Lara - Estudiantes de Caracas 3-1
Llaneros de Guanare - Portuguesa FC 0-1
Ureña SC - Estudiantes de Mérida 1-0
Caracas FC - Mineros de Guayana 0-0
Zamora FC - Atlético Venezuela 3-0
Metropolitanos FC - Deportivo Petare 0-1
Trujillanos FC - Carabobo FC 0-1 [11.10.]

Round 8 [22-23.08.2015]
Estudiantes de Caracas - Ureña SC 3-3
Zulia FC - Caracas FC 0-0
Portuguesa FC - Tucanes de Amazonas 4-0
Estudiantes de Mérida - Metropolitanos FC 0-1
Atlético Venezuela - Deportivo La Guaira 0-2
Mineros de Guayana - Zamora FC 3-2
Deportivo Petare - Deportivo Anzoátegui 0-1
Carabobo FC - Llaneros de Guanare 0-0
Deportivo Táchira - CD Lara 0-0
Aragua FC - Trujillanos FC 4-1

Round 9 [29.08.-01.09.2015]
Trujillanos FC - Deportivo Petare 3-0
Dep. Anzoátegui - Estudiantes de Mérida 3-2
Tucanes de Amazonas - Carabobo FC 1-0
CD Lara - Ureña SC 2-1
Llaneros de Guanare - Aragua FC 1-0
Deportivo Táchira - Atlético Venezuela 0-0
Caracas FC - Portuguesa FC 2-1
Zamora FC - Zulia FC 1-0
Metropolitanos FC – Estud. de Caracas 0-1
Dep. La Guaira - Mineros de G. 0-0 [12.11.]

Round 10 [11-13.09.2015]
Zulia FC - Deportivo La Guaira 1-1
Estud. de Caracas - Deportivo Anzoátegui 2-0
Ureña SC - Metropolitanos FC 0-0
Portuguesa FC - Zamora FC 1-2
Mineros de Guayana - Deportivo Táchira 1-1
Carabobo FC - Caracas FC 1-1
Atlético Venezuela - CD Lara 0-3
Deportivo Petare - Llaneros de Guanare 1-1
Estudiantes de Mérida - Trujillanos FC 2-0
Aragua FC - Tucanes de Amazonas 1-0

Round 11 [19-21.09.2015]
Trujillanos FC - Estudiantes de Caracas 3-0
Deportivo Anzoátegui - Ureña SC 4-1
Deportivo Táchira - Zulia FC 2-2
Tucanes de Amazonas - Deportivo Petare 1-1
Atlético Venezuela - Mineros de Guayana 2-0
CD Lara - Metropolitanos FC 2-1
Zamora FC - Carabobo FC 2-1
Llaneros de Guanare – Estud. de Mérida 2-1
Caracas FC - Aragua FC 1-2
Deportivo La Guaira - Portuguesa FC 3-1

Round 12 [26-27.09.2015]
Metropolitanos FC - Deportivo Anzoátegui 0-1
Portuguesa FC - Deportivo Táchira 1-3
Zulia FC - Atlético Venezuela 1-1
Deportivo Petare - Caracas FC 1-1
Mineros de Guayana - CD Lara 1-0
Estud. de Caracas - Llaneros de Guanare 1-1
Carabobo FC - Deportivo La Guaira 2-3
Ureña SC - Trujillanos FC 0-1
Estud. de Mérida - Tucanes de Amazonas 1-0
Aragua FC - Zamora FC 0-0

Round 13 [03-04.10.2015]
Trujillanos FC - Metropolitanos FC 2-1
Deportivo La Guaira - Aragua FC 0-2
Tucanes de Amazonas – Estud. de Caracas 0-1
CD Lara - Deportivo Anzoátegui 2-0
Atlético Venezuela - Portuguesa FC 1-2
Llaneros de Guanare - Ureña SC 5-0
Deportivo Táchira - Carabobo FC 5-0
Caracas FC - Estudiantes de Mérida 3-0
Zamora FC - Deportivo Petare 3-1
Mineros de Guayana - Zulia FC 2-2 [11.10.]

Round 14 [17-18.10.2015]
Metropolitanos FC - Llaneros de Guanare 2-0
Deportivo Anzoátegui - Trujillanos FC 1-1
Portuguesa FC - Mineros de Guayana 2-1
Zulia FC - CD Lara 1-2
Estudiantes de Caracas - Caracas FC 0-0
Estudiantes de Mérida - Zamora FC 1-2
Deportivo Petare - Deportivo La Guaira 0-1
Ureña SC - Tucanes de Amazonas 1-1
Aragua FC - Deportivo Táchira 2-2
Carabobo FC - Atlético Venezuela 2-0

Round 15 [24-25.10.2015]
Deportivo La Guaira – Estud. de Mérida 3-2
Tucanes de Amazonas - Metropolitanos FC 3-1
CD Lara - Trujillanos FC 0-2
Atlético Venezuela - Aragua FC 1-2
Zulia FC - Portuguesa FC 2-1
Mineros de Guayana - Carabobo FC 1-1
Llaneros de Guanare – Deport. Anzoátegui 0-0
Deportivo Táchira - Deportivo Petare 7-0
Caracas FC - Ureña SC 2-0
Zamora FC - Estudiantes de Caracas 2-0

Round 16 [31.10.-01.11.2015]
Trujillanos FC - Llaneros de Guanare 2-1
Metropolitanos FC - Caracas FC 1-3
Aragua FC - Mineros de Guayana 1-2
Estudiantes de Mérida - Deportivo Táchira 1-1
Dep. Anzoátegui - Tucanes de Amazonas 2-0
Portuguesa FC - CD Lara 2-0
Ureña SC - Zamora FC 2-5
Deportivo Petare - Atlético Venezuela 0-2
Carabobo FC - Zulia FC 0-0
Estudiantes de Caracas – Deport. La Guaira 0-0

Round 17 [04-05.11.2015]
Portuguesa FC - Carabobo FC 0-1
Tucanes de Amazonas - Trujillanos FC 2-0
CD Lara - Llaneros de Guanare 3-1
Atlético Venezuela - Estudiantes de Mérida 1-0
Zulia FC - Aragua FC 4-1
Caracas FC - Deportivo Anzoátegui 2-1
Mineros de Guayana - Deportivo Petare 4-0
Deportivo Táchira - Estudiantes de Caracas 4-0
Zamora FC - Metropolitanos FC 4-0
Deportivo La Guaira - Ureña SC 5-1

Round 18 [07-08.11.2015]
Metropolitanos FC - Deportivo La Guaira 1-2
Deportivo Anzoátegui - Zamora FC 2-4
Ureña SC - Deportivo Táchira 1-3
CD Lara - Carabobo FC 1-1
Estud. de Caracas - Atlético Venezuela 4-3
Trujillanos FC - Caracas FC 1-0
Deportivo Petare - Zulia FC 0-2
Estud. de Mérida - Mineros de Guayana 1-1
Llaneros de Guanare - Tucanes de Amaz. 1-0
Aragua FC - Portuguesa FC 3-1

Round 19 [ ]
Deportivo Táchira - Metropolitanos FC 2-3
Tucanes de Amazonas - CD Lara 0-0
Atlético Venezuela - Ureña SC 2-3
Zulia FC - Estudiantes de Mérida 4-0
Zamora FC - Trujillanos FC 2-2

Carabobo FC - Aragua FC 1-1
Portuguesa FC - Deportivo Petare 1-2
Caracas FC - Llaneros de Guanare 0-0
Mineros de Guayana – Estud. de Caracas 4-0
Deportivo La Guaira – Deport. Anzoátegui 2-1

Final Standings

1.	Deportivo La Guaira Caracas	19	12	6	1	35	-	13	42
2.	Zamora FC Barinas	19	12	4	3	43	-	22	40
3.	Deportivo Táchira FC San Cristóbal	19	8	9	2	37	-	17	33
4.	Zulia FC Maracaibo	19	8	9	2	32	-	16	33
5.	AC Aragua FC Maracay	19	9	5	5	25	-	20	32
6.	AC CD Mineros de Guayana Puerto Ordaz	19	8	7	4	33	-	20	31
7.	Caracas FC	19	7	10	2	23	-	10	31
8.	ACD Lara Cabudare	19	9	4	6	26	-	22	31
9.	Trujillanos FC Valera	19	8	6	5	25	-	22	30
10.	Estudiantes de Caracas SC	19	7	3	9	24	-	26	24
11.	Deportivo Anzoátegui SC Puerto La Cruz	19	5	9	5	18	-	27	24
12.	Carabobo FC Valencia	19	4	11	4	16	-	16	23
13.	Llaneros de Guanare FC	19	5	7	7	20	-	21	22
14.	Portuguesa FC Araure	19	6	2	11	22	-	27	20
15.	Estudiantes de Mérida FC	19	5	4	10	16	-	25	19
16.	Atlético Venezuela CF Caracas	19	4	4	11	17	-	28	16
17.	Ureña Sport Club	19	3	7	9	18	-	40	16
18.	Petare FC Caracas	19	3	6	10	11	-	32	15
19.	Metropolitanos de Caracas FC *(Relegation Play-offs)*	19	4	2	13	14	-	30	14
20.	Tucanes de Amazonas FC Puerto Ayacucho *(Relegated)*	19	3	5	11	12	-	33	14

Top-8 qualified for the Championship Play-offs.

Play-offs

Quarter-Finals [22-25.11.2015]
ACD Lara Cabudare - Deportivo La Guaira Caracas	0-2(0-1)	0-2(0-0)
AC CD Mineros de Guayana Puerto Ordaz - Deportivo Táchira FC San Cristóbal	4-1(2-0)	0-2(0-0)
Caracas FC - Zamora FC Barinas	1-1(0-1)	1-3(0-2)
AC Aragua FC Maracay - Zulia FC Maracaibo	0-0	1-1(0-0)

Semi-Finals [29.11.-02.12.2015]
AC Aragua FC Maracay - Deportivo La Guaira Caracas	0-2(0-1)	0-2(0-1)
AC CD Mineros de Guayana Puerto Ordaz - Zamora FC Barinas	2-3(1-2)	1-4(0-2)

Championship Final

09.12.2015, Estadio "Agustín Tovar", Barinas; Attendance: 17,402
Referee: José Luis Hoyo
Zamora FC Barinas - Deportivo La Guaira Caracas   2-0(1-0)
Zamora FC: Luis Eduardo Curiel Riera, Ángel Enrique Faría Mendoza, Edwin Peraza Lárez, Yordan Hernándo Osorio Paredes, Luis Carlos Ovalle Victoria, Arles Eduardo Flores Crespo, Luis Carlos Melo Salcedo, Ricardo Clarke, Johan Orlando Moreno Vivas (68.César Enrique Martínez Quintero), Yeferson Julio Soteldo Martínez, Leandro Abel Vargas Cruzate (81.Ymmer Eliécer González Alseco). Trainer: Franceso Stifano Garzone.
La Guaira: Luis Carlos Rojas, John Chacón, Víctor Miguel Rivero Ladera, Daniel Eduardo Benítez Pernía, José Luis Granados Asprilla, Edgar Fernando Pérez Greco, Vicente Antonio Suanno Rodríguez (62.Arquímedes José Figuera Salazar), Javier Alfonso García, Darwin Jesús González Mendoza (62.Ángel Arturo Osorio Meza), Gustavo Adolfo Rojas Rocha (78.Edwar Segundo Bracho Suárez), Matías Joel Manzano. Trainer: Leonardo Alberto González Antequera.
Goals: 1-0 Leandro Abel Vargas Cruzate (10), 2-0 Johan Orlando Moreno Vivas (53).

13.12.2015, Estadio Olímpico de la UCV, Caracas; Attendance: 6,072
Referee: Jesús Valenzuela
Deportivo La Guaira Caracas - Zamora FC Barinas   1-0(0-0)
La Guaira: Luis Carlos Rojas, Víctor Miguel Rivero Ladera, Daniel Eduardo Benítez Pernía, Luis Alfonso Morgillo Marrero, José Luis Granados Asprilla, Vicente Antonio Suanno Rodríguez (60.Javier Alfonso García), Arquímedes José Figuera Salazar, Gustavo Adolfo Rojas Rocha (72.Luis Ángel Martell Castillo), Edgar Fernando Pérez Greco, Ángel Arturo Osorio Meza (60.Darwin Jesús González Mendoza), Matías Joel Manzano. Trainer: Leonardo Alberto González Antequera.
Zamora FC: Luis Eduardo Curiel Riera, Ángel Enrique Faría Mendoza, Edwin Peraza Lárez, Yordan Hernándo Osorio Paredes, Luis Carlos Ovalle Victoria, Arles Eduardo Flores Crespo, Luis Carlos Melo Salcedo, Ricardo Clarke, Yeferson Julio Soteldo Martínez (89.José Gregorio Pinto Mariani), Johan Orlando Moreno Vivas (70.Jhoan Manuel Arenas Delgado), Leandro Abel Vargas Cruzate (79.Ymmer Eliécer González Alseco). Trainer: Franceso Stifano Garzone.
Goal: 1-0 Darwin Jesús González Mendoza (79).

2015 Primera División de Venezuela Winners : **Zamora FC Barinas**

Top goalscorers:
17 goals:	**Manuel Alejandro Arteaga Rubianes**	**(Zulia FC Maracaibo)**
12 goals:	Yeferson Julio Soteldo Martínez	(Zamora FC Barinas)
	Richard José Blanco Delgado	(AC CD Mineros de Guayana)
10 goals:	Ricardo Clarke (PAN)	(Zamora FC Barinas)
	Matías Joel Manzano (ARG)	(Deportivo La Guaira Caracas)

Relegation Play-offs [28.11.-03.12.2015]

Deportivo JBL del Zulia - Metropolitanos de Caracas FC   2-2(2-1)
Metropolitanos de Caracas FC - Deportivo JBL del Zulia   1-1(0-0);   0-3 (Awarded)
Deportivo JBL del Zulia promoted for the Primera División de Venezuela 2016.

COPA VENEZUELA FINAL 2015

21.10.2015, Estadio Metropolitano de Fútbol de Lara, Barquisimeto; Attendance: 15,025
Referee: José Argote
ACD Lara Cabudare - Deportivo La Guaira Caracas   **0-0**
CD Lara: Eduardo José Herrera Alvarado, Carlos Gregorio Rivero González (Cap), Leonardo Falcón, Daniel José Carrillo Montilla, Jorge Luis Gómez Rodríguez, Antonioni González (73.Darwin de Jesús Gómez Rivas), Homero Ernesto Calderón Gazui (57.Luis Enrique Colmenárez Gutiérrez), César Iván González Torres, José Enrique Caraballo Rosal, Jesús Hernández, Aníbal José Rosales Heregua (50.Jacobo Salvador Kouffaty Agostini). Trainer: Rafael Edgar Dudamel Ochoa.
La Guaira: Luis Carlos Rojas, Víctor Miguel Rivero Ladera, Daniel Eduardo Benítez Pernía (Cap), Jorge Ignacio González Barón, Óscar Constantino González [*sent off 50*], Arquímedes José Figuera Salazar, Vicente Antonio Suanno Rodríguez (46.Matías Joel Manzano), Javier Alfonso García (69.Óscar Javier Hernández Niño), Edgar Fernando Pérez Greco (57.John Chacón), Gustavo Adolfo Rojas Rocha, Fredys Enrique Arrieta Fontalvo. Trainer: Leonardo Alberto González Antequera.

28.10.2015, Estadio Olímpico de la UCV, Caracas; Attendance: 3,819
Referee: Jesús Valenzuela
Deportivo La Guaira Caracas - ACD Lara Cabudare   **1-0(0-0)**
La Guaira: Luis Carlos Rojas, Víctor Miguel Rivero Ladera (Cap), Daniel Eduardo Benítez Pernía, Jorge Ignacio González Barón, José Luis Granados Asprilla, Arquímedes José Figuera Salazar, Vicente Antonio Suanno Rodríguez, Edgar Fernando Pérez Greco (81.Edwar Segundo Bracho Suárez), Gustavo Adolfo Rojas Rocha (90+1.John Chacón), Matías Joel Manzano (63.Darwin Jesús González Mendoza), Fredys Enrique Arrieta Fontalvo. Trainer: Leonardo Alberto González Antequera.
CD Lara: Eduardo José Herrera Alvarado, Carlos Gregorio Rivero González (Cap), Luis Enrique Colmenárez Gutiérrez (59.Jorge Luis Gómez Rodríguez), Leonardo Falcón, Daniel José Carrillo Montilla, Antonioni González, Homero Ernesto Calderón Gazui (71.José Enrique Caraballo Rosal), Jacobo Salvador Kouffaty Agostini (63.Darwin de Jesús Gómez Rivas), César Iván González Torres, Antonio Romero, Jesús Hernández. Trainer: Rafael Edgar Dudamel Ochoa.
Goal: 1-0 Gustavo Adolfo Rojas Rocha (49).

2015 Copa Venezuela Winners: **Deportivo La Guaira Caracas** (qualified for the 2016 Copa Sudamericana)

THE CLUBS 2015

ASOCIACIÓN CIVIL ARAGUA FÚTBOL CLUB MARACAY
Foundation date: August 20, 2002
Address: Prolongación Avenida Sucre y Avenida Las Delicias, Maracay, Estado Aragua
Stadium: Estadio Olímpico „Hermanos Ghersi Páez", Maracay – Capacity: 16,000

THE SQUAD

	DOB	M	G
Goalkeepers:			
Jean Carlos Issa Venta	19.07.1990	9	-
Rafael Antonio Ponzo García „Rafa Ponzo" (ESP)	18.10.1978	15	-
Eddy José Vargas Rodríguez	21.03.1983	-	-
Defenders:			
Rohel Antonio Briceño Carpio	15.03.1984	17	-
José Ángel Cardoza	07.08.1995	7	-
Yamith Cuesta Romaña (COL)	17.04.1989	21	2
Francisco Javier Fajardo Gil	08.07.1990	14	-
David Martín Medina Dávila	17.10.1988	9	-
Jean Carlos Neto Gaspar	01.10.1981	-	-
Ronald Paredes	02.03.1993	2	-
Lenin Esteban Uzcátegui	07.02.1983	-	-
Raúl Antonio Vallona Espinoza	07.09.1984	14	5
Carlos Alberto Verdú Fajardo	23.02.1986	-	-
Carlos Xavier Zabala Rivas	18.02.1997	12	-
Midfielders:			
Oswaldo Enríque Antia Silva	15.05.1995	3	-
Ángel Antonio Chourio Galíndez	04.05.1985	22	3
Eloy Díaz	16.12.1997	1	-
Juan Jesús García Camacaro	11.10.1998	11	-
Jarol Herrera Martínez (COL)	26.05.1984	23	2
Jackson Armando López Osorio	01.08.1990	7	-
Jesús Alberto Lugo Limpia	14.09.1991	20	2
Jesús Manuel Meza Moreno	06.01.1986	14	-
Orlando José Peraza Venegas	19.03.1991	11	-
Kristian Alejandro Salas Lobo	09.09.1996	-	-
Ramón Orlando Sánchez Alarcón	22.07.1990	4	-
Pedro Jesús Váldes	29.09.1995	11	-
Forwards:			
Wilber Bravo	04.12.1990	12	1
Alejandro Carrera	18.03.1993	11	2
José Ignacio Castillo Córdoba	15.02.1994	4	-
Luis Alberto Cavadía Polanco	16.01.1997	2	1
Tulio Enrique Etchemaite (ARG)	10.07.1987	19	8
Ronaldo José Pérez	14.09.1994	9	-
Kenny Anthony Romero	03.06.1995	14	-
Trainer:			
Juvencio Bentancourt [as of 01.07.2015]		23	

*Matches and goals in Play-offs and Championship Finals included

ASOCIACIÓN CIVIL DEPORTIVO LARA CABUDARE
Foundation date: July 2, 2009
Address: *Not known*
Stadium: Estadio Metropolitano, Cabudare – Capacity: 47,913

THE SQUAD

	DOB	Ade* M	G
Goalkeepers:			
Andrés González	22.06.1990	-	-
Eduardo José Herrera Alvarado	06.06.1993	21	-
Jesús Padrón	17.09.1996	-	-
Defenders:			
Luis Enrique Colmenárez Gutiérrez	26.09.1988	16	1
Leonardo Falcón	20.08.1988	11	-
Elián Xavier Guillén Goyo	05.02.1997	-	-
Douglas Jesús Martínez Salas	10.07.1996	-	-
Henry Pernía	09.11.1990	11	-
Carlos Gregorio Rivero González	27.11.1992	15	-
Leonardo Javier Terán Balaustren	09.03.1993	7	-
Rosmel Gabriel Villanueva Parra	16.08.1992	5	-
Midfielders:			
Homero Ernesto Calderón Gazui	20.10.1993	9	-
Daniel José Carrillo Montilla	02.12.1995	17	-
Juan Carlos Castellanos Anuel	30.10.1995	1	-
Oswaldo José Chaurant Arreaza	27.05.1984	5	-
Jorge Gómez	25.05.1997	19	-
Antonioni González	23.05.1984	11	1
César Iván González Torres	10.10.1987	21	4
Jesús Gabriel Janho Aouad	30.03.1997	-	-
Luis Manuel Jiménez Vivas	28.12.1995	5	-
Hermes Aristóteles Romero	18.10.1995	15	-
Ely Antonio Valderrey Medino	29.04.1986	3	-
Forwards:			
Arabo Bakary Yerima (CMR)	20.05.1994	4	1
Agustín Nicolás Camacho Viera (URU)	25.01.1995	-	-
José Enrique Caraballo Rosal	21.02.1996	20	1
Heiber Eduardo Díaz Tovar	11.10.1984	4	-
Ángel Gamboa		2	-
Darwin de Jesús Gómez Rivas	24.10.1991	14	4
Jesús Hernández	06.01.1993	19	4
Jacobo Salvador Kouffati	30.06.1993	15	7
Eric José Ortega Paredes	15.12.1992	7	1
Antonio Romero		16	1
Aníbal José Rosales Heregua	29.02.1996	1	-
Trainer:			
Rafael Edgar Dudamel Ochoa [as of 17.12.2013]	07.01.1973	21	

*Matches and goals in Play-offs and Championship Finals included

ATLÉTICO VENEZUELA CLUB DE FÚTBOL CARACAS
Foundation date: July 23, 2009
Address: *Not known*
Stadium: Estadio Nacional "Brígido Iriarte", Caracas – Capacity: 12,500

THE SQUAD

	DOB	AdeM	G
Goalkeepers:			
Wilver Eduardo Jiménez Herrera	16.03.1990	1	-
Alejandro Enríque Pinto Aceituno	15.01.1994	-	-
Daniel Eduardo Valdés Guerrero	09.04.1985	18	-
Defenders:			
René Gregorio Flores Navas	29.04.1991	8	-
Santiago Augusto Fosgt Brehm (URU)	17.03.1986	18	1
Johnny Alberto González Benavente	15.09.1995	9	-
Kelvin Lugo	23.09.1994	7	-
Andrés Eduardo Maldonado Manzini	09.04.1994	8	1
Dinarte Pita	30.05.1997	2	-
Luis Manuel Torres Ramones	12.02.1993	8	-
Midfielders:			
David Barreto	09.06.1997	5	-
Eduardo Dias	16.09.1997	13	-
Diego Alejandro Guerrero Corredor	26.06.1986	16	-
Alexander Abel Molina La Cruz	28.03.1994	8	1
Jackson Muñoz	12.11.1991	13	-
Jairo José Otero Vásquez	11.12.1993	8	-
Francisco Leandro Parra Guerra	26.04.1986	9	-
Héctor Enrique Pérez Ramírez	11.10.1986	14	2
Juan Camilo Pérez	16.11.1997	11	-
Guillermo Abel Ramírez Valdivia	10.11.1989	11	-
Leonel Ríos (ARG)	17.11.1982	16	4
Juan Miguel Tineo Villabón	13.04.1996	2	-
César José Urpín Díaz	14.08.1994	11	1
Forwards:			
Orangel José Carrero Ibedaca	23.12.1989	1	-
Armando José Carrillo Dangond	03.11.1985	12	1
Walter Rangel	21.12.1995	-	-
José Antonio Sojo Perález	18.05.1994	3	1
Anthony Chelin Uribe Francia	24.10.1990	17	5
Yeferson José Velasco Leal	13.06.1986	16	-
Trainer:			
José Baudelio Hernández Maceda [01.01.2012-14.09.2015]	17.10.1961	10	
Manuel Plasencia Mendoza [as of 15.09.2015]	30.03.1944	9	

CARABOBO FÚTBOL CLUB VALENCIA

Foundation date: July 24, 1964
Address: Avenida Bolívar Norte, Valencia
Stadium: Estadio "Misael Delgado", Valencia – Capacity: 10,000

THE SQUAD

	DOB	Ade M	G
Goalkeepers:			
Joel Graterol	13.02.1997	-	-
José Leonardo Morales Lares	07.07.1978	18	-
Rafael Quiñones	04.11.1995	1	-
Jorge Roa	17.06.1998	-	-
Defenders:			
José Jesús Acosta Amaiz	28.11.1989	17	-
Richard Emmanuel Badillo Pérez	24.09.1989	14	-
Eduard Alexander Bello Gil	20.08.1995	12	2
Franko Mauricio Díaz Graterol	06.02.1996	1	-
Alejandro Fuenmayor	29.08.1996	8	-
Josua Mejías	16.08.1998	16	-
Diego Osio	03.01.1997	4	-
José Gregorio Peraza	14.04.1994	4	1
Óscar Daniel Rojas Heredia	16.01.1990	14	2
Danny Gabriel Tejera Sánchez (URU)	14.04.1986	3	-
Midfielders:			
José Balza	11.11.1995	4	-
Gleider Caro	17.06.1988	5	-
Juan Carlos Colina Silva	21.10.1986	11	-
Orlando José Cordero Zambrano	24.10.1984	10	1
Daniel Gerardo Denot (ARG)	11.11.1993	11	-
Edgar Hernán Jiménez González	19.10.1984	16	1
Guillermo Antonio Octavio Izquierdo	16.07.1989	1	-
Flavio Olioso	09.10.1997	1	-
Jesús Alexi Quintero Briceño	13.02.1984	10	-
José Ramón Reyes Marín	08.11.1994	-	-
Enson Jesús Rodríguez Mesa	05.09.1989	9	-
Sleyker Alexander Schoonewolff Orozco	16.09.1996	-	-
Carlos Adrián Súarez Váldez	26.04.1992	18	-
Forwards:			
Jholvis Acevedo	02.10.1998	-	-
Néstor Fabián Bareiro Leguizamón (PAR)	11.12.1983	14	1
Dany Cure	07.04.1990	16	3
Gustavo González	20.02.1996	5	-
Ángel Nieves	22.09.1994	3	1
Aquiles David Ocanto Querales	18.11.1988	19	4
Billy David José Palencia Graterol	21.08.1993	1	-
Trainer:			
Jhonny Ferreira [07.06.2013-05.10.2015]		13	
Antonio Franco [as of 06.10.2015]		6	

CARACAS FÚTBOL CLUB

Foundation date: October 3, 1989
Address: Cocodrilos Sports Park, Cota 905, Ofoconas del Caracas FC, Caracas
Stadium: Estadio Olímpico de la Universidad Central de Venezuela, Caracas – Capacity: 23,000

THE SQUAD

	DOB	Ade* M	G
Goalkeepers:			
Wuilker Faríñez	15.02.1998	20	-
Yhonathan Yustiz	27.01.1992	2	-
Defenders:			
Moises Acuña		2	-
Francisco Carabalí Terán	24.02.1991	8	-
William Alexander Díaz Gutiérrez	31.03.1985	15	-
Eduardo José González López	25.05.1994	-	-
Rubert José Quijada Fasciana	10.02.1989	17	1
Winter Rivas	18.07.1998	-	-
Andrés Elionai Sánchez León	12.12.1987	13	1
Víctor Manuel Sifontes Antequera	21.10.1993	4	-
Jefre José Vargas Belisario	29.04.1991	18	-
Midfielders:			
Ricardo Andreutti Jordán	30.06.1987	12	-
Felix Manuel Cásseres	13.06.1987	15	3
Giácomo di Georgi Zerill	24.02.1981	18	-
Diomar Ángel Díaz Calderón	07.03.1990	12	2
Cristian Leonardo Flores Calderón	02.04.1988	5	-
Leonardo Flores	05.08.1995	3	-
Robert Alexander Garcés Sánchez	05.04.1993	20	-
Evelio De Jesús Hernández Guedez	18.06.1984	11	-
Andris Jesús Herrera Salgado	20.10.1996	2	-
Miguel Ángel Mea Vitali	19.02.1981	20	2
Carlos Pérez	25.07.1992	2	-
Leomar José Pinto Blanco	17.03.1997	3	-
Daniel Alessandro Saggiomo Mosquera	07.02.1998	15	1
Forwards:			
Fabián Bordagaray (ARG)	15.02.1987	14	2
Sergio Córdova	09.07.1997	12	3
Edder José Farías	12.04.1988	6	2
Armando Rafael Maita Urbáez	26.08.1981	21	8
Edwin Alexander Pernía	12.02.1995	2	-
Trainer:			
Eduardo José Saragó Carbón [as of 01.07.2013]	11.01.1982	21	

*Matches and goals in Play-offs and Championship Finals included

DEPORTIVO ANZOÁTEGUI SPORT CLUB PUERTO LA CRUZ

Foundation date: November 9, 2002
Address: Avenida Américo Vespucio CC Casablanca, of. 6, Lechería, Puerto Ordaz, Estado Anzoátegui
Stadium: Estadio „José Antonio Anzoátegui", Puerto La Cruz – Capacity: 38,000

THE SQUAD

	DOB	Ade M	G
Goalkeepers:			
Geancarlos Martínez Villarroel	21.05.1979	18	1
Richard Alejandro Ruíz Ruíz	28.07.1988	1	-
César Vásquez		1	-
Defenders:			
Henry Humberto Alzolay Danields	04.06.1993	3	-
Diego Jesús Araguainamo Guacarán	29.09.1994	15	2
Luis José Caraballo Gamboa	17.07.1996	-	-
Cristiano Henrique Matias „Cris" (BRA)	24.01.1988	9	1
Juan José Fuenmayor Núñez	05.09.1979	11	-
Marcel Daniel Guaramato García	02.11.1993	8	-
Edgar José Mendoza Acosta	15.06.1991	10	-
Johnny Jair Mirabal Arboleda	30.06.1990	13	-
Juan Carlos Quintero Guerrero	04.11.1997	4	-
Ronald Steve Ramírez Molina	29.12.1987	2	-
Rennier Alexander Rodríguez González	25.03.1984	6	-
Frederick Rojas		1	-
Jorge José Ruíz Villamizar	22.04.1996	1	-
Midfielders:			
Emanuel Calzadilla	17.02.1993	15	-
Luis Enríque del Pino Mago	15.09.1994	5	-
Julio Díaz	05.12.1997	8	2
José Dolguetta	18.12.1996	1	-
Manuel Fuentes	03.10.1995	2	-
Ronald Germán Giraldo Sánchez	16.08.1983	8	-
Jhonny José Francisco González Barreto	09.08.1979	5	-
Renzo Ingallina	17.08.1996	3	-
Gian Franco Lettieri de Paula	21.07.1994	2	-
Manuel Moisés Medori Martínez	08.02.1991	9	1
José David Moreno Chacón	31.10.1982	8	1
Víctor Alfonso Pérez Zabala	14.02.1990	4	-
Ricardo Manuel Cardoso Martins (POR)	24.01.1990	13	5
Mauricio Ruíz	22.12.1993	3	-
Jesús Silva		1	-
Jesús Villarroel		3	-
Forwards:			
Edwin Enrique Aguilar Samaniego	07.08.1985	5	1
Jackson Alcalá		1	-
Gregory Josué Araque Molina	13.03.1997	9	1
Jesús Araujo	18.06.1995	1	-
Luis José Castillo Patiño	27.02.1992	12	4
Yohan Cumana	08.03.1996	7	-
Charlis José Ortíz García	21.07.1986	15	1
Jelson Jesús País Rondón	26.01.1991	2	-
Ever Rodríguez Moreno (COL)	02.08.1991	-	-
Alexander José Rondón Heredia	30.08.1977	13	3
Diego Silva	11.03.1993	4	1
Héctor Sucre		3	-
Trainer:			
José Luis Dolgetta [01.07.-21.08.2015]	01.08.1970	7	
José Francisco González Quijada [as of 22.08.2015]	21.07.1971	12	

DEPORTIVO LA GUAIRA CARACAS

Foundation date: June 21, 2008
Address: Calle La Cinta, Complejo Deportivo Fray Luis, Piso 1, Oficina 02, Caracas
Stadium: Estadio Olímpico de la Universidad Central de Venezuela, Caracas – Capacity: 23,000

THE SQUAD

	DOB	Ade* M	G
Goalkeepers:			
Keiner Escorcia Ramírez	11.07.1995	-	-
Luis Carlos Rojas	30.04.1988	20	-
Giancarlo Schiavone Modica	02.11.1993	5	-
Defenders:			
Daniel Eduardo Benítez Pernía	23.09.1987	17	-
John Chacón	16.08.1994	11	-
Jorge Ignacio González Barón (URU)	22.12.1983	14	4
Diego Granadillo	13.07.1994	-	-
José Luis Granados Asprilla	22.10.1986	12	2
Luis Alfonso Morgillo Marrero	15.06.1993	11	-
Sandro Notaroberto	10.03.1998	5	-
César Eduardo Pérez Cumaná	12.05.1993	-	-
Víctor Rivero	17.02.1998	13	-
Carlos Alfredo Torres Agreda	15.06.1994	-	-
Midfielders:			
Arquímedes José Figuera Salazar	06.10.1989	17	-
Javier Alfonso García	22.04.1987	12	1
Darwin Jesús González Mendoza	20.05.1994	16	4
Óscar Constantino González	25.02.1992	16	1
Óscar Javier Hernández Niño	24.02.1993	10	1
José Manuel Manríquez Hernández	19.03.1987	13	-
Matías Joel Manzano (ARG)	17.06.1986	21	10
Luís Ángel Martell Castillo	07.10.1994	10	1
Daniel Rivas	07.05.1997	5	-
Gustavo Adolfo Rojas Rocha	14.01.1982	22	4
Luis Ruíz	03.08.1997	3	-
Vicente Antonio Suanno Rodríguez	01.01.1983	15	-
Yanko Vagovits Suárez	02.02.1996	-	-
Forwards:			
Fredys Enrique Arrieta Fontalvo (COL)	20.08.1985	18	6
Edwar Segundo Bracho Suárez	05.01.1987	11	1
Aitor López		3	-
Ángel Arturo Osorio Meza	02.01.1990	18	4
Edgar Fernando Pérez Greco	16.02.1982	21	3
Luis David Randazzo González	03.12.1995	-	-
Yonder Silva	21.04.1996	1	-
Framber Johan Villegas Sangronis	24.02.1986	9	2
Trainer:			
Leonardo Alberto González Antequera [as of 01.07.2014]	14.07.1972	25	

*Matches and goals in Play-offs and Championship Finals included

DEPORTIVO TÁCHIRA FÚTBOL CLUB SAN CRISTÓBAL

Foundation date: January 1, 1974
Address: Calle 14, entre carreras 20 y 21, N° 20-95, Quinta Chelita, Barrio Obrero, San Cristóbal, Estado Táchira
Stadium: Estadio Polideportivo de Pueblo Nuevo, San Cristóbal – Capacity: 40,500

THE SQUAD

	DOB	Ade* M	G
Goalkeepers:			
Andrés Colmenares Sanabria	08.02.1997	1	-
José David Contreras Verna	20.10.1994	10	-
Alan José Liebeskind Díaz	07.01.1985	11	-
Yerikson Alexander Murillo Rosas	25.09.1994	-	-
Defenders:			
Wilker José Ángel Romero	18.03.1993	14	-
Pablo Jesús Camacho Figueira	12.12.1990	8	-
Carlos Javier Lujano Sánchez	14.07.1991	8	-
José Luis Marrufo Jiménez	12.05.1996	3	-
Yuber Antonio Mosquera Perea	31.08.1984	20	2
Eduin Estiwer Quero Albarracin	18.12.1996	16	-
Midfielders:			
Carlos Eduardo Cermeño Uzcategui	08.08.1995	17	4
Gerzon Armando Chacón Varela	27.10.1980	17	-
Gerardo Colmenares	10.03.1998	-	-
Daniel Ricardo Febles Argüelles	08.02.1992	6	-
Agnel José Flores Hernández	29.05.1989	10	-
Francisco Javier Flores Sequera	30.04.1990	9	-
César Eduardo González Amais	01.10.1982	14	8
Jhonny Alexander Monsalve Ramírez	10.01.1998	12	-
Juan Carlos Mora Velasco	01.05.1994	7	-
Marcelo Alexander Moreno Borrero	03.09.1994	14	-
Yohandry José Orozco Cujía	19.03.1991	-	-
Jorge Alberto Rojas Méndez	01.10.1977	15	7
Marcos Anibal Sánchez Mullins (PAN)	23.12.1989	13	-
Jhoan Vargas	06.08.1995	-	-
Romeri Villamizar	06.06.1995	3	-
Forwards:			
Duglar Alexander Angarita Martínez	13.08.1995	1	-
Juan Carlos Azócar Segura	01.10.1995	18	2
Ronaldo Daniel Chacón Zambrano	18.02.1998	7	1
José Ali Meza Draegertt	17.04.1991	18	7
José Miguel Reyes Marín	19.09.1992	15	6
Albert Jesús Zambrano Ferrer	01.10.1995	3	-
Trainer:			
Daniel Alejandro Farías Acosta [as of 01.01.2013]	28.09.1981	21	

Matches and goals in Play-offs and Championship Finals included

ESTUDIANTES DE CARACAS SPORT CLUB

Foundation date: 2014
Address: *Not known*
Stadium: Estadio Nacional "Brígido Iriarte", Caracas – Capacity: 12,500

THE SQUAD

	DOB	Ade M	G
Goalkeepers:			
Álvaro Antonio Forero Rojas	19.12.1991	16	-
Beycker Eduardo Velásquez	06.10.1996	3	-
Defenders:			
Jean Fuentes	07.02.1997	-	-
Humberto Lara	05.05.1989	4	-
Pedro Ramón Lugo Maestre	02.11.1986	5	-
Javier Alejandro Maldonado Manzini	09.04.1994	2	-
Juan Medina	26.11.1989	15	-
Edson Jesús Mendoza Tablante	07.02.1993	18	4
Rubén Alejandro Ramírez dos Ramos	18.10.1995	5	-
Loren Walcott Ray Hernández	29.10.1993	12	-
Edgar Silva	16.12.1998	4	1
William Triviño	29.10.1990	1	-
Víctor José Valera Pineda	09.09.1984	11	1
Midfielders:			
Winston Ángel	16.03.1991	15	3
Mijaíl Alexander Avilés Flores	05.06.1987	5	-
Andrés Carvajal	21.09.1998	1	-
Diego Leonardo García Veneri	05.08.1993	11	-
Alejandro González	18.12.1996	1	-
Argenis Rafael González González	06.01.1993	9	-
Wilson González	19.01.1997	1	-
Roberto Jiménez	29.01.1997	11	-
Ángel Olave	24.10.1999	2	-
Luis Ramírez	22.04.1996	17	1
Gabriele Rosa	15.07.1993	15	-
José Ángel Torres Rattis	11.01.1988	17	1
Forwards:			
José Alexander Carrasquel González	19.01.1993	14	2
Óscar Xavier Noriega Medrano	02.11.1988	4	-
Juan Carlos Parada	08.03.1988	10	-
Omar Alfonso Perdomo Teheran	03.02.1994	8	1
Nelsón Pérez	30.03.1993	13	3
Genlis Alberto Piñeros Novoa	06.07.1989	13	1
Trainer:			
Charles López [as of 01.07.2015]	11.02.1980	19	

ESTUDIANTES DE MÉRIDA FÚTBOL CLUB

Foundation date: April 14, 1971
Address: Avenida Urdaneta con calle 51, N° 3-14, Edificio Confirmerca, PB. Mérida, Estado Mérida
Stadium: Estadio Olímpico Metropolitano de Mérida, Mérida – Capacity: 42,500

THE SQUAD

	DOB	Ade M	G
Goalkeepers:			
Alejandro Araque Peña	14.09.1995	1	-
Ángel Javier Hernández Gómez	01.07.1980	17	-
Miguel Andrés Vásquez Sequera	24.04.1992	1	-
Defenders:			
Héctor Acosta	29.03.1995	1	-
Marlon Bastardo Castro	05.04.1991	17	-
Leminger Alcides Bolívar Echarry	18.02.1990	17	-
Cristian José Bustamante Chaparro	23.09.1988	-	-
Atahualpa Gabriel González Lanz (CRC)	04.05.1977	18	-
Gilber José Guerra Guedez	02.04.1993	9	-
Richard Lobo	19.07.1994	9	1
Cristian Rivas	22.01.1997	16	1
Rubén Rivas	03.09.1994	1	-
Manuel Bernardo Rodríguez Molina	23.01.1980	8	-
Daniel Salazar	30.03.1994	1	-
Rodolfo Torres	01.01.1997	1	-
Midfielders:			
Winston Alberto Azuaje Parra	06.04.1993	15	3
Luis Alexis Barrios Rojas	19.05.1994	17	1
Luis Blanco Brito	28.02.1993	8	-
Luís Alfredo García Urbano	21.07.1983	17	1
Oscar Alberto Guillén Contreras	17.05.1995	13	-
Omar Alberto Labrador Gutiérrez	18.02.1992	5	-
Gregori Materán	15.04.1998	1	-
Rodrigo Morales	05.08.1994	1	-
Jesús Ramírez	22.01.1997	5	-
Wislintos Rentería Menas	19.06.1984	12	-
Luis Rivas	09.04.1994	5	-
Forwards:			
César Augusto Alzate Mesa (COL)	30.09.1989	9	2
Jhon Fernández	29.03.1995	2	-
Over Felipe García Torres	16.06.1992	19	7
Edixon Mena	19.07.1996	4	-
Mario Mosquera	23.03.1992	6	-
Trainer:			
José Francisco Moreno [as of 28.01.2014]		19	

LLANEROS DE GUANARE FÚTBOL CLUB

Foundation date: August 26, 1984
Address: Avenida José María Vargas, Guanare
Stadium: Estadio „Rafael Calles Pinto", Guanare – Capacity: 13,000

THE SQUAD

	DOB	Ade M	G
Goalkeepers:			
Yáñez Alexis Angulo Vallejo	21.02.1984	16	-
Pedro Alejandro Caraballo Ordaz	10.04.1990	-	-
Cristhian Jesús Flores Ramírez	06.09.1990	-	-
Jean Paul Gil	15.06.1995	-	-
Johel Semidey	13.08.1993	3	-
Defenders:			
Luis Ángel Carrillo Campero	01.01.1988	2	-
Jesseuf Gregmar Guzmán Hernández	09.07.1993	-	-
Carlos Alfredo Hernández Pérez	10.10.1990	1	-
Douglas Leo Julio	20.04.1993	17	-
Charles Martínez	30.01.1987	15	4
Ángel Emilio Ojeda Pinto	08.07.1982	8	-
Anderson Rafael Orozco Torres	26.02.1984	-	-
Alexander José Osorio Meza	23.11.1991	15	1
Anahan Pacheco	26.11.1995	3	1
John Freddy Palacios Ramírez	23.01.1983	12	-
Edgar Alexander Pérez	02.05.1998	16	-
Gilberto Piñero	28.03.1996	2	-
Nolberto Riascos Segura	17.02.1984	19	-
Adrián Rodríguez	20.05.1991	-	-
Darvis Rodríguez	01.07.1994	11	2
Jackson Alberto Romero Cruz	11.10.1983	5	-
Midfielders:			
Numan Josué Andueza Ramírez	15.07.1989	-	-
Jesús Cedeño	16.01.1993	12	2
Carlos Enrique Fernández Carico	01.09.1990	-	-
Freddy Andrey González Sosa	02.10.1993	-	-
Dhylam Hernández	15.03.1996	-	-
Junior Alexander Monsalve Miranda	17.01.1994	-	-
Ronald Erickson Mora	27.08.1983	15	1
Hernán Darío Ocampo Rendón (COL)	12.05.1992	6	-
José Parra	30.01.1997	-	-
José Mauricio Parra Perdomo	06.02.1990	16	3
Frank Tamanaco Piedrahita Vásquez	15.05.1988	7	-
José Francisco Torres Briceño	19.06.1993	19	3
Ángel Ernesto Urdaneta Buenaño	01.06.1990	15	-
Forwards:			
Armando José Araque Peña	06.03.1989	6	-
José Alejandro Martínez Díaz	25.02.1998	6	-
Yanowsky Reyes	15.05.1995	-	-
Gilson José Salazar Rodríguez	23.01.1989	19	3
Trainer:			
Jorge Pérez [as of 01.07.2015]		19	

METROPOLITANOS FÚTBOL CLUB CARACAS

Foundation date: August 3, 2011
Address: *Not known*
Stadium: Estadio Olímpico de la Universidad Central de Venezuela, Caracas – Capacity: 23,000

THE SQUAD

	DOB	AdeM	G
Goalkeepers:			
Diego Alejandro Restrepo García	25.02.1988	12	-
Javier Eduardo Toyo Barcenas	12.10.1977	7	-
Defenders:			
César Aponte	07.09.1993	1	-
Darío Bastardo	25.04.1995	1	-
Gabriel José Boggio Bernal	19.04.1993	3	-
Néstor José Gabriel Cova Meneses	02.05.1995	15	-
David Andrew McIntosh Parra	17.02.1973	15	-
Ángel Ochoa	22.08.1997	1	-
Enrique Andrés Rouga Rossi	02.03.1982	9	1
Nelson Eusebio Semperena González (URU)	19.02.1984	15	1
Juan Pablo Villarroel di Parsia	13.09.1991	4	-
Midfielders:			
Alexis Antelis	16.11.1997	16	1
Anderson Johan Arciniegas Torres	07.12.1986	14	-
Rubén Darío Arocha Hernández	21.04.1987	17	-
Guillermo José Banquez Almario	24.02.1989	16	1
Abraham Alberto Cabezas Domingo	22.12.1995	4	-
Jorge Francisco Casanova Canchila	06.07.1984	15	-
David Francisco Centeno Bracho	10.04.1992	17	4
Michele Di Piedi (ITA)	21.12.1980	16	2
Andrés Gerardo Quintero Vargas	20.06.1989	6	-
Favio Sbarra	28.05.1993	1	-
Federico Silvestre (ARG)	06.10.1987	13	1
Forwards:			
Jorge Corona	22.04.1997	5	-
Guillermo Orlando Fernández Gagliardi	21.01.1988	7	1
Juan Antonio García Reyes	01.02.1991	14	2
Luis Martínez		2	-
Cristian Novoa Sandín	09.07.1991	12	-
Pierre Alexandre Pluchino Galuppo	23.01.1989	6	-
Trainer:			
Hugo Aldo Savarese Rubinaccio [as of 01.07.2014]	03.01.1977	19	

ASOCIACIÓN CIVIL CLUB DEPORTIVO MINEROS DE GUAYANA PUERTO ORDAZ

Foundation date: November 20, 1981
Address: Urbanización Mendoza, Calle Jusepín, Puerto Ordaz, Estado Bolívar
Stadium: Centro Total de Entretenimiento Cachamay, Puerto Ordaz – Capacity: 41,600

THE SQUAD

	DOB	Ade* M	G
Goalkeepers:			
Tito Daniel Rojas Rojas	11.10.1987	15	-
Luis Enrique Romero Durán	16.11.1990	8	-
Defenders:			
Jhon Chancellor	02.01.1992	20	4
Arnoldo López	24.11.1994	17	-
Julio César Machado Cesario	19.06.1982	9	-
Anthony Matos	10.06.1995	18	1
Héctor Emilio Noguera Sánchez	01.02.1987	9	-
Luis Alejandro Parra	15.12.1996	-	-
Luis Ramos	14.07.1987	1	-
Luis José Vallenilla Pacheco	13.03.1974	17	-
Midfielders:			
Rafael Eduardo Acosta Cammarota	13.02.1989	13	3
Alberto Cabello	27.01.1985	11	-
Édson Castillo	18.05.1994	12	-
Álvaro Castro	07.02.1994	-	-
Sergio Sael Golindano Hernández	13.02.1990	1	-
Argenis José Gómez Ortega	23.11.1987	7	1
Luis González	22.12.1990	21	3
Luis Guerra	20.11.1996	19	2
Nelson Hernández	11.02.1993	1	-
Ángel Lezama	25.09.1997	22	-
Louis Ángelo Peña Puentes	25.12.1989	21	8
Ebby José Pérez Acero	01.03.1991	1	-
Jesús Alejandro Quintero Pérez	21.04.1994	-	-
Luis Roberto Seijas Gunther	09.04.1989	10	-
Forwards:			
Johan José Arrieche	16.07.1992	18	4
Richard José Blanco Delgado	21.01.1982	18	12
James Fernando Cabezas Mairongo (COL)	15.06.1984	11	-
Abraham Wilfredo Moreno	22.06.1997	6	-
Rubén Rojas	03.07.1992	16	2
Trainer:			
Luis Enrique Vera Martineau [as of 01.07.2015]	09.03.1973	23	

*Matches and goals in Play-offs and Championship Finals included

PETARE FÚTBOL CLUB CARACAS

Foundation date: August 18, 1948
Address: Calle El Río con Avenida Las Palamas, Edificio Melvin, Boleita Sur, Caracas
Stadium: Estadio Olímpico de la Universidad Central de Venezuela, Caracas – Capacity: 23,000

THE SQUAD

	DOB	AdeM	G
Goalkeepers:			
Michel Cofrades Poppinghaus	02.12.1991	-	-
Mervin Cuello	22.01.1996	6	-
Anthony José Faría Russo	05.12.1993	4	-
Carlos Alberto Salazar Lugo	20.08.1980	7	-
Diego Valdés		3	-
Defenders:			
Ender Benito Basabe	23.01.1985	6	-
Gabriel Alejandro Benítez D'Andrea	30.09.1993	18	-
Andrés González	08.03.1995	3	-
Kevin Rafael Eduardo Guzmán	23.08.1991	14	-
Alejandro Mejía		1	-
Brayan José Rodríguez Luna	04.09.1996	5	-
Daniel Rodríguez		3	-
Juan Pablo Rodríguez Rodríguez	12.05.1994	7	-
Alexander José Sandoval Hernández	20.11.1988	1	-
Joseph Bryan Sosa Lozano	13.07.1992	15	1
Sebastián Valenzuela	20.05.1995	-	-
Midfielders:			
Rafael Daniel Arace Gargaro	22.05.1995	14	-
Andrés Briceño	15.06.1997	3	-
Eduardo Moisés Castro		2	-
Fidel Díaz	16.05.1997	9	-
Jhonner Giraldo		-	-
Luis Andrés González González	27.06.1993	18	-
José Santana Gutiérrez Carreño	15.03.1993	7	-
Cristhian Hereira	12.08.1994	2	-
Manuel Antonio Padilla	18.08.1989	12	-
Michel David Quintero García	09.07.1996	-	-
Santiago Salinas	01.11.1994	4	-
Alejandro Jávier Valldeperas Pazmiño	09.03.1991	19	-
Juan Pablo Zuluaga Estrada	15.06.1993	15	2
Forwards:			
José Luis Abdallah	28.05.1998	1	-
Néstor Eduardo Canelón Gil	19.08.1991	18	5
Herlin José Cuicas	26.03.1986	15	1
Raigel Alexis Márquez Nieves	04.02.1992	17	-
Hermes Manuel Palomino Fariñes	04.03.1988	13	-
Ronaldo Antonio Tipián Campos	27.06.1996	2	-
Venacio Vásquez		1	1
Trainer:			
Jhon Giraldo [as of 01.07.2014]		19	

PORTUGUESA FÚTBOL CLUB ARAURE

Foundation date: March 2, 1987
Address: *Not known*
Stadium: Estadio "General José Antonio Páez", Araure – Capacity: 14,000

THE SQUAD

	DOB	Ade M	G
Goalkeepers:			
David Ricardo González Herrera	24.03.1986	15	-
Eduardo Luis Lima Prado	09.08.1992	4	-
Argenis Márquez	26.09.1995	-	-
Defenders:			
John Deyvis Ariza Cuello	31.01.1990	15	-
Joel Fernando Cáceres Álvarez	15.02.1993	17	1
Luis Ángel Carrillo Campero	01.01.1988	1	-
Daniel Linárez	23.03.1992	18	1
Jorge Luna	25.01.1994	8	-
Adolfo Perozo Oberto	27.06.1989	18	-
Edgar Lucas Rodríguez Guillén	27.10.1992	2	-
Ángel Silva		1	-
Egwar Valbuena	06.04.1994	4	-
Midfielders:			
Luis Cabrera	23.01.1994	6	-
Heber García	27.03.1997	17	3
Rafael Augusto García Andrade	27.01.1993	14	-
Andrés Alejandro Hernández Hernández	21.04.1993	10	-
Yorwin de Jesús Lobo Peña	26.07.1993	8	-
Bernaldo Manzano	07.06.1990	18	5
Luis Alberto Martínez Zapata	07.09.1984	17	2
Jhon Merchán	18.01.1996	7	-
Jhonny Parima	12.02.1997	10	-
Ricardo Piña	13.05.1996	-	-
Alexis Saavedra	24.06.1988	2	-
Forwards:			
Jean Carlos Alfaro Benítez	10.02.1992	19	3
Edgar Alexander Carrillo	27.06.1992	13	2
Kéiner Daniel Pérez Álvarez	08.05.1992	12	5
Freddy Vásquez		8	-
Trainer:			
Lenín José Bastidas Bello [as of 01.10.2014]	22.09.1980	19	

TRUJILLANOS FÚTBOL CLUB VALERA

Foundation date: August 25, 1981
Address: Tienda „Gol x Gol", Centro Comerical Plaza, Edificio 2, Nivel Plaza, Local P. 102, Valera
Stadium: Estadio „José Alberto Pérez", Valera – Capacity: 20,000

THE SQUAD

	DOB	M	G
Goalkeepers:			
Leandro Díaz Prado	09.07.1983	13	-
Roberto de Jesús Olivar Jiménez	20.01.1995	-	-
Héctor Eduardo Pérez Cuevas	16.06.1991	6	-
Defenders:			
Carlos Enrique Castro	04.12.1986	2	-
Edixon Bladimir Cuevas Tirado	20.05.1979	15	1
Galileo Antonio Del Castillo Carrasquel	01.02.1991	3	-
Luigi José Erazo Villamizar	13.06.1988	15	-
Mayker José González Montilla	06.06.1988	13	-
Manuel Alejandro Granados Asprilla	16.02.1989	14	1
Ismael Páez		3	-
Midfielders:			
José Chávez		1	-
Sebastián Contreras (ARG)	05.04.1990	18	1
Maurice Jesús Cova Sánchez	11.08.1992	18	2
Franklin González	29.03.1996	11	2
José Manuel Hernández Chávez	02.08.1996	3	-
Robert William Mejía Tejada	02.07.1994	1	-
Gerardo José Mendoza	03.01.1989	9	-
Johan José Osorio Paredes	03.09.1990	18	2
José Alejandro Rivas Gamboa	1998	9	1
Carlos José Sosa Moreno	02.08.1995	17	-
Francis Domilei Sosa		1	-
Wuiliyhon Vivas Trejo	29.09.1993	13	1
Forwards:			
Sergio Alberto Álvarez Castellano	18.01.1991	8	1
Irwin Rafael Antón Barroso	10.01.1988	16	7
José Manuel Araujo	16.01.1994	-	-
Gustavo Ezequiel Britos (ARG)	20.02.1990	14	5
Gerson Montilla	29.09.1997	6	-
Alfredo Antonio Padilla Gutiérrez (COL)	29.07.1989	19	1
Trainer:			
Horacio Ignacio Matuszyczk (ARG)	29.11.1961		

TUCANES DE AMAZONAS FÚTBOL CLUB PUERTO AYACUCHO

Foundation date: 2008
Address: *Not known*
Stadium: Estadio "Antonio José de Sucre", Puerto Ayacucho – Capacity: 10,000

THE SQUAD

	DOB	Ade M	G
Goalkeepers:			
Edward Ibarbo Cadena (COL)	03.12.1986	10	-
Víctor Antulio Rivero García	13.02.1980	9	-
Defenders:			
Javier Enrique Bolivar Quiñones	10.05.1993	8	-
Robert Humberto Díaz Villazana	01.02.1993	14	-
Orlando José Galindo Seijas	02.10.1985	2	-
Carlos González	16.01.1990	13	-
Athony Graterol	27.02.1995	13	-
Gregory Evans Lancken Williams	07.05.1975	11	-
Yersón Javier Payema Guarula	23.09.1992	9	-
Orlando Pérez Cortes	22.01.1984	17	-
José Rivas		2	-
Jorge Enrique Trejo Quintero	29.08.1986	16	1
Erlys Jordano Vásquez Carrero	17.04.1993	11	-
Midfielders:			
Jesús Arévalo	27.01.1997	1	-
Engelberth Jose Briceño Avendaño	02.04.1984	12	-
Horacio Sebastián Cárdenas Gonzáles	01.07.1994	9	1
Harrison Contreras	19.01.1989	19	2
Umáwali Liborio Guarulla Campos	19.08.1987	2	-
Diego Yavinape		12	-
Forwards:			
Norman Freddy Cabrera Valencia (COL)	25.06.1989	9	-
Kleudes Karlee García Ramos	31.07.1987	16	2
Ricardo Márquez		1	-
Eliecer Yovanny Mina Arrollo	20.06.1991	12	-
Arbey Mosquera Mina (COL)	20.01.1990	19	6
Kirbin José Ojeda Montes	11.12.1993	15	-
Trainer:			
Saúl Maldonado [01.07.-24.08.2015]	02.07.1961	8	
Miguel Acosta Jr. [as of 25.08.2015]	01.10.1978	11	

UREÑA SPORT CLUB

Foundation date: January 1, 2007
Address: *Not known*
Stadium: Estadio Polideportivo de Pueblo Nuevo, San Cristóbal – Capacity: 38,755

THE SQUAD

	DOB	Ade M	G
Goalkeepers:			
Cristian Arango		-	-
Jonathan Barona	16.01.1990	2	-
Emmanuel Flores		17	-
Defenders:			
Daniel Munevar		2	-
Yeferson Patearollo	28.08.1988	2	-
José Urbina	11.09.1996	15	1
Charly Velazco	02.10.1988	15	1
José Vera	16.01.1990	10	-
Midfielders:			
Wilton Javier Almeida Pérez	05.04.1981	14	1
Sergio Calderón		4	-
David Luis Chacón	15.09.1987	14	-
Jhon Contreras	15.01.1997	6	-
Marcos González	16.01.1993	6	-
Giovanny Ibarra	05.05.1988	8	-
José Lizarazo	11.01.1987	3	-
Harry Mena	07.12.1985	12	-
Manuel Moreno		1	-
Yeferson Moreno	11.05.1988	14	1
Juan Carlos Ortíz	16.11.1990	18	8
Gabriel Quiñónez		1	-
Alexis Vargas	16.11.1989	16	5
Leonel Velandia	16.11.1997	18	-
Danny Véliz	05.12.1987	11	-
Darwin Véliz	29.09.1989	16	-
Maikol Vivas	28.06.1990	16	-
Forwards:			
Marvin Ascanio	10.10.1991	1	-
José Luis Bueno Corredor (COL)	30.08.1986	1	-
Miguel Pico	11.01.1997	1	-
Breyner Robayo		1	1
Brandon Sánchez	11.11.1997	6	-
José Sandoval	23.01.1997	1	-
Víctor Manuel Uribe Palencia	02.02.1988	12	-
Trainer:			
Ronaldy Contreras [as of 01.07.2015]		19	

ZAMORA FÚTBOL CLUB BARINAS
Foundation date: February 2, 1977
Address: Barinas 5201, Estado Barinas
Stadium: Estadio „Agustín Tovar", Barinas – Capacity: 27,500

THE SQUAD

	DOB	Ade* M	G
Goalkeepers:			
Luis Eduardo Curiel Riera	28.06.1989	20	-
Luis Alberto Terán Guzmán	14.08.1993	5	-
Defenders:			
Yordani José Abreu Chourio	27.10.1988	2	-
Ángel Enrique Faría Mendoza	28.04.1983	22	-
Moises de Jesús Galezo Villalobos	19.03.1981	1	-
Felipe García Torres	04.06.1995	-	-
Ymmer Eliécer González Alseco	08.03.1982	23	-
Edwin Peraza Lárez	11.03.1993	23	1
Anthony Trujillo	14.11.1998	1	-
Dustin Alexander Váldez Atencio	21.05.1981	11	-
Midfielders:			
Jhoan Manuel Arenas Delgado (COL)	16.01.1990	16	5
Arles Eduardo Flores Crespo	12.04.1991	23	4
Ronald Hernández	04.10.1997	4	-
Yaniel Hernández	10.07.1997	2	-
Ronaldo Vidal Lucena Torrealba	27.02.1997	8	-
César Enrique Martínez Quintero	30.09.1991	19	6
Luis Carlos Melo Salcedo	18.08.1991	19	-
Johan Orlando Moreno Vivas	10.06.1991	19	7
Yordan Hernándo Osorio Paredes	10.05.1994	21	-
Luis Carlos Ovalle Victoria (PAN)	07.09.1988	21	1
Gustavo Andrés Páez Martínez	18.04.1990	4	-
José Gregorio Pinto Mariani	14.01.1997	5	-
Yeferson Julio Soteldo Martínez	30.06.1996	21	12
José Daniel Soto Montero	18.05.1994	-	-
Luis Humberto Vargas Archila	08.01.1988	-	-
Forwards:			
Anthony Miguel Blondell Blondell	17.05.1994	5	1
Ricardo Clarke (PAN)	27.09.1992	23	10
Erickson Yirson Gallardo Toro	19.06.1993	5	-
Domingo Andrés Medina Contreras	11.02.1993	-	-
Eduardo José Sosa Vega	20.06.1996	1	-
Leandro Abel Vargas Cruzate	10.03.1979	23	9
Trainer:			
Francesco Stifano Garzone [as of 01.07.2015]	19.07.1979	25	

*Matches and goals in Play-offs and Championship Finals included

ZULIA FÚTBOL CLUB MARACAIBO

Foundation date: January 16, 2005
Address: C.C Montielco, piso 12 oficina 1-2, Maracaibo
Stadium: Estadio Olímpico „José Encarnación 'Pachencho' Romero", Maracaibo – Capacity: 38,000

THE SQUAD

	DOB	Ade* M	G
Goalkeepers:			
Edixson Antonio González Peroza	13.01.1990	21	-
Junior Marcano	10.09.1991	-	-
Defenders:			
Kerwis Arcides Chirinos Sánchez	25.05.1985	19	-
Jesús Farías	13.08.1998	-	-
Pedro José Cordero Duarte	28.10.1985	18	-
Andrés Eduardo Montero Cadenas	05.03.1994	11	1
Grenddy Adrián Perozo Rincón	28.02.1986	12	-
Henry Junior Plazas Mendoza	12.12.1992	9	1
Giovanny Michael Romero Armenio	01.01.1984	20	1
José Jesús Yegüez Salgado	19.09.1987	4	-
Midfielders:			
Francisco Humberto Aristeguieta Bernardini	01.11.1988	1	-
Roberto Carlos Bolívar Mcken	07.12.1979	13	-
Diego Enrique Meleán Berrueta	13.02.1993	15	-
Kenin Montiel	02.05.1997	8	-
Carlos Moreno	19.12.1990	9	-
Junior Leonardo Moreno Borrero	20.07.1993	21	1
Henry José Palomino Miranda	10.02.1983	19	-
Juan Pablo Parente Rojas	08.10.1995	1	-
Jefferson David Savarino Quintero	11.11.1996	20	6
José Javier Villafraz Quintero	01.01.1980	-	-
Josmar Jesús Zambrano Suárez	09.06.1992	8	1
Forwards:			
Manuel Alejandro Arteaga Rubianes	17.06.1994	21	17
Jorge Cedeño	18.11.1998	5	1
Jesús Alberto González Quijada	27.08.1987	13	3
Ronaldo Leal	13.01.1995	8	-
Alberto Medina	11.11.1997	1	-
Luis Paz	06.01.1995	6	-
Vito Pesole	09.03.1998	-	-
Alan Jesús Sierra Montiel	21.03.1995	-	-
Jhon Villalobos	06.01.1997	-	-
Luis Villarreal	16.04.1998	18	1
Trainer:			
Carlos Horacio Moreno (ARG) [as of 01.01.2015]	19.08.1948	21	

*Matches and goals in Play-offs and Championship Finals included

SECOND LEVEL
Segunda División de Venezuela 2015

Clasificación Adecuación 2015

Top-2 of each group qualified for the Promotion Stage (Torneo Ascenso).

Grupo Occidental

1. Atlético Socopó FC	10	8	1	1	15	-	6	25
2. Deportivo JBL del Zulia	10	7	1	2	20	-	11	22
3. Atlético El Vigía FC	10	3	2	5	12	-	15	11
4. Potros de Barinas FC	10	3	2	5	12	-	15	11
5. Policía de Lara FC	10	2	4	4	15	-	15	9
6. Rumbo a la Excelencia Deportiva Internacional (REDI) Colón	10	1	2	7	9	-	20	5

Grupo Central

1. Universidad Central de Venezuela FC Caracas	10	7	2	1	20	-	10	23
2. Academia Puerto Cabello	10	6	3	1	18	-	8	21
3. Yaracuyanos FC	10	5	3	2	18	-	7	18
4. Union Atletico Falcón Punto Fijo	10	1	5	4	13	-	15	8
5. Gran Valencia FC	9	2	2	5	12	-	17	8
6. Arroceros de Calabozo FC	9	0	1	8	7	-	31	1

Grupo Oriental

1. Monagas SC Maturín	9	7	2	0	17	-	1	23
2. Diamantes de Guayana FC Puerto Ordaz	10	5	2	3	14	-	10	17
3. Margarita FC Pampatar	10	5	2	3	11	-	11	17
4. AC CD Mineros de Guayana Puerto Ordaz "B"	10	4	1	5	14	-	10	13
5. Petroleros de Anzoátegui FC Puerto La Cruz	10	3	2	5	6	-	12	11
6. Angostura FC Ciudad Bolívar	10	1	0	9	4	-	22	3

Torneo de Promoción y Permanencia 2015

<u>Please note</u>: this tournament - played between the 12 teams not qualified for the Torneo Ascenso and 12 teams from the Third Level - will decide the teams for the next season's Segunda División.

Grupo Occidental

1. Potros de Barinas FC	10	5	3	2	19	-	17	18
2. **Casa D'Italia FC Maracaino**	10	4	3	3	22	-	19	15
3. Policía del Táchira FC Táriba	10	4	2	4	10	-	13	14
4. Atlético El Vigía FC	10	3	4	3	18	-	17	13
5. Deportivo Táchira San Cristóbal "B"	10	3	3	4	14	-	10	12
6. Rumbo a la Excelencia Deportiva Internacional (REDI) Colón	10	2	3	5	14	-	21	9

Grupo Central I

1. Caracas FC "B"	10	5	4	1	21	-	12	19
2. Deportivo La Guaira FC „B"	10	4	3	3	20	-	11	15
3. Atlético Venezuela CF Caracas "B"	10	4	3	3	14	-	11	15
4. Policía de Lara FC	10	4	1	5	15	-	17	13
5. Arroceros de Calabozo FC	10	2	5	3	14	-	13	11
6. Gran Valencia FC	10	2	2	6	12	-	32	8

Grupo Central II

1. Yaracuyanos FC	10	6	3	1	18	-	9	21
2. Zamora FC Barinas „B"	10	6	2	2	15	-	13	20
3. Union Atletico Falcón Punto Fijo	10	5	2	3	16	-	11	17
4. Madeira Club Lara AC Cabudare	10	3	2	5	7	-	12	11
5. Atlético Guanare FC	10	2	2	6	11	-	14	8
6. Carabobo FC Valencia „B"	10	1	3	6	5	-	13	6

Grupo Oriental

1. Margarita FC Pampatar	10	5	3	2	18	-	9	18
2. AC CD Mineros de Guayana Puerto Ordaz "B"	10	5	3	2	21	-	13	18
3. Petroleros de Anzoátegui FC Puerto La Cruz	10	6	0	4	18	-	13	18
4. Asociación Civil LALA FC Caroní	10	4	3	3	13	-	9	15
5. Fundación Unidad Deportiva Cultural Cristiana Pampatar	10	3	3	4	13	-	15	12
6. Angostura FC Ciudad Bolívar	10	1	0	9	6	-	30	3

Please note: Teams in bold (best of teams qualified from the Third Division) were qualified for the Segunda División 2016.

Torneo Ascenso 2015

1. Monagas SC Maturín (*Promoted*)	10	8	1	1	23	-	5	25
2. Deportivo JBL del Zulia (*Promotion Play-off*)	10	5	2	3	14	-	7	17
3. Universidad Central de Venezuela FC Caracas	10	5	2	3	15	-	11	17
4. Atlético Socopó FC	10	4	2	4	11	-	12	14
5. Academia Puerto Cabello	10	2	3	5	13	-	13	9
6. Diamantes de Guayana FC Puerto Ordaz	10	1	0	9	10	-	38	3

NATIONAL TEAM INTERNATIONAL MATCHES (16.07.2015 – 15.07.2016)					
04.09.2015	Ciudad Guayana	Venezuela - Honduras	0-3(0-0)	(F)
08.09.2015	Ciudad Guayana	Venezuela - Panama	1-1(0-1)	(F)
08.10.2015	Ciudad Guayana	Venezuela - Paraguay	0-1(0-0)	(WCQ)
13.10.2015	Fortaleza	Brazil - Venezuela	3-1(2-0)	(WCQ)
12.11.2015	La Paz	Bolivia - Venezuela	4-2(3-1)	(WCQ)
17.11.2015	Ciudad Guayana	Venezuela - Ecuador	1-3(0-2)	(WCQ)
02.02.2016	Barinas	Venezuela - Costa Rica	1-0(0-0)	(F)
24.03.2016	Lima	Peru - Venezuela	2-2(0-1)	(WCQ)
29.03.2016	Barinas	Venezuela - Chile	1-4(1-1)	(WCQ)
24.05.2016	Ciudad de Panamá	Panama - Venezuela	0-0	(F)
27.05.2016	San José	Costa Rica - Venezuela	2-1(1-0)	(F)
01.06.2016	Fort Lauderdale	Guatemala - Venezuela	1-1(0-0)	(F)
05.06.2016	Chicago	Jamaica - Venezuela	0-1(0-1)	(CA)
09.06.2016	Philadelphia	Uruguay - Venezuela	0-1(0-1)	(CA)
13.06.2016	Houston	Venezuela - Mexico	1-1(1-0)	(CA)
17.06.2016	Foxborough	Argentina - Venezuela	4-1(2-0)	(CA)

04.09.2015, Friendly International
Estadio Polideportivo Cachamay, Ciudad Guayana; Attendance: 6,552
Referee: José Hernando Buitrago Arango (Colombia)
VENEZUELA - HONDURAS **0-3(0-0)**
VEN: Alain Baroja Méndez (7/0), Oswaldo Augusto Vizcarrondo Araujo (65/8), Roberto José Rosales Altuve (58/0), Gabriel Alejandro Cichero Konarek (60/4), Andrés José Túñez Arceo (15/0), Alejandro Abraham Guerra Morales (46/4) [46.Juan Fernando Arango Sáenz (128/23)], Tomás Eduardo Rincón Hernández (62/0) [78.Franco Signorelli (3/0)], Luis Manuel Seijas Gunther (57/2) [68.César Eduardo González Amais (60/5)], Ronald Alejandro Vargas Aranguren (20/3) [61.Mario Junior Rondón Fernández (11/2)], José Salomón Rondón Giménez (42/13), Josef Alexander Martínez Mencia (20/3) [69.Nicolás Ladislao Fedor Flores (53/11)]. Trainer: Noel Sanvicente Bethelmy (12).

08.09.2015, Friendly International
Estadio Polideportivo Cachamay, Ciudad Guayana; Attendance: 9,239
Referee: Juan Pontón (Colombia)
VENEZUELA - PANAMA **1-1(0-1)**
VEN: Alain Baroja Méndez (8/0), Oswaldo Augusto Vizcarrondo Araujo (66/8) [80.Francisco Javier Carabalí Terán (5/0)], Roberto José Rosales Altuve (59/0), Gabriel Alejandro Cichero Konarek (61/4), Andrés José Túñez Arceo (16/0), Alejandro Abraham Guerra Morales (47/4) [74.César Eduardo González Amais (61/5)], Tomás Eduardo Rincón Hernández (63/0), Luis Manuel Seijas Gunther (58/2) [74.Juan Fernando Arango Sáenz (129/23)], Alexander David González Sibulo (29/1) [59.Jeffrén Isaac Suárez Bermúdez (1/0)], José Salomón Rondón Giménez (43/14), Christian Robert Santos Kwasniewski (2/0) [31.Juan Manuel Falcón Jiménez (4/0)]. Trainer: Noel Sanvicente Bethelmy (13).
Goal: José Salomón Rondón Giménez (90+3).
Sent off: Francisco Javier Carabalí Terán (90).

08.10.2015, 21st FIFA World Cup, Qualifiers
Estadio Polideportivo Cachamay, Ciudad Guayana; Attendance: 36,000
Referee: José Hernando Buitrago Arango (Colombia)
VENEZUELA - PARAGUAY　　　　　　　　　　　　　　　　**0-1(0-0)**
VEN: Alain Baroja Méndez (9/0), Oswaldo Augusto Vizcarrondo Araujo (67/8), Roberto José Rosales Altuve (60/0), Gabriel Alejandro Cichero Konarek (62/4), César Eduardo González Amais (62/5) [62.Alejandro Abraham Guerra Morales (48/4)], Franklin José Lucena Peña (59/2), Tomás Eduardo Rincón Hernández (64/0), Luis Manuel Seijas Gunther (59/2), Juan Manuel Falcón Jiménez (5/0) [74.Josef Alexander Martínez Mencia (21/3)], José Salomón Rondón Giménez (44/14), Jeffrén Isaac Suárez Bermúdez (2/0) [81.Jhon Eduard Murillo Romaña (2/1)]. Trainer: Noel Sanvicente Bethelmy (14).

13.10.2015, 21st FIFA World Cup, Qualifiers
Estádio Castelão, Fortaleza; Attendance: 38,970
Referee: Darío Agustín Ubríaco Medero (Uruguay)
BRAZIL - VENEZUELA　　　　　　　　　　　　　　　　　**3-1(2-0)**
VEN: Alain Baroja Méndez (10/0), Fernando Gabriel Amorebieta Mardaras (15/1), Oswaldo Augusto Vizcarrondo Araujo (68/8), Roberto José Rosales Altuve (61/0), Gabriel Alejandro Cichero Konarek (63/4), Alejandro Abraham Guerra Morales (49/4) [46.Arquímedes José Figuera Salazar (5/1)], Tomás Eduardo Rincón Hernández (65/0), Luis Manuel Seijas Gunther (60/2) [81.Alexander David González Sibulo (30/1)], Ronald Alejandro Vargas Aranguren (21/3) [46.Jhon Eduard Murillo Romaña (3/1)], José Salomón Rondón Giménez (45/14), Christian Robert Santos Kwasniewski (3/1). Trainer: Noel Sanvicente Bethelmy (15).
Goal: Christian Robert Santos Kwasniewski (64).

12.11.2015, 21st FIFA World Cup, Qualifiers
Estadio „Hernándo Siles Zuazo", La Paz; Attendance: 20,923
Referee: Víctor Hugo Carrillo Casanova (Peru)
BOLIVIA - VENEZUELA　　　　　　　　　　　　　　　　**4-2(3-1)**
VEN: Alain Baroja Méndez (11/0), Wilker José Ángel Romero (2/0) [50.José Manuel Velázquez Rodríguez (13/1)], Jefre José Vargas Belisario (1/0) [65.Juan Manuel Falcón Jiménez (6/0)], Rafael Eduardo Acosta Cammarota (10/0), Franklin José Lucena Peña (60/2), Tomás Eduardo Rincón Hernández (66/0), Luis Manuel Seijas Gunther (61/2), Alexander David González Sibulo (31/1), Arquímedes José Figuera Salazar (6/1) [46.Francisco Javier Carabalí Terán (6/0)], Richard José Blanco Delgado (12/2), Mario Junior Rondón Fernández (12/3). Trainer: Noel Sanvicente Bethelmy (16).
Goals: Mario Junior Rondón Fernández (30), Richard José Blanco Delgado (54).
Sent off: Luis Manuel Seijas Gunther (90+3).

17.11.2015, 21st FIFA World Cup, Qualifiers
Estadio Polideportivo Cachamay, Ciudad Guayana; Attendance: 41,659
Referee: Gery Vargas Carreño (Bolivia)
VENEZUELA - ECUADOR　　　　　　　　　　　　　　　**1-3(0-2)**
VEN: Alain Baroja Méndez (12/0), Oswaldo Augusto Vizcarrondo Araujo (69/8), Roberto José Rosales Altuve (62/0), José Manuel Velázquez Rodríguez (14/1), Gabriel Alejandro Cichero Konarek (64/4), Franklin José Lucena Peña (61/2) [46.Rafael Eduardo Acosta Cammarota (11/0)], Tomás Eduardo Rincón Hernández (67/0), Rómulo Otero Vásquez (10/2), José Salomón Rondón Giménez (46/14), Jeffrén Isaac Suárez Bermúdez (3/0) [54.Josef Alexander Martínez Mencia (22/4)], Christian Robert Santos Kwasniewski (4/1) [68.Mario Junior Rondón Fernández (13/3)]. Trainer: Noel Sanvicente Bethelmy (17).
Goal: Josef Alexander Martínez Mencia (83).

02.02.2016, Friendly International
Estadio "Rafael Agustín Tovar", Barinas; Attendance: 12,920
Referee: Luis Sánchez González (Colombia)
VENEZUELA - COSTA RICA   **1-0(0-0)**
VEN: José David Contreras Verna (1/0), Daniel Eduardo Benítez Pernía (1/0), Ángel Enrique Faría Mendoza (1/0), Wilker José Ángel Romero (3/1), Mikel Villanueva Álvarez (1/0), Arles Eduardo Flores Crespo (1/0) [90+4.Javier Alfonso García (1/0)], Arquímedes José Figuera Salazar (7/1) [78.Rafael Eduardo Acosta Cammarota (12/0)], Yeferson Julio Soteldo Martínez (1/0), Richard José Blanco Delgado (13/2), Luis Andrés González González (2/0) [79.Louis Ángelo Peña Puentes (16/0)], Johan Orlando Moreno Vivas (1/0) [54.Andrés Fabián Ponce Núñez (1/0)]. Trainer: Noel Sanvicente Bethelmy (18).
Goal: Wilker José Ángel Romero (89).

24.03.2016, 21st FIFA World Cup, Qualifiers
Estadio Nacional, Lima; Attendance: 35,459
Referee: Enrique Patricio Cáceres Villafañe (Paraguay)
PERU - VENEZUELA   **2-2(0-1)**
VEN: Alain Baroja Méndez (13/0), Oswaldo Augusto Vizcarrondo Araujo (70/8), Ángel Enrique Faría Mendoza (2/0), Wilker José Ángel Romero (4/1), Mikel Villanueva Álvarez (2/1), Tomás Eduardo Rincón Hernández (68/0), Arquímedes José Figuera Salazar (8/1), Rómulo Otero Vásquez (11/3) [81.Carlos Eduardo Cermeño Uzcátegui (1/0)], Juan Pablo Añor Acosta (1/0) [70.Alejandro Abraham Guerra Morales (50/4)], José Salomón Rondón Giménez (47/14), Josef Alexander Martínez Mencia (23/4) [70.Adalberto Peñaranda Maestre (1/0)]. Trainer: Noel Sanvicente Bethelmy (19).
Goals: Rómulo Otero Vásquez (32), Mikel Villanueva Álvarez (58).

29.03.2016, 21st FIFA World Cup, Qualifiers
Estadio "Agustín Tovar", Barinas; Attendance: 29,800
Referee: Diego Mirko Haro Sueldo (Peru)
VENEZUELA - CHILE   **1-4(1-1)**
VEN: José David Contreras Verna (2/0), Oswaldo Augusto Vizcarrondo Araujo (71/8), Roberto José Rosales Altuve (63/0), José Manuel Velázquez Rodríguez (15/1), Mikel Villanueva Álvarez (3/1), Alejandro Abraham Guerra Morales (51/4), Tomás Eduardo Rincón Hernández (69/0), Arquímedes José Figuera Salazar (9/1) [28.Luis Manuel Seijas Gunther (62/2); 74.Richard José Blanco Delgado (14/2)], Rómulo Otero Vásquez (12/4), Juan Pablo Añor Acosta (2/0) [60.Adalberto Peñaranda Maestre (2/0)], Josef Alexander Martínez Mencia (24/4). Trainer: Noel Sanvicente Bethelmy (20).
Goal: Rómulo Otero Vásquez (10).

24.05.2016, Friendly International
Estadio "Rommel Fernández", Ciudad de Panamá; Attendance: 12,700
Referee: Valdin Legister (Jamaica)
PANAMA - VENEZUELA   **0-0**
VEN: Wuilker Faríñez Aray (1/0), José Manuel Velázquez Rodríguez (16/1), Víctor Hugo García Hernández (2/0), Wilker José Ángel Romero (5/1), Mikel Villanueva Álvarez (4/1) [90.Alexander David González Sibulo (32/1)], Arles Eduardo Flores Crespo (2/0), Carlos Adrián Suárez Valdéz (1/0) [68.Arquímedes José Figuera Salazar (10/1)], Jeffrén Isaac Suárez Bermúdez (4/0) [73.Juan Pablo Añor Acosta (3/0)], Christian Robert Santos Kwasniewski (5/1) [60.Rómulo Otero Vásquez (13/4)], Jacobo Salvador Kouffaty Agostini (1/0) [79.Josef Alexander Martínez Mencia (25/4)], Andrés Fabián Ponce Núñez (2/0). Trainer: Rafael Edgar Dudamel Ochoa (1).

27.05.2016, Friendly International
Estadio Nacional de Costa Rica, San José; Attendance: 22,000
Referee: Melvin Orlando Matamoros Ponce (Honduras)
COSTA RICA - VENEZUELA   **2-1(1-0)**
VEN: José David Contreras Verna (3/0), Oswaldo Augusto Vizcarrondo Araujo (72/8) [77.José Manuel Velázquez Rodríguez (17/1)], Rolf Günther Feltscher Martínez (7/0) [77.Mikel Villanueva Álvarez (5/1)], Wilker José Ángel Romero (6/1), Tomás Eduardo Rincón Hernández (70/0), Alexander David González Sibulo (33/1) [53.Víctor Hugo García Hernández (3/0)], Arquímedes José Figuera Salazar (11/1) [74.Christian Robert Santos Kwasniewski (6/1)], Rómulo Otero Vásquez (14/4) [53.Alejandro Abraham Guerra Morales (52/4)], Juan Pablo Añor Acosta (4/0), José Salomón Rondón Giménez (48/15), Josef Alexander Martínez Mencia (26/4). Trainer: Rafael Edgar Dudamel Ochoa (2).
Goal: José Salomón Rondón Giménez (29).

01.06.2016, Friendly International
Lockhart Stadium, Fort Lauderdale (United States); Attendance: 7,217
Referee: Javier Santos (Puerto Rico)
GUATEMALA - VENEZUELA   **1-1(0-0)**
VEN: Daniel Hernández Santos (22/0), Oswaldo Augusto Vizcarrondo Araujo (73/8), Roberto José Rosales Altuve (64/0) [75.Alexander David González Sibulo (34/1)], Wilker José Ángel Romero (7/1), Mikel Villanueva Álvarez (6/1), Alejandro Abraham Guerra Morales (53/4) [85.Adalberto Peñaranda Maestre (3/0)], Tomás Eduardo Rincón Hernández (71/0), Luis Manuel Seijas Gunther (63/2), Arquímedes José Figuera Salazar (12/1) [63.Rómulo Otero Vásquez (15/4)], Juan Pablo Añor Acosta (5/0) [71.Josef Alexander Martínez Mencia (27/4)], José Salomón Rondón Giménez (49/16). Trainer: Rafael Edgar Dudamel Ochoa (3).
Goal: José Salomón Rondón Giménez (84).

05.06.2016, 45th Copa América, Group Stage
Soldier Field, Chicago (United States); Attendance: 25,560
Referee: Víctor Hugo Carrillo Casanova (Peru)
JAMAICA - VENEZUELA   **0-1(0-1)**
VEN: Daniel Hernández Santos (23/0), Oswaldo Augusto Vizcarrondo Araujo (74/8), Roberto José Rosales Altuve (65/0), Rolf Günther Feltscher Martínez (8/0), Wilker José Ángel Romero (8/1), Alejandro Abraham Guerra Morales (54/4) [90+1.Alexander David González Sibulo (35/1)], Tomás Eduardo Rincón Hernández (72/0), Luis Manuel Seijas Gunther (64/2) [86.Rómulo Otero Vásquez (16/4)], Arquímedes José Figuera Salazar (13/1), José Salomón Rondón Giménez (50/16), Josef Alexander Martínez Mencia (28/5) [77.Adalberto Peñaranda Maestre (4/0)]. Trainer: Rafael Edgar Dudamel Ochoa (4).
Goal: Josef Alexander Martínez Mencia (15).

09.06.2016, 45th Copa América, Group Stage
Lincoln Financial Field, Philadelphia (United States); Attendance: 23,002
Referee: Patricio Hernán Loustau (Argentina)
URUGUAY - VENEZUELA   **0-1(0-1)**
VEN: Daniel Hernández Santos (24/0), Oswaldo Augusto Vizcarrondo Araujo (75/8), Roberto José Rosales Altuve (66/0) [8.Alexander David González Sibulo (36/1)], Rolf Günther Feltscher Martínez (9/0), Wilker José Ángel Romero (9/1), Alejandro Abraham Guerra Morales (55/4), Tomás Eduardo Rincón Hernández (73/0), Arquímedes José Figuera Salazar (14/1) [79.Rómulo Otero Vásquez (17/4)], José Salomón Rondón Giménez (51/17) [78.Luis Manuel Seijas Gunther (65/2)], Josef Alexander Martínez Mencia (29/5), Adalberto Peñaranda Maestre (5/0). Trainer: Rafael Edgar Dudamel Ochoa (5).
Goal: José Salomón Rondón Giménez (35).

13.06.2016, 45th Copa América, Group Stage
NRG Stadium, Houston (United States); Attendance: 67,319
Referee: Yadel Martínez Pupo (Cuba)
VENEZUELA - MEXICO **1-1(1-0)**
VEN: Daniel Hernández Santos (25/0), Rolf Günther Feltscher Martínez (10/0), José Manuel Velázquez Rodríguez (18/2), Wilker José Ángel Romero (10/1), Alejandro Abraham Guerra Morales (56/4) [83.Rómulo Otero Vásquez (18/4)], Yonathan Alexander Del Valle Rodríguez (11/0) [65.Josef Alexander Martínez Mencia (30/5)], Tomás Eduardo Rincón Hernández (74/0), Luis Manuel Seijas Gunther (66/2), Alexander David González Sibulo (37/1), Christian Robert Santos Kwasniewski (7/1) [78.José Salomón Rondón Giménez (52/17)], Adalberto Peñaranda Maestre (6/0). Trainer: Rafael Edgar Dudamel Ochoa (6).
Goal: José Manuel Velázquez Rodríguez (10).

16/17/18.06.2016, 45th Copa América, Quarter-Finals
Gillette Stadium, Foxborough (United States); Attendance: 59,183
Referee: Roberto García Orozco (Mexico)
ARGENTINA - VENEZUELA **4-1(2-0)**
VEN: Daniel Hernández Santos (26/0), Oswaldo Augusto Vizcarrondo Araujo (76/8), Rolf Günther Feltscher Martínez (11/0), Wilker José Ángel Romero (11/1), Alejandro Abraham Guerra Morales (57/4), Tomás Eduardo Rincón Hernández (75/0) [85.José Manuel Velázquez Rodríguez (19/2)], Luis Manuel Seijas Gunther (67/2) [55.Juan Pablo Añor Acosta (6/0)], Alexander David González Sibulo (38/1), Arquímedes José Figuera Salazar (15/1), José Salomón Rondón Giménez (53/18), Josef Alexander Martínez Mencia (31/5) [80.Yonathan Alexander Del Valle Rodríguez (12/0)]. Trainer: Rafael Edgar Dudamel Ochoa (7).
Goal: José Salomón Rondón Giménez (70).

NATIONAL TEAM PLAYERS
2015/2016

Name [Club 2015/2016]	DOB	Caps	Goals

(Caps and goals at 15.07.2016)

Goalkeepers

Alain BAROJA MÉNDEZ [2015/2016: AEK Athína (GRE)]	23.10.1989	13	0
José David CONTRERAS Verna [2016: Deportivo Táchira FC San Cristóbal]	20.10.1994	3	0
Wuilker FARÍÑEZ Aray [2016: Caracas FC]	15.02.1998	1	0
Daniel HERNÁNDEZ Santos [2015/2016: CD Tenerife (ESP)]	21.10.1985	26	0

Defenders

Fernando Gabriel AMOREBIETA Mardaras [2015: Middlesbrough FC (on loan)]	29.03.1985	15	1
Wilker José ÁNGEL Romero [2015/2016: Deportivo Táchira FC San Cristóbal]	18.03.1993	11	1
Francisco Javier CARABALÍ Terán [2015: Caracas FC]	21.02.1991	6	0
Daniel Eduardo BENÍTEZ Pernía [2016: Deportivo La Guaira Caracas]	23.09.1987	1	0
Gabriel Alejandro CICHERO Konarek [2015/2016: FC Sion (SUI)]	25.04.1985	64	4
Ángel Enrique FARÍA Mendoza [2016: Zamora FC]	28.04.1983	2	0
Rolf Günther FELTSCHER Martínez [2015/2016: MSV Duisburg (GER)]	06.10.1990	11	0
Víctor Hugo GARCÍA Hernández [2015/2016: FC do Porto (POR)]	11.06.1994	3	0
Alexander David GONZÁLEZ Sibulo [2015: BSC Young Boys Bern (SUI); 31.01.2016-> SD Huesca (ESP)]	13.09.1992	38	1
Roberto José ROSALES Altuve [2015/2016: Málaga CF (ESP)]	20.11.1988	66	0
Andrés José TÚÑEZ Árceo [2015: Buriram United FC (THA)]	15.03.1987	16	0
Jefre José VARGAS Belisario [2015: Caracas FC]	12.01.1995	1	0
José Manuel VELÁZQUEZ Rodríguez [2015/2016: FC Arouca (POR)]	08.09.1990	19	2
Mikel VILLANUEVA Álvarez [2015/2016: Málaga CF (ESP)]	14.04.1993	6	1
Oswaldo Augusto VIZCARRONDO Araujo [2015/2016: FC Nantes (FRA)]	31.05.1984	76	8

Midfielders

Rafael Eduardo ACOSTA Cammarota [2015/2016: AC CD Mineros de Guayana Puerto Ordaz]	13.02.1989	12	0
Juan Pablo AÑOR Acosta [2015/2016: Málaga CF (ESP)]	24.01.1994	6	0
Juan Fernando ARANGO Sáenz [2015: Club Tijuana Xoloitzcuintles de Caliente (MEX)]	17.05.1980	129	23
Carlos Eduardo CERMEÑO Uzcátegui [2016: Deportivo Táchira FC San Cristóbal]	08.08.1995	1	0
Arquímedes José FIGUERA Salazar [2015/2016: Deportivo La Guaira Caracas]	06.10.1989	15	1
César Eduardo GONZÁLEZ Amais [2015: Deportivo Táchira FC San Cristóbal]	01.10.1982	62	5
Arles Eduardo FLORES Crespo [2016: Zamora FC]	12.04.1991	2	0
Javier Alfonso GARCÍA [2016: Deportivo La Guaira Caracas]	22.04.1987	1	0
Luis Andrés GONZÁLEZ González [2016: Atlético Venezuela CF Caracas]	27.06.1993	2	0
Alejandro Abraham GUERRA Morales [2015/2016: Club Atlético Nacional Medellín (COL)]	09.07.1985	57	4
Jacobo Salvador KOUFFATY Agostini [2016: CD Cuenca (ECU)]	30.06.1993	1	0
Franklin José LUCENA Peña [2015: CD Once Caldas Manizales (COL)]	20.02.1981	61	2
Johan Orlando MORENO Vivas [2016: Zamora FC]	10.06.1991	1	0
Rómulo OTERO Vásquez [2015/2016: CD Huachipato Talcahuano (CHI)]	09.11.1992	18	4
Louis Ángelo PEÑA Puentes [2016: AC CD Mineros de Guayana Puerto Ordaz]	25.12.1989	16	0
Andrés Fabián PONCE Núñez [2015/2016: UC Sampdoria Genoa (ITA)]	11.11.1996	2	0
Tomás Eduardo RINCÓN Hernández [2015/2016: Genoa CFC (ITA)]	13.01.1988	75	0
Luis Manuel SEIJAS Gunther [2015/2016: Independiente Santa Fe (COL)]	23.06.1986	67	2
Franco SIGNORELLI [2015/2016: Ternana Calcio (ITA)]	01.01.1991	3	0
Yeferson Julio SOTELDO Martínez [2016: Zamora FC]	30.06.1997	1	0
Carlos Adrián SUÁREZ Valdéz [2016: Carabobo FC Valencia]	26.04.1992	1	0

Forwards

Richard José BLANCO Delgado [2015/2016: AC CD Mineros de Guayana Puerto Ordaz]	21.01.1982	14	2
Yonathan Alexander DEL VALLE Rodríguez [2015/2016: Kasımpaşa Spor Kulübü (TUR)]	28.05.1990	12	0
Juan Manuel FALCÓN Jiménez [2015: FC Metz (FRA)]	24.02.1989	6	0
Nicolás Ladislao FEDOR Flores "Miku" [2015: Rayo Vallecano de Madrid (ESP)]	19.08.1985	53	11
Josef Alexander MARTÍNEZ Mencia [2015/2016: Torino FC (ITA)]	19.05.1993	31	5
Jhon Eduard MURILLO Romaña [2015/2016: CD Tondela (POR)]	04.06.1995	3	1
Adalberto PEÑARANDA Maestre [2016: Granada CF (ESP)]	31.05.1997	6	0
José Salomón RONDÓN Giménez [2015/2016: West Bromwich Albion FC (ENG)]	16.09.1989	53	18
Mario Junior RONDÓN Fernández [2015: Shijiazhuang Ever Bright FC (CHN)]	26.03.1986	13	3
Christian Robert SANTOS Kwasniewski [2015/2016: NEC Nijmegen (NED)]	24.03.1988	7	1
Jeffrén Isaac SUÁREZ Bermúdez [2015/2016: KAS Eupen (BEL)]	20.01.1988	4	0
Ronald Alejandro VARGAS Aranguren [2015/2016: AEK Athína (GRE)]	02.12.1986	21	3

National coaches

Noel SANVICENTE Bethelmy [17.07.2014-29.03.2016]	21.12.1964	20 M; 5 W; 2 D; 13 L; 21-42
Rafael Edgar DUDAMEL Ochoa [as of 30.04.2016]	07.01.1973	7 M; 2 W; 3 D; 2 L; 6-8

SOUTH AMERICAN FOOTBALLER OF THE YEAR 2015

The „South American Footballer of the Year" award is given to the best South American football player currently active in South America or Mexico. It was created in 1971 and was awarded until 1992 by the Venezuelan newspaper „El Mundo", the awards between 1971 and 1985 counted as official. Since 1986, the official award is made by uruguayan newspaper „El País", they choose each year the best South American Player: „Rey del Fútbol de América". The same newspaper choose since 1986 the „South American Coach of the Year" too.

The „2015 South American Footballer of the Year" award, organized on December 2015, was won for the first time by Uruguayan midfielder Carlos Andrés Sánchez Arcosa (CA River Plate Buenos Aires/Argentina). Carlos Sánchez, who is the first Uruguayan to win the award since 1995, earned 182 votes. Argentinean striker Carlos Alberto Martínez Tevez (CA Boca Juniors Buenos Aires) and Ecuadorian Miller Alejandro Bolaños Reasco (CS Emelec Guayaquil) came in second and third in the voting with 61 and 21 votes, respectively.

The „2015 South American Coach of the Year" was awarded for the first time to Argentinean Jorge Luis Sampaoli Moya, manager of the Chile national team.

All „South American Player of the Year" winners since 1971

Year	Player	Club	Country
1971	Eduardo Gonçalves de Andrade „Tostão"	Cruzeiro EC Belo Horizonte	Brazil
1972	Teófilo Juan Cubillas Arizaga	Club Alianza Lima	Peru
1973	Edson Arantes do Nascimento „Pelé"	Santos FC	Brazil
1974	Elías Ricardo Figueroa Brander	SC Internacional Porto Alegre (BRA)	Chile
1975	Elías Ricardo Figueroa Brander	SC Internacional Porto Alegre (BRA)	Chile
1976	Elías Ricardo Figueroa Brander	SC Internacional Porto Alegre (BRA)	Chile
1977	Arthur Antunes Coimbra „Zico"	CR Flamengo Rio de Janeiro	Brazil
1978	Mario Alberto Kempes	CF Valencia (ESP)	Argentina
1979	Diego Armando Maradona	AA Argentinos Juniors	Argentina
1980	Diego Armando Maradona	AA Argentinos Juniors	Argentina
1981	Arthur Antunes Coimbra „Zico"	CR Flamengo Rio de Janeiro	Brazil
1982	Arthur Antunes Coimbra „Zico"	CR Flamengo Rio de Janeiro	Brazil
1983	Sócrates Brasileiro Sampaio de Souza Vieira de Oliveira	SC Corinthians Paulista São Paulo	Brazil
1984	Enzo Francescoli Uriarte	CA River Plate Buenos Aires (ARG)	Uruguay
1985	Julio César Romero	Fluminense FC Rio de Janeiro (BRA)	Paraguay
1986	Antonio Alzamendi Casas	CA River Plate Buenos Aires (ARG)	Uruguay
1987	Carlos Alberto Valderrama Palacio	Asociación Deportivo Cali	Colombia
1988	Ruben Wálter Paz Márquez	Racing Club de Avellaneda (ARG)	Uruguay
1989	José Roberto Gama de Oliveira „Bebeto"	CR Vasco da Gama Rio de Janeiro	Brazil
1990	Raúl Vicente Amarilla Vera	Club Olimpia Asunción	Paraguay
1991	Oscar Alfredo Ruggeri	CA Vélez Sarsfield	Argentina

1992	Raí Souza Vieira de Oliveira	São Paulo FC	Brazil
1993	Carlos Alberto Valderrama Palacio	CD Atlético Junior Barranquilla	Colombia
1994	Marcos Evangelista de Moraes „Cafu"	São Paulo FC	Brazil
1995	Enzo Francescoli Uriarte	CA River Plate Buenos Aires (ARG)	Uruguay
1996	José Luis Félix Chilavert González	CA Vélez Sarsfield (ARG)	Paraguay
1997	José Marcelo Salas Melinao	CA River Plate Buenos Aires (ARG)	Chile
1998	Martín Palermo	CA Boca Juniors Buenos Aires	Argentina
1999	Javier Pedro Saviola Fernández	CA River Plate Buenos Aires	Argentina
2000	Romário de Souza Faria	CR Vasco da Gama Rio de Janeiro	Brazil
2001	Juan Román Riquelme	CA Boca Juniors Buenos Aires	Argentina
2002	José Saturnino Cardozo Otazú	Deportivo Toluca FC (MEX)	Paraguay
2003	Carlos Alberto Tévez	CA Boca Juniors Buenos Aires	Argentina
2004	Carlos Alberto Tévez	CA Boca Juniors Buenos Aires	Argentina
2005	Carlos Alberto Tévez	SC Corinthians Paulista São Paulo (BRA)	Argentina
2006	Matías Ariel Fernández Fernández	CSD Colo-Colo Santiago	Chile
2007	Salvador Cabañas Ortega	Club América Ciudad de México (MEX)	Paraguay
2008	Juan Sebastián Verón	Club Estudiantes de La Plata	Argentina
2009	Juan Sebastián Verón	Club Estudiantes de La Plata	Argentina
2010	Andrés Nicolás D'Alessandro	SC Internacional Porto Alegre (BRA)	Argentina
2011	Neymar da Silva Santos Júnior	Santos FC	Brazil
2012	Neymar da Silva Santos Júnior	Santos FC	Brazil
2013	Ronaldo de Assis Moreira „Ronaldinho"	Clube Atlético Mineiro Belo Horizonte	Brazil
2014	Teófilo Antonio Gutiérrez Roncancio	CA River Plate Buenos Aires	Colombia
2015	**Carlos Andrés Sánchez Arcosa**	CA River Plate Buenos Aires	Uruguay

All „South American Coach of the Year" winners since 1986

Year	Coach	Club/National Team	Country
1986	Dr. Carlos Salvador Bilardo	Argentina	Argentina
1987	Dr. Carlos Salvador Bilardo	Argentina	Argentina
1988	Roberto Fleitas	Club Nacional de Football Montevideo	Uruguay
1989	Sebastião Barroso Lazaroni	Brazil	Brazil
1990	Luis Alberto Cubilla Almeida	Club Olimpia Asunción (PAR)	Uruguay
1991	Alfredo „Alfio"Rubén Basile	Argentina	Argentina
1992	Telê Santana da Silva	São Paulo FC	Brazil
1993	Francisco Maturana	Colombia	Colombia
1994	Carlos Arcecio Bianchi	CA Vélez Sarsfield	Argentina
1995	Héctor Núñez Bello	Uruguay	Uruguay
1996	Hernán Darío Gómez	Colombia	Colombia
1997	Daniel Alberto Passarella	Argentina	Argentina
1998	Carlos Arcecio Bianchi	CA Boca Juniors Buenos Aires	Argentina
1999	Luiz Felipe Scolari	SE Palmeiras São Paulo	Brazil
2000	Carlos Arcecio Bianchi	CA Boca Juniors Buenos Aires	Argentina
2001	Carlos Arcecio Bianchi	CA Boca Juniors Buenos Aires	Argentina
2002	Luiz Felipe Scolari	Brazil	Brazil
2003	Carlos Arcecio Bianchi	CA Boca Juniors Buenos Aires	Argentina
2004	Luis Fernando Montoya Soto	CD Once Caldas Manizales	Colombia
2005	Aníbal Ruiz	Paraguay	Uruguay
2006	Claudio Daniel Borghi	CSD Colo-Colo Santiago (CHI)	Argentina
2007	Gerardo Daniel Martino	Paraguay	Argentina
2008	Edgardo Bauza	LDU de Quito (ECU)	Argentina
2009	Marcelo Alberto Bielsa Caldera	Chile	Argentina
2010	Óscar Wáshington Tabárez Silva	Uruguay	Uruguay
2011	Óscar Wáshington Tabárez Silva	Uruguay	Uruguay
2012	José Néstor Pekerman	Colombia	Argentina
2013	José Néstor Pekerman	Colombia	Argentina
2014	José Néstor Pekerman	Colombia	Argentina
2015	**Jorge Luis Sampaoli Moya**	Chile	Argentina